W9-DDX-370

BIG BLUE
BOOK OF FRENCH VERBS

555

FULLY CONJUGATED VERBS

David M. Stillman, Ph.D. | **Ronni L. Gordon, Ph.D.**

McGraw·Hill

New York   Chicago   San Francisco   Lisbon   London   Madrid   Mexico City
Milan   New Delhi   San Juan   Seoul   Singapore   Sydney   Toronto

Copyright © 2003 by David Stillman and Ronni Gordon. All rights reserved. Printed in the
United States of America. Except as permitted under the United States Copyright Act of 1976,
no part of this publication may be reproduced or distributed in any form or by any means,
or stored in a database or retrieval system, without the prior written permission of the publisher.

1 2 3 4 5 6 7 8 9 0   QPF/QPF   1 0 9 8 7 6 5 4 3 2

ISBN 0-658-01488-9

Interior design by Village Typographers, Inc.

McGraw-Hill books are available at special quantity discounts to use as premiums and
sales promotions, or for use in corporate training programs. For more information, please
write to the Director of Special Sales, Professional Publishing, McGraw-Hill, Two Penn
Plaza, New York, NY 10121-2298. Or contact your local bookstore.

This book is printed on acid-free paper.

Contents

FRENCH
TENSE
PROFILES

THE BASICS OF CONJUGATION

Conjugation is a list of the forms of the verb in a conventional order. The forms of the verb in a particular tense vary to show person and number. The three persons are: the speaker, or first person (I), the person spoken to, or second person (you), and the person or thing referred to, or third person (he, she, it). There are two numbers in English and French, singular and plural. The verb forms are designated by person and number, as summarized in the chart below:

	SINGULAR	PLURAL
FIRST PERSON	I	we
SECOND PERSON	you	you
THIRD PERSON	he, she, it	they

Thus, in the English conjugation of the verb *to be*

	SINGULAR	PLURAL
FIRST PERSON	I am	we are
SECOND PERSON	you are	you are
THIRD PERSON	he, she, it is	they are

One could say that *am* is first-person singular, *is* is third-person singular. The form *are* is used for the second-person singular and plural as well as for the first- and third-persons plural. The above order of forms is called a conjugation paradigm, and is conventional in both English and French for the presentation of verb forms. This is the pattern that will be used to present the forms of French verbs in this book.

The Persons of the Verb in French

The subject pronouns in French do not correspond exactly to the English system.

	SINGULAR	PLURAL
FIRST PERSON	je	nous
SECOND PERSON	tu	vous
THIRD PERSON	il, elle, on	ils, elles

Note the following:

1 · French has two pronouns meaning you. **Tu** is used to address one person to signal an informal relationship: relatives, friends, fellow students, etc. **Vous** is used to address one person to signal a formal relationship: strangers, neighbors, adult colleagues (unless they are good friends), service personnel. **Vous** is also used to address more than one person whether the relationship is formal or informal.

2 · The third-person plural pronouns in French distinguish gender: **ils** *vs.* **elles**. The masculine form is used for groups of males or groups of males and females. The feminine form is used for groups consisting solely of females.

3 · In addition to **il** and **elle**, French has an additional third-person singular pronoun **on**. **On** means *one, people, they, you,* a pronoun that conveys the idea of an indefinite subject. In colloquial speech, **on** also means *we* and **on** + third-person singular verb often replaces **nous** + first-person plural verb.

Verb Classes

French verbs have more endings than English verbs. These endings reflect the subject and show tense and mood.

There are three major classes, called conjugations. Each conjugation has its own set of endings, although there is some overlap among the three. The conjugation to which a verb belongs is shown by the *infinitive*, the form ending in **-er, -ir, -re**. The infinitive is not marked for person or tense. The verbs **parler** *to speak*, **finir** *to finish*, and **vendre** *to sell* represent the three conjugations. Notice the various ways these verbs are designated:

parler	first-conjugation verb OR **-er** verb
finir	second-conjugation verb OR **-ir** verb
vendre	third-conjugation verb OR **-re** verb

THE SIMPLE TENSES

These are the simple (single-word) tenses or moods in French:

The Present Tense	pages 4–5
The Imperfect Tense	pages 6–7
The Passé Simple	page 8
The Future Tense	page 9
The Conditional Tense	pages 10–11
The Present Subjunctive	pages 12–14
The Imperfect Subjunctive	page 15

The Present Tense

We can analyze the present tense forms of French verbs as consisting of two parts each: the stem, which carries the meaning of the verb, and the person ending, which shows the person who performs the action and the tense or mood. The stem is formed by dropping the ending of the infinitive: **-er, -ir, -re**.

INFINITIVE	STEM
parler	> parl-
finir	> fin-
vendre	> vend-

Examine the conjugations of the three model verbs in the present tense:

parler *to speak*

je parl**e**	nous parl**ons**
tu parl**es**	vous parl**ez**
il/elle/on parl**e**	ils/elles parl**ent**

finir *to finish*

je fin**is**	nous fin**issons**
tu fin**is**	vous fin**issez**
il/elle/on fin**it**	ils/elles fin**issent**

vendre *to sell*

je vend**s**	nous vend**ons**
tu vend**s**	vous vend**ez**
il/elle/on vend	ils/elles vend**ent**

Notice the following particulars about the conjugations:

1 · The singular forms of each conjugation sound alike. In the first conjugation (**-er** verbs) the third-person plural form is identical in pronunciation to the singular.

2 · **-Ir** verbs add **-iss-** between the stem and the endings of the plural.

3 · Many **-re** verbs in French have a third-person singular ending in **-t**. Verbs whose stems end in **-d** do not add a **-t** in the third-person singular.

4 · In **-ir** and **-re** verbs the third-person plural form ends in a pronounced consonant in speech that drops (is silent) in the singular. This dropping of the final consonant in speech is characteristic of most French irregular verbs as well.

Two- and Three-Stem Verbs

Many irregular verbs in French have two stems in the present tense, one used in the **nous** and **vous** forms and a different stem in the other forms. This pattern is further complicated by the loss in the singular forms of the final consonant of the stem as it appears in the third-person plural. Examine the following conjugations:

vouloir *to want* (STEMS **voul-, veu(l)-**)

je **veux**	nous **voul**ons
tu **veux**	vous **voul**ez
il/elle/on **veut**	ils/elles **veul**ent

boire *to drink* (STEMS **buv-, boi(v)-**)

je **bois**	nous **buv**ons
tu **bois**	vous **buv**ez
il/elle/on **boit**	ils/elles **boiv**ent

recevoir *to receive* (STEMS **recev-, reçoi(v)-**)

je **reçois**	nous **recev**ons
tu **reçois**	vous **recev**ez
il/elle/on **reçoit**	ils/elles **reçoiv**ent

The verb **prendre** *to take* and its compounds have three stems in the present.

STEMS **pren-, prenn-, prend-**

je **prends**	nous **pren**ons
tu **prends**	vous **pren**ez
il/elle/on **prend**	ils/elles **prenn**ent

Uses of the Present Tense

1 · The present tense is used to express ongoing or habitual actions in the present.

M. Duvalier **travaille** chez lui aujourd'hui.	*Mr. Duvalier **is working** at home today.*
Je **prends** un café tous les jours avant de rentrer.	*I **have** a cup of coffee every day before going home.*
Elle ne **commande** jamais de bière.	*She never **orders** beer.*
Nous **suivons** des cours d'informatique à l'université.	*We're **taking** computer science courses at the university.*

The English auxiliary verb *do/does* is not translated before French verb forms in questions and in negative sentences.

—Tu **comprends** la leçon?	***Do** you **understand** the lesson?*
—Non, je **ne comprends pas** parce que je **ne travaille pas**.	*No, I **don't understand** because I **don't study**.*
—Tu **te sens bien**?	***Do** you **feel all right**?*
—Non, je **ne me sens pas bien**. Je suis enrhumé.	*No, I **don't feel well**. I have a cold.*

2 · The present tense can express future time when another element of the sentence makes it clear that the future is being referred to.

—**Tu reviens** demain?	***Will you return** tomorrow?*
—Non, **je reste** jusqu'à la semaine prochaine.	*No, **I'll stay** until next week.*
—Quand est-ce que l'avion **arrive**?	*When **will** the plane **arrive**?*
—Il **arrive** à deux heures de l'après-midi.	*It **will arrive** at two in the afternoon.*

3 · The present tense is used to indicate actions that began in the past but that continue into the present. English uses *have/has been doing something* to express this.

—Depuis combien de temps **habitez**-vous ici?	*How long **have** you **been living** here?*
—Nous **habitons** ici depuis un an.	*We've **been living** here for a year now.*
—Depuis quand Marthe **cherche**-t-elle du travail?	*Since when **has** Marthe **been looking** for a job?*
—Elle **cherche** du travail depuis janvier.	*She's **been looking** for work since January.*
—Il y a longtemps qu'il **veut** venir?	***Has** he **been wanting** to come for a long time?*
—Oui, ça fait trois ans qu'il **essaie** de faire le voyage.	*Yes, he's **been trying** to take the trip for three years.*

4 · The present tense can be used to refer to the past for dramatic effect. This is called the historical present.

Jacques Cartier **arrive** au Canada en 1534.	*Jacques Cartier **arrives** in Canada in 1534.*
La Révolution française **commence** en 1789.	*The French Revolution **begins** in 1789.*
Trois ans plus tard on **signe** le traité de paix.	*Three years later the peace treaty **is signed**.*

The Imperfect Tense

The imperfect tense is one of the most regular tenses in French. To form the imperfect of all verbs except **être** you add a special set of endings to the **nous**-form of the present without the **-ons** ending.

-er verbs (nous parlons > **parl-**)

je parl**ais**	nous parl**ions**
tu parl**ais**	vous parl**iez**
il/elle/on parl**ait**	ils/elles parl**aient**

-ir verbs (nous finissons > **finiss-**)

je finiss**ais**	nous finiss**ions**
tu finiss**ais**	vous finiss**iez**
il/elle/on finiss**ait**	ils/elles finiss**aient**

-re verbs (nous vendons > **vend-**)

je vend**ais**	nous vend**ions**
tu vend**ais**	vous vend**iez**
il/elle/on vend**ait**	ils/elles vend**aient**

Only **être** *to be* has an irregular imperfect stem: **ét-**.

j'étais	nous ét**ions**
tu étais	vous ét**iez**
il/elle/on ét**ait**	ils/elles ét**aient**

Uses of the Imperfect Tense

The imperfect tense expresses one of the two aspects of past time in French (the other is expressed by the passé composé). The imperfect is used to indicate actions that the speaker sees as continuing in the past, without reference to their beginning or end. The imperfect is therefore used to refer to:

1 · actions that are seen as backgrounds to other actions, such as time or weather; only the imperfect is used to tell what time it was in the past

Il était déjà **dix heures** quand nos amis sont arrivés.	*It **was** already **ten o'clock** when our friends arrived.*
Quand je suis sorti, **il faisait froid** et **il pleuvait**.	*When I left, **it was cold** and **it was raining**.*

2 · actions that were customary in the past with no reference to their beginning or end (English *used to*)

Quand nous **habitions** à Nice, on **allait** souvent à la plage.	*When we **lived** in Nice, we **used to go** to the beach a lot.*
On **dînait** toujours dans ce restaurant parce qu'on y **mangeait** très bien.	*We always **used to have dinner** at that restaurant because **the food was** very good.*

3 · descriptions of states or conditions that existed in the past (as opposed to events)

La maison **était** neuve et elle **avait** de grandes pièces confortables.	*The house **was** new and **had** big, comfortable rooms.*
Le soleil **se couchait** et les réverbères **s'allumaient**. Les gens **se promenaient** déjà dans les rues.	*The sun **was setting** and the streetlights **were being turned on**. People **were** already **strolling** in the streets.*

4 · actions that were repeated in the past with no reference to their beginning or end

Quand j'**étais** étudiant, j'**allais** tous les jours à la bibliothèque.	*When I **was** a student, I **went** to the library every day.*
Le dimanche mes amis et moi, on **se voyait** au café.	*On Sundays my friends and I **would see each other** at the café.*

5 · The imperfect tense is used in indirect discourse, that is, to report what someone said. It follows the past tenses of verbs such as **dire** *to say* and **écrire** *to write*.

Elle m'a dit qu'elle **allait** au cinéma.	*She told me she **was going** to the movies.*
Nous leur avons écrit que nous **voulions** les voir à Londres.	*We wrote them that we **wanted** to see them in London.*

The Passé Simple

The passé simple is a tense used primarily in written French.

-er verbs

je parlai	nous parlâmes
tu parlas	vous parlâtes
il/elle/on parla	ils/elles parlèrent

-ir verbs

je finis	nous finîmes
tu finis	vous finîtes
il/elle/on finit	ils/elles finirent

-re verbs

je vendis	nous vendîmes
tu vendis	vous vendîtes
il/elle/on vendit	ils/elles vendirent

Most irregular verbs in the passé simple pattern like **-ir** and **-re** verbs. Many irregular verbs in the passé simple have the vowel **u** before the endings.

avoir *to have*

j'eus	nous eûmes
tu eus	vous eûtes
il/elle/on eut	ils/elles eurent

lire *to read*

je lus	nous lûmes
tu lus	vous lûtes
il/elle/on lut	ils/elles lurent

Uses of the Passé Simple

Third-person singular and plural forms of the passé simple occur in newspaper writing as well as in more formal styles. In older stages of French, the passé simple was used to label a past action as completed in the past with no reference to the present. It is especially common in formal literary or historical writing.

Les Anglais **brûlèrent** Jeanne d'Arc à Rouen.	*The English **burned** Joan of Arc at Rouen.*
Jefferson **acheta** la Louisiane à la France en 1803.	*Jefferson **bought** Louisiana from France in 1803.*

Certain inverted forms of the passé simple are common in current prose to indicate who is speaking. The verbs **dire** and **faire** are frequent in this function.

«Je ne m'en irai pas», **dis-je**.	"I won't leave," **I said**.
«Sortez d'ici!» **cria-t-elle**.	"Get out of here!" **she shouted**.
«Nous sommes prêts», **fit-il**.	"We are ready," **he said**.

THE SIMPLE TENSES   **9**

The Future Tense

The future tense in French is formed not from the stem, but from the infinitive. A special set of endings is added to the infinitive. These endings are the same for *all* verbs. Note that **-re** verbs drop the final **-e** before adding endings.

parler		finir	
je parler**ai**	nous parler**ons**	je finir**ai**	nous finir**ons**
tu parler**as**	vous parler**ez**	tu finir**as**	vous finir**ez**
il/elle/on parler**a**	ils/elles parler**ont**	il/elle/on finir**a**	ils/elles finir**ont**

vendre	
je vendr**ai**	nous vendr**ons**
tu vendr**as**	vous vendr**ez**
il/elle/on vendr**a**	ils/elles vendr**ont**

Note the following irregular stems (modified infinitives) used to form the future tense:

accueillir	j'**accueiller**ai	envoyer	j'**enverr**ai	savoir	je **saur**ai
aller	j'**ir**ai	être	je **ser**ai	tenir	je **tiendr**ai
avoir	j'**aur**ai	faire	je **fer**ai	venir	je **viendr**ai
courir	je **courr**ai	mourir	je **mourr**ai	voir	je **verr**ai
cueillir	je **cueiller**ai	pouvoir	je **pourr**ai	vouloir	je **voudr**ai
devoir	je **devr**ai	recevoir	je **recevr**ai		

Other irregular futures are presented in the verb charts of this book.

Uses of the Future Tense

The future tense marks events that will take place in the future.

| Il **finira ses études** l'année prochaine. | *He'll graduate next year.* |
| Quand est-ce que tu **viendras** nous voir? | *When **will** you **come** to see us?* |

The future serves as a polite command.

| **Vous m'aiderez**, n'est-ce pas? | *You'll help me, won't you?* |
| **Tu me pardonneras.** | *You'll forgive me.* |

The future tense can be used to speculate or conjecture.

| C'est aujourd'hui lundi. Elle **sera** de retour. | *Today is Monday. She'll probably be back.* |
| Il **aura** son rhume des foins. | *It must be his hay fever.* |

The future is also common after **ne pas savoir si** *not to know whether* when the main verb is in the present tense.

| Je ne sais pas **si** je **pourrai** venir. | *I don't know **whether** I'll be able to come.* |
| Nous ne savons pas **s'**il **voudra** partir. | *We don't know **whether** he **will want** to leave.* |

The future is common in reporting speech (*indirect discourse*) after verbs of communication, such as **dire** or **écrire**, when the main verb of the sentence is in the present tense.

| Il dit qu'il **ne** le **fera pas**. | *He says that he **won't do** it.* |
| Elle écrit qu'elle **viendra**. | *She writes that she **will come**.* |

In sentences expressing a hypothesis, the future is used in the main clause when the **si**-clause (*if*-clause)—that is, the subordinate or dependent clause—has the verb in the present tense.

| Si vous **sortez**, je **sortirai** avec vous. | *If you go out, I'll go out with you.* |
| (OR Je **sortirai** avec vous si vous **sortez**.) | |

The Conditional Tense

The conditional (English *would*) is formed by adding the endings of the imperfect tense to the infinitive. Note that **-re** verbs drop the final **-e** before adding endings.

parler

je parler**ais**	nous parler**ions**
tu parler**ais**	vous parler**iez**
il/elle/on parler**ait**	ils/elles parler**aient**

finir

je finir**ais**	nous finir**ions**
tu finir**ais**	vous finir**iez**
il/elle/on finir**ait**	ils/elles finir**aient**

vendre

je vendr**ais**	nous vendr**ions**
tu vendr**ais**	vous vendr**iez**
il/elle/on vendr**ait**	ils/elles vendr**aient**

Verbs that have modified infinitives in the future use the same modified form in the conditional.

accueillir	j'**accueiller**ais
aller	j'**ir**ais
avoir	j'**aur**ais
courir	je **courr**ais
cueillir	je **cueiller**ais
devoir	je **devr**ais
envoyer	j'**enverr**ais
être	je **ser**ais
faire	je **fer**ais
mourir	je **mourr**ais
pouvoir	je **pourr**ais
recevoir	je **recevr**ais
savoir	je **saur**ais
tenir	je **tiendr**ais
venir	je **viendr**ais
voir	je **verr**ais
vouloir	je **voudr**ais

Uses of the Conditional Tense

The conditional tells what *would* happen.

Dans ce cas-là, je te **prêterais** l'argent.	*In that case, I **would lend** you the money.*

The conditional is also common after the past tense **ne pas savoir si** *not to know whether.*

Je ne savais pas **si tu viendrais**.	*I didn't know **whether you would come**.*

The conditional is common to report speech (*indirect discourse*) after verbs of communication, such as **dire** or **écrire**, when the main verb of the sentence is in one of the past tenses.

Il a dit qu'il **ne** le **ferait pas**.	*He said that he **wouldn't do** it.*
Elle a écrit qu'elle **viendrait**.	*She wrote that she **would come**.*

Note that not every occurrence of *would* in English indicates a conditional in French. English often uses the verb *would* to indicate repeated actions in the past. That use of *would* requires an imperfect, not a conditional, in French.

Quand j'étais jeune, **j'allais** tous les jours à la plage.	*When I was young, **I would go** to the beach every day.*
Elle servait du gâteau quand elle recevait.	***She would serve** cake when she had company.*

The conditional tense is used in the main clause of a conditional sentence when the **si**-clause (*if*-clause)—that is, the subordinate or dependent clause—has the verb in the imperfect tense. (These are called contrary-to-fact clauses.)

Si vous **vous en alliez**, moi je **m'en irais** aussi. (OR Moi je **m'en irais** si vous **vous en alliez**.)	*If you **were to leave**, I **would leave** too.*

The conditional is also used to soften requests or suggestions.

Je voudrais un aller et retour sur Paris.	***I'd like** a round-trip ticket to Paris.*
Voudriez-vous prendre un café?	***Would you like** to have a cup of coffee?*
Pourriez-vous m'aider?	***Could you** help me?*

In journalistic language, the conditional is used to indicate allegations or facts that are not yet verified but merely claimed.

Selon le porte-parole du gouvernement un accord commercial entre les deux pays **serait signé** cette semaine.	*According to the government spokesman, a commercial agreement between the two countries **will be signed** this week.*

The Present Subjunctive

The stem of the present subjunctive is the same as that of the third-person plural of the present tense. The ending **-ent** is dropped and the subjunctive endings are added. All conjugations have the same endings in the subjunctive.

parler

que je parle	que nous parl**ions**
que tu parl**es**	que vous parl**iez**
qu'il/elle/on parle	qu'ils/elles parl**ent**

finir

que je finisse	que nous finiss**ions**
que tu finiss**es**	que vous finiss**iez**
qu'il/elle/on finisse	qu'ils/elles finiss**ent**

vendre

que je vend**e**	que nous vend**ions**
que tu vend**es**	que vous vend**iez**
qu'il/elle/on vend**e**	qu'ils/elles vend**ent**

Verbs with two stems show the same variety of stems in the subjunctive, except that the final consonant of the third-person plural appears in all singular forms.

boire *to drink* (STEMS **buv-, boi(v)-**)

que je **boive**	que nous **buv**ions
que tu **boive**s	que vous **buv**iez
qu'il/elle/on **boive**	qu'ils/elles **boiv**ent

recevoir *to receive* (STEMS **recev-, reçoi(v)-**)

que je **reçoive**	que nous **recev**ions
que tu **reçoive**s	que vous **recev**iez
qu'il/elle/on **reçoive**	qu'ils/elles **reçoiv**ent

The verb **prendre** *to take* and its compounds have two stems in the present subjunctive: **prenn-, pren-**.

que je **prenn**e	que nous **pren**ions
que tu **prenn**es	que vous **pren**iez
qu'il/elle/on **prenn**e	qu'ils/elles **prenn**ent

Some verbs have irregular stems in the present subjunctive. Check the subjunctive of **aller, avoir, être, faire, pouvoir, savoir,** and **vouloir** in the verb conjugation section of this book.

Uses of the Subjunctive

The subjunctive in French is not a tense, but a mood. Like the indicative, the French subjunctive has tenses. In modern French there are only two subjunctive tenses in use: the present subjunctive and the past subjunctive. The subjunctive is used largely in subordinate clauses (dependent clauses that are part of a larger sentence and introduced by the conjunction **que**). Most cases of the subjunctive in French are predictable.

To understand the subjunctive it is necessary to understand the role of clauses in forming sentences. Turning a sentence into a subordinate clause allows the sentence to function as a noun or an adjective or an adverb within a larger sentence.

Compare the following two sentences:

Je dis **la vérité**.	*I tell **the truth**.*
Je dis **que Jean arrivera aujourd'hui**.	*I say **that Jean will arrive today**.*

Both **la vérité** and **que Jean arrivera aujourd'hui** function as direct objects of the verb **dis**. Thus, the subordinate clause **que Jean arrivera aujourd'hui** functions as a noun, and is therefore called a noun clause.

Now compare the following two sentences:

Nous avons une programmeuse **française**.	*We have a **French** programmer.*
Nous avons une programmeuse **qui parle français**.	*We have a programmer **who speaks French**.*

Both **française** and **qui parle français** modify the noun **programmeuse**. The subordinate clause **qui parle français** functions like an adjective and is therefore called an adjective clause (or a relative clause).

Adverb clauses are introduced by conjunctions other than **que**. Compare the following two sentences:

Jacqueline arrive **à deux heures**.	*Jacqueline is arriving **at two**.*
Jacqueline arrive **quand elle veut**.	*Jacqueline arrives **when she wants**.*

Both **à deux heures** and the clause **quand elle veut** modify the verb in the same way: they tell when the action takes place. **Quand elle veut** is therefore called an adverb clause.

The question then arises: In which subordinate clauses is the subjunctive used instead of the indicative? The subjunctive is used when the subordinate clause is dependent on a verb that means or implies imposition of will, emotion, doubt, or non-existence.

Thus, the subjunctive is used in noun clauses dependent on verbs such as **vouloir que, tenir à ce que, préférer que, regretter que, douter que,** etc.

Je **ne veux pas** *que tu t'en ailles*.	*I **don't want you to go** away.*
Le professeur **tient à ce** *que nous fassions* le travail.	*The teacher **insists that we do** the work.*
Je **regrette** *que vous ne puissiez pas* venir.	*I'm **sorry that you can't** come.*
Je **préfère** *que tu prennes* le train.	*I **prefer that you take** the train.*
Je **doute** *qu'il soit* là.	*I **doubt that he's** there.*

The following expressions of emotion (among others) are followed by the subjunctive:

avoir peur que	*to be afraid that*
craindre que	*to fear that*
être content(e)/triste que	*to be happy/sad that*
être ravi(e)/heureux(se) que	*to be delighted/happy that*
(ne pas) aimer que	*(not) to like the fact that*
s'étonner que	*to be surprised that*
se réjouir que	*to rejoice that*
être désolé(e) que	*to be sorry that*

The subjunctive is used after the negative and interrogative of **croire** and **penser**.

Je **ne crois pas** *que tu puisses* m'aider.	*I **don't think** you can help me.*
Elle **ne pense pas** *que cela soit* vrai.	*She **doesn't think** that's true.*

The affirmatives of **croire** and **penser** are followed by the indicative.

Je **crois** *que tu peux* m'aider.	*I **think** you can help me.*
Elle **pense** *que c'est* vrai.	*She **thinks** that's true.*

The subjunctive is used in adjective clauses after indefinite or negative antecedents.

Je cherche un ami **qui puisse** m'aider.	*I'm looking for a friend **who can** help me.*
Il n'y a aucune émission **qui soit intéressante**.	*There's no TV program **that's interesting**.*
Il ne dit rien **que je puisse** comprendre.	*He doesn't say anything that I can understand.*

Note that when these antecedents are not negative or when they are definite, the indicative, not the subjunctive, is used in the adjective clause:

J'ai un ami **qui peut** m'aider.	*I have a friend **who can** help me.*
Il y a des émissions **qui sont intéressantes**.	*There are TV programs **that are interesting**.*
Il dit quelque chose **que je peux** comprendre.	*He says something **that I can** understand.*

Impersonal expressions followed by the subjunctive fall under the same categories:

Il faut que/Il est nécessaire que	*It's necessary that*
Il est important/essentiel que	*It's important/essential that*
Il est indispensable/souhaitable que	*It is indispensable/desirable that*
Il est douteux/invraisemblable que	*It's doubtful/unlikely that*
Il vaut mieux que	*It's better that*
Il est peu probable que	*It's improbable that*
Il n'est pas vrai/sûr/certain que	*It's not true/sure/certain that*

Some examples:

Il faut **que tu me le dises**.	*It's necessary **for you to tell me**.*
Il est peu probable **qu'elle nous reçoive**.	*It's improbable (unlikely) **that she will see us**.*
Il est douteux **que nous y arrivions** à l'heure.	*It's doubtful **that we'll get there** on time.*
Il n'est pas vrai **qu'il fasse froid** aujourd'hui.	*It's not true **that it's cold** today.*

Note that **il n'est pas douteux, il est probable**, and **il est vrai/sûr/certain que** do not express doubt or negation and therefore are followed by the indicative.

Il n'est pas douteux **que nous y arrivons** à l'heure.	*It's not doubtful **that we'll get there** on time.*
Il est vrai **qu'il fait froid** aujourd'hui.	*It's true **that it's cold** today.*

The Imperfect Subjunctive

To form the imperfect subjunctive, remove the last letter of the first-person singular form of the passé simple and add the imperfect subjunctive endings. (The first-person singular of the passé simple is the second of the four principal parts listed at each verb conjugation in this book.)

parler

que je parl**asse**	que nous parl**assions**
que tu parl**asses**	que vous parl**assiez**
qu'il/elle/on parl**ât**	qu'ils/elles parl**assent**

finir

que je fin**isse**	que nous fin**issions**
que tu fin**isses**	que vous fin**issiez**
qu'il/elle/on fin**ît**	qu'ils/elles fin**issent**

vendre

que je vend**isse**	que nous vend**issions**
que tu vend**isses**	que vous vend**issiez**
qu'il/elle/on vend**ît**	qu'ils/elles vend**issent**

Uses of the Imperfect Subjunctive

The imperfect subjunctive in French is a literary tense, limited to formal writing and older texts.

In very formal written French the imperfect subjunctive may replace the present subjunctive when the main verb is in the past.

Modern French (acceptable in most situations)

Il était essentiel qu'il le **sache**.	*It was essential for him **to know** that.*
Je ne voulais pas que tu le **fasses**.	*I didn't want you **to do** it.*
Je n'ai pas pensé qu'il **puisse** venir.	*I didn't think that he **could** come.*

Formal literary French

Il était essentiel qu'il le **sût**.	*It was essential for him **to know** that.*
Je ne voulais pas que tu le **fisses**.	*I didn't want you **to do** it.*
Je n'ai pas pensé qu'il **pût** venir.	*I didn't think that he **could** come.*

THE COMPOUND TENSES

Compound tenses are formed by means of an auxiliary verb, either **avoir** or **être**, and the past participle. Most verbs form the passé composé with **avoir**; a small group of intransitive verbs of motion and change of state such as **aller, arriver, descendre, devenir, entrer, monter, mourir, naître, partir, sortir,** and **venir** form the compound tenses with **être**. In addition, all reflexive verbs form the compound tenses with **être**.

The past participle is formed as follows.

> **-Er** verbs replace the **-er** of the infinitive with **-é**: **parlé, allé, joué, arrivé**
> **-Ir** verbs replace the **-ir** of the infinitive with **-i**: **fini, choisi, parti, dormi**
> **-Re** verbs replace the **-re** of the infinitive with **-u**: **vendu, attendu, rompu, perdu**

Many verbs have irregular past participles. The past participles appear as the third principal part of each verb analyzed in this book and are found in the right-hand column of compound tenses.

These are the compound tenses in French:

The Passé Composé

The passé composé consists of the present tense of the appropriate auxiliary verb and the past participle (*I have spoken, sold, lived, etc.*). Here are examples of verbs of the three conjugations conjugated with **avoir**.

parler

j'**ai** parlé	nous **avons** parlé
tu **as** parlé	vous **avez** parlé
il/elle/on **a** parlé	ils/elles **ont** parlé

finir

j'**ai** fini	nous **avons** fini
tu **as** fini	vous **avez** fini
il/elle/on **a** fini	ils/elles **ont** fini

vendre

j'**ai** vend**u**	nous **avons** vend**u**
tu **as** vend**u**	vous **avez** vend**u**
il/elle/on **a** vend**u**	ils/elles **ont** vend**u**

Here are examples of the passé composé of verbs forming the compound tenses with **être**. Note that the past participle agrees with the subject in gender and number.

aller

je **suis** all**é(e)**	nous **sommes** all**é(e)s**
tu **es** all**é(e)**	vous **êtes** all**é(e)(s)**
il/elle/on **est** all**é(e)**	ils/elles **sont** all**é(e)s**

partir

je **suis** parti**(e)**	nous **sommes** parti**(e)s**
tu **es** parti**(e)**	vous **êtes** parti**(e)(s)**
il/elle/on **est** parti**(e)**	ils/elles **sont** parti**(e)s**

descendre

je **suis** descend**u(e)**	nous **sommes** descend**u(e)s**
tu **es** descend**u(e)**	vous **êtes** descend**u(e)(s)**
il/elle/on **est** descend**u(e)**	ils/elles **sont** descend**u(e)s**

The letters in parentheses are added depending on the gender and number of the subject. For instance, an entry such as **vous êtes allé(e)(s)** means that the form has four possibilities:

to a male	vous êtes all**é**
to a female	vous êtes all**ée**
to a group of males or males and females	vous êtes all**és**
to a group of females	vous êtes all**ées**

The third-person singular **on** form is often used informally in place of the **nous** form. In formal French, when the subject of the sentence is **on**, the past participle of **être** verbs is always masculine singular. In less formal writing there is a tendency to make the participle agree with whomever **on** refers to.

On est partis très tôt hier matin.	*We **left** very early yesterday morning.*

Use of the Passé Composé

The passé composé expresses a past event or action that the speaker sees either as completed in the past or as related to or having consequences for the present.

Elle **a fait ses études** à Paris.	*She **went to college** in Paris.*
Regarde. J'**ai fini** mes devoirs.	*Look. I've **finished** my homework.*
Tu **as compris** ce que le professeur **a dit**?	***Did** you **understand** what the teacher **said**?*
Oh, les enfants! Qu'est-ce que vous **avez fait**?	*Children! What **have** you **done**?*
Regardez cette chambre!	***Look at** this room!*
Quelqu'un **a frappé**. Va ouvrir.	*Someone (**has**) **knocked**. Go open the door.*

Note that French prefers the present tense for actions beginning in the past and continuing into the present, especially in sentences where you specify how long the action has been going on.

—**Cela fait** combien de temps que vous **habitez** ici?	*How long **have** you **been living** here?*
—**Ça fait** un an que nous **sommes** dans cet appartement.	*We've **been** in this apartment for one year.*

The Pluperfect Tense

This tense consists of the imperfect tense of the auxiliary, either **avoir** or **être**, and the past participle (*I had spoken, finished, gone downstairs, etc.*).

parler	
j'**avais** parlé	nous **avions** parlé
tu **avais** parlé	vous **aviez** parlé
il/elle/on **avait** parlé	ils/elles **avaient** parlé

finir	
j'**avais** fini	nous **avions** fini
tu **avais** fini	vous **aviez** fini
il/elle/on **avait** fini	ils/elles **avaient** fini

descendre	
j'**étais** descendu(e)	nous **étions** descendu(e)s
tu **étais** descendu(e)	vous **étiez** descendu(e)(s)
il/elle/on **était** descendu(e)	ils/elles **étaient** descendu(e)s

Use of the Pluperfect Tense

The pluperfect tense is used to specify an action or event as happening further back in the past than another action or event, which usually appears in the passé composé.

Eux, ils **avaient déjà fini** le travail quand vous avez téléphoné.

*They **had already finished** the job when you called. (Their finishing the work took place further back in the past (pluperfect) than your calling.)*

Jean **n'était pas encore arrivé** quand moi, j'ai commencé à manger.

*Jean **still hadn't arrived** when I began to eat. (Jean's arrival was expected, but did not happen, further back in the past than my beginning to eat.)*

The Past Anterior Tense

The past anterior tense consists of the passé simple of the auxiliary, either **avoir** or **être**, and the past participle (*I had spoken, sold, gone out.*).

parler	
j'**eus** parlé	nous **eûmes** parlé
tu **eus** parlé	vous **eûtes** parlé
il/elle/on **eut** parlé	ils/elles **eurent** parlé

vendre	
j'**eus** vendu	nous **eûmes** vendu
tu **eus** vendu	vous **eûtes** vendu
il/elle/on **eut** vendu	ils/elles **eurent** vendu

sortir	
je **fus** sorti(e)	nous **fûmes** sorti(e)s
tu **fus** sorti(e)	vous **fûtes** sorti(e)(s)
il/elle/on **fut** sorti(e)	ils/elles **furent** sorti(e)s

Use of the Past Anterior Tense

The past anterior tense is rarely used in speech. It is a feature of formal, literary French, where it may be used after the conjunctions **quand, lorsque** *when*, **aussitôt que, dès que, sitôt que** *as soon as*, **tant que** *as long as*, **après que** *after*, **une fois que** *once*.

J'ai fait les démarches nécessaires aussitôt qu'ils m'**eurent expliqué** l'affaire.	*I took the necessary measures as soon as they **had explained** the matter to me.*
Une fois qu'il **eut fini**, il est parti.	*Once he **had finished**, he left.*

In everyday language, the past anterior tense is replaced by the pluperfect or the passé composé.

Quand il **a fini**, il est parti.	*When he **finished**, he left.*

The Future Anterior Tense

The future anterior tense consists of the future of the auxiliary, either **avoir** or **être**, and the past participle (*I will have spoken, sold, gone out, etc.*).

parler

j'**aurai** parlé	nous **aurons** parlé
tu **auras** parlé	vous **aurez** parlé
il/elle/on **aura** parlé	ils/elles **auront** parlé

vendre

j'**aurai** vendu	nous **aurons** vendu
tu **auras** vendu	vous **aurez** vendu
il/elle/on **aura** vendu	ils/elles **auront** vendu

sortir

je **serai** sorti(e)	nous **serons** sorti(e)s
tu **seras** sorti(e)	vous **serez** sorti(e)(s)
il/elle/on **sera** sorti(e)	ils/elles **seront** sorti(e)s

Uses of the Future Anterior Tense

The future anterior is used to label a future action as completed before another future action takes place.

Nous **aurons fini** de dîner avant qu'il n'arrive.	*We **will have finished** eating before he arrives.*

The future anterior may express a conjecture or guess about what happened in the past before another past event occurred.

—Quelle surprise! Nos cousins sont déjà là.	*What a surprise! Our cousins are already here.*
—Il **auront pris** le train de dix heures.	*They **probably took** the ten o'clock train.*

The Past Conditional Tense

The past conditional tense consists of the conditional of the auxiliary, either **avoir** or **être**, and the past participle (*I would have spoken, finished, gone downstairs, etc.*).

parler

j'**aurais** parlé	nous **aurions** parlé
tu **aurais** parlé	vous **auriez** parlé
il/elle/on **aurait** parlé	ils/elles **auraient** parlé

finir

j'**aurais** fini	nous **aurions** fini
tu **aurais** fini	vous **auriez** fini
il/elle/on **aurait** fini	ils/elles **auraient** fini

descendre

je **serais** descendu(e)	nous **serions** descendu(e)s
tu **serais** descendu(e)	vous **seriez** descendu(e)(s)
il/elle/on **serait** descendu(e)	ils/elles **seraient** descendu(e)s

Uses of the Past Conditional Tense

The past conditional is most commonly used in conditional sentences that present hypotheses contrary to facts in the past, in other words, what *would have* taken place.

Fact

Jean n'est pas venu. On ne l'a donc pas vu. — *Jean didn't come. That's why we didn't see him.*

Contrary-to-fact conditional sentence

Si Jean était venu, on l'**aurait vu**. — *If Jean had come, we **would have seen** him.*

Fact

Je me suis réveillé tard. C'est pour ça que je ne suis pas arrivé à l'heure. — *I woke up late. That's why I didn't arrive on time.*

Contrary-to-fact conditional sentence

Si je ne m'étais pas réveillé tard, je **serais arrivé** à l'heure. — *If I hadn't woken up late, I **would have arrived** on time.*

The conditional perfect is used in reported speech to refer to completed actions in the future.

Elle a dit qu'avant vendredi elle les aurait aidés. — *She said that before Friday she would have helped them.*

Direct speech

Elle a dit, « Avant vendredi je les aurai aidés. » — *She said, "Before Friday I will have helped them."*

The past conditional is also used to express allegations in the past.

Le cambrioleur aurait travaillé avec des complices. — *The burglar allegedly worked with accomplices.*

The Past Subjunctive

The past subjunctive consists of the present subjunctive of the appropriate auxiliary, either **avoir** or **être**, plus the past participle.

parler

que j'**aie** parlé	que nous **ayons** parlé
que tu **aies** parlé	que vous **ayez** parlé
qu'il/elle/on **ait** parlé	qu'ils/elles **aient** parlé

finir

que j'**aie** fini	que nous **ayons** fini
que tu **aies** fini	que vous **ayez** fini
qu'il/elle/on **ait** fini	qu'ils/elles **aient** fini

descendre

que je **sois** descendu(e)	que nous **soyons** descendu(e)s
que tu **sois** descendu(e)	que vous **soyez** descendu(e)(s)
qu'il/elle/on **soit** descendu(e)	qu'ils/elles **soient** descendu(e)s

Use of the Past Subjunctive

The past subjunctive is used in subordinate clauses that require the subjunctive to express past events that happened *before* the action of the main clause. The present subjunctive expresses actions simultaneous with or subsequent to the action of the main clause. Compare the following pairs of sentences.

Je suis content **qu'elle vienne.**	*I'm happy **she's coming**.*
Je suis content **qu'elle soit venue.**	*I'm happy **she came**.*
Je ne crois pas **qu'il le fasse.**	*I don't think **he'll do it**.*
Je ne crois pas **qu'il l'ait fait.**	*I don't think **he did it**.*
Elle doute **qu'il comprenne.**	*She doubts **that he will understand**.*
Elle doute **qu'il ait compris.**	*She doubts **that he understood**.*
Nous regrettions **que vous partiez.**	*We were sorry **that you were leaving**.*
Nous regrettions **que vous soyez partis.**	*We were sorry **that you had left**.*

The Pluperfect Subjunctive

The pluperfect subjunctive consists of the imperfect subjunctive of the appropriate auxiliary, either **avoir** or **être**, plus the past participle.

parler

que j'**eusse** parlé	que nous **eussions** parlé
que tu **eusses** parlé	que vous **eussiez** parlé
qu'il/elle/on **eût** parlé	qu'ils/elles **eussent** parlé

vendre

que j'**eusse** vendu	que nous **eussions** vendu
que tu **eusses** vendu	que vous **eussiez** vendu
qu'il/elle/on **eût** vendu	qu'ils/elles **eussent** vendu

sortir

que je **fusse** sorti(e)	que nous **fussions** sorti(e)s
que tu **fusses** sorti(e)	que vous **fussiez** sorti(e)(s)
qu'il/elle/on **fût** sorti(e)	qu'ils/elles **fussent** sorti(e)s

Uses of the Pluperfect Subjunctive

The pluperfect subjunctive is limited to formal written French. It is used in place of the past subjunctive to express past events that happened *before* the action of the main clause when the main verb is in one of the past tenses.

Compare:

Modern spoken and written French

Nous regrettions que vous **soyez partis**.   *We were sorry that you **had left**.*

Formal written French

Nous regrettions que vous **fussiez partis**.   *We were sorry that you **had left**.*

Although rare in the modern language, the pluperfect subjunctive is sometimes used in both clauses of past contrary-to-fact conditional sentences for stylistic effect. Usually the pluperfect subjunctive is used only in the third-person singular.

Si le Président de la République **eût su**   *If the President of the Republic **had known***
que la guerre allait éclater, il **ne fût**   *that war was going to break out, he **would***
pas parti en mission.   *not have left on a diplomatic mission.*

In normal, current style the above sentence would be written as follows:

Si le Président de la République **avait su**
que la guerre allait éclater, il **ne serait**
pas parti en mission.

PRINCIPAL PARTS OF THE VERB

You can predict almost all the forms of all French verbs if you know the principal parts of the verb. The principal parts are the *infinitive*, the *first-person singular of the present tense*, the *first-person singular of the passé simple*, the *past participle*, and the *present participle*.

The principal parts look like this:

> **fermer**
> **je ferme · je fermai · fermé · fermant**

From the *infinitive* (**fermer**) you form the following tenses:

1 · The future: **je fermerai, tu fermeras, il/elle/on fermera, nous fermerons, vous fermerez, ils fermeront**

2 · The conditional: **je fermerais, tu fermerais, il/elle/on fermerait, nous fermerions, vous fermeriez, ils fermeraient**

From the *first-person singular of the present tense* (**je ferme**) you can derive the rest of the present tense for **-er** verbs: **tu fermes, il/elle/on ferme, nous fermons, vous fermez, ils/elles ferment**.

From the *passé simple* you can derive the imperfect subjunctive: **que je fermasse, que tu fermasses, qu'il/elle/on fermasse, que nous fermassions, que vous fermassiez, qu'ils/elles fermassent**.

The *past participle* is used to form the following compound tenses:

1 · the passé composé: **j'ai fermé**

2 · the pluperfect: **j'avais fermé**

3 · the past anterior: **j'eus fermé**

4 · the future anterior: **j'aurai fermé**

5 · the past conditional: **j'aurais fermé**

6 · the past subjunctive: **que j'aie fermé**

7 · the pluperfect subjunctive: **que j'eusse fermé**

8 · The past participle is also used with **être** to form the passive: **La porte a été fermée par le portier.**

The *present participle* provides the stem of the verbs (for all but a few irregulars). The verb stem is arrived at by removing the **-ant** of the present participle. The following forms may be derived from this verb stem:

1 · the imperfect: **je fermais, tu fermais, il/elle/on fermait, nous fermions, vous fermiez, ils/elles fermaient**

2 · the present subjunctive: **que je ferme, que tu fermes, qu'il/elle/on ferme, que nous fermions, que vous fermiez, qu'ils/elles ferment**

3 · the plural of the present tense forms for verbs other than **-er** verbs: **nous finissons, nous recevons, nous suivons, nous lisons**, etc.

COMMANDS (THE IMPERATIVE)

French command forms are identical to the present tense form of the verb minus the subject pronoun. The **tu** form of **-er** verbs drops the final **-s** of the present tense form.

Parle.	*Speak.*
Parlons.	*Let's speak.*
Parlez.	*Speak.*
Finis le travail.	*Finish the work.*
Finissons le travail.	*Let's finish the work.*
Finissez le travail.	*Finish the work.*
Attends-le.	*Wait for him.*
Attendons-le.	*Let's wait for him.*
Attendez-le.	*Wait for him.*

The **-s** is restored (and pronounced) before the pronouns **y** and **en**.

Monte**s-y**.	*Go up there.*
Parle**s-en**.	*Talk about it.*

The verbs **être**, **avoir**, and **savoir** have irregular imperatives:

être	**sois, soyons, soyez**
avoir	**aie, ayons, ayez**
savoir	**sache, sachons, sachez**

The negative command is formed by placing **ne** before the imperative and **pas** after it:

Ne parle **pas**.	***Don't** speak.*
Ne finissez **pas** le travail.	***Don't** finish the work.*
Ne l'attendons **pas**.	***Let's not** wait for him.*

Uses of Command Forms

Command forms are used to tell someone to do something or not to do something. Commands may be softened by the use of **Veuillez**, the irregular command form of **vouloir**, + the infinitive. **Veuillez** adds the idea of *please*.

Veuillez venir à 3 heures.	***Please** come at three o'clock.*

A subjunctive clause beginning with the word **que** can express a command directed at a third person.

Qu'il vienne avec nous.	***Let him (have him) come** with us.*
Qu'elle apprenne le vocabulaire.	***Have her learn** the vocabulary.*
Qu'ils fassent leurs devoirs.	***Let them (have them) do** their homework.*
Qu'elles vous le **rendent**.	***Have them give** it **back** to you.*

PRONOMINAL/REFLEXIVE VERBS

French has a large class of verbs known as pronominal or reflexive verbs. These verbs always appear with a reflexive pronoun referring back to the subject. Pronominal verbs occur in all tenses. Study the present tense of **se lever** *to get up*.

je me lève	**nous nous** levons
tu te lèves	**vous vous** levez
il/elle/on se lève	**ils/elles se** lèvent

Here is an example of a reflexive verb in the passé composé. Note that reflexive verbs are always conjugated with **être** in the compound tenses.

s'amuser *to have a good time*

je me **suis** amusé(e)	nous nous **sommes** amusé(e)s
tu t'**es** amusé(e)	vous vous **êtes** amusé(e)(s)
il/elle/on s'**est** amusé(e)	ils/elles se **sont** amusé(e)s

Note that in the passé composé the past participle of pronominal verbs agrees in gender and number with the reflexive pronoun if the reflexive pronoun is a direct object. This is the most common case. However, there are cases where the reflexive pronoun is an indirect object and a direct object noun follows the verb. In this case the participle does NOT agree. Study the conjugation of **se laver les mains** *to wash one's hands*. In these sentences **les mains** is the direct object of the verb.

Je **me suis lavé** les mains.	Nous **nous sommes lavé** les mains.
Tu **t'es lavé** les mains.	Vous **vous êtes lavé** les mains.
Il/elle/on **s'est lavé** les mains.	Ils/elles **se sont lavé** les mains.

Note that if **les mains** is replaced by the object pronoun **les**, which is placed before the verb, the past participle will agree with **les**.

Il **se les est lavées**.	*He washed them (= his hands).*

Uses of Reflexive Verbs

In English the number of reflexive verbs (*I hurt myself*) is relatively small. Reflexive verb forms in English are followed by a pronoun that ends in -*self* or -*selves* (*I cut myself./They hurt themselves.*). Most reflexive verbs in French correspond to English intransitive verbs, that is, verbs that have no direct object, or to English verb constructions with *get* or *be*.

Elle **s'est réveillée** à sept heures.	*She **woke up** at seven o'clock.*
Tu **t'es fâché**.	*You **got angry**.*
Ils vont **se laver**.	*They're going **to wash up**.*

In some cases, the reflexive pronoun is an indirect object, not a direct object. These verbs can have a direct object as well as the reflexive pronoun. Some examples:

Je **me suis brossé les dents**.	*I **brushed my teeth**.*
(**dents** = direct object)	
Les enfants **se sont lavé le visage**.	*The children **washed their faces**.*
(**le visage** = direct object)	

Note that French uses the *definite article* where English uses a possessive adjective for articles of clothing and parts of the body. Some common reflexive verbs used this way:

se casser + *part of the body*	*to break*
se couper + *part of the body*	*to cut*
se laver + *part of the body*	*to wash*

THE PASSIVE VOICE

The passive voice in French is formed as in English. It consists of **être** + the past participle. The past participle agrees in gender and number with the subject of the sentence. The passive may be used in any tense.

Cette famille **est** très **respectée**.	*That family **is** very **respected**.*
Les ordinateurs **ont été vendus** au rabais.	*The computers **were sold** at a discount.*

Passives often include a phrase beginning with **par** to tell who (or what) is performing the action.

La ville **fut brûlée par l'ennemi**.	*The city **was burned down by the enemy**.*
Beaucoup d'écoles **seront construites par le gouvernement**.	*Many schools **will be built by the government**.*
Le projet de loi **va être considéré par le Sénat**.	*The bill **is going to be considered by the Senate**.*
La décision **avait été prise par le conseil d'administration**.	*The decision **had been made by the board**.*

The Use of the Passive Voice

The passive voice is more common in written French than in spoken French. In active sentences (*e.g., The dog bites the man.*) the focus is on the performer of the action (the subject). In the passive, the focus is shifted from the performer of the action to the object, which becomes the grammatical subject of the sentence (*e.g., The man is bitten by the dog.*)

In spoken French the equivalent of the English passive is a construction consisting of the pronoun **on** + the third-person singular of the verb. In this construction, the performer of the action is not mentioned. A phrase with **par** cannot be added to the construction with **on**.

On respecte beaucoup cette famille.	*That family **is** very **respected**.*
On a vendu la maison.	*The house **was sold**.*
Quand est-ce qu'**on trouvera** une solution?	*When **will** a solution **be found**?*
On construira beaucoup d'écoles.	*Many schools **will be built**.*
Ici **on parle** français.	*French **is spoken** here.*

When the performer of the action must be mentioned, the active voice is used in spoken French.

L'ennemi **a brûlé** la ville.	*The enemy **burned down** the city.*
Le gouvernement **construira** beaucoup d'écoles.	*The government **will build** many schools.*
Le Sénat **va considérer** le projet de loi.	*The Senate **is going to consider** the bill.*

DEFECTIVE VERBS

Some common verbs in French are "defective." They do not appear in all persons or in all tenses.

The verb **pleuvoir** *to rain* is used only in the third-person singular.

pleuvoir

PRESENT	il pleut
PASSÉ COMPOSÉ	il a plu
IMPERFECT	il pleuvait
PASSÉ SIMPLE	il plut
FUTURE	il pleuvra
CONDITIONAL	il pleuvrait
PRESENT SUBJUNCTIVE	qu'il pleuve
IMPERFECT SUBJUNCTIVE	qu'il plût

The present participle is **pleuvant**.

Examples:

Il pleut et je n'ai pas de parapluie!	*It's raining and I have no umbrella!*
—Je me demande s'il pleuvra.	*I wonder if it will rain.*
—La météo a dit qu'il pleuvrait.	*The weather report said it would rain.*
Il pleut des cordes.	*It's pouring.*
Il pleut à verse.	*It's pouring.*
Qu'il pleuve ou qu'il vente.	*Come what may, rain or shine.*

The verbs **neiger** *to snow* and **grêler** *to hail*, like **pleuvoir**, are used only in the third-person singular. **Neiger** has the spelling change of *g > ge/a*: **il neigea, il neigeait**.

The verb **falloir** *to be necessary, must* is used only in the third-person singular.

falloir

PRESENT	il faut
PASSÉ COMPOSÉ	il a fallu
IMPERFECT	il fallait
PASSÉ SIMPLE	il fallut
FUTURE	il faudra
CONDITIONAL	il faudrait
PRESENT SUBJUNCTIVE	qu'il faille
IMPERFECT SUBJUNCTIVE	qu'il fallût

Examples:

Il faut rentrer.	*We have to go home.*
Il fallait le lui dire.	*You should have told him.*
Il faut que tu sortes un peu.	*You must go out a little.*
s'il le faut	*if necessary*
Il faudra partir de bonne heure.	*We'll have to leave early.*
Il me faut travailler ce soir.	*I have to study this evening.*
Il faut de tout pour faire un monde.	*It takes all kinds.*

GUIDE TO IRREGULAR VERBS

Although French has many irregular verbs, there are patterns in the irregularities, so they may be learned in groups. The most important division in the French verb system is between verbs whose infinitive ends in **-er** and all other verbs. Verbs ending in **-er** have the same stem throughout their conjugation. All other verbs (with the exception of a few irregulars) lose the final consonant of the stem in the singular of the present tense. This may or may not be shown in the writing system, but is always apparent in speech. Also, all verbs other than **-er** verbs have the endings **-s, -s, -t** in the singular of the present tense.

Some examples:

1 · ils finissent *vs.* il finit (*final consonant s [written ss] drops in both speech and writing*)

2 · ils vendent *vs.* il vend (*final consonant d is written in the singular but not pronounced; note that the ending -t is never added to d*)

3 · ils lisent *vs.* il lit (*final consonant z [written s] drops in both speech and writing*)

4 · ils reçoivent *vs.* il reçoit (*final consonant v drops in both speech and writing*)

Note that in the present subjunctive the final consonant is written and pronounced in all persons of the singular.

Rare Irregular Verbs

The verb **assaillir** *to attack* is conjugated like an **-er** verb in the present, imperfect, and present subjunctive.

assaillir

PRESENT	j'assaille, tu assailles, il assaille, nous assaillons, etc.
PASSÉ COMPOSÉ	j'ai assailli
IMPERFECT	j'assaillais, etc.
PASSÉ SIMPLE	j'assaillis
FUTURE	j'assaillirai
CONDITIONAL	j'assaillirais
PRESENT SUBJUNCTIVE	que j'assaille
IMPERFECT SUBJUNCTIVE	que j'assaillisse

The present participle is **assaillant**.

The verb **clore** *to close* is rare in modern French, except in its past participle.

clore

PRESENT	je clos, tu clos, il clôt, ils closent (*nous* and *vous* forms not used)
PASSÉ COMPOSÉ	j'ai clos
IMPERFECT	—
PASSÉ SIMPLE	—
FUTURE	je clorai
CONDITIONAL	je clorais
PRESENT SUBJUNCTIVE	que je close
IMPERFECT SUBJUNCTIVE	—

The present participle is not used.

Compounds of **clore**, such as **éclore**, do not have a circumflex in the third-person singular of the present: **La fleur éclot.**

The verb **confire** *to preserve (food) in fat or sugar* is irregular.

confire

PRESENT	je confis, tu confis, il confit, nous confisons, vous confisez, ils confisent
PASSÉ COMPOSÉ	j'ai confit
IMPERFECT	je confisais
PASSÉ SIMPLE	je confis
FUTURE	je confirai
CONDITIONAL	je confirais
PRESENT SUBJUNCTIVE	que je confise
IMPERFECT SUBJUNCTIVE	que je confisse

The present participle is **confisant**.

The verb **déchoir** *to decline* is irregular; it is not used in the imperfect.

déchoir

PRESENT	je déchois, tu déchois, il déchoit, nous déchoyons, vous déchoyez, ils déchoient
PASSÉ COMPOSÉ	je suis déchu(e) OR j'ai déchu
IMPERFECT	—
PASSÉ SIMPLE	je déchus
FUTURE	je déchoirai
CONDITIONAL	je déchoirais
PRESENT SUBJUNCTIVE	que je déchoie, que tu déchoies, qu'il déchoie, que nous déchoyions, que vous déchoyiez, qu'ils déchoient
IMPERFECT SUBJUNCTIVE	que je déchusse

The present participle is not used.

The verb **faillir** *to almost do, nearly do* is rarely if ever used in any tense except passé composé or passé simple.

faillir

PRESENT	—
PASSÉ COMPOSÉ	j'ai failli
IMPERFECT	je faillais
PASSÉ SIMPLE	je faillis
FUTURE	je faillirai
CONDITIONAL	je faillirais
PRESENT SUBJUNCTIVE	—
IMPERFECT SUBJUNCTIVE	—

The verb **gésir** *to lie (in a grave)* is used only in the present and imperfect.

gésir

PRESENT	je gis, tu gis, il gît, nous gisons, vous gisez, ils gisent
IMPERFECT	je gisais

The present participle of **gésir** is **gisant**. The verb is most commonly encountered in the phrase **ci-gît** *here lies*.

The verb **ouïr** *to hear* is obsolete. It is occasionally found in the infinitive and in the compound tenses: **j'ai ouï**.

The verb **pourvoir** *to provide* is conjugated like **voir**, except that its future and conditional are regular, and the vowel **u** is used in the passé simple and the imperfect subjunctive.

pourvoir

FUTURE	je pourvoirai
CONDITIONAL	je pourvoirais
PASSÉ SIMPLE	je pourvus
IMPERFECT SUBJUNCTIVE	que je pourvusse

The present participle is **pourvoyant**.

The verb **surseoir** *to postpone* is irregular.

surseoir

PRESENT	je sursois, tu sursois, il sursoit, nous sursoyons, vous sursoyez, ils sursoient
PASSÉ COMPOSÉ	j'ai sursis
IMPERFECT	je sursoyais
PASSÉ SIMPLE	je sursis
FUTURE	je surseoirai
CONDITIONAL	je surseoirais
PRESENT SUBJUNCTIVE	que je sursoie, que tu sursoies, qu'il sursoie, que nous sursoyions, que vous sursoyiez, qu'ils sursoient
IMPERFECT SUBJUNCTIVE	que je sursisse

The present participle is **sursoyant**.

The verb **traire** *to milk (a cow)* is irregular. It is not used in the simple past or the imperfect subjunctive.

traire

PRESENT	je trais, tu trais, il trait, nous trayons, vous trayez, ils traient
PASSÉ COMPOSÉ	j'ai trait
IMPERFECT	je trayais
PASSÉ SIMPLE	—
FUTURE	je trairai
CONDITIONAL	je trairais
PRESENT SUBJUNCTIVE	que je traie, que tu traies, qu'il traie, que nous trayions, que vous trayiez, qu'ils traient
IMPERFECT SUBJUNCTIVE	—

The present participle is **trayant**.

555

FULLY CONJUGATED VERBS

Top 50 Verbs

The following fifty verbs have been selected for their high frequency and their use in many common idiomatic expressions. For each verb, a full page of example sentences and phrases providing guidance on correct usage immediately precedes or follows the conjugation table.

regular -er verb

j'abandonne · j'abandonnai · abandonné · abandonnant

PRESENT

j'abandonne	nous abandonnons
tu abandonnes	vous abandonnez
il/elle abandonne	ils/elles abandonnent

IMPERFECT

j'abandonnais	nous abandonnions
tu abandonnais	vous abandonniez
il/elle abandonnait	ils/elles abandonnaient

PASSÉ SIMPLE

j'abandonnai	nous abandonnâmes
tu abandonnas	vous abandonnâtes
il/elle abandonna	ils/elles abandonnèrent

FUTURE

j'abandonnerai	nous abandonnerons
tu abandonneras	vous abandonnerez
il/elle abandonnera	ils/elles abandonneront

CONDITIONAL

j'abandonnerais	nous abandonnerions
tu abandonnerais	vous abandonneriez
il/elle abandonnerait	ils/elles abandonneraient

PRESENT SUBJUNCTIVE

que j'abandonne	que nous abandonnions
que tu abandonnes	que vous abandonniez
qu'il/elle abandonne	qu'ils/elles abandonnent

IMPERFECT SUBJUNCTIVE

que j'abandonnasse	que nous abandonnassions
que tu abandonnasses	que vous abandonnassiez
qu'il/elle abandonnât	qu'ils/elles abandonnassent

PASSÉ COMPOSÉ

j'ai abandonné	nous avons abandonné
tu as abandonné	vous avez abandonné
il/elle a abandonné	ils/elles ont abandonné

PLUPERFECT

j'avais abandonné	nous avions abandonné
tu avais abandonné	vous aviez abandonné
il/elle avait abandonné	ils/elles avaient abandonné

PAST ANTERIOR

j'eus abandonné	nous eûmes abandonné
tu eus abandonné	vous eûtes abandonné
il/elle eut abandonné	ils/elles eurent abandonné

FUTURE ANTERIOR

j'aurai abandonné	nous aurons abandonné
tu auras abandonné	vous aurez abandonné
il/elle aura abandonné	ils/elles auront abandonné

PAST CONDITIONAL

j'aurais abandonné	nous aurions abandonné
tu aurais abandonné	vous auriez abandonné
il/elle aurait abandonné	ils/elles auraient abandonné

PAST SUBJUNCTIVE

que j'aie abandonné	que nous ayons abandonné
que tu aies abandonné	que vous ayez abandonné
qu'il/elle ait abandonné	qu'ils/elles aient abandonné

PLUPERFECT SUBJUNCTIVE

que j'eusse abandonné	que nous eussions abandonné
que tu eusses abandonné	que vous eussiez abandonné
qu'il/elle eût abandonné	qu'ils/elles eussent abandonné

COMMANDS

	(nous) abandonnons
(tu) abandonne	(vous) abandonnez

Usage

abandonner une propriété/des terres	*to abandon a piece of property/land*
abandonner sa famille	*to abandon one's family*
une maison abandonnée	*an abandoned house*
Les familles abandonnent les villes.	*Families are leaving the cities (for good).*
abandonner une méthode	*to give up a method*
abandonner son travail/le pouvoir	*to give up one's job/political power*
abandonner la lutte	*to give up the struggle*
abandonner la médecine	*to give up medicine/a medical practice*
abandonner la partie	*to give up the project/the undertaking*
J'abandonne!	*I give up!* (games, etc.)

abattre _to knock down_

j'abats · j'abattis · abattu · abattant

irregular verb; only one _t_ in the singular of the present tense

PRESENT

j'abats	nous abattons
tu abats	vous abattez
il/elle abat	ils/elles abattent

PASSÉ COMPOSÉ

j'ai abattu	nous avons abattu
tu as abattu	vous avez abattu
il/elle a abattu	ils/elles ont abattu

IMPERFECT

j'abattais	nous abattions
tu abattais	vous abattiez
il/elle abattait	ils/elles abattaient

PLUPERFECT

j'avais abattu	nous avions abattu
tu avais abattu	vous aviez abattu
il/elle avait abattu	ils/elles avaient abattu

PASSÉ SIMPLE

j'abattis	nous abattîmes
tu abattis	vous abattîtes
il/elle abattit	ils/elles abattirent

PAST ANTERIOR

j'eus abattu	nous eûmes abattu
tu eus abattu	vous eûtes abattu
il/elle eut abattu	ils/elles eurent abattu

FUTURE

j'abattrai	nous abattrons
tu abattras	vous abattrez
il/elle abattra	ils/elles abattront

FUTURE ANTERIOR

j'aurai abattu	nous aurons abattu
tu auras abattu	vous aurez abattu
il/elle aura abattu	ils/elles auront abattu

CONDITIONAL

j'abattrais	nous abattrions
tu abattrais	vous abattriez
il/elle abattrait	ils/elles abattraient

PAST CONDITIONAL

j'aurais abattu	nous aurions abattu
tu aurais abattu	vous auriez abattu
il/elle aurait abattu	ils/elles auraient abattu

PRESENT SUBJUNCTIVE

que j'abatte	que nous abattions
que tu abattes	que vous abattiez
qu'il/elle abatte	qu'ils/elles abattent

PAST SUBJUNCTIVE

que j'aie abattu	que nous ayons abattu
que tu aies abattu	que vous ayez abattu
qu'il/elle ait abattu	qu'ils/elles aient abattu

IMPERFECT SUBJUNCTIVE

que j'abattisse	que nous abattissions
que tu abattisses	que vous abattissiez
qu'il/elle abattît	qu'ils/elles abattissent

PLUPERFECT SUBJUNCTIVE

que j'eusse abattu	que nous eussions abattu
que tu eusses abattu	que vous eussiez abattu
qu'il/elle eût abattu	qu'ils/elles eussent abattu

COMMANDS

	(nous) abattons
(tu) abats	(vous) abattez

Usage

abattre un arbre	_to chop down a tree_
abattre une maison	_to knock down/demolish a house_
abattre un animal	_to shoot an animal dead_
Je suis abattu par la chaleur.	_The heat has gotten to me._
abattre de la besogne/du travail	_to get a lot of work done_
Tu abats de la besogne comme quatre!	_You do the work of four people!_
se laisser abattre	_to let oneself get depressed_
Ne te laisse pas abattre!	_Keep your chin up!_

PROVERB

Petite pluie abat grand vent.	_A little rain settles a great deal of dust._

PRESENT

j'abîme	nous abîmons
tu abîmes	vous abîmez
il/elle abîme	ils/elles abîment

IMPERFECT

j'abîmais	nous abîmions
tu abîmais	vous abîmiez
il/elle abîmait	ils/elles abîmaient

PASSÉ SIMPLE

j'abîmai	nous abîmâmes
tu abîmas	vous abîmâtes
il/elle abîma	ils/elles abîmèrent

FUTURE

j'abîmerai	nous abîmerons
tu abîmeras	vous abîmerez
il/elle abîmera	ils/elles abîmeront

CONDITIONAL

j'abîmerais	nous abîmerions
tu abîmerais	vous abîmeriez
il/elle abîmerait	ils/elles abîmeraient

PRESENT SUBJUNCTIVE

que j'abîme	que nous abîmions
que tu abîmes	que vous abîmiez
qu'il/elle abîme	qu'ils/elles abîment

IMPERFECT SUBJUNCTIVE

que j'abîmasse	que nous abîmassions
que tu abîmasses	que vous abîmassiez
qu'il/elle abîmât	qu'ils/elles abîmassent

COMMANDS

	(nous) abîmons
(tu) abîme	(vous) abîmez

PASSÉ COMPOSÉ

j'ai abîmé	nous avons abîmé
tu as abîmé	vous avez abîmé
il/elle a abîmé	ils/elles ont abîmé

PLUPERFECT

j'avais abîmé	nous avions abîmé
tu avais abîmé	vous aviez abîmé
il/elle avait abîmé	ils/elles avaient abîmé

PAST ANTERIOR

j'eus abîmé	nous eûmes abîmé
tu eus abîmé	vous eûtes abîmé
il/elle eut abîmé	ils/elles eurent abîmé

FUTURE ANTERIOR

j'aurai abîmé	nous aurons abîmé
tu auras abîmé	vous aurez abîmé
il/elle aura abîmé	ils/elles auront abîmé

PAST CONDITIONAL

j'aurais abîmé	nous aurions abîmé
tu aurais abîmé	vous auriez abîmé
il/elle aurait abîmé	ils/elles auraient abîmé

PAST SUBJUNCTIVE

que j'aie abîmé	que nous ayons abîmé
que tu aies abîmé	que vous ayez abîmé
qu'il/elle ait abîmé	qu'ils/elles aient abîmé

PLUPERFECT SUBJUNCTIVE

que j'eusse abîmé	que nous eussions abîmé
que tu eusses abîmé	que vous eussiez abîmé
qu'il/elle eût abîmé	qu'ils/elles eussent abîmé

Usage

La pluie a abîmé nos vêtements.	*The rain ruined our clothing.*
Ma chemise est complètement abîmée.	*My shirt is all soiled/completely ruined.*
Ce shampooing a abîmé mes cheveux.	*This shampoo ruined my hair.*
Ne lis pas sans tes lunettes. Tu vas t'abîmer tes yeux.	*Don't read without your glasses. You're going to ruin your eyes.*
Ne mettez pas votre valise sur la table. Vous allez en abîmer la surface.	*Don't put your suitcase on the table. You'll ruin the surface.*
Ne jette pas tes jouets en l'air! Tu vas les abîmer!	*Don't throw your toys up in the air! You're going to ruin them!*
s'abîmer	*to spoil/go bad*
Les fruits se sont abîmés.	*The fruit went bad/spoiled.*
La soie s'abîme facilement.	*Silk is easily damaged.*
abîmer qqn	*to pull someone apart/criticize someone*
se faire abîmer le portrait	*to get one's face smashed/battered in a fight*

abolir *to abolish*

regular *-ir* verb

PRESENT

j'abolis	nous abolissons
tu abolis	vous abolissez
il/elle abolit	ils/elles abolissent

PASSÉ COMPOSÉ

j'ai aboli	nous avons aboli
tu as aboli	vous avez aboli
il/elle a aboli	ils/elles ont aboli

IMPERFECT

j'abolissais	nous abolissions
tu abolissais	vous abolissiez
il/elle abolissait	ils/elles abolissaient

PLUPERFECT

j'avais aboli	nous avions aboli
tu avais aboli	vous aviez aboli
il/elle avait aboli	ils/elles avaient aboli

PASSÉ SIMPLE

j'abolis	nous abolîmes
tu abolis	vous abolîtes
il/elle abolit	ils/elles abolirent

PAST ANTERIOR

j'eus aboli	nous eûmes aboli
tu eus aboli	vous eûtes aboli
il/elle eut aboli	ils/elles eurent aboli

FUTURE

j'abolirai	nous abolirons
tu aboliras	vous abolirez
il/elle abolira	ils/elles aboliront

FUTURE ANTERIOR

j'aurai aboli	nous aurons aboli
tu auras aboli	vous aurez aboli
il/elle aura aboli	ils/elles auront aboli

CONDITIONAL

j'abolirais	nous abolirions
tu abolirais	vous aboliriez
il/elle abolirait	ils/elles aboliraient

PAST CONDITIONAL

j'aurais aboli	nous aurions aboli
tu aurais aboli	vous auriez aboli
il/elle aurait aboli	ils/elles auraient aboli

PRESENT SUBJUNCTIVE

que j'abolisse	que nous abolissions
que tu abolisses	que vous abolissiez
qu'il/elle abolisse	qu'ils/elles abolissent

PAST SUBJUNCTIVE

que j'aie aboli	que nous ayons aboli
que tu aies aboli	que vous ayez aboli
qu'il/elle ait aboli	qu'ils/elles aient aboli

IMPERFECT SUBJUNCTIVE

que j'abolisse	que nous abolissions
que tu abolisses	que vous abolissiez
qu'il/elle abolît	qu'ils/elles abolissent

PLUPERFECT SUBJUNCTIVE

que j'eusse aboli	que nous eussions aboli
que tu eusses aboli	que vous eussiez aboli
qu'il/elle eût aboli	qu'ils/elles eussent aboli

COMMANDS

	(nous) abolissons
(tu) abolis	(vous) abolissez

Usage

abolir une loi	*to abolish a law*
une loi abolie	*an abolished law*
abolir l'esclavage	*to abolish slavery*
abolir la peine de mort	*to abolish the death penalty*

RELATED WORDS

l'abolition *(f)* de la peine de mort	*the abolition of the death penalty*
l'abolitionnisme *(m)*	*abolitionism*
un/une abolitionniste	*abolitionist*

regular *-er* reflexive verb;
compound tenses with *être*

je m'abonne · je m'abonnai · s'étant abonné · s'abonnant

PRESENT

je m'abonne	nous nous abonnons
tu t'abonnes	vous vous abonnez
il/elle s'abonne	ils/elles s'abonnent

IMPERFECT

je m'abonnais	nous nous abonnions
tu t'abonnais	vous vous abonniez
il/elle s'abonnait	ils/elles s'abonnaient

PASSÉ SIMPLE

je m'abonnai	nous nous abonnâmes
tu t'abonnas	vous vous abonnâtes
il/elle s'abonna	ils/elles s'abonnèrent

FUTURE

je m'abonnerai	nous nous abonnerons
tu t'abonneras	vous vous abonnerez
il/elle s'abonnera	ils/elles s'abonneront

CONDITIONAL

je m'abonnerais	nous nous abonnerions
tu t'abonnerais	vous vous abonneriez
il/elle s'abonnerait	ils/elles s'abonneraient

PRESENT SUBJUNCTIVE

que je m'abonne	que nous nous abonnions
que tu t'abonnes	que vous vous abonniez
qu'il/elle s'abonne	qu'ils/elles s'abonnent

IMPERFECT SUBJUNCTIVE

que je m'abonnasse	que nous nous abonnassions
que tu t'abonnasses	que vous vous abonnassiez
qu'il/elle s'abonnât	qu'ils/elles s'abonnassent

PASSÉ COMPOSÉ

je me suis abonné(e)	nous nous sommes abonné(e)s
tu t'es abonné(e)	vous vous êtes abonné(e)(s)
il/elle s'est abonné(e)	ils/elles se sont abonné(e)s

PLUPERFECT

je m'étais abonné(e)	nous nous étions abonné(e)s
tu t'étais abonné(e)	vous vous étiez abonné(e)(s)
il/elle s'était abonné(e)	ils/elles s'étaient abonné(e)s

PAST ANTERIOR

je me fus abonné(e)	nous nous fûmes abonné(e)s
tu te fus abonné(e)	vous vous fûtes abonné(e)(s)
il/elle se fut abonné(e)	ils/elles se furent abonné(e)s

FUTURE ANTERIOR

je me serai abonné(e)	nous nous serons abonné(e)s
tu te seras abonné(e)	vous vous serez abonné(e)(s)
il/elle se sera abonné(e)	ils/elles se seront abonné(e)s

PAST CONDITIONAL

je me serais abonné(e)	nous nous serions abonné(e)s
tu te serais abonné(e)	vous vous seriez abonné(e)(s)
il/elle se serait abonné(e)	ils/elles se seraient abonné(e)s

PAST SUBJUNCTIVE

que je me sois abonné(e)	que nous nous soyons abonné(e)s
que tu te sois abonné(e)	que vous vous soyez abonné(e)(s)
qu'il/elle se soit abonné(e)	qu'ils/elles se soient abonné(e)s

PLUPERFECT SUBJUNCTIVE

que je me fusse abonné(e)	que nous nous fussions abonné(e)s
que tu te fusses abonné(e)	que vous vous fussiez abonné(e)(s)
qu'il/elle se fût abonné(e)	qu'ils/elles se fussent abonné(e)s

COMMANDS

	(nous) abonnons-nous
(tu) abonne-toi	(vous) abonnez-vous

Usage

s'abonner à un magazine/à un journal	*to subscribe to a magazine/a newspaper*
s'abonner au football/au théâtre	*to get a season ticket for soccer/the theater*
abonner qqn à un magazine	*to give someone a subscription to a magazine*
abonner qqn à un sport/au théâtre	*to give someone a season ticket to a sport/the theater*

COMPOUNDS

désabonner qqn de	*to cancel someone's subscription to*
se désabonner de	*to cancel one's (own) subscription to*
—Tu ne lis plus ce magazine?	*You don't read that magazine anymore?*
—Non, je m'en suis désabonné.	*No, I canceled my subscription.*
se réabonner à	*to renew one's subscription to*

RELATED WORDS

être abonné(e) à	*to have a subscription or season ticket to*
un abonné, une abonnée	*a consumer* (phone, gas, electricity)
un abonnement	*a subscription/season pass*
prendre un abonnement à un quotidien	*to subscribe to a daily newspaper*
Il y est abonné! *(slang)*	*That always happens to him!*

aborder *to arrive at, approach, tackle (problem)*

j'aborde · j'abordai · abordé · abordant

PRESENT

j'aborde	nous abordons
tu abordes	vous abordez
il/elle aborde	ils/elles abordent

IMPERFECT

j'abordais	nous abordions
tu abordais	vous abordiez
il/elle abordait	ils/elles abordaient

PASSÉ SIMPLE

j'abordai	nous abordâmes
tu abordas	vous abordâtes
il/elle aborda	ils/elles abordèrent

FUTURE

j'aborderai	nous aborderons
tu aborderas	vous aborderez
il/elle abordera	ils/elles aborderont

CONDITIONAL

j'aborderais	nous aborderions
tu aborderais	vous aborderiez
il/elle aborderait	ils/elles aborderaient

PRESENT SUBJUNCTIVE

que j'aborde	que nous abordions
que tu abordes	que vous abordiez
qu'il/elle aborde	qu'ils/elles abordent

IMPERFECT SUBJUNCTIVE

que j'abordasse	que nous abordassions
que tu abordasses	que vous abordassiez
qu'il/elle abordât	qu'ils/elles abordassent

COMMANDS

	(nous) abordons
(tu) aborde	(vous) abordez

PASSÉ COMPOSÉ

j'ai abordé	nous avons abordé
tu as abordé	vous avez abordé
il/elle a abordé	ils/elles ont abordé

PLUPERFECT

j'avais abordé	nous avions abordé
tu avais abordé	vous aviez abordé
il/elle avait abordé	ils/elles avaient abordé

PAST ANTERIOR

j'eus abordé	nous eûmes abordé
tu eus abordé	vous eûtes abordé
il/elle eut abordé	ils/elles eurent abordé

FUTURE ANTERIOR

j'aurai abordé	nous aurons abordé
tu auras abordé	vous aurez abordé
il/elle aura abordé	ils/elles auront abordé

PAST CONDITIONAL

j'aurais abordé	nous aurions abordé
tu aurais abordé	vous auriez abordé
il/elle aurait abordé	ils/elles auraient abordé

PAST SUBJUNCTIVE

que j'aie abordé	que nous ayons abordé
que tu aies abordé	que vous ayez abordé
qu'il/elle ait abordé	qu'ils/elles aient abordé

PLUPERFECT SUBJUNCTIVE

que j'eusse abordé	que nous eussions abordé
que tu eusses abordé	que vous eussiez abordé
qu'il/elle eût abordé	qu'ils/elles eussent abordé

Usage

aborder une nouvelle activité	*to start a new activity*
aborder l'informatique	*to get into computers*
aborder une question avec qqn	*to bring up a question/a matter with someone*
J'ai abordé le patron avec inquiétude.	*I went nervously up to the boss.*

COMPOUND

déborder	*to overflow/boil over*

EXPRESSION

C'est la goutte d'eau qui fait déborder le vase!	*It's the straw that breaks the camel's back!*

RELATED WORDS

d'abord	*first*
de premier abord	*right away/right from the outset*

PRESENT

j'aboutis	nous aboutissons
tu aboutis	vous aboutissez
il/elle aboutit	ils/elles aboutissent

IMPERFECT

j'aboutissais	nous aboutissions
tu aboutissais	vous aboutissiez
il/elle aboutissait	ils/elles aboutissaient

PASSÉ SIMPLE

j'aboutis	nous aboutîmes
tu aboutis	vous aboutîtes
il/elle aboutit	ils/elles aboutirent

FUTURE

j'aboutirai	nous aboutirons
tu aboutiras	vous aboutirez
il/elle aboutira	ils/elles aboutiront

CONDITIONAL

j'aboutirais	nous aboutirions
tu aboutirais	vous aboutiriez
il/elle aboutirait	ils/elles aboutiraient

PRESENT SUBJUNCTIVE

que j'aboutisse	que nous aboutissions
que tu aboutisses	que vous aboutissiez
qu'il/elle aboutisse	qu'ils/elles aboutissent

IMPERFECT SUBJUNCTIVE

que j'aboutisse	que nous aboutissions
que tu aboutisses	que vous aboutissiez
qu'il/elle aboutît	qu'ils/elles aboutissent

COMMANDS

	(nous) aboutissons
(tu) aboutis	(vous) aboutissez

PASSÉ COMPOSÉ

j'ai abouti	nous avons abouti
tu as abouti	vous avez abouti
il/elle a abouti	ils/elles ont abouti

PLUPERFECT

j'avais abouti	nous avions abouti
tu avais abouti	vous aviez abouti
il/elle avait abouti	ils/elles avaient abouti

PAST ANTERIOR

j'eus abouti	nous eûmes abouti
tu eus abouti	vous eûtes abouti
il/elle eut abouti	ils/elles eurent abouti

FUTURE ANTERIOR

j'aurai abouti	nous aurons abouti
tu auras abouti	vous aurez abouti
il/elle aura abouti	ils/elles auront abouti

PAST CONDITIONAL

j'aurais abouti	nous aurions abouti
tu aurais abouti	vous auriez abouti
il/elle aurait abouti	ils/elles auraient abouti

PAST SUBJUNCTIVE

que j'aie abouti	que nous ayons abouti
que tu aies abouti	que vous ayez abouti
qu'il/elle ait abouti	qu'ils/elles aient abouti

PLUPERFECT SUBJUNCTIVE

que j'eusse abouti	que nous eussions abouti
que tu eusses abouti	que vous eussiez abouti
qu'il/elle eût abouti	qu'ils/elles eussent abouti

Usage

Cette rue aboutit dans la place centrale.	*This street dead-ends at the main square.*
Sa lutte a finalement abouti.	*His struggle finally came to a head.*
Je suis déçu. Mes projets n'ont pas abouti.	*I am disappointed. My plans came to nothing.*
Il est content. Ses efforts ont abouti.	*He is happy. His efforts were successful.*
faire aboutir	*to bring to a successful conclusion*
Comment faire aboutir ces pourparlers?	*How can we bring these talks to a successful conclusion?*
L'enquête de la police n'a pas abouti.	*The police investigation was a failure.*

RELATED WORDS

les tenants *(mpl)* et aboutissants *(mpl)* d'une affaire	*the ins and outs of an issue*
l'aboutissement *(m)*	*success; conclusion/end*
l'aboutissement des recherches	*the successful conclusion of the research*

s'abriter   *to take shelter, take cover*

je m'abrite · je m'abritai · s'étant abrité · s'abritant

regular -*er* reflexive verb;
compound tenses with *être*

PRESENT

je m'abrite	nous nous abritons
tu t'abrites	vous vous abritez
il/elle s'abrite	ils/elles s'abritent

IMPERFECT

je m'abritais	nous nous abritions
tu t'abritais	vous vous abritiez
il/elle s'abritait	ils/elles s'abritaient

PASSÉ SIMPLE

je m'abritai	nous nous abritâmes
tu t'abritas	vous vous abritâtes
il/elle s'abrita	ils/elles s'abritèrent

FUTURE

je m'abriterai	nous nous abriterons
tu t'abriteras	vous vous abriterez
il/elle s'abritera	ils/elles s'abriteront

CONDITIONAL

je m'abriterais	nous nous abriterions
tu t'abriterais	vous vous abriteriez
il/elle s'abriterait	ils/elles s'abriteraient

PRESENT SUBJUNCTIVE

que je m'abrite	que nous nous abritions
que tu t'abrites	que vous vous abritiez
qu'il/elle s'abrite	qu'ils/elles s'abritent

IMPERFECT SUBJUNCTIVE

que je m'abritasse	que nous nous abritassions
que tu t'abritasses	que vous vous abritassiez
qu'il/elle s'abritât	qu'ils/elles s'abritassent

PASSÉ COMPOSÉ

je me suis abrité(e)	nous nous sommes abrité(e)s
tu t'es abrité(e)	vous vous êtes abrité(e)(s)
il/elle s'est abrité(e)	ils/elles se sont abrité(e)s

PLUPERFECT

je m'étais abrité(e)	nous nous étions abrité(e)s
tu t'étais abrité(e)	vous vous étiez abrité(e)(s)
il/elle s'était abrité(e)	ils/elles s'étaient abrité(e)s

PAST ANTERIOR

je me fus abrité(e)	nous nous fûmes abrité(e)s
tu te fus abrité(e)	vous vous fûtes abrité(e)(s)
il/elle se fut abrité(e)	ils/elles se furent abrité(e)s

FUTURE ANTERIOR

je me serai abrité(e)	nous nous serons abrité(e)s
tu te seras abrité(e)	vous vous serez abrité(e)(s)
il/elle se sera abrité(e)	ils/elles se seront abrité(e)s

PAST CONDITIONAL

je me serais abrité(e)	nous nous serions abrité(e)s
tu te serais abrité(e)	vous vous seriez abrité(e)(s)
il/elle se serait abrité(e)	ils/elles se seraient abrité(e)s

PAST SUBJUNCTIVE

que je me sois abrité(e)	que nous nous soyons abrité(e)s
que tu te sois abrité(e)	que vous vous soyez abrité(e)(s)
qu'il/elle se soit abrité(e)	qu'ils/elles se soient abrité(e)s

PLUPERFECT SUBJUNCTIVE

que je me fusse abrité(e)	que nous nous fussions abrité(e)s
que tu te fusses abrité(e)	que vous vous fussiez abrité(e)(s)
qu'il/elle se fût abrité(e)	qu'ils/elles se fussent abrité(e)s

COMMANDS

	(nous) abritons-nous
(tu) abrite-toi	(vous) abritez-vous

Usage

Pendant la guerre on s'abritait des bombes.	*During the war we took shelter from the bombs.*
On s'abritait dans les stations de métro.	*We took shelter in subway stations.*
s'abriter derrière sa maladie	*to use his illness as a cover/as an excuse*

abriter

abriter ses yeux du journal	*to shield one's eyes from the sun with a newspaper*
Viens, je t'abrite sous mon parapluie.	*Come, I'll protect you from the rain with my umbrella.*

RELATED WORD

l'abri *(m)*	*shelter*
se mettre à l'abri (de la tempête)	*to take shelter (from the storm)*

irregular verb; feminine form of the
past participle *absous* is *absoute*

j'absous · j'absoudrai · absous · absolvant

PRESENT

j'absous	nous absolvons
tu absous	vous absolvez
il/elle absout	ils/elles absolvent

IMPERFECT

j'absolvais	nous absolvions
tu absolvais	vous absolviez
il/elle absolvait	ils/elles absolvaient

PASSÉ SIMPLE NOT USED

FUTURE

j'absoudrai	nous absoudrons
tu absoudras	vous absoudrez
il/elle absoudra	ils/elles absoudront

CONDITIONAL

j'absoudrais	nous absoudrions
tu absoudrais	vous absoudriez
il/elle absoudrait	ils/elles absoudraient

PRESENT SUBJUNCTIVE

que j'absolve	que nous absolvions
que tu absolves	que vous absolviez
qu'il/elle absolve	qu'ils/elles absolvent

IMPERFECT SUBJUNCTIVE NOT USED

PASSÉ COMPOSÉ

j'ai absous	nous avons absous
tu as absous	vous avez absous
il/elle a absous	ils/elles ont absous

PLUPERFECT

j'avais absous	nous avions absous
tu avais absous	vous aviez absous
il/elle avait absous	ils/elles avaient absous

PAST ANTERIOR

j'eus absous	nous eûmes absous
tu eus absous	vous eûtes absous
il/elle eut absous	ils/elles eurent absous

FUTURE ANTERIOR

j'aurai absous	nous aurons absous
tu auras absous	vous aurez absous
il/elle aura absous	ils/elles auront absous

PAST CONDITIONAL

j'aurais absous	nous aurions absous
tu aurais absous	vous auriez absous
il/elle aurait absous	ils/elles auraient absous

PAST SUBJUNCTIVE

que j'aie absous	que nous ayons absous
que tu aies absous	que vous ayez absous
qu'il/elle ait absous	qu'ils/elles aient absous

PLUPERFECT SUBJUNCTIVE

que j'eusse absous	que nous eussions absous
que tu eusses absous	que vous eussiez absous
qu'il/elle eût absous	qu'ils/elles eussent absous

COMMANDS

	(nous) absolvons
(tu) absous	(vous) absolvez

Usage

Le prêtre a absous les pénitents.	*The priest absolved the penitents.*
Elle est absoute de tous ses péchés.	*She has been forgiven for all her sins.*
Ne t'en fais pas. Je t'absous! *(humorous)*	*Don't worry. I forgive you!*

COMPOUND

dissoudre	*to dissolve*

RELATED WORDS

l'absolution *(f)*	*absolution/forgiveness of sin* (religious term)
donner l'absolution à qqn	*to give someone absolution* (religious term)
absolu(e)	*absolute*
absolument	*absolutely*

abuser *to abuse, misuse, take advantage of*

j'abuse · j'abusai · abusé · abusant   regular *-er* verb

PRESENT

j'abuse	nous abusons
tu abuses	vous abusez
il/elle abuse	ils/elles abusent

IMPERFECT

j'abusais	nous abusions
tu abusais	vous abusiez
il/elle abusait	ils/elles abusaient

PASSÉ SIMPLE

j'abusai	nous abusâmes
tu abusas	vous abusâtes
il/elle abusa	ils/elles abusèrent

FUTURE

j'abuserai	nous abuserons
tu abuseras	vous abuserez
il/elle abusera	ils/elles abuseront

CONDITIONAL

j'abuserais	nous abuserions
tu abuserais	vous abuseriez
il/elle abuserait	ils/elles abuseraient

PRESENT SUBJUNCTIVE

que j'abuse	que nous abusions
que tu abuses	que vous abusiez
qu'il/elle abuse	qu'ils/elles abusent

IMPERFECT SUBJUNCTIVE

que j'abusasse	que nous abusassions
que tu abusasses	que vous abusassiez
qu'il/elle abusât	qu'ils/elles abusassent

COMMANDS

	(nous) abusons
(tu) abuse	(vous) abusez

PASSÉ COMPOSÉ

j'ai abusé	nous avons abusé
tu as abusé	vous avez abusé
il/elle a abusé	ils/elles ont abusé

PLUPERFECT

j'avais abusé	nous avions abusé
tu avais abusé	vous aviez abusé
il/elle avait abusé	ils/elles avaient abusé

PAST ANTERIOR

j'eus abusé	nous eûmes abusé
tu eus abusé	vous eûtes abusé
il/elle eut abusé	ils/elles eurent abusé

FUTURE ANTERIOR

j'aurai abusé	nous aurons abusé
tu auras abusé	vous aurez abusé
il/elle aura abusé	ils/elles auront abusé

PAST CONDITIONAL

j'aurais abusé	nous aurions abusé
tu aurais abusé	vous auriez abusé
il/elle aurait abusé	ils/elles auraient abusé

PAST SUBJUNCTIVE

que j'aie abusé	que nous ayons abusé
que tu aies abusé	que vous ayez abusé
qu'il/elle ait abusé	qu'ils/elles aient abusé

PLUPERFECT SUBJUNCTIVE

que j'eusse abusé	que nous eussions abusé
que tu eusses abusé	que vous eussiez abusé
qu'il/elle eût abusé	qu'ils/elles eussent abusé

Usage

Vous abusez de sa bonté.	*You are taking advantage of his kindness.*
Il abuse de l'alcool.	*He drinks too much.*
abuser de la situation	*to take unfair advantage of the situation/to go too far*
Il ne faut pas abuser de ses amis.	*One shouldn't exploit one's friends.*
Je ne voudrais pas abuser de votre hospitalité.	*I don't want to overstay my welcome.*
Notre cousin sait abuser de nos services.	*Our cousin is good at imposing himself (on us).*

COMPOUND

désabuser qqn (de)	*to disabuse/help someone see through a deception*

RELATED WORD

un abus	*abuse/excessive use of/misuse*
Il a commis un abus de confiance avec l'argent de ses parents.	*He misused his parents' money.*
Hier soir tu a fait des abus.	*You overdid it last night.*
Là, il y a de l'abus, je trouve.	*That's going a bit too far, I think.*

-er verb; spelling change: é > è/mute e

j'accélère · j'accélérai · accéléré · accélérant

PRESENT		PASSÉ COMPOSÉ	
j'accélère	nous accélérons	j'ai accéléré	nous avons accéléré
tu accélères	vous accélérez	tu as accéléré	vous avez accéléré
il/elle accélère	ils/elles accélèrent	il/elle a accéléré	ils/elles ont accéléré

IMPERFECT		PLUPERFECT	
j'accélérais	nous accélérions	j'avais accéléré	nous avions accéléré
tu accélérais	vous accélériez	tu avais accéléré	vous aviez accéléré
il/elle accélérait	ils/elles accéléraient	il/elle avait accéléré	ils/elles avaient accéléré

PASSÉ SIMPLE		PAST ANTERIOR	
j'accélérai	nous accélérâmes	j'eus accéléré	nous eûmes accéléré
tu accéléras	vous accélérâtes	tu eus accéléré	vous eûtes accéléré
il/elle accéléra	ils/elles accélérèrent	il/elle eut accéléré	ils/elles eurent accéléré

FUTURE		FUTURE ANTERIOR	
j'accélérerai	nous accélérerons	j'aurai accéléré	nous aurons accéléré
tu accéléreras	vous accélérerez	tu auras accéléré	vous aurez accéléré
il/elle accélérera	ils/elles accéléreront	il/elle aura accéléré	ils/elles auront accéléré

CONDITIONAL		PAST CONDITIONAL	
j'accélérerais	nous accélérerions	j'aurais accéléré	nous aurions accéléré
tu accélérerais	vous accéléreriez	tu aurais accéléré	vous auriez accéléré
il/elle accélérerait	ils/elles accéléreraient	il/elle aurait accéléré	ils/elles auraient accéléré

PRESENT SUBJUNCTIVE		PAST SUBJUNCTIVE	
que j'accélère	que nous accélérions	que j'aie accéléré	que nous ayons accéléré
que tu accélères	que vous accélériez	que tu aies accéléré	que vous ayez accéléré
qu'il/elle accélère	qu'ils/elles accélèrent	qu'il/elle ait accéléré	qu'ils/elles aient accéléré

IMPERFECT SUBJUNCTIVE		PLUPERFECT SUBJUNCTIVE	
que j'accélérasse	que nous accélérassions	que j'eusse accéléré	que nous eussions accéléré
que tu accélérasses	que vous accélérassiez	que tu eusses accéléré	que vous eussiez accéléré
qu'il/elle accélérât	qu'ils/elles accélérassent	qu'il/elle eût accéléré	qu'ils/elles eussent accéléré

COMMANDS	
	(nous) accélérons
(tu) accélère	(vous) accélérez

Usage

accélérer le mouvement/le pas	*to speed up the movement/the pace*
accélérer les travaux	*to speed up the work*
accélérer la mise en œuvre du plan	*to speed up the implementation of the plan*
accélérer le transfert des données	*to speed up data transmission*
Ici tu peux accélérer parce que la route est bonne.	*Here you can go faster because the road is good.*
Accélérez!	*Step on the gas!*
s'accélérer	*to move faster*
Le rythme de mon cœur s'accéléra.	*My heart started to beat faster.*

RELATED WORDS

l'accélérateur *(m)*	*accelerator* (car)
un accélérateur de particules	*particle accelerator* (physics)
l'accéléré *(m)*	*speeded-up footage in a film*
La danse des clowns en accéléré m'a fait rire.	*The speeded-up version of the clowns' dance made me laugh.*
l'accélération *(f)* de la vitesse	*increase in speed*

accepter *to accept*

j'accepte · j'acceptai · accepté · acceptant

PRESENT

j'accepte	nous acceptons
tu acceptes	vous acceptez
il/elle accepte	ils/elles acceptent

IMPERFECT

j'acceptais	nous acceptions
tu acceptais	vous acceptiez
il/elle acceptait	ils/elles acceptaient

PASSÉ SIMPLE

j'acceptai	nous acceptâmes
tu acceptas	vous acceptâtes
il/elle accepta	ils/elles acceptèrent

FUTURE

j'accepterai	nous accepterons
tu accepteras	vous accepterez
il/elle acceptera	ils/elles accepteront

CONDITIONAL

j'accepterais	nous accepterions
tu accepterais	vous accepteriez
il/elle accepterait	ils/elles accepteraient

PRESENT SUBJUNCTIVE

que j'accepte	que nous acceptions
que tu acceptes	que vous acceptiez
qu'il/elle accepte	qu'ils/elles acceptent

IMPERFECT SUBJUNCTIVE

que j'acceptasse	que nous acceptassions
que tu acceptasses	que vous acceptassiez
qu'il/elle acceptât	qu'ils/elles acceptassent

COMMANDS

	(nous) acceptons
(tu) accepte	(vous) acceptez

PASSÉ COMPOSÉ

j'ai accepté	nous avons accepté
tu as accepté	vous avez accepté
il/elle a accepté	ils/elles ont accepté

PLUPERFECT

j'avais accepté	nous avions accepté
tu avais accepté	vous aviez accepté
il/elle avait accepté	ils/elles avaient accepté

PAST ANTERIOR

j'eus accepté	nous eûmes accepté
tu eus accepté	vous eûtes accepté
il/elle eut accepté	ils/elles eurent accepté

FUTURE ANTERIOR

j'aurai accepté	nous aurons accepté
tu auras accepté	vous aurez accepté
il/elle aura accepté	ils/elles auront accepté

PAST CONDITIONAL

j'aurais accepté	nous aurions accepté
tu aurais accepté	vous auriez accepté
il/elle aurait accepté	ils/elles auraient accepté

PAST SUBJUNCTIVE

que j'aie accepté	que nous ayons accepté
que tu aies accepté	que vous ayez accepté
qu'il/elle ait accepté	qu'ils/elles aient accepté

PLUPERFECT SUBJUNCTIVE

que j'eusse accepté	que nous eussions accepté
que tu eusses accepté	que vous eussiez accepté
qu'il/elle eût accepté	qu'ils/elles eussent accepté

Usage

accepter une invitation	*to accept an invitation*
accepter un défi	*to accept a challenge*
Ce professeur accepte tout de ses élèves.	*That teacher puts up with anything from his students.*
Accepte cette perte comme une leçon.	*Take that loss as a lesson.*
Je n'accepte pas que ma vie soit ennuyeuse.	*I can't accept that my life might be boring.*
Il n'accepte pas que son fils abandonne ses études.	*He can't agree to his son's quitting school.*
Je n'accepte pas ton explication.	*I don't buy your explanation.*

RELATED WORDS

l'acception *(f)*	*meaning of a word*
Ce mot a plusieurs acceptions.	*This word has several meanings.*
l'acceptation *(f)*	*acceptance/agreement*
Je me demande si j'obtiendrai son acceptation du projet.	*I wonder if I'll get his acceptance of the project.*

regular -er verb · j'accompagne · j'accompagnai · accompagné · accompagnant

PRESENT

j'accompagne	nous accompagnons
tu accompagnes	vous accompagnez
il/elle accompagne	ils/elles accompagnent

IMPERFECT

j'accompagnais	nous accompagnions
tu accompagnais	vous accompagniez
il/elle accompagnait	ils/elles accompagnaient

PASSÉ SIMPLE

j'accompagnai	nous accompagnâmes
tu accompagnas	vous accompagnâtes
il/elle accompagna	ils/elles accompagnèrent

FUTURE

j'accompagnerai	nous accompagnerons
tu accompagneras	vous accompagnerez
il/elle accompagnera	ils/elles accompagneront

CONDITIONAL

j'accompagnerais	nous accompagnerions
tu accompagnerais	vous accompagneriez
il/elle accompagnerait	ils/elles accompagneraient

PRESENT SUBJUNCTIVE

que j'accompagne	que nous accompagnions
que tu accompagnes	que vous accompagniez
qu'il/elle accompagne	qu'ils/elles accompagnent

IMPERFECT SUBJUNCTIVE

que j'accompagnasse	que nous accompagnassions
que tu accompagnasses	que vous accompagnassiez
qu'il/elle accompagnât	qu'ils/elles accompagnassent

COMMANDS

	(nous) accompagnons
(tu) accompagne	(vous) accompagnez

PASSÉ COMPOSÉ

j'ai accompagné	nous avons accompagné
tu as accompagné	vous avez accompagné
il/elle a accompagné	ils/elles ont accompagné

PLUPERFECT

j'avais accompagné	nous avions accompagné
tu avais accompagné	vous aviez accompagné
il/elle avait accompagné	ils/elles avaient accompagné

PAST ANTERIOR

j'eus accompagné	nous eûmes accompagné
tu eus accompagné	vous eûtes accompagné
il/elle eut accompagné	ils/elles eurent accompagné

FUTURE ANTERIOR

j'aurai accompagné	nous aurons accompagné
tu auras accompagné	vous aurez accompagné
il/elle aura accompagné	ils/elles auront accompagné

PAST CONDITIONAL

j'aurais accompagné	nous aurions accompagné
tu aurais accompagné	vous auriez accompagné
il/elle aurait accompagné	ils/elles auraient accompagné

PAST SUBJUNCTIVE

que j'aie accompagné	que nous ayons accompagné
que tu aies accompagné	que vous ayez accompagné
qu'il/elle ait accompagné	qu'ils/elles aient accompagné

PLUPERFECT SUBJUNCTIVE

que j'eusse accompagné	que nous eussions accompagné
que tu eusses accompagné	que vous eussiez accompagné
qu'il/elle eût accompagné	qu'ils/elles eussent accompagné

Usage

Je ne suis pas accompagné.	*I'm alone./I've come alone.*
Il n'y a aucune carte qui accompagne ce cadeau?	*There's no card with this gift?*
un bifteck accompagné de champignons	*a steak with mushrooms*
Un pianiste accompagne la flûtiste.	*A pianist accompanies the flutist.*

COMPOUND

raccompagner qqn	*to walk someone home*
—Bon, je m'en vais.	*Well, I'm leaving.*
—Attends, je te raccompagne.	*Wait, I'll walk you home.*

PRESENT

j'accomplis	nous accomplissons
tu accomplis	vous accomplissez
il/elle accomplit	ils/elles accomplissent

IMPERFECT

j'accomplissais	nous accomplissions
tu accomplissais	vous accomplissiez
il/elle accomplissait	ils/elles accomplissaient

PASSÉ SIMPLE

j'accomplis	nous accomplîmes
tu accomplis	vous accomplîtes
il/elle accomplit	ils/elles accomplirent

FUTURE

j'accomplirai	nous accomplirons
tu accompliras	vous accomplirez
il/elle accomplira	ils/elles accompliront

CONDITIONAL

j'accomplirais	nous accomplirions
tu accomplirais	vous accompliriez
il/elle accomplirait	ils/elles accompliraient

PRESENT SUBJUNCTIVE

que j'accomplisse	que nous accomplissions
que tu accomplisses	que vous accomplissiez
qu'il/elle accomplisse	qu'ils/elles accomplissent

IMPERFECT SUBJUNCTIVE

que j'accomplisse	que nous accomplissions
que tu accomplisses	que vous accomplissiez
qu'il/elle accomplît	qu'ils/elles accomplissent

COMMANDS

	(nous) accomplissons
(tu) accomplis	(vous) accomplissez

PASSÉ COMPOSÉ

j'ai accompli	nous avons accompli
tu as accompli	vous avez accompli
il/elle a accompli	ils/elles ont accompli

PLUPERFECT

j'avais accompli	nous avions accompli
tu avais accompli	vous aviez accompli
il/elle avait accompli	ils/elles avaient accompli

PAST ANTERIOR

j'eus accompli	nous eûmes accompli
tu eus accompli	vous eûtes accompli
il/elle eut accompli	ils/elles eurent accompli

FUTURE ANTERIOR

j'aurai accompli	nous aurons accompli
tu auras accompli	vous aurez accompli
il/elle aura accompli	ils/elles auront accompli

PAST CONDITIONAL

j'aurais accompli	nous aurions accompli
tu aurais accompli	vous auriez accompli
il/elle aurait accompli	ils/elles auraient accompli

PAST SUBJUNCTIVE

que j'aie accompli	que nous ayons accompli
que tu aies accompli	que vous ayez accompli
qu'il/elle ait accompli	qu'ils/elles aient accompli

PLUPERFECT SUBJUNCTIVE

que j'eusse accompli	que nous eussions accompli
que tu eusses accompli	que vous eussiez accompli
qu'il/elle eût accompli	qu'ils/elles eussent accompli

Usage

accomplir une chose	*to achieve something/complete something*
accomplir un devoir	*to do/fulfill one's duty*
accomplir une tâche	*to accomplish/finish a task*
Nous avons accompli ce qu'on a décidé de faire.	*We carried out what we decided to do.*
accomplir une promesse	*to fulfill a promise*
accomplir un geste en faveur de qqn	*to make a gesture to help someone*
accomplir une mauvaise action	*to commit an evil act*
accomplir un travail	*to do/perform a job*

RELATED WORDS

un fait accompli	*a done deed/a fait accompli*
l'accomplissement *(m)*	*accomplishment/fulfillment/achievement*

regular *-er* verb   j'accorde · j'accordai · accordé · accordant

PRESENT

j'accorde	nous accordons
tu accordes	vous accordez
il/elle accorde	ils/elles accordent

IMPERFECT

j'accordais	nous accordions
tu accordais	vous accordiez
il/elle accordait	ils/elles accordaient

PASSÉ SIMPLE

j'accordai	nous accordâmes
tu accordas	vous accordâtes
il/elle accorda	ils/elles accordèrent

FUTURE

j'accorderai	nous accorderons
tu accorderas	vous accorderez
il/elle accordera	ils/elles accorderont

CONDITIONAL

j'accorderais	nous accorderions
tu accorderais	vous accorderiez
il/elle accorderait	ils/elles accorderaient

PRESENT SUBJUNCTIVE

que j'accorde	que nous accordions
que tu accordes	que vous accordiez
qu'il/elle accorde	qu'ils/elles accordent

IMPERFECT SUBJUNCTIVE

que j'accordasse	que nous accordassions
que tu accordasses	que vous accordassiez
qu'il/elle accordât	qu'ils/elles accordassent

PASSÉ COMPOSÉ

j'ai accordé	nous avons accordé
tu as accordé	vous avez accordé
il/elle a accordé	ils/elles ont accordé

PLUPERFECT

j'avais accordé	nous avions accordé
tu avais accordé	vous aviez accordé
il/elle avait accordé	ils/elles avaient accordé

PAST ANTERIOR

j'eus accordé	nous eûmes accordé
tu eus accordé	vous eûtes accordé
il/elle eut accordé	ils/elles eurent accordé

FUTURE ANTERIOR

j'aurai accordé	nous aurons accordé
tu auras accordé	vous aurez accordé
il/elle aura accordé	ils/elles auront accordé

PAST CONDITIONAL

j'aurais accordé	nous aurions accordé
tu aurais accordé	vous auriez accordé
il/elle aurait accordé	ils/elles auraient accordé

PAST SUBJUNCTIVE

que j'aie accordé	que nous ayons accordé
que tu aies accordé	que vous ayez accordé
qu'il/elle ait accordé	qu'ils/elles aient accordé

PLUPERFECT SUBJUNCTIVE

que j'eusse accordé	que nous eussions accordé
que tu eusses accordé	que vous eussiez accordé
qu'il/elle eût accordé	qu'ils/elles eussent accordé

COMMANDS

	(nous) accordons
(tu) accorde	(vous) accordez

Usage

accorder sa permission	*to grant one's permission*
accorder un piano	*to tune a piano*
accorder ses violons	*to get one's story straight*
Avant de parler aux journalistes, il faut que les ministres accordent leurs violons.	*Before speaking with journalists, the government officials have to agree on what tack to take.*
accorder les couleurs	*to match colors*
s'accorder pour	*to agree/work together to do something*
Les deux entreprises se sont accordées pour lancer un nouveau produit.	*The two firms agreed to work together to bring out a new product.*

RELATED WORDS

l'accord *(m)*	*agreement*
d'accord	*OK/agreed*

s'accouder   *to lean on one's elbows*

je m'accoude · je m'accoudai · s'étant accoudé · s'accoudant

regular -*er* reflexive verb;
compound tenses with *être*

PRESENT	
je m'accoude	nous nous accoudons
tu t'accoudes	vous vous accoudez
il/elle s'accoude	ils/elles s'accoudent

PASSÉ COMPOSÉ	
je me suis accoudé(e)	nous nous sommes accoudé(e)s
tu t'es accoudé(e)	vous vous êtes accoudé(e)(s)
il/elle s'est accoudé(e)	ils/elles se sont accoudé(e)s

IMPERFECT	
je m'accoudais	nous nous accoudions
tu t'accoudais	vous vous accoudiez
il/elle s'accoudait	ils/elles s'accoudaient

PLUPERFECT	
je m'étais accoudé(e)	nous nous étions accoudé(e)s
tu t'étais accoudé(e)	vous vous étiez accoudé(e)(s)
il/elle s'était accoudé(e)	ils/elles s'étaient accoudé(e)s

PASSÉ SIMPLE	
je m'accoudai	nous nous accoudâmes
tu t'accoudas	vous vous accoudâtes
il/elle s'accouda	ils/elles s'accoudèrent

PAST ANTERIOR	
je me fus accoudé(e)	nous nous fûmes accoudé(e)s
tu te fus accoudé(e)	vous vous fûtes accoudé(e)(s)
il/elle se fut accoudé(e)	ils/elles se furent accoudé(e)s

FUTURE	
je m'accouderai	nous nous accouderons
tu t'accouderas	vous vous accouderez
il/elle s'accoudera	ils/elles s'accouderont

FUTURE ANTERIOR	
je me serai accoudé(e)	nous nous serons accoudé(e)s
tu te seras accoudé(e)	vous vous serez accoudé(e)(s)
il/elle se sera accoudé(e)	ils/elles se seront accoudé(e)s

CONDITIONAL	
je m'accouderais	nous nous accouderions
tu t'accouderais	vous vous accouderiez
il/elle s'accouderait	ils/elles s'accouderaient

PAST CONDITIONAL	
je me serais accoudé(e)	nous nous serions accoudé(e)s
tu te serais accoudé(e)	vous vous seriez accoudé(e)(s)
il/elle se serait accoudé(e)	ils/elles se seraient accoudé(e)s

PRESENT SUBJUNCTIVE	
que je m'accoude	que nous nous accoudions
que tu t'accoudes	que vous vous accoudiez
qu'il/elle s'accoude	qu'ils/elles s'accoudent

PAST SUBJUNCTIVE	
que je me sois accoudé(e)	que nous nous soyons accoudé(e)s
que tu te sois accoudé(e)	que vous vous soyez accoudé(e)(s)
qu'il/elle se soit accoudé(e)	qu'ils/elles se soient accoudé(e)s

IMPERFECT SUBJUNCTIVE	
que je m'accoudasse	que nous nous accoudassions
que tu t'accoudasses	que vous vous accoudassiez
qu'il/elle s'accoudât	qu'ils/elles s'accoudassent

PLUPERFECT SUBJUNCTIVE	
que je me fusse accoudé(e)	que nous nous fussions accoudé(e)s
que tu te fusses accoudé(e)	que vous vous fussiez accoudé(e)(s)
qu'il/elle se fût accoudé(e)	qu'ils/elles se fussent accoudé(e)s

COMMANDS	
	(nous) accoudons-nous
(tu) accoude-toi	(vous) accoudez-vous

Usage

s'accouder sur la table	*to lean on one's elbows sitting at the table*
s'accouder à la fenêtre	*to look out the window resting one's elbows on the sill*

RELATED WORDS

le coude	*elbow*
accoudé(e)	*leaning on one's elbows*
Je t'ai vue accoudée à ta fenêtre.	*I saw you leaning out your window (resting on your elbows).*
Il est toujours accoudé à sa table de café préférée, son journal devant lui.	*He's always seated at his favorite coffee table (resting on his elbows), with his newspaper in front of him.*

irregular verb; may be conjugated with *être* in passé composé: either *j'ai accouru* or *je suis accouru(e)*

j'accours · j'accourus · accouru · accourant

PRESENT

j'accours	nous accourons
tu accours	vous accourez
il/elle accourt	ils/elles accourent

PASSÉ COMPOSÉ

j'ai accouru	nous avons accouru
tu as accouru	vous avez accouru
il/elle a accouru	ils/elles ont accouru

IMPERFECT

j'accourais	nous accourions
tu accourais	vous accouriez
il/elle accourait	ils/elles accouraient

PLUPERFECT

j'avais accouru	nous avions accouru
tu avais accouru	vous aviez accouru
il/elle avait accouru	ils/elles avaient accouru

PASSÉ SIMPLE

j'accourus	nous accourûmes
tu accourus	vous accourûtes
il/elle accourut	ils/elles accoururent

PAST ANTERIOR

j'eus accouru	nous eûmes accouru
tu eus accouru	vous eûtes accouru
il/elle eut accouru	ils/elles eurent accouru

FUTURE

j'accourrai	nous accourrons
tu accourras	vous accourrez
il/elle accourra	ils/elles accourront

FUTURE ANTERIOR

j'aurai accouru	nous aurons accouru
tu auras accouru	vous aurez accouru
il/elle aura accouru	ils/elles auront accouru

CONDITIONAL

j'accourrais	nous accourrions
tu accourrais	vous accourriez
il/elle accourrait	ils/elles accourraient

PAST CONDITIONAL

j'aurais accouru	nous aurions accouru
tu aurais accouru	vous auriez accouru
il/elle aurait accouru	ils/elles auraient accouru

PRESENT SUBJUNCTIVE

que j'accoure	que nous accourions
que tu accoures	que vous accouriez
qu'il/elle accoure	qu'ils/elles accourent

PAST SUBJUNCTIVE

que j'aie accouru	que nous ayons accouru
que tu aies accouru	que vous ayez accouru
qu'il/elle ait accouru	qu'ils/elles aient accouru

IMPERFECT SUBJUNCTIVE

que j'accourusse	que nous accourussions
que tu accourusses	que vous accourussiez
qu'il/elle accourût	qu'ils/elles accourussent

PLUPERFECT SUBJUNCTIVE

que j'eusse accouru	que nous eussions accouru
que tu eusses accouru	que vous eussiez accouru
qu'il/elle eût accouru	qu'ils/elles eussent accouru

COMMANDS

	(nous) accourons
(tu) accours	(vous) accourez

Usage

NOTE: This verb is more common in formal writing than in speech.

On est accourus quand on a entendu son cri.	*We rushed over when we heard her cry out.*
Les pompiers ont accouru à notre appel.	*The firefighters answered our call.*
J'ai crié, mais personne n'est accouru.	*I screamed, but no one came to my aid.*

accrocher *to hang, hang up, hang on a hook*

j'accroche · j'accrochai · accroché · accrochant

regular -er verb

PRESENT

j'accroche	nous accrochons
tu accroches	vous accrochez
il/elle accroche	ils/elles accrochent

IMPERFECT

j'accrochais	nous accrochions
tu accrochais	vous accrochiez
il/elle accrochait	ils/elles accrochaient

PASSÉ SIMPLE

j'accrochai	nous accrochâmes
tu accrochas	vous accrochâtes
il/elle accrocha	ils/elles accrochèrent

FUTURE

j'accrocherai	nous accrocherons
tu accrocheras	vous accrocherez
il/elle accrochera	ils/elles accrocheront

CONDITIONAL

j'accrocherais	nous accrocherions
tu accrocherais	vous accrocheriez
il/elle accrocherait	ils/elles accrocheraient

PRESENT SUBJUNCTIVE

que j'accroche	que nous accrochions
que tu accroches	que vous accrochiez
qu'il/elle accroche	qu'ils/elles accrochent

IMPERFECT SUBJUNCTIVE

que j'accrochasse	que nous accrochassions
que tu accrochasses	que vous accrochassiez
qu'il/elle accrochât	qu'ils/elles accrochassent

COMMANDS

	(nous) accrochons
(tu) accroche	(vous) accrochez

PASSÉ COMPOSÉ

j'ai accroché	nous avons accroché
tu as accroché	vous avez accroché
il/elle a accroché	ils/elles ont accroché

PLUPERFECT

j'avais accroché	nous avions accroché
tu avais accroché	vous aviez accroché
il/elle avait accroché	ils/elles avaient accroché

PAST ANTERIOR

j'eus accroché	nous eûmes accroché
tu eus accroché	vous eûtes accroché
il/elle eut accroché	ils/elles eurent accroché

FUTURE ANTERIOR

j'aurai accroché	nous aurons accroché
tu auras accroché	vous aurez accroché
il/elle aura accroché	ils/elles auront accroché

PAST CONDITIONAL

j'aurais accroché	nous aurions accroché
tu aurais accroché	vous auriez accroché
il/elle aurait accroché	ils/elles auraient accroché

PAST SUBJUNCTIVE

que j'aie accroché	que nous ayons accroché
que tu aies accroché	que vous ayez accroché
qu'il/elle ait accroché	qu'ils/elles aient accroché

PLUPERFECT SUBJUNCTIVE

que j'eusse accroché	que nous eussions accroché
que tu eusses accroché	que vous eussiez accroché
qu'il/elle eût accroché	qu'ils/elles eussent accroché

Usage

accrocher des tableaux/une affiche au mur	*to hang pictures/a poster on the wall*
accrocher sa veste	*to hang up one's jacket*
La voiture a accroché un camion.	*The car collided with a truck.*
s'accrocher	*to hold on*
Accroche-toi bien!	*Hold on tight!*
s'accrocher avec qqn *(slang)*	*to pester someone*
Il s'accroche au chef. *(slang)*	*He's always hanging around the boss.*
se l'accrocher *(slang)*	*to kiss it good-bye*
Tu peux te l'accrocher, tu sais! *(slang)*	*You can kiss it good-bye, you know!*
le crochet	*hook*

irregular verb

j'accrois · j'accrus · accru · accroissant

PRESENT		PASSÉ COMPOSÉ	
j'accrois	nous accroissons	j'ai accru	nous avons accru
tu accrois	vous accroissez	tu as accru	vous avez accru
il/elle accroît	ils/elles accroissent	il/elle a accru	ils/elles ont accru

IMPERFECT		PLUPERFECT	
j'accroissais	nous accroissions	j'avais accru	nous avions accru
tu accroissais	vous accroissiez	tu avais accru	vous aviez accru
il/elle accroissait	ils/elles accroissaient	il/elle avait accru	ils/elles avaient accru

PASSÉ SIMPLE		PAST ANTERIOR	
j'accrus	nous accrûmes	j'eus accru	nous eûmes accru
tu accrus	vous accrûtes	tu eus accru	vous eûtes accru
il/elle accrut	ils/elles accrurent	il/elle eut accru	ils/elles eurent accru

FUTURE		FUTURE ANTERIOR	
j'accroîtrai	nous accroîtrons	j'aurai accru	nous aurons accru
tu accroîtras	vous accroîtrez	tu auras accru	vous aurez accru
il/elle accroîtra	ils/elles accroîtront	il/elle aura accru	ils/elles auront accru

CONDITIONAL		PAST CONDITIONAL	
j'accroîtrais	nous accroîtrions	j'aurais accru	nous aurions accru
tu accroîtrais	vous accroîtriez	tu aurais accru	vous auriez accru
il/elle accroîtrait	ils/elles accroîtraient	il/elle aurait accru	ils/elles auraient accru

PRESENT SUBJUNCTIVE		PAST SUBJUNCTIVE	
que j'accroisse	que nous accroissions	que j'aie accru	que nous ayons accru
que tu accroisses	que vous accroissiez	que tu aies accru	que vous ayez accru
qu'il/elle accroisse	qu'ils/elles accroissent	qu'il/elle ait accru	qu'ils/elles aient accru

IMPERFECT SUBJUNCTIVE		PLUPERFECT SUBJUNCTIVE	
que j'accrusse	que nous accrussions	que j'eusse accru	que nous eussions accru
que tu accrusses	que vous accrussiez	que tu eusses accru	que vous eussiez accru
qu'il/elle accrût	qu'ils/elles accrussent	qu'il/elle eût accru	qu'ils/elles eussent accru

COMMANDS	
	(nous) accroissons
(tu) accrois	(vous) accroissez

Usage

accroître la production agricole/industrielle	*to increase agricultural/industrial production*
Le propriétaire a accru la surface de l'usine.	*The owner increased the floor space of the factory.*
s'accroître	*to increase*
La richesse du pays s'est accrue.	*The country's wealth increased.*
Mon intérêt s'est accru.	*My interest increased.*
Sa fureur s'accroissait.	*His fury was growing.*
L'amitié entre les deux jeunes gens s'accrut.	*The friendship between the two young men grew.*
Le nombre de touristes s'accroîtra cette année.	*The number of tourists will grow this year.*
La popularité de cette chanteuse s'est énormément accrue.	*The popularity of that singer has grown tremendously.*

RELATED WORDS

l'accroissement *(m)*	*increase*
l'accroissement *(m)* démographique	*population growth*
un accroissement de la production du pétrole	*an increase in oil production*

s'accroupir *to crouch down*

PRESENT		PASSÉ COMPOSÉ	
je m'accroupis	nous nous accroupissons	je me suis accroupi(e)	nous nous sommes accroupi(e)s
tu t'accroupis	vous vous accroupissez	tu t'es accroupi(e)	vous vous êtes accroupi(e)(s)
il/elle s'accroupit	ils/elles s'accroupissent	il/elle s'est accroupi(e)	ils/elles se sont accroupi(e)s

IMPERFECT		PLUPERFECT	
je m'accroupissais	nous nous accroupissions	je m'étais accroupi(e)	nous nous étions accroupi(e)s
tu t'accroupissais	vous vous accroupissiez	tu t'étais accroupi(e)	vous vous étiez accroupi(e)(s)
il/elle s'accroupissait	ils/elles s'accroupissaient	il/elle s'était accroupi(e)	ils/elles s'étaient accroupi(e)s

PASSÉ SIMPLE		PAST ANTERIOR	
je m'accroupis	nous nous accroupîmes	je me fus accroupi(e)	nous nous fûmes accroupi(e)s
tu t'accroupis	vous vous accroupîtes	tu te fus accroupi(e)	vous vous fûtes accroupi(e)(s)
il/elle s'accroupit	ils/elles s'accroupirent	il/elle se fut accroupi(e)	ils/elles se furent accroupi(e)s

FUTURE		FUTURE ANTERIOR	
je m'accroupirai	nous nous accroupirons	je me serai accroupi(e)	nous nous serons accroupi(e)s
tu t'accroupiras	vous vous accroupirez	tu te seras accroupi(e)	vous vous serez accroupi(e)(s)
il/elle s'accroupira	ils/elles s'accroupiront	il/elle se sera accroupi(e)	ils/elles se seront accroupi(e)s

CONDITIONAL		PAST CONDITIONAL	
je m'accroupirais	nous nous accroupirions	je me serais accroupi(e)	nous nous serions accroupi(e)s
tu t'accroupirais	vous vous accroupiriez	tu te serais accroupi(e)	vous vous seriez accroupi(e)(s)
il/elle s'accroupirait	ils/elles s'accroupiraient	il/elle se serait accroupi(e)	ils/elles se seraient accroupi(e)s

PRESENT SUBJUNCTIVE		PAST SUBJUNCTIVE	
que je m'accroupisse	que nous nous accroupissions	que je me sois accroupi(e)	que nous nous soyons accroupi(e)s
que tu t'accroupisses	que vous vous accroupissiez	que tu te sois accroupi(e)	que vous vous soyez accroupi(e)(s)
qu'il/elle s'accroupisse	qu'ils/elles s'accroupissent	qu'il/elle se soit accroupi(e)	qu'ils/elles se soient accroupi(e)s

IMPERFECT SUBJUNCTIVE		PLUPERFECT SUBJUNCTIVE	
que je m'accroupisse	que nous nous accroupissions	que je me fusse accroupi(e)	que nous nous fussions accroupi(e)s
que tu t'accroupisses	que vous vous accroupissiez	que tu te fusses accroupi(e)	que vous vous fussiez accroupi(e)(s)
qu'il/elle s'accroupît	qu'ils/elles s'accroupissent	qu'il/elle se fût accroupi(e)	qu'ils/elles se fussent accroupi(e)s

COMMANDS	
	(nous) accroupissons-nous
(tu) accroupis-toi	(vous) accroupissez-vous

Usage

Il s'est accroupi derrière la porte.	*He crouched (down) behind the door.*
Si tu veux te cacher, accroupis-toi.	*If you want to hide, crouch down.*
On s'est accroupis auprès du feu pour se chauffer.	*We crouched down next to the fire to warm up.*

RELATED WORDS

accroupi	*crouching*
être accroupi	*to be in a crouching position*
J'ai trouvé l'enfant accroupi sous la table.	*I found the child crouching under the table.*

irregular verb

PRESENT

j'accueille	nous accueillons
tu accueilles	vous accueillez
il/elle accueille	ils/elles accueillent

IMPERFECT

j'accueillais	nous accueillions
tu accueillais	vous accueilliez
il/elle accueillait	ils/elles accueillaient

PASSÉ SIMPLE

j'accueillis	nous accueillîmes
tu accueillis	vous accueillîtes
il/elle accueillit	ils/elles accueillirent

FUTURE

j'accueillerai	nous accueillerons
tu accueilleras	vous accueillerez
il/elle accueillera	ils/elles accueilleront

CONDITIONAL

j'accueillerais	nous accueillerions
tu accueillerais	vous accueilleriez
il/elle accueillerait	ils/elles accueilleraient

PRESENT SUBJUNCTIVE

que j'accueille	que nous accueillions
que tu accueilles	que vous accueilliez
qu'il/elle accueille	qu'ils/elles accueillent

IMPERFECT SUBJUNCTIVE

que j'accueillisse	que nous accueillissions
que tu accueillisses	que vous accueillissiez
qu'il/elle accueillît	qu'ils/elles accueillissent

COMMANDS

	(nous) accueillons
(tu) accueille	(vous) accueillez

PASSÉ COMPOSÉ

j'ai accueilli	nous avons accueilli
tu as accueilli	vous avez accueilli
il/elle a accueilli	ils/elles ont accueilli

PLUPERFECT

j'avais accueilli	nous avions accueilli
tu avais accueilli	vous aviez accueilli
il/elle avait accueilli	ils/elles avaient accueilli

PAST ANTERIOR

j'eus accueilli	nous eûmes accueilli
tu eus accueilli	vous eûtes accueilli
il/elle eut accueilli	ils/elles eurent accueilli

FUTURE ANTERIOR

j'aurai accueilli	nous aurons accueilli
tu auras accueilli	vous aurez accueilli
il/elle aura accueilli	ils/elles auront accueilli

PAST CONDITIONAL

j'aurais accueilli	nous aurions accueilli
tu aurais accueilli	vous auriez accueilli
il/elle aurait accueilli	ils/elles auraient accueilli

PAST SUBJUNCTIVE

que j'aie accueilli	que nous ayons accueilli
que tu aies accueilli	que vous ayez accueilli
qu'il/elle ait accueilli	qu'ils/elles aient accueilli

PLUPERFECT SUBJUNCTIVE

que j'eusse accueilli	que nous eussions accueilli
que tu eusses accueilli	que vous eussiez accueilli
qu'il/elle eût accueilli	qu'ils/elles eussent accueilli

Usage

La France a accueilli de nombreux réfugiés.	*France took in a good number of refugees.*
Cette auberge accueille les jeunes voyageurs.	*This hostel takes in/lodges young travelers.*
Ils nous ont bien accueillis.	*They gave us a warm welcome.*
Des cris de joie ont accueilli l'équipe.	*Cries of joy greeted the (victorious) team.*
Le peuple a mal accueilli la nouvelle loi.	*The people gave a cool reception to the new law.*

RELATED WORDS

l'accueil (*m*)	*welcome; reception office*
Demandez à l'accueil.	*Ask at the reception desk.*
un accueil chaleureux	*a warm welcome*
Ses œuvres ont été bien/mal accueillies par le public.	*His works were well/poorly received by the general public.*
On leur a fait bon accueil.	*They were given a warm welcome.*
Les critiques ont fait un mauvais accueil au nouveau roman.	*The critics received the new novel unfavorably.*

accuser *to accuse*

j'accuse · j'accusai · accusé · accusant

regular -er verb

PRESENT

j'accuse	nous accusons
tu accuses	vous accusez
il/elle accuse	ils/elles accusent

IMPERFECT

j'accusais	nous accusions
tu accusais	vous accusiez
il/elle accusait	ils/elles accusaient

PASSÉ SIMPLE

j'accusai	nous accusâmes
tu accusas	vous accusâtes
il/elle accusa	ils/elles accusèrent

FUTURE

j'accuserai	nous accuserons
tu accuseras	vous accuserez
il/elle accusera	ils/elles accuseront

CONDITIONAL

j'accuserais	nous accuserions
tu accuserais	vous accuseriez
il/elle accuserait	ils/elles accuseraient

PRESENT SUBJUNCTIVE

que j'accuse	que nous accusions
que tu accuses	que vous accusiez
qu'il/elle accuse	qu'ils/elles accusent

IMPERFECT SUBJUNCTIVE

que j'accusasse	que nous accusassions
que tu accusasses	que vous accusassiez
qu'il/elle accusât	qu'ils/elles accusassent

PASSÉ COMPOSÉ

j'ai accusé	nous avons accusé
tu as accusé	vous avez accusé
il/elle a accusé	ils/elles ont accusé

PLUPERFECT

j'avais accusé	nous avions accusé
tu avais accusé	vous aviez accusé
il/elle avait accusé	ils/elles avaient accusé

PAST ANTERIOR

j'eus accusé	nous eûmes accusé
tu eus accusé	vous eûtes accusé
il/elle eut accusé	ils/elles eurent accusé

FUTURE ANTERIOR

j'aurai accusé	nous aurons accusé
tu auras accusé	vous aurez accusé
il/elle aura accusé	ils/elles auront accusé

PAST CONDITIONAL

j'aurais accusé	nous aurions accusé
tu aurais accusé	vous auriez accusé
il/elle aurait accusé	ils/elles auraient accusé

PAST SUBJUNCTIVE

que j'aie accusé	que nous ayons accusé
que tu aies accusé	que vous ayez accusé
qu'il/elle ait accusé	qu'ils/elles aient accusé

PLUPERFECT SUBJUNCTIVE

que j'eusse accusé	que nous eussions accusé
que tu eusses accusé	que vous eussiez accusé
qu'il/elle eût accusé	qu'ils/elles eussent accusé

COMMANDS

	(nous) accusons
(tu) accuse	(vous) accusez

Usage

accuser qqn d'un crime	*to accuse someone of a crime*
accuser qqn de vol	*to accuse someone of theft*
accuser qqn de meurtre	*to accuse someone of murder*
accuser qqn sans preuves	*to accuse someone without proof*
accuser le destin/le sort/les événements	*to blame destiny/fate/events*
Vous n'avez pas le droit de m'accuser!	*You have no right to accuse me!*
J'accuse!	*I accuse!* (famous 1898 manifesto by Émile Zola in the Dreyfus case)

RELATED WORDS

l'accusé(e)	*the defendant/the accused*
On a interrogé l'accusé pendant dix heures.	*The accused was interrogated for ten hours.*
l'accusation (f)	*accusation/charge*
renoncer à l'accusation	*to drop the charge*
faire des accusations (fausses)	*to make (false) charges*
accusé(e)	*marked/noticeable*
un accent allemand très accusé	*a very noticeable/strong German accent*

-er verb; spelling change: é > è/mute e

j'achète · j'achetai · acheté · achetant

PRESENT

j'achète	nous achetons
tu achètes	vous achetez
il/elle achète	ils/elles achètent

IMPERFECT

j'achetais	nous achetions
tu achetais	vous achetiez
il/elle achetait	ils/elles achetaient

PASSÉ SIMPLE

j'achetai	nous achetâmes
tu achetas	vous achetâtes
il/elle acheta	ils/elles achetèrent

FUTURE

j'achèterai	nous achèterons
tu achèteras	vous achèterez
il/elle achètera	ils/elles achèteront

CONDITIONAL

j'achèterais	nous achèterions
tu achèterais	vous achèteriez
il/elle achèterait	ils/elles achèteraient

PRESENT SUBJUNCTIVE

que j'achète	que nous achetions
que tu achètes	que vous achetiez
qu'il/elle achète	qu'ils/elles achètent

IMPERFECT SUBJUNCTIVE

que j'achetasse	que nous achetassions
que tu achetasses	que vous achetassiez
qu'il/elle achetât	qu'ils/elles achetassent

COMMANDS

	(nous) achetons
(tu) achète	(vous) achetez

PASSÉ COMPOSÉ

j'ai acheté	nous avons acheté
tu as acheté	vous avez acheté
il/elle a acheté	ils/elles ont acheté

PLUPERFECT

j'avais acheté	nous avions acheté
tu avais acheté	vous aviez acheté
il/elle avait acheté	ils/elles avaient acheté

PAST ANTERIOR

j'eus acheté	nous eûmes acheté
tu eus acheté	vous eûtes acheté
il/elle eut acheté	ils/elles eurent acheté

FUTURE ANTERIOR

j'aurai acheté	nous aurons acheté
tu auras acheté	vous aurez acheté
il/elle aura acheté	ils/elles auront acheté

PAST CONDITIONAL

j'aurais acheté	nous aurions acheté
tu aurais acheté	vous auriez acheté
il/elle aurait acheté	ils/elles auraient acheté

PAST SUBJUNCTIVE

que j'aie acheté	que nous ayons acheté
que tu aies acheté	que vous ayez acheté
qu'il/elle ait acheté	qu'ils/elles aient acheté

PLUPERFECT SUBJUNCTIVE

que j'eusse acheté	que nous eussions acheté
que tu eusses acheté	que vous eussiez acheté
qu'il/elle eût acheté	qu'ils/elles eussent acheté

Usage

NOTE: *Acheter* is often followed by the partitive, especially when talking about buying food.

acheter qqch	*to buy something*
acheter de la viande	*to buy meat*
acheter des légumes	*to buy vegetables*
acheter des fruits	*to buy fruit*
acheter du café	*to buy coffee*

RELATED WORDS

l'achat *(m)*	*purchase*
les achats *(mpl)*	*shopping*
un centre d'achats	*shopping center* (Canadian term)
le rachat	*repurchase; ransom*
l'acheteur *(m)*/acheteuse *(f)*	*buyer*

TOP 50 VERB ☞

acheter *to buy*

j'achète · j'achetai · acheté · achetant   *-er* verb; spelling change: *é > è/mute e*

Qu'est-ce qu'on achète?

acheter une maison/une voiture	*to buy a house/a car*
acheter des cadeaux de Noël	*to buy Christmas gifts*
acheter un bijou/un diamant pour sa fiancée	*to buy a jewel/a diamond for one's fiancée*

Les rapports entre acheteurs et vendeurs

acheter qqch à qqn	*to buy something for someone*
Regarde! Je t'ai acheté un pain au chocolat.	*Look! I've bought you a chocolate croissant.*
Ils ont acheté une mobylette à leur fils.	*They bought their son a moped.*
Les enfants sont contents parce que nous leur avons acheté des jouets.	*The children are happy because we bought toys for them.*
Si tu descends, achète-moi le journal.	*If you're going down, buy me the paper.*

(Notice that the same structure can have the opposite meaning.)

acheter qqch à qqn	*to buy something from someone*
J'ai acheté ces livres à un ancien étudiant.	*I bought these books from a former student.*
Nous achetons notre café à cet épicier.	*We buy our coffee from this grocer.*
À qui as-tu acheté cette vieille voiture?	*From whom did you buy that old car?*

Comment acheter?

acheter qqch bon marché	*to buy something cheap*
acheter qqch très cher	*to pay a lot for something*
acheter qqch d'occasion	*to buy something used, secondhand*
acheter en gros	*to buy wholesale*
acheter au détail	*to buy retail*
acheter à crédit	*to buy on credit*
acheter au comptant	*to buy with cash*

La joie d'acheter

Ma mère adore acheter.	*My mother loves to shop.*
Demain je vais faire des achats.	*Tomorrow I'm going to do some shopping.*
En décembre les magasins sont pleins d'acheteurs.	*In December the stores are full of shoppers.*
Tout le monde fait ses achats de Noël.	*Everyone is doing his Christmas shopping.*

acheter et la corruption

acheter des électeurs	*to buy votes*
acheter un juge/un ministre	*to bribe a judge/a high government official*
acheter la loyauté de qqn	*to buy someone's loyalty*
C'est un mauvais fonctionnaire qui se laisse acheter.	*He who can be bribed/bought is a bad official.*

racheter

racheter les droits à un rival	*to buy a rival out*
racheter une propriété	*to buy back a piece of property*
Il m'a racheté cette vieille maison.	*He took that old house off my hands.*
Je voudrais racheter mon indifférence.	*I'd like to make up for/atone for my indifference.*
racheter un prisonnier	*to ransom a prisoner*

TOP 50 VERBS

-*er* verb; spelling change: *é > è*/mute e

j'achève · j'achevai · achevé · achevant

PRESENT

j'achève	nous achevons
tu achèves	vous achevez
il/elle achève	ils/elles achèvent

IMPERFECT

j'achevais	nous achevions
tu achevais	vous acheviez
il/elle achevait	ils/elles achevaient

PASSÉ SIMPLE

j'achevai	nous achevâmes
tu achevas	vous achevâtes
il/elle acheva	ils/elles achevèrent

FUTURE

j'achèverai	nous achèverons
tu achèveras	vous achèverez
il/elle achèvera	ils/elles achèveront

CONDITIONAL

j'achèverais	nous achèverions
tu achèverais	vous achèveriez
il/elle achèverait	ils/elles achèveraient

PRESENT SUBJUNCTIVE

que j'achève	que nous achevions
que tu achèves	que vous acheviez
qu'il/elle achève	qu'ils/elles achèvent

IMPERFECT SUBJUNCTIVE

que j'achevasse	que nous achevassions
que tu achevasses	que vous achevassiez
qu'il/elle achevât	qu'ils/elles achevassent

PASSÉ COMPOSÉ

j'ai achevé	nous avons achevé
tu as achevé	vous avez achevé
il/elle a achevé	ils/elles ont achevé

PLUPERFECT

j'avais achevé	nous avions achevé
tu avais achevé	vous aviez achevé
il/elle avait achevé	ils/elles avaient achevé

PAST ANTERIOR

j'eus achevé	nous eûmes achevé
tu eus achevé	vous eûtes achevé
il/elle eut achevé	ils/elles eurent achevé

FUTURE ANTERIOR

j'aurai achevé	nous aurons achevé
tu auras achevé	vous aurez achevé
il/elle aura achevé	ils/elles auront achevé

PAST CONDITIONAL

j'aurais achevé	nous aurions achevé
tu aurais achevé	vous auriez achevé
il/elle aurait achevé	ils/elles auraient achevé

PAST SUBJUNCTIVE

que j'aie achevé	que nous ayons achevé
que tu aies achevé	que vous ayez achevé
qu'il/elle ait achevé	qu'ils/elles aient achevé

PLUPERFECT SUBJUNCTIVE

que j'eusse achevé	que nous eussions achevé
que tu eusses achevé	que vous eussiez achevé
qu'il/elle eût achevé	qu'ils/elles eussent achevé

COMMANDS

	(nous) achevons
(tu) achève	(vous) achevez

Usage

achever qqch	*to finish something*
achever son déjeuner	*to finish one's lunch*
achever le projet	*to complete the project*
achever sa tâche	*to finish one's task*
achever la lecture du roman	*to finish reading the novel*
achever le travail	*to finish the work*
achever sa lettre	*to finish one's letter*
achever sa réponse	*to finish one's answer*
Le peintre a achevé son tableau.	*The painter finished his painting.*
L'écrivain a achevé son conte.	*The writer finished his short story.*
L'avocat a achevé son plaidoyer.	*The lawyer finished his plea.*
L'informaticien a achevé son logiciel.	*The computer specialist finished his software program.*

TOP 50 VERB ☞

achever *to finish, complete*

j'achève · j'achevai · achevé · achevant

-er verb; spelling change: é > è/mute e

achever qqch (le finir comme il faut)

Laissez-moi achever ma phrase!	*Let me finish my sentence!*
Si tu continues à le déranger, il n'achèvera jamais son article.	*If you keep on bothering him, he'll never finish his article.*
Malgré la mort de son père, elle a achevé ses études dans trois ans.	*In spite of the death of her father, she completed her studies in three years.*

sans achever (les choses qui ne s'achèvent pas)

Il s'en est allé sans achever son repas.	*He left without finishing his meal.*
Elle a arrêté de parler sans achever sa réponse.	*She stopped speaking without finishing her answer.*
Il a posé son stylo sans achever sa lettre.	*He put down his pen without finishing his letter.*

achever une action (achever de faire qqch)

Quand achèveras-tu de parler?	*When will you finish speaking?*
Il achevait de faire ses valises.	*He was just finishing packing.*
Les enfants ont achevé de se laver.	*The children have finished washing up.*
Elle n'a pas encore achevé de se plaindre.	*She hasn't yet finished complaining.*

achever qqn (le mettre à bout de sa patience, à bout de ses forces; le tuer)

Ses peines l'achevèrent.	*His sorrows killed him.*
Il a achevé le cheval malade d'un coup de fusil.	*He finished off the sick horse with a rifle shot.*
Le nettoyage de l'appartement nous a achevés.	*Cleaning the apartment finished us off.*
Cette conférence ennuyeuse m'a achevé.	*That boring lecture finished me off.*
La maladie de son fils l'achèvera.	*Her son's illness will be the end of her.*

achever de faire qqch

Ta réponse a achevé de le fâcher.	*Your answer/response really made him angry.*
Cette nouvelle a achevé de nous faire repenser nos plans pour les vacances.	*That piece of news finally made us rethink our vacation plans.*
Ils ont achevé de faire le ménage.	*They finished (doing) the housework.*

s'achever (arriver à la fin)

Le jour s'achève.	*The day is ending.*
Les vacances s'achèvent.	*Vacation is ending.*
L'année scolaire s'achève.	*The school year is coming to an end.*
Sa vie s'acheva soudain.	*His life ended suddenly.*
Les pourparlers s'achèveront demain.	*The talks will be over tomorrow.*

Related Words

l'achèvement *(m)*	*completion/culmination*
Les travaux sont en voie d'achèvement.	*The construction project is close to completion.*
inachevé(e)	*incomplete/unfinished*
Il a laissé son œuvre inachevée.	*He left his work incomplete.*
parachever	*to perfect/put the finishing touches on*
Le compositeur est en train de parachever sa symphonie.	*The composer is putting the finishing touches on his symphony.*

TOP 50 VERBS

irregular verb   j'acquiers · j'acquis · acquis · acquérant

PRESENT

j'acquiers	nous acquérons
tu acquiers	vous acquérez
il/elle acquiert	ils/elles acquièrent

IMPERFECT

j'acquérais	nous acquérions
tu acquérais	vous acquériez
il/elle acquérait	ils/elles acquéraient

PASSÉ SIMPLE

j'acquis	nous acquîmes
tu acquis	vous acquîtes
il/elle acquit	ils/elles acquirent

FUTURE

j'acquerrai	nous acquerrons
tu acquerras	vous acquerrez
il/elle acquerra	ils/elles acquerront

CONDITIONAL

j'acquerrais	nous acquerrions
tu acquerrais	vous acquerriez
il/elle acquerrait	ils/elles acquerraient

PRESENT SUBJUNCTIVE

que j'acquière	que nous acquérions
que tu acquières	que vous acquériez
qu'il/elle acquière	qu'ils/elles acquièrent

IMPERFECT SUBJUNCTIVE

que j'acquisse	que nous acquissions
que tu acquisses	que vous acquissiez
qu'il/elle acquît	qu'ils/elles acquissent

PASSÉ COMPOSÉ

j'ai acquis	nous avons acquis
tu as acquis	vous avez acquis
il/elle a acquis	ils/elles ont acquis

PLUPERFECT

j'avais acquis	nous avions acquis
tu avais acquis	vous aviez acquis
il/elle avait acquis	ils/elles avaient acquis

PAST ANTERIOR

j'eus acquis	nous eûmes acquis
tu eus acquis	vous eûtes acquis
il/elle eut acquis	ils/elles eurent acquis

FUTURE ANTERIOR

j'aurai acquis	nous aurons acquis
tu auras acquis	vous aurez acquis
il/elle aura acquis	ils/elles auront acquis

PAST CONDITIONAL

j'aurais acquis	nous aurions acquis
tu aurais acquis	vous auriez acquis
il/elle aurait acquis	ils/elles auraient acquis

PAST SUBJUNCTIVE

que j'aie acquis	que nous ayons acquis
que tu aies acquis	que vous ayez acquis
qu'il/elle ait acquis	qu'ils/elles aient acquis

PLUPERFECT SUBJUNCTIVE

que j'eusse acquis	que nous eussions acquis
que tu eusses acquis	que vous eussiez acquis
qu'il/elle eût acquis	qu'ils/elles eussent acquis

COMMANDS

	(nous) acquérons
(tu) acquiers	(vous) acquérez

Usage

acquérir un terrain	*to purchase a piece of land*
acquérir un terrain par succession	*to inherit a piece of land*
acquérir une grande renommée	*to acquire fame*

RELATED WORDS

C'est un fait acquis.	*It's an established fact.*
Il est acquis que...	*It's established that . . .*
Je vous suis tout acquis/tout acquise.	*I'm all yours.*
Je suis acquis(e) à cette idée.	*I've come to be an advocate of that idea.*
un acquis, de l'acquis	*acquired knowledge*
Les langues sont un acquis important.	*Languages are a valuable acquisition.*
une acquisition	*purchase/acquisition*
faire l'acquisition d'un immeuble	*to buy an apartment building*
Voilà ma nouvelle acquisition.	*There's my new acquisition.*
l'acquisition du langage	*language acquisition*

admettre   *to admit*

j'admets · j'admis · admis · admettant

irregular verb; only one t in the singular of the present tense

PRESENT	
j'admets	nous admettons
tu admets	vous admettez
il/elle admet	ils/elles admettent

IMPERFECT	
j'admettais	nous admettions
tu admettais	vous admettiez
il/elle admettait	ils/elles admettaient

PASSÉ SIMPLE	
j'admis	nous admîmes
tu admis	vous admîtes
il/elle admit	ils/elles admirent

FUTURE	
j'admettrai	nous admettrons
tu admettras	vous admettrez
il/elle admettra	ils/elles admettront

CONDITIONAL	
j'admettrais	nous admettrions
tu admettrais	vous admettriez
il/elle admettrait	ils/elles admettraient

PRESENT SUBJUNCTIVE	
que j'admette	que nous admettions
que tu admettes	que vous admettiez
qu'il/elle admette	qu'ils/elles admettent

IMPERFECT SUBJUNCTIVE	
que j'admisse	que nous admissions
que tu admisses	que vous admissiez
qu'il/elle admît	qu'ils/elles admissent

PASSÉ COMPOSÉ	
j'ai admis	nous avons admis
tu as admis	vous avez admis
il/elle a admis	ils/elles ont admis

PLUPERFECT	
j'avais admis	nous avions admis
tu avais admis	vous aviez admis
il/elle avait admis	ils/elles avaient admis

PAST ANTERIOR	
j'eus admis	nous eûmes admis
tu eus admis	vous eûtes admis
il/elle eut admis	ils/elles eurent admis

FUTURE ANTERIOR	
j'aurai admis	nous aurons admis
tu auras admis	vous aurez admis
il/elle aura admis	ils/elles auront admis

PAST CONDITIONAL	
j'aurais admis	nous aurions admis
tu aurais admis	vous auriez admis
il/elle aurait admis	ils/elles auraient admis

PAST SUBJUNCTIVE	
que j'aie admis	que nous ayons admis
que tu aies admis	que vous ayez admis
qu'il/elle ait admis	qu'ils/elles aient admis

PLUPERFECT SUBJUNCTIVE	
que j'eusse admis	que nous eussions admis
que tu eusses admis	que vous eussiez admis
qu'il/elle eût admis	qu'ils/elles eussent admis

COMMANDS	
	(nous) admettons
(tu) admets	(vous) admettez

Usage

Les animaux ne sont pas admis dans ce restaurant.	*Animals are not allowed in this restaurant.*
Il admet que nous avons raison.	*He admits we are right.*
Le ton de son ordre n'admet pas d'objection.	*The tone of his order doesn't allow any objections.*
Cette règle n'admet pas d'exception.	*This rule allows no exceptions.*
Ma fille a été admise au concours!	*My daughter passed the exam!*
Admettons qu'il sache le faire.	*Let's suppose he knows how to do it.*
En admettant qu'il puisse apparaître...	*Assuming that he might appear . . .*
Il est admis que...	*It's an accepted fact that . . .*
se faire admettre à un club	*to get accepted to a club*

RELATED WORDS

l'admission (f) au concours	*passing the test*
admissible	*acceptable*
Votre langage n'est pas admissible.	*Your choice of words is unacceptable.*

regular *-er* verb

PRESENT

j'admire	nous admirons
tu admires	vous admirez
il/elle admire	ils/elles admirent

IMPERFECT

j'admirais	nous admirions
tu admirais	vous admiriez
il/elle admirait	ils/elles admiraient

PASSÉ SIMPLE

j'admirai	nous admirâmes
tu admiras	vous admirâtes
il/elle admira	ils/elles admirèrent

FUTURE

j'admirerai	nous admirerons
tu admireras	vous admirerez
il/elle admirera	ils/elles admireront

CONDITIONAL

j'admirerais	nous admirerions
tu admirerais	vous admireriez
il/elle admirerait	ils/elles admireraient

PRESENT SUBJUNCTIVE

que j'admire	que nous admirions
que tu admires	que vous admiriez
qu'il/elle admire	qu'ils/elles admirent

IMPERFECT SUBJUNCTIVE

que j'admirasse	que nous admirassions
que tu admirasses	que vous admirassiez
qu'il/elle admirât	qu'ils/elles admirassent

COMMANDS

	(nous) admirons
(tu) admire	(vous) admirez

PASSÉ COMPOSÉ

j'ai admiré	nous avons admiré
tu as admiré	vous avez admiré
il/elle a admiré	ils/elles ont admiré

PLUPERFECT

j'avais admiré	nous avions admiré
tu avais admiré	vous aviez admiré
il/elle avait admiré	ils/elles avaient admiré

PAST ANTERIOR

j'eus admiré	nous eûmes admiré
tu eus admiré	vous eûtes admiré
il/elle eut admiré	ils/elles eurent admiré

FUTURE ANTERIOR

j'aurai admiré	nous aurons admiré
tu auras admiré	vous aurez admiré
il/elle aura admiré	ils/elles auront admiré

PAST CONDITIONAL

j'aurais admiré	nous aurions admiré
tu aurais admiré	vous auriez admiré
il/elle aurait admiré	ils/elles auraient admiré

PAST SUBJUNCTIVE

que j'aie admiré	que nous ayons admiré
que tu aies admiré	que vous ayez admiré
qu'il/elle ait admiré	qu'ils/elles aient admiré

PLUPERFECT SUBJUNCTIVE

que j'eusse admiré	que nous eussions admiré
que tu eusses admiré	que vous eussiez admiré
qu'il/elle eût admiré	qu'ils/elles eussent admiré

Usage

Jacquot admire son père.	*Jacquot admires his father.*
Les étudiants admirent leur professeur.	*The students admire their teacher.*
J'admire votre franchise.	*I admire your frankness.*
Nous admirons la compétence de ce joueur de football.	*We admire the ability of this soccer player.*

RELATED WORDS

l'admiration *(f)*	*admiration*
Nous sommes remplis d'admiration pour nos soldats.	*We are filled with admiration for our soldiers.*
admirable	*admirable*
Je trouve que votre courage est admirable.	*I find your courage admirable.*
Sa maîtrise de la langue allemande est admirable.	*His mastery/command of the German language is admirable.*

adopter *to adopt*

j'adopte · j'adoptai · adopté · adoptant

regular *-er* verb

PRESENT		PASSÉ COMPOSÉ	
j'adopte	nous adoptons	j'ai adopté	nous avons adopté
tu adoptes	vous adoptez	tu as adopté	vous avez adopté
il/elle adopte	ils/elles adoptent	il/elle a adopté	ils/elles ont adopté

IMPERFECT		PLUPERFECT	
j'adoptais	nous adoptions	j'avais adopté	nous avions adopté
tu adoptais	vous adoptiez	tu avais adopté	vous aviez adopté
il/elle adoptait	ils/elles adoptaient	il/elle avait adopté	ils/elles avaient adopté

PASSÉ SIMPLE		PAST ANTERIOR	
j'adoptai	nous adoptâmes	j'eus adopté	nous eûmes adopté
tu adoptas	vous adoptâtes	tu eus adopté	vous eûtes adopté
il/elle adopta	ils/elles adoptèrent	il/elle eut adopté	ils/elles eurent adopté

FUTURE		FUTURE ANTERIOR	
j'adopterai	nous adopterons	j'aurai adopté	nous aurons adopté
tu adopteras	vous adopterez	tu auras adopté	vous aurez adopté
il/elle adoptera	ils/elles adopteront	il/elle aura adopté	ils/elles auront adopté

CONDITIONAL		PAST CONDITIONAL	
j'adopterais	nous adopterions	j'aurais adopté	nous aurions adopté
tu adopterais	vous adopteriez	tu aurais adopté	vous auriez adopté
il/elle adopterait	ils/elles adopteraient	il/elle aurait adopté	ils/elles auraient adopté

PRESENT SUBJUNCTIVE		PAST SUBJUNCTIVE	
que j'adopte	que nous adoptions	que j'aie adopté	que nous ayons adopté
que tu adoptes	que vous adoptiez	que tu aies adopté	que vous ayez adopté
qu'il/elle adopte	qu'ils/elles adoptent	qu'il/elle ait adopté	qu'ils/elles aient adopté

IMPERFECT SUBJUNCTIVE		PLUPERFECT SUBJUNCTIVE	
que j'adoptasse	que nous adoptassions	que j'eusse adopté	que nous eussions adopté
que tu adoptasses	que vous adoptassiez	que tu eusses adopté	que vous eussiez adopté
qu'il/elle adoptât	qu'ils/elles adoptassent	qu'il/elle eût adopté	qu'ils/elles eussent adopté

COMMANDS	
	(nous) adoptons
(tu) adopte	(vous) adoptez

Usage

adopter un enfant	*to adopt a child*
adopter le catholicisme	*to adopt/convert to Catholicism*
Il a adopté une attitude hostile envers nous.	*He adopted a hostile attitude toward us.*
adopter une loi	*to pass a law*

RELATED WORDS

adoptif(-ve)	*adopted, adoptive*
mon fils adoptif	*my adopted son*
ma fille adoptive	*my adopted daughter*
ses parents adoptifs	*his adoptive parents*
l'adoption *(f)* d'un enfant	*adoption of a child*
l'adoption *(f)* d'une loi	*the passing of a law*
d'adoption	*adopted/of adoption*
Paris est ma ville d'adoption.	*Paris is my adopted city.*

regular *-er* verb

j'adore · j'adorai · adoré · adorant

PRESENT

j'adore	nous adorons
tu adores	vous adorez
il/elle adore	ils/elles adorent

IMPERFECT

j'adorais	nous adorions
tu adorais	vous adoriez
il/elle adorait	ils/elles adoraient

PASSÉ SIMPLE

j'adorai	nous adorâmes
tu adoras	vous adorâtes
il/elle adora	ils/elles adorèrent

FUTURE

j'adorerai	nous adorerons
tu adoreras	vous adorerez
il/elle adorera	ils/elles adoreront

CONDITIONAL

j'adorerais	nous adorerions
tu adorerais	vous adoreriez
il/elle adorerait	ils/elles adoreraient

PRESENT SUBJUNCTIVE

que j'adore	que nous adorions
que tu adores	que vous adoriez
qu'il/elle adore	qu'ils/elles adorent

IMPERFECT SUBJUNCTIVE

que j'adorasse	que nous adorassions
que tu adorasses	que vous adorassiez
qu'il/elle adorât	qu'ils/elles adorassent

PASSÉ COMPOSÉ

j'ai adoré	nous avons adoré
tu as adoré	vous avez adoré
il/elle a adoré	ils/elles ont adoré

PLUPERFECT

j'avais adoré	nous avions adoré
tu avais adoré	vous aviez adoré
il/elle avait adoré	ils/elles avaient adoré

PAST ANTERIOR

j'eus adoré	nous eûmes adoré
tu eus adoré	vous eûtes adoré
il/elle eut adoré	ils/elles eurent adoré

FUTURE ANTERIOR

j'aurai adoré	nous aurons adoré
tu auras adoré	vous aurez adoré
il/elle aura adoré	ils/elles auront adoré

PAST CONDITIONAL

j'aurais adoré	nous aurions adoré
tu aurais adoré	vous auriez adoré
il/elle aurait adoré	ils/elles auraient adoré

PAST SUBJUNCTIVE

que j'aie adoré	que nous ayons adoré
que tu aies adoré	que vous ayez adoré
qu'il/elle ait adoré	qu'ils/elles aient adoré

PLUPERFECT SUBJUNCTIVE

que j'eusse adoré	que nous eussions adoré
que tu eusses adoré	que vous eussiez adoré
qu'il/elle eût adoré	qu'ils/elles eussent adoré

COMMANDS

	(nous) adorons
(tu) adore	(vous) adorez

Usage

adorer le Seigneur	*to worship the Lord*
J'adore ce chanteur.	*I love that singer.*
Cet enfant adore le pain au chocolat.	*This child loves chocolate croissants.*
adorer faire qqch	*to love to do something*
J'adore nager dans un lac.	*I love to swim in a lake.*
J'adore regarder les matchs à la télé.	*I love watching sports on TV.*
Elle adore recevoir des cadeaux.	*She loves getting gifts.*

RELATED WORDS

l'adoration *(f)*	*worship/adoration*
adorable	*adorable/very cute*
Votre fille est adorable.	*Your daughter is adorable.*

s'adresser   *to speak to, turn to, address oneself to*

je m'adresse · je m'adressai · s'étant adressé · s'adressant

regular -*er* reflexive verb;
compound tenses with *être*

PRESENT

je m'adresse	nous nous adressons
tu t'adresses	vous vous adressez
il/elle s'adresse	ils/elles s'adressent

IMPERFECT

je m'adressais	nous nous adressions
tu t'adressais	vous vous adressiez
il/elle s'adressait	ils/elles s'adressaient

PASSÉ SIMPLE

je m'adressai	nous nous adressâmes
tu t'adressas	vous vous adressâtes
il/elle s'adressa	ils/elles s'adressèrent

FUTURE

je m'adresserai	nous nous adresserons
tu t'adresseras	vous vous adresserez
il/elle s'adressera	ils/elles s'adresseront

CONDITIONAL

je m'adresserais	nous nous adresserions
tu t'adresserais	vous vous adresseriez
il/elle s'adresserait	ils/elles s'adresseraient

PRESENT SUBJUNCTIVE

que je m'adresse	que nous nous adressions
que tu t'adresses	que vous vous adressiez
qu'il/elle s'adresse	qu'ils/elles s'adressent

IMPERFECT SUBJUNCTIVE

que je m'adressasse	que nous nous adressassions
que tu t'adressasses	que vous vous adressassiez
qu'il/elle s'adressât	qu'ils/elles s'adressassent

COMMANDS

	(nous) adressons-nous
(tu) adresse-toi	(vous) adressez-vous

PASSÉ COMPOSÉ

je me suis adressé(e)	nous nous sommes adressé(e)s
tu t'es adressé(e)	vous vous êtes adressé(e)(s)
il/elle s'est adressé(e)	ils/elles se sont adressé(e)s

PLUPERFECT

je m'étais adressé(e)	nous nous étions adressé(e)s
tu t'étais adressé(e)	vous vous étiez adressé(e)(s)
il/elle s'était adressé(e)	ils/elles s'étaient adressé(e)s

PAST ANTERIOR

je me fus adressé(e)	nous nous fûmes adressé(e)s
tu te fus adressé(e)	vous vous fûtes adressé(e)(s)
il/elle se fut adressé(e)	ils/elles se furent adressé(e)s

FUTURE ANTERIOR

je me serai adressé(e)	nous nous serons adressé(e)s
tu te seras adressé(e)	vous vous serez adressé(e)(s)
il/elle se sera adressé(e)	ils/elles se seront adressé(e)s

PAST CONDITIONAL

je me serais adressé(e)	nous nous serions adressé(e)s
tu te serais adressé(e)	vous vous seriez adressé(e)(s)
il/elle se serait adressé(e)	ils/elles se seraient adressé(e)s

PAST SUBJUNCTIVE

que je me sois adressé(e)	que nous nous soyons adressé(e)s
que tu te sois adressé(e)	que vous vous soyez adressé(e)(s)
qu'il/elle se soit adressé(e)	qu'ils/elles se soient adressé(e)s

PLUPERFECT SUBJUNCTIVE

que je me fusse adressé(e)	que nous nous fussions adressé(e)s
que tu te fusses adressé(e)	que vous vous fussiez adressé(e)(s)
qu'il/elle se fût adressé(e)	qu'ils/elles se fussent adressé(e)s

Usage

s'adresser à qqn	*to speak to someone*
Pour prendre rendez-vous avec le chef, il faut s'adresser à sa secrétaire.	*To make an appointment with the boss, you must speak to his secretary.*
Je m'adresse à vous.	*I am turning to you (for advice, help, etc.).*
Ce livre s'adresse aux spécialistes.	*This book is aimed at/is intended for specialists.*
Pour savoir où il habitait, je me suis adressé à la concierge.	*To find out where he lived, I went to speak to the concierge.*

RELATED WORDS

adresser	*to address*
Adresser toute requête à...	*Address all requests to . . .*
une adresse	*an address*
C'est une bonne adresse.	*It's a good store/restaurant/hotel.*
Il a fait une remarque à leur adresse.	*He directed a remark at them.*

regular *-er* verb

j'affole · j'affolai · affolé · affolant

PRESENT

j'affole	nous affolons
tu affoles	vous affolez
il/elle affole	ils/elles affolent

IMPERFECT

j'affolais	nous affolions
tu affolais	vous affoliez
il/elle affolait	ils/elles affolaient

PASSÉ SIMPLE

j'affolai	nous affolâmes
tu affolas	vous affolâtes
il/elle affola	ils/elles affolèrent

FUTURE

j'affolerai	nous affolerons
tu affoleras	vous affolerez
il/elle affolera	ils/elles affoleront

CONDITIONAL

j'affolerais	nous affolerions
tu affolerais	vous affoleriez
il/elle affolerait	ils/elles affoleraient

PRESENT SUBJUNCTIVE

que j'affole	que nous affolions
que tu affoles	que vous affoliez
qu'il/elle affole	qu'ils/elles affolent

IMPERFECT SUBJUNCTIVE

que j'affolasse	que nous affolassions
que tu affolasses	que vous affolassiez
qu'il/elle affolât	qu'ils/elles affolassent

PASSÉ COMPOSÉ

j'ai affolé	nous avons affolé
tu as affolé	vous avez affolé
il/elle a affolé	ils/elles ont affolé

PLUPERFECT

j'avais affolé	nous avions affolé
tu avais affolé	vous aviez affolé
il/elle avait affolé	ils/elles avaient affolé

PAST ANTERIOR

j'eus affolé	nous eûmes affolé
tu eus affolé	vous eûtes affolé
il/elle eut affolé	ils/elles eurent affolé

FUTURE ANTERIOR

j'aurai affolé	nous aurons affolé
tu auras affolé	vous aurez affolé
il/elle aura affolé	ils/elles auront affolé

PAST CONDITIONAL

j'aurais affolé	nous aurions affolé
tu aurais affolé	vous auriez affolé
il/elle aurait affolé	ils/elles auraient affolé

PAST SUBJUNCTIVE

que j'aie affolé	que nous ayons affolé
que tu aies affolé	que vous ayez affolé
qu'il/elle ait affolé	qu'ils/elles aient affolé

PLUPERFECT SUBJUNCTIVE

que j'eusse affolé	que nous eussions affolé
que tu eusses affolé	que vous eussiez affolé
qu'il/elle eût affolé	qu'ils/elles eussent affolé

COMMANDS

	(nous) affolons
(tu) affole	(vous) affolez

Usage

Cela nous affole!	*That scares us!*
Son comportement a fini par affoler le professeur.	*His conduct eventually horrified the teacher.*

RELATED WORDS

s'affoler	*to go crazy/get very upset/lose one's head*
Je m'affolais en lisant sa lettre.	*I was getting alarmed as I read her letter.*
Ne t'affoles surtout pas!	*Most of all, don't lose your head!*
affolant(e)	*maddening/very upsetting/appalling*
La situation au bureau est affolante.	*The situation at the office is appalling.*
Ton attitude est affolante.	*Your attitude is maddening.*
affolé(e)	*horrified/panic-stricken/very upset*
Nous sommes affolés d'entendre cela.	*We are shocked to hear that.*
Le chien affolé se mit à aboyer.	*The frightened dog began to bark.*
l'affolement *(m)*	*panic/alarm*
Tu as eu un moment d'affolement, je crois.	*You were frightened there for a moment, I think.*

affranchir   *to free; to put postage on*

PRESENT

j'affranchis	nous affranchissons
tu affranchis	vous affranchissez
il/elle affranchit	ils/elles affranchissent

IMPERFECT

j'affranchissais	nous affranchissions
tu affranchissais	vous affranchissiez
il/elle affranchissait	ils/elles affranchissaient

PASSÉ SIMPLE

j'affranchis	nous affranchîmes
tu affranchis	vous affranchîtes
il/elle affranchit	ils/elles affranchirent

FUTURE

j'affranchirai	nous affranchirons
tu affranchiras	vous affranchirez
il/elle affranchira	ils/elles affranchiront

CONDITIONAL

j'affranchirais	nous affranchirions
tu affranchirais	vous affranchiriez
il/elle affranchirait	ils/elles affranchiraient

PRESENT SUBJUNCTIVE

que j'affranchisse	que nous affranchissions
que tu affranchisses	que vous affranchissiez
qu'il/elle affranchisse	qu'ils/elles affranchissent

IMPERFECT SUBJUNCTIVE

que j'affranchisse	que nous affranchissions
que tu affranchisses	que vous affranchissiez
qu'il/elle affranchît	qu'ils/elles affranchissent

COMMANDS

	(nous) affranchissons
(tu) affranchis	(vous) affranchissez

PASSÉ COMPOSÉ

j'ai affranchi	nous avons affranchi
tu as affranchi	vous avez affranchi
il/elle a affranchi	ils/elles ont affranchi

PLUPERFECT

j'avais affranchi	nous avions affranchi
tu avais affranchi	vous aviez affranchi
il/elle avait affranchi	ils/elles avaient affranchi

PAST ANTERIOR

j'eus affranchi	nous eûmes affranchi
tu eus affranchi	vous eûtes affranchi
il/elle eut affranchi	ils/elles eurent affranchi

FUTURE ANTERIOR

j'aurai affranchi	nous aurons affranchi
tu auras affranchi	vous aurez affranchi
il/elle aura affranchi	ils/elles auront affranchi

PAST CONDITIONAL

j'aurais affranchi	nous aurions affranchi
tu aurais affranchi	vous auriez affranchi
il/elle aurait affranchi	ils/elles auraient affranchi

PAST SUBJUNCTIVE

que j'aie affranchi	que nous ayons affranchi
que tu aies affranchi	que vous ayez affranchi
qu'il/elle ait affranchi	qu'ils/elles aient affranchi

PLUPERFECT SUBJUNCTIVE

que j'eusse affranchi	que nous eussions affranchi
que tu eusses affranchi	que vous eussiez affranchi
qu'il/elle eût affranchi	qu'ils/elles eussent affranchi

Usage

affranchir une lettre	*to put the necessary stamps on a letter*
La poste renvoie les lettres non affranchies.	*The post office sends back unstamped letters.*
Cette enveloppe est insuffisamment affranchie.	*This envelope has insufficient postage.*
affranchir les esclaves	*to free the slaves*
Vous connaîtrez la vérité, et la vérité vous affranchira. (*Jean, 8.32*)	*Ye shall know the truth, and the truth shall make you free.* (John 8:32)
un affranchi (*slang*)	*a wild guy*
Il se fait passer pour un affranchi. (*slang*)	*He tries to act wild.*

regular -*er* verb; spelling change: *c* > *ç/a, o*   **j'agace · j'agaçai · agacé · agaçant**

PRESENT

j'agace	nous agaçons
tu agaces	vous agacez
il/elle agace	ils/elles agacent

IMPERFECT

j'agaçais	nous agacions
tu agaçais	vous agaciez
il/elle agaçait	ils/elles agaçaient

PASSÉ SIMPLE

j'agaçai	nous agaçâmes
tu agaças	vous agaçâtes
il/elle agaça	ils/elles agacèrent

FUTURE

j'agacerai	nous agacerons
tu agaceras	vous agacerez
il/elle agacera	ils/elles agaceront

CONDITIONAL

j'agacerais	nous agacerions
tu agacerais	vous agaceriez
il/elle agacerait	ils/elles agaceraient

PRESENT SUBJUNCTIVE

que j'agace	que nous agacions
que tu agaces	que vous agaciez
qu'il/elle agace	qu'ils/elles agacent

IMPERFECT SUBJUNCTIVE

que j'agaçasse	que nous agaçassions
que tu agaçasses	que vous agaçassiez
qu'il/elle agaçât	qu'ils/elles agaçassent

PASSÉ COMPOSÉ

j'ai agacé	nous avons agacé
tu as agacé	vous avez agacé
il/elle a agacé	ils/elles ont agacé

PLUPERFECT

j'avais agacé	nous avions agacé
tu avais agacé	vous aviez agacé
il/elle avait agacé	ils/elles avaient agacé

PAST ANTERIOR

j'eus agacé	nous eûmes agacé
tu eus agacé	vous eûtes agacé
il/elle eut agacé	ils/elles eurent agacé

FUTURE ANTERIOR

j'aurai agacé	nous aurons agacé
tu auras agacé	vous aurez agacé
il/elle aura agacé	ils/elles auront agacé

PAST CONDITIONAL

j'aurais agacé	nous aurions agacé
tu aurais agacé	vous auriez agacé
il/elle aurait agacé	ils/elles auraient agacé

PAST SUBJUNCTIVE

que j'aie agacé	que nous ayons agacé
que tu aies agacé	que vous ayez agacé
qu'il/elle ait agacé	qu'ils/elles aient agacé

PLUPERFECT SUBJUNCTIVE

que j'eusse agacé	que nous eussions agacé
que tu eusses agacé	que vous eussiez agacé
qu'il/elle eût agacé	qu'ils/elles eussent agacé

COMMANDS

	(nous) agaçons
(tu) agace	(vous) agacez

Usage

agacer qqn	*to pester someone/get on someone's nerves*
Arrête! Tu m'agaces!	*Stop! You're getting on my nerves!*
Ses remarques m'ont agacé les nerfs.	*His remarks got on my nerves.*
Le chahut de la rue commence à m'agacer.	*The ruckus from the street is starting to get on my nerves.*
Nous étions drôlement agacés de le voir.	*We were pretty irritated at seeing him.*

RELATED WORDS

agaçant(e)	*irritating/annoying*
Ce bruit est agaçant.	*That noise is annoying.*
Ses demandes sont agaçantes.	*His requests are annoying.*
Tous ces potins sont agaçants.	*All this gossip is annoying.*
l'agacement (*m*)	*irritated annoyance*
Le chef a répondu avec agacement.	*The boss answered in an irritated manner.*

C'est maintenant le moment d'agir.	*Now is the time to act.*
agir librement/en toute liberté	*to act willingly*
J'ai agi de mon plein gré.	*I acted freely/of my own free will.*
agir bien/mal envers qqn	*to act well/badly towards someone*
Il faut bien agir envers ses proches.	*You have to act well towards members of your family.*
J'ai mal agi envers mon camarade.	*I acted badly towards my friend.*
Choisis! Agis ou renonce!	*Make a choice! Do something or give up!*
Choisis! Agis ou laisse ta place!	*Make a choice! Do something or make room for someone else!*
agir au nom de l'État	*to act in the name of the government*
agir au nom de l'entreprise	*to act in the name of the firm*
agir au nom d'un parti politique	*to act in the name of a political party*
Quelle façon d'agir!	*What a way to act!*
Je n'aime pas leur manière d'agir.	*I don't like the way they behave.*
Je ne comprends pas ce qui le fait agir.	*I don't understand what makes him tick.*

agir sur/contre

Agissez sur lui pour qu'il accepte.	*Try and influence him to agree.*
Il faut agir auprès du chef.	*You must use your influence with the boss.*
L'État agit contre le trafic de la drogue.	*The government is taking action against the drug trade.*

agir pour parler des remèdes

Ces aspirines n'agissent plus.	*These aspirin don't work anymore.*
Ce médicament agit sans effets secondaires.	*This medicine works without side effects.*
C'est un remède qui agit lentement.	*It's a slow-acting remedy.*
Il faut laisser au médicament le temps d'agir.	*You have to give the medicine time to take effect.*

s'agir

il s'agit de	*it's about, it's a question of*
De quoi s'agit-il?	*What's it about?/What is the issue?*
Dans cet article il s'agit des élections.	*This article is about the elections.*
S'il s'agit de vous, la nouvelle ne m'étonne pas.	*If the news is about you, then I'm not surprised.*
Pour vous, il s'agit de trouver un emploi.	*What you have to do is find a job.*
Il ne s'agit pas de bavarder maintenant.	*Now is not the time for chatter.*
Il s'agit de découvrir leurs intentions.	*What we have to do is discover their intentions.*
Pour moi il ne s'agit que réussir à l'examen.	*All I have to do now is pass the test.*
Il s'agit de trouver une voiture d'occasion.	*It's a question of finding a used car.*
S'agissant de qqn/de qqch...	*As far as X goes . . ./When it's a matter of X . . .*
S'agissant de vous, ça ne m'étonne pas.	*If it's about you/If you're the one, I'm not surprised.*
S'agissant d'une propriété tellement importante, il faut procéder avec prudence.	*When such an important piece of property is involved, you have to proceed with caution.*

Related Words

agissant	*active/influential*
une organisation très agissante	*a very influential organization*
les agissements *(mpl)*	*tricks/intrigues/schemes*
Je suis au courant de tes agissements.	*I'm informed about your schemes.*

regular -*ir* verb | j'agis · j'agis · agi · agissant

PRESENT

j'agis	nous agissons
tu agis	vous agissez
il/elle agit	ils/elles agissent

IMPERFECT

j'agissais	nous agissions
tu agissais	vous agissiez
il/elle agissait	ils/elles agissaient

PASSÉ SIMPLE

j'agis	nous agîmes
tu agis	vous agîtes
il/elle agit	ils/elles agirent

FUTURE

j'agirai	nous agirons
tu agiras	vous agirez
il/elle agira	ils/elles agiront

CONDITIONAL

j'agirais	nous agirions
tu agirais	vous agiriez
il/elle agirait	ils/elles agiraient

PRESENT SUBJUNCTIVE

que j'agisse	que nous agissions
que tu agisses	que vous agissiez
qu'il/elle agisse	qu'ils/elles agissent

IMPERFECT SUBJUNCTIVE

que j'agisse	que nous agissions
que tu agisses	que vous agissiez
qu'il/elle agît	qu'ils/elles agissent

COMMANDS

	(nous) agissons
(tu) agis	(vous) agissez

PASSÉ COMPOSÉ

j'ai agi	nous avons agi
tu as agi	vous avez agi
il/elle a agi	ils/elles ont agi

PLUPERFECT

j'avais agi	nous avions agi
tu avais agi	vous aviez agi
il/elle avait agi	ils/elles avaient agi

PAST ANTERIOR

j'eus agi	nous eûmes agi
tu eus agi	vous eûtes agi
il/elle eut agi	ils/elles eurent agi

FUTURE ANTERIOR

j'aurai agi	nous aurons agi
tu auras agi	vous aurez agi
il/elle aura agi	ils/elles auront agi

PAST CONDITIONAL

j'aurais agi	nous aurions agi
tu aurais agi	vous auriez agi
il/elle aurait agi	ils/elles auraient agi

PAST SUBJUNCTIVE

que j'aie agi	que nous ayons agi
que tu aies agi	que vous ayez agi
qu'il/elle ait agi	qu'ils/elles aient agi

PLUPERFECT SUBJUNCTIVE

que j'eusse agi	que nous eussions agi
que tu eusses agi	que vous eussiez agi
qu'il/elle eût agi	qu'ils/elles eussent agi

Usage

Il faut agir!	*We have to act!/We have to do something!*
Il faut agir tout de suite!	*We have to do something right away!*
agir à temps	*to act/take action in time*
agir seul(e)	*to act alone/go it alone*
agir sagement	*to act wisely/intelligently*
agir en ami	*to act as a friend*
agir en conseiller	*to act/conduct oneself as an adviser/consultant*
agir en chef	*to behave the way a boss does/should*
Mais tu agis comme un bébé.	*But you're acting like a baby.*
Quand est-ce que vous déciderez d'agir?	*When will you decide to act/to take action?*

j'aide · j'aidai · aidé · aidant

regular *-er* verb

PRESENT

j'aide	nous aidons
tu aides	vous aidez
il/elle aide	ils/elles aident

IMPERFECT

j'aidais	nous aidions
tu aidais	vous aidiez
il/elle aidait	ils/elles aidaient

PASSÉ SIMPLE

j'aidai	nous aidâmes
tu aidas	vous aidâtes
il/elle aida	ils/elles aidèrent

FUTURE

j'aiderai	nous aiderons
tu aideras	vous aiderez
il/elle aidera	ils/elles aideront

CONDITIONAL

j'aiderais	nous aiderions
tu aiderais	vous aideriez
il/elle aiderait	ils/elles aideraient

PRESENT SUBJUNCTIVE

que j'aide	que nous aidions
que tu aides	que vous aidiez
qu'il/elle aide	qu'ils/elles aident

IMPERFECT SUBJUNCTIVE

que j'aidasse	que nous aidassions
que tu aidasses	que vous aidassiez
qu'il/elle aidât	qu'ils/elles aidassent

PASSÉ COMPOSÉ

j'ai aidé	nous avons aidé
tu as aidé	vous avez aidé
il/elle a aidé	ils/elles ont aidé

PLUPERFECT

j'avais aidé	nous avions aidé
tu avais aidé	vous aviez aidé
il/elle avait aidé	ils/elles avaient aidé

PAST ANTERIOR

j'eus aidé	nous eûmes aidé
tu eus aidé	vous eûtes aidé
il/elle eut aidé	ils/elles eurent aidé

FUTURE ANTERIOR

j'aurai aidé	nous aurons aidé
tu auras aidé	vous aurez aidé
il/elle aura aidé	ils/elles auront aidé

PAST CONDITIONAL

j'aurais aidé	nous aurions aidé
tu aurais aidé	vous auriez aidé
il/elle aurait aidé	ils/elles auraient aidé

PAST SUBJUNCTIVE

que j'aie aidé	que nous ayons aidé
que tu aies aidé	que vous ayez aidé
qu'il/elle ait aidé	qu'ils/elles aient aidé

PLUPERFECT SUBJUNCTIVE

que j'eusse aidé	que nous eussions aidé
que tu eusses aidé	que vous eussiez aidé
qu'il/elle eût aidé	qu'ils/elles eussent aidé

COMMANDS

	(nous) aidons
(tu) aide	(vous) aidez

Usage

Je peux t'aider à laver la vaisselle?	*Can I help you do the dishes?*
le temps aidant	*in the course of time*
Le temps aidant, ils se sont raccommodés.	*In the course of time, they made up.*
La télé m'aide à passer le temps.	*The TV helps me pass the time.*

RELATED WORDS

l'aide *(f)*	*help*
Je te remercie de ton aide.	*I thank you for your help.*
Il l'a fait sans notre aide.	*He did it without our help.*
un/une aide	*assistant*
un/une aide de laboratoire	*a laboratory assistant*

PROVERB

Aide-toi, le ciel t'aidera.	*Heaven helps those who help themselves.*

regular -er verb   j'aime · j'aimai · aimé · aimant

PRESENT

j'aime	nous aimons
tu aimes	vous aimez
il/elle aime	ils/elles aiment

PASSÉ COMPOSÉ

j'ai aimé	nous avons aimé
tu as aimé	vous avez aimé
il/elle a aimé	ils/elles ont aimé

IMPERFECT

j'aimais	nous aimions
tu aimais	vous aimiez
il/elle aimait	ils/elles aimaient

PLUPERFECT

j'avais aimé	nous avions aimé
tu avais aimé	vous aviez aimé
il/elle avait aimé	ils/elles avaient aimé

PASSÉ SIMPLE

j'aimai	nous aimâmes
tu aimas	vous aimâtes
il/elle aima	ils/elles aimèrent

PAST ANTERIOR

j'eus aimé	nous eûmes aimé
tu eus aimé	vous eûtes aimé
il/elle eut aimé	ils/elles eurent aimé

FUTURE

j'aimerai	nous aimerons
tu aimeras	vous aimerez
il/elle aimera	ils/elles aimeront

FUTURE ANTERIOR

j'aurai aimé	nous aurons aimé
tu auras aimé	vous aurez aimé
il/elle aura aimé	ils/elles auront aimé

CONDITIONAL

j'aimerais	nous aimerions
tu aimerais	vous aimeriez
il/elle aimerait	ils/elles aimeraient

PAST CONDITIONAL

j'aurais aimé	nous aurions aimé
tu aurais aimé	vous auriez aimé
il/elle aurait aimé	ils/elles auraient aimé

PRESENT SUBJUNCTIVE

que j'aime	que nous aimions
que tu aimes	que vous aimiez
qu'il/elle aime	qu'ils/elles aiment

PAST SUBJUNCTIVE

que j'aie aimé	que nous ayons aimé
que tu aies aimé	que vous ayez aimé
qu'il/elle ait aimé	qu'ils/elles aient aimé

IMPERFECT SUBJUNCTIVE

que j'aimasse	que nous aimassions
que tu aimasses	que vous aimassiez
qu'il/elle aimât	qu'ils/elles aimassent

PLUPERFECT SUBJUNCTIVE

que j'eusse aimé	que nous eussions aimé
que tu eusses aimé	que vous eussiez aimé
qu'il/elle eût aimé	qu'ils/elles eussent aimé

COMMANDS

	(nous) aimons
(tu) aime	(vous) aimez

Usage

Je t'aime.	*I love you.*
Il aime la bonne table.	*He likes good food.*
Tu aimes la natation?	*Do you like swimming?*
Il aime qu'on lui écrive.	*He likes for people to write to him.*
Je n'aime pas que tu me parles sur ce ton.	*I don't like it when you speak to me in that tone of voice.*
J'aime le cinéma.	*I like the movies.*
Ils s'aiment beaucoup.	*They love each other a lot.*
J'aime mieux penser qu'il n'était pas au courant.	*I prefer to think that he wasn't aware of the matter.*
Il aimerait autant rester à la maison.	*He'd just as soon stay home.*

PROVERB

Qui aime bien, châtie bien.	*Spare the rod and spoil the child.*

ajouter *to add*

j'ajoute · j'ajoutai · ajouté · ajoutant

regular *-er* verb

PRESENT

j'ajoute	nous ajoutons
tu ajoutes	vous ajoutez
il/elle ajoute	ils/elles ajoutent

IMPERFECT

j'ajoutais	nous ajoutions
tu ajoutais	vous ajoutiez
il/elle ajoutait	ils/elles ajoutaient

PASSÉ SIMPLE

j'ajoutai	nous ajoutâmes
tu ajoutas	vous ajoutâtes
il/elle ajouta	ils/elles ajoutèrent

FUTURE

j'ajouterai	nous ajouterons
tu ajouteras	vous ajouterez
il/elle ajoutera	ils/elles ajouteront

CONDITIONAL

j'ajouterais	nous ajouterions
tu ajouterais	vous ajouteriez
il/elle ajouterait	ils/elles ajouteraient

PRESENT SUBJUNCTIVE

que j'ajoute	que nous ajoutions
que tu ajoutes	que vous ajoutiez
qu'il/elle ajoute	qu'ils/elles ajoutent

IMPERFECT SUBJUNCTIVE

que j'ajoutasse	que nous ajoutassions
que tu ajoutasses	que vous ajoutassiez
qu'il/elle ajoutât	qu'ils/elles ajoutassent

COMMANDS

	(nous) ajoutons
(tu) ajoute	(vous) ajoutez

PASSÉ COMPOSÉ

j'ai ajouté	nous avons ajouté
tu as ajouté	vous avez ajouté
il/elle a ajouté	ils/elles ont ajouté

PLUPERFECT

j'avais ajouté	nous avions ajouté
tu avais ajouté	vous aviez ajouté
il/elle avait ajouté	ils/elles avaient ajouté

PAST ANTERIOR

j'eus ajouté	nous eûmes ajouté
tu eus ajouté	vous eûtes ajouté
il/elle eut ajouté	ils/elles eurent ajouté

FUTURE ANTERIOR

j'aurai ajouté	nous aurons ajouté
tu auras ajouté	vous aurez ajouté
il/elle aura ajouté	ils/elles auront ajouté

PAST CONDITIONAL

j'aurais ajouté	nous aurions ajouté
tu aurais ajouté	vous auriez ajouté
il/elle aurait ajouté	ils/elles auraient ajouté

PAST SUBJUNCTIVE

que j'aie ajouté	que nous ayons ajouté
que tu aies ajouté	que vous ayez ajouté
qu'il/elle ait ajouté	qu'ils/elles aient ajouté

PLUPERFECT SUBJUNCTIVE

que j'eusse ajouté	que nous eussions ajouté
que tu eusses ajouté	que vous eussiez ajouté
qu'il/elle eût ajouté	qu'ils/elles eussent ajouté

Usage

Combien de carottes faut-il ajouter à la soupe?	*How many carrots do you have to add to the soup?*
—Tu n'as rien à ajouter?	*You have nothing more to add?*
—Si, je voudrais ajouter que...	*Yes, I'd like to add that . . .*
Je crois que ma fille veut ajouter un mot.	*I think my daughter would like to add something.*
Permettez-moi d'ajouter quelques remarques.	*Allow me to add a few remarks.*
Si vous ajoutez son manque d'intégrité à sa grossièreté, vous pouvez comprendre pourquoi on l'a renvoyé.	*If you add his lack of honesty to his coarseness, you can understand why he was fired.*
Son arrivée n'a fait qu'ajouter à la confusion.	*His arrival did nothing but add to the confusion.*
Son refus a ajouté à nos problèmes.	*His refusal added to our problems.*

-*er* verb; spelling changes: *é* > *è*/mute *e*;
g > *ge*/*a, o*

j'allège · j'allégeai · allégé · allégeant

PRESENT		PASSÉ COMPOSÉ	
j'allège	nous allégeons	j'ai allégé	nous avons allégé
tu allèges	vous allégez	tu as allégé	vous avez allégé
il/elle allège	ils/elles allègent	il/elle a allégé	ils/elles ont allégé

IMPERFECT		PLUPERFECT	
j'allégeais	nous allégions	j'avais allégé	nous avions allégé
tu allégeais	vous allégiez	tu avais allégé	vous aviez allégé
il/elle allégeait	ils/elles allégeaient	il/elle avait allégé	ils/elles avaient allégé

PASSÉ SIMPLE		PAST ANTERIOR	
j'allégeai	nous allégeâmes	j'eus allégé	nous eûmes allégé
tu allégeas	vous allégeâtes	tu eus allégé	vous eûtes allégé
il/elle allégea	ils/elles allégèrent	il/elle eut allégé	ils/elles eurent allégé

FUTURE		FUTURE ANTERIOR	
j'allégerai	nous allégerons	j'aurai allégé	nous aurons allégé
tu allégeras	vous allégerez	tu auras allégé	vous aurez allégé
il/elle allégera	ils/elles allégeront	il/elle aura allégé	ils/elles auront allégé

CONDITIONAL		PAST CONDITIONAL	
j'allégerais	nous allégerions	j'aurais allégé	nous aurions allégé
tu allégerais	vous allégeriez	tu aurais allégé	vous auriez allégé
il/elle allégerait	ils/elles allégeraient	il/elle aurait allégé	ils/elles auraient allégé

PRESENT SUBJUNCTIVE		PAST SUBJUNCTIVE	
que j'allège	que nous allégions	que j'aie allégé	que nous ayons allégé
que tu allèges	que vous allégiez	que tu aies allégé	que vous ayez allégé
qu'il/elle allège	qu'ils/elles allègent	qu'il/elle ait allégé	qu'ils/elles aient allégé

IMPERFECT SUBJUNCTIVE		PLUPERFECT SUBJUNCTIVE	
que j'allégeasse	que nous allégeassions	que j'eusse allégé	que nous eussions allégé
que tu allégeasses	que vous allégeassiez	que tu eusses allégé	que vous eussiez allégé
qu'il/elle allégeât	qu'ils/elles allégeassent	qu'il/elle eût allégé	qu'ils/elles eussent allégé

COMMANDS	
	(nous) allégeons
(tu) allège	(vous) allégez

Usage

alléger les impôts	*to reduce taxes*
alléger un emploi de temps trop chargé	*to lighten a schedule that's too heavy*
alléger la charge	*to lighten one's duties*
alléger un fardeau	*to lighten a burden*
Il faut alléger cette malle. Personne ne pourra la lever.	*You have to lighten that trunk. No one will be able to lift it.*
Tes mots ont allégé ma douleur.	*Your words have alleviated my sorrow.*
Votre présence va alléger sa peine.	*Your presence will lighten her pain.*
Je crois que mes remarques ont allégé l'atmosphère.	*I think my remarks helped clear the air.*

je vais · j'allai · allé · allant

irregular verb; compound tenses with être

aller pour la santé et l'état des choses

Ça va?	*How are things? (informal)*
Comment allez-vous?	*How are you? (formal)*
Je vais bien, merci.	*I'm fine, thanks.*
Tout va bien.	*Everything is OK.*
Comment vont tes études?	*How are you doing at school?*
Ça va mal.	*There's trouble./Things are going badly.*

aller pour exprimer ce qui convient quant à la mesure, au style, etc.

Ce manteau te va très bien.	*That coat looks good on you.*
Cette couleur ne te va pas du tout.	*That color doesn't look good on you at all.*
Cette chaleur ne me va pas.	*This heat doesn't suit me.*
Ta cravate ne va pas avec ta veste.	*Your tie doesn't match your jacket.*
Tout le monde se retrouve au café à quatre heures. Ça te va?	*Everyone is meeting at the café at four. Is that OK for you?*
Ça va cahin-caha.	*Things are so-so.*
La situation va de mal en pis.	*The situation is going from bad to worse.*

aller + infinitif (le futur proche)

—Qu'est-ce tu vas faire aujourd'hui?	*What are you going to do today?*
—Je vais travailler à la bibliothèque.	*I'm going to study at the library.*
J'allais vous demander un service.	*I was going to ask you for a favor.*

aller chercher

Je vais chercher le médecin.	*I'm going to go get the doctor.*
Tu peux aller me chercher le journal?	*Can you go get me the newspaper?*

aller avec *y* et *en*

On y va?	*Shall we go?*
Il faut y aller doucement.	*Easy does it.*
Il y va de ta carrière.	*Your career is at stake.*
Il en va de même pour nous.	*The same is true of us.*

aller aux activités

aller à la pêche	*to go fishing*
aller à la chasse	*to go hunting*
aller aux nouvelles	*to go find out what's happening*

aller dans les expressions

Allons, allons!	*Come now!*
Il faut y aller de bon cœur.	*You have to go about it with good will/wholeheartedly.*
Il n'y est pas allé avec le dos de la cuillère.	*He laid it on thick.*
Ça va sans dire.	*That goes without saying.*
Ça va de soi.	*It's self-evident./It goes without saying.*
aller loin dans la vie	*to go far in life*
se laisser aller	*to be unkempt/to let oneself go*

TOP 50 VERBS

irregular verb; compound tenses with *être*

je vais · j'allai · allé · allant

PRESENT		**PASSÉ COMPOSÉ**	
je vais	nous allons	je suis allé(e)	nous sommes allé(e)s
tu vas	vous allez	tu es allé(e)	vous êtes allé(e)(s)
il/elle va	ils/elles vont	il/elle est allé(e)	ils/elles sont allé(e)s

IMPERFECT		**PLUPERFECT**	
j'allais	nous allions	j'étais allé(e)	nous étions allé(e)s
tu allais	vous alliez	tu étais allé(e)	vous étiez allé(e)(s)
il/elle allait	ils/elles allaient	il/elle était allé(e)	ils/elles étaient allé(e)s

PASSÉ SIMPLE		**PAST ANTERIOR**	
j'allai	nous allâmes	je fus allé(e)	nous fûmes allé(e)s
tu allas	vous allâtes	tu fus allé(e)	vous fûtes allé(e)(s)
il/elle alla	ils/elles allèrent	il/elle fut allé(e)	ils/elles furent allé(e)s

FUTURE		**FUTURE ANTERIOR**	
j'irai	nous irons	je serai allé(e)	nous serons allé(e)s
tu iras	vous irez	tu seras allé(e)	vous serez allé(e)(s)
il/elle ira	ils/elles iront	il/elle sera allé(e)	ils/elles seront allé(e)s

CONDITIONAL		**PAST CONDITIONAL**	
j'irais	nous irions	je serais allé(e)	nous serions allé(e)s
tu irais	vous iriez	tu serais allé(e)	vous seriez allé(e)(s)
il/elle irait	ils/elles iraient	il/elle serait allé(e)	ils/elles seraient allé(e)s

PRESENT SUBJUNCTIVE		**PAST SUBJUNCTIVE**	
que j'aille	que nous allions	que je sois allé(e)	que nous soyons allé(e)s
que tu ailles	que vous alliez	que tu sois allé(e)	que vous soyez allé(e)(s)
qu'il/elle aille	qu'ils/elles aillent	qu'il/elle soit allé(e)	qu'ils/elles soient allé(e)s

IMPERFECT SUBJUNCTIVE		**PLUPERFECT SUBJUNCTIVE**	
que j'allasse	que nous allassions	que je fusse allé(e)	que nous fussions allé(e)s
que tu allasses	que vous allassiez	que tu fusses allé(e)	que vous fussiez allé(e)(s)
qu'il/elle allât	qu'ils/elles allassent	qu'il/elle fût allé(e)	qu'ils/elles fussent allé(e)s

COMMANDS	
	(nous) allons
(tu) va	(vous) allez

Usage

aller à pied	*to go on foot/walk somewhere*
Je vais au bureau à pied.	*I walk to the office.*
aller en voiture	*to go by car/drive somewhere*
Elle va en voiture à la fac.	*She goes by car to the university.*
aller en avion	*to go by plane/fly somewhere*
Nous sommes allés à Rome en avion.	*We flew to Rome.*
aller à bicyclette	*to go by bike/cycle somewhere*
Nous sommes allés au village à bicyclette.	*We cycled/rode our bikes to the village.*
aller à pattes	*to hoof it/go on foot* (slang)
Mon vélo est en panne. Je suis allé à pattes.	*My bike is broken. I had to hoof it.*

s'en aller *to go away, leave*

je me vais · j m'en allai · s'en étant allé · s'en allant

irregular verb;
compound tenses with *être*

PRESENT

je m'en vais	nous nous en allons
tu t'en vas	vous vous en allez
il/elle s'en va	ils/elles s'en vont

IMPERFECT

je m'en allais	nous nous en allions
tu t'en allais	vous vous en alliez
il/elle s'en allait	ils/elles s'en allaient

PASSÉ SIMPLE

je m'en allai	nous nous en allâmes
tu t'en allas	vous vous en allâtes
il/elle s'en alla	ils/elles s'en allèrent

FUTURE

je m'en irai	nous nous en irons
tu t'en iras	vous vous en irez
il/elle s'en ira	ils/elles s'en iront

CONDITIONAL

je m'en irais	nous nous en irions
tu t'en irais	vous vous en iriez
il/elle s'en irait	ils/elles s'en iraient

PRESENT SUBJUNCTIVE

que je m'en aille	que nous nous en allions
que tu t'en ailles	que vous vous en alliez
qu'il/elle s'en aille	qu'ils/elles s'en aillent

IMPERFECT SUBJUNCTIVE

que je m'en allasse	que nous nous en allassions
que tu t'en allasses	que vous vous en allassiez
qu'il/elle s'en allât	qu'ils/elles s'en allassent

PASSÉ COMPOSÉ

je m'en suis allé(e)	nous nous en sommes allé(e)s
tu t'en es allé(e)	vous vous en êtes allé(e)(s)
il/elle s'en est allé(e)	ils/elles s'en sont allé(e)s

PLUPERFECT

je m'en étais allé(e)	nous nous en étions allé(e)s
tu t'en étais allé(e)	vous vous en étiez allé(e)(s)
il/elle s'en était allé(e)	ils/elles s'en étaient allé(e)s

PAST ANTERIOR

je m'en fus allé(e)	nous nous en fûmes allé(e)s
tu t'en fus allé(e)	vous vous en fûtes allé(e)(s)
il/elle s'en fut allé(e)	ils/elles s'en furent allé(e)s

FUTURE ANTERIOR

je m'en serai allé(e)	nous nous en serons allé(e)s
tu t'en seras allé(e)	vous vous en serez allé(e)(s)
il/elle s'en sera allé(e)	ils/elles s'en seront allé(e)s

PAST CONDITIONAL

je m'en serais allé(e)	nous nous en serions allé(e)s
tu t'en serais allé(e)	vous vous en seriez allé(e)(s)
il/elle s'en serait allé(e)	ils/elles s'en seraient allé(e)s

PAST SUBJUNCTIVE

que je m'en sois allé(e)	que nous nous en soyons allé(e)s
que tu t'en sois allé(e)	que vous vous en soyez allé(e)(s)
qu'il/elle s'en soit allé(e)	qu'ils/elles s'en soient allé(e)s

PLUPERFECT SUBJUNCTIVE

que je m'en fusse allé(e)	que nous nous en fussions allé(e)s
que tu t'en fusses allé(e)	que vous vous en fussiez allé(e)(s)
qu'il/elle s'en fût allé(e)	qu'ils/elles s'en fussent allé(e)s

COMMANDS

	(nous) allons-nous-en
(tu) va-t'en	(vous) allez-vous-en

Usage

—Tu t'en vas? Pourquoi?	*You're leaving? Why?*
—Il est tard. Il faut que je m'en aille.	*It's late. I've got to go.*
Je m'en suis allé furieux.	*I left furious.*
Ils s'en vont de Paris.	*They are moving away from Paris.*
Tu t'en vas en vacances?	*Are you leaving on vacation?*
Pour trouver un bon travail, il faut s'en aller à Paris.	*To find a good job, you have to go away to/off to Paris.*
Le malade s'en est allé doucement.	*The patient slipped away quietly (i.e., died).*
Cette tache s'en ira au lavage.	*This stain will come out in the wash.*
Mes projets s'en sont allés en fumée.	*My plans fizzled.*

regular -er verb

j'allume · j'allumai · allumé · allumant

PRESENT

j'allume	nous allumons
tu allumes	vous allumez
il/elle allume	ils/elles allument

IMPERFECT

j'allumais	nous allumions
tu allumais	vous allumiez
il/elle allumait	ils/elles allumaient

PASSÉ SIMPLE

j'allumai	nous allumâmes
tu allumas	vous allumâtes
il/elle alluma	ils/elles allumèrent

FUTURE

j'allumerai	nous allumerons
tu allumeras	vous allumerez
il/elle allumera	ils/elles allumeront

CONDITIONAL

j'allumerais	nous allumerions
tu allumerais	vous allumeriez
il/elle allumerait	ils/elles allumeraient

PRESENT SUBJUNCTIVE

que j'allume	que nous allumions
que tu allumes	que vous allumiez
qu'il/elle allume	qu'ils/elles allument

IMPERFECT SUBJUNCTIVE

que j'allumasse	que nous allumassions
que tu allumasses	que vous allumassiez
qu'il/elle allumât	qu'ils/elles allumassent

PASSÉ COMPOSÉ

j'ai allumé	nous avons allumé
tu as allumé	vous avez allumé
il/elle a allumé	ils/elles ont allumé

PLUPERFECT

j'avais allumé	nous avions allumé
tu avais allumé	vous aviez allumé
il/elle avait allumé	ils/elles avaient allumé

PAST ANTERIOR

j'eus allumé	nous eûmes allumé
tu eus allumé	vous eûtes allumé
il/elle eut allumé	ils/elles eurent allumé

FUTURE ANTERIOR

j'aurai allumé	nous aurons allumé
tu auras allumé	vous aurez allumé
il/elle aura allumé	ils/elles auront allumé

PAST CONDITIONAL

j'aurais allumé	nous aurions allumé
tu aurais allumé	vous auriez allumé
il/elle aurait allumé	ils/elles auraient allumé

PAST SUBJUNCTIVE

que j'aie allumé	que nous ayons allumé
que tu aies allumé	que vous ayez allumé
qu'il/elle ait allumé	qu'ils/elles aient allumé

PLUPERFECT SUBJUNCTIVE

que j'eusse allumé	que nous eussions allumé
que tu eusses allumé	que vous eussiez allumé
qu'il/elle eût allumé	qu'ils/elles eussent allumé

COMMANDS

	(nous) allumons
(tu) allume	(vous) allumez

Usage

allumer la lumière/la radio	*to turn on the light/the radio*
allumer le feu	*to light the fire*
—Tu n'as pas allumé le poêle?	*You didn't turn on the stove?*
—Non, j'ai allumé la télé.	*No, I turned on the TV.*
Laissez la lampe allumée.	*Leave the lamp on.*

RELATED WORDS

une allumette	*a match*
une boîte d'allumettes	*a box of matches*
une pochette d'allumettes	*a matchbook*

aménager *to fix up, make livable*

j'aménage · j'aménageai · aménagé · aménageant

regular -*er* verb;
spelling change: *g > ge/a, o*

PRESENT

j'aménage	nous aménageons
tu aménages	vous aménagez
il/elle aménage	ils/elles aménagent

IMPERFECT

j'aménageais	nous aménagions
tu aménageais	vous aménagiez
il/elle aménageait	ils/elles aménageaient

PASSÉ SIMPLE

j'aménageai	nous aménageâmes
tu aménageas	vous aménageâtes
il/elle aménagea	ils/elles aménagèrent

FUTURE

j'aménagerai	nous aménagerons
tu aménageras	vous aménagerez
il/elle aménagera	ils/elles aménageront

CONDITIONAL

j'aménagerais	nous aménagerions
tu aménagerais	vous aménageriez
il/elle aménagerait	ils/elles aménageraient

PRESENT SUBJUNCTIVE

que j'aménage	que nous aménagions
que tu aménages	que vous aménagiez
qu'il/elle aménage	qu'ils/elles aménagent

IMPERFECT SUBJUNCTIVE

que j'aménageasse	que nous aménageassions
que tu aménageasses	que vous aménageassiez
qu'il/elle aménageât	qu'ils/elles aménageassent

PASSÉ COMPOSÉ

j'ai aménagé	nous avons aménagé
tu as aménagé	vous avez aménagé
il/elle a aménagé	ils/elles ont aménagé

PLUPERFECT

j'avais aménagé	nous avions aménagé
tu avais aménagé	vous aviez aménagé
il/elle avait aménagé	ils/elles avaient aménagé

PAST ANTERIOR

j'eus aménagé	nous eûmes aménagé
tu eus aménagé	vous eûtes aménagé
il/elle eut aménagé	ils/elles eurent aménagé

FUTURE ANTERIOR

j'aurai aménagé	nous aurons aménagé
tu auras aménagé	vous aurez aménagé
il/elle aura aménagé	ils/elles auront aménagé

PAST CONDITIONAL

j'aurais aménagé	nous aurions aménagé
tu aurais aménagé	vous auriez aménagé
il/elle aurait aménagé	ils/elles auraient aménagé

PAST SUBJUNCTIVE

que j'aie aménagé	que nous ayons aménagé
que tu aies aménagé	que vous ayez aménagé
qu'il/elle ait aménagé	qu'ils/elles aient aménagé

PLUPERFECT SUBJUNCTIVE

que j'eusse aménagé	que nous eussions aménagé
que tu eusses aménagé	que vous eussiez aménagé
qu'il/elle eût aménagé	qu'ils/elles eussent aménagé

COMMANDS

	(nous) aménageons
(tu) aménage	(vous) aménagez

Usage

aménager sa chambre	*to fix up one's room*
—Vous allez aménager votre maison?	*Are you going to fix up your house?*
—Oui, on va aménager la mansarde en chambre à coucher.	*Yes, we're going to convert the attic into a bedroom.*
aménager la plage	*to improve the beach*
aménager le programme d'études	*to improve the curriculum*
aménager les conditions du travail	*to improve working conditions*

RELATED WORDS

l'aménagement *(m)*	*fixing up/improvement/adjustment*
l'aménagement *(m)* du territoire	*national planning for use of space*
un aménagement fiscal	*a tax rebate*

-er verb; spelling change: é > è/mute e

j'amène · j'amenai · amené · amenant

PRESENT

j'amène	nous amenons
tu amènes	vous amenez
il/elle amène	ils/elles amènent

IMPERFECT

j'amenais	nous amenions
tu amenais	vous ameniez
il/elle amenait	ils/elles amenaient

PASSÉ SIMPLE

j'amenai	nous amenâmes
tu amenas	vous amenâtes
il/elle amena	ils/elles amenèrent

FUTURE

j'amènerai	nous amènerons
tu amèneras	vous amènerez
il/elle amènera	ils/elles amèneront

CONDITIONAL

j'amènerais	nous amènerions
tu amènerais	vous amèneriez
il/elle amènerait	ils/elles amèneraient

PRESENT SUBJUNCTIVE

que j'amène	que nous amenions
que tu amènes	que vous ameniez
qu'il/elle amène	qu'ils/elles amènent

IMPERFECT SUBJUNCTIVE

que j'amenasse	que nous amenassions
que tu amenasses	que vous amenassiez
qu'il/elle amenât	qu'ils/elles amenassent

COMMANDS

	(nous) amenons
(tu) amène	(vous) amenez

PASSÉ COMPOSÉ

j'ai amené	nous avons amené
tu as amené	vous avez amené
il/elle a amené	ils/elles ont amené

PLUPERFECT

j'avais amené	nous avions amené
tu avais amené	vous aviez amené
il/elle avait amené	ils/elles avaient amené

PAST ANTERIOR

j'eus amené	nous eûmes amené
tu eus amené	vous eûtes amené
il/elle eut amené	ils/elles eurent amené

FUTURE ANTERIOR

j'aurai amené	nous aurons amené
tu auras amené	vous aurez amené
il/elle aura amené	ils/elles auront amené

PAST CONDITIONAL

j'aurais amené	nous aurions amené
tu aurais amené	vous auriez amené
il/elle aurait amené	ils/elles auraient amené

PAST SUBJUNCTIVE

que j'aie amené	que nous ayons amené
que tu aies amené	que vous ayez amené
qu'il/elle ait amené	qu'ils/elles aient amené

PLUPERFECT SUBJUNCTIVE

que j'eusse amené	que nous eussions amené
que tu eusses amené	que vous eussiez amené
qu'il/elle eût amené	qu'ils/elles eussent amené

Usage

Qu'est-ce qui t'amène?	*What brings you here?*
Quel bon vent t'amène?	*To what do I owe the pleasure of seeing you?*
Voilà Richard qui s'amène.	*There's Richard coming this way.*
Ne m'amenez plus de gens comme ça.	*Don't bring any more people like that to me.*
Si vous voulez sortir, vous pouvez nous amener les enfants.	*If you want to go out, you can bring the children to us.*
Tu peux amener ta petite amie dîner avec nous.	*You can bring your girlfriend to have dinner with us.*
Rien ne m'amènera à cet avis.	*Nothing will make me accept that opinion.*
Ses arguments nous ont amenés à cette conclusion.	*His arguments brought us to this conclusion.*
Ses dépenses amèneront une crise.	*His expenses will cause a crisis.*

amorcer *to put bait on a hook; to begin a project; to boot (computer)*

j'amorce · j'amorçai · amorcé · amorçant

regular -*er* verb; spelling change: *c* > *ç/a, o*

PRESENT

j'amorce	nous amorçons
tu amorces	vous amorcez
il/elle amorce	ils/elles amorcent

IMPERFECT

j'amorçais	nous amorcions
tu amorçais	vous amorciez
il/elle amorçait	ils/elles amorçaient

PASSÉ SIMPLE

j'amorçai	nous amorçâmes
tu amorças	vous amorçâtes
il/elle amorça	ils/elles amorcèrent

FUTURE

j'amorcerai	nous amorcerons
tu amorceras	vous amorcerez
il/elle amorcera	ils/elles amorceront

CONDITIONAL

j'amorcerais	nous amorcerions
tu amorcerais	vous amorceriez
il/elle amorcerait	ils/elles amorceraient

PRESENT SUBJUNCTIVE

que j'amorce	que nous amorcions
que tu amorces	que vous amorciez
qu'il/elle amorce	qu'ils/elles amorcent

IMPERFECT SUBJUNCTIVE

que j'amorçasse	que nous amorçassions
que tu amorçasses	que vous amorçassiez
qu'il/elle amorçât	qu'ils/elles amorçassent

PASSÉ COMPOSÉ

j'ai amorcé	nous avons amorcé
tu as amorcé	vous avez amorcé
il/elle a amorcé	ils/elles ont amorcé

PLUPERFECT

j'avais amorcé	nous avions amorcé
tu avais amorcé	vous aviez amorcé
il/elle avait amorcé	ils/elles avaient amorcé

PAST ANTERIOR

j'eus amorcé	nous eûmes amorcé
tu eus amorcé	vous eûtes amorcé
il/elle eut amorcé	ils/elles eurent amorcé

FUTURE ANTERIOR

j'aurai amorcé	nous aurons amorcé
tu auras amorcé	vous aurez amorcé
il/elle aura amorcé	ils/elles auront amorcé

PAST CONDITIONAL

j'aurais amorcé	nous aurions amorcé
tu aurais amorcé	vous auriez amorcé
il/elle aurait amorcé	ils/elles auraient amorcé

PAST SUBJUNCTIVE

que j'aie amorcé	que nous ayons amorcé
que tu aies amorcé	que vous ayez amorcé
qu'il/elle ait amorcé	qu'ils/elles aient amorcé

PLUPERFECT SUBJUNCTIVE

que j'eusse amorcé	que nous eussions amorcé
que tu eusses amorcé	que vous eussiez amorcé
qu'il/elle eût amorcé	qu'ils/elles eussent amorcé

COMMANDS

	(nous) amorçons
(tu) amorce	(vous) amorcez

Usage

—Qu'est-ce que tu as pour amorcer l'hameçon?	*What do you have to put on the hook as bait?*
—J'amorce toujours au pain.	*I always use bread as bait.*
amorcer un projet	*to begin a project*
amorcer les travaux	*to begin construction/renovation work*
amorcer une conversation	*to begin a conversation*
amorcer des pourparlers avec	*to begin talks with*
Après le virage, une pente s'amorça.	*After the turn, a slope began.*

RELATED WORDS

une amorce	*cap* (for a gun)
un pistolet à amorces	*a cap pistol*
l'amorce	*beginning*
Cette conversation est l'amorce d'une amitié.	*This conversation is the beginning of a friendship.*
réamorcer	*to reboot* (computer)

regular *-er* verb

PRESENT

j'amuse	nous amusons
tu amuses	vous amusez
il/elle amuse	ils/elles amusent

IMPERFECT

j'amusais	nous amusions
tu amusais	vous amusiez
il/elle amusait	ils/elles amusaient

PASSÉ SIMPLE

j'amusai	nous amusâmes
tu amusas	vous amusâtes
il/elle amusa	ils/elles amusèrent

FUTURE

j'amuserai	nous amuserons
tu amuseras	vous amuserez
il/elle amusera	ils/elles amuseront

CONDITIONAL

j'amuserais	nous amuserions
tu amuserais	vous amuseriez
il/elle amuserait	ils/elles amuseraient

PRESENT SUBJUNCTIVE

que j'amuse	que nous amusions
que tu amuses	que vous amusiez
qu'il/elle amuse	qu'ils/elles amusent

IMPERFECT SUBJUNCTIVE

que j'amusasse	que nous amusassions
que tu amusasses	que vous amusassiez
qu'il/elle amusât	qu'ils/elles amusassent

COMMANDS

	(nous) amusons
(tu) amuse	(vous) amusez

PASSÉ COMPOSÉ

j'ai amusé	nous avons amusé
tu as amusé	vous avez amusé
il/elle a amusé	ils/elles ont amusé

PLUPERFECT

j'avais amusé	nous avions amusé
tu avais amusé	vous aviez amusé
il/elle avait amusé	ils/elles avaient amusé

PAST ANTERIOR

j'eus amusé	nous eûmes amusé
tu eus amusé	vous eûtes amusé
il/elle eut amusé	ils/elles eurent amusé

FUTURE ANTERIOR

j'aurai amusé	nous aurons amusé
tu auras amusé	vous aurez amusé
il/elle aura amusé	ils/elles auront amusé

PAST CONDITIONAL

j'aurais amusé	nous aurions amusé
tu aurais amusé	vous auriez amusé
il/elle aurait amusé	ils/elles auraient amusé

PAST SUBJUNCTIVE

que j'aie amusé	que nous ayons amusé
que tu aies amusé	que vous ayez amusé
qu'il/elle ait amusé	qu'ils/elles aient amusé

PLUPERFECT SUBJUNCTIVE

que j'eusse amusé	que nous eussions amusé
que tu eusses amusé	que vous eussiez amusé
qu'il/elle eût amusé	qu'ils/elles eussent amusé

Usage

—Ça t'amuse?	*Does that amuse you?*
—Ça ne m'amuse pas du tout. Ça m'ennuie.	*It doesn't amuse me at all. It bores me.*
Ne croyez pas que ses visites m'amusent.	*Don't think that I enjoy his visits.*
L'idée de le revoir ne m'amuse point.	*I don't enjoy the idea of seeing him again at all.*
Tes histoires ne m'amusent pas du tout.	*I don't find your stories funny.*
Les matchs de football nous amusent.	*We enjoy soccer games.*
Il a prononcé ce discours pour amuser ses concurrents.	*He gave that speech as a distraction for his competitors.*

RELATED WORDS

amusant(e)	*funny/amusing*
Le plus amusant c'est qu'il n'est pas venu.	*The funniest thing is that he didn't come.*
un amuse-gueule	*a snack/appetizer*

PRESENT

je m'amuse	nous nous amusons
tu t'amuses	vous vous amusez
il/elle s'amuse	ils/elles s'amusent

IMPERFECT

je m'amusais	nous nous amusions
tu t'amusais	vous vous amusiez
il/elle s'amusait	ils/elles s'amusaient

PASSÉ SIMPLE

je m'amusai	nous nous amusâmes
tu t'amusas	vous vous amusâtes
il/elle s'amusa	ils/elles s'amusèrent

FUTURE

je m'amuserai	nous nous amuserons
tu t'amuseras	vous vous amuserez
il/elle s'amusera	ils/elles s'amuseront

CONDITIONAL

je m'amuserais	nous nous amuserions
tu t'amuserais	vous vous amuseriez
il/elle s'amuserait	ils/elles s'amuseraient

PRESENT SUBJUNCTIVE

que je m'amuse	que nous nous amusions
que tu t'amuses	que vous vous amusiez
qu'il/elle s'amuse	qu'ils/elles s'amusent

IMPERFECT SUBJUNCTIVE

que je m'amusasse	que nous nous amusassions
que tu t'amusasses	que vous vous amusassiez
qu'il/elle s'amusât	qu'ils/elles s'amusassent

PASSÉ COMPOSÉ

je me suis amusé(e)	nous nous sommes amusé(e)s
tu t'es amusé(e)	vous vous êtes amusé(e)(s)
il/elle s'est amusé(e)	ils/elles se sont amusé(e)s

PLUPERFECT

je m'étais amusé(e)	nous nous étions amusé(e)s
tu t'étais amusé(e)	vous vous étiez amusé(e)(s)
il/elle s'était amusé(e)	ils/elles s'étaient amusé(e)s

PAST ANTERIOR

je me fus amusé(e)	nous nous fûmes amusé(e)s
tu te fus amusé(e)	vous vous fûtes amusé(e)(s)
il/elle se fut amusé(e)	ils/elles se furent amusé(e)s

FUTURE ANTERIOR

je me serai amusé(e)	nous nous serons amusé(e)s
tu te seras amusé(e)	vous vous serez amusé(e)(s)
il/elle se sera amusé(e)	ils/elles se seront amusé(e)s

PAST CONDITIONAL

je me serais amusé(e)	nous nous serions amusé(e)s
tu te serais amusé(e)	vous vous seriez amusé(e)(s)
il/elle se serait amusé(e)	ils/elles se seraient amusé(e)s

PAST SUBJUNCTIVE

que je me sois amusé(e)	que nous nous soyons amusé(e)s
que tu te sois amusé(e)	que vous vous soyez amusé(e)(s)
qu'il/elle se soit amusé(e)	qu'ils/elles se soient amusé(e)s

PLUPERFECT SUBJUNCTIVE

que je me fusse amusé(e)	que nous nous fussions amusé(e)s
que tu te fusses amusé(e)	que vous vous fussiez amusé(e)(s)
qu'il/elle se fût amusé(e)	qu'ils/elles se fussent amusé(e)s

COMMANDS

	(nous) amusons-nous
(tu) amuse-toi	(vous) amusez-vous

Usage

Si je veux m'amuser, je vais danser.	*If I want to have fun, I go dancing.*
Nous nous sommes bien amusés en France.	*We had a very good time in France.*
Je m'amuse à faire du jardinage.	*I enjoy gardening.*
Je m'amuse à parler avec vous.	*I enjoy talking with you.*
Les enfants se sont amusés comme des fous.	*The children had a ball.*
Qu'est-ce qu'ils s'amusent!	*Boy, are they having fun!*
Il s'amuse à taquiner sa petite sœur.	*He thinks it's fun to tease his younger sister.*
Tu ne peux pas t'amuser avec toute la besogne qui te reste.	*You can't waste any time with all the work you have to do.*

irregular verb; spelling change: *c > ç/o, u*

j'aperçois · j'aperçus · aperçu · apercevant

PRESENT

j'aperçois	nous apercevons
tu aperçois	vous apercevez
il/elle aperçoit	ils/elles aperçoivent

IMPERFECT

j'apercevais	nous apercevions
tu apercevais	vous aperceviez
il/elle apercevait	ils/elles apercevaient

PASSÉ SIMPLE

j'aperçus	nous aperçûmes
tu aperçus	vous aperçûtes
il/elle aperçut	ils/elles aperçurent

FUTURE

j'apercevrai	nous apercevrons
tu apercevras	vous apercevrez
il/elle apercevra	ils/elles apercevront

CONDITIONAL

j'apercevrais	nous apercevrions
tu apercevrais	vous apercevriez
il/elle apercevrait	ils/elles apercevraient

PRESENT SUBJUNCTIVE

que j'aperçoive	que nous apercevions
que tu aperçoives	que vous aperceviez
qu'il/elle aperçoive	qu'ils/elles aperçoivent

IMPERFECT SUBJUNCTIVE

que j'aperçusse	que nous aperçussions
que tu aperçusses	que vous aperçussiez
qu'il/elle aperçût	qu'ils/elles aperçussent

COMMANDS

	(nous) apercevons
(tu) aperçois	(vous) apercevez

PASSÉ COMPOSÉ

j'ai aperçu	nous avons aperçu
tu as aperçu	vous avez aperçu
il/elle a aperçu	ils/elles ont aperçu

PLUPERFECT

j'avais aperçu	nous avions aperçu
tu avais aperçu	vous aviez aperçu
il/elle avait aperçu	ils/elles avaient aperçu

PAST ANTERIOR

j'eus aperçu	nous eûmes aperçu
tu eus aperçu	vous eûtes aperçu
il/elle eut aperçu	ils/elles eurent aperçu

FUTURE ANTERIOR

j'aurai aperçu	nous aurons aperçu
tu auras aperçu	vous aurez aperçu
il/elle aura aperçu	ils/elles auront aperçu

PAST CONDITIONAL

j'aurais aperçu	nous aurions aperçu
tu aurais aperçu	vous auriez aperçu
il/elle aurait aperçu	ils/elles auraient aperçu

PAST SUBJUNCTIVE

que j'aie aperçu	que nous ayons aperçu
que tu aies aperçu	que vous ayez aperçu
qu'il/elle ait aperçu	qu'ils/elles aient aperçu

PLUPERFECT SUBJUNCTIVE

que j'eusse aperçu	que nous eussions aperçu
que tu eusses aperçu	que vous eussiez aperçu
qu'il/elle eût aperçu	qu'ils/elles eussent aperçu

Usage

En descendant la montagne, nous avons aperçu le village.	*Coming down the mountain we caught sight of the village.*
Je t'ai aperçu dans la foule.	*I caught sight of you in the crowd.*
—Ma jupe s'est déchirée.	*My skirt got torn.*
—Ne t'en fais pas. Ça ne s'aperçoit pas.	*Don't worry. It's imperceptible./You can't see it.*

RELATED WORDS

un aperçu	*a survey/general view*
Le professeur nous a donné un aperçu de l'œuvre de ce philosophe.	*The teacher gave us a survey of the work of that philosopher.*
inaperçu(e)	*unnoticed*
Son erreur a passé inaperçue.	*His error went unnoticed.*
Ta générosité ne passera pas inaperçue.	*Your generosity will not go unnoticed/unrewarded.*

apparaître *to appear, seem*

j'apparais · j'apparus · apparu · apparaissant

irregular verb;
sometimes conjugated with *être*

PRESENT

j'apparais	nous apparaissons
tu apparais	vous apparaissez
il/elle apparaît	ils/elles apparaissent

IMPERFECT

j'apparaissais	nous apparaissions
tu apparaissais	vous apparaissiez
il/elle apparaissait	ils/elles apparaissaient

PASSÉ SIMPLE

j'apparus	nous apparûmes
tu apparus	vous apparûtes
il/elle apparut	ils/elles apparurent

FUTURE

j'apparaîtrai	nous apparaîtrons
tu apparaîtras	vous apparaîtrez
il/elle apparaîtra	ils/elles apparaîtront

CONDITIONAL

j'apparaîtrais	nous apparaîtrions
tu apparaîtrais	vous apparaîtriez
il/elle apparaîtrait	ils/elles apparaîtraient

PRESENT SUBJUNCTIVE

que j'apparaisse	que nous apparaissions
que tu apparaisses	que vous apparaissiez
qu'il/elle apparaisse	qu'ils/elles apparaissent

IMPERFECT SUBJUNCTIVE

que j'apparusse	que nous apparussions
que tu apparusses	que vous apparussiez
qu'il/elle apparût	qu'ils/elles apparussent

COMMANDS

	(nous) apparaissons
(tu) apparais	(vous) apparaissez

PASSÉ COMPOSÉ

j'ai apparu	nous avons apparu
tu as apparu	vous avez apparu
il/elle a apparu	ils/elles ont apparu

PLUPERFECT

j'avais apparu	nous avions apparu
tu avais apparu	vous aviez apparu
il/elle avait apparu	ils/elles avaient apparu

PAST ANTERIOR

j'eus apparu	nous eûmes apparu
tu eus apparu	vous eûtes apparu
il/elle eut apparu	ils/elles eurent apparu

FUTURE ANTERIOR

j'aurai apparu	nous aurons apparu
tu auras apparu	vous aurez apparu
il/elle aura apparu	ils/elles auront apparu

PAST CONDITIONAL

j'aurais apparu	nous aurions apparu
tu aurais apparu	vous auriez apparu
il/elle aurait apparu	ils/elles auraient apparu

PAST SUBJUNCTIVE

que j'aie apparu	que nous ayons apparu
que tu aies apparu	que vous ayez apparu
qu'il/elle ait apparu	qu'ils/elles aient apparu

PLUPERFECT SUBJUNCTIVE

que j'eusse apparu	que nous eussions apparu
que tu eusses apparu	que vous eussiez apparu
qu'il/elle eût apparu	qu'ils/elles eussent apparu

Usage

Le jour apparaît.	*Day is breaking./It's dawn.*
Il a apparu sans cravate.	*He showed up without a tie.*
Peu à peu les difficultés apparaissaient.	*Little by little, the difficulties appeared.*
Tout d'un coup, la vérité m'a apparu/m'est apparue.	*All of a sudden the truth became clear to me.*
Elle apparaît dans les restaurants de luxe.	*She is seen in fancy restaurants.*

RELATED WORDS

les apparences (*fpl*)	*appearance(s)*
contre toute apparence	*in spite of what things seemed*
sauver les apparences	*to keep up appearances*
apparent(e)	*apparent*
apparemment	*apparently*

irregular verb | j'appartiens · j'appartins · appartenu · appartenant

PRESENT

j'appartiens	nous appartenons
tu appartiens	vous appartenez
il/elle appartient	ils/elles appartiennent

IMPERFECT

j'appartenais	nous appartenions
tu appartenais	vous apparteniez
il/elle appartenait	ils/elles appartenaient

PASSÉ SIMPLE

j'appartins	nous appartînmes
tu appartins	vous appartîntes
il/elle appartint	ils/elles appartinrent

FUTURE

j'appartiendrai	nous appartiendrons
tu appartiendras	vous appartiendrez
il/elle appartiendra	ils/elles appartiendront

CONDITIONAL

j'appartiendrais	nous appartiendrions
tu appartiendrais	vous appartiendriez
il/elle appartiendrait	ils/elles appartiendraient

PRESENT SUBJUNCTIVE

que j'appartienne	que nous appartenions
que tu appartiennes	que vous apparteniez
qu'il/elle appartienne	qu'ils/elles appartiennent

IMPERFECT SUBJUNCTIVE

que j'appartinsse	que nous appartinssions
que tu appartinsses	que vous appartinssiez
qu'il/elle appartînt	qu'ils/elles appartinssent

PASSÉ COMPOSÉ

j'ai appartenu	nous avons appartenu
tu as appartenu	vous avez appartenu
il/elle a appartenu	ils/elles ont appartenu

PLUPERFECT

j'avais appartenu	nous avions appartenu
tu avais appartenu	vous aviez appartenu
il/elle avait appartenu	ils/elles avaient appartenu

PAST ANTERIOR

j'eus appartenu	nous eûmes appartenu
tu eus appartenu	vous eûtes appartenu
il/elle eut appartenu	ils/elles eurent appartenu

FUTURE ANTERIOR

j'aurai appartenu	nous aurons appartenu
tu auras appartenu	vous aurez appartenu
il/elle aura appartenu	ils/elles auront appartenu

PAST CONDITIONAL

j'aurais appartenu	nous aurions appartenu
tu aurais appartenu	vous auriez appartenu
il/elle aurait appartenu	ils/elles auraient appartenu

PAST SUBJUNCTIVE

que j'aie appartenu	que nous ayons appartenu
que tu aies appartenu	que vous ayez appartenu
qu'il/elle ait appartenu	qu'ils/elles aient appartenu

PLUPERFECT SUBJUNCTIVE

que j'eusse appartenu	que nous eussions appartenu
que tu eusses appartenu	que vous eussiez appartenu
qu'il/elle eût appartenu	qu'ils/elles eussent appartenu

COMMANDS

	(nous) appartenons
(tu) appartiens	(vous) appartenez

Usage

—Qu'est-ce qui t'appartient?	*What belongs to you?*
—Ces terrains m'appartiennent.	*These parcels of land belong to me.*
Il ne m'appartient pas de vous critiquer.	*It is not for me to criticize you.*
Il ne nous appartient pas de le lui reprocher.	*It is not our right to reproach him.*
Il l'a fait pour des raisons qui lui appartiennent.	*He did it for reasons of his own.*
Il appartient au PDG de prendre cette décision.	*It is the province of the CEO to make that decision.*
Avec tout le travail qu'ils ont, ils ne s'appartiennent plus.	*With all the work they have, their time is no longer their own.*

appeler *to call*

j'appelle · j'appelai · appelé · appelant

-er verb; spelling change: *l* to *ll*/mute *e*

PRESENT

j'appelle	nous appelons
tu appelles	vous appelez
il/elle appelle	ils/elles appellent

IMPERFECT

j'appelais	nous appelions
tu appelais	vous appeliez
il/elle appelait	ils/elles appelaient

PASSÉ SIMPLE

j'appelai	nous appelâmes
tu appelas	vous appelâtes
il/elle appela	ils/elles appelèrent

FUTURE

j'appellerai	nous appellerons
tu appelleras	vous appellerez
il/elle appellera	ils/elles appelleront

CONDITIONAL

j'appellerais	nous appellerions
tu appellerais	vous appelleriez
il/elle appellerait	ils/elles appelleraient

PRESENT SUBJUNCTIVE

que j'appelle	que nous appelions
que tu appelles	que vous appeliez
qu'il/elle appelle	qu'ils/elles appellent

IMPERFECT SUBJUNCTIVE

que j'appelasse	que nous appelassions
que tu appelasses	que vous appelassiez
qu'il/elle appelât	qu'ils/elles appelassent

COMMANDS

	(nous) appelons
(tu) appelle	(vous) appelez

PASSÉ COMPOSÉ

j'ai appelé	nous avons appelé
tu as appelé	vous avez appelé
il/elle a appelé	ils/elles ont appelé

PLUPERFECT

j'avais appelé	nous avions appelé
tu avais appelé	vous aviez appelé
il/elle avait appelé	ils/elles avaient appelé

PAST ANTERIOR

j'eus appelé	nous eûmes appelé
tu eus appelé	vous eûtes appelé
il/elle eut appelé	ils/elles eurent appelé

FUTURE ANTERIOR

j'aurai appelé	nous aurons appelé
tu auras appelé	vous aurez appelé
il/elle aura appelé	ils/elles auront appelé

PAST CONDITIONAL

j'aurais appelé	nous aurions appelé
tu aurais appelé	vous auriez appelé
il/elle aurait appelé	ils/elles auraient appelé

PAST SUBJUNCTIVE

que j'aie appelé	que nous ayons appelé
que tu aies appelé	que vous ayez appelé
qu'il/elle ait appelé	qu'ils/elles aient appelé

PLUPERFECT SUBJUNCTIVE

que j'eusse appelé	que nous eussions appelé
que tu eusses appelé	que vous eussiez appelé
qu'il/elle eût appelé	qu'ils/elles eussent appelé

Usage

Il appelle son chien.	*He's calling his dog.*
Elle m'appelle tous les jours.	*She calls me up every day.*
appeler les pompiers/la police/le SAMU	*to call the fire department/the police/emergency rescue*
Il m'appelle par mon prénom.	*He calls me by my first name.*
appeler un chat un chat	*to call a spade a spade*
Ça, c'est ce que j'appelle un repas!	*That's what I call a meal!*
Un mensonge en appelle un autre.	*One lie leads to another.*

RELATED WORDS

l'appel *(m)*	*call/roll call*
Le professeur fait l'appel.	*The teacher calls the roll/takes attendance.*
l'appel *(m)* du devoir	*the call of duty*
un appel à l'aide	*a call for help*

-er verb; spelling change:
l > ll/mute e

je m'appelle · je m'appelai · s'étant appelé · s'appelant

PRESENT

je m'appelle	nous nous appelons
tu t'appelles	vous vous appelez
il/elle s'appelle	ils/elles s'appellent

PASSÉ COMPOSÉ

je me suis appelé(e)	nous nous sommes appelé(e)s
tu t'es appelé(e)	vous vous êtes appelé(e)(s)
il/elle s'est appelé(e)	ils/elles se sont appelé(e)s

IMPERFECT

je m'appelais	nous nous appelions
tu t'appelais	vous vous appeliez
il/elle s'appelait	ils/elles s'appelaient

PLUPERFECT

je m'étais appelé(e)	nous nous étions appelé(e)s
tu t'étais appelé(e)	vous vous étiez appelé(e)(s)
il/elle s'était appelé(e)	ils/elles s'étaient appelé(e)s

PASSÉ SIMPLE

je m'appelai	nous nous appelâmes
tu t'appelas	vous vous appelâtes
il/elle s'appela	ils/elles s'appelèrent

PAST ANTERIOR

je me fus appelé(e)	nous nous fûmes appelé(e)s
tu te fus appelé(e)	vous vous fûtes appelé(e)(s)
il/elle se fut appelé(e)	ils/elles se furent appelé(e)s

FUTURE

je m'appellerai	nous nous appellerons
tu t'appelleras	vous vous appellerez
il/elle s'appellera	ils/elles s'appelleront

FUTURE ANTERIOR

je me serai appelé(e)	nous nous serons appelé(e)s
tu te seras appelé(e)	vous vous serez appelé(e)(s)
il/elle se sera appelé(e)	ils/elles se seront appelé(e)s

CONDITIONAL

je m'appellerais	nous nous appellerions
tu t'appellerais	vous vous appelleriez
il/elle s'appellerait	ils/elles s'appelleraient

PAST CONDITIONAL

je me serais appelé(e)	nous nous serions appelé(e)s
tu te serais appelé(e)	vous vous seriez appelé(e)(s)
il/elle se serait appelé(e)	ils/elles se seraient appelé(e)s

PRESENT SUBJUNCTIVE

que je m'appelle	que nous nous appelions
que tu t'appelles	que vous vous appeliez
qu'il/elle s'appelle	qu'ils/elles s'appellent

PAST SUBJUNCTIVE

que je me sois appelé(e)	que nous nous soyons appelé(e)s
que tu te sois appelé(e)	que vous vous soyez appelé(e)(s)
qu'il/elle se soit appelé(e)	qu'ils/elles se soient appelé(e)s

IMPERFECT SUBJUNCTIVE

que je m'appelasse	que nous nous appelassions
que tu t'appelasses	que vous vous appelassiez
qu'il/elle s'appelât	qu'ils/elles s'appelassent

PLUPERFECT SUBJUNCTIVE

que je me fusse appelé(e)	que nous nous fussions appelé(e)s
que tu te fusses appelé(e)	que vous vous fussiez appelé(e)(s)
qu'il/elle se fût appelé(e)	qu'ils/elles se fussent appelé(e)s

COMMANDS

	(nous) appelons-nous
(tu) appelle-toi	(vous) appelez-vous

Usage

—Comment vous appelez-vous?	*What's your name?*
—Je m'appelle Marie-Christine Daumier.	*My name is Marie-Christine Daumier.*
Je ne sais pas comment il s'appelle.	*I don't know what his name is.*
Comment s'appelle ce village?	*What is the name of this village?*
Comment s'appelle cette machine en anglais?	*What is this machine called in English?*
Voilà ce qui s'appelle une bêtise!	*That's what I call a stupid thing to do!*

applaudir *to applaud*

PRESENT

j'applaudis	nous applaudissons
tu applaudis	vous applaudissez
il/elle applaudit	ils/elles applaudissent

IMPERFECT

j'applaudissais	nous applaudissions
tu applaudissais	vous applaudissiez
il/elle applaudissait	ils/elles applaudissaient

PASSÉ SIMPLE

j'applaudis	nous applaudîmes
tu applaudis	vous applaudîtes
il/elle applaudit	ils/elles applaudirent

FUTURE

j'applaudirai	nous applaudirons
tu applaudiras	vous applaudirez
il/elle applaudira	ils/elles applaudiront

CONDITIONAL

j'applaudirais	nous applaudirions
tu applaudirais	vous applaudiriez
il/elle applaudirait	ils/elles applaudiraient

PRESENT SUBJUNCTIVE

que j'applaudisse	que nous applaudissions
que tu applaudisses	que vous applaudissiez
qu'il/elle applaudisse	qu'ils/elles applaudissent

IMPERFECT SUBJUNCTIVE

que j'applaudisse	que nous applaudissions
que tu applaudisses	que vous applaudissiez
qu'il/elle applaudît	qu'ils/elles applaudissent

PASSÉ COMPOSÉ

j'ai applaudi	nous avons applaudi
tu as applaudi	vous avez applaudi
il/elle a applaudi	ils/elles ont applaudi

PLUPERFECT

j'avais applaudi	nous avions applaudi
tu avais applaudi	vous aviez applaudi
il/elle avait applaudi	ils/elles avaient applaudi

PAST ANTERIOR

j'eus applaudi	nous eûmes applaudi
tu eus applaudi	vous eûtes applaudi
il/elle eut applaudi	ils/elles eurent applaudi

FUTURE ANTERIOR

j'aurai applaudi	nous aurons applaudi
tu auras applaudi	vous aurez applaudi
il/elle aura applaudi	ils/elles auront applaudi

PAST CONDITIONAL

j'aurais applaudi	nous aurions applaudi
tu aurais applaudi	vous auriez applaudi
il/elle aurait applaudi	ils/elles auraient applaudi

PAST SUBJUNCTIVE

que j'aie applaudi	que nous ayons applaudi
que tu aies applaudi	que vous ayez applaudi
qu'il/elle ait applaudi	qu'ils/elles aient applaudi

PLUPERFECT SUBJUNCTIVE

que j'eusse applaudi	que nous eussions applaudi
que tu eusses applaudi	que vous eussiez applaudi
qu'il/elle eût applaudi	qu'ils/elles eussent applaudi

COMMANDS

	(nous) applaudissons
(tu) applaudis	(vous) applaudissez

Usage

applaudir les acteurs	to *applaud the actors*
applaudir le gagnant	to *applaud the winner*
Le public a applaudi à tout rompre.	*The audience brought the house down with their applause.*
s'applaudir d'avoir fait qqch	*to pat oneself on the back for having done something*
Il s'applaudi d'avoir renoncé à ce travail avant la faillite de l'entreprise.	*He's patting himself on the back for having quit that job before the company went bankrupt.*

RELATED WORDS

les applaudissements *(mpl)*	*applause*
L'actrice est sortie pour recevoir des applaudissements.	*The actress came out to take a bow.*

regular -er verb

j'apporte · j'apportai · apporté · apportant

PRESENT		PASSÉ COMPOSÉ	
j'apporte	nous apportons	j'ai apporté	nous avons apporté
tu apportes	vous apportez	tu as apporté	vous avez apporté
il/elle apporte	ils/elles apportent	il/elle a apporté	ils/elles ont apporté

IMPERFECT		PLUPERFECT	
j'apportais	nous apportions	j'avais apporté	nous avions apporté
tu apportais	vous apportiez	tu avais apporté	vous aviez apporté
il/elle apportait	ils/elles apportaient	il/elle avait apporté	ils/elles avaient apporté

PASSÉ SIMPLE		PAST ANTERIOR	
j'apportai	nous apportâmes	j'eus apporté	nous eûmes apporté
tu apportas	vous apportâtes	tu eus apporté	vous eûtes apporté
il/elle apporta	ils/elles apportèrent	il/elle eut apporté	ils/elles eurent apporté

FUTURE		FUTURE ANTERIOR	
j'apporterai	nous apporterons	j'aurai apporté	nous aurons apporté
tu apporteras	vous apporterez	tu auras apporté	vous aurez apporté
il/elle apportera	ils/elles apporteront	il/elle aura apporté	ils/elles auront apporté

CONDITIONAL		PAST CONDITIONAL	
j'apporterais	nous apporterions	j'aurais apporté	nous aurions apporté
tu apporterais	vous apporteriez	tu aurais apporté	vous auriez apporté
il/elle apporterait	ils/elles apporteraient	il/elle aurait apporté	ils/elles auraient apporté

PRESENT SUBJUNCTIVE		PAST SUBJUNCTIVE	
que j'apporte	que nous apportions	que j'aie apporté	que nous ayons apporté
que tu apportes	que vous apportiez	que tu aies apporté	que vous ayez apporté
qu'il/elle apporte	qu'ils/elles apportent	qu'il/elle ait apporté	qu'ils/elles aient apporté

IMPERFECT SUBJUNCTIVE		PLUPERFECT SUBJUNCTIVE	
que j'apportasse	que nous apportassions	que j'eusse apporté	que nous eussions apporté
que tu apportasses	que vous apportassiez	que tu eusses apporté	que vous eussiez apporté
qu'il/elle apportât	qu'ils/elles apportassent	qu'il/elle eût apporté	qu'ils/elles eussent apporté

COMMANDS

	(nous) apportons
(tu) apporte	(vous) apportez

Usage

apporter qqch à qqn	*to bring something to someone*
Apporte-le-nous en descendant.	*Bring it to us when you come downstairs.*
Ce contrat va vous apporter des ennuis.	*That contract will spell trouble for you.*
Son discours n'a rien apporté d'intéressant.	*His speech contributed nothing interesting.*
Il a apporté sa contribution à l'informatique.	*He made his contribution to computer science.*
Sa déclaration apporte de l'eau à mon moulin.	*His statement is grist for the mill.*
Il faudra apporter du soin à cette tâche.	*You will have to use care in this task.*
Sa lettre m'a apporté beaucoup de satisfaction.	*His letter brought me a great deal of satisfaction.*

RELATED WORD

l'apport *(m)*   *contribution*

apprendre   *to learn*

j'apprends · j'appris · appris · apprenant   irregular verb

PRESENT

j'apprends	nous apprenons
tu apprends	vous apprenez
il/elle apprend	ils/elles apprennent

IMPERFECT

j'apprenais	nous apprenions
tu apprenais	vous appreniez
il/elle apprenait	ils/elles apprenaient

PASSÉ SIMPLE

j'appris	nous apprîmes
tu appris	vous apprîtes
il/elle apprit	ils/elles apprirent

FUTURE

j'apprendrai	nous apprendrons
tu apprendras	vous apprendrez
il/elle apprendra	ils/elles apprendront

CONDITIONAL

j'apprendrais	nous apprendrions
tu apprendrais	vous apprendriez
il/elle apprendrait	ils/elles apprendraient

PRESENT SUBJUNCTIVE

que j'apprenne	que nous apprenions
que tu apprennes	que vous appreniez
qu'il/elle apprenne	qu'ils/elles apprennent

IMPERFECT SUBJUNCTIVE

que j'apprisse	que nous apprissions
que tu apprisses	que vous apprissiez
qu'il/elle apprît	qu'ils/elles apprissent

COMMANDS

	(nous) apprenons
(tu) apprends	(vous) apprenez

PASSÉ COMPOSÉ

j'ai appris	nous avons appris
tu as appris	vous avez appris
il/elle a appris	ils/elles ont appris

PLUPERFECT

j'avais appris	nous avions appris
tu avais appris	vous aviez appris
il/elle avait appris	ils/elles avaient appris

PAST ANTERIOR

j'eus appris	nous eûmes appris
tu eus appris	vous eûtes appris
il/elle eut appris	ils/elles eurent appris

FUTURE ANTERIOR

j'aurai appris	nous aurons appris
tu auras appris	vous aurez appris
il/elle aura appris	ils/elles auront appris

PAST CONDITIONAL

j'aurais appris	nous aurions appris
tu aurais appris	vous auriez appris
il/elle aurait appris	ils/elles auraient appris

PAST SUBJUNCTIVE

que j'aie appris	que nous ayons appris
que tu aies appris	que vous ayez appris
qu'il/elle ait appris	qu'ils/elles aient appris

PLUPERFECT SUBJUNCTIVE

que j'eusse appris	que nous eussions appris
que tu eusses appris	que vous eussiez appris
qu'il/elle eût appris	qu'ils/elles eussent appris

Usage

apprendre à faire qqch	*to learn how to do something*
J'ai appris à nager à l'âge de six ans.	*I learned how to swim when I was six.*
Ce programme s'apprend facilement.	*This program is easily learned.*
J'ai appris que votre mère était souffrante.	*I learned that your mother was ill.*
Nous avons appris la nouvelle par la télé.	*We heard the news on the TV.*
apprendre à qqn à faire qqch	*to teach someone to do something*
Il m'a appris à programmer.	*He taught me how to program.*
Je t'apprendrai à vivre!	*I'll teach you (a lesson)!/I'll teach you a thing or two!*
Je vais t'apprendre à me répondre sur ce ton!	*I'll teach you to answer me in that tone of voice!*

RELATED WORDS

l'apprentissage *(m)*	*learning*
l'apprenti(e) *(m/f)*	*apprentice/learner*

regular -*er* reflexive verb;   **je m'approche · je m'approchai · s'étant approché · s'approchant**
compound tenses with *être*

PRESENT

je m'approche	nous nous approchons
tu t'approches	vous vous approchez
il/elle s'approche	ils/elles s'approchent

IMPERFECT

je m'approchais	nous nous approchions
tu t'approchais	vous vous approchiez
il/elle s'approchait	ils/elles s'approchaient

PASSÉ SIMPLE

je m'approchai	nous nous approchâmes
tu t'approchas	vous vous approchâtes
il/elle s'approcha	ils/elles s'approchèrent

FUTURE

je m'approcherai	nous nous approcherons
tu t'approcheras	vous vous approcherez
il/elle s'approchera	ils/elles s'approcheront

CONDITIONAL

je m'approcherais	nous nous approcherions
tu t'approcherais	vous vous approcheriez
il/elle s'approcherait	ils/elles s'approcheraient

PRESENT SUBJUNCTIVE

que je m'approche	que nous nous approchions
que tu t'approches	que vous vous approchiez
qu'il/elle s'approche	qu'ils/elles s'approchent

IMPERFECT SUBJUNCTIVE

que je m'approchasse	que nous nous approchassions
que tu t'approchasses	que vous vous approchassiez
qu'il/elle s'approchât	qu'ils/elles s'approchassent

COMMANDS

	(nous) approchons-nous
(tu) approche-toi	(vous) approchez-vous

PASSÉ COMPOSÉ

je me suis approché(e)	nous nous sommes approché(e)s
tu t'es approché(e)	vous vous êtes approché(e)(s)
il/elle s'est approché(e)	ils/elles se sont approché(e)s

PLUPERFECT

je m'étais approché(e)	nous nous étions approché(e)s
tu t'étais approché(e)	vous vous étiez approché(e)(s)
il/elle s'était approché(e)	ils/elles s'étaient approché(e)s

PAST ANTERIOR

je me fus approché(e)	nous nous fûmes approché(e)s
tu te fus approché(e)	vous vous fûtes approché(e)(s)
il/elle se fut approché(e)	ils/elles se furent approché(e)s

FUTURE ANTERIOR

je me serai approché(e)	nous nous serons approché(e)s
tu te seras approché(e)	vous vous serez approché(e)(s)
il/elle se sera approché(e)	ils/elles se seront approché(e)s

PAST CONDITIONAL

je me serais approché(e)	nous nous serions approché(e)s
tu te serais approché(e)	vous vous seriez approché(e)(s)
il/elle se serait approché(e)	ils/elles se seraient approché(e)s

PAST SUBJUNCTIVE

que je me sois approché(e)	que nous nous soyons approché(e)s
que tu te sois approché(e)	que vous vous soyez approché(e)(s)
qu'il/elle se soit approché(e)	qu'ils/elles se soient approché(e)s

PLUPERFECT SUBJUNCTIVE

que je me fusse approché(e)	que nous nous fussions approché(e)s
que tu te fusses approché(e)	que vous vous fussiez approché(e)(s)
qu'il/elle se fût approché(e)	qu'ils/elles se fussent approché(e)s

Usage

s'approcher de qqch/de qqn	*to come close to/near to/approach*
La voiture s'approcha de l'immeuble.	*The car came close to the apartment house.*
Ne vous approchez pas de nous!	*Don't come near us!*
Le chanteur s'est approché du micro.	*The singer came up to the mike.*
Ce poème s'approche de la perfection.	*This poem comes close to perfection.*
s'approcher de qqch à pas de loup	*to sneak up on something stealthily*

RELATED WORDS

l'approche *(f)*	*approach*
à l'approche des examens	*when exam time draws near*
être d'approche facile	*to be approachable*

approfondir   *to deepen; to study thoroughly, go into deeply*

j'approfondis · j'approfondis · approfondi · approfondissant   regular *-ir* verb

PRESENT

j'approfondis	nous approfondissons
tu approfondis	vous approfondissez
il/elle approfondit	ils/elles approfondissent

IMPERFECT

j'approfondissais	nous approfondissions
tu approfondissais	vous approfondissiez
il/elle approfondissait	ils/elles approfondissaient

PASSÉ SIMPLE

j'approfondis	nous approfondîmes
tu approfondis	vous approfondîtes
il/elle approfondit	ils/elles approfondirent

FUTURE

j'approfondirai	nous approfondirons
tu approfondiras	vous approfondirez
il/elle approfondira	ils/elles approfondiront

CONDITIONAL

j'approfondirais	nous approfondirions
tu approfondirais	vous approfondiriez
il/elle approfondirait	ils/elles approfondiraient

PRESENT SUBJUNCTIVE

que j'approfondisse	que nous approfondissions
que tu approfondisses	que vous approfondissiez
qu'il/elle approfondisse	qu'ils/elles approfondissent

IMPERFECT SUBJUNCTIVE

que j'approfondisse	que nous approfondissions
que tu approfondisses	que vous approfondissiez
qu'il/elle approfondît	qu'ils/elles approfondissent

PASSÉ COMPOSÉ

j'ai approfondi	nous avons approfondi
tu as approfondi	vous avez approfondi
il/elle a approfondi	ils/elles ont approfondi

PLUPERFECT

j'avais approfondi	nous avions approfondi
tu avais approfondi	vous aviez approfondi
il/elle avait approfondi	ils/elles avaient approfondi

PAST ANTERIOR

j'eus approfondi	nous eûmes approfondi
tu eus approfondi	vous eûtes approfondi
il/elle eut approfondi	ils/elles eurent approfondi

FUTURE ANTERIOR

j'aurai approfondi	nous aurons approfondi
tu auras approfondi	vous aurez approfondi
il/elle aura approfondi	ils/elles auront approfondi

PAST CONDITIONAL

j'aurais approfondi	nous aurions approfondi
tu aurais approfondi	vous auriez approfondi
il/elle aurait approfondi	ils/elles auraient approfondi

PAST SUBJUNCTIVE

que j'aie approfondi	que nous ayons approfondi
que tu aies approfondi	que vous ayez approfondi
qu'il/elle ait approfondi	qu'ils/elles aient approfondi

PLUPERFECT SUBJUNCTIVE

que j'eusse approfondi	que nous eussions approfondi
que tu eusses approfondi	que vous eussiez approfondi
qu'il/elle eût approfondi	qu'ils/elles eussent approfondi

COMMANDS

	(nous) approfondissons
(tu) approfondis	(vous) approfondissez

Usage

Les ingénieurs ont proposé d'approfondir le canal.	*The engineers suggested deepening the canal.*
Il faut approfondir ce puits.	*This well has to be made deeper.*
Nous avons discuté du thème sans approfondir.	*We discussed the subject superficially.*
La police voudra approfondir ce sujet.	*The police will want to delve further into this topic.*
Notre équipe va approfondir la question.	*Our team will go deeper into the matter.*
Il est allé en France pour approfondir sa connaissance de la langue française.	*He went to France to increase his knowledge of the French language.*

RELATED WORD

l'approfondissement *(m)*	*deepening/increasing (of knowledge)*
l'approfondissement des connaissances	*increase in knowledge*

regular -*er* verb

PRESENT

j'approuve	nous approuvons
tu approuves	vous approuvez
il/elle approuve	ils/elles approuvent

IMPERFECT

j'approuvais	nous approuvions
tu approuvais	vous approuviez
il/elle approuvait	ils/elles approuvaient

PASSÉ SIMPLE

j'approuvai	nous approuvâmes
tu approuvas	vous approuvâtes
il/elle approuva	ils/elles approuvèrent

FUTURE

j'approuverai	nous approuverons
tu approuveras	vous approuverez
il/elle approuvera	ils/elles approuveront

CONDITIONAL

j'approuverais	nous approuverions
tu approuverais	vous approuveriez
il/elle approuverait	ils/elles approuveraient

PRESENT SUBJUNCTIVE

que j'approuve	que nous approuvions
que tu approuves	que vous approuviez
qu'il/elle approuve	qu'ils/elles approuvent

IMPERFECT SUBJUNCTIVE

que j'approuvasse	que nous approuvassions
que tu approuvasses	que vous approuvassiez
qu'il/elle approuvât	qu'ils/elles approuvassent

PASSÉ COMPOSÉ

j'ai approuvé	nous avons approuvé
tu as approuvé	vous avez approuvé
il/elle a approuvé	ils/elles ont approuvé

PLUPERFECT

j'avais approuvé	nous avions approuvé
tu avais approuvé	vous aviez approuvé
il/elle avait approuvé	ils/elles avaient approuvé

PAST ANTERIOR

j'eus approuvé	nous eûmes approuvé
tu eus approuvé	vous eûtes approuvé
il/elle eut approuvé	ils/elles eurent approuvé

FUTURE ANTERIOR

j'aurai approuvé	nous aurons approuvé
tu auras approuvé	vous aurez approuvé
il/elle aura approuvé	ils/elles auront approuvé

PAST CONDITIONAL

j'aurais approuvé	nous aurions approuvé
tu aurais approuvé	vous auriez approuvé
il/elle aurait approuvé	ils/elles auraient approuvé

PAST SUBJUNCTIVE

que j'aie approuvé	que nous ayons approuvé
que tu aies approuvé	que vous ayez approuvé
qu'il/elle ait approuvé	qu'ils/elles aient approuvé

PLUPERFECT SUBJUNCTIVE

que j'eusse approuvé	que nous eussions approuvé
que tu eusses approuvé	que vous eussiez approuvé
qu'il/elle eût approuvé	qu'ils/elles eussent approuvé

COMMANDS

	(nous) approuvons
(tu) approuve	(vous) approuvez

Usage

J'ai renoncé à mon poste. J'espère que vous m'approuvez.	*I have quit my job. I hope you agree with me.*
Elle ne se sent pas approuvée.	*She doesn't feel she has the approval of others.*
Je n'approuve pas votre démarche.	*I don't approve of the way you've gone about it.*
Il n'approuve pas la conduite de sa sœur.	*He doesn't approve of his sister's behavior.*
Mon père n'approuve pas que nous sortions ensemble.	*My father doesn't approve of our dating.*
approuver un projet de loi	*to pass a bill*

RELATED WORD

l'approbation *(f)*	*approval*
Il désire notre approbation.	*He wants our approval.*
Ses idées ne sont pas dignes d'approbation.	*His ideas are unworthy of approval/being approved.*

s'appuyer *to lean on*

je m'appuie · je m'appuyai · s'appuyé · s'appuyant regular *-er* reflexive verb; spelling change: *y > i*/mute *e*; compound tenses with *être*

PRESENT

je m'appuie	nous nous appuyons
tu t'appuies	vous vous appuyez
il/elle s'appuie	ils/elles s'appuient

IMPERFECT

je m'appuyais	nous nous appuyions
tu t'appuyais	vous vous appuyiez
il/elle s'appuyait	ils/elles s'appuyaient

PASSÉ SIMPLE

je m'appuyai	nous nous appuyâmes
tu t'appuyas	vous vous appuyâtes
il/elle s'appuya	ils/elles s'appuyèrent

FUTURE

je m'appuierai	nous nous appuierons
tu t'appuieras	vous vous appuierez
il/elle s'appuiera	ils/elles s'appuieront

CONDITIONAL

je m'appuierais	nous nous appuierions
tu t'appuierais	vous vous appuieriez
il/elle s'appuierait	ils/elles s'appuieraient

PRESENT SUBJUNCTIVE

que je m'appuie	que nous nous appuyions
que tu t'appuies	que vous vous appuyiez
qu'il/elle s'appuie	qu'ils/elles s'appuient

IMPERFECT SUBJUNCTIVE

que je m'appuyasse	que nous nous appuyassions
que tu t'appuyasses	que vous vous appuyassiez
qu'il/elle s'appuyât	qu'ils/elles s'appuyassent

COMMANDS

	(nous) appuyons-nous
(tu) appuie-toi	(vous) appuyez-vous

PASSÉ COMPOSÉ

je me suis appuyé(e)	nous nous sommes appuyé(e)s
tu t'es appuyé(e)	vous vous êtes appuyé(e)(s)
il/elle s'est appuyé(e)	ils/elles se sont appuyé(e)s

PLUPERFECT

je m'étais appuyé(e)	nous nous étions appuyé(e)s
tu t'étais appuyé(e)	vous vous étiez appuyé(e)(s)
il/elle s'était appuyé(e)	ils/elles s'étaient appuyé(e)s

PAST ANTERIOR

je me fus appuyé(e)	nous nous fûmes appuyé(e)s
tu te fus appuyé(e)	vous vous fûtes appuyé(e)(s)
il/elle se fut appuyé(e)	ils/elles se furent appuyé(e)s

FUTURE ANTERIOR

je me serai appuyé(e)	nous nous serons appuyé(e)s
tu te seras appuyé(e)	vous vous serez appuyé(e)(s)
il/elle se sera appuyé(e)	ils/elles se seront appuyé(e)s

PAST CONDITIONAL

je me serais appuyé(e)	nous nous serions appuyé(e)s
tu te serais appuyé(e)	vous vous seriez appuyé(e)(s)
il/elle se serait appuyé(e)	ils/elles se seraient appuyé(e)s

PAST SUBJUNCTIVE

que je me sois appuyé(e)	que nous nous soyons appuyé(e)s
que tu te sois appuyé(e)	que vous vous soyez appuyé(e)(s)
qu'il/elle se soit appuyé(e)	qu'ils/elles se soient appuyé(e)s

PLUPERFECT SUBJUNCTIVE

que je me fusse appuyé(e)	que nous nous fussions appuyé(e)s
que tu te fusses appuyé(e)	que vous vous fussiez appuyé(e)(s)
qu'il/elle se fût appuyé(e)	qu'ils/elles se fussent appuyé(e)s

Usage

s'appuyer sur qqch/contre qqch	*to lean on something*
Appuyez-vous à mon bras.	*Lean on my arm.*
Je m'appuie sur vous.	*I'm counting on you.*
Il s'appuie sur mon amitié.	*He's counting on my friendship.*
Je m'appuie sur votre article dans ma conférence.	*I'm using your article as a basis for my lecture.*
Aujourd'hui je m'appuie les courses.	*I'll take on the errands today.*
Je me suis appuyé une année de six cours.	*I forced myself to take six courses in one year.*

RELATED WORDS

appuyer	*to press*
appuyer sur le bouton	*to press the button*
l'appui *(m)*	*support/backing*
à l'appui de sa thèse	*in support of his thesis*

regular -er verb | j'arrache · j'arrachai · arraché · arrachant

PRESENT

j'arrache	nous arrachons
tu arraches	vous arrachez
il/elle arrache	ils/elles arrachent

IMPERFECT

j'arrachais	nous arrachions
tu arrachais	vous arrachiez
il/elle arrachait	ils/elles arrachaient

PASSÉ SIMPLE

j'arrachai	nous arrachâmes
tu arrachas	vous arrachâtes
il/elle arracha	ils/elles arrachèrent

FUTURE

j'arracherai	nous arracherons
tu arracheras	vous arracherez
il/elle arrachera	ils/elles arracheront

CONDITIONAL

j'arracherais	nous arracherions
tu arracherais	vous arracheriez
il/elle arracherait	ils/elles arracheraient

PRESENT SUBJUNCTIVE

que j'arrache	que nous arrachions
que tu arraches	que vous arrachiez
qu'il/elle arrache	qu'ils/elles arrachent

IMPERFECT SUBJUNCTIVE

que j'arrachasse	que nous arrachassions
que tu arrachasses	que vous arrachassiez
qu'il/elle arrachât	qu'ils/elles arrachassent

PASSÉ COMPOSÉ

j'ai arraché	nous avons arraché
tu as arraché	vous avez arraché
il/elle a arraché	ils/elles ont arraché

PLUPERFECT

j'avais arraché	nous avions arraché
tu avais arraché	vous aviez arraché
il/elle avait arraché	ils/elles avaient arraché

PAST ANTERIOR

j'eus arraché	nous eûmes arraché
tu eus arraché	vous eûtes arraché
il/elle eut arraché	ils/elles eurent arraché

FUTURE ANTERIOR

j'aurai arraché	nous aurons arraché
tu auras arraché	vous aurez arraché
il/elle aura arraché	ils/elles auront arraché

PAST CONDITIONAL

j'aurais arraché	nous aurions arraché
tu aurais arraché	vous auriez arraché
il/elle aurait arraché	ils/elles auraient arraché

PAST SUBJUNCTIVE

que j'aie arraché	que nous ayons arraché
que tu aies arraché	que vous ayez arraché
qu'il/elle ait arraché	qu'ils/elles aient arraché

PLUPERFECT SUBJUNCTIVE

que j'eusse arraché	que nous eussions arraché
que tu eusses arraché	que vous eussiez arraché
qu'il/elle eût arraché	qu'ils/elles eussent arraché

COMMANDS

	(nous) arrachons
(tu) arrache	(vous) arrachez

Usage

arracher un clou	*to pull out a nail*
arracher une dent	*to pull a tooth*
Il faut que je me fasse arracher une dent.	*I've got to have a tooth pulled.*
arracher les mauvaises herbes	*to weed*
Il m'a arraché une promesse de lui prêter de l'argent.	*He wrung a promise from me to lend him money.*
La police a réussi à lui arracher un aveu.	*The police managed to get a confession out of him.*
On adore ce groupe. On arrache leurs CD.	*People love this group. Their CDs are selling like hotcakes.*
Son coup de fil m'a arraché du lit à cinq heures.	*His call got me out of bed at five o'clock.*
Les médecins l'ont arraché de la mort.	*The doctors snatched him from death.*
s'arracher les cheveux	*to pull one's hair out*
s'arracher les yeux	*to scratch each other's eyes out*

arranger   *to fix up, make livable*

j'arrange · j'arrangeai · arrangé · arrangeant   regular *-er* verb; spelling change: *g > ge/a, o*

PRESENT

j'arrange	nous arrangeons
tu arranges	vous arrangez
il/elle arrange	ils/elles arrangent

IMPERFECT

j'arrangeais	nous arrangions
tu arrangeais	vous arrangiez
il/elle arrangeait	ils/elles arrangeaient

PASSÉ SIMPLE

j'arrangeai	nous arrangeâmes
tu arrangeas	vous arrangeâtes
il/elle arrangea	ils/elles arrangèrent

FUTURE

j'arrangerai	nous arrangerons
tu arrangeras	vous arrangerez
il/elle arrangera	ils/elles arrangeront

CONDITIONAL

j'arrangerais	nous arrangerions
tu arrangerais	vous arrangeriez
il/elle arrangerait	ils/elles arrangeraient

PRESENT SUBJUNCTIVE

que j'arrange	que nous arrangions
que tu arranges	que vous arrangiez
qu'il/elle arrange	qu'ils/elles arrangent

IMPERFECT SUBJUNCTIVE

que j'arrangeasse	que nous arrangeassions
que tu arrangeasses	que vous arrangeassiez
qu'il/elle arrangeât	qu'ils/elles arrangeassent

COMMANDS

	(nous) arrangeons
(tu) arrange	(vous) arrangez

PASSÉ COMPOSÉ

j'ai arrangé	nous avons arrangé
tu as arrangé	vous avez arrangé
il/elle a arrangé	ils/elles ont arrangé

PLUPERFECT

j'avais arrangé	nous avions arrangé
tu avais arrangé	vous aviez arrangé
il/elle avait arrangé	ils/elles avaient arrangé

PAST ANTERIOR

j'eus arrangé	nous eûmes arrangé
tu eus arrangé	vous eûtes arrangé
il/elle eut arrangé	ils/elles eurent arrangé

FUTURE ANTERIOR

j'aurai arrangé	nous aurons arrangé
tu auras arrangé	vous aurez arrangé
il/elle aura arrangé	ils/elles auront arrangé

PAST CONDITIONAL

j'aurais arrangé	nous aurions arrangé
tu aurais arrangé	vous auriez arrangé
il/elle aurait arrangé	ils/elles auraient arrangé

PAST SUBJUNCTIVE

que j'aie arrangé	que nous ayons arrangé
que tu aies arrangé	que vous ayez arrangé
qu'il/elle ait arrangé	qu'ils/elles aient arrangé

PLUPERFECT SUBJUNCTIVE

que j'eusse arrangé	que nous eussions arrangé
que tu eusses arrangé	que vous eussiez arrangé
qu'il/elle eût arrangé	qu'ils/elles eussent arrangé

Usage

arranger sa coiffure	*to straighten up one's hair/put one's hair in place*
arranger sa cravate	*to straighten one's tie*
arranger sa vie	*to organize one's life*
Ça m'arrange.	*That suits me/is good for me.*
Ça ne nous arrange pas.	*That doesn't help us.*
arranger une réunion/un match à l'avance	*to arrange a meeting/a sporting event in advance*
Tout ça va s'arranger, ne t'en fais pas.	*Everything will work out all right, don't worry.*
Arrange-toi pour finir tes devoirs.	*Do what you have to do to get your homework done.*
On lui a arrangé un rendez-vous avec Louis.	*They fixed her up with Louis.*
Il te faudra t'arranger du sofa pour dormir.	*You'll have to make do with the sofa for sleeping.*
Il est très facile à vivre. Il s'arrange de tout.	*He's easy to get along with. He's easygoing.*

regular *-er* verb

j'arrête · j'arrêtai · arrêté · arrêtant

PRESENT

j'arrête	nous arrêtons
tu arrêtes	vous arrêtez
il/elle arrête	ils/elles arrêtent

PASSÉ COMPOSÉ

j'ai arrêté	nous avons arrêté
tu as arrêté	vous avez arrêté
il/elle a arrêté	ils/elles ont arrêté

IMPERFECT

j'arrêtais	nous arrêtions
tu arrêtais	vous arrêtiez
il/elle arrêtait	ils/elles arrêtaient

PLUPERFECT

j'avais arrêté	nous avions arrêté
tu avais arrêté	vous aviez arrêté
il/elle avait arrêté	ils/elles avaient arrêté

PASSÉ SIMPLE

j'arrêtai	nous arrêtâmes
tu arrêtas	vous arrêtâtes
il/elle arrêta	ils/elles arrêtèrent

PAST ANTERIOR

j'eus arrêté	nous eûmes arrêté
tu eus arrêté	vous eûtes arrêté
il/elle eut arrêté	ils/elles eurent arrêté

FUTURE

j'arrêterai	nous arrêterons
tu arrêteras	vous arrêterez
il/elle arrêtera	ils/elles arrêteront

FUTURE ANTERIOR

j'aurai arrêté	nous aurons arrêté
tu auras arrêté	vous aurez arrêté
il/elle aura arrêté	ils/elles auront arrêté

CONDITIONAL

j'arrêterais	nous arrêterions
tu arrêterais	vous arrêteriez
il/elle arrêterait	ils/elles arrêteraient

PAST CONDITIONAL

j'aurais arrêté	nous aurions arrêté
tu aurais arrêté	vous auriez arrêté
il/elle aurait arrêté	ils/elles auraient arrêté

PRESENT SUBJUNCTIVE

que j'arrête	que nous arrêtions
que tu arrêtes	que vous arrêtiez
qu'il/elle arrête	qu'ils/elles arrêtent

PAST SUBJUNCTIVE

que j'aie arrêté	que nous ayons arrêté
que tu aies arrêté	que vous ayez arrêté
qu'il/elle ait arrêté	qu'ils/elles aient arrêté

IMPERFECT SUBJUNCTIVE

que j'arrêtasse	que nous arrêtassions
que tu arrêtasses	que vous arrêtassiez
qu'il/elle arrêtât	qu'ils/elles arrêtassent

PLUPERFECT SUBJUNCTIVE

que j'eusse arrêté	que nous eussions arrêté
que tu eusses arrêté	que vous eussiez arrêté
qu'il/elle eût arrêté	qu'ils/elles eussent arrêté

COMMANDS

	(nous) arrêtons
(tu) arrête	(vous) arrêtez

Usage

Il a arrêté la voiture devant le cinéma.	*He stopped the car in front of the movie theater.*
À quelle heure la station arrête-t-elle ses émissions?	*At what time does the station sign off?*
arrêter des dispositions générales	*to lay down basic rules*
arrêter un plan	*to decide on a plan/finalize a plan*
arrêter une décision	*to make a decision*
arrêter ses études	*to give up one's studies*
arrêter le football	*to give up soccer*
arrêter de fumer	*to stop smoking*
Les enfants n'arrêtent pas de pleurer.	*The children just won't stop crying.*
On ne l'arrête pas de parler.	*You just can't shut her up/get her to stop talking.*
Rien ne peut les arrêter.	*Nothing can stop them.*
se faire arrêter	*to get arrested*
Je vous arrête!	*I must interrupt you.*
Arrête ton char! Il ne t'a pas dit ça.	*Lay off, will you! He didn't tell you that.*

s'arrêter *to stop*

je m'arrête · je m'arrêtai · s'étant arrêté · s'arrêtant

regular *-er* reflexive verb;
compound tenses with *être*

PRESENT

je m'arrête	nous nous arrêtons
tu t'arrêtes	vous vous arrêtez
il/elle s'arrête	ils/elles s'arrêtent

IMPERFECT

je m'arrêtais	nous nous arrêtions
tu t'arrêtais	vous vous arrêtiez
il/elle s'arrêtait	ils/elles s'arrêtaient

PASSÉ SIMPLE

je m'arrêtai	nous nous arrêtâmes
tu t'arrêtas	vous vous arrêtâtes
il/elle s'arrêta	ils/elles s'arrêtèrent

FUTURE

je m'arrêterai	nous nous arrêterons
tu t'arrêteras	vous vous arrêterez
il/elle s'arrêtera	ils/elles s'arrêteront

CONDITIONAL

je m'arrêterais	nous nous arrêterions
tu t'arrêterais	vous vous arrêteriez
il/elle s'arrêterait	ils/elles s'arrêteraient

PRESENT SUBJUNCTIVE

que je m'arrête	que nous nous arrêtions
que tu t'arrêtes	que vous vous arrêtiez
qu'il/elle s'arrête	qu'ils/elles s'arrêtent

IMPERFECT SUBJUNCTIVE

que je m'arrêtasse	que nous nous arrêtassions
que tu t'arrêtasses	que vous vous arrêtassiez
qu'il/elle s'arrêtât	qu'ils/elles s'arrêtassent

PASSÉ COMPOSÉ

je me suis arrêté(e)	nous nous sommes arrêté(e)s
tu t'es arrêté(e)	vous vous êtes arrêté(e)(s)
il/elle s'est arrêté(e)	ils/elles se sont arrêté(e)s

PLUPERFECT

je m'étais arrêté(e)	nous nous étions arrêté(e)s
tu t'étais arrêté(e)	vous vous étiez arrêté(e)(s)
il/elle s'était arrêté(e)	ils/elles s'étaient arrêté(e)s

PAST ANTERIOR

je me fus arrêté(e)	nous nous fûmes arrêté(e)s
tu te fus arrêté(e)	vous vous fûtes arrêté(e)(s)
il/elle se fut arrêté(e)	ils/elles se furent arrêté(e)s

FUTURE ANTERIOR

je me serai arrêté(e)	nous nous serons arrêté(e)s
tu te seras arrêté(e)	vous vous serez arrêté(e)(s)
il/elle se sera arrêté(e)	ils/elles se seront arrêté(e)s

PAST CONDITIONAL

je me serais arrêté(e)	nous nous serions arrêté(e)s
tu te serais arrêté(e)	vous vous seriez arrêté(e)(s)
il/elle se serait arrêté(e)	ils/elles se seraient arrêté(e)s

PAST SUBJUNCTIVE

que je me sois arrêté(e)	que nous nous soyons arrêté(e)s
que tu te sois arrêté(e)	que vous vous soyez arrêté(e)(s)
qu'il/elle se soit arrêté(e)	qu'ils/elles se soient arrêté(e)s

PLUPERFECT SUBJUNCTIVE

que je me fusse arrêté(e)	que nous nous fussions arrêté(e)s
que tu te fusses arrêté(e)	que vous vous fussiez arrêté(e)(s)
qu'il/elle se fût arrêté(e)	qu'ils/elles se fussent arrêté(e)s

COMMANDS

	(nous) arrêtons-nous
(tu) arrête-toi	(vous) arrêtez-vous

Usage

Le train s'est arrêté dans le village.	*The train stopped in the village.*
On va s'arrêter au prochain relais.	*We'll stop at the next service area.*
s'arrêter net, s'arrêter court	*to stop short/stop suddenly*
On s'arrête une semaine dans le Midi.	*We'll stay for a week in southern France.*
Tu dois t'arrêter pour te reposer.	*You ought to stop to rest.*
Dans notre bureau on s'arrête à cinq heures.	*In our office we stop work at five o'clock.*
On s'arrête aux détails.	*We're paying too much attention to details.*

RELATED WORDS

l'arrêt *(m)*	*stop* (bus, train)
l'arrêt d'autobus	*bus stop*
On descend au prochain arrêt.	*We get off at the next stop.*

regular -er verb; compound tenses with *être*

j'arrive · j'arrivai · arrivé · arrivant

PRESENT

j'arrive	nous arrivons
tu arrives	vous arrivez
il/elle arrive	ils/elles arrivent

IMPERFECT

j'arrivais	nous arrivions
tu arrivais	vous arriviez
il/elle arrivait	ils/elles arrivaient

PASSÉ SIMPLE

j'arrivai	nous arrivâmes
tu arrivas	vous arrivâtes
il/elle arriva	ils/elles arrivèrent

FUTURE

j'arriverai	nous arriverons
tu arriveras	vous arriverez
il/elle arrivera	ils/elles arriveront

CONDITIONAL

j'arriverais	nous arriverions
tu arriverais	vous arriveriez
il/elle arriverait	ils/elles arriveraient

PRESENT SUBJUNCTIVE

que j'arrive	que nous arrivions
que tu arrives	que vous arriviez
qu'il/elle arrive	qu'ils/elles arrivent

IMPERFECT SUBJUNCTIVE

que j'arrivasse	que nous arrivassions
que tu arrivasses	que vous arrivassiez
qu'il/elle arrivât	qu'ils/elles arrivassent

COMMANDS

	(nous) arrivons
(tu) arrive	(vous) arrivez

PASSÉ COMPOSÉ

je suis arrivé(e)	nous sommes arrivé(e)s
tu es arrivé(e)	vous êtes arrivé(e)(s)
il/elle est arrivé(e)	ils/elles sont arrivé(e)s

PLUPERFECT

j'étais arrivé(e)	nous étions arrivé(e)s
tu étais arrivé(e)	vous étiez arrivé(e)(s)
il/elle était arrivé(e)	ils/elles étaient arrivé(e)s

PAST ANTERIOR

je fus arrivé(e)	nous fûmes arrivé(e)s
tu fus arrivé(e)	vous fûtes arrivé(e)(s)
il/elle fut arrivé(e)	ils/elles furent arrivé(e)s

FUTURE ANTERIOR

je serai arrivé(e)	nous serons arrivé(e)s
tu seras arrivé(e)	vous serez arrivé(e)(s)
il/elle sera arrivé(e)	ils/elles seront arrivé(e)s

PAST CONDITIONAL

je serais arrivé(e)	nous serions arrivé(e)s
tu serais arrivé(e)	vous seriez arrivé(e)(s)
il/elle serait arrivé(e)	ils/elles seraient arrivé(e)s

PAST SUBJUNCTIVE

que je sois arrivé(e)	que nous soyons arrivé(e)s
que tu sois arrivé(e)	que vous soyez arrivé(e)(s)
qu'il/elle soit arrivé(e)	qu'ils/elles soient arrivé(e)s

PLUPERFECT SUBJUNCTIVE

que je fusse arrivé(e)	que nous fussions arrivé(e)s
que tu fusses arrivé(e)	que vous fussiez arrivé(e)(s)
qu'il/elle fût arrivé(e)	qu'ils/elles fussent arrivé(e)s

Usage

L'avion arrive à quelle heure?	*What time does the plane arrive?*
Il faut que vous arriviez à l'heure.	*You have to arrive on time.*
Nous sommes arrivés en taxi.	*We came by cab.*
Votre paquet n'est pas encore arrivé.	*Your package hasn't gotten here yet.*
Il commence à faire chaud. L'été arrive.	*It's beginning to get warm. Summer is almost here.*
Je suis arrivé chez moi à six heures.	*I got home at six o'clock.*
Quand êtes-vous arrivé à Paris?	*When did you get to Paris?*
—Où est Jean-Christophe?	*Where is Jean-Christophe?*
—Il arrive.	*He'll be here any minute.*

RELATED WORDS

l'arrivée (f)	*arrival*
Il se présentera à nous à notre arrivée.	*He'll introduce himself to us when we get there.*
Depuis son arrivée, il se plaint de tout.	*He's been complaining about everything since he got here.*

TOP 50 VERB ☞

arriver *to arrive, get to*

j'arrive · j'arrivai · arrivé · arrivant   regular *-er* verb; compound tenses with *être*

arriver pour les déplacements

—Tu es arrivé en autobus?	*Did you get here by bus?*
—Non, je suis arrivé à pied.	*No, I walked (got here on foot).*
—Le train de Bordeaux arrive quand, s'il vous plaît?	*When does the train from Bordeaux get here, please?*
—Il arrive en gare maintenant, quai numéro huit.	*It's pulling into the station now on platform eight.*
—C'est loin l'adresse que nous cherchons?	*Is the address we're looking for far away?*
—Non, je crois que nous arrivons. Ah, voilà le numéro 20. Nous sommes arrivés.	*No, I think we're almost there. Ah, there's number 20. We're here.*

arriver = s'approcher, venir

—Marie! J'ai besoin de toi.	*Marie! I need you.*
—J'arrive, Madame.	*I'm coming, ma'am.*
—Nos copains ne sont pas encore là?	*Our friends aren't here yet?*
—Les voilà qui arrivent.	*Here they come now.*
—Tu es plus grand que ton oncle.	*You're taller than your uncle.*
—Oui, il m'arrive au menton.	*Yes, he comes up to my chin.*
Ton rival ne t'arrive pas à la cheville.	*Your rival can't hold a candle to you.*

arriver = réussir

Il prétend que son fils est arrivé lui-même.	*He claims that his son is a self-made man.*
arriver à faire qqch	*to manage to do something*
Je n'arrive pas à le comprendre.	*I just can't understand him.*
—Vous y arrivez, les enfants?	*Can you do it, children?*
—Non, maman, on n'y arrive pas.	*No, Mom, we can't do it.*

arriver = se passer, survenir

Sois prudent. Sinon, il t'arrivera malheur.	*Be careful. If you're not, something bad will happen to you.*
Cela n'arrive qu'à moi.	*Just my luck.*
Il nous arrive souvent des situations difficiles.	*We often find ourselves in difficult situations.*
Il m'arrive de dîner avec lui de temps en temps.	*I have dinner with him from time to time.*
S'il m'arrive de faire une gaffe, dites-le-moi.	*If I happen to make a blunder, tell me.*
Il peut arriver qu'il soit déjà parti.	*He may have left already.*

en arriver à

J'en arrive à me demander s'il pourra le faire.	*I'm beginning to wonder if he will be able to do it.*

Related Words

un/une arriviste	*an opportunist*
l'arrivisme *(m)*	*pushiness/excessive ambition*
Les premiers arrivés seront les premiers servis.	*First come, first served.*

TOP 50 VERBS

regular *-er* verb

j'arrose · j'arrosai · arrosé · arrosant

PRESENT	
j'arrose	nous arrosons
tu arroses	vous arrosez
il/elle arrose	ils/elles arrosent

PASSÉ COMPOSÉ	
j'ai arrosé	nous avons arrosé
tu as arrosé	vous avez arrosé
il/elle a arrosé	ils/elles ont arrosé

IMPERFECT	
j'arrosais	nous arrosions
tu arrosais	vous arrosiez
il/elle arrosait	ils/elles arrosaient

PLUPERFECT	
j'avais arrosé	nous avions arrosé
tu avais arrosé	vous aviez arrosé
il/elle avait arrosé	ils/elles avaient arrosé

PASSÉ SIMPLE	
j'arrosai	nous arrosâmes
tu arrosas	vous arrosâtes
il/elle arrosa	ils/elles arrosèrent

PAST ANTERIOR	
j'eus arrosé	nous eûmes arrosé
tu eus arrosé	vous eûtes arrosé
il/elle eut arrosé	ils/elles eurent arrosé

FUTURE	
j'arroserai	nous arroserons
tu arroseras	vous arroserez
il/elle arrosera	ils/elles arroseront

FUTURE ANTERIOR	
j'aurai arrosé	nous aurons arrosé
tu auras arrosé	vous aurez arrosé
il/elle aura arrosé	ils/elles auront arrosé

CONDITIONAL	
j'arroserais	nous arroserions
tu arroserais	vous arroseriez
il/elle arroserait	ils/elles arroseraient

PAST CONDITIONAL	
j'aurais arrosé	nous aurions arrosé
tu aurais arrosé	vous auriez arrosé
il/elle aurait arrosé	ils/elles auraient arrosé

PRESENT SUBJUNCTIVE	
que j'arrose	que nous arrosions
que tu arroses	que vous arrosiez
qu'il/elle arrose	qu'ils/elles arrosent

PAST SUBJUNCTIVE	
que j'aie arrosé	que nous ayons arrosé
que tu aies arrosé	que vous ayez arrosé
qu'il/elle ait arrosé	qu'ils/elles aient arrosé

IMPERFECT SUBJUNCTIVE	
que j'arrosasse	que nous arrosassions
que tu arrosasses	que vous arrosassiez
qu'il/elle arrosât	qu'ils/elles arrosassent

PLUPERFECT SUBJUNCTIVE	
que j'eusse arrosé	que nous eussions arrosé
que tu eusses arrosé	que vous eussiez arrosé
qu'il/elle eût arrosé	qu'ils/elles eussent arrosé

COMMANDS	
	(nous) arrosons
(tu) arrose	(vous) arrosez

Usage

arroser les fleurs	*to water the flowers*
arroser le gazon	*to water the lawn*
arroser un succès	*to drink to someone's success*
Tu as trouvé un emploi? Ça s'arrose!	*You found a job? Let's drink to that!*
un dîner bien arrosé	*a dinner at which a lot of wine was drunk*
Elle arrosa le tombeau de ses larmes.	*She wept profusely over the grave.*
On n'avait pas de parapluie—on s'est donc fait arroser.	*We had no umbrellas so we got soaked.*
Le garçon a fait un faux pas et m'a arrosé de bière.	*The waiter slipped and got beer all over me.*
Ils ont arrosé la secrétaire pour être admis au bureau du PDG.	*They bribed the secretary in order to be let in to see the CEO.*

s'asseoir *to sit down*

je m'assieds (*or* je m'assois) · je m'assis ·
s'étant assis · s'asseyant (*or* s'assoyant)

irregular reflexive verb;
compound tenses with *être*

PRESENT

je m'assieds	nous nous asseyons
tu t'assieds	vous vous asseyez
il/elle s'assied	ils/elles s'asseyent

IMPERFECT

je m'asseyais	nous nous asseyions
tu t'asseyais	vous vous asseyiez
il/elle s'asseyait	ils/elles s'asseyaient

PASSÉ SIMPLE

je m'assis	nous nous assîmes
tu t'assis	vous vous assîtes
il/elle s'assit	ils/elles s'assirent

FUTURE

je m'assiérai	nous nous assiérons
tu t'assiéras	vous vous assiérez
il/elle s'assiéra	ils/elles s'assiéront

CONDITIONAL

je m'assiérais	nous nous assiérions
tu t'assiérais	vous vous assiériez
il/elle s'assiérait	ils/elles s'assiéraient

PRESENT SUBJUNCTIVE

que je m'asseye	que nous nous asseyions
que tu t'asseyes	que vous vous asseyiez
qu'il/elle s'asseye	qu'ils/elles s'asseyent

IMPERFECT SUBJUNCTIVE

que je m'assisse	que nous nous assissions
que tu t'assisses	que vous vous assissiez
qu'il/elle s'assît	qu'ils/elles s'assissent

PASSÉ COMPOSÉ

je me suis assis(e)	nous nous sommes assis(es)
tu t'es assis(e)	vous vous êtes assis(e)
il/elle s'est assis(e)	ils/elles se sont assis(es)

PLUPERFECT

je m'étais assis(e)	nous nous étions assis(es)
tu t'étais assis(e)	vous vous étiez assis(e)
il/elle s'était assis(e)	ils/elles s'étaient assis(es)

PAST ANTERIOR

je me fus assis(e)	nous nous fûmes assis(es)
tu te fus assis(e)	vous vous fûtes assis(e)
il/elle se fut assis(e)	ils/elles se furent assis(es)

FUTURE ANTERIOR

je me serai assis(e)	nous nous serons assis(es)
tu te seras assis(e)	vous vous serez assis(e)
il/elle se sera assis(e)	ils/elles se seront assis(es)

PAST CONDITIONAL

je me serais assis(e)	nous nous serions assis(es)
tu te serais assis(e)	vous vous seriez assis(e)
il/elle se serait assis(e)	ils/elles se seraient assis(es)

PAST SUBJUNCTIVE

que je me sois assis(e)	que nous nous soyons assis(es)
que tu te sois assis(e)	que vous vous soyez assis(e)
qu'il/elle se soit assis(e)	qu'ils/elles se soient assis(es)

PLUPERFECT SUBJUNCTIVE

que je me fusse assis(e)	que nous nous fussions assis(es)
que tu te fusses assis(e)	que vous vous fussiez assis(e)
qu'il/elle se fût assis(e)	qu'ils/elles se fussent assis(es)

COMMANDS

	(nous) asseyons-nous
(tu) assieds-toi	(vous) asseyez-vous

ALTERNATE COMMAND FORMS

	(nous) assoyons-nous
(tu) assois-toi	(vous) assoyez-vous

ALTERNATE FORMS

PRESENT	je m'assieds *or* je m'assois
IMPERFECT	je m'asseyais *or* je m'assoyais
FUTURE	je m'assiérai *or* je m'assoirai
CONDITIONAL	je m'assiérais *or* je m'assoirais
PRESENT SUBJUNCTIVE	que je m'asseye *or* que je m'assoie

Usage

Je peux m'asseoir?	*May I sit down?*
Oui, asseyez-vous, s'il vous plaît.	*Yes, sit down please.*
Asseyons-nous à table.	*Let's sit down at the table.*
s'asseoir sur une chaise/sur le canapé	*to sit down on a chair/on the sofa*
Où s'est-elle assise?	*Where did she sit?*
Ils se sont assis à notre table.	*They sat down at our table.*

regular -er verb

j'assiste · j'assistai · assisté · assistant

PRESENT		PASSÉ COMPOSÉ	
j'assiste	nous assistons	j'ai assisté	nous avons assisté
tu assistes	vous assistez	tu as assisté	vous avez assisté
il/elle assiste	ils/elles assistent	il/elle a assisté	ils/elles ont assisté

IMPERFECT		PLUPERFECT	
j'assistais	nous assistions	j'avais assisté	nous avions assisté
tu assistais	vous assistiez	tu avais assisté	vous aviez assisté
il/elle assistait	ils/elles assistaient	il/elle avait assisté	ils/elles avaient assisté

PASSÉ SIMPLE		PAST ANTERIOR	
j'assistai	nous assistâmes	j'eus assisté	nous eûmes assisté
tu assistas	vous assistâtes	tu eus assisté	vous eûtes assisté
il/elle assista	ils/elles assistèrent	il/elle eut assisté	ils/elles eurent assisté

FUTURE		FUTURE ANTERIOR	
j'assisterai	nous assisterons	j'aurai assisté	nous aurons assisté
tu assisteras	vous assisterez	tu auras assisté	vous aurez assisté
il/elle assistera	ils/elles assisteront	il/elle aura assisté	ils/elles auront assisté

CONDITIONAL		PAST CONDITIONAL	
j'assisterais	nous assisterions	j'aurais assisté	nous aurions assisté
tu assisterais	vous assisteriez	tu aurais assisté	vous auriez assisté
il/elle assisterait	ils/elles assisteraient	il/elle aurait assisté	ils/elles auraient assisté

PRESENT SUBJUNCTIVE		PAST SUBJUNCTIVE	
que j'assiste	que nous assistions	que j'aie assisté	que nous ayons assisté
que tu assistes	que vous assistiez	que tu aies assisté	que vous ayez assisté
qu'il/elle assiste	qu'ils/elles assistent	qu'il/elle ait assisté	qu'ils/elles aient assisté

IMPERFECT SUBJUNCTIVE		PLUPERFECT SUBJUNCTIVE	
que j'assistasse	que nous assistassions	que j'eusse assisté	que nous eussions assisté
que tu assistasses	que vous assistassiez	que tu eusses assisté	que vous eussiez assisté
qu'il/elle assistât	qu'ils/elles assistassent	qu'il/elle eût assisté	qu'ils/elles eussent assisté

COMMANDS

	(nous) assistons
(tu) assiste	(vous) assistez

Usage

assister à	to attend
—Ton frère assiste à toutes ses classes?	Does your brother attend all his classes?
—Non, mais il assiste à tous les concerts de rock.	No, but he attends all the rock concerts.
—Tu assistes aux matchs de football?	Do you attend soccer matches?
—Non, je n'assiste qu'aux matchs de tennis.	No, I attend only tennis matches.

RELATED WORDS

un assistant/une assistante	assistant
l'assistance (f)	audience/attendance
direction assistée	power steering

assurer *to assure; to insure*

j'assure · j'assurai · assuré · assurant   regular *-er* verb

PRESENT		PASSÉ COMPOSÉ	
j'assure	nous assurons	j'ai assuré	nous avons assuré
tu assures	vous assurez	tu as assuré	vous avez assuré
il/elle assure	ils/elles assurent	il/elle a assuré	ils/elles ont assuré

IMPERFECT		PLUPERFECT	
j'assurais	nous assurions	j'avais assuré	nous avions assuré
tu assurais	vous assuriez	tu avais assuré	vous aviez assuré
il/elle assurait	ils/elles assuraient	il/elle avait assuré	ils/elles avaient assuré

PASSÉ SIMPLE		PAST ANTERIOR	
j'assurai	nous assurâmes	j'eus assuré	nous eûmes assuré
tu assuras	vous assurâtes	tu eus assuré	vous eûtes assuré
il/elle assura	ils/elles assurèrent	il/elle eut assuré	ils/elles eurent assuré

FUTURE		FUTURE ANTERIOR	
j'assurerai	nous assurerons	j'aurai assuré	nous aurons assuré
tu assureras	vous assurerez	tu auras assuré	vous aurez assuré
il/elle assurera	ils/elles assureront	il/elle aura assuré	ils/elles auront assuré

CONDITIONAL		PAST CONDITIONAL	
j'assurerais	nous assurerions	j'aurais assuré	nous aurions assuré
tu assurerais	vous assureriez	tu aurais assuré	vous auriez assuré
il/elle assurerait	ils/elles assureraient	il/elle aurait assuré	ils/elles auraient assuré

PRESENT SUBJUNCTIVE		PAST SUBJUNCTIVE	
que j'assure	que nous assurions	que j'aie assuré	que nous ayons assuré
que tu assures	que vous assuriez	que tu aies assuré	que vous ayez assuré
qu'il/elle assure	qu'ils/elles assurent	qu'il/elle ait assuré	qu'ils/elles aient assuré

IMPERFECT SUBJUNCTIVE		PLUPERFECT SUBJUNCTIVE	
que j'assurasse	que nous assurassions	que j'eusse assuré	que nous eussions assuré
que tu assurasses	que vous assurassiez	que tu eusses assuré	que vous eussiez assuré
qu'il/elle assurât	qu'ils/elles assurassent	qu'il/elle eût assuré	qu'ils/elles eussent assuré

COMMANDS	
	(nous) assurons
(tu) assure	(vous) assurez

Usage

assurer à qqn que	*to assure someone that*
Je vous assure que cet hôtel va vous plaire.	*I assure you that you'll like this hotel.*
assurer un service	*to provide a service*
Cette compagnie assure notre accès à l'Internet.	*That company provides our Internet access.*
assurer qqn (sur)	*to insure someone*
assurer qqn sur la vie	*to insure someone's life*
être assuré(e)	*to be insured*
s'assurer contre qqch	*to insure oneself against something*
s'assurer sur la vie	*to take out life insurance*

RELATED WORDS

l'assurance *(f)*	*insurance*
l'assurance sur la vie	*life insurance*

irregular verb; stem is *atteign-* | **j'atteins · j'atteignis · atteint · atteignant**

PRESENT

j'atteins	nous atteignons
tu atteins	vous atteignez
il/elle atteint	ils/elles atteignent

IMPERFECT

j'atteignais	nous atteignions
tu atteignais	vous atteigniez
il/elle atteignait	ils/elles atteignaient

PASSÉ SIMPLE

j'atteignis	nous atteignîmes
tu atteignis	vous atteignîtes
il/elle atteignit	ils/elles atteignirent

FUTURE

j'atteindrai	nous atteindrons
tu atteindras	vous atteindrez
il/elle atteindra	ils/elles atteindront

CONDITIONAL

j'atteindrais	nous atteindrions
tu atteindrais	vous atteindriez
il/elle atteindrait	ils/elles atteindraient

PRESENT SUBJUNCTIVE

que j'atteigne	que nous atteignions
que tu atteignes	que vous atteigniez
qu'il/elle atteigne	qu'ils/elles atteignent

IMPERFECT SUBJUNCTIVE

que j'atteignisse	que nous atteignissions
que tu atteignisses	que vous atteignissiez
qu'il/elle atteignît	qu'ils/elles atteignissent

PASSÉ COMPOSÉ

j'ai atteint	nous avons atteint
tu as atteint	vous avez atteint
il/elle a atteint	ils/elles ont atteint

PLUPERFECT

j'avais atteint	nous avions atteint
tu avais atteint	vous aviez atteint
il/elle avait atteint	ils/elles avaient atteint

PAST ANTERIOR

j'eus atteint	nous eûmes atteint
tu eus atteint	vous eûtes atteint
il/elle eut atteint	ils/elles eurent atteint

FUTURE ANTERIOR

j'aurai atteint	nous aurons atteint
tu auras atteint	vous aurez atteint
il/elle aura atteint	ils/elles auront atteint

PAST CONDITIONAL

j'aurais atteint	nous aurions atteint
tu aurais atteint	vous auriez atteint
il/elle aurait atteint	ils/elles auraient atteint

PAST SUBJUNCTIVE

que j'aie atteint	que nous ayons atteint
que tu aies atteint	que vous ayez atteint
qu'il/elle ait atteint	qu'ils/elles aient atteint

PLUPERFECT SUBJUNCTIVE

que j'eusse atteint	que nous eussions atteint
que tu eusses atteint	que vous eussiez atteint
qu'il/elle eût atteint	qu'ils/elles eussent atteint

COMMANDS

	(nous) atteignons
(tu) atteins	(vous) atteignez

Usage

L'autocar a atteint Lyon.	*The bus reached Lyons.*
Les enfants ne peuvent pas atteindre les bonbons, parce que je les ai placés trop haut.	*The children can't reach the candy because I put it too high up.*
atteindre un but	*to reach a goal*
La critique de son œuvre n'a pas atteint ce peintre.	*The criticism of his work did not affect this painter.*
Cette famille a été atteinte par une grande tragédie.	*That family was struck by a great tragedy.*
La balle l'a atteint au mollet.	*The bullet struck him in the calf.*
Dans ce pays pauvre, la population est atteinte de beaucoup de maladies.	*In this poor country the population suffers from many illnesses.*

RELATED WORD

l'atteinte *(f)*	*reach*
hors d'atteinte	*out of reach*

attendre *to wait for*

j'attends · j'attendis · attendu · attendant

regular *-re* verb

PRESENT

j'attends	nous attendons
tu attends	vous attendez
il/elle attend	ils/elles attendent

IMPERFECT

j'attendais	nous attendions
tu attendais	vous attendiez
il/elle attendait	ils/elles attendaient

PASSÉ SIMPLE

j'attendis	nous attendîmes
tu attendis	vous attendîtes
il/elle attendit	ils/elles attendirent

FUTURE

j'attendrai	nous attendrons
tu attendras	vous attendrez
il/elle attendra	ils/elles attendront

CONDITIONAL

j'attendrais	nous attendrions
tu attendrais	vous attendriez
il/elle attendrait	ils/elles attendraient

PRESENT SUBJUNCTIVE

que j'attende	que nous attendions
que tu attendes	que vous attendiez
qu'il/elle attende	qu'ils/elles attendent

IMPERFECT SUBJUNCTIVE

que j'attendisse	que nous attendissions
que tu attendisses	que vous attendissiez
qu'il/elle attendît	qu'ils/elles attendissent

COMMANDS

	(nous) attendons
(tu) attends	(vous) attendez

PASSÉ COMPOSÉ

j'ai attendu	nous avons attendu
tu as attendu	vous avez attendu
il/elle a attendu	ils/elles ont attendu

PLUPERFECT

j'avais attendu	nous avions attendu
tu avais attendu	vous aviez attendu
il/elle avait attendu	ils/elles avaient attendu

PAST ANTERIOR

j'eus attendu	nous eûmes attendu
tu eus attendu	vous eûtes attendu
il/elle eut attendu	ils/elles eurent attendu

FUTURE ANTERIOR

j'aurai attendu	nous aurons attendu
tu auras attendu	vous aurez attendu
il/elle aura attendu	ils/elles auront attendu

PAST CONDITIONAL

j'aurais attendu	nous aurions attendu
tu aurais attendu	vous auriez attendu
il/elle aurait attendu	ils/elles auraient attendu

PAST SUBJUNCTIVE

que j'aie attendu	que nous ayons attendu
que tu aies attendu	que vous ayez attendu
qu'il/elle ait attendu	qu'ils/elles aient attendu

PLUPERFECT SUBJUNCTIVE

que j'eusse attendu	que nous eussions attendu
que tu eusses attendu	que vous eussiez attendu
qu'il/elle eût attendu	qu'ils/elles eussent attendu

Usage

attendre l'autobus/le métro	*to wait for the bus/the subway*
attendre un ami/le professeur	*to wait for a friend/the teacher*
attendre une heure/un mois	*to wait an hour/a month*
Attends-moi! Je descends tout de suite.	*Wait for me! I'll be right down.*
—J'attends qu'il s'en aille.	*I'm waiting for him to leave.*
—Moi aussi, j'attends son départ avec impatience.	*I'm also waiting impatiently for him to leave.*
Qu'attend-il pour t'inviter à dîner?	*What's he waiting for to ask you to dinner?*
Un grand avenir vous attend!	*A great future awaits you!*
Quand tu verras l'accueil qui t'attend!	*Wait till you see the welcome that's in store for you!*
J'attendais mieux de toi.	*I expected more of you.*
Il n'attend pas grand-chose de ces négociations.	*He doesn't expect much from these negotiations.*

RELATED WORDS

l'attente *(f)*	*wait*
la salle d'attente	*waiting room*

regular *-re* reflexive verb;
compound tenses with *être*

je m'attends · je m'attendis · s'étant attendu · s'attendant

PRESENT

je m'attends	nous nous attendons
tu t'attends	vous vous attendez
il/elle s'attend	ils/elles s'attendent

IMPERFECT

je m'attendais	nous nous attendions
tu t'attendais	vous vous attendiez
il/elle s'attendait	ils/elles s'attendaient

PASSÉ SIMPLE

je m'attendis	nous nous attendîmes
tu t'attendis	vous vous attendîtes
il/elle s'attendit	ils/elles s'attendirent

FUTURE

je m'attendrai	nous nous attendrons
tu t'attendras	vous vous attendrez
il/elle s'attendra	ils/elles s'attendront

CONDITIONAL

je m'attendrais	nous nous attendrions
tu t'attendrais	vous vous attendriez
il/elle s'attendrait	ils/elles s'attendraient

PRESENT SUBJUNCTIVE

que je m'attende	que nous nous attendions
que tu t'attendes	que vous vous attendiez
qu'il/elle s'attende	qu'ils/elles s'attendent

IMPERFECT SUBJUNCTIVE

que je m'attendisse	que nous nous attendissions
que tu t'attendisses	que vous vous attendissiez
qu'il/elle s'attendît	qu'ils/elles s'attendissent

COMMANDS

	(nous) attendons-nous
(tu) attends-toi	(vous) attendez-vous

PASSÉ COMPOSÉ

je me suis attendu(e)	nous nous sommes attendu(e)s
tu t'es attendu(e)	vous vous êtes attendu(e)(s)
il/elle s'est attendu(e)	ils/elles se sont attendu(e)s

PLUPERFECT

je m'étais attendu(e)	nous nous étions attendu(e)s
tu t'étais attendu(e)	vous vous étiez attendu(e)(s)
il/elle s'était attendu(e)	ils/elles s'étaient attendu(e)s

PAST ANTERIOR

je me fus attendu(e)	nous nous fûmes attendu(e)s
tu te fus attendu(e)	vous vous fûtes attendu(e)(s)
il/elle se fut attendu(e)	ils/elles se furent attendu(e)s

FUTURE ANTERIOR

je me serai attendu(e)	nous nous serons attendu(e)s
tu te seras attendu(e)	vous vous serez attendu(e)(s)
il/elle se sera attendu(e)	ils/elles se seront attendu(e)s

PAST CONDITIONAL

je me serais attendu(e)	nous nous serions attendu(e)s
tu te serais attendu(e)	vous vous seriez attendu(e)(s)
il/elle se serait attendu(e)	ils/elles se seraient attendu(e)s

PAST SUBJUNCTIVE

que je me sois attendu(e)	que nous nous soyons attendu(e)s
que tu te sois attendu(e)	que vous vous soyez attendu(e)(s)
qu'il/elle se soit attendu(e)	qu'ils/elles se soient attendu(e)s

PLUPERFECT SUBJUNCTIVE

que je me fusse attendu(e)	que nous nous fussions attendu(e)s
que tu te fusses attendu(e)	que vous vous fussiez attendu(e)(s)
qu'il/elle se fût attendu(e)	qu'ils/elles se fussent attendu(e)s

Usage

s'attendre à qqch	*to expect something*
Je ne m'attendais pas à perdre tant d'argent.	*I wasn't expecting to lose so much money.*
Il faut s'attendre au pire.	*We must expect the worst.*
—On ne s'attendait pas à vous voir ici.	*We didn't expect to see you here.*
—Je ne m'attendais pas à pouvoir venir.	*I didn't expect to be able to come.*
Maman s'attend à ce que tu fasses tes devoirs.	*Mother expects you to finish your homework.*
Il ne s'attendait pas à ce que tu lui dises des mensonges.	*He wasn't expecting that you would tell him lies.*

attirer *to attract, lure, entice*

regular -*er* verb

PRESENT

j'attire	nous attirons
tu attires	vous attirez
il/elle attire	ils/elles attirent

IMPERFECT

j'attirais	nous attirions
tu attirais	vous attiriez
il/elle attirait	ils/elles attiraient

PASSÉ SIMPLE

j'attirai	nous attirâmes
tu attiras	vous attirâtes
il/elle attira	ils/elles attirèrent

FUTURE

j'attirerai	nous attirerons
tu attireras	vous attirerez
il/elle attirera	ils/elles attireront

CONDITIONAL

j'attirerais	nous attirerions
tu attirerais	vous attireriez
il/elle attirerait	ils/elles attireraient

PRESENT SUBJUNCTIVE

que j'attire	que nous attirions
que tu attires	que vous attiriez
qu'il/elle attire	qu'ils/elles attirent

IMPERFECT SUBJUNCTIVE

que j'attirasse	que nous attirassions
que tu attirasses	que vous attirassiez
qu'il/elle attirât	qu'ils/elles attirassent

PASSÉ COMPOSÉ

j'ai attiré	nous avons attiré
tu as attiré	vous avez attiré
il/elle a attiré	ils/elles ont attiré

PLUPERFECT

j'avais attiré	nous avions attiré
tu avais attiré	vous aviez attiré
il/elle avait attiré	ils/elles avaient attiré

PAST ANTERIOR

j'eus attiré	nous eûmes attiré
tu eus attiré	vous eûtes attiré
il/elle eut attiré	ils/elles eurent attiré

FUTURE ANTERIOR

j'aurai attiré	nous aurons attiré
tu auras attiré	vous aurez attiré
il/elle aura attiré	ils/elles auront attiré

PAST CONDITIONAL

j'aurais attiré	nous aurions attiré
tu aurais attiré	vous auriez attiré
il/elle aurait attiré	ils/elles auraient attiré

PAST SUBJUNCTIVE

que j'aie attiré	que nous ayons attiré
que tu aies attiré	que vous ayez attiré
qu'il/elle ait attiré	qu'ils/elles aient attiré

PLUPERFECT SUBJUNCTIVE

que j'eusse attiré	que nous eussions attiré
que tu eusses attiré	que vous eussiez attiré
qu'il/elle eût attiré	qu'ils/elles eussent attiré

COMMANDS

	(nous) attirons
(tu) attire	(vous) attirez

Usage

Il l'attira dans la cuisine.	*He drew her into the kitchen.*
J'essaie de l'attirer dans un piège.	*I'm trying to lure him into a trap.*
Sa tenue attira tous les regards.	*Her outfit attracted everyone's glances.*
C'est une belle femme qui attire tous les regards.	*She's a beautiful woman who is the center of attention.*
Le cirque attire des foules d'enfants.	*The circus draws crowds of children.*
Je ne veux pas leur attirer des ennuis.	*I don't want to cause them any trouble.*
Sa situation attira la pitié des voisins.	*His situation gained him the neighbors' pity.*
Permettez que j'attire votre attention sur ce fait.	*Allow me to draw your attention to this fact.*
Tu vas t'attirer la colère du patron.	*You're going to make the boss angry at you.*
C'est ça qui m'attire.	*That's what I like about it.*

regular -er verb

PRESENT

j'attrape	nous attrapons
tu attrapes	vous attrapez
il/elle attrape	ils/elles attrapent

IMPERFECT

j'attrapais	nous attrapions
tu attrapais	vous attrapiez
il/elle attrapait	ils/elles attrapaient

PASSÉ SIMPLE

j'attrapai	nous attrapâmes
tu attrapas	vous attrapâtes
il/elle attrapa	ils/elles attrapèrent

FUTURE

j'attraperai	nous attraperons
tu attraperas	vous attraperez
il/elle attrapera	ils/elles attraperont

CONDITIONAL

j'attraperais	nous attraperions
tu attraperais	vous attraperiez
il/elle attraperait	ils/elles attraperaient

PRESENT SUBJUNCTIVE

que j'attrape	que nous attrapions
que tu attrapes	que vous attrapiez
qu'il/elle attrape	qu'ils/elles attrapent

IMPERFECT SUBJUNCTIVE

que j'attrapasse	que nous attrapassions
que tu attrapasses	que vous attrapassiez
qu'il/elle attrapât	qu'ils/elles attrapassent

COMMANDS

	(nous) attrapons
(tu) attrape	(vous) attrapez

PASSÉ COMPOSÉ

j'ai attrapé	nous avons attrapé
tu as attrapé	vous avez attrapé
il/elle a attrapé	ils/elles ont attrapé

PLUPERFECT

j'avais attrapé	nous avions attrapé
tu avais attrapé	vous aviez attrapé
il/elle avait attrapé	ils/elles avaient attrapé

PAST ANTERIOR

j'eus attrapé	nous eûmes attrapé
tu eus attrapé	vous eûtes attrapé
il/elle eut attrapé	ils/elles eurent attrapé

FUTURE ANTERIOR

j'aurai attrapé	nous aurons attrapé
tu auras attrapé	vous aurez attrapé
il/elle aura attrapé	ils/elles auront attrapé

PAST CONDITIONAL

j'aurais attrapé	nous aurions attrapé
tu aurais attrapé	vous auriez attrapé
il/elle aurait attrapé	ils/elles auraient attrapé

PAST SUBJUNCTIVE

que j'aie attrapé	que nous ayons attrapé
que tu aies attrapé	que vous ayez attrapé
qu'il/elle ait attrapé	qu'ils/elles aient attrapé

PLUPERFECT SUBJUNCTIVE

que j'eusse attrapé	que nous eussions attrapé
que tu eusses attrapé	que vous eussiez attrapé
qu'il/elle eût attrapé	qu'ils/elles eussent attrapé

Usage

attraper un rhume/la grippe/une maladie	_to catch a cold/the flu/a disease_
Cette infection s'attrape facilement.	_This infection is very contagious._
La police a attrapé l'assassin.	_The police caught the murderer._
On a attrapé le cambrioleur la main dans le sac.	_They caught the burglar red-handed._
Tu ne vas pas l'attraper avec une ruse comme ça.	_You're not going to trap him with a trick like that._
Je commence à attraper le coup.	_I'm beginning to get the hang of it._
Je vais jeter la balle. Attrape!	_I'm going to throw the ball. Catch!_
Tu attrapes quelques mots quand on parle vite?	_Do you catch a few words when we talk fast?_
Cours si tu veux attraper le train.	_Run if you want to catch the train._
Gare à toi si tes parents t'attrapent!	_Just watch it if your parents get hold of you!_
Qu'il t'y attrape!	_Don't let him catch you!_

avertir *to notify*

PRESENT

j'avertis	nous avertissons
tu avertis	vous avertissez
il/elle avertit	ils/elles avertissent

IMPERFECT

j'avertissais	nous avertissions
tu avertissais	vous avertissiez
il/elle avertissait	ils/elles avertissaient

PASSÉ SIMPLE

j'avertis	nous avertîmes
tu avertis	vous avertîtes
il/elle avertit	ils/elles avertirent

FUTURE

j'avertirai	nous avertirons
tu avertiras	vous avertirez
il/elle avertira	ils/elles avertiront

CONDITIONAL

j'avertirais	nous avertirions
tu avertirais	vous avertiriez
il/elle avertirait	ils/elles avertiraient

PRESENT SUBJUNCTIVE

que j'avertisse	que nous avertissions
que tu avertisses	que vous avertissiez
qu'il/elle avertisse	qu'ils/elles avertissent

IMPERFECT SUBJUNCTIVE

que j'avertisse	que nous avertissions
que tu avertisses	que vous avertissiez
qu'il/elle avertît	qu'ils/elles avertissent

COMMANDS

	(nous) avertissons
(tu) avertis	(vous) avertissez

PASSÉ COMPOSÉ

j'ai averti	nous avons averti
tu as averti	vous avez averti
il/elle a averti	ils/elles ont averti

PLUPERFECT

j'avais averti	nous avions averti
tu avais averti	vous aviez averti
il/elle avait averti	ils/elles avaient averti

PAST ANTERIOR

j'eus averti	nous eûmes averti
tu eus averti	vous eûtes averti
il/elle eut averti	ils/elles eurent averti

FUTURE ANTERIOR

j'aurai averti	nous aurons averti
tu auras averti	vous aurez averti
il/elle aura averti	ils/elles auront averti

PAST CONDITIONAL

j'aurais averti	nous aurions averti
tu aurais averti	vous auriez averti
il/elle aurait averti	ils/elles auraient averti

PAST SUBJUNCTIVE

que j'aie averti	que nous ayons averti
que tu aies averti	que vous ayez averti
qu'il/elle ait averti	qu'ils/elles aient averti

PLUPERFECT SUBJUNCTIVE

que j'eusse averti	que nous eussions averti
que tu eusses averti	que vous eussiez averti
qu'il/elle eût averti	qu'ils/elles eussent averti

Usage

Je vous avertis de son départ.	*I'm alerting you to his departure.*
Le chef m'a averti qu'il n'était pas content de mon travail.	*The boss let me know that he wasn't happy with my work.*
C'est un public averti qui assiste à ces concerts.	*It's an informed audience that attends these concerts.*
Tiens-toi pour averti.	*Consider yourself notified/warned.*
Je t'avertis que ta conduite est inacceptable.	*I'm alerting you that your behavior is unacceptable.*

RELATED WORDS

un avertissement	*a warning*
Les étudiants ont reçu un avertissement.	*The students received a warning.*
avertissement au lecteur	*foreword*

PRESENT

j'ai	nous avons
tu as	vous avez
il/elle a	ils/elles ont

IMPERFECT

j'avais	nous avions
tu avais	vous aviez
il/elle avait	ils/elles avaient

PASSÉ SIMPLE

j'eus	nous eûmes
tu eus	vous eûtes
il/elle eut	ils/elles eurent

FUTURE

j'aurai	nous aurons
tu auras	vous aurez
il/elle aura	ils/elles auront

CONDITIONAL

j'aurais	nous aurions
tu aurais	vous auriez
il/elle aurait	ils/elles auraient

PRESENT SUBJUNCTIVE

que j'aie	que nous ayons
que tu aies	que vous ayez
qu'il/elle ait	qu'ils/elles aient

IMPERFECT SUBJUNCTIVE

que j'eusse	que nous eussions
que tu eusses	que vous eussiez
qu'il/elle eût	qu'ils/elles eussent

COMMANDS

	(nous) ayons
(tu) aie	(vous) ayez

PASSÉ COMPOSÉ

j'ai eu	nous avons eu
tu as eu	vous avez eu
il/elle a eu	ils/elles ont eu

PLUPERFECT

j'avais eu	nous avions eu
tu avais eu	vous aviez eu
il/elle avait eu	ils/elles avaient eu

PAST ANTERIOR

j'eus eu	nous eûmes eu
tu eus eu	vous eûtes eu
il/elle eut eu	ils/elles eurent eu

FUTURE ANTERIOR

j'aurai eu	nous aurons eu
tu auras eu	vous aurez eu
il/elle aura eu	ils/elles auront eu

PAST CONDITIONAL

j'aurais eu	nous aurions eu
tu aurais eu	vous auriez eu
il/elle aurait eu	ils/elles auraient eu

PAST SUBJUNCTIVE

que j'aie eu	que nous ayons eu
que tu aies eu	que vous ayez eu
qu'il/elle ait eu	qu'ils/elles aient eu

PLUPERFECT SUBJUNCTIVE

que j'eusse eu	que nous eussions eu
que tu eusses eu	que vous eussiez eu
qu'il/elle eût eu	qu'ils/elles eussent eu

Usage

—Tu as des pièces de cinquante centimes?	*Do you have any fifty-cent coins?*
—Non, je regrette, je n'ai pas de monnaie.	*No, sorry, I have no change.*
—Tu as un stylo à me prêter?	*Do you have a pen to lend me?*
—Je n'ai qu'un stylo, mais j'ai deux crayons.	*I have only one pen, but I have two pencils.*
—J'ai rendez-vous avec Julie.	*I have a date with Julie.*
—Tu as de la chance.	*You're lucky.*
—Qu'est-ce que tu as?	*What's wrong with you?*
—Ne t'en fais pas. Je n'ai rien.	*Don't worry. It's nothing.*
—Nous n'avons pas de viande.	*We have no meat.*
—Il faudra faire avec ce que nous avons.	*We'll have to make do with what we have.*
—Il y a combien d'élèves dans cette classe?	*How many students are there in this class?*
—Il y en a vingt-trois.	*There are twenty-three.*

TOP 50 VERB ☞

avoir *to have*

j'ai · j'eus · eu · ayant

avoir + noun *to be* + adjective

avoir faim	*to be hungry*
avoir soif	*to be thirsty*
avoir sommeil	*to be sleepy*
avoir chaud	*to be warm* (said of people)
avoir froid	*to be cold* (said of people)
avoir raison	*to be right*
avoir tort	*to be wrong*
avoir de la chance	*to be lucky*

avoir pour exprimer le rapport entre la personne et ses circonstances

avoir besoin de qqch	*to need something*
avoir hâte de faire qqch	*to be in a hurry to do something*
avoir envie de faire qqch	*to feel like doing something*
avoir du mal à faire qqch	*to have trouble/difficulty doing something*

en avoir pour

—Tu en as pour longtemps?	*Will you be long?*
—J'en ai pour cinq minutes.	*It will take me five minutes.*

avoir à

Je n'ai rien à faire.	*I have nothing to do.*
On n'a pas à se plaindre.	*We can't complain.*
J'ai qqch à vous dire.	*I have something to tell you.*
Nous avons trois cents pages à lire.	*We have three hundred pages to read.*
Elle a à faire le ménage avant de sortir.	*She has to do the housework before going out.*

n'avoir qu'à *all one has to do is*

Tu n'as qu'à lui demander.	*All you have to do is ask him.*
On n'a qu'à patienter.	*All we have to do is be patient.*
Je n'avais qu'à ne pas sortir.	*I shouldn't have gone out in the first place.*

ne rien avoir

Je n'ai rien à te dire.	*I have nothing to say to you.*
Cela n'a rien à voir avec cette affaire.	*That has nothing to do with this matter.*
Il n'y a rien à faire.	*There's nothing to be done.*

avoir *to get*

J'ai eu un coup de fil de mon cousin.	*I got a call from my cousin.*
Vous pouvez m'avoir ce journal?	*Can you get that newspaper for me?*
J'ai eu ce livre pour dix euros.	*I got this book for ten euros.*
Essayez de m'avoir New York.	*Try to connect me with New York.*
Qui avais-tu au téléphone?	*Who were you on the phone with?*
On t'a eu!	*You were taken in./You've been had.*
Qu'est-ce qu'il y a?	*What's the matter?*

TOP 50 VERBS

PRESENT

j'avoue	nous avouons
tu avoues	vous avouez
il/elle avoue	ils/elles avouent

IMPERFECT

j'avouais	nous avouions
tu avouais	vous avouiez
il/elle avouait	ils/elles avouaient

PASSÉ SIMPLE

j'avouai	nous avouâmes
tu avouas	vous avouâtes
il/elle avoua	ils/elles avouèrent

FUTURE

j'avouerai	nous avouerons
tu avoueras	vous avouerez
il/elle avouera	ils/elles avoueront

CONDITIONAL

j'avouerais	nous avouerions
tu avouerais	vous avoueriez
il/elle avouerait	ils/elles avoueraient

PRESENT SUBJUNCTIVE

que j'avoue	que nous avouions
que tu avoues	que vous avouiez
qu'il/elle avoue	qu'ils/elles avouent

IMPERFECT SUBJUNCTIVE

que j'avouasse	que nous avouassions
que tu avouasses	que vous avouassiez
qu'il/elle avouât	qu'ils/elles avouassent

PASSÉ COMPOSÉ

j'ai avoué	nous avons avoué
tu as avoué	vous avez avoué
il/elle a avoué	ils/elles ont avoué

PLUPERFECT

j'avais avoué	nous avions avoué
tu avais avoué	vous aviez avoué
il/elle avait avoué	ils/elles avaient avoué

PAST ANTERIOR

j'eus avoué	nous eûmes avoué
tu eus avoué	vous eûtes avoué
il/elle eut avoué	ils/elles eurent avoué

FUTURE ANTERIOR

j'aurai avoué	nous aurons avoué
tu auras avoué	vous aurez avoué
il/elle aura avoué	ils/elles auront avoué

PAST CONDITIONAL

j'aurais avoué	nous aurions avoué
tu aurais avoué	vous auriez avoué
il/elle aurait avoué	ils/elles auraient avoué

PAST SUBJUNCTIVE

que j'aie avoué	que nous ayons avoué
que tu aies avoué	que vous ayez avoué
qu'il/elle ait avoué	qu'ils/elles aient avoué

PLUPERFECT SUBJUNCTIVE

que j'eusse avoué	que nous eussions avoué
que tu eusses avoué	que vous eussiez avoué
qu'il/elle eût avoué	qu'ils/elles eussent avoué

COMMANDS

	(nous) avouons
(tu) avoue	(vous) avouez

Usage

J'avoue que j'avais peur.	*I admit I was afraid.*
Avoue! On sait que tu l'as fait!	*Confess! We know you did it!*
Il s'est avoué peu satisfait.	*He admitted to being dissatisfied.*
Je m'avoue déçu.	*I admit I'm disappointed.*
Nous nous sommes avoués vaincus.	*We admitted defeat.*

RELATED WORDS

un aveu (*pl.* des aveux)	*a confession (confessions)*
Il a fait l'aveu de ses méfaits.	*He confessed his misdeeds.*
C'est un individu sans aveu.	*He's a dubious/disreputable character.*
Le prisonnier passa aux aveux.	*The prisoner confessed.*

PRESENT		PASSÉ COMPOSÉ	
je baisse	nous baissons	j'ai baissé	nous avons baissé
tu baisses	vous baissez	tu as baissé	vous avez baissé
il/elle baisse	ils/elles baissent	il/elle a baissé	ils/elles ont baissé

IMPERFECT		PLUPERFECT	
je baissais	nous baissions	j'avais baissé	nous avions baissé
tu baissais	vous baissiez	tu avais baissé	vous aviez baissé
il/elle baissait	ils/elles baissaient	il/elle avait baissé	ils/elles avaient baissé

PASSÉ SIMPLE		PAST ANTERIOR	
je baissai	nous baissâmes	j'eus baissé	nous eûmes baissé
tu baissas	vous baissâtes	tu eus baissé	vous eûtes baissé
il/elle baissa	ils/elles baissèrent	il/elle eut baissé	ils/elles eurent baissé

FUTURE		FUTURE ANTERIOR	
je baisserai	nous baisserons	j'aurai baissé	nous aurons baissé
tu baisseras	vous baisserez	tu auras baissé	vous aurez baissé
il/elle baissera	ils/elles baisseront	il/elle aura baissé	ils/elles auront baissé

CONDITIONAL		PAST CONDITIONAL	
je baisserais	nous baisserions	j'aurais baissé	nous aurions baissé
tu baisserais	vous baisseriez	tu aurais baissé	vous auriez baissé
il/elle baisserait	ils/elles baisseraient	il/elle aurait baissé	ils/elles auraient baissé

PRESENT SUBJUNCTIVE		PAST SUBJUNCTIVE	
que je baisse	que nous baissions	que j'aie baissé	que nous ayons baissé
que tu baisses	que vous baissiez	que tu aies baissé	que vous ayez baissé
qu'il/elle baisse	qu'ils/elles baissent	qu'il/elle ait baissé	qu'ils/elles aient baissé

IMPERFECT SUBJUNCTIVE		PLUPERFECT SUBJUNCTIVE	
que je baissasse	que nous baissassions	que j'eusse baissé	que nous eussions baissé
que tu baissasses	que vous baissassiez	que tu eusses baissé	que vous eussiez baissé
qu'il/elle baissât	qu'ils/elles baissassent	qu'il/elle eût baissé	qu'ils/elles eussent baissé

COMMANDS	
	(nous) baissons
(tu) baisse	(vous) baissez

Usage

baisser la tête	*to lower one's head*
Il est entré la tête baissée.	*He came in with his head lowered.*
baisser les yeux	*to lower one's eyes/to look down*
La température baisse.	*The temperature is dropping.*
—Tu crois qu'il demande trop d'argent pour cette vieille voiture?	*Do you think he's asking too much for that old car?*
—Oui. Essaie de lui faire baisser le prix.	*Yes. Try to make him lower the price.*
Le rideau baisse.	*The curtain comes down.*
Le jour baisse.	*It's beginning to get dark.*
Vers cinq heures je baisse les stores.	*Around five o'clock I lower the blinds.*
Le boxeur a baissé les bras.	*The boxer threw in the towel.*
Sur l'autoroute il faut baisser les phares.	*On the highway you must dim your headlights.*

RELATED WORDS

la baisse	*lowering/drop/fall*
être en baisse	*to be dropping*
La bourse est en baisse.	*The stock market is falling.*

regular *-er* reflexive verb; compound tenses with *être*

je me balade · je me baladai · s'étant baladé · se baladant

PRESENT

je me balade	nous nous baladons
tu te balades	vous vous baladez
il/elle se balade	ils/elles se baladent

IMPERFECT

je me baladais	nous nous baladions
tu te baladais	vous vous baladiez
il/elle se baladait	ils/elles se baladaient

PASSÉ SIMPLE

je me baladai	nous nous baladâmes
tu te baladas	vous vous baladâtes
il/elle se balada	ils/elles se baladèrent

FUTURE

je me baladerai	nous nous baladerons
tu te baladeras	vous vous baladerez
il/elle se baladera	ils/elles se baladeront

CONDITIONAL

je me baladerais	nous nous baladerions
tu te baladerais	vous vous baladeriez
il/elle se baladerait	ils/elles se baladeraient

PRESENT SUBJUNCTIVE

que je me balade	que nous nous baladions
que tu te balades	que vous vous baladiez
qu'il/elle se balade	qu'ils/elles se baladent

IMPERFECT SUBJUNCTIVE

que je me baladasse	que nous nous baladassions
que tu te baladasses	que vous vous baladassiez
qu'il/elle se baladât	qu'ils/elles se baladassent

COMMANDS

	(nous) baladons-nous
(tu) balade-toi	(vous) baladez-vous

PASSÉ COMPOSÉ

je me suis baladé(e)	nous nous sommes baladé(e)s
tu t'es baladé(e)	vous vous êtes baladé(e)(s)
il/elle s'est baladé(e)	ils/elles se sont baladé(e)s

PLUPERFECT

je m'étais baladé(e)	nous nous étions baladé(e)s
tu t'étais baladé(e)	vous vous étiez baladé(e)(s)
il/elle s'était baladé(e)	ils/elles s'étaient baladé(e)s

PAST ANTERIOR

je me fus baladé(e)	nous nous fûmes baladé(e)s
tu te fus baladé(e)	vous vous fûtes baladé(e)(s)
il/elle se fut baladé(e)	ils/elles se furent baladé(e)s

FUTURE ANTERIOR

je me serai baladé(e)	nous nous serons baladé(e)s
tu te seras baladé(e)	vous vous serez baladé(e)(s)
il/elle se sera baladé(e)	ils/elles se seront baladé(e)s

PAST CONDITIONAL

je me serais baladé(e)	nous nous serions baladé(e)s
tu te serais baladé(e)	vous vous seriez baladé(e)(s)
il/elle se serait baladé(e)	ils/elles se seraient baladé(e)s

PAST SUBJUNCTIVE

que je me sois baladé(e)	que nous nous soyons baladé(e)s
que tu te sois baladé(e)	que vous vous soyez baladé(e)(s)
qu'il/elle se soit baladé(e)	qu'ils/elles se soient baladé(e)s

PLUPERFECT SUBJUNCTIVE

que je me fusse baladé(e)	que nous nous fussions baladé(e)s
que tu te fusses baladé(e)	que vous vous fussiez baladé(e)(s)
qu'il/elle se fût baladé(e)	qu'ils/elles se fussent baladé(e)s

Usage

se balader en ville	*to take a walk, to stroll around town*
On va se balader dans le Midi.	*We're going on a trip/jaunt to southern France.*
Ce message s'est baladé de secrétaire en secrétaire.	*This message was sent from secretary to secretary.*
J'aime me balader.	*I like to walk around.*
Il ne fait que se balader.	*All he does is idle about.*

RELATED WORDS

la balade	*walk/drive*
Aujourd'hui je suis en balade.	*Today I'm out for a walk/drive.*
On peut faire une balade ensemble.	*We can go for a walk together.*
le baladeur	*Walkman*

balayer *to sweep*

je balaie · je balayai · balayé · balayant

regular -er verb; spelling change: *y > i*/mute e

PRESENT

je balaie	nous balayons
tu balaies	vous balayez
il/elle balaie	ils/elles balaient

IMPERFECT

je balayais	nous balayions
tu balayais	vous balayiez
il/elle balayait	ils/elles balayaient

PASSÉ SIMPLE

je balayai	nous balayâmes
tu balayas	vous balayâtes
il/elle balaya	ils/elles balayèrent

FUTURE

je balaierai	nous balaierons
tu balaieras	vous balaierez
il/elle balaiera	ils/elles balaieront

CONDITIONAL

je balaierais	nous balaierions
tu balaierais	vous balaieriez
il/elle balaierait	ils/elles balaieraient

PRESENT SUBJUNCTIVE

que je balaie	que nous balayions
que tu balaies	que vous balayiez
qu'il/elle balaie	qu'ils/elles balaient

IMPERFECT SUBJUNCTIVE

que je balayasse	que nous balayassions
que tu balayasses	que vous balayassiez
qu'il/elle balayât	qu'ils/elles balayassent

COMMANDS

	(nous) balayons
(tu) balaie	(vous) balayez

PASSÉ COMPOSÉ

j'ai balayé	nous avons balayé
tu as balayé	vous avez balayé
il/elle a balayé	ils/elles ont balayé

PLUPERFECT

j'avais balayé	nous avions balayé
tu avais balayé	vous aviez balayé
il/elle avait balayé	ils/elles avaient balayé

PAST ANTERIOR

j'eus balayé	nous eûmes balayé
tu eus balayé	vous eûtes balayé
il/elle eut balayé	ils/elles eurent balayé

FUTURE ANTERIOR

j'aurai balayé	nous aurons balayé
tu auras balayé	vous aurez balayé
il/elle aura balayé	ils/elles auront balayé

PAST CONDITIONAL

j'aurais balayé	nous aurions balayé
tu aurais balayé	vous auriez balayé
il/elle aurait balayé	ils/elles auraient balayé

PAST SUBJUNCTIVE

que j'aie balayé	que nous ayons balayé
que tu aies balayé	que vous ayez balayé
qu'il/elle ait balayé	qu'ils/elles aient balayé

PLUPERFECT SUBJUNCTIVE

que j'eusse balayé	que nous eussions balayé
que tu eusses balayé	que vous eussiez balayé
qu'il/elle eût balayé	qu'ils/elles eussent balayé

Usage

NOTE: This verb is sometimes seen without the *y > i* change, such as *balaye*.

balayer le plancher/l'escalier/la cuisine	*to sweep the floor/the stairs/the kitchen*
balayer les feuilles/la poussière	*to sweep up the leaves/the dust*
balayer les obstacles	*to sweep away all obstacles*
L'arrivée des enfants a balayé nos soucis.	*The arrival of the children made us forget our cares.*
L'orage a tout balayé sur son passage.	*The storm swept away everything in its path.*
Le chef a balayé une dizaine d'employés.	*The boss fired about ten employees.*

RELATED WORDS

le balai	*broom*
Il y a des papiers par terre. Il faut donner un coup de balai.	*There are papers on the floor. We'll have to sweep.*
le balayeur	*street sweeper*

regular *-ir* verb

je bâtis · je bâtis · bâti · bâtissant

PRESENT		PASSÉ COMPOSÉ	
je bâtis	nous bâtissons	j'ai bâti	nous avons bâti
tu bâtis	vous bâtissez	tu as bâti	vous avez bâti
il/elle bâtit	ils/elles bâtissent	il/elle a bâti	ils/elles ont bâti

IMPERFECT		PLUPERFECT	
je bâtissais	nous bâtissions	j'avais bâti	nous avions bâti
tu bâtissais	vous bâtissiez	tu avais bâti	vous aviez bâti
il/elle bâtissait	ils/elles bâtissaient	il/elle avait bâti	ils/elles avaient bâti

PASSÉ SIMPLE		PAST ANTERIOR	
je bâtis	nous bâtîmes	j'eus bâti	nous eûmes bâti
tu bâtis	vous bâtîtes	tu eus bâti	vous eûtes bâti
il/elle bâtit	ils/elles bâtirent	il/elle eut bâti	ils/elles eurent bâti

FUTURE		FUTURE ANTERIOR	
je bâtirai	nous bâtirons	j'aurai bâti	nous aurons bâti
tu bâtiras	vous bâtirez	tu auras bâti	vous aurez bâti
il/elle bâtira	ils/elles bâtiront	il/elle aura bâti	ils/elles auront bâti

CONDITIONAL		PAST CONDITIONAL	
je bâtirais	nous bâtirions	j'aurais bâti	nous aurions bâti
tu bâtirais	vous bâtiriez	tu aurais bâti	vous auriez bâti
il/elle bâtirait	ils/elles bâtiraient	il/elle aurait bâti	ils/elles auraient bâti

PRESENT SUBJUNCTIVE		PAST SUBJUNCTIVE	
que je bâtisse	que nous bâtissions	que j'aie bâti	que nous ayons bâti
que tu bâtisses	que vous bâtissiez	que tu aies bâti	que vous ayez bâti
qu'il/elle bâtisse	qu'ils/elles bâtissent	qu'il/elle ait bâti	qu'ils/elles aient bâti

IMPERFECT SUBJUNCTIVE		PLUPERFECT SUBJUNCTIVE	
que je bâtisse	que nous bâtissions	que j'eusse bâti	que nous eussions bâti
que tu bâtisses	que vous bâtissiez	que tu eusses bâti	que vous eussiez bâti
qu'il/elle bâtît	qu'ils/elles bâtissent	qu'il/elle eût bâti	qu'ils/elles eussent bâti

COMMANDS	
	(nous) bâtissons
(tu) bâtis	(vous) bâtissez

Usage

bâtir un immeuble/une maison	*to build an apartment house/a house*
bâtir son avenir	*to construct one's future*
bâtir un plan	*to draw up a plan*
bâtir sa réputation	*to build up one's reputation*
(se) faire bâtir	*to have something built*
Nous (nous) faisons bâtir une maison à la campagne.	*We're having a house built in the country.*

RELATED WORDS

un bâtiment	*a building*
Lui, il est du bâtiment.	*He knows which end is up.*

battre *to hit, beat*

je bats · je battis · battu · battant

irregular verb; only one *t* in the singular of the present tense

battre dans les combats et les matchs

Il a battu ses agresseurs à plâtre/à plate couture.	*He knocked the living daylights out of his attackers.*
Notre équipe a battu tous les records!	*Our team broke all records!*

battre pour parcourir ou explorer un lieu

Nos vendeurs ont battu la campagne pour trouver de nouveaux clients.	*Our salesmen scoured the countryside to find new customers.*
Perdus dans la ville, ils battaient le pavé.	*Lost in the town, they wandered the streets.*

battre pour les mouvement répétés

Le petit oiseau battait des ailes.	*The little bird flapped its wings.*
J'ai le cœur qui bat.	*My heart is racing.*
battre des paupières	*to blink one's eyelids*
battre du tambour	*to beat the drum*
se battre la poitrine	*to beat one's breast/chest*
battre l'eau de ses bras	*to thrash about in the water*

Des emplois variés

Vers onze heures, la fête battait son plein.	*Toward eleven o'clock the party was going full swing.*
Ils se sont fâchés contre lui. C'est pour ça qu'ils le battent froid.	*They got angry with him. That's why they're giving him the cold shoulder.*
Il faisait tellement froid qu'on battait la semelle en attendant l'autobus.	*It was so cold that we were stamping our feet to keep warm while waiting for the bus.*
Le public battait la mesure de la musique.	*The audience was keeping time to the music.*
L'orage a battu les champs.	*The storm lashed the fields.*

se battre

Les deux hommes se sont battus.	*The two men had a fight.*
Ils se sont battus comme des chiffonniers.	*They fought like cats and dogs.*
Ils ne se sont pas battus en duel.	*They didn't fight a duel.*
Les deux pays se sont battus.	*The two countries fought.*
Notre pays s'est battu contre le pays voisin.	*Our country fought against its neighbor.*
—Notre armée s'est bien battue.	*Our army fought well.*
—Oui. Elle s'est battue même à la baïonnette.	*Yes. It even fought with bayonets.*
Nous nous battons contre des difficultés insurmontables.	*We are struggling against insurmountable difficulties.*

le battement

les battements du cœur	*heartbeats/beating of the heart*
les battements du pouls	*the beating of the pulse*
un battement de paupières	*a blink/flutter of the eyelids*
Ça me donne des battements de cœur.	*That makes my heart race/gives me palpitations.*

la batterie

la batterie	*percussion/drums*
Qui est à la batterie?	*Who's playing percussion?*

TOP 50 VERBS

irregular verb; only one *t* in the
singular of the present tense

PRESENT

je bats	nous battons
tu bats	vous battez
il/elle bat	ils/elles battent

IMPERFECT

je battais	nous battions
tu battais	vous battiez
il/elle battait	ils/elles battaient

PASSÉ SIMPLE

je battis	nous battîmes
tu battis	vous battîtes
il/elle battit	ils/elles battirent

FUTURE

je battrai	nous battrons
tu battras	vous battrez
il/elle battra	ils/elles battront

CONDITIONAL

je battrais	nous battrions
tu battrais	vous battriez
il/elle battrait	ils/elles battraient

PRESENT SUBJUNCTIVE

que je batte	que nous battions
que tu battes	que vous battiez
qu'il/elle batte	qu'ils/elles battent

IMPERFECT SUBJUNCTIVE

que je battisse	que nous battissions
que tu battisses	que vous battissiez
qu'il/elle battît	qu'ils/elles battissent

PASSÉ COMPOSÉ

j'ai battu	nous avons battu
tu as battu	vous avez battu
il/elle a battu	ils/elles ont battu

PLUPERFECT

j'avais battu	nous avions battu
tu avais battu	vous aviez battu
il/elle avait battu	ils/elles avaient battu

PAST ANTERIOR

j'eus battu	nous eûmes battu
tu eus battu	vous eûtes battu
il/elle eut battu	ils/elles eurent battu

FUTURE ANTERIOR

j'aurai battu	nous aurons battu
tu auras battu	vous aurez battu
il/elle aura battu	ils/elles auront battu

PAST CONDITIONAL

j'aurais battu	nous aurions battu
tu aurais battu	vous auriez battu
il/elle aurait battu	ils/elles auraient battu

PAST SUBJUNCTIVE

que j'aie battu	que nous ayons battu
que tu aies battu	que vous ayez battu
qu'il/elle ait battu	qu'ils/elles aient battu

PLUPERFECT SUBJUNCTIVE

que j'eusse battu	que nous eussions battu
que tu eusses battu	que vous eussiez battu
qu'il/elle eût battu	qu'ils/elles eussent battu

COMMANDS

	(nous) battons
(tu) bats	(vous) battez

Usage

battre qqn	*to beat/hit someone*
battre des œufs	*to beat eggs*
battre les cartes	*to shuffle the deck*
battre des mains	*to clap one's hands*
battre la retraite	*to beat a retreat/have the army withdraw*
Je ne bats jamais mes enfants.	*I never hit my children.*
On a battu la victime à mort.	*The victim was beaten to death.*
Elle sort les tapis au jardin pour les battre.	*She takes the rugs out to the garden to beat them.*
battre qqn/un rival	*to defeat someone/a rival*
Notre équipe a battu nos rivaux.	*Our team beat our rivals.*
Je ne me tiens pas pour battu!	*I don't consider myself defeated.*
Ils nous ont battus 10 à 6.	*They beat us 10 to 6.*

PROVERB

Il faut battre le fer pendant qu'il est chaud.	*Strike while the iron is hot.*

bavarder *to chat, chatter, gossip*

PRESENT

je bavarde	nous bavardons
tu bavardes	vous bavardez
il/elle bavarde	ils/elles bavardent

IMPERFECT

je bavardais	nous bavardions
tu bavardais	vous bavardiez
il/elle bavardait	ils/elles bavardaient

PASSÉ SIMPLE

je bavardai	nous bavardâmes
tu bavardas	vous bavardâtes
il/elle bavarda	ils/elles bavardèrent

FUTURE

je bavarderai	nous bavarderons
tu bavarderas	vous bavarderez
il/elle bavardera	ils/elles bavarderont

CONDITIONAL

je bavarderais	nous bavarderions
tu bavarderais	vous bavarderiez
il/elle bavarderait	ils/elles bavarderaient

PRESENT SUBJUNCTIVE

que je bavarde	que nous bavardions
que tu bavardes	que vous bavardiez
qu'il/elle bavarde	qu'ils/elles bavardent

IMPERFECT SUBJUNCTIVE

que je bavardasse	que nous bavardassions
que tu bavardasses	que vous bavardassiez
qu'il/elle bavardât	qu'ils/elles bavardassent

PASSÉ COMPOSÉ

j'ai bavardé	nous avons bavardé
tu as bavardé	vous avez bavardé
il/elle a bavardé	ils/elles ont bavardé

PLUPERFECT

j'avais bavardé	nous avions bavardé
tu avais bavardé	vous aviez bavardé
il/elle avait bavardé	ils/elles avaient bavardé

PAST ANTERIOR

j'eus bavardé	nous eûmes bavardé
tu eus bavardé	vous eûtes bavardé
il/elle eut bavardé	ils/elles eurent bavardé

FUTURE ANTERIOR

j'aurai bavardé	nous aurons bavardé
tu auras bavardé	vous aurez bavardé
il/elle aura bavardé	ils/elles auront bavardé

PAST CONDITIONAL

j'aurais bavardé	nous aurions bavardé
tu aurais bavardé	vous auriez bavardé
il/elle aurait bavardé	ils/elles auraient bavardé

PAST SUBJUNCTIVE

que j'aie bavardé	que nous ayons bavardé
que tu aies bavardé	que vous ayez bavardé
qu'il/elle ait bavardé	qu'ils/elles aient bavardé

PLUPERFECT SUBJUNCTIVE

que j'eusse bavardé	que nous eussions bavardé
que tu eusses bavardé	que vous eussiez bavardé
qu'il/elle eût bavardé	qu'ils/elles eussent bavardé

COMMANDS

	(nous) bavardons
(tu) bavarde	(vous) bavardez

Usage

Tu perds tout ton temps à bavarder.	*You're wasting all your time gabbing.*
C'est affolant. Ils n'arrêtent pas de bavarder.	*It's maddening. They don't stop talking.*
Tout le monde est au courant! Qui aura bavardé?	*Everyone knows about it! Who could have talked?*

RELATED WORDS

bavard(e)	*talkative*
bavard(e) comme une pie	*a real chatterbox*
Lui, c'est un bavard intarissable.	*He never gets tired of talking.*
le bavardage	*chatter/talk*
Je ne peux pas travailler. Mes collègues n'arrêtent pas leur bavardage.	*I can't work. My coworkers won't stop their talking.*

regular -*er* verb; spelling change: *y* > *i*/mute *e*   **je bégaie · je bégayai · bégayé · bégayant**

PRESENT

je bégaie	nous bégayons
tu bégaies	vous bégayez
il/elle bégaie	ils/elles bégaient

IMPERFECT

je bégayais	nous bégayions
tu bégayais	vous bégayiez
il/elle bégayait	ils/elles bégayaient

PASSÉ SIMPLE

je bégayai	nous bégayâmes
tu bégayas	vous bégayâtes
il/elle bégaya	ils/elles bégayèrent

FUTURE

je bégaierai	nous bégaierons
tu bégaieras	vous bégaierez
il/elle bégaiera	ils/elles bégaieront

CONDITIONAL

je bégaierais	nous bégaierions
tu bégaierais	vous bégaieriez
il/elle bégaierait	ils/elles bégaieraient

PRESENT SUBJUNCTIVE

que je bégaie	que nous bégayions
que tu bégaies	que vous bégayiez
qu'il/elle bégaie	qu'ils/elles bégaient

IMPERFECT SUBJUNCTIVE

que je bégayasse	que nous bégayassions
que tu bégayasses	que vous bégayassiez
qu'il/elle bégayât	qu'ils/elles bégayassent

PASSÉ COMPOSÉ

j'ai bégayé	nous avons bégayé
tu as bégayé	vous avez bégayé
il/elle a bégayé	ils/elles ont bégayé

PLUPERFECT

j'avais bégayé	nous avions bégayé
tu avais bégayé	vous aviez bégayé
il/elle avait bégayé	ils/elles avaient bégayé

PAST ANTERIOR

j'eus bégayé	nous eûmes bégayé
tu eus bégayé	vous eûtes bégayé
il/elle eut bégayé	ils/elles eurent bégayé

FUTURE ANTERIOR

j'aurai bégayé	nous aurons bégayé
tu auras bégayé	vous aurez bégayé
il/elle aura bégayé	ils/elles auront bégayé

PAST CONDITIONAL

j'aurais bégayé	nous aurions bégayé
tu aurais bégayé	vous auriez bégayé
il/elle aurait bégayé	ils/elles auraient bégayé

PAST SUBJUNCTIVE

que j'aie bégayé	que nous ayons bégayé
que tu aies bégayé	que vous ayez bégayé
qu'il/elle ait bégayé	qu'ils/elles aient bégayé

PLUPERFECT SUBJUNCTIVE

que j'eusse bégayé	que nous eussions bégayé
que tu eusses bégayé	que vous eussiez bégayé
qu'il/elle eût bégayé	qu'ils/elles eussent bégayé

COMMANDS

	(nous) bégayons
(tu) bégaie	(vous) bégayez

Usage

NOTE: This verb is sometimes seen without the *y* > *i* change, such as *bégaye*.

Il a bégayé une réponse.	*He stammered out an answer.*
Il a bégayé une excuse.	*He stammered an apology.*

RELATED WORD

le bégaiement/le bégayement	*stammering*
On comprenait mal les bégaiements de l'enfant.	*It was hard for us to understand the child's babble.*

bénir *to bless*

PRESENT

je bénis	nous bénissons
tu bénis	vous bénissez
il/elle bénit	ils/elles bénissent

IMPERFECT

je bénissais	nous bénissions
tu bénissais	vous bénissiez
il/elle bénissait	ils/elles bénissaient

PASSÉ SIMPLE

je bénis	nous bénîmes
tu bénis	vous bénîtes
il/elle bénit	ils/elles bénirent

FUTURE

je bénirai	nous bénirons
tu béniras	vous bénirez
il/elle bénira	ils/elles béniront

CONDITIONAL

je bénirais	nous bénirions
tu bénirais	vous béniriez
il/elle bénirait	ils/elles béniraient

PRESENT SUBJUNCTIVE

que je bénisse	que nous bénissions
que tu bénisses	que vous bénissiez
qu'il/elle bénisse	qu'ils/elles bénissent

IMPERFECT SUBJUNCTIVE

que je bénisse	que nous bénissions
que tu bénisses	que vous bénissiez
qu'il/elle bénît	qu'ils/elles bénissent

PASSÉ COMPOSÉ

j'ai béni	nous avons béni
tu as béni	vous avez béni
il/elle a béni	ils/elles ont béni

PLUPERFECT

j'avais béni	nous avions béni
tu avais béni	vous aviez béni
il/elle avait béni	ils/elles avaient béni

PAST ANTERIOR

j'eus béni	nous eûmes béni
tu eus béni	vous eûtes béni
il/elle eut béni	ils/elles eurent béni

FUTURE ANTERIOR

j'aurai béni	nous aurons béni
tu auras béni	vous aurez béni
il/elle aura béni	ils/elles auront béni

PAST CONDITIONAL

j'aurais béni	nous aurions béni
tu aurais béni	vous auriez béni
il/elle aurait béni	ils/elles auraient béni

PAST SUBJUNCTIVE

que j'aie béni	que nous ayons béni
que tu aies béni	que vous ayez béni
qu'il/elle ait béni	qu'ils/elles aient béni

PLUPERFECT SUBJUNCTIVE

que j'eusse béni	que nous eussions béni
que tu eusses béni	que vous eussiez béni
qu'il/elle eût béni	qu'ils/elles eussent béni

COMMANDS

	(nous) bénissons
(tu) bénis	(vous) bénissez

Usage

Le curé du village a béni leur mariage.	*The village priest blessed their marriage.*
Dieu vous bénisse!	*God bless you!* (said to someone who sneezes)
Dieu soit béni!	*Praise the Lord!*
Je bénis l'agent de police qui m'a sauvé.	*I am thankful to the policeman who saved me.*
Nous bénissons cette coïncidence.	*We are so grateful for this coincidence.*

RELATED WORDS

bénit(e)	*blessed* (when used as an adjective)
l'eau bénite	*holy water*
le bénitier	*holy water font*

regular -*er* verb

je blague · je blaguai · blagué · blaguant

PRESENT

je blague	nous blaguons
tu blagues	vous blaguez
il/elle blague	ils/elles blaguent

IMPERFECT

je blaguais	nous blaguions
tu blaguais	vous blaguiez
il/elle blaguait	ils/elles blaguaient

PASSÉ SIMPLE

je blaguai	nous blaguâmes
tu blaguas	vous blaguâtes
il/elle blagua	ils/elles blaguèrent

FUTURE

je blaguerai	nous blaguerons
tu blagueras	vous blaguerez
il/elle blaguera	ils/elles blagueront

CONDITIONAL

je blaguerais	nous blaguerions
tu blaguerais	vous blagueriez
il/elle blaguerait	ils/elles blagueraient

PRESENT SUBJUNCTIVE

que je blague	que nous blaguions
que tu blagues	que vous blaguiez
qu'il/elle blague	qu'ils/elles blaguent

IMPERFECT SUBJUNCTIVE

que je blaguasse	que nous blaguassions
que tu blaguasses	que vous blaguassiez
qu'il/elle blaguât	qu'ils/elles blaguassent

COMMANDS

	(nous) blaguons
(tu) blague	(vous) blaguez

PASSÉ COMPOSÉ

j'ai blagué	nous avons blagué
tu as blagué	vous avez blagué
il/elle a blagué	ils/elles ont blagué

PLUPERFECT

j'avais blagué	nous avions blagué
tu avais blagué	vous aviez blagué
il/elle avait blagué	ils/elles avaient blagué

PAST ANTERIOR

j'eus blagué	nous eûmes blagué
tu eus blagué	vous eûtes blagué
il/elle eut blagué	ils/elles eurent blagué

FUTURE ANTERIOR

j'aurai blagué	nous aurons blagué
tu auras blagué	vous aurez blagué
il/elle aura blagué	ils/elles auront blagué

PAST CONDITIONAL

j'aurais blagué	nous aurions blagué
tu aurais blagué	vous auriez blagué
il/elle aurait blagué	ils/elles auraient blagué

PAST SUBJUNCTIVE

que j'aie blagué	que nous ayons blagué
que tu aies blagué	que vous ayez blagué
qu'il/elle ait blagué	qu'ils/elles aient blagué

PLUPERFECT SUBJUNCTIVE

que j'eusse blagué	que nous eussions blagué
que tu eusses blagué	que vous eussiez blagué
qu'il/elle eût blagué	qu'ils/elles eussent blagué

Usage

NOTE: *Blaguer* is colloquial for *plaisanter*.

Tu blagues!	*You're kidding!*
Sans blaguer.	*I'm not kidding.*
Ne t'offense pas. Je l'ai dit pour blaguer.	*Don't be offended. I said it as a joke.*
Tu ne blagues pas?	*Are you on the level?*

RELATED WORDS

la blague	*joke/trick*
Sans blague?	*No kidding?*
Blague à part, dis-moi où ils sont.	*Stop kidding around and tell me where they are.*
—Il nous a fait une blague.	*He played a trick on us.*
—J'en ai marre de ses blagues, tu sais.	*You know, I've had enough of his tricks/jokes.*
Tout ça c'est de la blague.	*That's just hogwash.*
Quelle blague!	*What baloney!*
Arrête de raconter ces blagues!	*Stop telling those jokes!*
Mais tu prends tout ce que je te dis à blague!	*But you're taking everything I tell you as a joke!*
un blagueur/une blagueuse	*a kidder/jokester*

blâmer *to blame*

je blâme · je blâmai · blâmé · blâmant

PRESENT

je blâme	nous blâmons
tu blâmes	vous blâmez
il/elle blâme	ils/elles blâment

PASSÉ COMPOSÉ

j'ai blâmé	nous avons blâmé
tu as blâmé	vous avez blâmé
il/elle a blâmé	ils/elles ont blâmé

IMPERFECT

je blâmais	nous blâmions
tu blâmais	vous blâmiez
il/elle blâmait	ils/elles blâmaient

PLUPERFECT

j'avais blâmé	nous avions blâmé
tu avais blâmé	vous aviez blâmé
il/elle avait blâmé	ils/elles avaient blâmé

PASSÉ SIMPLE

je blâmai	nous blâmâmes
tu blâmas	vous blâmâtes
il/elle blâma	ils/elles blâmèrent

PAST ANTERIOR

j'eus blâmé	nous eûmes blâmé
tu eus blâmé	vous eûtes blâmé
il/elle eut blâmé	ils/elles eurent blâmé

FUTURE

je blâmerai	nous blâmerons
tu blâmeras	vous blâmerez
il/elle blâmera	ils/elles blâmeront

FUTURE ANTERIOR

j'aurai blâmé	nous aurons blâmé
tu auras blâmé	vous aurez blâmé
il/elle aura blâmé	ils/elles auront blâmé

CONDITIONAL

je blâmerais	nous blâmerions
tu blâmerais	vous blâmeriez
il/elle blâmerait	ils/elles blâmeraient

PAST CONDITIONAL

j'aurais blâmé	nous aurions blâmé
tu aurais blâmé	vous auriez blâmé
il/elle aurait blâmé	ils/elles auraient blâmé

PRESENT SUBJUNCTIVE

que je blâme	que nous blâmions
que tu blâmes	que vous blâmiez
qu'il/elle blâme	qu'ils/elles blâment

PAST SUBJUNCTIVE

que j'aie blâmé	que nous ayons blâmé
que tu aies blâmé	que vous ayez blâmé
qu'il/elle ait blâmé	qu'ils/elles aient blâmé

IMPERFECT SUBJUNCTIVE

que je blâmasse	que nous blâmassions
que tu blâmasses	que vous blâmassiez
qu'il/elle blâmât	qu'ils/elles blâmassent

PLUPERFECT SUBJUNCTIVE

que j'eusse blâmé	que nous eussions blâmé
que tu eusses blâmé	que vous eussiez blâmé
qu'il/elle eût blâmé	qu'ils/elles eussent blâmé

COMMANDS

	(nous) blâmons
(tu) blâme	(vous) blâmez

Usage

Il me blâme de son renvoi.	*He blames me for his getting fired.*
Je ne te blâme pas. Tu n'y es pour rien.	*I don't blame you. You're not at fault.*
Cet enfant n'est pas à blâmer. Il est à plaindre.	*This child is not deserving of blame. He is to be pitied.*

RELATED WORDS

le blâme	*blame/reprimand (school or sports)*
L'arbitre lui a donné un blâme.	*The umpire gave him a reprimand.*
Il mérite un blâme.	*He deserves a formal reprimand.*
Il a encouru un blâme.	*He got a reprimand.*
Votre collègue essaie de rejeter le blâme sur vous.	*Your colleague is trying to make you look like the guilty party.*
blâmable	*blameful/deserving of blame*

regular *-ir* verb

PRESENT

je blanchis	nous blanchissons
tu blanchis	vous blanchissez
il/elle blanchit	ils/elles blanchissent

IMPERFECT

je blanchissais	nous blanchissions
tu blanchissais	vous blanchissiez
il/elle blanchissait	ils/elles blanchissaient

PASSÉ SIMPLE

je blanchis	nous blanchîmes
tu blanchis	vous blanchîtes
il/elle blanchit	ils/elles blanchirent

FUTURE

je blanchirai	nous blanchirons
tu blanchiras	vous blanchirez
il/elle blanchira	ils/elles blanchiront

CONDITIONAL

je blanchirais	nous blanchirions
tu blanchirais	vous blanchiriez
il/elle blanchirait	ils/elles blanchiraient

PRESENT SUBJUNCTIVE

que je blanchisse	que nous blanchissions
que tu blanchisses	que vous blanchissiez
qu'il/elle blanchisse	qu'ils/elles blanchissent

IMPERFECT SUBJUNCTIVE

que je blanchisse	que nous blanchissions
que tu blanchisses	que vous blanchissiez
qu'il/elle blanchît	qu'ils/elles blanchissent

PASSÉ COMPOSÉ

j'ai blanchi	nous avons blanchi
tu as blanchi	vous avez blanchi
il/elle a blanchi	ils/elles ont blanchi

PLUPERFECT

j'avais blanchi	nous avions blanchi
tu avais blanchi	vous aviez blanchi
il/elle avait blanchi	ils/elles avaient blanchi

PAST ANTERIOR

j'eus blanchi	nous eûmes blanchi
tu eus blanchi	vous eûtes blanchi
il/elle eut blanchi	ils/elles eurent blanchi

FUTURE ANTERIOR

j'aurai blanchi	nous aurons blanchi
tu auras blanchi	vous aurez blanchi
il/elle aura blanchi	ils/elles auront blanchi

PAST CONDITIONAL

j'aurais blanchi	nous aurions blanchi
tu aurais blanchi	vous auriez blanchi
il/elle aurait blanchi	ils/elles auraient blanchi

PAST SUBJUNCTIVE

que j'aie blanchi	que nous ayons blanchi
que tu aies blanchi	que vous ayez blanchi
qu'il/elle ait blanchi	qu'ils/elles aient blanchi

PLUPERFECT SUBJUNCTIVE

que j'eusse blanchi	que nous eussions blanchi
que tu eusses blanchi	que vous eussiez blanchi
qu'il/elle eût blanchi	qu'ils/elles eussent blanchi

COMMANDS

	(nous) blanchissons
(tu) blanchis	(vous) blanchissez

Usage

blanchir un mur à la chaux	*to whitewash a wall*
La neige a blanchi la ville.	*The snow turned the city white.*
—Tu n'as pas de machine à laver?	*You have no washing machine?*
—Non, je donne mon linge à blanchir.	*No, I send my wash out to be laundered.*
Ses cheveux ont blanchi.	*His hair has turned white.*

RELATED WORDS

la blanchisserie	*laundry*
une blanchisserie automatique/ laverie automatique	*a coin laundry*
le blanchissage	*laundering*
J'envoie le linge au blanchissage.	*I send the linen to the laundry.*

blesser *to wound*

je blesse · je blessai · blessé · blessant

PRESENT

je blesse	nous blessons
tu blesses	vous blessez
il/elle blesse	ils/elles blessent

IMPERFECT

je blessais	nous blessions
tu blessais	vous blessiez
il/elle blessait	ils/elles blessaient

PASSÉ SIMPLE

je blessai	nous blessâmes
tu blessas	vous blessâtes
il/elle blessa	ils/elles blessèrent

FUTURE

je blesserai	nous blesserons
tu blesseras	vous blesserez
il/elle blessera	ils/elles blesseront

CONDITIONAL

je blesserais	nous blesserions
tu blesserais	vous blesseriez
il/elle blesserait	ils/elles blesseraient

PRESENT SUBJUNCTIVE

que je blesse	que nous blessions
que tu blesses	que vous blessiez
qu'il/elle blesse	qu'ils/elles blessent

IMPERFECT SUBJUNCTIVE

que je blessasse	que nous blessassions
que tu blessasses	que vous blessassiez
qu'il/elle blessât	qu'ils/elles blessassent

COMMANDS

	(nous) blessons
(tu) blesse	(vous) blessez

PASSÉ COMPOSÉ

j'ai blessé	nous avons blessé
tu as blessé	vous avez blessé
il/elle a blessé	ils/elles ont blessé

PLUPERFECT

j'avais blessé	nous avions blessé
tu avais blessé	vous aviez blessé
il/elle avait blessé	ils/elles avaient blessé

PAST ANTERIOR

j'eus blessé	nous eûmes blessé
tu eus blessé	vous eûtes blessé
il/elle eut blessé	ils/elles eurent blessé

FUTURE ANTERIOR

j'aurai blessé	nous aurons blessé
tu auras blessé	vous aurez blessé
il/elle aura blessé	ils/elles auront blessé

PAST CONDITIONAL

j'aurais blessé	nous aurions blessé
tu aurais blessé	vous auriez blessé
il/elle aurait blessé	ils/elles auraient blessé

PAST SUBJUNCTIVE

que j'aie blessé	que nous ayons blessé
que tu aies blessé	que vous ayez blessé
qu'il/elle ait blessé	qu'ils/elles aient blessé

PLUPERFECT SUBJUNCTIVE

que j'eusse blessé	que nous eussions blessé
que tu eusses blessé	que vous eussiez blessé
qu'il/elle eût blessé	qu'ils/elles eussent blessé

Usage

L'agresseur a blessé sa victime d'un coup de couteau.	*The attacker stabbed his victim.*
Il a été blessé dans un accident.	*He was hurt in an accident.*
Ma grand-mère s'est blessée en tombant.	*My grandmother fell and hurt herself.*
Je me suis blessé le bras.	*I hurt my arm.*
Cette musique blesse l'oreille!	*This music hurts your ears!*
Ces sacrées chaussures me blessent!	*These darned shoes are hurting me!*
Votre remarque m'a blessé au vif.	*Your remark hurt me deeply.*
Ça m'a profondément blessé.	*That really hurt me.*
Tu te blesses pour un rien.	*You get offended too easily.*
Votre commentaire a blessé mon amour-propre.	*Your comment hurt my pride.*

RELATED WORDS

la blessure	*wound*
les blessés	*the wounded*

irregular verb

je bois · je bus · bu · buvant

PRESENT

je bois	nous buvons
tu bois	vous buvez
il/elle boit	ils/elles boivent

IMPERFECT

je buvais	nous buvions
tu buvais	vous buviez
il/elle buvait	ils/elles buvaient

PASSÉ SIMPLE

je bus	nous bûmes
tu bus	vous bûtes
il/elle but	ils/elles burent

FUTURE

je boirai	nous boirons
tu boiras	vous boirez
il/elle boira	ils/elles boiront

CONDITIONAL

je boirais	nous boirions
tu boirais	vous boiriez
il/elle boirait	ils/elles boiraient

PRESENT SUBJUNCTIVE

que je boive	que nous buvions
que tu boives	que vous buviez
qu'il/elle boive	qu'ils/elles boivent

IMPERFECT SUBJUNCTIVE

que je busse	que nous bussions
que tu busses	que vous bussiez
qu'il/elle bût	qu'ils/elles bussent

PASSÉ COMPOSÉ

j'ai bu	nous avons bu
tu as bu	vous avez bu
il/elle a bu	ils/elles ont bu

PLUPERFECT

j'avais bu	nous avions bu
tu avais bu	vous aviez bu
il/elle avait bu	ils/elles avaient bu

PAST ANTERIOR

j'eus bu	nous eûmes bu
tu eus bu	vous eûtes bu
il/elle eut bu	ils/elles eurent bu

FUTURE ANTERIOR

j'aurai bu	nous aurons bu
tu auras bu	vous aurez bu
il/elle aura bu	ils/elles auront bu

PAST CONDITIONAL

j'aurais bu	nous aurions bu
tu aurais bu	vous auriez bu
il/elle aurait bu	ils/elles auraient bu

PAST SUBJUNCTIVE

que j'aie bu	que nous ayons bu
que tu aies bu	que vous ayez bu
qu'il/elle ait bu	qu'ils/elles aient bu

PLUPERFECT SUBJUNCTIVE

que j'eusse bu	que nous eussions bu
que tu eusses bu	que vous eussiez bu
qu'il/elle eût bu	qu'ils/elles eussent bu

COMMANDS

	(nous) buvons
(tu) bois	(vous) buvez

Usage

boire du café/du thé/du vin/de la bière	*to drink coffee/tea/wine/beer*
Allons boire un verre!	*Let's go have a drink.*
Tu veux boire un coup?	*Do you want to have a drink?*
Tu as soif? Je vais te donner à boire.	*Are you thirsty? I'll give you something to drink.*
Chez nous on boit du vin à table.	*We drink wine with our meals.*
Nous allons boire à votre réussite.	*We are going to drink to your health.*
Le vin blanc se boit avec le poisson.	*White wine is drunk with fish.*
Ce n'est pas la mer à boire!	*It's not really so hard to do!*
Les étudiants buvaient les paroles du professeur.	*The students were hanging on the professor's every word.*

RELATED WORDS

Ce café est imbuvable!	*This coffee is undrinkable!*
la buvette de la gare	*the refreshment counter at the station*
C'est un gros buveur.	*He's a big drinker.*

boucher *to plug, block, stuff, cork*

je bouche · je bouchai · bouché · bouchant   regular *-er* verb

PRESENT

je bouche	nous bouchons
tu bouches	vous bouchez
il/elle bouche	ils/elles bouchent

IMPERFECT

je bouchais	nous bouchions
tu bouchais	vous bouchiez
il/elle bouchait	ils/elles bouchaient

PASSÉ SIMPLE

je bouchai	nous bouchâmes
tu bouchas	vous bouchâtes
il/elle boucha	ils/elles bouchèrent

FUTURE

je boucherai	nous boucherons
tu boucheras	vous boucherez
il/elle bouchera	ils/elles boucheront

CONDITIONAL

je boucherais	nous boucherions
tu boucherais	vous boucheriez
il/elle boucherait	ils/elles boucheraient

PRESENT SUBJUNCTIVE

que je bouche	que nous bouchions
que tu bouches	que vous bouchiez
qu'il/elle bouche	qu'ils/elles bouchent

IMPERFECT SUBJUNCTIVE

que je bouchasse	que nous bouchassions
que tu bouchasses	que vous bouchassiez
qu'il/elle bouchât	qu'ils/elles bouchassent

COMMANDS

	(nous) bouchons
(tu) bouche	(vous) bouchez

PASSÉ COMPOSÉ

j'ai bouché	nous avons bouché
tu as bouché	vous avez bouché
il/elle a bouché	ils/elles ont bouché

PLUPERFECT

j'avais bouché	nous avions bouché
tu avais bouché	vous aviez bouché
il/elle avait bouché	ils/elles avaient bouché

PAST ANTERIOR

j'eus bouché	nous eûmes bouché
tu eus bouché	vous eûtes bouché
il/elle eut bouché	ils/elles eurent bouché

FUTURE ANTERIOR

j'aurai bouché	nous aurons bouché
tu auras bouché	vous aurez bouché
il/elle aura bouché	ils/elles auront bouché

PAST CONDITIONAL

j'aurais bouché	nous aurions bouché
tu aurais bouché	vous auriez bouché
il/elle aurait bouché	ils/elles auraient bouché

PAST SUBJUNCTIVE

que j'aie bouché	que nous ayons bouché
que tu aies bouché	que vous ayez bouché
qu'il/elle ait bouché	qu'ils/elles aient bouché

PLUPERFECT SUBJUNCTIVE

que j'eusse bouché	que nous eussions bouché
que tu eusses bouché	que vous eussiez bouché
qu'il/elle eût bouché	qu'ils/elles eussent bouché

Usage

Il faut boucher le trou: il y a une fuite d'eau.	*We have to plug the hole: there's a leak.*
Asseyez-vous! Vous bouchez la vue.	*Sit down. You're blocking the view.*
Ça sent mauvais! Les enfants se bouchent le nez.	*It smells bad! The children are holding their noses.*
Quel bruit! Je me bouche les oreilles.	*What noise! I'm covering my ears.*
J'ai le nez bouché.	*I have a stuffy nose.*
J'ai les oreilles bouchées.	*My ears are stuffed.*

RELATED WORDS

le bouchon	*cork/traffic jam*
Il y a un bouchon sur l'autoroute.	*There's a traffic jam on the highway.*
le bouche-trou	*stand-in/substitute*
—On doit déboucher cette bouteille de vin.	*We should uncork this bottle of wine.*
—Voilà le tire-bouchon. Vas-y.	*There's the corkscrew. Go to it.*

regular -er verb · **je boude · je boudai · boudé · boudant**

PRESENT

je boude	nous boudons
tu boudes	vous boudez
il/elle boude	ils/elles boudent

IMPERFECT

je boudais	nous boudions
tu boudais	vous boudiez
il/elle boudait	ils/elles boudaient

PASSÉ SIMPLE

je boudai	nous boudâmes
tu boudas	vous boudâtes
il/elle bouda	ils/elles boudèrent

FUTURE

je bouderai	nous bouderons
tu bouderas	vous bouderez
il/elle boudera	ils/elles bouderont

CONDITIONAL

je bouderais	nous bouderions
tu bouderais	vous bouderiez
il/elle bouderait	ils/elles bouderaient

PRESENT SUBJUNCTIVE

que je boude	que nous boudions
que tu boudes	que vous boudiez
qu'il/elle boude	qu'ils/elles boudent

IMPERFECT SUBJUNCTIVE

que je boudasse	que nous boudassions
que tu boudasses	que vous boudassiez
qu'il/elle boudât	qu'ils/elles boudassent

PASSÉ COMPOSÉ

j'ai boudé	nous avons boudé
tu as boudé	vous avez boudé
il/elle a boudé	ils/elles ont boudé

PLUPERFECT

j'avais boudé	nous avions boudé
tu avais boudé	vous aviez boudé
il/elle avait boudé	ils/elles avaient boudé

PAST ANTERIOR

j'eus boudé	nous eûmes boudé
tu eus boudé	vous eûtes boudé
il/elle eut boudé	ils/elles eurent boudé

FUTURE ANTERIOR

j'aurai boudé	nous aurons boudé
tu auras boudé	vous aurez boudé
il/elle aura boudé	ils/elles auront boudé

PAST CONDITIONAL

j'aurais boudé	nous aurions boudé
tu aurais boudé	vous auriez boudé
il/elle aurait boudé	ils/elles auraient boudé

PAST SUBJUNCTIVE

que j'aie boudé	que nous ayons boudé
que tu aies boudé	que vous ayez boudé
qu'il/elle ait boudé	qu'ils/elles aient boudé

PLUPERFECT SUBJUNCTIVE

que j'eusse boudé	que nous eussions boudé
que tu eusses boudé	que vous eussiez boudé
qu'il/elle eût boudé	qu'ils/elles eussent boudé

COMMANDS

	(nous) boudons
(tu) boude	(vous) boudez

Usage

Cet enfant boude tout le temps.	*This child is always sulking.*
Il boude la nourriture.	*He doesn't want to eat.*
Elle me boude.	*She's looking cross at me.*
se bouder	*to not be on speaking terms*
On s'est brouillés et maintenant on se boude.	*We had a fight and now we're not on speaking terms.*

RELATED WORDS

C'est un vrai boudeur.	*He's always sullen.*
Il a un air boudeur.	*He looks sullen.*
la bouderie	*sulking*

bouffer *to eat, gobble, gobble up*

je bouffe · je bouffai · bouffé · bouffant   regular -*er* verb

PRESENT

je bouffe	nous bouffons
tu bouffes	vous bouffez
il/elle bouffe	ils/elles bouffent

IMPERFECT

je bouffais	nous bouffions
tu bouffais	vous bouffiez
il/elle bouffait	ils/elles bouffaient

PASSÉ SIMPLE

je bouffai	nous bouffâmes
tu bouffas	vous bouffâtes
il/elle bouffa	ils/elles bouffèrent

FUTURE

je boufferai	nous boufferons
tu boufferas	vous boufferez
il/elle bouffera	ils/elles boufferont

CONDITIONAL

je boufferais	nous boufferions
tu boufferais	vous boufferiez
il/elle boufferait	ils/elles boufferaient

PRESENT SUBJUNCTIVE

que je bouffe	que nous bouffions
que tu bouffes	que vous bouffiez
qu'il/elle bouffe	qu'ils/elles bouffent

IMPERFECT SUBJUNCTIVE

que je bouffasse	que nous bouffassions
que tu bouffasses	que vous bouffassiez
qu'il/elle bouffât	qu'ils/elles bouffassent

PASSÉ COMPOSÉ

j'ai bouffé	nous avons bouffé
tu as bouffé	vous avez bouffé
il/elle a bouffé	ils/elles ont bouffé

PLUPERFECT

j'avais bouffé	nous avions bouffé
tu avais bouffé	vous aviez bouffé
il/elle avait bouffé	ils/elles avaient bouffé

PAST ANTERIOR

j'eus bouffé	nous eûmes bouffé
tu eus bouffé	vous eûtes bouffé
il/elle eut bouffé	ils/elles eurent bouffé

FUTURE ANTERIOR

j'aurai bouffé	nous aurons bouffé
tu auras bouffé	vous aurez bouffé
il/elle aura bouffé	ils/elles auront bouffé

PAST CONDITIONAL

j'aurais bouffé	nous aurions bouffé
tu aurais bouffé	vous auriez bouffé
il/elle aurait bouffé	ils/elles auraient bouffé

PAST SUBJUNCTIVE

que j'aie bouffé	que nous ayons bouffé
que tu aies bouffé	que vous ayez bouffé
qu'il/elle ait bouffé	qu'ils/elles aient bouffé

PLUPERFECT SUBJUNCTIVE

que j'eusse bouffé	que nous eussions bouffé
que tu eusses bouffé	que vous eussiez bouffé
qu'il/elle eût bouffé	qu'ils/elles eussent bouffé

COMMANDS

	(nous) bouffons
(tu) bouffe	(vous) bouffez

Usage

NOTE: *Bouffer* is a slang word for *manger.*

Comme ils ont bouffé la quiche!   *Boy, did they gobble up the quiche!*
Dans ce pays on bouffe des briques.   *In that country they have nothing to eat.*

—Tu n'aimes pas sortir avec eux?   *You don't like going out with them?*
—Pas du tout. Ils se bouffent le nez tout le temps.   *Not at all. They quarrel all the time.*

—On bouffe bien ici?   *Is the food good here?*
—Oui, on bouffe mieux que dans tous les autres   *Yes, the food is better here than in all the other*
  restaurants.   *restaurants.*

RELATED WORDS

la bouffe   *food/grub*
—Il ne pense qu'à la bouffe.   *All he thinks of is food.*
—Oui, mais au moins il sait faire la bouffe.   *Yes, but at least he knows how to cook.*

regular *-er* verb; spelling change: *g > ge/a, o* | **je bouge · je bougeai · bougé · bougeant**

PRESENT

je bouge	nous bougeons
tu bouges	vous bougez
il/elle bouge	ils/elles bougent

IMPERFECT

je bougeais	nous bougions
tu bougeais	vous bougiez
il/elle bougeait	ils/elles bougeaient

PASSÉ SIMPLE

je bougeai	nous bougeâmes
tu bougeas	vous bougeâtes
il/elle bougea	ils/elles bougèrent

FUTURE

je bougerai	nous bougerons
tu bougeras	vous bougerez
il/elle bougera	ils/elles bougeront

CONDITIONAL

je bougerais	nous bougerions
tu bougerais	vous bougeriez
il/elle bougerait	ils/elles bougeraient

PRESENT SUBJUNCTIVE

que je bouge	que nous bougions
que tu bouges	que vous bougiez
qu'il/elle bouge	qu'ils/elles bougent

IMPERFECT SUBJUNCTIVE

que je bougeasse	que nous bougeassions
que tu bougeasses	que vous bougeassiez
qu'il/elle bougeât	qu'ils/elles bougeassent

PASSÉ COMPOSÉ

j'ai bougé	nous avons bougé
tu as bougé	vous avez bougé
il/elle a bougé	ils/elles ont bougé

PLUPERFECT

j'avais bougé	nous avions bougé
tu avais bougé	vous aviez bougé
il/elle avait bougé	ils/elles avaient bougé

PAST ANTERIOR

j'eus bougé	nous eûmes bougé
tu eus bougé	vous eûtes bougé
il/elle eut bougé	ils/elles eurent bougé

FUTURE ANTERIOR

j'aurai bougé	nous aurons bougé
tu auras bougé	vous aurez bougé
il/elle aura bougé	ils/elles auront bougé

PAST CONDITIONAL

j'aurais bougé	nous aurions bougé
tu aurais bougé	vous auriez bougé
il/elle aurait bougé	ils/elles auraient bougé

PAST SUBJUNCTIVE

que j'aie bougé	que nous ayons bougé
que tu aies bougé	que vous ayez bougé
qu'il/elle ait bougé	qu'ils/elles aient bougé

PLUPERFECT SUBJUNCTIVE

que j'eusse bougé	que nous eussions bougé
que tu eusses bougé	que vous eussiez bougé
qu'il/elle eût bougé	qu'ils/elles eussent bougé

COMMANDS

	(nous) bougeons
(tu) bouge	(vous) bougez

Usage

Ne bouge pas! On va nous entendre!	*Don't move! They'll hear us!*
Tu peux venir à n'importe quelle heure.	*You can come at any time. I'm not budging from my*
Je ne bouge pas de chez moi aujourd'hui.	*house today.*
Le prix de l'essence n'a pas bougé.	*The price of gasoline has stayed the same.*
Elle n'a pas bougé le petit doigt.	*She didn't lift a finger (to help with the task).*

RELATED WORDS

la bougeotte	*moving around/fidgetiness*
avoir la bougeotte	*to be always on the move*
Ils ont vécu un peu partout. Ils ont la bougeotte.	*They've lived almost everywhere. They're always on the move.*
Tu as la bougeotte aujourd'hui. Qu'est-ce qui t'arrive?	*You're fidgety today. What's the matter with you?*

je bous · je bouillis · bouilli · bouillant   irregular verb

PRESENT		PASSÉ COMPOSÉ	
je bous	nous bouillons	j'ai bouilli	nous avons bouilli
tu bous	vous bouillez	tu as bouilli	vous avez bouilli
il/elle bout	ils/elles bouillent	il/elle a bouilli	ils/elles ont bouilli

IMPERFECT		PLUPERFECT	
je bouillais	nous bouillions	j'avais bouilli	nous avions bouilli
tu bouillais	vous bouilliez	tu avais bouilli	vous aviez bouilli
il/elle bouillait	ils/elles bouillaient	il/elle avait bouilli	ils/elles avaient bouilli

PASSÉ SIMPLE		PAST ANTERIOR	
je bouillis	nous bouillîmes	j'eus bouilli	nous eûmes bouilli
tu bouillis	vous bouillîtes	tu eus bouilli	vous eûtes bouilli
il/elle bouillit	ils/elles bouillirent	il/elle eut bouilli	ils/elles eurent bouilli

FUTURE		FUTURE ANTERIOR	
je bouillirai	nous bouillirons	j'aurai bouilli	nous aurons bouilli
tu bouilliras	vous bouillirez	tu auras bouilli	vous aurez bouilli
il/elle bouillira	ils/elles bouilliront	il/elle aura bouilli	ils/elles auront bouilli

CONDITIONAL		PAST CONDITIONAL	
je bouillirais	nous bouillirions	j'aurais bouilli	nous aurions bouilli
tu bouillirais	vous bouilliriez	tu aurais bouilli	vous auriez bouilli
il/elle bouillirait	ils/elles bouilliraient	il/elle aurait bouilli	ils/elles auraient bouilli

PRESENT SUBJUNCTIVE		PAST SUBJUNCTIVE	
que je bouille	que nous bouillions	que j'aie bouilli	que nous ayons bouilli
que tu bouilles	que vous bouilliez	que tu aies bouilli	que vous ayez bouilli
qu'il/elle bouille	qu'ils/elles bouillent	qu'il/elle ait bouilli	qu'ils/elles aient bouilli

IMPERFECT SUBJUNCTIVE		PLUPERFECT SUBJUNCTIVE	
que je bouillisse	que nous bouillissions	que j'eusse bouilli	que nous eussions bouilli
que tu bouillisses	que vous bouillissiez	que tu eusses bouilli	que vous eussiez bouilli
qu'il/elle bouillît	qu'ils/elles bouillissent	qu'il/elle eût bouilli	qu'ils/elles eussent bouilli

COMMANDS	
	(nous) bouillons
(tu) bous	(vous) bouillez

Usage

L'eau bout.	*The water is boiling.*
Je vais faire bouillir l'eau pour la soupe.	*I'm going to bring the water to a boil for soup.*
de l'eau bouillie	*boiled water*
de l'eau bouillante	*boiling water*
faire bouillir à gros bouillons	*to bring to a full boil*
Il bout de colère.	*He's seething with anger.*

RELATED WORDS

la bouillie	*baby's cereal*
C'est de la bouillie pour les chats.	*It's an illegible text./This text is a mess.*
mettre/réduire en bouillie	*to beat to a pulp*
Son ennemi était réduit en bouillie.	*His enemy was beaten to a pulp.*
le bouillon	*broth/stock*

regular -*er* verb

PRESENT	
je bourre	nous bourrons
tu bourres	vous bourrez
il/elle bourre	ils/elles bourrent

IMPERFECT	
je bourrais	nous bourrions
tu bourrais	vous bourriez
il/elle bourrait	ils/elles bourraient

PASSÉ SIMPLE	
je bourrai	nous bourrâmes
tu bourras	vous bourrâtes
il/elle bourra	ils/elles bourrèrent

FUTURE	
je bourrerai	nous bourrerons
tu bourreras	vous bourrerez
il/elle bourrera	ils/elles bourreront

CONDITIONAL	
je bourrerais	nous bourrerions
tu bourrerais	vous bourreriez
il/elle bourrerait	ils/elles bourreraient

PRESENT SUBJUNCTIVE	
que je bourre	que nous bourrions
que tu bourres	que vous bourriez
qu'il/elle bourre	qu'ils/elles bourrent

IMPERFECT SUBJUNCTIVE	
que je bourrasse	que nous bourrassions
que tu bourrasses	que vous bourrassiez
qu'il/elle bourrât	qu'ils/elles bourrassent

PASSÉ COMPOSÉ	
j'ai bourré	nous avons bourré
tu as bourré	vous avez bourré
il/elle a bourré	ils/elles ont bourré

PLUPERFECT	
j'avais bourré	nous avions bourré
tu avais bourré	vous aviez bourré
il/elle avait bourré	ils/elles avaient bourré

PAST ANTERIOR	
j'eus bourré	nous eûmes bourré
tu eus bourré	vous eûtes bourré
il/elle eut bourré	ils/elles eurent bourré

FUTURE ANTERIOR	
j'aurai bourré	nous aurons bourré
tu auras bourré	vous aurez bourré
il/elle aura bourré	ils/elles auront bourré

PAST CONDITIONAL	
j'aurais bourré	nous aurions bourré
tu aurais bourré	vous auriez bourré
il/elle aurait bourré	ils/elles auraient bourré

PAST SUBJUNCTIVE	
que j'aie bourré	que nous ayons bourré
que tu aies bourré	que vous ayez bourré
qu'il/elle ait bourré	qu'ils/elles aient bourré

PLUPERFECT SUBJUNCTIVE	
que j'eusse bourré	que nous eussions bourré
que tu eusses bourré	que vous eussiez bourré
qu'il/elle eût bourré	qu'ils/elles eussent bourré

COMMANDS	
	(nous) bourrons
(tu) bourre	(vous) bourrez

Usage

bourrer une valise de vêtements	*to stuff a suitcase with clothing*
bourrer une tarte de fruits	*to stuff a pie with fruit*
bourrer sa serviette de papiers	*to stuff one's briefcase with papers*
Il a trop bu. Il était complètement bourré.	*He drank too much. He got plastered.*
Cette famille est bourrée de fric. *(slang)*	*That family is loaded (i.e., rich).*
Ta copie est bourrée de fautes.	*Your composition is loaded with mistakes.*
Les enfants se sont bourrés de bonbons.	*The children stuffed themselves with candy.*
Les malfaiteurs l'ont bourré de coups.	*The criminals beat him up.*
Tu dois faire attention dans ce quartier la nuit.	*You should be careful in that neighborhood at night.*
Tu peux te faire bourrer la gueule. *(slang)*	*You can get your head bashed in.*

brancher *to plug in, connect*

je branche · je branchai · branché · branchant

regular *-er* verb

PRESENT		PASSÉ COMPOSÉ	
je branche	nous branchons	j'ai branché	nous avons branché
tu branches	vous branchez	tu as branché	vous avez branché
il/elle branche	ils/elles branchent	il/elle a branché	ils/elles ont branché

IMPERFECT		PLUPERFECT	
je branchais	nous branchions	j'avais branché	nous avions branché
tu branchais	vous branchiez	tu avais branché	vous aviez branché
il/elle branchait	ils/elles branchaient	il/elle avait branché	ils/elles avaient branché

PASSÉ SIMPLE		PAST ANTERIOR	
je branchai	nous branchâmes	j'eus branché	nous eûmes branché
tu branchas	vous branchâtes	tu eus branché	vous eûtes branché
il/elle brancha	ils/elles branchèrent	il/elle eut branché	ils/elles eurent branché

FUTURE		FUTURE ANTERIOR	
je brancherai	nous brancherons	j'aurai branché	nous aurons branché
tu brancheras	vous brancherez	tu auras branché	vous aurez branché
il/elle branchera	ils/elles brancheront	il/elle aura branché	ils/elles auront branché

CONDITIONAL		PAST CONDITIONAL	
je brancherais	nous brancherions	j'aurais branché	nous aurions branché
tu brancherais	vous brancheriez	tu aurais branché	vous auriez branché
il/elle brancherait	ils/elles brancheraient	il/elle aurait branché	ils/elles auraient branché

PRESENT SUBJUNCTIVE		PAST SUBJUNCTIVE	
que je branche	que nous branchions	que j'aie branché	que nous ayons branché
que tu branches	que vous branchiez	que tu aies branché	que vous ayez branché
qu'il/elle branche	qu'ils/elles branchent	qu'il/elle ait branché	qu'ils/elles aient branché

IMPERFECT SUBJUNCTIVE		PLUPERFECT SUBJUNCTIVE	
que je branchasse	que nous branchassions	que j'eusse branché	que nous eussions branché
que tu branchasses	que vous branchassiez	que tu eusses branché	que vous eussiez branché
qu'il/elle branchât	qu'ils/elles branchassent	qu'il/elle eût branché	qu'ils/elles eussent branché

COMMANDS

	(nous) branchons
(tu) branche	(vous) branchez

Usage

—Cet ordinateur ne marche pas!	*This computer isn't working!*
—Tu ne l'as pas branché.	*You didn't plug it in.*
Sur quelle prise est-ce que je peux brancher la télé?	*What socket can I plug the TV into?*
Ça se branche où?	*Where do I plug this in?*
brancher qqn sur un sujet	*to get someone started on a topic*
Ne le branchez pas sur la politique. Il vous cassera les oreilles.	*Don't get him started on politics. He'll chew your ear off.*
C'est un jeune homme branché.	*He's a with-it young man.*

regular _-er_ verb

je brosse · je brossai · brossé · brossant

PRESENT		PASSÉ COMPOSÉ	
je brosse	nous brossons	j'ai brossé	nous avons brossé
tu brosses	vous brossez	tu as brossé	vous avez brossé
il/elle brosse	ils/elles brossent	il/elle a brossé	ils/elles ont brossé

IMPERFECT		PLUPERFECT	
je brossais	nous brossions	j'avais brossé	nous avions brossé
tu brossais	vous brossiez	tu avais brossé	vous aviez brossé
il/elle brossait	ils/elles brossaient	il/elle avait brossé	ils/elles avaient brossé

PASSÉ SIMPLE		PAST ANTERIOR	
je brossai	nous brossâmes	j'eus brossé	nous eûmes brossé
tu brossas	vous brossâtes	tu eus brossé	vous eûtes brossé
il/elle brossa	ils/elles brossèrent	il/elle eut brossé	ils/elles eurent brossé

FUTURE		FUTURE ANTERIOR	
je brosserai	nous brosserons	j'aurai brossé	nous aurons brossé
tu brosseras	vous brosserez	tu auras brossé	vous aurez brossé
il/elle brossera	ils/elles brosseront	il/elle aura brossé	ils/elles auront brossé

CONDITIONAL		PAST CONDITIONAL	
je brosserais	nous brosserions	j'aurais brossé	nous aurions brossé
tu brosserais	vous brosseriez	tu aurais brossé	vous auriez brossé
il/elle brosserait	ils/elles brosseraient	il/elle aurait brossé	ils/elles auraient brossé

PRESENT SUBJUNCTIVE		PAST SUBJUNCTIVE	
que je brosse	que nous brossions	que j'aie brossé	que nous ayons brossé
que tu brosses	que vous brossiez	que tu aies brossé	que vous ayez brossé
qu'il/elle brosse	qu'ils/elles brossent	qu'il/elle ait brossé	qu'ils/elles aient brossé

IMPERFECT SUBJUNCTIVE		PLUPERFECT SUBJUNCTIVE	
que je brossasse	que nous brossassions	que j'eusse brossé	que nous eussions brossé
que tu brossasses	que vous brossassiez	que tu eusses brossé	que vous eussiez brossé
qu'il/elle brossât	qu'ils/elles brossassent	qu'il/elle eût brossé	qu'ils/elles eussent brossé

COMMANDS

	(nous) brossons
(tu) brosse	(vous) brossez

Usage

Brosse le manteau.	_Brush (off) the coat._
se brosser les dents	_to brush one's teeth_
se brosser les cheveux	_to brush one's hair_

RELATED WORDS

une brosse à dents	_a toothbrush_
une brosse à cheveux	_a hairbrush_
une brosse à vêtements	_a clothing brush_
donner un coup de brosse à	_to brush_ (especially clothing)
avoir/porter les cheveux en brosse	_to wear a crew cut_

brûler   *to burn*

je brûle · je brûlai · brûlé · brûlant

regular -er verb

PRESENT

je brûle	nous brûlons
tu brûles	vous brûlez
il/elle brûle	ils/elles brûlent

IMPERFECT

je brûlais	nous brûlions
tu brûlais	vous brûliez
il/elle brûlait	ils/elles brûlaient

PASSÉ SIMPLE

je brûlai	nous brûlâmes
tu brûlas	vous brûlâtes
il/elle brûla	ils/elles brûlèrent

FUTURE

je brûlerai	nous brûlerons
tu brûleras	vous brûlerez
il/elle brûlera	ils/elles brûleront

CONDITIONAL

je brûlerais	nous brûlerions
tu brûlerais	vous brûleriez
il/elle brûlerait	ils/elles brûleraient

PRESENT SUBJUNCTIVE

que je brûle	que nous brûlions
que tu brûles	que vous brûliez
qu'il/elle brûle	qu'ils/elles brûlent

IMPERFECT SUBJUNCTIVE

que je brûlasse	que nous brûlassions
que tu brûlasses	que vous brûlassiez
qu'il/elle brûlât	qu'ils/elles brûlassent

COMMANDS

	(nous) brûlons
(tu) brûle	(vous) brûlez

PASSÉ COMPOSÉ

j'ai brûlé	nous avons brûlé
tu as brûlé	vous avez brûlé
il/elle a brûlé	ils/elles ont brûlé

PLUPERFECT

j'avais brûlé	nous avions brûlé
tu avais brûlé	vous aviez brûlé
il/elle avait brûlé	ils/elles avaient brûlé

PAST ANTERIOR

j'eus brûlé	nous eûmes brûlé
tu eus brûlé	vous eûtes brûlé
il/elle eut brûlé	ils/elles eurent brûlé

FUTURE ANTERIOR

j'aurai brûlé	nous aurons brûlé
tu auras brûlé	vous aurez brûlé
il/elle aura brûlé	ils/elles auront brûlé

PAST CONDITIONAL

j'aurais brûlé	nous aurions brûlé
tu aurais brûlé	vous auriez brûlé
il/elle aurait brûlé	ils/elles auraient brûlé

PAST SUBJUNCTIVE

que j'aie brûlé	que nous ayons brûlé
que tu aies brûlé	que vous ayez brûlé
qu'il/elle ait brûlé	qu'ils/elles aient brûlé

PLUPERFECT SUBJUNCTIVE

que j'eusse brûlé	que nous eussions brûlé
que tu eusses brûlé	que vous eussiez brûlé
qu'il/elle eût brûlé	qu'ils/elles eussent brûlé

Usage

On brûle les ordures.	*We burn the garbage.*
Les soldats ont brûlé la ville.	*The soldiers burned the city.*
Il a le visage brûlé par le soleil.	*His face is sunburned.*
Au feu! La maison brûle!	*Fire! The house is burning!*
Cet appareil brûle beaucoup d'électricité.	*This machine consumes a lot of electricity.*
Il a brûlé un feu rouge.	*He went through a red light.*
Tu brûles!	*You're getting warmer!* (children's guessing games)
Fais attention au feu. Tu vas te brûler.	*Careful of the fire. You're going to get burned.*
brûler de faire qqch	*to be dying to do something*
Je brûle de l'interroger.	*I am dying to question him.*

RELATED WORDS

Va voir ta tarte! Ça sent le brûlé!	*Go check your pie. It smells like something is burning.*
Faites attention. La soupe est brûlante.	*Careful. The soup is very hot.*
On a tiré à brûle-pourpoint.	*They shot at point-blank range.*

regular -er verb

je cache · je cachai · caché · cachant

PRESENT

je cache	nous cachons
tu caches	vous cachez
il/elle cache	ils/elles cachent

IMPERFECT

je cachais	nous cachions
tu cachais	vous cachiez
il/elle cachait	ils/elles cachaient

PASSÉ SIMPLE

je cachai	nous cachâmes
tu cachas	vous cachâtes
il/elle cacha	ils/elles cachèrent

FUTURE

je cacherai	nous cacherons
tu cacheras	vous cacherez
il/elle cachera	ils/elles cacheront

CONDITIONAL

je cacherais	nous cacherions
tu cacherais	vous cacheriez
il/elle cacherait	ils/elles cacheraient

PRESENT SUBJUNCTIVE

que je cache	que nous cachions
que tu caches	que vous cachiez
qu'il/elle cache	qu'ils/elles cachent

IMPERFECT SUBJUNCTIVE

que je cachasse	que nous cachassions
que tu cachasses	que vous cachassiez
qu'il/elle cachât	qu'ils/elles cachassent

COMMANDS

	(nous) cachons
(tu) cache	(vous) cachez

PASSÉ COMPOSÉ

j'ai caché	nous avons caché
tu as caché	vous avez caché
il/elle a caché	ils/elles ont caché

PLUPERFECT

j'avais caché	nous avions caché
tu avais caché	vous aviez caché
il/elle avait caché	ils/elles avaient caché

PAST ANTERIOR

j'eus caché	nous eûmes caché
tu eus caché	vous eûtes caché
il/elle eut caché	ils/elles eurent caché

FUTURE ANTERIOR

j'aurai caché	nous aurons caché
tu auras caché	vous aurez caché
il/elle aura caché	ils/elles auront caché

PAST CONDITIONAL

j'aurais caché	nous aurions caché
tu aurais caché	vous auriez caché
il/elle aurait caché	ils/elles auraient caché

PAST SUBJUNCTIVE

que j'aie caché	que nous ayons caché
que tu aies caché	que vous ayez caché
qu'il/elle ait caché	qu'ils/elles aient caché

PLUPERFECT SUBJUNCTIVE

que j'eusse caché	que nous eussions caché
que tu eusses caché	que vous eussiez caché
qu'il/elle eût caché	qu'ils/elles eussent caché

Usage

Ils ont caché l'argent au sous-sol.	*They hid the money in the basement.*
Les arbres cachent la plage.	*You can't see the beach because of the trees.*
Il fait frais ici. Les arbres cachent le soleil.	*It's cool here. The trees block the sun.*
Il cache ses vraies intentions.	*He's hiding his real intentions.*
Pour réussir, il a caché son jeu.	*To succeed, he hid his intentions.*
Je ne leur ai pas caché ma colère.	*I didn't hide my anger from them.*
Je ne vous cache pas que je suis inquiet.	*I won't pretend that I am not nervous.*
Tu n'as rien à cacher.	*You have nothing to hide.*
Il ne se cache pas de sa peur.	*He doesn't hide from the fact that he's afraid.*
Il ne faut pas se cacher de ses sentiments.	*You mustn't deny your feelings.*
Les enfants jouent à cache-cache. Ils se cachent derrière les arbres.	*The children are playing hide-and-seek. They're hiding behind the trees.*
un trésor caché	*a hidden treasure*

se casser

se casser le bras/la jambe	*to break one's arm/one's leg*
se casser un bras/une jambe	*to break one's arm/one's leg*
Ne te casse pas la tête (là-dessus).	*Don't worry about it.*
Tu vas te casser la figure!	*You'll break your neck/get killed!*
Tu vas te casser la gueule! *(vulgar)*	*You'll break your neck/get killed!*

Des expressions

J'ai entendu un bruit à tout casser.	*I heard a deafening noise.*
On nous a servi un repas à tout casser.	*They served us a first-rate meal.*
casser la croûte	*to have a snack*
des paroles cassantes	*sharp words*

casser en argot

casser sa pipe	*to die/kick the bucket* (slang)
—Je vois que tu ne t'es pas cassé la tête.	*I see you haven't overworked.*
—Et toi, tu t'es cassé?	*And you strained, I suppose?*
Tu me casses la tête avec tes histoires.	*You're boring me to tears with your stories.*
Ce plat ne casse rien.	*This dish is nothing special.*
Ce film ne casse pas des briques.	*This movie is no great shakes.*

Des mots composés avec *casse-*

le casse-cou	*daredevil*
être casse-cou	*to be reckless*
le casse-pieds	*pain in the neck*
le casse-tête	*puzzle/brainteaser*
le casse-noisette	*nutcracker*
Casse-Noisette	*Tchaikovsky's "Nutcracker Suite"*
le casse-croûte	*snack*
prendre son casse-croûte	*to take along one's snack*

Related Words

la cassation d'un testament *(legal)*	*the annulling of a will*
la cour de cassation	*court of final appeal*
une voix cassée	*a hoarse, raspy voice*

casser intransitif

Le câble a cassé.	*The cable broke.*
Fais attention! Ça casse.	*Careful! That can break.*

TOP 50 VERBS

regular *-er* verb

PRESENT

je casse	nous cassons
tu casses	vous cassez
il/elle casse	ils/elles cassent

IMPERFECT

je cassais	nous cassions
tu cassais	vous cassiez
il/elle cassait	ils/elles cassaient

PASSÉ SIMPLE

je cassai	nous cassâmes
tu cassas	vous cassâtes
il/elle cassa	ils/elles cassèrent

FUTURE

je casserai	nous casserons
tu casseras	vous casserez
il/elle cassera	ils/elles casseront

CONDITIONAL

je casserais	nous casserions
tu casserais	vous casseriez
il/elle casserait	ils/elles casseraient

PRESENT SUBJUNCTIVE

que je casse	que nous cassions
que tu casses	que vous cassiez
qu'il/elle casse	qu'ils/elles cassent

IMPERFECT SUBJUNCTIVE

que je cassasse	que nous cassassions
que tu cassasses	que vous cassassiez
qu'il/elle cassât	qu'ils/elles cassassent

PASSÉ COMPOSÉ

j'ai cassé	nous avons cassé
tu as cassé	vous avez cassé
il/elle a cassé	ils/elles ont cassé

PLUPERFECT

j'avais cassé	nous avions cassé
tu avais cassé	vous aviez cassé
il/elle avait cassé	ils/elles avaient cassé

PAST ANTERIOR

j'eus cassé	nous eûmes cassé
tu eus cassé	vous eûtes cassé
il/elle eut cassé	ils/elles eurent cassé

FUTURE ANTERIOR

j'aurai cassé	nous aurons cassé
tu auras cassé	vous aurez cassé
il/elle aura cassé	ils/elles auront cassé

PAST CONDITIONAL

j'aurais cassé	nous aurions cassé
tu aurais cassé	vous auriez cassé
il/elle aurait cassé	ils/elles auraient cassé

PAST SUBJUNCTIVE

que j'aie cassé	que nous ayons cassé
que tu aies cassé	que vous ayez cassé
qu'il/elle ait cassé	qu'ils/elles aient cassé

PLUPERFECT SUBJUNCTIVE

que j'eusse cassé	que nous eussions cassé
que tu eusses cassé	que vous eussiez cassé
qu'il/elle eût cassé	qu'ils/elles eussent cassé

COMMANDS

	(nous) cassons
(tu) casse	(vous) cassez

Usage

casser un carreau	*to smash a windowpane*
J'ai cassé trois assiettes aujourd'hui.	*I broke three plates today.*
Et moi, j'ai cassé un verre.	*And I broke a glass.*
Oh, cet enfant casse tout.	*Oh, this child is always breaking something.*
Il a cassé le poste de télé en morceaux.	*He smashed the TV to pieces.*
Après Noël, les commerçants cassent les prix.	*After Christmas, the storekeepers slash prices.*
Je vais te casser la figure! *(slang)*	*I'll break your neck!*
Ils lui ont cassé le bras pendant la bagarre.	*They broke his arm during the fight.*

causer   *to cause; to chat*

je cause · je causai · causé · causant   regular *-er* verb

PRESENT

je cause	nous causons
tu causes	vous causez
il/elle cause	ils/elles causent

IMPERFECT

je causais	nous causions
tu causais	vous causiez
il/elle causait	ils/elles causaient

PASSÉ SIMPLE

je causai	nous causâmes
tu causas	vous causâtes
il/elle causa	ils/elles causèrent

FUTURE

je causerai	nous causerons
tu causeras	vous causerez
il/elle causera	ils/elles causeront

CONDITIONAL

je causerais	nous causerions
tu causerais	vous causeriez
il/elle causerait	ils/elles causeraient

PRESENT SUBJUNCTIVE

que je cause	que nous causions
que tu causes	que vous causiez
qu'il/elle cause	qu'ils/elles causent

IMPERFECT SUBJUNCTIVE

que je causasse	que nous causassions
que tu causasses	que vous causassiez
qu'il/elle causât	qu'ils/elles causassent

PASSÉ COMPOSÉ

j'ai causé	nous avons causé
tu as causé	vous avez causé
il/elle a causé	ils/elles ont causé

PLUPERFECT

j'avais causé	nous avions causé
tu avais causé	vous aviez causé
il/elle avait causé	ils/elles avaient causé

PAST ANTERIOR

j'eus causé	nous eûmes causé
tu eus causé	vous eûtes causé
il/elle eut causé	ils/elles eurent causé

FUTURE ANTERIOR

j'aurai causé	nous aurons causé
tu auras causé	vous aurez causé
il/elle aura causé	ils/elles auront causé

PAST CONDITIONAL

j'aurais causé	nous aurions causé
tu aurais causé	vous auriez causé
il/elle aurait causé	ils/elles auraient causé

PAST SUBJUNCTIVE

que j'aie causé	que nous ayons causé
que tu aies causé	que vous ayez causé
qu'il/elle ait causé	qu'ils/elles aient causé

PLUPERFECT SUBJUNCTIVE

que j'eusse causé	que nous eussions causé
que tu eusses causé	que vous eussiez causé
qu'il/elle eût causé	qu'ils/elles eussent causé

COMMANDS

	(nous) causons
(tu) cause	(vous) causez

Usage

Cet accident m'a causé beaucoup d'ennuis.	*That accident caused me a lot of trouble.*
Je ne veux pas vous causer de la peine.	*I don't want to hurt you/cause you grief.*

RELATED WORDS

Quelle est la cause de l'accident?	*What is the cause of the accident?*
agir en connaissance de cause	*to act in full knowledge of what one is doing*

SLANG MEANING

causer	*to chat*
faire un petit bout de causette	*to have a chat*
la causerie	*talking/chatting*

-er verb; spelling change: é > è/mute e

je cède · je cédai · cédé · cédant

PRESENT

je cède	nous cédons
tu cèdes	vous cédez
il/elle cède	ils/elles cèdent

IMPERFECT

je cédais	nous cédions
tu cédais	vous cédiez
il/elle cédait	ils/elles cédaient

PASSÉ SIMPLE

je cédai	nous cédâmes
tu cédas	vous cédâtes
il/elle céda	ils/elles cédèrent

FUTURE

je céderai	nous céderons
tu céderas	vous céderez
il/elle cédera	ils/elles céderont

CONDITIONAL

je céderais	nous céderions
tu céderais	vous céderiez
il/elle céderait	ils/elles céderaient

PRESENT SUBJUNCTIVE

que je cède	que nous cédions
que tu cèdes	que vous cédiez
qu'il/elle cède	qu'ils/elles cèdent

IMPERFECT SUBJUNCTIVE

que je cédasse	que nous cédassions
que tu cédasses	que vous cédassiez
qu'il/elle cédât	qu'ils/elles cédassent

COMMANDS

	(nous) cédons
(tu) cède	(vous) cédez

PASSÉ COMPOSÉ

j'ai cédé	nous avons cédé
tu as cédé	vous avez cédé
il/elle a cédé	ils/elles ont cédé

PLUPERFECT

j'avais cédé	nous avions cédé
tu avais cédé	vous aviez cédé
il/elle avait cédé	ils/elles avaient cédé

PAST ANTERIOR

j'eus cédé	nous eûmes cédé
tu eus cédé	vous eûtes cédé
il/elle eut cédé	ils/elles eurent cédé

FUTURE ANTERIOR

j'aurai cédé	nous aurons cédé
tu auras cédé	vous aurez cédé
il/elle aura cédé	ils/elles auront cédé

PAST CONDITIONAL

j'aurais cédé	nous aurions cédé
tu aurais cédé	vous auriez cédé
il/elle aurait cédé	ils/elles auraient cédé

PAST SUBJUNCTIVE

que j'aie cédé	que nous ayons cédé
que tu aies cédé	que vous ayez cédé
qu'il/elle ait cédé	qu'ils/elles aient cédé

PLUPERFECT SUBJUNCTIVE

que j'eusse cédé	que nous eussions cédé
que tu eusses cédé	que vous eussiez cédé
qu'il/elle eût cédé	qu'ils/elles eussent cédé

Usage

céder qqch à qqn	to give something up to someone/yield something
Je vous cède ma place.	You may have my seat.
L'armée a cédé du terrain.	The army gave up ground.
céder le pas à	to yield one's place/let someone get ahead of one
Les problèmes économiques cèdent le pas maintenant aux problèmes de l'environnement.	Economic concerns are now taking a back seat to environmental problems.
Il m'a cédé son tour.	He gave me his turn.
Il a cédé à sa peur.	He gave in to his fear.

célébrer   *to celebrate, observe*

je célèbre · je célébrai · célébré · célébrant   -er verb; spelling change: *é > è*/mute *e*

PRESENT

je célèbre	nous célébrons
tu célèbres	vous célébrez
il/elle célèbre	ils/elles célèbrent

IMPERFECT

je célébrais	nous célébrions
tu célébrais	vous célébriez
il/elle célébrait	ils/elles célébraient

PASSÉ SIMPLE

je célébrai	nous célébrâmes
tu célébras	vous célébrâtes
il/elle célébra	ils/elles célébrèrent

FUTURE

je célébrerai	nous célébrerons
tu célébreras	vous célébrerez
il/elle célébrera	ils/elles célébreront

CONDITIONAL

je célébrerais	nous célébrerions
tu célébrerais	vous célébreriez
il/elle célébrerait	ils/elles célébreraient

PRESENT SUBJUNCTIVE

que je célèbre	que nous célébrions
que tu célèbres	que vous célébriez
qu'il/elle célèbre	qu'ils/elles célèbrent

IMPERFECT SUBJUNCTIVE

que je célébrasse	que nous célébrassions
que tu célébrasses	que vous célébrassiez
qu'il/elle célébrât	qu'ils/elles célébrassent

PASSÉ COMPOSÉ

j'ai célébré	nous avons célébré
tu as célébré	vous avez célébré
il/elle a célébré	ils/elles ont célébré

PLUPERFECT

j'avais célébré	nous avions célébré
tu avais célébré	vous aviez célébré
il/elle avait célébré	ils/elles avaient célébré

PAST ANTERIOR

j'eus célébré	nous eûmes célébré
tu eus célébré	vous eûtes célébré
il/elle eut célébré	ils/elles eurent célébré

FUTURE ANTERIOR

j'aurai célébré	nous aurons célébré
tu auras célébré	vous aurez célébré
il/elle aura célébré	ils/elles auront célébré

PAST CONDITIONAL

j'aurais célébré	nous aurions célébré
tu aurais célébré	vous auriez célébré
il/elle aurait célébré	ils/elles auraient célébré

PAST SUBJUNCTIVE

que j'aie célébré	que nous ayons célébré
que tu aies célébré	que vous ayez célébré
qu'il/elle ait célébré	qu'ils/elles aient célébré

PLUPERFECT SUBJUNCTIVE

que j'eusse célébré	que nous eussions célébré
que tu eusses célébré	que vous eussiez célébré
qu'il/elle eût célébré	qu'ils/elles eussent célébré

COMMANDS

	(nous) célébrons
(tu) célèbre	(vous) célébrez

Usage

Elle a célébré son anniversaire.	*She celebrated her birthday.*
célébrer un mariage	*to celebrate a marriage*
célébrer la messe	*to celebrate/conduct mass*
Nous célébrerons le fête légale.	*We will observe the legal holiday.*
célébrer l'œuvre littéraire d'un auteur	*to celebrate an author's literary work*
célébrer la mémoire de qqn	*to celebrate/commemorate someone's memory*

RELATED WORDS

la célébration de la messe/d'un mariage	*the celebration of mass/of a marriage*
célèbre	*famous*
un artiste célèbre	*a famous artist*
se rendre/devenir célèbre	*to become famous*
la célébrité	*fame/celebrity*

regular *-er* verb

je cesse · je cessai · cessé · cessant

PRESENT

je cesse	nous cessons
tu cesses	vous cessez
il/elle cesse	ils/elles cessent

IMPERFECT

je cessais	nous cessions
tu cessais	vous cessiez
il/elle cessait	ils/elles cessaient

PASSÉ SIMPLE

je cessai	nous cessâmes
tu cessas	vous cessâtes
il/elle cessa	ils/elles cessèrent

FUTURE

je cesserai	nous cesserons
tu cesseras	vous cesserez
il/elle cessera	ils/elles cesseront

CONDITIONAL

je cesserais	nous cesserions
tu cesserais	vous cesseriez
il/elle cesserait	ils/elles cesseraient

PRESENT SUBJUNCTIVE

que je cesse	que nous cessions
que tu cesses	que vous cessiez
qu'il/elle cesse	qu'ils/elles cessent

IMPERFECT SUBJUNCTIVE

que je cessasse	que nous cessassions
que tu cessasses	que vous cessassiez
qu'il/elle cessât	qu'ils/elles cessassent

COMMANDS

	(nous) cessons
(tu) cesse	(vous) cessez

PASSÉ COMPOSÉ

j'ai cessé	nous avons cessé
tu as cessé	vous avez cessé
il/elle a cessé	ils/elles ont cessé

PLUPERFECT

j'avais cessé	nous avions cessé
tu avais cessé	vous aviez cessé
il/elle avait cessé	ils/elles avaient cessé

PAST ANTERIOR

j'eus cessé	nous eûmes cessé
tu eus cessé	vous eûtes cessé
il/elle eut cessé	ils/elles eurent cessé

FUTURE ANTERIOR

j'aurai cessé	nous aurons cessé
tu auras cessé	vous aurez cessé
il/elle aura cessé	ils/elles auront cessé

PAST CONDITIONAL

j'aurais cessé	nous aurions cessé
tu aurais cessé	vous auriez cessé
il/elle aurait cessé	ils/elles auraient cessé

PAST SUBJUNCTIVE

que j'aie cessé	que nous ayons cessé
que tu aies cessé	que vous ayez cessé
qu'il/elle ait cessé	qu'ils/elles aient cessé

PLUPERFECT SUBJUNCTIVE

que j'eusse cessé	que nous eussions cessé
que tu eusses cessé	que vous eussiez cessé
qu'il/elle eût cessé	qu'ils/elles eussent cessé

Usage

Nous avons cessé nos efforts.	*We stopped our efforts.*
L'usine a cessé la production de cet article.	*The factory stopped production of this item.*
Les ouvriers ont cessé le travail.	*The workers stopped work.*
Le bruit a cessé.	*The noise stopped.*
Le travail a cessé.	*Work stopped.*
La pluie/Le vent a cessé.	*The rain/wind stopped.*
cesser de faire qqch	*to stop doing something*
Ils ont cessé de fumer.	*They stopped smoking.*
Il ne cesse pas de faire l'idiot.	*He won't stop acting like an idiot.*

RELATED WORDS

la cessation	*stopping*
la cessation des hostilités	*cease-fire*
sans cesse	*continually/constantly*

je change · je changeai · changé · changeant

regular *-er* verb;
spelling change: *g > ge/a, o*

changer = transformer

changer qqch en qqch	*to change something into something*
Il a changé son salle de séjour en cabinet de travail.	*He changed his living room into a study.*

Changer de l'argent

changer de l'argent	*to change money/convert currency*
le bureau de change	*foreign currency exchange office*
gagner/perdre au change	*to gain/lose money in an exchange operation*
une opération de change	*a foreign exchange operation*

changer de + singular noun

changer d'adresse	*to move/change addresses*
changer de train/d'autobus/d'avion	*to change trains/buses/planes*
changer de vêtements	*to change one's clothes*
changer d'avis, changer d'idée	*to change one's mind*
changer de ton	*to change one's tune*
changer de sujet	*to change the subject*
Quand elle a vu son ancien fiancé, elle a changé de couleur.	*When she saw her former fiancé, she changed color.*
Je l'ai pas reconnue parce qu'elle avait changé de coiffure.	*I didn't recognize her because she had changed her hairdo.*
Ce politicien a changé de camp.	*This politician has changed sides.*
Changeons de route pour qu'on ne nous poursuive pas.	*Let's go a different way so that they don't follow us.*

changer qqch

changer ses plans	*to change one's plans*
changer les draps	*to change the sheets*
changer sa voiture	*to get a different car*
changer sa façon de vivre	*to change one's way of life*
changer les couches à un enfant	*to change a child's diapers*
changer qqch contre qqch	*to exchange something for something*
changer un enfant	*to change a child* (clothing, diapers)
Il a changé sa vieille bicyclette contre une nouvelle.	*He exchanged his old bicycle for a new one.*

changer qqch de place *to move something*

—Ah, vous avez changé le canapé de place.	*Oh, you've moved the sofa.*
—Oui, nous avons changé tous les meubles de place.	*Yes, we've moved all the furniture.*
On m'a changé de poste.	*They moved me to a different job.*
changer son fusil d'épaule	*to change one's tack, to have a change of heart*

se changer *to change one's clothes*

—Tu vas te changer avant de sortir?	*Are you going to change before going out?*
—Oui. Le temps de me changer et je descends.	*Just give me enough time to change and I'll be right down.*

TOP 50
VERBS

regular -*er* verb;
spelling change: *g > ge/a, o*

PRESENT

je change	nous changeons
tu changes	vous changez
il/elle change	ils/elles changent

IMPERFECT

je changeais	nous changions
tu changeais	vous changiez
il/elle changeait	ils/elles changeaient

PASSÉ SIMPLE

je changeai	nous changeâmes
tu changeas	vous changeâtes
il/elle changea	ils/elles changèrent

FUTURE

je changerai	nous changerons
tu changeras	vous changerez
il/elle changera	ils/elles changeront

CONDITIONAL

je changerais	nous changerions
tu changerais	vous changeriez
il/elle changerait	ils/elles changeraient

PRESENT SUBJUNCTIVE

que je change	que nous changions
que tu changes	que vous changiez
qu'il/elle change	qu'ils/elles changent

IMPERFECT SUBJUNCTIVE

que je changeasse	que nous changeassions
que tu changeasses	que vous changeassiez
qu'il/elle changeât	qu'ils/elles changeassent

PASSÉ COMPOSÉ

j'ai changé	nous avons changé
tu as changé	vous avez changé
il/elle a changé	ils/elles ont changé

PLUPERFECT

j'avais changé	nous avions changé
tu avais changé	vous aviez changé
il/elle avait changé	ils/elles avaient changé

PAST ANTERIOR

j'eus changé	nous eûmes changé
tu eus changé	vous eûtes changé
il/elle eut changé	ils/elles eurent changé

FUTURE ANTERIOR

j'aurai changé	nous aurons changé
tu auras changé	vous aurez changé
il/elle aura changé	ils/elles auront changé

PAST CONDITIONAL

j'aurais changé	nous aurions changé
tu aurais changé	vous auriez changé
il/elle aurait changé	ils/elles auraient changé

PAST SUBJUNCTIVE

que j'aie changé	que nous ayons changé
que tu aies changé	que vous ayez changé
qu'il/elle ait changé	qu'ils/elles aient changé

PLUPERFECT SUBJUNCTIVE

que j'eusse changé	que nous eussions changé
que tu eusses changé	que vous eussiez changé
qu'il/elle eût changé	qu'ils/elles eussent changé

COMMANDS

	(nous) changeons
(tu) change	(vous) changez

Usage

Tout ça ne change rien.	*All that changes nothing/makes no difference.*
Je vois que rien ne te changera.	*I see that nothing will change you.*
changer une ampoule	*to change a lightbulb*
On ne peut pas le changer.	*He'll never change.*
changer les idées à qqn	*to take someone's mind off things*
Un dîner en ville te changera les idées.	*A dinner out will take your mind off things.*
Il a démissionné? Ça change tout!	*He resigned? That makes all the difference.*

PHRASE CÉLÈBRE

Plus ça change, plus c'est la même chose.	*The more things change the more they remain the same.*

PROVERB

Ce n'est pas la peine de changer un cheval borgne pour un cheval aveugle.	*We might as well choose the lesser of two evils.* (lit., *There's no sense exchanging a one-eyed horse for a blind horse.*)

je chante · je chantai · chanté · chantant

regular -*er* verb

PRESENT

je chante	nous chantons
tu chantes	vous chantez
il/elle chante	ils/elles chantent

IMPERFECT

je chantais	nous chantions
tu chantais	vous chantiez
il/elle chantait	ils/elles chantaient

PASSÉ SIMPLE

je chantai	nous chantâmes
tu chantas	vous chantâtes
il/elle chanta	ils/elles chantèrent

FUTURE

je chanterai	nous chanterons
tu chanteras	vous chanterez
il/elle chantera	ils/elles chanteront

CONDITIONAL

je chanterais	nous chanterions
tu chanterais	vous chanteriez
il/elle chanterait	ils/elles chanteraient

PRESENT SUBJUNCTIVE

que je chante	que nous chantions
que tu chantes	que vous chantiez
qu'il/elle chante	qu'ils/elles chantent

IMPERFECT SUBJUNCTIVE

que je chantasse	que nous chantassions
que tu chantasses	que vous chantassiez
qu'il/elle chantât	qu'ils/elles chantassent

COMMANDS

	(nous) chantons
(tu) chante	(vous) chantez

PASSÉ COMPOSÉ

j'ai chanté	nous avons chanté
tu as chanté	vous avez chanté
il/elle a chanté	ils/elles ont chanté

PLUPERFECT

j'avais chanté	nous avions chanté
tu avais chanté	vous aviez chanté
il/elle avait chanté	ils/elles avaient chanté

PAST ANTERIOR

j'eus chanté	nous eûmes chanté
tu eus chanté	vous eûtes chanté
il/elle eut chanté	ils/elles eurent chanté

FUTURE ANTERIOR

j'aurai chanté	nous aurons chanté
tu auras chanté	vous aurez chanté
il/elle aura chanté	ils/elles auront chanté

PAST CONDITIONAL

j'aurais chanté	nous aurions chanté
tu aurais chanté	vous auriez chanté
il/elle aurait chanté	ils/elles auraient chanté

PAST SUBJUNCTIVE

que j'aie chanté	que nous ayons chanté
que tu aies chanté	que vous ayez chanté
qu'il/elle ait chanté	qu'ils/elles aient chanté

PLUPERFECT SUBJUNCTIVE

que j'eusse chanté	que nous eussions chanté
que tu eusses chanté	que vous eussiez chanté
qu'il/elle eût chanté	qu'ils/elles eussent chanté

Usage

chanter une chanson	*to sing a song*
chanter juste	*to sing on key*
chanter faux	*to sing off key*
Il chante en parlant.	*He speaks in a singsong.*
C'est comme si je chantais!	*I see I'm wasting my breath!*
Qu'est-ce que tu me chantes là?	*What nonsense are you telling me?*
On peut aller au cinéma si le film te chante.	*We can go to the movies if the film appeals to you.*
Ça ne me chante pas de passer la soirée avec eux.	*I really don't feel like spending the evening with them.*
Il téléphone à ses parents quand ça lui chante.	*He calls his parents when he feels like it.*

RELATED WORDS

la chanson	*song*
la chanson de geste	*epic poem*
le chant	*song/melody/singing*
le chanteur/la chanteuse	*singer*

regular -er verb; spelling change: *g > ge/a, o*   **je charge · je chargeai · chargé · chargeant**

PRESENT

je charge	nous chargeons
tu charges	vous chargez
il/elle charge	ils/elles chargent

PASSÉ COMPOSÉ

j'ai chargé	nous avons chargé
tu as chargé	vous avez chargé
il/elle a chargé	ils/elles ont chargé

IMPERFECT

je chargeais	nous chargions
tu chargeais	vous chargiez
il/elle chargeait	ils/elles chargeaient

PLUPERFECT

j'avais chargé	nous avions chargé
tu avais chargé	vous aviez chargé
il/elle avait chargé	ils/elles avaient chargé

PASSÉ SIMPLE

je chargeai	nous chargeâmes
tu chargeas	vous chargeâtes
il/elle chargea	ils/elles chargèrent

PAST ANTERIOR

j'eus chargé	nous eûmes chargé
tu eus chargé	vous eûtes chargé
il/elle eut chargé	ils/elles eurent chargé

FUTURE

je chargerai	nous chargerons
tu chargeras	vous chargerez
il/elle chargera	ils/elles chargeront

FUTURE ANTERIOR

j'aurai chargé	nous aurons chargé
tu auras chargé	vous aurez chargé
il/elle aura chargé	ils/elles auront chargé

CONDITIONAL

je chargerais	nous chargerions
tu chargerais	vous chargeriez
il/elle chargerait	ils/elles chargeraient

PAST CONDITIONAL

j'aurais chargé	nous aurions chargé
tu aurais chargé	vous auriez chargé
il/elle aurait chargé	ils/elles auraient chargé

PRESENT SUBJUNCTIVE

que je charge	que nous chargions
que tu charges	que vous chargiez
qu'il/elle charge	qu'ils/elles chargent

PAST SUBJUNCTIVE

que j'aie chargé	que nous ayons chargé
que tu aies chargé	que vous ayez chargé
qu'il/elle ait chargé	qu'ils/elles aient chargé

IMPERFECT SUBJUNCTIVE

que je chargeasse	que nous chargeassions
que tu chargeasses	que vous chargeassiez
qu'il/elle chargeât	qu'ils/elles chargeassent

PLUPERFECT SUBJUNCTIVE

que j'eusse chargé	que nous eussions chargé
que tu eusses chargé	que vous eussiez chargé
qu'il/elle eût chargé	qu'ils/elles eussent chargé

COMMANDS

	(nous) chargeons
(tu) charge	(vous) chargez

Usage

charger le camion	*to load the truck*
avoir les bras chargés	*to be loaded down/have a lot to carry*
Il a chargé le paquet sur son épaule.	*He put the package on his shoulder.*
Les escargots m'ont chargé l'estomac.	*The snails upset my stomach.*
J'ai la mémoire chargée de détails.	*My memory is overloaded with details.*
J'ai l'horaire très chargé aujourd'hui.	*I have a very full schedule today.*
télécharger	*to download/upload*

charger qqn de (faire) qqch

charger qqn de qqch	*to put someone in charge of something*
Il m'a chargé de la réunion d'affaires.	*He put me in charge of the business meeting.*
charger qqn de faire qqch	*to give someone the responsibility for doing something*
Il m'a chargé de préparer un compte-rendu.	*He assigned me the responsibility of preparing a report.*

chasser *to hunt, chase*

regular *-er* verb

PRESENT

je chasse	nous chassons
tu chasses	vous chassez
il/elle chasse	ils/elles chassent

IMPERFECT

je chassais	nous chassions
tu chassais	vous chassiez
il/elle chassait	ils/elles chassaient

PASSÉ SIMPLE

je chassai	nous chassâmes
tu chassas	vous chassâtes
il/elle chassa	ils/elles chassèrent

FUTURE

je chasserai	nous chasserons
tu chasseras	vous chasserez
il/elle chassera	ils/elles chasseront

CONDITIONAL

je chasserais	nous chasserions
tu chasserais	vous chasseriez
il/elle chasserait	ils/elles chasseraient

PRESENT SUBJUNCTIVE

que je chasse	que nous chassions
que tu chasses	que vous chassiez
qu'il/elle chasse	qu'ils/elles chassent

IMPERFECT SUBJUNCTIVE

que je chassasse	que nous chassassions
que tu chassasses	que vous chassassiez
qu'il/elle chassât	qu'ils/elles chassassent

PASSÉ COMPOSÉ

j'ai chassé	nous avons chassé
tu as chassé	vous avez chassé
il/elle a chassé	ils/elles ont chassé

PLUPERFECT

j'avais chassé	nous avions chassé
tu avais chassé	vous aviez chassé
il/elle avait chassé	ils/elles avaient chassé

PAST ANTERIOR

j'eus chassé	nous eûmes chassé
tu eus chassé	vous eûtes chassé
il/elle eut chassé	ils/elles eurent chassé

FUTURE ANTERIOR

j'aurai chassé	nous aurons chassé
tu auras chassé	vous aurez chassé
il/elle aura chassé	ils/elles auront chassé

PAST CONDITIONAL

j'aurais chassé	nous aurions chassé
tu aurais chassé	vous auriez chassé
il/elle aurait chassé	ils/elles auraient chassé

PAST SUBJUNCTIVE

que j'aie chassé	que nous ayons chassé
que tu aies chassé	que vous ayez chassé
qu'il/elle ait chassé	qu'ils/elles aient chassé

PLUPERFECT SUBJUNCTIVE

que j'eusse chassé	que nous eussions chassé
que tu eusses chassé	que vous eussiez chassé
qu'il/elle eût chassé	qu'ils/elles eussent chassé

COMMANDS

	(nous) chassons
(tu) chasse	(vous) chassez

Usage

chasser le lapin/le lion	*to go rabbit/lion hunting*
Ses rivaux politiques l'ont chassé du pays.	*His political rivals made him leave the country.*
Le bruit du chantier va me chasser de chez moi.	*The noise from the construction site is going to drive me out of my house.*
Un incendie les a chassés de chez eux.	*A fire burned them out of their home.*
Il est avocat comme son père; il chasse de race.	*He's a lawyer like his father, following in the family tradition.*

RELATED WORDS

la chasse	*the hunt*
aller à la chasse	*to go hunting*
le chasseur/la chasseuse	*hunter; bellhop*
le chasseur/la chasseuse de têtes	*headhunter*

regular *-er* reflexive verb;
compound tenses with *être*

je me chauffe · je me chauffai · s'étant chauffé · se chauffant

PRESENT

je me chauffe	nous nous chauffons
tu te chauffes	vous vous chauffez
il/elle se chauffe	ils/elles se chauffent

PASSÉ COMPOSÉ

je me suis chauffé(e)	nous nous sommes chauffé(e)s
tu t'es chauffé(e)	vous vous êtes chauffé(e)(s)
il/elle s'est chauffé(e)	ils/elles se sont chauffé(e)s

IMPERFECT

je me chauffais	nous nous chauffions
tu te chauffais	vous vous chauffiez
il/elle se chauffait	ils/elles se chauffaient

PLUPERFECT

je m'étais chauffé(e)	nous nous étions chauffé(e)s
tu t'étais chauffé(e)	vous vous étiez chauffé(e)(s)
il/elle s'était chauffé(e)	ils/elles s'étaient chauffé(e)s

PASSÉ SIMPLE

je me chauffai	nous nous chauffâmes
tu te chauffas	vous vous chauffâtes
il/elle se chauffa	ils/elles se chauffèrent

PAST ANTERIOR

je me fus chauffé(e)	nous nous fûmes chauffé(e)s
tu te fus chauffé(e)	vous vous fûtes chauffé(e)(s)
il/elle se fut chauffé(e)	ils/elles se furent chauffé(e)s

FUTURE

je me chaufferai	nous nous chaufferons
tu te chaufferas	vous vous chaufferez
il/elle se chauffera	ils/elles se chaufferont

FUTURE ANTERIOR

je me serai chauffé(e)	nous nous serons chauffé(e)s
tu te seras chauffé(e)	vous vous serez chauffé(e)(s)
il/elle se sera chauffé(e)	ils/elles se seront chauffé(e)s

CONDITIONAL

je me chaufferais	nous nous chaufferions
tu te chaufferais	vous vous chaufferiez
il/elle se chaufferait	ils/elles se chaufferaient

PAST CONDITIONAL

je me serais chauffé(e)	nous nous serions chauffé(e)s
tu te serais chauffé(e)	vous vous seriez chauffé(e)(s)
il/elle se serait chauffé(e)	ils/elles se seraient chauffé(e)s

PRESENT SUBJUNCTIVE

que je me chauffe	que nous nous chauffions
que tu te chauffes	que vous vous chauffiez
qu'il/elle se chauffe	qu'ils/elles se chauffent

PAST SUBJUNCTIVE

que je me sois chauffé(e)	que nous nous soyons chauffé(e)s
que tu te sois chauffé(e)	que vous vous soyez chauffé(e)(s)
qu'il/elle se soit chauffé(e)	qu'ils/elles se soient chauffé(e)s

IMPERFECT SUBJUNCTIVE

que je me chauffasse	que nous nous chauffassions
que tu te chauffasses	que vous vous chauffassiez
qu'il/elle se chauffât	qu'ils/elles se chauffassent

PLUPERFECT SUBJUNCTIVE

que je me fusse chauffé(e)	que nous nous fussions chauffé(e)s
que tu te fusses chauffé(e)	que vous vous fussiez chauffé(e)(s)
qu'il/elle se fût chauffé(e)	qu'ils/elles se fussent chauffé(e)s

COMMANDS

	(nous) chauffons-nous
(tu) chauffe-toi	(vous) chauffez-vous

Usage

Le chat se chauffe au soleil.	*The cat is warming himself in the sun.*
Nous, on se chauffe au bois.	*We use wood for heating.*
Chez nous on se chauffe au gaz.	*We have gas heat.*
—Je veux me chauffer.	*I want to warm up.*
—Je vais te faire un thé.	*I'll make you a cup of tea.*

RELATED WORDS

le chauffage électrique/solaire	*electric/solar heating*
le chauffe-eau	*water heater*
le chauffe-plats	*chafing dish*

D'autres sens du mot

Il faut chercher un taxi pour y aller.	*We have to get a cab to get there.*
chercher à tâtons	*to grope for*
Je cherchais mes lunettes à tâtons dans le noir.	*I was hunting around for my glasses in the dark.*
Qu'est-ce que vous cherchez en disant cela?	*What do you mean by that?*
Il est assez méchant. Ne le cherchez pas!	*He's rather nasty. Don't provoke him!*
Ça va chercher dans les cinq mille euros.	*That's going to cost about five thousand euros.*

verb of motion + *chercher*

aller chercher qqn	*to go pick up/get someone*
Tu peux aller chercher papa à la gare?	*Can you go pick up Dad at the station?*
Il faut aller chercher du secours.	*We have to get help.*
Va me chercher le journal, s'il te plaît.	*Go get me the newspaper, please.*
Qu'est-ce que tu viens chercher?	*What have you come to get?*
Le chasseur est monté chercher nos valises.	*The bellhop went up to get our bags.*
Maman est descendue chercher une baguette pour le dîner.	*Mother went downstairs to get a baguette for dinner.*
Sortons chercher la voiture.	*Let's go out and pick up the car.*
Je suis rentré chercher mon portefeuille.	*I went back home to get my wallet.*
Cherche! Cherche!/Va chercher! *(to a dog)*	*Go get it!/Fetch!*

Expressions

Ce type est pénible. Il cherche toujours midi à quatorze heures.	*That guy is annoying. He's always looking for complications.*
Il est toujours à chercher la bagarre.	*He's always looking for a fight.*
—Alors, comment s'appelle-t-elle?	*So, what's her name?*
—Attendez un peu, je cherche encore son nom.	*Wait a minute, I'm still trying to remember her name.*
C'est comme chercher une aiguille dans une botte de foin.	*It's like looking for a needle in a haystack.*
chercher la petite bête	*to split hairs*
Je la trouve fatigante. Elle cherche toujours des noises à tout le monde.	*I find her tiresome. She's always trying to pick a quarrel with everyone.*
Méfiez-vous de cet homme. Il vous cherche des histoires.	*Be careful of that man. He's trying to make trouble for you.*
Les agents de police lui ont cherché des poux/des crosses.	*The policemen gave him a hard time.*
chercher ses mots	*to have trouble finding words*
Cherchez la femme.	*Look for the woman. (as the explanation for events)*

Related Words

le chercheur/la chercheuse	*researcher*
la recherche	*research*
à la recherche de	*in search of*

regular -*er* verb | **je cherche · je cherchai · cherché · cherchant**

PRESENT

je cherche	nous cherchons
tu cherches	vous cherchez
il/elle cherche	ils/elles cherchent

IMPERFECT

je cherchais	nous cherchions
tu cherchais	vous cherchiez
il/elle cherchait	ils/elles cherchaient

PASSÉ SIMPLE

je cherchai	nous cherchâmes
tu cherchas	vous cherchâtes
il/elle chercha	ils/elles cherchèrent

FUTURE

je chercherai	nous chercherons
tu chercheras	vous chercherez
il/elle cherchera	ils/elles chercheront

CONDITIONAL

je chercherais	nous chercherions
tu chercherais	vous chercheriez
il/elle chercherait	ils/elles chercheraient

PRESENT SUBJUNCTIVE

que je cherche	que nous cherchions
que tu cherches	que vous cherchiez
qu'il/elle cherche	qu'ils/elles cherchent

IMPERFECT SUBJUNCTIVE

que je cherchasse	que nous cherchassions
que tu cherchasses	que vous cherchassiez
qu'il/elle cherchât	qu'ils/elles cherchassent

PASSÉ COMPOSÉ

j'ai cherché	nous avons cherché
tu as cherché	vous avez cherché
il/elle a cherché	ils/elles ont cherché

PLUPERFECT

j'avais cherché	nous avions cherché
tu avais cherché	vous aviez cherché
il/elle avait cherché	ils/elles avaient cherché

PAST ANTERIOR

j'eus cherché	nous eûmes cherché
tu eus cherché	vous eûtes cherché
il/elle eut cherché	ils/elles eurent cherché

FUTURE ANTERIOR

j'aurai cherché	nous aurons cherché
tu auras cherché	vous aurez cherché
il/elle aura cherché	ils/elles auront cherché

PAST CONDITIONAL

j'aurais cherché	nous aurions cherché
tu aurais cherché	vous auriez cherché
il/elle aurait cherché	ils/elles auraient cherché

PAST SUBJUNCTIVE

que j'aie cherché	que nous ayons cherché
que tu aies cherché	que vous ayez cherché
qu'il/elle ait cherché	qu'ils/elles aient cherché

PLUPERFECT SUBJUNCTIVE

que j'eusse cherché	que nous eussions cherché
que tu eusses cherché	que vous eussiez cherché
qu'il/elle eût cherché	qu'ils/elles eussent cherché

COMMANDS

	(nous) cherchons
(tu) cherche	(vous) cherchez

Usage

chercher qqn	*to look for someone*
La mère cherche son enfant.	*The mother is looking for her child.*
chercher qqch	*to look for something*
chercher un objet perdu	*to look for a lost object*
chercher un emploi	*to look for a job*
chercher une solution/une excuse	*to look for a solution/an excuse*
chercher un mot dans le dictionnaire	*to look up a word in the dictionary*
chercher un logement	*to be looking for a place to live*
chercher partout	*to look everywhere*
J'ai cherché une pièce dans ma poche.	*I looked for a coin in my pocket.*
Tu n'as pas bien cherché!	*You didn't look carefully.*
chercher à faire qqch	*to try to do something*
Je vais chercher à savoir la date.	*I'll try to find out the date.*
Il cherche à nous persuader.	*He's trying to persuade us.*

PRESENT

je chéris	nous chérissons
tu chéris	vous chérissez
il/elle chérit	ils/elles chérissent

PASSÉ COMPOSÉ

j'ai chéri	nous avons chéri
tu as chéri	vous avez chéri
il/elle a chéri	ils/elles ont chéri

IMPERFECT

je chérissais	nous chérissions
tu chérissais	vous chérissiez
il/elle chérissait	ils/elles chérissaient

PLUPERFECT

j'avais chéri	nous avions chéri
tu avais chéri	vous aviez chéri
il/elle avait chéri	ils/elles avaient chéri

PASSÉ SIMPLE

je chéris	nous chérîmes
tu chéris	vous chérîtes
il/elle chérit	ils/elles chérirent

PAST ANTERIOR

j'eus chéri	nous eûmes chéri
tu eus chéri	vous eûtes chéri
il/elle eut chéri	ils/elles eurent chéri

FUTURE

je chérirai	nous chérirons
tu chériras	vous chérirez
il/elle chérira	ils/elles chériront

FUTURE ANTERIOR

j'aurai chéri	nous aurons chéri
tu auras chéri	vous aurez chéri
il/elle aura chéri	ils/elles auront chéri

CONDITIONAL

je chérirais	nous chéririons
tu chérirais	vous chéririez
il/elle chérirait	ils/elles chériraient

PAST CONDITIONAL

j'aurais chéri	nous aurions chéri
tu aurais chéri	vous auriez chéri
il/elle aurait chéri	ils/elles auraient chéri

PRESENT SUBJUNCTIVE

que je chérisse	que nous chérissions
que tu chérisses	que vous chérissiez
qu'il/elle chérisse	qu'ils/elles chérissent

PAST SUBJUNCTIVE

que j'aie chéri	que nous ayons chéri
que tu aies chéri	que vous ayez chéri
qu'il/elle ait chéri	qu'ils/elles aient chéri

IMPERFECT SUBJUNCTIVE

que je chérisse	que nous chérissions
que tu chérisses	que vous chérissiez
qu'il/elle chérît	qu'ils/elles chérissent

PLUPERFECT SUBJUNCTIVE

que j'eusse chéri	que nous eussions chéri
que tu eusses chéri	que vous eussiez chéri
qu'il/elle eût chéri	qu'ils/elles eussent chéri

COMMANDS

	(nous) chérissons
(tu) chéris	(vous) chérissez

Usage

chérir sa famille	*to cherish one's family*
chérir son pays	*to love one's country*
Il faut chérir la liberté avant tout.	*Freedom must be prized above everything else.*
Oh, mon fils chéri!	*Oh, my beloved son!*
Sa fille chérie l'a soigné dans sa vieillesse.	*His cherished daughter cared for him in his old age.*
mon chéri/ma chérie	*(my) darling*
être le chéri de sa mère	*to be his mother's favorite*
Cet enfant est le chéri de ses parents.	*His parents dote on this child.*

regular *-ir* verb | **je choisis · je choisis · choisi · choisissant**

PRESENT

je choisis	nous choisissons
tu choisis	vous choisissez
il/elle choisit	ils/elles choisissent

IMPERFECT

je choisissais	nous choisissions
tu choisissais	vous choisissiez
il/elle choisissait	ils/elles choisissaient

PASSÉ SIMPLE

je choisis	nous choisîmes
tu choisis	vous choisîtes
il/elle choisit	ils/elles choisirent

FUTURE

je choisirai	nous choisirons
tu choisiras	vous choisirez
il/elle choisira	ils/elles choisiront

CONDITIONAL

je choisirais	nous choisirions
tu choisirais	vous choisiriez
il/elle choisirait	ils/elles choisiraient

PRESENT SUBJUNCTIVE

que je choisisse	que nous choisissions
que tu choisisses	que vous choisissiez
qu'il/elle choisisse	qu'ils/elles choisissent

IMPERFECT SUBJUNCTIVE

que je choisisse	que nous choisissions
que tu choisisses	que vous choisissiez
qu'il/elle choisît	qu'ils/elles choisissent

COMMANDS

	(nous) choisissons
(tu) choisis	(vous) choisissez

PASSÉ COMPOSÉ

j'ai choisi	nous avons choisi
tu as choisi	vous avez choisi
il/elle a choisi	ils/elles ont choisi

PLUPERFECT

j'avais choisi	nous avions choisi
tu avais choisi	vous aviez choisi
il/elle avait choisi	ils/elles avaient choisi

PAST ANTERIOR

j'eus choisi	nous eûmes choisi
tu eus choisi	vous eûtes choisi
il/elle eut choisi	ils/elles eurent choisi

FUTURE ANTERIOR

j'aurai choisi	nous aurons choisi
tu auras choisi	vous aurez choisi
il/elle aura choisi	ils/elles auront choisi

PAST CONDITIONAL

j'aurais choisi	nous aurions choisi
tu aurais choisi	vous auriez choisi
il/elle aurait choisi	ils/elles auraient choisi

PAST SUBJUNCTIVE

que j'aie choisi	que nous ayons choisi
que tu aies choisi	que vous ayez choisi
qu'il/elle ait choisi	qu'ils/elles aient choisi

PLUPERFECT SUBJUNCTIVE

que j'eusse choisi	que nous eussions choisi
que tu eusses choisi	que vous eussiez choisi
qu'il/elle eût choisi	qu'ils/elles eussent choisi

Usage

Tu n'as qu'à choisir.	*All you have to do is choose.*
Je ne sais pas pourquoi on m'a choisi pour ce travail.	*I don't know why I got picked for this job.*
Vous avez choisi, monsieur?	*Have you decided, sir?* (waiter to customer)

RELATED WORDS

le choix	*choice*
l'embarras du choix	*too much to choose from*
Je n'avais pas le choix.	*I had no choice.*
question au choix	*optional question*
Tu peux louer la voiture de ton choix.	*You can rent the car you like best.*
des fruits de premier choix	*choice fruit*
—Allez! Il faut faire un choix.	*Come on! You have to make a choice.*
—Bon. Mon choix est fait.	*OK. I've made up my mind.*

chuchoter *to whisper*

je chuchote · je chuchotai · chuchoté · chuchotant

regular *-er* verb

PRESENT

je chuchote	nous chuchotons
tu chuchotes	vous chuchotez
il/elle chuchote	ils/elles chuchotent

IMPERFECT

je chuchotais	nous chuchotions
tu chuchotais	vous chuchotiez
il/elle chuchotait	ils/elles chuchotaient

PASSÉ SIMPLE

je chuchotai	nous chuchotâmes
tu chuchotas	vous chuchotâtes
il/elle chuchota	ils/elles chuchotèrent

FUTURE

je chuchoterai	nous chuchoterons
tu chuchoteras	vous chuchoterez
il/elle chuchotera	ils/elles chuchoteront

CONDITIONAL

je chuchoterais	nous chuchoterions
tu chuchoterais	vous chuchoteriez
il/elle chuchoterait	ils/elles chuchoteraient

PRESENT SUBJUNCTIVE

que je chuchote	que nous chuchotions
que tu chuchotes	que vous chuchotiez
qu'il/elle chuchote	qu'ils/elles chuchotent

IMPERFECT SUBJUNCTIVE

que je chuchotasse	que nous chuchotassions
que tu chuchotasses	que vous chuchotassiez
qu'il/elle chuchotât	qu'ils/elles chuchotassent

PASSÉ COMPOSÉ

j'ai chuchoté	nous avons chuchoté
tu as chuchoté	vous avez chuchoté
il/elle a chuchoté	ils/elles ont chuchoté

PLUPERFECT

j'avais chuchoté	nous avions chuchoté
tu avais chuchoté	vous aviez chuchoté
il/elle avait chuchoté	ils/elles avaient chuchoté

PAST ANTERIOR

j'eus chuchoté	nous eûmes chuchoté
tu eus chuchoté	vous eûtes chuchoté
il/elle eut chuchoté	ils/elles eurent chuchoté

FUTURE ANTERIOR

j'aurai chuchoté	nous aurons chuchoté
tu auras chuchoté	vous aurez chuchoté
il/elle aura chuchoté	ils/elles auront chuchoté

PAST CONDITIONAL

j'aurais chuchoté	nous aurions chuchoté
tu aurais chuchoté	vous auriez chuchoté
il/elle aurait chuchoté	ils/elles auraient chuchoté

PAST SUBJUNCTIVE

que j'aie chuchoté	que nous ayons chuchoté
que tu aies chuchoté	que vous ayez chuchoté
qu'il/elle ait chuchoté	qu'ils/elles aient chuchoté

PLUPERFECT SUBJUNCTIVE

que j'eusse chuchoté	que nous eussions chuchoté
que tu eusses chuchoté	que vous eussiez chuchoté
qu'il/elle eût chuchoté	qu'ils/elles eussent chuchoté

COMMANDS

	(nous) chuchotons
(tu) chuchote	(vous) chuchotez

Usage

Tout le monde chuchote pendant le film.
  Je n'entends rien.
—J'ai quelque chose d'important à te dire,
  mais je ne veux que personne l'entende.
—Tu peux me le chuchoter à l'oreille.

Everyone is whispering during the movie.
  I can't hear anything.
I have something important to tell you,
  but I don't want anyone to hear.
You can whisper it in my ear.

RELATED WORDS

la chuchoterie
le chuchotement
—J'entends des chuchotements!
—Tu rêves. Il n'y a personne qui chuchote ici.

whispering/whispered information
whispering
I hear whispering!
You're dreaming. There's no one whispering here.

regular -*er* verb

je circule · je circulai · circulé · circulant

PRESENT

je circule	nous circulons
tu circules	vous circulez
il/elle circule	ils/elles circulent

IMPERFECT

je circulais	nous circulions
tu circulais	vous circuliez
il/elle circulait	ils/elles circulaient

PASSÉ SIMPLE

je circulai	nous circulâmes
tu circulas	vous circulâtes
il/elle circula	ils/elles circulèrent

FUTURE

je circulerai	nous circulerons
tu circuleras	vous circulerez
il/elle circulera	ils/elles circuleront

CONDITIONAL

je circulerais	nous circulerions
tu circulerais	vous circuleriez
il/elle circulerait	ils/elles circuleraient

PRESENT SUBJUNCTIVE

que je circule	que nous circulions
que tu circules	que vous circuliez
qu'il/elle circule	qu'ils/elles circulent

IMPERFECT SUBJUNCTIVE

que je circulasse	que nous circulassions
que tu circulasses	que vous circulassiez
qu'il/elle circulât	qu'ils/elles circulassent

PASSÉ COMPOSÉ

j'ai circulé	nous avons circulé
tu as circulé	vous avez circulé
il/elle a circulé	ils/elles ont circulé

PLUPERFECT

j'avais circulé	nous avions circulé
tu avais circulé	vous aviez circulé
il/elle avait circulé	ils/elles avaient circulé

PAST ANTERIOR

j'eus circulé	nous eûmes circulé
tu eus circulé	vous eûtes circulé
il/elle eut circulé	ils/elles eurent circulé

FUTURE ANTERIOR

j'aurai circulé	nous aurons circulé
tu auras circulé	vous aurez circulé
il/elle aura circulé	ils/elles auront circulé

PAST CONDITIONAL

j'aurais circulé	nous aurions circulé
tu aurais circulé	vous auriez circulé
il/elle aurait circulé	ils/elles auraient circulé

PAST SUBJUNCTIVE

que j'aie circulé	que nous ayons circulé
que tu aies circulé	que vous ayez circulé
qu'il/elle ait circulé	qu'ils/elles aient circulé

PLUPERFECT SUBJUNCTIVE

que j'eusse circulé	que nous eussions circulé
que tu eusses circulé	que vous eussiez circulé
qu'il/elle eût circulé	qu'ils/elles eussent circulé

COMMANDS

	(nous) circulons
(tu) circule	(vous) circulez

Usage

Circulez, circulez!	*Move along!*
Les voitures circulent sur le pont.	*Cars are moving along the bridge.*
Aux heures de pointe rien ne circule.	*At rush hour traffic just doesn't move.*
Il y a tant de rumeurs qui circulent à ce sujet.	*There are so many rumors going around about this.*
Très peu d'autobus circulent la nuit.	*Very few buses run all night long.*
Dans la plupart des pays on circule à droite.	*In most countries you drive on the right.*
Faites circuler la bouteille de vin.	*Pass around the bottle of wine.*

RELATED WORDS

la circulation	*traffic*
la circulation du sang	*blood circulation*
mettre un nouveau produit en circulation	*to put a new product on the market*
la circulation aérienne	*air traffic*
circulatoire	*circulatory*
l'appareil (*m*) circulatoire	*the circulatory system*

combattre *to fight*

irregular verb; only one *t*
in the singular of the present tense

PRESENT

je combats	nous combattons
tu combats	vous combattez
il/elle combat	ils/elles combattent

PASSÉ COMPOSÉ

j'ai combattu	nous avons combattu
tu as combattu	vous avez combattu
il/elle a combattu	ils/elles ont combattu

IMPERFECT

je combattais	nous combattions
tu combattais	vous combattiez
il/elle combattait	ils/elles combattaient

PLUPERFECT

j'avais combattu	nous avions combattu
tu avais combattu	vous aviez combattu
il/elle avait combattu	ils/elles avaient combattu

PASSÉ SIMPLE

je combattis	nous combattîmes
tu combattis	vous combattîtes
il/elle combattit	ils/elles combattirent

PAST ANTERIOR

j'eus combattu	nous eûmes combattu
tu eus combattu	vous eûtes combattu
il/elle eut combattu	ils/elles eurent combattu

FUTURE

je combattrai	nous combattrons
tu combattras	vous combattrez
il/elle combattra	ils/elles combattront

FUTURE ANTERIOR

j'aurai combattu	nous aurons combattu
tu auras combattu	vous aurez combattu
il/elle aura combattu	ils/elles auront combattu

CONDITIONAL

je combattrais	nous combattrions
tu combattrais	vous combattriez
il/elle combattrait	ils/elles combattraient

PAST CONDITIONAL

j'aurais combattu	nous aurions combattu
tu aurais combattu	vous auriez combattu
il/elle aurait combattu	ils/elles auraient combattu

PRESENT SUBJUNCTIVE

que je combatte	que nous combattions
que tu combattes	que vous combattiez
qu'il/elle combatte	qu'ils/elles combattent

PAST SUBJUNCTIVE

que j'aie combattu	que nous ayons combattu
que tu aies combattu	que vous ayez combattu
qu'il/elle ait combattu	qu'ils/elles aient combattu

IMPERFECT SUBJUNCTIVE

que je combattisse	que nous combattissions
que tu combattisses	que vous combattissiez
qu'il/elle combattît	qu'ils/elles combattissent

PLUPERFECT SUBJUNCTIVE

que j'eusse combattu	que nous eussions combattu
que tu eusses combattu	que vous eussiez combattu
qu'il/elle eût combattu	qu'ils/elles eussent combattu

COMMANDS

	(nous) combattons
(tu) combats	(vous) combattez

Usage

Les femmes ont combattu pour avoir leurs droits.	*Women fought to get their rights.*
Les soldats sont prêts à combattre.	*The soldiers are ready to fight.*
Ils combattront pour défendre nos frontières.	*They will fight to protect our borders.*
Les forces armées combattent l'ennemi.	*The armed forces are fighting the enemy.*
Ce malade combat le cancer.	*This patient is fighting cancer.*

RELATED WORDS

le combat	*fight*
Ce régiment n'est jamais allé au combat.	*This regiment never fought.*
un combat aérien/naval	*an air/sea battle*
un combat corps à corps	*hand-to-hand combat*

regular *-er* verb | **je commande · je commandai · commandé · commandant**

PRESENT

je commande	nous commandons
tu commandes	vous commandez
il/elle commande	ils/elles commandent

IMPERFECT

je commandais	nous commandions
tu commandais	vous commandiez
il/elle commandait	ils/elles commandaient

PASSÉ SIMPLE

je commandai	nous commandâmes
tu commandas	vous commandâtes
il/elle commanda	ils/elles commandèrent

FUTURE

je commanderai	nous commanderons
tu commanderas	vous commanderez
il/elle commandera	ils/elles commanderont

CONDITIONAL

je commanderais	nous commanderions
tu commanderais	vous commanderiez
il/elle commanderait	ils/elles commanderaient

PRESENT SUBJUNCTIVE

que je commande	que nous commandions
que tu commandes	que vous commandiez
qu'il/elle commande	qu'ils/elles commandent

IMPERFECT SUBJUNCTIVE

que je commandasse	que nous commandassions
que tu commandasses	que vous commandassiez
qu'il/elle commandât	qu'ils/elles commandassent

PASSÉ COMPOSÉ

j'ai commandé	nous avons commandé
tu as commandé	vous avez commandé
il/elle a commandé	ils/elles ont commandé

PLUPERFECT

j'avais commandé	nous avions commandé
tu avais commandé	vous aviez commandé
il/elle avait commandé	ils/elles avaient commandé

PAST ANTERIOR

j'eus commandé	nous eûmes commandé
tu eus commandé	vous eûtes commandé
il/elle eut commandé	ils/elles eurent commandé

FUTURE ANTERIOR

j'aurai commandé	nous aurons commandé
tu auras commandé	vous aurez commandé
il/elle aura commandé	ils/elles auront commandé

PAST CONDITIONAL

j'aurais commandé	nous aurions commandé
tu aurais commandé	vous auriez commandé
il/elle aurait commandé	ils/elles auraient commandé

PAST SUBJUNCTIVE

que j'aie commandé	que nous ayons commandé
que tu aies commandé	que vous ayez commandé
qu'il/elle ait commandé	qu'ils/elles aient commandé

PLUPERFECT SUBJUNCTIVE

que j'eusse commandé	que nous eussions commandé
que tu eusses commandé	que vous eussiez commandé
qu'il/elle eût commandé	qu'ils/elles eussent commandé

COMMANDS

	(nous) commandons
(tu) commande	(vous) commandez

Usage

—Est-ce que vous avez commandé?	*Have you ordered?* (in a restaurant)
—Nous avons commandé le poulet.	*We ordered chicken.*
commander à qqn de faire qqch	*to order someone to do something*
Qui commande ici?	*Who gives the orders here?*
Tu n'as pas le droit de me commander.	*You have no right to order me around.*
Chez eux c'est Madame qui commande.	*In their house it's the wife who gives the orders.*
commander des livres sur Internet	*to order books online*
Il faut faire ce que les circonstances commandent.	*We have to do what the circumstances require.*
Il ne se commande plus.	*He can't control himself anymore.*

RELATED WORDS

le commandement	*command/commandment*
les Dix Commandements	*the Ten Commandments*

je commence · je commençai · commencé · commençant

regular -er verb;
spelling change: c > ç/a, o

commencer qqch

commencer la classe en faisant l'appel	*to begin class by calling the roll*
Est-ce que tu as bien commencé le mois?	*Did you make a good start to the month?*
Quand est-ce que votre fils commence ses études?	*When does your son begin his studies?*
L'avion commence sa descente.	*The plane is beginning its descent.*
Par quoi est-ce qu'il faut commencer ce projet?	*How do we begin this project?*
J'ai commencé une lettre à mon chef.	*I started a letter to my boss.*
Il a commencé sa conférence avec des citations.	*He began his lecture with quotes.*
Quand est-ce qu'on commence les travaux chez toi?	*When are they beginning the work over at your house?*
Quelle façon de commencer le semestre!	*What a way to begin the semester!*

commencer intransitif

Ça commence!	*Here they go!*
Ça commence bien!	*Things are off to a good start!*
Il commence tard et finit tôt.	*He starts late and finishes early.*
La pluie commence.	*The rain is starting.*
À quelle heure vous commencez?	*What time do you begin?*
On commence à trois heures.	*We'll start at three o'clock.*
Il faut commencer par le commencement.	*You have to begin at the beginning.*
Tous mes ennuis ont commencé quand j'ai changé de travail.	*All my trouble began when I changed jobs.*
Je ne sais pas ce qu'il faut faire pour commencer.	*I don't know what to do to begin.*
Tu dois commencer par lui téléphoner.	*You should begin by calling her.*
Il a commencé en disant aux élèves de s'asseoir.	*He began by telling the students to sit down.*
—Ma fille commence dans la vie.	*My daughter is starting off in life.*
—Elle a donc fini ses études?	*So she's finished her studies?*
Pour commencer, une salade.	*I'll have a salad as a first course.*
Le film commence à quelle heure?	*What time does the film begin?*
Ces vélos commencent à 150 euros.	*These bikes start at 150 euros.*

commencer à faire qqch

Il commence à pleuvoir.	*It's beginning to rain.*
Il commence à neiger.	*It's beginning to snow.*
Je commence à me fâcher.	*I'm beginning to get angry.*
Elle commence à m'agacer.	*She's beginning to get on my nerves.*
Je commence à avoir peur.	*I'm beginning to be afraid.*
Je commence à en avoir marre. *(slang)*	*I'm beginning to get fed up.*
Les enfants commencent à s'impatienter.	*The children are beginning to get impatient.*
Ça commence à bien faire!	*That's enough!*
Demain on commence à travailler.	*Tomorrow we start to work.*

le commencement

Les commencements sont toujours durs.	*It's always hard to begin.*
J'étais là du commencement jusqu'à la fin.	*I was there from the beginning to the end.*
C'est le commencement de la fin.	*It's the beginning of the end.*

TOP 50 VERBS

regular *-er* verb;
spelling change: c > ç/a, o

je commence · je commençai · commencé · commençant

PRESENT

je commence	nous commençons
tu commences	vous commencez
il/elle commence	ils/elles commencent

IMPERFECT

je commençais	nous commencions
tu commençais	vous commenciez
il/elle commençait	ils/elles commençaient

PASSÉ SIMPLE

je commençai	nous commençâmes
tu commenças	vous commençâtes
il/elle commença	ils/elles commencèrent

FUTURE

je commencerai	nous commencerons
tu commenceras	vous commencerez
il/elle commencera	ils/elles commenceront

CONDITIONAL

je commencerais	nous commencerions
tu commencerais	vous commenceriez
il/elle commencerait	ils/elles commenceraient

PRESENT SUBJUNCTIVE

que je commence	que nous commencions
que tu commences	que vous commenciez
qu'il/elle commence	qu'ils/elles commencent

IMPERFECT SUBJUNCTIVE

que je commençasse	que nous commençassions
que tu commençasses	que vous commençassiez
qu'il/elle commençât	qu'ils/elles commençassent

COMMANDS

| | (nous) commençons |
| (tu) commence | (vous) commencez |

PASSÉ COMPOSÉ

j'ai commencé	nous avons commencé
tu as commencé	vous avez commencé
il/elle a commencé	ils/elles ont commencé

PLUPERFECT

j'avais commencé	nous avions commencé
tu avais commencé	vous aviez commencé
il/elle avait commencé	ils/elles avaient commencé

PAST ANTERIOR

j'eus commencé	nous eûmes commencé
tu eus commencé	vous eûtes commencé
il/elle eut commencé	ils/elles eurent commencé

FUTURE ANTERIOR

j'aurai commencé	nous aurons commencé
tu auras commencé	vous aurez commencé
il/elle aura commencé	ils/elles auront commencé

PAST CONDITIONAL

j'aurais commencé	nous aurions commencé
tu aurais commencé	vous auriez commencé
il/elle aurait commencé	ils/elles auraient commencé

PAST SUBJUNCTIVE

que j'aie commencé	que nous ayons commencé
que tu aies commencé	que vous ayez commencé
qu'il/elle ait commencé	qu'ils/elles aient commencé

PLUPERFECT SUBJUNCTIVE

que j'eusse commencé	que nous eussions commencé
que tu eusses commencé	que vous eussiez commencé
qu'il/elle eût commencé	qu'ils/elles eussent commencé

Usage

commencer qqch	*to begin something*
commencer son travail	*to begin one's work*
commencer un projet	*to begin a project*
commencer le jeu	*to begin the game*
commencer le violon/la flûte	*to start taking violin/flute lessons*

—Qu'est-ce que tu attends? Commence la lessive. — *What are you waiting for? Get started on the laundry.*
—Ne commence pas. J'ai beaucoup à faire. — *Don't start. I have a lot to do.*

commencer à faire qqch	*to begin to do something*
commencer à laver la voiture	*to begin washing the car*
commencer à travailler	*to begin working*

RELATED WORD

le commencement · *beginning*

commettre *to commit*

je commets · je commis · commis · commettant

irregular verb; only one *t* in the singular of the present tense

PRESENT

je commets	nous commettons
tu commets	vous commettez
il/elle commet	ils/elles commettent

IMPERFECT

je commettais	nous commettions
tu commettais	vous commettiez
il/elle commettait	ils/elles commettaient

PASSÉ SIMPLE

je commis	nous commîmes
tu commis	vous commîtes
il/elle commit	ils/elles commirent

FUTURE

je commettrai	nous commettrons
tu commettras	vous commettrez
il/elle commettra	ils/elles commettront

CONDITIONAL

je commettrais	nous commettrions
tu commettrais	vous commettriez
il/elle commettrait	ils/elles commettraient

PRESENT SUBJUNCTIVE

que je commette	que nous commettions
que tu commettes	que vous commettiez
qu'il/elle commette	qu'ils/elles commettent

IMPERFECT SUBJUNCTIVE

que je commisse	que nous commissions
que tu commisses	que vous commissiez
qu'il/elle commît	qu'ils/elles commissent

PASSÉ COMPOSÉ

j'ai commis	nous avons commis
tu as commis	vous avez commis
il/elle a commis	ils/elles ont commis

PLUPERFECT

j'avais commis	nous avions commis
tu avais commis	vous aviez commis
il/elle avait commis	ils/elles avaient commis

PAST ANTERIOR

j'eus commis	nous eûmes commis
tu eus commis	vous eûtes commis
il/elle eut commis	ils/elles eurent commis

FUTURE ANTERIOR

j'aurai commis	nous aurons commis
tu auras commis	vous aurez commis
il/elle aura commis	ils/elles auront commis

PAST CONDITIONAL

j'aurais commis	nous aurions commis
tu aurais commis	vous auriez commis
il/elle aurait commis	ils/elles auraient commis

PAST SUBJUNCTIVE

que j'aie commis	que nous ayons commis
que tu aies commis	que vous ayez commis
qu'il/elle ait commis	qu'ils/elles aient commis

PLUPERFECT SUBJUNCTIVE

que j'eusse commis	que nous eussions commis
que tu eusses commis	que vous eussiez commis
qu'il/elle eût commis	qu'ils/elles eussent commis

COMMANDS

	(nous) commettons
(tu) commets	(vous) commettez

Usage

Il a commis un crime.	*He committed a crime.*
commettre une gaffe	*to make a blunder*
commettre une indiscrétion	*to be indiscreet*
commettre une maladresse	*to do/say something awkward*
commettre une erreur	*to make a mistake*
Je crains d'avoir commis une imprudence.	*I'm afraid I've done something unwise.*
Il a commis un poème.	*He wrote a terrible poem.*
commettre un avocat	*to appoint a lawyer*
avocat commis d'office	*a lawyer appointed by the court*

regular *-er* verb | **je compare · je comparai · comparé · comparant**

PRESENT

je compare	nous comparons
tu compares	vous comparez
il/elle compare	ils/elles comparent

IMPERFECT

je comparais	nous comparions
tu comparais	vous compariez
il/elle comparait	ils/elles comparaient

PASSÉ SIMPLE

je comparai	nous comparâmes
tu comparas	vous comparâtes
il/elle compara	ils/elles comparèrent

FUTURE

je comparerai	nous comparerons
tu compareras	vous comparerez
il/elle comparera	ils/elles compareront

CONDITIONAL

je comparerais	nous comparerions
tu comparerais	vous compareriez
il/elle comparerait	ils/elles compareraient

PRESENT SUBJUNCTIVE

que je compare	que nous comparions
que tu compares	que vous compariez
qu'il/elle compare	qu'ils/elles comparent

IMPERFECT SUBJUNCTIVE

que je comparasse	que nous comparassions
que tu comparasses	que vous comparassiez
qu'il/elle comparât	qu'ils/elles comparassent

PASSÉ COMPOSÉ

j'ai comparé	nous avons comparé
tu as comparé	vous avez comparé
il/elle a comparé	ils/elles ont comparé

PLUPERFECT

j'avais comparé	nous avions comparé
tu avais comparé	vous aviez comparé
il/elle avait comparé	ils/elles avaient comparé

PAST ANTERIOR

j'eus comparé	nous eûmes comparé
tu eus comparé	vous eûtes comparé
il/elle eut comparé	ils/elles eurent comparé

FUTURE ANTERIOR

j'aurai comparé	nous aurons comparé
tu auras comparé	vous aurez comparé
il/elle aura comparé	ils/elles auront comparé

PAST CONDITIONAL

j'aurais comparé	nous aurions comparé
tu aurais comparé	vous auriez comparé
il/elle aurait comparé	ils/elles auraient comparé

PAST SUBJUNCTIVE

que j'aie comparé	que nous ayons comparé
que tu aies comparé	que vous ayez comparé
qu'il/elle ait comparé	qu'ils/elles aient comparé

PLUPERFECT SUBJUNCTIVE

que j'eusse comparé	que nous eussions comparé
que tu eusses comparé	que vous eussiez comparé
qu'il/elle eût comparé	qu'ils/elles eussent comparé

COMMANDS

	(nous) comparons
(tu) compare	(vous) comparez

Usage

comparer deux livres	*to compare two books*
comparer un article à un autre	*to compare one article to another*
Il faut comparer les prix avant d'acheter.	*You should compare prices before buying.*
On la compare toujours à Céline Dion.	*People always compare her to Céline Dion.*

RELATED WORDS

la comparaison	*comparison*
Cette ville est sans comparaison avec Paris.	*This city cannot be compared to Paris.*
un adverbe de comparaison	*an adverb of comparison*
comparatif/comparative	*comparative*
Le comparatif se fait avec *plus* ou *moins*.	*The comparative is formed with* plus *or* moins.

comprendre *to understand*

Ce qu'on comprend

Je ne comprends pas ce que vous dites.	*I don't understand what you're saying.*
—Je veux que tu comprennes mon point de vue.	*I want you to understand my point of view.*
—Ne t'en fais pas. Je comprends!	*Don't worry. I understand!*
Mes parents ne comprennent pas les jeunes.	*My parents don't understand young people.*
Son attitude est difficile à comprendre.	*His attitude is hard to understand.*
Je comprends mal votre idée.	*I find your idea hard to understand.*
C'est comme ça que je comprends cette situation.	*That's how I see this situation.*
—Si je comprends bien, il nous a quitté.	*If I understand correctly, he has left us.*
—Vous avez mal compris.	*You have misunderstood.*
Je n'y comprends rien du tout.	*I don't understand that at all.*
Vous comprenez la gravité de ces pertes?	*Do you understand the seriousness of these losses?*
Tout ça c'est à n'y rien comprendre.	*That's all incomprehensible.*
Essayez de comprendre.	*Try to understand.*

se faire comprendre

Le prof nous a fait comprendre qu'il fallait faire attention en classe.	*The teacher made us realize that we had to pay attention in class.*
—Tu t'es débrouillé en Allemagne?	*Did you get along all right in Germany?*
—Je me suis fait comprendre.	*I managed to make myself understood.*
Tu ne t'es pas fait comprendre.	*People didn't understand what you meant.*

comprendre = inclure

Est-ce que le prix comprend les taxes?	*Does the price include the tax?*
Toutes taxes comprises.	*All taxes included.*
Le prix de la chambre comprend le petit déjeuner.	*The price of the room includes breakfast.*
Le service est compris?	*Is the service charge included?*
Ce manuel comprend deux volumes.	*This textbook is made up of two volumes.*
L'Europe comprend une grande variété de peuples et de langues.	*Europe is comprised of a great variety of peoples and languages.*

se comprendre

Ça se comprend.	*That's understandable.*
—Elle ne veut plus sortir avec lui.	*She doesn't want to go out with him anymore.*
—Après ce qu'il a fait, ça se comprend parfaitement.	*After what he did, that's perfectly understandable.*
Ils se sont mal compris.	*They misunderstood each other.*
Je crois qu'on se comprend maintenant.	*I think we understand each other now.*

irregular verb

je comprends · je compris · compris · comprenant

PRESENT	
je comprends	nous comprenons
tu comprends	vous comprenez
il/elle comprend	ils/elles comprennent

PASSÉ COMPOSÉ	
j'ai compris	nous avons compris
tu as compris	vous avez compris
il/elle a compris	ils/elles ont compris

IMPERFECT	
je comprenais	nous comprenions
tu comprenais	vous compreniez
il/elle comprenait	ils/elles comprenaient

PLUPERFECT	
j'avais compris	nous avions compris
tu avais compris	vous aviez compris
il/elle avait compris	ils/elles avaient compris

PASSÉ SIMPLE	
je compris	nous comprîmes
tu compris	vous comprîtes
il/elle comprit	ils/elles comprirent

PAST ANTERIOR	
j'eus compris	nous eûmes compris
tu eus compris	vous eûtes compris
il/elle eut compris	ils/elles eurent compris

FUTURE	
je comprendrai	nous comprendrons
tu comprendras	vous comprendrez
il/elle comprendra	ils/elles comprendront

FUTURE ANTERIOR	
j'aurai compris	nous aurons compris
tu auras compris	vous aurez compris
il/elle aura compris	ils/elles auront compris

CONDITIONAL	
je comprendrais	nous comprendrions
tu comprendrais	vous comprendriez
il/elle comprendrait	ils/elles comprendraient

PAST CONDITIONAL	
j'aurais compris	nous aurions compris
tu aurais compris	vous auriez compris
il/elle aurait compris	ils/elles auraient compris

PRESENT SUBJUNCTIVE	
que je comprenne	que nous comprenions
que tu comprennes	que vous compreniez
qu'il/elle comprenne	qu'ils/elles comprennent

PAST SUBJUNCTIVE	
que j'aie compris	que nous ayons compris
que tu aies compris	que vous ayez compris
qu'il/elle ait compris	qu'ils/elles aient compris

IMPERFECT SUBJUNCTIVE	
que je comprisse	que nous comprissions
que tu comprisses	que vous comprissiez
qu'il/elle comprît	qu'ils/elles comprissent

PLUPERFECT SUBJUNCTIVE	
que j'eusse compris	que nous eussions compris
que tu eusses compris	que vous eussiez compris
qu'il/elle eût compris	qu'ils/elles eussent compris

COMMANDS	
	(nous) comprenons
(tu) comprends	(vous) comprenez

Usage

comprendre le français	*to understand French*
comprendre le sens d'un mot	*to understand the meaning of a word*
comprendre l'importance de la situation	*to understand the importance of the situation*
comprendre une explication	*to understand an explanation*
comprendre une plaisanterie	*to understand a joke*
comprendre la blague	*to understand the joke* (slang)
comprendre le problème	*to understand the problem*
comprendre la vie	*to understand life*
comprendre les choses	*to understand things*

RELATED WORDS

la compréhension	*comprehension*
la compréhension auditive	*listening comprehension*
compréhensif/compréhensive	*comprehensive/understanding*
Sa mère est très compréhensive.	*His mother is very understanding.*
l'incompréhension *(f)*	*lack of understanding*

compter   *to count; to intend to*

PRESENT

je compte	nous comptons
tu comptes	vous comptez
il/elle compte	ils/elles comptent

IMPERFECT

je comptais	nous comptions
tu comptais	vous comptiez
il/elle comptait	ils/elles comptaient

PASSÉ SIMPLE

je comptai	nous comptâmes
tu comptas	vous comptâtes
il/elle compta	ils/elles comptèrent

FUTURE

je compterai	nous compterons
tu compteras	vous compterez
il/elle comptera	ils/elles compteront

CONDITIONAL

je compterais	nous compterions
tu compterais	vous compteriez
il/elle compterait	ils/elles compteraient

PRESENT SUBJUNCTIVE

que je compte	que nous comptions
que tu comptes	que vous comptiez
qu'il/elle compte	qu'ils/elles comptent

IMPERFECT SUBJUNCTIVE

que je comptasse	que nous comptassions
que tu comptasses	que vous comptassiez
qu'il/elle comptât	qu'ils/elles comptassent

PASSÉ COMPOSÉ

j'ai compté	nous avons compté
tu as compté	vous avez compté
il/elle a compté	ils/elles ont compté

PLUPERFECT

j'avais compté	nous avions compté
tu avais compté	vous aviez compté
il/elle avait compté	ils/elles avaient compté

PAST ANTERIOR

j'eus compté	nous eûmes compté
tu eus compté	vous eûtes compté
il/elle eut compté	ils/elles eurent compté

FUTURE ANTERIOR

j'aurai compté	nous aurons compté
tu auras compté	vous aurez compté
il/elle aura compté	ils/elles auront compté

PAST CONDITIONAL

j'aurais compté	nous aurions compté
tu aurais compté	vous auriez compté
il/elle aurait compté	ils/elles auraient compté

PAST SUBJUNCTIVE

que j'aie compté	que nous ayons compté
que tu aies compté	que vous ayez compté
qu'il/elle ait compté	qu'ils/elles aient compté

PLUPERFECT SUBJUNCTIVE

que j'eusse compté	que nous eussions compté
que tu eusses compté	que vous eussiez compté
qu'il/elle eût compté	qu'ils/elles eussent compté

COMMANDS

	(nous) comptons
(tu) compte	(vous) comptez

Usage

Cet enfant sait compter de un à dix.	*This child knows how to count from one to ten.*
Comptez votre argent.	*Count your money.*
Comptez les étudiants dans ce cours.	*Count the students in this class.*
C'est le premier pas qui compte.	*It's the first step that is the most important.*
compter sur qqn	*to rely on someone*
—Je compte sur vous.	*I'm counting on you.*
—Et vous pouvez compter sur moi.	*And you can count on me.*
compter faire qqch	*to intend to do something*
Nous comptons passer nos vacances à Baton Rouge.	*We intend to spend our vacation in Baton Rouge.*

RELATED WORDS

le compte-rendu	*report*
le/la comptable	*accountant*
la comptabilité	*accountancy*
la comptine	*children's counting rhyme/nursery rhyme*

irregular verb   **je conclus · je conclus · conclu · concluant**

PRESENT	
je conclus	nous concluons
tu conclus	vous concluez
il/elle conclut	ils/elles concluent

IMPERFECT	
je concluais	nous concluions
tu concluais	vous concluiez
il/elle concluait	ils/elles concluaient

PASSÉ SIMPLE	
je conclus	nous conclûmes
tu conclus	vous conclûtes
il/elle conclut	ils/elles conclurent

FUTURE	
je conclurai	nous conclurons
tu concluras	vous conclurez
il/elle conclura	ils/elles concluront

CONDITIONAL	
je conclurais	nous conclurions
tu conclurais	vous concluriez
il/elle conclurait	ils/elles concluraient

PRESENT SUBJUNCTIVE	
que je conclue	que nous concluions
que tu conclues	que vous concluiez
qu'il/elle conclue	qu'ils/elles concluent

IMPERFECT SUBJUNCTIVE	
que je conclusse	que nous conclussions
que tu conclusses	que vous conclussiez
qu'il/elle conclût	qu'ils/elles conclussent

PASSÉ COMPOSÉ	
j'ai conclu	nous avons conclu
tu as conclu	vous avez conclu
il/elle a conclu	ils/elles ont conclu

PLUPERFECT	
j'avais conclu	nous avions conclu
tu avais conclu	vous aviez conclu
il/elle avait conclu	ils/elles avaient conclu

PAST ANTERIOR	
j'eus conclu	nous eûmes conclu
tu eus conclu	vous eûtes conclu
il/elle eut conclu	ils/elles eurent conclu

FUTURE ANTERIOR	
j'aurai conclu	nous aurons conclu
tu auras conclu	vous aurez conclu
il/elle aura conclu	ils/elles auront conclu

PAST CONDITIONAL	
j'aurais conclu	nous aurions conclu
tu aurais conclu	vous auriez conclu
il/elle aurait conclu	ils/elles auraient conclu

PAST SUBJUNCTIVE	
que j'aie conclu	que nous ayons conclu
que tu aies conclu	que vous ayez conclu
qu'il/elle ait conclu	qu'ils/elles aient conclu

PLUPERFECT SUBJUNCTIVE	
que j'eusse conclu	que nous eussions conclu
que tu eusses conclu	que vous eussiez conclu
qu'il/elle eût conclu	qu'ils/elles eussent conclu

COMMANDS	
	(nous) concluons
(tu) conclus	(vous) concluez

Usage

conclure la paix	*to make peace/sign a peace treaty*
conclure un traité	*to sign a treaty*
Marché conclu!	*It's a deal!*
conclure que	*to conclude that*
J'en conclus qu'ils ne veulent pas venir.	*I conclude that they don't want to come.*
Il a conclu son discours avec un proverbe.	*He ended his speech with a proverb.*

RELATED WORDS

la conclusion	*conclusion*
Je suis arrivé à la conclusion que ce projet ne peut pas se réaliser.	*I have come to the conclusion that this project cannot be carried out.*
Nous pouvons tirer des conclusions de ces renseignements.	*We can draw conclusions from this information.*
Conclusion, nous ne pouvons pas partir.	*The result is that we can't leave on our trip.*

PRESENT

je conduis	nous conduisons
tu conduis	vous conduisez
il/elle conduit	ils/elles conduisent

IMPERFECT

je conduisais	nous conduisions
tu conduisais	vous conduisiez
il/elle conduisait	ils/elles conduisaient

PASSÉ SIMPLE

je conduisis	nous conduisîmes
tu conduisis	vous conduisîtes
il/elle conduisit	ils/elles conduisirent

FUTURE

je conduirai	nous conduirons
tu conduiras	vous conduirez
il/elle conduira	ils/elles conduiront

CONDITIONAL

je conduirais	nous conduirions
tu conduirais	vous conduiriez
il/elle conduirait	ils/elles conduiraient

PRESENT SUBJUNCTIVE

que je conduise	que nous conduisions
que tu conduises	que vous conduisiez
qu'il/elle conduise	qu'ils/elles conduisent

IMPERFECT SUBJUNCTIVE

que je conduisisse	que nous conduisissions
que tu conduisisses	que vous conduisissiez
qu'il/elle conduisît	qu'ils/elles conduisissent

COMMANDS

	(nous) conduisons
(tu) conduis	(vous) conduisez

PASSÉ COMPOSÉ

j'ai conduit	nous avons conduit
tu as conduit	vous avez conduit
il/elle a conduit	ils/elles ont conduit

PLUPERFECT

j'avais conduit	nous avions conduit
tu avais conduit	vous aviez conduit
il/elle avait conduit	ils/elles avaient conduit

PAST ANTERIOR

j'eus conduit	nous eûmes conduit
tu eus conduit	vous eûtes conduit
il/elle eut conduit	ils/elles eurent conduit

FUTURE ANTERIOR

j'aurai conduit	nous aurons conduit
tu auras conduit	vous aurez conduit
il/elle aura conduit	ils/elles auront conduit

PAST CONDITIONAL

j'aurais conduit	nous aurions conduit
tu aurais conduit	vous auriez conduit
il/elle aurait conduit	ils/elles auraient conduit

PAST SUBJUNCTIVE

que j'aie conduit	que nous ayons conduit
que tu aies conduit	que vous ayez conduit
qu'il/elle ait conduit	qu'ils/elles aient conduit

PLUPERFECT SUBJUNCTIVE

que j'eusse conduit	que nous eussions conduit
que tu eusses conduit	que vous eussiez conduit
qu'il/elle eût conduit	qu'ils/elles eussent conduit

Usage

conduire une voiture	*to drive a car*
savoir conduire	*to know how to drive*
Vous conduisez vite!	*You drive fast!*
conduire à droite/à gauche	*to drive on the right/on the left*
passer son permis de conduire	*to take one's driver's license test*
Qu'est-ce qui vous a conduit à cette conclusion?	*What led you to this conclusion?*
Dutoit conduira l'orchestre.	*Dutoit will conduct the orchestra.*
se conduire	*to behave*
—Lui, il ne sait pas se conduire avec les gens.	*He doesn't know how to behave with people.*
—Il ose se conduire comme ça?	*He dares to behave like that?*

RELATED WORD

la conduite	*driving; conduct/behavior*
Sa conduite n'est pas normale.	*His behavior is not normal.*

irregular verb

je connais · je connus · connu · connaissant

PRESENT

je connais	nous connaissons
tu connais	vous connaissez
il/elle connaît	ils/elles connaissent

IMPERFECT

je connaissais	nous connaissions
tu connaissais	vous connaissiez
il/elle connaissait	ils/elles connaissaient

PASSÉ SIMPLE

je connus	nous connûmes
tu connus	vous connûtes
il/elle connut	ils/elles connurent

FUTURE

je connaîtrai	nous connaîtrons
tu connaîtras	vous connaîtrez
il/elle connaîtra	ils/elles connaîtront

CONDITIONAL

je connaîtrais	nous connaîtrions
tu connaîtrais	vous connaîtriez
il/elle connaîtrait	ils/elles connaîtraient

PRESENT SUBJUNCTIVE

que je connaisse	que nous connaissions
que tu connaisses	que vous connaissiez
qu'il/elle connaisse	qu'ils/elles connaissent

IMPERFECT SUBJUNCTIVE

que je connusse	que nous connussions
que tu connusses	que vous connussiez
qu'il/elle connût	qu'ils/elles connussent

COMMANDS

	(nous) connaissons
(tu) connais	(vous) connaissez

PASSÉ COMPOSÉ

j'ai connu	nous avons connu
tu as connu	vous avez connu
il/elle a connu	ils/elles ont connu

PLUPERFECT

j'avais connu	nous avions connu
tu avais connu	vous aviez connu
il/elle avait connu	ils/elles avaient connu

PAST ANTERIOR

j'eus connu	nous eûmes connu
tu eus connu	vous eûtes connu
il/elle eut connu	ils/elles eurent connu

FUTURE ANTERIOR

j'aurai connu	nous aurons connu
tu auras connu	vous aurez connu
il/elle aura connu	ils/elles auront connu

PAST CONDITIONAL

j'aurais connu	nous aurions connu
tu aurais connu	vous auriez connu
il/elle aurait connu	ils/elles auraient connu

PAST SUBJUNCTIVE

que j'aie connu	que nous ayons connu
que tu aies connu	que vous ayez connu
qu'il/elle ait connu	qu'ils/elles aient connu

PLUPERFECT SUBJUNCTIVE

que j'eusse connu	que nous eussions connu
que tu eusses connu	que vous eussiez connu
qu'il/elle eût connu	qu'ils/elles eussent connu

Usage

connaître qqn	*to know someone*
Je connais votre père.	*I know your father.*
connaître un endroit	*to know/be familiar with a place*
Il connaît bien Paris.	*He knows Paris well.*
Je ne connais pas Lyon.	*I've never been to Lyons.*

RELATED WORDS

connu(e)	*famous/well-known*
un auteur très connu	*a very famous author*
la connaissance	*acquaintance*
faire la connaissance de qqn	*to make someone's acquaintance*
Je suis enchanté de faire votre connaissance, Mademoiselle.	*I'm delighted to meet you, Miss.* (formal)
les connaissances (*fpl*)	*knowledge*
Il a de bonnes connaissances en informatique.	*He has a good knowledge of computer science.*

TOP 50 VERB ☞

connaître *to know, be familiar with*

je connais · je connus · connu · connaissant   irregular verb

connaître les gens

—Est-ce que tu connais beaucoup de monde à Montréal?	*Do you know a lot of people in Montreal?*
—Oui, je connais tout le monde, moi.	*Yes, I know everyone.*
—Vous connaissez vos voisins?	*Do you know your neighbors?*
—On ne les connaît qu'un peu.	*We know them only a little.*
—Je croyais que tu n'allais pas protester.	*I thought you were not going to protest.*
—Tu me connais mal.	*You don't know me at all.*
—Tu connais le nouveau PDG?	*Do you know the new CEO?*
—Non, mais présente-moi. Je voudrais le connaître.	*No, but introduce me. I'd like to meet him.*
—Je le connais depuis longtemps.	*I've known him for a long time.*
—Où est-ce que tu l'as connu?	*Where did you get to know/meet him?*
Si tu ne m'invites pas, je ne te connais plus.	*If you don't invite me I'll have nothing more to do with you.*
Personne ne lui connaissait d'ennemis.	*He had no known enemies.*
Je connais un peu la programmation.	*I know some programming.*

connaître les endroits

Je connais Paris comme ma poche.	*I know Paris like the back of my hand.*
Je voudrais connaître la Louisiane.	*I'd like to visit Louisiana.*
Tu connais un bon restaurant dans le coin?	*Do you know a good restaurant in the neighborhood?*

connaître les choses

—Tu y connais quelque chose en bureautique?	*Do you know anything about office automation?*
—Je n'y connais rien.	*I don't know anything about it.*
Notre entreprise a connu des revers.	*Our firm has had setbacks.*
J'espère que vous ne connaîtrez jamais une telle humiliation.	*I hope you will never know such humiliation.*
—Il m'a promis de m'aider.	*He promised to help me.*
—Oh, ses promesses, on connaît.	*Don't talk to us about his promises.*
La pauvreté, il a connu ça.	*He knows what poverty is.*

se connaître

On a refusé de faire un vol en parapente. On se connaît.	*We refused to take a hang glider/paraglider flight. We know ourselves/our limits.*
s'y connaître	*to be an expert/well-versed*
Il s'y connaît en littérature.	*He's well-versed in literature.*

faire connaître

Il nous fera connaître sa stratégie.	*He will inform us of his strategy.*
Je vous ferai connaître mon avis.	*I'll let you know what I think.*

TOP 50 VERBS

irregular verb

je conquiers · je conquis · conquis · conquérant

PRESENT

je conquiers	nous conquérons
tu conquiers	vous conquérez
il/elle conquiert	ils/elles conquièrent

IMPERFECT

je conquérais	nous conquérions
tu conquérais	vous conquériez
il/elle conquérait	ils/elles conquéraient

PASSÉ SIMPLE

je conquis	nous conquîmes
tu conquis	vous conquîtes
il/elle conquit	ils/elles conquirent

FUTURE

je conquerrai	nous conquerrons
tu conquerras	vous conquerrez
il/elle conquerra	ils/elles conquerront

CONDITIONAL

je conquerrais	nous conquerrions
tu conquerrais	vous conquerriez
il/elle conquerrait	ils/elles conquerraient

PRESENT SUBJUNCTIVE

que je conquière	que nous conquérions
que tu conquières	que vous conquériez
qu'il/elle conquière	qu'ils/elles conquièrent

IMPERFECT SUBJUNCTIVE

que je conquisse	que nous conquissions
que tu conquisses	que vous conquissiez
qu'il/elle conquît	qu'ils/elles conquissent

PASSÉ COMPOSÉ

j'ai conquis	nous avons conquis
tu as conquis	vous avez conquis
il/elle a conquis	ils/elles ont conquis

PLUPERFECT

j'avais conquis	nous avions conquis
tu avais conquis	vous aviez conquis
il/elle avait conquis	ils/elles avaient conquis

PAST ANTERIOR

j'eus conquis	nous eûmes conquis
tu eus conquis	vous eûtes conquis
il/elle eut conquis	ils/elles eurent conquis

FUTURE ANTERIOR

j'aurai conquis	nous aurons conquis
tu auras conquis	vous aurez conquis
il/elle aura conquis	ils/elles auront conquis

PAST CONDITIONAL

j'aurais conquis	nous aurions conquis
tu aurais conquis	vous auriez conquis
il/elle aurait conquis	ils/elles auraient conquis

PAST SUBJUNCTIVE

que j'aie conquis	que nous ayons conquis
que tu aies conquis	que vous ayez conquis
qu'il/elle ait conquis	qu'ils/elles aient conquis

PLUPERFECT SUBJUNCTIVE

que j'eusse conquis	que nous eussions conquis
que tu eusses conquis	que vous eussiez conquis
qu'il/elle eût conquis	qu'ils/elles eussent conquis

COMMANDS

	(nous) conquérons
(tu) conquiers	(vous) conquérez

Usage

Notre produit a conquis dix pour cent du marché.	*Our product has captured 10 percent of the market.*
conquérir le monde	*to conquer the world*
être conquis(e) à	*to be won over to*
Je suis conquis à cette idée.	*I have been won over to that idea.*

RELATED WORDS

la conquête	*conquest*
faire la conquête du pays	*to conquer the country*
Il a fait ses conquêtes.	*He's had his success with women.*

conseiller *to advise*

je conseille · je conseillai · conseillé · conseillant

regular *-er* verb

PRESENT

je conseille	nous conseillons
tu conseilles	vous conseillez
il/elle conseille	ils/elles conseillent

IMPERFECT

je conseillais	nous conseillions
tu conseillais	vous conseilliez
il/elle conseillait	ils/elles conseillaient

PASSÉ SIMPLE

je conseillai	nous conseillâmes
tu conseillas	vous conseillâtes
il/elle conseilla	ils/elles conseillèrent

FUTURE

je conseillerai	nous conseillerons
tu conseilleras	vous conseillerez
il/elle conseillera	ils/elles conseilleront

CONDITIONAL

je conseillerais	nous conseillerions
tu conseillerais	vous conseilleriez
il/elle conseillerait	ils/elles conseilleraient

PRESENT SUBJUNCTIVE

que je conseille	que nous conseillions
que tu conseilles	que vous conseilliez
qu'il/elle conseille	qu'ils/elles conseillent

IMPERFECT SUBJUNCTIVE

que je conseillasse	que nous conseillassions
que tu conseillasses	que vous conseillassiez
qu'il/elle conseillât	qu'ils/elles conseillassent

PASSÉ COMPOSÉ

j'ai conseillé	nous avons conseillé
tu as conseillé	vous avez conseillé
il/elle a conseillé	ils/elles ont conseillé

PLUPERFECT

j'avais conseillé	nous avions conseillé
tu avais conseillé	vous aviez conseillé
il/elle avait conseillé	ils/elles avaient conseillé

PAST ANTERIOR

j'eus conseillé	nous eûmes conseillé
tu eus conseillé	vous eûtes conseillé
il/elle eut conseillé	ils/elles eurent conseillé

FUTURE ANTERIOR

j'aurai conseillé	nous aurons conseillé
tu auras conseillé	vous aurez conseillé
il/elle aura conseillé	ils/elles auront conseillé

PAST CONDITIONAL

j'aurais conseillé	nous aurions conseillé
tu aurais conseillé	vous auriez conseillé
il/elle aurait conseillé	ils/elles auraient conseillé

PAST SUBJUNCTIVE

que j'aie conseillé	que nous ayons conseillé
que tu aies conseillé	que vous ayez conseillé
qu'il/elle ait conseillé	qu'ils/elles aient conseillé

PLUPERFECT SUBJUNCTIVE

que j'eusse conseillé	que nous eussions conseillé
que tu eusses conseillé	que vous eussiez conseillé
qu'il/elle eût conseillé	qu'ils/elles eussent conseillé

COMMANDS

	(nous) conseillons
(tu) conseille	(vous) conseillez

Usage

conseiller qqn	*to advise someone*
Il sait conseiller ses amis.	*He knows how to advise his friends.*
J'ai l'impression d'avoir été mal conseillé.	*I have the impression that I was ill-advised.*
conseiller qqch à qqn	*to suggest something to someone*
Le médecin lui a conseillé le repos.	*The doctor advised rest for him.*
conseiller à qqn de faire qqch	*to advise someone to do something*
On leur a conseillé de ne plus attendre.	*We advised them not to wait any longer.*

RELATED WORDS

le conseil	*piece of advice*
les conseils	*advice*
La nuit porte conseil.	*Sleep on it.*
C'est une femme de bon conseil.	*She gives good advice.*
déconseiller	*to advise against*
déconseiller à qqn de faire qqch	*to advise someone not to do something*

irregular verb | **je consens · je consentis · consenti · consentant**

PRESENT

je consens	nous consentons
tu consens	vous consentez
il/elle consent	ils/elles consentent

IMPERFECT

je consentais	nous consentions
tu consentais	vous consentiez
il/elle consentait	ils/elles consentaient

PASSÉ SIMPLE

je consentis	nous consentîmes
tu consentis	vous consentîtes
il/elle consentit	ils/elles consentirent

FUTURE

je consentirai	nous consentirons
tu consentiras	vous consentirez
il/elle consentira	ils/elles consentiront

CONDITIONAL

je consentirais	nous consentirions
tu consentirais	vous consentiriez
il/elle consentirait	ils/elles consentiraient

PRESENT SUBJUNCTIVE

que je consente	que nous consentions
que tu consentes	que vous consentiez
qu'il/elle consente	qu'ils/elles consentent

IMPERFECT SUBJUNCTIVE

que je consentisse	que nous consentissions
que tu consentisses	que vous consentissiez
qu'il/elle consentît	qu'ils/elles consentissent

COMMANDS

	(nous) consentons
(tu) consens	(vous) consentez

PASSÉ COMPOSÉ

j'ai consenti	nous avons consenti
tu as consenti	vous avez consenti
il/elle a consenti	ils/elles ont consenti

PLUPERFECT

j'avais consenti	nous avions consenti
tu avais consenti	vous aviez consenti
il/elle avait consenti	ils/elles avaient consenti

PAST ANTERIOR

j'eus consenti	nous eûmes consenti
tu eus consenti	vous eûtes consenti
il/elle eut consenti	ils/elles eurent consenti

FUTURE ANTERIOR

j'aurai consenti	nous aurons consenti
tu auras consenti	vous aurez consenti
il/elle aura consenti	ils/elles auront consenti

PAST CONDITIONAL

j'aurais consenti	nous aurions consenti
tu aurais consenti	vous auriez consenti
il/elle aurait consenti	ils/elles auraient consenti

PAST SUBJUNCTIVE

que j'aie consenti	que nous ayons consenti
que tu aies consenti	que vous ayez consenti
qu'il/elle ait consenti	qu'ils/elles aient consenti

PLUPERFECT SUBJUNCTIVE

que j'eusse consenti	que nous eussions consenti
que tu eusses consenti	que vous eussiez consenti
qu'il/elle eût consenti	qu'ils/elles eussent consenti

Usage

consentir à faire qqch	*to agree to do something*
Je consens à y aller avec vous.	*I agree to go there with you.*
consentir à ce que qqn fasse qqch	*to allow someone to do something*
Je consens à ce qu'il y aille avec vous.	*I allow him to go there with you.*
—Vous y consentez?	*Do you agree to it?*
—Non, je n'y consentirai jamais.	*No, I will never agree to it.*
consentir qqch à qqn	*to grant someone something*
Je leur ai consenti un prêt.	*I decided to make them a loan.*

RELATED WORD

Elle se déplace avec/sans le consentement de son frère.	*She's traveling with/without her brother's consent.*
Ils ont donné leur consentement au mariage.	*They gave their consent to the marriage.*

construire *to build, construct*

irregular verb

PRESENT		PASSÉ COMPOSÉ	
je construis	nous construisons	j'ai construit	nous avons construit
tu construis	vous construisez	tu as construit	vous avez construit
il/elle construit	ils/elles construisent	il/elle a construit	ils/elles ont construit

IMPERFECT		PLUPERFECT	
je construisais	nous construisions	j'avais construit	nous avions construit
tu construisais	vous construisiez	tu avais construit	vous aviez construit
il/elle construisait	ils/elles construisaient	il/elle avait construit	ils/elles avaient construit

PASSÉ SIMPLE		PAST ANTERIOR	
je construisis	nous construisîmes	j'eus construit	nous eûmes construit
tu construisis	vous construisîtes	tu eus construit	vous eûtes construit
il/elle construisit	ils/elles construisirent	il/elle eut construit	ils/elles eurent construit

FUTURE		FUTURE ANTERIOR	
je construirai	nous construirons	j'aurai construit	nous aurons construit
tu construiras	vous construirez	tu auras construit	vous aurez construit
il/elle construira	ils/elles construiront	il/elle aura construit	ils/elles auront construit

CONDITIONAL		PAST CONDITIONAL	
je construirais	nous construirions	j'aurais construit	nous aurions construit
tu construirais	vous construiriez	tu aurais construit	vous auriez construit
il/elle construirait	ils/elles construiraient	il/elle aurait construit	ils/elles auraient construit

PRESENT SUBJUNCTIVE		PAST SUBJUNCTIVE	
que je construise	que nous construisions	que j'aie construit	que nous ayons construit
que tu construises	que vous construisiez	que tu aies construit	que vous ayez construit
qu'il/elle construise	qu'ils/elles construisent	qu'il/elle ait construit	qu'ils/elles aient construit

IMPERFECT SUBJUNCTIVE		PLUPERFECT SUBJUNCTIVE	
que je construisisse	que nous construisissions	que j'eusse construit	que nous eussions construit
que tu construisisses	que vous construisissiez	que tu eusses construit	que vous eussiez construit
qu'il/elle construisît	qu'ils/elles construisissent	qu'il/elle eût construit	qu'ils/elles eussent construit

COMMANDS	
	(nous) construisons
(tu) construis	(vous) construisez

Usage

construire une maison	*to build a house*
faire construire une maison	*to have a house built*
construire une phrase	*to construct/build a sentence*
—Cette expression se construit avec le subjonctif?	*Does this expression take the subjunctive?*
—Non, elle se construit avec l'indicatif.	*No, it takes the indicative.*

RELATED FORMS

la construction	*building*
la construction de navires	*shipbuilding*
les matériaux de construction	*construction materials*
de construction américaine	*American-built*
la construction de la phrase	*the structure of the sentence*
le constructeur/la constructrice	*builder/manufacturer*

irregular verb

PRESENT

je contiens	nous contenons
tu contiens	vous contenez
il/elle contient	ils/elles contiennent

IMPERFECT

je contenais	nous contenions
tu contenais	vous conteniez
il/elle contenait	ils/elles contenaient

PASSÉ SIMPLE

je contins	nous contînmes
tu contins	vous contîntes
il/elle contint	ils/elles continrent

FUTURE

je contiendrai	nous contiendrons
tu contiendras	vous contiendrez
il/elle contiendra	ils/elles contiendront

CONDITIONAL

je contiendrais	nous contiendrions
tu contiendrais	vous contiendriez
il/elle contiendrait	ils/elles contiendraient

PRESENT SUBJUNCTIVE

que je contienne	que nous contenions
que tu contiennes	que vous conteniez
qu'il/elle contienne	qu'ils/elles contiennent

IMPERFECT SUBJUNCTIVE

que je continsse	que nous continssions
que tu continsses	que vous continssiez
qu'il/elle contînt	qu'ils/elles continssent

COMMANDS

	(nous) contenons
(tu) contiens	(vous) contenez

PASSÉ COMPOSÉ

j'ai contenu	nous avons contenu
tu as contenu	vous avez contenu
il/elle a contenu	ils/elles ont contenu

PLUPERFECT

j'avais contenu	nous avions contenu
tu avais contenu	vous aviez contenu
il/elle avait contenu	ils/elles avaient contenu

PAST ANTERIOR

j'eus contenu	nous eûmes contenu
tu eus contenu	vous eûtes contenu
il/elle eut contenu	ils/elles eurent contenu

FUTURE ANTERIOR

j'aurai contenu	nous aurons contenu
tu auras contenu	vous aurez contenu
il/elle aura contenu	ils/elles auront contenu

PAST CONDITIONAL

j'aurais contenu	nous aurions contenu
tu aurais contenu	vous auriez contenu
il/elle aurait contenu	ils/elles auraient contenu

PAST SUBJUNCTIVE

que j'aie contenu	que nous ayons contenu
que tu aies contenu	que vous ayez contenu
qu'il/elle ait contenu	qu'ils/elles aient contenu

PLUPERFECT SUBJUNCTIVE

que j'eusse contenu	que nous eussions contenu
que tu eusses contenu	que vous eussiez contenu
qu'il/elle eût contenu	qu'ils/elles eussent contenu

Usage

—Cette bouteille contient un litre d'eau?	*Does this bottle hold a liter of water?*
—Non, elle en contient un litre et demi.	*No, it holds a liter and a half.*
La foule a été contenue par la barrière.	*The barrier held the crowd back.*
Cette composition contient des fautes.	*This composition contains mistakes.*
Son livre contient beaucoup d'idées importantes.	*His book contains many important ideas.*
se contenir	*to control one's emotions*

RELATED WORDS

le contenu	*content*
le contenu du livre	*the contents of the book*
le contenu bouleversant de son message	*the disturbing content of his message*
contenu(e)	*contained/restrained*
des sentiments contenus	*restrained feelings*

continuer *to continue*

je continue · je continuai · continué · continuant

regular -er verb

PRESENT

je continue	nous continuons
tu continues	vous continuez
il/elle continue	ils/elles continuent

IMPERFECT

je continuais	nous continuions
tu continuais	vous continuiez
il/elle continuait	ils/elles continuaient

PASSÉ SIMPLE

je continuai	nous continuâmes
tu continuas	vous continuâtes
il/elle continua	ils/elles continuèrent

FUTURE

je continuerai	nous continuerons
tu continueras	vous continuerez
il/elle continuera	ils/elles continueront

CONDITIONAL

je continuerais	nous continuerions
tu continuerais	vous continueriez
il/elle continuerait	ils/elles continueraient

PRESENT SUBJUNCTIVE

que je continue	que nous continuions
que tu continues	que vous continuiez
qu'il/elle continue	qu'ils/elles continuent

IMPERFECT SUBJUNCTIVE

que je continuasse	que nous continuassions
que tu continuasses	que vous continuassiez
qu'il/elle continuât	qu'ils/elles continuassent

COMMANDS

	(nous) continuons
(tu) continue	(vous) continuez

PASSÉ COMPOSÉ

j'ai continué	nous avons continué
tu as continué	vous avez continué
il/elle a continué	ils/elles ont continué

PLUPERFECT

j'avais continué	nous avions continué
tu avais continué	vous aviez continué
il/elle avait continué	ils/elles avaient continué

PAST ANTERIOR

j'eus continué	nous eûmes continué
tu eus continué	vous eûtes continué
il/elle eut continué	ils/elles eurent continué

FUTURE ANTERIOR

j'aurai continué	nous aurons continué
tu auras continué	vous aurez continué
il/elle aura continué	ils/elles auront continué

PAST CONDITIONAL

j'aurais continué	nous aurions continué
tu aurais continué	vous auriez continué
il/elle aurait continué	ils/elles auraient continué

PAST SUBJUNCTIVE

que j'aie continué	que nous ayons continué
que tu aies continué	que vous ayez continué
qu'il/elle ait continué	qu'ils/elles aient continué

PLUPERFECT SUBJUNCTIVE

que j'eusse continué	que nous eussions continué
que tu eusses continué	que vous eussiez continué
qu'il/elle eût continué	qu'ils/elles eussent continué

Usage

Nous continuons nos traditions.	*We are continuing our traditions.*
Le gouvernement continue sa politique.	*The government goes on with its policy.*
Le nouveau président continue l'ancien.	*The new president is picking up where the former one left off.*
Gare à toi si tu continues comme ça!	*You'd better watch it if you keep up like this!*
continuer à/de faire qqch	*to keep on doing something/continue to do something*
Je continue à essayer de la contacter.	*I'm continuing to try to get in touch with her.*
L'autoroute continue jusqu'à La Nouvelle Orléans.	*The highway continues until New Orleans.*

RELATED WORDS

la continuation	*continuation*
Bonne continuation!	*All the best to you!*
la continuité de la tradition	*continuity of tradition*
un problème continuel	*a continual/constant problem*

irregular verb | **je contrains · je contraignis · contraint · contraignant**

PRESENT

je contrains	nous contraignons
tu contrains	vous contraignez
il/elle contraint	ils/elles contraignent

IMPERFECT

je contraignais	nous contraignions
tu contraignais	vous contraigniez
il/elle contraignait	ils/elles contraignaient

PASSÉ SIMPLE

je contraignis	nous contraignîmes
tu contraignis	vous contraignîtes
il/elle contraignit	ils/elles contraignirent

FUTURE

je contraindrai	nous contraindrons
tu contraindras	vous contraindrez
il/elle contraindra	ils/elles contraindront

CONDITIONAL

je contraindrais	nous contraindrions
tu contraindrais	vous contraindriez
il/elle contraindrait	ils/elles contraindraient

PRESENT SUBJUNCTIVE

que je contraigne	que nous contraignions
que tu contraignes	que vous contraigniez
qu'il/elle contraigne	qu'ils/elles contraignent

IMPERFECT SUBJUNCTIVE

que je contraignisse	que nous contraignissions
que tu contraignisses	que vous contraignissiez
qu'il/elle contraignît	qu'ils/elles contraignissent

COMMANDS

	(nous) contraignons
(tu) contrains	(vous) contraignez

PASSÉ COMPOSÉ

j'ai contraint	nous avons contraint
tu as contraint	vous avez contraint
il/elle a contraint	ils/elles ont contraint

PLUPERFECT

j'avais contraint	nous avions contraint
tu avais contraint	vous aviez contraint
il/elle avait contraint	ils/elles avaient contraint

PAST ANTERIOR

j'eus contraint	nous eûmes contraint
tu eus contraint	vous eûtes contraint
il/elle eut contraint	ils/elles eurent contraint

FUTURE ANTERIOR

j'aurai contraint	nous aurons contraint
tu auras contraint	vous aurez contraint
il/elle aura contraint	ils/elles auront contraint

PAST CONDITIONAL

j'aurais contraint	nous aurions contraint
tu aurais contraint	vous auriez contraint
il/elle aurait contraint	ils/elles auraient contraint

PAST SUBJUNCTIVE

que j'aie contraint	que nous ayons contraint
que tu aies contraint	que vous ayez contraint
qu'il/elle ait contraint	qu'ils/elles aient contraint

PLUPERFECT SUBJUNCTIVE

que j'eusse contraint	que nous eussions contraint
que tu eusses contraint	que vous eussiez contraint
qu'il/elle eût contraint	qu'ils/elles eussent contraint

Usage

Les circonstances me contraignent à la frugalité.	*Circumstances are forcing me to be frugal.*
être contraint(e) de faire qqch	*to be obliged to do something*
Je suis contraint de partir en voyage.	*I'm obliged to leave on a trip.*
—Tu es allé avec lui chez son oncle?	*Did you go with him to his uncle's?*
—Je me suis contraint.	*I forced myself.*
contraindre qqn à faire qqch	*to force someone to do something*
contraint et forcé	*under duress*
J'ai avoué contraint et forcé.	*I confessed under duress.*

RELATED WORD

la contrainte	*constraint/limitation*
Il m'a parlé sans contrainte.	*He spoke to me without any reservation.*

PRESENT

je contredis	nous contredisons
tu contredis	vous contredisez
il/elle contredit	ils/elles contredisent

IMPERFECT

je contredisais	nous contredisions
tu contredisais	vous contredisiez
il/elle contredisait	ils/elles contredisaient

PASSÉ SIMPLE

je contredis	nous contredîmes
tu contredis	vous contredîtes
il/elle contredit	ils/elles contredirent

FUTURE

je contredirai	nous contredirons
tu contrediras	vous contredirez
il/elle contredira	ils/elles contrediront

CONDITIONAL

je contredirais	nous contredirions
tu contredirais	vous contrediriez
il/elle contredirait	ils/elles contrediraient

PRESENT SUBJUNCTIVE

que je contredise	que nous contredisions
que tu contredises	que vous contredisiez
qu'il/elle contredise	qu'ils/elles contredisent

IMPERFECT SUBJUNCTIVE

que je contredisse	que nous contredissions
que tu contredisses	que vous contredissiez
qu'il/elle contredît	qu'ils/elles contredissent

PASSÉ COMPOSÉ

j'ai contredit	nous avons contredit
tu as contredit	vous avez contredit
il/elle a contredit	ils/elles ont contredit

PLUPERFECT

j'avais contredit	nous avions contredit
tu avais contredit	vous aviez contredit
il/elle avait contredit	ils/elles avaient contredit

PAST ANTERIOR

j'eus contredit	nous eûmes contredit
tu eus contredit	vous eûtes contredit
il/elle eut contredit	ils/elles eurent contredit

FUTURE ANTERIOR

j'aurai contredit	nous aurons contredit
tu auras contredit	vous aurez contredit
il/elle aura contredit	ils/elles auront contredit

PAST CONDITIONAL

j'aurais contredit	nous aurions contredit
tu aurais contredit	vous auriez contredit
il/elle aurait contredit	ils/elles auraient contredit

PAST SUBJUNCTIVE

que j'aie contredit	que nous ayons contredit
que tu aies contredit	que vous ayez contredit
qu'il/elle ait contredit	qu'ils/elles aient contredit

PLUPERFECT SUBJUNCTIVE

que j'eusse contredit	que nous eussions contredit
que tu eusses contredit	que vous eussiez contredit
qu'il/elle eût contredit	qu'ils/elles eussent contredit

COMMANDS

	(nous) contredisons
(tu) contredis	(vous) contredisez

Usage

Tu oses contredire le professeur?	*You dare to contradict the teacher?*
—Arrête de me contredire.	*Stop contradicting me.*
—Je ne contredis personne.	*I'm not contradicting anyone.*
J'hésite à le contredire.	*I am reluctant to contradict him.*
Permettez-moi de vous contredire.	*Allow me to contradict you.*
Son explication contredit les faits.	*His explanation contradicts the facts.*
se contredire	*to contradict oneself/each other*
Tu te contredis tout le temps.	*You're contradicting yourself all the time.*
Les deux déclarations se contredisent.	*The two statements contradict each other.*

RELATED WORDS

la contradiction	*contradiction*
avoir un esprit de contradiction	*to be contrary*
sans contredit	*doubtlessly/certainly*

irregular verb | **je convaincs · je convainquis · convaincu · convainquant**

PRESENT

je convaincs	nous convainquons
tu convaincs	vous convainquez
il/elle convainc	ils/elles convainquent

IMPERFECT

je convainquais	nous convainquions
tu convainquais	vous convainquiez
il/elle convainquait	ils/elles convainquaient

PASSÉ SIMPLE

je convainquis	nous convainquîmes
tu convainquis	vous convainquîtes
il/elle convainquit	ils/elles convainquirent

FUTURE

je convaincrai	nous convaincrons
tu convaincras	vous convaincrez
il/elle convaincra	ils/elles convaincront

CONDITIONAL

je convaincrais	nous convaincrions
tu convaincrais	vous convaincriez
il/elle convaincrait	ils/elles convaincraient

PRESENT SUBJUNCTIVE

que je convainque	que nous convainquions
que tu convainques	que vous convainquiez
qu'il/elle convainque	qu'ils/elles convainquent

IMPERFECT SUBJUNCTIVE

que je convainquisse	que nous convainquissions
que tu convainquisses	que vous convainquissiez
qu'il/elle convainquît	qu'ils/elles convainquissent

COMMANDS

	(nous) convainquons
(tu) convaincs	(vous) convainquez

PASSÉ COMPOSÉ

j'ai convaincu	nous avons convaincu
tu as convaincu	vous avez convaincu
il/elle a convaincu	ils/elles ont convaincu

PLUPERFECT

j'avais convaincu	nous avions convaincu
tu avais convaincu	vous aviez convaincu
il/elle avait convaincu	ils/elles avaient convaincu

PAST ANTERIOR

j'eus convaincu	nous eûmes convaincu
tu eus convaincu	vous eûtes convaincu
il/elle eut convaincu	ils/elles eurent convaincu

FUTURE ANTERIOR

j'aurai convaincu	nous aurons convaincu
tu auras convaincu	vous aurez convaincu
il/elle aura convaincu	ils/elles auront convaincu

PAST CONDITIONAL

j'aurais convaincu	nous aurions convaincu
tu aurais convaincu	vous auriez convaincu
il/elle aurait convaincu	ils/elles auraient convaincu

PAST SUBJUNCTIVE

que j'aie convaincu	que nous ayons convaincu
que tu aies convaincu	que vous ayez convaincu
qu'il/elle ait convaincu	qu'ils/elles aient convaincu

PLUPERFECT SUBJUNCTIVE

que j'eusse convaincu	que nous eussions convaincu
que tu eusses convaincu	que vous eussiez convaincu
qu'il/elle eût convaincu	qu'ils/elles eussent convaincu

Usage

convaincre qqn de qqch	*to convince someone of something*
Il m'a convaincu de l'importance de la programmation.	*He convinced me of the importance of programming.*
Je l'ai convaincu de nous accompagner.	*I convinced him to accompany us.*

RELATED WORDS

convaincant(e)	*convincing*
un témoignage convaincant	*a convincing testimony*
une preuve convaincante	*a convincing piece of evidence*
convaincu(e)	*convinced/dyed-in-the-wool*
C'est un socialiste convaincu.	*He's a socialist through and through.*

convenir *to agree to*

je conviens · je convins · convenu · convenant

irregular verb

PRESENT

je conviens	nous convenons
tu conviens	vous convenez
il/elle convient	ils/elles conviennent

PASSÉ COMPOSÉ

j'ai convenu	nous avons convenu
tu as convenu	vous avez convenu
il/elle a convenu	ils/elles ont convenu

IMPERFECT

je convenais	nous convenions
tu convenais	vous conveniez
il/elle convenait	ils/elles convenaient

PLUPERFECT

j'avais convenu	nous avions convenu
tu avais convenu	vous aviez convenu
il/elle avait convenu	ils/elles avaient convenu

PASSÉ SIMPLE

je convins	nous convînmes
tu convins	vous convîntes
il/elle convint	ils/elles convinrent

PAST ANTERIOR

j'eus convenu	nous eûmes convenu
tu eus convenu	vous eûtes convenu
il/elle eut convenu	ils/elles eurent convenu

FUTURE

je conviendrai	nous conviendrons
tu conviendras	vous conviendrez
il/elle conviendra	ils/elles conviendront

FUTURE ANTERIOR

j'aurai convenu	nous aurons convenu
tu auras convenu	vous aurez convenu
il/elle aura convenu	ils/elles auront convenu

CONDITIONAL

je conviendrais	nous conviendrions
tu conviendrais	vous conviendriez
il/elle conviendrait	ils/elles conviendraient

PAST CONDITIONAL

j'aurais convenu	nous aurions convenu
tu aurais convenu	vous auriez convenu
il/elle aurait convenu	ils/elles auraient convenu

PRESENT SUBJUNCTIVE

que je convienne	que nous convenions
que tu conviennes	que vous conveniez
qu'il/elle convienne	qu'ils/elles conviennent

PAST SUBJUNCTIVE

que j'aie convenu	que nous ayons convenu
que tu aies convenu	que vous ayez convenu
qu'il/elle ait convenu	qu'ils/elles aient convenu

IMPERFECT SUBJUNCTIVE

que je convinsse	que nous convinssions
que tu convinsses	que vous convinssiez
qu'il/elle convînt	qu'ils/elles convinssent

PLUPERFECT SUBJUNCTIVE

que j'eusse convenu	que nous eussions convenu
que tu eusses convenu	que vous eussiez convenu
qu'il/elle eût convenu	qu'ils/elles eussent convenu

COMMANDS

	(nous) convenons
(tu) conviens	(vous) convenez

Usage

Nous convenons que c'est dangereux.	*We agree that it's dangerous.*
Vous n'en convenez pas?	*Do you disagree?*
Ça ne convient pas.	*That's not suitable.*
Tes vêtements ne conviennent pas à l'occasion.	*Your clothes are inappropriate for the occasion.*
—Il convient que vous partiez tout de suite.	*You ought to leave right away.*
—Je n'en conviens pas.	*I don't agree.*

RELATED WORDS

convenable	*suitable*
une tenue convenable	*a suitable/appropriate outfit*
convenu(e)	*agreed upon*
C'est convenu, alors.	*Then it's agreed upon.*

regular -er verb; spelling change: *g > ge/a, o*   **je corrige · je corrigeai · corrigé · corrigeant**

PRESENT

je corrige	nous corrigeons
tu corriges	vous corrigez
il/elle corrige	ils/elles corrigent

IMPERFECT

je corrigeais	nous corrigions
tu corrigeais	vous corrigiez
il/elle corrigeait	ils/elles corrigeaient

PASSÉ SIMPLE

je corrigeai	nous corrigeâmes
tu corrigeas	vous corrigeâtes
il/elle corrigea	ils/elles corrigèrent

FUTURE

je corrigerai	nous corrigerons
tu corrigeras	vous corrigerez
il/elle corrigera	ils/elles corrigeront

CONDITIONAL

je corrigerais	nous corrigerions
tu corrigerais	vous corrigeriez
il/elle corrigerait	ils/elles corrigeraient

PRESENT SUBJUNCTIVE

que je corrige	que nous corrigions
que tu corriges	que vous corrigiez
qu'il/elle corrige	qu'ils/elles corrigent

IMPERFECT SUBJUNCTIVE

que je corrigeasse	que nous corrigeassions
que tu corrigeasses	que vous corrigeassiez
qu'il/elle corrigeât	qu'ils/elles corrigeassent

PASSÉ COMPOSÉ

j'ai corrigé	nous avons corrigé
tu as corrigé	vous avez corrigé
il/elle a corrigé	ils/elles ont corrigé

PLUPERFECT

j'avais corrigé	nous avions corrigé
tu avais corrigé	vous aviez corrigé
il/elle avait corrigé	ils/elles avaient corrigé

PAST ANTERIOR

j'eus corrigé	nous eûmes corrigé
tu eus corrigé	vous eûtes corrigé
il/elle eut corrigé	ils/elles eurent corrigé

FUTURE ANTERIOR

j'aurai corrigé	nous aurons corrigé
tu auras corrigé	vous aurez corrigé
il/elle aura corrigé	ils/elles auront corrigé

PAST CONDITIONAL

j'aurais corrigé	nous aurions corrigé
tu aurais corrigé	vous auriez corrigé
il/elle aurait corrigé	ils/elles auraient corrigé

PAST SUBJUNCTIVE

que j'aie corrigé	que nous ayons corrigé
que tu aies corrigé	que vous ayez corrigé
qu'il/elle ait corrigé	qu'ils/elles aient corrigé

PLUPERFECT SUBJUNCTIVE

que j'eusse corrigé	que nous eussions corrigé
que tu eusses corrigé	que vous eussiez corrigé
qu'il/elle eût corrigé	qu'ils/elles eussent corrigé

COMMANDS

	(nous) corrigeons
(tu) corrige	(vous) corrigez

Usage

Le professeur corrige les copies.	*The teacher corrects the compositions.*
—Vous permettez que je vous corrige?	*May I correct you?*
—Oui, corrigez-moi si je fais une faute en parlant.	*Yes, correct me if I make a mistake while speaking.*
Corrigeons le tir.	*Let's make some adjustments.*
Si tu continues comme ça tu vas te faire corriger!	*If you keep that up you're going to get a spanking!*

RELATED WORDS

le correctif	*qualifying statement*
Permettez-moi d'apporter un correctif à votre compte-rendu.	*Allow me to qualify what you said in your report.*
la correction	*correction/correctness; spanking*
Le professeur fait ses corrections.	*The teacher is marking papers.*
J'admire la correction de ce rapport.	*I admire the accuracy of this report.*
agir avec correction	*to act with good manners*
Ce gosse a reçu une correction.	*That kid got a spanking.*

corrompre   *to corrupt, bribe*

je corromps · je corrompis · corrompu · corrompant   regular -re verb

PRESENT

je corromps	nous corrompons
tu corromps	vous corrompez
il/elle corrompt	ils/elles corrompent

IMPERFECT

je corrompais	nous corrompions
tu corrompais	vous corrompiez
il/elle corrompait	ils/elles corrompaient

PASSÉ SIMPLE

je corrompis	nous corrompîmes
tu corrompis	vous corrompîtes
il/elle corrompit	ils/elles corrompirent

FUTURE

je corromprai	nous corromprons
tu corrompras	vous corromprez
il/elle corrompra	ils/elles corrompront

CONDITIONAL

je corromprais	nous corromprions
tu corromprais	vous corrompriez
il/elle corromprait	ils/elles corrompraient

PRESENT SUBJUNCTIVE

que je corrompe	que nous corrompions
que tu corrompes	que vous corrompiez
qu'il/elle corrompe	qu'ils/elles corrompent

IMPERFECT SUBJUNCTIVE

que je corrompisse	que nous corrompissions
que tu corrompisses	que vous corrompissiez
qu'il/elle corrompît	qu'ils/elles corrompissent

PASSÉ COMPOSÉ

j'ai corrompu	nous avons corrompu
tu as corrompu	vous avez corrompu
il/elle a corrompu	ils/elles ont corrompu

PLUPERFECT

j'avais corrompu	nous avions corrompu
tu avais corrompu	vous aviez corrompu
il/elle avait corrompu	ils/elles avaient corrompu

PAST ANTERIOR

j'eus corrompu	nous eûmes corrompu
tu eus corrompu	vous eûtes corrompu
il/elle eut corrompu	ils/elles eurent corrompu

FUTURE ANTERIOR

j'aurai corrompu	nous aurons corrompu
tu auras corrompu	vous aurez corrompu
il/elle aura corrompu	ils/elles auront corrompu

PAST CONDITIONAL

j'aurais corrompu	nous aurions corrompu
tu aurais corrompu	vous auriez corrompu
il/elle aurait corrompu	ils/elles auraient corrompu

PAST SUBJUNCTIVE

que j'aie corrompu	que nous ayons corrompu
que tu aies corrompu	que vous ayez corrompu
qu'il/elle ait corrompu	qu'ils/elles aient corrompu

PLUPERFECT SUBJUNCTIVE

que j'eusse corrompu	que nous eussions corrompu
que tu eusses corrompu	que vous eussiez corrompu
qu'il/elle eût corrompu	qu'ils/elles eussent corrompu

COMMANDS

	(nous) corrompons
(tu) corromps	(vous) corrompez

Usage

Son jugement est corrompu par sa colère.	*His judgment is distorted by his anger.*
La chaleur a corrompu la viande.	*The heat spoiled the meat.*
corrompre un témoin	*to bribe a witness*
Ce juge est corrompu.	*That judge can be bribed.*

RELATED WORDS

la corruption	*corruption/debasement*
la corruption de la langue	*the debasement/corruption of language*
la corruption des mœurs	*the corruption of conduct*

regular -er reflexive verb;
compound tenses with *être*

je me couche · je me couchai · s'étant couché · se couchant

PRESENT

je me couche	nous nous couchons
tu te couches	vous vous couchez
il/elle se couche	ils/elles se couchent

IMPERFECT

je me couchais	nous nous couchions
tu te couchais	vous vous couchiez
il/elle se couchait	ils/elles se couchaient

PASSÉ SIMPLE

je me couchai	nous nous couchâmes
tu te couchas	vous vous couchâtes
il/elle se coucha	ils/elles se couchèrent

FUTURE

je me coucherai	nous nous coucherons
tu te coucheras	vous vous coucherez
il/elle se couchera	ils/elles se coucheront

CONDITIONAL

je me coucherais	nous nous coucherions
tu te coucherais	vous vous coucheriez
il/elle se coucherait	ils/elles se coucheraient

PRESENT SUBJUNCTIVE

que je me couche	que nous nous couchions
que tu te couches	que vous vous couchiez
qu'il/elle se couche	qu'ils/elles se couchent

IMPERFECT SUBJUNCTIVE

que je me couchasse	que nous nous couchassions
que tu te couchasses	que vous vous couchassiez
qu'il/elle se couchât	qu'ils/elles se couchassent

PASSÉ COMPOSÉ

je me suis couché(e)	nous nous sommes couché(e)s
tu t'es couché(e)	vous vous êtes couché(e)(s)
il/elle s'est couché(e)	ils/elles se sont couché(e)s

PLUPERFECT

je m'étais couché(e)	nous nous étions couché(e)s
tu t'étais couché(e)	vous vous étiez couché(e)(s)
il/elle s'était couché(e)	ils/elles s'étaient couché(e)s

PAST ANTERIOR

je me fus couché(e)	nous nous fûmes couché(e)s
tu te fus couché(e)	vous vous fûtes couché(e)(s)
il/elle se fut couché(e)	ils/elles se furent couché(e)s

FUTURE ANTERIOR

je me serai couché(e)	nous nous serons couché(e)s
tu te seras couché(e)	vous vous serez couché(e)(s)
il/elle se sera couché(e)	ils/elles se seront couché(e)s

PAST CONDITIONAL

je me serais couché(e)	nous nous serions couché(e)s
tu te serais couché(e)	vous vous seriez couché(e)(s)
il/elle se serait couché(e)	ils/elles se seraient couché(e)s

PAST SUBJUNCTIVE

que je me sois couché(e)	que nous nous soyons couché(e)s
que tu te sois couché(e)	que vous vous soyez couché(e)(s)
qu'il/elle se soit couché(e)	qu'ils/elles se soient couché(e)s

PLUPERFECT SUBJUNCTIVE

que je me fusse couché(e)	que nous nous fussions couché(e)s
que tu te fusses couché(e)	que vous vous fussiez couché(e)(s)
qu'il/elle se fût couché(e)	qu'ils/elles se fussent couché(e)s

COMMANDS

	(nous) couchons-nous
(tu) couche-toi	(vous) couchez-vous

Usage

—Nous, on se couche tôt.	*We go to bed early.*
—Vous faites bien. Moi je me couche trop tard.	*You're right to do so. I go to bed too late.*
se coucher comme les poules	*to go to bed early*
Va te coucher!	*Get out of here!*
Je l'ai envoyé se coucher.	*I sent him packing/told him where to get off.*
Le cycliste se couchait sur le guidon.	*The cyclist bent over the handlebars.*

coudre *to sew*

je couds · je cousis · cousu · cousant   irregular verb

PRESENT

je couds	nous cousons
tu couds	vous cousez
il/elle coud	ils/elles cousent

IMPERFECT

je cousais	nous cousions
tu cousais	vous cousiez
il/elle cousait	ils/elles cousaient

PASSÉ SIMPLE

je cousis	nous cousîmes
tu cousis	vous cousîtes
il/elle cousit	ils/elles cousirent

FUTURE

je coudrai	nous coudrons
tu coudras	vous coudrez
il/elle coudra	ils/elles coudront

CONDITIONAL

je coudrais	nous coudrions
tu coudrais	vous coudriez
il/elle coudrait	ils/elles coudraient

PRESENT SUBJUNCTIVE

que je couse	que nous cousions
que tu couses	que vous cousiez
qu'il/elle couse	qu'ils/elles cousent

IMPERFECT SUBJUNCTIVE

que je cousisse	que nous cousissions
que tu cousisses	que vous cousissiez
qu'il/elle cousît	qu'ils/elles cousissent

COMMANDS

	(nous) cousons
(tu) couds	(vous) cousez

PASSÉ COMPOSÉ

j'ai cousu	nous avons cousu
tu as cousu	vous avez cousu
il/elle a cousu	ils/elles ont cousu

PLUPERFECT

j'avais cousu	nous avions cousu
tu avais cousu	vous aviez cousu
il/elle avait cousu	ils/elles avaient cousu

PAST ANTERIOR

j'eus cousu	nous eûmes cousu
tu eus cousu	vous eûtes cousu
il/elle eut cousu	ils/elles eurent cousu

FUTURE ANTERIOR

j'aurai cousu	nous aurons cousu
tu auras cousu	vous aurez cousu
il/elle aura cousu	ils/elles auront cousu

PAST CONDITIONAL

j'aurais cousu	nous aurions cousu
tu aurais cousu	vous auriez cousu
il/elle aurait cousu	ils/elles auraient cousu

PAST SUBJUNCTIVE

que j'aie cousu	que nous ayons cousu
que tu aies cousu	que vous ayez cousu
qu'il/elle ait cousu	qu'ils/elles aient cousu

PLUPERFECT SUBJUNCTIVE

que j'eusse cousu	que nous eussions cousu
que tu eusses cousu	que vous eussiez cousu
qu'il/elle eût cousu	qu'ils/elles eussent cousu

Usage

—Tu sais coudre un bouton à un vêtement?   *Do you know how to sew a button on an article of clothing?*
—Non, je dois apprendre à coudre.   *No, I ought to learn how to sew.*

coudre à la main	*to sew by hand*
coudre à la machine	*to sew by machine*
être cousu(e) d'or	*to be very wealthy*

RELATED WORDS

la couture	*sewing; fashion; seam*
sans couture	*seamless*
le couturier/la couturière	*fashion designer*
la haute couture	*high fashion*
une maison de couture	*fashion house*

regular *-er* verb

je coupe · je coupai · coupé · coupant

PRESENT

je coupe	nous coupons
tu coupes	vous coupez
il/elle coupe	ils/elles coupent

IMPERFECT

je coupais	nous coupions
tu coupais	vous coupiez
il/elle coupait	ils/elles coupaient

PASSÉ SIMPLE

je coupai	nous coupâmes
tu coupas	vous coupâtes
il/elle coupa	ils/elles coupèrent

FUTURE

je couperai	nous couperons
tu couperas	vous couperez
il/elle coupera	ils/elles couperont

CONDITIONAL

je couperais	nous couperions
tu couperais	vous couperiez
il/elle couperait	ils/elles couperaient

PRESENT SUBJUNCTIVE

que je coupe	que nous coupions
que tu coupes	que vous coupiez
qu'il/elle coupe	qu'ils/elles coupent

IMPERFECT SUBJUNCTIVE

que je coupasse	que nous coupassions
que tu coupasses	que vous coupassiez
qu'il/elle coupât	qu'ils/elles coupassent

PASSÉ COMPOSÉ

j'ai coupé	nous avons coupé
tu as coupé	vous avez coupé
il/elle a coupé	ils/elles ont coupé

PLUPERFECT

j'avais coupé	nous avions coupé
tu avais coupé	vous aviez coupé
il/elle avait coupé	ils/elles avaient coupé

PAST ANTERIOR

j'eus coupé	nous eûmes coupé
tu eus coupé	vous eûtes coupé
il/elle eut coupé	ils/elles eurent coupé

FUTURE ANTERIOR

j'aurai coupé	nous aurons coupé
tu auras coupé	vous aurez coupé
il/elle aura coupé	ils/elles auront coupé

PAST CONDITIONAL

j'aurais coupé	nous aurions coupé
tu aurais coupé	vous auriez coupé
il/elle aurait coupé	ils/elles auraient coupé

PAST SUBJUNCTIVE

que j'aie coupé	que nous ayons coupé
que tu aies coupé	que vous ayez coupé
qu'il/elle ait coupé	qu'ils/elles aient coupé

PLUPERFECT SUBJUNCTIVE

que j'eusse coupé	que nous eussions coupé
que tu eusses coupé	que vous eussiez coupé
qu'il/elle eût coupé	qu'ils/elles eussent coupé

COMMANDS

	(nous) coupons
(tu) coupe	(vous) coupez

Usage

couper le fromage	*to cut the cheese*
couper avec un couteau/avec des ciseaux	*to cut with a knife/with a pair of scissors*
Ces ciseaux ne coupent plus.	*This pair of scissors doesn't cut anymore.*
se couper les cheveux	*to cut one's hair*
se couper les ongles	*to cut one's nails*
se couper le doigt	*to cut one's finger*
—Tu saignes!	*You're bleeding!*
—Je me suis coupé la joue en me rasant.	*I cut my cheek while shaving.*

RELATED WORDS

la coupe de cheveux	*haircut*
la coupe au rasoir	*razor cut*
découper	*to cut out*
découper un article/une annonce	*to cut out an article/an ad*

courir *to run*

je cours · je courus · couru · courant

irregular verb

PRESENT

je cours	nous courons
tu cours	vous courez
il/elle court	ils/elles courent

IMPERFECT

je courais	nous courions
tu courais	vous couriez
il/elle courait	ils/elles couraient

PASSÉ SIMPLE

je courus	nous courûmes
tu courus	vous courûtes
il/elle courut	ils/elles coururent

FUTURE

je courrai	nous courrons
tu courras	vous courrez
il/elle courra	ils/elles courront

CONDITIONAL

je courrais	nous courrions
tu courrais	vous courriez
il/elle courrait	ils/elles courraient

PRESENT SUBJUNCTIVE

que je coure	que nous courions
que tu coures	que vous couriez
qu'il/elle coure	qu'ils/elles courent

IMPERFECT SUBJUNCTIVE

que je courusse	que nous courussions
que tu courusses	que vous courussiez
qu'il/elle courût	qu'ils/elles courussent

PASSÉ COMPOSÉ

j'ai couru	nous avons couru
tu as couru	vous avez couru
il/elle a couru	ils/elles ont couru

PLUPERFECT

j'avais couru	nous avions couru
tu avais couru	vous aviez couru
il/elle avait couru	ils/elles avaient couru

PAST ANTERIOR

j'eus couru	nous eûmes couru
tu eus couru	vous eûtes couru
il/elle eut couru	ils/elles eurent couru

FUTURE ANTERIOR

j'aurai couru	nous aurons couru
tu auras couru	vous aurez couru
il/elle aura couru	ils/elles auront couru

PAST CONDITIONAL

j'aurais couru	nous aurions couru
tu aurais couru	vous auriez couru
il/elle aurait couru	ils/elles auraient couru

PAST SUBJUNCTIVE

que j'aie couru	que nous ayons couru
que tu aies couru	que vous ayez couru
qu'il/elle ait couru	qu'ils/elles aient couru

PLUPERFECT SUBJUNCTIVE

que j'eusse couru	que nous eussions couru
que tu eusses couru	que vous eussiez couru
qu'il/elle eût couru	qu'ils/elles eussent couru

COMMANDS

	(nous) courons
(tu) cours	(vous) courez

Usage

courir vite	*to run fast*
courir chercher le médecin	*to run off to get the doctor*
J'ai couru partout pour trouver ce livre.	*I ran everywhere to find this book.*
Elle est entrée en courant.	*She ran in.*
Les enfants sont sortis au jardin en courant.	*The children ran out into the garden.*
La police est montée en courant.	*The police ran upstairs.*
—Tu as fini?	*Did you finish?*
—Oui, mais j'ai tout fait en courant.	*Yes, but I rushed through everything.*
Il y a un bruit qui court.	*There's a rumor going around.*
courir un risque	*to run a risk*
Un prof comme ça, ça ne court pas les rues.	*You don't find teachers like him everywhere.*

RELATED WORDS

la course	*running; race; errand*
une course de fond	*a long-distance race*
faire les courses	*to do the shopping*

irregular verb

je couvre · je couvris · couvert · couvrant

PRESENT	
je couvre	nous couvrons
tu couvres	vous couvrez
il/elle couvre	ils/elles couvrent

PASSÉ COMPOSÉ	
j'ai couvert	nous avons couvert
tu as couvert	vous avez couvert
il/elle a couvert	ils/elles ont couvert

IMPERFECT	
je couvrais	nous couvrions
tu couvrais	vous couvriez
il/elle couvrait	ils/elles couvraient

PLUPERFECT	
j'avais couvert	nous avions couvert
tu avais couvert	vous aviez couvert
il/elle avait couvert	ils/elles avaient couvert

PASSÉ SIMPLE	
je couvris	nous couvrîmes
tu couvris	vous couvrîtes
il/elle couvrit	ils/elles couvrirent

PAST ANTERIOR	
j'eus couvert	nous eûmes couvert
tu eus couvert	vous eûtes couvert
il/elle eut couvert	ils/elles eurent couvert

FUTURE	
je couvrirai	nous couvrirons
tu couvriras	vous couvrirez
il/elle couvrira	ils/elles couvriront

FUTURE ANTERIOR	
j'aurai couvert	nous aurons couvert
tu auras couvert	vous aurez couvert
il/elle aura couvert	ils/elles auront couvert

CONDITIONAL	
je couvrirais	nous couvririons
tu couvrirais	vous couvririez
il/elle couvrirait	ils/elles couvriraient

PAST CONDITIONAL	
j'aurais couvert	nous aurions couvert
tu aurais couvert	vous auriez couvert
il/elle aurait couvert	ils/elles auraient couvert

PRESENT SUBJUNCTIVE	
que je couvre	que nous couvrions
que tu couvres	que vous couvriez
qu'il/elle couvre	qu'ils/elles couvrent

PAST SUBJUNCTIVE	
que j'aie couvert	que nous ayons couvert
que tu aies couvert	que vous ayez couvert
qu'il/elle ait couvert	qu'ils/elles aient couvert

IMPERFECT SUBJUNCTIVE	
que je couvrisse	que nous couvrissions
que tu couvrisses	que vous couvrissiez
qu'il/elle couvrît	qu'ils/elles couvrissent

PLUPERFECT SUBJUNCTIVE	
que j'eusse couvert	que nous eussions couvert
que tu eusses couvert	que vous eussiez couvert
qu'il/elle eût couvert	qu'ils/elles eussent couvert

COMMANDS	
	(nous) couvrons
(tu) couvre	(vous) couvrez

Usage

J'ai couvert les murs d'affiches.	*I covered the walls with posters.*
Couvrez la casserole de son couvercle.	*Cover the pot with its lid.*
Il fait froid aujourd'hui. Couvre-toi bien!	*It's cold today. Dress warmly!*
La mère a couvert sa fille de baisers.	*The mother covered her daughter with kisses.*
Il s'est couvert de honte.	*He disgraced himself.*
—Ne me demande pas de couvrir tes fautes.	*Don't ask me to cover up for your mistakes.*
—J'ai peur de me couvrir de ridicule.	*I'm afraid to look ridiculous.*

RELATED WORDS

couvert(e)	*overcast*
Le ciel est couvert.	*The sky is overcast.*
couvert(e) de	*covered with*
Les rues sont couvertes de neige.	*The streets are covered with snow.*
la couverture	*blanket; coverage* (press)

craindre *to fear*

PRESENT

je crains	nous craignons
tu crains	vous craignez
il/elle craint	ils/elles craignent

IMPERFECT

je craignais	nous craignions
tu craignais	vous craigniez
il/elle craignait	ils/elles craignaient

PASSÉ SIMPLE

je craignis	nous craignîmes
tu craignis	vous craignîtes
il/elle craignit	ils/elles craignirent

FUTURE

je craindrai	nous craindrons
tu craindras	vous craindrez
il/elle craindra	ils/elles craindront

CONDITIONAL

je craindrais	nous craindrions
tu craindrais	vous craindriez
il/elle craindrait	ils/elles craindraient

PRESENT SUBJUNCTIVE

que je craigne	que nous craignions
que tu craignes	que vous craigniez
qu'il/elle craigne	qu'ils/elles craignent

IMPERFECT SUBJUNCTIVE

que je craignisse	que nous craignissions
que tu craignisses	que vous craignissiez
qu'il/elle craignît	qu'ils/elles craignissent

PASSÉ COMPOSÉ

j'ai craint	nous avons craint
tu as craint	vous avez craint
il/elle a craint	ils/elles ont craint

PLUPERFECT

j'avais craint	nous avions craint
tu avais craint	vous aviez craint
il/elle avait craint	ils/elles avaient craint

PAST ANTERIOR

j'eus craint	nous eûmes craint
tu eus craint	vous eûtes craint
il/elle eut craint	ils/elles eurent craint

FUTURE ANTERIOR

j'aurai craint	nous aurons craint
tu auras craint	vous aurez craint
il/elle aura craint	ils/elles auront craint

PAST CONDITIONAL

j'aurais craint	nous aurions craint
tu aurais craint	vous auriez craint
il/elle aurait craint	ils/elles auraient craint

PAST SUBJUNCTIVE

que j'aie craint	que nous ayons craint
que tu aies craint	que vous ayez craint
qu'il/elle ait craint	qu'ils/elles aient craint

PLUPERFECT SUBJUNCTIVE

que j'eusse craint	que nous eussions craint
que tu eusses craint	que vous eussiez craint
qu'il/elle eût craint	qu'ils/elles eussent craint

COMMANDS

	(nous) craignons
(tu) crains	(vous) craignez

Usage

—Je crains qu'il soit déjà parti.	*I fear he has already left.*
—C'est exactement ce que je craignais!	*That's just what I was afraid of!*
Je craignais qu'il ne vienne.	*I was afraid he would come.*
Il craint que vous ne le sachiez pas.	*He fears that you won't know it.*
Je crains le pire.	*I fear the worst.*
Il ne craindra pas de vous le dire.	*He won't hesitate to tell you.*
C'est un danger à craindre.	*It's a danger one should be afraid of.*

RELATED WORDS

la crainte	*fear*
Vous pouvez être sans crainte au sujet de votre fils.	*You have no reason to have any fear about your son.*
de crainte que	*for fear that*
Je l'ai caché de crainte qu'il ne le voie.	*I hid it for fear that he would see it.*

regular -*er* verb

PRESENT

je crée	nous créons
tu crées	vous créez
il/elle crée	ils/elles créent

IMPERFECT

je créais	nous créions
tu créais	vous créiez
il/elle créait	ils/elles créaient

PASSÉ SIMPLE

je créai	nous créâmes
tu créas	vous créâtes
il/elle créa	ils/elles créèrent

FUTURE

je créerai	nous créerons
tu créeras	vous créerez
il/elle créera	ils/elles créeront

CONDITIONAL

je créerais	nous créerions
tu créerais	vous créeriez
il/elle créerait	ils/elles créeraient

PRESENT SUBJUNCTIVE

que je crée	que nous créions
que tu crées	que vous créiez
qu'il/elle crée	qu'ils/elles créent

IMPERFECT SUBJUNCTIVE

que je créasse	que nous créassions
que tu créasses	que vous créassiez
qu'il/elle créât	qu'ils/elles créassent

COMMANDS

	(nous) créons
(tu) crée	(vous) créez

PASSÉ COMPOSÉ

j'ai créé	nous avons créé
tu as créé	vous avez créé
il/elle a créé	ils/elles ont créé

PLUPERFECT

j'avais créé	nous avions créé
tu avais créé	vous aviez créé
il/elle avait créé	ils/elles avaient créé

PAST ANTERIOR

j'eus créé	nous eûmes créé
tu eus créé	vous eûtes créé
il/elle eut créé	ils/elles eurent créé

FUTURE ANTERIOR

j'aurai créé	nous aurons créé
tu auras créé	vous aurez créé
il/elle aura créé	ils/elles auront créé

PAST CONDITIONAL

j'aurais créé	nous aurions créé
tu aurais créé	vous auriez créé
il/elle aurait créé	ils/elles auraient créé

PAST SUBJUNCTIVE

que j'aie créé	que nous ayons créé
que tu aies créé	que vous ayez créé
qu'il/elle ait créé	qu'ils/elles aient créé

PLUPERFECT SUBJUNCTIVE

que j'eusse créé	que nous eussions créé
que tu eusses créé	que vous eussiez créé
qu'il/elle eût créé	qu'ils/elles eussent créé

Usage

la nécessité de créer	*the need to create*
Ce type m'a créé des ennuis avec le chef.	*That guy made trouble for me with the boss.*
Ce commerçant a su se créer une clientèle.	*This storekeeper was able to build up a clientele.*
créer un mot	*to coin a word*
créer une histoire de toutes pièces	*to make up a story from beginning to end*

RELATED WORDS

la création	*creation*
créateur/créatrice	*creative*
la créativité	*creativity/creative spirit*
le créateur/la créatrice	*creator/designer*
des investissements créateurs d'emplois	*investments that create jobs*

crever   *to burst, puncture; to wear out; to die* (slang)

je crève · je crevai · crevé · crevant   regular -er verb; spelling change: e > è/mute e

PRESENT		PASSÉ COMPOSÉ	
je crève	nous crevons	j'ai crevé	nous avons crevé
tu crèves	vous crevez	tu as crevé	vous avez crevé
il/elle crève	ils/elles crèvent	il/elle a crevé	ils/elles ont crevé

IMPERFECT		PLUPERFECT	
je crevais	nous crevions	j'avais crevé	nous avions crevé
tu crevais	vous creviez	tu avais crevé	vous aviez crevé
il/elle crevait	ils/elles crevaient	il/elle avait crevé	ils/elles avaient crevé

PASSÉ SIMPLE		PAST ANTERIOR	
je crevai	nous crevâmes	j'eus crevé	nous eûmes crevé
tu crevas	vous crevâtes	tu eus crevé	vous eûtes crevé
il/elle creva	ils/elles crevèrent	il/elle eut crevé	ils/elles eurent crevé

FUTURE		FUTURE ANTERIOR	
je crèverai	nous crèverons	j'aurai crevé	nous aurons crevé
tu crèveras	vous crèverez	tu auras crevé	vous aurez crevé
il/elle crèvera	ils/elles crèveront	il/elle aura crevé	ils/elles auront crevé

CONDITIONAL		PAST CONDITIONAL	
je crèverais	nous crèverions	j'aurais crevé	nous aurions crevé
tu crèverais	vous crèveriez	tu aurais crevé	vous auriez crevé
il/elle crèverait	ils/elles crèveraient	il/elle aurait crevé	ils/elles auraient crevé

PRESENT SUBJUNCTIVE		PAST SUBJUNCTIVE	
que je crève	que nous crevions	que j'aie crevé	que nous ayons crevé
que tu crèves	que vous creviez	que tu aies crevé	que vous ayez crevé
qu'il/elle crève	qu'ils/elles crèvent	qu'il/elle ait crevé	qu'ils/elles aient crevé

IMPERFECT SUBJUNCTIVE		PLUPERFECT SUBJUNCTIVE	
que je crevasse	que nous crevassions	que j'eusse crevé	que nous eussions crevé
que tu crevasses	que vous crevassiez	que tu eusses crevé	que vous eussiez crevé
qu'il/elle crevât	qu'ils/elles crevassent	qu'il/elle eût crevé	qu'ils/elles eussent crevé

COMMANDS	
	(nous) crevons
(tu) crève	(vous) crevez

Usage

Le pneu de sa voiture a crevé.	*The tire on his car burst/got punctured.*
J'avais mis tant de papiers dans ma serviette qu'elle a crevé.	*I had put so many papers into my briefcase that it broke.*
Ça crève les yeux! *(slang)*	*It's obvious!/It's as plain as the nose on your face!*
Qu'il crève! *(vulgar)*	*I hope he drops dead!*
Il crève de faim.	*He's famished/starving.*
On crève de froid ici!	*You could freeze to death here!*
On crève de chaud!	*We're dying of the heat!*

RELATED WORDS

crevé(e)	*exhausted*
Je suis crevé.	*I'm beat.*
un pneu crevé	*a flat tire*
une crevaison	*a flat tire*

regular -*er* verb

je crie · je criai · crié · criant

PRESENT

je crie	nous crions
tu cries	vous criez
il/elle crie	ils/elles crient

IMPERFECT

je criais	nous criions
tu criais	vous criiez
il/elle criait	ils/elles criaient

PASSÉ SIMPLE

je criai	nous criâmes
tu crias	vous criâtes
il/elle cria	ils/elles crièrent

FUTURE

je crierai	nous crierons
tu crieras	vous crierez
il/elle criera	ils/elles crieront

CONDITIONAL

je crierais	nous crierions
tu crierais	vous crieriez
il/elle crierait	ils/elles crieraient

PRESENT SUBJUNCTIVE

que je crie	que nous criions
que tu cries	que vous criiez
qu'il/elle crie	qu'ils/elles crient

IMPERFECT SUBJUNCTIVE

que je criasse	que nous criassions
que tu criasses	que vous criassiez
qu'il/elle criât	qu'ils/elles criassent

COMMANDS

	(nous) crions
(tu) crie	(vous) criez

PASSÉ COMPOSÉ

j'ai crié	nous avons crié
tu as crié	vous avez crié
il/elle a crié	ils/elles ont crié

PLUPERFECT

j'avais crié	nous avions crié
tu avais crié	vous aviez crié
il/elle avait crié	ils/elles avaient crié

PAST ANTERIOR

j'eus crié	nous eûmes crié
tu eus crié	vous eûtes crié
il/elle eut crié	ils/elles eurent crié

FUTURE ANTERIOR

j'aurai crié	nous aurons crié
tu auras crié	vous aurez crié
il/elle aura crié	ils/elles auront crié

PAST CONDITIONAL

j'aurais crié	nous aurions crié
tu aurais crié	vous auriez crié
il/elle aurait crié	ils/elles auraient crié

PAST SUBJUNCTIVE

que j'aie crié	que nous ayons crié
que tu aies crié	que vous ayez crié
qu'il/elle ait crié	qu'ils/elles aient crié

PLUPERFECT SUBJUNCTIVE

que j'eusse crié	que nous eussions crié
que tu eusses crié	que vous eussiez crié
qu'il/elle eût crié	qu'ils/elles eussent crié

Usage

—Les enfants crient à tue-tête.	*The children are screaming their heads off.*
—Pourquoi est-ce qu'ils crient comme ça?	*Why are they shouting like that?*
Il crie fort.	*He's screaming loudly.*
Je lui ai crié de s'en aller.	*I yelled at him to leave.*
crier au loup	*to cry wolf*
crier à l'assassin	*to cry murder*

RELATED WORDS

le cri	*shout/scream*
un cri de joie/de douleur	*a shout of joy/pain*
C'est le dernier cri.	*It's all the rage now./It's the latest.*
criard(e)	*loud/gaudy*
des couleurs criardes	*gaudy colors*

croire = penser, accepter comme vrai

Je crois que non.	*I don't think so.*
Je crois que oui.	*I think so.*
—Elle n'est pas encore arrivée?	*Hasn't she arrived yet?*
—Je crois que si.	*I think so.*
Je n'en crois pas mes yeux/mes oreilles!	*I can't believe my eyes/my ears.*
Je crois bien qu'il est souffrant.	*I think he's ill.*
Vous pouvez m'en croire.	*You can take it from me.*
À l'en croire,...	*If he is to be believed . . ./If you go by what he says . . .*
—Tu as vu? Il a sorti un pistolet!	*Did you see? He took out a gun!*
—Oui, je croyais rêver.	*Yes, it was unbelievable.*
C'est à n'y pas croire.	*It's unbelievable.*
—Je crois dur comme fer qu'elle m'aime sincèrement.	*I firmly believe that she loves me sincerely.*
—Elle n'est pas celle que tu crois.	*She's not the kind of person you think she is.*
J'aime à croire qu'il nous avertira.	*I would like to think he will notify us.*
Je le crois capable de tout.	*I wouldn't put anything past him.*
Je le crois méchant et malhonnête.	*I think he is wicked and dishonest.*

croire à

Personne ne croit à son innocence.	*No one believes in his innocence.*
Je ne crois plus à ses promesses.	*I don't believe his promises anymore.*
Il faut croire à l'avenir.	*One must have faith in the future.*
Ils croient à l'astrologie.	*They believe in astrology.*
Tu crois aux fantômes?	*Do you believe in ghosts?*

croire en

croire en Dieu	*to believe in God*
Nous croyions en lui.	*We had confidence in him.*

se croire

Tu te crois malin, toi!	*You think you're clever!*
Il se croit très important.	*He thinks he's very important.*
Il se croit une grosse tête.	*He thinks he's a genius.*

faire croire

faire croire qqch à qqn	*to convince someone of something*
Je lui ai fait croire que je l'aiderais.	*I led him to believe that I would help him.*
Tu ne peux pas me faire croire qu'on a congédié tout le monde.	*You can't expect me to believe that everyone was fired.*

Proverbs and Idioms

Il croit encore au Père Noël, lui.	*He still believes in Santa Claus. (He's naive.)*
Voir, c'est croire.	*Seeing is believing.*
Il ne croit ni à Dieu ni au diable.	*He's a complete nonbeliever.*

TOP 50 VERBS

PRESENT

je crois	nous croyons
tu crois	vous croyez
il/elle croit	ils/elles croient

IMPERFECT

je croyais	nous croyions
tu croyais	vous croyiez
il/elle croyait	ils/elles croyaient

PASSÉ SIMPLE

je crus	nous crûmes
tu crus	vous crûtes
il/elle crut	ils/elles crurent

FUTURE

je croirai	nous croirons
tu croiras	vous croirez
il/elle croira	ils/elles croiront

CONDITIONAL

je croirais	nous croirions
tu croirais	vous croiriez
il/elle croirait	ils/elles croiraient

PRESENT SUBJUNCTIVE

que je croie	que nous croyions
que tu croies	que vous croyiez
qu'il/elle croie	qu'ils/elles croient

IMPERFECT SUBJUNCTIVE

que je crusse	que nous crussions
que tu crusses	que vous crussiez
qu'il/elle crût	qu'ils/elles crussent

COMMANDS

	(nous) croyons
(tu) crois	(vous) croyez

PASSÉ COMPOSÉ

j'ai cru	nous avons cru
tu as cru	vous avez cru
il/elle a cru	ils/elles ont cru

PLUPERFECT

j'avais cru	nous avions cru
tu avais cru	vous aviez cru
il/elle avait cru	ils/elles avaient cru

PAST ANTERIOR

j'eus cru	nous eûmes cru
tu eus cru	vous eûtes cru
il/elle eut cru	ils/elles eurent cru

FUTURE ANTERIOR

j'aurai cru	nous aurons cru
tu auras cru	vous aurez cru
il/elle aura cru	ils/elles auront cru

PAST CONDITIONAL

j'aurais cru	nous aurions cru
tu aurais cru	vous auriez cru
il/elle aurait cru	ils/elles auraient cru

PAST SUBJUNCTIVE

que j'aie cru	que nous ayons cru
que tu aies cru	que vous ayez cru
qu'il/elle ait cru	qu'ils/elles aient cru

PLUPERFECT SUBJUNCTIVE

que j'eusse cru	que nous eussions cru
que tu eusses cru	que vous eussiez cru
qu'il/elle eût cru	qu'ils/elles eussent cru

Usage

croire qqn	*to believe someone*
—Croyez-moi, c'était bien dangereux.	*Believe me, it was very dangerous.*
—Je vous crois.	*I believe you.*
croire que	*to believe that*
Je crois qu'il est là.	*I think he's here.*
Je ne crois pas qu'il comprendra.	*I don't think he'll understand.*
Je ne crois pas qu'il comprenne.	*I (really) don't think he'll understand.*
Croyez-vous qu'il comprenne?	*Do you think he'll understand?*
croire qqch	*to believe something*
Je ne crois pas cette explication.	*I don't believe this explanation.*
Elle ne croit pas ce que je lui dis.	*She doesn't believe what I'm telling her.*

RELATED WORDS

la croyance	*belief*
croyant(e)	*believing/religious*

irregular verb

PRESENT

je croîs	nous croissons
tu croîs	vous croissez
il/elle croît	ils/elles croissent

IMPERFECT

je croissais	nous croissions
tu croissais	vous croissiez
il/elle croissait	ils/elles croissaient

PASSÉ SIMPLE

je crûs	nous crûmes
tu crûs	vous crûtes
il/elle crût	ils/elles crûrent

FUTURE

je croîtrai	nous croîtrons
tu croîtras	vous croîtrez
il/elle croîtra	ils/elles croîtront

CONDITIONAL

je croîtrais	nous croîtrions
tu croîtrais	vous croîtriez
il/elle croîtrait	ils/elles croîtraient

PRESENT SUBJUNCTIVE

que je croisse	que nous croissions
que tu croisses	que vous croissiez
qu'il/elle croisse	qu'ils/elles croissent

IMPERFECT SUBJUNCTIVE

que je crûsse	que nous crûssions
que tu crûsses	que vous crûssiez
qu'il/elle crût	qu'ils/elles crûssent

COMMANDS

	(nous) croissons
(tu) croîs	(vous) croissez

PASSÉ COMPOSÉ

j'ai crû	nous avons crû
tu as crû	vous avez crû
il/elle a crû	ils/elles ont crû

PLUPERFECT

j'avais crû	nous avions crû
tu avais crû	vous aviez crû
il/elle avait crû	ils/elles avaient crû

PAST ANTERIOR

j'eus crû	nous eûmes crû
tu eus crû	vous eûtes crû
il/elle eut crû	ils/elles eurent crû

FUTURE ANTERIOR

j'aurai crû	nous aurons crû
tu auras crû	vous aurez crû
il/elle aura crû	ils/elles auront crû

PAST CONDITIONAL

j'aurais crû	nous aurions crû
tu aurais crû	vous auriez crû
il/elle aurait crû	ils/elles auraient crû

PAST SUBJUNCTIVE

que j'aie crû	que nous ayons crû
que tu aies crû	que vous ayez crû
qu'il/elle ait crû	qu'ils/elles aient crû

PLUPERFECT SUBJUNCTIVE

que j'eusse crû	que nous eussions crû
que tu eusses crû	que vous eussiez crû
qu'il/elle eût crû	qu'ils/elles eussent crû

Usage

croître en richesse	*to grow in wealth*
Les fleurs croissent dans notre jardin.	*The flowers are growing in our garden.*
La chaleur n'arrête pas de croître.	*The heat keeps increasing.*

RELATED WORDS

la croissance	*growth*
être en pleine croissance	*to be in a growth phase*
Cet enfant est en pleine croissance.	*This child is growing rapidly.*
Cette entreprise est en pleine croissance.	*This company is expanding steadily.*

irregular verb

je cueille · je cueillis · cueilli · cueillant

PRESENT

je cueille	nous cueillons
tu cueilles	vous cueillez
il/elle cueille	ils/elles cueillent

IMPERFECT

je cueillais	nous cueillions
tu cueillais	vous cueilliez
il/elle cueillait	ils/elles cueillaient

PASSÉ SIMPLE

je cueillis	nous cueillîmes
tu cueillis	vous cueillîtes
il/elle cueillit	ils/elles cueillirent

FUTURE

je cueillerai	nous cueillerons
tu cueilleras	vous cueillerez
il/elle cueillera	ils/elles cueilleront

CONDITIONAL

je cueillerais	nous cueillerions
tu cueillerais	vous cueilleriez
il/elle cueillerait	ils/elles cueilleraient

PRESENT SUBJUNCTIVE

que je cueille	que nous cueillions
que tu cueilles	que vous cueilliez
qu'il/elle cueille	qu'ils/elles cueillent

IMPERFECT SUBJUNCTIVE

que je cueillisse	que nous cueillissions
que tu cueillisses	que vous cueillissiez
qu'il/elle cueillît	qu'ils/elles cueillissent

COMMANDS

	(nous) cueillons
(tu) cueille	(vous) cueillez

PASSÉ COMPOSÉ

j'ai cueilli	nous avons cueilli
tu as cueilli	vous avez cueilli
il/elle a cueilli	ils/elles ont cueilli

PLUPERFECT

j'avais cueilli	nous avions cueilli
tu avais cueilli	vous aviez cueilli
il/elle avait cueilli	ils/elles avaient cueilli

PAST ANTERIOR

j'eus cueilli	nous eûmes cueilli
tu eus cueilli	vous eûtes cueilli
il/elle eut cueilli	ils/elles eurent cueilli

FUTURE ANTERIOR

j'aurai cueilli	nous aurons cueilli
tu auras cueilli	vous aurez cueilli
il/elle aura cueilli	ils/elles auront cueilli

PAST CONDITIONAL

j'aurais cueilli	nous aurions cueilli
tu aurais cueilli	vous auriez cueilli
il/elle aurait cueilli	ils/elles auraient cueilli

PAST SUBJUNCTIVE

que j'aie cueilli	que nous ayons cueilli
que tu aies cueilli	que vous ayez cueilli
qu'il/elle ait cueilli	qu'ils/elles aient cueilli

PLUPERFECT SUBJUNCTIVE

que j'eusse cueilli	que nous eussions cueilli
que tu eusses cueilli	que vous eussiez cueilli
qu'il/elle eût cueilli	qu'ils/elles eussent cueilli

Usage

cueillir des fleurs/pommes/fraises	*to pick flowers/apples/strawberries*
cueillir qqn	*to nab someone*
La police a cueilli le malfaiteur dans sa cachette.	*The police caught the criminal in his hiding place.*
cueillir qqn à froid	*to catch someone off guard*

RELATED WORDS

la cueillette	*picking/gathering*
Les hommes primitifs pratiquaient la cueillette.	*Primitive humans were gatherers.*

PRESENT

je cuis	nous cuisons
tu cuis	vous cuisez
il/elle cuit	ils/elles cuisent

IMPERFECT

je cuisais	nous cuisions
tu cuisais	vous cuisiez
il/elle cuisait	ils/elles cuisaient

PASSÉ SIMPLE

je cuisis	nous cuisîmes
tu cuisis	vous cuisîtes
il/elle cuisit	ils/elles cuisirent

FUTURE

je cuirai	nous cuirons
tu cuiras	vous cuirez
il/elle cuira	ils/elles cuiront

CONDITIONAL

je cuirais	nous cuirions
tu cuirais	vous cuiriez
il/elle cuirait	ils/elles cuiraient

PRESENT SUBJUNCTIVE

que je cuise	que nous cuisions
que tu cuises	que vous cuisiez
qu'il/elle cuise	qu'ils/elles cuisent

IMPERFECT SUBJUNCTIVE

que je cuisisse	que nous cuisissions
que tu cuisisses	que vous cuisissiez
qu'il/elle cuisît	qu'ils/elles cuisissent

COMMANDS

	(nous) cuisons
(tu) cuis	(vous) cuisez

PASSÉ COMPOSÉ

j'ai cuit	nous avons cuit
tu as cuit	vous avez cuit
il/elle a cuit	ils/elles ont cuit

PLUPERFECT

j'avais cuit	nous avions cuit
tu avais cuit	vous aviez cuit
il/elle avait cuit	ils/elles avaient cuit

PAST ANTERIOR

j'eus cuit	nous eûmes cuit
tu eus cuit	vous eûtes cuit
il/elle eut cuit	ils/elles eurent cuit

FUTURE ANTERIOR

j'aurai cuit	nous aurons cuit
tu auras cuit	vous aurez cuit
il/elle aura cuit	ils/elles auront cuit

PAST CONDITIONAL

j'aurais cuit	nous aurions cuit
tu aurais cuit	vous auriez cuit
il/elle aurait cuit	ils/elles auraient cuit

PAST SUBJUNCTIVE

que j'aie cuit	que nous ayons cuit
que tu aies cuit	que vous ayez cuit
qu'il/elle ait cuit	qu'ils/elles aient cuit

PLUPERFECT SUBJUNCTIVE

que j'eusse cuit	que nous eussions cuit
que tu eusses cuit	que vous eussiez cuit
qu'il/elle eût cuit	qu'ils/elles eussent cuit

Usage

La viande cuit.	*The meat is cooking.*
Je fais cuire de la viande.	*I'm cooking meat.*
J'aime la viande bien cuite.	*I like well-done meat.*
Le poulet était cuit à point.	*The chicken was done to perfection.*
La climatisation ne marche pas. On cuit!	*The air conditioning is not working. We're roasting!*
Dans la politique il faut être un dur à cuir.	*In politics you have to be thick-skinned.*
Elle m'a dit d'aller me faire cuire un œuf.	*She told me to go fly a kite.*
Les carottes sont cuites!	*That's it for us! We're done for!*
Nous sommes cuits!	*We're done for!*
Tu auras cet emploi. C'est du tout cuit.	*You'll get that job. It's in the bag.*
Si tu ne fais pas ce que je t'ordonne, il t'en cuira.	*If you don't do what I order you to, you'll be in for it.*

regular *-er* verb

je danse · je dansai · dansé · dansant

PRESENT

je danse	nous dansons
tu danses	vous dansez
il/elle danse	ils/elles dansent

IMPERFECT

je dansais	nous dansions
tu dansais	vous dansiez
il/elle dansait	ils/elles dansaient

PASSÉ SIMPLE

je dansai	nous dansâmes
tu dansas	vous dansâtes
il/elle dansa	ils/elles dansèrent

FUTURE

je danserai	nous danserons
tu danseras	vous danserez
il/elle dansera	ils/elles danseront

CONDITIONAL

je danserais	nous danserions
tu danserais	vous danseriez
il/elle danserait	ils/elles danseraient

PRESENT SUBJUNCTIVE

que je danse	que nous dansions
que tu danses	que vous dansiez
qu'il/elle danse	qu'ils/elles dansent

IMPERFECT SUBJUNCTIVE

que je dansasse	que nous dansassions
que tu dansasses	que vous dansassiez
qu'il/elle dansât	qu'ils/elles dansassent

COMMANDS

	(nous) dansons
(tu) danse	(vous) dansez

PASSÉ COMPOSÉ

j'ai dansé	nous avons dansé
tu as dansé	vous avez dansé
il/elle a dansé	ils/elles ont dansé

PLUPERFECT

j'avais dansé	nous avions dansé
tu avais dansé	vous aviez dansé
il/elle avait dansé	ils/elles avaient dansé

PAST ANTERIOR

j'eus dansé	nous eûmes dansé
tu eus dansé	vous eûtes dansé
il/elle eut dansé	ils/elles eurent dansé

FUTURE ANTERIOR

j'aurai dansé	nous aurons dansé
tu auras dansé	vous aurez dansé
il/elle aura dansé	ils/elles auront dansé

PAST CONDITIONAL

j'aurais dansé	nous aurions dansé
tu aurais dansé	vous auriez dansé
il/elle aurait dansé	ils/elles auraient dansé

PAST SUBJUNCTIVE

que j'aie dansé	que nous ayons dansé
que tu aies dansé	que vous ayez dansé
qu'il/elle ait dansé	qu'ils/elles aient dansé

PLUPERFECT SUBJUNCTIVE

que j'eusse dansé	que nous eussions dansé
que tu eusses dansé	que vous eussiez dansé
qu'il/elle eût dansé	qu'ils/elles eussent dansé

Usage

—Vous savez danser?
—Non, pas du tout. Je n'aime pas danser.
Vous dansez?/On danse?
Je ne savais pas sur quel pied danser en attendant ton coup de fil.
danser sur la corde raide
C'est un empêcheur de danser en rond.
J'ai trop bu. Tout danse devant mes yeux.

Do you know how to dance?
No, not at all. I don't like dancing.
Would you like to dance?
I was on pins and needles waiting for your call.

to walk a tightrope
He's a spoilsport/wet blanket.
I've had too much to drink. Everything is swimming before my eyes.

RELATED WORDS

la danse
C'est lui qui mène la danse.
entrer dans la danse
Les syndicats et les étudiants sont entrés dans la danse.

dance
He's the boss./He calls the tune/the shots.
to join in
The unions and the students joined in.

débarrasser *to clear, unencumber*

je débarrasse · je débarrassai · débarrassé · débarrassant

regular *-er* verb

PRESENT

je débarrasse	nous débarrassons
tu débarrasses	vous débarrassez
il/elle débarrasse	ils/elles débarrassent

IMPERFECT

je débarrassais	nous débarrassions
tu débarrassais	vous débarrassiez
il/elle débarrassait	ils/elles débarrassaient

PASSÉ SIMPLE

je débarrassai	nous débarrassâmes
tu débarrassas	vous débarrassâtes
il/elle débarrassa	ils/elles débarrassèrent

FUTURE

je débarrasserai	nous débarrasserons
tu débarrasseras	vous débarrasserez
il/elle débarrassera	ils/elles débarrasseront

CONDITIONAL

je débarrasserais	nous débarrasserions
tu débarrasserais	vous débarrasseriez
il/elle débarrasserait	ils/elles débarrasseraient

PRESENT SUBJUNCTIVE

que je débarrasse	que nous débarrassions
que tu débarrasses	que vous débarrassiez
qu'il/elle débarrasse	qu'ils/elles débarrassent

IMPERFECT SUBJUNCTIVE

que je débarrassasse	que nous débarrassassions
que tu débarrassasses	que vous débarrassassiez
qu'il/elle débarrassât	qu'ils/elles débarrassassent

PASSÉ COMPOSÉ

j'ai débarrassé	nous avons débarrassé
tu as débarrassé	vous avez débarrassé
il/elle a débarrassé	ils/elles ont débarrassé

PLUPERFECT

j'avais débarrassé	nous avions débarrassé
tu avais débarrassé	vous aviez débarrassé
il/elle avait débarrassé	ils/elles avaient débarrassé

PAST ANTERIOR

j'eus débarrassé	nous eûmes débarrassé
tu eus débarrassé	vous eûtes débarrassé
il/elle eut débarrassé	ils/elles eurent débarrassé

FUTURE ANTERIOR

j'aurai débarrassé	nous aurons débarrassé
tu auras débarrassé	vous aurez débarrassé
il/elle aura débarrassé	ils/elles auront débarrassé

PAST CONDITIONAL

j'aurais débarrassé	nous aurions débarrassé
tu aurais débarrassé	vous auriez débarrassé
il/elle aurait débarrassé	ils/elles auraient débarrassé

PAST SUBJUNCTIVE

que j'aie débarrassé	que nous ayons débarrassé
que tu aies débarrassé	que vous ayez débarrassé
qu'il/elle ait débarrassé	qu'ils/elles aient débarrassé

PLUPERFECT SUBJUNCTIVE

que j'eusse débarrassé	que nous eussions débarrassé
que tu eusses débarrassé	que vous eussiez débarrassé
qu'il/elle eût débarrassé	qu'ils/elles eussent débarrassé

COMMANDS

	(nous) débarrassons
(tu) débarrasse	(vous) débarrassez

Usage

débarrasser la table	*to clear the table*
—Je vais débarrasser la table.	*I'm going to clear the table.*
—Ne débarrassez pas mon assiette, s'il vous plait.	*Leave my plate (on the table), please.*
débarrasser qqn de qqch	*to take something off someone's hands*
Il m'a débarrassé de mon vieux vélo.	*He took my old bike off my hands.*
se débarrasser de	*to get rid of*
Ils se sont débarrassés de leur vieille maison.	*They got rid of their old house.*

RELATED WORDS

le débarras	*storage room*
Bon débarras!	*Good riddance!*

regular *-er* reflexive verb;
compound tenses with *être*

**je me débrouille · je me débrouillai ·
s'étant débrouillé · se débrouillant**

PRESENT

je me débrouille	nous nous débrouillons
tu te débrouilles	vous vous débrouillez
il/elle se débrouille	ils/elles se débrouillent

IMPERFECT

je me débrouillais	nous nous débrouillions
tu te débrouillais	vous vous débrouilliez
il/elle se débrouillait	ils/elles se débrouillaient

PASSÉ SIMPLE

je me débrouillai	nous nous débrouillâmes
tu te débrouillas	vous vous débrouillâtes
il/elle se débrouilla	ils/elles se débrouillèrent

FUTURE

je me débrouillerai	nous nous débrouillerons
tu te débrouilleras	vous vous débrouillerez
il/elle se débrouillera	ils/elles se débrouilleront

CONDITIONAL

je me débrouillerais	nous nous débrouillerions
tu te débrouillerais	vous vous débrouilleriez
il/elle se débrouillerait	ils/elles se débrouilleraient

PRESENT SUBJUNCTIVE

que je me débrouille	que nous nous débrouillions
que tu te débrouilles	que vous vous débrouilliez
qu'il/elle se débrouille	qu'ils/elles se débrouillent

IMPERFECT SUBJUNCTIVE

que je me débrouillasse	que nous nous débrouillassions
que tu te débrouillasses	que vous vous débrouillassiez
qu'il/elle se débrouillât	qu'ils/elles se débrouillassent

PASSÉ COMPOSÉ

je me suis débrouillé(e)	nous nous sommes débrouillé(e)s
tu t'es débrouillé(e)	vous vous êtes débrouillé(e)(s)
il/elle s'est débrouillé(e)	ils/elles se sont débrouillé(e)s

PLUPERFECT

je m'étais débrouillé(e)	nous nous étions débrouillé(e)s
tu t'étais débrouillé(e)	vous vous étiez débrouillé(e)(s)
il/elle s'était débrouillé(e)	ils/elles s'étaient débrouillé(e)s

PAST ANTERIOR

je me fus débrouillé(e)	nous nous fûmes débrouillé(e)s
tu te fus débrouillé(e)	vous vous fûtes débrouillé(e)(s)
il/elle se fut débrouillé(e)	ils/elles se furent débrouillé(e)s

FUTURE ANTERIOR

je me serai débrouillé(e)	nous nous serons débrouillé(e)s
tu te seras débrouillé(e)	vous vous serez débrouillé(e)(s)
il/elle se sera débrouillé(e)	ils/elles se seront débrouillé(e)s

PAST CONDITIONAL

je me serais débrouillé(e)	nous nous serions débrouillé(e)s
tu te serais débrouillé(e)	vous vous seriez débrouillé(e)(s)
il/elle se serait débrouillé(e)	ils/elles se seraient débrouillé(e)s

PAST SUBJUNCTIVE

que je me sois débrouillé(e)	que nous nous soyons débrouillé(e)s
que tu te sois débrouillé(e)	que vous vous soyez débrouillé(e)(s)
qu'il/elle se soit débrouillé(e)	qu'ils/elles se soient débrouillé(e)s

PLUPERFECT SUBJUNCTIVE

que je me fusse débrouillé(e)	que nous nous fussions débrouillé(e)s
que tu te fusses débrouillé(e)	que vous vous fussiez débrouillé(e)(s)
qu'il/elle se fût débrouillé(e)	qu'ils/elles se fussent débrouillé(e)s

COMMANDS

	(nous) débrouillons-nous
(tu) débrouille-toi	(vous) débrouillez-vous

Usage

se débrouiller en français	*to get along in French*
—Tu parles couramment le français?	*Do you speak French fluently?*
—Non, mais je me débrouille.	*No, but I get along/I manage.*
Le vieillard se débrouille mal après la mort de sa femme.	*The old man has had trouble managing since the death of his wife.*
Ils se sont débrouillés pour avoir des billets d'avion.	*They managed to get plane tickets.*

RELATED WORDS

le débrouillard/la débrouillarde	*resourceful person/operator* (slang)
C'est un grand débrouillard, lui.	*He's very resourceful.*

PRESENT

je déçois	nous décevons
tu déçois	vous décevez
il/elle déçoit	ils/elles déçoivent

IMPERFECT

je décevais	nous décevions
tu décevais	vous déceviez
il/elle décevait	ils/elles décevaient

PASSÉ SIMPLE

je déçus	nous déçûmes
tu déçus	vous déçûtes
il/elle déçut	ils/elles déçurent

FUTURE

je décevrai	nous décevrons
tu décevras	vous décevrez
il/elle décevra	ils/elles décevront

CONDITIONAL

je décevrais	nous décevrions
tu décevrais	vous décevriez
il/elle décevrait	ils/elles décevraient

PRESENT SUBJUNCTIVE

que je déçoive	que nous décevions
que tu déçoives	que vous déceviez
qu'il/elle déçoive	qu'ils/elles déçoivent

IMPERFECT SUBJUNCTIVE

que je déçusse	que nous déçussions
que tu déçusses	que vous déçussiez
qu'il/elle déçût	qu'ils/elles déçussent

COMMANDS

	(nous) décevons
(tu) déçois	(vous) décevez

PASSÉ COMPOSÉ

j'ai déçu	nous avons déçu
tu as déçu	vous avez déçu
il/elle a déçu	ils/elles ont déçu

PLUPERFECT

j'avais déçu	nous avions déçu
tu avais déçu	vous aviez déçu
il/elle avait déçu	ils/elles avaient déçu

PAST ANTERIOR

j'eus déçu	nous eûmes déçu
tu eus déçu	vous eûtes déçu
il/elle eut déçu	ils/elles eurent déçu

FUTURE ANTERIOR

j'aurai déçu	nous aurons déçu
tu auras déçu	vous aurez déçu
il/elle aura déçu	ils/elles auront déçu

PAST CONDITIONAL

j'aurais déçu	nous aurions déçu
tu aurais déçu	vous auriez déçu
il/elle aurait déçu	ils/elles auraient déçu

PAST SUBJUNCTIVE

que j'aie déçu	que nous ayons déçu
que tu aies déçu	que vous ayez déçu
qu'il/elle ait déçu	qu'ils/elles aient déçu

PLUPERFECT SUBJUNCTIVE

que j'eusse déçu	que nous eussions déçu
que tu eusses déçu	que vous eussiez déçu
qu'il/elle eût déçu	qu'ils/elles eussent déçu

Usage

—Le repas ne vous a pas déçu?	*You found the meal disappointing?*
—Non, ce restaurant ne déçoit jamais.	*No, this restaurant is consistently good.*
Ma petite amie m'a déçu.	*My girlfriend disappointed me.*
Les étudiants ont déçu leurs professeurs.	*The students disappointed their professors.*
Ce voyage m'a déçu.	*That trip disappointed me.*

RELATED WORDS

la déception	*disappointment*
éprouver une déception	*to experience a disappointment*
Sa vie est pleine de cruelles déceptions.	*His life is full of bitter disappointments.*
décevant(e)	*disappointing*
Les résultats sont assez décevants.	*The results are rather disappointing.*

regular *-er* verb; spelling change: **je décharge · je déchargeai · déchargé · déchargeant**
g > *ge/a, o*

PRESENT

je décharge	nous déchargeons
tu décharges	vous déchargez
il/elle décharge	ils/elles déchargent

IMPERFECT

je déchargeais	nous déchargions
tu déchargeais	vous déchargiez
il/elle déchargeait	ils/elles déchargeaient

PASSÉ SIMPLE

je déchargeai	nous déchargeâmes
tu déchargeas	vous déchargeâtes
il/elle déchargea	ils/elles déchargèrent

FUTURE

je déchargerai	nous déchargerons
tu déchargeras	vous déchargerez
il/elle déchargera	ils/elles déchargeront

CONDITIONAL

je déchargerais	nous déchargerions
tu déchargerais	vous déchargeriez
il/elle déchargerait	ils/elles déchargeraient

PRESENT SUBJUNCTIVE

que je décharge	que nous déchargions
que tu décharges	que vous déchargiez
qu'il/elle décharge	qu'ils/elles déchargent

IMPERFECT SUBJUNCTIVE

que je déchargeasse	que nous déchargeassions
que tu déchargeasses	que vous déchargeassiez
qu'il/elle déchargeât	qu'ils/elles déchargeassent

COMMANDS

	(nous) déchargeons
(tu) décharge	(vous) déchargez

PASSÉ COMPOSÉ

j'ai déchargé	nous avons déchargé
tu as déchargé	vous avez déchargé
il/elle a déchargé	ils/elles ont déchargé

PLUPERFECT

j'avais déchargé	nous avions déchargé
tu avais déchargé	vous aviez déchargé
il/elle avait déchargé	ils/elles avaient déchargé

PAST ANTERIOR

j'eus déchargé	nous eûmes déchargé
tu eus déchargé	vous eûtes déchargé
il/elle eut déchargé	ils/elles eurent déchargé

FUTURE ANTERIOR

j'aurai déchargé	nous aurons déchargé
tu auras déchargé	vous aurez déchargé
il/elle aura déchargé	ils/elles auront déchargé

PAST CONDITIONAL

j'aurais déchargé	nous aurions déchargé
tu aurais déchargé	vous auriez déchargé
il/elle aurait déchargé	ils/elles auraient déchargé

PAST SUBJUNCTIVE

que j'aie déchargé	que nous ayons déchargé
que tu aies déchargé	que vous ayez déchargé
qu'il/elle ait déchargé	qu'ils/elles aient déchargé

PLUPERFECT SUBJUNCTIVE

que j'eusse déchargé	que nous eussions déchargé
que tu eusses déchargé	que vous eussiez déchargé
qu'il/elle eût déchargé	qu'ils/elles eussent déchargé

Usage

décharger un véhicule	*to unload a vehicle*
décharger les caisses d'un camion	*to unload the crates from a truck*
—J'ai tant de bagages.	*I have so much luggage.*
—Permettez-moi de vous décharger.	*Let me take your bags for you.*
L'autobus déchargeait ses passagers.	*The bus was letting off its passengers.*
Nous pouvons vous décharger de cette responsabilité.	*We can take that responsibility off your shoulders.*
On l'a déchargé de ses fonctions.	*He was fired.*
La pile s'est déchargée.	*The battery ran down.*

RELATED WORDS

le déchargement	*unloading*
la décharge	*defense* (legal)
témoin à décharge	*witness for the defense*

déchirer *to tear, rip*

je déchire · je déchirai · déchiré · déchirant

PRESENT

je déchire	nous déchirons
tu déchires	vous déchirez
il/elle déchire	ils/elles déchirent

IMPERFECT

je déchirais	nous déchirions
tu déchirais	vous déchiriez
il/elle déchirait	ils/elles déchiraient

PASSÉ SIMPLE

je déchirai	nous déchirâmes
tu déchiras	vous déchirâtes
il/elle déchira	ils/elles déchirèrent

FUTURE

je déchirerai	nous déchirerons
tu déchireras	vous déchirerez
il/elle déchirera	ils/elles déchireront

CONDITIONAL

je déchirerais	nous déchirerions
tu déchirerais	vous déchireriez
il/elle déchirerait	ils/elles déchireraient

PRESENT SUBJUNCTIVE

que je déchire	que nous déchirions
que tu déchires	que vous déchiriez
qu'il/elle déchire	qu'ils/elles déchirent

IMPERFECT SUBJUNCTIVE

que je déchirasse	que nous déchirassions
que tu déchirasses	que vous déchirassiez
qu'il/elle déchirât	qu'ils/elles déchirassent

COMMANDS

	(nous) déchirons
(tu) déchire	(vous) déchirez

PASSÉ COMPOSÉ

j'ai déchiré	nous avons déchiré
tu as déchiré	vous avez déchiré
il/elle a déchiré	ils/elles ont déchiré

PLUPERFECT

j'avais déchiré	nous avions déchiré
tu avais déchiré	vous aviez déchiré
il/elle avait déchiré	ils/elles avaient déchiré

PAST ANTERIOR

j'eus déchiré	nous eûmes déchiré
tu eus déchiré	vous eûtes déchiré
il/elle eut déchiré	ils/elles eurent déchiré

FUTURE ANTERIOR

j'aurai déchiré	nous aurons déchiré
tu auras déchiré	vous aurez déchiré
il/elle aura déchiré	ils/elles auront déchiré

PAST CONDITIONAL

j'aurais déchiré	nous aurions déchiré
tu aurais déchiré	vous auriez déchiré
il/elle aurait déchiré	ils/elles auraient déchiré

PAST SUBJUNCTIVE

que j'aie déchiré	que nous ayons déchiré
que tu aies déchiré	que vous ayez déchiré
qu'il/elle ait déchiré	qu'ils/elles aient déchiré

PLUPERFECT SUBJUNCTIVE

que j'eusse déchiré	que nous eussions déchiré
que tu eusses déchiré	que vous eussiez déchiré
qu'il/elle eût déchiré	qu'ils/elles eussent déchiré

Usage

—Elle a déchiré sa lettre? *Did she tear up his letter?*
—Oui, elle l'a déchirée en petits morceaux. *Yes, she tore it into little pieces.*
Regarde! Tu as déchiré ta chemise! *Look! You tore your shirt!*
Tu ne peux pas sortir avec ce pantalon déchiré. *You can't go out in those torn pants.*
se déchirer un muscle *to tear a muscle*
Ta robe s'est déchirée. *Your dress has gotten torn.*
Ils se déchirent. *They're tearing each other apart/destroying each other.*

RELATED WORDS

la déchirure *tear*
une déchirure musculaire *a muscle tear*
le déchirement *emotional pain*
le déchirement de la mort de ses parents *the emotional trauma of the death of his parents*

regular *-er* verb

je décide · je décidai · décidé · décidant

PRESENT

je décide	nous décidons
tu décides	vous décidez
il/elle décide	ils/elles décident

IMPERFECT

je décidais	nous décidions
tu décidais	vous décidiez
il/elle décidait	ils/elles décidaient

PASSÉ SIMPLE

je décidai	nous décidâmes
tu décidas	vous décidâtes
il/elle décida	ils/elles décidèrent

FUTURE

je déciderai	nous déciderons
tu décideras	vous déciderez
il/elle décidera	ils/elles décideront

CONDITIONAL

je déciderais	nous déciderions
tu déciderais	vous décideriez
il/elle déciderait	ils/elles décideraient

PRESENT SUBJUNCTIVE

que je décide	que nous décidions
que tu décides	que vous décidiez
qu'il/elle décide	qu'ils/elles décident

IMPERFECT SUBJUNCTIVE

que je décidasse	que nous décidassions
que tu décidasses	que vous décidassiez
qu'il/elle décidât	qu'ils/elles décidassent

COMMANDS

	(nous) décidons
(tu) décide	(vous) décidez

PASSÉ COMPOSÉ

j'ai décidé	nous avons décidé
tu as décidé	vous avez décidé
il/elle a décidé	ils/elles ont décidé

PLUPERFECT

j'avais décidé	nous avions décidé
tu avais décidé	vous aviez décidé
il/elle avait décidé	ils/elles avaient décidé

PAST ANTERIOR

j'eus décidé	nous eûmes décidé
tu eus décidé	vous eûtes décidé
il/elle eut décidé	ils/elles eurent décidé

FUTURE ANTERIOR

j'aurai décidé	nous aurons décidé
tu auras décidé	vous aurez décidé
il/elle aura décidé	ils/elles auront décidé

PAST CONDITIONAL

j'aurais décidé	nous aurions décidé
tu aurais décidé	vous auriez décidé
il/elle aurait décidé	ils/elles auraient décidé

PAST SUBJUNCTIVE

que j'aie décidé	que nous ayons décidé
que tu aies décidé	que vous ayez décidé
qu'il/elle ait décidé	qu'ils/elles aient décidé

PLUPERFECT SUBJUNCTIVE

que j'eusse décidé	que nous eussions décidé
que tu eusses décidé	que vous eussiez décidé
qu'il/elle eût décidé	qu'ils/elles eussent décidé

Usage

—On a décidé de partir demain. *We have decided to leave tomorrow.*
—Comment avez-vous décidé cela? *How did you come to that decision?*

Rien n'est encore décidé. *Nothing has been decided./Everything is still up in the air.*
se décider *to make up one's mind*
Mais décidez-vous donc! *Make up your mind already!*
décider qqn à faire qqch *to persuade someone to do something*
Il faut décider Pierre à nous aider. *We've got to persuade Pierre to help us.*

RELATED WORDS

la décision *decision*
prendre une décision *to make a decision*
le décideur/la décideuse *decision maker*
décidé(e) *resolute/decisive*

déclarer · *to declare*

PRESENT

je déclare	nous déclarons
tu déclares	vous déclarez
il/elle déclare	ils/elles déclarent

IMPERFECT

je déclarais	nous déclarions
tu déclarais	vous déclariez
il/elle déclarait	ils/elles déclaraient

PASSÉ SIMPLE

je déclarai	nous déclarâmes
tu déclaras	vous déclarâtes
il/elle déclara	ils/elles déclarèrent

FUTURE

je déclarerai	nous déclarerons
tu déclareras	vous déclarerez
il/elle déclarera	ils/elles déclareront

CONDITIONAL

je déclarerais	nous déclarerions
tu déclarerais	vous déclareriez
il/elle déclarerait	ils/elles déclareraient

PRESENT SUBJUNCTIVE

que je déclare	que nous déclarions
que tu déclares	que vous déclariez
qu'il/elle déclare	qu'ils/elles déclarent

IMPERFECT SUBJUNCTIVE

que je déclarasse	que nous déclarassions
que tu déclarasses	que vous déclarassiez
qu'il/elle déclarât	qu'ils/elles déclarassent

PASSÉ COMPOSÉ

j'ai déclaré	nous avons déclaré
tu as déclaré	vous avez déclaré
il/elle a déclaré	ils/elles ont déclaré

PLUPERFECT

j'avais déclaré	nous avions déclaré
tu avais déclaré	vous aviez déclaré
il/elle avait déclaré	ils/elles avaient déclaré

PAST ANTERIOR

j'eus déclaré	nous eûmes déclaré
tu eus déclaré	vous eûtes déclaré
il/elle eut déclaré	ils/elles eurent déclaré

FUTURE ANTERIOR

j'aurai déclaré	nous aurons déclaré
tu auras déclaré	vous aurez déclaré
il/elle aura déclaré	ils/elles auront déclaré

PAST CONDITIONAL

j'aurais déclaré	nous aurions déclaré
tu aurais déclaré	vous auriez déclaré
il/elle aurait déclaré	ils/elles auraient déclaré

PAST SUBJUNCTIVE

que j'aie déclaré	que nous ayons déclaré
que tu aies déclaré	que vous ayez déclaré
qu'il/elle ait déclaré	qu'ils/elles aient déclaré

PLUPERFECT SUBJUNCTIVE

que j'eusse déclaré	que nous eussions déclaré
que tu eusses déclaré	que vous eussiez déclaré
qu'il/elle eût déclaré	qu'ils/elles eussent déclaré

COMMANDS

	(nous) déclarons
(tu) déclare	(vous) déclarez

Usage

déclarer que	*to declare that*
Le Président a déclaré que l'économie est en pleine croissance.	*The president declared that the economy is growing apace.*
On déclare les enfants à la mairie.	*The births of children are registered at city hall.*
Le juge l'a déclaré coupable.	*The judge declared him guilty.*
déclarer la guerre (à)	*to declare war (on)*
se déclarer	*to state one's opinion; to declare one's love*
Je ne veux pas me déclarer sur l'état de l'entreprise.	*I don't want to state my opinion about the condition of the firm.*
Marc s'est déclaré à Nicole.	*Marc told Nicole that he loved her.*

RELATED WORDS

la déclaration	*declaration*
la déclaration des impôts	*tax return/tax statement*

irregular verb | **je découvre · je découvris · découvert · découvrant**

PRESENT

je découvre	nous découvrons
tu découvres	vous découvrez
il/elle découvre	ils/elles découvrent

IMPERFECT

je découvrais	nous découvrions
tu découvrais	vous découvriez
il/elle découvrait	ils/elles découvraient

PASSÉ SIMPLE

je découvris	nous découvrîmes
tu découvris	vous découvrîtes
il/elle découvrit	ils/elles découvrirent

FUTURE

je découvrirai	nous découvrirons
tu découvriras	vous découvrirez
il/elle découvrira	ils/elles découvriront

CONDITIONAL

je découvrirais	nous découvririons
tu découvrirais	vous découvririez
il/elle découvrirait	ils/elles découvriraient

PRESENT SUBJUNCTIVE

que je découvre	que nous découvrions
que tu découvres	que vous découvriez
qu'il/elle découvre	qu'ils/elles découvrent

IMPERFECT SUBJUNCTIVE

que je découvrisse	que nous découvrissions
que tu découvrisses	que vous découvrissiez
qu'il/elle découvrît	qu'ils/elles découvrissent

COMMANDS

	(nous) découvrons
(tu) découvre	(vous) découvrez

PASSÉ COMPOSÉ

j'ai découvert	nous avons découvert
tu as découvert	vous avez découvert
il/elle a découvert	ils/elles ont découvert

PLUPERFECT

j'avais découvert	nous avions découvert
tu avais découvert	vous aviez découvert
il/elle avait découvert	ils/elles avaient découvert

PAST ANTERIOR

j'eus découvert	nous eûmes découvert
tu eus découvert	vous eûtes découvert
il/elle eut découvert	ils/elles eurent découvert

FUTURE ANTERIOR

j'aurai découvert	nous aurons découvert
tu auras découvert	vous aurez découvert
il/elle aura découvert	ils/elles auront découvert

PAST CONDITIONAL

j'aurais découvert	nous aurions découvert
tu aurais découvert	vous auriez découvert
il/elle aurait découvert	ils/elles auraient découvert

PAST SUBJUNCTIVE

que j'aie découvert	que nous ayons découvert
que tu aies découvert	que vous ayez découvert
qu'il/elle ait découvert	qu'ils/elles aient découvert

PLUPERFECT SUBJUNCTIVE

que j'eusse découvert	que nous eussions découvert
que tu eusses découvert	que vous eussiez découvert
qu'il/elle eût découvert	qu'ils/elles eussent découvert

Usage

J'ai découvert quelqu'un que je connaissais dans l'amphithéâtre.	*I spotted someone I knew in the lecture hall.*
Le chien policier a découvert le criminel.	*The police dog sniffed out the criminal.*
découvrir St Pierre pour couvrir St Paul	*to rob Peter to pay Paul*
En voyageant dans le Midi nous avons découvert des petits villages charmants.	*Traveling through the south of France we discovered delightful little villages.*
Les médecins ont découvert la cause de sa maladie.	*The doctors discovered the cause of his illness.*
Christophe Colomb a découvert l'Amérique.	*Christopher Columbus discovered America.*
Dans l'adversité on se découvre.	*We get to know ourselves in adversity.*

RELATED WORD

la découverte	*discovery*
la découverte de l'Amérique	*the discovery of America*
C'est une grande découverte scientifique.	*It's a great scientific discovery.*

décrire *to describe*

je décris · je décrivis · décrit · décrivant   irregular verb

PRESENT

je décris	nous décrivons
tu décris	vous décrivez
il/elle décrit	ils/elles décrivent

PASSÉ COMPOSÉ

j'ai décrit	nous avons décrit
tu as décrit	vous avez décrit
il/elle a décrit	ils/elles ont décrit

IMPERFECT

je décrivais	nous décrivions
tu décrivais	vous décriviez
il/elle décrivait	ils/elles décrivaient

PLUPERFECT

j'avais décrit	nous avions décrit
tu avais décrit	vous aviez décrit
il/elle avait décrit	ils/elles avaient décrit

PASSÉ SIMPLE

je décrivis	nous décrivîmes
tu décrivis	vous décrivîtes
il/elle décrivit	ils/elles décrivirent

PAST ANTERIOR

j'eus décrit	nous eûmes décrit
tu eus décrit	vous eûtes décrit
il/elle eut décrit	ils/elles eurent décrit

FUTURE

je décrirai	nous décrirons
tu décriras	vous décrirez
il/elle décrira	ils/elles décriront

FUTURE ANTERIOR

j'aurai décrit	nous aurons décrit
tu auras décrit	vous aurez décrit
il/elle aura décrit	ils/elles auront décrit

CONDITIONAL

je décrirais	nous décririons
tu décrirais	vous décririez
il/elle décrirait	ils/elles décriraient

PAST CONDITIONAL

j'aurais décrit	nous aurions décrit
tu aurais décrit	vous auriez décrit
il/elle aurait décrit	ils/elles auraient décrit

PRESENT SUBJUNCTIVE

que je décrive	que nous décrivions
que tu décrives	que vous décriviez
qu'il/elle décrive	qu'ils/elles décrivent

PAST SUBJUNCTIVE

que j'aie décrit	que nous ayons décrit
que tu aies décrit	que vous ayez décrit
qu'il/elle ait décrit	qu'ils/elles aient décrit

IMPERFECT SUBJUNCTIVE

que je décrivisse	que nous décrivissions
que tu décrivisses	que vous décrivissiez
qu'il/elle décrivît	qu'ils/elles décrivissent

PLUPERFECT SUBJUNCTIVE

que j'eusse décrit	que nous eussions décrit
que tu eusses décrit	que vous eussiez décrit
qu'il/elle eût décrit	qu'ils/elles eussent décrit

COMMANDS

	(nous) décrivons
(tu) décris	(vous) décrivez

Usage

Décrivez vos amis.	*Describe your friends.*
Vous avez très bien décrit la situation.	*You have described the situation very well.*
Décrivez-moi l'arbre que vous avez vu.	*Describe for me the tree you saw.*
Il nous a décrit les animaux de l'Australie.	*He described the animals of Australia for us.*
Le chef a décrit le projet en détail.	*The boss gave a detailed description of the project.*

RELATED WORDS

la description	*description*
J'ai lu la description du pays.	*I read the description of the country.*
L'agent nous a donné une description de la maison.	*The agent gave us a description of the house.*
descriptif/descriptive	*descriptive*

regular *-er* verb

je décroche · je décrochai · décroché · décrochant

PRESENT	
je décroche	nous décrochons
tu décroches	vous décrochez
il/elle décroche	ils/elles décrochent

IMPERFECT	
je décrochais	nous décrochions
tu décrochais	vous décrochiez
il/elle décrochait	ils/elles décrochaient

PASSÉ SIMPLE	
je décrochai	nous décrochâmes
tu décrochas	vous décrochâtes
il/elle décrocha	ils/elles décrochèrent

FUTURE	
je décrocherai	nous décrocherons
tu décrocheras	vous décrocherez
il/elle décrochera	ils/elles décrocheront

CONDITIONAL	
je décrocherais	nous décrocherions
tu décrocherais	vous décrocheriez
il/elle décrocherait	ils/elles décrocheraient

PRESENT SUBJUNCTIVE	
que je décroche	que nous décrochions
que tu décroches	que vous décrochiez
qu'il/elle décroche	qu'ils/elles décrochent

IMPERFECT SUBJUNCTIVE	
que je décrochasse	que nous décrochassions
que tu décrochasses	que vous décrochassiez
qu'il/elle décrochât	qu'ils/elles décrochassent

PASSÉ COMPOSÉ	
j'ai décroché	nous avons décroché
tu as décroché	vous avez décroché
il/elle a décroché	ils/elles ont décroché

PLUPERFECT	
j'avais décroché	nous avions décroché
tu avais décroché	vous aviez décroché
il/elle avait décroché	ils/elles avaient décroché

PAST ANTERIOR	
j'eus décroché	nous eûmes décroché
tu eus décroché	vous eûtes décroché
il/elle eut décroché	ils/elles eurent décroché

FUTURE ANTERIOR	
j'aurai décroché	nous aurons décroché
tu auras décroché	vous aurez décroché
il/elle aura décroché	ils/elles auront décroché

PAST CONDITIONAL	
j'aurais décroché	nous aurions décroché
tu aurais décroché	vous auriez décroché
il/elle aurait décroché	ils/elles auraient décroché

PAST SUBJUNCTIVE	
que j'aie décroché	que nous ayons décroché
que tu aies décroché	que vous ayez décroché
qu'il/elle ait décroché	qu'ils/elles aient décroché

PLUPERFECT SUBJUNCTIVE	
que j'eusse décroché	que nous eussions décroché
que tu eusses décroché	que vous eussiez décroché
qu'il/elle eût décroché	qu'ils/elles eussent décroché

COMMANDS	
	(nous) décrochons
(tu) décroche	(vous) décrochez

Usage

décrocher	*to answer the phone* (lit., *pick up the receiver*)
Si tu ne veux pas parler, ne décroche pas.	*If you don't feel like talking, don't pick up.*
Son téléphone est décroché.	*His phone is off the hook.*
J'ai décroché ma veste.	*I took my jacket off its hook.*
décrocher un bon emploi	*to land a good job*
décrocher	*to give up* (race, competition)
Quand j'ai vu que les autres vélos me dépassaient, j'ai décroché.	*When I saw that the other bikes were passing me, I gave up.*
le décrocheur/la décrocheuse (*Canada*)	*high-school dropout*
Les agents de police suivaient le voleur, mais il a décroché.	*The policemen were following the thief but he gave them the slip.*

RELATED WORD

le décrochez-moi ça	*secondhand clothing store*

déduire   *to deduce, deduct*

je déduis · je déduisis · déduit · déduisant

PRESENT

je déduis	nous déduisons
tu déduis	vous déduisez
il/elle déduit	ils/elles déduisent

IMPERFECT

je déduisais	nous déduisions
tu déduisais	vous déduisiez
il/elle déduisait	ils/elles déduisaient

PASSÉ SIMPLE

je déduisis	nous déduisîmes
tu déduisis	vous déduisîtes
il/elle déduisit	ils/elles déduisirent

FUTURE

je déduirai	nous déduirons
tu déduiras	vous déduirez
il/elle déduira	ils/elles déduiront

CONDITIONAL

je déduirais	nous déduirions
tu déduirais	vous déduiriez
il/elle déduirait	ils/elles déduiraient

PRESENT SUBJUNCTIVE

que je déduise	que nous déduisions
que tu déduises	que vous déduisiez
qu'il/elle déduise	qu'ils/elles déduisent

IMPERFECT SUBJUNCTIVE

que je déduisisse	que nous déduisissions
que tu déduisisses	que vous déduisissiez
qu'il/elle déduisît	qu'ils/elles déduisissent

COMMANDS

	(nous) déduisons
(tu) déduis	(vous) déduisez

PASSÉ COMPOSÉ

j'ai déduit	nous avons déduit
tu as déduit	vous avez déduit
il/elle a déduit	ils/elles ont déduit

PLUPERFECT

j'avais déduit	nous avions déduit
tu avais déduit	vous aviez déduit
il/elle avait déduit	ils/elles avaient déduit

PAST ANTERIOR

j'eus déduit	nous eûmes déduit
tu eus déduit	vous eûtes déduit
il/elle eut déduit	ils/elles eurent déduit

FUTURE ANTERIOR

j'aurai déduit	nous aurons déduit
tu auras déduit	vous aurez déduit
il/elle aura déduit	ils/elles auront déduit

PAST CONDITIONAL

j'aurais déduit	nous aurions déduit
tu aurais déduit	vous auriez déduit
il/elle aurait déduit	ils/elles auraient déduit

PAST SUBJUNCTIVE

que j'aie déduit	que nous ayons déduit
que tu aies déduit	que vous ayez déduit
qu'il/elle ait déduit	qu'ils/elles aient déduit

PLUPERFECT SUBJUNCTIVE

que j'eusse déduit	que nous eussions déduit
que tu eusses déduit	que vous eussiez déduit
qu'il/elle eût déduit	qu'ils/elles eussent déduit

Usage

—Il a dit qu'il veut partir.	*He said he wants to leave.*
—J'en déduis qu'il n'est pas content ici.	*I conclude therefore that he isn't happy here.*
déduire les frais de voyage de la somme	*to deduct travel expenses from the amount*

RELATED WORD

la déduction	*deduction/conclusion*
tirer des déductions	*to draw conclusions*

irregular verb | **je défais · je défis · défait · défaisant**

PRESENT

je défais	nous défaisons
tu défais	vous défaites
il/elle défait	ils/elles défont

IMPERFECT

je défaisais	nous défaisions
tu défaisais	vous défaisiez
il/elle défaisait	ils/elles défaisaient

PASSÉ SIMPLE

je défis	nous défîmes
tu défis	vous défîtes
il/elle défit	ils/elles défirent

FUTURE

je déferai	nous déferons
tu déferas	vous déferez
il/elle défera	ils/elles déferont

CONDITIONAL

je déferais	nous déferions
tu déferais	vous déferiez
il/elle déferait	ils/elles déferaient

PRESENT SUBJUNCTIVE

que je défasse	que nous défassions
que tu défasses	que vous défassiez
qu'il/elle défasse	qu'ils/elles défassent

IMPERFECT SUBJUNCTIVE

que je défisse	que nous défissions
que tu défisses	que vous défissiez
qu'il/elle défît	qu'ils/elles défissent

COMMANDS

	(nous) défaisons
(tu) défais	(vous) défaites

PASSÉ COMPOSÉ

j'ai défait	nous avons défait
tu as défait	vous avez défait
il/elle a défait	ils/elles ont défait

PLUPERFECT

j'avais défait	nous avions défait
tu avais défait	vous aviez défait
il/elle avait défait	ils/elles avaient défait

PAST ANTERIOR

j'eus défait	nous eûmes défait
tu eus défait	vous eûtes défait
il/elle eut défait	ils/elles eurent défait

FUTURE ANTERIOR

j'aurai défait	nous aurons défait
tu auras défait	vous aurez défait
il/elle aura défait	ils/elles auront défait

PAST CONDITIONAL

j'aurais défait	nous aurions défait
tu aurais défait	vous auriez défait
il/elle aurait défait	ils/elles auraient défait

PAST SUBJUNCTIVE

que j'aie défait	que nous ayons défait
que tu aies défait	que vous ayez défait
qu'il/elle ait défait	qu'ils/elles aient défait

PLUPERFECT SUBJUNCTIVE

que j'eusse défait	que nous eussions défait
que tu eusses défait	que vous eussiez défait
qu'il/elle eût défait	qu'ils/elles eussent défait

Usage

défaire sa cravate	*to undo one's tie*
défaire ses cheveux	*to let one's hair down*
avec les cheveux défaits	*with one's hair down*
défaire les valises	*to unpack*
défaire sa tente	*to take down one's tent*
défaire le lit	*to unmake the bed*
un lit défait	*an unmade bed*
un lit qui n'avait pas été défait	*a bed which hadn't been slept in*
un visage défait par la douleur	*a face visibly affected by grief*
se défaire de qqn/de qqch	*to get rid of someone/something*
Je voudrais me défaire de cet imbécile.	*I'd like to get that moron out of here.*
Il ne réussit pas à se défaire de cette mauvaise habitude.	*He can't get rid of that bad habit.*

défendre   *to defend; to prohibit*

je défends · je défendis · défendu · défendant   regular *-re* verb

PRESENT		PASSÉ COMPOSÉ	
je défends	nous défendons	j'ai défendu	nous avons défendu
tu défends	vous défendez	tu as défendu	vous avez défendu
il/elle défend	ils/elles défendent	il/elle a défendu	ils/elles ont défendu

IMPERFECT		PLUPERFECT	
je défendais	nous défendions	j'avais défendu	nous avions défendu
tu défendais	vous défendiez	tu avais défendu	vous aviez défendu
il/elle défendait	ils/elles défendaient	il/elle avait défendu	ils/elles avaient défendu

PASSÉ SIMPLE		PAST ANTERIOR	
je défendis	nous défendîmes	j'eus défendu	nous eûmes défendu
tu défendis	vous défendîtes	tu eus défendu	vous eûtes défendu
il/elle défendit	ils/elles défendirent	il/elle eut défendu	ils/elles eurent défendu

FUTURE		FUTURE ANTERIOR	
je défendrai	nous défendrons	j'aurai défendu	nous aurons défendu
tu défendras	vous défendrez	tu auras défendu	vous aurez défendu
il/elle défendra	ils/elles défendront	il/elle aura défendu	ils/elles auront défendu

CONDITIONAL		PAST CONDITIONAL	
je défendrais	nous défendrions	j'aurais défendu	nous aurions défendu
tu défendrais	vous défendriez	tu aurais défendu	vous auriez défendu
il/elle défendrait	ils/elles défendraient	il/elle aurait défendu	ils/elles auraient défendu

PRESENT SUBJUNCTIVE		PAST SUBJUNCTIVE	
que je défende	que nous défendions	que j'aie défendu	que nous ayons défendu
que tu défendes	que vous défendiez	que tu aies défendu	que vous ayez défendu
qu'il/elle défende	qu'ils/elles défendent	qu'il/elle ait défendu	qu'ils/elles aient défendu

IMPERFECT SUBJUNCTIVE		PLUPERFECT SUBJUNCTIVE	
que je défendisse	que nous défendissions	que j'eusse défendu	que nous eussions défendu
que tu défendisses	que vous défendissiez	que tu eusses défendu	que vous eussiez défendu
qu'il/elle défendît	qu'ils/elles défendissent	qu'il/elle eût défendu	qu'ils/elles eussent défendu

COMMANDS	
	(nous) défendons
(tu) défends	(vous) défendez

Usage

défendre les frontières du pays	*to defend the borders of the country*
Mon grand-père se défend bien pour son âge.	*My grandfather is doing well for his age.*
Je ne peux pas me défendre de me fâcher contre lui.	*I can't help getting angry with him.*
Il s'est défendu d'avoir fait ta connaissance.	*He denied having met you.*
défendre qqch à qqn	*to forbid someone to have something*
Le médecin lui a défendu le sel.	*The doctor took him off salt.*
défendre à qqn de faire qqch	*to forbid someone to do something*
Je te défends de me parler sur ce ton.	*I forbid you to speak to me in that tone.*

RELATED WORDS

la défense du pays	*the defense of the country*
Défense de fumer.	*No smoking.*
Défense d'afficher.	*Post no bills.*
Défense d'entrer.	*No admittance.*

regular *-er* verb

je déjeune · je déjeunai · déjeuné · déjeunant

PRESENT	
je déjeune	nous déjeunons
tu déjeunes	vous déjeunez
il/elle déjeune	ils/elles déjeunent

PASSÉ COMPOSÉ	
j'ai déjeuné	nous avons déjeuné
tu as déjeuné	vous avez déjeuné
il/elle a déjeuné	ils/elles ont déjeuné

IMPERFECT	
je déjeunais	nous déjeunions
tu déjeunais	vous déjeuniez
il/elle déjeunait	ils/elles déjeunaient

PLUPERFECT	
j'avais déjeuné	nous avions déjeuné
tu avais déjeuné	vous aviez déjeuné
il/elle avait déjeuné	ils/elles avaient déjeuné

PASSÉ SIMPLE	
je déjeunai	nous déjeunâmes
tu déjeunas	vous déjeunâtes
il/elle déjeuna	ils/elles déjeunèrent

PAST ANTERIOR	
j'eus déjeuné	nous eûmes déjeuné
tu eus déjeuné	vous eûtes déjeuné
il/elle eut déjeuné	ils/elles eurent déjeuné

FUTURE	
je déjeunerai	nous déjeunerons
tu déjeuneras	vous déjeunerez
il/elle déjeunera	ils/elles déjeuneront

FUTURE ANTERIOR	
j'aurai déjeuné	nous aurons déjeuné
tu auras déjeuné	vous aurez déjeuné
il/elle aura déjeuné	ils/elles auront déjeuné

CONDITIONAL	
je déjeunerais	nous déjeunerions
tu déjeunerais	vous déjeuneriez
il/elle déjeunerait	ils/elles déjeuneraient

PAST CONDITIONAL	
j'aurais déjeuné	nous aurions déjeuné
tu aurais déjeuné	vous auriez déjeuné
il/elle aurait déjeuné	ils/elles auraient déjeuné

PRESENT SUBJUNCTIVE	
que je déjeune	que nous déjeunions
que tu déjeunes	que vous déjeuniez
qu'il/elle déjeune	qu'ils/elles déjeunent

PAST SUBJUNCTIVE	
que j'aie déjeuné	que nous ayons déjeuné
que tu aies déjeuné	que vous ayez déjeuné
qu'il/elle ait déjeuné	qu'ils/elles aient déjeuné

IMPERFECT SUBJUNCTIVE	
que je déjeunasse	que nous déjeunassions
que tu déjeunasses	que vous déjeunassiez
qu'il/elle déjeunât	qu'ils/elles déjeunassent

PLUPERFECT SUBJUNCTIVE	
que j'eusse déjeuné	que nous eussions déjeuné
que tu eusses déjeuné	que vous eussiez déjeuné
qu'il/elle eût déjeuné	qu'ils/elles eussent déjeuné

COMMANDS	
	(nous) déjeunons
(tu) déjeune	(vous) déjeunez

Usage

déjeuner au restaurant	*to have lunch out*
—Tu comptes déjeuner chez toi?	*Do you intend to have lunch at home?*
—Non, je vais déjeuner en ville.	*No, I'm going to have lunch in town/eat out.*
Je déjeune toujours d'une salade.	*I always have a salad for lunch.*

RELATED WORDS

le déjeuner	*lunch*
C'est l'heure du déjeuner.	*It's lunchtime.*
le petit déjeuner	*breakfast*

demander *to ask, ask for*

je demande · je demandai · demandé · demandant

regular -er verb

PRESENT

je demande	nous demandons
tu demandes	vous demandez
il/elle demande	ils/elles demandent

IMPERFECT

je demandais	nous demandions
tu demandais	vous demandiez
il/elle demandait	ils/elles demandaient

PASSÉ SIMPLE

je demandai	nous demandâmes
tu demandas	vous demandâtes
il/elle demanda	ils/elles demandèrent

FUTURE

je demanderai	nous demanderons
tu demanderas	vous demanderez
il/elle demandera	ils/elles demanderont

CONDITIONAL

je demanderais	nous demanderions
tu demanderais	vous demanderiez
il/elle demanderait	ils/elles demanderaient

PRESENT SUBJUNCTIVE

que je demande	que nous demandions
que tu demandes	que vous demandiez
qu'il/elle demande	qu'ils/elles demandent

IMPERFECT SUBJUNCTIVE

que je demandasse	que nous demandassions
que tu demandasses	que vous demandassiez
qu'il/elle demandât	qu'ils/elles demandassent

PASSÉ COMPOSÉ

j'ai demandé	nous avons demandé
tu as demandé	vous avez demandé
il/elle a demandé	ils/elles ont demandé

PLUPERFECT

j'avais demandé	nous avions demandé
tu avais demandé	vous aviez demandé
il/elle avait demandé	ils/elles avaient demandé

PAST ANTERIOR

j'eus demandé	nous eûmes demandé
tu eus demandé	vous eûtes demandé
il/elle eut demandé	ils/elles eurent demandé

FUTURE ANTERIOR

j'aurai demandé	nous aurons demandé
tu auras demandé	vous aurez demandé
il/elle aura demandé	ils/elles auront demandé

PAST CONDITIONAL

j'aurais demandé	nous aurions demandé
tu aurais demandé	vous auriez demandé
il/elle aurait demandé	ils/elles auraient demandé

PAST SUBJUNCTIVE

que j'aie demandé	que nous ayons demandé
que tu aies demandé	que vous ayez demandé
qu'il/elle ait demandé	qu'ils/elles aient demandé

PLUPERFECT SUBJUNCTIVE

que j'eusse demandé	que nous eussions demandé
que tu eusses demandé	que vous eussiez demandé
qu'il/elle eût demandé	qu'ils/elles eussent demandé

COMMANDS

	(nous) demandons
(tu) demande	(vous) demandez

Usage

Il m'a demandé si je voulais boire.	*He asked me if I wanted something to drink.*
Demandez-lui quand elle sera de retour.	*Ask her when she'll be back.*
demander le chemin	*to ask directions*
demander qqch à qqn	*to ask someone for something*
—Qu'est-ce qu'il a demandé à ses amis?	*What did he ask his friends for?*
—Il leur a demandé un prêt.	*He asked them for a loan.*
Il a demandé une voiture à ses parents.	*He asked his parents for a car.*
J'ai un service à vous demander.	*I have a favor to ask of you.*
demander à qqn de faire qqch	*to ask someone to do something*
Ils m'ont demandé de passer les voir.	*They asked me to stop by to see them.*
Je ne t'ai pas demandé de faire la vaisselle?	*Didn't I ask you to do the dishes?*

RELATED WORDS

la demande	*request*
remplir une demande d'emploi	*to fill out a job application*
l'offre et la demande	*supply and demand*

regular -er verb; spelling change: *g > ge/a, o*

je déménage · je déménageai · déménagé · déménageant

PRESENT

je déménage	nous déménageons
tu déménages	vous déménagez
il/elle déménage	ils/elles déménagent

IMPERFECT

je déménageais	nous déménagions
tu déménageais	vous déménagiez
il/elle déménageait	ils/elles déménageaient

PASSÉ SIMPLE

je déménageai	nous déménageâmes
tu déménageas	vous déménageâtes
il/elle déménagea	ils/elles déménagèrent

FUTURE

je déménagerai	nous déménagerons
tu déménageras	vous déménagerez
il/elle déménagera	ils/elles déménageront

CONDITIONAL

je déménagerais	nous déménagerions
tu déménagerais	vous déménageriez
il/elle déménagerait	ils/elles déménageraient

PRESENT SUBJUNCTIVE

que je déménage	que nous déménagions
que tu déménages	que vous déménagiez
qu'il/elle déménage	qu'ils/elles déménagent

IMPERFECT SUBJUNCTIVE

que je déménageasse	que nous déménageassions
que tu déménageasses	que vous déménageassiez
qu'il/elle déménageât	qu'ils/elles déménageassent

PASSÉ COMPOSÉ

j'ai déménagé	nous avons déménagé
tu as déménagé	vous avez déménagé
il/elle a déménagé	ils/elles ont déménagé

PLUPERFECT

j'avais déménagé	nous avions déménagé
tu avais déménagé	vous aviez déménagé
il/elle avait déménagé	ils/elles avaient déménagé

PAST ANTERIOR

j'eus déménagé	nous eûmes déménagé
tu eus déménagé	vous eûtes déménagé
il/elle eut déménagé	ils/elles eurent déménagé

FUTURE ANTERIOR

j'aurai déménagé	nous aurons déménagé
tu auras déménagé	vous aurez déménagé
il/elle aura déménagé	ils/elles auront déménagé

PAST CONDITIONAL

j'aurais déménagé	nous aurions déménagé
tu aurais déménagé	vous auriez déménagé
il/elle aurait déménagé	ils/elles auraient déménagé

PAST SUBJUNCTIVE

que j'aie déménagé	que nous ayons déménagé
que tu aies déménagé	que vous ayez déménagé
qu'il/elle ait déménagé	qu'ils/elles aient déménagé

PLUPERFECT SUBJUNCTIVE

que j'eusse déménagé	que nous eussions déménagé
que tu eusses déménagé	que vous eussiez déménagé
qu'il/elle eût déménagé	qu'ils/elles eussent déménagé

COMMANDS

	(nous) déménageons
(tu) déménage	(vous) déménagez

Usage

Nous déménageons demain.	*We're moving tomorrow.*
déménager le frigo	*to move the refrigerator out of the house*
déménager le salon	*to move the furniture out of the living room*
Il nous a fait déménager.	*He threw us out/sent us on our merry way.*

RELATED WORDS

le déménagement	*move*
Le déménagement du bureau a été très difficile.	*Moving the office was very hard.*
faire un déménagement	*to move*
les déménageurs *(mpl)*	*movers*
emménager	*to move in*

démolir *to demolish*

je démolis · je démolis · démoli · démolissant   regular *-ir* verb

PRESENT

je démolis	nous démolissons
tu démolis	vous démolissez
il/elle démolit	ils/elles démolissent

IMPERFECT

je démolissais	nous démolissions
tu démolissais	vous démolissiez
il/elle démolissait	ils/elles démolissaient

PASSÉ SIMPLE

je démolis	nous démolîmes
tu démolis	vous démolîtes
il/elle démolit	ils/elles démolirent

FUTURE

je démolirai	nous démolirons
tu démoliras	vous démolirez
il/elle démolira	ils/elles démoliront

CONDITIONAL

je démolirais	nous démolirions
tu démolirais	vous démoliriez
il/elle démolirait	ils/elles démoliraient

PRESENT SUBJUNCTIVE

que je démolisse	que nous démolissions
que tu démolisses	que vous démolissiez
qu'il/elle démolisse	qu'ils/elles démolissent

IMPERFECT SUBJUNCTIVE

que je démolisse	que nous démolissions
que tu démolisses	que vous démolissiez
qu'il/elle démolît	qu'ils/elles démolissent

COMMANDS

	(nous) démolissons
(tu) démolis	(vous) démolissez

PASSÉ COMPOSÉ

j'ai démoli	nous avons démoli
tu as démoli	vous avez démoli
il/elle a démoli	ils/elles ont démoli

PLUPERFECT

j'avais démoli	nous avions démoli
tu avais démoli	vous aviez démoli
il/elle avait démoli	ils/elles avaient démoli

PAST ANTERIOR

j'eus démoli	nous eûmes démoli
tu eus démoli	vous eûtes démoli
il/elle eut démoli	ils/elles eurent démoli

FUTURE ANTERIOR

j'aurai démoli	nous aurons démoli
tu auras démoli	vous aurez démoli
il/elle aura démoli	ils/elles auront démoli

PAST CONDITIONAL

j'aurais démoli	nous aurions démoli
tu aurais démoli	vous auriez démoli
il/elle aurait démoli	ils/elles auraient démoli

PAST SUBJUNCTIVE

que j'aie démoli	que nous ayons démoli
que tu aies démoli	que vous ayez démoli
qu'il/elle ait démoli	qu'ils/elles aient démoli

PLUPERFECT SUBJUNCTIVE

que j'eusse démoli	que nous eussions démoli
que tu eusses démoli	que vous eussiez démoli
qu'il/elle eût démoli	qu'ils/elles eussent démoli

Usage

démolir un bâtiment	*to demolish a building*
—Qu'est-ce qu'on démolit par ici!	*How much they're tearing down around here!*
—Oui, on démolit toutes les vieilles maisons.	*Yes, they're tearing down all the old houses.*
Le bombardement a démoli le quartier.	*The bombing demolished the neighborhood.*
Sa voiture a été démolie.	*His car was wrecked.*
Son commentaire a démoli notre hypothèse.	*His comments destroyed our hypothesis.*
Les critiques ont démoli son nouveau roman.	*The critics tore his new novel to pieces.*
La randonnée m'a démoli.	*The hike left me exhausted.*
Pierrot! Ne démolis pas ta chambre!	*Pierrot! Don't wreck your room!*

RELATED WORDS

la démolition	*demolition/wrecking*
une entreprise de démolition	*a wrecking company*
le démolisseur/la démolisseuse	*wrecker*
les démolisseurs *(mpl)*	*demolition crew*

regular -er verb   **je démonte · je démontai · démonté · démontant**

PRESENT

je démonte	nous démontons
tu démontes	vous démontez
il/elle démonte	ils/elles démontent

IMPERFECT

je démontais	nous démontions
tu démontais	vous démontiez
il/elle démontait	ils/elles démontaient

PASSÉ SIMPLE

je démontai	nous démontâmes
tu démontas	vous démontâtes
il/elle démonta	ils/elles démontèrent

FUTURE

je démonterai	nous démonterons
tu démonteras	vous démonterez
il/elle démontera	ils/elles démonteront

CONDITIONAL

je démonterais	nous démonterions
tu démonterais	vous démonteriez
il/elle démonterait	ils/elles démonteraient

PRESENT SUBJUNCTIVE

que je démonte	que nous démontions
que tu démontes	que vous démontiez
qu'il/elle démonte	qu'ils/elles démontent

IMPERFECT SUBJUNCTIVE

que je démontasse	que nous démontassions
que tu démontasses	que vous démontassiez
qu'il/elle démontât	qu'ils/elles démontassent

PASSÉ COMPOSÉ

j'ai démonté	nous avons démonté
tu as démonté	vous avez démonté
il/elle a démonté	ils/elles ont démonté

PLUPERFECT

j'avais démonté	nous avions démonté
tu avais démonté	vous aviez démonté
il/elle avait démonté	ils/elles avaient démonté

PAST ANTERIOR

j'eus démonté	nous eûmes démonté
tu eus démonté	vous eûtes démonté
il/elle eut démonté	ils/elles eurent démonté

FUTURE ANTERIOR

j'aurai démonté	nous aurons démonté
tu auras démonté	vous aurez démonté
il/elle aura démonté	ils/elles auront démonté

PAST CONDITIONAL

j'aurais démonté	nous aurions démonté
tu aurais démonté	vous auriez démonté
il/elle aurait démonté	ils/elles auraient démonté

PAST SUBJUNCTIVE

que j'aie démonté	que nous ayons démonté
que tu aies démonté	que vous ayez démonté
qu'il/elle ait démonté	qu'ils/elles aient démonté

PLUPERFECT SUBJUNCTIVE

que j'eusse démonté	que nous eussions démonté
que tu eusses démonté	que vous eussiez démonté
qu'il/elle eût démonté	qu'ils/elles eussent démonté

COMMANDS

	(nous) démontons
(tu) démonte	(vous) démontez

Usage

démonter un meuble	*to take apart a piece of furniture*
démonter le pneu crevé	*to remove the flat tire*
Le cheval a démonté son cavalier.	*The horse threw its rider off.*
Cette mauvaise nouvelle m'a démonté.	*That bad news disconcerted me.*
Rien ne le démonte.	*Nothing gets to him.*
se démonter	*to be disassembled/get taken apart*
Cette étagère ne se démonte pas.	*That bookcase can't be taken apart.*
se démonter	*to be disconcerted/get upset*
—Je ne me démonterais pas pour si peu de chose.	*I wouldn't get upset over so small a thing.*
—Toi, tu ne te démontes jamais.	*You never get upset.*

démontrer   *to prove, demonstrate, show*

je démontre · je démontrai · démontré · démontrant

regular *-er* verb

PRESENT

je démontre	nous démontrons
tu démontres	vous démontrez
il/elle démontre	ils/elles démontrent

IMPERFECT

je démontrais	nous démontrions
tu démontrais	vous démontriez
il/elle démontrait	ils/elles démontraient

PASSÉ SIMPLE

je démontrai	nous démontrâmes
tu démontras	vous démontrâtes
il/elle démontra	ils/elles démontrèrent

FUTURE

je démontrerai	nous démontrerons
tu démontreras	vous démontrerez
il/elle démontrera	ils/elles démontreront

CONDITIONAL

je démontrerais	nous démontrerions
tu démontrerais	vous démontreriez
il/elle démontrerait	ils/elles démontreraient

PRESENT SUBJUNCTIVE

que je démontre	que nous démontrions
que tu démontres	que vous démontriez
qu'il/elle démontre	qu'ils/elles démontrent

IMPERFECT SUBJUNCTIVE

que je démontrasse	que nous démontrassions
que tu démontrasses	que vous démontrassiez
qu'il/elle démontrât	qu'ils/elles démontrassent

PASSÉ COMPOSÉ

j'ai démontré	nous avons démontré
tu as démontré	vous avez démontré
il/elle a démontré	ils/elles ont démontré

PLUPERFECT

j'avais démontré	nous avions démontré
tu avais démontré	vous aviez démontré
il/elle avait démontré	ils/elles avaient démontré

PAST ANTERIOR

j'eus démontré	nous eûmes démontré
tu eus démontré	vous eûtes démontré
il/elle eut démontré	ils/elles eurent démontré

FUTURE ANTERIOR

j'aurai démontré	nous aurons démontré
tu auras démontré	vous aurez démontré
il/elle aura démontré	ils/elles auront démontré

PAST CONDITIONAL

j'aurais démontré	nous aurions démontré
tu aurais démontré	vous auriez démontré
il/elle aurait démontré	ils/elles auraient démontré

PAST SUBJUNCTIVE

que j'aie démontré	que nous ayons démontré
que tu aies démontré	que vous ayez démontré
qu'il/elle ait démontré	qu'ils/elles aient démontré

PLUPERFECT SUBJUNCTIVE

que j'eusse démontré	que nous eussions démontré
que tu eusses démontré	que vous eussiez démontré
qu'il/elle eût démontré	qu'ils/elles eussent démontré

COMMANDS

	(nous) démontrons
(tu) démontre	(vous) démontrez

Usage

démontrer une vérité	*to demonstrate a truth*
démontrer un théorème	*to prove a theorem*
démontrer qqch à qqn	*to prove something to someone*
Cet accident démontre qu'il faut un feu rouge au carrefour.	*This accident proves they need a traffic light at the intersection.*
Son visage démontrait sa peur.	*His face revealed his fear.*

RELATED WORD

démontrable	*demonstrable*

regular -er verb | **je dépasse · je dépassai · dépassé · dépassant**

PRESENT

je dépasse	nous dépassons
tu dépasses	vous dépassez
il/elle dépasse	ils/elles dépassent

IMPERFECT

je dépassais	nous dépassions
tu dépassais	vous dépassiez
il/elle dépassait	ils/elles dépassaient

PASSÉ SIMPLE

je dépassai	nous dépassâmes
tu dépassas	vous dépassâtes
il/elle dépassa	ils/elles dépassèrent

FUTURE

je dépasserai	nous dépasserons
tu dépasseras	vous dépasserez
il/elle dépassera	ils/elles dépasseront

CONDITIONAL

je dépasserais	nous dépasserions
tu dépasserais	vous dépasseriez
il/elle dépasserait	ils/elles dépasseraient

PRESENT SUBJUNCTIVE

que je dépasse	que nous dépassions
que tu dépasses	que vous dépassiez
qu'il/elle dépasse	qu'ils/elles dépassent

IMPERFECT SUBJUNCTIVE

que je dépassasse	que nous dépassassions
que tu dépassasses	que vous dépassassiez
qu'il/elle dépassât	qu'ils/elles dépassassent

PASSÉ COMPOSÉ

j'ai dépassé	nous avons dépassé
tu as dépassé	vous avez dépassé
il/elle a dépassé	ils/elles ont dépassé

PLUPERFECT

j'avais dépassé	nous avions dépassé
tu avais dépassé	vous aviez dépassé
il/elle avait dépassé	ils/elles avaient dépassé

PAST ANTERIOR

j'eus dépassé	nous eûmes dépassé
tu eus dépassé	vous eûtes dépassé
il/elle eut dépassé	ils/elles eurent dépassé

FUTURE ANTERIOR

j'aurai dépassé	nous aurons dépassé
tu auras dépassé	vous aurez dépassé
il/elle aura dépassé	ils/elles auront dépassé

PAST CONDITIONAL

j'aurais dépassé	nous aurions dépassé
tu aurais dépassé	vous auriez dépassé
il/elle aurait dépassé	ils/elles auraient dépassé

PAST SUBJUNCTIVE

que j'aie dépassé	que nous ayons dépassé
que tu aies dépassé	que vous ayez dépassé
qu'il/elle ait dépassé	qu'ils/elles aient dépassé

PLUPERFECT SUBJUNCTIVE

que j'eusse dépassé	que nous eussions dépassé
que tu eusses dépassé	que vous eussiez dépassé
qu'il/elle eût dépassé	qu'ils/elles eussent dépassé

COMMANDS

	(nous) dépassons
(tu) dépasse	(vous) dépassez

Usage

dépasser une personne en marchant	*to walk past someone*
dépasser une voiture	*to pass a car* (while driving)
dépasser tout le monde	*to beat/be better than everyone*
dépasser ses amis	*to outshine/exceed his friends*
dépasser une limite	*to exceed/go beyond a limit*
dépasser une frontière	*to go beyond a border/have prominence abroad*
dépasser une certaine somme d'argent	*to cost more than a certain amount of money*

RELATED WORDS

le dépassement	*passing/overtaking another car while driving*
Sur une pente le dépassement est dangereux.	*Passing is dangerous on a hill.*
le dépassement de crédit	*overspending*
dépassé(e)	*old-fashioned/outmoded/out of date*
se sentir dépassé(e)	*to feel out of one's depth*

TOP 50 VERB ☞

dépasser dans l'espace et le temps

La flèche a dépassé sa cible.	*The arrow overshot its target.*
Je vais essayer de dépasser ce camion.	*I'll try to pass that truck.*
La voiture de police nous a dépassés comme un trait.	*The police car shot ahead of us.*
Défense de dépasser.	*No passing.*
—Pour arriver à la place centrale, s'il vous plaît?	*How can I get to the main square, please?*
—Dépassez le carrefour et prenez la première rue à droite.	*Go through the intersection and take the first street on the right.*
Dans la course, les cyclistes essaient de se dépasser.	*In the race, the cyclists try to get ahead of each other.*
La réputation de cette école dépasse les frontières.	*This school's reputation reaches beyond the borders.*
Notre visite a dépassé quatre heures.	*Our visit lasted more than four hours.*
Elle a dépassé la cinquantaine.	*She's over fifty.*

dépasser au figuré

Tout te dépasse.	*Everything is too much for you.*
La matière de ce cours me dépasse.	*The subject matter of this course is too much for me.*
Cela dépasse mes forces.	*I'm not strong enough to do that.*
Mais tu dépasses les bornes!	*You're going too far!*
Ce qu'il dit dépasse les limites du raisonnable.	*What he is saying goes overboard/goes too far.*
Il a bûché comme un fou et a dépassé tous les autres étudiants.	*He crammed like a madman and did better than all the other students.*
Quelle bonne année! Les bénéfices ont dépassé toutes nos prévisions.	*What a good year! Earnings exceeded all our forecasts.*
Pour le talent musical, elle dépasse tous les autres enfants.	*She beats everyone in musical talent.*
Avec les médicaments il faut faire attention à ne pas dépasser la dose prescrite.	*With medication you must be careful not to exceed the prescribed dosage.*

Related Words

Le dépassement est interdit sur dix kilomètres.	*Passing is not allowed over the next ten kilometers.*
Dans notre entreprise on a découvert un dépassement de crédit de quatre millions d'euros.	*At our firm they discovered four million euros of overspending.*
Ses connaissances en informatique sont dépassées.	*His knowledge of computer science is obsolete.*
Les machines à écrire sont presque totalement dépassées aujourd'hui.	*Typewriters are almost completely obsolete today.*
Ces coutumes sont dépassées.	*These customs are outmoded.*

TOP 50 VERBS

regular -*er* reflexive verb;
compound tenses with *être*

**je me dépêche · je me dépêchai ·
s'étant dépêché · se dépêchant**

PRESENT

je me dépêche	nous nous dépêchons
tu te dépêches	vous vous dépêchez
il/elle se dépêche	ils/elles se dépêchent

PASSÉ COMPOSÉ

je me suis dépêché(e)	nous nous sommes dépêché(e)s
tu t'es dépêché(e)	vous vous êtes dépêché(e)(s)
il/elle s'est dépêché(e)	ils/elles se sont dépêché(e)s

IMPERFECT

je me dépêchais	nous nous dépêchions
tu te dépêchais	vous vous dépêchiez
il/elle se dépêchait	ils/elles se dépêchaient

PLUPERFECT

je m'étais dépêché(e)	nous nous étions dépêché(e)s
tu t'étais dépêché(e)	vous vous étiez dépêché(e)(s)
il/elle s'était dépêché(e)	ils/elles s'étaient dépêché(e)s

PASSÉ SIMPLE

je me dépêchai	nous nous dépêchâmes
tu te dépêchas	vous vous dépêchâtes
il/elle se dépêcha	ils/elles se dépêchèrent

PAST ANTERIOR

je me fus dépêché(e)	nous nous fûmes dépêché(e)s
tu te fus dépêché(e)	vous vous fûtes dépêché(e)(s)
il/elle se fut dépêché(e)	ils/elles se furent dépêché(e)s

FUTURE

je me dépêcherai	nous nous dépêcherons
tu te dépêcheras	vous vous dépêcherez
il/elle se dépêchera	ils/elles se dépêcheront

FUTURE ANTERIOR

je me serai dépêché(e)	nous nous serons dépêché(e)s
tu te seras dépêché(e)	vous vous serez dépêché(e)(s)
il/elle se sera dépêché(e)	ils/elles se seront dépêché(e)s

CONDITIONAL

je me dépêcherais	nous nous dépêcherions
tu te dépêcherais	vous vous dépêcheriez
il/elle se dépêcherait	ils/elles se dépêcheraient

PAST CONDITIONAL

je me serais dépêché(e)	nous nous serions dépêché(e)s
tu te serais dépêché(e)	vous vous seriez dépêché(e)(s)
il/elle se serait dépêché(e)	ils/elles se seraient dépêché(e)s

PRESENT SUBJUNCTIVE

que je me dépêche	que nous nous dépêchions
que tu te dépêches	que vous vous dépêchiez
qu'il/elle se dépêche	qu'ils/elles se dépêchent

PAST SUBJUNCTIVE

que je me sois dépêché(e)	que nous nous soyons dépêché(e)s
que tu te sois dépêché(e)	que vous vous soyez dépêché(e)(s)
qu'il/elle se soit dépêché(e)	qu'ils/elles se soient dépêché(e)s

IMPERFECT SUBJUNCTIVE

que je me dépêchasse	que nous nous dépêchassions
que tu te dépêchasses	que vous vous dépêchassiez
qu'il/elle se dépêchât	qu'ils/elles se dépêchassent

PLUPERFECT SUBJUNCTIVE

que je me fusse dépêché(e)	que nous nous fussions dépêché(e)s
que tu te fusses dépêché(e)	que vous vous fussiez dépêché(e)(s)
qu'il/elle se fût dépêché(e)	qu'ils/elles se fussent dépêché(e)s

COMMANDS

| | (nous) dépêchons-nous |
| (tu) dépêche-toi | (vous) dépêchez-vous |

Usage

Dépêche-toi! Le train est déjà en gare.
Je me suis dépêché de faire le ménage.
Dépêche-toi de préparer le dîner. Tout le monde a faim.
On s'est dépêchés de partir.
Il faut que vous vous dépêchiez si vous voulez arriver à l'heure.

Hurry up! The train is already in the station.
I hurried to do the housework.
Hurry and make dinner. Everyone is hungry.

We rushed away./We hurried and left.
You have to hurry up if you want to arrive on time.

dépendre *to depend*

je dépends · je dépendis · dépendu · dépendant

regular *-re* verb

PRESENT

je dépends	nous dépendons
tu dépends	vous dépendez
il/elle dépend	ils/elles dépendent

IMPERFECT

je dépendais	nous dépendions
tu dépendais	vous dépendiez
il/elle dépendait	ils/elles dépendaient

PASSÉ SIMPLE

je dépendis	nous dépendîmes
tu dépendis	vous dépendîtes
il/elle dépendit	ils/elles dépendirent

FUTURE

je dépendrai	nous dépendrons
tu dépendras	vous dépendrez
il/elle dépendra	ils/elles dépendront

CONDITIONAL

je dépendrais	nous dépendrions
tu dépendrais	vous dépendriez
il/elle dépendrait	ils/elles dépendraient

PRESENT SUBJUNCTIVE

que je dépende	que nous dépendions
que tu dépendes	que vous dépendiez
qu'il/elle dépende	qu'ils/elles dépendent

IMPERFECT SUBJUNCTIVE

que je dépendisse	que nous dépendissions
que tu dépendisses	que vous dépendissiez
qu'il/elle dépendît	qu'ils/elles dépendissent

PASSÉ COMPOSÉ

j'ai dépendu	nous avons dépendu
tu as dépendu	vous avez dépendu
il/elle a dépendu	ils/elles ont dépendu

PLUPERFECT

j'avais dépendu	nous avions dépendu
tu avais dépendu	vous aviez dépendu
il/elle avait dépendu	ils/elles avaient dépendu

PAST ANTERIOR

j'eus dépendu	nous eûmes dépendu
tu eus dépendu	vous eûtes dépendu
il/elle eut dépendu	ils/elles eurent dépendu

FUTURE ANTERIOR

j'aurai dépendu	nous aurons dépendu
tu auras dépendu	vous aurez dépendu
il/elle aura dépendu	ils/elles auront dépendu

PAST CONDITIONAL

j'aurais dépendu	nous aurions dépendu
tu aurais dépendu	vous auriez dépendu
il/elle aurait dépendu	ils/elles auraient dépendu

PAST SUBJUNCTIVE

que j'aie dépendu	que nous ayons dépendu
que tu aies dépendu	que vous ayez dépendu
qu'il/elle ait dépendu	qu'ils/elles aient dépendu

PLUPERFECT SUBJUNCTIVE

que j'eusse dépendu	que nous eussions dépendu
que tu eusses dépendu	que vous eussiez dépendu
qu'il/elle eût dépendu	qu'ils/elles eussent dépendu

COMMANDS

	(nous) dépendons
(tu) dépends	(vous) dépendez

Usage

Ça dépend.	*It depends.*
Tout dépend.	*It all depends.*
dépendre de qqch	*to depend on something*
—Notre succès dépend de quoi?	*Our success depends on what?*
—Tout dépend de leur décision.	*Everything depends on their decision.*
dépendre de qqn	*to depend on someone*
Tout le monde dépend de moi.	*Everyone depends on me.*
Tout cela ne dépend que de vous.	*All of that is entirely up to you.*
Il ne dépend que de lui-même.	*He is self-sufficient.*
—Est-ce que je dois lui téléphoner ou laisser tomber?	*Shall I call him or just forget about it?*
—Ça dépend de toi.	*It's up to you.*

regular *-er* verb

je dépense · je dépensai · dépensé · dépensant

PRESENT

je dépense	nous dépensons
tu dépenses	vous dépensez
il/elle dépense	ils/elles dépensent

IMPERFECT

je dépensais	nous dépensions
tu dépensais	vous dépensiez
il/elle dépensait	ils/elles dépensaient

PASSÉ SIMPLE

je dépensai	nous dépensâmes
tu dépensas	vous dépensâtes
il/elle dépensa	ils/elles dépensèrent

FUTURE

je dépenserai	nous dépenserons
tu dépenseras	vous dépenserez
il/elle dépensera	ils/elles dépenseront

CONDITIONAL

je dépenserais	nous dépenserions
tu dépenserais	vous dépenseriez
il/elle dépenserait	ils/elles dépenseraient

PRESENT SUBJUNCTIVE

que je dépense	que nous dépensions
que tu dépenses	que vous dépensiez
qu'il/elle dépense	qu'ils/elles dépensent

IMPERFECT SUBJUNCTIVE

que je dépensasse	que nous dépensassions
que tu dépensasses	que vous dépensassiez
qu'il/elle dépensât	qu'ils/elles dépensassent

PASSÉ COMPOSÉ

j'ai dépensé	nous avons dépensé
tu as dépensé	vous avez dépensé
il/elle a dépensé	ils/elles ont dépensé

PLUPERFECT

j'avais dépensé	nous avions dépensé
tu avais dépensé	vous aviez dépensé
il/elle avait dépensé	ils/elles avaient dépensé

PAST ANTERIOR

j'eus dépensé	nous eûmes dépensé
tu eus dépensé	vous eûtes dépensé
il/elle eut dépensé	ils/elles eurent dépensé

FUTURE ANTERIOR

j'aurai dépensé	nous aurons dépensé
tu auras dépensé	vous aurez dépensé
il/elle aura dépensé	ils/elles auront dépensé

PAST CONDITIONAL

j'aurais dépensé	nous aurions dépensé
tu aurais dépensé	vous auriez dépensé
il/elle aurait dépensé	ils/elles auraient dépensé

PAST SUBJUNCTIVE

que j'aie dépensé	que nous ayons dépensé
que tu aies dépensé	que vous ayez dépensé
qu'il/elle ait dépensé	qu'ils/elles aient dépensé

PLUPERFECT SUBJUNCTIVE

que j'eusse dépensé	que nous eussions dépensé
que tu eusses dépensé	que vous eussiez dépensé
qu'il/elle eût dépensé	qu'ils/elles eussent dépensé

COMMANDS

	(nous) dépensons
(tu) dépense	(vous) dépensez

Usage

—Il a dépensé tout son argent à acheter des vêtements.
He spent all his money buying clothing.

—Oui, il dépense sans compter.
Yes, he spends too freely.

se dépenser
to expend one's energy

Tu te dépenses trop pour les autres.
You overwork yourself too much for other people.

RELATED WORDS

la dépense	*expense*
pouvoir se permettre une dépense	*to be able to afford an outlay of money*
les dépenses d'exploitation	*operating costs/expenses*
les dépenses du ménage	*household expenses*
une grande dépense de temps	*a big expenditure of time*

déplacer *to move, shift, displace*

je déplace · je déplaçai · déplacé · déplaçant regular -er verb; spelling change: *c > ç/a, o*

PRESENT

je déplace	nous déplaçons
tu déplaces	vous déplacez
il/elle déplace	ils/elles déplacent

IMPERFECT

je déplaçais	nous déplacions
tu déplaçais	vous déplaciez
il/elle déplaçait	ils/elles déplaçaient

PASSÉ SIMPLE

je déplaçai	nous déplaçâmes
tu déplaças	vous déplaçâtes
il/elle déplaça	ils/elles déplacèrent

FUTURE

je déplacerai	nous déplacerons
tu déplaceras	vous déplacerez
il/elle déplacera	ils/elles déplaceront

CONDITIONAL

je déplacerais	nous déplacerions
tu déplacerais	vous déplaceriez
il/elle déplacerait	ils/elles déplaceraient

PRESENT SUBJUNCTIVE

que je déplace	que nous déplacions
que tu déplaces	que vous déplaciez
qu'il/elle déplace	qu'ils/elles déplacent

IMPERFECT SUBJUNCTIVE

que je déplaçasse	que nous déplaçassions
que tu déplaçasses	que vous déplaçassiez
qu'il/elle déplaçât	qu'ils/elles déplaçassent

PASSÉ COMPOSÉ

j'ai déplacé	nous avons déplacé
tu as déplacé	vous avez déplacé
il/elle a déplacé	ils/elles ont déplacé

PLUPERFECT

j'avais déplacé	nous avions déplacé
tu avais déplacé	vous aviez déplacé
il/elle avait déplacé	ils/elles avaient déplacé

PAST ANTERIOR

j'eus déplacé	nous eûmes déplacé
tu eus déplacé	vous eûtes déplacé
il/elle eut déplacé	ils/elles eurent déplacé

FUTURE ANTERIOR

j'aurai déplacé	nous aurons déplacé
tu auras déplacé	vous aurez déplacé
il/elle aura déplacé	ils/elles auront déplacé

PAST CONDITIONAL

j'aurais déplacé	nous aurions déplacé
tu aurais déplacé	vous auriez déplacé
il/elle aurait déplacé	ils/elles auraient déplacé

PAST SUBJUNCTIVE

que j'aie déplacé	que nous ayons déplacé
que tu aies déplacé	que vous ayez déplacé
qu'il/elle ait déplacé	qu'ils/elles aient déplacé

PLUPERFECT SUBJUNCTIVE

que j'eusse déplacé	que nous eussions déplacé
que tu eusses déplacé	que vous eussiez déplacé
qu'il/elle eût déplacé	qu'ils/elles eussent déplacé

COMMANDS

	(nous) déplaçons
(tu) déplace	(vous) déplacez

Usage

Déplacez le canapé vers la gauche.	*Move the sofa to the left.*
On a déplacé la date de la réunion.	*They moved the date of the meeting forward.*
se déplacer	*to move/shift position/travel*
Avec Internet, on peut faire ses achats sans se déplacer.	*With the Internet you can do your shopping without leaving the house.*
Après l'accident il se déplaçait avec une canne.	*After the accident he got around with a cane.*
Il se déplace beaucoup pour affaires.	*He travels a lot on business.*

RELATED WORDS

déplacé(e)	*out of place/uncalled for*
Vos propos déplacés ont agacé tout le monde.	*Your inappropriate remarks disturbed everyone.*
le déplacement	*swing/shift/movement/travel/trip*
Ce film ne vaut pas le déplacement.	*That film is not worth going to.*

irregular verb

je déplais · je déplus · déplu · déplaisant

PRESENT

je déplais	nous déplaisons
tu déplais	vous déplaisez
il/elle déplaît	ils/elles déplaisent

IMPERFECT

je déplaisais	nous déplaisions
tu déplaisais	vous déplaisiez
il/elle déplaisait	ils/elles déplaisaient

PASSÉ SIMPLE

je déplus	nous déplûmes
tu déplus	vous déplûtes
il/elle déplut	ils/elles déplurent

FUTURE

je déplairai	nous déplairons
tu déplairas	vous déplairez
il/elle déplaira	ils/elles déplairont

CONDITIONAL

je déplairais	nous déplairions
tu déplairais	vous déplairiez
il/elle déplairait	ils/elles déplairaient

PRESENT SUBJUNCTIVE

que je déplaise	que nous déplaisions
que tu déplaises	que vous déplaisiez
qu'il/elle déplaise	qu'ils/elles déplaisent

IMPERFECT SUBJUNCTIVE

que je déplusse	que nous déplussions
que tu déplusses	que vous déplussiez
qu'il/elle déplût	qu'ils/elles déplussent

COMMANDS

	(nous) déplaisons
(tu) déplais	(vous) déplaisez

PASSÉ COMPOSÉ

j'ai déplu	nous avons déplu
tu as déplu	vous avez déplu
il/elle a déplu	ils/elles ont déplu

PLUPERFECT

j'avais déplu	nous avions déplu
tu avais déplu	vous aviez déplu
il/elle avait déplu	ils/elles avaient déplu

PAST ANTERIOR

j'eus déplu	nous eûmes déplu
tu eus déplu	vous eûtes déplu
il/elle eut déplu	ils/elles eurent déplu

FUTURE ANTERIOR

j'aurai déplu	nous aurons déplu
tu auras déplu	vous aurez déplu
il/elle aura déplu	ils/elles auront déplu

PAST CONDITIONAL

j'aurais déplu	nous aurions déplu
tu aurais déplu	vous auriez déplu
il/elle aurait déplu	ils/elles auraient déplu

PAST SUBJUNCTIVE

que j'aie déplu	que nous ayons déplu
que tu aies déplu	que vous ayez déplu
qu'il/elle ait déplu	qu'ils/elles aient déplu

PLUPERFECT SUBJUNCTIVE

que j'eusse déplu	que nous eussions déplu
que tu eusses déplu	que vous eussiez déplu
qu'il/elle eût déplu	qu'ils/elles eussent déplu

Usage

Le trajet en autobus déplaît à tout le monde.	*Nobody likes the bus trip.*
Ce chef déplaît à tous ses employés.	*This boss is disliked by all his employees.*
Ça me déplaît qu'il ne vienne pas.	*I don't like it that he is not coming.*
Ça me déplaît que tu aies dit ça.	*I don't like it that you said that.*
Il ne te déplaît pas de te conduire comme ça.	*You can't enjoy behaving like that.*
Elle a rompu avec son petit ami. Elle dit qu'il lui avait déplu.	*She broke it off with her boyfriend. She says that he no longer appealed to her.*
se déplaire (à)	*to be unhappy (in a place)/not to like being (in a place)*
—Ils se plaisaient à Marseille?	*Did they like it in Marseilles?*
—Ils ont déménagé à Paris parce qu'ils se déplaisaient à Marseille.	*They moved to Paris because they didn't like it in Marseilles.*
Elle s'est toujours déplu en Angleterre.	*She never liked it in England.*

RELATED WORD

déplaisant(e)	*unpleasant*
une conversation déplaisante	*an unpleasant conversation*

déposer *to put down, drop off*

PRESENT

je dépose	nous déposons
tu déposes	vous déposez
il/elle dépose	ils/elles déposent

PASSÉ COMPOSÉ

j'ai déposé	nous avons déposé
tu as déposé	vous avez déposé
il/elle a déposé	ils/elles ont déposé

IMPERFECT

je déposais	nous déposions
tu déposais	vous déposiez
il/elle déposait	ils/elles déposaient

PLUPERFECT

j'avais déposé	nous avions déposé
tu avais déposé	vous aviez déposé
il/elle avait déposé	ils/elles avaient déposé

PASSÉ SIMPLE

je déposai	nous déposâmes
tu déposas	vous déposâtes
il/elle déposa	ils/elles déposèrent

PAST ANTERIOR

j'eus déposé	nous eûmes déposé
tu eus déposé	vous eûtes déposé
il/elle eut déposé	ils/elles eurent déposé

FUTURE

je déposerai	nous déposerons
tu déposeras	vous déposerez
il/elle déposera	ils/elles déposeront

FUTURE ANTERIOR

j'aurai déposé	nous aurons déposé
tu auras déposé	vous aurez déposé
il/elle aura déposé	ils/elles auront déposé

CONDITIONAL

je déposerais	nous déposerions
tu déposerais	vous déposeriez
il/elle déposerait	ils/elles déposeraient

PAST CONDITIONAL

j'aurais déposé	nous aurions déposé
tu aurais déposé	vous auriez déposé
il/elle aurait déposé	ils/elles auraient déposé

PRESENT SUBJUNCTIVE

que je dépose	que nous déposions
que tu déposes	que vous déposiez
qu'il/elle dépose	qu'ils/elles déposent

PAST SUBJUNCTIVE

que j'aie déposé	que nous ayons déposé
que tu aies déposé	que vous ayez déposé
qu'il/elle ait déposé	qu'ils/elles aient déposé

IMPERFECT SUBJUNCTIVE

que je déposasse	que nous déposassions
que tu déposasses	que vous déposassiez
qu'il/elle déposât	qu'ils/elles déposassent

PLUPERFECT SUBJUNCTIVE

que j'eusse déposé	que nous eussions déposé
que tu eusses déposé	que vous eussiez déposé
qu'il/elle eût déposé	qu'ils/elles eussent déposé

COMMANDS

	(nous) déposons
(tu) dépose	(vous) déposez

Usage

—Tu peux me déposer à la gare?	*Can you drop me off at the train station?*
—Je te déposerai devant la cathédrale. La gare est à 100 mètres.	*I'll drop you off in front of the cathedral. The station is a block away.*
Elle a déposé son sac sur la table.	*She put her bag down on the table.*
—Qu'est-ce qu'on peut faire de toutes nos valises?	*What can we do with all our suitcases?*
—On peut les déposer à la consigne.	*We can leave them at the baggage check.*
—Tu sors de la banque, je vois.	*You're just coming from the bank, I see.*
—Oui, le vendredi je touche mon chèque. Je viens de le déposer.	*Yes, I get my paycheck on Fridays. I've just deposited it.*
déposer une plainte	*to lodge a complaint*

RELATED WORDS

le dépôt	*deposit* (bank); *lodging* (of a complaint)
glisser-déposer	*drag and drop* (computer)

regular -*er* verb;
spelling change: *g > ge/a, o*

je dérange · je dérangeai · dérangé · dérangeant

PRESENT

je dérange	nous dérangeons
tu déranges	vous dérangez
il/elle dérange	ils/elles dérangent

IMPERFECT

je dérangeais	nous dérangions
tu dérangeais	vous dérangiez
il/elle dérangeait	ils/elles dérangeaient

PASSÉ SIMPLE

je dérangeai	nous dérangeâmes
tu dérangeas	vous dérangeâtes
il/elle dérangea	ils/elles dérangèrent

FUTURE

je dérangerai	nous dérangerons
tu dérangeras	vous dérangerez
il/elle dérangera	ils/elles dérangeront

CONDITIONAL

je dérangerais	nous dérangerions
tu dérangerais	vous dérangeriez
il/elle dérangerait	ils/elles dérangeraient

PRESENT SUBJUNCTIVE

que je dérange	que nous dérangions
que tu déranges	que vous dérangiez
qu'il/elle dérange	qu'ils/elles dérangent

IMPERFECT SUBJUNCTIVE

que je dérangeasse	que nous dérangeassions
que tu dérangeasses	que vous dérangeassiez
qu'il/elle dérangeât	qu'ils/elles dérangeassent

PASSÉ COMPOSÉ

j'ai dérangé	nous avons dérangé
tu as dérangé	vous avez dérangé
il/elle a dérangé	ils/elles ont dérangé

PLUPERFECT

j'avais dérangé	nous avions dérangé
tu avais dérangé	vous aviez dérangé
il/elle avait dérangé	ils/elles avaient dérangé

PAST ANTERIOR

j'eus dérangé	nous eûmes dérangé
tu eus dérangé	vous eûtes dérangé
il/elle eut dérangé	ils/elles eurent dérangé

FUTURE ANTERIOR

j'aurai dérangé	nous aurons dérangé
tu auras dérangé	vous aurez dérangé
il/elle aura dérangé	ils/elles auront dérangé

PAST CONDITIONAL

j'aurais dérangé	nous aurions dérangé
tu aurais dérangé	vous auriez dérangé
il/elle aurait dérangé	ils/elles auraient dérangé

PAST SUBJUNCTIVE

que j'aie dérangé	que nous ayons dérangé
que tu aies dérangé	que vous ayez dérangé
qu'il/elle ait dérangé	qu'ils/elles aient dérangé

PLUPERFECT SUBJUNCTIVE

que j'eusse dérangé	que nous eussions dérangé
que tu eusses dérangé	que vous eussiez dérangé
qu'il/elle eût dérangé	qu'ils/elles eussent dérangé

COMMANDS

	(nous) dérangeons
(tu) dérange	(vous) dérangez

Usage

Ne pas déranger, s'il vous plaît.	*Please do not disturb.* (sign)
Tu peux baisser la radio? Le bruit me dérange.	*Can you turn down the radio? The noise is bothering me.*
Vous travaillez. Je ne vous dérangerai pas.	*You're working. I won't disturb you.*
J'ai trop bien mangé et maintenant je suis un peu dérangé.	*I ate too much and now I've got an upset stomach.*
Ne vous dérangez pas.	*Don't bother.*

RELATED WORDS

le dérangement	*bothering; malfunction*
Ce téléphone est en dérangement.	*This phone is out of order.*
Cette ligne téléphonique est en dérangement.	*This phone line is having problems.*

désamorcer   *to defuse*

je désamorce · je désamorçai · désamorcé · désamorçant

regular *-er* verb;
spelling change: *c > ç/a, o*

PRESENT

je désamorce	nous désamorçons
tu désamorces	vous désamorcez
il/elle désamorce	ils/elles désamorcent

IMPERFECT

je désamorçais	nous désamorcions
tu désamorçais	vous désamorciez
il/elle désamorçait	ils/elles désamorçaient

PASSÉ SIMPLE

je désamorçai	nous désamorçâmes
tu désamorças	vous désamorçâtes
il/elle désamorça	ils/elles désamorcèrent

FUTURE

je désamorcerai	nous désamorcerons
tu désamorceras	vous désamorcerez
il/elle désamorcera	ils/elles désamorceront

CONDITIONAL

je désamorcerais	nous désamorcerions
tu désamorcerais	vous désamorceriez
il/elle désamorcerait	ils/elles désamorceraient

PRESENT SUBJUNCTIVE

que je désamorce	que nous désamorcions
que tu désamorces	que vous désamorciez
qu'il/elle désamorce	qu'ils/elles désamorcent

IMPERFECT SUBJUNCTIVE

que je désamorçasse	que nous désamorçassions
que tu désamorçasses	que vous désamorçassiez
qu'il/elle désamorçât	qu'ils/elles désamorçassent

PASSÉ COMPOSÉ

j'ai désamorcé	nous avons désamorcé
tu as désamorcé	vous avez désamorcé
il/elle a désamorcé	ils/elles ont désamorcé

PLUPERFECT

j'avais désamorcé	nous avions désamorcé
tu avais désamorcé	vous aviez désamorcé
il/elle avait désamorcé	ils/elles avaient désamorcé

PAST ANTERIOR

j'eus désamorcé	nous eûmes désamorcé
tu eus désamorcé	vous eûtes désamorcé
il/elle eut désamorcé	ils/elles eurent désamorcé

FUTURE ANTERIOR

j'aurai désamorcé	nous aurons désamorcé
tu auras désamorcé	vous aurez désamorcé
il/elle aura désamorcé	ils/elles auront désamorcé

PAST CONDITIONAL

j'aurais désamorcé	nous aurions désamorcé
tu aurais désamorcé	vous auriez désamorcé
il/elle aurait désamorcé	ils/elles auraient désamorcé

PAST SUBJUNCTIVE

que j'aie désamorcé	que nous ayons désamorcé
que tu aies désamorcé	que vous ayez désamorcé
qu'il/elle ait désamorcé	qu'ils/elles aient désamorcé

PLUPERFECT SUBJUNCTIVE

que j'eusse désamorcé	que nous eussions désamorcé
que tu eusses désamorcé	que vous eussiez désamorcé
qu'il/elle eût désamorcé	qu'ils/elles eussent désamorcé

COMMANDS

	(nous) désamorçons
(tu) désamorce	(vous) désamorcez

Usage

désamorcer une grenade	*to defuse a grenade*
désamorcer une pile	*to let a battery run down*
désamorcer une situation	*to defuse a situation*
désamorcer une grève	*to defuse a strike*
Le gouvernement essaie de désamorcer la grève des professeurs.	*The government is trying to avoid the teachers' strike.*

RELATED WORD

le désamorçage	*defusing*
le désamorçage d'une situation dangereuse	*the defusing of a dangerous situation*

regular *-re* verb; compound tenses with
être, with *avoir* when verb is transitive

je descends · je descendis · descendu · descendant

PRESENT

je descends	nous descendons
tu descends	vous descendez
il/elle descend	ils/elles descendent

IMPERFECT

je descendais	nous descendions
tu descendais	vous descendiez
il/elle descendait	ils/elles descendaient

PASSÉ SIMPLE

je descendis	nous descendîmes
tu descendis	vous descendîtes
il/elle descendit	ils/elles descendirent

FUTURE

je descendrai	nous descendrons
tu descendras	vous descendrez
il/elle descendra	ils/elles descendront

CONDITIONAL

je descendrais	nous descendrions
tu descendrais	vous descendriez
il/elle descendrait	ils/elles descendraient

PRESENT SUBJUNCTIVE

que je descende	que nous descendions
que tu descendes	que vous descendiez
qu'il/elle descende	qu'ils/elles descendent

IMPERFECT SUBJUNCTIVE

que je descendisse	que nous descendissions
que tu descendisses	que vous descendissiez
qu'il/elle descendît	qu'ils/elles descendissent

PASSÉ COMPOSÉ

je suis descendu(e)	nous sommes descendu(e)s
tu es descendu(e)	vous êtes descendu(e)(s)
il/elle est descendu(e)	ils/elles sont descendu(e)s

PLUPERFECT

j'étais descendu(e)	nous étions descendu(e)s
tu étais descendu(e)	vous étiez descendu(e)(s)
il/elle était descendu(e)	ils/elles étaient descendu(e)s

PAST ANTERIOR

je fus descendu(e)	nous fûmes descendu(e)s
tu fus descendu(e)	vous fûtes descendu(e)(s)
il/elle fut descendu(e)	ils/elles furent descendu(e)s

FUTURE ANTERIOR

je serai descendu(e)	nous serons descendu(e)s
tu seras descendu(e)	vous serez descendu(e)(s)
il/elle sera descendu(e)	ils/elles seront descendu(e)s

PAST CONDITIONAL

je serais descendu(e)	nous serions descendu(e)s
tu serais descendu(e)	vous seriez descendu(e)(s)
il/elle serait descendu(e)	ils/elles seraient descendu(e)s

PAST SUBJUNCTIVE

que je sois descendu(e)	que nous soyons descendu(e)s
que tu sois descendu(e)	que vous soyez descendu(e)(s)
qu'il/elle soit descendu(e)	qu'ils/elles soient descendu(e)s

PLUPERFECT SUBJUNCTIVE

que je fusse descendu(e)	que nous fussions descendu(e)s
que tu fusses descendu(e)	que vous fussiez descendu(e)(s)
qu'il/elle fût descendu(e)	qu'ils/elles fussent descendu(e)s

COMMANDS

	(nous) descendons
(tu) descends	(vous) descendez

Usage

descendre faire les courses	*to go out to do the shopping*
Maman est descendue acheter du pain.	*Mother went down to get bread.*
descendre l'escalier	*to go down the stairs*
L'ascenseur est en panne. Nous avons descendu l'escalier.	*The elevator is out of order. We took the stairs down.*
descendre qqch	*to take/bring something down*
—Est-ce le chasseur a descendu les valises?	*Has the bellboy brought the suitcases down?*
—Non, il ne les a pas encore descendues.	*No, he hasn't brought them down yet.*
descendre qqn	*to shoot someone (down)*
Le policier a descendu le cambrioleur.	*The policeman shot the burglar dead.*

RELATED WORD

la descente	*descent*
J'attends la descente de l'ascenseur.	*I'm waiting for the elevator to come down.*

désespérer *to lose hope, despair*

je désespère · je désespérai · désespéré · désespérant

-er verb; spelling change:
é > è/mute e

PRESENT

je désespère	nous désespérons
tu désespères	vous désespérez
il/elle désespère	ils/elles désespèrent

IMPERFECT

je désespérais	nous désespérions
tu désespérais	vous désespériez
il/elle désespérait	ils/elles désespéraient

PASSÉ SIMPLE

je désespérai	nous désespérâmes
tu désespéras	vous désespérâtes
il/elle désespéra	ils/elles désespérèrent

FUTURE

je désespérerai	nous désespérerons
tu désespéreras	vous désespérerez
il/elle désespérera	ils/elles désespéreront

CONDITIONAL

je désespérerais	nous désespérerions
tu désespérerais	vous désespéreriez
il/elle désespérerait	ils/elles désespéreraient

PRESENT SUBJUNCTIVE

que je désespère	que nous désespérions
que tu désespères	que vous désespériez
qu'il/elle désespère	qu'ils/elles désespèrent

IMPERFECT SUBJUNCTIVE

que je désespérasse	que nous désespérassions
que tu désespérasses	que vous désespérassiez
qu'il/elle désespérât	qu'ils/elles désespérassent

PASSÉ COMPOSÉ

j'ai désespéré	nous avons désespéré
tu as désespéré	vous avez désespéré
il/elle a désespéré	ils/elles ont désespéré

PLUPERFECT

j'avais désespéré	nous avions désespéré
tu avais désespéré	vous aviez désespéré
il/elle avait désespéré	ils/elles avaient désespéré

PAST ANTERIOR

j'eus désespéré	nous eûmes désespéré
tu eus désespéré	vous eûtes désespéré
il/elle eut désespéré	ils/elles eurent désespéré

FUTURE ANTERIOR

j'aurai désespéré	nous aurons désespéré
tu auras désespéré	vous aurez désespéré
il/elle aura désespéré	ils/elles auront désespéré

PAST CONDITIONAL

j'aurais désespéré	nous aurions désespéré
tu aurais désespéré	vous auriez désespéré
il/elle aurait désespéré	ils/elles auraient désespéré

PAST SUBJUNCTIVE

que j'aie désespéré	que nous ayons désespéré
que tu aies désespéré	que vous ayez désespéré
qu'il/elle ait désespéré	qu'ils/elles aient désespéré

PLUPERFECT SUBJUNCTIVE

que j'eusse désespéré	que nous eussions désespéré
que tu eusses désespéré	que vous eussiez désespéré
qu'il/elle eût désespéré	qu'ils/elles eussent désespéré

COMMANDS

	(nous) désespérons
(tu) désespère	(vous) désespérez

Usage

—Je désespère de réussir à cet examen.	*I have given up on passing this exam.*
—Il ne faut jamais désespérer.	*You must never give up./Never say die.*
Cet enfant me désespère!	*What am I going to do with that child?*
Elle ne désespère pas de retrouver son père.	*She still hopes to find her father.*

RELATED WORDS

le désespoir	*despair*
être au désespoir	*to be desperate/to have lost all hope*
désespéré(e)	*desperate*
Le malade est dans un état désespéré.	*The patient is in critical condition.*
désespérant(e)	*hopeless*
Il est d'une lenteur désespérante.	*He's hopelessly slow.*

regular *-er* reflexive verb;
compound tenses with *être*

**je me déshabille · je me déshabillai ·
s'étant déshabillé · se déshabillant**

PRESENT

je me déshabille	nous nous déshabillons
tu te déshabilles	vous vous déshabillez
il/elle se déshabille	ils/elles se déshabillent

IMPERFECT

je me déshabillais	nous nous déshabillions
tu te déshabillais	vous vous déshabilliez
il/elle se déshabillait	ils/elles se déshabillaient

PASSÉ SIMPLE

je me déshabillai	nous nous déshabillâmes
tu te déshabillas	vous vous déshabillâtes
il/elle se déshabilla	ils/elles se déshabillèrent

FUTURE

je me déshabillerai	nous nous déshabillerons
tu te déshabilleras	vous vous déshabillerez
il/elle se déshabillera	ils/elles se déshabilleront

CONDITIONAL

je me déshabillerais	nous nous déshabillerions
tu te déshabillerais	vous vous déshabilleriez
il/elle se déshabillerait	ils/elles se déshabilleraient

PRESENT SUBJUNCTIVE

que je me déshabille	que nous nous déshabillions
que tu te déshabilles	que vous vous déshabilliez
qu'il/elle se déshabille	qu'ils/elles se déshabillent

IMPERFECT SUBJUNCTIVE

que je me déshabillasse	que nous nous déshabillassions
que tu te déshabillasses	que vous vous déshabillassiez
qu'il/elle se déshabillât	qu'ils/elles se déshabillassent

PASSÉ COMPOSÉ

je me suis déshabillé(e)	nous nous sommes déshabillé(e)s
tu t'es déshabillé(e)	vous vous êtes déshabillé(e)(s)
il/elle s'est déshabillé(e)	ils/elles se sont déshabillé(e)s

PLUPERFECT

je m'étais déshabillé(e)	nous nous étions déshabillé(e)s
tu t'étais déshabillé(e)	vous vous étiez déshabillé(e)(s)
il/elle s'était déshabillé(e)	ils/elles s'étaient déshabillé(e)s

PAST ANTERIOR

je me fus déshabillé(e)	nous nous fûmes déshabillé(e)s
tu te fus déshabillé(e)	vous vous fûtes déshabillé(e)(s)
il/elle se fut déshabillé(e)	ils/elles se furent déshabillé(e)s

FUTURE ANTERIOR

je me serai déshabillé(e)	nous nous serons déshabillé(e)s
tu te seras déshabillé(e)	vous vous serez déshabillé(e)(s)
il/elle se sera déshabillé(e)	ils/elles se seront déshabillé(e)s

PAST CONDITIONAL

je me serais déshabillé(e)	nous nous serions déshabillé(e)s
tu te serais déshabillé(e)	vous vous seriez déshabillé(e)(s)
il/elle se serait déshabillé(e)	ils/elles se seraient déshabillé(e)s

PAST SUBJUNCTIVE

que je me sois déshabillé(e)	que nous nous soyons déshabillé(e)s
que tu te sois déshabillé(e)	que vous vous soyez déshabillé(e)(s)
qu'il/elle se soit déshabillé(e)	qu'ils/elles se soient déshabillé(e)s

PLUPERFECT SUBJUNCTIVE

que je me fusse déshabillé(e)	que nous nous fussions déshabillé(e)s
que tu te fusses déshabillé(e)	que vous vous fussiez déshabillé(e)(s)
qu'il/elle se fût déshabillé(e)	qu'ils/elles se fussent déshabillé(e)s

COMMANDS

	(nous) déshabillons-nous
(tu) déshabille-toi	(vous) déshabillez-vous

Usage

—Le petit Jacquot ne peut pas encore se déshabiller.
—Allez le déshabiller. Je vous attends.

Les enfants se déshabillent pour se coucher.
Les invités peuvent se déshabiller dans l'entrée.
être en déshabillé

Little Jacquot can't get undressed by himself.
Go undress him. I'll wait for you.

The children are getting undressed to go to bed.
The guests can leave their things in the entryway.
to be in a negligee

désirer *to desire, want*

PRESENT

je désire	nous désirons
tu désires	vous désirez
il/elle désire	ils/elles désirent

IMPERFECT

je désirais	nous désirions
tu désirais	vous désiriez
il/elle désirait	ils/elles désiraient

PASSÉ SIMPLE

je désirai	nous désirâmes
tu désiras	vous désirâtes
il/elle désira	ils/elles désirèrent

FUTURE

je désirerai	nous désirerons
tu désireras	vous désirerez
il/elle désirera	ils/elles désireront

CONDITIONAL

je désirerais	nous désirerions
tu désirerais	vous désireriez
il/elle désirerait	ils/elles désireraient

PRESENT SUBJUNCTIVE

que je désire	que nous désirions
que tu désires	que vous désiriez
qu'il/elle désire	qu'ils/elles désirent

IMPERFECT SUBJUNCTIVE

que je désirasse	que nous désirassions
que tu désirasses	que vous désirassiez
qu'il/elle désirât	qu'ils/elles désirassent

COMMANDS

	(nous) désirons
(tu) désire	(vous) désirez

PASSÉ COMPOSÉ

j'ai désiré	nous avons désiré
tu as désiré	vous avez désiré
il/elle a désiré	ils/elles ont désiré

PLUPERFECT

j'avais désiré	nous avions désiré
tu avais désiré	vous aviez désiré
il/elle avait désiré	ils/elles avaient désiré

PAST ANTERIOR

j'eus désiré	nous eûmes désiré
tu eus désiré	vous eûtes désiré
il/elle eut désiré	ils/elles eurent désiré

FUTURE ANTERIOR

j'aurai désiré	nous aurons désiré
tu auras désiré	vous aurez désiré
il/elle aura désiré	ils/elles auront désiré

PAST CONDITIONAL

j'aurais désiré	nous aurions désiré
tu aurais désiré	vous auriez désiré
il/elle aurait désiré	ils/elles auraient désiré

PAST SUBJUNCTIVE

que j'aie désiré	que nous ayons désiré
que tu aies désiré	que vous ayez désiré
qu'il/elle ait désiré	qu'ils/elles aient désiré

PLUPERFECT SUBJUNCTIVE

que j'eusse désiré	que nous eussions désiré
que tu eusses désiré	que vous eussiez désiré
qu'il/elle eût désiré	qu'ils/elles eussent désiré

Usage

Vous désirez?	*How can I help you?* (in stores, etc.)
Madame désire?	*How can I help you, Madam?* (in stores, etc.)
Cette famille a tout ce qu'elle peut désirer.	*That family has everything they could possibly want.*
Votre rapport laisse beaucoup à désirer.	*Your report leaves a lot to be desired.*
Je désirais voir M. Durocher.	*I wanted to see Mr. Durocher.*
Cette maison est formidable! Je ne pourrais désirer mieux.	*This house is terrific! I couldn't ask for anything better.*

RELATED WORDS

le désir	*desire*
Je n'ai jamais eu le désir de vivre à l'étranger.	*I never had the desire to live abroad.*
prendre ses désirs pour la réalité	*to engage in wishful thinking*

regular *-er* verb

je dessine · je dessinai · dessiné · dessinant

PRESENT

je dessine	nous dessinons
tu dessines	vous dessinez
il/elle dessine	ils/elles dessinent

IMPERFECT

je dessinais	nous dessinions
tu dessinais	vous dessiniez
il/elle dessinait	ils/elles dessinaient

PASSÉ SIMPLE

je dessinai	nous dessinâmes
tu dessinas	vous dessinâtes
il/elle dessina	ils/elles dessinèrent

FUTURE

je dessinerai	nous dessinerons
tu dessineras	vous dessinerez
il/elle dessinera	ils/elles dessineront

CONDITIONAL

je dessinerais	nous dessinerions
tu dessinerais	vous dessineriez
il/elle dessinerait	ils/elles dessineraient

PRESENT SUBJUNCTIVE

que je dessine	que nous dessinions
que tu dessines	que vous dessiniez
qu'il/elle dessine	qu'ils/elles dessinent

IMPERFECT SUBJUNCTIVE

que je dessinasse	que nous dessinassions
que tu dessinasses	que vous dessinassiez
qu'il/elle dessinât	qu'ils/elles dessinassent

COMMANDS

	(nous) dessinons
(tu) dessine	(vous) dessinez

PASSÉ COMPOSÉ

j'ai dessiné	nous avons dessiné
tu as dessiné	vous avez dessiné
il/elle a dessiné	ils/elles ont dessiné

PLUPERFECT

j'avais dessiné	nous avions dessiné
tu avais dessiné	vous aviez dessiné
il/elle avait dessiné	ils/elles avaient dessiné

PAST ANTERIOR

j'eus dessiné	nous eûmes dessiné
tu eus dessiné	vous eûtes dessiné
il/elle eut dessiné	ils/elles eurent dessiné

FUTURE ANTERIOR

j'aurai dessiné	nous aurons dessiné
tu auras dessiné	vous aurez dessiné
il/elle aura dessiné	ils/elles auront dessiné

PAST CONDITIONAL

j'aurais dessiné	nous aurions dessiné
tu aurais dessiné	vous auriez dessiné
il/elle aurait dessiné	ils/elles auraient dessiné

PAST SUBJUNCTIVE

que j'aie dessiné	que nous ayons dessiné
que tu aies dessiné	que vous ayez dessiné
qu'il/elle ait dessiné	qu'ils/elles aient dessiné

PLUPERFECT SUBJUNCTIVE

que j'eusse dessiné	que nous eussions dessiné
que tu eusses dessiné	que vous eussiez dessiné
qu'il/elle eût dessiné	qu'ils/elles eussent dessiné

Usage

—Tu dessines bien?	*Are you good at drawing?*
—Non, je suis nul en dessin.	*No, I'm very bad at drawing.*
dessiner à grands traits	*to make a rough sketch of*
—J'ai dessiné son visage à grands traits.	*I sketched his/her face.*
—Vous l'avez dessiné au crayon?	*Did you draw in pencil?*
—Non, à l'encre.	*No, in ink.*

RELATED WORDS

le dessin	*drawing*
faire un dessin	*to make a drawing*
Tu n'as pas besoin de faire un dessin.	*You don't have to go to any great lengths to explain.*
Je comprends très bien.	*I understand very well.*
dessin assisté par ordinateur	*computer-aided design*
bien dessiné(e)	*well-defined*
Il a des traits bien dessinés.	*He has well-defined features.*

183 | se détendre *to relax*

**je me détends · je me détendis ·
s'étant détendu · se détendant**

regular *-re* reflexive verb;
compound tenses with *être*

PRESENT

je me détends	nous nous détendons
tu te détends	vous vous détendez
il/elle se détend	ils/elles se détendent

IMPERFECT

je me détendais	nous nous détendions
tu te détendais	vous vous détendiez
il/elle se détendait	ils/elles se détendaient

PASSÉ SIMPLE

je me détendis	nous nous détendîmes
tu te détendis	vous vous détendîtes
il/elle se détendit	ils/elles se détendirent

FUTURE

je me détendrai	nous nous détendrons
tu te détendras	vous vous détendrez
il/elle se détendra	ils/elles se détendront

CONDITIONAL

je me détendrais	nous nous détendrions
tu te détendrais	vous vous détendriez
il/elle se détendrait	ils/elles se détendraient

PRESENT SUBJUNCTIVE

que je me détende	que nous nous détendions
que tu te détendes	que vous vous détendiez
qu'il/elle se détende	qu'ils/elles se détendent

IMPERFECT SUBJUNCTIVE

que je me détendisse	que nous nous détendissions
que tu te détendisses	que vous vous détendissiez
qu'il/elle se détendît	qu'ils/elles se détendissent

COMMANDS

	(nous) détendons-nous
(tu) détends-toi	(vous) détendez-vous

PASSÉ COMPOSÉ

je me suis détendu(e)	nous nous sommes détendu(e)s
tu t'es détendu(e)	vous vous êtes détendu(e)(s)
il/elle s'est détendu(e)	ils/elles se sont détendu(e)s

PLUPERFECT

je m'étais détendu(e)	nous nous étions détendu(e)s
tu t'étais détendu(e)	vous vous étiez détendu(e)(s)
il/elle s'était détendu(e)	ils/elles s'étaient détendu(e)s

PAST ANTERIOR

je me fus détendu(e)	nous nous fûmes détendu(e)s
tu te fus détendu(e)	vous vous fûtes détendu(e)(s)
il/elle se fut détendu(e)	ils/elles se furent détendu(e)s

FUTURE ANTERIOR

je me serai détendu(e)	nous nous serons détendu(e)s
tu te seras détendu(e)	vous vous serez détendu(e)(s)
il/elle se sera détendu(e)	ils/elles se seront détendu(e)s

PAST CONDITIONAL

je me serais détendu(e)	nous nous serions détendu(e)s
tu te serais détendu(e)	vous vous seriez détendu(e)(s)
il/elle se serait détendu(e)	ils/elles se seraient détendu(e)s

PAST SUBJUNCTIVE

que je me sois détendu(e)	que nous nous soyons détendu(e)s
que tu te sois détendu(e)	que vous vous soyez détendu(e)(s)
qu'il/elle se soit détendu(e)	qu'ils/elles se soient détendu(e)s

PLUPERFECT SUBJUNCTIVE

que je me fusse détendu(e)	que nous nous fussions détendu(e)s
que tu te fusses détendu(e)	que vous vous fussiez détendu(e)(s)
qu'il/elle se fût détendu(e)	qu'ils/elles se fussent détendu(e)s

Usage

Détendez-vous un peu!	*Relax a little!*
—Je me suis assis à côté du fleuve pour me détendre.	*I sat down next to the river to relax.*
—C'est bien. Il faut que vous vous détendiez.	*Good. You have to relax.*

RELATED WORD

la détente	*relaxation; spring/trigger*
J'ai besoin d'une demi-heure de détente.	*I need a half hour of relaxation.*
Les employés n'ont pas une minute de détente.	*The employees don't have a minute to relax.*
appuyer sur la détente	*to pull the trigger*

regular *-er* verb

je déteste · je détestai · détesté · détestant

PRESENT

je déteste	nous détestons
tu détestes	vous détestez
il/elle déteste	ils/elles détestent

IMPERFECT

je détestais	nous détestions
tu détestais	vous détestiez
il/elle détestait	ils/elles détestaient

PASSÉ SIMPLE

je détestai	nous détestâmes
tu détestas	vous détestâtes
il/elle détesta	ils/elles détestèrent

FUTURE

je détesterai	nous détesterons
tu détesteras	vous détesterez
il/elle détestera	ils/elles détesteront

CONDITIONAL

je détesterais	nous détesterions
tu détesterais	vous détesteriez
il/elle détesterait	ils/elles détesteraient

PRESENT SUBJUNCTIVE

que je déteste	que nous détestions
que tu détestes	que vous détestiez
qu'il/elle déteste	qu'ils/elles détestent

IMPERFECT SUBJUNCTIVE

que je détestasse	que nous détestassions
que tu détestasses	que vous détestassiez
qu'il/elle détestât	qu'ils/elles détestassent

COMMANDS

	(nous) détestons
(tu) déteste	(vous) détestez

PASSÉ COMPOSÉ

j'ai détesté	nous avons détesté
tu as détesté	vous avez détesté
il/elle a détesté	ils/elles ont détesté

PLUPERFECT

j'avais détesté	nous avions détesté
tu avais détesté	vous aviez détesté
il/elle avait détesté	ils/elles avaient détesté

PAST ANTERIOR

j'eus détesté	nous eûmes détesté
tu eus détesté	vous eûtes détesté
il/elle eut détesté	ils/elles eurent détesté

FUTURE ANTERIOR

j'aurai détesté	nous aurons détesté
tu auras détesté	vous aurez détesté
il/elle aura détesté	ils/elles auront détesté

PAST CONDITIONAL

j'aurais détesté	nous aurions détesté
tu aurais détesté	vous auriez détesté
il/elle aurait détesté	ils/elles auraient détesté

PAST SUBJUNCTIVE

que j'aie détesté	que nous ayons détesté
que tu aies détesté	que vous ayez détesté
qu'il/elle ait détesté	qu'ils/elles aient détesté

PLUPERFECT SUBJUNCTIVE

que j'eusse détesté	que nous eussions détesté
que tu eusses détesté	que vous eussiez détesté
qu'il/elle eût détesté	qu'ils/elles eussent détesté

Usage

détester qqn/qqch	*to hate someone/something*
Je déteste ce fonctionnaire.	*I hate that government official/worker.*
—Elle ne l'aime plus. Elle dit qu'elle le déteste.	*She doesn't like him anymore. She says she hates him.*
—Lui, il dit la même chose. Ils se détestent donc.	*He says the same thing. So they hate each other.*
Je déteste la chaleur.	*I hate the heat.*
Je déteste les légumes surgelés.	*I hate frozen vegetables.*
détester faire qqch	*to hate doing something*
Je déteste apporter mon déjeuner.	*I hate bringing my lunch.*

RELATED WORD

détestable	*detestable*

détourner   *to divert, reroute, hijack; to distort*

je détourne · je détournai · détourné · détournant   regular *-er* verb

PRESENT

je détourne	nous détournons
tu détournes	vous détournez
il/elle détourne	ils/elles détournent

IMPERFECT

je détournais	nous détournions
tu détournais	vous détourniez
il/elle détournait	ils/elles détournaient

PASSÉ SIMPLE

je détournai	nous détournâmes
tu détournas	vous détournâtes
il/elle détourna	ils/elles détournèrent

FUTURE

je détournerai	nous détournerons
tu détourneras	vous détournerez
il/elle détournera	ils/elles détourneront

CONDITIONAL

je détournerais	nous détournerions
tu détournerais	vous détourneriez
il/elle détournerait	ils/elles détourneraient

PRESENT SUBJUNCTIVE

que je détourne	que nous détournions
que tu détournes	que vous détourniez
qu'il/elle détourne	qu'ils/elles détournent

IMPERFECT SUBJUNCTIVE

que je détournasse	que nous détournassions
que tu détournasses	que vous détournassiez
qu'il/elle détournât	qu'ils/elles détournassent

PASSÉ COMPOSÉ

j'ai détourné	nous avons détourné
tu as détourné	vous avez détourné
il/elle a détourné	ils/elles ont détourné

PLUPERFECT

j'avais détourné	nous avions détourné
tu avais détourné	vous aviez détourné
il/elle avait détourné	ils/elles avaient détourné

PAST ANTERIOR

j'eus détourné	nous eûmes détourné
tu eus détourné	vous eûtes détourné
il/elle eut détourné	ils/elles eurent détourné

FUTURE ANTERIOR

j'aurai détourné	nous aurons détourné
tu auras détourné	vous aurez détourné
il/elle aura détourné	ils/elles auront détourné

PAST CONDITIONAL

j'aurais détourné	nous aurions détourné
tu aurais détourné	vous auriez détourné
il/elle aurait détourné	ils/elles auraient détourné

PAST SUBJUNCTIVE

que j'aie détourné	que nous ayons détourné
que tu aies détourné	que vous ayez détourné
qu'il/elle ait détourné	qu'ils/elles aient détourné

PLUPERFECT SUBJUNCTIVE

que j'eusse détourné	que nous eussions détourné
que tu eusses détourné	que vous eussiez détourné
qu'il/elle eût détourné	qu'ils/elles eussent détourné

COMMANDS

	(nous) détournons
(tu) détourne	(vous) détournez

Usage

On a détourné notre train par Lyon.	*Our train was rerouted through Lyons.*
Ses amies l'ont détournée du droit chemin.	*Her friends caused her to go astray.*
Les terroristes ont détourné un avion.	*The terrorists hijacked a plane.*
détourner les yeux	*to avert one's glance*
détourner l'attention de qqn	*to divert someone's attention*
détourner des fonds	*to embezzle money*

RELATED WORDS

le détournement d'un avion	*the hijacking of a plane*
le détournement des fonds	*embezzlement*

irregular verb | je détruis · je détruisis · détruit · détruisant

PRESENT

je détruis	nous détruisons
tu détruis	vous détruisez
il/elle détruit	ils/elles détruisent

IMPERFECT

je détruisais	nous détruisions
tu détruisais	vous détruisiez
il/elle détruisait	ils/elles détruisaient

PASSÉ SIMPLE

je détruisis	nous détruisîmes
tu détruisis	vous détruisîtes
il/elle détruisit	ils/elles détruisirent

FUTURE

je détruirai	nous détruirons
tu détruiras	vous détruirez
il/elle détruira	ils/elles détruiront

CONDITIONAL

je détruirais	nous détruirions
tu détruirais	vous détruiriez
il/elle détruirait	ils/elles détruiraient

PRESENT SUBJUNCTIVE

que je détruise	que nous détruisions
que tu détruises	que vous détruisiez
qu'il/elle détruise	qu'ils/elles détruisent

IMPERFECT SUBJUNCTIVE

que je détruisisse	que nous détruisissions
que tu détruisisses	que vous détruisissiez
qu'il/elle détruisît	qu'ils/elles détruisissent

PASSÉ COMPOSÉ

j'ai détruit	nous avons détruit
tu as détruit	vous avez détruit
il/elle a détruit	ils/elles ont détruit

PLUPERFECT

j'avais détruit	nous avions détruit
tu avais détruit	vous aviez détruit
il/elle avait détruit	ils/elles avaient détruit

PAST ANTERIOR

j'eus détruit	nous eûmes détruit
tu eus détruit	vous eûtes détruit
il/elle eut détruit	ils/elles eurent détruit

FUTURE ANTERIOR

j'aurai détruit	nous aurons détruit
tu auras détruit	vous aurez détruit
il/elle aura détruit	ils/elles auront détruit

PAST CONDITIONAL

j'aurais détruit	nous aurions détruit
tu aurais détruit	vous auriez détruit
il/elle aurait détruit	ils/elles auraient détruit

PAST SUBJUNCTIVE

que j'aie détruit	que nous ayons détruit
que tu aies détruit	que vous ayez détruit
qu'il/elle ait détruit	qu'ils/elles aient détruit

PLUPERFECT SUBJUNCTIVE

que j'eusse détruit	que nous eussions détruit
que tu eusses détruit	que vous eussiez détruit
qu'il/elle eût détruit	qu'ils/elles eussent détruit

COMMANDS

	(nous) détruisons
(tu) détruis	(vous) détruisez

Usage

—Le bombardement a détruit le port.	*The bombing destroyed the port.*
—Les alentours du port ont aussi été détruits.	*The area around the port was also destroyed.*
Le feu a détruit la maison.	*Fire destroyed the house.*
La grêle a détruit la récolte.	*The hail destroyed the harvest.*
La mort de leur enfant a détruit leur vie.	*The death of their child destroyed their lives.*

RELATED WORDS

destructeur/destructrice	*destructive*
une guerre destructrice	*a destructive/devastating war*
la destruction	*destruction*
Ils craignaient la destruction de leur pays.	*They feared the destruction of their country.*

développer   *to develop*

je développe · je développai · développé · développant   regular *-er* verb

PRESENT

je développe	nous développons
tu développes	vous développez
il/elle développe	ils/elles développent

IMPERFECT

je développais	nous développions
tu développais	vous développiez
il/elle développait	ils/elles développaient

PASSÉ SIMPLE

je développai	nous développâmes
tu développas	vous développâtes
il/elle développa	ils/elles développèrent

FUTURE

je développerai	nous développerons
tu développeras	vous développerez
il/elle développera	ils/elles développeront

CONDITIONAL

je développerais	nous développerions
tu développerais	vous développeriez
il/elle développerait	ils/elles développeraient

PRESENT SUBJUNCTIVE

que je développe	que nous développions
que tu développes	que vous développiez
qu'il/elle développe	qu'ils/elles développent

IMPERFECT SUBJUNCTIVE

que je développasse	que nous développassions
que tu développasses	que vous développassiez
qu'il/elle développât	qu'ils/elles développassent

PASSÉ COMPOSÉ

j'ai développé	nous avons développé
tu as développé	vous avez développé
il/elle a développé	ils/elles ont développé

PLUPERFECT

j'avais développé	nous avions développé
tu avais développé	vous aviez développé
il/elle avait développé	ils/elles avaient développé

PAST ANTERIOR

j'eus développé	nous eûmes développé
tu eus développé	vous eûtes développé
il/elle eut développé	ils/elles eurent développé

FUTURE ANTERIOR

j'aurai développé	nous aurons développé
tu auras développé	vous aurez développé
il/elle aura développé	ils/elles auront développé

PAST CONDITIONAL

j'aurais développé	nous aurions développé
tu aurais développé	vous auriez développé
il/elle aurait développé	ils/elles auraient développé

PAST SUBJUNCTIVE

que j'aie développé	que nous ayons développé
que tu aies développé	que vous ayez développé
qu'il/elle ait développé	qu'ils/elles aient développé

PLUPERFECT SUBJUNCTIVE

que j'eusse développé	que nous eussions développé
que tu eusses développé	que vous eussiez développé
qu'il/elle eût développé	qu'ils/elles eussent développé

COMMANDS

	(nous) développons
(tu) développe	(vous) développez

Usage

Ils ont développé mes photos.	*They developed my photos.*
Je vais faire développer cette pellicule.	*I'm going to have this roll of film developed.*
Il fait des exercices pour développer ses muscles.	*He exercises to develop his muscles.*

RELATED WORDS

le développement	*development*
le développement de la civilisation humaine	*the development of human civilization*
le développement de l'intelligence chez l'enfant	*the development of intelligence in the child*
pays en voie de développement	*developing country*

irregular verb; compound tenses with *être* | **je deviens · je devins · devenu · devenant**

PRESENT

je deviens	nous devenons
tu deviens	vous devenez
il/elle devient	ils/elles deviennent

IMPERFECT

je devenais	nous devenions
tu devenais	vous deveniez
il/elle devenait	ils/elles devenaient

PASSÉ SIMPLE

je devins	nous devînmes
tu devins	vous devîntes
il/elle devint	ils/elles devinrent

FUTURE

je deviendrai	nous deviendrons
tu deviendras	vous deviendrez
il/elle deviendra	ils/elles deviendront

CONDITIONAL

je deviendrais	nous deviendrions
tu deviendrais	vous deviendriez
il/elle deviendrait	ils/elles deviendraient

PRESENT SUBJUNCTIVE

que je devienne	que nous devenions
que tu deviennes	que vous deveniez
qu'il/elle devienne	qu'ils/elles deviennent

IMPERFECT SUBJUNCTIVE

que je devinsse	que nous devinssions
que tu devinsses	que vous devinssiez
qu'il/elle devînt	qu'ils/elles devinssent

COMMANDS

	(nous) devenons
(tu) deviens	(vous) devenez

PASSÉ COMPOSÉ

je suis devenu(e)	nous sommes devenu(e)s
tu es devenu(e)	vous êtes devenu(e)(s)
il/elle est devenu(e)	ils/elles sont devenu(e)s

PLUPERFECT

j'étais devenu(e)	nous étions devenu(e)s
tu étais devenu(e)	vous étiez devenu(e)(s)
il/elle était devenu(e)	ils/elles étaient devenu(e)s

PAST ANTERIOR

je fus devenu(e)	nous fûmes devenu(e)s
tu fus devenu(e)	vous fûtes devenu(e)(s)
il/elle fut devenu(e)	ils/elles furent devenu(e)s

FUTURE ANTERIOR

je serai devenu(e)	nous serons devenu(e)s
tu seras devenu(e)	vous serez devenu(e)(s)
il/elle sera devenu(e)	ils/elles seront devenu(e)s

PAST CONDITIONAL

je serais devenu(e)	nous serions devenu(e)s
tu serais devenu(e)	vous seriez devenu(e)(s)
il/elle serait devenu(e)	ils/elles seraient devenu(e)s

PAST SUBJUNCTIVE

que je sois devenu(e)	que nous soyons devenu(e)s
que tu sois devenu(e)	que vous soyez devenu(e)(s)
qu'il/elle soit devenu(e)	qu'ils/elles soient devenu(e)s

PLUPERFECT SUBJUNCTIVE

que je fusse devenu(e)	que nous fussions devenu(e)s
que tu fusses devenu(e)	que vous fussiez devenu(e)(s)
qu'il/elle fût devenu(e)	qu'ils/elles fussent devenu(e)s

Usage

devenir + adjective

Il devient inquiet.	*He's getting upset/nervous.*
Les élèves deviennent paresseux.	*The pupils are getting lazy.*
La situation devenait grave.	*The situation was becoming serious.*
Ce film devient ennuyeux.	*The film is getting boring.*

devenir + noun

Après de longues études il est devenu chirurgien.	*After many years of study he became a surgeon.*
Notre candidat a gagné aux élections et est devenu président.	*Our candidate won the elections and became president.*
La grenouille devint un prince.	*The frog turned into a prince.*

RELATED WORD

le devenir	*becoming/evolution/transformation*
La vie est un constant devenir.	*Life is constant change.*

TOP 50 VERB ☞

—On le cherchait partout sans pouvoir le trouver.

—Qu'est-ce qu'il était devenu?

Ça fait longtemps que je n'ai pas vu ton cousin. Qu'est-ce qu'il devient?

Tiens! C'est toi! Qu'est-ce que tu deviens?

Que sont devenues mes clés?

Je ne réussis pas à trouver mon stylo. Je ne sais pas ce qu'il est devenu.

Que deviendrait ce vieillard sans ses enfants?

—Cette conversation devient désagréable.

—C'est parce que toi, tu deviens grossier.

—Notre situation devient de plus en plus difficile.

—Je ne sais pas si on va pouvoir tenir. C'est à devenir fou.

—Nos efforts deviennent inutiles.

—Oui, le travail devient impossible.

Quand on lui a demandé si elle était amoureuse, elle est devenue toute rouge.

Ces jeunes gens deviennent de plus en plus hostiles à la société.

À l'armée il était devenu capitaine.

Mon fils veut devenir professeur.

Le petit garçon que tu connaissais est devenu un homme maintenant.

Il devient utile de savoir plusieurs langues.

Il devient de plus en plus facile d'obtenir un prêt pour acheter une voiture.

Il devient impossible de trouver une chambre d'hôtel dans notre ville.

We were looking for him for a long time without being able to find him.

Where in heaven had he gone?/What had become of him?

It's been a long time since I've seen your cousin. How are things with him?

Well! It's you! How have you been?

What happened to my keys?

I can't find my pen. I don't know what happened to it.

What would become of that old man without his children?

This conversation is getting unpleasant.

That's because you are getting rude.

Our situation is getting more and more difficult.

I don't know if we'll make it. It's enough to drive you mad.

Our efforts are becoming useless.

Yes, the work is getting impossible.

When they asked her if she was in love, she got all red.

Those young people are getting more and more hostile to society.

He had become a captain in the army.

My son wants to become a teacher.

The little boy you used to know has become a man.

It's become useful to know several languages.

It's becoming easier and easier to get a loan to buy a car.

It's becoming impossible to find a hotel room in our town.

TOP 50 VERBS

irregular verb; feminine form
of past participle *dû* is *due*

je dois · je dus · dû · devant

PRESENT

je dois	nous devons
tu dois	vous devez
il/elle doit	ils/elles doivent

IMPERFECT

je devais	nous devions
tu devais	vous deviez
il/elle devait	ils/elles devaient

PASSÉ SIMPLE

je dus	nous dûmes
tu dus	vous dûtes
il/elle dut	ils/elles durent

FUTURE

je devrai	nous devrons
tu devras	vous devrez
il/elle devra	ils/elles devront

CONDITIONAL

je devrais	nous devrions
tu devrais	vous devriez
il/elle devrait	ils/elles devraient

PRESENT SUBJUNCTIVE

que je doive	que nous devions
que tu doives	que vous deviez
qu'il/elle doive	qu'ils/elles doivent

IMPERFECT SUBJUNCTIVE

que je dusse	que nous dussions
que tu dusses	que vous dussiez
qu'il/elle dût	qu'ils/elles dussent

COMMANDS

	(nous) devons
(tu) dois	(vous) devez

PASSÉ COMPOSÉ

j'ai dû	nous avons dû
tu as dû	vous avez dû
il/elle a dû	ils/elles ont dû

PLUPERFECT

j'avais dû	nous avions dû
tu avais dû	vous aviez dû
il/elle avait dû	ils/elles avaient dû

PAST ANTERIOR

j'eus dû	nous eûmes dû
tu eus dû	vous eûtes dû
il/elle eut dû	ils/elles eurent dû

FUTURE ANTERIOR

j'aurai dû	nous aurons dû
tu auras dû	vous aurez dû
il/elle aura dû	ils/elles auront dû

PAST CONDITIONAL

j'aurais dû	nous aurions dû
tu aurais dû	vous auriez dû
il/elle aurait dû	ils/elles auraient dû

PAST SUBJUNCTIVE

que j'aie dû	que nous ayons dû
que tu aies dû	que vous ayez dû
qu'il/elle ait dû	qu'ils/elles aient dû

PLUPERFECT SUBJUNCTIVE

que j'eusse dû	que nous eussions du
que tu eusses dû	que vous eussiez dû
qu'il/elle eût dû	qu'ils/elles eussent dû

Usage

Ce type me doit mille euros.	*That guy owes me one thousand euros.*
Il doit de grosses sommes d'argent à ses amis.	*He owes his friends large sums of money.*
Je ne demande que ce qui m'est dû.	*I ask for only what is due me/what I am owed.*

devoir + infinitive *to have to, ought to do something*

Tu dois lui téléphoner de temps en temps.	*You ought to call him/her from time to time.*
Qu'est-ce qu'on doit faire?	*What should we do?*

RELATED WORDS

le devoir	*duty*
C'est un homme de devoir.	*He's a man who does his duty.*
les devoirs *(mpl)*	*homework*
faire ses devoirs	*to do one's homework*
—Ces enfants doivent aller dormir.	*These children ought to go to sleep.*
—Il leur faut faire leurs devoirs avant de se coucher.	*They have to do their homework before going to bed.*

TOP 50 VERB ☞

devoir = avoir une dette

—Quand est-ce que tu me paieras ce que tu me dois? | When will you pay me what you owe me?

—Comment? Je t'ai déjà remboursé. Je ne te dois plus rien. | What? I already paid you back. I don't owe you anything more.

—Tu dois ta réussite à ce professeur? | Do you owe your success to that professor?

—Oui, je lui dois tout. | Yes, I owe everything to him.

Nous devons notre liberté aux soldats qui ont défendu le pays. | We owe our freedom to the soldiers who defended the country.

devoir (present tense) + infinitive

—Vous devez travailler un peu plus. | You should work harder.

—Et vous, vous devez vous taire. | And you should keep quiet.

—Il n'est pas encore arrivé? | He hasn't arrived yet?

—Pas encore. Son train doit avoir du retard. | His train must be delayed.

Tu ne dois pas lui parler sur ce ton. | You shouldn't speak to him in that tone of voice.

Je ne dois pas faire du jogging par cette chaleur. | I shouldn't jog in this heat.

devoir (passé composé tense) + infinitive

J'avais oublié mon portefeuille. J'ai dû rentrer. | I had forgotten my wallet. I had to go back home.

La montre qu'ils m'ont vendue ne marchait pas. Ils ont dû me rendre mon argent. | The watch they sold me didn't work. They had to give me my money back.

devoir (future tense) + infinitive

—Regarde! Quelqu'un a essayé de crocheter la serrure! | Look! Someone tried to pick the lock!

—La police devra être mise au courant. | The police will have to be informed.

devoir (imperfect tense) + infinitive

En rentrant de l'école, je devais toujours aider ma mère. | When I would come home from school, I always had to help my mother.

Il est toujours là? Je croyais qu'il devait partir. | He's still here? I thought he was supposed to leave.

Cet hôtel ne devait pas être très bon. | I don't think the hotel was very good./The hotel must not have been very good.

devoir (conditional) + infinitive

—Il m'agace. Je devrais lui en parler. | He's irritating me. I should talk to him about it.

—Tu devrais être plus gentil avec lui, tu sais? | You should be kinder to him, you know.

devoir (past conditional) + infinitive

—Tu n'aurais jamais dû venir sans prévenir. | You should never have come without warning.

—Oui, j'aurais dû leur téléphoner de la gare. | Yes, I should have called them from the train station.

se devoir de + infinitive _to owe it to oneself to_

Il se doit d'avouer ce qu'il sait. | He owes it to himself to admit what he knows.

TOP 50 VERBS

regular -*er* verb

PRESENT

je dîne	nous dînons
tu dînes	vous dînez
il/elle dîne	ils/elles dînent

IMPERFECT

je dînais	nous dînions
tu dînais	vous dîniez
il/elle dînait	ils/elles dînaient

PASSÉ SIMPLE

je dînai	nous dînâmes
tu dînas	vous dînâtes
il/elle dîna	ils/elles dînèrent

FUTURE

je dînerai	nous dînerons
tu dîneras	vous dînerez
il/elle dînera	ils/elles dîneront

CONDITIONAL

je dînerais	nous dînerions
tu dînerais	vous dîneriez
il/elle dînerait	ils/elles dîneraient

PRESENT SUBJUNCTIVE

que je dîne	que nous dînions
que tu dînes	que vous dîniez
qu'il/elle dîne	qu'ils/elles dînent

IMPERFECT SUBJUNCTIVE

que je dînasse	que nous dînassions
que tu dînasses	que vous dînassiez
qu'il/elle dînât	qu'ils/elles dînassent

COMMANDS

	(nous) dînons
(tu) dîne	(vous) dînez

PASSÉ COMPOSÉ

j'ai dîné	nous avons dîné
tu as dîné	vous avez dîné
il/elle a dîné	ils/elles ont dîné

PLUPERFECT

j'avais dîné	nous avions dîné
tu avais dîné	vous aviez dîné
il/elle avait dîné	ils/elles avaient dîné

PAST ANTERIOR

j'eus dîné	nous eûmes dîné
tu eus dîné	vous eûtes dîné
il/elle eut dîné	ils/elles eurent dîné

FUTURE ANTERIOR

j'aurai dîné	nous aurons dîné
tu auras dîné	vous aurez dîné
il/elle aura dîné	ils/elles auront dîné

PAST CONDITIONAL

j'aurais dîné	nous aurions dîné
tu aurais dîné	vous auriez dîné
il/elle aurait dîné	ils/elles auraient dîné

PAST SUBJUNCTIVE

que j'aie dîné	que nous ayons dîné
que tu aies dîné	que vous ayez dîné
qu'il/elle ait dîné	qu'ils/elles aient dîné

PLUPERFECT SUBJUNCTIVE

que j'eusse dîné	que nous eussions dîné
que tu eusses dîné	que vous eussiez dîné
qu'il/elle eût dîné	qu'ils/elles eussent dîné

Usage

—Vous dînez chez vous ce soir?   *Are you having dinner at home this evening?*
—Non, nous dînons en ville.   *No, we're eating out.*
—Tous les restaurants sont fermés!   *All the restaurants are closed!*

RELATED WORD

le dîner   *dinner*
C'est l'heure du dîner.   *It's time for dinner.*
Un dîner dans un restaurant de luxe coûte cher.   *Dinner in a fancy restaurant is expensive.*

dire *to say, tell*

je dis · je dis · dit · disant

irregular verb

dire + noun

ce qu'on peut dire	*what one can say*
dire la vérité	*to tell the truth*
Je vous dirai mes projets.	*I'll tell you my plans.*
Dites-moi la nouvelle.	*Tell me the news.*

dire reporting information

Elle m'a dit que les enfants étaient fatigués.	*She told me that the children were tired.*
Il faut que tu me dises ce qui t'intéresse.	*You must tell me what interests you.*
Vous pouvez me dire où se trouve l'hôpital?	*Can you tell me where the hospital is?*
Dites-moi combien ça coûte.	*Tell me how much it is.*
Il m'a dit comment faire pour arriver chez lui.	*He told me how to get to his house.*
—Vous pouvez me dire qui il est?	*Can you tell me who he is?*
—Je ne peux même pas vous dire comment il s'appelle.	*I can't even tell you what his name is.*
—Je veux un de ces bonbons.	*I want one of these candies.*
—Dis-moi lequel tu veux.	*Tell me which one you want.*

dire à qqn de faire qqch or *dire à qqn qu'il* + subjunctive *to tell someone to do something*

Dis-lui de faire la lessive.	*Tell him to do the laundry.*
Dis-lui qu'il fasse la lessive.	*Tell him to do the laundry.*

dire = penser

On dirait un médecin.	*You'd think he/she was a doctor.*
On dirait qu'il avait travaillé à l'étranger.	*You'd think he had worked abroad.*
Dans ce restaurant, on se dirait en France.	*In this restaurant you'd think you were in France.*

dire = plaire, intéresser

—Ça vous dit d'assister au concert?	*Do you feel like going to the concert?*
—Non, merci, ça ne me dit rien.	*No, I don't feel like it.*
Si le cœur vous en dit.	*If you really feel like it.*

Expressions avec *dire*

À qui le dis-tu!	*You're telling me!*
À ce qu'il dit, la situation à l'entreprise est mauvaise.	*According to what he says, the situation at the firm is bad.*
Je ne te le fais pas dire.	*I'm not putting words in your mouth.*
Je ne me le fais pas dire deux fois.	*You don't have to tell me twice.*
dire la bonne aventure	*to tell fortunes*
la diseuse de bonne aventure	*the fortune-teller*
Je lui ai dit son fait.	*I told him off.*
C'est tout dire.	*There's nothing more to be said.*
—Que veut dire ce mot?	*What does this word mean?*
—Je ne sais pas ce qu'il veut dire.	*I don't know what it means.*
Dis donc! Qu'est-ce que tu fais là?	*Well, now. What are you doing there?*
Ça en dit long.	*That tells you a lot about it.*

irregular verb   **je dis · je dis · dit · disant**

PRESENT

je dis	nous disons
tu dis	vous dites
il/elle dit	ils/elles disent

IMPERFECT

je disais	nous disions
tu disais	vous disiez
il/elle disait	ils/elles disaient

PASSÉ SIMPLE

je dis	nous dîmes
tu dis	vous dîtes
il/elle dit	ils/elles dirent

FUTURE

je dirai	nous dirons
tu diras	vous direz
il/elle dira	ils/elles diront

CONDITIONAL

je dirais	nous dirions
tu dirais	vous diriez
il/elle dirait	ils/elles diraient

PRESENT SUBJUNCTIVE

que je dise	que nous disions
que tu dises	que vous disiez
qu'il/elle dise	qu'ils/elles disent

IMPERFECT SUBJUNCTIVE

que je disse	que nous dissions
que tu disses	que vous dissiez
qu'il/elle dît	qu'ils/elles dissent

COMMANDS

	(nous) disons
(tu) dis	(vous) dites

PASSÉ COMPOSÉ

j'ai dit	nous avons dit
tu as dit	vous avez dit
il/elle a dit	ils/elles ont dit

PLUPERFECT

j'avais dit	nous avions dit
tu avais dit	vous aviez dit
il/elle avait dit	ils/elles avaient dit

PAST ANTERIOR

j'eus dit	nous eûmes dit
tu eus dit	vous eûtes dit
il/elle eut dit	ils/elles eurent dit

FUTURE ANTERIOR

j'aurai dit	nous aurons dit
tu auras dit	vous aurez dit
il/elle aura dit	ils/elles auront dit

PAST CONDITIONAL

j'aurais dit	nous aurions dit
tu aurais dit	vous auriez dit
il/elle aurait dit	ils/elles auraient dit

PAST SUBJUNCTIVE

que j'aie dit	que nous ayons dit
que tu aies dit	que vous ayez dit
qu'il/elle ait dit	qu'ils/elles aient dit

PLUPERFECT SUBJUNCTIVE

que j'eusse dit	que nous eussions dit
que tu eusses dit	que vous eussiez dit
qu'il/elle eût dit	qu'ils/elles eussent dit

Usage

dire qqch *to say something*

—Qu'est-ce qu'il en pense?
—Je ne sais pas. Il n'a rien dit.

What does he think of it?
I don't know. He didn't say anything.

dire que *to say that*

Je t'ai dit que c'était lui le coupable!

I told you that he was the guilty one.

dire + interrogative word

Il ne m'a pas encore dit quand il arrivera.
Je lui ai dit pourquoi j'étais fâché.

He still hasn't told me when he will arrive.
I told him why I was angry.

dire + ce qui, ce que

Dis-moi ce qui t'a plu.
Ils vont nous dire ce qu'ils veulent.

Tell me what you liked.
They're going to tell us what they want.

dire à qqn de faire qqch *to tell someone to do something*

Je leur ai dit de sortir.
Je vous ai dit de ne pas me déranger.
Qu'est-ce qu'il t'a dit de faire?

I told them to go out.
I told you not to bother me.
What did he tell you to do?

PRESENT

je discute	nous discutons
tu discutes	vous discutez
il/elle discute	ils/elles discutent

IMPERFECT

je discutais	nous discutions
tu discutais	vous discutiez
il/elle discutait	ils/elles discutaient

PASSÉ SIMPLE

je discutai	nous discutâmes
tu discutas	vous discutâtes
il/elle discuta	ils/elles discutèrent

FUTURE

je discuterai	nous discuterons
tu discuteras	vous discuterez
il/elle discutera	ils/elles discuteront

CONDITIONAL

je discuterais	nous discuterions
tu discuterais	vous discuteriez
il/elle discuterait	ils/elles discuteraient

PRESENT SUBJUNCTIVE

que je discute	que nous discutions
que tu discutes	que vous discutiez
qu'il/elle discute	qu'ils/elles discutent

IMPERFECT SUBJUNCTIVE

que je discutasse	que nous discutassions
que tu discutasses	que vous discutassiez
qu'il/elle discutât	qu'ils/elles discutassent

PASSÉ COMPOSÉ

j'ai discuté	nous avons discuté
tu as discuté	vous avez discuté
il/elle a discuté	ils/elles ont discuté

PLUPERFECT

j'avais discuté	nous avions discuté
tu avais discuté	vous aviez discuté
il/elle avait discuté	ils/elles avaient discuté

PAST ANTERIOR

j'eus discuté	nous eûmes discuté
tu eus discuté	vous eûtes discuté
il/elle eut discuté	ils/elles eurent discuté

FUTURE ANTERIOR

j'aurai discuté	nous aurons discuté
tu auras discuté	vous aurez discuté
il/elle aura discuté	ils/elles auront discuté

PAST CONDITIONAL

j'aurais discuté	nous aurions discuté
tu aurais discuté	vous auriez discuté
il/elle aurait discuté	ils/elles auraient discuté

PAST SUBJUNCTIVE

que j'aie discuté	que nous ayons discuté
que tu aies discuté	que vous ayez discuté
qu'il/elle ait discuté	qu'ils/elles aient discuté

PLUPERFECT SUBJUNCTIVE

que j'eusse discuté	que nous eussions discuté
que tu eusses discuté	que vous eussiez discuté
qu'il/elle eût discuté	qu'ils/elles eussent discuté

COMMANDS

	(nous) discutons
(tu) discute	(vous) discutez

Usage

discuter de qqch	*to discuss something*
Ces projets? Ils en discuteront longuement.	*These plans? They'll be talking about them for a long time.*
Viens au café. On va discuter le coup.	*Come to the café. We'll talk things over.*
Qui est-il pour discuter mes ordres?	*Who is he to question my orders?*
Il est inutile de discuter.	*There's no use arguing.*
C'est une idée qui se discute.	*It's an idea people are discussing.*

RELATED WORD

la discussion	*discussion/argument*
Aucune discussion n'est possible avec eux.	*There's no discussing things with them.*
Pourquoi tant de discussion?	*Why so much arguing?*
être en pleine discussion	*to be in the middle of a discussion/debate*

irregular verb

je disparais · je disparus · disparu · disparaissant

PRESENT	
je disparais	nous disparaissons
tu disparais	vous disparaissez
il/elle disparaît	ils/elles disparaissent

PASSÉ COMPOSÉ	
j'ai disparu	nous avons disparu
tu as disparu	vous avez disparu
il/elle a disparu	ils/elles ont disparu

IMPERFECT	
je disparaissais	nous disparaissions
tu disparaissais	vous disparaissiez
il/elle disparaissait	ils/elles disparaissaient

PLUPERFECT	
j'avais disparu	nous avions disparu
tu avais disparu	vous aviez disparu
il/elle avait disparu	ils/elles avaient disparu

PASSÉ SIMPLE	
je disparus	nous disparûmes
tu disparus	vous disparûtes
il/elle disparut	ils/elles disparurent

PAST ANTERIOR	
j'eus disparu	nous eûmes disparu
tu eus disparu	vous eûtes disparu
il/elle eut disparu	ils/elles eurent disparu

FUTURE	
je disparaîtrai	nous disparaîtrons
tu disparaîtras	vous disparaîtrez
il/elle disparaîtra	ils/elles disparaîtront

FUTURE ANTERIOR	
j'aurai disparu	nous aurons disparu
tu auras disparu	vous aurez disparu
il/elle aura disparu	ils/elles auront disparu

CONDITIONAL	
je disparaîtrais	nous disparaîtrions
tu disparaîtrais	vous disparaîtriez
il/elle disparaîtrait	ils/elles disparaîtraient

PAST CONDITIONAL	
j'aurais disparu	nous aurions disparu
tu aurais disparu	vous auriez disparu
il/elle aurait disparu	ils/elles auraient disparu

PRESENT SUBJUNCTIVE	
que je disparaisse	que nous disparaissions
que tu disparaisses	que vous disparaissiez
qu'il/elle disparaisse	qu'ils/elles disparaissent

PAST SUBJUNCTIVE	
que j'aie disparu	que nous ayons disparu
que tu aies disparu	que vous ayez disparu
qu'il/elle ait disparu	qu'ils/elles aient disparu

IMPERFECT SUBJUNCTIVE	
que je disparusse	que nous disparussions
que tu disparusses	que vous disparussiez
qu'il/elle disparût	qu'ils/elles disparussent

PLUPERFECT SUBJUNCTIVE	
que j'eusse disparu	que nous eussions disparu
que tu eusses disparu	que vous eussiez disparu
qu'il/elle eût disparu	qu'ils/elles eussent disparu

COMMANDS	
	(nous) disparaissons
(tu) disparais	(vous) disparaissez

Usage

Le train a disparu dans le tunnel.	*The train disappeared into the tunnel.*
Tous les documents ont disparu.	*All the documents have disappeared.*
C'est une coutume en voie de disparaître.	*It's a custom that is disappearing.*
Les ennemis du dictateur ont commencé à disparaître.	*The dictator's enemies have begun to disappear.*
Ma serviette a disparu.	*My briefcase has disappeared./I've lost my briefcase.*
Votre message a fait disparaître mes soucis.	*Your message relieved my anxiety.*

RELATED WORDS

la disparition	*disappearance*
La disparition de la stagiaire fait l'objet d'une enquête policière.	*The intern's disappearance is the subject of a police investigation.*
disparu(e)	*disappeared*
une civilisation disparue	*a vanished civilization*
un soldat porté disparu	*a missing soldier*

diviser   *to divide*

je divise · je divisai · divisé · divisant

PRESENT

je divise	nous divisons
tu divises	vous divisez
il/elle divise	ils/elles divisent

IMPERFECT

je divisais	nous divisions
tu divisais	vous divisiez
il/elle divisait	ils/elles divisaient

PASSÉ SIMPLE

je divisai	nous divisâmes
tu divisas	vous divisâtes
il/elle divisa	ils/elles divisèrent

FUTURE

je diviserai	nous diviserons
tu diviseras	vous diviserez
il/elle divisera	ils/elles diviseront

CONDITIONAL

je diviserais	nous diviserions
tu diviserais	vous diviseriez
il/elle diviserait	ils/elles diviseraient

PRESENT SUBJUNCTIVE

que je divise	que nous divisions
que tu divises	que vous divisiez
qu'il/elle divise	qu'ils/elles divisent

IMPERFECT SUBJUNCTIVE

que je divisasse	que nous divisassions
que tu divisasses	que vous divisassiez
qu'il/elle divisât	qu'ils/elles divisassent

PASSÉ COMPOSÉ

j'ai divisé	nous avons divisé
tu as divisé	vous avez divisé
il/elle a divisé	ils/elles ont divisé

PLUPERFECT

j'avais divisé	nous avions divisé
tu avais divisé	vous aviez divisé
il/elle avait divisé	ils/elles avaient divisé

PAST ANTERIOR

j'eus divisé	nous eûmes divisé
tu eus divisé	vous eûtes divisé
il/elle eut divisé	ils/elles eurent divisé

FUTURE ANTERIOR

j'aurai divisé	nous aurons divisé
tu auras divisé	vous aurez divisé
il/elle aura divisé	ils/elles auront divisé

PAST CONDITIONAL

j'aurais divisé	nous aurions divisé
tu aurais divisé	vous auriez divisé
il/elle aurait divisé	ils/elles auraient divisé

PAST SUBJUNCTIVE

que j'aie divisé	que nous ayons divisé
que tu aies divisé	que vous ayez divisé
qu'il/elle ait divisé	qu'ils/elles aient divisé

PLUPERFECT SUBJUNCTIVE

que j'eusse divisé	que nous eussions divisé
que tu eusses divisé	que vous eussiez divisé
qu'il/elle eût divisé	qu'ils/elles eussent divisé

COMMANDS

	(nous) divisons
(tu) divise	(vous) divisez

Usage

Douze divisé par quatre font trois.	*Twelve divided by four equals three.*
Divisez la pâtisserie en deux.	*Divide the pastry in two.*
Notre pays est divisé en cinquante états.	*Our country is divided into fifty states.*
Il savait diviser pour régner.	*He knew how to divide and conquer.*
un pays divisé	*a divided country*
Les chercheurs sont divisés sur ce sujet.	*Researchers are in disagreement about this subject.*

RELATED WORD

la division	*division*
faire une division	*to do a division problem* (math)
semer la division	*to sow discord*

regular -er verb | **je donne · je donnai · donné · donnant**

PRESENT

je donne	nous donnons
tu donnes	vous donnez
il/elle donne	ils/elles donnent

IMPERFECT

je donnais	nous donnions
tu donnais	vous donniez
il/elle donnait	ils/elles donnaient

PASSÉ SIMPLE

je donnai	nous donnâmes
tu donnas	vous donnâtes
il/elle donna	ils/elles donnèrent

FUTURE

je donnerai	nous donnerons
tu donneras	vous donnerez
il/elle donnera	ils/elles donneront

CONDITIONAL

je donnerais	nous donnerions
tu donnerais	vous donneriez
il/elle donnerait	ils/elles donneraient

PRESENT SUBJUNCTIVE

que je donne	que nous donnions
que tu donnes	que vous donniez
qu'il/elle donne	qu'ils/elles donnent

IMPERFECT SUBJUNCTIVE

que je donnasse	que nous donnassions
que tu donnasses	que vous donnassiez
qu'il/elle donnât	qu'ils/elles donnassent

COMMANDS

	(nous) donnons
(tu) donne	(vous) donnez

PASSÉ COMPOSÉ

j'ai donné	nous avons donné
tu as donné	vous avez donné
il/elle a donné	ils/elles ont donné

PLUPERFECT

j'avais donné	nous avions donné
tu avais donné	vous aviez donné
il/elle avait donné	ils/elles avaient donné

PAST ANTERIOR

j'eus donné	nous eûmes donné
tu eus donné	vous eûtes donné
il/elle eut donné	ils/elles eurent donné

FUTURE ANTERIOR

j'aurai donné	nous aurons donné
tu auras donné	vous aurez donné
il/elle aura donné	ils/elles auront donné

PAST CONDITIONAL

j'aurais donné	nous aurions donné
tu aurais donné	vous auriez donné
il/elle aurait donné	ils/elles auraient donné

PAST SUBJUNCTIVE

que j'aie donné	que nous ayons donné
que tu aies donné	que vous ayez donné
qu'il/elle ait donné	qu'ils/elles aient donné

PLUPERFECT SUBJUNCTIVE

que j'eusse donné	que nous eussions donné
que tu eusses donné	que vous eussiez donné
qu'il/elle eût donné	qu'ils/elles eussent donné

Usage

donner qqch à qqn	*to give something to someone*
Elle nous a donné de très beaux cadeaux.	*She gave us very lovely gifts.*
Elle a donné un baiser à son fiancé.	*She gave her fiancé a kiss.*
Elle a donné un coup de pied au chat.	*She kicked the cat.*
Donné c'est donné.	*You can't take back a gift.*
C'est à qui de donner?	*Whose turn is it to deal?* (cards)

se donner

Le pays s'est donné un nouveau président.	*The country chose a new president.*

RELATED WORDS

le don	*gift*
avoir un don pour le dessin	*to have a gift for drawing*
doué(e)	*gifted*
Il est doué pour les langues.	*He has a gift for languages.*
C'est un enfant super doué.	*He's an extremely gifted child.*

TOP 50 VERB ☞

donner *to give*

donner, donner qqch

—Tu vends ces meubles?	*Are you selling this furniture?*
—Non, je les donne.	*No, I'm giving it away.*
Les pommiers ont beaucoup donné cette année.	*The apple trees bore a lot of fruit this year.*
Ils ont donné une belle réception.	*They gave a beautiful reception.*
Je donnerais beaucoup pour savoir ce qu'il va faire.	*I'd give anything to know what he is going to do.*

donner qqch à qqn

—Qui t'a donné cette bicyclette?	*Who gave you that bicycle?*
—Personne ne me l'a donnée. Je l'ai achetée.	*No one gave it to me. I bought it.*
Le capitaine a donné l'ordre de partir.	*The captain gave the order to leave.*
Ils n'ont pas encore donné un nom à leur enfant.	*They haven't yet named their child.*
Cette pluie me donne envie de dormir.	*This rain makes me want to sleep.*
Il n'est pas donné à tout le monde de chanter comme ça.	*Not everyone can sing like that.*
donner un pourboire au serveur	*to give the waiter a tip*
donner libre cours à son imagination	*to let one's imagination roam freely*

donner à + infinitif

—L'enfant a faim et soif.	*The child is hungry and thirsty.*
—Il faut lui donner à manger et à boire.	*We have to feed him and give him something to drink.*
Son message m'a donné à entendre qu'il n'allait pas venir.	*His message led me to believe that he wasn't going to come.*
Ses réponses donnent à rire.	*His answers make people laugh.*
Son refus nous a donné à penser qu'il n'était pas sincère.	*His refusal made us think he was not sincere.*
Cette situation donne à réfléchir.	*This situation has given me food for thought.*
Il faut que je donne mon costume à nettoyer.	*I have to give my suit to be cleaned.*

Expressions

On lui donnerait le bon Dieu sans confession.	*He looks as if butter wouldn't melt in his mouth.*
Je vous le donne en mille.	*You'll never guess.*
Je donne ma langue au chat.	*I give up.* (guessing games)
Ils ne se donnent pas la peine de nous contacter.	*They don't take the trouble to get in touch with us.*
Le lapin a donné dans le piège.	*The rabbit fell into the trap.*
Son arrivée a donné naissance à des bruits ridicules.	*His arrival gave rise to ridiculous rumors.*

Proverb

Qui donne aux pauvres prête à Dieu.	*He who gives to the poor lays up a treasure in heaven.*

TOP 50 VERBS

irregular verb

je dors · je dormis · dormi · dormant

PRESENT	
je dors	nous dormons
tu dors	vous dormez
il/elle dort	ils/elles dorment

PASSÉ COMPOSÉ	
j'ai dormi	nous avons dormi
tu as dormi	vous avez dormi
il/elle a dormi	ils/elles ont dormi

IMPERFECT	
je dormais	nous dormions
tu dormais	vous dormiez
il/elle dormait	ils/elles dormaient

PLUPERFECT	
j'avais dormi	nous avions dormi
tu avais dormi	vous aviez dormi
il/elle avait dormi	ils/elles avaient dormi

PASSÉ SIMPLE	
je dormis	nous dormîmes
tu dormis	vous dormîtes
il/elle dormit	ils/elles dormirent

PAST ANTERIOR	
j'eus dormi	nous eûmes dormi
tu eus dormi	vous eûtes dormi
il/elle eut dormi	ils/elles eurent dormi

FUTURE	
je dormirai	nous dormirons
tu dormiras	vous dormirez
il/elle dormira	ils/elles dormiront

FUTURE ANTERIOR	
j'aurai dormi	nous aurons dormi
tu auras dormi	vous aurez dormi
il/elle aura dormi	ils/elles auront dormi

CONDITIONAL	
je dormirais	nous dormirions
tu dormirais	vous dormiriez
il/elle dormirait	ils/elles dormiraient

PAST CONDITIONAL	
j'aurais dormi	nous aurions dormi
tu aurais dormi	vous auriez dormi
il/elle aurait dormi	ils/elles auraient dormi

PRESENT SUBJUNCTIVE	
que je dorme	que nous dormions
que tu dormes	que vous dormiez
qu'il/elle dorme	qu'ils/elles dorment

PAST SUBJUNCTIVE	
que j'aie dormi	que nous ayons dormi
que tu aies dormi	que vous ayez dormi
qu'il/elle ait dormi	qu'ils/elles aient dormi

IMPERFECT SUBJUNCTIVE	
que je dormisse	que nous dormissions
que tu dormisses	que vous dormissiez
qu'il/elle dormît	qu'ils/elles dormissent

PLUPERFECT SUBJUNCTIVE	
que j'eusse dormi	que nous eussions dormi
que tu eusses dormi	que vous eussiez dormi
qu'il/elle eût dormi	qu'ils/elles eussent dormi

COMMANDS	
	(nous) dormons
(tu) dors	(vous) dormez

Usage

Dors bien!	_Sleep well!_
Il dort comme un loir.	_He sleeps like a log_ (lit., _dormouse_).
J'ai mal/bien dormi.	_I slept badly/well._
C'est une histoire à dormir debout.	_It's a cock and bull story._
—Il dort encore?	_He's still sleeping?_
—Oui, il dort très tard.	_Yes, he sleeps late._
—Tu as sommeil?	_Are you sleepy?_
—Oui, très. Je dors debout.	_Yes, very. I can hardly stand up._
—Les problèmes de ton fils t'inquiètent?	_Do your son's problems worry you?_
—Oui, je n'en dors pas.	_Yes, I can't sleep because of them._

PROVERB

Méfiez-vous de l'eau qui dort.	_Still waters run deep._

douter *to doubt*

PRESENT

je doute	nous doutons
tu doutes	vous doutez
il/elle doute	ils/elles doutent

PASSÉ COMPOSÉ

j'ai douté	nous avons douté
tu as douté	vous avez douté
il/elle a douté	ils/elles ont douté

IMPERFECT

je doutais	nous doutions
tu doutais	vous doutiez
il/elle doutait	ils/elles doutaient

PLUPERFECT

j'avais douté	nous avions douté
tu avais douté	vous aviez douté
il/elle avait douté	ils/elles avaient douté

PASSÉ SIMPLE

je doutai	nous doutâmes
tu doutas	vous doutâtes
il/elle douta	ils/elles doutèrent

PAST ANTERIOR

j'eus douté	nous eûmes douté
tu eus douté	vous eûtes douté
il/elle eut douté	ils/elles eurent douté

FUTURE

je douterai	nous douterons
tu douteras	vous douterez
il/elle doutera	ils/elles douteront

FUTURE ANTERIOR

j'aurai douté	nous aurons douté
tu auras douté	vous aurez douté
il/elle aura douté	ils/elles auront douté

CONDITIONAL

je douterais	nous douterions
tu douterais	vous douteriez
il/elle douterait	ils/elles douteraient

PAST CONDITIONAL

j'aurais douté	nous aurions douté
tu aurais douté	vous auriez douté
il/elle aurait douté	ils/elles auraient douté

PRESENT SUBJUNCTIVE

que je doute	que nous doutions
que tu doutes	que vous doutiez
qu'il/elle doute	qu'ils/elles doutent

PAST SUBJUNCTIVE

que j'aie douté	que nous ayons douté
que tu aies douté	que vous ayez douté
qu'il/elle ait douté	qu'ils/elles aient douté

IMPERFECT SUBJUNCTIVE

que je doutasse	que nous doutassions
que tu doutasses	que vous doutassiez
qu'il/elle doutât	qu'ils/elles doutassent

PLUPERFECT SUBJUNCTIVE

que j'eusse douté	que nous eussions douté
que tu eusses douté	que vous eussiez douté
qu'il/elle eût douté	qu'ils/elles eussent douté

COMMANDS

	(nous) doutons
(tu) doute	(vous) doutez

Usage

douter de + **noun** *to doubt something*

—Vous doutez de sa sincérité?	*Do you doubt his sincerity?*
—Oui, j'en doute.	*Yes, I have doubts about it.*

douter que + **subjunctive** *to doubt that*

Je doute qu'elle puisse venir.	*I doubt that she can come.*

ne pas douter que + **indicative** *not to doubt that*

Elle ne doute pas que nous l'appuyons.	*She doesn't doubt that we support her.*

se douter de *to suspect*

Je me doute de leurs intentions.	*I'm suspicious of their intentions.*

RELATED WORD

le doute	*doubt*
avoir des doutes sur qqn	*to have doubts about someone*
sans aucun doute	*beyond the shadow of a doubt*

regular *-er* verb

j'échappe · j'échappai · échappé · échappant

PRESENT

j'échappe	nous échappons
tu échappes	vous échappez
il/elle échappe	ils/elles échappent

IMPERFECT

j'échappais	nous échappions
tu échappais	vous échappiez
il/elle échappait	ils/elles échappaient

PASSÉ SIMPLE

j'échappai	nous échappâmes
tu échappas	vous échappâtes
il/elle échappa	ils/elles échappèrent

FUTURE

j'échapperai	nous échapperons
tu échapperas	vous échapperez
il/elle échappera	ils/elles échapperont

CONDITIONAL

j'échapperais	nous échapperions
tu échapperais	vous échapperiez
il/elle échapperait	ils/elles échapperaient

PRESENT SUBJUNCTIVE

que j'échappe	que nous échappions
que tu échappes	que vous échappiez
qu'il/elle échappe	qu'ils/elles échappent

IMPERFECT SUBJUNCTIVE

que j'échappasse	que nous échappassions
que tu échappasses	que vous échappassiez
qu'il/elle échappât	qu'ils/elles échappassent

PASSÉ COMPOSÉ

j'ai échappé	nous avons échappé
tu as échappé	vous avez échappé
il/elle a échappé	ils/elles ont échappé

PLUPERFECT

j'avais échappé	nous avions échappé
tu avais échappé	vous aviez échappé
il/elle avait échappé	ils/elles avaient échappé

PAST ANTERIOR

j'eus échappé	nous eûmes échappé
tu eus échappé	vous eûtes échappé
il/elle eut échappé	ils/elles eurent échappé

FUTURE ANTERIOR

j'aurai échappé	nous aurons échappé
tu auras échappé	vous aurez échappé
il/elle aura échappé	ils/elles auront échappé

PAST CONDITIONAL

j'aurais échappé	nous aurions échappé
tu aurais échappé	vous auriez échappé
il/elle aurait échappé	ils/elles auraient échappé

PAST SUBJUNCTIVE

que j'aie échappé	que nous ayons échappé
que tu aies échappé	que vous ayez échappé
qu'il/elle ait échappé	qu'ils/elles aient échappé

PLUPERFECT SUBJUNCTIVE

que j'eusse échappé	que nous eussions échappé
que tu eusses échappé	que vous eussiez échappé
qu'il/elle eût échappé	qu'ils/elles eussent échappé

COMMANDS

	(nous) échappons
(tu) échappe	(vous) échappez

Usage

Le chien a échappé à son maître.	*The dog got away from his master.*
Ils ont échappé à la mort.	*They escaped death.*
Cette épidémie est terrible. Personne n'y échappe.	*This epidemic is terrible. No one is untouched by it.*
Il sera difficile d'échapper à ce danger.	*It will be difficult to avoid this danger.*
Ce pays a échappé à la crise économique internationale.	*This country has avoided the international economic crisis.*
Les paysans ont essayé d'échapper aux soldats.	*The peasants tried to get away from the soldiers.*
Le malfaiteur a échappé aux recherches de la police.	*The criminal was undetected by the police search.*
Je m'excuse, mais votre nom m'échappe.	*I'm sorry but your name escapes me.*
l'échapper belle	*to have a narrow escape*
laisser échapper l'occasion	*to let the opportunity slip by*

RELATED WORDS

l'échappatoire *(f)*	*escape/way out*
l'échappement *(m)*	*exhaust* (motor vehicle)
une échappée	*a brief moment*
faire les choses par échappées	*to do things by fits and starts*

199

s'échapper   *to escape, flee*

je m'échappe · je m'échappai · s'étant échappé · s'échappant

regular -er reflexive verb; compound tenses with être

PRESENT		PASSÉ COMPOSÉ	
je m'échappe	nous nous échappons	je me suis échappé(e)	nous nous sommes échappé(e)s
tu t'échappes	vous vous échappez	tu t'es échappé(e)	vous vous êtes échappé(e)(s)
il/elle s'échappe	ils/elles s'échappent	il/elle s'est échappé(e)	ils/elles se sont échappé(e)s

IMPERFECT		PLUPERFECT	
je m'échappais	nous nous échappions	je m'étais échappé(e)	nous nous étions échappé(e)s
tu t'échappais	vous vous échappiez	tu t'étais échappé(e)	vous vous étiez échappé(e)(s)
il/elle s'échappait	ils/elles s'échappaient	il/elle s'était échappé(e)	ils/elles s'étaient échappé(e)s

PASSÉ SIMPLE		PAST ANTERIOR	
je m'échappai	nous nous échappâmes	je me fus échappé(e)	nous nous fûmes échappé(e)s
tu t'échappas	vous vous échappâtes	tu te fus échappé(e)	vous vous fûtes échappé(e)(s)
il/elle s'échappa	ils/elles s'échappèrent	il/elle se fut échappé(e)	ils/elles se furent échappé(e)s

FUTURE		FUTURE ANTERIOR	
je m'échapperai	nous nous échapperons	je me serai échappé(e)	nous nous serons échappé(e)s
tu t'échapperas	vous vous échapperez	tu te seras échappé(e)	vous vous serez échappé(e)(s)
il/elle s'échappera	ils/elles s'échapperont	il/elle se sera échappé(e)	ils/elles se seront échappé(e)s

CONDITIONAL		PAST CONDITIONAL	
je m'échapperais	nous nous échapperions	je me serais échappé(e)	nous nous serions échappé(e)s
tu t'échapperais	vous vous échapperiez	tu te serais échappé(e)	vous vous seriez échappé(e)(s)
il/elle s'échapperait	ils/elles s'échapperaient	il/elle se serait échappé(e)	ils/elles se seraient échappé(e)s

PRESENT SUBJUNCTIVE		PAST SUBJUNCTIVE	
que je m'échappe	que nous nous échappions	que je me sois échappé(e)	que nous nous soyons échappé(e)s
que tu t'échappes	que vous vous échappiez	que tu te sois échappé(e)	que vous vous soyez échappé(e)(s)
qu'il/elle s'échappe	qu'ils/elles s'échappent	qu'il/elle se soit échappé(e)	qu'ils/elles se soient échappé(e)s

IMPERFECT SUBJUNCTIVE		PLUPERFECT SUBJUNCTIVE	
que je m'échappasse	que nous nous échappassions	que je me fusse échappé(e)	que nous nous fussions échappé(e)s
que tu t'échappasses	que vous vous échappassiez	que tu te fusses échappé(e)	que vous vous fussiez échappé(e)(s)
qu'il/elle s'échappât	qu'ils/elles s'échappassent	qu'il/elle se fût échappé(e)	qu'ils/elles se fussent échappé(e)s

COMMANDS	
	(nous) échappons-nous
(tu) échappe-toi	(vous) échappez-vous

Usage

Ça sent mauvais. J'ai l'impression que le gaz s'échappe.	*It smells bad. I think gas is escaping.*
Un prisonnier s'est échappé de la prison.	*A prisoner escaped from jail.*
—Tu es déjà là? Quel plaisir!	*Already here? How delightful!*
—Oui, j'ai réussi à m'échapper de bonne heure de l'usine.	*Yes, I managed to slip away early from the factory.*
—Maman! Où est notre perruche?	*Mom! Where's our parakeet?*
—Tu as laissé la cage ouverte. Elle s'est échappée.	*You left the cage open. It flew away.*
Je m'excuse. Je m'échappe un petit moment.	*Excuse me. I'm going to leave the room for a moment.*

regular -er verb

PRESENT

j'échoue	nous échouons
tu échoues	vous échouez
il/elle échoue	ils/elles échouent

IMPERFECT

j'échouais	nous échouions
tu échouais	vous échouiez
il/elle échouait	ils/elles échouaient

PASSÉ SIMPLE

j'échouai	nous échouâmes
tu échouas	vous échouâtes
il/elle échoua	ils/elles échouèrent

FUTURE

j'échouerai	nous échouerons
tu échoueras	vous échouerez
il/elle échouera	ils/elles échoueront

CONDITIONAL

j'échouerais	nous échouerions
tu échouerais	vous échoueriez
il/elle échouerait	ils/elles échoueraient

PRESENT SUBJUNCTIVE

que j'échoue	que nous échouions
que tu échoues	que vous échouiez
qu'il/elle échoue	qu'ils/elles échouent

IMPERFECT SUBJUNCTIVE

que j'échouasse	que nous échouassions
que tu échouasses	que vous échouassiez
qu'il/elle échouât	qu'ils/elles échouassent

PASSÉ COMPOSÉ

j'ai échoué	nous avons échoué
tu as échoué	vous avez échoué
il/elle a échoué	ils/elles ont échoué

PLUPERFECT

j'avais échoué	nous avions échoué
tu avais échoué	vous aviez échoué
il/elle avait échoué	ils/elles avaient échoué

PAST ANTERIOR

j'eus échoué	nous eûmes échoué
tu eus échoué	vous eûtes échoué
il/elle eut échoué	ils/elles eurent échoué

FUTURE ANTERIOR

j'aurai échoué	nous aurons échoué
tu auras échoué	vous aurez échoué
il/elle aura échoué	ils/elles auront échoué

PAST CONDITIONAL

j'aurais échoué	nous aurions échoué
tu aurais échoué	vous auriez échoué
il/elle aurait échoué	ils/elles auraient échoué

PAST SUBJUNCTIVE

que j'aie échoué	que nous ayons échoué
que tu aies échoué	que vous ayez échoué
qu'il/elle ait échoué	qu'ils/elles aient échoué

PLUPERFECT SUBJUNCTIVE

que j'eusse échoué	que nous eussions échoué
que tu eusses échoué	que vous eussiez échoué
qu'il/elle eût échoué	qu'ils/elles eussent échoué

COMMANDS

	(nous) échouons
(tu) échoue	(vous) échouez

Usage

échouer aux examens	to fail one's tests
échouer dans ses projets	to fail in one's plans
On l'a mis à la porte parce qu'il a échoué dans son travail.	He was fired because he fell down on the job.
faire échouer	to thwart/frustrate/cause to fail
Nos concurrents ont fait échouer nos projets.	Our competitors thwarted our plans.
Vers deux heures du matin ils avaient échoué dans une petite boîte de nuit.	At about two in the morning they wound up in a small nightclub.

RELATED WORD

l'échec (m)	failure
subir un échec	to meet with failure

écouter *to listen to*

regular -*er* verb

PRESENT

j'écoute	nous écoutons
tu écoutes	vous écoutez
il/elle écoute	ils/elles écoutent

IMPERFECT

j'écoutais	nous écoutions
tu écoutais	vous écoutiez
il/elle écoutait	ils/elles écoutaient

PASSÉ SIMPLE

j'écoutai	nous écoutâmes
tu écoutas	vous écoutâtes
il/elle écouta	ils/elles écoutèrent

FUTURE

j'écouterai	nous écouterons
tu écouteras	vous écouterez
il/elle écoutera	ils/elles écouteront

CONDITIONAL

j'écouterais	nous écouterions
tu écouterais	vous écouteriez
il/elle écouterait	ils/elles écouteraient

PRESENT SUBJUNCTIVE

que j'écoute	que nous écoutions
que tu écoutes	que vous écoutiez
qu'il/elle écoute	qu'ils/elles écoutent

IMPERFECT SUBJUNCTIVE

que j'écoutasse	que nous écoutassions
que tu écoutasses	que vous écoutassiez
qu'il/elle écoutât	qu'ils/elles écoutassent

COMMANDS

	(nous) écoutons
(tu) écoute	(vous) écoutez

PASSÉ COMPOSÉ

j'ai écouté	nous avons écouté
tu as écouté	vous avez écouté
il/elle a écouté	ils/elles ont écouté

PLUPERFECT

j'avais écouté	nous avions écouté
tu avais écouté	vous aviez écouté
il/elle avait écouté	ils/elles avaient écouté

PAST ANTERIOR

j'eus écouté	nous eûmes écouté
tu eus écouté	vous eûtes écouté
il/elle eut écouté	ils/elles eurent écouté

FUTURE ANTERIOR

j'aurai écouté	nous aurons écouté
tu auras écouté	vous aurez écouté
il/elle aura écouté	ils/elles auront écouté

PAST CONDITIONAL

j'aurais écouté	nous aurions écouté
tu aurais écouté	vous auriez écouté
il/elle aurait écouté	ils/elles auraient écouté

PAST SUBJUNCTIVE

que j'aie écouté	que nous ayons écouté
que tu aies écouté	que vous ayez écouté
qu'il/elle ait écouté	qu'ils/elles aient écouté

PLUPERFECT SUBJUNCTIVE

que j'eusse écouté	que nous eussions écouté
que tu eusses écouté	que vous eussiez écouté
qu'il/elle eût écouté	qu'ils/elles eussent écouté

Usage

écouter qqch/qqn	*to listen to something/someone*
écouter des cédés/des chansons	*to listen to CDs/songs*
écouter le discours du Président	*to listen to the president's speech*
écouter le professeur	*to listen to the teacher*
Écoute(z)!	*Listen!*
C'est une personne qui ne sait pas écouter.	*She's not a good listener.*
Il m'a écouté jusqu'au bout.	*He heard me out.*
Fais attention. Ici il y a toujours quelqu'un qui écoute aux portes.	*Be careful. There's always someone eavesdropping.*
Écoute(z) ça un peu!	*Can you believe what you're hearing?*

s'écouter

Tu t'écoutes trop.	*You're becoming a real hypochondriac.*
Il aime s'écouter parler.	*He likes to hear himself talk.*

faire écouter

Je vais te faire écouter la nouvelle chanson.	*I'm going to play the new song for you.*

PRESENT

j'écris	nous écrivons
tu écris	vous écrivez
il/elle écrit	ils/elles écrivent

IMPERFECT

j'écrivais	nous écrivions
tu écrivais	vous écriviez
il/elle écrivait	ils/elles écrivaient

PASSÉ SIMPLE

j'écrivis	nous écrivîmes
tu écrivis	vous écrivîtes
il/elle écrivit	ils/elles écrivirent

FUTURE

j'écrirai	nous écrirons
tu écriras	vous écrirez
il/elle écrira	ils/elles écriront

CONDITIONAL

j'écrirais	nous écririons
tu écrirais	vous écririez
il/elle écrirait	ils/elles écriraient

PRESENT SUBJUNCTIVE

que j'écrive	que nous écrivions
que tu écrives	que vous écriviez
qu'il/elle écrive	qu'ils/elles écrivent

IMPERFECT SUBJUNCTIVE

que j'écrivisse	que nous écrivissions
que tu écrivisses	que vous écrivissiez
qu'il/elle écrivît	qu'ils/elles écrivissent

COMMANDS

	(nous) écrivons
(tu) écris	(vous) écrivez

PASSÉ COMPOSÉ

j'ai écrit	nous avons écrit
tu as écrit	vous avez écrit
il/elle a écrit	ils/elles ont écrit

PLUPERFECT

j'avais écrit	nous avions écrit
tu avais écrit	vous aviez écrit
il/elle avait écrit	ils/elles avaient écrit

PAST ANTERIOR

j'eus écrit	nous eûmes écrit
tu eus écrit	vous eûtes écrit
il/elle eut écrit	ils/elles eurent écrit

FUTURE ANTERIOR

j'aurai écrit	nous aurons écrit
tu auras écrit	vous aurez écrit
il/elle aura écrit	ils/elles auront écrit

PAST CONDITIONAL

j'aurais écrit	nous aurions écrit
tu aurais écrit	vous auriez écrit
il/elle aurait écrit	ils/elles auraient écrit

PAST SUBJUNCTIVE

que j'aie écrit	que nous ayons écrit
que tu aies écrit	que vous ayez écrit
qu'il/elle ait écrit	qu'ils/elles aient écrit

PLUPERFECT SUBJUNCTIVE

que j'eusse écrit	que nous eussions écrit
que tu eusses écrit	que vous eussiez écrit
qu'il/elle eût écrit	qu'ils/elles eussent écrit

Usage

écrire une lettre	*to write a letter*
écrire au crayon/à l'encre	*to write in pencil/in ink*
écrire au tableau	*to write on the board*
écrire à la machine	*to type*
écrire un mot	*to write a word*
écrire ses coordonnées	*to write down one's name and address*
écrire dans la marge	*to write in the margin*
écrire qqch à qqn	*to write something to someone*
Écris-moi un petit mot.	*Drop me a line.*
Je lui ai écrit deux lettres, mais il ne m'a pas répondu.	*I wrote two letters to him but he hasn't answered me.*
Comment (est-ce que) ça s'écrit?	*How do you spell that?*
Le mot *ville* s'écrit avec deux *l*.	*The word* ville *is spelled with two ls.*
À l'âge de cinq ans elle savait déjà écrire.	*She already knew how to write at the age of five.*
Il m'a écrit qu'il arriverait jeudi prochain.	*He wrote me that he would arrive next Thursday.*

TOP 50 VERB ☞

écrire   *to write*

écrire des notes/des commentaires	*to write notes/comments*
écrire une dissertation	*to write a term paper*
écrire sa thèse	*to write one's thesis*
Cet élève écrit mal.	*This pupil writes poorly.*
Ce stylo écrit mal.	*This pen writes badly.*
—Je ne réussis pas à ouvrir ce site Web.	*I can't open this web site.*
—C'est que tu as écrit *a* au lieu de *e*.	*That's because you wrote* a *instead of* e.
Au bord de la mer les enfants écrivent leur nom dans le sable.	*At the seashore the children write their names in the sand.*
—Méfiez-vous si ce n'est pas écrit dans le contrat.	*Be careful if it is not written in the contract.*
—Ne vous en faites pas. C'est écrit en noir sur blanc.	*Don't worry. It's written in black and white.*
—Tu as réservé une chambre?	*Did you reserve a room?*
—Oui. J'ai écrit à l'hôtel pour en réserver une.	*Yes. I wrote to the hotel to reserve one.*
—C'est ça que le chef a dit?	*Is that what the boss said?*
—Oui, je l'ai écrit sous la dictée.	*Yes, I took it down in dictation.*
—Ils s'écrivent?	*Do they write to each other?*
—Oui, ils s'écrivent par courrier électronique.	*Yes. They e-mail (each other).*

Expressions

écrire comme un chat	*to have terrible handwriting*
Rien n'est écrit.	*Nothing is set in stone.*

Related Words

l'écriteau (*pl.* les écriteaux) *(m)*	*sign/placard*
l'écriture *(f)*	*handwriting*
Tu as une belle écriture.	*You have nice handwriting.*
—Tu as reconnu mon écriture?	*Did you recognize my handwriting?*
—Oui, ton écriture illisible est facile à reconnaître.	*Yes, your illegible handwriting is easy to recognize.*
les écritures *(fpl)*	*bookkeeping entries*
Qui tient les écritures ici?	*Who keeps the books here?*
—L'écriture arabe est compliquée.	*Arabic writing is complicated.*
—L'écriture russe est plus rapprochée à la notre.	*Russian writing is closer to ours.*
L'Écriture *(f)*	*Scripture/the Bible*
l'écrit *(m)*	*written part of an exam*
Il a eu 16 à l'écrit.	*He got 16 on the written exam.*
écrit(e)	*written*
Je vous donnerai vos ordres par écrit.	*I'll give you your orders in writing.*
la langue écrite	*the written language*

TOP 50 VERBS

regular *-er* verb; spelling change: *c* > *ç/a, o*   **j'efface · j'effaçai · effacé · effaçant**

PRESENT

j'efface	nous effaçons
tu effaces	vous effacez
il/elle efface	ils/elles effacent

PASSÉ COMPOSÉ

j'ai effacé	nous avons effacé
tu as effacé	vous avez effacé
il/elle a effacé	ils/elles ont effacé

IMPERFECT

j'effaçais	nous effacions
tu effaçais	vous effaciez
il/elle effaçait	ils/elles effaçaient

PLUPERFECT

j'avais effacé	nous avions effacé
tu avais effacé	vous aviez effacé
il/elle avait effacé	ils/elles avaient effacé

PASSÉ SIMPLE

j'effaçai	nous effaçâmes
tu effaças	vous effaçâtes
il/elle effaça	ils/elles effacèrent

PAST ANTERIOR

j'eus effacé	nous eûmes effacé
tu eus effacé	vous eûtes effacé
il/elle eut effacé	ils/elles eurent effacé

FUTURE

j'effacerai	nous effacerons
tu effaceras	vous effacerez
il/elle effacera	ils/elles effaceront

FUTURE ANTERIOR

j'aurai effacé	nous aurons effacé
tu auras effacé	vous aurez effacé
il/elle aura effacé	ils/elles auront effacé

CONDITIONAL

j'effacerais	nous effacerions
tu effacerais	vous effaceriez
il/elle effacerait	ils/elles effaceraient

PAST CONDITIONAL

j'aurais effacé	nous aurions effacé
tu aurais effacé	vous auriez effacé
il/elle aurait effacé	ils/elles auraient effacé

PRESENT SUBJUNCTIVE

que j'efface	que nous effacions
que tu effaces	que vous effaciez
qu'il/elle efface	qu'ils/elles effacent

PAST SUBJUNCTIVE

que j'aie effacé	que nous ayons effacé
que tu aies effacé	que vous ayez effacé
qu'il/elle ait effacé	qu'ils/elles aient effacé

IMPERFECT SUBJUNCTIVE

que j'effaçasse	que nous effaçassions
que tu effaçasses	que vous effaçassiez
qu'il/elle effaçât	qu'ils/elles effaçassent

PLUPERFECT SUBJUNCTIVE

que j'eusse effacé	que nous eussions effacé
que tu eusses effacé	que vous eussiez effacé
qu'il/elle eût effacé	qu'ils/elles eussent effacé

COMMANDS

	(nous) effaçons
(tu) efface	(vous) effacez

Usage

Effacez ce que vous avez écrit.	*Erase what you have written.*
Effacez le tableau.	*Erase the board.*
J'espère que le temps effacera mes peines.	*I hope that time will erase my sorrow.*
s'effacer	*to step aside*
Je me suis effacé pour la laisser passer.	*I stepped aside to let her pass.*
Le candidat perdant s'est effacé devant l'autre.	*The losing candidate conceded to the other one.*

effrayer *to frighten*

j'effraie · j'effrayai · effrayé · effrayant   regular -er verb; spelling change: *y > i*/mute e

PRESENT

j'effraie	nous effrayons
tu effraies	vous effrayez
il/elle effraie	ils/elles effraient

IMPERFECT

j'effrayais	nous effrayions
tu effrayais	vous effrayiez
il/elle effrayait	ils/elles effrayaient

PASSÉ SIMPLE

j'effrayai	nous effrayâmes
tu effrayas	vous effrayâtes
il/elle effraya	ils/elles effrayèrent

FUTURE

j'effraierai	nous effraierons
tu effraieras	vous effraierez
il/elle effraiera	ils/elles effraieront

CONDITIONAL

j'effraierais	nous effraierions
tu effraierais	vous effraieriez
il/elle effraierait	ils/elles effraieraient

PRESENT SUBJUNCTIVE

que j'effraie	que nous effrayions
que tu effraies	que vous effrayiez
qu'il/elle effraie	qu'ils/elles effraient

IMPERFECT SUBJUNCTIVE

que j'effrayasse	que nous effrayassions
que tu effrayasses	que vous effrayassiez
qu'il/elle effrayât	qu'ils/elles effrayassent

PASSÉ COMPOSÉ

j'ai effrayé	nous avons effrayé
tu as effrayé	vous avez effrayé
il/elle a effrayé	ils/elles ont effrayé

PLUPERFECT

j'avais effrayé	nous avions effrayé
tu avais effrayé	vous aviez effrayé
il/elle avait effrayé	ils/elles avaient effrayé

PAST ANTERIOR

j'eus effrayé	nous eûmes effrayé
tu eus effrayé	vous eûtes effrayé
il/elle eut effrayé	ils/elles eurent effrayé

FUTURE ANTERIOR

j'aurai effrayé	nous aurons effrayé
tu auras effrayé	vous aurez effrayé
il/elle aura effrayé	ils/elles auront effrayé

PAST CONDITIONAL

j'aurais effrayé	nous aurions effrayé
tu aurais effrayé	vous auriez effrayé
il/elle aurait effrayé	ils/elles auraient effrayé

PAST SUBJUNCTIVE

que j'aie effrayé	que nous ayons effrayé
que tu aies effrayé	que vous ayez effrayé
qu'il/elle ait effrayé	qu'ils/elles aient effrayé

PLUPERFECT SUBJUNCTIVE

que j'eusse effrayé	que nous eussions effrayé
que tu eusses effrayé	que vous eussiez effrayé
qu'il/elle eût effrayé	qu'ils/elles eussent effrayé

COMMANDS

	(nous) effrayons
(tu) effraie	(vous) effrayez

Usage

NOTE: This verb is sometimes seen without the *y > i* change, such as *j'effraye*.

La tempête a effrayé les animaux.	*The storm scared the animals.*
Ne te laisse pas effrayer par les rumeurs.	*Don't let yourself be frightened by the rumors.*
La difficulté de cette tâche m'effraie un peu.	*I find the difficulty of this task a bit off-putting.*
s'effrayer	*to get frightened*
Il s'effraie de tout.	*He gets frightened at everything.*

RELATED WORD

effrayant(e)	*frightening/terrible*
Cette chaleur est effrayante!	*This heat is terrible!*
C'est effrayant la quantité qu'il boit.	*He drinks so much it's scary.*

-er verb; spelling change: é > è/mute e   **j'élève · j'élevai · élevé · élevant**

PRESENT

j'élève	nous élevons
tu élèves	vous élevez
il/elle élève	ils/elles élèvent

IMPERFECT

j'élevais	nous élevions
tu élevais	vous éleviez
il/elle élevait	ils/elles élevaient

PASSÉ SIMPLE

j'élevai	nous élevâmes
tu élevas	vous élevâtes
il/elle éleva	ils/elles élevèrent

FUTURE

j'élèverai	nous élèverons
tu élèveras	vous élèverez
il/elle élèvera	ils/elles élèveront

CONDITIONAL

j'élèverais	nous élèverions
tu élèverais	vous élèveriez
il/elle élèverait	ils/elles élèveraient

PRESENT SUBJUNCTIVE

que j'élève	que nous élevions
que tu élèves	que vous éleviez
qu'il/elle élève	qu'ils/elles élèvent

IMPERFECT SUBJUNCTIVE

que j'élevasse	que nous élevassions
que tu élevasses	que vous élevassiez
qu'il/elle élevât	qu'ils/elles élevassent

COMMANDS

	(nous) élevons
(tu) élève	(vous) élevez

PASSÉ COMPOSÉ

j'ai élevé	nous avons élevé
tu as élevé	vous avez élevé
il/elle a élevé	ils/elles ont élevé

PLUPERFECT

j'avais élevé	nous avions élevé
tu avais élevé	vous aviez élevé
il/elle avait élevé	ils/elles avaient élevé

PAST ANTERIOR

j'eus élevé	nous eûmes élevé
tu eus élevé	vous eûtes élevé
il/elle eut élevé	ils/elles eurent élevé

FUTURE ANTERIOR

j'aurai élevé	nous aurons élevé
tu auras élevé	vous aurez élevé
il/elle aura élevé	ils/elles auront élevé

PAST CONDITIONAL

j'aurais élevé	nous aurions élevé
tu aurais élevé	vous auriez élevé
il/elle aurait élevé	ils/elles auraient élevé

PAST SUBJUNCTIVE

que j'aie élevé	que nous ayons élevé
que tu aies élevé	que vous ayez élevé
qu'il/elle ait élevé	qu'ils/elles aient élevé

PLUPERFECT SUBJUNCTIVE

que j'eusse élevé	que nous eussions élevé
que tu eusses élevé	que vous eussiez élevé
qu'il/elle eût élevé	qu'ils/elles eussent élevé

Usage

élever des vaches, des chèvres	*to raise cows/goats*
C'est un enfant facile à élever.	*He's a child who is easy to raise.*
Vous ne devez pas élever votre fils dans le coton.	*You mustn't overprotect your son.*
élever un monument aux soldats tombés à la guerre	*to erect a monument to the soldiers fallen in war*
élever la voix	*to raise one's voice*

RELATED WORDS

bien élevé(e)	*well brought up/polite*
mal élevé(e)	*poorly brought up/impolite*
l'élevage *(m)*	*raising/breeding*
l'élevage des vaches/des chèvres	*raising cows/goats*

élire *to elect*

j'élis · j'élus · élu · élisant

PRESENT

j'élis	nous élisons
tu élis	vous élisez
il/elle élit	ils/elles élisent

IMPERFECT

j'élisais	nous élisions
tu élisais	vous élisiez
il/elle élisait	ils/elles élisaient

PASSÉ SIMPLE

j'élus	nous élûmes
tu élus	vous élûtes
il/elle élut	ils/elles élurent

FUTURE

j'élirai	nous élirons
tu éliras	vous élirez
il/elle élira	ils/elles éliront

CONDITIONAL

j'élirais	nous élirions
tu élirais	vous éliriez
il/elle élirait	ils/elles éliraient

PRESENT SUBJUNCTIVE

que j'élise	que nous élisions
que tu élises	que vous élisiez
qu'il/elle élise	qu'ils/elles élisent

IMPERFECT SUBJUNCTIVE

que j'élusse	que nous élussions
que tu élusses	que vous élussiez
qu'il/elle élût	qu'ils/elles élussent

COMMANDS

	(nous) élisons
(tu) élis	(vous) élisez

PASSÉ COMPOSÉ

j'ai élu	nous avons élu
tu as élu	vous avez élu
il/elle a élu	ils/elles ont élu

PLUPERFECT

j'avais élu	nous avions élu
tu avais élu	vous aviez élu
il/elle avait élu	ils/elles avaient élu

PAST ANTERIOR

j'eus élu	nous eûmes élu
tu eus élu	vous eûtes élu
il/elle eut élu	ils/elles eurent élu

FUTURE ANTERIOR

j'aurai élu	nous aurons élu
tu auras élu	vous aurez élu
il/elle aura élu	ils/elles auront élu

PAST CONDITIONAL

j'aurais élu	nous aurions élu
tu aurais élu	vous auriez élu
il/elle aurait élu	ils/elles auraient élu

PAST SUBJUNCTIVE

que j'aie élu	que nous ayons élu
que tu aies élu	que vous ayez élu
qu'il/elle ait élu	qu'ils/elles aient élu

PLUPERFECT SUBJUNCTIVE

que j'eusse élu	que nous eussions élu
que tu eusses élu	que vous eussiez élu
qu'il/elle eût élu	qu'ils/elles eussent élu

Usage

On élit le président français pour cinq ans.	*The French president is elected for five years.*
Il a été élu à l'unanimité.	*He was elected unanimously.*

RELATED WORDS

les élections *(fpl)*	*election(s)*
Aux États-Unis les élections sont en novembre.	*In the United States elections are in November.*
réélire	*to reelect*
Il a été réélu président.	*He was reelected president.*

regular -er reflexive verb;
compound tenses with *être*

je m'éloigne · je m'éloignai · s'étant éloigné · s'éloignant

PRESENT

je m'éloigne	nous nous éloignons
tu t'éloignes	vous vous éloignez
il/elle s'éloigne	ils/elles s'éloignent

IMPERFECT

je m'éloignais	nous nous éloignions
tu t'éloignais	vous vous éloigniez
il/elle s'éloignait	ils/elles s'éloignaient

PASSÉ SIMPLE

je m'éloignai	nous nous éloignâmes
tu t'éloignas	vous vous éloignâtes
il/elle s'éloigna	ils/elles s'éloignèrent

FUTURE

je m'éloignerai	nous nous éloignerons
tu t'éloigneras	vous vous éloignerez
il/elle s'éloignera	ils/elles s'éloigneront

CONDITIONAL

je m'éloignerais	nous nous éloignerions
tu t'éloignerais	vous vous éloigneriez
il/elle s'éloignerait	ils/elles s'éloigneraient

PRESENT SUBJUNCTIVE

que je m'éloigne	que nous nous éloignions
que tu t'éloignes	que vous vous éloigniez
qu'il/elle s'éloigne	qu'ils/elles s'éloignent

IMPERFECT SUBJUNCTIVE

que je m'éloignasse	que nous nous éloignassions
que tu t'éloignasses	que vous vous éloignassiez
qu'il/elle s'éloignât	qu'ils/elles s'éloignassent

PASSÉ COMPOSÉ

je me suis éloigné(e)	nous nous sommes éloigné(e)s
tu t'es éloigné(e)	vous vous êtes éloigné(e)(s)
il/elle s'est éloigné(e)	ils/elles se sont éloigné(e)s

PLUPERFECT

je m'étais éloigné(e)	nous nous étions éloigné(e)s
tu t'étais éloigné(e)	vous vous étiez éloigné(e)(s)
il/elle s'était éloigné(e)	ils/elles s'étaient éloigné(e)s

PAST ANTERIOR

je me fus éloigné(e)	nous nous fûmes éloigné(e)s
tu te fus éloigné(e)	vous vous fûtes éloigné(e)(s)
il/elle se fut éloigné(e)	ils/elles se furent éloigné(e)s

FUTURE ANTERIOR

je me serai éloigné(e)	nous nous serons éloigné(e)s
tu te seras éloigné(e)	vous vous serez éloigné(e)(s)
il/elle se sera éloigné(e)	ils/elles se seront éloigné(e)s

PAST CONDITIONAL

je me serais éloigné(e)	nous nous serions éloigné(e)s
tu te serais éloigné(e)	vous vous seriez éloigné(e)(s)
il/elle se serait éloigné(e)	ils/elles se seraient éloigné(e)s

PAST SUBJUNCTIVE

que je me sois éloigné(e)	que nous nous soyons éloigné(e)s
que tu te sois éloigné(e)	que vous vous soyez éloigné(e)(s)
qu'il/elle se soit éloigné(e)	qu'ils/elles se soient éloigné(e)s

PLUPERFECT SUBJUNCTIVE

que je me fusse éloigné(e)	que nous nous fussions éloigné(e)s
que tu te fusses éloigné(e)	que vous vous fussiez éloigné(e)(s)
qu'il/elle se fût éloigné(e)	qu'ils/elles se fussent éloigné(e)s

COMMANDS

	(nous) éloignons-nous
(tu) éloigne-toi	(vous) éloignez-vous

Usage

L'autobus s'éloigne de la ville.	*The bus rides away from the city.*
L'avion s'éloigne vers l'horizon.	*The plane flies off toward the horizon.*
Éloignez-vous! L'arbre va tomber!	*Move back! The tree is going to fall!*
Il s'est éloigné de ses amis.	*He drifted away from his friends.*

RELATED WORDS

éloigner qqch	*to move something away*
Éloignez la pensée!	*Don't even think about it!*
Éloignez un peu cette chaise.	*Move that chair away a little.*
éloigné(e)	*far removed*
La ferme est assez éloignée du village.	*The farm is rather far from the village.*
Ce qu'il dit est très éloigné de la réalité.	*What he says is very far removed from reality.*

embarrasser *to clutter; to put into a predicament*

j'embarrasse · j'embarrassai · embarrassé · embarrassant   regular -*er* verb

PRESENT

j'embarrasse	nous embarrassons
tu embarrasses	vous embarrassez
il/elle embarrasse	ils/elles embarrassent

IMPERFECT

j'embarrassais	nous embarrassions
tu embarrassais	vous embarrassiez
il/elle embarrassait	ils/elles embarrassaient

PASSÉ SIMPLE

j'embarrassai	nous embarrassâmes
tu embarrassas	vous embarrassâtes
il/elle embarrassa	ils/elles embarrassèrent

FUTURE

j'embarrasserai	nous embarrasserons
tu embarrasseras	vous embarrasserez
il/elle embarrassera	ils/elles embarrasseront

CONDITIONAL

j'embarrasserais	nous embarrasserions
tu embarrasserais	vous embarrasseriez
il/elle embarrasserait	ils/elles embarrasseraient

PRESENT SUBJUNCTIVE

que j'embarrasse	que nous embarrassions
que tu embarrasses	que vous embarrassiez
qu'il/elle embarrasse	qu'ils/elles embarrassent

IMPERFECT SUBJUNCTIVE

que j'embarrassasse	que nous embarrassassions
que tu embarrassasses	que vous embarrassassiez
qu'il/elle embarrassât	qu'ils/elles embarrassassent

PASSÉ COMPOSÉ

j'ai embarrassé	nous avons embarrassé
tu as embarrassé	vous avez embarrassé
il/elle a embarrassé	ils/elles ont embarrassé

PLUPERFECT

j'avais embarrassé	nous avions embarrassé
tu avais embarrassé	vous aviez embarrassé
il/elle avait embarrassé	ils/elles avaient embarrassé

PAST ANTERIOR

j'eus embarrassé	nous eûmes embarrassé
tu eus embarrassé	vous eûtes embarrassé
il/elle eut embarrassé	ils/elles eurent embarrassé

FUTURE ANTERIOR

j'aurai embarrassé	nous aurons embarrassé
tu auras embarrassé	vous aurez embarrassé
il/elle aura embarrassé	ils/elles auront embarrassé

PAST CONDITIONAL

j'aurais embarrassé	nous aurions embarrassé
tu aurais embarrassé	vous auriez embarrassé
il/elle aurait embarrassé	ils/elles auraient embarrassé

PAST SUBJUNCTIVE

que j'aie embarrassé	que nous ayons embarrassé
que tu aies embarrassé	que vous ayez embarrassé
qu'il/elle ait embarrassé	qu'ils/elles aient embarrassé

PLUPERFECT SUBJUNCTIVE

que j'eusse embarrassé	que nous eussions embarrassé
que tu eusses embarrassé	que vous eussiez embarrassé
qu'il/elle eût embarrassé	qu'ils/elles eussent embarrassé

COMMANDS

	(nous) embarrassons
(tu) embarrasse	(vous) embarrassez

Usage

Nous ne t'embarrasserons plus!	*We will not darken your door again!*
Ça m'embarrasse de te dire que tu ne peux plus rester ici.	*It's unpleasant for me to tell you that you can't stay here anymore.*
s'embarrasser de	*to load oneself down with/to be troubled by*
Je me suis embarrassé de paquets.	*I loaded myself down with packages.*
Il ne s'embarrasse pas de questions morales.	*He is not bothered by moral questions.*

RELATED WORD

l'embarras *(m)*	*embarrassment/burden*
l'embarras du choix	*too much to choose from*
l'embarras de richesse	*an overabundance of good things*

regular *-er* verb

j'embête · j'embêtai · embêté · embêtant

PRESENT

j'embête	nous embêtons
tu embêtes	vous embêtez
il/elle embête	ils/elles embêtent

IMPERFECT

j'embêtais	nous embêtions
tu embêtais	vous embêtiez
il/elle embêtait	ils/elles embêtaient

PASSÉ SIMPLE

j'embêtai	nous embêtâmes
tu embêtas	vous embêtâtes
il/elle embêta	ils/elles embêtèrent

FUTURE

j'embêterai	nous embêterons
tu embêteras	vous embêterez
il/elle embêtera	ils/elles embêteront

CONDITIONAL

j'embêterais	nous embêterions
tu embêterais	vous embêteriez
il/elle embêterait	ils/elles embêteraient

PRESENT SUBJUNCTIVE

que j'embête	que nous embêtions
que tu embêtes	que vous embêtiez
qu'il/elle embête	qu'ils/elles embêtent

IMPERFECT SUBJUNCTIVE

que j'embêtasse	que nous embêtassions
que tu embêtasses	que vous embêtassiez
qu'il/elle embêtât	qu'ils/elles embêtassent

PASSÉ COMPOSÉ

j'ai embêté	nous avons embêté
tu as embêté	vous avez embêté
il/elle a embêté	ils/elles ont embêté

PLUPERFECT

j'avais embêté	nous avions embêté
tu avais embêté	vous aviez embêté
il/elle avait embêté	ils/elles avaient embêté

PAST ANTERIOR

j'eus embêté	nous eûmes embêté
tu eus embêté	vous eûtes embêté
il/elle eut embêté	ils/elles eurent embêté

FUTURE ANTERIOR

j'aurai embêté	nous aurons embêté
tu auras embêté	vous aurez embêté
il/elle aura embêté	ils/elles auront embêté

PAST CONDITIONAL

j'aurais embêté	nous aurions embêté
tu aurais embêté	vous auriez embêté
il/elle aurait embêté	ils/elles auraient embêté

PAST SUBJUNCTIVE

que j'aie embêté	que nous ayons embêté
que tu aies embêté	que vous ayez embêté
qu'il/elle ait embêté	qu'ils/elles aient embêté

PLUPERFECT SUBJUNCTIVE

que j'eusse embêté	que nous eussions embêté
que tu eusses embêté	que vous eussiez embêté
qu'il/elle eût embêté	qu'ils/elles eussent embêté

COMMANDS

	(nous) embêtons
(tu) embête	(vous) embêtez

Usage

Arrête! Tu m'embêtes!	*Cut it out! You're annoying me!*
Ça t'embête de descendre faire les courses?	*Do you mind going out to do the shopping?*
Ça m'embête de l'écouter toute la journée.	*I find it annoying to listen to him/her all day long.*
s'embêter	*to be bored*
Ce qu'on s'embête dans ce bled!	*It's such a drag in this little town!*

RELATED WORDS

embêtant(e)	*annoying/boring*
Les voisins sont embêtants.	*The neighbors are annoying.*
Le film est embêtant.	*The film is boring.*
l'embêtement *(m)*	*annoyance/trouble*
Ce type m'a causé des embêtements.	*That guy made trouble for me.*
Tu te prépares des embêtements, je vois.	*I see you're looking for trouble.*

embrasser *to kiss*

PRESENT

j'embrasse	nous embrassons
tu embrasses	vous embrassez
il/elle embrasse	ils/elles embrassent

IMPERFECT

j'embrassais	nous embrassions
tu embrassais	vous embrassiez
il/elle embrassait	ils/elles embrassaient

PASSÉ SIMPLE

j'embrassai	nous embrassâmes
tu embrassas	vous embrassâtes
il/elle embrassa	ils/elles embrassèrent

FUTURE

j'embrasserai	nous embrasserons
tu embrasseras	vous embrasserez
il/elle embrassera	ils/elles embrasseront

CONDITIONAL

j'embrasserais	nous embrasserions
tu embrasserais	vous embrasseriez
il/elle embrasserait	ils/elles embrasseraient

PRESENT SUBJUNCTIVE

que j'embrasse	que nous embrassions
que tu embrasses	que vous embrassiez
qu'il/elle embrasse	qu'ils/elles embrassent

IMPERFECT SUBJUNCTIVE

que j'embrassasse	que nous embrassassions
que tu embrassasses	que vous embrassassiez
qu'il/elle embrassât	qu'ils/elles embrassassent

PASSÉ COMPOSÉ

j'ai embrassé	nous avons embrassé
tu as embrassé	vous avez embrassé
il/elle a embrassé	ils/elles ont embrassé

PLUPERFECT

j'avais embrassé	nous avions embrassé
tu avais embrassé	vous aviez embrassé
il/elle avait embrassé	ils/elles avaient embrassé

PAST ANTERIOR

j'eus embrassé	nous eûmes embrassé
tu eus embrassé	vous eûtes embrassé
il/elle eut embrassé	ils/elles eurent embrassé

FUTURE ANTERIOR

j'aurai embrassé	nous aurons embrassé
tu auras embrassé	vous aurez embrassé
il/elle aura embrassé	ils/elles auront embrassé

PAST CONDITIONAL

j'aurais embrassé	nous aurions embrassé
tu aurais embrassé	vous auriez embrassé
il/elle aurait embrassé	ils/elles auraient embrassé

PAST SUBJUNCTIVE

que j'aie embrassé	que nous ayons embrassé
que tu aies embrassé	que vous ayez embrassé
qu'il/elle ait embrassé	qu'ils/elles aient embrassé

PLUPERFECT SUBJUNCTIVE

que j'eusse embrassé	que nous eussions embrassé
que tu eusses embrassé	que vous eussiez embrassé
qu'il/elle eût embrassé	qu'ils/elles eussent embrassé

COMMANDS

	(nous) embrassons
(tu) embrasse	(vous) embrassez

Usage

Embrasse ta mère pour moi.	*Give your mother a kiss for me.*
Jean et Marie s'embrassent.	*Jean and Marie kiss (each other).*
Je t'embrasse.	*Love* (at the closing of a letter)
embrasser une cause	*to embrace a cause*

-er verb; spelling change: é > è/mute e   j'**emmène** · j'**emmenai** · **emmené** · **emmenant**

PRESENT

j'emmène	nous emmenons
tu emmènes	vous emmenez
il/elle emmène	ils/elles emmènent

PASSÉ COMPOSÉ

j'ai emmené	nous avons emmené
tu as emmené	vous avez emmené
il/elle a emmené	ils/elles ont emmené

IMPERFECT

j'emmenais	nous emmenions
tu emmenais	vous emmeniez
il/elle emmenait	ils/elles emmenaient

PLUPERFECT

j'avais emmené	nous avions emmené
tu avais emmené	vous aviez emmené
il/elle avait emmené	ils/elles avaient emmené

PASSÉ SIMPLE

j'emmenai	nous emmenâmes
tu emmenas	vous emmenâtes
il/elle emmena	ils/elles emmenèrent

PAST ANTERIOR

j'eus emmené	nous eûmes emmené
tu eus emmené	vous eûtes emmené
il/elle eut emmené	ils/elles eurent emmené

FUTURE

j'emmènerai	nous emmènerons
tu emmèneras	vous emmènerez
il/elle emmènera	ils/elles emmèneront

FUTURE ANTERIOR

j'aurai emmené	nous aurons emmené
tu auras emmené	vous aurez emmené
il/elle aura emmené	ils/elles auront emmené

CONDITIONAL

j'emmènerais	nous emmènerions
tu emmènerais	vous emmèneriez
il/elle emmènerait	ils/elles emmèneraient

PAST CONDITIONAL

j'aurais emmené	nous aurions emmené
tu aurais emmené	vous auriez emmené
il/elle aurait emmené	ils/elles auraient emmené

PRESENT SUBJUNCTIVE

que j'emmène	que nous emmenions
que tu emmènes	que vous emmeniez
qu'il/elle emmène	qu'ils/elles emmènent

PAST SUBJUNCTIVE

que j'aie emmené	que nous ayons emmené
que tu aies emmené	que vous ayez emmené
qu'il/elle ait emmené	qu'ils/elles aient emmené

IMPERFECT SUBJUNCTIVE

que j'emmenasse	que nous emmenassions
que tu emmenasses	que vous emmenassiez
qu'il/elle emmenât	qu'ils/elles emmenassent

PLUPERFECT SUBJUNCTIVE

que j'eusse emmené	que nous eussions emmené
que tu eusses emmené	que vous eussiez emmené
qu'il/elle eût emmené	qu'ils/elles eussent emmené

COMMANDS

	(nous) emmenons
(tu) emmène	(vous) emmenez

Usage

Tu vas en ville? Viens, je t'emmène.	*You're going downtown? Come on, I'll take you.*
Il m'a emmené dîner dans son restaurant préféré.	*He took me to dinner at his favorite restaurant.*
Cet endroit me déplaît. Emmenez-moi ailleurs.	*I don't like this place. Take me somewhere else.*
Le train emmenait les voyageurs à la frontière.	*The train was taking the travelers to the border.*
Tu ne te rends pas compte qu'on t'emmène en bateau.	*You don't realize you're being taken for a ride.*
Il l'emmenait en bateau avec ses promesses de mariage.	*He strung her along with his promises of marriage.*

s'émouvoir *to be stirred, moved, upset, worried*

je m'émeus · je m'émus · s'étant ému · s'émouvant

irregular reflexive verb;
compound tenses with *être*

PRESENT

je m'émeus	nous nous émouvons
tu t'émeus	vous vous émouvez
il/elle s'émeut	ils/elles s'émeuvent

IMPERFECT

je m'émouvais	nous nous émouvions
tu t'émouvais	vous vous émouviez
il/elle s'émouvait	ils/elles s'émouvaient

PASSÉ SIMPLE

je m'émus	nous nous émûmes
tu t'émus	vous vous émûtes
il/elle s'émut	ils/elles s'émurent

FUTURE

je m'émouvrai	nous nous émouvrons
tu t'émouvras	vous vous émouvrez
il/elle s'émouvra	ils/elles s'émouvront

CONDITIONAL

je m'émouvrais	nous nous émouvrions
tu t'émouvrais	vous vous émouvriez
il/elle s'émouvrait	ils/elles s'émouvraient

PRESENT SUBJUNCTIVE

que je m'émeuve	que nous nous émouvions
que tu t'émeuves	que vous vous émouviez
qu'il/elle s'émeuve	qu'ils/elles s'émeuvent

IMPERFECT SUBJUNCTIVE

que je m'émusse	que nous nous émussions
que tu t'émusses	que vous vous émussiez
qu'il/elle s'émût	qu'ils/elles s'émussent

PASSÉ COMPOSÉ

je me suis ému(e)	nous nous sommes ému(e)s
tu t'es ému(e)	vous vous êtes ému(e)(s)
il/elle s'est ému(e)	ils/elles se sont ému(e)s

PLUPERFECT

je m'étais ému(e)	nous nous étions ému(e)s
tu t'étais ému(e)	vous vous étiez ému(e)(s)
il/elle s'était ému(e)	ils/elles s'étaient ému(e)s

PAST ANTERIOR

je me fus ému(e)	nous nous fûmes ému(e)s
tu te fus ému(e)	vous vous fûtes ému(e)(s)
il/elle se fut ému(e)	ils/elles se furent ému(e)s

FUTURE ANTERIOR

je me serai ému(e)	nous nous serons ému(e)s
tu te seras ému(e)	vous vous serez ému(e)(s)
il/elle se sera ému(e)	ils/elles se seront ému(e)s

PAST CONDITIONAL

je me serais ému(e)	nous nous serions ému(e)s
tu te serais ému(e)	vous vous seriez ému(e)(s)
il/elle se serait ému(e)	ils/elles se seraient ému(e)s

PAST SUBJUNCTIVE

que je me sois ému(e)	que nous nous soyons ému(e)s
que tu te sois ému(e)	que vous vous soyez ému(e)(s)
qu'il/elle se soit ému(e)	qu'ils/elles se soient ému(e)s

PLUPERFECT SUBJUNCTIVE

que je me fusse ému(e)	que nous nous fussions ému(e)s
que tu te fusses ému(e)	que vous vous fussiez ému(e)(s)
qu'il/elle se fût ému(e)	qu'ils/elles se fussent ému(e)s

COMMANDS

	(nous) émouvons-nous
(tu) émeus-toi	(vous) émouvez-vous

Usage

Nous nous sommes émus en écoutant le discours.	*We were stirred as we listened to the speech.*
Il me l'a dit sans s'émouvoir.	*He told it to me calmly/without getting ruffled.*
Elle ne s'émeut de rien.	*Nothing shakes her.*
émouvoir qqn	*to move/disturb someone*
Les cris des blessés l'ont ému profondément.	*The screams of the wounded troubled him deeply.*
Le discours du président a ému la nation entière.	*The president's speech moved the entire nation.*

RELATED WORD

l'émotion (*f*)	*emotion; fright*
Leur émotion était grande pendant le bombardement de la ville.	*They had a terrible fright during the bombing of the city.*

regular -*er* verb | **j'empêche · j'empêchai · empêché · empêchant**

PRESENT

j'empêche	nous empêchons
tu empêches	vous empêchez
il/elle empêche	ils/elles empêchent

IMPERFECT

j'empêchais	nous empêchions
tu empêchais	vous empêchiez
il/elle empêchait	ils/elles empêchaient

PASSÉ SIMPLE

j'empêchai	nous empêchâmes
tu empêchas	vous empêchâtes
il/elle empêcha	ils/elles empêchèrent

FUTURE

j'empêcherai	nous empêcherons
tu empêcheras	vous empêcherez
il/elle empêchera	ils/elles empêcheront

CONDITIONAL

j'empêcherais	nous empêcherions
tu empêcherais	vous empêcheriez
il/elle empêcherait	ils/elles empêcheraient

PRESENT SUBJUNCTIVE

que j'empêche	que nous empêchions
que tu empêches	que vous empêchiez
qu'il/elle empêche	qu'ils/elles empêchent

IMPERFECT SUBJUNCTIVE

que j'empêchasse	que nous empêchassions
que tu empêchasses	que vous empêchassiez
qu'il/elle empêchât	qu'ils/elles empêchassent

PASSÉ COMPOSÉ

j'ai empêché	nous avons empêché
tu as empêché	vous avez empêché
il/elle a empêché	ils/elles ont empêché

PLUPERFECT

j'avais empêché	nous avions empêché
tu avais empêché	vous aviez empêché
il/elle avait empêché	ils/elles avaient empêché

PAST ANTERIOR

j'eus empêché	nous eûmes empêché
tu eus empêché	vous eûtes empêché
il/elle eut empêché	ils/elles eurent empêché

FUTURE ANTERIOR

j'aurai empêché	nous aurons empêché
tu auras empêché	vous aurez empêché
il/elle aura empêché	ils/elles auront empêché

PAST CONDITIONAL

j'aurais empêché	nous aurions empêché
tu aurais empêché	vous auriez empêché
il/elle aurait empêché	ils/elles auraient empêché

PAST SUBJUNCTIVE

que j'aie empêché	que nous ayons empêché
que tu aies empêché	que vous ayez empêché
qu'il/elle ait empêché	qu'ils/elles aient empêché

PLUPERFECT SUBJUNCTIVE

que j'eusse empêché	que nous eussions empêché
que tu eusses empêché	que vous eussiez empêché
qu'il/elle eût empêché	qu'ils/elles eussent empêché

COMMANDS

	(nous) empêchons
(tu) empêche	(vous) empêchez

Usage

empêcher qqn de faire qqch	*to prevent someone from doing something*
Le bruit m'empêche de travailler.	*The noise is keeping me from studying.*
Le mauvais temps nous a empêchés de partir.	*The bad weather prevented us from leaving.*
Ça ne m'empêche pas de dormir.	*I'm not losing any sleep over it.*
Nos soldats ont empêché l'ennemi de franchir la frontière.	*Our soldiers prevented the enemy from crossing the border.*
Il a empêché qu'une mauvaise situation se produise.	*He kept a bad situation from happening.*
Elle ne pouvait pas s'empêcher de pleurer.	*She couldn't keep from crying.*
—Il a parlé très sincèrement.	*He spoke very sincerely.*
—N'empêche qu'il a tort en tout.	*All the same, he's wrong about everything.*

RELATED WORD

l'empêchement (*m*)	*hindrance/hitch*
en cas d'empêchement	*in case something goes wrong*

employer *to use, employ*

j'emploie · j'employai · employé · employant

regular *-er* verb;
spelling change: *y > i*/mute *e*

PRESENT

j'emploie	nous employons
tu emploies	vous employez
il/elle emploie	ils/elles emploient

IMPERFECT

j'employais	nous employions
tu employais	vous employiez
il/elle employait	ils/elles employaient

PASSÉ SIMPLE

j'employai	nous employâmes
tu employas	vous employâtes
il/elle employa	ils/elles employèrent

FUTURE

j'emploierai	nous emploierons
tu emploieras	vous emploierez
il/elle emploiera	ils/elles emploieront

CONDITIONAL

j'emploierais	nous emploierions
tu emploierais	vous emploieriez
il/elle emploierait	ils/elles emploieraient

PRESENT SUBJUNCTIVE

que j'emploie	que nous employions
que tu emploies	que vous employiez
qu'il/elle emploie	qu'ils/elles emploient

IMPERFECT SUBJUNCTIVE

que j'employasse	que nous employassions
que tu employasses	que vous employassiez
qu'il/elle employât	qu'ils/elles employassent

PASSÉ COMPOSÉ

j'ai employé	nous avons employé
tu as employé	vous avez employé
il/elle a employé	ils/elles ont employé

PLUPERFECT

j'avais employé	nous avions employé
tu avais employé	vous aviez employé
il/elle avait employé	ils/elles avaient employé

PAST ANTERIOR

j'eus employé	nous eûmes employé
tu eus employé	vous eûtes employé
il/elle eut employé	ils/elles eurent employé

FUTURE ANTERIOR

j'aurai employé	nous aurons employé
tu auras employé	vous aurez employé
il/elle aura employé	ils/elles auront employé

PAST CONDITIONAL

j'aurais employé	nous aurions employé
tu aurais employé	vous auriez employé
il/elle aurait employé	ils/elles auraient employé

PAST SUBJUNCTIVE

que j'aie employé	que nous ayons employé
que tu aies employé	que vous ayez employé
qu'il/elle ait employé	qu'ils/elles aient employé

PLUPERFECT SUBJUNCTIVE

que j'eusse employé	que nous eussions employé
que tu eusses employé	que vous eussiez employé
qu'il/elle eût employé	qu'ils/elles eussent employé

COMMANDS

| | (nous) employons |
| (tu) emploie | (vous) employez |

Usage

employer un stylo pour écrire	*to use a pen to write*
Il emploie son temps à se préparer pour les examens.	*He's using his time to prepare himself for his exams.*
Il emploie bien son temps.	*He uses his time wisely.*
—Est-ce que j'ai bien employé ce mot?	*Did I use that word correctly?*
—Non, tu l'emploies toujours mal.	*No, you always use it incorrectly.*
s'employer pour	*to devote oneself to*
Il s'est beaucoup employé pour la construction d'une nouvelle école.	*He really went to great lengths to have a new school built.*

RELATED WORDS

l'emploi *(m)*	*use; job*
mon emploi du temps	*my schedule*
chercher un nouvel emploi	*to look for a new job*

regular *-er* verb

j'emprunte · j'empruntai · emprunté · empruntant

PRESENT

j'emprunte	nous empruntons
tu empruntes	vous empruntez
il/elle emprunte	ils/elles empruntent

IMPERFECT

j'empruntais	nous empruntions
tu empruntais	vous empruntiez
il/elle empruntait	ils/elles empruntaient

PASSÉ SIMPLE

j'empruntai	nous empruntâmes
tu empruntas	vous empruntâtes
il/elle emprunta	ils/elles empruntèrent

FUTURE

j'emprunterai	nous emprunterons
tu emprunteras	vous emprunterez
il/elle empruntera	ils/elles emprunteront

CONDITIONAL

j'emprunterais	nous emprunterions
tu emprunterais	vous emprunteriez
il/elle emprunterait	ils/elles emprunteraient

PRESENT SUBJUNCTIVE

que j'emprunte	que nous empruntions
que tu empruntes	que vous empruntiez
qu'il/elle emprunte	qu'ils/elles empruntent

IMPERFECT SUBJUNCTIVE

que j'empruntasse	que nous empruntassions
que tu empruntasses	que vous empruntassiez
qu'il/elle empruntât	qu'ils/elles empruntassent

PASSÉ COMPOSÉ

j'ai emprunté	nous avons emprunté
tu as emprunté	vous avez emprunté
il/elle a emprunté	ils/elles ont emprunté

PLUPERFECT

j'avais emprunté	nous avions emprunté
tu avais emprunté	vous aviez emprunté
il/elle avait emprunté	ils/elles avaient emprunté

PAST ANTERIOR

j'eus emprunté	nous eûmes emprunté
tu eus emprunté	vous eûtes emprunté
il/elle eut emprunté	ils/elles eurent emprunté

FUTURE ANTERIOR

j'aurai emprunté	nous aurons emprunté
tu auras emprunté	vous aurez emprunté
il/elle aura emprunté	ils/elles auront emprunté

PAST CONDITIONAL

j'aurais emprunté	nous aurions emprunté
tu aurais emprunté	vous auriez emprunté
il/elle aurait emprunté	ils/elles auraient emprunté

PAST SUBJUNCTIVE

que j'aie emprunté	que nous ayons emprunté
que tu aies emprunté	que vous ayez emprunté
qu'il/elle ait emprunté	qu'ils/elles aient emprunté

PLUPERFECT SUBJUNCTIVE

que j'eusse emprunté	que nous eussions emprunté
que tu eusses emprunté	que vous eussiez emprunté
qu'il/elle eût emprunté	qu'ils/elles eussent emprunté

COMMANDS

	(nous) empruntons
(tu) emprunte	(vous) empruntez

Usage

emprunter une grosse somme d'argent	*to borrow a large sum of money*
emprunter qqch à qqn	*to borrow something from someone*
—Je peux t'emprunter ton vélo?	*Can I borrow your bicycle?*
—Tu as oublié? Tu me l'as emprunté hier et tu ne me l'as pas rendu.	*You don't remember? You borrowed it from me yesterday and you haven't returned it.*

RELATED WORD

l'emprunt *(m)*	*borrowing/loan*
J'ai fait un emprunt à 9 pour cent.	*I got a 9 percent loan.*
Le mot *croissant* en anglais est un emprunt au français.	*The word* croissant *in English is a borrowing from French.*

encaisser *to cash, collect money*

j'encaisse · j'encaissai · encaissé · encaissant

regular *-er* verb

PRESENT

j'encaisse	nous encaissons
tu encaisses	vous encaissez
il/elle encaisse	ils/elles encaissent

IMPERFECT

j'encaissais	nous encaissions
tu encaissais	vous encaissiez
il/elle encaissait	ils/elles encaissaient

PASSÉ SIMPLE

j'encaissai	nous encaissâmes
tu encaissas	vous encaissâtes
il/elle encaissa	ils/elles encaissèrent

FUTURE

j'encaisserai	nous encaisserons
tu encaisseras	vous encaisserez
il/elle encaissera	ils/elles encaisseront

CONDITIONAL

j'encaisserais	nous encaisserions
tu encaisserais	vous encaisseriez
il/elle encaisserait	ils/elles encaisseraient

PRESENT SUBJUNCTIVE

que j'encaisse	que nous encaissions
que tu encaisses	que vous encaissiez
qu'il/elle encaisse	qu'ils/elles encaissent

IMPERFECT SUBJUNCTIVE

que j'encaissasse	que nous encaissassions
que tu encaissasses	que vous encaissassiez
qu'il/elle encaissât	qu'ils/elles encaissassent

COMMANDS

	(nous) encaissons
(tu) encaisse	(vous) encaissez

PASSÉ COMPOSÉ

j'ai encaissé	nous avons encaissé
tu as encaissé	vous avez encaissé
il/elle a encaissé	ils/elles ont encaissé

PLUPERFECT

j'avais encaissé	nous avions encaissé
tu avais encaissé	vous aviez encaissé
il/elle avait encaissé	ils/elles avaient encaissé

PAST ANTERIOR

j'eus encaissé	nous eûmes encaissé
tu eus encaissé	vous eûtes encaissé
il/elle eut encaissé	ils/elles eurent encaissé

FUTURE ANTERIOR

j'aurai encaissé	nous aurons encaissé
tu auras encaissé	vous aurez encaissé
il/elle aura encaissé	ils/elles auront encaissé

PAST CONDITIONAL

j'aurais encaissé	nous aurions encaissé
tu aurais encaissé	vous auriez encaissé
il/elle aurait encaissé	ils/elles auraient encaissé

PAST SUBJUNCTIVE

que j'aie encaissé	que nous ayons encaissé
que tu aies encaissé	que vous ayez encaissé
qu'il/elle ait encaissé	qu'ils/elles aient encaissé

PLUPERFECT SUBJUNCTIVE

que j'eusse encaissé	que nous eussions encaissé
que tu eusses encaissé	que vous eussiez encaissé
qu'il/elle eût encaissé	qu'ils/elles eussent encaissé

Usage

encaisser une somme d'argent	*to get a sum of money*
Vous permettez que j'encaisse?	*Can you please pay now?* (said by waiters in café)
Les consultants ont encaissé de grosses sommes d'argent.	*The consultants collected major amounts of money.*
encaisser des coups	*to take hits/blows*
Dans la bagarre il a encaissé pas mal de coups.	*In the brawl he got hit a lot.*
Dans la vie il faut savoir encaisser.	*In life you have to know how to take your lumps.*
Ce type-là, je ne peux pas l'encaisser.	*I can't stand that guy.*

regular *-er* verb;
spelling change: *g > ge/a, o*

j'encourage · j'encourageai · encouragé · encourageant

PRESENT

j'encourage	nous encourageons
tu encourages	vous encouragez
il/elle encourage	ils/elles encouragent

IMPERFECT

j'encourageais	nous encouragions
tu encourageais	vous encouragiez
il/elle encourageait	ils/elles encourageaient

PASSÉ SIMPLE

j'encourageai	nous encourageâmes
tu encourageas	vous encourageâtes
il/elle encouragea	ils/elles encouragèrent

FUTURE

j'encouragerai	nous encouragerons
tu encourageras	vous encouragerez
il/elle encouragera	ils/elles encourageront

CONDITIONAL

j'encouragerais	nous encouragerions
tu encouragerais	vous encourageriez
il/elle encouragerait	ils/elles encourageraient

PRESENT SUBJUNCTIVE

que j'encourage	que nous encouragions
que tu encourages	que vous encouragiez
qu'il/elle encourage	qu'ils/elles encouragent

IMPERFECT SUBJUNCTIVE

que j'encourageasse	que nous encourageassions
que tu encourageasses	que vous encourageassiez
qu'il/elle encourageât	qu'ils/elles encourageassent

PASSÉ COMPOSÉ

j'ai encouragé	nous avons encouragé
tu as encouragé	vous avez encouragé
il/elle a encouragé	ils/elles ont encouragé

PLUPERFECT

j'avais encouragé	nous avions encouragé
tu avais encouragé	vous aviez encouragé
il/elle avait encouragé	ils/elles avaient encouragé

PAST ANTERIOR

j'eus encouragé	nous eûmes encouragé
tu eus encouragé	vous eûtes encouragé
il/elle eut encouragé	ils/elles eurent encouragé

FUTURE ANTERIOR

j'aurai encouragé	nous aurons encouragé
tu auras encouragé	vous aurez encouragé
il/elle aura encouragé	ils/elles auront encouragé

PAST CONDITIONAL

j'aurais encouragé	nous aurions encouragé
tu aurais encouragé	vous auriez encouragé
il/elle aurait encouragé	ils/elles auraient encouragé

PAST SUBJUNCTIVE

que j'aie encouragé	que nous ayons encouragé
que tu aies encouragé	que vous ayez encouragé
qu'il/elle ait encouragé	qu'ils/elles aient encouragé

PLUPERFECT SUBJUNCTIVE

que j'eusse encouragé	que nous eussions encouragé
que tu eusses encouragé	que vous eussiez encouragé
qu'il/elle eût encouragé	qu'ils/elles eussent encouragé

COMMANDS

	(nous) encourageons
(tu) encourage	(vous) encouragez

Usage

C'est un professeur qui encourage ses étudiants.	*He's a teacher who encourages his students.*
Les fanas encourageaient leur équipe.	*The fans cheered on their team.*
encourager qqn à faire qqch	*to encourage someone to do something*
Il m'a encouragé à poursuivre mes études.	*He encouraged me to continue my studies.*
Le professeur encourage les étudiants à s'exprimer.	*The teacher encourages the students to express themselves.*

RELATED WORD

encourageant(e)	*encouraging*
Son attitude n'est pas très encourageante.	*His attitude is not very encouraging.*
Ces revers sont fort peu encourageants.	*These setbacks are not very encouraging.*

s'endormir *to fall asleep*

je m'endors · je m'endormis · s'étant endormi · s'endormant

irregular reflexive verb;
compound tenses with *être*

PRESENT		PASSÉ COMPOSÉ	
je m'endors	nous nous endormons	je me suis endormi(e)	nous nous sommes endormi(e)s
tu t'endors	vous vous endormez	tu t'es endormi(e)	vous vous êtes endormi(e)(s)
il/elle s'endort	ils/elles s'endorment	il/elle s'est endormi(e)	ils/elles se sont endormi(e)s

IMPERFECT		PLUPERFECT	
je m'endormais	nous nous endormions	je m'étais endormi(e)	nous nous étions endormi(e)s
tu t'endormais	vous vous endormiez	tu t'étais endormi(e)	vous vous étiez endormi(e)(s)
il/elle s'endormait	ils/elles s'endormaient	il/elle s'était endormi(e)	ils/elles s'étaient endormi(e)s

PASSÉ SIMPLE		PAST ANTERIOR	
je m'endormis	nous nous endormîmes	je me fus endormi(e)	nous nous fûmes endormi(e)s
tu t'endormis	vous vous endormîtes	tu te fus endormi(e)	vous vous fûtes endormi(e)(s)
il/elle s'endormit	ils/elles s'endormirent	il/elle se fut endormi(e)	ils/elles se furent endormi(e)s

FUTURE		FUTURE ANTERIOR	
je m'endormirai	nous nous endormirons	je me serai endormi(e)	nous nous serons endormi(e)s
tu t'endormiras	vous vous endormirez	tu te seras endormi(e)	vous vous serez endormi(e)(s)
il/elle s'endormira	ils/elles s'endormiront	il/elle se sera endormi(e)	ils/elles se seront endormi(e)s

CONDITIONAL		PAST CONDITIONAL	
je m'endormirais	nous nous endormirions	je me serais endormi(e)	nous nous serions endormi(e)s
tu t'endormirais	vous vous endormiriez	tu te serais endormi(e)	vous vous seriez endormi(e)(s)
il/elle s'endormirait	ils/elles s'endormiraient	il/elle se serait endormi(e)	ils/elles se seraient endormi(e)s

PRESENT SUBJUNCTIVE		PAST SUBJUNCTIVE	
que je m'endorme	que nous nous endormions	que je me sois endormi(e)	que nous nous soyons endormi(e)s
que tu t'endormes	que vous vous endormiez	que tu te sois endormi(e)	que vous vous soyez endormi(e)(s)
qu'il/elle s'endorme	qu'ils/elles s'endorment	qu'il/elle se soit endormi(e)	qu'ils/elles se soient endormi(e)s

IMPERFECT SUBJUNCTIVE		PLUPERFECT SUBJUNCTIVE	
que je m'endormisse	que nous nous endormissions	que je me fusse endormi(e)	que nous nous fussions endormi(e)s
que tu t'endormisses	que vous vous endormissiez	que tu te fusses endormi(e)	que vous vous fussiez endormi(e)(s)
qu'il/elle s'endormît	qu'ils/elles s'endormissent	qu'il/elle se fût endormi(e)	qu'ils/elles se fussent endormi(e)s

COMMANDS	
	(nous) endormons-nous
(tu) endors-toi	(vous) endormez-vous

Usage

—Tu as l'air fatigué, Claudette.
—Ça ne m'étonne pas. Je me suis endormie
  à trois heures du matin.
Le prof s'est fâché parce que Daniel s'est
  endormi en classe.

You look tired, Claudette.
That doesn't surprise me. I fell asleep at three in
  the morning.
The teacher got angry because Daniel fell asleep in class.

RELATED WORD

endormir
Je vais endormir les enfants.
Ce film endormira les spectateurs.
J'ai besoin d'une pilule pour endormir
  la douleur.

to put to sleep/put to rest
I'm going to put the children to sleep.
This film will put the audience to sleep.
I need a pill to stop the pain.

regular -er verb; spelling change: c > ç/a, o   j'enfonce · j'enfonçai · enfoncé · enfonçant

PRESENT

j'enfonce	nous enfonçons
tu enfonces	vous enfoncez
il/elle enfonce	ils/elles enfoncent

IMPERFECT

j'enfonçais	nous enfoncions
tu enfonçais	vous enfonciez
il/elle enfonçait	ils/elles enfonçaient

PASSÉ SIMPLE

j'enfonçai	nous enfonçâmes
tu enfonças	vous enfonçâtes
il/elle enfonça	ils/elles enfoncèrent

FUTURE

j'enfoncerai	nous enfoncerons
tu enfonceras	vous enfoncerez
il/elle enfoncera	ils/elles enfonceront

CONDITIONAL

j'enfoncerais	nous enfoncerions
tu enfoncerais	vous enfonceriez
il/elle enfoncerait	ils/elles enfonceraient

PRESENT SUBJUNCTIVE

que j'enfonce	que nous enfoncions
que tu enfonces	que vous enfonciez
qu'il/elle enfonce	qu'ils/elles enfoncent

IMPERFECT SUBJUNCTIVE

que j'enfonçasse	que nous enfonçassions
que tu enfonçasses	que vous enfonçassiez
qu'il/elle enfonçât	qu'ils/elles enfonçassent

COMMANDS

	(nous) enfonçons
(tu) enfonce	(vous) enfoncez

PASSÉ COMPOSÉ

j'ai enfoncé	nous avons enfoncé
tu as enfoncé	vous avez enfoncé
il/elle a enfoncé	ils/elles ont enfoncé

PLUPERFECT

j'avais enfoncé	nous avions enfoncé
tu avais enfoncé	vous aviez enfoncé
il/elle avait enfoncé	ils/elles avaient enfoncé

PAST ANTERIOR

j'eus enfoncé	nous eûmes enfoncé
tu eus enfoncé	vous eûtes enfoncé
il/elle eut enfoncé	ils/elles eurent enfoncé

FUTURE ANTERIOR

j'aurai enfoncé	nous aurons enfoncé
tu auras enfoncé	vous aurez enfoncé
il/elle aura enfoncé	ils/elles auront enfoncé

PAST CONDITIONAL

j'aurais enfoncé	nous aurions enfoncé
tu aurais enfoncé	vous auriez enfoncé
il/elle aurait enfoncé	ils/elles auraient enfoncé

PAST SUBJUNCTIVE

que j'aie enfoncé	que nous ayons enfoncé
que tu aies enfoncé	que vous ayez enfoncé
qu'il/elle ait enfoncé	qu'ils/elles aient enfoncé

PLUPERFECT SUBJUNCTIVE

que j'eusse enfoncé	que nous eussions enfoncé
que tu eusses enfoncé	que vous eussiez enfoncé
qu'il/elle eût enfoncé	qu'ils/elles eussent enfoncé

Usage

enfoncer des clous	*to hammer in nails*
Il faut enfoncer le clou. (*figurative*)	*You have to drive the point home.*
L'assassin lui a enfoncé un couteau dans le dos.	*The murderer stuck a knife in his back.*
La police a enfoncé la porte.	*The police broke the door down.*
Tu ne fais qu'enfoncer des portes ouvertes.	*All you're doing is belaboring the point.*

RELATED WORD

s'enfoncer	*to sink (into)/penetrate*
Le bateau s'enfonçait dans le lac.	*The boat sank into the lake.*
On s'est enfoncés dans la boue jusqu'aux chevilles.	*We sunk into the mud up to our ankles.*
Je te conseille de ne plus rien dire. Tu t'enfonces avec chaque phrase.	*I advise you not to say anything else. You're making things worse with each sentence.*

s'enfuir   *to flee, run away, escape*

je m'enfuis · je m'enfuis · s'étant enfui · s'enfuyant

irregular reflexive verb; compound tenses with être

PRESENT		PASSÉ COMPOSÉ	
je m'enfuis	nous nous enfuyons	je me suis enfui(e)	nous nous sommes enfui(e)s
tu t'enfuis	vous vous enfuyez	tu t'es enfui(e)	vous vous êtes enfui(e)(s)
il/elle s'enfuit	ils/elles s'enfuient	il/elle s'est enfui(e)	ils/elles se sont enfui(e)s

IMPERFECT		PLUPERFECT	
je m'enfuyais	nous nous enfuyions	je m'étais enfui(e)	nous nous étions enfui(e)s
tu t'enfuyais	vous vous enfuyiez	tu t'étais enfui(e)	vous vous étiez enfui(e)(s)
il/elle s'enfuyait	ils/elles s'enfuyaient	il/elle s'était enfui(e)	ils/elles s'étaient enfui(e)s

PASSÉ SIMPLE		PAST ANTERIOR	
je m'enfuis	nous nous enfuîmes	je me fus enfui(e)	nous nous fûmes enfui(e)s
tu t'enfuis	vous vous enfuîtes	tu te fus enfui(e)	vous vous fûtes enfui(e)(s)
il/elle s'enfuit	ils/elles s'enfuirent	il/elle se fut enfui(e)	ils/elles se furent enfui(e)s

FUTURE		FUTURE ANTERIOR	
je m'enfuirai	nous nous enfuirons	je me serai enfui(e)	nous nous serons enfui(e)s
tu t'enfuiras	vous vous enfuirez	tu te seras enfui(e)	vous vous serez enfui(e)(s)
il/elle s'enfuira	ils/elles s'enfuiront	il/elle se sera enfui(e)	ils/elles se seront enfui(e)s

CONDITIONAL		PAST CONDITIONAL	
je m'enfuirais	nous nous enfuirions	je me serais enfui(e)	nous nous serions enfui(e)s
tu t'enfuirais	vous vous enfuiriez	tu te serais enfui(e)	vous vous seriez enfui(e)(s)
il/elle s'enfuirait	ils/elles s'enfuiraient	il/elle se serait enfui(e)	ils/elles se seraient enfui(e)s

PRESENT SUBJUNCTIVE		PAST SUBJUNCTIVE	
que je m'enfuie	que nous nous enfuyions	que je me sois enfui(e)	que nous nous soyons enfui(e)s
que tu t'enfuies	que vous vous enfuyiez	que tu te sois enfui(e)	que vous vous soyez enfui(e)(s)
qu'il/elle s'enfuie	qu'ils/elles s'enfuient	qu'il/elle se soit enfui(e)	qu'ils/elles se soient enfui(e)s

IMPERFECT SUBJUNCTIVE		PLUPERFECT SUBJUNCTIVE	
que je m'enfuisse	que nous nous enfuissions	que je me fusse enfui(e)	que nous nous fussions enfui(e)s
que tu t'enfuisses	que vous vous enfuissiez	que tu te fusses enfui(e)	que vous vous fussiez enfui(e)(s)
qu'il/elle s'enfuît	qu'ils/elles s'enfuissent	qu'il/elle se fût enfui(e)	qu'ils/elles se fussent enfui(e)s

COMMANDS	
	(nous) enfuyons-nous
(tu) enfuis-toi	(vous) enfuyez-vous

Usage

Les prisonniers se sont enfuis.	*The prisoners fled.*
Un criminel dangereux s'est enfui de la prison.	*A dangerous criminal escaped from jail.*
Pour éviter une peine de prison il s'est enfui au Brésil.	*To avoid a prison sentence he ran away to Brazil.*
Leurs parents s'opposaient à leur mariage.	*Their parents were against their marriage.*
Ils se sont donc enfuis.	*So they eloped.*

regular -*er* verb; spelling change: é > è/mute e · · · · · · · · · · **j'enlève · j'enlevai · enlevé · enlevant**

PRESENT

j'enlève	nous enlevons
tu enlèves	vous enlevez
il/elle enlève	ils/elles enlèvent

IMPERFECT

j'enlevais	nous enlevions
tu enlevais	vous enleviez
il/elle enlevait	ils/elles enlevaient

PASSÉ SIMPLE

j'enlevai	nous enlevâmes
tu enlevas	vous enlevâtes
il/elle enleva	ils/elles enlevèrent

FUTURE

j'enlèverai	nous enlèverons
tu enlèveras	vous enlèverez
il/elle enlèvera	ils/elles enlèveront

CONDITIONAL

j'enlèverais	nous enlèverions
tu enlèverais	vous enlèveriez
il/elle enlèverait	ils/elles enlèveraient

PRESENT SUBJUNCTIVE

que j'enlève	que nous enlevions
que tu enlèves	que vous enleviez
qu'il/elle enlève	qu'ils/elles enlèvent

IMPERFECT SUBJUNCTIVE

que j'enlevasse	que nous enlevassions
que tu enlevasses	que vous enlevassiez
qu'il/elle enlevât	qu'ils/elles enlevassent

COMMANDS

	(nous) enlevons
(tu) enlève	(vous) enlevez

PASSÉ COMPOSÉ

j'ai enlevé	nous avons enlevé
tu as enlevé	vous avez enlevé
il/elle a enlevé	ils/elles ont enlevé

PLUPERFECT

j'avais enlevé	nous avions enlevé
tu avais enlevé	vous aviez enlevé
il/elle avait enlevé	ils/elles avaient enlevé

PAST ANTERIOR

j'eus enlevé	nous eûmes enlevé
tu eus enlevé	vous eûtes enlevé
il/elle eut enlevé	ils/elles eurent enlevé

FUTURE ANTERIOR

j'aurai enlevé	nous aurons enlevé
tu auras enlevé	vous aurez enlevé
il/elle aura enlevé	ils/elles auront enlevé

PAST CONDITIONAL

j'aurais enlevé	nous aurions enlevé
tu aurais enlevé	vous auriez enlevé
il/elle aurait enlevé	ils/elles auraient enlevé

PAST SUBJUNCTIVE

que j'aie enlevé	que nous ayons enlevé
que tu aies enlevé	que vous ayez enlevé
qu'il/elle ait enlevé	qu'ils/elles aient enlevé

PLUPERFECT SUBJUNCTIVE

que j'eusse enlevé	que nous eussions enlevé
que tu eusses enlevé	que vous eussiez enlevé
qu'il/elle eût enlevé	qu'ils/elles eussent enlevé

Usage

Il fait chaud ici. Je vais enlever ma veste.	*It's warm here. I'm going to take my jacket off.*
Enlevez cette chaise. Personne ne peut passer.	*Take away that chair. No one can pass.*
Enlevez ce mot de la phrase.	*Take this word out of the sentence.*
L'enfant a été enlevé.	*The child was kidnapped.*
Enlève tes mains de ta poche quand je te parle!	*Take your hands out of your pockets when I talk to you!*
Enlève tes coudes de la table!	*Get your elbows off the table!*
enlever des taches	*to get out stains*

RELATED WORD

l'enlèvement (*m*)	*kidnapping*

ennuyer *to bore; to annoy*

j'ennuie · j'ennuyai · ennuyé · ennuyant   regular -er verb; spelling change: *y > i*/mute e

PRESENT		PASSÉ COMPOSÉ	
j'ennuie	nous ennuyons	j'ai ennuyé	nous avons ennuyé
tu ennuies	vous ennuyez	tu as ennuyé	vous avez ennuyé
il/elle ennuie	ils/elles ennuient	il/elle a ennuyé	ils/elles ont ennuyé

IMPERFECT		PLUPERFECT	
j'ennuyais	nous ennuyions	j'avais ennuyé	nous avions ennuyé
tu ennuyais	vous ennuyiez	tu avais ennuyé	vous aviez ennuyé
il/elle ennuyait	ils/elles ennuyaient	il/elle avait ennuyé	ils/elles avaient ennuyé

PASSÉ SIMPLE		PAST ANTERIOR	
j'ennuyai	nous ennuyâmes	j'eus ennuyé	nous eûmes ennuyé
tu ennuyas	vous ennuyâtes	tu eus ennuyé	vous eûtes ennuyé
il/elle ennuya	ils/elles ennuyèrent	il/elle eut ennuyé	ils/elles eurent ennuyé

FUTURE		FUTURE ANTERIOR	
j'ennuierai	nous ennuierons	j'aurai ennuyé	nous aurons ennuyé
tu ennuieras	vous ennuierez	tu auras ennuyé	vous aurez ennuyé
il/elle ennuiera	ils/elles ennuieront	il/elle aura ennuyé	ils/elles auront ennuyé

CONDITIONAL		PAST CONDITIONAL	
j'ennuierais	nous ennuierions	j'aurais ennuyé	nous aurions ennuyé
tu ennuierais	vous ennuieriez	tu aurais ennuyé	vous auriez ennuyé
il/elle ennuierait	ils/elles ennuieraient	il/elle aurait ennuyé	ils/elles auraient ennuyé

PRESENT SUBJUNCTIVE		PAST SUBJUNCTIVE	
que j'ennuie	que nous ennuyions	que j'aie ennuyé	que nous ayons ennuyé
que tu ennuies	que vous ennuyiez	que tu aies ennuyé	que vous ayez ennuyé
qu'il/elle ennuie	qu'ils/elles ennuient	qu'il/elle ait ennuyé	qu'ils/elles aient ennuyé

IMPERFECT SUBJUNCTIVE		PLUPERFECT SUBJUNCTIVE	
que j'ennuyasse	que nous ennuyassions	que j'eusse ennuyé	que nous eussions ennuyé
que tu ennuyasses	que vous ennuyassiez	que tu eusses ennuyé	que vous eussiez ennuyé
qu'il/elle ennuyât	qu'ils/elles ennuyassent	qu'il/elle eût ennuyé	qu'ils/elles eussent ennuyé

COMMANDS	
	(nous) ennuyons
(tu) ennuie	(vous) ennuyez

Usage

Ce nouveau film m'a tellement ennuyé.	*This new film bored me so much.*
Ça m'ennuie de te voir si triste.	*It bothers me to see you so sad.*
Il m'ennuie avec ses accès de colère.	*He's annoying me with his fits of anger.*
Ça t'ennuierait de m'accompagner?	*Would you mind going with me?*
Nous ne voudrions pas vous ennuyer.	*We would not want to cause you any trouble.*

RELATED WORDS

l'ennui *(m)*	*boredom; trouble*
Ce roman est à mourir d'ennui.	*That novel can bore you to death.*
C'est un type qui vous cause toujours des ennuis.	*He's a guy who always gives you trouble.*
Elle a des ennuis avec sa fille.	*She's having trouble with her daughter.*
Si tu ne paies pas tes amendes, tu auras des ennuis avec la police.	*If you don't pay your fines, you'll have trouble with the police.*

regular *-er* reflexive verb; | je m'ennuie · je m'ennuyai · s'étant ennuyé · s'ennuyant
spelling change: *i > y*/mute *e*;
compound tenses with *être*

PRESENT

je m'ennuie	nous nous ennuyons
tu t'ennuies	vous vous ennuyez
il/elle s'ennuie	ils/elles s'ennuient

IMPERFECT

je m'ennuyais	nous nous ennuyions
tu t'ennuyais	vous vous ennuyiez
il/elle s'ennuyait	ils/elles s'ennuyaient

PASSÉ SIMPLE

je m'ennuyai	nous nous ennuyâmes
tu t'ennuyas	vous vous ennuyâtes
il/elle s'ennuya	ils/elles s'ennuyèrent

FUTURE

je m'ennuierai	nous nous ennuierons
tu t'ennuieras	vous vous ennuierez
il/elle s'ennuiera	ils/elles s'ennuieront

CONDITIONAL

je m'ennuierais	nous nous ennuierions
tu t'ennuierais	vous vous ennuieriez
il/elle s'ennuierait	ils/elles s'ennuieraient

PRESENT SUBJUNCTIVE

que je m'ennuie	que nous nous ennuyions
que tu t'ennuies	que vous vous ennuyiez
qu'il/elle s'ennuie	qu'ils/elles s'ennuient

IMPERFECT SUBJUNCTIVE

que je m'ennuyasse	que nous nous ennuyassions
que tu t'ennuyasses	que vous vous ennuyassiez
qu'il/elle s'ennuyât	qu'ils/elles s'ennuyassent

PASSÉ COMPOSÉ

je me suis ennuyé(e)	nous nous sommes ennuyé(e)s
tu t'es ennuyé(e)	vous vous êtes ennuyé(e)(s)
il/elle s'est ennuyé(e)	ils/elles se sont ennuyé(e)s

PLUPERFECT

je m'étais ennuyé(e)	nous nous étions ennuyé(e)s
tu t'étais ennuyé(e)	vous vous étiez ennuyé(e)(s)
il/elle s'était ennuyé(e)	ils/elles s'étaient ennuyé(e)s

PAST ANTERIOR

je me fus ennuyé(e)	nous nous fûmes ennuyé(e)s
tu te fus ennuyé(e)	vous vous fûtes ennuyé(e)(s)
il/elle se fut ennuyé(e)	ils/elles se furent ennuyé(e)s

FUTURE ANTERIOR

je me serai ennuyé(e)	nous nous serons ennuyé(e)s
tu te seras ennuyé(e)	vous vous serez ennuyé(e)(s)
il/elle se sera ennuyé(e)	ils/elles se seront ennuyé(e)s

PAST CONDITIONAL

je me serais ennuyé(e)	nous nous serions ennuyé(e)s
tu te serais ennuyé(e)	vous vous seriez ennuyé(e)(s)
il/elle se serait ennuyé(e)	ils/elles se seraient ennuyé(e)s

PAST SUBJUNCTIVE

que je me sois ennuyé(e)	que nous nous soyons ennuyé(e)s
que tu te sois ennuyé(e)	que vous vous soyez ennuyé(e)(s)
qu'il/elle se soit ennuyé(e)	qu'ils/elles se soient ennuyé(e)s

PLUPERFECT SUBJUNCTIVE

que je me fusse ennuyé(e)	que nous nous fussions ennuyé(e)s
que tu te fusses ennuyé(e)	que vous vous fussiez ennuyé(e)(s)
qu'il/elle se fût ennuyé(e)	qu'ils/elles se fussent ennuyé(e)s

COMMANDS

	(nous) ennuyons-nous
(tu) ennuie-toi	(vous) ennuyez-vous

Usage

Mon fils ne suit pas bien à l'école. Il dit qu'il s'y ennuie.	*My son isn't keeping up at school. He says he's bored there.*
Il s'ennuie à faire ses devoirs.	*He gets bored doing his homework.*
Ce film était vraiment horrible. Je m'ennuyais à mourir.	*That film was really horrible. I was bored to death.*
Je n'aime pas les vacances au village. Je m'y ennuie.	*I don't like vacationing in a village. I get bored there.*
J'aime sortir avec mes amis. Je ne m'ennuie jamais avec eux.	*I like to go out with my friends. I never get bored with them.*
Je ne savais pas que tu t'y ennuyais tellement.	*I didn't know you were so bored there.*
On ne s'ennuiera pas du tout avec eux.	*We won't be bored at all with them.*

enseigner *to teach*

j'enseigne · j'enseignai · enseigné · enseignant

regular *-er* verb

PRESENT

j'enseigne	nous enseignons
tu enseignes	vous enseignez
il/elle enseigne	ils/elles enseignent

IMPERFECT

j'enseignais	nous enseignions
tu enseignais	vous enseigniez
il/elle enseignait	ils/elles enseignaient

PASSÉ SIMPLE

j'enseignai	nous enseignâmes
tu enseignas	vous enseignâtes
il/elle enseigna	ils/elles enseignèrent

FUTURE

j'enseignerai	nous enseignerons
tu enseigneras	vous enseignerez
il/elle enseignera	ils/elles enseigneront

CONDITIONAL

j'enseignerais	nous enseignerions
tu enseignerais	vous enseigneriez
il/elle enseignerait	ils/elles enseigneraient

PRESENT SUBJUNCTIVE

que j'enseigne	que nous enseignions
que tu enseignes	que vous enseigniez
qu'il/elle enseigne	qu'ils/elles enseignent

IMPERFECT SUBJUNCTIVE

que j'enseignasse	que nous enseignassions
que tu enseignasses	que vous enseignassiez
qu'il/elle enseignât	qu'ils/elles enseignassent

COMMANDS

	(nous) enseignons
(tu) enseigne	(vous) enseignez

PASSÉ COMPOSÉ

j'ai enseigné	nous avons enseigné
tu as enseigné	vous avez enseigné
il/elle a enseigné	ils/elles ont enseigné

PLUPERFECT

j'avais enseigné	nous avions enseigné
tu avais enseigné	vous aviez enseigné
il/elle avait enseigné	ils/elles avaient enseigné

PAST ANTERIOR

j'eus enseigné	nous eûmes enseigné
tu eus enseigné	vous eûtes enseigné
il/elle eut enseigné	ils/elles eurent enseigné

FUTURE ANTERIOR

j'aurai enseigné	nous aurons enseigné
tu auras enseigné	vous aurez enseigné
il/elle aura enseigné	ils/elles auront enseigné

PAST CONDITIONAL

j'aurais enseigné	nous aurions enseigné
tu aurais enseigné	vous auriez enseigné
il/elle aurait enseigné	ils/elles auraient enseigné

PAST SUBJUNCTIVE

que j'aie enseigné	que nous ayons enseigné
que tu aies enseigné	que vous ayez enseigné
qu'il/elle ait enseigné	qu'ils/elles aient enseigné

PLUPERFECT SUBJUNCTIVE

que j'eusse enseigné	que nous eussions enseigné
que tu eusses enseigné	que vous eussiez enseigné
qu'il/elle eût enseigné	qu'ils/elles eussent enseigné

Usage

Elle enseigne les maths dans un lycée.	*She teaches math in a secondary school.*
enseigner à qqn une qualité	*to teach someone a quality*
Il faut enseigner la patience aux enfants.	*Children have to be taught patience.*
enseigner à qqn à faire qqch	*to teach someone to do something*
—Qui lui a enseigné à jouer du violon?	*Who taught him to play the violin?*
—Son grand-père lui a enseigné.	*His grandfather taught him.*

RELATED WORDS

l'enseignement *(m)*	*teaching/instruction*
Il travaille dans l'enseignement.	*He is a teacher.*
l'enseignement publique	*public education*
l'enseignement primaire/secondaire	*primary/secondary education*
Elle a consacré sa vie à l'enseignement des enfants handicapés.	*She devoted her life to teaching children with handicaps.*

regular *-re* verb

j'entends · j'entendis · entendu · entendant

PRESENT

j'entends	nous entendons
tu entends	vous entendez
il/elle entend	ils/elles entendent

IMPERFECT

j'entendais	nous entendions
tu entendais	vous entendiez
il/elle entendait	ils/elles entendaient

PASSÉ SIMPLE

j'entendis	nous entendîmes
tu entendis	vous entendîtes
il/elle entendit	ils/elles entendirent

FUTURE

j'entendrai	nous entendrons
tu entendras	vous entendrez
il/elle entendra	ils/elles entendront

CONDITIONAL

j'entendrais	nous entendrions
tu entendrais	vous entendriez
il/elle entendrait	ils/elles entendraient

PRESENT SUBJUNCTIVE

que j'entende	que nous entendions
que tu entendes	que vous entendiez
qu'il/elle entende	qu'ils/elles entendent

IMPERFECT SUBJUNCTIVE

que j'entendisse	que nous entendissions
que tu entendisses	que vous entendissiez
qu'il/elle entendît	qu'ils/elles entendissent

PASSÉ COMPOSÉ

j'ai entendu	nous avons entendu
tu as entendu	vous avez entendu
il/elle a entendu	ils/elles ont entendu

PLUPERFECT

j'avais entendu	nous avions entendu
tu avais entendu	vous aviez entendu
il/elle avait entendu	ils/elles avaient entendu

PAST ANTERIOR

j'eus entendu	nous eûmes entendu
tu eus entendu	vous eûtes entendu
il/elle eut entendu	ils/elles eurent entendu

FUTURE ANTERIOR

j'aurai entendu	nous aurons entendu
tu auras entendu	vous aurez entendu
il/elle aura entendu	ils/elles auront entendu

PAST CONDITIONAL

j'aurais entendu	nous aurions entendu
tu aurais entendu	vous auriez entendu
il/elle aurait entendu	ils/elles auraient entendu

PAST SUBJUNCTIVE

que j'aie entendu	que nous ayons entendu
que tu aies entendu	que vous ayez entendu
qu'il/elle ait entendu	qu'ils/elles aient entendu

PLUPERFECT SUBJUNCTIVE

que j'eusse entendu	que nous eussions entendu
que tu eusses entendu	que vous eussiez entendu
qu'il/elle eût entendu	qu'ils/elles eussent entendu

COMMANDS

	(nous) entendons
(tu) entends	(vous) entendez

Usage

J'entends de la musique.	*I hear music.*
Maintenant ils vont m'entendre!	*Are they going to catch it from me!*
Je n'entends pas qu'il me parle sur ce ton.	*I won't stand for his speaking to me that way.*
—Tu y entends quelque chose?	*Do you understand this at all?*
—Non, je n'y entends rien.	*No, I don't understand anything about it.*
—Il sait que tu veux qu'il te rende l'argent?	*Does he know that you want him to return the money to you?*
—Je l'ai laissé entendre.	*I hinted at it.*

RELATED WORDS

Entendu!	*Agreed!*
mal entendant(e)	*hard of hearing*

s'entendre   *to get along (with); to hear oneself*

PRESENT

je m'entends	nous nous entendons
tu t'entends	vous vous entendez
il/elle s'entend	ils/elles s'entendent

IMPERFECT

je m'entendais	nous nous entendions
tu t'entendais	vous vous entendiez
il/elle s'entendait	ils/elles s'entendaient

PASSÉ SIMPLE

je m'entendis	nous nous entendîmes
tu t'entendis	vous vous entendîtes
il/elle s'entendit	ils/elles s'entendirent

FUTURE

je m'entendrai	nous nous entendrons
tu t'entendras	vous vous entendrez
il/elle s'entendra	ils/elles s'entendront

CONDITIONAL

je m'entendrais	nous nous entendrions
tu t'entendrais	vous vous entendriez
il/elle s'entendrait	ils/elles s'entendraient

PRESENT SUBJUNCTIVE

que je m'entende	que nous nous entendions
que tu t'entendes	que vous vous entendiez
qu'il/elle s'entende	qu'ils/elles s'entendent

IMPERFECT SUBJUNCTIVE

que je m'entendisse	que nous nous entendissions
que tu t'entendisses	que vous vous entendissiez
qu'il/elle s'entendît	qu'ils/elles s'entendissent

PASSÉ COMPOSÉ

je me suis entendu(e)	nous nous sommes entendu(e)s
tu t'es entendu(e)	vous vous êtes entendu(e)(s)
il/elle s'est entendu(e)	ils/elles se sont entendu(e)s

PLUPERFECT

je m'étais entendu(e)	nous nous étions entendu(e)s
tu t'étais entendu(e)	vous vous étiez entendu(e)(s)
il/elle s'était entendu(e)	ils/elles s'étaient entendu(e)s

PAST ANTERIOR

je me fus entendu(e)	nous nous fûmes entendu(e)s
tu te fus entendu(e)	vous vous fûtes entendu(e)(s)
il/elle se fut entendu(e)	ils/elles se furent entendu(e)s

FUTURE ANTERIOR

je me serai entendu(e)	nous nous serons entendu(e)s
tu te seras entendu(e)	vous vous serez entendu(e)(s)
il/elle se sera entendu(e)	ils/elles se seront entendu(e)s

PAST CONDITIONAL

je me serais entendu(e)	nous nous serions entendu(e)s
tu te serais entendu(e)	vous vous seriez entendu(e)(s)
il/elle se serait entendu(e)	ils/elles se seraient entendu(e)s

PAST SUBJUNCTIVE

que je me sois entendu(e)	que nous nous soyons entendu(e)s
que tu te sois entendu(e)	que vous vous soyez entendu(e)(s)
qu'il/elle se soit entendu(e)	qu'ils/elles se soient entendu(e)s

PLUPERFECT SUBJUNCTIVE

que je me fusse entendu(e)	que nous nous fussions entendu(e)s
que tu te fusses entendu(e)	que vous vous fussiez entendu(e)(s)
qu'il/elle se fût entendu(e)	qu'ils/elles se fussent entendu(e)s

COMMANDS

	(nous) entendons-nous
(tu) entends-toi	(vous) entendez-vous

Usage

On ne s'entend pas du tout avec tout ce bruit.	*You can't hear yourself think with all this noise.*
s'entendre sur qqch	*to agree upon something*
Ils se sont entendus sur le plan à suivre.	*They agreed upon the plan they would follow.*
Il faut que nous nous entendions là-dessus.	*We must come to an agreement about that.*
s'entendre avec qqn	*to get along with someone*
Il ne s'entend pas avec les voisins.	*He doesn't get along with his neighbors.*

EXPRESSION

s'entendre comme chien et chat	*to not get along at all*

PRESENT

j'enterre	nous enterrons
tu enterres	vous enterrez
il/elle enterre	ils/elles enterrent

IMPERFECT

j'enterrais	nous enterrions
tu enterrais	vous enterriez
il/elle enterrait	ils/elles enterraient

PASSÉ SIMPLE

j'enterrai	nous enterrâmes
tu enterras	vous enterrâtes
il/elle enterra	ils/elles enterrèrent

FUTURE

j'enterrerai	nous enterrerons
tu enterreras	vous enterrerez
il/elle enterrera	ils/elles enterreront

CONDITIONAL

j'enterrerais	nous enterrerions
tu enterrerais	vous enterreriez
il/elle enterrerait	ils/elles enterreraient

PRESENT SUBJUNCTIVE

que j'enterre	que nous enterrions
que tu enterres	que vous enterriez
qu'il/elle enterre	qu'ils/elles enterrent

IMPERFECT SUBJUNCTIVE

que j'enterrasse	que nous enterrassions
que tu enterrasses	que vous enterrassiez
qu'il/elle enterrât	qu'ils/elles enterrassent

COMMANDS

	(nous) enterrons
(tu) enterre	(vous) enterrez

PASSÉ COMPOSÉ

j'ai enterré	nous avons enterré
tu as enterré	vous avez enterré
il/elle a enterré	ils/elles ont enterré

PLUPERFECT

j'avais enterré	nous avions enterré
tu avais enterré	vous aviez enterré
il/elle avait enterré	ils/elles avaient enterré

PAST ANTERIOR

j'eus enterré	nous eûmes enterré
tu eus enterré	vous eûtes enterré
il/elle eut enterré	ils/elles eurent enterré

FUTURE ANTERIOR

j'aurai enterré	nous aurons enterré
tu auras enterré	vous aurez enterré
il/elle aura enterré	ils/elles auront enterré

PAST CONDITIONAL

j'aurais enterré	nous aurions enterré
tu aurais enterré	vous auriez enterré
il/elle aurait enterré	ils/elles auraient enterré

PAST SUBJUNCTIVE

que j'aie enterré	que nous ayons enterré
que tu aies enterré	que vous ayez enterré
qu'il/elle ait enterré	qu'ils/elles aient enterré

PLUPERFECT SUBJUNCTIVE

que j'eusse enterré	que nous eussions enterré
que tu eusses enterré	que vous eussiez enterré
qu'il/elle eût enterré	qu'ils/elles eussent enterré

Usage

Hier nous avons enterré notre oncle.	*We buried our uncle yesterday.*
Il va enterrer sa vie de garçon lundi prochain.	*Next Monday he's throwing a bachelor party for himself.*
Cette vieille dame nous enterrera tous.	*That old woman will outlive us all.*
Il faut enterrer cette querelle.	*We must forget this quarrel.*

RELATED WORDS

l'enterrement *(m)*	*funeral*
On a réservé un enterrement de première classe pour mon idée.	*They voted thumbs down on my idea.*
Pourquoi cette tête d'enterrement?	*Why do you look so depressed?*

entreprendre *to undertake*

PRESENT

j'entreprends	nous entreprenons
tu entreprends	vous entreprenez
il/elle entreprend	ils/elles entreprennent

IMPERFECT

j'entreprenais	nous entreprenions
tu entreprenais	vous entrepreniez
il/elle entreprenait	ils/elles entreprenaient

PASSÉ SIMPLE

j'entrepris	nous entreprîmes
tu entrepris	vous entreprîtes
il/elle entreprit	ils/elles entreprirent

FUTURE

j'entreprendrai	nous entreprendrons
tu entreprendras	vous entreprendrez
il/elle entreprendra	ils/elles entreprendront

CONDITIONAL

j'entreprendrais	nous entreprendrions
tu entreprendrais	vous entreprendriez
il/elle entreprendrait	ils/elles entreprendraient

PRESENT SUBJUNCTIVE

que j'entreprenne	que nous entreprenions
que tu entreprennes	que vous entrepreniez
qu'il/elle entreprenne	qu'ils/elles entreprennent

IMPERFECT SUBJUNCTIVE

que j'entreprisse	que nous entreprissions
que tu entreprisses	que vous entreprissiez
qu'il/elle entreprît	qu'ils/elles entreprissent

PASSÉ COMPOSÉ

j'ai entrepris	nous avons entrepris
tu as entrepris	vous avez entrepris
il/elle a entrepris	ils/elles ont entrepris

PLUPERFECT

j'avais entrepris	nous avions entrepris
tu avais entrepris	vous aviez entrepris
il/elle avait entrepris	ils/elles avaient entrepris

PAST ANTERIOR

j'eus entrepris	nous eûmes entrepris
tu eus entrepris	vous eûtes entrepris
il/elle eut entrepris	ils/elles eurent entrepris

FUTURE ANTERIOR

j'aurai entrepris	nous aurons entrepris
tu auras entrepris	vous aurez entrepris
il/elle aura entrepris	ils/elles auront entrepris

PAST CONDITIONAL

j'aurais entrepris	nous aurions entrepris
tu aurais entrepris	vous auriez entrepris
il/elle aurait entrepris	ils/elles auraient entrepris

PAST SUBJUNCTIVE

que j'aie entrepris	que nous ayons entrepris
que tu aies entrepris	que vous ayez entrepris
qu'il/elle ait entrepris	qu'ils/elles aient entrepris

PLUPERFECT SUBJUNCTIVE

que j'eusse entrepris	que nous eussions entrepris
que tu eusses entrepris	que vous eussiez entrepris
qu'il/elle eût entrepris	qu'ils/elles eussent entrepris

COMMANDS

	(nous) entreprenons
(tu) entreprends	(vous) entreprenez

Usage

entreprendre un voyage	*to begin a trip*
entreprendre un nouveau travail	*to undertake a new job*
entreprendre de faire qqch	*to undertake to do something*
La police entreprit de ratisser la ville.	*The police undertook to comb the city.*

RELATED WORDS

l'entrepreneur/l'entrepreneuse	*entrepreneur; contractor*
l'entrepreneur de construction	*building contractor*
l'entrepreneur de pompes funèbres	*undertaker*
l'entreprise (*f*)	*company/firm*
L'entreprise a fait faillite.	*The company went bankrupt.*
Il travaille pour une grosse entreprise internationale.	*He works for a big international company.*

regular *-er* verb; compound tenses with *être* | **j'entre · j'entrai · entré · entrant**

PRESENT

j'entre	nous entrons
tu entres	vous entrez
il/elle entre	ils/elles entrent

IMPERFECT

j'entrais	nous entrions
tu entrais	vous entriez
il/elle entrait	ils/elles entraient

PASSÉ SIMPLE

j'entrai	nous entrâmes
tu entras	vous entrâtes
il/elle entra	ils/elles entrèrent

FUTURE

j'entrerai	nous entrerons
tu entreras	vous entrerez
il/elle entrera	ils/elles entreront

CONDITIONAL

j'entrerais	nous entrerions
tu entrerais	vous entreriez
il/elle entrerait	ils/elles entreraient

PRESENT SUBJUNCTIVE

que j'entre	que nous entrions
que tu entres	que vous entriez
qu'il/elle entre	qu'ils/elles entrent

IMPERFECT SUBJUNCTIVE

que j'entrasse	que nous entrassions
que tu entrasses	que vous entrassiez
qu'il/elle entrât	qu'ils/elles entrassent

COMMANDS

	(nous) entrons
(tu) entre	(vous) entrez

PASSÉ COMPOSÉ

je suis entré(e)	nous sommes entré(e)s
tu es entré(e)	vous êtes entré(e)(s)
il/elle est entré(e)	ils/elles sont entré(e)s

PLUPERFECT

j'étais entré(e)	nous étions entré(e)s
tu étais entré(e)	vous étiez entré(e)(s)
il/elle était entré(e)	ils/elles étaient entré(e)s

PAST ANTERIOR

je fus entré(e)	nous fûmes entré(e)s
tu fus entré(e)	vous fûtes entré(e)(s)
il/elle fut entré(e)	ils/elles furent entré(e)s

FUTURE ANTERIOR

je serai entré(e)	nous serons entré(e)s
tu seras entré(e)	vous serez entré(e)(s)
il/elle sera entré(e)	ils/elles seront entré(e)s

PAST CONDITIONAL

je serais entré(e)	nous serions entré(e)s
tu serais entré(e)	vous seriez entré(e)(s)
il/elle serait entré(e)	ils/elles seraient entré(e)s

PAST SUBJUNCTIVE

que je sois entré(e)	que nous soyons entré(e)s
que tu sois entré(e)	que vous soyez entré(e)(s)
qu'il/elle soit entré(e)	qu'ils/elles soient entré(e)s

PLUPERFECT SUBJUNCTIVE

que je fusse entré(e)	que nous fussions entré(e)s
que tu fusses entré(e)	que vous fussiez entré(e)(s)
qu'il/elle fût entré(e)	qu'ils/elles fussent entré(e)s

Usage

NOTE: When *entrer* is transitive as in *entrer des données*, it forms its compound tenses with *avoir*, not *être*.

Nous avons entré toutes les données.	*We entered all the data.*
entrer dans	*to enter/go in/come in*
Il est entré dans son bureau.	*He went into his office.*
Entrez sans frapper.	*Enter without knocking.* (sign)
Ça n'entre pas! Qu'est-ce qu'on va faire?	*It doesn't fit! What are we going to do?*
Elle est entrée dans l'enseignement.	*She entered the teaching profession.*
On y entre comme dans un moulin.	*Anyone can walk in.*

RELATED WORD

l'entrée *(f)*	*entrance*

je m'envole · je m'envolai · s'étant envolé · s'envolant

regular *-er* reflexive verb;
compound tenses with *être*

PRESENT

je m'envole	nous nous envolons
tu t'envoles	vous vous envolez
il/elle s'envole	ils/elles s'envolent

IMPERFECT

je m'envolais	nous nous envolions
tu t'envolais	vous vous envoliez
il/elle s'envolait	ils/elles s'envolaient

PASSÉ SIMPLE

je m'envolai	nous nous envolâmes
tu t'envolas	vous vous envolâtes
il/elle s'envola	ils/elles s'envolèrent

FUTURE

je m'envolerai	nous nous envolerons
tu t'envoleras	vous vous envolerez
il/elle s'envolera	ils/elles s'envoleront

CONDITIONAL

je m'envolerais	nous nous envolerions
tu t'envolerais	vous vous envoleriez
il/elle s'envolerait	ils/elles s'envoleraient

PRESENT SUBJUNCTIVE

que je m'envole	que nous nous envolions
que tu t'envoles	que vous vous envoliez
qu'il/elle s'envole	qu'ils/elles s'envolent

IMPERFECT SUBJUNCTIVE

que je m'envolasse	que nous nous envolassions
que tu t'envolasses	que vous vous envolassiez
qu'il/elle s'envolât	qu'ils/elles s'envolassent

PASSÉ COMPOSÉ

je me suis envolé(e)	nous nous sommes envolé(e)s
tu t'es envolé(e)	vous vous êtes envolé(e)(s)
il/elle s'est envolé(e)	ils/elles se sont envolé(e)s

PLUPERFECT

je m'étais envolé(e)	nous nous étions envolé(e)s
tu t'étais envolé(e)	vous vous étiez envolé(e)(s)
il/elle s'était envolé(e)	ils/elles s'étaient envolé(e)s

PAST ANTERIOR

je me fus envolé(e)	nous nous fûmes envolé(e)s
tu te fus envolé(e)	vous vous fûtes envolé(e)(s)
il/elle se fut envolé(e)	ils/elles se furent envolé(e)s

FUTURE ANTERIOR

je me serai envolé(e)	nous nous serons envolé(e)s
tu te seras envolé(e)	vous vous serez envolé(e)(s)
il/elle se sera envolé(e)	ils/elles se seront envolé(e)s

PAST CONDITIONAL

je me serais envolé(e)	nous nous serions envolé(e)s
tu te serais envolé(e)	vous vous seriez envolé(e)(s)
il/elle se serait envolé(e)	ils/elles se seraient envolé(e)s

PAST SUBJUNCTIVE

que je me sois envolé(e)	que nous nous soyons envolé(e)s
que tu te sois envolé(e)	que vous vous soyez envolé(e)(s)
qu'il/elle se soit envolé(e)	qu'ils/elles se soient envolé(e)s

PLUPERFECT SUBJUNCTIVE

que je me fusse envolé(e)	que nous nous fussions envolé(e)s
que tu te fusses envolé(e)	que vous vous fussiez envolé(e)(s)
qu'il/elle se fût envolé(e)	qu'ils/elles se fussent envolé(e)s

COMMANDS

	(nous) envolons-nous
(tu) envole-toi	(vous) envolez-vous

Usage

L'oiseau s'est envolé.	*The bird flew away.*
L'avion de Paris vient de s'envoler.	*The plane for Paris has just taken off.*
Avec le vent, son chapeau s'est envolé.	*With the wind, his hat blew off.*
Son désir de voyager s'est envolé.	*His desire to travel disappeared.*

RELATED WORD

l'envol *(m)*	*taking off/taking flight*
L'oiseau a pris son envol.	*The bird took flight.*
l'envol de l'avion	*the plane's takeoff*

irregular verb; spelling change: *y > i*/mute e   j'envoie · j'envoyai · envoyé · envoyant

PRESENT

j'envoie	nous envoyons
tu envoies	vous envoyez
il/elle envoie	ils/elles envoient

IMPERFECT

j'envoyais	nous envoyions
tu envoyais	vous envoyiez
il/elle envoyait	ils/elles envoyaient

PASSÉ SIMPLE

j'envoyai	nous envoyâmes
tu envoyas	vous envoyâtes
il/elle envoya	ils/elles envoyèrent

FUTURE

j'enverrai	nous enverrons
tu enverras	vous enverrez
il/elle enverra	ils/elles enverront

CONDITIONAL

j'enverrais	nous enverrions
tu enverrais	vous enverriez
il/elle enverrait	ils/elles enverraient

PRESENT SUBJUNCTIVE

que j'envoie	que nous envoyions
que tu envoies	que vous envoyiez
qu'il/elle envoie	qu'ils/elles envoient

IMPERFECT SUBJUNCTIVE

que j'envoyasse	que nous envoyassions
que tu envoyasses	que vous envoyassiez
qu'il/elle envoyât	qu'ils/elles envoyassent

PASSÉ COMPOSÉ

j'ai envoyé	nous avons envoyé
tu as envoyé	vous avez envoyé
il/elle a envoyé	ils/elles ont envoyé

PLUPERFECT

j'avais envoyé	nous avions envoyé
tu avais envoyé	vous aviez envoyé
il/elle avait envoyé	ils/elles avaient envoyé

PAST ANTERIOR

j'eus envoyé	nous eûmes envoyé
tu eus envoyé	vous eûtes envoyé
il/elle eut envoyé	ils/elles eurent envoyé

FUTURE ANTERIOR

j'aurai envoyé	nous aurons envoyé
tu auras envoyé	vous aurez envoyé
il/elle aura envoyé	ils/elles auront envoyé

PAST CONDITIONAL

j'aurais envoyé	nous aurions envoyé
tu aurais envoyé	vous auriez envoyé
il/elle aurait envoyé	ils/elles auraient envoyé

PAST SUBJUNCTIVE

que j'aie envoyé	que nous ayons envoyé
que tu aies envoyé	que vous ayez envoyé
qu'il/elle ait envoyé	qu'ils/elles aient envoyé

PLUPERFECT SUBJUNCTIVE

que j'eusse envoyé	que nous eussions envoyé
que tu eusses envoyé	que vous eussiez envoyé
qu'il/elle eût envoyé	qu'ils/elles eussent envoyé

COMMANDS

	(nous) envoyons
(tu) envoie	(vous) envoyez

Usage

envoyer une lettre/un paquet/un e-mail	*to send a letter/a package/an e-mail*
envoyer qqch à qqn	*to send something to someone*
—Qu'est-ce que ta petite amie t'a envoyé pour ton anniversaire?	*What did your girlfriend send you for your birthday?*
—Elle m'a envoyé un appareil numérique.	*She sent me a digital camera.*
envoyer qqn quelque part	*to send someone somewhere*
Son entreprise l'a envoyée en Asie.	*Her firm sent her to Asia.*
envoyer chercher qqn pour qqch	*to send someone for something*
Je l'ai envoyé chercher une pizza.	*I sent him to get a pizza.*
Elle l'a envoyé promener.	*She sent him packing./She told him where to get off.*

RELATED WORDS

l'envoi *(m)*	*shipment*
l'envoi de devises	*sending of currency*

épouser *to marry*

PRESENT

j'épouse	nous épousons
tu épouses	vous épousez
il/elle épouse	ils/elles épousent

IMPERFECT

j'épousais	nous épousions
tu épousais	vous épousiez
il/elle épousait	ils/elles épousaient

PASSÉ SIMPLE

j'épousai	nous épousâmes
tu épousas	vous épousâtes
il/elle épousa	ils/elles épousèrent

FUTURE

j'épouserai	nous épouserons
tu épouseras	vous épouserez
il/elle épousera	ils/elles épouseront

CONDITIONAL

j'épouserais	nous épouserions
tu épouserais	vous épouseriez
il/elle épouserait	ils/elles épouseraient

PRESENT SUBJUNCTIVE

que j'épouse	que nous épousions
que tu épouses	que vous épousiez
qu'il/elle épouse	qu'ils/elles épousent

IMPERFECT SUBJUNCTIVE

que j'épousasse	que nous épousassions
que tu épousasses	que vous épousassiez
qu'il/elle épousât	qu'ils/elles épousassent

PASSÉ COMPOSÉ

j'ai épousé	nous avons épousé
tu as épousé	vous avez épousé
il/elle a épousé	ils/elles ont épousé

PLUPERFECT

j'avais épousé	nous avions épousé
tu avais épousé	vous aviez épousé
il/elle avait épousé	ils/elles avaient épousé

PAST ANTERIOR

j'eus épousé	nous eûmes épousé
tu eus épousé	vous eûtes épousé
il/elle eut épousé	ils/elles eurent épousé

FUTURE ANTERIOR

j'aurai épousé	nous aurons épousé
tu auras épousé	vous aurez épousé
il/elle aura épousé	ils/elles auront épousé

PAST CONDITIONAL

j'aurais épousé	nous aurions épousé
tu aurais épousé	vous auriez épousé
il/elle aurait épousé	ils/elles auraient épousé

PAST SUBJUNCTIVE

que j'aie épousé	que nous ayons épousé
que tu aies épousé	que vous ayez épousé
qu'il/elle ait épousé	qu'ils/elles aient épousé

PLUPERFECT SUBJUNCTIVE

que j'eusse épousé	que nous eussions épousé
que tu eusses épousé	que vous eussiez épousé
qu'il/elle eût épousé	qu'ils/elles eussent épousé

COMMANDS

	(nous) épousons
(tu) épouse	(vous) épousez

Usage

—Il a épousé sa voisine.	*He married his neighbor.*
—Quand est-ce qu'ils se sont épousés?	*When did they get married?*
—Il y a trois mois.	*Three months ago.*
—Elle l'a épousé par amour?	*Did she marry him for love?*
—Non, elle l'a épousé par intérêt.	*No, she married him out of self-interest.*
—Elle l'a donc épousé pour son argent?	*So she married him for his money?*
—Je crois. Elle a toujours voulu épouser une grosse somme d'argent.	*I think so. She always wanted to marry into money.*

RELATED WORDS

l'époux *(m)*	*spouse/husband*
l'épouse *(f)*	*spouse/wife*
les époux *(mpl)*	*married couple*
s'épouser	*to get married*

irregular verb;
compound tenses with *être*

je m'éprends · je m'épris · s'étant épris · s'éprenant

PRESENT

je m'éprends	nous nous éprenons
tu t'éprends	vous vous éprenez
il/elle s'éprend	ils/elles s'éprennent

IMPERFECT

je m'éprenais	nous nous éprenions
tu t'éprenais	vous vous épreniez
il/elle s'éprenait	ils/elles s'éprenaient

PASSÉ SIMPLE

je m'épris	nous nous éprîmes
tu t'épris	vous vous éprîtes
il/elle s'éprit	ils/elles s'éprirent

FUTURE

je m'éprendrai	nous nous éprendrons
tu t'éprendras	vous vous éprendrez
il/elle s'éprendra	ils/elles s'éprendront

CONDITIONAL

je m'éprendrais	nous nous éprendrions
tu t'éprendrais	vous vous éprendriez
il/elle s'éprendrait	ils/elles s'éprendraient

PRESENT SUBJUNCTIVE

que je m'éprenne	que nous nous éprenions
que tu t'éprennes	que vous vous épreniez
qu'il/elle s'éprenne	qu'ils/elles s'éprennent

IMPERFECT SUBJUNCTIVE

que je m'éprisse	que nous nous éprissions
que tu t'éprisses	que vous vous éprissiez
qu'il/elle s'éprît	qu'ils/elles s'éprissent

PASSÉ COMPOSÉ

je me suis épris(e)	nous nous sommes épris(es)
tu t'es épris(e)	vous vous êtes épris(e)(s)
il/elle s'est épris(e)	ils/elles se sont épris(es)

PLUPERFECT

je m'étais épris(e)	nous nous étions épris(es)
tu t'étais épris(e)	vous vous étiez épris(e)(s)
il/elle s'était épris(e)	ils/elles s'étaient épris(es)

PAST ANTERIOR

je me fus épris(e)	nous nous fûmes épris(es)
tu te fus épris(e)	vous vous fûtes épris(e)(s)
il/elle se fut épris(e)	ils/elles se furent épris(es)

FUTURE ANTERIOR

je me serai épris(e)	nous nous serons épris(es)
tu te seras épris(e)	vous vous serez épris(e)(s)
il/elle se sera épris(e)	ils/elles se seront épris(es)

PAST CONDITIONAL

je me serais épris(e)	nous nous serions épris(es)
tu te serais épris(e)	vous vous seriez épris(e)(s)
il/elle se serait épris(e)	ils/elles se seraient épris(es)

PAST SUBJUNCTIVE

que je me sois épris(e)	que nous nous soyons épris(es)
que tu te sois épris(e)	que vous vous soyez épris(e)(s)
qu'il/elle se soit épris(e)	qu'ils/elles se soient épris(es)

PLUPERFECT SUBJUNCTIVE

que je me fusse épris(e)	que nous nous fussions épris(es)
que tu te fusses épris(e)	que vous vous fussiez épris(e)(s)
qu'il/elle se fût épris(e)	qu'ils/elles se fussent épris(es)

COMMANDS

	(nous) éprenons-nous
(tu) éprends-toi	(vous) éprenez-vous

Usage

s'éprendre de qqn	*to fall in love with someone* (literary)
Elle s'est éprise de son professeur.	*She fell in love with her teacher.*
On voyait qu'il s'éprenait de son travail.	*They saw he was becoming enamored of his work.*
Il s'est épris de cette théorie.	*He became impassioned with this theory.*
C'est une femme éprise de sa profession.	*She's a woman enamored with her profession.*
Je te vois épris de ton métier.	*I see you love your work.*

éprouver *to experience, feel*

PRESENT

j'éprouve	nous éprouvons
tu éprouves	vous éprouvez
il/elle éprouve	ils/elles éprouvent

IMPERFECT

j'éprouvais	nous éprouvions
tu éprouvais	vous éprouviez
il/elle éprouvait	ils/elles éprouvaient

PASSÉ SIMPLE

j'éprouvai	nous éprouvâmes
tu éprouvas	vous éprouvâtes
il/elle éprouva	ils/elles éprouvèrent

FUTURE

j'éprouverai	nous éprouverons
tu éprouveras	vous éprouverez
il/elle éprouvera	ils/elles éprouveront

CONDITIONAL

j'éprouverais	nous éprouverions
tu éprouverais	vous éprouveriez
il/elle éprouverait	ils/elles éprouveraient

PRESENT SUBJUNCTIVE

que j'éprouve	que nous éprouvions
que tu éprouves	que vous éprouviez
qu'il/elle éprouve	qu'ils/elles éprouvent

IMPERFECT SUBJUNCTIVE

que j'éprouvasse	que nous éprouvassions
que tu éprouvasses	que vous éprouvassiez
qu'il/elle éprouvât	qu'ils/elles éprouvassent

PASSÉ COMPOSÉ

j'ai éprouvé	nous avons éprouvé
tu as éprouvé	vous avez éprouvé
il/elle a éprouvé	ils/elles ont éprouvé

PLUPERFECT

j'avais éprouvé	nous avions éprouvé
tu avais éprouvé	vous aviez éprouvé
il/elle avait éprouvé	ils/elles avaient éprouvé

PAST ANTERIOR

j'eus éprouvé	nous eûmes éprouvé
tu eus éprouvé	vous eûtes éprouvé
il/elle eut éprouvé	ils/elles eurent éprouvé

FUTURE ANTERIOR

j'aurai éprouvé	nous aurons éprouvé
tu auras éprouvé	vous aurez éprouvé
il/elle aura éprouvé	ils/elles auront éprouvé

PAST CONDITIONAL

j'aurais éprouvé	nous aurions éprouvé
tu aurais éprouvé	vous auriez éprouvé
il/elle aurait éprouvé	ils/elles auraient éprouvé

PAST SUBJUNCTIVE

que j'aie éprouvé	que nous ayons éprouvé
que tu aies éprouvé	que vous ayez éprouvé
qu'il/elle ait éprouvé	qu'ils/elles aient éprouvé

PLUPERFECT SUBJUNCTIVE

que j'eusse éprouvé	que nous eussions éprouvé
que tu eusses éprouvé	que vous eussiez éprouvé
qu'il/elle eût éprouvé	qu'ils/elles eussent éprouvé

COMMANDS

	(nous) éprouvons
(tu) éprouve	(vous) éprouvez

Usage

éprouver un sentiment de détresse	*to experience a feeling of distress*
éprouver des difficultés à la faculté	*to have difficulties at college*
Il faut qu'on éprouve sa compétence.	*We must test his competence.*
Cette mission a éprouvé son courage.	*That mission tested his courage.*

RELATED WORDS

éprouvé(e)	*tested*
une valeur éprouvée	*a tested value*
l'épreuve *(f)*	*test/difficulty*
une épreuve de résistance	*endurance/resistance test*
à l'épreuve de balles	*bulletproof*
Cette année a été pleine d'épreuves pour moi.	*This year was full of problems for me.*
mettre qqn/qqch à l'épreuve	*to put someone/something to the test*
Cette théorie n'a pas encore été mise à l'épreuve.	*This theory has not yet been put to the test.*
les épreuves d'un livre	*the galleys/proofs of a book*
corriger les épreuves	*to proofread*

-er verb; spelling change: é > è/mute e | **j'espère · j'espérai · espéré · espérant**

PRESENT

j'espère	nous espérons
tu espères	vous espérez
il/elle espère	ils/elles espèrent

IMPERFECT

j'espérais	nous espérions
tu espérais	vous espériez
il/elle espérait	ils/elles espéraient

PASSÉ SIMPLE

j'espérai	nous espérâmes
tu espéras	vous espérâtes
il/elle espéra	ils/elles espérèrent

FUTURE

j'espérerai	nous espérerons
tu espéreras	vous espérerez
il/elle espérera	ils/elles espéreront

CONDITIONAL

j'espérerais	nous espérerions
tu espérerais	vous espéreriez
il/elle espérerait	ils/elles espéreraient

PRESENT SUBJUNCTIVE

que j'espère	que nous espérions
que tu espères	que vous espériez
qu'il/elle espère	qu'ils/elles espèrent

IMPERFECT SUBJUNCTIVE

que j'espérasse	que nous espérassions
que tu espérasses	que vous espérassiez
qu'il/elle espérât	qu'ils/elles espérassent

COMMANDS

	(nous) espérons
(tu) espère	(vous) espérez

PASSÉ COMPOSÉ

j'ai espéré	nous avons espéré
tu as espéré	vous avez espéré
il/elle a espéré	ils/elles ont espéré

PLUPERFECT

j'avais espéré	nous avions espéré
tu avais espéré	vous aviez espéré
il/elle avait espéré	ils/elles avaient espéré

PAST ANTERIOR

j'eus espéré	nous eûmes espéré
tu eus espéré	vous eûtes espéré
il/elle eut espéré	ils/elles eurent espéré

FUTURE ANTERIOR

j'aurai espéré	nous aurons espéré
tu auras espéré	vous aurez espéré
il/elle aura espéré	ils/elles auront espéré

PAST CONDITIONAL

j'aurais espéré	nous aurions espéré
tu aurais espéré	vous auriez espéré
il/elle aurait espéré	ils/elles auraient espéré

PAST SUBJUNCTIVE

que j'aie espéré	que nous ayons espéré
que tu aies espéré	que vous ayez espéré
qu'il/elle ait espéré	qu'ils/elles aient espéré

PLUPERFECT SUBJUNCTIVE

que j'eusse espéré	que nous eussions espéré
que tu eusses espéré	que vous eussiez espéré
qu'il/elle eût espéré	qu'ils/elles eussent espéré

Usage

J'espère que tu pourras venir à la fête.	_I hope you'll be able to come to the party._
Il espère trouver un emploi.	_He hopes he'll find a job._
J'espère quand même qu'on retrouvera mon chat.	_I'm hoping against hope that my cat will be found._
Il espère en l'avenir.	_He has hope for the future._
Je l'espère bien.	_I hope so._

RELATED WORDS

l'espérance (f)	_hope/expectations_
Il a guéri contre toute espérance.	_He got better contrary to all expectations._
Le succès de mon fils est toute mon espérance.	_My son's success is my only hope._
l'espoir (m)	_hope_
Il n'y plus d'espoir de récupérer les biens perdus.	_There's no hope of getting back our lost property._

essayer   *to try*

PRESENT

j'essaie	nous essayons
tu essaies	vous essayez
il/elle essaie	ils/elles essaient

PASSÉ COMPOSÉ

j'ai essayé	nous avons essayé
tu as essayé	vous avez essayé
il/elle a essayé	ils/elles ont essayé

IMPERFECT

j'essayais	nous essayions
tu essayais	vous essayiez
il/elle essayait	ils/elles essayaient

PLUPERFECT

j'avais essayé	nous avions essayé
tu avais essayé	vous aviez essayé
il/elle avait essayé	ils/elles avaient essayé

PASSÉ SIMPLE

j'essayai	nous essayâmes
tu essayas	vous essayâtes
il/elle essaya	ils/elles essayèrent

PAST ANTERIOR

j'eus essayé	nous eûmes essayé
tu eus essayé	vous eûtes essayé
il/elle eut essayé	ils/elles eurent essayé

FUTURE

j'essaierai	nous essaierons
tu essaieras	vous essaierez
il/elle essaiera	ils/elles essaieront

FUTURE ANTERIOR

j'aurai essayé	nous aurons essayé
tu auras essayé	vous aurez essayé
il/elle aura essayé	ils/elles auront essayé

CONDITIONAL

j'essaierais	nous essaierions
tu essaierais	vous essaieriez
il/elle essaierait	ils/elles essaieraient

PAST CONDITIONAL

j'aurais essayé	nous aurions essayé
tu aurais essayé	vous auriez essayé
il/elle aurait essayé	ils/elles auraient essayé

PRESENT SUBJUNCTIVE

que j'essaie	que nous essayions
que tu essaies	que vous essayiez
qu'il/elle essaie	qu'ils/elles essaient

PAST SUBJUNCTIVE

que j'aie essayé	que nous ayons essayé
que tu aies essayé	que vous ayez essayé
qu'il/elle ait essayé	qu'ils/elles aient essayé

IMPERFECT SUBJUNCTIVE

que j'essayasse	que nous essayassions
que tu essayasses	que vous essayassiez
qu'il/elle essayât	qu'ils/elles essayassent

PLUPERFECT SUBJUNCTIVE

que j'eusse essayé	que nous eussions essayé
que tu eusses essayé	que vous eussiez essayé
qu'il/elle eût essayé	qu'ils/elles eussent essayé

COMMANDS

	(nous) essayons
(tu) essaie	(vous) essayez

Usage

NOTE: This verb is sometimes seen without the *y > i* change, such as *j'essaye*.

essayer qqch	*to try something/try something on/taste something*
Je vais essayer cette robe.	*I'm going to try this dress on.*
Essaie cette soupe! Elle est vraiment bonne.	*Taste this soup! It's really good.*
essayer de faire qqch	*to try to do something*
J'essaierai d'arriver avant neuf heures.	*I'll try to get there before nine o'clock.*
Essayez de me comprendre.	*Try to understand me.*
Le prisonnier a essayé de s'enfuir.	*The prisoner tried to escape.*

RELATED WORDS

l'essai *(m)*	*testing/trying/try; essay*
mettre qqch à l'essai	*to try something out*
faire deux essais	*to have two tries*
On m'a pris à l'essai.	*I've been taken on for a trial period.*
Nous avons lu des essais.	*We read essays.*

regular *-er* verb; spelling change: *y > i*/mute e   j'essuie · j'essuyai · essuyé · essuyant

PRESENT

j'essuie	nous essuyons
tu essuies	vous essuyez
il/elle essuie	ils/elles essuient

IMPERFECT

j'essuyais	nous essuyions
tu essuyais	vous essuyiez
il/elle essuyait	ils/elles essuyaient

PASSÉ SIMPLE

j'essuyai	nous essuyâmes
tu essuyas	vous essuyâtes
il/elle essuya	ils/elles essuyèrent

FUTURE

j'essuierai	nous essuierons
tu essuieras	vous essuierez
il/elle essuiera	ils/elles essuieront

CONDITIONAL

j'essuierais	nous essuierions
tu essuierais	vous essuieriez
il/elle essuierait	ils/elles essuieraient

PRESENT SUBJUNCTIVE

que j'essuie	que nous essuyions
que tu essuies	que vous essuyiez
qu'il/elle essuie	qu'ils/elles essuient

IMPERFECT SUBJUNCTIVE

que j'essuyasse	que nous essuyassions
que tu essuyasses	que vous essuyassiez
qu'il/elle essuyât	qu'ils/elles essuyassent

PASSÉ COMPOSÉ

j'ai essuyé	nous avons essuyé
tu as essuyé	vous avez essuyé
il/elle a essuyé	ils/elles ont essuyé

PLUPERFECT

j'avais essuyé	nous avions essuyé
tu avais essuyé	vous aviez essuyé
il/elle avait essuyé	ils/elles avaient essuyé

PAST ANTERIOR

j'eus essuyé	nous eûmes essuyé
tu eus essuyé	vous eûtes essuyé
il/elle eut essuyé	ils/elles eurent essuyé

FUTURE ANTERIOR

j'aurai essuyé	nous aurons essuyé
tu auras essuyé	vous aurez essuyé
il/elle aura essuyé	ils/elles auront essuyé

PAST CONDITIONAL

j'aurais essuyé	nous aurions essuyé
tu aurais essuyé	vous auriez essuyé
il/elle aurait essuyé	ils/elles auraient essuyé

PAST SUBJUNCTIVE

que j'aie essuyé	que nous ayons essuyé
que tu aies essuyé	que vous ayez essuyé
qu'il/elle ait essuyé	qu'ils/elles aient essuyé

PLUPERFECT SUBJUNCTIVE

que j'eusse essuyé	que nous eussions essuyé
que tu eusses essuyé	que vous eussiez essuyé
qu'il/elle eût essuyé	qu'ils/elles eussent essuyé

COMMANDS

	(nous) essuyons
(tu) essuie	(vous) essuyez

Usage

Dis aux enfants de s'essuyer les pieds avant d'entrer.	*Tell the children to wipe their feet before coming in.*
Est-ce qu'il y a une serviette? Je veux m'essuyer les mains.	*Is there a towel? I want to wipe my hands.*
Viens m'aider. Essuie la vaisselle.	*Come help me. Dry the dishes.*
C'est à qui d'essuyer le tableau aujourd'hui?	*Whose turn is it to erase the board today?*

RELATED WORDS

l'essuie-glace *(m)*	*windshield wiper*
l'essuie-mains *(m)*	*hand towel*
l'essuyage *(m)*	*wiping*

établir   *to establish*

j'établis · j'établis · établi · établissant   regular *-ir* verb

PRESENT	
j'établis	nous établissons
tu établis	vous établissez
il/elle établit	ils/elles établissent

PASSÉ COMPOSÉ	
j'ai établi	nous avons établi
tu as établi	vous avez établi
il/elle a établi	ils/elles ont établi

IMPERFECT	
j'établissais	nous établissions
tu établissais	vous établissiez
il/elle établissait	ils/elles établissaient

PLUPERFECT	
j'avais établi	nous avions établi
tu avais établi	vous aviez établi
il/elle avait établi	ils/elles avaient établi

PASSÉ SIMPLE	
j'établis	nous établîmes
tu établis	vous établîtes
il/elle établit	ils/elles établirent

PAST ANTERIOR	
j'eus établi	nous eûmes établi
tu eus établi	vous eûtes établi
il/elle eut établi	ils/elles eurent établi

FUTURE	
j'établirai	nous établirons
tu établiras	vous établirez
il/elle établira	ils/elles établiront

FUTURE ANTERIOR	
j'aurai établi	nous aurons établi
tu auras établi	vous aurez établi
il/elle aura établi	ils/elles auront établi

CONDITIONAL	
j'établirais	nous établirions
tu établirais	vous établiriez
il/elle établirait	ils/elles établiraient

PAST CONDITIONAL	
j'aurais établi	nous aurions établi
tu aurais établi	vous auriez établi
il/elle aurait établi	ils/elles auraient établi

PRESENT SUBJUNCTIVE	
que j'établisse	que nous établissions
que tu établisses	que vous établissiez
qu'il/elle établisse	qu'ils/elles établissent

PAST SUBJUNCTIVE	
que j'aie établi	que nous ayons établi
que tu aies établi	que vous ayez établi
qu'il/elle ait établi	qu'ils/elles aient établi

IMPERFECT SUBJUNCTIVE	
que j'établisse	que nous établissions
que tu établisses	que vous établissiez
qu'il/elle établît	qu'ils/elles établissent

PLUPERFECT SUBJUNCTIVE	
que j'eusse établi	que nous eussions établi
que tu eusses établi	que vous eussiez établi
qu'il/elle eût établi	qu'ils/elles eussent établi

COMMANDS	
	(nous) établissons
(tu) établis	(vous) établissez

Usage

Ils ont établi leur domicile dans le Xe.	*They set up their home in the tenth arrondissement.*
J'ai aidé mon fils à s'établir.	*I helped my son get his start in life.*
Sa culpabilité est bien établie.	*His guilt has been established.*
Vous n'avez pas encore établi l'innocence de votre client.	*You have not yet established your client's innocence.*
Renault a établi une usine au Mexique.	*Renault has set up a factory in Mexico.*
Les colonisateurs ont établi un gouvernement.	*The colonizers set up a government.*
Lui et moi, nous avons établi une amitié solide.	*He and I have become true friends.*
Il est impossible d'établir une comparaison entre ces deux situations.	*It is impossible to draw a comparison between these two situations.*

RELATED WORDS

l'établissement *(m)*	*establishment/establishing*
Notre établissement vous remercie.	*Our firm thanks you.*
un établissement scolaire	*school*
l'établissement d'une usine	*the setting up of a factory*

regular -er verb; spelling change: *y > i*/mute e   **j'étaie · j'étayai · étayé · étayant**

PRESENT

j'étaie	nous étayons
tu étaies	vous étayez
il/elle étaie	ils/elles étaient

PASSÉ COMPOSÉ

j'ai étayé	nous avons étayé
tu as étayé	vous avez étayé
il/elle a étayé	ils/elles ont étayé

IMPERFECT

j'étayais	nous étayions
tu étayais	vous étayiez
il/elle étayait	ils/elles étayaient

PLUPERFECT

j'avais étayé	nous avions étayé
tu avais étayé	vous aviez étayé
il/elle avait étayé	ils/elles avaient étayé

PASSÉ SIMPLE

j'étayai	nous étayâmes
tu étayas	vous étayâtes
il/elle étaya	ils/elles étayèrent

PAST ANTERIOR

j'eus étayé	nous eûmes étayé
tu eus étayé	vous eûtes étayé
il/elle eut étayé	ils/elles eurent étayé

FUTURE

j'étaierai	nous étaierons
tu étaieras	vous étaierez
il/elle étaiera	ils/elles étaieront

FUTURE ANTERIOR

j'aurai étayé	nous aurons étayé
tu auras étayé	vous aurez étayé
il/elle aura étayé	ils/elles auront étayé

CONDITIONAL

j'étaierais	nous étaierions
tu étaierais	vous étaieriez
il/elle étaierait	ils/elles étaieraient

PAST CONDITIONAL

j'aurais étayé	nous aurions étayé
tu aurais étayé	vous auriez étayé
il/elle aurait étayé	ils/elles auraient étayé

PRESENT SUBJUNCTIVE

que j'étaie	que nous étayions
que tu étaies	que vous étayiez
qu'il/elle étaie	qu'ils/elles étaient

PAST SUBJUNCTIVE

que j'aie étayé	que nous ayons étayé
que tu aies étayé	que vous ayez étayé
qu'il/elle ait étayé	qu'ils/elles aient étayé

IMPERFECT SUBJUNCTIVE

que j'étayasse	que nous étayassions
que tu étayasses	que vous étayassiez
qu'il/elle étayât	qu'ils/elles étayassent

PLUPERFECT SUBJUNCTIVE

que j'eusse étayé	que nous eussions étayé
que tu eusses étayé	que vous eussiez étayé
qu'il/elle eût étayé	qu'ils/elles eussent étayé

COMMANDS

	(nous) étayons
(tu) étaie	(vous) étayez

Usage

NOTE: This verb is sometimes seen without the *y > i* change, such as *j'étaye*.

On a apporté des poutres pour étayer le mur.	*Beams were brought to prop up the wall.*
Les terroristes étayaient ce régime haï.	*Terrorists were propping up this hated regime.*
Rien n'étaie cette idée.	*Nothing supports that idea.*
Les données n'étayaient pas votre hypothèse.	*The data don't support your hypothesis.*

RELATED WORDS

des travaux *(mpl)* d'étayage	*work done to prevent the collapse of a wall, etc.*
l'étai *(m)*	*prop; stay*

PRESENT

j'éteins	nous éteignons
tu éteins	vous éteignez
il/elle éteint	ils/elles éteignent

IMPERFECT

j'éteignais	nous éteignions
tu éteignais	vous éteigniez
il/elle éteignait	ils/elles éteignaient

PASSÉ SIMPLE

j'éteignis	nous éteignîmes
tu éteignis	vous éteignîtes
il/elle éteignit	ils/elles éteignirent

FUTURE

j'éteindrai	nous éteindrons
tu éteindras	vous éteindrez
il/elle éteindra	ils/elles éteindront

CONDITIONAL

j'éteindrais	nous éteindrions
tu éteindrais	vous éteindriez
il/elle éteindrait	ils/elles éteindraient

PRESENT SUBJUNCTIVE

que j'éteigne	que nous éteignions
que tu éteignes	que vous éteigniez
qu'il/elle éteigne	qu'ils/elles éteignent

IMPERFECT SUBJUNCTIVE

que j'éteignisse	que nous éteignissions
que tu éteignisses	que vous éteignissiez
qu'il/elle éteignît	qu'ils/elles éteignissent

PASSÉ COMPOSÉ

j'ai éteint	nous avons éteint
tu as éteint	vous avez éteint
il/elle a éteint	ils/elles ont éteint

PLUPERFECT

j'avais éteint	nous avions éteint
tu avais éteint	vous aviez éteint
il/elle avait éteint	ils/elles avaient éteint

PAST ANTERIOR

j'eus éteint	nous eûmes éteint
tu eus éteint	vous eûtes éteint
il/elle eut éteint	ils/elles eurent éteint

FUTURE ANTERIOR

j'aurai éteint	nous aurons éteint
tu auras éteint	vous aurez éteint
il/elle aura éteint	ils/elles auront éteint

PAST CONDITIONAL

j'aurais éteint	nous aurions éteint
tu aurais éteint	vous auriez éteint
il/elle aurait éteint	ils/elles auraient éteint

PAST SUBJUNCTIVE

que j'aie éteint	que nous ayons éteint
que tu aies éteint	que vous ayez éteint
qu'il/elle ait éteint	qu'ils/elles aient éteint

PLUPERFECT SUBJUNCTIVE

que j'eusse éteint	que nous eussions éteint
que tu eusses éteint	que vous eussiez éteint
qu'il/elle eût éteint	qu'ils/elles eussent éteint

COMMANDS

	(nous) éteignons
(tu) éteins	(vous) éteignez

Usage

éteindre la lumière	*to turn out the light*
éteindre le feu	*to put out the fire*
J'éteins.	*I'll turn out the lights.*
N'éteignez pas les phares. Il fait encore noir.	*Don't turn off the headlights. It's still dark.*
Rien ne pourra éteindre son souvenir.	*Nothing can erase his memory.*
C'est en tombant dans le fleuve qu'il a éteint sa bougie.	*It was lights out for him when he fell into the river.*

RELATED WORD

éteint(e)	*off/out*
Le feu est éteint.	*The fire is out.*
La radio est éteinte.	*The radio is off.*

regular *-re* reflexive verb;
compound tenses with *être*

je m'étends · je m'étendis · s'étant étendu · s'étendant

PRESENT

je m'étends	nous nous étendons
tu t'étends	vous vous étendez
il/elle s'étend	ils/elles s'étendent

IMPERFECT

je m'étendais	nous nous étendions
tu t'étendais	vous vous étendiez
il/elle s'étendait	ils/elles s'étendaient

PASSÉ SIMPLE

je m'étendis	nous nous étendîmes
tu t'étendis	vous vous étendîtes
il/elle s'étendit	ils/elles s'étendirent

FUTURE

je m'étendrai	nous nous étendrons
tu t'étendras	vous vous étendrez
il/elle s'étendra	ils/elles s'étendront

CONDITIONAL

je m'étendrais	nous nous étendrions
tu t'étendrais	vous vous étendriez
il/elle s'étendrait	ils/elles s'étendraient

PRESENT SUBJUNCTIVE

que je m'étende	que nous nous étendions
que tu t'étendes	que vous vous étendiez
qu'il/elle s'étende	qu'ils/elles s'étendent

IMPERFECT SUBJUNCTIVE

que je m'étendisse	que nous nous étendissions
que tu t'étendisses	que vous vous étendissiez
qu'il/elle s'étendît	qu'ils/elles s'étendissent

PASSÉ COMPOSÉ

je me suis étendu(e)	nous nous sommes étendu(e)s
tu t'es étendu(e)	vous vous êtes étendu(e)(s)
il/elle s'est étendu(e)	ils/elles se sont étendu(e)s

PLUPERFECT

je m'étais étendu(e)	nous nous étions étendu(e)s
tu t'étais étendu(e)	vous vous étiez étendu(e)(s)
il/elle s'était étendu(e)	ils/elles s'étaient étendu(e)s

PAST ANTERIOR

je me fus étendu(e)	nous nous fûmes étendu(e)s
tu te fus étendu(e)	vous vous fûtes étendu(e)(s)
il/elle se fut étendu(e)	ils/elles se furent étendu(e)s

FUTURE ANTERIOR

je me serai étendu(e)	nous nous serons étendu(e)s
tu te seras étendu(e)	vous vous serez étendu(e)(s)
il/elle se sera étendu(e)	ils/elles se seront étendu(e)s

PAST CONDITIONAL

je me serais étendu(e)	nous nous serions étendu(e)s
tu te serais étendu(e)	vous vous seriez étendu(e)(s)
il/elle se serait étendu(e)	ils/elles se seraient étendu(e)s

PAST SUBJUNCTIVE

que je me sois étendu(e)	que nous nous soyons étendu(e)s
que tu te sois étendu(e)	que vous vous soyez étendu(e)(s)
qu'il/elle se soit étendu(e)	qu'ils/elles se soient étendu(e)s

PLUPERFECT SUBJUNCTIVE

que je me fusse étendu(e)	que nous nous fussions étendu(e)s
que tu te fusses étendu(e)	que vous vous fussiez étendu(e)(s)
qu'il/elle se fût étendu(e)	qu'ils/elles se fussent étendu(e)s

COMMANDS

	(nous) étendons-nous
(tu) étends-toi	(vous) étendez-vous

Usage

s'étendre sur l'herbe	*to lie down on the grass*
Il s'est étendu sur l'herbe.	*He lay down on the grass.*
Je me suis étendu sur mon lit et je me suis endormi.	*I lay down on my bed and fell asleep.*
L'effort du chef s'étend à tous ses employés.	*The boss's efforts extend to all his employees.*
Le lac s'étend jusqu'à l'horizon.	*The lake stretches to the horizon.*
étendre qqch	*to stretch something*
étendre la main	*to reach out one's hand*
étendre le linge	*to hang the laundry*

RELATED WORD

l'étendue	*area/expanse/surface area*
sur une étendue de trois kilomètres carrés	*over an area of three square kilometers*
Il y aura de la neige sur toute l'étendue du pays.	*There will be snow over the entire country.*
Le projet s'est prolongé sur une étendue de cinq mois.	*The project stretched over a span of five months.*

éternuer *to sneeze*

j'éternue · j'éternuai · éternué · éternuant

PRESENT

j'éternue	nous éternuons
tu éternues	vous éternuez
il/elle éternue	ils/elles éternuent

IMPERFECT

j'éternuais	nous éternuions
tu éternuais	vous éternuiez
il/elle éternuait	ils/elles éternuaient

PASSÉ SIMPLE

j'éternuai	nous éternuâmes
tu éternuas	vous éternuâtes
il/elle éternua	ils/elles éternuèrent

FUTURE

j'éternuerai	nous éternuerons
tu éternueras	vous éternuerez
il/elle éternuera	ils/elles éternueront

CONDITIONAL

j'éternuerais	nous éternuerions
tu éternuerais	vous éternueriez
il/elle éternuerait	ils/elles éternueraient

PRESENT SUBJUNCTIVE

que j'éternue	que nous éternuions
que tu éternues	que vous éternuiez
qu'il/elle éternue	qu'ils/elles éternuent

IMPERFECT SUBJUNCTIVE

que j'éternuasse	que nous éternuassions
que tu éternuasses	que vous éternuassiez
qu'il/elle éternuât	qu'ils/elles éternuassent

PASSÉ COMPOSÉ

j'ai éternué	nous avons éternué
tu as éternué	vous avez éternué
il/elle a éternué	ils/elles ont éternué

PLUPERFECT

j'avais éternué	nous avions éternué
tu avais éternué	vous aviez éternué
il/elle avait éternué	ils/elles avaient éternué

PAST ANTERIOR

j'eus éternué	nous eûmes éternué
tu eus éternué	vous eûtes éternué
il/elle eut éternué	ils/elles eurent éternué

FUTURE ANTERIOR

j'aurai éternué	nous aurons éternué
tu auras éternué	vous aurez éternué
il/elle aura éternué	ils/elles auront éternué

PAST CONDITIONAL

j'aurais éternué	nous aurions éternué
tu aurais éternué	vous auriez éternué
il/elle aurait éternué	ils/elles auraient éternué

PAST SUBJUNCTIVE

que j'aie éternué	que nous ayons éternué
que tu aies éternué	que vous ayez éternué
qu'il/elle ait éternué	qu'ils/elles aient éternué

PLUPERFECT SUBJUNCTIVE

que j'eusse éternué	que nous eussions éternué
que tu eusses éternué	que vous eussiez éternué
qu'il/elle eût éternué	qu'ils/elles eussent éternué

COMMANDS

	(nous) éternuons
(tu) éternue	(vous) éternuez

Usage

—J'éternue et je tousse.	*I'm sneezing and coughing.*
—Tu dois être enrhumé.	*You must have caught a cold.*

RELATED WORD

l'éternuement *(m)*	*sneeze*
On écrit *atchoum* en français pour imiter le bruit de l'éternuement.	*You write* atchoum *in French to imitate the sound of a sneeze.*
—Tu pardonneras tous ces éternuements.	*Please excuse all this sneezing of mine.*
—Tout le monde éternue quand il est enrhumé.	*Everyone sneezes when he is sick/has a cold.*

regular *-er* reflexive verb;
compound tenses with *être*

je m'étonne · je m'étonnai · s'étant étonné · s'étonnant

PRESENT

je m'étonne	nous nous étonnons
tu t'étonnes	vous vous étonnez
il/elle s'étonne	ils/elles s'étonnent

IMPERFECT

je m'étonnais	nous nous étonnions
tu t'étonnais	vous vous étonniez
il/elle s'étonnait	ils/elles s'étonnaient

PASSÉ SIMPLE

je m'étonnai	nous nous étonnâmes
tu t'étonnas	vous vous étonnâtes
il/elle s'étonna	ils/elles s'étonnèrent

FUTURE

je m'étonnerai	nous nous étonnerons
tu t'étonneras	vous vous étonnerez
il/elle s'étonnera	ils/elles s'étonneront

CONDITIONAL

je m'étonnerais	nous nous étonnerions
tu t'étonnerais	vous vous étonneriez
il/elle s'étonnerait	ils/elles s'étonneraient

PRESENT SUBJUNCTIVE

que je m'étonne	que nous nous étonnions
que tu t'étonnes	que vous vous étonniez
qu'il/elle s'étonne	qu'ils/elles s'étonnent

IMPERFECT SUBJUNCTIVE

que je m'étonnasse	que nous nous étonnassions
que tu t'étonnasses	que vous vous étonnassiez
qu'il/elle s'étonnât	qu'ils/elles s'étonnassent

PASSÉ COMPOSÉ

je me suis étonné(e)	nous nous sommes étonné(e)s
tu t'es étonné(e)	vous vous êtes étonné(e)(s)
il/elle s'est étonné(e)	ils/elles se sont étonné(e)s

PLUPERFECT

je m'étais étonné(e)	nous nous étions étonné(e)s
tu t'étais étonné(e)	vous vous étiez étonné(e)(s)
il/elle s'était étonné(e)	ils/elles s'étaient étonné(e)s

PAST ANTERIOR

je me fus étonné(e)	nous nous fûmes étonné(e)s
tu te fus étonné(e)	vous vous fûtes étonné(e)(s)
il/elle se fut étonné(e)	ils/elles se furent étonné(e)s

FUTURE ANTERIOR

je me serai étonné(e)	nous nous serons étonné(e)s
tu te seras étonné(e)	vous vous serez étonné(e)(s)
il/elle se sera étonné(e)	ils/elles se seront étonné(e)s

PAST CONDITIONAL

je me serais étonné(e)	nous nous serions étonné(e)s
tu te serais étonné(e)	vous vous seriez étonné(e)(s)
il/elle se serait étonné(e)	ils/elles se seraient étonné(e)s

PAST SUBJUNCTIVE

que je me sois étonné(e)	que nous nous soyons étonné(e)s
que tu te sois étonné(e)	que vous vous soyez étonné(e)(s)
qu'il/elle se soit étonné(e)	qu'ils/elles se soient étonné(e)s

PLUPERFECT SUBJUNCTIVE

que je me fusse étonné(e)	que nous nous fussions étonné(e)s
que tu te fusses étonné(e)	que vous vous fussiez étonné(e)(s)
qu'il/elle se fût étonné(e)	qu'ils/elles se fussent étonné(e)s

COMMANDS

	(nous) étonnons-nous
(tu) étonne-toi	(vous) étonnez-vous

Usage

s'étonner de	*to be surprised at*
Il est très naïf. Il s'étonne de tout.	*He's very naive. He is surprised at everything.*
On s'est étonnés à l'annonce de sa démission.	*We were surprised at the announcement of his resignation.*

s'étonner que + subjunctive *to be surprised that*

Je m'étonne qu'il soit encore là.	*I'm surprised he's still here.*
Ça m'étonnerait qu'il soit déjà parti.	*I'd be surprised if he had already left.*

RELATED WORDS

l'étonnement *(m)*	*astonishment*
Ses mots ont causé de l'étonnement.	*His words caused astonishment.*
étonnant	*surprising*
—Je m'étonne qu'il ne comprenne pas.	*I'm surprised he doesn't understand.*
—Ça n'a rien d'étonnant.	*There's nothing surprising about that.*

PRESENT

j'étourdis	nous étourdissons
tu étourdis	vous étourdissez
il/elle étourdit	ils/elles étourdissent

IMPERFECT

j'étourdissais	nous étourdissions
tu étourdissais	vous étourdissiez
il/elle étourdissait	ils/elles étourdissaient

PASSÉ SIMPLE

j'étourdis	nous étourdîmes
tu étourdis	vous étourdîtes
il/elle étourdit	ils/elles étourdirent

FUTURE

j'étourdirai	nous étourdirons
tu étourdiras	vous étourdirez
il/elle étourdira	ils/elles étourdiront

CONDITIONAL

j'étourdirais	nous étourdirions
tu étourdirais	vous étourdiriez
il/elle étourdirait	ils/elles étourdiraient

PRESENT SUBJUNCTIVE

que j'étourdisse	que nous étourdissions
que tu étourdisses	que vous étourdissiez
qu'il/elle étourdisse	qu'ils/elles étourdissent

IMPERFECT SUBJUNCTIVE

que j'étourdisse	que nous étourdissions
que tu étourdisses	que vous étourdissiez
qu'il/elle étourdît	qu'ils/elles étourdissent

PASSÉ COMPOSÉ

j'ai étourdi	nous avons étourdi
tu as étourdi	vous avez étourdi
il/elle a étourdi	ils/elles ont étourdi

PLUPERFECT

j'avais étourdi	nous avions étourdi
tu avais étourdi	vous aviez étourdi
il/elle avait étourdi	ils/elles avaient étourdi

PAST ANTERIOR

j'eus étourdi	nous eûmes étourdi
tu eus étourdi	vous eûtes étourdi
il/elle eut étourdi	ils/elles eurent étourdi

FUTURE ANTERIOR

j'aurai étourdi	nous aurons étourdi
tu auras étourdi	vous aurez étourdi
il/elle aura étourdi	ils/elles auront étourdi

PAST CONDITIONAL

j'aurais étourdi	nous aurions étourdi
tu aurais étourdi	vous auriez étourdi
il/elle aurait étourdi	ils/elles auraient étourdi

PAST SUBJUNCTIVE

que j'aie étourdi	que nous ayons étourdi
que tu aies étourdi	que vous ayez étourdi
qu'il/elle ait étourdi	qu'ils/elles aient étourdi

PLUPERFECT SUBJUNCTIVE

que j'eusse étourdi	que nous eussions étourdi
que tu eusses étourdi	que vous eussiez étourdi
qu'il/elle eût étourdi	qu'ils/elles eussent étourdi

COMMANDS

	(nous) étourdissons
(tu) étourdis	(vous) étourdissez

Usage

Le vin m'a étourdi.	*The wine made me dizzy.*
Il est tombé, étourdi par le coup.	*He fell, dazed by the blow.*
Du calme, les enfants! Vous m'étourdissez!	*Quiet, children! You're making me dizzy!*
Cette possibilité m'étourdit.	*I find this possibility exhilarating.*

RELATED WORDS

étourdissant(e)	*dizzying/deafening/stunning*
Sa présentation était étourdissante.	*He was terrific (on stage).*
l'étourderie *(f)*	*carelessness/careless mistake*
Il l'a fait par étourderie.	*He did it without thinking.*
étourdi(e)	*scatterbrained*
Elle donne l'impression d'être complètement étourdie.	*She gives the impression of being completely scatterbrained.*
—Je me sens étourdi.	*I feel dizzy.*
—Ça doit être le vin. Le vin t'étourdit toujours.	*It must be the wine. Wine always make you dizzy.*

PRESENT

je suis	nous sommes
tu es	vous êtes
il/elle est	ils/elles sont

IMPERFECT

j'étais	nous étions
tu étais	vous étiez
il/elle était	ils/elles étaient

PASSÉ SIMPLE

je fus	nous fûmes
tu fus	vous fûtes
il/elle fut	ils/elles furent

FUTURE

je serai	nous serons
tu seras	vous serez
il/elle sera	ils/elles seront

CONDITIONAL

je serais	nous serions
tu serais	vous seriez
il/elle serait	ils/elles seraient

PRESENT SUBJUNCTIVE

que je sois	que nous soyons
que tu sois	que vous soyez
qu'il/elle soit	qu'ils/elles soient

IMPERFECT SUBJUNCTIVE

que je fusse	que nous fussions
que tu fusses	que vous fussiez
qu'il/elle fût	qu'ils/elles fussent

COMMANDS

	(nous) soyons
(tu) sois	(vous) soyez

PASSÉ COMPOSÉ

j'ai été	nous avons été
tu as été	vous avez été
il/elle a été	ils/elles ont été

PLUPERFECT

j'avais été	nous avions été
tu avais été	vous aviez été
il/elle avait été	ils/elles avaient été

PAST ANTERIOR

j'eus été	nous eûmes été
tu eus été	vous eûtes été
il/elle eut été	ils/elles eurent été

FUTURE ANTERIOR

j'aurai été	nous aurons été
tu auras été	vous aurez été
il/elle aura été	ils/elles auront été

PAST CONDITIONAL

j'aurais été	nous aurions été
tu aurais été	vous auriez été
il/elle aurait été	ils/elles auraient été

PAST SUBJUNCTIVE

que j'aie été	que nous ayons été
que tu aies été	que vous ayez été
qu'il/elle ait été	qu'ils/elles aient été

PLUPERFECT SUBJUNCTIVE

que j'eusse été	que nous eussions été
que tu eusses été	que vous eussiez été
qu'il/elle eût été	qu'ils/elles eussent été

Usage

Il est médecin.	*He's a doctor.*
C'est un médecin connu.	*He's a famous doctor.*
—Quelle heure est-il?	*What time is it?*
—Il est huit heures et demie.	*It's eight-thirty.*
Ma fille est grande, belle et intelligente.	*My daughter is tall, beautiful, and intelligent.*
—Où est l'arrêt d'autobus?	*Where is the bus stop?*
—Il est devant le cinéma.	*It's in front of the movie theater.*
—Qui est cet homme?	*Who's that man?*
—C'est notre boucher. Tu ne le reconnais pas?	*He's our butcher. Don't you recognize him?*
—C'est pour quand, la conférence?	*When is the lecture?*
—La conférence est demain, à quatre heures.	*The lecture is tomorrow at four o'clock.*

TOP 50 VERB ☞

être pour exprimer l'existence

être ou ne pas être	*to be or not to be*
Il est ce qu'il est, et c'est tout.	*He is what he is and that's all.*
le logiciel le plus efficace qu'il soit	*the most efficient software there is*

être pour exprimer le temps et l'heure

être en retard/en avance/à l'heure	*to be late/early/on time*
être prêt(e)	*to be ready*

Où est-ce qu'on est?

Son père est à l'hôpital.	*His/Her father is in the hospital.*
Le chat est sous le lit.	*The cat is under the bed.*
J'ai été à la bibliothèque.	*I went to the library.*
Elle avait été au marché.	*She had gone to the market.*

être à

—C'est à qui le tour?	*Whose turn is it?*
—C'est à vous de parler.	*It's your turn to speak.*
—Il t'embête?	*Does he annoy you?*
—Oui, il est toujours à me gronder.	*Yes, he's always scolding me.*

être de

—Vous êtes d'où?	*Where are you from?*
—Je suis de Guadeloupe.	*I'm from Guadeloupe.*

être en

Je vois que ta montre est en or.	*I see your watch is gold.*
La maison est en briques.	*The house is made of brick.*
Il est en nage.	*He is bathed in sweat.*

en être, y être pour

—Où en êtes-vous dans le manuel?	*Where are you up to in the textbook?*
—On en est à la page 15.	*We're up to page 15.*
J'en suis là!	*Look what's happened to me!/I've come to this!*
—Je m'excuse. C'est de ma faute.	*I'm sorry. It's my fault.*
—Non, vous n'y êtes pour rien.	*No, it's not your fault at all.*

y être

Ça y est!	*There you go!/That's it!*
—J'y suis!	*I've got it!/I've solved it!*
—Vous n'y êtes pas du tout.	*You're way off base.*

Expressions and Idioms

être en vacances	*to be on vacation*
être de retour	*to be back*

irregular verb

j'étreins · j'étreignis · étreint · étreignant

PRESENT		PASSÉ COMPOSÉ	
j'étreins	nous étreignons	j'ai étreint	nous avons étreint
tu étreins	vous étreignez	tu as étreint	vous avez étreint
il/elle étreint	ils/elles étreignent	il/elle a étreint	ils/elles ont étreint

IMPERFECT		PLUPERFECT	
j'étreignais	nous étreignions	j'avais étreint	nous avions étreint
tu étreignais	vous étreigniez	tu avais étreint	vous aviez étreint
il/elle étreignait	ils/elles étreignaient	il/elle avait étreint	ils/elles avaient étreint

PASSÉ SIMPLE		PAST ANTERIOR	
j'étreignis	nous étreignîmes	j'eus étreint	nous eûmes étreint
tu étreignis	vous étreignîtes	tu eus étreint	vous eûtes étreint
il/elle étreignit	ils/elles étreignirent	il/elle eut étreint	ils/elles eurent étreint

FUTURE		FUTURE ANTERIOR	
j'étreindrai	nous étreindrons	j'aurai étreint	nous aurons étreint
tu étreindras	vous étreindrez	tu auras étreint	vous aurez étreint
il/elle étreindra	ils/elles étreindront	il/elle aura étreint	ils/elles auront étreint

CONDITIONAL		PAST CONDITIONAL	
j'étreindrais	nous étreindrions	j'aurais étreint	nous aurions étreint
tu étreindrais	vous étreindriez	tu aurais étreint	vous auriez étreint
il/elle étreindrait	ils/elles étreindraient	il/elle aurait étreint	ils/elles auraient étreint

PRESENT SUBJUNCTIVE		PAST SUBJUNCTIVE	
que j'étreigne	que nous étreignions	que j'aie étreint	que nous ayons étreint
que tu étreignes	que vous étreigniez	que tu aies étreint	que vous ayez étreint
qu'il/elle étreigne	qu'ils/elles étreignent	qu'il/elle ait étreint	qu'ils/elles aient étreint

IMPERFECT SUBJUNCTIVE		PLUPERFECT SUBJUNCTIVE	
que j'étreignisse	que nous étreignissions	que j'eusse étreint	que nous eussions étreint
que tu étreignisses	que vous étreignissiez	que tu eusses étreint	que vous eussiez étreint
qu'il/elle étreignît	qu'ils/elles étreignissent	qu'il/elle eût étreint	qu'ils/elles eussent étreint

COMMANDS

	(nous) étreignons
(tu) étreins	(vous) étreignez

Usage

étreindre qqn	*to embrace someone*
Il a étreint ses amis avant de partir.	*He embraced his friends before leaving.*
De sa main droite il a étreint mon bras.	*With his right hand he gripped my arm.*
s'étreindre	*to hug each other*
Les fiancés se sont étreints.	*The engaged couple embraced.*
Les lutteurs se sont étreints.	*The wrestlers had each other in a tight grip.*

RELATED WORD

l'étreinte *(f)*	*embrace/hug/grip*
Elle sentit un grand calme prise dans l'étreinte de son père.	*She felt a tremendous calm while held in her father's embrace.*

étudier *to study*

PRESENT

j'étudie	nous étudions
tu étudies	vous étudiez
il/elle étudie	ils/elles étudient

IMPERFECT

j'étudiais	nous étudiions
tu étudiais	vous étudiiez
il/elle étudiait	ils/elles étudiaient

PASSÉ SIMPLE

j'étudiai	nous étudiâmes
tu étudias	vous étudiâtes
il/elle étudia	ils/elles étudièrent

FUTURE

j'étudierai	nous étudierons
tu étudieras	vous étudierez
il/elle étudiera	ils/elles étudieront

CONDITIONAL

j'étudierais	nous étudierions
tu étudierais	vous étudieriez
il/elle étudierait	ils/elles étudieraient

PRESENT SUBJUNCTIVE

que j'étudie	que nous étudiions
que tu étudies	que vous étudiiez
qu'il/elle étudie	qu'ils/elles étudient

IMPERFECT SUBJUNCTIVE

que j'étudiasse	que nous étudiassions
que tu étudiasses	que vous étudiassiez
qu'il/elle étudiât	qu'ils/elles étudiassent

COMMANDS

	(nous) étudions
(tu) étudie	(vous) étudiez

PASSÉ COMPOSÉ

j'ai étudié	nous avons étudié
tu as étudié	vous avez étudié
il/elle a étudié	ils/elles ont étudié

PLUPERFECT

j'avais étudié	nous avions étudié
tu avais étudié	vous aviez étudié
il/elle avait étudié	ils/elles avaient étudié

PAST ANTERIOR

j'eus étudié	nous eûmes étudié
tu eus étudié	vous eûtes étudié
il/elle eut étudié	ils/elles eurent étudié

FUTURE ANTERIOR

j'aurai étudié	nous aurons étudié
tu auras étudié	vous aurez étudié
il/elle aura étudié	ils/elles auront étudié

PAST CONDITIONAL

j'aurais étudié	nous aurions étudié
tu aurais étudié	vous auriez étudié
il/elle aurait étudié	ils/elles auraient étudié

PAST SUBJUNCTIVE

que j'aie étudié	que nous ayons étudié
que tu aies étudié	que vous ayez étudié
qu'il/elle ait étudié	qu'ils/elles aient étudié

PLUPERFECT SUBJUNCTIVE

que j'eusse étudié	que nous eussions étudié
que tu eusses étudié	que vous eussiez étudié
qu'il/elle eût étudié	qu'ils/elles eussent étudié

Usage

étudier qqch	*to study something*
Il étudie ses verbes latins.	*He's studying his Latin verbs.*
étudier à la faculté de droit	*to study at the law school*
Nous allons étudier ces idées de près.	*We're going to study these ideas closely.*

RELATED WORDS

l'étude *(f)*	*study*
les études *(fpl)*	*course of study/university program/education*
faire ses études	*to be studying at the university*
faire ses études d'administration	*to be studying business administration*
Je travaille pour payer mes études.	*I'm working to pay for my education.*
Elle fait ses études à Paris.	*She's going to college in Paris.*
les étudiants en droit/en médecine	*law/medical students*

—Ta proposition est à l'étude?	*Is your proposal under study?*
—Oui. Ils ont mis ma proposition à l'étude.	*They have begun to study my proposal.*

regular -er reflexive verb;
compound tenses with *être*

je m'évade · je m'évadai · s'étant évadé · s'évadant

PRESENT

je m'évade	nous nous évadons
tu t'évades	vous vous évadez
il/elle s'évade	ils/elles s'évadent

IMPERFECT

je m'évadais	nous nous évadions
tu t'évadais	vous vous évadiez
il/elle s'évadait	ils/elles s'évadaient

PASSÉ SIMPLE

je m'évadai	nous nous évadâmes
tu t'évadas	vous vous évadâtes
il/elle s'évada	ils/elles s'évadèrent

FUTURE

je m'évaderai	nous nous évaderons
tu t'évaderas	vous vous évaderez
il/elle s'évadera	ils/elles s'évaderont

CONDITIONAL

je m'évaderais	nous nous évaderions
tu t'évaderais	vous vous évaderiez
il/elle s'évaderait	ils/elles s'évaderaient

PRESENT SUBJUNCTIVE

que je m'évade	que nous nous évadions
que tu t'évades	que vous vous évadiez
qu'il/elle s'évade	qu'ils/elles s'évadent

IMPERFECT SUBJUNCTIVE

que je m'évadasse	que nous nous évadassions
que tu t'évadasses	que vous vous évadassiez
qu'il/elle s'évadât	qu'ils/elles s'évadassent

PASSÉ COMPOSÉ

je me suis évadé(e)	nous nous sommes évadé(e)s
tu t'es évadé(e)	vous vous êtes évadé(e)(s)
il/elle s'est évadé(e)	ils/elles se sont évadé(e)s

PLUPERFECT

je m'étais évadé(e)	nous nous étions évadé(e)s
tu t'étais évadé(e)	vous vous étiez évadé(e)(s)
il/elle s'était évadé(e)	ils/elles s'étaient évadé(e)s

PAST ANTERIOR

je me fus évadé(e)	nous nous fûmes évadé(e)s
tu te fus évadé(e)	vous vous fûtes évadé(e)(s)
il/elle se fut évadé(e)	ils/elles se furent évadé(e)s

FUTURE ANTERIOR

je me serai évadé(e)	nous nous serons évadé(e)s
tu te seras évadé(e)	vous vous serez évadé(e)(s)
il/elle se sera évadé(e)	ils/elles se seront évadé(e)s

PAST CONDITIONAL

je me serais évadé(e)	nous nous serions évadé(e)s
tu te serais évadé(e)	vous vous seriez évadé(e)(s)
il/elle se serait évadé(e)	ils/elles se seraient évadé(e)s

PAST SUBJUNCTIVE

que je me sois évadé(e)	que nous nous soyons évadé(e)s
que tu te sois évadé(e)	que vous vous soyez évadé(e)(s)
qu'il/elle se soit évadé(e)	qu'ils/elles se soient évadé(e)s

PLUPERFECT SUBJUNCTIVE

que je me fusse évadé(e)	que nous nous fussions évadé(e)s
que tu te fusses évadé(e)	que vous vous fussiez évadé(e)(s)
qu'il/elle se fût évadé(e)	qu'ils/elles se fussent évadé(e)s

COMMANDS

	(nous) évadons-nous
(tu) évade-toi	(vous) évadez-vous

Usage

Le meurtrier s'est évadé de prison.	*The murderer escaped from prison.*
Je me suis évadé au bord de la mer.	*I got away from things at the seashore.*
De temps en temps il faut s'évader.	*From time to time you have to get away from it all.*
Si tu t'ennuies autant que moi, on peut essayer de s'évader.	*If you're as bored as I am, we can try to get out of here.*

RELATED WORDS

l'évadé/l'évadée	*person who has escaped/escaped prisoner*
La police a capturé les évadés.	*The police captured the escaped convicts.*
l'évasion (*f*)	*escape/getting away from it all; escapism*
On a besoin d'évasion.	*We need to get away from it all.*
l'évasion de capitaux	*flight of capital*

s'évanouir   *to faint*

je m'évanouis · je m'évanouis · s'étant évanoui · s'évanouissant

regular -ir reflexive verb; compound tenses with être

PRESENT

je m'évanouis	nous nous évanouissons
tu t'évanouis	vous vous évanouissez
il/elle s'évanouit	ils/elles s'évanouissent

IMPERFECT

je m'évanouissais	nous nous évanouissions
tu t'évanouissais	vous vous évanouissiez
il/elle s'évanouissait	ils/elles s'évanouissaient

PASSÉ SIMPLE

je m'évanouis	nous nous évanouîmes
tu t'évanouis	vous vous évanouîtes
il/elle s'évanouit	ils/elles s'évanouirent

FUTURE

je m'évanouirai	nous nous évanouirons
tu t'évanouiras	vous vous évanouirez
il/elle s'évanouira	ils/elles s'évanouiront

CONDITIONAL

je m'évanouirais	nous nous évanouirions
tu t'évanouirais	vous vous évanouiriez
il/elle s'évanouirait	ils/elles s'évanouiraient

PRESENT SUBJUNCTIVE

que je m'évanouisse	que nous nous évanouissions
que tu t'évanouisses	que vous vous évanouissiez
qu'il/elle s'évanouisse	qu'ils/elles s'évanouissent

IMPERFECT SUBJUNCTIVE

que je m'évanouisse	que nous nous évanouissions
que tu t'évanouisses	que vous vous évanouissiez
qu'il/elle s'évanouît	qu'ils/elles s'évanouissent

COMMANDS

	(nous) évanouissons-nous
(tu) évanouis-toi	(vous) évanouissez-vous

PASSÉ COMPOSÉ

je me suis évanoui(e)	nous nous sommes évanoui(e)s
tu t'es évanoui(e)	vous vous êtes évanoui(e)(s)
il/elle s'est évanoui(e)	ils/elles se sont évanoui(e)s

PLUPERFECT

je m'étais évanoui(e)	nous nous étions évanoui(e)s
tu t'étais évanoui(e)	vous vous étiez évanoui(e)(s)
il/elle s'était évanoui(e)	ils/elles s'étaient évanoui(e)s

PAST ANTERIOR

je me fus évanoui(e)	nous nous fûmes évanoui(e)s
tu te fus évanoui(e)	vous vous fûtes évanoui(e)(s)
il/elle se fut évanoui(e)	ils/elles se furent évanoui(e)s

FUTURE ANTERIOR

je me serai évanoui(e)	nous nous serons évanoui(e)s
tu te seras évanoui(e)	vous vous serez évanoui(e)(s)
il/elle se sera évanoui(e)	ils/elles se seront évanoui(e)s

PAST CONDITIONAL

je me serais évanoui(e)	nous nous serions évanoui(e)s
tu te serais évanoui(e)	vous vous seriez évanoui(e)(s)
il/elle se serait évanoui(e)	ils/elles se seraient évanoui(e)s

PAST SUBJUNCTIVE

que je me sois évanoui(e)	que nous nous soyons évanoui(e)s
que tu te sois évanoui(e)	que vous vous soyez évanoui(e)(s)
qu'il/elle se soit évanoui(e)	qu'ils/elles se soient évanoui(e)s

PLUPERFECT SUBJUNCTIVE

que je me fusse évanoui(e)	que nous nous fussions évanoui(e)s
que tu te fusses évanoui(e)	que vous vous fussiez évanoui(e)(s)
qu'il/elle se fût évanoui(e)	qu'ils/elles se fussent évanoui(e)s

Usage

Elle s'est évanouie dans ses bras.	*She fainted in his arms.*
Il était tellement faible qu'on croyait qu'il allait s'évanouir.	*He was so weak we thought he was going to faint.*
En écoutant la mauvaise nouvelle, elle s'est évanouie d'émotion.	*When she heard the bad news, she fainted from the emotion.*
Notre espoir s'est évanoui avec ce revers.	*Our hope has disappeared with this setback.*
Toutes nos craintes se sont évanouies.	*All our fears vanished.*
Va chercher le médecin! Grand-père s'est évanoui!	*Go get the doctor! Grandfather has fainted!*

regular -er verb

PRESENT

j'évite	nous évitons
tu évites	vous évitez
il/elle évite	ils/elles évitent

IMPERFECT

j'évitais	nous évitions
tu évitais	vous évitiez
il/elle évitait	ils/elles évitaient

PASSÉ SIMPLE

j'évitai	nous évitâmes
tu évitas	vous évitâtes
il/elle évita	ils/elles évitèrent

FUTURE

j'éviterai	nous éviterons
tu éviteras	vous éviterez
il/elle évitera	ils/elles éviteront

CONDITIONAL

j'éviterais	nous éviterions
tu éviterais	vous éviteriez
il/elle éviterait	ils/elles éviteraient

PRESENT SUBJUNCTIVE

que j'évite	que nous évitions
que tu évites	que vous évitiez
qu'il/elle évite	qu'ils/elles évitent

IMPERFECT SUBJUNCTIVE

que j'évitasse	que nous évitassions
que tu évitasses	que vous évitassiez
qu'il/elle évitât	qu'ils/elles évitassent

COMMANDS

	(nous) évitons
(tu) évite	(vous) évitez

PASSÉ COMPOSÉ

j'ai évité	nous avons évité
tu as évité	vous avez évité
il/elle a évité	ils/elles ont évité

PLUPERFECT

j'avais évité	nous avions évité
tu avais évité	vous aviez évité
il/elle avait évité	ils/elles avaient évité

PAST ANTERIOR

j'eus évité	nous eûmes évité
tu eus évité	vous eûtes évité
il/elle eut évité	ils/elles eurent évité

FUTURE ANTERIOR

j'aurai évité	nous aurons évité
tu auras évité	vous aurez évité
il/elle aura évité	ils/elles auront évité

PAST CONDITIONAL

j'aurais évité	nous aurions évité
tu aurais évité	vous auriez évité
il/elle aurait évité	ils/elles auraient évité

PAST SUBJUNCTIVE

que j'aie évité	que nous ayons évité
que tu aies évité	que vous ayez évité
qu'il/elle ait évité	qu'ils/elles aient évité

PLUPERFECT SUBJUNCTIVE

que j'eusse évité	que nous eussions évité
que tu eusses évité	que vous eussiez évité
qu'il/elle eût évité	qu'ils/elles eussent évité

Usage

J'essaie d'éviter les désagréments.	I try to avoid unpleasant situations.
Il vaut mieux éviter les discussions politiques au travail.	It's best to avoid political arguments at work.
Je voudrais que quelqu'un m'évite ce voyage.	I wish someone would save me the trouble of making this trip.
Répondez! Vous évitez la question!	Answer! You're begging the question!
Je suis sûr qu'il est coupable. Tu as vu comme il évitait mon regard?	I'm sure he's guilty. Did you see how he avoided my glance?
C'est un risque à éviter.	It's a risk that should be avoided.
—Sors si tu veux éviter Stéphane.	Leave if you want to avoid Stéphane.
—Lui et moi, on s'évite depuis un an.	He and I have been avoiding each other for a year.
—Qu'est-ce qu'il doit faire pour éviter une maladie de cœur?	What is he supposed to do to avoid heart disease?
—Le médecin lui a conseillé d'éviter les boissons alcoolisées.	The doctor took him off alcoholic beverages.
Il essaie d'éviter ses créanciers.	He is trying to avoid his creditors.

excuser *to excuse, forgive*

j'excuse · j'excusai · excusé · excusant

PRESENT

j'excuse	nous excusons
tu excuses	vous excusez
il/elle excuse	ils/elles excusent

IMPERFECT

j'excusais	nous excusions
tu excusais	vous excusiez
il/elle excusait	ils/elles excusaient

PASSÉ SIMPLE

j'excusai	nous excusâmes
tu excusas	vous excusâtes
il/elle excusa	ils/elles excusèrent

FUTURE

j'excuserai	nous excuserons
tu excuseras	vous excuserez
il/elle excusera	ils/elles excuseront

CONDITIONAL

j'excuserais	nous excuserions
tu excuserais	vous excuseriez
il/elle excuserait	ils/elles excuseraient

PRESENT SUBJUNCTIVE

que j'excuse	que nous excusions
que tu excuses	que vous excusiez
qu'il/elle excuse	qu'ils/elles excusent

IMPERFECT SUBJUNCTIVE

que j'excusasse	que nous excusassions
que tu excusasses	que vous excusassiez
qu'il/elle excusât	qu'ils/elles excusassent

COMMANDS

	(nous) excusons
(tu) excuse	(vous) excusez

PASSÉ COMPOSÉ

j'ai excusé	nous avons excusé
tu as excusé	vous avez excusé
il/elle a excusé	ils/elles ont excusé

PLUPERFECT

j'avais excusé	nous avions excusé
tu avais excusé	vous aviez excusé
il/elle avait excusé	ils/elles avaient excusé

PAST ANTERIOR

j'eus excusé	nous eûmes excusé
tu eus excusé	vous eûtes excusé
il/elle eut excusé	ils/elles eurent excusé

FUTURE ANTERIOR

j'aurai excusé	nous aurons excusé
tu auras excusé	vous aurez excusé
il/elle aura excusé	ils/elles auront excusé

PAST CONDITIONAL

j'aurais excusé	nous aurions excusé
tu aurais excusé	vous auriez excusé
il/elle aurait excusé	ils/elles auraient excusé

PAST SUBJUNCTIVE

que j'aie excusé	que nous ayons excusé
que tu aies excusé	que vous ayez excusé
qu'il/elle ait excusé	qu'ils/elles aient excusé

PLUPERFECT SUBJUNCTIVE

que j'eusse excusé	que nous eussions excusé
que tu eusses excusé	que vous eussiez excusé
qu'il/elle eût excusé	qu'ils/elles eussent excusé

Usage

Excusez mon impatience, mais...	*Forgive my impatience, but . . .*
Il peut faire n'importe quoi, ses parents l'excuseront.	*He can do anything, and his parents will forgive him.*
Je ne peux pas vous excuser de cette responsabilité.	*I can't excuse you from this responsibility.*
—Nous devons mettre cet employé à la porte.	*We should fire that employee.*
—Excusez-moi, mais je ne suis pas de votre avis.	*I'm sorry, but I don't agree with you.*

RELATED WORD

les excuses *(fpl)*	*apology*
Je voulais vous présenter mes excuses.	*I wanted to present my apologies to you.*
Il a fait ses excuses.	*He apologized.*

regular *-er* reflexive verb;
compound tenses with *être*

je m'excuse · je m'excusai · s'étant excusé · s'excusant

PRESENT

je m'excuse	nous nous excusons
tu t'excuses	vous vous excusez
il/elle s'excuse	ils/elles s'excusent

IMPERFECT

je m'excusais	nous nous excusions
tu t'excusais	vous vous excusiez
il/elle s'excusait	ils/elles s'excusaient

PASSÉ SIMPLE

je m'excusai	nous nous excusâmes
tu t'excusas	vous vous excusâtes
il/elle s'excusa	ils/elles s'excusèrent

FUTURE

je m'excuserai	nous nous excuserons
tu t'excuseras	vous vous excuserez
il/elle s'excusera	ils/elles s'excuseront

CONDITIONAL

je m'excuserais	nous nous excuserions
tu t'excuserais	vous vous excuseriez
il/elle s'excuserait	ils/elles s'excuseraient

PRESENT SUBJUNCTIVE

que je m'excuse	que nous nous excusions
que tu t'excuses	que vous vous excusiez
qu'il/elle s'excuse	qu'ils/elles s'excusent

IMPERFECT SUBJUNCTIVE

que je m'excusasse	que nous nous excusassions
que tu t'excusasses	que vous vous excusassiez
qu'il/elle s'excusât	qu'ils/elles s'excusassent

COMMANDS

	(nous) excusons-nous
(tu) excuse-toi	(vous) excusez-vous

PASSÉ COMPOSÉ

je me suis excusé(e)	nous nous sommes excusé(e)s
tu t'es excusé(e)	vous vous êtes excusé(e)(s)
il/elle s'est excusé(e)	ils/elles se sont excusé(e)s

PLUPERFECT

je m'étais excusé(e)	nous nous étions excusé(e)s
tu t'étais excusé(e)	vous vous étiez excusé(e)(s)
il/elle s'était excusé(e)	ils/elles s'étaient excusé(e)s

PAST ANTERIOR

je me fus excusé(e)	nous nous fûmes excusé(e)s
tu te fus excusé(e)	vous vous fûtes excusé(e)(s)
il/elle se fut excusé(e)	ils/elles se furent excusé(e)s

FUTURE ANTERIOR

je me serai excusé(e)	nous nous serons excusé(e)s
tu te seras excusé(e)	vous vous serez excusé(e)(s)
il/elle se sera excusé(e)	ils/elles se seront excusé(e)s

PAST CONDITIONAL

je me serais excusé(e)	nous nous serions excusé(e)s
tu te serais excusé(e)	vous vous seriez excusé(e)(s)
il/elle se serait excusé(e)	ils/elles se seraient excusé(e)s

PAST SUBJUNCTIVE

que je me sois excusé(e)	que nous nous soyons excusé(e)s
que tu te sois excusé(e)	que vous vous soyez excusé(e)(s)
qu'il/elle se soit excusé(e)	qu'ils/elles se soient excusé(e)s

PLUPERFECT SUBJUNCTIVE

que je me fusse excusé(e)	que nous nous fussions excusé(e)s
que tu te fusses excusé(e)	que vous vous fussiez excusé(e)(s)
qu'il/elle se fût excusé(e)	qu'ils/elles se fussent excusé(e)s

Usage

s'excuser auprès de qqn	*to apologize to someone*
Les étudiants se sont excusés auprès du directeur.	*The students apologized to the principal.*
Ils se sont excusés d'être arrivés en retard.	*They apologized for being late.*
Je m'excuse de vous déranger.	*I apologize for bothering you.*

RELATED WORD

excusable	*forgivable*
Ces bêtises sont excusables à son âge.	*Such foolishness is forgivable at his age.*

j'exige · j'exigeai · exigé · exigeant   regular -er verb; spelling change: g > ge/a, o

PRESENT		PASSÉ COMPOSÉ	
j'exige	nous exigeons	j'ai exigé	nous avons exigé
tu exiges	vous exigez	tu as exigé	vous avez exigé
il/elle exige	ils/elles exigent	il/elle a exigé	ils/elles ont exigé

IMPERFECT		PLUPERFECT	
j'exigeais	nous exigions	j'avais exigé	nous avions exigé
tu exigeais	vous exigiez	tu avais exigé	vous aviez exigé
il/elle exigeait	ils/elles exigeaient	il/elle avait exigé	ils/elles avaient exigé

PASSÉ SIMPLE		PAST ANTERIOR	
j'exigeai	nous exigeâmes	j'eus exigé	nous eûmes exigé
tu exigeas	vous exigeâtes	tu eus exigé	vous eûtes exigé
il/elle exigea	ils/elles exigèrent	il/elle eut exigé	ils/elles eurent exigé

FUTURE		FUTURE ANTERIOR	
j'exigerai	nous exigerons	j'aurai exigé	nous aurons exigé
tu exigeras	vous exigerez	tu auras exigé	vous aurez exigé
il/elle exigera	ils/elles exigeront	il/elle aura exigé	ils/elles auront exigé

CONDITIONAL		PAST CONDITIONAL	
j'exigerais	nous exigerions	j'aurais exigé	nous aurions exigé
tu exigerais	vous exigeriez	tu aurais exigé	vous auriez exigé
il/elle exigerait	ils/elles exigeraient	il/elle aurait exigé	ils/elles auraient exigé

PRESENT SUBJUNCTIVE		PAST SUBJUNCTIVE	
que j'exige	que nous exigions	que j'aie exigé	que nous ayons exigé
que tu exiges	que vous exigiez	que tu aies exigé	que vous ayez exigé
qu'il/elle exige	qu'ils/elles exigent	qu'il/elle ait exigé	qu'ils/elles aient exigé

IMPERFECT SUBJUNCTIVE		PLUPERFECT SUBJUNCTIVE	
que j'exigeasse	que nous exigeassions	que j'eusse exigé	que nous eussions exigé
que tu exigeasses	que vous exigeassiez	que tu eusses exigé	que vous eussiez exigé
qu'il/elle exigeât	qu'ils/elles exigeassent	qu'il/elle eût exigé	qu'ils/elles eussent exigé

COMMANDS	
	(nous) exigeons
(tu) exige	(vous) exigez

Usage

Il a exigé son argent.	*He demanded his money.*
J'exige de vous des excuses.	*I demand an apology from you.*
Ce travail exige beaucoup de patience.	*This work requires a lot of patience.*
La connaissance de la programmation n'est pas exigée.	*Knowledge of programming is not required.*
Un titre universitaire est exigé.	*A college degree is required.*
Aucun passeport n'est exigé.	*A passport is not required.*
Mon nouveau poste exige trop de déplacements.	*My new job requires too much traveling.*
Le chef exige que tu finisses ce projet.	*The boss demands that you finish this project.*

RELATED WORD

exigeant(e)	*demanding*
Ces études sont très exigeantes.	*This major is very demanding.* (school)
C'est un patron très exigeant.	*He's a very demanding boss.*

regular -er verb

j'explique · j'expliquai · expliqué · expliquant

PRESENT

j'explique	nous expliquons
tu expliques	vous expliquez
il/elle explique	ils/elles expliquent

IMPERFECT

j'expliquais	nous expliquions
tu expliquais	vous expliquiez
il/elle expliquait	ils/elles expliquaient

PASSÉ SIMPLE

j'expliquai	nous expliquâmes
tu expliquas	vous expliquâtes
il/elle expliqua	ils/elles expliquèrent

FUTURE

j'expliquerai	nous expliquerons
tu expliqueras	vous expliquerez
il/elle expliquera	ils/elles expliqueront

CONDITIONAL

j'expliquerais	nous expliquerions
tu expliquerais	vous expliqueriez
il/elle expliquerait	ils/elles expliqueraient

PRESENT SUBJUNCTIVE

que j'explique	que nous expliquions
que tu expliques	que vous expliquiez
qu'il/elle explique	qu'ils/elles expliquent

IMPERFECT SUBJUNCTIVE

que j'expliquasse	que nous expliquassions
que tu expliquasses	que vous expliquassiez
qu'il/elle expliquât	qu'ils/elles expliquassent

PASSÉ COMPOSÉ

j'ai expliqué	nous avons expliqué
tu as expliqué	vous avez expliqué
il/elle a expliqué	ils/elles ont expliqué

PLUPERFECT

j'avais expliqué	nous avions expliqué
tu avais expliqué	vous aviez expliqué
il/elle avait expliqué	ils/elles avaient expliqué

PAST ANTERIOR

j'eus expliqué	nous eûmes expliqué
tu eus expliqué	vous eûtes expliqué
il/elle eut expliqué	ils/elles eurent expliqué

FUTURE ANTERIOR

j'aurai expliqué	nous aurons expliqué
tu auras expliqué	vous aurez expliqué
il/elle aura expliqué	ils/elles auront expliqué

PAST CONDITIONAL

j'aurais expliqué	nous aurions expliqué
tu aurais expliqué	vous auriez expliqué
il/elle aurait expliqué	ils/elles auraient expliqué

PAST SUBJUNCTIVE

que j'aie expliqué	que nous ayons expliqué
que tu aies expliqué	que vous ayez expliqué
qu'il/elle ait expliqué	qu'ils/elles aient expliqué

PLUPERFECT SUBJUNCTIVE

que j'eusse expliqué	que nous eussions expliqué
que tu eusses expliqué	que vous eussiez expliqué
qu'il/elle eût expliqué	qu'ils/elles eussent expliqué

COMMANDS

| | (nous) expliquons |
| (tu) explique | (vous) expliquez |

Usage

Expliquez-moi ce que vous voulez.	*Explain to me what you want.*
Il n'a pas expliqué pourquoi.	*He didn't explain why.*
expliquer qqch à qqn	*to explain something to someone*
Le directeur nous a expliqué le projet en détail.	*The director explained the project to us in detail.*
Ça explique tout!	*That figures!*
expliquer un texte	*to analyze a text critically*
Pour demain il nous faut expliquer ce poème.	*Tomorrow we have to give a critical analysis of this poem.*
s'expliquer	*to explain oneself*
Permettez-moi de m'expliquer.	*Allow me to explain myself.*
Ça s'explique.	*That's perfectly understandable.*

RELATED WORDS

| l'explication (*f*) | *explanation* |
| l'explication de texte | *critical textual explanation/analysis* |

s'exprimer   *to express oneself*

regular -*er* reflexive verb;
compound tenses with *être*

PRESENT

je m'exprime	nous nous exprimons
tu t'exprimes	vous vous exprimez
il/elle s'exprime	ils/elles s'expriment

IMPERFECT

je m'exprimais	nous nous exprimions
tu t'exprimais	vous vous exprimiez
il/elle s'exprimait	ils/elles s'exprimaient

PASSÉ SIMPLE

je m'exprimai	nous nous exprimâmes
tu t'exprimas	vous vous exprimâtes
il/elle s'exprima	ils/elles s'exprimèrent

FUTURE

je m'exprimerai	nous nous exprimerons
tu t'exprimeras	vous vous exprimerez
il/elle s'exprimera	ils/elles s'exprimeront

CONDITIONAL

je m'exprimerais	nous nous exprimerions
tu t'exprimerais	vous vous exprimeriez
il/elle s'exprimerait	ils/elles s'exprimeraient

PRESENT SUBJUNCTIVE

que je m'exprime	que nous nous exprimions
que tu t'exprimes	que vous vous exprimiez
qu'il/elle s'exprime	qu'ils/elles s'expriment

IMPERFECT SUBJUNCTIVE

que je m'exprimasse	que nous nous exprimassions
que tu t'exprimasses	que vous vous exprimassiez
qu'il/elle s'exprimât	qu'ils/elles s'exprimassent

COMMANDS

	(nous) exprimons-nous
(tu) exprime-toi	(vous) exprimez-vous

PASSÉ COMPOSÉ

je me suis exprimé(e)	nous nous sommes exprimé(e)s
tu t'es exprimé(e)	vous vous êtes exprimé(e)(s)
il/elle s'est exprimé(e)	ils/elles se sont exprimé(e)s

PLUPERFECT

je m'étais exprimé(e)	nous nous étions exprimé(e)s
tu t'étais exprimé(e)	vous vous étiez exprimé(e)(s)
il/elle s'était exprimé(e)	ils/elles s'étaient exprimé(e)s

PAST ANTERIOR

je me fus exprimé(e)	nous nous fûmes exprimé(e)s
tu te fus exprimé(e)	vous vous fûtes exprimé(e)(s)
il/elle se fut exprimé(e)	ils/elles se furent exprimé(e)s

FUTURE ANTERIOR

je me serai exprimé(e)	nous nous serons exprimé(e)s
tu te seras exprimé(e)	vous vous serez exprimé(e)(s)
il/elle se sera exprimé(e)	ils/elles se seront exprimé(e)s

PAST CONDITIONAL

je me serais exprimé(e)	nous nous serions exprimé(e)s
tu te serais exprimé(e)	vous vous seriez exprimé(e)(s)
il/elle se serait exprimé(e)	ils/elles se seraient exprimé(e)s

PAST SUBJUNCTIVE

que je me sois exprimé(e)	que nous nous soyons exprimé(e)s
que tu te sois exprimé(e)	que vous vous soyez exprimé(e)(s)
qu'il/elle se soit exprimé(e)	qu'ils/elles se soient exprimé(e)s

PLUPERFECT SUBJUNCTIVE

que je me fusse exprimé(e)	que nous nous fussions exprimé(e)s
que tu te fusses exprimé(e)	que vous vous fussiez exprimé(e)(s)
qu'il/elle se fût exprimé(e)	qu'ils/elles se fussent exprimé(e)s

Usage

Vous vous exprimez très bien en français.	*You express yourself very well in French.*
On n'avait pas de langue en commun.	*We had no common language. So we expressed*
On s'exprimait donc par gestes.	*ourselves with gestures.*
Le professeur exige que nous nous exprimions correctement.	*The teacher demands that we express ourselves correctly.*
Elle s'exprime avec élégance.	*She speaks elegantly.*
Il s'exprime difficilement en allemand.	*He has trouble expressing himself in German.*
—Je n'ai pas compris.	*I didn't understand.*
—Je me suis donc mal exprimé.	*Then I didn't express myself correctly.*

regular -*er* reflexive verb;
compound tenses with *être*

je me fâche · je me fâchai · s'étant fâché · se fâchant

PRESENT

je me fâche	nous nous fâchons
tu te fâches	vous vous fâchez
il/elle se fâche	ils/elles se fâchent

IMPERFECT

je me fâchais	nous nous fâchions
tu te fâchais	vous vous fâchiez
il/elle se fâchait	ils/elles se fâchaient

PASSÉ SIMPLE

je me fâchai	nous nous fâchâmes
tu te fâchas	vous vous fâchâtes
il/elle se fâcha	ils/elles se fâchèrent

FUTURE

je me fâcherai	nous nous fâcherons
tu te fâcheras	vous vous fâcherez
il/elle se fâchera	ils/elles se fâcheront

CONDITIONAL

je me fâcherais	nous nous fâcherions
tu te fâcherais	vous vous fâcheriez
il/elle se fâcherait	ils/elles se fâcheraient

PRESENT SUBJUNCTIVE

que je me fâche	que nous nous fâchions
que tu te fâches	que vous vous fâchiez
qu'il/elle se fâche	qu'ils/elles se fâchent

IMPERFECT SUBJUNCTIVE

que je me fâchasse	que nous nous fâchassions
que tu te fâchasses	que vous vous fâchassiez
qu'il/elle se fâchât	qu'ils/elles se fâchassent

PASSÉ COMPOSÉ

je me suis fâché(e)	nous nous sommes fâché(e)s
tu t'es fâché(e)	vous vous êtes fâché(e)(s)
il/elle s'est fâché(e)	ils/elles se sont fâché(e)s

PLUPERFECT

je m'étais fâché(e)	nous nous étions fâché(e)s
tu t'étais fâché(e)	vous vous étiez fâché(e)(s)
il/elle s'était fâché(e)	ils/elles s'étaient fâché(e)s

PAST ANTERIOR

je me fus fâché(e)	nous nous fûmes fâché(e)s
tu te fus fâché(e)	vous vous fûtes fâché(e)(s)
il/elle se fut fâché(e)	ils/elles se furent fâché(e)s

FUTURE ANTERIOR

je me serai fâché(e)	nous nous serons fâché(e)s
tu te seras fâché(e)	vous vous serez fâché(e)(s)
il/elle se sera fâché(e)	ils/elles se seront fâché(e)s

PAST CONDITIONAL

je me serais fâché(e)	nous nous serions fâché(e)s
tu te serais fâché(e)	vous vous seriez fâché(e)(s)
il/elle se serait fâché(e)	ils/elles se seraient fâché(e)s

PAST SUBJUNCTIVE

que je me sois fâché(e)	que nous nous soyons fâché(e)s
que tu te sois fâché(e)	que vous vous soyez fâché(e)(s)
qu'il/elle se soit fâché(e)	qu'ils/elles se soient fâché(e)s

PLUPERFECT SUBJUNCTIVE

que je me fusse fâché(e)	que nous nous fussions fâché(e)s
que tu te fusses fâché(e)	que vous vous fussiez fâché(e)(s)
qu'il/elle se fût fâché(e)	qu'ils/elles se fussent fâché(e)s

COMMANDS

	(nous) fâchons-nous
(tu) fâche-toi	(vous) fâchez-vous

Usage

se fâcher contre qqn	*to get angry at someone*
Le prof s'est fâché tout rouge contre moi.	*The teacher got furious with me.*
se fâcher avec qqn	*to get angry with/break off with someone*
Elle s'est fâchée avec Pierre.	*She got angry with Pierre.*
Si ça arrive, je vais me fâcher.	*If that happens, I'm going to put my foot down.*

RELATED WORDS

fâché(e)	*angry*
Il est toujours fâché.	*He's always angry.*
fâcheux/fâcheuse	*annoying/irritating*
Ils ont de fâcheuses habitudes.	*They have annoying habits.*

faire des études

faire sa médecine	*to study medicine*
faire son droit	*to study law*
faire du français/des langues	*to study French/languages*
faire des maths	*to study math*
faire du violon/du piano/de la flûte	*to study violin/piano/flute*

faire du sport

faire du vélo/de la voile	*to go bike riding/sailing*
faire de la varappe/du jogging	*to go rock climbing/jogging*

faire à la maison

faire le linge/la lessive	*to do the wash/the laundry*
faire le ménage	*to do the housework*
faire la vaisselle/les carreaux/le parquet	*to do the dishes/the windows/the floor*

faire dans le domaine personnel

—Pourquoi est-ce que tu fais la moue?	*Why are you pouting?*
—Parce que tu m'as fait de la peine.	*Because you hurt my feelings.*
—Lui, il fait un beau gâchis de tout.	*He makes a mess of everything.*
—Oui, il fait toujours le singe.	*Yes, he's always acting the fool.*
—Tu as vu la tête qu'il a faite?	*Did you see the face he made?*
—Laisse tomber. On ne va pas en faire toute une histoire.	*Forget about it. We're not going to make a federal case out of it.*
en faire à sa tête	*to act impulsively*
faire un clin d'œil à qqn	*to wink at someone*
faire l'enfant/l'idiot	*to act like a child/an idiot*
Qu'est-ce que ça peut bien te faire?	*What can that possibly matter to you?*
C'est bien fait pour toi!	*Serves you right!*

faire pour les voyages et les déplacements

—Vous avez fait un voyage?	*Did you take a trip?*
—Oui, nous avons fait l'Europe cet été.	*Yes, we traveled through Europe this summer.*
faire une promenade/une promenade en voiture	*to go for a walk/car ride*
faire une fugue	*to run away from home*
faire la queue au guichet de la gare	*to stand in line at the station ticket window*

D'autres expressions

—Qu'est-ce que j'ai fait de mes gants?	*What did I do with my gloves?*
—Il n'y a rien à faire. Tu les as laissés dans le train.	*There's nothing you can do. You left them in the train.*
faire acte de présence	*to put in an appearance*
faire une gaffe	*to make a blunder*
faire semblant de faire qqch	*to pretend to do something*
—Cet élève ne fait plus l'école buissonnière.	*This child doesn't play hookey anymore.*
—Non, il a fait peau neuve.	*No, he has turned over a new leaf.*

TOP 50
VERBS

irregular verb

PRESENT

je fais	nous faisons
tu fais	vous faites
il/elle fait	ils/elles font

IMPERFECT

je faisais	nous faisions
tu faisais	vous faisiez
il/elle faisait	ils/elles faisaient

PASSÉ SIMPLE

je fis	nous fîmes
tu fis	vous fîtes
il/elle fit	ils/elles firent

FUTURE

je ferai	nous ferons
tu feras	vous ferez
il/elle fera	ils/elles feront

CONDITIONAL

je ferais	nous ferions
tu ferais	vous feriez
il/elle ferait	ils/elles feraient

PRESENT SUBJUNCTIVE

que je fasse	que nous fassions
que tu fasses	que vous fassiez
qu'il/elle fasse	qu'ils/elles fassent

IMPERFECT SUBJUNCTIVE

que je fisse	que nous fissions
que tu fisses	que vous fissiez
qu'il/elle fît	qu'ils/elles fissent

COMMANDS

	(nous) faisons
(tu) fais	(vous) faites

PASSÉ COMPOSÉ

j'ai fait	nous avons fait
tu as fait	vous avez fait
il/elle a fait	ils/elles ont fait

PLUPERFECT

j'avais fait	nous avions fait
tu avais fait	vous aviez fait
il/elle avait fait	ils/elles avaient fait

PAST ANTERIOR

j'eus fait	nous eûmes fait
tu eus fait	vous eûtes fait
il/elle eut fait	ils/elles eurent fait

FUTURE ANTERIOR

j'aurai fait	nous aurons fait
tu auras fait	vous aurez fait
il/elle aura fait	ils/elles auront fait

PAST CONDITIONAL

j'aurais fait	nous aurions fait
tu aurais fait	vous auriez fait
il/elle aurait fait	ils/elles auraient fait

PAST SUBJUNCTIVE

que j'aie fait	que nous ayons fait
que tu aies fait	que vous ayez fait
qu'il/elle ait fait	qu'ils/elles aient fait

PLUPERFECT SUBJUNCTIVE

que j'eusse fait	que nous eussions fait
que tu eusses fait	que vous eussiez fait
qu'il/elle eût fait	qu'ils/elles eussent fait

Usage

faire qqch	*to make something*
faire une quiche	*to make a quiche*
faire qqch pour qqn	*to make/do something for someone*
Tu peux faire les courses pour moi?	*Can you do the shopping for me?*
faire qqch à qqn	*to make/do something to/for someone*
Je vais te faire un thé.	*I'm going to make you a cup of tea.*
Pourquoi tu pleures? Qu'est-ce que ton frère t'a fait?	*Why are you crying? What did your brother do to you?*
Qu'est-ce que vous faites dans la vie?	*What do you do for a living?*
Que feriez-vous dans ce cas?	*What would you do in this case?*
Quel temps fait-il?	*What's the weather like?*
Il fait beau/mauvais.	*The weather's nice/bad.*
Il fait chaud/froid.	*The weather's warm/cold.*
Il faisait nuit quand je suis rentré.	*It was dark when I got back.*
Il fait soleil.	*The sun's out.*
Il fait du vent.	*It's windy.*

PRESENT

je me fais	nous nous faisons
tu te fais	vous vous faites
il/elle se fait	ils/elles se font

IMPERFECT

je me faisais	nous nous faisions
tu te faisais	vous vous faisiez
il/elle se faisait	ils/elles se faisaient

PASSÉ SIMPLE

je me fis	nous nous fîmes
tu te fis	vous vous fîtes
il/elle se fit	ils/elles se firent

FUTURE

je me ferai	nous nous ferons
tu te feras	vous vous ferez
il/elle se fera	ils/elles se feront

CONDITIONAL

je me ferais	nous nous ferions
tu te ferais	vous vous feriez
il/elle se ferait	ils/elles se feraient

PRESENT SUBJUNCTIVE

que je me fasse	que nous nous fassions
que tu te fasses	que vous vous fassiez
qu'il/elle se fasse	qu'ils/elles se fassent

IMPERFECT SUBJUNCTIVE

que je me fisse	que nous nous fissions
que tu te fisses	que vous vous fissiez
qu'il/elle se fît	qu'ils/elles se fissent

PASSÉ COMPOSÉ

je me suis fait(e)	nous nous sommes fait(e)s
tu t'es fait(e)	vous vous êtes fait(e)(s)
il/elle s'est fait(e)	ils/elles se sont fait(e)s

PLUPERFECT

je m'étais fait(e)	nous nous étions fait(e)s
tu t'étais fait(e)	vous vous étiez fait(e)(s)
il/elle s'était fait(e)	ils/elles s'étaient fait(e)s

PAST ANTERIOR

je me fus fait(e)	nous nous fûmes fait(e)s
tu te fus fait(e)	vous vous fûtes fait(e)(s)
il/elle se fut fait(e)	ils/elles se furent fait(e)s

FUTURE ANTERIOR

je me serai fait(e)	nous nous serons fait(e)s
tu te seras fait(e)	vous vous serez fait(e)(s)
il/elle se sera fait(e)	ils/elles se seront fait(e)s

PAST CONDITIONAL

je me serais fait(e)	nous nous serions fait(e)s
tu te serais fait(e)	vous vous seriez fait(e)(s)
il/elle se serait fait(e)	ils/elles se seraient fait(e)s

PAST SUBJUNCTIVE

que je me sois fait(e)	que nous nous soyons fait(e)s
que tu te sois fait(e)	que vous vous soyez fait(e)(s)
qu'il/elle se soit fait(e)	qu'ils/elles se soient fait(e)s

PLUPERFECT SUBJUNCTIVE

que je me fusse fait(e)	que nous nous fussions fait(e)s
que tu te fusses fait(e)	que vous vous fussiez fait(e)(s)
qu'il/elle se fût fait(e)	qu'ils/elles se fussent fait(e)s

COMMANDS

	(nous) faisons-nous
(tu) fais-toi	(vous) faites-vous

Usage

Comment (est-ce que) ça se fait?	*How come it's like that/things are like that?*
Ça ne se fait pas.	*That's not done./You don't do that.*
se faire seul/seule	*to be a self-made man/woman*
se faire mal	*to hurt oneself*
Il s'est fait mal à la jambe.	*He hurt his leg.*
Son chien s'est fait écraser.	*Her dog got run over.*
Il s'est fait payer.	*He got paid.*
se faire du mauvais sang/s'en faire	*to worry*
Ne t'en fais pas!	*Don't worry!*
Il s'est fait tuer dans une bagarre.	*He got killed in a brawl.*
Elle aime se faire attendre.	*She likes to keep people waiting.*
Il aime se faire prier.	*He likes to be begged to do things.*
Je me suis fait couper les cheveux.	*I got a haircut.*
Il faut savoir se faire respecter.	*You should know how to make people respect you.*

irregular verb

PRESENT		PASSÉ COMPOSÉ	
je feins	nous feignons	j'ai feint	nous avons feint
tu feins	vous feignez	tu as feint	vous avez feint
il/elle feint	ils/elles feignent	il/elle a feint	ils/elles ont feint

IMPERFECT		PLUPERFECT	
je feignais	nous feignions	j'avais feint	nous avions feint
tu feignais	vous feigniez	tu avais feint	vous aviez feint
il/elle feignait	ils/elles feignaient	il/elle avait feint	ils/elles avaient feint

PASSÉ SIMPLE		PAST ANTERIOR	
je feignis	nous feignîmes	j'eus feint	nous eûmes feint
tu feignis	vous feignîtes	tu eus feint	vous eûtes feint
il/elle feignit	ils/elles feignirent	il/elle eut feint	ils/elles eurent feint

FUTURE		FUTURE ANTERIOR	
je feindrai	nous feindrons	j'aurai feint	nous aurons feint
tu feindras	vous feindrez	tu auras feint	vous aurez feint
il/elle feindra	ils/elles feindront	il/elle aura feint	ils/elles auront feint

CONDITIONAL		PAST CONDITIONAL	
je feindrais	nous feindrions	j'aurais feint	nous aurions feint
tu feindrais	vous feindriez	tu aurais feint	vous auriez feint
il/elle feindrait	ils/elles feindraient	il/elle aurait feint	ils/elles auraient feint

PRESENT SUBJUNCTIVE		PAST SUBJUNCTIVE	
que je feigne	que nous feignions	que j'aie feint	que nous ayons feint
que tu feignes	que vous feigniez	que tu aies feint	que vous ayez feint
qu'il/elle feigne	qu'ils/elles feignent	qu'il/elle ait feint	qu'ils/elles aient feint

IMPERFECT SUBJUNCTIVE		PLUPERFECT SUBJUNCTIVE	
que je feignisse	que nous feignissions	que j'eusse feint	que nous eussions feint
que tu feignisses	que vous feignissiez	que tu eusses feint	que vous eussiez feint
qu'il/elle feignît	qu'ils/elles feignissent	qu'il/elle eût feint	qu'ils/elles eussent feint

COMMANDS

	(nous) feignons
(tu) feins	(vous) feignez

Usage

Il me sera très difficile de feindre de la satisfaction.	*It will be very difficult for me to pretend to be satisfied.*
Sa joie est feinte.	*Her joy is mere pretense.*
feindre de faire qqch	*to pretend to do something*
Il feint de se soucier de nous.	*He pretends to be concerned about us.*

RELATED WORDS

la feinte	*faking/ruse/feint* (sports)
feinter	*to feint* (sports)
feinter qqn	*to fool someone*
Il m'a feinté.	*He tricked me.*

PRESENT

je félicite	nous félicitons
tu félicites	vous félicitez
il/elle félicite	ils/elles félicitent

IMPERFECT

je félicitais	nous félicitions
tu félicitais	vous félicitiez
il/elle félicitait	ils/elles félicitaient

PASSÉ SIMPLE

je félicitai	nous félicitâmes
tu félicitas	vous félicitâtes
il/elle félicita	ils/elles félicitèrent

FUTURE

je féliciterai	nous féliciterons
tu féliciteras	vous féliciterez
il/elle félicitera	ils/elles féliciteront

CONDITIONAL

je féliciterais	nous féliciterions
tu féliciterais	vous féliciteriez
il/elle féliciterait	ils/elles féliciteraient

PRESENT SUBJUNCTIVE

que je félicite	que nous félicitions
que tu félicites	que vous félicitiez
qu'il/elle félicite	qu'ils/elles félicitent

IMPERFECT SUBJUNCTIVE

que je félicitasse	que nous félicitassions
que tu félicitasses	que vous félicitassiez
qu'il/elle félicitât	qu'ils/elles félicitassent

PASSÉ COMPOSÉ

j'ai félicité	nous avons félicité
tu as félicité	vous avez félicité
il/elle a félicité	ils/elles ont félicité

PLUPERFECT

j'avais félicité	nous avions félicité
tu avais félicité	vous aviez félicité
il/elle avait félicité	ils/elles avaient félicité

PAST ANTERIOR

j'eus félicité	nous eûmes félicité
tu eus félicité	vous eûtes félicité
il/elle eut félicité	ils/elles eurent félicité

FUTURE ANTERIOR

j'aurai félicité	nous aurons félicité
tu auras félicité	vous aurez félicité
il/elle aura félicité	ils/elles auront félicité

PAST CONDITIONAL

j'aurais félicité	nous aurions félicité
tu aurais félicité	vous auriez félicité
il/elle aurait félicité	ils/elles auraient félicité

PAST SUBJUNCTIVE

que j'aie félicité	que nous ayons félicité
que tu aies félicité	que vous ayez félicité
qu'il/elle ait félicité	qu'ils/elles aient félicité

PLUPERFECT SUBJUNCTIVE

que j'eusse félicité	que nous eussions félicité
que tu eusses félicité	que vous eussiez félicité
qu'il/elle eût félicité	qu'ils/elles eussent félicité

COMMANDS

	(nous) félicitons
(tu) félicite	(vous) félicitez

Usage

Je vous félicite!	*I congratulate you!*
Le patron m'a félicité de mon succès.	*The boss congratulated me on my success.*
Je ne te félicite pas!	*You'll get no thanks from me!*

RELATED WORDS

la félicitation	*congratulation*
Toutes mes félicitations!	*My heartiest congratulations.*
Je vous félicite de votre réussite à l'examen.	*I congratulate you on your success on the exam.*
se féliciter de	*to be happy about*
se féliciter d'avoir fait qqch	*to pat oneself on the back for having done something*
Il se félicite d'avoir fait ces investissements.	*He's pleased with himself for having made those investments.*

regular -*re* verb | **je fends · je fendis · fendu · fendant**

PRESENT

je fends	nous fendons
tu fends	vous fendez
il/elle fend	ils/elles fendent

IMPERFECT

je fendais	nous fendions
tu fendais	vous fendiez
il/elle fendait	ils/elles fendaient

PASSÉ SIMPLE

je fendis	nous fendîmes
tu fendis	vous fendîtes
il/elle fendit	ils/elles fendirent

FUTURE

je fendrai	nous fendrons
tu fendras	vous fendrez
il/elle fendra	ils/elles fendront

CONDITIONAL

je fendrais	nous fendrions
tu fendrais	vous fendriez
il/elle fendrait	ils/elles fendraient

PRESENT SUBJUNCTIVE

que je fende	que nous fendions
que tu fendes	que vous fendiez
qu'il/elle fende	qu'ils/elles fendent

IMPERFECT SUBJUNCTIVE

que je fendisse	que nous fendissions
que tu fendisses	que vous fendissiez
qu'il/elle fendît	qu'ils/elles fendissent

PASSÉ COMPOSÉ

j'ai fendu	nous avons fendu
tu as fendu	vous avez fendu
il/elle a fendu	ils/elles ont fendu

PLUPERFECT

j'avais fendu	nous avions fendu
tu avais fendu	vous aviez fendu
il/elle avait fendu	ils/elles avaient fendu

PAST ANTERIOR

j'eus fendu	nous eûmes fendu
tu eus fendu	vous eûtes fendu
il/elle eut fendu	ils/elles eurent fendu

FUTURE ANTERIOR

j'aurai fendu	nous aurons fendu
tu auras fendu	vous aurez fendu
il/elle aura fendu	ils/elles auront fendu

PAST CONDITIONAL

j'aurais fendu	nous aurions fendu
tu aurais fendu	vous auriez fendu
il/elle aurait fendu	ils/elles auraient fendu

PAST SUBJUNCTIVE

que j'aie fendu	que nous ayons fendu
que tu aies fendu	que vous ayez fendu
qu'il/elle ait fendu	qu'ils/elles aient fendu

PLUPERFECT SUBJUNCTIVE

que j'eusse fendu	que nous eussions fendu
que tu eusses fendu	que vous eussiez fendu
qu'il/elle eût fendu	qu'ils/elles eussent fendu

COMMANDS

	(nous) fendons
(tu) fends	(vous) fendez

Usage

Le bûcheron fend du bois.	*The woodsman splits wood.*
C'est une histoire qui me fend le cœur.	*It's a story that breaks my heart.*
Le président a dû fendre la foule.	*The president had to push his way through the crowd.*
Il s'est fendu le crâne en tombant.	*He broke his skull when he fell.*
se fendre la gueule	*to laugh oneself sick*
Je me suis fendu la gueule.	*I nearly died laughing.*

RELATED WORD

la fente	*crack/fissure*
Il y a des fentes dangereuses dans la terre.	*There are dangerous fissures in the earth.*

262 fermer *to close*

regular -er verb

PRESENT
je ferme	nous fermons
tu fermes	vous fermez
il/elle ferme	ils/elles ferment

IMPERFECT
je fermais	nous fermions
tu fermais	vous fermiez
il/elle fermait	ils/elles fermaient

PASSÉ SIMPLE
je fermai	nous fermâmes
tu fermas	vous fermâtes
il/elle ferma	ils/elles fermèrent

FUTURE
je fermerai	nous fermerons
tu fermeras	vous fermerez
il/elle fermera	ils/elles fermeront

CONDITIONAL
je fermerais	nous fermerions
tu fermerais	vous fermeriez
il/elle fermerait	ils/elles fermeraient

PRESENT SUBJUNCTIVE
que je ferme	que nous fermions
que tu fermes	que vous fermiez
qu'il/elle ferme	qu'ils/elles ferment

IMPERFECT SUBJUNCTIVE
que je fermasse	que nous fermassions
que tu fermasses	que vous fermassiez
qu'il/elle fermât	qu'ils/elles fermassent

PASSÉ COMPOSÉ
j'ai fermé	nous avons fermé
tu as fermé	vous avez fermé
il/elle a fermé	ils/elles ont fermé

PLUPERFECT
j'avais fermé	nous avions fermé
tu avais fermé	vous aviez fermé
il/elle avait fermé	ils/elles avaient fermé

PAST ANTERIOR
j'eus fermé	nous eûmes fermé
tu eus fermé	vous eûtes fermé
il/elle eut fermé	ils/elles eurent fermé

FUTURE ANTERIOR
j'aurai fermé	nous aurons fermé
tu auras fermé	vous aurez fermé
il/elle aura fermé	ils/elles auront fermé

PAST CONDITIONAL
j'aurais fermé	nous aurions fermé
tu aurais fermé	vous auriez fermé
il/elle aurait fermé	ils/elles auraient fermé

PAST SUBJUNCTIVE
que j'aie fermé	que nous ayons fermé
que tu aies fermé	que vous ayez fermé
qu'il/elle ait fermé	qu'ils/elles aient fermé

PLUPERFECT SUBJUNCTIVE
que j'eusse fermé	que nous eussions fermé
que tu eusses fermé	que vous eussiez fermé
qu'il/elle eût fermé	qu'ils/elles eussent fermé

COMMANDS
	(nous) fermons
(tu) ferme	(vous) fermez

Usage

fermer la porte/les fenêtres/son livre	to close the door/the windows/one's book
fermer la porte à clé	to lock the door
fermer la porte à verrou	to bolt the door
fermer la porte à double tour	to double-lock the door
Ils m'ont fermé la porte au nez.	They shut the door in my face.
fermer les yeux sur les abus	to turn a blind eye to the abuses
Ça ferme à sept heures.	The store closes at seven o'clock.
On ferme en août.	We close in August.
la fermer (colloquial)	to keep one's mouth shut
Ferme-la!	Shut up!
Tu aurais dû la fermer.	You should have kept your mouth shut.

RELATED WORD

la fermeture	closing
Fermeture annuelle du 1er au 15 août.	Closing for vacation from August 1 to 15. (sign on store)

regular -er reflexive verb;
compound tenses with *être*

PRESENT

je me fie	nous nous fions
tu te fies	vous vous fiez
il/elle se fie	ils/elles se fient

PASSÉ COMPOSÉ

je me suis fié(e)	nous nous sommes fié(e)s
tu t'es fié(e)	vous vous êtes fié(e)(s)
il/elle s'est fié(e)	ils/elles se sont fié(e)s

IMPERFECT

je me fiais	nous nous fiions
tu te fiais	vous vous fiiez
il/elle se fiait	ils/elles se fiaient

PLUPERFECT

je m'étais fié(e)	nous nous étions fié(e)s
tu t'étais fié(e)	vous vous étiez fié(e)(s)
il/elle s'était fié(e)	ils/elles s'étaient fié(e)s

PASSÉ SIMPLE

je me fiai	nous nous fiâmes
tu te fias	vous vous fiâtes
il/elle se fia	ils/elles se fièrent

PAST ANTERIOR

je me fus fié(e)	nous nous fûmes fié(e)s
tu te fus fié(e)	vous vous fûtes fié(e)(s)
il/elle se fut fié(e)	ils/elles se furent fié(e)s

FUTURE

je me fierai	nous nous fierons
tu te fieras	vous vous fierez
il/elle se fiera	ils/elles se fieront

FUTURE ANTERIOR

je me serai fié(e)	nous nous serons fié(e)s
tu te seras fié(e)	vous vous serez fié(e)(s)
il/elle se sera fié(e)	ils/elles se seront fié(e)s

CONDITIONAL

je me fierais	nous nous fierions
tu te fierais	vous vous fieriez
il/elle se fierait	ils/elles se fieraient

PAST CONDITIONAL

je me serais fié(e)	nous nous serions fié(e)s
tu te serais fié(e)	vous vous seriez fié(e)(s)
il/elle se serait fié(e)	ils/elles se seraient fié(e)s

PRESENT SUBJUNCTIVE

que je me fie	que nous nous fiions
que tu te fies	que vous vous fiiez
qu'il/elle se fie	qu'ils/elles se fient

PAST SUBJUNCTIVE

que je me sois fié(e)	que nous nous soyons fié(e)s
que tu te sois fié(e)	que vous vous soyez fié(e)(s)
qu'il/elle se soit fié(e)	qu'ils/elles se soient fié(e)s

IMPERFECT SUBJUNCTIVE

que je me fiasse	que nous nous fiassions
que tu te fiasses	que vous vous fiassiez
qu'il/elle se fiât	qu'ils/elles se fiassent

PLUPERFECT SUBJUNCTIVE

que je me fusse fié(e)	que nous nous fussions fié(e)s
que tu te fusses fié(e)	que vous vous fussiez fié(e)(s)
qu'il/elle se fût fié(e)	qu'ils/elles se fussent fié(e)s

COMMANDS

	(nous) fions-nous
(tu) fie-toi	(vous) fiez-vous

Usage

Personne ne se fie à lui.	*No one trusts him.*
Tous les employés se fient au chef de rayon.	*All the employees trust the department head.*
Il ne faut pas se fier aux apparences.	*One must not judge by appearances.*
Je ne me fie jamais à ce qu'il dit.	*I never go by what he says.*
Nous nous fions à votre discrétion.	*We're relying on your discretion.*

—Tu ne prends pas de notes?
—Non, je me fie à ma mémoire.

You're not writing anything down?
No, I'm relying on my memory.

RELATED WORDS

fiable	*trustworthy*
la fiabilité	*trustworthiness*

je finis · je finis · fini · finissant | regular *-ir* verb

PRESENT

je finis	nous finissons
tu finis	vous finissez
il/elle finit	ils/elles finissent

PASSÉ COMPOSÉ

j'ai fini	nous avons fini
tu as fini	vous avez fini
il/elle a fini	ils/elles ont fini

IMPERFECT

je finissais	nous finissions
tu finissais	vous finissiez
il/elle finissait	ils/elles finissaient

PLUPERFECT

j'avais fini	nous avions fini
tu avais fini	vous aviez fini
il/elle avait fini	ils/elles avaient fini

PASSÉ SIMPLE

je finis	nous finîmes
tu finis	vous finîtes
il/elle finit	ils/elles finirent

PAST ANTERIOR

j'eus fini	nous eûmes fini
tu eus fini	vous eûtes fini
il/elle eut fini	ils/elles eurent fini

FUTURE

je finirai	nous finirons
tu finiras	vous finirez
il/elle finira	ils/elles finiront

FUTURE ANTERIOR

j'aurai fini	nous aurons fini
tu auras fini	vous aurez fini
il/elle aura fini	ils/elles auront fini

CONDITIONAL

je finirais	nous finirions
tu finirais	vous finiriez
il/elle finirait	ils/elles finiraient

PAST CONDITIONAL

j'aurais fini	nous aurions fini
tu aurais fini	vous auriez fini
il/elle aurait fini	ils/elles auraient fini

PRESENT SUBJUNCTIVE

que je finisse	que nous finissions
que tu finisses	que vous finissiez
qu'il/elle finisse	qu'ils/elles finissent

PAST SUBJUNCTIVE

que j'aie fini	que nous ayons fini
que tu aies fini	que vous ayez fini
qu'il/elle ait fini	qu'ils/elles aient fini

IMPERFECT SUBJUNCTIVE

que je finisse	que nous finissions
que tu finisses	que vous finissiez
qu'il/elle finît	qu'ils/elles finissent

PLUPERFECT SUBJUNCTIVE

que j'eusse fini	que nous eussions fini
que tu eusses fini	que vous eussiez fini
qu'il/elle eût fini	qu'ils/elles eussent fini

COMMANDS

	(nous) finissons
(tu) finis	(vous) finissez

Usage

—Maman! J'ai fini. Je veux sortir jouer.	*Mom! I finished. I want to go out to play.*
—Tu n'as pas fini tes légumes. Finis-les.	*You haven't finished your vegetables. Finish them.*
finir son travail/un livre/un article	*to finish one's work/a book/an article*
Le prisonnier a fini son temps.	*The prisoner finished serving his sentence.*
Tu vas finir sans travail si tu continues comme ça!	*You'll wind up without a job if you keep on like that!*
Il a fini chef de rayon.	*He wound up as department supervisor.*
Quand est-ce que tu finiras de m'embêter?	*When will you stop annoying me?*
Cet amour va mal finir.	*That love (affair) will have an unhappy ending.*
en finir avec qqch/avec qqn	*to be done with something/someone*
Je veux qu'on en finisse.	*I want us to be done with it.*
Il faut en finir avec ces discussions.	*We have to stop these discussions.*
C'est un roman à n'en plus finir.	*It's an endless novel.*

regular -er verb

PRESENT

je fonde	nous fondons
tu fondes	vous fondez
il/elle fonde	ils/elles fondent

IMPERFECT

je fondais	nous fondions
tu fondais	vous fondiez
il/elle fondait	ils/elles fondaient

PASSÉ SIMPLE

je fondai	nous fondâmes
tu fondas	vous fondâtes
il/elle fonda	ils/elles fondèrent

FUTURE

je fonderai	nous fonderons
tu fonderas	vous fonderez
il/elle fondera	ils/elles fonderont

CONDITIONAL

je fonderais	nous fonderions
tu fonderais	vous fonderiez
il/elle fonderait	ils/elles fonderaient

PRESENT SUBJUNCTIVE

que je fonde	que nous fondions
que tu fondes	que vous fondiez
qu'il/elle fonde	qu'ils/elles fondent

IMPERFECT SUBJUNCTIVE

que je fondasse	que nous fondassions
que tu fondasses	que vous fondassiez
qu'il/elle fondât	qu'ils/elles fondassent

COMMANDS

	(nous) fondons
(tu) fonde	(vous) fondez

PASSÉ COMPOSÉ

j'ai fondé	nous avons fondé
tu as fondé	vous avez fondé
il/elle a fondé	ils/elles ont fondé

PLUPERFECT

j'avais fondé	nous avions fondé
tu avais fondé	vous aviez fondé
il/elle avait fondé	ils/elles avaient fondé

PAST ANTERIOR

j'eus fondé	nous eûmes fondé
tu eus fondé	vous eûtes fondé
il/elle eut fondé	ils/elles eurent fondé

FUTURE ANTERIOR

j'aurai fondé	nous aurons fondé
tu auras fondé	vous aurez fondé
il/elle aura fondé	ils/elles auront fondé

PAST CONDITIONAL

j'aurais fondé	nous aurions fondé
tu aurais fondé	vous auriez fondé
il/elle aurait fondé	ils/elles auraient fondé

PAST SUBJUNCTIVE

que j'aie fondé	que nous ayons fondé
que tu aies fondé	que vous ayez fondé
qu'il/elle ait fondé	qu'ils/elles aient fondé

PLUPERFECT SUBJUNCTIVE

que j'eusse fondé	que nous eussions fondé
que tu eusses fondé	que vous eussiez fondé
qu'il/elle eût fondé	qu'ils/elles eussent fondé

Usage

fonder une entreprise	*to found a firm*
fonder un parti politique	*to found a political party*
Maison fondée en 1963	*Business established in 1963*
Il a fondé ses espoirs sur ce mariage.	*He is pinning all his hopes on this marriage.*
fonder ses arguments sur des raisonnements solides	*to base one's arguments on solid reasoning*
Ce qu'il prétend n'est pas du tout fondé.	*What he claims is groundless.*

RELATED WORDS

la fondation	*founding/foundation*
fondateur/fondatrice	*founder*
le fondement	*solid ground/base*
Ton argumentation n'a pas le moindre fondement.	*You haven't a leg to stand on.*

fondre *to melt*

je fonds · je fondis · fondu · fondant

PRESENT

je fonds	nous fondons
tu fonds	vous fondez
il/elle fond	ils/elles fondent

IMPERFECT

je fondais	nous fondions
tu fondais	vous fondiez
il/elle fondait	ils/elles fondaient

PASSÉ SIMPLE

je fondis	nous fondîmes
tu fondis	vous fondîtes
il/elle fondit	ils/elles fondirent

FUTURE

je fondrai	nous fondrons
tu fondras	vous fondrez
il/elle fondra	ils/elles fondront

CONDITIONAL

je fondrais	nous fondrions
tu fondrais	vous fondriez
il/elle fondrait	ils/elles fondraient

PRESENT SUBJUNCTIVE

que je fonde	que nous fondions
que tu fondes	que vous fondiez
qu'il/elle fonde	qu'ils/elles fondent

IMPERFECT SUBJUNCTIVE

que je fondisse	que nous fondissions
que tu fondisses	que vous fondissiez
qu'il/elle fondît	qu'ils/elles fondissent

COMMANDS

	(nous) fondons
(tu) fonds	(vous) fondez

PASSÉ COMPOSÉ

j'ai fondu	nous avons fondu
tu as fondu	vous avez fondu
il/elle a fondu	ils/elles ont fondu

PLUPERFECT

j'avais fondu	nous avions fondu
tu avais fondu	vous aviez fondu
il/elle avait fondu	ils/elles avaient fondu

PAST ANTERIOR

j'eus fondu	nous eûmes fondu
tu eus fondu	vous eûtes fondu
il/elle eut fondu	ils/elles eurent fondu

FUTURE ANTERIOR

j'aurai fondu	nous aurons fondu
tu auras fondu	vous aurez fondu
il/elle aura fondu	ils/elles auront fondu

PAST CONDITIONAL

j'aurais fondu	nous aurions fondu
tu aurais fondu	vous auriez fondu
il/elle aurait fondu	ils/elles auraient fondu

PAST SUBJUNCTIVE

que j'aie fondu	que nous ayons fondu
que tu aies fondu	que vous ayez fondu
qu'il/elle ait fondu	qu'ils/elles aient fondu

PLUPERFECT SUBJUNCTIVE

que j'eusse fondu	que nous eussions fondu
que tu eusses fondu	que vous eussiez fondu
qu'il/elle eût fondu	qu'ils/elles eussent fondu

Usage

La neige fond sous le soleil.	*The snow melts in the sun.*
fondre en larmes	*to burst into tears*
En entendant la nouvelle, elle a fondu en larmes.	*Upon hearing the news, she burst into tears.*
Mon Dieu! Tu as fondu! Combien de kilos as-tu perdus?	*My gosh! You've lost weight! How many kilos have you lost?*
Cette viande fond dans la bouche.	*This meat melts in your mouth.*
faire fondre	*to melt (transitive)*
Selon cette recette il faut faire fondre 100 grammes de beurre.	*For this recipe you have to melt 100 grams of butter.*

regular -er verb; spelling change: c > ç/a, o   **je force · je forçai · forcé · forçant**

PRESENT

je force	nous forçons
tu forces	vous forcez
il/elle force	ils/elles forcent

IMPERFECT

je forçais	nous forcions
tu forçais	vous forciez
il/elle forçait	ils/elles forçaient

PASSÉ SIMPLE

je forçai	nous forçâmes
tu forças	vous forçâtes
il/elle força	ils/elles forcèrent

FUTURE

je forcerai	nous forcerons
tu forceras	vous forcerez
il/elle forcera	ils/elles forceront

CONDITIONAL

je forcerais	nous forcerions
tu forcerais	vous forceriez
il/elle forcerait	ils/elles forceraient

PRESENT SUBJUNCTIVE

que je force	que nous forcions
que tu forces	que vous forciez
qu'il/elle force	qu'ils/elles forcent

IMPERFECT SUBJUNCTIVE

que je forçasse	que nous forçassions
que tu forçasses	que vous forçassiez
qu'il/elle forçât	qu'ils/elles forçassent

COMMANDS

	(nous) forçons
(tu) force	(vous) forcez

PASSÉ COMPOSÉ

j'ai forcé	nous avons forcé
tu as forcé	vous avez forcé
il/elle a forcé	ils/elles ont forcé

PLUPERFECT

j'avais forcé	nous avions forcé
tu avais forcé	vous aviez forcé
il/elle avait forcé	ils/elles avaient forcé

PAST ANTERIOR

j'eus forcé	nous eûmes forcé
tu eus forcé	vous eûtes forcé
il/elle eut forcé	ils/elles eurent forcé

FUTURE ANTERIOR

j'aurai forcé	nous aurons forcé
tu auras forcé	vous aurez forcé
il/elle aura forcé	ils/elles auront forcé

PAST CONDITIONAL

j'aurais forcé	nous aurions forcé
tu aurais forcé	vous auriez forcé
il/elle aurait forcé	ils/elles auraient forcé

PAST SUBJUNCTIVE

que j'aie forcé	que nous ayons forcé
que tu aies forcé	que vous ayez forcé
qu'il/elle ait forcé	qu'ils/elles aient forcé

PLUPERFECT SUBJUNCTIVE

que j'eusse forcé	que nous eussions forcé
que tu eusses forcé	que vous eussiez forcé
qu'il/elle eût forcé	qu'ils/elles eussent forcé

Usage

forcer la porte	*to force open the door*
Il a essayé de forcer la porte de la cuisine.	*He tried to force open the kitchen door.*
forcer la serrure	*to break the lock*
Le président a forcé la main du Parlement pour qu'ils approuvent sa proposition de loi.	*The president rammed his bill through Parliament.*
Écoute. Ne me force pas la main.	*Listen. Don't twist my arm.*
forcer qqn à faire qqch	*to force someone to do something*
L'agent l'a forcé à répondre.	*The policeman forced him to answer.*
Tu forces un peu la dose/la note, je trouve.	*You're overdoing it/dramatizing, I think.*
Les motos ont forcé le passage à travers l'embouteillage.	*The motorcycles forced their way through the traffic jam.*
Je peux le faire sans forcer.	*I can do it easily.*
se forcer à faire qqch	*to force oneself to do something*
Je me force à prendre les médicaments.	*I force myself to take the medication.*

fouiller   *to search, rummage (around)*

PRESENT		PASSÉ COMPOSÉ	
je fouille	nous fouillons	j'ai fouillé	nous avons fouillé
tu fouilles	vous fouillez	tu as fouillé	vous avez fouillé
il/elle fouille	ils/elles fouillent	il/elle a fouillé	ils/elles ont fouillé

IMPERFECT		PLUPERFECT	
je fouillais	nous fouillions	j'avais fouillé	nous avions fouillé
tu fouillais	vous fouilliez	tu avais fouillé	vous aviez fouillé
il/elle fouillait	ils/elles fouillaient	il/elle avait fouillé	ils/elles avaient fouillé

PASSÉ SIMPLE		PAST ANTERIOR	
je fouillai	nous fouillâmes	j'eus fouillé	nous eûmes fouillé
tu fouillas	vous fouillâtes	tu eus fouillé	vous eûtes fouillé
il/elle fouilla	ils/elles fouillèrent	il/elle eut fouillé	ils/elles eurent fouillé

FUTURE		FUTURE ANTERIOR	
je fouillerai	nous fouillerons	j'aurai fouillé	nous aurons fouillé
tu fouilleras	vous fouillerez	tu auras fouillé	vous aurez fouillé
il/elle fouillera	ils/elles fouilleront	il/elle aura fouillé	ils/elles auront fouillé

CONDITIONAL		PAST CONDITIONAL	
je fouillerais	nous fouillerions	j'aurais fouillé	nous aurions fouillé
tu fouillerais	vous fouilleriez	tu aurais fouillé	vous auriez fouillé
il/elle fouillerait	ils/elles fouilleraient	il/elle aurait fouillé	ils/elles auraient fouillé

PRESENT SUBJUNCTIVE		PAST SUBJUNCTIVE	
que je fouille	que nous fouillions	que j'aie fouillé	que nous ayons fouillé
que tu fouilles	que vous fouilliez	que tu aies fouillé	que vous ayez fouillé
qu'il/elle fouille	qu'ils/elles fouillent	qu'il/elle ait fouillé	qu'ils/elles aient fouillé

IMPERFECT SUBJUNCTIVE		PLUPERFECT SUBJUNCTIVE	
que je fouillasse	que nous fouillassions	que j'eusse fouillé	que nous eussions fouillé
que tu fouillasses	que vous fouillassiez	que tu eusses fouillé	que vous eussiez fouillé
qu'il/elle fouillât	qu'ils/elles fouillassent	qu'il/elle eût fouillé	qu'ils/elles eussent fouillé

COMMANDS	
	(nous) fouillons
(tu) fouille	(vous) fouillez

Usage

J'ai fouillé dans le tiroir.	*I searched in the drawer.*
L'agent de police m'a fouillé.	*The policeman frisked me.*
Qui a fouillé dans ma serviette?	*Who was rummaging in my briefcase?*
Nous nous sommes rendu compte que quelqu'un avait fouillé notre appartement.	*We realized that someone had ransacked our apartment.*
J'ai fouillé le sous-sol de fond en comble.	*I searched the basement top to bottom.*
Il m'a fouillé du regard.	*He gave me a searching look.*

RELATED WORDS

la fouille	*search*
la fouille corporelle	*body search*
les fouilles archéologiques	*archaeological dig(s)*

regular -er verb

je foule · je foulai · foulé · foulant

PRESENT	
je foule	nous foulons
tu foules	vous foulez
il/elle foule	ils/elles foulent

PASSÉ COMPOSÉ	
j'ai foulé	nous avons foulé
tu as foulé	vous avez foulé
il/elle a foulé	ils/elles ont foulé

IMPERFECT	
je foulais	nous foulions
tu foulais	vous fouliez
il/elle foulait	ils/elles foulaient

PLUPERFECT	
j'avais foulé	nous avions foulé
tu avais foulé	vous aviez foulé
il/elle avait foulé	ils/elles avaient foulé

PASSÉ SIMPLE	
je foulai	nous foulâmes
tu foulas	vous foulâtes
il/elle foula	ils/elles foulèrent

PAST ANTERIOR	
j'eus foulé	nous eûmes foulé
tu eus foulé	vous eûtes foulé
il/elle eut foulé	ils/elles eurent foulé

FUTURE	
je foulerai	nous foulerons
tu fouleras	vous foulerez
il/elle foulera	ils/elles fouleront

FUTURE ANTERIOR	
j'aurai foulé	nous aurons foulé
tu auras foulé	vous aurez foulé
il/elle aura foulé	ils/elles auront foulé

CONDITIONAL	
je foulerais	nous foulerions
tu foulerais	vous fouleriez
il/elle foulerait	ils/elles fouleraient

PAST CONDITIONAL	
j'aurais foulé	nous aurions foulé
tu aurais foulé	vous auriez foulé
il/elle aurait foulé	ils/elles auraient foulé

PRESENT SUBJUNCTIVE	
que je foule	que nous foulions
que tu foules	que vous fouliez
qu'il/elle foule	qu'ils/elles foulent

PAST SUBJUNCTIVE	
que j'aie foulé	que nous ayons foulé
que tu aies foulé	que vous ayez foulé
qu'il/elle ait foulé	qu'ils/elles aient foulé

IMPERFECT SUBJUNCTIVE	
que je foulasse	que nous foulassions
que tu foulasses	que vous foulassiez
qu'il/elle foulât	qu'ils/elles foulassent

PLUPERFECT SUBJUNCTIVE	
que j'eusse foulé	que nous eussions foulé
que tu eusses foulé	que vous eussiez foulé
qu'il/elle eût foulé	qu'ils/elles eussent foulé

COMMANDS	
	(nous) foulons
(tu) foule	(vous) foulez

Usage

fouler qqch aux pieds	*to trample something*
Il a foulé mes espoirs aux pieds.	*He trampled on my hopes.*
se fouler	*to sprain*
Je me suis foulé le poignet.	*I sprained my wrist.*
Comment est-ce que tu t'es foulé la cheville?	*How did you sprain your ankle?*
Tu ne te foules pas!	*You certainly don't overwork!*

RELATED WORD

foulant(e)	*back-breaking*
—Ce travail est vraiment foulant!	*This work is killing!*
—Ne t'en fais pas. Ce n'est pas trop foulant!	*Don't worry. It won't kill you!*

fournir · *to furnish, supply*

je fournis · je fournis · fourni · fournissant

regular *-ir* verb

PRESENT

je fournis	nous fournissons
tu fournis	vous fournissez
il/elle fournit	ils/elles fournissent

IMPERFECT

je fournissais	nous fournissions
tu fournissais	vous fournissiez
il/elle fournissait	ils/elles fournissaient

PASSÉ SIMPLE

je fournis	nous fournîmes
tu fournis	vous fournîtes
il/elle fournit	ils/elles fournirent

FUTURE

je fournirai	nous fournirons
tu fourniras	vous fournirez
il/elle fournira	ils/elles fourniront

CONDITIONAL

je fournirais	nous fournirions
tu fournirais	vous fourniriez
il/elle fournirait	ils/elles fourniraient

PRESENT SUBJUNCTIVE

que je fournisse	que nous fournissions
que tu fournisses	que vous fournissiez
qu'il/elle fournisse	qu'ils/elles fournissent

IMPERFECT SUBJUNCTIVE

que je fournisse	que nous fournissions
que tu fournisses	que vous fournissiez
qu'il/elle fournît	qu'ils/elles fournissent

PASSÉ COMPOSÉ

j'ai fourni	nous avons fourni
tu as fourni	vous avez fourni
il/elle a fourni	ils/elles ont fourni

PLUPERFECT

j'avais fourni	nous avions fourni
tu avais fourni	vous aviez fourni
il/elle avait fourni	ils/elles avaient fourni

PAST ANTERIOR

j'eus fourni	nous eûmes fourni
tu eus fourni	vous eûtes fourni
il/elle eut fourni	ils/elles eurent fourni

FUTURE ANTERIOR

j'aurai fourni	nous aurons fourni
tu auras fourni	vous aurez fourni
il/elle aura fourni	ils/elles auront fourni

PAST CONDITIONAL

j'aurais fourni	nous aurions fourni
tu aurais fourni	vous auriez fourni
il/elle aurait fourni	ils/elles auraient fourni

PAST SUBJUNCTIVE

que j'aie fourni	que nous ayons fourni
que tu aies fourni	que vous ayez fourni
qu'il/elle ait fourni	qu'ils/elles aient fourni

PLUPERFECT SUBJUNCTIVE

que j'eusse fourni	que nous eussions fourni
que tu eusses fourni	que vous eussiez fourni
qu'il/elle eût fourni	qu'ils/elles eussent fourni

COMMANDS

	(nous) fournissons
(tu) fournis	(vous) fournissez

Usage

fournir qqch à qqn	*to supply someone with something*
fournir des livres aux étudiants	*to supply the students with books*
fournir du travail aux jeunes	*to get work for young people*
Il m'a fourni les moyens de réussir.	*He gave me the means to succeed.*
fournir un gros effort	*to put forth a great effort*
fournir à l'entretien de qqn	*to support someone (financially)*
Ses parents fournissent à son entretien.	*His parents support him.*
Je me fournis chez le traiteur au coin.	*I shop (for food) at the caterer's/the deli on the corner.*

RELATED WORD

le fournisseur	*supplier/purveyor*
Cette viande n'est pas bonne. Il faut changer de fournisseur.	*This meat isn't good. We have to shop elsewhere.*

regular *-er* verb

je frappe · je frappai · frappé · frappant

PRESENT

je frappe	nous frappons
tu frappes	vous frappez
il/elle frappe	ils/elles frappent

IMPERFECT

je frappais	nous frappions
tu frappais	vous frappiez
il/elle frappait	ils/elles frappaient

PASSÉ SIMPLE

je frappai	nous frappâmes
tu frappas	vous frappâtes
il/elle frappa	ils/elles frappèrent

FUTURE

je frapperai	nous frapperons
tu frapperas	vous frapperez
il/elle frappera	ils/elles frapperont

CONDITIONAL

je frapperais	nous frapperions
tu frapperais	vous frapperiez
il/elle frapperait	ils/elles frapperaient

PRESENT SUBJUNCTIVE

que je frappe	que nous frappions
que tu frappes	que vous frappiez
qu'il/elle frappe	qu'ils/elles frappent

IMPERFECT SUBJUNCTIVE

que je frappasse	que nous frappassions
que tu frappasses	que vous frappassiez
qu'il/elle frappât	qu'ils/elles frappassent

COMMANDS

	(nous) frappons
(tu) frappe	(vous) frappez

PASSÉ COMPOSÉ

j'ai frappé	nous avons frappé
tu as frappé	vous avez frappé
il/elle a frappé	ils/elles ont frappé

PLUPERFECT

j'avais frappé	nous avions frappé
tu avais frappé	vous aviez frappé
il/elle avait frappé	ils/elles avaient frappé

PAST ANTERIOR

j'eus frappé	nous eûmes frappé
tu eus frappé	vous eûtes frappé
il/elle eut frappé	ils/elles eurent frappé

FUTURE ANTERIOR

j'aurai frappé	nous aurons frappé
tu auras frappé	vous aurez frappé
il/elle aura frappé	ils/elles auront frappé

PAST CONDITIONAL

j'aurais frappé	nous aurions frappé
tu aurais frappé	vous auriez frappé
il/elle aurait frappé	ils/elles auraient frappé

PAST SUBJUNCTIVE

que j'aie frappé	que nous ayons frappé
que tu aies frappé	que vous ayez frappé
qu'il/elle ait frappé	qu'ils/elles aient frappé

PLUPERFECT SUBJUNCTIVE

que j'eusse frappé	que nous eussions frappé
que tu eusses frappé	que vous eussiez frappé
qu'il/elle eût frappé	qu'ils/elles eussent frappé

Usage

frapper à la porte	*to knock at the door*
Excusez-moi. J'ai frappé à la mauvaise porte.	*Excuse me. I knocked at the wrong door.*
Entrez sans frapper. *(sign)*	*Enter without knocking.*
Frappez avant d'entrer. *(sign)*	*Knock before entering.*
Tes observations ont frappé juste.	*Your observations hit home.*
Ce contrat est frappé de nullité.	*That contract is declared null and void.*
Cette tragédie l'a frappé cruellement.	*That tragedy was a cruel blow to him.*
être frappé(e) d'horreur	*to be horror-stricken*

RELATED WORDS

la force de frappe	*nuclear strike force*
frappé(e)	*chilled with ice*
frappant(e)	*impressive/striking*
Elle est d'une beauté frappante.	*She's strikingly beautiful.*

frémir *to tremble, shudder*

je frémis · je frémis · frémi · frémissant

PRESENT

je frémis	nous frémissons
tu frémis	vous frémissez
il/elle frémit	ils/elles frémissent

PASSÉ COMPOSÉ

j'ai frémi	nous avons frémi
tu as frémi	vous avez frémi
il/elle a frémi	ils/elles ont frémi

IMPERFECT

je frémissais	nous frémissions
tu frémissais	vous frémissiez
il/elle frémissait	ils/elles frémissaient

PLUPERFECT

j'avais frémi	nous avions frémi
tu avais frémi	vous aviez frémi
il/elle avait frémi	ils/elles avaient frémi

PASSÉ SIMPLE

je frémis	nous frémîmes
tu frémis	vous frémîtes
il/elle frémit	ils/elles frémirent

PAST ANTERIOR

j'eus frémi	nous eûmes frémi
tu eus frémi	vous eûtes frémi
il/elle eut frémi	ils/elles eurent frémi

FUTURE

je frémirai	nous frémirons
tu frémiras	vous frémirez
il/elle frémira	ils/elles frémiront

FUTURE ANTERIOR

j'aurai frémi	nous aurons frémi
tu auras frémi	vous aurez frémi
il/elle aura frémi	ils/elles auront frémi

CONDITIONAL

je frémirais	nous frémirions
tu frémirais	vous frémiriez
il/elle frémirait	ils/elles frémiraient

PAST CONDITIONAL

j'aurais frémi	nous aurions frémi
tu aurais frémi	vous auriez frémi
il/elle aurait frémi	ils/elles auraient frémi

PRESENT SUBJUNCTIVE

que je frémisse	que nous frémissions
que tu frémisses	que vous frémissiez
qu'il/elle frémisse	qu'ils/elles frémissent

PAST SUBJUNCTIVE

que j'aie frémi	que nous ayons frémi
que tu aies frémi	que vous ayez frémi
qu'il/elle ait frémi	qu'ils/elles aient frémi

IMPERFECT SUBJUNCTIVE

que je frémisse	que nous frémissions
que tu frémisses	que vous frémissiez
qu'il/elle frémît	qu'ils/elles frémissent

PLUPERFECT SUBJUNCTIVE

que j'eusse frémi	que nous eussions frémi
que tu eusses frémi	que vous eussiez frémi
qu'il/elle eût frémi	qu'ils/elles eussent frémi

COMMANDS

	(nous) frémissons
(tu) frémis	(vous) frémissez

Usage

frémir de peur	*to quake with fear*
Le petit chat frémissait de peur.	*The little cat was quaking with fear.*
En voyant les soldats morts, j'ai frémi d'horreur.	*When I saw the dead soldiers, I trembled with horror.*
Le visage du malade m'a fait frémir.	*The sick man's face made me shudder.*
C'est un événement à te faire frémir.	*It's an event that will make you tremble.*
L'eau frémit; elle va bientôt bouillir.	*The water is simmering; it is going to boil soon.*

RELATED WORD

le frémissement	*shudder/quiver*
J'ai éprouvé un frémissement d'horreur.	*I experienced a shudder of horror.*
Un frémissement d'anticipation a parcouru la foule.	*A thrill of anticipation ran through the crowd.*

PRESENT

je fuis	nous fuyons
tu fuis	vous fuyez
il/elle fuit	ils/elles fuient

IMPERFECT

je fuyais	nous fuyions
tu fuyais	vous fuyiez
il/elle fuyait	ils/elles fuyaient

PASSÉ SIMPLE

je fuis	nous fuîmes
tu fuis	vous fuîtes
il/elle fuit	ils/elles fuirent

FUTURE

je fuirai	nous fuirons
tu fuiras	vous fuirez
il/elle fuira	ils/elles fuiront

CONDITIONAL

je fuirais	nous fuirions
tu fuirais	vous fuiriez
il/elle fuirait	ils/elles fuiraient

PRESENT SUBJUNCTIVE

que je fuie	que nous fuyions
que tu fuies	que vous fuyiez
qu'il/elle fuie	qu'ils/elles fuient

IMPERFECT SUBJUNCTIVE

que je fuisse	que nous fuissions
que tu fuisses	que vous fuissiez
qu'il/elle fuît	qu'ils/elles fuissent

PASSÉ COMPOSÉ

j'ai fui	nous avons fui
tu as fui	vous avez fui
il/elle a fui	ils/elles ont fui

PLUPERFECT

j'avais fui	nous avions fui
tu avais fui	vous aviez fui
il/elle avait fui	ils/elles avaient fui

PAST ANTERIOR

j'eus fui	nous eûmes fui
tu eus fui	vous eûtes fui
il/elle eut fui	ils/elles eurent fui

FUTURE ANTERIOR

j'aurai fui	nous aurons fui
tu auras fui	vous aurez fui
il/elle aura fui	ils/elles auront fui

PAST CONDITIONAL

j'aurais fui	nous aurions fui
tu aurais fui	vous auriez fui
il/elle aurait fui	ils/elles auraient fui

PAST SUBJUNCTIVE

que j'aie fui	que nous ayons fui
que tu aies fui	que vous ayez fui
qu'il/elle ait fui	qu'ils/elles aient fui

PLUPERFECT SUBJUNCTIVE

que j'eusse fui	que nous eussions fui
que tu eusses fui	que vous eussiez fui
qu'il/elle eût fui	qu'ils/elles eussent fui

COMMANDS

	(nous) fuyons
(tu) fuis	(vous) fuyez

Usage

L'ennemi a fui devant nos troupes.	_The enemy fled from our troops._
L'homme courageux ne fuit pas devant le danger.	_The courageous man does not run away from danger._
Le voleur a fui à toutes jambes.	_The thief fled in haste._
Il n'est pas fiable. Il fuit toujours devant ses responsabilités.	_He's not reliable. He runs away from his responsibilities._
Le temps fuit.	_Time flies._
Ses années de jeunesse ont fui.	_The years of his youth passed rapidly._
Il faut fuir ces gens-là. Ils sont vraiment casse-pieds.	_You have to avoid those people. They are crashing bores._

RELATED WORD

la fuite	_flight_
Je n'approuve pas ta fuite devant tes responsabilités.	_I don't approve of your running away from responsibilities._
prendre la fuite	_to take to one's heels_

fumer   *to smoke*

regular *-er* verb

PRESENT

je fume	nous fumons
tu fumes	vous fumez
il/elle fume	ils/elles fument

IMPERFECT

je fumais	nous fumions
tu fumais	vous fumiez
il/elle fumait	ils/elles fumaient

PASSÉ SIMPLE

je fumai	nous fumâmes
tu fumas	vous fumâtes
il/elle fuma	ils/elles fumèrent

FUTURE

je fumerai	nous fumerons
tu fumeras	vous fumerez
il/elle fumera	ils/elles fumeront

CONDITIONAL

je fumerais	nous fumerions
tu fumerais	vous fumeriez
il/elle fumerait	ils/elles fumeraient

PRESENT SUBJUNCTIVE

que je fume	que nous fumions
que tu fumes	que vous fumiez
qu'il/elle fume	qu'ils/elles fument

IMPERFECT SUBJUNCTIVE

que je fumasse	que nous fumassions
que tu fumasses	que vous fumassiez
qu'il/elle fumât	qu'ils/elles fumassent

COMMANDS

	(nous) fumons
(tu) fume	(vous) fumez

PASSÉ COMPOSÉ

j'ai fumé	nous avons fumé
tu as fumé	vous avez fumé
il/elle a fumé	ils/elles ont fumé

PLUPERFECT

j'avais fumé	nous avions fumé
tu avais fumé	vous aviez fumé
il/elle avait fumé	ils/elles avaient fumé

PAST ANTERIOR

j'eus fumé	nous eûmes fumé
tu eus fumé	vous eûtes fumé
il/elle eut fumé	ils/elles eurent fumé

FUTURE ANTERIOR

j'aurai fumé	nous aurons fumé
tu auras fumé	vous aurez fumé
il/elle aura fumé	ils/elles auront fumé

PAST CONDITIONAL

j'aurais fumé	nous aurions fumé
tu aurais fumé	vous auriez fumé
il/elle aurait fumé	ils/elles auraient fumé

PAST SUBJUNCTIVE

que j'aie fumé	que nous ayons fumé
que tu aies fumé	que vous ayez fumé
qu'il/elle ait fumé	qu'ils/elles aient fumé

PLUPERFECT SUBJUNCTIVE

que j'eusse fumé	que nous eussions fumé
que tu eusses fumé	que vous eussiez fumé
qu'il/elle eût fumé	qu'ils/elles eussent fumé

Usage

Il fume deux paquets de cigarettes par jour.	*He smokes two packs a day.*
Défense de fumer.	*No smoking.*
Tu fumes?	*Would you like a cigarette?* (said offering cigarettes)
Il fume comme un pompier/une cheminée.	*He smokes like a chimney.* (pompier = *fireman*)
Je fumais de colère.	*I was fuming with anger.*

RELATED WORDS

la fumée	*smoke*
Il n'y a pas de fumée sans feu.	*There's no smoke without fire.*
Tous nos projets sont partis en fumée.	*All our plans went up in smoke.*
le fumeur/la fumeuse	*smoker*
un wagon non-fumeurs	*a nonsmoking railway car*

regular *-er* verb

je gâche · je gâchai · gâché · gâchant

PRESENT

je gâche	nous gâchons
tu gâches	vous gâchez
il/elle gâche	ils/elles gâchent

IMPERFECT

je gâchais	nous gâchions
tu gâchais	vous gâchiez
il/elle gâchait	ils/elles gâchaient

PASSÉ SIMPLE

je gâchai	nous gâchâmes
tu gâchas	vous gâchâtes
il/elle gâcha	ils/elles gâchèrent

FUTURE

je gâcherai	nous gâcherons
tu gâcheras	vous gâcherez
il/elle gâchera	ils/elles gâcheront

CONDITIONAL

je gâcherais	nous gâcherions
tu gâcherais	vous gâcheriez
il/elle gâcherait	ils/elles gâcheraient

PRESENT SUBJUNCTIVE

que je gâche	que nous gâchions
que tu gâches	que vous gâchiez
qu'il/elle gâche	qu'ils/elles gâchent

IMPERFECT SUBJUNCTIVE

que je gâchasse	que nous gâchassions
que tu gâchasses	que vous gâchassiez
qu'il/elle gâchât	qu'ils/elles gâchassent

COMMANDS

	(nous) gâchons
(tu) gâche	(vous) gâchez

PASSÉ COMPOSÉ

j'ai gâché	nous avons gâché
tu as gâché	vous avez gâché
il/elle a gâché	ils/elles ont gâché

PLUPERFECT

j'avais gâché	nous avions gâché
tu avais gâché	vous aviez gâché
il/elle avait gâché	ils/elles avaient gâché

PAST ANTERIOR

j'eus gâché	nous eûmes gâché
tu eus gâché	vous eûtes gâché
il/elle eut gâché	ils/elles eurent gâché

FUTURE ANTERIOR

j'aurai gâché	nous aurons gâché
tu auras gâché	vous aurez gâché
il/elle aura gâché	ils/elles auront gâché

PAST CONDITIONAL

j'aurais gâché	nous aurions gâché
tu aurais gâché	vous auriez gâché
il/elle aurait gâché	ils/elles auraient gâché

PAST SUBJUNCTIVE

que j'aie gâché	que nous ayons gâché
que tu aies gâché	que vous ayez gâché
qu'il/elle ait gâché	qu'ils/elles aient gâché

PLUPERFECT SUBJUNCTIVE

que j'eusse gâché	que nous eussions gâché
que tu eusses gâché	que vous eussiez gâché
qu'il/elle eût gâché	qu'ils/elles eussent gâché

Usage

tout gâcher	*to make a mess of everything*
Le nouvel employé a tout gâché.	*The new employee made a mess of everything.*
Mon cousin a gâché mes vacances.	*My cousin ruined my vacation.*
Qu'elle ne vienne pas gâcher notre journée!	*I hope she doesn't come over and ruin our day!*
Tu as gâché ta vie.	*You've wasted your life.*
Tais-toi! Je regarde la télé. Tu gâches mon plaisir.	*Be quiet! I'm watching TV. You're spoiling my fun.*
gâcher le métier	*to ruin things for others*

RELATED WORD

le gâchis	*mess*
Quel gâchis!	*What a mess!*

gagner   *to earn, win*

PRESENT

je gagne	nous gagnons
tu gagnes	vous gagnez
il/elle gagne	ils/elles gagnent

IMPERFECT

je gagnais	nous gagnions
tu gagnais	vous gagniez
il/elle gagnait	ils/elles gagnaient

PASSÉ SIMPLE

je gagnai	nous gagnâmes
tu gagnas	vous gagnâtes
il/elle gagna	ils/elles gagnèrent

FUTURE

je gagnerai	nous gagnerons
tu gagneras	vous gagnerez
il/elle gagnera	ils/elles gagneront

CONDITIONAL

je gagnerais	nous gagnerions
tu gagnerais	vous gagneriez
il/elle gagnerait	ils/elles gagneraient

PRESENT SUBJUNCTIVE

que je gagne	que nous gagnions
que tu gagnes	que vous gagniez
qu'il/elle gagne	qu'ils/elles gagnent

IMPERFECT SUBJUNCTIVE

que je gagnasse	que nous gagnassions
que tu gagnasses	que vous gagnassiez
qu'il/elle gagnât	qu'ils/elles gagnassent

PASSÉ COMPOSÉ

j'ai gagné	nous avons gagné
tu as gagné	vous avez gagné
il/elle a gagné	ils/elles ont gagné

PLUPERFECT

j'avais gagné	nous avions gagné
tu avais gagné	vous aviez gagné
il/elle avait gagné	ils/elles avaient gagné

PAST ANTERIOR

j'eus gagné	nous eûmes gagné
tu eus gagné	vous eûtes gagné
il/elle eut gagné	ils/elles eurent gagné

FUTURE ANTERIOR

j'aurai gagné	nous aurons gagné
tu auras gagné	vous aurez gagné
il/elle aura gagné	ils/elles auront gagné

PAST CONDITIONAL

j'aurais gagné	nous aurions gagné
tu aurais gagné	vous auriez gagné
il/elle aurait gagné	ils/elles auraient gagné

PAST SUBJUNCTIVE

que j'aie gagné	que nous ayons gagné
que tu aies gagné	que vous ayez gagné
qu'il/elle ait gagné	qu'ils/elles aient gagné

PLUPERFECT SUBJUNCTIVE

que j'eusse gagné	que nous eussions gagné
que tu eusses gagné	que vous eussiez gagné
qu'il/elle eût gagné	qu'ils/elles eussent gagné

COMMANDS

	(nous) gagnons
(tu) gagne	(vous) gagnez

Usage

gagner de l'argent/une grosse somme d'argent	*to make money/a lot of money*
Il gagne bien.	*He earns a good salary.*
Il est difficile de gagner sa vie dans ce pays.	*It's difficult to make a living in that country.*
Ce qu'il nous faut maintenant, c'est gagner du temps.	*What we have to do now is play for time.*
Mon travail est dur, mais je gagne ma croûte.	*My work is hard, but I eke out a living.*
gagner au casino	*to win at the casino*
On ne peut pas toujours gagner, tu sais.	*Win a few, lose a few, you know.*
Ils gagnent trois fois rien.	*They earn next to nothing.*
Quand il joue aux cartes, il joue pour gagner.	*When he plays cards, he plays for keeps.*
J'ai bien gagné cette semaine au bord de la mer.	*I have really earned this week at the seashore.*
Qu'est-ce que tu y gagnes?	*What do you get out of it?*
On va voir si on gagne au change.	*We'll see if we'll make anything on the deal.*

regular *-er* verb

je garde · je gardai · gardé · gardant

PRESENT

je garde	nous gardons
tu gardes	vous gardez
il/elle garde	ils/elles gardent

IMPERFECT

je gardais	nous gardions
tu gardais	vous gardiez
il/elle gardait	ils/elles gardaient

PASSÉ SIMPLE

je gardai	nous gardâmes
tu gardas	vous gardâtes
il/elle garda	ils/elles gardèrent

FUTURE

je garderai	nous garderons
tu garderas	vous garderez
il/elle gardera	ils/elles garderont

CONDITIONAL

je garderais	nous garderions
tu garderais	vous garderiez
il/elle garderait	ils/elles garderaient

PRESENT SUBJUNCTIVE

que je garde	que nous gardions
que tu gardes	que vous gardiez
qu'il/elle garde	qu'ils/elles gardent

IMPERFECT SUBJUNCTIVE

que je gardasse	que nous gardassions
que tu gardasses	que vous gardassiez
qu'il/elle gardât	qu'ils/elles gardassent

PASSÉ COMPOSÉ

j'ai gardé	nous avons gardé
tu as gardé	vous avez gardé
il/elle a gardé	ils/elles ont gardé

PLUPERFECT

j'avais gardé	nous avions gardé
tu avais gardé	vous aviez gardé
il/elle avait gardé	ils/elles avaient gardé

PAST ANTERIOR

j'eus gardé	nous eûmes gardé
tu eus gardé	vous eûtes gardé
il/elle eut gardé	ils/elles eurent gardé

FUTURE ANTERIOR

j'aurai gardé	nous aurons gardé
tu auras gardé	vous aurez gardé
il/elle aura gardé	ils/elles auront gardé

PAST CONDITIONAL

j'aurais gardé	nous aurions gardé
tu aurais gardé	vous auriez gardé
il/elle aurait gardé	ils/elles auraient gardé

PAST SUBJUNCTIVE

que j'aie gardé	que nous ayons gardé
que tu aies gardé	que vous ayez gardé
qu'il/elle ait gardé	qu'ils/elles aient gardé

PLUPERFECT SUBJUNCTIVE

que j'eusse gardé	que nous eussions gardé
que tu eusses gardé	que vous eussiez gardé
qu'il/elle eût gardé	qu'ils/elles eussent gardé

COMMANDS

	(nous) gardons
(tu) garde	(vous) gardez

Usage

Je garde mes livres dans mon cabinet d'étude.	*I keep my books in my study.*
Ma petite amie a gardé toutes mes lettres.	*My girlfriend kept all my letters.*
J'ai eu du mal à garder mon sérieux.	*I could hardly keep a straight face.*
Il faut toujours garder sa présence d'esprit.	*You must always keep your wits about you.*
garder un enfant	*to take care of/baby-sit a child*
Tu peux garder ma valise un instant?	*Can you keep an eye on my suitcase for a minute?*
Si tu veux, je garderai ton courrier pendant ton absence.	*If you want, I'll take care of your mail while you're away.*
garder un chien de sa chienne à qqn	*to hold a grudge against someone*
Je leur garde un chien de ma chienne.	*I have a grudge against them.*
Tu vas garder cela pour toi.	*You'll keep this under your hat.*
se garder de faire qqch	*to be careful not to do something*
Gardez-vous de glisser! La pente est raide.	*Be careful not to slip! The slope is steep.*
Tu dois te garder du temps pour te détendre.	*You should take time out to relax.*

gâter *to spoil*

je gâte · je gâtai · gâté · gâtant

PRESENT

je gâte	nous gâtons
tu gâtes	vous gâtez
il/elle gâte	ils/elles gâtent

PASSÉ COMPOSÉ

j'ai gâté	nous avons gâté
tu as gâté	vous avez gâté
il/elle a gâté	ils/elles ont gâté

IMPERFECT

je gâtais	nous gâtions
tu gâtais	vous gâtiez
il/elle gâtait	ils/elles gâtaient

PLUPERFECT

j'avais gâté	nous avions gâté
tu avais gâté	vous aviez gâté
il/elle avait gâté	ils/elles avaient gâté

PASSÉ SIMPLE

je gâtai	nous gâtâmes
tu gâtas	vous gâtâtes
il/elle gâta	ils/elles gâtèrent

PAST ANTERIOR

j'eus gâté	nous eûmes gâté
tu eus gâté	vous eûtes gâté
il/elle eut gâté	ils/elles eurent gâté

FUTURE

je gâterai	nous gâterons
tu gâteras	vous gâterez
il/elle gâtera	ils/elles gâteront

FUTURE ANTERIOR

j'aurai gâté	nous aurons gâté
tu auras gâté	vous aurez gâté
il/elle aura gâté	ils/elles auront gâté

CONDITIONAL

je gâterais	nous gâterions
tu gâterais	vous gâteriez
il/elle gâterait	ils/elles gâteraient

PAST CONDITIONAL

j'aurais gâté	nous aurions gâté
tu aurais gâté	vous auriez gâté
il/elle aurait gâté	ils/elles auraient gâté

PRESENT SUBJUNCTIVE

que je gâte	que nous gâtions
que tu gâtes	que vous gâtiez
qu'il/elle gâte	qu'ils/elles gâtent

PAST SUBJUNCTIVE

que j'aie gâté	que nous ayons gâté
que tu aies gâté	que vous ayez gâté
qu'il/elle ait gâté	qu'ils/elles aient gâté

IMPERFECT SUBJUNCTIVE

que je gâtasse	que nous gâtassions
que tu gâtasses	que vous gâtassiez
qu'il/elle gâtât	qu'ils/elles gâtassent

PLUPERFECT SUBJUNCTIVE

que j'eusse gâté	que nous eussions gâté
que tu eusses gâté	que vous eussiez gâté
qu'il/elle eût gâté	qu'ils/elles eussent gâté

COMMANDS

	(nous) gâtons
(tu) gâte	(vous) gâtez

Usage

gâter un enfant	*to spoil a child*
un enfant gâté/une enfant gâtée	*a spoiled child*
On n'a pas été gâtés aujourd'hui.	*Today was not our lucky day.*
Elle est très intelligente, ce qui ne gâte rien.	*She's very smart, which does her no harm.*
se gâter	*to spoil*
Regarde. Les bananes se sont gâtées.	*Look. The bananas spoiled.*
Le temps se gâte.	*The weather is getting nasty.*
Quand il arrive, tout se gâte.	*When he arrives, things get unpleasant.*
Les rapports entre les deux familles se sont gâtés.	*The relationship between the two families soured.*

-*er* verb; spelling change: *é* > *è*/mute *e*

je gèle · je gelai · gelé · gelant

PRESENT

je gèle	nous gelons
tu gèles	vous gelez
il/elle gèle	ils/elles gèlent

IMPERFECT

je gelais	nous gelions
tu gelais	vous geliez
il/elle gelait	ils/elles gelaient

PASSÉ SIMPLE

je gelai	nous gelâmes
tu gelas	vous gelâtes
il/elle gela	ils/elles gelèrent

FUTURE

je gèlerai	nous gèlerons
tu gèleras	vous gèlerez
il/elle gèlera	ils/elles gèleront

CONDITIONAL

je gèlerais	nous gèlerions
tu gèlerais	vous gèleriez
il/elle gèlerait	ils/elles gèleraient

PRESENT SUBJUNCTIVE

que je gèle	que nous gelions
que tu gèles	que vous geliez
qu'il/elle gèle	qu'ils/elles gèlent

IMPERFECT SUBJUNCTIVE

que je gelasse	que nous gelassions
que tu gelasses	que vous gelassiez
qu'il/elle gelât	qu'ils/elles gelassent

COMMANDS

	(nous) gelons
(tu) gèle	(vous) gelez

PASSÉ COMPOSÉ

j'ai gelé	nous avons gelé
tu as gelé	vous avez gelé
il/elle a gelé	ils/elles ont gelé

PLUPERFECT

j'avais gelé	nous avions gelé
tu avais gelé	vous aviez gelé
il/elle avait gelé	ils/elles avaient gelé

PAST ANTERIOR

j'eus gelé	nous eûmes gelé
tu eus gelé	vous eûtes gelé
il/elle eut gelé	ils/elles eurent gelé

FUTURE ANTERIOR

j'aurai gelé	nous aurons gelé
tu auras gelé	vous aurez gelé
il/elle aura gelé	ils/elles auront gelé

PAST CONDITIONAL

j'aurais gelé	nous aurions gelé
tu aurais gelé	vous auriez gelé
il/elle aurait gelé	ils/elles auraient gelé

PAST SUBJUNCTIVE

que j'aie gelé	que nous ayons gelé
que tu aies gelé	que vous ayez gelé
qu'il/elle ait gelé	qu'ils/elles aient gelé

PLUPERFECT SUBJUNCTIVE

que j'eusse gelé	que nous eussions gelé
que tu eusses gelé	que vous eussiez gelé
qu'il/elle eût gelé	qu'ils/elles eussent gelé

Usage

Quel froid! Je gèle!	*It's so cold! I'm freezing!*
être gelé(e) jusqu'aux os	*to be frozen stiff*
Le moteur a gelé.	*The motor froze up.*
Cette nuit il va geler.	*There's going to be frost this evening.*
geler les salaires et les prix	*to freeze salaries and prices*
geler les négociations	*to halt negotiations*
geler les entretiens	*to halt talks*

RELATED WORDS

la gelure	*frostbite*
la gelée/le gel	*frost*
le gel des salaires	*freezing of salaries*
Toute notre récolte a été gâchée par le gel.	*The frost ruined our entire crop.*

gémir *to moan, groan*

je gémis · je gémis · gémi · gémissant

regular -*ir* verb

PRESENT

je gémis	nous gémissons
tu gémis	vous gémissez
il/elle gémit	ils/elles gémissent

IMPERFECT

je gémissais	nous gémissions
tu gémissais	vous gémissiez
il/elle gémissait	ils/elles gémissaient

PASSÉ SIMPLE

je gémis	nous gémîmes
tu gémis	vous gémîtes
il/elle gémit	ils/elles gémirent

FUTURE

je gémirai	nous gémirons
tu gémiras	vous gémirez
il/elle gémira	ils/elles gémiront

CONDITIONAL

je gémirais	nous gémirions
tu gémirais	vous gémiriez
il/elle gémirait	ils/elles gémiraient

PRESENT SUBJUNCTIVE

que je gémisse	que nous gémissions
que tu gémisses	que vous gémissiez
qu'il/elle gémisse	qu'ils/elles gémissent

IMPERFECT SUBJUNCTIVE

que je gémisse	que nous gémissions
que tu gémisses	que vous gémissiez
qu'il/elle gémît	qu'ils/elles gémissent

COMMANDS

	(nous) gémissons
(tu) gémis	(vous) gémissez

PASSÉ COMPOSÉ

j'ai gémi	nous avons gémi
tu as gémi	vous avez gémi
il/elle a gémi	ils/elles ont gémi

PLUPERFECT

j'avais gémi	nous avions gémi
tu avais gémi	vous aviez gémi
il/elle avait gémi	ils/elles avaient gémi

PAST ANTERIOR

j'eus gémi	nous eûmes gémi
tu eus gémi	vous eûtes gémi
il/elle eut gémi	ils/elles eurent gémi

FUTURE ANTERIOR

j'aurai gémi	nous aurons gémi
tu auras gémi	vous aurez gémi
il/elle aura gémi	ils/elles auront gémi

PAST CONDITIONAL

j'aurais gémi	nous aurions gémi
tu aurais gémi	vous auriez gémi
il/elle aurait gémi	ils/elles auraient gémi

PAST SUBJUNCTIVE

que j'aie gémi	que nous ayons gémi
que tu aies gémi	que vous ayez gémi
qu'il/elle ait gémi	qu'ils/elles aient gémi

PLUPERFECT SUBJUNCTIVE

que j'eusse gémi	que nous eussions gémi
que tu eusses gémi	que vous eussiez gémi
qu'il/elle eût gémi	qu'ils/elles eussent gémi

Usage

Il s'était cassé le bras et gémissait de douleur.	*He had broken his arm and was moaning in pain.*
Les ressorts du vieux lit gémissaient d'une façon affreuse.	*The springs of the old bed creaked horribly.*
Le vent gémissait horriblement sur la plaine.	*The wind moaned horribly over the plain.*
gémir sur son sort	*to lament over one's fate*

RELATED WORD

le gémissement	*moan/groan*
pousser un gémissement	*to let out a moan*
un gémissement de douleur	*a moan of pain*

regular -er verb

je gêne · je gênai · gêné · gênant

PRESENT

je gêne	nous gênons
tu gênes	vous gênez
il/elle gêne	ils/elles gênent

IMPERFECT

je gênais	nous gênions
tu gênais	vous gêniez
il/elle gênait	ils/elles gênaient

PASSÉ SIMPLE

je gênai	nous gênâmes
tu gênas	vous gênâtes
il/elle gêna	ils/elles gênèrent

FUTURE

je gênerai	nous gênerons
tu gêneras	vous gênerez
il/elle gênera	ils/elles gêneront

CONDITIONAL

je gênerais	nous gênerions
tu gênerais	vous gêneriez
il/elle gênerait	ils/elles gêneraient

PRESENT SUBJUNCTIVE

que je gêne	que nous gênions
que tu gênes	que vous gêniez
qu'il/elle gêne	qu'ils/elles gênent

IMPERFECT SUBJUNCTIVE

que je gênasse	que nous gênassions
que tu gênasses	que vous gênassiez
qu'il/elle gênât	qu'ils/elles gênassent

PASSÉ COMPOSÉ

j'ai gêné	nous avons gêné
tu as gêné	vous avez gêné
il/elle a gêné	ils/elles ont gêné

PLUPERFECT

j'avais gêné	nous avions gêné
tu avais gêné	vous aviez gêné
il/elle avait gêné	ils/elles avaient gêné

PAST ANTERIOR

j'eus gêné	nous eûmes gêné
tu eus gêné	vous eûtes gêné
il/elle eut gêné	ils/elles eurent gêné

FUTURE ANTERIOR

j'aurai gêné	nous aurons gêné
tu auras gêné	vous aurez gêné
il/elle aura gêné	ils/elles auront gêné

PAST CONDITIONAL

j'aurais gêné	nous aurions gêné
tu aurais gêné	vous auriez gêné
il/elle aurait gêné	ils/elles auraient gêné

PAST SUBJUNCTIVE

que j'aie gêné	que nous ayons gêné
que tu aies gêné	que vous ayez gêné
qu'il/elle ait gêné	qu'ils/elles aient gêné

PLUPERFECT SUBJUNCTIVE

que j'eusse gêné	que nous eussions gêné
que tu eusses gêné	que vous eussiez gêné
qu'il/elle eût gêné	qu'ils/elles eussent gêné

COMMANDS

	(nous) gênons
(tu) gêne	(vous) gênez

Usage

Je vous gêne?	*Am I in your way?/Am I blocking your view?*
Je crains de vous gêner.	*I hope I'm not bothering you.*
Ce bruit me gêne pour écouter mes CD.	*That noise is bothering me when I listen to my CDs.*
Ça vous gênerait d'aller à la poste pour moi?	*Would it be too much trouble to go to the post office for me?*
Je suis gêné de m'adresser à lui.	*I feel funny approaching him (about it).*
se gêner	*to put oneself out; to stand on ceremony*
Je ne veux pas qu'elle se gêne pour moi.	*I don't want her to go to any trouble for me.*
Tu n'as pas pourquoi te gêner avec moi.	*You have no reason to stand on ceremony with me.*
Ne vous gênez pas!	*Go right ahead!*

RELATED WORD

la gêne	*annoyance/difficulty/bother*
Il m'a causé de la gêne.	*He was a bother to me.*
Il a de la gêne à marcher.	*He has difficulty walking.*
vivre dans la gêne	*to live in dire straits*

goûter *to taste, eat*

je goûte · je goûtai · goûté · goûtant

regular -er verb

PRESENT

je goûte	nous goûtons
tu goûtes	vous goûtez
il/elle goûte	ils/elles goûtent

IMPERFECT

je goûtais	nous goûtions
tu goûtais	vous goûtiez
il/elle goûtait	ils/elles goûtaient

PASSÉ SIMPLE

je goûtai	nous goûtâmes
tu goûtas	vous goûtâtes
il/elle goûta	ils/elles goûtèrent

FUTURE

je goûterai	nous goûterons
tu goûteras	vous goûterez
il/elle goûtera	ils/elles goûteront

CONDITIONAL

je goûterais	nous goûterions
tu goûterais	vous goûteriez
il/elle goûterait	ils/elles goûteraient

PRESENT SUBJUNCTIVE

que je goûte	que nous goûtions
que tu goûtes	que vous goûtiez
qu'il/elle goûte	qu'ils/elles goûtent

IMPERFECT SUBJUNCTIVE

que je goûtasse	que nous goûtassions
que tu goûtasses	que vous goûtassiez
qu'il/elle goûtât	qu'ils/elles goûtassent

PASSÉ COMPOSÉ

j'ai goûté	nous avons goûté
tu as goûté	vous avez goûté
il/elle a goûté	ils/elles ont goûté

PLUPERFECT

j'avais goûté	nous avions goûté
tu avais goûté	vous aviez goûté
il/elle avait goûté	ils/elles avaient goûté

PAST ANTERIOR

j'eus goûté	nous eûmes goûté
tu eus goûté	vous eûtes goûté
il/elle eut goûté	ils/elles eurent goûté

FUTURE ANTERIOR

j'aurai goûté	nous aurons goûté
tu auras goûté	vous aurez goûté
il/elle aura goûté	ils/elles auront goûté

PAST CONDITIONAL

j'aurais goûté	nous aurions goûté
tu aurais goûté	vous auriez goûté
il/elle aurait goûté	ils/elles auraient goûté

PAST SUBJUNCTIVE

que j'aie goûté	que nous ayons goûté
que tu aies goûté	que vous ayez goûté
qu'il/elle ait goûté	qu'ils/elles aient goûté

PLUPERFECT SUBJUNCTIVE

que j'eusse goûté	que nous eussions goûté
que tu eusses goûté	que vous eussiez goûté
qu'il/elle eût goûté	qu'ils/elles eussent goûté

COMMANDS

	(nous) goûtons
(tu) goûte	(vous) goûtez

Usage

Goûte. C'est bon.	*Taste (it). It's good.*
Goûte la soupe et dis-moi s'il y a assez de poivre.	*Taste the soup and tell me if there's enough pepper.*
goûter à	*to have a taste/to have some of*
Tu veux goûter à ma quiche?	*Would you like to have some of my quiche?*
goûter de	*to have a taste of*
J'ai goûté de la misère.	*I had a taste of poverty.*

RELATED WORDS

le goût	*taste*
Ça n'a pas de goût.	*It has no taste.*
de bon/mauvais goût	*in good/bad taste*
le goûter	*afternoon snack*
Ce n'est pas à notre goût.	*It's not to our taste.*
Elle n'a pas de goût.	*She has no taste.*

PROVERB

Tous les goûts sont dans la nature.	*It takes all kinds to make a world.*

regular *-ir* verb | **je grandis · je grandis · grandi · grandissant**

PRESENT

je grandis	nous grandissons
tu grandis	vous grandissez
il/elle grandit	ils/elles grandissent

IMPERFECT

je grandissais	nous grandissions
tu grandissais	vous grandissiez
il/elle grandissait	ils/elles grandissaient

PASSÉ SIMPLE

je grandis	nous grandîmes
tu grandis	vous grandîtes
il/elle grandit	ils/elles grandirent

FUTURE

je grandirai	nous grandirons
tu grandiras	vous grandirez
il/elle grandira	ils/elles grandiront

CONDITIONAL

je grandirais	nous grandirions
tu grandirais	vous grandiriez
il/elle grandirait	ils/elles grandiraient

PRESENT SUBJUNCTIVE

que je grandisse	que nous grandissions
que tu grandisses	que vous grandissiez
qu'il/elle grandisse	qu'ils/elles grandissent

IMPERFECT SUBJUNCTIVE

que je grandisse	que nous grandissions
que tu grandisses	que vous grandissiez
qu'il/elle grandît	qu'ils/elles grandissent

PASSÉ COMPOSÉ

j'ai grandi	nous avons grandi
tu as grandi	vous avez grandi
il/elle a grandi	ils/elles ont grandi

PLUPERFECT

j'avais grandi	nous avions grandi
tu avais grandi	vous aviez grandi
il/elle avait grandi	ils/elles avaient grandi

PAST ANTERIOR

j'eus grandi	nous eûmes grandi
tu eus grandi	vous eûtes grandi
il/elle eut grandi	ils/elles eurent grandi

FUTURE ANTERIOR

j'aurai grandi	nous aurons grandi
tu auras grandi	vous aurez grandi
il/elle aura grandi	ils/elles auront grandi

PAST CONDITIONAL

j'aurais grandi	nous aurions grandi
tu aurais grandi	vous auriez grandi
il/elle aurait grandi	ils/elles auraient grandi

PAST SUBJUNCTIVE

que j'aie grandi	que nous ayons grandi
que tu aies grandi	que vous ayez grandi
qu'il/elle ait grandi	qu'ils/elles aient grandi

PLUPERFECT SUBJUNCTIVE

que j'eusse grandi	que nous eussions grandi
que tu eusses grandi	que vous eussiez grandi
qu'il/elle eût grandi	qu'ils/elles eussent grandi

COMMANDS

	(nous) grandissons
(tu) grandis	(vous) grandissez

Usage

J'ai l'impression que votre fils grandit d'un jour à l'autre.

Je ne veux pas grandir les dangers et vous faire peur.

Ma fille a grandi de huit centimètres cette année.

Cette expérience te grandira.

Tu vas grandir en sagesse.

Le petit garçon essayait de se grandir en bombant sa poitrine.

Le pouvoir de l'armée allait grandissant.

I have the impression that your son is growing before my eyes.

I don't want to exaggerate the dangers and frighten you.

My daughter grew eight centimeters this year.

That experience will make you grow.

You will grow in wisdom.

The little boy tried to make himself look bigger by puffing out his chest.

The power of the army was growing.

gratter   *to scratch*

je gratte · je grattai · gratté · grattant

PRESENT

je gratte	nous grattons
tu grattes	vous grattez
il/elle gratte	ils/elles grattent

IMPERFECT

je grattais	nous grattions
tu grattais	vous grattiez
il/elle grattait	ils/elles grattaient

PASSÉ SIMPLE

je grattai	nous grattâmes
tu grattas	vous grattâtes
il/elle gratta	ils/elles grattèrent

FUTURE

je gratterai	nous gratterons
tu gratteras	vous gratterez
il/elle grattera	ils/elles gratteront

CONDITIONAL

je gratterais	nous gratterions
tu gratterais	vous gratteriez
il/elle gratterait	ils/elles gratteraient

PRESENT SUBJUNCTIVE

que je gratte	que nous grattions
que tu grattes	que vous grattiez
qu'il/elle gratte	qu'ils/elles grattent

IMPERFECT SUBJUNCTIVE

que je grattasse	que nous grattassions
que tu grattasses	que vous grattassiez
qu'il/elle grattât	qu'ils/elles grattassent

COMMANDS

	(nous) grattons
(tu) gratte	(vous) grattez

PASSÉ COMPOSÉ

j'ai gratté	nous avons gratté
tu as gratté	vous avez gratté
il/elle a gratté	ils/elles ont gratté

PLUPERFECT

j'avais gratté	nous avions gratté
tu avais gratté	vous aviez gratté
il/elle avait gratté	ils/elles avaient gratté

PAST ANTERIOR

j'eus gratté	nous eûmes gratté
tu eus gratté	vous eûtes gratté
il/elle eut gratté	ils/elles eurent gratté

FUTURE ANTERIOR

j'aurai gratté	nous aurons gratté
tu auras gratté	vous aurez gratté
il/elle aura gratté	ils/elles auront gratté

PAST CONDITIONAL

j'aurais gratté	nous aurions gratté
tu aurais gratté	vous auriez gratté
il/elle aurait gratté	ils/elles auraient gratté

PAST SUBJUNCTIVE

que j'aie gratté	que nous ayons gratté
que tu aies gratté	que vous ayez gratté
qu'il/elle ait gratté	qu'ils/elles aient gratté

PLUPERFECT SUBJUNCTIVE

que j'eusse gratté	que nous eussions gratté
que tu eusses gratté	que vous eussiez gratté
qu'il/elle eût gratté	qu'ils/elles eussent gratté

Usage

Il se grattait la tête en réfléchissant.	*He scratched his head while thinking things over.*
gratter	*to work hard*
Il a dû gratter pour gagner sa vie.	*He had to sweat to earn his living.*
Je gratte sur tout pour joindre les deux bouts.	*I scrimp to make ends meet.*
gratter quelques euros	*to pocket a few euros*
Ce serveur grattait sur les additions.	*This waiter used to pocket some of the money from the bills.*

RELATED WORD

le gratte-ciel	*skyscraper*

regular *-er* verb | **je grimpe · je grimpai · grimpé · grimpant**

PRESENT

je grimpe	nous grimpons
tu grimpes	vous grimpez
il/elle grimpe	ils/elles grimpent

IMPERFECT

je grimpais	nous grimpions
tu grimpais	vous grimpiez
il/elle grimpait	ils/elles grimpaient

PASSÉ SIMPLE

je grimpai	nous grimpâmes
tu grimpas	vous grimpâtes
il/elle grimpa	ils/elles grimpèrent

FUTURE

je grimperai	nous grimperons
tu grimperas	vous grimperez
il/elle grimpera	ils/elles grimperont

CONDITIONAL

je grimperais	nous grimperions
tu grimperais	vous grimperiez
il/elle grimperait	ils/elles grimperaient

PRESENT SUBJUNCTIVE

que je grimpe	que nous grimpions
que tu grimpes	que vous grimpiez
qu'il/elle grimpe	qu'ils/elles grimpent

IMPERFECT SUBJUNCTIVE

que je grimpasse	que nous grimpassions
que tu grimpasses	que vous grimpassiez
qu'il/elle grimpât	qu'ils/elles grimpassent

PASSÉ COMPOSÉ

j'ai grimpé	nous avons grimpé
tu as grimpé	vous avez grimpé
il/elle a grimpé	ils/elles ont grimpé

PLUPERFECT

j'avais grimpé	nous avions grimpé
tu avais grimpé	vous aviez grimpé
il/elle avait grimpé	ils/elles avaient grimpé

PAST ANTERIOR

j'eus grimpé	nous eûmes grimpé
tu eus grimpé	vous eûtes grimpé
il/elle eut grimpé	ils/elles eurent grimpé

FUTURE ANTERIOR

j'aurai grimpé	nous aurons grimpé
tu auras grimpé	vous aurez grimpé
il/elle aura grimpé	ils/elles auront grimpé

PAST CONDITIONAL

j'aurais grimpé	nous aurions grimpé
tu aurais grimpé	vous auriez grimpé
il/elle aurait grimpé	ils/elles auraient grimpé

PAST SUBJUNCTIVE

que j'aie grimpé	que nous ayons grimpé
que tu aies grimpé	que vous ayez grimpé
qu'il/elle ait grimpé	qu'ils/elles aient grimpé

PLUPERFECT SUBJUNCTIVE

que j'eusse grimpé	que nous eussions grimpé
que tu eusses grimpé	que vous eussiez grimpé
qu'il/elle eût grimpé	qu'ils/elles eussent grimpé

COMMANDS

	(nous) grimpons
(tu) grimpe	(vous) grimpez

Usage

grimper l'escalier	*to climb the stairs*
Le lierre est une plante qui grimpe.	*Ivy is a climbing plant.*
Les enfants grimpaient aux arbres.	*The children were climbing trees.*
Tu crois que tu grimpes l'échelle, je vois.	*You think you're going places, I see.*
Mon Dieu! L'enfant a grimpé sur l'évier.	*My goodness! The child climbed up on the sink.*
C'est une route qui grimpe.	*It's a road that goes uphill.*
Tu me fais grimper dans les rideaux, toi!	*You're driving me up a wall!*

gronder   *to scold*

regular *-er* verb

PRESENT

je gronde	nous grondons
tu grondes	vous grondez
il/elle gronde	ils/elles grondent

IMPERFECT

je grondais	nous grondions
tu grondais	vous grondiez
il/elle grondait	ils/elles grondaient

PASSÉ SIMPLE

je grondai	nous grondâmes
tu grondas	vous grondâtes
il/elle gronda	ils/elles grondèrent

FUTURE

je gronderai	nous gronderons
tu gronderas	vous gronderez
il/elle grondera	ils/elles gronderont

CONDITIONAL

je gronderais	nous gronderions
tu gronderais	vous gronderiez
il/elle gronderait	ils/elles gronderaient

PRESENT SUBJUNCTIVE

que je gronde	que nous grondions
que tu grondes	que vous grondiez
qu'il/elle gronde	qu'ils/elles grondent

IMPERFECT SUBJUNCTIVE

que je grondasse	que nous grondassions
que tu grondasses	que vous grondassiez
qu'il/elle grondât	qu'ils/elles grondassent

COMMANDS

	(nous) grondons
(tu) gronde	(vous) grondez

PASSÉ COMPOSÉ

j'ai grondé	nous avons grondé
tu as grondé	vous avez grondé
il/elle a grondé	ils/elles ont grondé

PLUPERFECT

j'avais grondé	nous avions grondé
tu avais grondé	vous aviez grondé
il/elle avait grondé	ils/elles avaient grondé

PAST ANTERIOR

j'eus grondé	nous eûmes grondé
tu eus grondé	vous eûtes grondé
il/elle eut grondé	ils/elles eurent grondé

FUTURE ANTERIOR

j'aurai grondé	nous aurons grondé
tu auras grondé	vous aurez grondé
il/elle aura grondé	ils/elles auront grondé

PAST CONDITIONAL

j'aurais grondé	nous aurions grondé
tu aurais grondé	vous auriez grondé
il/elle aurait grondé	ils/elles auraient grondé

PAST SUBJUNCTIVE

que j'aie grondé	que nous ayons grondé
que tu aies grondé	que vous ayez grondé
qu'il/elle ait grondé	qu'ils/elles aient grondé

PLUPERFECT SUBJUNCTIVE

que j'eusse grondé	que nous eussions grondé
que tu eusses grondé	que vous eussiez grondé
qu'il/elle eût grondé	qu'ils/elles eussent grondé

Usage

Le professeur a grondé les étudiants paresseux.	*The teacher scolded the lazy students.*
Le tonnerre gronde.	*The thunder is rumbling.*
Sa colère grondait.	*His anger was stirring.*
Une émeute grondait.	*A riot was brewing.*

RELATED WORD

le grondement	*rumbling*
J'entends le grondement du tonnerre.	*I hear the rumbling of thunder.*
le grondement de l'insurrection	*the approaching uprising*

regular *-ir* verb | je grossis · je grossis · grossi · grossissant

PRESENT

je grossis	nous grossissons
tu grossis	vous grossissez
il/elle grossit	ils/elles grossissent

IMPERFECT

je grossissais	nous grossissions
tu grossissais	vous grossissiez
il/elle grossissait	ils/elles grossissaient

PASSÉ SIMPLE

je grossis	nous grossîmes
tu grossis	vous grossîtes
il/elle grossit	ils/elles grossirent

FUTURE

je grossirai	nous grossirons
tu grossiras	vous grossirez
il/elle grossira	ils/elles grossiront

CONDITIONAL

je grossirais	nous grossirions
tu grossirais	vous grossiriez
il/elle grossirait	ils/elles grossiraient

PRESENT SUBJUNCTIVE

que je grossisse	que nous grossissions
que tu grossisses	que vous grossissiez
qu'il/elle grossisse	qu'ils/elles grossissent

IMPERFECT SUBJUNCTIVE

que je grossisse	que nous grossissions
que tu grossisses	que vous grossissiez
qu'il/elle grossît	qu'ils/elles grossissent

PASSÉ COMPOSÉ

j'ai grossi	nous avons grossi
tu as grossi	vous avez grossi
il/elle a grossi	ils/elles ont grossi

PLUPERFECT

j'avais grossi	nous avions grossi
tu avais grossi	vous aviez grossi
il/elle avait grossi	ils/elles avaient grossi

PAST ANTERIOR

j'eus grossi	nous eûmes grossi
tu eus grossi	vous eûtes grossi
il/elle eut grossi	ils/elles eurent grossi

FUTURE ANTERIOR

j'aurai grossi	nous aurons grossi
tu auras grossi	vous aurez grossi
il/elle aura grossi	ils/elles auront grossi

PAST CONDITIONAL

j'aurais grossi	nous aurions grossi
tu aurais grossi	vous auriez grossi
il/elle aurait grossi	ils/elles auraient grossi

PAST SUBJUNCTIVE

que j'aie grossi	que nous ayons grossi
que tu aies grossi	que vous ayez grossi
qu'il/elle ait grossi	qu'ils/elles aient grossi

PLUPERFECT SUBJUNCTIVE

que j'eusse grossi	que nous eussions grossi
que tu eusses grossi	que vous eussiez grossi
qu'il/elle eût grossi	qu'ils/elles eussent grossi

COMMANDS

	(nous) grossissons
(tu) grossis	(vous) grossissez

Usage

Mon Dieu, j'ai grossi!	*My gosh, I've gained weight!*
La pâtisserie fait grossir.	*Pastry is fattening.*
La foule devant le palais grossissait.	*The crowd in front of the palace was growing.*
Le bruit grossissait.	*The noise was getting louder.*
Ce manteau te grossit, je trouve.	*I think that coat makes you look fatter.*
Elle grossit le problème.	*She's exaggerating the problem.*

RELATED WORD

le grossissement	*weight gain*

guérir   *to heal, cure; to get better*

je guéris · je guéris · guéri · guérissant   regular -*ir* verb

PRESENT		PASSÉ COMPOSÉ	
je guéris	nous guérissons	j'ai guéri	nous avons guéri
tu guéris	vous guérissez	tu as guéri	vous avez guéri
il/elle guérit	ils/elles guérissent	il/elle a guéri	ils/elles ont guéri

IMPERFECT		PLUPERFECT	
je guérissais	nous guérissions	j'avais guéri	nous avions guéri
tu guérissais	vous guérissiez	tu avais guéri	vous aviez guéri
il/elle guérissait	ils/elles guérissaient	il/elle avait guéri	ils/elles avaient guéri

PASSÉ SIMPLE		PAST ANTERIOR	
je guéris	nous guérîmes	j'eus guéri	nous eûmes guéri
tu guéris	vous guérîtes	tu eus guéri	vous eûtes guéri
il/elle guérit	ils/elles guérirent	il/elle eut guéri	ils/elles eurent guéri

FUTURE		FUTURE ANTERIOR	
je guérirai	nous guérirons	j'aurai guéri	nous aurons guéri
tu guériras	vous guérirez	tu auras guéri	vous aurez guéri
il/elle guérira	ils/elles guériront	il/elle aura guéri	ils/elles auront guéri

CONDITIONAL		PAST CONDITIONAL	
je guérirais	nous guéririons	j'aurais guéri	nous aurions guéri
tu guérirais	vous guéririez	tu aurais guéri	vous auriez guéri
il/elle guérirait	ils/elles guériraient	il/elle aurait guéri	ils/elles auraient guéri

PRESENT SUBJUNCTIVE		PAST SUBJUNCTIVE	
que je guérisse	que nous guérissions	que j'aie guéri	que nous ayons guéri
que tu guérisses	que vous guérissiez	que tu aies guéri	que vous ayez guéri
qu'il/elle guérisse	qu'ils/elles guérissent	qu'il/elle ait guéri	qu'ils/elles aient guéri

IMPERFECT SUBJUNCTIVE		PLUPERFECT SUBJUNCTIVE	
que je guérisse	que nous guérissions	que j'eusse guéri	que nous eussions guéri
que tu guérisses	que vous guérissiez	que tu eusses guéri	que vous eussiez guéri
qu'il/elle guérît	qu'ils/elles guérissent	qu'il/elle eût guéri	qu'ils/elles eussent guéri

COMMANDS	
	(nous) guérissons
(tu) guéris	(vous) guérissez

Usage

Ma blessure a guéri.	*My wound healed.*
Elle est guérie de sa grippe.	*She has recovered from the flu.*
Jouer au casino, il en est guéri.	*He is through gambling at the casino.*
se guérir d'une mauvaise habitude	*to break a bad habit*
Quand se guérira-t-il de cet amour?	*When will he get over that love?*

RELATED WORD

la guérison	*healing/getting better*
Bonne guérison!	*Get well!*

regular *-er* reflexive verb;
compound tenses with *être*

je m'habille · je m'habillai · s'étant habillé · s'habillant

PRESENT

je m'habille	nous nous habillons
tu t'habilles	vous vous habillez
il/elle s'habille	ils/elles s'habillent

IMPERFECT

je m'habillais	nous nous habillions
tu t'habillais	vous vous habilliez
il/elle s'habillait	ils/elles s'habillaient

PASSÉ SIMPLE

je m'habillai	nous nous habillâmes
tu t'habillas	vous vous habillâtes
il/elle s'habilla	ils/elles s'habillèrent

FUTURE

je m'habillerai	nous nous habillerons
tu t'habilleras	vous vous habillerez
il/elle s'habillera	ils/elles s'habilleront

CONDITIONAL

je m'habillerais	nous nous habillerions
tu t'habillerais	vous vous habilleriez
il/elle s'habillerait	ils/elles s'habilleraient

PRESENT SUBJUNCTIVE

que je m'habille	que nous nous habillions
que tu t'habilles	que vous vous habilliez
qu'il/elle s'habille	qu'ils/elles s'habillent

IMPERFECT SUBJUNCTIVE

que je m'habillasse	que nous nous habillassions
que tu t'habillasses	que vous vous habillassiez
qu'il/elle s'habillât	qu'ils/elles s'habillassent

COMMANDS

	(nous) habillons-nous
(tu) habille-toi	(vous) habillez-vous

PASSÉ COMPOSÉ

je me suis habillé(e)	nous nous sommes habillé(e)s
tu t'es habillé(e)	vous vous êtes habillé(e)(s)
il/elle s'est habillé(e)	ils/elles se sont habillé(e)s

PLUPERFECT

je m'étais habillé(e)	nous nous étions habillé(e)s
tu t'étais habillé(e)	vous vous étiez habillé(e)(s)
il/elle s'était habillé(e)	ils/elles s'étaient habillé(e)s

PAST ANTERIOR

je me fus habillé(e)	nous nous fûmes habillé(e)s
tu te fus habillé(e)	vous vous fûtes habillé(e)(s)
il/elle se fut habillé(e)	ils/elles se furent habillé(e)s

FUTURE ANTERIOR

je me serai habillé(e)	nous nous serons habillé(e)s
tu te seras habillé(e)	vous vous serez habillé(e)(s)
il/elle se sera habillé(e)	ils/elles se seront habillé(e)s

PAST CONDITIONAL

je me serais habillé(e)	nous nous serions habillé(e)s
tu te serais habillé(e)	vous vous seriez habillé(e)(s)
il/elle se serait habillé(e)	ils/elles se seraient habillé(e)s

PAST SUBJUNCTIVE

que je me sois habillé(e)	que nous nous soyons habillé(e)s
que tu te sois habillé(e)	que vous vous soyez habillé(e)(s)
qu'il/elle se soit habillé(e)	qu'ils/elles se soient habillé(e)s

PLUPERFECT SUBJUNCTIVE

que je me fusse habillé(e)	que nous nous fussions habillé(e)s
que tu te fusses habillé(e)	que vous vous fussiez habillé(e)(s)
qu'il/elle se fût habillé(e)	qu'ils/elles se fussent habillé(e)s

Usage

L'enfant s'habille déjà tout seul.	*The child dresses himself already.*
—Qu'est-ce que tu fais?	*What are you doing?*
—Je m'habille pour sortir.	*I'm getting dressed to go out.*
—Je ne t'avais pas reconnue.	*I didn't recognize you.*
—Je m'étais habillée en bohème.	*I had dressed up as a Bohemian.*
—Elle s'habille à la dernière mode.	*She dresses according to the latest fashion.*
—C'est surprenant, parce que sa sœur ne sait pas s'habiller du tout.	*That's surprising because her sister doesn't know how to dress at all.*
Il s'habille bien/mal.	*He dresses well/badly.*
Ces enfants sont mal habillés.	*These children are poorly dressed.*

PRESENT

j'habite	nous habitons
tu habites	vous habitez
il/elle habite	ils/elles habitent

IMPERFECT

j'habitais	nous habitions
tu habitais	vous habitiez
il/elle habitait	ils/elles habitaient

PASSÉ SIMPLE

j'habitai	nous habitâmes
tu habitas	vous habitâtes
il/elle habita	ils/elles habitèrent

FUTURE

j'habiterai	nous habiterons
tu habiteras	vous habiterez
il/elle habitera	ils/elles habiteront

CONDITIONAL

j'habiterais	nous habiterions
tu habiterais	vous habiteriez
il/elle habiterait	ils/elles habiteraient

PRESENT SUBJUNCTIVE

que j'habite	que nous habitions
que tu habites	que vous habitiez
qu'il/elle habite	qu'ils/elles habitent

IMPERFECT SUBJUNCTIVE

que j'habitasse	que nous habitassions
que tu habitasses	que vous habitassiez
qu'il/elle habitât	qu'ils/elles habitassent

COMMANDS

	(nous) habitons
(tu) habite	(vous) habitez

PASSÉ COMPOSÉ

j'ai habité	nous avons habité
tu as habité	vous avez habité
il/elle a habité	ils/elles ont habité

PLUPERFECT

j'avais habité	nous avions habité
tu avais habité	vous aviez habité
il/elle avait habité	ils/elles avaient habité

PAST ANTERIOR

j'eus habité	nous eûmes habité
tu eus habité	vous eûtes habité
il/elle eut habité	ils/elles eurent habité

FUTURE ANTERIOR

j'aurai habité	nous aurons habité
tu auras habité	vous aurez habité
il/elle aura habité	ils/elles auront habité

PAST CONDITIONAL

j'aurais habité	nous aurions habité
tu aurais habité	vous auriez habité
il/elle aurait habité	ils/elles auraient habité

PAST SUBJUNCTIVE

que j'aie habité	que nous ayons habité
que tu aies habité	que vous ayez habité
qu'il/elle ait habité	qu'ils/elles aient habité

PLUPERFECT SUBJUNCTIVE

que j'eusse habité	que nous eussions habité
que tu eusses habité	que vous eussiez habité
qu'il/elle eût habité	qu'ils/elles eussent habité

Usage

Il habite Paris. _or_ Il habite à Paris.	_He lives in Paris._ (The form without _à_ is now more common.)
Vous habitez où?	_Where do you live?_
J'habite dans le XVIIe.	_I live in the 17th arrondissement of Paris._
J'habite 9, rue Guy Patin.	_I live at 9, Guy Patin Street._
Pendant qu'il faisait ses études à Toulouse, il habitait chez sa tante.	_While he was studying in Toulouse, he lived at his aunt's._
—Tu n'habites plus la ville?	_You don't live in town anymore?_
—Non. J'habite (à) la campagne.	_No, I live in the country._
Ils habitent sous le même toit.	_They live together._

RELATED WORD

l'habitant(e) _(m/f)_	_inhabitant_

PRESENT		PASSÉ COMPOSÉ	
je hais	nous haïssons	j'ai haï	nous avons haï
tu hais	vous haïssez	tu as haï	vous avez haï
il/elle hait	ils/elles haïssent	il/elle a haï	ils/elles ont haï

IMPERFECT		PLUPERFECT	
je haïssais	nous haïssions	j'avais haï	nous avions haï
tu haïssais	vous haïssiez	tu avais haï	vous aviez haï
il/elle haïssait	ils/elles haïssaient	il/elle avait haï	ils/elles avaient haï

PASSÉ SIMPLE		PAST ANTERIOR	
je haïs	nous haïmes	j'eus haï	nous eûmes haï
tu haïs	vous haïtes	tu eus haï	vous eûtes haï
il/elle haït	ils/elles haïrent	il/elle eut haï	ils/elles eurent haï

FUTURE		FUTURE ANTERIOR	
je haïrai	nous haïrons	j'aurai haï	nous aurons haï
tu haïras	vous haïrez	tu auras haï	vous aurez haï
il/elle haïra	ils/elles haïront	il/elle aura haï	ils/elles auront haï

CONDITIONAL		PAST CONDITIONAL	
je haïrais	nous haïrions	j'aurais haï	nous aurions haï
tu haïrais	vous haïriez	tu aurais haï	vous auriez haï
il/elle haïrait	ils/elles haïraient	il/elle aurait haï	ils/elles auraient haï

PRESENT SUBJUNCTIVE		PAST SUBJUNCTIVE	
que je haïsse	que nous haïssions	que j'aie haï	que nous ayons haï
que tu haïsses	que vous haïssiez	que tu aies haï	que vous ayez haï
qu'il/elle haïsse	qu'ils/elles haïssent	qu'il/elle ait haï	qu'ils/elles aient haï

IMPERFECT SUBJUNCTIVE		PLUPERFECT SUBJUNCTIVE	
que je haïsse	que nous haïssions	que j'eusse haï	que nous eussions haï
que tu haïsses	que vous haïssiez	que tu eusses haï	que vous eussiez haï
qu'il/elle haït	qu'ils/elles haïssent	qu'il/elle eût haï	qu'ils/elles eussent haï

COMMANDS	
	(nous) haïssons
(tu) hais	(vous) haïssez

Usage

haïr qqn	*to hate someone*
Notre pays haït les traîtres.	*Our country hates traitors.*
Avant, il nous haïssait.	*Previously he hated us.*
haïr qqn d'avoir fait qqch	*to hate someone for having done something*
Il me hait de l'avoir dénoncé.	*He hates me for having turned him in.*
haïr qqch	*to hate something*
Je hais la cruauté.	*I hate cruelty.*
Il haïssait les injustices du régime.	*He hated the injustices of the regime.*

RELATED WORD

la haine	*hatred*
Il éprouve de la haine envers ses ennemis.	*He feels hatred toward his enemies.*
La haine du vice n'est pas forcément la vertu.	*Hatred of vice is not necessarily virtue.*

hésiter *to hesitate*

j'hésite · j'hésitai · hésité · hésitant

regular -er verb

PRESENT

j'hésite	nous hésitons
tu hésites	vous hésitez
il/elle hésite	ils/elles hésitent

IMPERFECT

j'hésitais	nous hésitions
tu hésitais	vous hésitiez
il/elle hésitait	ils/elles hésitaient

PASSÉ SIMPLE

j'hésitai	nous hésitâmes
tu hésitas	vous hésitâtes
il/elle hésita	ils/elles hésitèrent

FUTURE

j'hésiterai	nous hésiterons
tu hésiteras	vous hésiterez
il/elle hésitera	ils/elles hésiteront

CONDITIONAL

j'hésiterais	nous hésiterions
tu hésiterais	vous hésiteriez
il/elle hésiterait	ils/elles hésiteraient

PRESENT SUBJUNCTIVE

que j'hésite	que nous hésitions
que tu hésites	que vous hésitiez
qu'il/elle hésite	qu'ils/elles hésitent

IMPERFECT SUBJUNCTIVE

que j'hésitasse	que nous hésitassions
que tu hésitasses	que vous hésitassiez
qu'il/elle hésitât	qu'ils/elles hésitassent

COMMANDS

	(nous) hésitons
(tu) hésite	(vous) hésitez

PASSÉ COMPOSÉ

j'ai hésité	nous avons hésité
tu as hésité	vous avez hésité
il/elle a hésité	ils/elles ont hésité

PLUPERFECT

j'avais hésité	nous avions hésité
tu avais hésité	vous aviez hésité
il/elle avait hésité	ils/elles avaient hésité

PAST ANTERIOR

j'eus hésité	nous eûmes hésité
tu eus hésité	vous eûtes hésité
il/elle eut hésité	ils/elles eurent hésité

FUTURE ANTERIOR

j'aurai hésité	nous aurons hésité
tu auras hésité	vous aurez hésité
il/elle aura hésité	ils/elles auront hésité

PAST CONDITIONAL

j'aurais hésité	nous aurions hésité
tu aurais hésité	vous auriez hésité
il/elle aurait hésité	ils/elles auraient hésité

PAST SUBJUNCTIVE

que j'aie hésité	que nous ayons hésité
que tu aies hésité	que vous ayez hésité
qu'il/elle ait hésité	qu'ils/elles aient hésité

PLUPERFECT SUBJUNCTIVE

que j'eusse hésité	que nous eussions hésité
que tu eusses hésité	que vous eussiez hésité
qu'il/elle eût hésité	qu'ils/elles eussent hésité

Usage

Si tu hésites trop, tu vas manquer cette occasion. — *If you hesitate too much, you're going to miss this opportunity.*

—Tu as hésité devant son offre? — *Did you hesitate when he made that offer?*
—Pas du tout. J'ai répondu «oui» sans hésiter. — *Not at all. I answered yes without hesitating.*
Ils hésitaient sur l'achat d'une maison. — *They were hesitating over the purchase of a house.*
Nous avons hésité entre ces deux possibilités. — *We hesitated between these two possibilities.*
hésiter à faire qqch — *to hesitate to do something*
J'hésite à vous le dire. — *I hesitate telling it to you.*
Il hésitait à demander une augmentation. — *He was reluctant to ask for a raise.*
J'hésitais à vous déranger. — *I was reluctant to bother you.*

regular -er verb

j'impose · j'imposai · imposé · imposant

PRESENT

j'impose	nous imposons
tu imposes	vous imposez
il/elle impose	ils/elles imposent

IMPERFECT

j'imposais	nous imposions
tu imposais	vous imposiez
il/elle imposait	ils/elles imposaient

PASSÉ SIMPLE

j'imposai	nous imposâmes
tu imposas	vous imposâtes
il/elle imposa	ils/elles imposèrent

FUTURE

j'imposerai	nous imposerons
tu imposeras	vous imposerez
il/elle imposera	ils/elles imposeront

CONDITIONAL

j'imposerais	nous imposerions
tu imposerais	vous imposeriez
il/elle imposerait	ils/elles imposeraient

PRESENT SUBJUNCTIVE

que j'impose	que nous imposions
que tu imposes	que vous imposiez
qu'il/elle impose	qu'ils/elles imposent

IMPERFECT SUBJUNCTIVE

que j'imposasse	que nous imposassions
que tu imposasses	que vous imposassiez
qu'il/elle imposât	qu'ils/elles imposassent

COMMANDS

	(nous) imposons
(tu) impose	(vous) imposez

PASSÉ COMPOSÉ

j'ai imposé	nous avons imposé
tu as imposé	vous avez imposé
il/elle a imposé	ils/elles ont imposé

PLUPERFECT

j'avais imposé	nous avions imposé
tu avais imposé	vous aviez imposé
il/elle avait imposé	ils/elles avaient imposé

PAST ANTERIOR

j'eus imposé	nous eûmes imposé
tu eus imposé	vous eûtes imposé
il/elle eut imposé	ils/elles eurent imposé

FUTURE ANTERIOR

j'aurai imposé	nous aurons imposé
tu auras imposé	vous aurez imposé
il/elle aura imposé	ils/elles auront imposé

PAST CONDITIONAL

j'aurais imposé	nous aurions imposé
tu aurais imposé	vous auriez imposé
il/elle aurait imposé	ils/elles auraient imposé

PAST SUBJUNCTIVE

que j'aie imposé	que nous ayons imposé
que tu aies imposé	que vous ayez imposé
qu'il/elle ait imposé	qu'ils/elles aient imposé

PLUPERFECT SUBJUNCTIVE

que j'eusse imposé	que nous eussions imposé
que tu eusses imposé	que vous eussiez imposé
qu'il/elle eût imposé	qu'ils/elles eussent imposé

Usage

Ils nous imposent des contributions.	*They exact contributions from us.*
un peuple lourdement imposé	*a heavily taxed people*
Il sait imposer sa façon de penser.	*He knows how to impose his way of thinking.*
Pas moyen d'imposer ma volonté.	*There's no way I can impose my will.*
Le chef nous a imposé une tâche difficile.	*The boss imposed a difficult task on us.*
Je me suis imposé cette tâche.	*I took this task upon myself.*
Le père imposa ses mains sur la tête de son fils pour le bénir.	*The father lay his hands on his son's head to bless him.*
en imposer	*to be impressive*
Sa réussite en impose.	*His success is impressive.*

RELATED WORDS

l'impôt (*m*)	*tax*
imposant(e)	*impressive/imposing*

PRESENT		PASSÉ COMPOSÉ	
j'inclus	nous incluons	j'ai inclus	nous avons inclus
tu inclus	vous incluez	tu as inclus	vous avez inclus
il/elle inclut	ils/elles incluent	il/elle a inclus	ils/elles ont inclus

IMPERFECT		PLUPERFECT	
j'incluais	nous incluions	j'avais inclus	nous avions inclus
tu incluais	vous incluiez	tu avais inclus	vous aviez inclus
il/elle incluait	ils/elles incluaient	il/elle avait inclus	ils/elles avaient inclus

PASSÉ SIMPLE		PAST ANTERIOR	
j'inclus	nous inclûmes	j'eus inclus	nous eûmes inclus
tu inclus	vous inclûtes	tu eus inclus	vous eûtes inclus
il/elle inclut	ils/elles inclurent	il/elle eut inclus	ils/elles eurent inclus

FUTURE		FUTURE ANTERIOR	
j'inclurai	nous inclurons	j'aurai inclus	nous aurons inclus
tu incluras	vous inclurez	tu auras inclus	vous aurez inclus
il/elle inclura	ils/elles incluront	il/elle aura inclus	ils/elles auront inclus

CONDITIONAL		PAST CONDITIONAL	
j'inclurais	nous inclurions	j'aurais inclus	nous aurions inclus
tu inclurais	vous incluriez	tu aurais inclus	vous auriez inclus
il/elle inclurait	ils/elles incluraient	il/elle aurait inclus	ils/elles auraient inclus

PRESENT SUBJUNCTIVE		PAST SUBJUNCTIVE	
que j'inclue	que nous incluions	que j'aie inclus	que nous ayons inclus
que tu inclues	que vous incluiez	que tu aies inclus	que vous ayez inclus
qu'il/elle inclue	qu'ils/elles incluent	qu'il/elle ait inclus	qu'ils/elles aient inclus

IMPERFECT SUBJUNCTIVE		PLUPERFECT SUBJUNCTIVE	
que j'inclusse	que nous inclussions	que j'eusse inclus	que nous eussions inclus
que tu inclusses	que vous inclussiez	que tu eusses inclus	que vous eussiez inclus
qu'il/elle inclût	qu'ils/elles inclussent	qu'il/elle eût inclus	qu'ils/elles eussent inclus

COMMANDS	
	(nous) incluons
(tu) inclus	(vous) incluez

Usage

Il faut inclure ce conte dans le recueil.	*We have to include this story in the anthology.*
J'ai inclus ces observations dans mon article.	*I included those observations in my article.*
Les impôts sont inclus dans le prix.	*Taxes are included in the price.*
Pour demain, lisez le manuel jusqu'au quatrième chapitre inclus.	*For tomorrow, read the manual through chapter 4.*
Ne m'inclus pas. Je n'irai pas.	*Count me out. I won't go.*

RELATED WORDS

ci-inclus(e)	*enclosed*
Vous trouverez ci-incluse notre facture.	*You will find our bill enclosed.*
l'inclusion *(f)*	*inclusion*
L'inclusion de ce paragraphe ne peut pas se justifier.	*You can't justify including this paragraph.*

regular -er verb · j'indique · j'indiquai · indiqué · indiquant

PRESENT

j'indique	nous indiquons
tu indiques	vous indiquez
il/elle indique	ils/elles indiquent

IMPERFECT

j'indiquais	nous indiquions
tu indiquais	vous indiquiez
il/elle indiquait	ils/elles indiquaient

PASSÉ SIMPLE

j'indiquai	nous indiquâmes
tu indiquas	vous indiquâtes
il/elle indiqua	ils/elles indiquèrent

FUTURE

j'indiquerai	nous indiquerons
tu indiqueras	vous indiquerez
il/elle indiquera	ils/elles indiqueront

CONDITIONAL

j'indiquerais	nous indiquerions
tu indiquerais	vous indiqueriez
il/elle indiquerait	ils/elles indiqueraient

PRESENT SUBJUNCTIVE

que j'indique	que nous indiquions
que tu indiques	que vous indiquiez
qu'il/elle indique	qu'ils/elles indiquent

IMPERFECT SUBJUNCTIVE

que j'indiquasse	que nous indiquassions
que tu indiquasses	que vous indiquassiez
qu'il/elle indiquât	qu'ils/elles indiquassent

PASSÉ COMPOSÉ

j'ai indiqué	nous avons indiqué
tu as indiqué	vous avez indiqué
il/elle a indiqué	ils/elles ont indiqué

PLUPERFECT

j'avais indiqué	nous avions indiqué
tu avais indiqué	vous aviez indiqué
il/elle avait indiqué	ils/elles avaient indiqué

PAST ANTERIOR

j'eus indiqué	nous eûmes indiqué
tu eus indiqué	vous eûtes indiqué
il/elle eut indiqué	ils/elles eurent indiqué

FUTURE ANTERIOR

j'aurai indiqué	nous aurons indiqué
tu auras indiqué	vous aurez indiqué
il/elle aura indiqué	ils/elles auront indiqué

PAST CONDITIONAL

j'aurais indiqué	nous aurions indiqué
tu aurais indiqué	vous auriez indiqué
il/elle aurait indiqué	ils/elles auraient indiqué

PAST SUBJUNCTIVE

que j'aie indiqué	que nous ayons indiqué
que tu aies indiqué	que vous ayez indiqué
qu'il/elle ait indiqué	qu'ils/elles aient indiqué

PLUPERFECT SUBJUNCTIVE

que j'eusse indiqué	que nous eussions indiqué
que tu eusses indiqué	que vous eussiez indiqué
qu'il/elle eût indiqué	qu'ils/elles eussent indiqué

COMMANDS

	(nous) indiquons
(tu) indique	(vous) indiquez

Usage

Pourriez-vous m'indiquer le cabinet du docteur?	*Can you point the doctor's office out to me?*
Il m'a indiqué le chemin.	*He pointed out the road to me.*
Tu peux m'indiquer une agence de voyages?	*Can you point out a travel agency to me?*
Le manuel indique des façons de nettoyer la machine.	*The manual indicates ways to clean the machine.*
Le départ du train est indiqué sur le tableau.	*The departure of the train is listed on the board.*
Qui peut nous indiquer la sortie?	*Who can show us the exit?*
Je vous indiquerai le lieu et l'heure de la réunion par courrier électronique.	*I'll notify you of the place and time of the meeting by e-mail.*

RELATED WORDS

les indications *(fpl)*	*information*
Tu m'a donné de fausses indications.	*You misinformed me.*
l'indic *(slang)*	*stool pigeon/rat/informer*

s'inquiéter   *to worry, be nervous, be upset*

je m'inquiète · je m'inquiétai ·
s'étant inquiété · s'inquiétant

regular -er reflexive verb; spelling change:
é > è/mute e; compound tenses with *être*

PRESENT

je m'inquiète	nous nous inquiétons
tu t'inquiètes	vous vous inquiétez
il/elle s'inquiète	ils/elles s'inquiètent

IMPERFECT

je m'inquiétais	nous nous inquiétions
tu t'inquiétais	vous vous inquiétiez
il/elle s'inquiétait	ils/elles s'inquiétaient

PASSÉ SIMPLE

je m'inquiétai	nous nous inquiétâmes
tu t'inquiétas	vous vous inquiétâtes
il/elle s'inquiéta	ils/elles s'inquiétèrent

FUTURE

je m'inquiéterai	nous nous inquiéterons
tu t'inquiéteras	vous vous inquiéterez
il/elle s'inquiétera	ils/elles s'inquiéteront

CONDITIONAL

je m'inquiéterais	nous nous inquiéterions
tu t'inquiéterais	vous vous inquiéteriez
il/elle s'inquiéterait	ils/elles s'inquiéteraient

PRESENT SUBJUNCTIVE

que je m'inquiète	que nous nous inquiétions
que tu t'inquiètes	que vous vous inquiétiez
qu'il/elle s'inquiète	qu'ils/elles s'inquiètent

IMPERFECT SUBJUNCTIVE

que je m'inquiétasse	que nous nous inquiétassions
que tu t'inquiétasses	que vous vous inquiétassiez
qu'il/elle s'inquiétât	qu'ils/elles s'inquiétassent

COMMANDS

	(nous) inquiétons-nous
(tu) inquiète-toi	(vous) inquiétez-vous

PASSÉ COMPOSÉ

je me suis inquiété(e)	nous nous sommes inquiété(e)s
tu t'es inquiété(e)	vous vous êtes inquiété(e)(s)
il/elle s'est inquiété(e)	ils/elles se sont inquiété(e)s

PLUPERFECT

je m'étais inquiété(e)	nous nous étions inquiété(e)s
tu t'étais inquiété(e)	vous vous étiez inquiété(e)(s)
il/elle s'était inquiété(e)	ils/elles s'étaient inquiété(e)s

PAST ANTERIOR

je me fus inquiété(e)	nous nous fûmes inquiété(e)s
tu te fus inquiété(e)	vous vous fûtes inquiété(e)(s)
il/elle se fut inquiété(e)	ils/elles se furent inquiété(e)s

FUTURE ANTERIOR

je me serai inquiété(e)	nous nous serons inquiété(e)s
tu te seras inquiété(e)	vous vous serez inquiété(e)(s)
il/elle se sera inquiété(e)	ils/elles se seront inquiété(e)s

PAST CONDITIONAL

je me serais inquiété(e)	nous nous serions inquiété(e)s
tu te serais inquiété(e)	vous vous seriez inquiété(e)(s)
il/elle se serait inquiété(e)	ils/elles se seraient inquiété(e)s

PAST SUBJUNCTIVE

que je me sois inquiété(e)	que nous nous soyons inquiété(e)s
que tu te sois inquiété(e)	que vous vous soyez inquiété(e)(s)
qu'il/elle se soit inquiété(e)	qu'ils/elles se soient inquiété(e)s

PLUPERFECT SUBJUNCTIVE

que je me fusse inquiété(e)	que nous nous fussions inquiété(e)s
que tu te fusses inquiété(e)	que vous vous fussiez inquiété(e)(s)
qu'il/elle se fût inquiété(e)	qu'ils/elles se fussent inquiété(e)s

Usage

Elle s'inquiète pour ses enfants.	*She worries about her children.*
Personne ici ne s'inquiète pour moi.	*No one here worries about me.*
—De quoi est-ce que vous vous inquiétiez?	*What were you upset about?*
—Je m'inquiétais de votre santé.	*I was concerned about your health.*
s'inquiéter de faire qqch	*to take the trouble to do something*
Vous ne vous êtes pas inquiété de me mettre au courant.	*You didn't bother to inform me.*

RELATED WORDS

inquiéter qqn	*to upset/worry someone*
Dites-moi ce qui vous inquiète.	*Tell me what's upsetting you.*
l'inquiétude *(f)*	*worry/concern/upset*
On ne le voit jamais sans inquiétude.	*You never see him not upset.*
inquiétant/inquiétante	*worrisome/upsetting*
Les nouvelles sont inquiétantes.	*The news is upsetting.*

irregular reflexive verb;
compound tenses with *être*

je m'inscris · je m'inscrivis · s'étant inscrit · s'inscrivant

PRESENT

je m'inscris	nous nous inscrivons
tu t'inscris	vous vous inscrivez
il/elle s'inscrit	ils/elles s'inscrivent

IMPERFECT

je m'inscrivais	nous nous inscrivions
tu t'inscrivais	vous vous inscriviez
il/elle s'inscrivait	ils/elles s'inscrivaient

PASSÉ SIMPLE

je m'inscrivis	nous nous inscrivîmes
tu t'inscrivis	vous vous inscrivîtes
il/elle s'inscrivit	ils/elles s'inscrivirent

FUTURE

je m'inscrirai	nous nous inscrirons
tu t'inscriras	vous vous inscrirez
il/elle s'inscrira	ils/elles s'inscriront

CONDITIONAL

je m'inscrirais	nous nous inscririons
tu t'inscrirais	vous vous inscririez
il/elle s'inscrirait	ils/elles s'inscriraient

PRESENT SUBJUNCTIVE

que je m'inscrive	que nous nous inscrivions
que tu t'inscrives	que vous vous inscriviez
qu'il/elle s'inscrive	qu'ils/elles s'inscrivent

IMPERFECT SUBJUNCTIVE

que je m'inscrivisse	que nous nous inscrivissions
que tu t'inscrivisses	que vous vous inscrivissiez
qu'il/elle s'inscrivît	qu'ils/elles s'inscrivissent

PASSÉ COMPOSÉ

je me suis inscrit(e)	nous nous sommes inscrit(e)s
tu t'es inscrit(e)	vous vous êtes inscrit(e)(s)
il/elle s'est inscrit(e)	ils/elles se sont inscrit(e)s

PLUPERFECT

je m'étais inscrit(e)	nous nous étions inscrit(e)s
tu t'étais inscrit(e)	vous vous étiez inscrit(e)(s)
il/elle s'était inscrit(e)	ils/elles s'étaient inscrit(e)s

PAST ANTERIOR

je me fus inscrit(e)	nous nous fûmes inscrit(e)s
tu te fus inscrit(e)	vous vous fûtes inscrit(e)(s)
il/elle se fut inscrit(e)	ils/elles se furent inscrit(e)s

FUTURE ANTERIOR

je me serai inscrit(e)	nous nous serons inscrit(e)s
tu te seras inscrit(e)	vous vous serez inscrit(e)(s)
il/elle se sera inscrit(e)	ils/elles se seront inscrit(e)s

PAST CONDITIONAL

je me serais inscrit(e)	nous nous serions inscrit(e)s
tu te serais inscrit(e)	vous vous seriez inscrit(e)(s)
il/elle se serait inscrit(e)	ils/elles se seraient inscrit(e)s

PAST SUBJUNCTIVE

que je me sois inscrit(e)	que nous nous soyons inscrit(e)s
que tu te sois inscrit(e)	que vous vous soyez inscrit(e)(s)
qu'il/elle se soit inscrit(e)	qu'ils/elles se soient inscrit(e)s

PLUPERFECT SUBJUNCTIVE

que je me fusse inscrit(e)	que nous nous fussions inscrit(e)s
que tu te fusses inscrit(e)	que vous vous fussiez inscrit(e)(s)
qu'il/elle se fût inscrit(e)	qu'ils/elles se fussent inscrit(e)s

COMMANDS

	(nous) inscrivons-nous
(tu) inscris-toi	(vous) inscrivez-vous

Usage

s'inscrire à la faculté	*to register at the university*
s'inscrire au club	*to sign up at the club*
Ne vous y inscrivez pas.	*Don't sign up for it.*
Cette proposition s'inscrit dans notre plan d'expansion.	*This proposal comes under (the heading of) our expansion plan.*

RELATED WORD

l'inscription *(f)*	*registration*
les frais *(mpl)* d'inscription	*registration fees*
lors de votre inscription	*when you register*

insister   *to insist*

PRESENT

j'insiste	nous insistons
tu insistes	vous insistez
il/elle insiste	ils/elles insistent

IMPERFECT

j'insistais	nous insistions
tu insistais	vous insistiez
il/elle insistait	ils/elles insistaient

PASSÉ SIMPLE

j'insistai	nous insistâmes
tu insistas	vous insistâtes
il/elle insista	ils/elles insistèrent

FUTURE

j'insisterai	nous insisterons
tu insisteras	vous insisterez
il/elle insistera	ils/elles insisteront

CONDITIONAL

j'insisterais	nous insisterions
tu insisterais	vous insisteriez
il/elle insisterait	ils/elles insisteraient

PRESENT SUBJUNCTIVE

que j'insiste	que nous insistions
que tu insistes	que vous insistiez
qu'il/elle insiste	qu'ils/elles insistent

IMPERFECT SUBJUNCTIVE

que j'insistasse	que nous insistassions
que tu insistasses	que vous insistassiez
qu'il/elle insistât	qu'ils/elles insistassent

PASSÉ COMPOSÉ

j'ai insisté	nous avons insisté
tu as insisté	vous avez insisté
il/elle a insisté	ils/elles ont insisté

PLUPERFECT

j'avais insisté	nous avions insisté
tu avais insisté	vous aviez insisté
il/elle avait insisté	ils/elles avaient insisté

PAST ANTERIOR

j'eus insisté	nous eûmes insisté
tu eus insisté	vous eûtes insisté
il/elle eut insisté	ils/elles eurent insisté

FUTURE ANTERIOR

j'aurai insisté	nous aurons insisté
tu auras insisté	vous aurez insisté
il/elle aura insisté	ils/elles auront insisté

PAST CONDITIONAL

j'aurais insisté	nous aurions insisté
tu aurais insisté	vous auriez insisté
il/elle aurait insisté	ils/elles auraient insisté

PAST SUBJUNCTIVE

que j'aie insisté	que nous ayons insisté
que tu aies insisté	que vous ayez insisté
qu'il/elle ait insisté	qu'ils/elles aient insisté

PLUPERFECT SUBJUNCTIVE

que j'eusse insisté	que nous eussions insisté
que tu eusses insisté	que vous eussiez insisté
qu'il/elle eût insisté	qu'ils/elles eussent insisté

COMMANDS

	(nous) insistons
(tu) insiste	(vous) insistez

Usage

Il insiste sur un départ immédiat.	*He insists on an immediate departure.*
Avec lui, il faut insister.	*With him you have to insist.*
Elle ne changera jamais d'avis. Inutile d'insister.	*There's no use insisting. She'll never change her mind.*
Ça suffit! N'insiste pas!	*That's enough! Don't rub it in!*

insister pour faire qqch *to insist on doing something*

Il insiste pour nous accompagner.	*He insists on accompanying us.*

insister pour que + subjunctive *to insist that someone do something*

J'insiste pour qu'il vienne.	*I insist that he come.*

insister que + indicative *to insist that someone is doing something*

J'insiste qu'il vient.	*I insist that he's coming.*
—Comment ça se fait que tes enfants se tiennent tellement bien à table?	*How is it that your children behave so well at the table?*
—J'insiste là-dessus.	*I insist on it.*
—Il refuse toujours de le faire.	*He still refuses to do it.*
—Bon, je n'insisterai plus.	*All right, I won't insist anymore.*

PRESENT

j'instruis	nous instruisons
tu instruis	vous instruisez
il/elle instruit	ils/elles instruisent

IMPERFECT

j'instruisais	nous instruisions
tu instruisais	vous instruisiez
il/elle instruisait	ils/elles instruisaient

PASSÉ SIMPLE

j'instruisis	nous instruisîmes
tu instruisis	vous instruisîtes
il/elle instruisit	ils/elles instruisirent

FUTURE

j'instruirai	nous instruirons
tu instruiras	vous instruirez
il/elle instruira	ils/elles instruiront

CONDITIONAL

j'instruirais	nous instruirions
tu instruirais	vous instruiriez
il/elle instruirait	ils/elles instruiraient

PRESENT SUBJUNCTIVE

que j'instruise	que nous instruisions
que tu instruises	que vous instruisiez
qu'il/elle instruise	qu'ils/elles instruisent

IMPERFECT SUBJUNCTIVE

que j'instruisisse	que nous instruisissions
que tu instruisisses	que vous instruisissiez
qu'il/elle instruisît	qu'ils/elles instruisissent

PASSÉ COMPOSÉ

j'ai instruit	nous avons instruit
tu as instruit	vous avez instruit
il/elle a instruit	ils/elles ont instruit

PLUPERFECT

j'avais instruit	nous avions instruit
tu avais instruit	vous aviez instruit
il/elle avait instruit	ils/elles avaient instruit

PAST ANTERIOR

j'eus instruit	nous eûmes instruit
tu eus instruit	vous eûtes instruit
il/elle eut instruit	ils/elles eurent instruit

FUTURE ANTERIOR

j'aurai instruit	nous aurons instruit
tu auras instruit	vous aurez instruit
il/elle aura instruit	ils/elles auront instruit

PAST CONDITIONAL

j'aurais instruit	nous aurions instruit
tu aurais instruit	vous auriez instruit
il/elle aurait instruit	ils/elles auraient instruit

PAST SUBJUNCTIVE

que j'aie instruit	que nous ayons instruit
que tu aies instruit	que vous ayez instruit
qu'il/elle ait instruit	qu'ils/elles aient instruit

PLUPERFECT SUBJUNCTIVE

que j'eusse instruit	que nous eussions instruit
que tu eusses instruit	que vous eussiez instruit
qu'il/elle eût instruit	qu'ils/elles eussent instruit

COMMANDS

	(nous) instruisons
(tu) instruis	(vous) instruisez

Usage

Beaucoup de parents instruisent leurs enfants à la maison.	*Many parents are educating their children at home.*
Il est instruit par les dures expériences de sa vie.	*He is instructed by the difficult experiences of his life.*
Ce professeur a instruit ses élèves en sciences.	*This teacher instructed his students in science.*
s'instruire	*to educate oneself*
C'est un homme qui s'est instruit tout seul.	*He's a man who taught himself.*

RELATED WORDS

l'instruction *(f)*	*instruction/education*
l'instruction publique	*public education*
C'est un jeune homme sans instruction.	*He's an uneducated young man.*
Lisez les instructions avant de commencer.	*Read the instructions before beginning.*

interdire *to forbid, prohibit*

PRESENT		PASSÉ COMPOSÉ	
j'interdis	nous interdisons	j'ai interdit	nous avons interdit
tu interdis	vous interdisez	tu as interdit	vous avez interdit
il/elle interdit	ils/elles interdisent	il/elle a interdit	ils/elles ont interdit

IMPERFECT		PLUPERFECT	
j'interdisais	nous interdisions	j'avais interdit	nous avions interdit
tu interdisais	vous interdisiez	tu avais interdit	vous aviez interdit
il/elle interdisait	ils/elles interdisaient	il/elle avait interdit	ils/elles avaient interdit

PASSÉ SIMPLE		PAST ANTERIOR	
j'interdis	nous interdîmes	j'eus interdit	nous eûmes interdit
tu interdis	vous interdîtes	tu eus interdit	vous eûtes interdit
il/elle interdit	ils/elles interdirent	il/elle eut interdit	ils/elles eurent interdit

FUTURE		FUTURE ANTERIOR	
j'interdirai	nous interdirons	j'aurai interdit	nous aurons interdit
tu interdiras	vous interdirez	tu auras interdit	vous aurez interdit
il/elle interdira	ils/elles interdiront	il/elle aura interdit	ils/elles auront interdit

CONDITIONAL		PAST CONDITIONAL	
j'interdirais	nous interdirions	j'aurais interdit	nous aurions interdit
tu interdirais	vous interdiriez	tu aurais interdit	vous auriez interdit
il/elle interdirait	ils/elles interdiraient	il/elle aurait interdit	ils/elles auraient interdit

PRESENT SUBJUNCTIVE		PAST SUBJUNCTIVE	
que j'interdise	que nous interdisions	que j'aie interdit	que nous ayons interdit
que tu interdises	que vous interdisiez	que tu aies interdit	que vous ayez interdit
qu'il/elle interdise	qu'ils/elles interdisent	qu'il/elle ait interdit	qu'ils/elles aient interdit

IMPERFECT SUBJUNCTIVE		PLUPERFECT SUBJUNCTIVE	
que j'interdisse	que nous interdissions	que j'eusse interdit	que nous eussions interdit
que tu interdisses	que vous interdissiez	que tu eusses interdit	que vous eussiez interdit
qu'il/elle interdît	qu'ils/elles interdissent	qu'il/elle eût interdit	qu'ils/elles eussent interdit

COMMANDS	
	(nous) interdisons
(tu) interdis	(vous) interdisez

Usage

Entrée interdite	*No entrance* (sign)
C'est interdit.	*It's not allowed.*
Ce n'est pas interdit par la loi.	*It's legal./There's no law against it.*
interdire le tabac à qqn	*to take someone off tobacco/forbid someone to smoke*
La police a interdit la manifestation.	*The police did not allow the demonstration.*
Mon bras cassé m'interdit le travail.	*My broken arm doesn't allow me to work.*
L'entrée est interdite aux voitures.	*Cars cannot enter.*
interdire à qqn de faire qqch	*to forbid someone to do something*
On nous a interdit d'intervenir.	*We have been forbidden to intervene.*
On leur a interdit la faculté.	*They have been forbidden to come to the university.*
Interdit aux moins de treize ans	*Children under thirteen not admitted* (sign)
J'en suis resté interdit.	*It left me speechless.*

regular -*er* reflexive verb;
compound tenses with *être*

**je m'intéresse · je m'intéressai ·
s'étant intéressé · s'intéressant**

PRESENT

je m'intéresse	nous nous intéressons
tu t'intéresses	vous vous intéressez
il/elle s'intéresse	ils/elles s'intéressent

IMPERFECT

je m'intéressais	nous nous intéressions
tu t'intéressais	vous vous intéressiez
il/elle s'intéressait	ils/elles s'intéressaient

PASSÉ SIMPLE

je m'intéressai	nous nous intéressâmes
tu t'intéressas	vous vous intéressâtes
il/elle s'intéressa	ils/elles s'intéressèrent

FUTURE

je m'intéresserai	nous nous intéresserons
tu t'intéresseras	vous vous intéresserez
il/elle s'intéressera	ils/elles s'intéresseront

CONDITIONAL

je m'intéresserais	nous nous intéresserions
tu t'intéresserais	vous vous intéresseriez
il/elle s'intéresserait	ils/elles s'intéresseraient

PRESENT SUBJUNCTIVE

que je m'intéresse	que nous nous intéressions
que tu t'intéresses	que vous vous intéressiez
qu'il/elle s'intéresse	qu'ils/elles s'intéressent

IMPERFECT SUBJUNCTIVE

que je m'intéressasse	que nous nous intéressassions
que tu t'intéressasses	que vous vous intéressassiez
qu'il/elle s'intéressât	qu'ils/elles s'intéressassent

PASSÉ COMPOSÉ

je me suis intéressé(e)	nous nous sommes intéressé(e)s
tu t'es intéressé(e)	vous vous êtes intéressé(e)(s)
il/elle s'est intéressé(e)	ils/elles se sont intéressé(e)s

PLUPERFECT

je m'étais intéressé(e)	nous nous étions intéressé(e)s
tu t'étais intéressé(e)	vous vous étiez intéressé(e)(s)
il/elle s'était intéressé(e)	ils/elles s'étaient intéressé(e)s

PAST ANTERIOR

je me fus intéressé(e)	nous nous fûmes intéressé(e)s
tu te fus intéressé(e)	vous vous fûtes intéressé(e)(s)
il/elle se fut intéressé(e)	ils/elles se furent intéressé(e)s

FUTURE ANTERIOR

je me serai intéressé(e)	nous nous serons intéressé(e)s
tu te seras intéressé(e)	vous vous serez intéressé(e)(s)
il/elle se sera intéressé(e)	ils/elles se seront intéressé(e)s

PAST CONDITIONAL

je me serais intéressé(e)	nous nous serions intéressé(e)s
tu te serais intéressé(e)	vous vous seriez intéressé(e)(s)
il/elle se serait intéressé(e)	ils/elles se seraient intéressé(e)s

PAST SUBJUNCTIVE

que je me sois intéressé(e)	que nous nous soyons intéressé(e)s
que tu te sois intéressé(e)	que vous vous soyez intéressé(e)(s)
qu'il/elle se soit intéressé(e)	qu'ils/elles se soient intéressé(e)s

PLUPERFECT SUBJUNCTIVE

que je me fusse intéressé(e)	que nous nous fussions intéressé(e)s
que tu te fusses intéressé(e)	que vous vous fussiez intéressé(e)(s)
qu'il/elle se fût intéressé(e)	qu'ils/elles se fussent intéressé(e)s

COMMANDS

	(nous) intéressons-nous
(tu) intéresse-toi	(vous) intéressez-vous

Usage

s'intéresser à qqch/à qqn	*to be interested in something/in someone*
Elle s'intéresse à l'histoire de l'Angleterre.	*She's interested in English history.*
Personne ne s'intéresse à nous.	*No one is interested in us.*
Il ne s'intéresse qu'à une seule chose.	*He has a one-track mind.*
Je m'intéresse à tout ce que tu fais.	*I'm interested in everything you do.*

RELATED WORDS

intéresser qqn	*to interest someone*
Ces conférences ne m'intéressent pas.	*These lectures don't interest me.*
intéressant(e)	*interesting*
l'intérêt *(m)*	*interest*
Je n'ai aucun intérêt à rester ici.	*There is no benefit for me to stay here.*
J'ai un intérêt à l'affaire.	*I have a stake in the business.*
Il faut savoir où se trouve son intérêt.	*You have to know which side your bread is buttered on.*

interroger *to interrogate, question*

j'interroge · j'interrogeai · interrogé · interrogeant

regular -*er* verb;
spelling change: *g > ge/a, o*

PRESENT

j'interroge	nous interrogeons
tu interroges	vous interrogez
il/elle interroge	ils/elles interrogent

IMPERFECT

j'interrogeais	nous interrogions
tu interrogeais	vous interrogiez
il/elle interrogeait	ils/elles interrogeaient

PASSÉ SIMPLE

j'interrogeai	nous interrogeâmes
tu interrogeas	vous interrogeâtes
il/elle interrogea	ils/elles interrogèrent

FUTURE

j'interrogerai	nous interrogerons
tu interrogeras	vous interrogerez
il/elle interrogera	ils/elles interrogeront

CONDITIONAL

j'interrogerais	nous interrogerions
tu interrogerais	vous interrogeriez
il/elle interrogerait	ils/elles interrogeraient

PRESENT SUBJUNCTIVE

que j'interroge	que nous interrogions
que tu interroges	que vous interrogiez
qu'il/elle interroge	qu'ils/elles interrogent

IMPERFECT SUBJUNCTIVE

que j'interrogeasse	que nous interrogeassions
que tu interrogeasses	que vous interrogeassiez
qu'il/elle interrogeât	qu'ils/elles interrogeassent

COMMANDS

	(nous) interrogeons
(tu) interroge	(vous) interrogez

PASSÉ COMPOSÉ

j'ai interrogé	nous avons interrogé
tu as interrogé	vous avez interrogé
il/elle a interrogé	ils/elles ont interrogé

PLUPERFECT

j'avais interrogé	nous avions interrogé
tu avais interrogé	vous aviez interrogé
il/elle avait interrogé	ils/elles avaient interrogé

PAST ANTERIOR

j'eus interrogé	nous eûmes interrogé
tu eus interrogé	vous eûtes interrogé
il/elle eut interrogé	ils/elles eurent interrogé

FUTURE ANTERIOR

j'aurai interrogé	nous aurons interrogé
tu auras interrogé	vous aurez interrogé
il/elle aura interrogé	ils/elles auront interrogé

PAST CONDITIONAL

j'aurais interrogé	nous aurions interrogé
tu aurais interrogé	vous auriez interrogé
il/elle aurait interrogé	ils/elles auraient interrogé

PAST SUBJUNCTIVE

que j'aie interrogé	que nous ayons interrogé
que tu aies interrogé	que vous ayez interrogé
qu'il/elle ait interrogé	qu'ils/elles aient interrogé

PLUPERFECT SUBJUNCTIVE

que j'eusse interrogé	que nous eussions interrogé
que tu eusses interrogé	que vous eussiez interrogé
qu'il/elle eût interrogé	qu'ils/elles eussent interrogé

Usage

La police a interrogé le suspect.	*The police questioned the suspect.*
L'examinateur interroge les candidats.	*The examiner questions the people taking the test.*
interroger un étudiant	*to examine a student orally*
C'est un grand scientifique qui interroge les faits.	*He's a great scientist who questions the facts.*
s'interroger sur qqch	*to have doubts about something, wonder about something*
Je m'interroge sur les possibilités de succès.	*I have my doubts about the possibilities for success.*

RELATED WORDS

interrogatif/interrogative	*interrogative*
les adjectifs interrogatifs	*interrogative adjectives*
l'interrogation *(f)*	*questioning*
l'interrogatoire *(m)*	*questioning* (in legal proceedings)
On a soumis le voyou à un interrogatoire serré.	*They grilled the hoodlum/gave him the third degree.*

regular *-re* verb **j'interromps · j'interrompis · interrompu · interrompant**

PRESENT

j'interromps	nous interrompons
tu interromps	vous interrompez
il/elle interrompt	ils/elles interrompent

IMPERFECT

j'interrompais	nous interrompions
tu interrompais	vous interrompiez
il/elle interrompait	ils/elles interrompaient

PASSÉ SIMPLE

j'interrompis	nous interrompîmes
tu interrompis	vous interrompîtes
il/elle interrompit	ils/elles interrompirent

FUTURE

j'interromprai	nous interromprons
tu interrompras	vous interromprez
il/elle interrompra	ils/elles interrompront

CONDITIONAL

j'interromprais	nous interromprions
tu interromprais	vous interrompriez
il/elle interromprait	ils/elles interrompraient

PRESENT SUBJUNCTIVE

que j'interrompe	que nous interrompions
que tu interrompes	que vous interrompiez
qu'il/elle interrompe	qu'ils/elles interrompent

IMPERFECT SUBJUNCTIVE

que j'interrompisse	que nous interrompissions
que tu interrompisses	que vous interrompissiez
qu'il/elle interrompît	qu'ils/elles interrompissent

PASSÉ COMPOSÉ

j'ai interrompu	nous avons interrompu
tu as interrompu	vous avez interrompu
il/elle a interrompu	ils/elles ont interrompu

PLUPERFECT

j'avais interrompu	nous avions interrompu
tu avais interrompu	vous aviez interrompu
il/elle avait interrompu	ils/elles avaient interrompu

PAST ANTERIOR

j'eus interrompu	nous eûmes interrompu
tu eus interrompu	vous eûtes interrompu
il/elle eut interrompu	ils/elles eurent interrompu

FUTURE ANTERIOR

j'aurai interrompu	nous aurons interrompu
tu auras interrompu	vous aurez interrompu
il/elle aura interrompu	ils/elles auront interrompu

PAST CONDITIONAL

j'aurais interrompu	nous aurions interrompu
tu aurais interrompu	vous auriez interrompu
il/elle aurait interrompu	ils/elles auraient interrompu

PAST SUBJUNCTIVE

que j'aie interrompu	que nous ayons interrompu
que tu aies interrompu	que vous ayez interrompu
qu'il/elle ait interrompu	qu'ils/elles aient interrompu

PLUPERFECT SUBJUNCTIVE

que j'eusse interrompu	que nous eussions interrompu
que tu eusses interrompu	que vous eussiez interrompu
qu'il/elle eût interrompu	qu'ils/elles eussent interrompu

COMMANDS

	(nous) interrompons
(tu) interromps	(vous) interrompez

Usage

Tu ne dois pas interrompre les gens tout le temps.	*You shouldn't keep interrupting people.*
Il a dû interrompre ses études à l'étranger.	*He had to interrupt his studies abroad.*
Ils ont interrompu le concert.	*They interrupted the concert.*
Pardonnez-moi de vous avoir interrompu dans votre travail.	*Forgive me for interrupting your work.*
Je déteste la circulation sans cesse interrompue.	*I hate stop-and-go traffic.*

RELATED WORDS

l'interruption *(f)*	*interruption*
une interruption de courant	*a power failure*
une interruption d'un mois	*a month's break*
Ils ont dansé deux heures sans interruption.	*They danced for two hours straight.*
l'interrupteur *(m)*	*electric switch*

introduire   *to introduce, insert*

j'introduis · j'introduisis · introduit · introduisant

PRESENT

j'introduis	nous introduisons
tu introduis	vous introduisez
il/elle introduit	ils/elles introduisent

IMPERFECT

j'introduisais	nous introduisions
tu introduisais	vous introduisiez
il/elle introduisait	ils/elles introduisaient

PASSÉ SIMPLE

j'introduisis	nous introduisîmes
tu introduisis	vous introduisîtes
il/elle introduisit	ils/elles introduisirent

FUTURE

j'introduirai	nous introduirons
tu introduiras	vous introduirez
il/elle introduira	ils/elles introduiront

CONDITIONAL

j'introduirais	nous introduirions
tu introduirais	vous introduiriez
il/elle introduirait	ils/elles introduiraient

PRESENT SUBJUNCTIVE

que j'introduise	que nous introduisions
que tu introduises	que vous introduisiez
qu'il/elle introduise	qu'ils/elles introduisent

IMPERFECT SUBJUNCTIVE

que j'introduisisse	que nous introduisissions
que tu introduisisses	que vous introduisissiez
qu'il/elle introduisît	qu'ils/elles introduisissent

PASSÉ COMPOSÉ

j'ai introduit	nous avons introduit
tu as introduit	vous avez introduit
il/elle a introduit	ils/elles ont introduit

PLUPERFECT

j'avais introduit	nous avions introduit
tu avais introduit	vous aviez introduit
il/elle avait introduit	ils/elles avaient introduit

PAST ANTERIOR

j'eus introduit	nous eûmes introduit
tu eus introduit	vous eûtes introduit
il/elle eut introduit	ils/elles eurent introduit

FUTURE ANTERIOR

j'aurai introduit	nous aurons introduit
tu auras introduit	vous aurez introduit
il/elle aura introduit	ils/elles auront introduit

PAST CONDITIONAL

j'aurais introduit	nous aurions introduit
tu aurais introduit	vous auriez introduit
il/elle aurait introduit	ils/elles auraient introduit

PAST SUBJUNCTIVE

que j'aie introduit	que nous ayons introduit
que tu aies introduit	que vous ayez introduit
qu'il/elle ait introduit	qu'ils/elles aient introduit

PLUPERFECT SUBJUNCTIVE

que j'eusse introduit	que nous eussions introduit
que tu eusses introduit	que vous eussiez introduit
qu'il/elle eût introduit	qu'ils/elles eussent introduit

COMMANDS

	(nous) introduisons
(tu) introduis	(vous) introduisez

Usage

Il faut introduire un jeton.	*You have to insert a token.*
On m'a introduit dans le bureau du chef.	*I was ushered into the boss's office.*
introduire de nouvelles idées	*to introduce new ideas*
s'introduire	*to work one's way into*
Il s'est introduit dans la réception.	*He crashed the party.*
Je n'aime pas ta façon de t'introduire dans mes conversations.	*I don't like the way you horn in on my conversations.*
s'introduire dans un endroit par effraction	*to break into a place*

RELATED WORDS

l'introduction *(f)*	*inserting/introduction*
L'introduction au livre est très utile.	*The introduction to the book is very useful.*
Il y a deux chapitres d'introduction.	*There are two introductory chapters.*

regular -*er* verb

PRESENT

j'invite	nous invitons
tu invites	vous invitez
il/elle invite	ils/elles invitent

IMPERFECT

j'invitais	nous invitions
tu invitais	vous invitiez
il/elle invitait	ils/elles invitaient

PASSÉ SIMPLE

j'invitai	nous invitâmes
tu invitas	vous invitâtes
il/elle invita	ils/elles invitèrent

FUTURE

j'inviterai	nous inviterons
tu inviteras	vous inviterez
il/elle invitera	ils/elles inviteront

CONDITIONAL

j'inviterais	nous inviterions
tu inviterais	vous inviteriez
il/elle inviterait	ils/elles inviteraient

PRESENT SUBJUNCTIVE

que j'invite	que nous invitions
que tu invites	que vous invitiez
qu'il/elle invite	qu'ils/elles invitent

IMPERFECT SUBJUNCTIVE

que j'invitasse	que nous invitassions
que tu invitasses	que vous invitassiez
qu'il/elle invitât	qu'ils/elles invitassent

COMMANDS

	(nous) invitons
(tu) invite	(vous) invitez

PASSÉ COMPOSÉ

j'ai invité	nous avons invité
tu as invité	vous avez invité
il/elle a invité	ils/elles ont invité

PLUPERFECT

j'avais invité	nous avions invité
tu avais invité	vous aviez invité
il/elle avait invité	ils/elles avaient invité

PAST ANTERIOR

j'eus invité	nous eûmes invité
tu eus invité	vous eûtes invité
il/elle eut invité	ils/elles eurent invité

FUTURE ANTERIOR

j'aurai invité	nous aurons invité
tu auras invité	vous aurez invité
il/elle aura invité	ils/elles auront invité

PAST CONDITIONAL

j'aurais invité	nous aurions invité
tu aurais invité	vous auriez invité
il/elle aurait invité	ils/elles auraient invité

PAST SUBJUNCTIVE

que j'aie invité	que nous ayons invité
que tu aies invité	que vous ayez invité
qu'il/elle ait invité	qu'ils/elles aient invité

PLUPERFECT SUBJUNCTIVE

que j'eusse invité	que nous eussions invité
que tu eusses invité	que vous eussiez invité
qu'il/elle eût invité	qu'ils/elles eussent invité

Usage

Viens, on va prendre un verre. Je t'invite.	*Come, let's have a drink. My treat.*
Mes parents invitent souvent.	*My parents have a lot of company.*
Je t'invite chez moi.	*I'm inviting you over (to my house, apartment, etc.).*
inviter qqn à faire qqch	*to invite someone to do something*
Il a invité ma cousine à sortir.	*He asked my cousin out.*
Elle ne m'a pas invité à entrer.	*She didn't ask me in.*
Il est venue au dîner sans y être invité.	*He crashed the dinner.*

RELATED WORD

l'invitation (*f*)	*invitation*
accepter/décliner une invitation	*to accept/turn down an invitation*
sur invitation	*by invitation only*
Il a reçu une invitation.	*He received an invitation.*

jeter qqch à qqn

J'ai jeté la balle à l'enfant.	*I threw the ball to the child.*
Elle m'a jeté les fleurs au nez.	*She threw the flowers in my face.*
Je leur ai jeté au nez leurs quatre vérités.	*I told them off.*
jeter la poudre aux yeux de qqn	*to pull the wool over someone's eyes*
Il a essayé de nous jeter la poudre aux yeux.	*He tried to pull the wool over our eyes.*
Le président a jeté une remarque mystérieuse aux journalistes.	*The president tossed out a mysterious remark to the press.*
jeter l'argent par les fenêtres	*to waste money*
jeter un coup d'œil sur qqch	*to glance at something/have a look at something*
—Tu as vu le compte-rendu?	*Did you see the report?*
—Oui, j'y ai jeté un coup d'œil.	*Yes, I glanced at it.*
jeter un œil sur	*to keep an eye on*
Tu peux descendre. Je jetterai un œil sur les enfants.	*You can go out. I'll keep an eye on the children.*
jeter un voile sur	*to gloss over*
Ces fautes sont graves. Vous ne pourrez pas y jeter un voile.	*Those mistakes are serious. You won't be able to gloss over them.*

jeter pour les rapports humains

jeter feu et flamme	*to be raging mad*
Après l'avoir écouté, elle jetait feu et flamme.	*After listening to him, she was fuming.*
jeter feu et flamme contre qqn	*to rake someone over the coals*
Il a jeté feu et flamme contre ses adversaires.	*He raked his opponents over the coals.*
jeter de l'huile sur le feu	*to fan the flames/exacerbate tensions or anger*
Dans ce cas il ne faut pas jeter de l'huile sur le feu.	*In this case one mustn't fan the flames.*
Son fils passe l'année à jeter sa gourme.	*Her son is spending the year sowing his wild oats.*

se jeter

Il s'est jeté à corps perdu dans notre effort.	*He jumped wholeheartedly into our effort.*
Elle se jette tête baissée dans les conversations des autres.	*She dives into other people's conversations without thinking.*
Il s'est jeté du toit du bâtiment.	*He jumped off the roof of the building.*
Elle s'est jetée dans la foule et a disparu.	*She plunged into the crowd and disappeared.*

Expressions and Idioms

N'en jette plus!	*Cool it!/Cut it out!/Can it!*
jeter un pont au-dessus de la rivière	*to build a bridge over the river*
jeter le bébé avec l'eau du bain	*to throw the baby out with the bathwater*

TOP 50 VERBS

regular *-er* verb; spelling change: *t > tt*/mute *e*

je jette · je jetai · jeté · jetant

PRESENT		PASSÉ COMPOSÉ	
je jette	nous jetons	j'ai jeté	nous avons jeté
tu jettes	vous jetez	tu as jeté	vous avez jeté
il/elle jette	ils/elles jettent	il/elle a jeté	ils/elles ont jeté

IMPERFECT		PLUPERFECT	
je jetais	nous jetions	j'avais jeté	nous avions jeté
tu jetais	vous jetiez	tu avais jeté	vous aviez jeté
il/elle jetait	ils/elles jetaient	il/elle avait jeté	ils/elles avaient jeté

PASSÉ SIMPLE		PAST ANTERIOR	
je jetai	nous jetâmes	j'eus jeté	nous eûmes jeté
tu jetas	vous jetâtes	tu eus jeté	vous eûtes jeté
il/elle jeta	ils/elles jetèrent	il/elle eut jeté	ils/elles eurent jeté

FUTURE		FUTURE ANTERIOR	
je jetterai	nous jetterons	j'aurai jeté	nous aurons jeté
tu jetteras	vous jetterez	tu auras jeté	vous aurez jeté
il/elle jettera	ils/elles jetteront	il/elle aura jeté	ils/elles auront jeté

CONDITIONAL		PAST CONDITIONAL	
je jetterais	nous jetterions	j'aurais jeté	nous aurions jeté
tu jetterais	vous jetteriez	tu aurais jeté	vous auriez jeté
il/elle jetterait	ils/elles jetteraient	il/elle aurait jeté	ils/elles auraient jeté

PRESENT SUBJUNCTIVE		PAST SUBJUNCTIVE	
que je jette	que nous jetions	que j'aie jeté	que nous ayons jeté
que tu jettes	que vous jetiez	que tu aies jeté	que vous ayez jeté
qu'il/elle jette	qu'ils/elles jettent	qu'il/elle ait jeté	qu'ils/elles aient jeté

IMPERFECT SUBJUNCTIVE		PLUPERFECT SUBJUNCTIVE	
que je jetasse	que nous jetassions	que j'eusse jeté	que nous eussions jeté
que tu jetasses	que vous jetassiez	que tu eusses jeté	que vous eussiez jeté
qu'il/elle jetât	qu'ils/elles jetassent	qu'il/elle eût jeté	qu'ils/elles eussent jeté

COMMANDS	
	(nous) jetons
(tu) jette	(vous) jetez

Usage

jeter une balle	*to throw a ball*
jeter une balle par-dessus le filet	*to throw the ball over the net*
jeter les papiers en l'air	*to throw the papers up in the air*
Le bébé a jeté sa cuillère par terre.	*The baby threw his spoon on the ground.*
Ne jetez rien par terre.	*Don't litter./Don't throw anything on the ground.*
jeter qqn à la porte	*to fire someone*
Le patron a jeté tous les employés à la porte.	*The boss fired all the employees.*
jeter qqn en prison	*to throw someone in jail*
Les agents l'ont jeté en prison.	*The policemen threw him into jail.*
jeter les papiers	*to throw out the papers*
jeter qqch au panier/à la corbeille	*to throw something into the wastebasket*
jeter qqn à l'eau	*to throw someone into the water*
jeter qqn à la mer	*to throw someone overboard*

joindre *to join*

je joins · je joignis · joint · joignant

irregular verb

PRESENT

je joins	nous joignons
tu joins	vous joignez
il/elle joint	ils/elles joignent

IMPERFECT

je joignais	nous joignions
tu joignais	vous joigniez
il/elle joignait	ils/elles joignaient

PASSÉ SIMPLE

je joignis	nous joignîmes
tu joignis	vous joignîtes
il/elle joignit	ils/elles joignirent

FUTURE

je joindrai	nous joindrons
tu joindras	vous joindrez
il/elle joindra	ils/elles joindront

CONDITIONAL

je joindrais	nous joindrions
tu joindrais	vous joindriez
il/elle joindrait	ils/elles joindraient

PRESENT SUBJUNCTIVE

que je joigne	que nous joignions
que tu joignes	que vous joigniez
qu'il/elle joigne	qu'ils/elles joignent

IMPERFECT SUBJUNCTIVE

que je joignisse	que nous joignissions
que tu joignisses	que vous joignissiez
qu'il/elle joignît	qu'ils/elles joignissent

COMMANDS

	(nous) joignons
(tu) joins	(vous) joignez

PASSÉ COMPOSÉ

j'ai joint	nous avons joint
tu as joint	vous avez joint
il/elle a joint	ils/elles ont joint

PLUPERFECT

j'avais joint	nous avions joint
tu avais joint	vous aviez joint
il/elle avait joint	ils/elles avaient joint

PAST ANTERIOR

j'eus joint	nous eûmes joint
tu eus joint	vous eûtes joint
il/elle eut joint	ils/elles eurent joint

FUTURE ANTERIOR

j'aurai joint	nous aurons joint
tu auras joint	vous aurez joint
il/elle aura joint	ils/elles auront joint

PAST CONDITIONAL

j'aurais joint	nous aurions joint
tu aurais joint	vous auriez joint
il/elle aurait joint	ils/elles auraient joint

PAST SUBJUNCTIVE

que j'aie joint	que nous ayons joint
que tu aies joint	que vous ayez joint
qu'il/elle ait joint	qu'ils/elles aient joint

PLUPERFECT SUBJUNCTIVE

que j'eusse joint	que nous eussions joint
que tu eusses joint	que vous eussiez joint
qu'il/elle eût joint	qu'ils/elles eussent joint

Usage

Je vais joindre ces deux ficelles.	*I'm going to tie these two strings together.*
joindre les deux bouts	*to make ends meet*
Je ne gagne pas assez. Je n'arrive pas à joindre les deux bouts.	*I don't earn enough. I can't make ends meet.*
J'ai joint une liste de mes articles à mon dossier.	*I added a list of my articles to my file.*
—Je pourrai vous joindre par téléphone au bureau?	*Will I be able to get in touch with you by phone at the office?*
—Non, je ne serai pas là. Essayez de me joindre par courrier électronique.	*No. I won't be there. Try to get in touch with me by e-mail.*

se joindre à

Il s'est joint à la discussion.	*He joined in the discussion.*
Je peux me joindre à vous?	*May I come along with you?*
Il veut se joindre à nous pour l'achat du vin.	*He wants to chip in with us for the purchase of the wine.*

regular *-er* verb

je joue · je jouai · joué · jouant

PRESENT

je joue	nous jouons
tu joues	vous jouez
il/elle joue	ils/elles jouent

IMPERFECT

je jouais	nous jouions
tu jouais	vous jouiez
il/elle jouait	ils/elles jouaient

PASSÉ SIMPLE

je jouai	nous jouâmes
tu jouas	vous jouâtes
il/elle joua	ils/elles jouèrent

FUTURE

je jouerai	nous jouerons
tu joueras	vous jouerez
il/elle jouera	ils/elles joueront

CONDITIONAL

je jouerais	nous jouerions
tu jouerais	vous joueriez
il/elle jouerait	ils/elles joueraient

PRESENT SUBJUNCTIVE

que je joue	que nous jouions
que tu joues	que vous jouiez
qu'il/elle joue	qu'ils/elles jouent

IMPERFECT SUBJUNCTIVE

que je jouasse	que nous jouassions
que tu jouasses	que vous jouassiez
qu'il/elle jouât	qu'ils/elles jouassent

PASSÉ COMPOSÉ

j'ai joué	nous avons joué
tu as joué	vous avez joué
il/elle a joué	ils/elles ont joué

PLUPERFECT

j'avais joué	nous avions joué
tu avais joué	vous aviez joué
il/elle avait joué	ils/elles avaient joué

PAST ANTERIOR

j'eus joué	nous eûmes joué
tu eus joué	vous eûtes joué
il/elle eut joué	ils/elles eurent joué

FUTURE ANTERIOR

j'aurai joué	nous aurons joué
tu auras joué	vous aurez joué
il/elle aura joué	ils/elles auront joué

PAST CONDITIONAL

j'aurais joué	nous aurions joué
tu aurais joué	vous auriez joué
il/elle aurait joué	ils/elles auraient joué

PAST SUBJUNCTIVE

que j'aie joué	que nous ayons joué
que tu aies joué	que vous ayez joué
qu'il/elle ait joué	qu'ils/elles aient joué

PLUPERFECT SUBJUNCTIVE

que j'eusse joué	que nous eussions joué
que tu eusses joué	que vous eussiez joué
qu'il/elle eût joué	qu'ils/elles eussent joué

COMMANDS

	(nous) jouons
(tu) joue	(vous) jouez

Usage

Tu ne joues plus?	*Aren't you playing anymore?*
Elle joue avec moi comme un chat joue avec une souris.	*She's playing cat and mouse with me.*
Il ne faut pas jouer avec sa santé.	*People shouldn't fool around with their health.*
Je joue dans une pièce.	*I'm acting in a play.*
—Les enfants jouent ensemble?	*Are the children playing together?*
—Oui, ils jouent dans le jardin.	*Yes, they're playing in the garden.*
—Elle dit qu'elle est malade.	*She say's she's sick.*
—Elle joue.	*She's acting.*

RELATED WORDS

le jeu (*pl*: les jeux)	*game/gambling*
le jeu vidéo (*pl*: les jeux vidéo)	*video game*
le joueur/la joueuse	*player/gambler*

TOP 50 VERB ☞

Les enfants jouent (*jouer à*)

jouer au ballon/à la balle	*to play ball*
jouer aux (petits) soldats	*to play toy soldiers*
jouer à la guerre	*to play war*
jouer à la poupée	*to play with dolls*
jouer au marchand	*to play shopkeeper/store*
jouer au docteur	*to play doctor*
jouer aux billes	*to play marbles*

Les jeux et les sports (*jouer à*)

jouer au football	*to play soccer*
jouer au basket-ball/au rugby	*to play basketball/rugby*
jouer au base-ball/au volley-ball	*to play baseball/volleyball*
jouer aux dames	*to play checkers*
jouer aux échecs	*to play chess*
jouer aux boules	*to play French bowling*
jouer aux cartes	*to play cards*

La musique (*jouer [de]*)

jouer d'un instrument	*to play an instrument*
jouer du piano/du violon/de la flûte	*to play the piano/the violin/the flute*
jouer de l'alto/du tambour/de la clarinette	*to play the viola/the drum/the clarinet*
—Le violoniste a bien joué hier soir?	*Did the violinist play well last night?*
—Non, il a mal joué. Il a joué faux.	*No, he played badly. He played off-key.*

jouer = jouer un rôle

—Qu'est-ce qui a joué dans ta décision?	*What played a role in your decision?*
—Les prix ont joué un très grand rôle.	*Prices played a very big role.*
Dans ce concours, la nationalité joue peu.	*Nationality plays a small role in this competition.*
Il a fait jouer l'influence de ses amis pour obtenir ce poste.	*He made use of the influence of his friends to get that position.*

Expressions

jouer un coup difficile	*to make a hard play* (sports)
jouer un mauvais tour à qqn	*to play a dirty trick on someone*
ne pas jouer franc jeu	*to not play fair*
—À quel jeu jouez-vous?	*What game are you playing?*
—Je ne joue pas.	*I'm not playing.*
jouer au casino	*to gamble*
Je ne joue pas d'argent.	*I don't play for money.*
Il a joué de grosses sommes d'argent.	*He gambled huge sums of money.*
—Qu'est-ce qu'on joue au théâtre en ce moment?	*What's playing at the theater now?*
—On joue Shakespeare en anglais.	*They're putting on Shakespeare in English.*
se jouer de	*to ignore/disregard*
Tu te joues de mes sentiments.	*You're toying with my feelings.*

TOP 50 VERBS

regular -*er* verb; spelling change: *g* > *ge/a, o*   **je juge · je jugeai · jugé · jugeant**

PRESENT

je juge	nous jugeons
tu juges	vous jugez
il/elle juge	ils/elles jugent

IMPERFECT

je jugeais	nous jugions
tu jugeais	vous jugiez
il/elle jugeait	ils/elles jugeaient

PASSÉ SIMPLE

je jugeai	nous jugeâmes
tu jugeas	vous jugeâtes
il/elle jugea	ils/elles jugèrent

FUTURE

je jugerai	nous jugerons
tu jugeras	vous jugerez
il/elle jugera	ils/elles jugeront

CONDITIONAL

je jugerais	nous jugerions
tu jugerais	vous jugeriez
il/elle jugerait	ils/elles jugeraient

PRESENT SUBJUNCTIVE

que je juge	que nous jugions
que tu juges	que vous jugiez
qu'il/elle juge	qu'ils/elles jugent

IMPERFECT SUBJUNCTIVE

que je jugeasse	que nous jugeassions
que tu jugeasses	que vous jugeassiez
qu'il/elle jugeât	qu'ils/elles jugeassent

PASSÉ COMPOSÉ

j'ai jugé	nous avons jugé
tu as jugé	vous avez jugé
il/elle a jugé	ils/elles ont jugé

PLUPERFECT

j'avais jugé	nous avions jugé
tu avais jugé	vous aviez jugé
il/elle avait jugé	ils/elles avaient jugé

PAST ANTERIOR

j'eus jugé	nous eûmes jugé
tu eus jugé	vous eûtes jugé
il/elle eut jugé	ils/elles eurent jugé

FUTURE ANTERIOR

j'aurai jugé	nous aurons jugé
tu auras jugé	vous aurez jugé
il/elle aura jugé	ils/elles auront jugé

PAST CONDITIONAL

j'aurais jugé	nous aurions jugé
tu aurais jugé	vous auriez jugé
il/elle aurait jugé	ils/elles auraient jugé

PAST SUBJUNCTIVE

que j'aie jugé	que nous ayons jugé
que tu aies jugé	que vous ayez jugé
qu'il/elle ait jugé	qu'ils/elles aient jugé

PLUPERFECT SUBJUNCTIVE

que j'eusse jugé	que nous eussions jugé
que tu eusses jugé	que vous eussiez jugé
qu'il/elle eût jugé	qu'ils/elles eussent jugé

COMMANDS

	(nous) jugeons
(tu) juge	(vous) jugez

Usage

—Qu'est-ce qu'on doit faire?	*What should we do?*
—C'est à vous de juger.	*You should decide.*
Le public va juger ce film.	*The public will judge this film.*
Le jury jugera ce malfaiteur.	*The jury will judge this evildoer.*
À juger par ces hors-d'œuvre, on ne va pas bien manger.	*Judging by these hors d'œuvres, we're not going to eat very well.*
Si j'en juge par ce rapport, tout est perdu.	*If I judge things by this report, all is lost.*

RELATED WORDS

le juge	*judge*
le juge d'instruction	*examining magistrate*
les juges du concours	*the judges of the competition*
le jugement	*judgment*
Le tribunal a rendu un jugement.	*The court handed down its judgment.*
avoir du jugement	*to have good judgment*
C'est une erreur de jugement.	*It's an error in judgment.*

jurer *to swear*

je jure · je jurai · juré · jurant

regular *-er* verb

PRESENT

je jure	nous jurons
tu jures	vous jurez
il/elle jure	ils/elles jurent

IMPERFECT

je jurais	nous jurions
tu jurais	vous juriez
il/elle jurait	ils/elles juraient

PASSÉ SIMPLE

je jurai	nous jurâmes
tu juras	vous jurâtes
il/elle jura	ils/elles jurèrent

FUTURE

je jurerai	nous jurerons
tu jureras	vous jurerez
il/elle jurera	ils/elles jureront

CONDITIONAL

je jurerais	nous jurerions
tu jurerais	vous jureriez
il/elle jurerait	ils/elles jureraient

PRESENT SUBJUNCTIVE

que je jure	que nous jurions
que tu jures	que vous juriez
qu'il/elle jure	qu'ils/elles jurent

IMPERFECT SUBJUNCTIVE

que je jurasse	que nous jurassions
que tu jurasses	que vous jurassiez
qu'il/elle jurât	qu'ils/elles jurassent

COMMANDS

	(nous) jurons
(tu) jure	(vous) jurez

PASSÉ COMPOSÉ

j'ai juré	nous avons juré
tu as juré	vous avez juré
il/elle a juré	ils/elles ont juré

PLUPERFECT

j'avais juré	nous avions juré
tu avais juré	vous aviez juré
il/elle avait juré	ils/elles avaient juré

PAST ANTERIOR

j'eus juré	nous eûmes juré
tu eus juré	vous eûtes juré
il/elle eut juré	ils/elles eurent juré

FUTURE ANTERIOR

j'aurai juré	nous aurons juré
tu auras juré	vous aurez juré
il/elle aura juré	ils/elles auront juré

PAST CONDITIONAL

j'aurais juré	nous aurions juré
tu aurais juré	vous auriez juré
il/elle aurait juré	ils/elles auraient juré

PAST SUBJUNCTIVE

que j'aie juré	que nous ayons juré
que tu aies juré	que vous ayez juré
qu'il/elle ait juré	qu'ils/elles aient juré

PLUPERFECT SUBJUNCTIVE

que j'eusse juré	que nous eussions juré
que tu eusses juré	que vous eussiez juré
qu'il/elle eût juré	qu'ils/elles eussent juré

Usage

jurer sa fidélité	*to pledge one's loyalty*
jurer à qqn de faire qqch	*to swear to someone that you'll do something*
Il nous a juré de ne rien en savoir.	*He swore to us that he knew nothing about it.*
Son mari lui a juré de ne plus jouer au casino.	*Her husband swore to her that he wouldn't gamble anymore.*
Il est culotté, je vous jure!	*My gosh, he's got a lot of nerve!*
jurer comme un charretier	*to swear like a trooper*
Ces deux couleurs jurent.	*These two colors clash.*
—Dites « je le jure »?	*Do you swear?*
—Je le jure.	*I swear.*

RELATED WORD

le juron	*oath/swear word*
Ses jurons font rougir.	*His swear words make you blush.*

regular -er verb

PRESENT

je lâche	nous lâchons
tu lâches	vous lâchez
il/elle lâche	ils/elles lâchent

IMPERFECT

je lâchais	nous lâchions
tu lâchais	vous lâchiez
il/elle lâchait	ils/elles lâchaient

PASSÉ SIMPLE

je lâchai	nous lâchâmes
tu lâchas	vous lâchâtes
il/elle lâcha	ils/elles lâchèrent

FUTURE

je lâcherai	nous lâcherons
tu lâcheras	vous lâcherez
il/elle lâchera	ils/elles lâcheront

CONDITIONAL

je lâcherais	nous lâcherions
tu lâcherais	vous lâcheriez
il/elle lâcherait	ils/elles lâcheraient

PRESENT SUBJUNCTIVE

que je lâche	que nous lâchions
que tu lâches	que vous lâchiez
qu'il/elle lâche	qu'ils/elles lâchent

IMPERFECT SUBJUNCTIVE

que je lâchasse	que nous lâchassions
que tu lâchasses	que vous lâchassiez
qu'il/elle lâchât	qu'ils/elles lâchassent

COMMANDS

	(nous) lâchons
(tu) lâche	(vous) lâchez

PASSÉ COMPOSÉ

j'ai lâché	nous avons lâché
tu as lâché	vous avez lâché
il/elle a lâché	ils/elles ont lâché

PLUPERFECT

j'avais lâché	nous avions lâché
tu avais lâché	vous aviez lâché
il/elle avait lâché	ils/elles avaient lâché

PAST ANTERIOR

j'eus lâché	nous eûmes lâché
tu eus lâché	vous eûtes lâché
il/elle eut lâché	ils/elles eurent lâché

FUTURE ANTERIOR

j'aurai lâché	nous aurons lâché
tu auras lâché	vous aurez lâché
il/elle aura lâché	ils/elles auront lâché

PAST CONDITIONAL

j'aurais lâché	nous aurions lâché
tu aurais lâché	vous auriez lâché
il/elle aurait lâché	ils/elles auraient lâché

PAST SUBJUNCTIVE

que j'aie lâché	que nous ayons lâché
que tu aies lâché	que vous ayez lâché
qu'il/elle ait lâché	qu'ils/elles aient lâché

PLUPERFECT SUBJUNCTIVE

que j'eusse lâché	que nous eussions lâché
que tu eusses lâché	que vous eussiez lâché
qu'il/elle eût lâché	qu'ils/elles eussent lâché

Usage

Elle lâcha sa serviette.	_She let go of her briefcase._
Il a lâché sa main.	_He let go of her hand._
Lâchez-moi!	_Let go of me!_
lâcher le morceau/le paquet	_to spill the beans_
Lâche le morceau! Nous savons que tu sais tout.	_Out with it! We know you know everything._
Tu crois qu'il finira par lâcher le paquet?	_Do you think he'll wind up spilling the beans?_
Nos amis commencent à nous lâcher.	_Our friends are growing distant._
Il ne la lâche pas d'une semelle.	_He is hounding her._
Il ne la lâche pas des yeux.	_He keeps staring at her._
Le chat a lâché sa proie.	_The cat let go of its prey._
Il est interdit de lâcher les chiens dans ce parc.	_It's not allowed to let dogs off their leash in this park._

laisser + infinitif

Elle a laissé voir son émotion.	*She let her emotion be seen.*
Elle a trébuché et a laissé tomber ses paquets.	*She stumbled and dropped her packages.*
—Il faut que je lui dise son fait.	*I've got to tell him off.*
—Laisse tomber.	*Forget about it.*

laisser qqn faire qqch

J'ai laissé les enfants manger dehors.	*I let the children eat outside.*
Vous me laisserez parler?	*Will you let me speak?*
Laissez venir à moi les petits enfants.	*Suffer the little children to come unto me.* (Bible)
Il sait ce qu'il fait. Laissez-le agir.	*He knows what he is doing. Let him act.*
Laisse-moi t'aider.	*Let me help you.*
Lâche le papillon! Laisse-le s'envoler.	*Let go of the butterfly! Let it fly away.*
Laisse-moi t'accompagner, papa!	*Let me go with you, Daddy!*
Laisse-moi dormir. Je suis crevé.	*Let me sleep. I'm exhausted.*
Ne faites pas tant de bruit! Laissez-moi travailler!	*Don't make so much noise! Let me study!*

laisser qqch

Tu as laissé des fautes dans ta copie.	*You left mistakes in your composition.*
La mère a laissé le plus beau morceau à son enfant.	*The mother left the best piece for her child.*
Beaucoup de soldats ont laissé la vie dans cette bataille.	*Many soldiers lost their lives in that battle.*
On peut laisser nos valises à la consigne.	*We can leave our suitcases at the baggage check.*
Je vous laisse ce vélo à cent euros.	*I'll let you have this bicycle for 100 euros.*
J'ai laissé ma clé à la réception.	*I left my key at the hotel desk.*

se laisser

Je me suis laissé convaincre.	*I let myself be convinced.*
Il ne se laisse pas faire, ce type-là.	*That guy sure doesn't let himself get pushed around.*

Expressions

Ça se laisse manger!	*This doesn't taste half bad!*
Ce plan laisse à désirer.	*This plan leaves something to be desired.*
Ils essaient de vous laisser à l'écart.	*They're trying to exclude you.*
Ce ministre se laissait acheter.	*That government minister was on the take.*
Laissez-moi tranquille!	*Leave me alone!*
Les nouvelles données laissent beaucoup à penser.	*The new data give us a lot to think about.*
Laissez-moi vous faire une douce violence.	*Let me twist your arm a little.*
Le cambrioleur a disparu sans laisser de traces.	*The burglar disappeared without a trace.*
—Il l'a laissée en plan, n'est-ce pas?	*He left her in the lurch, didn't he?*
—Oui. Elle en a été assez bouleversée, mais ne l'a pas laissé voir.	*Yes. She was quite upset by it, but she didn't let on.*
C'était à prendre ou à laisser.	*It was a case of take it or leave it.*
Ce groupe de rock laisse tout le monde derrière lui par son talent.	*This rock group outshines everyone in talent.*

TOP 50 VERBS

regular -*er* verb

je laisse · je laissai · laissé · laissant

PRESENT

je laisse	nous laissons
tu laisses	vous laissez
il/elle laisse	ils/elles laissent

IMPERFECT

je laissais	nous laissions
tu laissais	vous laissiez
il/elle laissait	ils/elles laissaient

PASSÉ SIMPLE

je laissai	nous laissâmes
tu laissas	vous laissâtes
il/elle laissa	ils/elles laissèrent

FUTURE

je laisserai	nous laisserons
tu laisseras	vous laisserez
il/elle laissera	ils/elles laisseront

CONDITIONAL

je laisserais	nous laisserions
tu laisserais	vous laisseriez
il/elle laisserait	ils/elles laisseraient

PRESENT SUBJUNCTIVE

que je laisse	que nous laissions
que tu laisses	que vous laissiez
qu'il/elle laisse	qu'ils/elles laissent

IMPERFECT SUBJUNCTIVE

que je laissasse	que nous laissassions
que tu laissasses	que vous laissassiez
qu'il/elle laissât	qu'ils/elles laissassent

COMMANDS

	(nous) laissons
(tu) laisse	(vous) laissez

PASSÉ COMPOSÉ

j'ai laissé	nous avons laissé
tu as laissé	vous avez laissé
il/elle a laissé	ils/elles ont laissé

PLUPERFECT

j'avais laissé	nous avions laissé
tu avais laissé	vous aviez laissé
il/elle avait laissé	ils/elles avaient laissé

PAST ANTERIOR

j'eus laissé	nous eûmes laissé
tu eus laissé	vous eûtes laissé
il/elle eut laissé	ils/elles eurent laissé

FUTURE ANTERIOR

j'aurai laissé	nous aurons laissé
tu auras laissé	vous aurez laissé
il/elle aura laissé	ils/elles auront laissé

PAST CONDITIONAL

j'aurais laissé	nous aurions laissé
tu aurais laissé	vous auriez laissé
il/elle aurait laissé	ils/elles auraient laissé

PAST SUBJUNCTIVE

que j'aie laissé	que nous ayons laissé
que tu aies laissé	que vous ayez laissé
qu'il/elle ait laissé	qu'ils/elles aient laissé

PLUPERFECT SUBJUNCTIVE

que j'eusse laissé	que nous eussions laissé
que tu eusses laissé	que vous eussiez laissé
qu'il/elle eût laissé	qu'ils/elles eussent laissé

Usage

laisser qqch	*to leave something (behind)*
Ne laisse pas tes légumes, Robert!	*Don't leave your vegetables, Robert!*
J'ai laissé mon ordinateur dans le train.	*I left my computer on the train.*
Laisse ton journal et viens manger.	*Put down your newspaper and come eat.*
Il a laissé beaucoup d'argent dans cette affaire.	*He lost a lot of money in this venture.*
laisser qqn	*to leave someone (behind)*
Tu peux laisser le bébé avec moi.	*You can leave the baby with me.*
Je te laisse ici.	*I'm going to leave you here.*
Il m'a laissé dans le café.	*He left me in the café.*
laisser qqch à qqn	*to leave something to/for someone*
Elle nous a laissé tous les documents.	*She left us all the documents.*
Vous m'avez laissé trop de travail.	*You left too much work for me.*
Il a laissé sa fortune à ses enfants.	*He left his fortune to his children.*
Je vous laisse ma place.	*You can have my seat.*
Vous ne nous avez pas laissé assez de temps pour le faire.	*You didn't leave us enough time to do it.*

lancer *to launch, throw*

je lance · je lançai · lancé · lançant   regular *-er* verb; spelling change: *c* > *ç/a, o*

lancer to throw, put, set

L'archer a lancé des flèches avec son arc.	*The archer shot arrows from his bow.*
Les deux armées se sont lancé des projectiles.	*The two armies shot missiles at each other.*
Les torpilles lancées par l'ennemi ont coulé le cuirassé.	*The torpedoes shot by the enemy sank the battleship.*
Le pêcheur a lancé sa ligne.	*The fisherman cast his line.*
Je lui ai lancé ses méfaits à la figure.	*I threw his misdeeds up to him.*
Le cambrioleur a lancé les détectives sur une fausse piste.	*The burglar led the detectives on a wild goose chase.*
Si tu l'embêtes, il va lancer son chien contre toi.	*If you annoy him he'll set his dog on you.*
Le chef a lancé une idée en l'air.	*The boss threw out an idea.*
Elle m'a lancé un regard furieux.	*She directed a furious glance at me.*
—Ils se sont battus?	*Did they fight?*
—Oui, ton copain lui a lancé un coup de poing.	*Yes, your friend punched him.*
Ils ont lancé le pays dans une crise économique.	*They pushed the country into an economic crisis.*

lancer par la voix et par écrit

lancer un cri	*to utter a shout*
lancer un appel	*to call out*
lancer un mandat d'arrêt	*to issue a warrant for someone's arrest*
lancer un emprunt	*to float a loan*
« Allez-vous-en! » lança-t-elle.	*"Go away!" she called out.*
Ne le lancez pas sur la politique.	*Don't get him started talking about politics.*

se lancer/lancer

se lancer des injures	*to hurl insults at each other*
Se lancer sur l'autoroute vendredi soir est une folie.	*It's madness to take the superhighway on a Friday night.*
Il a décidé de se lancer dans le théâtre.	*He decided to make his career in the theater.*
Cette chanson l'a lancée.	*This song launched her career.*
Après ce roman, cet écrivain est lancé.	*After that novel, this writer is famous/on his way.*
L'athlète recula d'un pas pour se lancer.	*The athlete stepped back in order to get a running start.*
Il s'est lancé dans le fleuve pour s'enfuir.	*He threw himself into the river to get away.*
Ne te lance pas dans cette bagarre.	*Don't get into that fight.*
Il cherche à se lancer dans le cinéma.	*He's trying to make a name for himself in the movies.*
Ils se sont lancés dans une affaire louche.	*They got involved in a shady business deal.*
Elle s'est lancée dans des accusations.	*She embarked on (a series of) accusations.*

Compound

relancer	*to restart* (such as computers)

TOP 50 VERBS

regular *-er* verb; spelling change: *c > ç/a, o*   **je lance · je lançai · lancé · lançant**

PRESENT

je lance	nous lançons
tu lances	vous lancez
il/elle lance	ils/elles lancent

IMPERFECT

je lançais	nous lancions
tu lançais	vous lanciez
il/elle lançait	ils/elles lançaient

PASSÉ SIMPLE

je lançai	nous lançâmes
tu lanças	vous lançâtes
il/elle lança	ils/elles lancèrent

FUTURE

je lancerai	nous lancerons
tu lanceras	vous lancerez
il/elle lancera	ils/elles lanceront

CONDITIONAL

je lancerais	nous lancerions
tu lancerais	vous lanceriez
il/elle lancerait	ils/elles lanceraient

PRESENT SUBJUNCTIVE

que je lance	que nous lancions
que tu lances	que vous lanciez
qu'il/elle lance	qu'ils/elles lancent

IMPERFECT SUBJUNCTIVE

que je lançasse	que nous lançassions
que tu lançasses	que vous lançassiez
qu'il/elle lançât	qu'ils/elles lançassent

COMMANDS

	(nous) lançons
(tu) lance	(vous) lancez

PASSÉ COMPOSÉ

j'ai lancé	nous avons lancé
tu as lancé	vous avez lancé
il/elle a lancé	ils/elles ont lancé

PLUPERFECT

j'avais lancé	nous avions lancé
tu avais lancé	vous aviez lancé
il/elle avait lancé	ils/elles avaient lancé

PAST ANTERIOR

j'eus lancé	nous eûmes lancé
tu eus lancé	vous eûtes lancé
il/elle eut lancé	ils/elles eurent lancé

FUTURE ANTERIOR

j'aurai lancé	nous aurons lancé
tu auras lancé	vous aurez lancé
il/elle aura lancé	ils/elles auront lancé

PAST CONDITIONAL

j'aurais lancé	nous aurions lancé
tu aurais lancé	vous auriez lancé
il/elle aurait lancé	ils/elles auraient lancé

PAST SUBJUNCTIVE

que j'aie lancé	que nous ayons lancé
que tu aies lancé	que vous ayez lancé
qu'il/elle ait lancé	qu'ils/elles aient lancé

PLUPERFECT SUBJUNCTIVE

que j'eusse lancé	que nous eussions lancé
que tu eusses lancé	que vous eussiez lancé
qu'il/elle eût lancé	qu'ils/elles eussent lancé

Usage

lancer une balle à qqn	*to throw a ball to someone*
Dans ce jeu on lance la balle avec un bâton.	*In this game you hit the ball with a stick.*
lancer le disque	*to throw the discus*
lancer le javelot	*to throw the javelin*
Il est défendu de lancer des pierres.	*It is forbidden to throw stones.*
L'ennemi a lancé des bombes sur notre ville.	*The enemy dropped bombs on our city.*

RELATED WORDS

le lancement	*throwing/launching*
la rampe de lancement	*launching pad*
le lancement du javelot	*javelin throwing*
le lance-flammes	*flamethrower*
le lance-fusées	*rocket launcher*
le lance-missiles	*missile launcher*
le lance-roquettes	*handheld rocket launcher*
le lance-satellites	*satellite launcher*

laver *to wash*

je lave · je lavai · lavé · lavant

regular *-er* verb

PRESENT

je lave	nous lavons
tu laves	vous lavez
il/elle lave	ils/elles lavent

IMPERFECT

je lavais	nous lavions
tu lavais	vous laviez
il/elle lavait	ils/elles lavaient

PASSÉ SIMPLE

je lavai	nous lavâmes
tu lavas	vous lavâtes
il/elle lava	ils/elles lavèrent

FUTURE

je laverai	nous laverons
tu laveras	vous laverez
il/elle lavera	ils/elles laveront

CONDITIONAL

je laverais	nous laverions
tu laverais	vous laveriez
il/elle laverait	ils/elles laveraient

PRESENT SUBJUNCTIVE

que je lave	que nous lavions
que tu laves	que vous laviez
qu'il/elle lave	qu'ils/elles lavent

IMPERFECT SUBJUNCTIVE

que je lavasse	que nous lavassions
que tu lavasses	que vous lavassiez
qu'il/elle lavât	qu'ils/elles lavassent

PASSÉ COMPOSÉ

j'ai lavé	nous avons lavé
tu as lavé	vous avez lavé
il/elle a lavé	ils/elles ont lavé

PLUPERFECT

j'avais lavé	nous avions lavé
tu avais lavé	vous aviez lavé
il/elle avait lavé	ils/elles avaient lavé

PAST ANTERIOR

j'eus lavé	nous eûmes lavé
tu eus lavé	vous eûtes lavé
il/elle eut lavé	ils/elles eurent lavé

FUTURE ANTERIOR

j'aurai lavé	nous aurons lavé
tu auras lavé	vous aurez lavé
il/elle aura lavé	ils/elles auront lavé

PAST CONDITIONAL

j'aurais lavé	nous aurions lavé
tu aurais lavé	vous auriez lavé
il/elle aurait lavé	ils/elles auraient lavé

PAST SUBJUNCTIVE

que j'aie lavé	que nous ayons lavé
que tu aies lavé	que vous ayez lavé
qu'il/elle ait lavé	qu'ils/elles aient lavé

PLUPERFECT SUBJUNCTIVE

que j'eusse lavé	que nous eussions lavé
que tu eusses lavé	que vous eussiez lavé
qu'il/elle eût lavé	qu'ils/elles eussent lavé

COMMANDS

	(nous) lavons
(tu) lave	(vous) lavez

Usage

laver la voiture	*to wash the car*
laver le plancher	*to wash the floor*
laver la vaisselle	*to wash the dishes*
laver une tache	*to wash out a stain*
Ces savonnettes lavent très bien.	*These bars of soap really clean.*
Il faut laver son linge sale en famille.	*Don't wash your dirty linen in public.*

RELATED WORDS

le lavage	*washing*
On leur a fait un lavage de cerveau.	*They were brainwashed.*
la machine à laver	*washing machine*
le lave-glace (*pl.* les lave-glaces)	*windshield washer*
le lave-vaisselle	*dishwasher*

regular *-er* reflexive verb;
compound tenses with *être*

je me lave · je me lavai · s'étant lavé · se lavant

PRESENT

je me lave	nous nous lavons
tu te laves	vous vous lavez
il/elle se lave	ils/elles se lavent

IMPERFECT

je me lavais	nous nous lavions
tu te lavais	vous vous laviez
il/elle se lavait	ils/elles se lavaient

PASSÉ SIMPLE

je me lavai	nous nous lavâmes
tu te lavas	vous vous lavâtes
il/elle se lava	ils/elles se lavèrent

FUTURE

je me laverai	nous nous laverons
tu te laveras	vous vous laverez
il/elle se lavera	ils/elles se laveront

CONDITIONAL

je me laverais	nous nous laverions
tu te laverais	vous vous laveriez
il/elle se laverait	ils/elles se laveraient

PRESENT SUBJUNCTIVE

que je me lave	que nous nous lavions
que tu te laves	que vous vous laviez
qu'il/elle se lave	qu'ils/elles se lavent

IMPERFECT SUBJUNCTIVE

que je me lavasse	que nous nous lavassions
que tu te lavasses	que vous vous lavassiez
qu'il/elle se lavât	qu'ils/elles se lavassent

COMMANDS

	(nous) lavons-nous
(tu) lave-toi	(vous) lavez-vous

PASSÉ COMPOSÉ

je me suis lavé(e)	nous nous sommes lavé(e)s
tu t'es lavé(e)	vous vous êtes lavé(e)(s)
il/elle s'est lavé(e)	ils/elles se sont lavé(e)s

PLUPERFECT

je m'étais lavé(e)	nous nous étions lavé(e)s
tu t'étais lavé(e)	vous vous étiez lavé(e)(s)
il/elle s'était lavé(e)	ils/elles s'étaient lavé(e)s

PAST ANTERIOR

je me fus lavé(e)	nous nous fûmes lavé(e)s
tu te fus lavé(e)	vous vous fûtes lavé(e)(s)
il/elle se fut lavé(e)	ils/elles se furent lavé(e)s

FUTURE ANTERIOR

je me serai lavé(e)	nous nous serons lavé(e)s
tu te seras lavé(e)	vous vous serez lavé(e)(s)
il/elle se sera lavé(e)	ils/elles se seront lavé(e)s

PAST CONDITIONAL

je me serais lavé(e)	nous nous serions lavé(e)s
tu te serais lavé(e)	vous vous seriez lavé(e)(s)
il/elle se serait lavé(e)	ils/elles se seraient lavé(e)s

PAST SUBJUNCTIVE

que je me sois lavé(e)	que nous nous soyons lavé(e)s
que tu te sois lavé(e)	que vous vous soyez lavé(e)(s)
qu'il/elle se soit lavé(e)	qu'ils/elles se soient lavé(e)s

PLUPERFECT SUBJUNCTIVE

que je me fusse lavé(e)	que nous nous fussions lavé(e)s
que tu te fusses lavé(e)	que vous vous fussiez lavé(e)(s)
qu'il/elle se fût lavé(e)	qu'ils/elles se fussent lavé(e)s

Usage

Je me lave la tête tous les jours.	*I wash my hair every day.*
Lavez-vous les mains avant de manger.	*Wash your hands before eating.*
Après avoir mangé, elle s'est lavé les dents.	*After eating she cleaned her teeth.*
Je vois que tu as joué dans la boue. Lave-toi les mains et la figure.	*I see you played in the mud. Wash your hands and face.*
Elle s'est lavée dans le lavabo.	*She washed up at the bathroom sink.*
C'est un tissu qui ne se lave pas bien.	*It's a fabric that is hard to wash.*
Ce pantalon se lave à l'eau froide.	*You wash that pair of pants in cold water.*
Regarde comme tu t'es sali! Va te laver.	*Look how dirty you've gotten! Go wash up.*
Le gouvernement s'en est lavé les mains.	*The government washed its hands of it.*

lever   *to raise, lift*

je lève · je levai · levé · levant   regular -*er* verb; spelling change: *é > è*/mute e

PRESENT		PASSÉ COMPOSÉ	
je lève	nous levons	j'ai levé	nous avons levé
tu lèves	vous levez	tu as levé	vous avez levé
il/elle lève	ils/elles lèvent	il/elle a levé	ils/elles ont levé

IMPERFECT		PLUPERFECT	
je levais	nous levions	j'avais levé	nous avions levé
tu levais	vous leviez	tu avais levé	vous aviez levé
il/elle levait	ils/elles levaient	il/elle avait levé	ils/elles avaient levé

PASSÉ SIMPLE		PAST ANTERIOR	
je levai	nous levâmes	j'eus levé	nous eûmes levé
tu levas	vous levâtes	tu eus levé	vous eûtes levé
il/elle leva	ils/elles levèrent	il/elle eut levé	ils/elles eurent levé

FUTURE		FUTURE ANTERIOR	
je lèverai	nous lèverons	j'aurai levé	nous aurons levé
tu lèveras	vous lèverez	tu auras levé	vous aurez levé
il/elle lèvera	ils/elles lèveront	il/elle aura levé	ils/elles auront levé

CONDITIONAL		PAST CONDITIONAL	
je lèverais	nous lèverions	j'aurais levé	nous aurions levé
tu lèverais	vous lèveriez	tu aurais levé	vous auriez levé
il/elle lèverait	ils/elles lèveraient	il/elle aurait levé	ils/elles auraient levé

PRESENT SUBJUNCTIVE		PAST SUBJUNCTIVE	
que je lève	que nous levions	que j'aie levé	que nous ayons levé
que tu lèves	que vous leviez	que tu aies levé	que vous ayez levé
qu'il/elle lève	qu'ils/elles lèvent	qu'il/elle ait levé	qu'ils/elles aient levé

IMPERFECT SUBJUNCTIVE		PLUPERFECT SUBJUNCTIVE	
que je levasse	que nous levassions	que j'eusse levé	que nous eussions levé
que tu levasses	que vous levassiez	que tu eusses levé	que vous eussiez levé
qu'il/elle levât	qu'ils/elles levassent	qu'il/elle eût levé	qu'ils/elles eussent levé

COMMANDS	
	(nous) levons
(tu) lève	(vous) levez

Usage

Si vous savez la réponse, levez le doigt.	*If you know the answer, raise your hand* (lit., *finger*).
lever les yeux	*to raise one's eyes*
Impossible de le lever avant neuf heures.	*You just can't get him out of bed before nine o'clock.*
Elle ne lèvera pas le petit doigt pour t'aider.	*She won't lift a finger to help you.*
Il a levé le poing pour m'effrayer.	*He raised his fist to frighten me.*
La police a levé le masque à l'escroc.	*The police unmasked the con man.*
Ne lève pas le nez là-dessus!	*Don't turn your nose up at it!*
Nous avons levé la séance à sept heures.	*We called it a day at seven o'clock.*

RELATED WORDS

être levé(e)	*to be up*
—Je peux voir Philippe?	*May I see Philippe?*
—Je regrette, mais il n'est pas encore levé.	*I'm sorry, but he's not up yet.*
la levée de la poste	*collection of the mail*

regular -er reflexive verb; spelling change: é > è/mute e; compound tenses with *être*

je me lève · je me levai · s'étant levé · se levant

PRESENT

je me lève	nous nous levons
tu te lèves	vous vous levez
il/elle se lève	ils/elles se lèvent

IMPERFECT

je me levais	nous nous levions
tu te levais	vous vous leviez
il/elle se levait	ils/elles se levaient

PASSÉ SIMPLE

je me levai	nous nous levâmes
tu te levas	vous vous levâtes
il/elle se leva	ils/elles se levèrent

FUTURE

je me lèverai	nous nous lèverons
tu te lèveras	vous vous lèverez
il/elle se lèvera	ils/elles se lèveront

CONDITIONAL

je me lèverais	nous nous lèverions
tu te lèverais	vous vous lèveriez
il/elle se lèverait	ils/elles se lèveraient

PRESENT SUBJUNCTIVE

que je me lève	que nous nous levions
que tu te lèves	que vous vous leviez
qu'il/elle se lève	qu'ils/elles se lèvent

IMPERFECT SUBJUNCTIVE

que je me levasse	que nous nous levassions
que tu te levasses	que vous vous levassiez
qu'il/elle se levât	qu'ils/elles se levassent

PASSÉ COMPOSÉ

je me suis levé(e)	nous nous sommes levé(e)s
tu t'es levé(e)	vous vous êtes levé(e)(s)
il/elle s'est levé(e)	ils/elles se sont levé(e)s

PLUPERFECT

je m'étais levé(e)	nous nous étions levé(e)s
tu t'étais levé(e)	vous vous étiez levé(e)(s)
il/elle s'était levé(e)	ils/elles s'étaient levé(e)s

PAST ANTERIOR

je me fus levé(e)	nous nous fûmes levé(e)s
tu te fus levé(e)	vous vous fûtes levé(e)(s)
il/elle se fut levé(e)	ils/elles se furent levé(e)s

FUTURE ANTERIOR

je me serai levé(e)	nous nous serons levé(e)s
tu te seras levé(e)	vous vous serez levé(e)(s)
il/elle se sera levé(e)	ils/elles se seront levé(e)s

PAST CONDITIONAL

je me serais levé(e)	nous nous serions levé(e)s
tu te serais levé(e)	vous vous seriez levé(e)(s)
il/elle se serait levé(e)	ils/elles se seraient levé(e)s

PAST SUBJUNCTIVE

que je me sois levé(e)	que nous nous soyons levé(e)s
que tu te sois levé(e)	que vous vous soyez levé(e)(s)
qu'il/elle se soit levé(e)	qu'ils/elles se soient levé(e)s

PLUPERFECT SUBJUNCTIVE

que je me fusse levé(e)	que nous nous fussions levé(e)s
que tu te fusses levé(e)	que vous vous fussiez levé(e)(s)
qu'il/elle se fût levé(e)	qu'ils/elles se fussent levé(e)s

COMMANDS

	(nous) levons-nous
(tu) lève-toi	(vous) levez-vous

Usage

Ne restez plus assis. Levez-vous!	*Don't remain seated any longer. Get up!*
Je me lève tôt pour aller au travail.	*I get up early to go to work.*
Ils se sont levés de table pour passer au salon.	*They got up from the table to go to the living room.*
Le malade ne peut pas se lever sur son séant.	*The patient cannot sit up.*
Je vois que tu t'es levé du pied gauche ce matin.	*I see you got up on the wrong foot/wrong side of the bed this morning.*

EXPRESSIONS QUI DÉCRIVENT LE JOUR ET LE TEMPS QU'IL FAIT

Le soleil se lève.	*The sun is coming up.*
Le jour se lève.	*Day is breaking.*
Le brouillard s'est levé.	*The fog lifted.*
Tout d'un coup, le vent s'est levé.	*Suddenly, the wind came up.*

Des lectures

J'ai lu tout le théâtre classique.	*I read all of classical theater.*
Cet auteur est beaucoup lu.	*This author is widely read.*
Ce sont des livres que se lisent partout.	*They're books that are read everywhere.*
lire en diagonale	*to skim through/scan*
J'ai lu le rapport en diagonale.	*I skimmed the report.*
Tu peux me lire les résultats au téléphone?	*Can you read the results to me over the phone?*
Ces contes se laissent lire.	*These stories are easy to read.*
C'est un poème qui se lit peu.	*It's a poem which is not often read.*
Cet enfant savait lire à l'âge de quatre ans.	*This child could read at the age of four.*
C'est un livre à lire.	*It's a book worth reading.*
Ses opinions méritent d'être lues.	*His opinions deserve to be read.*
Le délégué a lu son discours devant l'Assemblée Générale de l'ONU.	*The delegate read his speech before the General Assembly at the UN.*

Des lectures figurées

—Cette lettre ne m'a pas bouleversé.	*This letter didn't upset me.*
—Il faut lire entre les lignes.	*You have to read between the lines.*
lire la haine dans le visage de qqn	*to read the hatred in someone's face*
lire dans le cœur de qqn	*to know what is in someone's heart*
lire l'avenir dans les lignes de la main	*to read the future in the lines of the hand*
La diseuse de bonne aventure lit les lignes de la main.	*The fortune-teller reads palms.*
lire l'avenir dans le marc de café	*to read the future in coffee grounds* (equivalent of tea leaves)
Je lis tes sentiments dans ton expression.	*I read your feelings in your expression.*
lire sur les lèvres	*to read lips*
Les sourds lisent sur les lèvres de ceux qui entendent bien.	*Deaf people read the lips of hearing people.*
Il se croit très fin, mais j'ai lu dans son jeu.	*He thinks he's very clever, but I saw through his little game.*

lire dans l'informatique

L'ordinateur lit une disquette.	*The computer reads a diskette.*
Le scanner lit les images.	*The scanner scans the pictures.*

Related Words

la lecture	*reading/text*
Les lectures pour ce cours sont difficiles.	*The readings for this course are difficult.*
le lecteur/la lectrice	*reader*
le lecteur de cassettes	*cassette player*
le lecteur de disques compacts	*compact disc player*
le lecteur de disquettes	*disk drive*

TOP 50 VERBS

irregular verb

PRESENT		PASSÉ COMPOSÉ	
je lis	nous lisons	j'ai lu	nous avons lu
tu lis	vous lisez	tu as lu	vous avez lu
il/elle lit	ils/elles lisent	il/elle a lu	ils/elles ont lu

IMPERFECT		PLUPERFECT	
je lisais	nous lisions	j'avais lu	nous avions lu
tu lisais	vous lisiez	tu avais lu	vous aviez lu
il/elle lisait	ils/elles lisaient	il/elle avait lu	ils/elles avaient lu

PASSÉ SIMPLE		PAST ANTERIOR	
je lus	nous lûmes	j'eus lu	nous eûmes lu
tu lus	vous lûtes	tu eus lu	vous eûtes lu
il/elle lut	ils/elles lurent	il/elle eut lu	ils/elles eurent lu

FUTURE		FUTURE ANTERIOR	
je lirai	nous lirons	j'aurai lu	nous aurons lu
tu liras	vous lirez	tu auras lu	vous aurez lu
il/elle lira	ils/elles liront	il/elle aura lu	ils/elles auront lu

CONDITIONAL		PAST CONDITIONAL	
je lirais	nous lirions	j'aurais lu	nous aurions lu
tu lirais	vous liriez	tu aurais lu	vous auriez lu
il/elle lirait	ils/elles liraient	il/elle aurait lu	ils/elles auraient lu

PRESENT SUBJUNCTIVE		PAST SUBJUNCTIVE	
que je lise	que nous lisions	que j'aie lu	que nous ayons lu
que tu lises	que vous lisiez	que tu aies lu	que vous ayez lu
qu'il/elle lise	qu'ils/elles lisent	qu'il/elle ait lu	qu'ils/elles aient lu

IMPERFECT SUBJUNCTIVE		PLUPERFECT SUBJUNCTIVE	
que je lusse	que nous lussions	que j'eusse lu	que nous eussions lu
que tu lusses	que vous lussiez	que tu eusses lu	que vous eussiez lu
qu'il/elle lût	qu'ils/elles lussent	qu'il/elle eût lu	qu'ils/elles eussent lu

COMMANDS	
	(nous) lisons
(tu) lis	(vous) lisez

Usage

lire un livre/un roman/un poème	*to read a book/a novel/a poem*
lire un article	*to read an article*
lire la nouvelle dans/sur le journal	*to read the news in the newspaper*
lire les messages qu'on a laissés	*to read the messages that were left*
lire l'écriteau	*to read the sign*
lire en français	*to read in French*
lire couramment l'hébreu	*to read Hebrew fluently*
savoir lire les partitions de musique	*to be able to read musical scores*
mettre ses lunettes pour lire	*to put on one's glasses to read*
Dans l'attente de vous lire,	*Waiting for your reply,* (at the end of formal letters)
En espérant vous lire bientôt,	*Hoping to hear from you soon,*
Tu as acheté qqch à lire pour le voyage?	*Have you bought anything to read for the trip?*

louer   *to rent; to praise*

je loue · je louai · loué · louant

PRESENT

je loue	nous louons
tu loues	vous louez
il/elle loue	ils/elles louent

IMPERFECT

je louais	nous louions
tu louais	vous louiez
il/elle louait	ils/elles louaient

PASSÉ SIMPLE

je louai	nous louâmes
tu louas	vous louâtes
il/elle loua	ils/elles louèrent

FUTURE

je louerai	nous louerons
tu loueras	vous louerez
il/elle louera	ils/elles loueront

CONDITIONAL

je louerais	nous louerions
tu louerais	vous loueriez
il/elle louerait	ils/elles loueraient

PRESENT SUBJUNCTIVE

que je loue	que nous louions
que tu loues	que vous louiez
qu'il/elle loue	qu'ils/elles louent

IMPERFECT SUBJUNCTIVE

que je louasse	que nous louassions
que tu louasses	que vous louassiez
qu'il/elle louât	qu'ils/elles louassent

PASSÉ COMPOSÉ

j'ai loué	nous avons loué
tu as loué	vous avez loué
il/elle a loué	ils/elles ont loué

PLUPERFECT

j'avais loué	nous avions loué
tu avais loué	vous aviez loué
il/elle avait loué	ils/elles avaient loué

PAST ANTERIOR

j'eus loué	nous eûmes loué
tu eus loué	vous eûtes loué
il/elle eut loué	ils/elles eurent loué

FUTURE ANTERIOR

j'aurai loué	nous aurons loué
tu auras loué	vous aurez loué
il/elle aura loué	ils/elles auront loué

PAST CONDITIONAL

j'aurais loué	nous aurions loué
tu aurais loué	vous auriez loué
il/elle aurait loué	ils/elles auraient loué

PAST SUBJUNCTIVE

que j'aie loué	que nous ayons loué
que tu aies loué	que vous ayez loué
qu'il/elle ait loué	qu'ils/elles aient loué

PLUPERFECT SUBJUNCTIVE

que j'eusse loué	que nous eussions loué
que tu eusses loué	que vous eussiez loué
qu'il/elle eût loué	qu'ils/elles eussent loué

COMMANDS

	(nous) louons
(tu) loue	(vous) louez

Usage

—Tu vas louer un appartement à Paris?	*Are you going to rent an apartment in Paris?*
—Non, je vais louer une maison au bord d'un lac.	*No, I'm going to rent a lakeside house.*
louer une voiture pour faire un tour en Normandie	*to rent a car to travel around Normandy*
louer un film	*to rent a film*
Il faut louer Dieu.	*We must thank God.*

RELATED WORDS

la location	*renting*
une agence de location	*rental agency*
la location de voitures	*car rental*
le/la locataire	*tenant*
le/la colocataire	*apartment mate/roommate*

regular -ir verb

je maigris · je maigris · maigri · maigrissant

PRESENT

je maigris	nous maigrissons
tu maigris	vous maigrissez
il/elle maigrit	ils/elles maigrissent

IMPERFECT

je maigrissais	nous maigrissions
tu maigrissais	vous maigrissiez
il/elle maigrissait	ils/elles maigrissaient

PASSÉ SIMPLE

je maigris	nous maigrîmes
tu maigris	vous maigrîtes
il/elle maigrit	ils/elles maigrirent

FUTURE

je maigrirai	nous maigrirons
tu maigriras	vous maigrirez
il/elle maigrira	ils/elles maigriront

CONDITIONAL

je maigrirais	nous maigririons
tu maigrirais	vous maigririez
il/elle maigrirait	ils/elles maigriraient

PRESENT SUBJUNCTIVE

que je maigrisse	que nous maigrissions
que tu maigrisses	que vous maigrissiez
qu'il/elle maigrisse	qu'ils/elles maigrissent

IMPERFECT SUBJUNCTIVE

que je maigrisse	que nous maigrissions
que tu maigrisses	que vous maigrissiez
qu'il/elle maigrît	qu'ils/elles maigrissent

PASSÉ COMPOSÉ

j'ai maigri	nous avons maigri
tu as maigri	vous avez maigri
il/elle a maigri	ils/elles ont maigri

PLUPERFECT

j'avais maigri	nous avions maigri
tu avais maigri	vous aviez maigri
il/elle avait maigri	ils/elles avaient maigri

PAST ANTERIOR

j'eus maigri	nous eûmes maigri
tu eus maigri	vous eûtes maigri
il/elle eut maigri	ils/elles eurent maigri

FUTURE ANTERIOR

j'aurai maigri	nous aurons maigri
tu auras maigri	vous aurez maigri
il/elle aura maigri	ils/elles auront maigri

PAST CONDITIONAL

j'aurais maigri	nous aurions maigri
tu aurais maigri	vous auriez maigri
il/elle aurait maigri	ils/elles auraient maigri

PAST SUBJUNCTIVE

que j'aie maigri	que nous ayons maigri
que tu aies maigri	que vous ayez maigri
qu'il/elle ait maigri	qu'ils/elles aient maigri

PLUPERFECT SUBJUNCTIVE

que j'eusse maigri	que nous eussions maigri
que tu eusses maigri	que vous eussiez maigri
qu'il/elle eût maigri	qu'ils/elles eussent maigri

COMMANDS

	(nous) maigrissons
(tu) maigris	(vous) maigrissez

Usage

J'ai maigri de trois kilos.	*I've lost three kilos.*
Elle cherche une robe qui maigrisse.	*She's looking for a dress that makes her look thinner.*
Il avait tellement maigri que je ne l'ai pas reconnu.	*He had lost so much weight that I didn't recognize him.*
J'ai grossi. Il me faut un régime pour maigrir.	*I've gotten heavy. I need a diet to lose weight.*

RELATED WORD

maigre	*thin/meager*
Il est maigre comme un clou.	*He's thin as a rail* (lit., *a nail*).
Avant les catholiques faisaient maigre le vendredi.	*Previously, Catholics didn't eat meat on Friday.*

manger *to eat*

je mange · je mangeai · mangé · mangeant   regular -er verb; spelling change: *g > ge/a, o*

PRESENT

je mange	nous mangeons
tu manges	vous mangez
il/elle mange	ils/elles mangent

PASSÉ COMPOSÉ

j'ai mangé	nous avons mangé
tu as mangé	vous avez mangé
il/elle a mangé	ils/elles ont mangé

IMPERFECT

je mangeais	nous mangions
tu mangeais	vous mangiez
il/elle mangeait	ils/elles mangeaient

PLUPERFECT

j'avais mangé	nous avions mangé
tu avais mangé	vous aviez mangé
il/elle avait mangé	ils/elles avaient mangé

PASSÉ SIMPLE

je mangeai	nous mangeâmes
tu mangeas	vous mangeâtes
il/elle mangea	ils/elles mangèrent

PAST ANTERIOR

j'eus mangé	nous eûmes mangé
tu eus mangé	vous eûtes mangé
il/elle eut mangé	ils/elles eurent mangé

FUTURE

je mangerai	nous mangerons
tu mangeras	vous mangerez
il/elle mangera	ils/elles mangeront

FUTURE ANTERIOR

j'aurai mangé	nous aurons mangé
tu auras mangé	vous aurez mangé
il/elle aura mangé	ils/elles auront mangé

CONDITIONAL

je mangerais	nous mangerions
tu mangerais	vous mangeriez
il/elle mangerait	ils/elles mangeraient

PAST CONDITIONAL

j'aurais mangé	nous aurions mangé
tu aurais mangé	vous auriez mangé
il/elle aurait mangé	ils/elles auraient mangé

PRESENT SUBJUNCTIVE

que je mange	que nous mangions
que tu manges	que vous mangiez
qu'il/elle mange	qu'ils/elles mangent

PAST SUBJUNCTIVE

que j'aie mangé	que nous ayons mangé
que tu aies mangé	que vous ayez mangé
qu'il/elle ait mangé	qu'ils/elles aient mangé

IMPERFECT SUBJUNCTIVE

que je mangeasse	que nous mangeassions
que tu mangeasses	que vous mangeassiez
qu'il/elle mangeât	qu'ils/elles mangeassent

PLUPERFECT SUBJUNCTIVE

que j'eusse mangé	que nous eussions mangé
que tu eusses mangé	que vous eussiez mangé
qu'il/elle eût mangé	qu'ils/elles eussent mangé

COMMANDS

	(nous) mangeons
(tu) mange	(vous) mangez

Usage

Nous mangeons dans un restaurant ce soir.	*We're eating out this evening.*
On mange la soupe dans une assiette creuse.	*We eat soup from a bowl.*
Viens manger un morceau chez nous.	*Come over and have a bite with us.*
Je n'ai pas eu le temps de déjeuner. J'ai mangé sur le pouce.	*I didn't have time to have lunch. I had a quick snack.*
Cette soupe se mange froide.	*That soup is eaten cold.*
Qu'est-ce que tu aimes boire en mangeant?	*What do you like to drink with a meal?*
Tu as donné à manger aux enfants?	*Did you feed the children?*
Cette classe mange tout mon temps.	*That class is taking all my time.*
Le prof l'a mangé tout cru.	*The teacher made mincemeat of him* (lit., *ate him raw*).
Il a mangé la belle fille des yeux.	*He stared intently at the beautiful girl.*
Il a mangé la consigne.	*He forgot what he was supposed to do.*
Il a mangé la commission.	*He forgot to do his errand.*
Il mange toujours son blé en herbe.	*Money burns a hole in his pocket.*

PRESENT

je manque	nous manquons
tu manques	vous manquez
il/elle manque	ils/elles manquent

IMPERFECT

je manquais	nous manquions
tu manquais	vous manquiez
il/elle manquait	ils/elles manquaient

PASSÉ SIMPLE

je manquai	nous manquâmes
tu manquas	vous manquâtes
il/elle manqua	ils/elles manquèrent

FUTURE

je manquerai	nous manquerons
tu manqueras	vous manquerez
il/elle manquera	ils/elles manqueront

CONDITIONAL

je manquerais	nous manquerions
tu manquerais	vous manqueriez
il/elle manquerait	ils/elles manqueraient

PRESENT SUBJUNCTIVE

que je manque	que nous manquions
que tu manques	que vous manquiez
qu'il/elle manque	qu'ils/elles manquent

IMPERFECT SUBJUNCTIVE

que je manquasse	que nous manquassions
que tu manquasses	que vous manquassiez
qu'il/elle manquât	qu'ils/elles manquassent

COMMANDS

	(nous) manquons
(tu) manque	(vous) manquez

PASSÉ COMPOSÉ

j'ai manqué	nous avons manqué
tu as manqué	vous avez manqué
il/elle a manqué	ils/elles ont manqué

PLUPERFECT

j'avais manqué	nous avions manqué
tu avais manqué	vous aviez manqué
il/elle avait manqué	ils/elles avaient manqué

PAST ANTERIOR

j'eus manqué	nous eûmes manqué
tu eus manqué	vous eûtes manqué
il/elle eut manqué	ils/elles eurent manqué

FUTURE ANTERIOR

j'aurai manqué	nous aurons manqué
tu auras manqué	vous aurez manqué
il/elle aura manqué	ils/elles auront manqué

PAST CONDITIONAL

j'aurais manqué	nous aurions manqué
tu aurais manqué	vous auriez manqué
il/elle aurait manqué	ils/elles auraient manqué

PAST SUBJUNCTIVE

que j'aie manqué	que nous ayons manqué
que tu aies manqué	que vous ayez manqué
qu'il/elle ait manqué	qu'ils/elles aient manqué

PLUPERFECT SUBJUNCTIVE

que j'eusse manqué	que nous eussions manqué
que tu eusses manqué	que vous eussiez manqué
qu'il/elle eût manqué	qu'ils/elles eussent manqué

Usage

Rien ne me manque ici.	*I want for nothing here.*
—J'ai manqué la conférence.	*I missed the lecture.*
—Ne t'en fais pas. Tu n'as rien manqué.	*Don't worry. You didn't miss anything.*
Il a manqué son bus.	*He missed his bus.*
Cet homme manque de bon sens.	*That man has no common sense.*
Les mots me manquent pour vous remercier.	*I don't have the words to thank you.*
manquer de faire qqch	*to fail to do something*
Ne manquez pas de m'aviser.	*Don't fail to let me know.*
Elle n'a pas manqué de me le dire.	*She made sure to tell me.*
Il manque encore des étudiants.	*There are still some students missing.*
Il manque une dent à cette fourchette.	*This fork is missing a prong.*
C'est tout ce qui manquait.	*That's just what we needed.*
Il ne manquait plus que ça!	*That's the last straw!*
—Est-ce que je te manque?	*Do you miss me?*
—Tu me manques beaucoup.	*I miss you a lot.*

PRESENT

je marche	nous marchons
tu marches	vous marchez
il/elle marche	ils/elles marchent

IMPERFECT

je marchais	nous marchions
tu marchais	vous marchiez
il/elle marchait	ils/elles marchaient

PASSÉ SIMPLE

je marchai	nous marchâmes
tu marchas	vous marchâtes
il/elle marcha	ils/elles marchèrent

FUTURE

je marcherai	nous marcherons
tu marcheras	vous marcherez
il/elle marchera	ils/elles marcheront

CONDITIONAL

je marcherais	nous marcherions
tu marcherais	vous marcheriez
il/elle marcherait	ils/elles marcheraient

PRESENT SUBJUNCTIVE

que je marche	que nous marchions
que tu marches	que vous marchiez
qu'il/elle marche	qu'ils/elles marchent

IMPERFECT SUBJUNCTIVE

que je marchasse	que nous marchassions
que tu marchasses	que vous marchassiez
qu'il/elle marchât	qu'ils/elles marchassent

COMMANDS

	(nous) marchons
(tu) marche	(vous) marchez

PASSÉ COMPOSÉ

j'ai marché	nous avons marché
tu as marché	vous avez marché
il/elle a marché	ils/elles ont marché

PLUPERFECT

j'avais marché	nous avions marché
tu avais marché	vous aviez marché
il/elle avait marché	ils/elles avaient marché

PAST ANTERIOR

j'eus marché	nous eûmes marché
tu eus marché	vous eûtes marché
il/elle eut marché	ils/elles eurent marché

FUTURE ANTERIOR

j'aurai marché	nous aurons marché
tu auras marché	vous aurez marché
il/elle aura marché	ils/elles auront marché

PAST CONDITIONAL

j'aurais marché	nous aurions marché
tu aurais marché	vous auriez marché
il/elle aurait marché	ils/elles auraient marché

PAST SUBJUNCTIVE

que j'aie marché	que nous ayons marché
que tu aies marché	que vous ayez marché
qu'il/elle ait marché	qu'ils/elles aient marché

PLUPERFECT SUBJUNCTIVE

que j'eusse marché	que nous eussions marché
que tu eusses marché	que vous eussiez marché
qu'il/elle eût marché	qu'ils/elles eussent marché

Usage

Il marche trop vite. Je ne peux pas le rattraper.	*He walks too quickly. I can't catch up with him.*
Il est défendu de marcher sur le gazon.	*It's forbidden to walk on the lawn.*
Son fils a marché sur ses pas.	*His son followed in his footsteps.*
Si Louis marche avec eux, je ne marche plus.	*If Louis joins up with them, I'm out.*
C'est marche ou crève.	*It's sink or swim.*
Il va falloir que tu marches au pas.	*You'll have to toe the mark.*
Il te fait marcher.	*He's stringing you along.*
Cela marche comme sur des roulettes.	*Everything is going like clockwork.*
Il est content. Ses affaires marchent bien.	*He's happy. His business is going well.*
Ses actions ont fait marcher les langues.	*What he did started tongues wagging.*
marcher à quatre pattes	*to walk on all fours*
Ce téléphone ne marche pas.	*This phone isn't working.*

PRESENT

je maudis	nous maudissons
tu maudis	vous maudissez
il/elle maudit	ils/elles maudissent

IMPERFECT

je maudissais	nous maudissions
tu maudissais	vous maudissiez
il/elle maudissait	ils/elles maudissaient

PASSÉ SIMPLE

je maudis	nous maudîmes
tu maudis	vous maudîtes
il/elle maudit	ils/elles maudirent

FUTURE

je maudirai	nous maudirons
tu maudiras	vous maudirez
il/elle maudira	ils/elles maudiront

CONDITIONAL

je maudirais	nous maudirions
tu maudirais	vous maudiriez
il/elle maudirait	ils/elles maudiraient

PRESENT SUBJUNCTIVE

que je maudisse	que nous maudissions
que tu maudisses	que vous maudissiez
qu'il/elle maudisse	qu'ils/elles maudissent

IMPERFECT SUBJUNCTIVE

que je maudisse	que nous maudissions
que tu maudisses	que vous maudissiez
qu'il/elle maudît	qu'ils/elles maudissent

COMMANDS

	(nous) maudissons
(tu) maudis	(vous) maudissez

PASSÉ COMPOSÉ

j'ai maudit	nous avons maudit
tu as maudit	vous avez maudit
il/elle a maudit	ils/elles ont maudit

PLUPERFECT

j'avais maudit	nous avions maudit
tu avais maudit	vous aviez maudit
il/elle avait maudit	ils/elles avaient maudit

PAST ANTERIOR

j'eus maudit	nous eûmes maudit
tu eus maudit	vous eûtes maudit
il/elle eut maudit	ils/elles eurent maudit

FUTURE ANTERIOR

j'aurai maudit	nous aurons maudit
tu auras maudit	vous aurez maudit
il/elle aura maudit	ils/elles auront maudit

PAST CONDITIONAL

j'aurais maudit	nous aurions maudit
tu aurais maudit	vous auriez maudit
il/elle aurait maudit	ils/elles auraient maudit

PAST SUBJUNCTIVE

que j'aie maudit	que nous ayons maudit
que tu aies maudit	que vous ayez maudit
qu'il/elle ait maudit	qu'ils/elles aient maudit

PLUPERFECT SUBJUNCTIVE

que j'eusse maudit	que nous eussions maudit
que tu eusses maudit	que vous eussiez maudit
qu'il/elle eût maudit	qu'ils/elles eussent maudit

Usage

Le peuple maudit la guerre.	*The people curse war.*
Elle a maudit son fiancé.	*She cursed her fiancé.*
Je te maudis!	*Damn you!*
Maudit soit-il!	*Damn him!*
Maudit soit le jour où je l'ai connu.	*Cursed be the day I met him.*

méconnaître *to not know, be unfamiliar with; to misjudge, underestimate*

je méconnais · je méconnus · méconnu · méconnaissant

irregular verb

PRESENT		PASSÉ COMPOSÉ	
je méconnais	nous méconnaissons	j'ai méconnu	nous avons méconnu
tu méconnais	vous méconnaissez	tu as méconnu	vous avez méconnu
il/elle méconnaît	ils/elles méconnaissent	il/elle a méconnu	ils/elles ont méconnu

IMPERFECT		PLUPERFECT	
je méconnaissais	nous méconnaissions	j'avais méconnu	nous avions méconnu
tu méconnaissais	vous méconnaissiez	tu avais méconnu	vous aviez méconnu
il/elle méconnaissait	ils/elles méconnaissaient	il/elle avait méconnu	ils/elles avaient méconnu

PASSÉ SIMPLE		PAST ANTERIOR	
je méconnus	nous méconnûmes	j'eus méconnu	nous eûmes méconnu
tu méconnus	vous méconnûtes	tu eus méconnu	vous eûtes méconnu
il/elle méconnut	ils/elles méconnurent	il/elle eut méconnu	ils/elles eurent méconnu

FUTURE		FUTURE ANTERIOR	
je méconnaîtrai	nous méconnaîtrons	j'aurai méconnu	nous aurons méconnu
tu méconnaîtras	vous méconnaîtrez	tu auras méconnu	vous aurez méconnu
il/elle méconnaîtra	ils/elles méconnaîtront	il/elle aura méconnu	ils/elles auront méconnu

CONDITIONAL		PAST CONDITIONAL	
je méconnaîtrais	nous méconnaîtrions	j'aurais méconnu	nous aurions méconnu
tu méconnaîtrais	vous méconnaîtriez	tu aurais méconnu	vous auriez méconnu
il/elle méconnaîtrait	ils/elles méconnaîtraient	il/elle aurait méconnu	ils/elles auraient méconnu

PRESENT SUBJUNCTIVE		PAST SUBJUNCTIVE	
que je méconnaisse	que nous méconnaissions	que j'aie méconnu	que nous ayons méconnu
que tu méconnaisses	que vous méconnaissiez	que tu aies méconnu	que vous ayez méconnu
qu'il/elle méconnaisse	qu'ils/elles méconnaissent	qu'il/elle ait méconnu	qu'ils/elles aient méconnu

IMPERFECT SUBJUNCTIVE		PLUPERFECT SUBJUNCTIVE	
que je méconnusse	que nous méconnussions	que j'eusse méconnu	que nous eussions méconnu
que tu méconnusses	que vous méconnussiez	que tu eusses méconnu	que vous eussiez méconnu
qu'il/elle méconnût	qu'ils/elles méconnussent	qu'il/elle eût méconnu	qu'ils/elles eussent méconnu

COMMANDS	
	(nous) méconnaissons
(tu) méconnais	(vous) méconnaissez

Usage

méconnaître le règlement	to be ignorant of the regulations
Les critiques ont méconnu la qualité de son œuvre.	The critics underestimated the quality of his work.
Il ne méconnaît pas que vous soyez en difficulté.	He is fully aware that you are having trouble.
C'est méconnaître le monde des affaires.	That's misjudging the business world.

RELATED WORD

la méconnaissance	deliberate ignorance
Sa méconnaissance des lois a mené à sa perte.	His disregard of the laws led to his destruction.
Sa méconnaissance de son sujet est choquante pour un professeur.	His ignorance of his subject is shocking for a teacher.

regular -er reflexive verb;
compound tenses with *être*

je me méfie · je me méfiai · s'étant méfié · se méfiant

PRESENT

je me méfie	nous nous méfions
tu te méfies	vous vous méfiez
il/elle se méfie	ils/elles se méfient

IMPERFECT

je me méfiais	nous nous méfiions
tu te méfiais	vous vous méfiiez
il/elle se méfiait	ils/elles se méfiaient

PASSÉ SIMPLE

je me méfiai	nous nous méfiâmes
tu te méfias	vous vous méfiâtes
il/elle se méfia	ils/elles se méfièrent

FUTURE

je me méfierai	nous nous méfierons
tu te méfieras	vous vous méfierez
il/elle se méfiera	ils/elles se méfieront

CONDITIONAL

je me méfierais	nous nous méfierions
tu te méfierais	vous vous méfieriez
il/elle se méfierait	ils/elles se méfieraient

PRESENT SUBJUNCTIVE

que je me méfie	que nous nous méfiions
que tu te méfies	que vous vous méfiiez
qu'il/elle se méfie	qu'ils/elles se méfient

IMPERFECT SUBJUNCTIVE

que je me méfiasse	que nous nous méfiassions
que tu te méfiasses	que vous vous méfiassiez
qu'il/elle se méfiât	qu'ils/elles se méfiassent

COMMANDS

	(nous) méfions-nous
(tu) méfie-toi	(vous) méfiez-vous

PASSÉ COMPOSÉ

je me suis méfié(e)	nous nous sommes méfié(e)s
tu t'es méfié(e)	vous vous êtes méfié(e)(s)
il/elle s'est méfié(e)	ils/elles se sont méfié(e)s

PLUPERFECT

je m'étais méfié(e)	nous nous étions méfié(e)s
tu t'étais méfié(e)	vous vous étiez méfié(e)(s)
il/elle s'était méfié(e)	ils/elles s'étaient méfié(e)s

PAST ANTERIOR

je me fus méfié(e)	nous nous fûmes méfié(e)s
tu te fus méfié(e)	vous vous fûtes méfié(e)(s)
il/elle se fut méfié(e)	ils/elles se furent méfié(e)s

FUTURE ANTERIOR

je me serai méfié(e)	nous nous serons méfié(e)s
tu te seras méfié(e)	vous vous serez méfié(e)(s)
il/elle se sera méfié(e)	ils/elles se seront méfié(e)s

PAST CONDITIONAL

je me serais méfié(e)	nous nous serions méfié(e)s
tu te serais méfié(e)	vous vous seriez méfié(e)(s)
il/elle se serait méfié(e)	ils/elles se seraient méfié(e)s

PAST SUBJUNCTIVE

que je me sois méfié(e)	que nous nous soyons méfié(e)s
que tu te sois méfié(e)	que vous vous soyez méfié(e)(s)
qu'il/elle se soit méfié(e)	qu'ils/elles se soient méfié(e)s

PLUPERFECT SUBJUNCTIVE

que je me fusse méfié(e)	que nous nous fussions méfié(e)s
que tu te fusses méfié(e)	que vous vous fussiez méfié(e)(s)
qu'il/elle se fût méfié(e)	qu'ils/elles se fussent méfié(e)s

Usage

se méfier de qqn/de qqch	*to be wary of someone/something*
Je me méfie de ces gens-là.	*I don't trust those people.*
Méfiez-vous du chien.	*Beware of the dog.* (sign)
Je me méfie de ses promesses.	*I don't trust his promises.*
—Ce quartier est dangereux. Méfie-toi.	*This neighborhood is dangerous. Be careful.*
—Ne t'en fais pas. Je me méfie toujours.	*Don't worry. I'm always on my guard.*
Il faut se méfier des faux billets de banque.	*Beware of counterfeit banknotes.*
—Il faut se méfier de la nourriture dans cette ville.	*You have to be careful about food in that city.*
—Nous nous méfions aussi de l'eau.	*We're leery of the water too.*

je mène · je menai · mené · menant   *-er* verb; spelling change: *é > è*/mute e

PRESENT		PASSÉ COMPOSÉ	
je mène	nous menons	j'ai mené	nous avons mené
tu mènes	vous menez	tu as mené	vous avez mené
il/elle mène	ils/elles mènent	il/elle a mené	ils/elles ont mené

IMPERFECT		PLUPERFECT	
je menais	nous menions	j'avais mené	nous avions mené
tu menais	vous meniez	tu avais mené	vous aviez mené
il/elle menait	ils/elles menaient	il/elle avait mené	ils/elles avaient mené

PASSÉ SIMPLE		PAST ANTERIOR	
je menai	nous menâmes	j'eus mené	nous eûmes mené
tu menas	vous menâtes	tu eus mené	vous eûtes mené
il/elle mena	ils/elles menèrent	il/elle eut mené	ils/elles eurent mené

FUTURE		FUTURE ANTERIOR	
je mènerai	nous mènerons	j'aurai mené	nous aurons mené
tu mèneras	vous mènerez	tu auras mené	vous aurez mené
il/elle mènera	ils/elles mèneront	il/elle aura mené	ils/elles auront mené

CONDITIONAL		PAST CONDITIONAL	
je mènerais	nous mènerions	j'aurais mené	nous aurions mené
tu mènerais	vous mèneriez	tu aurais mené	vous auriez mené
il/elle mènerait	ils/elles mèneraient	il/elle aurait mené	ils/elles auraient mené

PRESENT SUBJUNCTIVE		PAST SUBJUNCTIVE	
que je mène	que nous menions	que j'aie mené	que nous ayons mené
que tu mènes	que vous meniez	que tu aies mené	que vous ayez mené
qu'il/elle mène	qu'ils/elles mènent	qu'il/elle ait mené	qu'ils/elles aient mené

IMPERFECT SUBJUNCTIVE		PLUPERFECT SUBJUNCTIVE	
que je menasse	que nous menassions	que j'eusse mené	que nous eussions mené
que tu menasses	que vous menassiez	que tu eusses mené	que vous eussiez mené
qu'il/elle menât	qu'ils/elles menassent	qu'il/elle eût mené	qu'ils/elles eussent mené

COMMANDS

	(nous) menons
(tu) mène	(vous) menez

Usage

Notre équipe mène 5 à 4.	*Our team is leading 5 to 4.*
Est-ce que cet autobus me mènera au musée d'art?	*Will this bus take me to the art museum?*
Où mène cette rue?	*Where does this street lead to?*
Cet enfant a de la fièvre. Il faut le mener chez le médecin.	*This child has a fever. We have to take him to the doctor.*
Il se laisse mener par ses passions.	*He is the slave of his passions.*
Elle a mené cette affaire à bien.	*She saw this matter through.*
L'informaticien a mené le projet à bon fin.	*The computer specialist brought the project to a successful conclusion.*
Votre rapport avec lui peut mener loin.	*Your relationship with him may get you into hot water.*
L'argent mène le monde.	*Money makes the world go round.*

irregular verb

je mens · je mentis · menti · mentant

PRESENT

je mens	nous mentons
tu mens	vous mentez
il/elle ment	ils/elles mentent

PASSÉ COMPOSÉ

j'ai menti	nous avons menti
tu as menti	vous avez menti
il/elle a menti	ils/elles ont menti

IMPERFECT

je mentais	nous mentions
tu mentais	vous mentiez
il/elle mentait	ils/elles mentaient

PLUPERFECT

j'avais menti	nous avions menti
tu avais menti	vous aviez menti
il/elle avait menti	ils/elles avaient menti

PASSÉ SIMPLE

je mentis	nous mentîmes
tu mentis	vous mentîtes
il/elle mentit	ils/elles mentirent

PAST ANTERIOR

j'eus menti	nous eûmes menti
tu eus menti	vous eûtes menti
il/elle eut menti	ils/elles eurent menti

FUTURE

je mentirai	nous mentirons
tu mentiras	vous mentirez
il/elle mentira	ils/elles mentiront

FUTURE ANTERIOR

j'aurai menti	nous aurons menti
tu auras menti	vous aurez menti
il/elle aura menti	ils/elles auront menti

CONDITIONAL

je mentirais	nous mentirions
tu mentirais	vous mentiriez
il/elle mentirait	ils/elles mentiraient

PAST CONDITIONAL

j'aurais menti	nous aurions menti
tu aurais menti	vous auriez menti
il/elle aurait menti	ils/elles auraient menti

PRESENT SUBJUNCTIVE

que je mente	que nous mentions
que tu mentes	que vous mentiez
qu'il/elle mente	qu'ils/elles mentent

PAST SUBJUNCTIVE

que j'aie menti	que nous ayons menti
que tu aies menti	que vous ayez menti
qu'il/elle ait menti	qu'ils/elles aient menti

IMPERFECT SUBJUNCTIVE

que je mentisse	que nous mentissions
que tu mentisses	que vous mentissiez
qu'il/elle mentît	qu'ils/elles mentissent

PLUPERFECT SUBJUNCTIVE

que j'eusse menti	que nous eussions menti
que tu eusses menti	que vous eussiez menti
qu'il/elle eût menti	qu'ils/elles eussent menti

COMMANDS

	(nous) mentons
(tu) mens	(vous) mentez

Usage

Vous mentez!	*You're lying!*
Il ment effrontément.	*He lies shamelessly.*
Il ment comme il respire.	*He's a compulsive liar.*
Il ment comme un arracheur de dents.	*He lies through his teeth.*
Il va te faire mentir.	*He'll prove you wrong.*
Ce politicien ment à sa réputation.	*This politician doesn't live up to his reputation.*
Tu te mens à toi-même.	*You're fooling yourself.*
Il fait mentir le proverbe.	*He gives the lie to the proverb.*

RELATED WORDS

le mensonge	*lie*
un pieux mensonge	*a white lie*
vivre dans le mensonge	*to live a lie*
le menteur/la menteuse	*liar*

se méprendre   *to be mistaken*

PRESENT

je me méprends	nous nous méprenons
tu te méprends	vous vous méprenez
il/elle se méprend	ils/elles se méprennent

IMPERFECT

je me méprenais	nous nous méprenions
tu te méprenais	vous vous mépreniez
il/elle se méprenait	ils/elles se méprenaient

PASSÉ SIMPLE

je me mépris	nous nous méprîmes
tu te mépris	vous vous méprîtes
il/elle se méprit	ils/elles se méprirent

FUTURE

je me méprendrai	nous nous méprendrons
tu te méprendras	vous vous méprendrez
il/elle se méprendra	ils/elles se méprendront

CONDITIONAL

je me méprendrais	nous nous méprendrions
tu te méprendrais	vous vous méprendriez
il/elle se méprendrait	ils/elles se méprendraient

PRESENT SUBJUNCTIVE

que je me méprenne	que nous nous méprenions
que tu te méprennes	que vous vous mépreniez
qu'il/elle se méprenne	qu'ils/elles se méprennent

IMPERFECT SUBJUNCTIVE

que je me méprisse	que nous nous méprissions
que tu te méprisses	que vous vous méprissiez
qu'il/elle se méprît	qu'ils/elles se méprissent

PASSÉ COMPOSÉ

je me suis mépris(e)	nous nous sommes mépris(es)
tu t'es mépris(e)	vous vous êtes mépris(e)(s)
il/elle s'est mépris(e)	ils/elles se sont mépris(es)

PLUPERFECT

je m'étais mépris(e)	nous nous étions mépris(es)
tu t'étais mépris(e)	vous vous étiez mépris(e)(s)
il/elle s'était mépris(e)	ils/elles s'étaient mépris(es)

PAST ANTERIOR

je me fus mépris(e)	nous nous fûmes mépris(es)
tu te fus mépris(e)	vous vous fûtes mépris(e)(s)
il/elle se fut mépris(e)	ils/elles se furent mépris(es)

FUTURE ANTERIOR

je me serai mépris(e)	nous nous serons mépris(es)
tu te seras mépris(e)	vous vous serez mépris(e)(s)
il/elle se sera mépris(e)	ils/elles se seront mépris(es)

PAST CONDITIONAL

je me serais mépris(e)	nous nous serions mépris(es)
tu te serais mépris(e)	vous vous seriez mépris(e)(s)
il/elle se serait mépris(e)	ils/elles se seraient mépris(es)

PAST SUBJUNCTIVE

que je me sois mépris(e)	que nous nous soyons mépris(es)
que tu te sois mépris(e)	que vous vous soyez mépris(e)(s)
qu'il/elle se soit mépris(e)	qu'ils/elles se soient mépris(es)

PLUPERFECT SUBJUNCTIVE

que je me fusse mépris(e)	que nous nous fussions mépris(es)
que tu te fusses mépris(e)	que vous vous fussiez mépris(e)(s)
qu'il/elle se fût mépris(e)	qu'ils/elles se fussent mépris(es)

COMMANDS

	(nous) méprenons-nous
(tu) méprends-toi	(vous) méprenez-vous

Usage

Ils se ressemblent à s'y méprendre.	*They look so much alike you can't tell them apart.*
Je vois que je me suis mépris sur ses intentions.	*I see I was mistaken about his intentions.*
Ne vous méprenez pas sur ses mobiles.	*Don't be mistaken about his motives.*
Je vois que je me suis mépris sur vous.	*I see I was mistaken about you.*
Ne vous méprenez pas à son accent.	*Don't be misled by his accent.*

RELATED WORD

la méprise	*mistake/error*
On l'a choisie par méprise.	*She was chosen by mistake.*

regular *-er* verb | je méprise · je méprisai · méprisé · méprisant

PRESENT

je méprise	nous méprisons
tu méprises	vous méprisez
il/elle méprise	ils/elles méprisent

IMPERFECT

je méprisais	nous méprisions
tu méprisais	vous méprisiez
il/elle méprisait	ils/elles méprisaient

PASSÉ SIMPLE

je méprisai	nous méprisâmes
tu méprisas	vous méprisâtes
il/elle méprisa	ils/elles méprisèrent

FUTURE

je mépriserai	nous mépriserons
tu mépriseras	vous mépriserez
il/elle méprisera	ils/elles mépriseront

CONDITIONAL

je mépriserais	nous mépriserions
tu mépriserais	vous mépriseriez
il/elle mépriserait	ils/elles mépriseraient

PRESENT SUBJUNCTIVE

que je méprise	que nous méprisions
que tu méprises	que vous méprisiez
qu'il/elle méprise	qu'ils/elles méprisent

IMPERFECT SUBJUNCTIVE

que je méprisasse	que nous méprisassions
que tu méprisasses	que vous méprisassiez
qu'il/elle méprisât	qu'ils/elles méprisassent

COMMANDS

	(nous) méprisons
(tu) méprise	(vous) méprisez

PASSÉ COMPOSÉ

j'ai méprisé	nous avons méprisé
tu as méprisé	vous avez méprisé
il/elle a méprisé	ils/elles ont méprisé

PLUPERFECT

j'avais méprisé	nous avions méprisé
tu avais méprisé	vous aviez méprisé
il/elle avait méprisé	ils/elles avaient méprisé

PAST ANTERIOR

j'eus méprisé	nous eûmes méprisé
tu eus méprisé	vous eûtes méprisé
il/elle eut méprisé	ils/elles eurent méprisé

FUTURE ANTERIOR

j'aurai méprisé	nous aurons méprisé
tu auras méprisé	vous aurez méprisé
il/elle aura méprisé	ils/elles auront méprisé

PAST CONDITIONAL

j'aurais méprisé	nous aurions méprisé
tu aurais méprisé	vous auriez méprisé
il/elle aurait méprisé	ils/elles auraient méprisé

PAST SUBJUNCTIVE

que j'aie méprisé	que nous ayons méprisé
que tu aies méprisé	que vous ayez méprisé
qu'il/elle ait méprisé	qu'ils/elles aient méprisé

PLUPERFECT SUBJUNCTIVE

que j'eusse méprisé	que nous eussions méprisé
que tu eusses méprisé	que vous eussiez méprisé
qu'il/elle eût méprisé	qu'ils/elles eussent méprisé

Usage

C'est une personne que je méprise.	*He's a person I have contempt for.*
Il a méprisé le danger.	*He did not take the danger seriously.*
Pourquoi avez-vous méprisé mon offre?	*Why did you scorn my offer?*
Elle méprise les conventions.	*She has no regard for convention.*

RELATED WORD

le mépris	*scorn/contempt*
Je n'éprouve que du mépris pour vous.	*I feel only contempt for you.*
un regard de mépris	*a scornful look*
le mépris des lois	*contempt for the law*

mettre *to put*

je mets · je mis · mis · mettant

irregular verb; only one t in the singular of the present tense

Mettre à table

mettre la table	*to set the table*
—Tu as déjà mis la soupe à cuire?	*Have you already put on the soup to cook?*
—Oui, et j'ai mis la sauce à réchauffer.	*Yes, and I'm reheating the sauce.*
On peut se mettre à table.	*We can sit down at the table.*
On a mis les petits plats dans les grands pour lui.	*We gave him the red carpet treatment.*
Il aime encore mettre la main à la pâte.	*He still likes to have a hand in things.*
Il ne faut pas mettre tous ses œufs dans le même panier.	*You mustn't put all your eggs in one basket.*
L'odeur du poulet me mettait l'eau à la bouche.	*The smell of the chicken made my mouth water.*

mettre pour les rapports humains et la personnalité

Je n'ai répondu que quand ils m'avaient mis au pied du mur.	*I answered only when they had nailed me down.*
Je ne savais plus où me mettre.	*I didn't know where to hide.* (out of embarrassment)
se mettre en colère/en fureur	*to get angry/furious*
On peut facilement mettre ce ministre dans sa poche.	*This official is easy to buy off.*
Quelle idée est-ce que tu t'es mise dans la tête?	*What strange idea has gotten into your head?*
Ils se sont mis dans tous leurs états.	*They flew into a panic.*
Je n'aime pas la situation dans laquelle il nous a mis.	*I don't like the situation he's put us in.*
mettre qqn à la porte	*to fire someone/throw someone out*

Mettre de l'effort

Il s'est mis en quatre pour nous aider.	*He went all out to help us.*
Tu n'y mets pas du tien, je vois.	*I see you're not pulling your weight.*
Il faut que je me mette au boulot.	*I've got to buckle down to my work.*
Mettons-nous à la besogne pour la dépanner.	*Let's all pitch in to help her out.*
Elle a mis en œuvre tout son talent.	*She brought all her talent into play.*
Il a mis les étudiants au travail.	*He made the students work.*

Mettre des vêtements

mettre sa veste	*to put on one's jacket*
Il a mis son chapeau.	*He put on his hat.*
Je n'ai rien à me mettre.	*I have nothing to wear.*
Elle s'est mise en robe de soirée.	*She wore a gown.*
Le prof se met toujours en costume.	*The teacher always wears a suit.*
Je me mets toujours de l'après-rasage.	*I always put on aftershave.*

D'autres expressions

mettre ce problème sur l'ordre du jour	*to put this problem on the agenda*
mettre le criminel en prison	*to put the criminal in jail*
Ils ont mis leurs enfants dans le privé.	*They are sending their children to private school.*
se mettre sur les rangs	*to declare one's candidacy*
Les torpilles ont mis le navire de l'ennemi hors d'état.	*The torpedoes put the enemy ship out of commission.*

TOP 50 VERBS

irregular verb; only one *t* in the
singular of the present tense

PRESENT

je mets	nous mettons
tu mets	vous mettez
il/elle met	ils/elles mettent

IMPERFECT

je mettais	nous mettions
tu mettais	vous mettiez
il/elle mettait	ils/elles mettaient

PASSÉ SIMPLE

je mis	nous mîmes
tu mis	vous mîtes
il/elle mit	ils/elles mirent

FUTURE

je mettrai	nous mettrons
tu mettras	vous mettrez
il/elle mettra	ils/elles mettront

CONDITIONAL

je mettrais	nous mettrions
tu mettrais	vous mettriez
il/elle mettrait	ils/elles mettraient

PRESENT SUBJUNCTIVE

que je mette	que nous mettions
que tu mettes	que vous mettiez
qu'il/elle mette	qu'ils/elles mettent

IMPERFECT SUBJUNCTIVE

que je misse	que nous missions
que tu misses	que vous missiez
qu'il/elle mît	qu'ils/elles missent

COMMANDS

	(nous) mettons
(tu) mets	(vous) mettez

PASSÉ COMPOSÉ

j'ai mis	nous avons mis
tu as mis	vous avez mis
il/elle a mis	ils/elles ont mis

PLUPERFECT

j'avais mis	nous avions mis
tu avais mis	vous aviez mis
il/elle avait mis	ils/elles avaient mis

PAST ANTERIOR

j'eus mis	nous eûmes mis
tu eus mis	vous eûtes mis
il/elle eut mis	ils/elles eurent mis

FUTURE ANTERIOR

j'aurai mis	nous aurons mis
tu auras mis	vous aurez mis
il/elle aura mis	ils/elles auront mis

PAST CONDITIONAL

j'aurais mis	nous aurions mis
tu aurais mis	vous auriez mis
il/elle aurait mis	ils/elles auraient mis

PAST SUBJUNCTIVE

que j'aie mis	que nous ayons mis
que tu aies mis	que vous ayez mis
qu'il/elle ait mis	qu'ils/elles aient mis

PLUPERFECT SUBJUNCTIVE

que j'eusse mis	que nous eussions mis
que tu eusses mis	que vous eussiez mis
qu'il/elle eût mis	qu'ils/elles eussent mis

Usage

mettre qqch sur la table	to put something on the table
mettre qqch dans sa poche	to put something in one's pocket
—Est-ce que tu a mis la monnaie sur la table?	Did you put the change on the table?
—Non, je l'ai mise dans ma poche.	No, I put it in my pocket.
mettre les assiettes dans le placard	to put the plates in the cupboard
mettre la famille avant tout	to put family ahead of everything
mettre de l'argent à côté	to put money aside
J'ai mis 100 euros sur mon équipe.	I bet 100 euros on my team.
mettre qqn dans son train	to put someone on his train
J'ai mis ma montre à dix heures.	I set my watch to ten o'clock.
—Tu a mis la télé?	Did you turn on the TV?
—Oui, j'ai mis les informations.	Yes, I put on the news.
—Tu a mis de la moquette dans le salon?	Did you carpet the living room?
—Non, j'ai mis un tapis.	No, I put down a rug.

PRESENT		PASSÉ COMPOSÉ	
je mincis	nous mincissons	j'ai minci	nous avons minci
tu mincis	vous mincissez	tu as minci	vous avez minci
il/elle mincit	ils/elles mincissent	il/elle a minci	ils/elles ont minci

IMPERFECT		PLUPERFECT	
je mincissais	nous mincissions	j'avais minci	nous avions minci
tu mincissais	vous mincissiez	tu avais minci	vous aviez minci
il/elle mincissait	ils/elles mincissaient	il/elle avait minci	ils/elles avaient minci

PASSÉ SIMPLE		PAST ANTERIOR	
je mincis	nous mincîmes	j'eus minci	nous eûmes minci
tu mincis	vous mincîtes	tu eus minci	vous eûtes minci
il/elle mincit	ils/elles mincirent	il/elle eut minci	ils/elles eurent minci

FUTURE		FUTURE ANTERIOR	
je mincirai	nous mincirons	j'aurai minci	nous aurons minci
tu minciras	vous mincirez	tu auras minci	vous aurez minci
il/elle mincira	ils/elles minciront	il/elle aura minci	ils/elles auront minci

CONDITIONAL		PAST CONDITIONAL	
je mincirais	nous mincirions	j'aurais minci	nous aurions minci
tu mincirais	vous minciriez	tu aurais minci	vous auriez minci
il/elle mincirait	ils/elles minciraient	il/elle aurait minci	ils/elles auraient minci

PRESENT SUBJUNCTIVE		PAST SUBJUNCTIVE	
que je mincisse	que nous mincissions	que j'aie minci	que nous ayons minci
que tu mincisses	que vous mincissiez	que tu aies minci	que vous ayez minci
qu'il/elle mincisse	qu'ils/elles mincissent	qu'il/elle ait minci	qu'ils/elles aient minci

IMPERFECT SUBJUNCTIVE		PLUPERFECT SUBJUNCTIVE	
que je mincisse	que nous mincissions	que j'eusse minci	que nous eussions minci
que tu mincisses	que vous mincissiez	que tu eusses minci	que vous eussiez minci
qu'il/elle mincît	qu'ils/elles mincissent	qu'il/elle eût minci	qu'ils/elles eussent minci

COMMANDS	
	(nous) mincissons
(tu) mincis	(vous) mincissez

Usage

Le médecin m'a conseillé de mincir.	*The doctor advised me to lose weight.*
Les fruits et les légumes mincissent.	*Fruits and vegetables help you lose weight.*
Ce style vous mincit.	*That style makes you look slimmer.*
J'essaie de mincir. Je suis au régime.	*I'm trying to get thinner. I'm on a diet.*

RELATED WORD

mince	*skinny/slim*
Il est mince comme un fil.	*He's as skinny as a rail* (lit., *a thread*).
Un compte-rendu de trois pages, c'est un peu mince.	*A three-page report is a bit skimpy.*
Un seul gâteau pour douze invités, c'est un peu mince.	*Just one cake for twelve guests, that's cutting it a bit thin.*

regular -er verb; compound tenses with *être* | **je monte · je montai · monté · montant**

PRESENT

je monte	nous montons
tu montes	vous montez
il/elle monte	ils/elles montent

IMPERFECT

je montais	nous montions
tu montais	vous montiez
il/elle montait	ils/elles montaient

PASSÉ SIMPLE

je montai	nous montâmes
tu montas	vous montâtes
il/elle monta	ils/elles montèrent

FUTURE

je monterai	nous monterons
tu monteras	vous monterez
il/elle montera	ils/elles monteront

CONDITIONAL

je monterais	nous monterions
tu monterais	vous monteriez
il/elle monterait	ils/elles monteraient

PRESENT SUBJUNCTIVE

que je monte	que nous montions
que tu montes	que vous montiez
qu'il/elle monte	qu'ils/elles montent

IMPERFECT SUBJUNCTIVE

que je montasse	que nous montassions
que tu montasses	que vous montassiez
qu'il/elle montât	qu'ils/elles montassent

COMMANDS

	(nous) montons
(tu) monte	(vous) montez

PASSÉ COMPOSÉ

je suis monté(e)	nous sommes monté(e)s
tu es monté(e)	vous êtes monté(e)(s)
il/elle est monté(e)	ils/elles sont monté(e)s

PLUPERFECT

j'étais monté(e)	nous étions monté(e)s
tu étais monté(e)	vous étiez monté(e)(s)
il/elle était monté(e)	ils/elles étaient monté(e)s

PAST ANTERIOR

je fus monté(e)	nous fûmes monté(e)s
tu fus monté(e)	vous fûtes monté(e)(s)
il/elle fut monté(e)	ils/elles furent monté(e)s

FUTURE ANTERIOR

je serai monté(e)	nous serons monté(e)s
tu seras monté(e)	vous serez monté(e)(s)
il/elle sera monté(e)	ils/elles seront monté(e)s

PAST CONDITIONAL

je serais monté(e)	nous serions monté(e)s
tu serais monté(e)	vous seriez monté(e)(s)
il/elle serait monté(e)	ils/elles seraient monté(e)s

PAST SUBJUNCTIVE

que je sois monté(e)	que nous soyons monté(e)s
que tu sois monté(e)	que vous soyez monté(e)(s)
qu'il/elle soit monté(e)	qu'ils/elles soient monté(e)s

PLUPERFECT SUBJUNCTIVE

que je fusse monté(e)	que nous fussions monté(e)s
que tu fusses monté(e)	que vous fussiez monté(e)(s)
qu'il/elle fût monté(e)	qu'ils/elles fussent monté(e)s

Usage

L'ascenseur monte?	*Is the elevator going up?*
C'est une rue qui monte.	*It's a street that goes up (on an incline).*
Le vin m'est monté à la tête.	*The wine went to my head.*
Le chat est monté sur le sofa.	*The cat got up on the sofa.*
Il faut monter l'escalier. L'ascenseur est en panne.	*You have to go up the stairs. The escalator is out of order.*
Les prix montent.	*Prices are going up.*
Le gouvernement essaie d'empêcher les prix de monter.	*The government is trying to hold prices down.*
Tu sais monter sur un cheval?	*Do you know how to get on a horse?*
Nous sommes montés dans le train.	*We got on the train.*

monter transitif

Le chasseur a monté mes bagages.	*The bellhop took my luggage up.*
Monte les livres un peu.	*Put the books up a little higher.*
On a monté le prix de l'essence.	*They have raised the price of gasoline.*

montrer *to show*

PRESENT

je montre	nous montrons
tu montres	vous montrez
il/elle montre	ils/elles montrent

IMPERFECT

je montrais	nous montrions
tu montrais	vous montriez
il/elle montrait	ils/elles montraient

PASSÉ SIMPLE

je montrai	nous montrâmes
tu montras	vous montrâtes
il/elle montra	ils/elles montrèrent

FUTURE

je montrerai	nous montrerons
tu montreras	vous montrerez
il/elle montrera	ils/elles montreront

CONDITIONAL

je montrerais	nous montrerions
tu montrerais	vous montreriez
il/elle montrerait	ils/elles montreraient

PRESENT SUBJUNCTIVE

que je montre	que nous montrions
que tu montres	que vous montriez
qu'il/elle montre	qu'ils/elles montrent

IMPERFECT SUBJUNCTIVE

que je montrasse	que nous montrassions
que tu montrasses	que vous montrassiez
qu'il/elle montrât	qu'ils/elles montrassent

PASSÉ COMPOSÉ

j'ai montré	nous avons montré
tu as montré	vous avez montré
il/elle a montré	ils/elles ont montré

PLUPERFECT

j'avais montré	nous avions montré
tu avais montré	vous aviez montré
il/elle avait montré	ils/elles avaient montré

PAST ANTERIOR

j'eus montré	nous eûmes montré
tu eus montré	vous eûtes montré
il/elle eut montré	ils/elles eurent montré

FUTURE ANTERIOR

j'aurai montré	nous aurons montré
tu auras montré	vous aurez montré
il/elle aura montré	ils/elles auront montré

PAST CONDITIONAL

j'aurais montré	nous aurions montré
tu aurais montré	vous auriez montré
il/elle aurait montré	ils/elles auraient montré

PAST SUBJUNCTIVE

que j'aie montré	que nous ayons montré
que tu aies montré	que vous ayez montré
qu'il/elle ait montré	qu'ils/elles aient montré

PLUPERFECT SUBJUNCTIVE

que j'eusse montré	que nous eussions montré
que tu eusses montré	que vous eussiez montré
qu'il/elle eût montré	qu'ils/elles eussent montré

COMMANDS

	(nous) montrons
(tu) montre	(vous) montrez

Usage

montrer qqch à qqn	*to show something to someone*
Il nous a montré les cadeaux qu'il a reçus.	*He showed us the gifts he got.*
Montrez-moi ce foulard en soie, s'il vous plaît.	*Show me that silk scarf, please.*
Ne montre pas encore tes cartes.	*Don't show your hand yet.*
Je vais te montrer de quel bois je me chauffe!	*I'll show you what sort of person I am!*
Elle m'a montré la porte.	*She showed me the door.*
Montre-moi comment m'en servir.	*Show me how to use it.*
Ne montre pas les gens du doigt!	*Don't point at people!*
Pourriez-vous me montrer le chemin?	*Could you show me the way?*
Tu t'es montré à la hauteur de la mission.	*You showed yourself to be up to the mission.*
Il nous montrera ce dont il est capable.	*He'll show us what he's capable of.*
Il faut montrer patte blanche pour entrer.	*You have to show credentials to get in.*
Elle n'a pas montré le bout de son nez.	*We haven't seen hide nor hair of her.*

regular -er reflexive verb;
compound tenses with *être*

je me moque · je me moquai · s'étant moqué · se moquant

PRESENT

je me moque	nous nous moquons
tu te moques	vous vous moquez
il/elle se moque	ils/elles se moquent

IMPERFECT

je me moquais	nous nous moquions
tu te moquais	vous vous moquiez
il/elle se moquait	ils/elles se moquaient

PASSÉ SIMPLE

je me moquai	nous nous moquâmes
tu te moquas	vous vous moquâtes
il/elle se moqua	ils/elles se moquèrent

FUTURE

je me moquerai	nous nous moquerons
tu te moqueras	vous vous moquerez
il/elle se moquera	ils/elles se moqueront

CONDITIONAL

je me moquerais	nous nous moquerions
tu te moquerais	vous vous moqueriez
il/elle se moquerait	ils/elles se moqueraient

PRESENT SUBJUNCTIVE

que je me moque	que nous nous moquions
que tu te moques	que vous vous moquiez
qu'il/elle se moque	qu'ils/elles se moquent

IMPERFECT SUBJUNCTIVE

que je me moquasse	que nous nous moquassions
que tu te moquasses	que vous vous moquassiez
qu'il/elle se moquât	qu'ils/elles se moquassent

PASSÉ COMPOSÉ

je me suis moqué(e)	nous nous sommes moqué(e)s
tu t'es moqué(e)	vous vous êtes moqué(e)(s)
il/elle s'est moqué(e)	ils/elles se sont moqué(e)s

PLUPERFECT

je m'étais moqué(e)	nous nous étions moqué(e)s
tu t'étais moqué(e)	vous vous étiez moqué(e)(s)
il/elle s'était moqué(e)	ils/elles s'étaient moqué(e)s

PAST ANTERIOR

je me fus moqué(e)	nous nous fûmes moqué(e)s
tu te fus moqué(e)	vous vous fûtes moqué(e)(s)
il/elle se fut moqué(e)	ils/elles se furent moqué(e)s

FUTURE ANTERIOR

je me serai moqué(e)	nous nous serons moqué(e)s
tu te seras moqué(e)	vous vous serez moqué(e)(s)
il/elle se sera moqué(e)	ils/elles se seront moqué(e)s

PAST CONDITIONAL

je me serais moqué(e)	nous nous serions moqué(e)s
tu te serais moqué(e)	vous vous seriez moqué(e)(s)
il/elle se serait moqué(e)	ils/elles se seraient moqué(e)s

PAST SUBJUNCTIVE

que je me sois moqué(e)	que nous nous soyons moqué(e)s
que tu te sois moqué(e)	que vous vous soyez moqué(e)(s)
qu'il/elle se soit moqué(e)	qu'ils/elles se soient moqué(e)s

PLUPERFECT SUBJUNCTIVE

que je me fusse moqué(e)	que nous nous fussions moqué(e)s
que tu te fusses moqué(e)	que vous vous fussiez moqué(e)(s)
qu'il/elle se fût moqué(e)	qu'ils/elles se fussent moqué(e)s

COMMANDS

	(nous) moquons-nous
(tu) moque-toi	(vous) moquez-vous

Usage

se moquer de qqn/de qqch	*to make fun of something/someone*
Ils se moquent de sa tête.	*They're making fun of him.*
Ils se moquent de ma tenue.	*They're making fun of my outfit.*
Il se moquait du monde.	*He made fun of everything.*
se moquer de qqn/de qqch	*not to care about something/about someone*
Je me moque du qu'en-dira-t-on.	*I don't care what people think.*
Je me moque que tu aies raison.	*I don't care whether you're right or not.*
Je m'en moque comme de l'an quarante.	*I don't give a hoot about it.*
Il s'en moque pas mal.	*He couldn't care less.*
Je m'en moque éperdument.	*I don't give a hang.*
Je m'en moque comme de ma première chemise.	*I don't care at all about it.*

mordre *to bite*

PRESENT

je mords	nous mordons
tu mords	vous mordez
il/elle mord	ils/elles mordent

IMPERFECT

je mordais	nous mordions
tu mordais	vous mordiez
il/elle mordait	ils/elles mordaient

PASSÉ SIMPLE

je mordis	nous mordîmes
tu mordis	vous mordîtes
il/elle mordit	ils/elles mordirent

FUTURE

je mordrai	nous mordrons
tu mordras	vous mordrez
il/elle mordra	ils/elles mordront

CONDITIONAL

je mordrais	nous mordrions
tu mordrais	vous mordriez
il/elle mordrait	ils/elles mordraient

PRESENT SUBJUNCTIVE

que je morde	que nous mordions
que tu mordes	que vous mordiez
qu'il/elle morde	qu'ils/elles mordent

IMPERFECT SUBJUNCTIVE

que je mordisse	que nous mordissions
que tu mordisses	que vous mordissiez
qu'il/elle mordît	qu'ils/elles mordissent

PASSÉ COMPOSÉ

j'ai mordu	nous avons mordu
tu as mordu	vous avez mordu
il/elle a mordu	ils/elles ont mordu

PLUPERFECT

j'avais mordu	nous avions mordu
tu avais mordu	vous aviez mordu
il/elle avait mordu	ils/elles avaient mordu

PAST ANTERIOR

j'eus mordu	nous eûmes mordu
tu eus mordu	vous eûtes mordu
il/elle eut mordu	ils/elles eurent mordu

FUTURE ANTERIOR

j'aurai mordu	nous aurons mordu
tu auras mordu	vous aurez mordu
il/elle aura mordu	ils/elles auront mordu

PAST CONDITIONAL

j'aurais mordu	nous aurions mordu
tu aurais mordu	vous auriez mordu
il/elle aurait mordu	ils/elles auraient mordu

PAST SUBJUNCTIVE

que j'aie mordu	que nous ayons mordu
que tu aies mordu	que vous ayez mordu
qu'il/elle ait mordu	qu'ils/elles aient mordu

PLUPERFECT SUBJUNCTIVE

que j'eusse mordu	que nous eussions mordu
que tu eusses mordu	que vous eussiez mordu
qu'il/elle eût mordu	qu'ils/elles eussent mordu

COMMANDS

	(nous) mordons
(tu) mords	(vous) mordez

Usage

Un chien lui a mordu la cheville.	*A dog bit him on the ankle.*
Approche-toi. Je ne mords pas.	*Come closer. I don't bite.*
mordre dans un fruit	*to bite into a fruit*
Il a mordu un petit bout de fromage.	*He bit off a small piece of cheese.*
Il a mordu dans le chocolat à belles dents.	*He bit heartily into the chocolate.*
Je m'en mords les doigts.	*I regret it.*
Tu vas t'en mordre les doigts!	*You'll live to regret it.*
Il ne pense qu'à elle. Il est mordu.	*She's all he thinks about. He's hooked.*
Cet étudiant ne mord pas au latin.	*This student doesn't take to Latin.*
Il a mordu (à l'hameçon).	*He fell for it.*
C'est un mordu du rock.	*He's a real rock music devotee.*

PROVERB

Chien qui aboie ne mord pas.	*His bark is worse than his bite.*

irregular verb

je mouds · je moulus · moulu · moulant

PRESENT

je mouds	nous moulons
tu mouds	vous moulez
il/elle moud	ils/elles moulent

IMPERFECT

je moulais	nous moulions
tu moulais	vous mouliez
il/elle moulait	ils/elles moulaient

PASSÉ SIMPLE

je moulus	nous moulûmes
tu moulus	vous moulûtes
il/elle moulut	ils/elles moulurent

FUTURE

je moudrai	nous moudrons
tu moudras	vous moudrez
il/elle moudra	ils/elles moudront

CONDITIONAL

je moudrais	nous moudrions
tu moudrais	vous moudriez
il/elle moudrait	ils/elles moudraient

PRESENT SUBJUNCTIVE

que je moule	que nous moulions
que tu moules	que vous mouliez
qu'il/elle moule	qu'ils/elles moulent

IMPERFECT SUBJUNCTIVE

que je moulusse	que nous moulussions
que tu moulusses	que vous moulussiez
qu'il/elle moulût	qu'ils/elles moulussent

PASSÉ COMPOSÉ

j'ai moulu	nous avons moulu
tu as moulu	vous avez moulu
il/elle a moulu	ils/elles ont moulu

PLUPERFECT

j'avais moulu	nous avions moulu
tu avais moulu	vous aviez moulu
il/elle avait moulu	ils/elles avaient moulu

PAST ANTERIOR

j'eus moulu	nous eûmes moulu
tu eus moulu	vous eûtes moulu
il/elle eut moulu	ils/elles eurent moulu

FUTURE ANTERIOR

j'aurai moulu	nous aurons moulu
tu auras moulu	vous aurez moulu
il/elle aura moulu	ils/elles auront moulu

PAST CONDITIONAL

j'aurais moulu	nous aurions moulu
tu aurais moulu	vous auriez moulu
il/elle aurait moulu	ils/elles auraient moulu

PAST SUBJUNCTIVE

que j'aie moulu	que nous ayons moulu
que tu aies moulu	que vous ayez moulu
qu'il/elle ait moulu	qu'ils/elles aient moulu

PLUPERFECT SUBJUNCTIVE

que j'eusse moulu	que nous eussions moulu
que tu eusses moulu	que vous eussiez moulu
qu'il/elle eût moulu	qu'ils/elles eussent moulu

COMMANDS

	(nous) moulons
(tu) mouds	(vous) moulez

Usage

moudre du poivre	*to grind pepper*
moudre du blé	*to grind/mill wheat*
moudre du café	*to grind coffee*

RELATED WORDS

le moulin	*mill*
le moulin à vent	*windmill*
le moulin à eau	*water mill*
On y entre comme dans un moulin.	*Anyone and everyone walks in and out of there.*

mourir *to die*

je meurs · je mourus · mort · mourant

irregular verb; compound tenses with *être*

PRESENT

je meurs	nous mourons
tu meurs	vous mourez
il/elle meurt	ils/elles meurent

IMPERFECT

je mourais	nous mourions
tu mourais	vous mouriez
il/elle mourait	ils/elles mouraient

PASSÉ SIMPLE

je mourus	nous mourûmes
tu mourus	vous mourûtes
il/elle mourut	ils/elles moururent

FUTURE

je mourrai	nous mourrons
tu mourras	vous mourrez
il/elle mourra	ils/elles mourront

CONDITIONAL

je mourrais	nous mourrions
tu mourrais	vous mourriez
il/elle mourrait	ils/elles mourraient

PRESENT SUBJUNCTIVE

que je meure	que nous mourions
que tu meures	que vous mouriez
qu'il/elle meure	qu'ils/elles meurent

IMPERFECT SUBJUNCTIVE

que je mourusse	que nous mourussions
que tu mourusses	que vous mourussiez
qu'il/elle mourût	qu'ils/elles mourussent

COMMANDS

	(nous) mourons
(tu) meurs	(vous) mourez

PASSÉ COMPOSÉ

je suis mort(e)	nous sommes mort(e)s
tu es mort(e)	vous êtes mort(e)(s)
il/elle est mort(e)	ils/elles sont mort(e)s

PLUPERFECT

j'étais mort(e)	nous étions mort(e)s
tu étais mort(e)	vous étiez mort(e)(s)
il/elle était mort(e)	ils/elles étaient mort(e)s

PAST ANTERIOR

je fus mort(e)	nous fûmes mort(e)s
tu fus mort(e)	vous fûtes mort(e)(s)
il/elle fut mort(e)	ils/elles furent mort(e)s

FUTURE ANTERIOR

je serai mort(e)	nous serons mort(e)s
tu seras mort(e)	vous serez mort(e)(s)
il/elle sera mort(e)	ils/elles seront mort(e)s

PAST CONDITIONAL

je serais mort(e)	nous serions mort(e)s
tu serais mort(e)	vous seriez mort(e)(s)
il/elle serait mort(e)	ils/elles seraient mort(e)s

PAST SUBJUNCTIVE

que je sois mort(e)	que nous soyons mort(e)s
que tu sois mort(e)	que vous soyez mort(e)(s)
qu'il/elle soit mort(e)	qu'ils/elles soient mort(e)s

PLUPERFECT SUBJUNCTIVE

que je fusse mort(e)	que nous fussions mort(e)s
que tu fusses mort(e)	que vous fussiez mort(e)(s)
qu'il/elle fût mort(e)	qu'ils/elles fussent mort(e)s

Usage

Elle est morte il y a un an.	*She died a year ago.*
La vieille dame est morte d'un cancer.	*The elderly lady died of cancer.*
Je meurs de faim.	*I'm dying of hunger.*
Je meurs de froid.	*I'm absolutely freezing.*
Montre-moi la lettre! Je meurs d'impatience.	*Show me the letter! I'm dying to read it.*
Il est mort avant l'âge.	*He died young./He met an untimely death.*
C'est un film à mourir de rire.	*You can die laughing with that film.*
Je m'ennuyais à mourir.	*I was bored to death.*
—Je mourais d'envie de me présenter à elle.	*I was dying to introduce myself to her.*
—Vas-y! Tu n'en mourras pas!	*Go ahead! It won't kill you!*

RELATED WORDS

la mort	*death*
le mort/la morte	*dead man/dead woman*
un coup mortel/une blessure mortelle	*a fatal blow/a mortal wound*

regular -*ir* verb

je munis · je munis · muni · munissant

PRESENT

je munis	nous munissons
tu munis	vous munissez
il/elle munit	ils/elles munissent

IMPERFECT

je munissais	nous munissions
tu munissais	vous munissiez
il/elle munissait	ils/elles munissaient

PASSÉ SIMPLE

je munis	nous munîmes
tu munis	vous munîtes
il/elle munit	ils/elles munirent

FUTURE

je munirai	nous munirons
tu muniras	vous munirez
il/elle munira	ils/elles muniront

CONDITIONAL

je munirais	nous munirions
tu munirais	vous muniriez
il/elle munirait	ils/elles muniraient

PRESENT SUBJUNCTIVE

que je munisse	que nous munissions
que tu munisses	que vous munissiez
qu'il/elle munisse	qu'ils/elles munissent

IMPERFECT SUBJUNCTIVE

que je munisse	que nous munissions
que tu munisses	que vous munissiez
qu'il/elle munît	qu'ils/elles munissent

COMMANDS

	(nous) munissons
(tu) munis	(vous) munissez

PASSÉ COMPOSÉ

j'ai muni	nous avons muni
tu as muni	vous avez muni
il/elle a muni	ils/elles ont muni

PLUPERFECT

j'avais muni	nous avions muni
tu avais muni	vous aviez muni
il/elle avait muni	ils/elles avaient muni

PAST ANTERIOR

j'eus muni	nous eûmes muni
tu eus muni	vous eûtes muni
il/elle eut muni	ils/elles eurent muni

FUTURE ANTERIOR

j'aurai muni	nous aurons muni
tu auras muni	vous aurez muni
il/elle aura muni	ils/elles auront muni

PAST CONDITIONAL

j'aurais muni	nous aurions muni
tu aurais muni	vous auriez muni
il/elle aurait muni	ils/elles auraient muni

PAST SUBJUNCTIVE

que j'aie muni	que nous ayons muni
que tu aies muni	que vous ayez muni
qu'il/elle ait muni	qu'ils/elles aient muni

PLUPERFECT SUBJUNCTIVE

que j'eusse muni	que nous eussions muni
que tu eusses muni	que vous eussiez muni
qu'il/elle eût muni	qu'ils/elles eussent muni

Usage

munir qqn de qqch	*to supply someone with something*
Il a muni son fils d'un peu d'argent.	*He supplied his son with a little money.*
Je me suis mis en route muni d'une carte de la région.	*I set out equipped with a map of the region.*
Si tu vas travailler avec eux, munis-toi de patience.	*If you're going to work with them, you'll need plenty of patience.*
Je munissais toujours mes enfants d'un peu d'argent de poche.	*I always make sure my children have some pocket money.*
La médiathèque est munie d'une bonne collection de films.	*The media resource center is equipped with a good collection of films.*

RELATED WORDS

les munitions *(fpl)*	*ammunition*
démunir	*to deprive*
prémunir qqn contre qqch	*to protect someone from something*

nager *to swim*

je nage · je nageai · nagé · nageant regular -er verb; spelling change: *g > ge/a, o*

PRESENT		PASSÉ COMPOSÉ	
je nage	nous nageons	j'ai nagé	nous avons nagé
tu nages	vous nagez	tu as nagé	vous avez nagé
il/elle nage	ils/elles nagent	il/elle a nagé	ils/elles ont nagé

IMPERFECT		PLUPERFECT	
je nageais	nous nagions	j'avais nagé	nous avions nagé
tu nageais	vous nagiez	tu avais nagé	vous aviez nagé
il/elle nageait	ils/elles nageaient	il/elle avait nagé	ils/elles avaient nagé

PASSÉ SIMPLE		PAST ANTERIOR	
je nageai	nous nageâmes	j'eus nagé	nous eûmes nagé
tu nageas	vous nageâtes	tu eus nagé	vous eûtes nagé
il/elle nagea	ils/elles nagèrent	il/elle eut nagé	ils/elles eurent nagé

FUTURE		FUTURE ANTERIOR	
je nagerai	nous nagerons	j'aurai nagé	nous aurons nagé
tu nageras	vous nagerez	tu auras nagé	vous aurez nagé
il/elle nagera	ils/elles nageront	il/elle aura nagé	ils/elles auront nagé

CONDITIONAL		PAST CONDITIONAL	
je nagerais	nous nagerions	j'aurais nagé	nous aurions nagé
tu nagerais	vous nageriez	tu aurais nagé	vous auriez nagé
il/elle nagerait	ils/elles nageraient	il/elle aurait nagé	ils/elles auraient nagé

PRESENT SUBJUNCTIVE		PAST SUBJUNCTIVE	
que je nage	que nous nagions	que j'aie nagé	que nous ayons nagé
que tu nages	que vous nagiez	que tu aies nagé	que vous ayez nagé
qu'il/elle nage	qu'ils/elles nagent	qu'il/elle ait nagé	qu'ils/elles aient nagé

IMPERFECT SUBJUNCTIVE		PLUPERFECT SUBJUNCTIVE	
que je nageasse	que nous nageassions	que j'eusse nagé	que nous eussions nagé
que tu nageasses	que vous nageassiez	que tu eusses nagé	que vous eussiez nagé
qu'il/elle nageât	qu'ils/elles nageassent	qu'il/elle eût nagé	qu'ils/elles eussent nagé

COMMANDS	
	(nous) nageons
(tu) nage	(vous) nagez

Usage

Tu sais nager?	*Do you know how to swim?*
Cet enfant nage déjà comme un poisson!	*This child already swims so well/like a fish!*
Elle nage dans la tristesse.	*She is overcome with sadness.*
Il nage dans le mystère.	*He is totally bewildered.*
—Il a compris?	*Did he understand?*
—Non, il nage complètement.	*No, he is completely in the dark.*
nager la brasse/le crawl	*to do the breaststroke/the crawl*
nager le 100 mètres	*to swim the 100 meters*

RELATED WORDS

la nage	*swimming*
être en nage	*to be sweaty*
le nageur/nageuse	*swimmer*

irregular verb; compound tenses with _être_

je nais · je naquis · né · naissant

PRESENT

je nais	nous naissons
tu nais	vous naissez
il/elle naît	ils/elles naissent

IMPERFECT

je naissais	nous naissions
tu naissais	vous naissiez
il/elle naissait	ils/elles naissaient

PASSÉ SIMPLE

je naquis	nous naquîmes
tu naquis	vous naquîtes
il/elle naquit	ils/elles naquirent

FUTURE

je naîtrai	nous naîtrons
tu naîtras	vous naîtrez
il/elle naîtra	ils/elles naîtront

CONDITIONAL

je naîtrais	nous naîtrions
tu naîtrais	vous naîtriez
il/elle naîtrait	ils/elles naîtraient

PRESENT SUBJUNCTIVE

que je naisse	que nous naissions
que tu naisses	que vous naissiez
qu'il/elle naisse	qu'ils/elles naissent

IMPERFECT SUBJUNCTIVE

que je naquisse	que nous naquissions
que tu naquisses	que vous naquissiez
qu'il/elle naquît	qu'ils/elles naquissent

COMMANDS

	(nous) naissons
(tu) nais	(vous) naissez

PASSÉ COMPOSÉ

je suis né(e)	nous sommes né(e)s
tu es né(e)	vous êtes né(e)(s)
il/elle est né(e)	ils/elles sont né(e)s

PLUPERFECT

j'étais né(e)	nous étions né(e)s
tu étais né(e)	vous étiez né(e)(s)
il/elle était né(e)	ils/elles étaient né(e)s

PAST ANTERIOR

je fus né(e)	nous fûmes né(e)s
tu fus né(e)	vous fûtes né(e)(s)
il/elle fut né(e)	ils/elles furent né(e)s

FUTURE ANTERIOR

je serai né(e)	nous serons né(e)s
tu seras né(e)	vous serez né(e)(s)
il/elle sera né(e)	ils/elles seront né(e)s

PAST CONDITIONAL

je serais né(e)	nous serions né(e)s
tu serais né(e)	vous seriez né(e)(s)
il/elle serait né(e)	ils/elles seraient né(e)s

PAST SUBJUNCTIVE

que je sois né(e)	que nous soyons né(e)s
que tu sois né(e)	que vous soyez né(e)(s)
qu'il/elle soit né(e)	qu'ils/elles soient né(e)s

PLUPERFECT SUBJUNCTIVE

que je fusse né(e)	que nous fussions né(e)s
que tu fusses né(e)	que vous fussiez né(e)(s)
qu'il/elle fût né(e)	qu'ils/elles fussent né(e)s

Usage

—Où es-tu né?	_Where were you born?_
—Je suis né à Bordeaux.	_I was born in Bordeaux._
Sa sœur est née aveugle.	_His sister was born blind._
Ils sont nés l'un pour l'autre.	_They were meant for each other._
Elle est née coiffée.	_She was born with a silver spoon in her mouth._
On est amis depuis très longtemps.	_We've been friends for a very long time._
Je l'ai vu naître.	_We've known each other since we were children._
Lui, il a réussi dans la vie, mais son frère était né sous une mauvaise étoile.	_He was successful in life but his brother was a born loser._
Je ne suis pas né d'hier.	_I wasn't born yesterday._

RELATED WORD

la naissance	_birth_
Votre date et lieu de naissance?	_Your date and place of birth?_

PRESENT

je néglige	nous négligeons
tu négliges	vous négligez
il/elle néglige	ils/elles négligent

PASSÉ COMPOSÉ

j'ai négligé	nous avons négligé
tu as négligé	vous avez négligé
il/elle a négligé	ils/elles ont négligé

IMPERFECT

je négligeais	nous négligions
tu négligeais	vous négligiez
il/elle négligeait	ils/elles négligeaient

PLUPERFECT

j'avais négligé	nous avions négligé
tu avais négligé	vous aviez négligé
il/elle avait négligé	ils/elles avaient négligé

PASSÉ SIMPLE

je négligeai	nous négligeâmes
tu négligeas	vous négligeâtes
il/elle négligea	ils/elles négligèrent

PAST ANTERIOR

j'eus négligé	nous eûmes négligé
tu eus négligé	vous eûtes négligé
il/elle eut négligé	ils/elles eurent négligé

FUTURE

je négligerai	nous négligerons
tu négligeras	vous négligerez
il/elle négligera	ils/elles négligeront

FUTURE ANTERIOR

j'aurai négligé	nous aurons négligé
tu auras négligé	vous aurez négligé
il/elle aura négligé	ils/elles auront négligé

CONDITIONAL

je négligerais	nous négligerions
tu négligerais	vous négligeriez
il/elle négligerait	ils/elles négligeraient

PAST CONDITIONAL

j'aurais négligé	nous aurions négligé
tu aurais négligé	vous auriez négligé
il/elle aurait négligé	ils/elles auraient négligé

PRESENT SUBJUNCTIVE

que je néglige	que nous négligions
que tu négliges	que vous négligiez
qu'il/elle néglige	qu'ils/elles négligent

PAST SUBJUNCTIVE

que j'aie négligé	que nous ayons négligé
que tu aies négligé	que vous ayez négligé
qu'il/elle ait négligé	qu'ils/elles aient négligé

IMPERFECT SUBJUNCTIVE

que je négligeasse	que nous négligeassions
que tu négligeasses	que vous négligeassiez
qu'il/elle négligeât	qu'ils/elles négligeassent

PLUPERFECT SUBJUNCTIVE

que j'eusse négligé	que nous eussions négligé
que tu eusses négligé	que vous eussiez négligé
qu'il/elle eût négligé	qu'ils/elles eussent négligé

COMMANDS

	(nous) négligeons
(tu) néglige	(vous) négligez

Usage

Il néglige ses études.	*He's neglecting his studies.*
Il ne faut pas négliger sa santé.	*You mustn't neglect your health.*
Elle néglige son talent musical.	*She doesn't develop her musical ability.*
Regarde comme tu es habillé! Tu te négliges!	*Look how you're dressed! You're letting yourself go!*
Elle est très négligée.	*She's careless about her looks.*
négliger de faire qqch	*to neglect to do something*
Ne négligez pas de m'avertir.	*Don't fail to notify me.*
Il a négligé de retirer les billets.	*He forgot to pick up the tickets.*
Cette offre n'est pas à négliger.	*This is not an offer to disregard.*
Elle ne néglige rien pour nous être utile.	*She leaves no stone unturned to be helpful to us.*

RELATED WORD

négligé(e)	*sloppy*
Ton écriture est assez négligée.	*Your writing is rather sloppy.*

regular -*er* verb; spelling change:
y > *i*/mute e

je nettoie · je nettoyai · nettoyé · nettoyant

PRESENT

je nettoie	nous nettoyons
tu nettoies	vous nettoyez
il/elle nettoie	ils/elles nettoient

IMPERFECT

je nettoyais	nous nettoyions
tu nettoyais	vous nettoyiez
il/elle nettoyait	ils/elles nettoyaient

PASSÉ SIMPLE

je nettoyai	nous nettoyâmes
tu nettoyas	vous nettoyâtes
il/elle nettoya	ils/elles nettoyèrent

FUTURE

je nettoierai	nous nettoierons
tu nettoieras	vous nettoierez
il/elle nettoiera	ils/elles nettoieront

CONDITIONAL

je nettoierais	nous nettoierions
tu nettoierais	vous nettoieriez
il/elle nettoierait	ils/elles nettoieraient

PRESENT SUBJUNCTIVE

que je nettoie	que nous nettoyions
que tu nettoies	que vous nettoyiez
qu'il/elle nettoie	qu'ils/elles nettoient

IMPERFECT SUBJUNCTIVE

que je nettoyasse	que nous nettoyassions
que tu nettoyasses	que vous nettoyassiez
qu'il/elle nettoyât	qu'ils/elles nettoyassent

PASSÉ COMPOSÉ

j'ai nettoyé	nous avons nettoyé
tu as nettoyé	vous avez nettoyé
il/elle a nettoyé	ils/elles ont nettoyé

PLUPERFECT

j'avais nettoyé	nous avions nettoyé
tu avais nettoyé	vous aviez nettoyé
il/elle avait nettoyé	ils/elles avaient nettoyé

PAST ANTERIOR

j'eus nettoyé	nous eûmes nettoyé
tu eus nettoyé	vous eûtes nettoyé
il/elle eut nettoyé	ils/elles eurent nettoyé

FUTURE ANTERIOR

j'aurai nettoyé	nous aurons nettoyé
tu auras nettoyé	vous aurez nettoyé
il/elle aura nettoyé	ils/elles auront nettoyé

PAST CONDITIONAL

j'aurais nettoyé	nous aurions nettoyé
tu aurais nettoyé	vous auriez nettoyé
il/elle aurait nettoyé	ils/elles auraient nettoyé

PAST SUBJUNCTIVE

que j'aie nettoyé	que nous ayons nettoyé
que tu aies nettoyé	que vous ayez nettoyé
qu'il/elle ait nettoyé	qu'ils/elles aient nettoyé

PLUPERFECT SUBJUNCTIVE

que j'eusse nettoyé	que nous eussions nettoyé
que tu eusses nettoyé	que vous eussiez nettoyé
qu'il/elle eût nettoyé	qu'ils/elles eussent nettoyé

COMMANDS

	(nous) nettoyons
(tu) nettoie	(vous) nettoyez

Usage

nettoyer la cuisine/la maison	*to clean the kitchen/the house*
nettoyer avec une éponge	*to clean with a sponge*
Quelqu'un m'a nettoyé les poches.	*Someone went through my pockets.*
Les voleurs ont nettoyé l'appartement.	*The thieves cleaned out the apartment.*
L'armée a nettoyé la campagne.	*The army cleaned the enemy out of the countryside.*
faire nettoyer un vêtement à sec	*to have a garment dry-cleaned*

RELATED WORD

le nettoyage	*cleaning*
le nettoyage de la maison	*cleaning the house*
le nettoyage des vitres	*cleaning the windows*

nier *to deny*

regular *-er* verb

PRESENT

je nie	nous nions
tu nies	vous niez
il/elle nie	ils/elles nient

IMPERFECT

je niais	nous niions
tu niais	vous niiez
il/elle niait	ils/elles niaient

PASSÉ SIMPLE

je niai	nous niâmes
tu nias	vous niâtes
il/elle nia	ils/elles nièrent

FUTURE

je nierai	nous nierons
tu nieras	vous nierez
il/elle niera	ils/elles nieront

CONDITIONAL

je nierais	nous nierions
tu nierais	vous nieriez
il/elle nierait	ils/elles nieraient

PRESENT SUBJUNCTIVE

que je nie	que nous niions
que tu nies	que vous niiez
qu'il/elle nie	qu'ils/elles nient

IMPERFECT SUBJUNCTIVE

que je niasse	que nous niassions
que tu niasses	que vous niassiez
qu'il/elle niât	qu'ils/elles niassent

COMMANDS

	(nous) nions
(tu) nie	(vous) niez

PASSÉ COMPOSÉ

j'ai nié	nous avons nié
tu as nié	vous avez nié
il/elle a nié	ils/elles ont nié

PLUPERFECT

j'avais nié	nous avions nié
tu avais nié	vous aviez nié
il/elle avait nié	ils/elles avaient nié

PAST ANTERIOR

j'eus nié	nous eûmes nié
tu eus nié	vous eûtes nié
il/elle eut nié	ils/elles eurent nié

FUTURE ANTERIOR

j'aurai nié	nous aurons nié
tu auras nié	vous aurez nié
il/elle aura nié	ils/elles auront nié

PAST CONDITIONAL

j'aurais nié	nous aurions nié
tu aurais nié	vous auriez nié
il/elle aurait nié	ils/elles auraient nié

PAST SUBJUNCTIVE

que j'aie nié	que nous ayons nié
que tu aies nié	que vous ayez nié
qu'il/elle ait nié	qu'ils/elles aient nié

PLUPERFECT SUBJUNCTIVE

que j'eusse nié	que nous eussions nié
que tu eusses nié	que vous eussiez nié
qu'il/elle eût nié	qu'ils/elles eussent nié

Usage

L'inculpé ne peut pas nier ces faits.	*The accused cannot deny these facts.*
L'accusé a tout nié.	*The accused denied everything.*
Il nie l'avoir battue.	*He denies having hit her.*
Il nie que nous soyons ses collègues.	*He denies that we are his coworkers.*
Il nie que vous ayez participé aux entretiens.	*He denies that you have participated in the talks.*
Je ne nie pas qu'il est intelligent.	*I don't deny that he is intelligent.*
Nous ne nions pas qu'elle veut partir.	*We don't deny that she wants to leave.*
Dire qu'il est innocent, c'est nier l'évidence.	*Saying that he's innocent is to deny what is obvious.*
Les hommes de sciences les plus importants nient la justesse de cette théorie.	*The most important scientists deny the validity of this theory.*
On ne peut pas nier la réalité.	*You can't deny reality.*

regular *-ir* verb

je nourris · je nourris · nourri · nourrissant

PRESENT

je nourris	nous nourrissons
tu nourris	vous nourrissez
il/elle nourrit	ils/elles nourrissent

IMPERFECT

je nourrissais	nous nourrissions
tu nourrissais	vous nourrissiez
il/elle nourrissait	ils/elles nourrissaient

PASSÉ SIMPLE

je nourris	nous nourrîmes
tu nourris	vous nourrîtes
il/elle nourrit	ils/elles nourrirent

FUTURE

je nourrirai	nous nourrirons
tu nourriras	vous nourrirez
il/elle nourrira	ils/elles nourriront

CONDITIONAL

je nourrirais	nous nourririons
tu nourrirais	vous nourririez
il/elle nourrirait	ils/elles nourriraient

PRESENT SUBJUNCTIVE

que je nourrisse	que nous nourrissions
que tu nourrisses	que vous nourrissiez
qu'il/elle nourrisse	qu'ils/elles nourrissent

IMPERFECT SUBJUNCTIVE

que je nourrisse	que nous nourrissions
que tu nourrisses	que vous nourrissiez
qu'il/elle nourrît	qu'ils/elles nourrissent

COMMANDS

	(nous) nourrissons
(tu) nourris	(vous) nourrissez

PASSÉ COMPOSÉ

j'ai nourri	nous avons nourri
tu as nourri	vous avez nourri
il/elle a nourri	ils/elles ont nourri

PLUPERFECT

j'avais nourri	nous avions nourri
tu avais nourri	vous aviez nourri
il/elle avait nourri	ils/elles avaient nourri

PAST ANTERIOR

j'eus nourri	nous eûmes nourri
tu eus nourri	vous eûtes nourri
il/elle eut nourri	ils/elles eurent nourri

FUTURE ANTERIOR

j'aurai nourri	nous aurons nourri
tu auras nourri	vous aurez nourri
il/elle aura nourri	ils/elles auront nourri

PAST CONDITIONAL

j'aurais nourri	nous aurions nourri
tu aurais nourri	vous auriez nourri
il/elle aurait nourri	ils/elles auraient nourri

PAST SUBJUNCTIVE

que j'aie nourri	que nous ayons nourri
que tu aies nourri	que vous ayez nourri
qu'il/elle ait nourri	qu'ils/elles aient nourri

PLUPERFECT SUBJUNCTIVE

que j'eusse nourri	que nous eussions nourri
que tu eusses nourri	que vous eussiez nourri
qu'il/elle eût nourri	qu'ils/elles eussent nourri

Usage

—Tu nourris ton bébé au biberon?	*Do your feed your baby with a bottle?*
—Non, je le nourris à la cuillère.	*No, I feed him with a spoon.*
Ce malade ne peut pas se nourrir.	*This patient can't feed himself.*
Le fromage nourrit.	*Cheese is nourishing.*
Ils se nourrissaient de baies et de noix.	*They lived on berries and nuts.*
Les skieurs se nourrissent bien.	*Skiers eat well.*
La campagne nourrit les villes.	*The countryside feeds the cities.*
Il y a des gens mal nourris dans la ville.	*There are people who don't have enough to eat in the city.*
Il cherche un métier qui nourrisse l'esprit.	*He's looking for a line of work that satisfies the mind.*
C'est un métier qui ne nourrit pas son homme.	*You can't make a living in that line of work.*

RELATED WORD

la nourriture	*food*
La nourriture ici est très bonne.	*The food here is very good.*

nuire *to harm*

PRESENT

je nuis	nous nuisons
tu nuis	vous nuisez
il/elle nuit	ils/elles nuisent

IMPERFECT

je nuisais	nous nuisions
tu nuisais	vous nuisiez
il/elle nuisait	ils/elles nuisaient

PASSÉ SIMPLE

je nuisis	nous nuisîmes
tu nuisis	vous nuisîtes
il/elle nuisit	ils/elles nuisirent

FUTURE

je nuirai	nous nuirons
tu nuiras	vous nuirez
il/elle nuira	ils/elles nuiront

CONDITIONAL

je nuirais	nous nuirions
tu nuirais	vous nuiriez
il/elle nuirait	ils/elles nuiraient

PRESENT SUBJUNCTIVE

que je nuise	que nous nuisions
que tu nuises	que vous nuisiez
qu'il/elle nuise	qu'ils/elles nuisent

IMPERFECT SUBJUNCTIVE

que je nuisisse	que nous nuisissions
que tu nuisisses	que vous nuisissiez
qu'il/elle nuisît	qu'ils/elles nuisissent

PASSÉ COMPOSÉ

j'ai nui	nous avons nui
tu as nui	vous avez nui
il/elle a nui	ils/elles ont nui

PLUPERFECT

j'avais nui	nous avions nui
tu avais nui	vous aviez nui
il/elle avait nui	ils/elles avaient nui

PAST ANTERIOR

j'eus nui	nous eûmes nui
tu eus nui	vous eûtes nui
il/elle eut nui	ils/elles eurent nui

FUTURE ANTERIOR

j'aurai nui	nous aurons nui
tu auras nui	vous aurez nui
il/elle aura nui	ils/elles auront nui

PAST CONDITIONAL

j'aurais nui	nous aurions nui
tu aurais nui	vous auriez nui
il/elle aurait nui	ils/elles auraient nui

PAST SUBJUNCTIVE

que j'aie nui	que nous ayons nui
que tu aies nui	que vous ayez nui
qu'il/elle ait nui	qu'ils/elles aient nui

PLUPERFECT SUBJUNCTIVE

que j'eusse nui	que nous eussions nui
que tu eusses nui	que vous eussiez nui
qu'il/elle eût nui	qu'ils/elles eussent nui

COMMANDS

	(nous) nuisons
(tu) nuis	(vous) nuisez

Usage

nuire à qqch	*to damage something*
Cette affaire a nui à sa réputation.	*This business deal harmed his reputation.*
nuire à qqn	*to harm someone*
Il cherche à nuire à ses collègues.	*He tries to do his coworkers harm.*
Les preuves lui ont beaucoup nui.	*The evidence hurt him a lot.*
Sa froideur lui nuit.	*His coldness is a big disadvantage for him.*
Ce travail a nui à sa santé.	*That work harmed his health.*
La crise économique a nui aux projets d'expansion de notre entreprise.	*The economic downturn harmed our company's plans for expansion.*
se nuire	*to harm each other/work against each other*
Ils se sont nui.	*They did each other harm.*

RELATED WORD

nuisible	*harmful*
L'excès d'alcool est nuisible à la santé.	*Excessive use of alcohol is harmful to your health.*

regular -*ir* verb | **j'obéis · j'obéis · obéi · obéissant**

PRESENT

j'obéis	nous obéissons
tu obéis	vous obéissez
il/elle obéit	ils/elles obéissent

IMPERFECT

j'obéissais	nous obéissions
tu obéissais	vous obéissiez
il/elle obéissait	ils/elles obéissaient

PASSÉ SIMPLE

j'obéis	nous obéîmes
tu obéis	vous obéîtes
il/elle obéit	ils/elles obéirent

FUTURE

j'obéirai	nous obéirons
tu obéiras	vous obéirez
il/elle obéira	ils/elles obéiront

CONDITIONAL

j'obéirais	nous obéirions
tu obéirais	vous obéiriez
il/elle obéirait	ils/elles obéiraient

PRESENT SUBJUNCTIVE

que j'obéisse	que nous obéissions
que tu obéisses	que vous obéissiez
qu'il/elle obéisse	qu'ils/elles obéissent

IMPERFECT SUBJUNCTIVE

que j'obéisse	que nous obéissions
que tu obéisses	que vous obéissiez
qu'il/elle obéît	qu'ils/elles obéissent

PASSÉ COMPOSÉ

j'ai obéi	nous avons obéi
tu as obéi	vous avez obéi
il/elle a obéi	ils/elles ont obéi

PLUPERFECT

j'avais obéi	nous avions obéi
tu avais obéi	vous aviez obéi
il/elle avait obéi	ils/elles avaient obéi

PAST ANTERIOR

j'eus obéi	nous eûmes obéi
tu eus obéi	vous eûtes obéi
il/elle eut obéi	ils/elles eurent obéi

FUTURE ANTERIOR

j'aurai obéi	nous aurons obéi
tu auras obéi	vous aurez obéi
il/elle aura obéi	ils/elles auront obéi

PAST CONDITIONAL

j'aurais obéi	nous aurions obéi
tu aurais obéi	vous auriez obéi
il/elle aurait obéi	ils/elles auraient obéi

PAST SUBJUNCTIVE

que j'aie obéi	que nous ayons obéi
que tu aies obéi	que vous ayez obéi
qu'il/elle ait obéi	qu'ils/elles aient obéi

PLUPERFECT SUBJUNCTIVE

que j'eusse obéi	que nous eussions obéi
que tu eusses obéi	que vous eussiez obéi
qu'il/elle eût obéi	qu'ils/elles eussent obéi

COMMANDS

	(nous) obéissons
(tu) obéis	(vous) obéissez

Usage

obéir à qqn	*to obey someone*
Il obéit à ses parents.	*He obeys his parents.*
Il obéit au patron au doigt et à l'œil.	*He does the boss's bidding.*
Le chef sait se faire obéir.	*The boss knows how to get people to obey him.*
Je leur ai dit de venir mais ils n'ont pas obéi.	*I told them to come but they didn't listen to me.*
obéir à qqch	*to obey something*
Un bon soldat obéit aux ordres.	*A good soldier obeys orders.*
Il n'obéit qu'à sa conscience.	*He listens only to his conscience.*
Tu n'as qu'à obéir.	*All you have to do is obey.*

RELATED WORD

l'obéissance (*f*)	*obedience*
Ils ont juré obéissance au chef de bande.	*They swore to obey the gang leader.*

obliger   *to oblige*

j'oblige · j'obligeai · obligé · obligeant   regular -er verb; spelling change: *g > ge/a, o*

PRESENT

j'oblige	nous obligeons
tu obliges	vous obligez
il/elle oblige	ils/elles obligent

IMPERFECT

j'obligeais	nous obligions
tu obligeais	vous obligiez
il/elle obligeait	ils/elles obligeaient

PASSÉ SIMPLE

j'obligeai	nous obligeâmes
tu obligeas	vous obligeâtes
il/elle obligea	ils/elles obligèrent

FUTURE

j'obligerai	nous obligerons
tu obligeras	vous obligerez
il/elle obligera	ils/elles obligeront

CONDITIONAL

j'obligerais	nous obligerions
tu obligerais	vous obligeriez
il/elle obligerait	ils/elles obligeraient

PRESENT SUBJUNCTIVE

que j'oblige	que nous obligions
que tu obliges	que vous obligiez
qu'il/elle oblige	qu'ils/elles obligent

IMPERFECT SUBJUNCTIVE

que j'obligeasse	que nous obligeassions
que tu obligeasses	que vous obligeassiez
qu'il/elle obligeât	qu'ils/elles obligeassent

PASSÉ COMPOSÉ

j'ai obligé	nous avons obligé
tu as obligé	vous avez obligé
il/elle a obligé	ils/elles ont obligé

PLUPERFECT

j'avais obligé	nous avions obligé
tu avais obligé	vous aviez obligé
il/elle avait obligé	ils/elles avaient obligé

PAST ANTERIOR

j'eus obligé	nous eûmes obligé
tu eus obligé	vous eûtes obligé
il/elle eut obligé	ils/elles eurent obligé

FUTURE ANTERIOR

j'aurai obligé	nous aurons obligé
tu auras obligé	vous aurez obligé
il/elle aura obligé	ils/elles auront obligé

PAST CONDITIONAL

j'aurais obligé	nous aurions obligé
tu aurais obligé	vous auriez obligé
il/elle aurait obligé	ils/elles auraient obligé

PAST SUBJUNCTIVE

que j'aie obligé	que nous ayons obligé
que tu aies obligé	que vous ayez obligé
qu'il/elle ait obligé	qu'ils/elles aient obligé

PLUPERFECT SUBJUNCTIVE

que j'eusse obligé	que nous eussions obligé
que tu eusses obligé	que vous eussiez obligé
qu'il/elle eût obligé	qu'ils/elles eussent obligé

COMMANDS

	(nous) obligeons
(tu) oblige	(vous) obligez

Usage

obliger qqn à faire qqch	*to force someone to do something*
Tu ne peux pas les obliger à revenir?	*Can't you make them come back?*
Il faut l'obliger à tenir sa promesse.	*You have to make him keep his promise.*
La loi nous oblige à respecter les droits des autres.	*The law obliges us to respect other people's rights.*
Sa conduite m'a obligé à me fâcher contre lui.	*His behavior forced me to get angry with him.*
s'obliger à faire qqch	*to commit oneself to do something*
Je m'oblige à vous aider.	*I promise to help you.*
Nous vous serions obligés de bien vouloir nous répondre dans les plus brefs délais.	*We would be grateful to you for your prompt reply.* (formal letter)

RELATED WORDS

C'est obligé. *(colloquial)*	*It's inevitable.*
C'est obligé qu'il revienne demain.	*It's inevitable that he'll return tomorrow.*
l'obligation *(f)*	*obligation*
J'ai des obligations envers eux.	*I am obliged to them.*
sans obligation de votre part	*with no obligation to you*

irregular verb

j'obtiens · j'obtins · obtenu · obtenant

PRESENT

j'obtiens	nous obtenons
tu obtiens	vous obtenez
il/elle obtient	ils/elles obtiennent

IMPERFECT

j'obtenais	nous obtenions
tu obtenais	vous obteniez
il/elle obtenait	ils/elles obtenaient

PASSÉ SIMPLE

j'obtins	nous obtînmes
tu obtins	vous obtîntes
il/elle obtint	ils/elles obtinrent

FUTURE

j'obtiendrai	nous obtiendrons
tu obtiendras	vous obtiendrez
il/elle obtiendra	ils/elles obtiendront

CONDITIONAL

j'obtiendrais	nous obtiendrions
tu obtiendrais	vous obtiendriez
il/elle obtiendrait	ils/elles obtiendraient

PRESENT SUBJUNCTIVE

que j'obtienne	que nous obtenions
que tu obtiennes	que vous obteniez
qu'il/elle obtienne	qu'ils/elles obtiennent

IMPERFECT SUBJUNCTIVE

que j'obtinsse	que nous obtinssions
que tu obtinsses	que vous obtinssiez
qu'il/elle obtînt	qu'ils/elles obtinssent

COMMANDS

	(nous) obtenons
(tu) obtiens	(vous) obtenez

PASSÉ COMPOSÉ

j'ai obtenu	nous avons obtenu
tu as obtenu	vous avez obtenu
il/elle a obtenu	ils/elles ont obtenu

PLUPERFECT

j'avais obtenu	nous avions obtenu
tu avais obtenu	vous aviez obtenu
il/elle avait obtenu	ils/elles avaient obtenu

PAST ANTERIOR

j'eus obtenu	nous eûmes obtenu
tu eus obtenu	vous eûtes obtenu
il/elle eut obtenu	ils/elles eurent obtenu

FUTURE ANTERIOR

j'aurai obtenu	nous aurons obtenu
tu auras obtenu	vous aurez obtenu
il/elle aura obtenu	ils/elles auront obtenu

PAST CONDITIONAL

j'aurais obtenu	nous aurions obtenu
tu aurais obtenu	vous auriez obtenu
il/elle aurait obtenu	ils/elles auraient obtenu

PAST SUBJUNCTIVE

que j'aie obtenu	que nous ayons obtenu
que tu aies obtenu	que vous ayez obtenu
qu'il/elle ait obtenu	qu'ils/elles aient obtenu

PLUPERFECT SUBJUNCTIVE

que j'eusse obtenu	que nous eussions obtenu
que tu eusses obtenu	que vous eussiez obtenu
qu'il/elle eût obtenu	qu'ils/elles eussent obtenu

Usage

Est-ce que tu peux m'obtenir cet article sur Internet?	*Can you get that article for me on the Web?*
Je n'ai pas obtenu de réponse.	*No one answered.*
Je n'ai pas obtenu qu'on me réponde.	*I could not get anyone to answer me.*
Nous avons obtenu de bons résultats.	*We got good results.*
En mettant ces sommes ensemble, on obtient 3.000 euros.	*Putting these amounts together, you get 3,000 euros.*
Il n'a pas encore obtenu leur autorisation pour partir.	*He has not yet gotten their authorization to leave.*
J'ai obtenu la permission de mes parents.	*I got my parents' permission.*
Nous avons obtenu de lui qu'il nous rende l'argent.	*We got him to agree to return the money.*
Elle m'a obtenu un travail de programmeur.	*She got me a job as a programmer.*

s'occuper *to take care of*

je m'occupe · je m'occupai · s'étant occupé · s'occupant

regular *-er* reflexive verb;
compound tenses with *être*

PRESENT

je m'occupe	nous nous occupons
tu t'occupes	vous vous occupez
il/elle s'occupe	ils/elles s'occupent

PASSÉ COMPOSÉ

je me suis occupé(e)	nous nous sommes occupé(e)s
tu t'es occupé(e)	vous vous êtes occupé(e)(s)
il/elle s'est occupé(e)	ils/elles se sont occupé(e)s

IMPERFECT

je m'occupais	nous nous occupions
tu t'occupais	vous vous occupiez
il/elle s'occupait	ils/elles s'occupaient

PLUPERFECT

je m'étais occupé(e)	nous nous étions occupé(e)s
tu t'étais occupé(e)	vous vous étiez occupé(e)(s)
il/elle s'était occupé(e)	ils/elles s'étaient occupé(e)s

PASSÉ SIMPLE

je m'occupai	nous nous occupâmes
tu t'occupas	vous vous occupâtes
il/elle s'occupa	ils/elles s'occupèrent

PAST ANTERIOR

je me fus occupé(e)	nous nous fûmes occupé(e)s
tu te fus occupé(e)	vous vous fûtes occupé(e)(s)
il/elle se fut occupé(e)	ils/elles se furent occupé(e)s

FUTURE

je m'occuperai	nous nous occuperons
tu t'occuperas	vous vous occuperez
il/elle s'occupera	ils/elles s'occuperont

FUTURE ANTERIOR

je me serai occupé(e)	nous nous serons occupé(e)s
tu te seras occupé(e)	vous vous serez occupé(e)(s)
il/elle se sera occupé(e)	ils/elles se seront occupé(e)s

CONDITIONAL

je m'occuperais	nous nous occuperions
tu t'occuperais	vous vous occuperiez
il/elle s'occuperait	ils/elles s'occuperaient

PAST CONDITIONAL

je me serais occupé(e)	nous nous serions occupé(e)s
tu te serais occupé(e)	vous vous seriez occupé(e)(s)
il/elle se serait occupé(e)	ils/elles se seraient occupé(e)s

PRESENT SUBJUNCTIVE

que je m'occupe	que nous nous occupions
que tu t'occupes	que vous vous occupiez
qu'il/elle s'occupe	qu'ils/elles s'occupent

PAST SUBJUNCTIVE

que je me sois occupé(e)	que nous nous soyons occupé(e)s
que tu te sois occupé(e)	que vous vous soyez occupé(e)(s)
qu'il/elle se soit occupé(e)	qu'ils/elles se soient occupé(e)s

IMPERFECT SUBJUNCTIVE

que je m'occupasse	que nous nous occupassions
que tu t'occupasses	que vous vous occupassiez
qu'il/elle s'occupât	qu'ils/elles s'occupassent

PLUPERFECT SUBJUNCTIVE

que je me fusse occupé(e)	que nous nous fussions occupé(e)s
que tu te fusses occupé(e)	que vous vous fussiez occupé(e)(s)
qu'il/elle se fût occupé(e)	qu'ils/elles se fussent occupé(e)s

COMMANDS

	(nous) occupons-nous
(tu) occupe-toi	(vous) occupez-vous

Usage

s'occuper de qqch	*to take care of/be in charge of something*
Mon grand-père s'occupe du jardin.	*My grandfather takes care of the garden.*
Occupe-toi de tes affaires.	*Mind your own business.*
s'occuper de qqn	*to take care of someone*
On s'occupe de vous?	*Are you being served?* (in a store, etc.)
Qui s'occupe des enfants?	*Who's watching the children?*
Il y a trois infirmières qui s'occupent des malades.	*There are three nurses taking care of the patients.*
Je vais m'occuper de la voiture.	*I'll see to the car.*
Tu peux t'occuper de cette besogne?	*Can you take care of this task?*
Elle ne s'occupe que des affaires des autres.	*She's always meddling in other people's affairs.*

irregular verb

j'offre · j'offris · offert · offrant

PRESENT

j'offre	nous offrons
tu offres	vous offrez
il/elle offre	ils/elles offrent

IMPERFECT

j'offrais	nous offrions
tu offrais	vous offriez
il/elle offrait	ils/elles offraient

PASSÉ SIMPLE

j'offris	nous offrîmes
tu offris	vous offrîtes
il/elle offrit	ils/elles offrirent

FUTURE

j'offrirai	nous offrirons
tu offriras	vous offrirez
il/elle offrira	ils/elles offriront

CONDITIONAL

j'offrirais	nous offririons
tu offrirais	vous offririez
il/elle offrirait	ils/elles offriraient

PRESENT SUBJUNCTIVE

que j'offre	que nous offrions
que tu offres	que vous offriez
qu'il/elle offre	qu'ils/elles offrent

IMPERFECT SUBJUNCTIVE

que j'offrisse	que nous offrissions
que tu offrisses	que vous offrissiez
qu'il/elle offrît	qu'ils/elles offrissent

COMMANDS

	(nous) offrons
(tu) offre	(vous) offrez

PASSÉ COMPOSÉ

j'ai offert	nous avons offert
tu as offert	vous avez offert
il/elle a offert	ils/elles ont offert

PLUPERFECT

j'avais offert	nous avions offert
tu avais offert	vous aviez offert
il/elle avait offert	ils/elles avaient offert

PAST ANTERIOR

j'eus offert	nous eûmes offert
tu eus offert	vous eûtes offert
il/elle eut offert	ils/elles eurent offert

FUTURE ANTERIOR

j'aurai offert	nous aurons offert
tu auras offert	vous aurez offert
il/elle aura offert	ils/elles auront offert

PAST CONDITIONAL

j'aurais offert	nous aurions offert
tu aurais offert	vous auriez offert
il/elle aurait offert	ils/elles auraient offert

PAST SUBJUNCTIVE

que j'aie offert	que nous ayons offert
que tu aies offert	que vous ayez offert
qu'il/elle ait offert	qu'ils/elles aient offert

PLUPERFECT SUBJUNCTIVE

que j'eusse offert	que nous eussions offert
que tu eusses offert	que vous eussiez offert
qu'il/elle eût offert	qu'ils/elles eussent offert

Usage

Je vous offre mes meilleurs vœux de succès.	*Please accept my best wishes for success.*
Il m'a offert dix mille euros.	*He offered me ten thousand euros.*
offrir qqch à qqn	*to give something to someone as a gift*
On m'a offert un téléphone portable pour mon anniversaire.	*They gave me a cell phone for my birthday.*
Qu'est-ce qu'on va offrir aux enfants pour Noël?	*What are we going to give the children for Christmas?*
Ils se sont offert une semaine à Avignon.	*They treated themselves to a week in Avignon.*
Il nous a offert un verre.	*He treated us to a drink.*
Ces cours offrent beaucoup d'avantages.	*These courses offer many advantages.*
Ils nous offriront l'hospitalité.	*They will offer us their hospitality.*

RELATED WORDS

l'offre (*f*)	*offer*
lire les offres d'emploi	*to read the job ads*
l'offre et la demande	*supply and demand*
faire une offre de service	*to bid on a job*

omettre *to omit*

j'omets · j'omis · omis · omettant

irregular verb; only one *t* in
the singular of the present tense

PRESENT

j'omets	nous omettons
tu omets	vous omettez
il/elle omet	ils/elles omettent

IMPERFECT

j'omettais	nous omettions
tu omettais	vous omettiez
il/elle omettait	ils/elles omettaient

PASSÉ SIMPLE

j'omis	nous omîmes
tu omis	vous omîtes
il/elle omit	ils/elles omirent

FUTURE

j'omettrai	nous omettrons
tu omettras	vous omettrez
il/elle omettra	ils/elles omettront

CONDITIONAL

j'omettrais	nous omettrions
tu omettrais	vous omettriez
il/elle omettrait	ils/elles omettraient

PRESENT SUBJUNCTIVE

que j'omette	que nous omettions
que tu omettes	que vous omettiez
qu'il/elle omette	qu'ils/elles omettent

IMPERFECT SUBJUNCTIVE

que j'omisse	que nous omissions
que tu omisses	que vous omissiez
qu'il/elle omît	qu'ils/elles omissent

COMMANDS

	(nous) omettons
(tu) omets	(vous) omettez

PASSÉ COMPOSÉ

j'ai omis	nous avons omis
tu as omis	vous avez omis
il/elle a omis	ils/elles ont omis

PLUPERFECT

j'avais omis	nous avions omis
tu avais omis	vous aviez omis
il/elle avait omis	ils/elles avaient omis

PAST ANTERIOR

j'eus omis	nous eûmes omis
tu eus omis	vous eûtes omis
il/elle eut omis	ils/elles eurent omis

FUTURE ANTERIOR

j'aurai omis	nous aurons omis
tu auras omis	vous aurez omis
il/elle aura omis	ils/elles auront omis

PAST CONDITIONAL

j'aurais omis	nous aurions omis
tu aurais omis	vous auriez omis
il/elle aurait omis	ils/elles auraient omis

PAST SUBJUNCTIVE

que j'aie omis	que nous ayons omis
que tu aies omis	que vous ayez omis
qu'il/elle ait omis	qu'ils/elles aient omis

PLUPERFECT SUBJUNCTIVE

que j'eusse omis	que nous eussions omis
que tu eusses omis	que vous eussiez omis
qu'il/elle eût omis	qu'ils/elles eussent omis

Usage

Vous avez omis quelques détails importants.	*You have omitted some important details.*
Il a omis de me mettre au courant.	*He failed to keep me informed.*
Ce document n'omet rien.	*This document leaves nothing out.*
Vous avez omis l'accent aigu du participe passé.	*You left the acute accent off the past participle.*
Vous avez omis quelqu'un sur cette liste.	*You left someone off this list.*

RELATED WORD

l'omission *(f)*	*omission*
Sa déclaration a trop d'omissions.	*His statement has too many omissions.*
Vous pardonnerez, j'espère, cette omission involontaire.	*You will, I hope, forgive this accidental omission.*
L'omission de *ne* est fréquente dans la langue parlée.	*The omission of* ne *is common in the spoken language.*
un péché d'omission	*a sin of omission*

regular *-er* verb

j'ose · j'osai · osé · osant

PRESENT		PASSÉ COMPOSÉ	
j'ose	nous osons	j'ai osé	nous avons osé
tu oses	vous osez	tu as osé	vous avez osé
il/elle ose	ils/elles osent	il/elle a osé	ils/elles ont osé

IMPERFECT		PLUPERFECT	
j'osais	nous osions	j'avais osé	nous avions osé
tu osais	vous osiez	tu avais osé	vous aviez osé
il/elle osait	ils/elles osaient	il/elle avait osé	ils/elles avaient osé

PASSÉ SIMPLE		PAST ANTERIOR	
j'osai	nous osâmes	j'eus osé	nous eûmes osé
tu osas	vous osâtes	tu eus osé	vous eûtes osé
il/elle osa	ils/elles osèrent	il/elle eut osé	ils/elles eurent osé

FUTURE		FUTURE ANTERIOR	
j'oserai	nous oserons	j'aurai osé	nous aurons osé
tu oseras	vous oserez	tu auras osé	vous aurez osé
il/elle osera	ils/elles oseront	il/elle aura osé	ils/elles auront osé

CONDITIONAL		PAST CONDITIONAL	
j'oserais	nous oserions	j'aurais osé	nous aurions osé
tu oserais	vous oseriez	tu aurais osé	vous auriez osé
il/elle oserait	ils/elles oseraient	il/elle aurait osé	ils/elles auraient osé

PRESENT SUBJUNCTIVE		PAST SUBJUNCTIVE	
que j'ose	que nous osions	que j'aie osé	que nous ayons osé
que tu oses	que vous osiez	que tu aies osé	que vous ayez osé
qu'il/elle ose	qu'ils/elles osent	qu'il/elle ait osé	qu'ils/elles aient osé

IMPERFECT SUBJUNCTIVE		PLUPERFECT SUBJUNCTIVE	
que j'osasse	que nous osassions	que j'eusse osé	que nous eussions osé
que tu osasses	que vous osassiez	que tu eusses osé	que vous eussiez osé
qu'il/elle osât	qu'ils/elles osassent	qu'il/elle eût osé	qu'ils/elles eussent osé

COMMANDS	
	(nous) osons
(tu) ose	(vous) osez

Usage

oser faire qqch	*to dare (to) do something*
Vous osez me parler sur ce ton!	*You dare speak to me in that tone of voice?*
Je n'ai pas osé le lui demander.	*I didn't dare ask him for it.*
Les enfants n'osaient pas se lever de table.	*The children didn't dare leave the table.*
Hésiter ne sert à rien. Il faut oser.	*Hesitating is useless. You have to dare to act.*
Je n'ose pas vous le dire.	*I don't dare tell you.*
Qui oserait faire cela?	*Who would dare do that?*

RELATED WORDS

osé(e)	*daring*
Il a fait des remarques très osées.	*He made some very daring remarks.*
C'est un article très osé.	*It's a very daring article.*
Je trouve ses propos très osés.	*I find his comments very daring.*

j'oublie · j'oubliai · oublié · oubliant

regular *-er* verb

PRESENT

j'oublie	nous oublions
tu oublies	vous oubliez
il/elle oublie	ils/elles oublient

IMPERFECT

j'oubliais	nous oubliions
tu oubliais	vous oubliiez
il/elle oubliait	ils/elles oubliaient

PASSÉ SIMPLE

j'oubliai	nous oubliâmes
tu oublias	vous oubliâtes
il/elle oublia	ils/elles oublièrent

FUTURE

j'oublierai	nous oublierons
tu oublieras	vous oublierez
il/elle oubliera	ils/elles oublieront

CONDITIONAL

j'oublierais	nous oublierions
tu oublierais	vous oublieriez
il/elle oublierait	ils/elles oublieraient

PRESENT SUBJUNCTIVE

que j'oublie	que nous oubliions
que tu oublies	que vous oubliiez
qu'il/elle oublie	qu'ils/elles oublient

IMPERFECT SUBJUNCTIVE

que j'oubliasse	que nous oubliassions
que tu oubliasses	que vous oubliassiez
qu'il/elle oubliât	qu'ils/elles oubliassent

PASSÉ COMPOSÉ

j'ai oublié	nous avons oublié
tu as oublié	vous avez oublié
il/elle a oublié	ils/elles ont oublié

PLUPERFECT

j'avais oublié	nous avions oublié
tu avais oublié	vous aviez oublié
il/elle avait oublié	ils/elles avaient oublié

PAST ANTERIOR

j'eus oublié	nous eûmes oublié
tu eus oublié	vous eûtes oublié
il/elle eut oublié	ils/elles eurent oublié

FUTURE ANTERIOR

j'aurai oublié	nous aurons oublié
tu auras oublié	vous aurez oublié
il/elle aura oublié	ils/elles auront oublié

PAST CONDITIONAL

j'aurais oublié	nous aurions oublié
tu aurais oublié	vous auriez oublié
il/elle aurait oublié	ils/elles auraient oublié

PAST SUBJUNCTIVE

que j'aie oublié	que nous ayons oublié
que tu aies oublié	que vous ayez oublié
qu'il/elle ait oublié	qu'ils/elles aient oublié

PLUPERFECT SUBJUNCTIVE

que j'eusse oublié	que nous eussions oublié
que tu eusses oublié	que vous eussiez oublié
qu'il/elle eût oublié	qu'ils/elles eussent oublié

COMMANDS

	(nous) oublions
(tu) oublie	(vous) oubliez

Usage

J'ai oublié son nom.	*I forgot his name.*
J'ai oublié ce que vous vouliez.	*I forgot what you wanted.*
Ne m'oubliez pas.	*Don't forget me.*
Je ne t'oublierai jamais.	*I will never forget you.*
Il a oublié son allemand.	*He forgot his German.*
Il ne réussira pas à faire oublier ses actions.	*He will never be able to live down what he did.*
Tout ça, c'est oublié.	*All that is over with, gone and forgotten.*
Oublions le passé et recommençons.	*Let's forget the past and start over.*

RELATED WORDS

inoubliable	*unforgettable*
Elle a chanté des chansons inoubliables.	*She sang unforgettable songs.*
Je garderai de votre visite un souvenir inoubliable.	*I will never forget your visit.*
tomber dans les oubliettes	*to be forgotten about*

irregular verb

j'ouvre · j'ouvris · ouvert · ouvrant

PRESENT

j'ouvre	nous ouvrons
tu ouvres	vous ouvrez
il/elle ouvre	ils/elles ouvrent

IMPERFECT

j'ouvrais	nous ouvrions
tu ouvrais	vous ouvriez
il/elle ouvrait	ils/elles ouvraient

PASSÉ SIMPLE

j'ouvris	nous ouvrîmes
tu ouvris	vous ouvrîtes
il/elle ouvrit	ils/elles ouvrirent

FUTURE

j'ouvrirai	nous ouvrirons
tu ouvriras	vous ouvrirez
il/elle ouvrira	ils/elles ouvriront

CONDITIONAL

j'ouvrirais	nous ouvririons
tu ouvrirais	vous ouvririez
il/elle ouvrirait	ils/elles ouvriraient

PRESENT SUBJUNCTIVE

que j'ouvre	que nous ouvrions
que tu ouvres	que vous ouvriez
qu'il/elle ouvre	qu'ils/elles ouvrent

IMPERFECT SUBJUNCTIVE

que j'ouvrisse	que nous ouvrissions
que tu ouvrisses	que vous ouvrissiez
qu'il/elle ouvrît	qu'ils/elles ouvrissent

COMMANDS

	(nous) ouvrons
(tu) ouvre	(vous) ouvrez

PASSÉ COMPOSÉ

j'ai ouvert	nous avons ouvert
tu as ouvert	vous avez ouvert
il/elle a ouvert	ils/elles ont ouvert

PLUPERFECT

j'avais ouvert	nous avions ouvert
tu avais ouvert	vous aviez ouvert
il/elle avait ouvert	ils/elles avaient ouvert

PAST ANTERIOR

j'eus ouvert	nous eûmes ouvert
tu eus ouvert	vous eûtes ouvert
il/elle eut ouvert	ils/elles eurent ouvert

FUTURE ANTERIOR

j'aurai ouvert	nous aurons ouvert
tu auras ouvert	vous aurez ouvert
il/elle aura ouvert	ils/elles auront ouvert

PAST CONDITIONAL

j'aurais ouvert	nous aurions ouvert
tu aurais ouvert	vous auriez ouvert
il/elle aurait ouvert	ils/elles auraient ouvert

PAST SUBJUNCTIVE

que j'aie ouvert	que nous ayons ouvert
que tu aies ouvert	que vous ayez ouvert
qu'il/elle ait ouvert	qu'ils/elles aient ouvert

PLUPERFECT SUBJUNCTIVE

que j'eusse ouvert	que nous eussions ouvert
que tu eusses ouvert	que vous eussiez ouvert
qu'il/elle eût ouvert	qu'ils/elles eussent ouvert

Usage

ouvrir la porte/les fenêtres	*to open the door/the windows*
ouvrir la portière du wagon	*to open the door of the train car*
ouvrir une séance	*to open a meeting*
Les hors-d'œuvre ouvrent l'appétit.	*Hors d'oeuvres stimulate the appetite.*
Voilà son train. Ouvrez l'œil.	*There's his train. Keep your eyes peeled for him.*
Ouvrez vos livres à la page dix.	*Open your books to page ten.*
Cette clé n'ouvre pas la porte.	*This key doesn't open the door.*
Les soldats ont ouvert le feu.	*The soldiers opened fire.*
Elle s'est ouverte à sa sœur.	*She opened up to her sister.*

RELATED WORD

l'ouverture (*f*)	*opening*
Le dimanche n'est pas un jour d'ouverture.	*We're not open on Sundays.*
Ouverture des portes à sept heures.	*Doors open at seven o'clock.*
L'ouverture du congrès a eu lieu hier.	*The opening of the convention took place yesterday.*

TOP 50 VERB ☞

j'ouvre · j'ouvris · ouvert · ouvrant   irregular verb

Des choses à ouvrir

Ouvrons les boîtes de conserves.	*Let's open the cans.*
Vous pouvez m'ouvrir cette bouteille?	*Can you open this bottle for me?*
Ouvrez la penderie et accrochez votre manteau.	*Open the closet and hang up your coat.*
Ouvrez au nom de la loi!	*Open in the name of the law!*
C'est moi, Daniel. Ouvrez-moi!	*It's me, Daniel. Let me in!*
Ils nous ont ouvert leur maison.	*They opened their home to us.*
Il a ouvert sa bourse pour les aider.	*He chipped in to help them.*
On va ouvrir une autoroute à travers la région.	*They're going to build a highway through the region.*
Cette porte ouvre sur la cour.	*This door opens onto the courtyard.*
Le cambrioleur a ouvert la porte par effraction.	*The burglar forced the door.*
Le couvercle s'ouvre en dévissant.	*You open the lid by unscrewing it.*
Ne laissez pas la porte ouverte.	*Don't leave the door open.*
—On sonne.	*Someone's at the door.*
—Je vais ouvrir.	*I'll go let him in.*
—J'ai laissé mes clés au bureau.	*I left my keys at the office.*
—Tu peux te faire ouvrir par la concierge.	*You can have the concierge open your place for you.*

ouvrir dans le commerce et le monde du travail

—À quelle heure est-ce qu'on ouvre ce magasin?	*What time does this store open?*
—Il est ouvert à partir de dix heures.	*It's open from ten o'clock on.*
—Le boucher ouvre à quelle heure?	*What time does the butcher open?*
—Il ouvre de huit heures à six heures.	*He's open from eight to six.*
J'ai ouvert un compte dans cette banque.	*I opened an account at this bank.*
Notre bureau n'ouvre pas cet après-midi.	*Our office is not open this afternoon.*
Ce pays refuse d'ouvrir son marché à nos exportations.	*This country refuses to open its market to our exports.*

D'autres expressions

Votre lettre m'a ouvert les yeux.	*Your letter opened my eyes.*
Quel pays a ouvert les hostilités?	*Which country began the fighting?*
Je n'ai pas osé ouvrir la bouche.	*I didn't dare open my mouth.*
Une année à l'étranger lui ouvrira l'esprit.	*A year abroad will broaden her horizons.*
J'espère que le médecin ne voudra pas ouvrir.	*I hope the doctor won't want to operate.*
L'enfant a ouvert de grands yeux.	*The child was wide-eyed.*
Notre pays a ouvert ses frontières aux réfugiés.	*Our country opened its borders to refugees.*
Cette famille m'a ouvert ses bras.	*That family received me warmly.*

TOP 50 VERBS

regular -_ir_ verb

PRESENT

je pâlis	nous pâlissons
tu pâlis	vous pâlissez
il/elle pâlit	ils/elles pâlissent

IMPERFECT

je pâlissais	nous pâlissions
tu pâlissais	vous pâlissiez
il/elle pâlissait	ils/elles pâlissaient

PASSÉ SIMPLE

je pâlis	nous pâlîmes
tu pâlis	vous pâlîtes
il/elle pâlit	ils/elles pâlirent

FUTURE

je pâlirai	nous pâlirons
tu pâliras	vous pâlirez
il/elle pâlira	ils/elles pâliront

CONDITIONAL

je pâlirais	nous pâlirions
tu pâlirais	vous pâliriez
il/elle pâlirait	ils/elles pâliraient

PRESENT SUBJUNCTIVE

que je pâlisse	que nous pâlissions
que tu pâlisses	que vous pâlissiez
qu'il/elle pâlisse	qu'ils/elles pâlissent

IMPERFECT SUBJUNCTIVE

que je pâlisse	que nous pâlissions
que tu pâlisses	que vous pâlissiez
qu'il/elle pâlît	qu'ils/elles pâlissent

COMMANDS

	(nous) pâlissons
(tu) pâlis	(vous) pâlissez

PASSÉ COMPOSÉ

j'ai pâli	nous avons pâli
tu as pâli	vous avez pâli
il/elle a pâli	ils/elles ont pâli

PLUPERFECT

j'avais pâli	nous avions pâli
tu avais pâli	vous aviez pâli
il/elle avait pâli	ils/elles avaient pâli

PAST ANTERIOR

j'eus pâli	nous eûmes pâli
tu eus pâli	vous eûtes pâli
il/elle eut pâli	ils/elles eurent pâli

FUTURE ANTERIOR

j'aurai pâli	nous aurons pâli
tu auras pâli	vous aurez pâli
il/elle aura pâli	ils/elles auront pâli

PAST CONDITIONAL

j'aurais pâli	nous aurions pâli
tu aurais pâli	vous auriez pâli
il/elle aurait pâli	ils/elles auraient pâli

PAST SUBJUNCTIVE

que j'aie pâli	que nous ayons pâli
que tu aies pâli	que vous ayez pâli
qu'il/elle ait pâli	qu'ils/elles aient pâli

PLUPERFECT SUBJUNCTIVE

que j'eusse pâli	que nous eussions pâli
que tu eusses pâli	que vous eussiez pâli
qu'il/elle eût pâli	qu'ils/elles eussent pâli

Usage

Elle a pâli en le voyant.	_She turned pale when she saw him._
Les enfants pâlissaient de froid.	_The children were turning pale with the cold._
J'ai pâli de peur.	_I went pale with fear._
En voyant notre nouvelle voiture, il a pâli d'envie.	_When he saw our new car, he turned green with envy._
Le soleil fait pâlir les meubles.	_The sun is making the furniture fade._
Le souvenir pâlissait avec le passage du temps.	_The memory of it grew dim as time went by._
La couleur de la maison a pâli.	_The color of the house faded._
Son visage était pâli par sa maladie.	_His illness had made his face pale._
Leur étoile pâlit.	_Their fame is waning._
Sa réponse m'a fait pâlir.	_His answer made me turn pale._

paraître *to appear, seem*

PRESENT

je parais	nous paraissons
tu parais	vous paraissez
il/elle paraît	ils/elles paraissent

IMPERFECT

je paraissais	nous paraissions
tu paraissais	vous paraissiez
il/elle paraissait	ils/elles paraissaient

PASSÉ SIMPLE

je parus	nous parûmes
tu parus	vous parûtes
il/elle parut	ils/elles parurent

FUTURE

je paraîtrai	nous paraîtrons
tu paraîtras	vous paraîtrez
il/elle paraîtra	ils/elles paraîtront

CONDITIONAL

je paraîtrais	nous paraîtrions
tu paraîtrais	vous paraîtriez
il/elle paraîtrait	ils/elles paraîtraient

PRESENT SUBJUNCTIVE

que je paraisse	que nous paraissions
que tu paraisses	que vous paraissiez
qu'il/elle paraisse	qu'ils/elles paraissent

IMPERFECT SUBJUNCTIVE

que je parusse	que nous parussions
que tu parusses	que vous parussiez
qu'il/elle parût	qu'ils/elles parussent

COMMANDS

	(nous) paraissons
(tu) parais	(vous) paraissez

PASSÉ COMPOSÉ

j'ai paru	nous avons paru
tu as paru	vous avez paru
il/elle a paru	ils/elles ont paru

PLUPERFECT

j'avais paru	nous avions paru
tu avais paru	vous aviez paru
il/elle avait paru	ils/elles avaient paru

PAST ANTERIOR

j'eus paru	nous eûmes paru
tu eus paru	vous eûtes paru
il/elle eut paru	ils/elles eurent paru

FUTURE ANTERIOR

j'aurai paru	nous aurons paru
tu auras paru	vous aurez paru
il/elle aura paru	ils/elles auront paru

PAST CONDITIONAL

j'aurais paru	nous aurions paru
tu aurais paru	vous auriez paru
il/elle aurait paru	ils/elles auraient paru

PAST SUBJUNCTIVE

que j'aie paru	que nous ayons paru
que tu aies paru	que vous ayez paru
qu'il/elle ait paru	qu'ils/elles aient paru

PLUPERFECT SUBJUNCTIVE

que j'eusse paru	que nous eussions paru
que tu eusses paru	que vous eussiez paru
qu'il/elle eût paru	qu'ils/elles eussent paru

Usage

Il paraît qu'on lui a offert le poste.	*It seems they offered him the job.*
À ce qu'il paraît, il a fait faillite.	*Apparently, he went bankrupt.*
Je l'attendais mais il n'a pas paru.	*I was waiting for him but he didn't show up.*
Dans ce discours il a laissé paraître ses vrais sentiments.	*In that speech he let his real feelings show through.*
Il me paraît nécessaire que vous partiez.	*I think it necessary for you to leave.*
Son livre vient de paraître.	*His book has just been published.*
Ce livre a paru l'année dernière.	*This book was published last year.*
Elle paraît plus âgée qu'elle ne l'est.	*She looks older than she is.*
Il leur a donné de l'argent sans qu'il y paraisse.	*He gave them money without making a show of it.*
Cet article est plus intéressant qu'il ne paraît.	*This article is more interesting than it seems.*
Elle ne paraît pas très bouleversée.	*She doesn't seem very upset.*
Il faudra qu'il paraisse en justice.	*He'll have to appear in court.*

regular *-er* verb | **je pardonne · je pardonnai · pardonné · pardonnant**

PRESENT

je pardonne	nous pardonnons
tu pardonnes	vous pardonnez
il/elle pardonne	ils/elles pardonnent

IMPERFECT

je pardonnais	nous pardonnions
tu pardonnais	vous pardonniez
il/elle pardonnait	ils/elles pardonnaient

PASSÉ SIMPLE

je pardonnai	nous pardonnâmes
tu pardonnas	vous pardonnâtes
il/elle pardonna	ils/elles pardonnèrent

FUTURE

je pardonnerai	nous pardonnerons
tu pardonneras	vous pardonnerez
il/elle pardonnera	ils/elles pardonneront

CONDITIONAL

je pardonnerais	nous pardonnerions
tu pardonnerais	vous pardonneriez
il/elle pardonnerait	ils/elles pardonneraient

PRESENT SUBJUNCTIVE

que je pardonne	que nous pardonnions
que tu pardonnes	que vous pardonniez
qu'il/elle pardonne	qu'ils/elles pardonnent

IMPERFECT SUBJUNCTIVE

que je pardonnasse	que nous pardonnassions
que tu pardonnasses	que vous pardonnassiez
qu'il/elle pardonnât	qu'ils/elles pardonnassent

PASSÉ COMPOSÉ

j'ai pardonné	nous avons pardonné
tu as pardonné	vous avez pardonné
il/elle a pardonné	ils/elles ont pardonné

PLUPERFECT

j'avais pardonné	nous avions pardonné
tu avais pardonné	vous aviez pardonné
il/elle avait pardonné	ils/elles avaient pardonné

PAST ANTERIOR

j'eus pardonné	nous eûmes pardonné
tu eus pardonné	vous eûtes pardonné
il/elle eut pardonné	ils/elles eurent pardonné

FUTURE ANTERIOR

j'aurai pardonné	nous aurons pardonné
tu auras pardonné	vous aurez pardonné
il/elle aura pardonné	ils/elles auront pardonné

PAST CONDITIONAL

j'aurais pardonné	nous aurions pardonné
tu aurais pardonné	vous auriez pardonné
il/elle aurait pardonné	ils/elles auraient pardonné

PAST SUBJUNCTIVE

que j'aie pardonné	que nous ayons pardonné
que tu aies pardonné	que vous ayez pardonné
qu'il/elle ait pardonné	qu'ils/elles aient pardonné

PLUPERFECT SUBJUNCTIVE

que j'eusse pardonné	que nous eussions pardonné
que tu eusses pardonné	que vous eussiez pardonné
qu'il/elle eût pardonné	qu'ils/elles eussent pardonné

COMMANDS

	(nous) pardonnons
(tu) pardonne	(vous) pardonnez

Usage

Pardonnez-moi. Je cherche le musée d'art.	*Excuse me. I'm looking for the art museum.*
Pardonnez-moi de vous poser cette question.	*Forgive me for asking you this question.*
Il a une maladie qui ne pardonne pas.	*He has a terminal illness.*
Je ne vous pardonnerai jamais d'avoir fait cela.	*I can never forgive you for having done that.*
Dieu pardonnera ces péchés.	*God will forgive these sins.*
Il voudra se faire pardonner.	*He would like to be pardoned.*
Je ne pourrai pas me le pardonner.	*I won't be able to forgive myself for it.*
Il me pardonne tout.	*He forgives me for everything.*
Il ne vous pardonnera jamais cette remarque.	*He'll never forgive you for that remark.*
Il ne se fera jamais pardonner ça.	*He'll never live that down.*
Que Dieu vous pardonne.	*May God forgive you.*

parler (sens de base)

C'est un homme qui parle peu.	*He's a man who doesn't say much.*
Je lui ai parlé au téléphone.	*I spoke to him on the phone.*
Nous avons parlé avec nos voisins.	*We spoke with our neighbors.*
Nous avons parlé pendant longtemps.	*We talked for a long time.*
Tu peux parler librement devant lui.	*You can speak freely in his presence.*
Parle-moi! Ça te fera du bien de parler.	*Talk to me! You'll feel better if you talk.*
Le président a parlé à la télé.	*The president spoke on TV.*
Quels gros mots! Comme tu parles!	*What dirty words! How improperly you speak!*
Vous osez me parler sur ce ton!	*You dare to talk to me in that tone of voice!*
Il parle sans savoir.	*He speaks of things he doesn't know anything about.*
Le professeur a parlé de la Révolution Française.	*The teacher spoke about the French Revolution.*
Voilà qui est parler!	*That's telling them!*
Elle ne voulait même pas me parler.	*She wouldn't even talk to me.*
Ils ne se parlent plus.	*They are no longer on speaking terms.*
N'en parlons plus!	*That's enough!*
Je te prie de n'en parler à personne.	*I beg you to keep this quiet.*
C'est une façon de parler.	*It's a manner of speaking/an expression.*
Ne parlons pas pour ne rien dire.	*Let's not just talk for the sake of talking.*
—Ce livre se lit beaucoup?	*Is this book widely read?*
—Oui, tout le monde en parle.	*Yes, everybody is talking about it.*

Expressions

parler français comme une vache espagnole	*to speak fractured French*
parler à tort et à travers	*to run off at the mouth*
la langue parlée	*the spoken language*
Elle sait ce que parler veut dire.	*She's no dope.*
Tu as parlé d'or!	*You said a mouthful!*
Nous avons parlé de la pluie et du beau temps.	*We made small talk.*
Elles ont parlé à cœur ouvert.	*They spoke openly/let their hair down.*
C'est un type qui ne fera jamais parler de lui.	*He's a guy who will never set the world on fire.*
Si je suis fâché? Tu parles!	*Am I angry? You bet your life!*
Tu parles si je lui ai dit son fait!	*You bet I told him off!*
Sa stupidité est effrayante, sans parler de sa méchanceté.	*His/Her stupidity is frightening, in addition to his/her nastiness.*
Son intelligence? Parlons-en!	*His/Her intelligence? You must be joking!*
Un nouveau bureau, n'en parlons pas.	*Let's forget about a new office.*
Tu parles d'une trahison!	*It was such a betrayal!*
Ses poèmes ne me parlent pas.	*His poems don't do much for me.*
Qu'on ne vienne plus nous parler d'amitié.	*We don't want to hear about friendship anymore.*
Tu parles d'une aubaine!	*Talk about a windfall!*

regular *-er* verb

je parle · je parlai · parlé · parlant

PRESENT

je parle	nous parlons
tu parles	vous parlez
il/elle parle	ils/elles parlent

IMPERFECT

je parlais	nous parlions
tu parlais	vous parliez
il/elle parlait	ils/elles parlaient

PASSÉ SIMPLE

je parlai	nous parlâmes
tu parlas	vous parlâtes
il/elle parla	ils/elles parlèrent

FUTURE

je parlerai	nous parlerons
tu parleras	vous parlerez
il/elle parlera	ils/elles parleront

CONDITIONAL

je parlerais	nous parlerions
tu parlerais	vous parleriez
il/elle parlerait	ils/elles parleraient

PRESENT SUBJUNCTIVE

que je parle	que nous parlions
que tu parles	que vous parliez
qu'il/elle parle	qu'ils/elles parlent

IMPERFECT SUBJUNCTIVE

que je parlasse	que nous parlassions
que tu parlasses	que vous parlassiez
qu'il/elle parlât	qu'ils/elles parlassent

PASSÉ COMPOSÉ

j'ai parlé	nous avons parlé
tu as parlé	vous avez parlé
il/elle a parlé	ils/elles ont parlé

PLUPERFECT

j'avais parlé	nous avions parlé
tu avais parlé	vous aviez parlé
il/elle avait parlé	ils/elles avaient parlé

PAST ANTERIOR

j'eus parlé	nous eûmes parlé
tu eus parlé	vous eûtes parlé
il/elle eut parlé	ils/elles eurent parlé

FUTURE ANTERIOR

j'aurai parlé	nous aurons parlé
tu auras parlé	vous aurez parlé
il/elle aura parlé	ils/elles auront parlé

PAST CONDITIONAL

j'aurais parlé	nous aurions parlé
tu aurais parlé	vous auriez parlé
il/elle aurait parlé	ils/elles auraient parlé

PAST SUBJUNCTIVE

que j'aie parlé	que nous ayons parlé
que tu aies parlé	que vous ayez parlé
qu'il/elle ait parlé	qu'ils/elles aient parlé

PLUPERFECT SUBJUNCTIVE

que j'eusse parlé	que nous eussions parlé
que tu eusses parlé	que vous eussiez parlé
qu'il/elle eût parlé	qu'ils/elles eussent parlé

COMMANDS

	(nous) parlons
(tu) parle	(vous) parlez

Usage

parler français	*to speak French*
Ici on parle français.	*French spoken here.*
parler un beau français	*to speak beautiful French*
parler plusieurs langues	*to speak several languages*
—Vous parlez trop vite.	*You're speaking too quickly.*
—Je vais essayer de parler lentement.	*I'll try to speak slowly.*
—Vous parlez trop bas. Je ne vous entends pas.	*You're speaking too softly. I can't hear you.*
—Je vais parler plus haut/plus fort.	*I'll speak louder.*
parler par signes	*to use sign language*

RELATED WORDS

le parler	*local dialect*
Je ne comprends pas le parler de ce village.	*I can't understand the dialect of this village.*
parlant	*talking*
un film parlant	*a talking film*

PRESENT

je pars	nous partons
tu pars	vous partez
il/elle part	ils/elles partent

IMPERFECT

je partais	nous partions
tu partais	vous partiez
il/elle partait	ils/elles partaient

PASSÉ SIMPLE

je partis	nous partîmes
tu partis	vous partîtes
il/elle partit	ils/elles partirent

FUTURE

je partirai	nous partirons
tu partiras	vous partirez
il/elle partira	ils/elles partiront

CONDITIONAL

je partirais	nous partirions
tu partirais	vous partiriez
il/elle partirait	ils/elles partiraient

PRESENT SUBJUNCTIVE

que je parte	que nous partions
que tu partes	que vous partiez
qu'il/elle parte	qu'ils/elles partent

IMPERFECT SUBJUNCTIVE

que je partisse	que nous partissions
que tu partisses	que vous partissiez
qu'il/elle partît	qu'ils/elles partissent

COMMANDS

	(nous) partons
(tu) pars	(vous) partez

PASSÉ COMPOSÉ

je suis parti(e)	nous sommes parti(e)s
tu es parti(e)	vous êtes parti(e)(s)
il/elle est parti(e)	ils/elles sont parti(e)s

PLUPERFECT

j'étais parti(e)	nous étions parti(e)s
tu étais parti(e)	vous étiez parti(e)(s)
il/elle était parti(e)	ils/elles étaient parti(e)s

PAST ANTERIOR

je fus parti(e)	nous fûmes parti(e)s
tu fus parti(e)	vous fûtes parti(e)(s)
il/elle fut parti(e)	ils/elles furent parti(e)s

FUTURE ANTERIOR

je serai parti(e)	nous serons parti(e)s
tu seras parti(e)	vous serez parti(e)(s)
il/elle sera parti(e)	ils/elles seront parti(e)s

PAST CONDITIONAL

je serais parti(e)	nous serions parti(e)s
tu serais parti(e)	vous seriez parti(e)(s)
il/elle serait parti(e)	ils/elles seraient parti(e)s

PAST SUBJUNCTIVE

que je sois parti(e)	que nous soyons parti(e)s
que tu sois parti(e)	que vous soyez parti(e)(s)
qu'il/elle soit parti(e)	qu'ils/elles soient parti(e)s

PLUPERFECT SUBJUNCTIVE

que je fusse parti(e)	que nous fussions parti(e)s
que tu fusses parti(e)	que vous fussiez parti(e)(s)
qu'il/elle fût parti(e)	qu'ils/elles fussent parti(e)s

Usage

—Tu pars?	*Are you leaving?*
—Non, je reste.	*No, I'm staying.*
—Le train pour Londres part à quelle heure?	*What time does the train to London leave?*
—Il part dans cinq minutes du quai numéro 5.	*It's leaving in five minutes from platform 5.*
—Vous partez en vacances?	*Are you leaving on vacation?*
—Oui, nous partirons pour la Côte.	*Yes, we'll be going to the Riviera.*
Il est parti à pied.	*He walked off/left on foot.*
Tous les jeunes gens sont partis à la guerre.	*All the young men have gone off to war.*
La tache partira avec ce produit.	*The stain will disappear if you use this.*
Son attitude part d'un bon naturel.	*His attitude is the sign of a kindly nature.*
Nous sommes partis de zéro.	*We started from scratch.*
J'ai maille à partir avec eux.	*I have a bone to pick with them.*
Il est mal parti.	*Things don't look good for him.*
À vos marques! Prêts! Partez!	*On your mark! Get set! Go!*

regular -er verb; compound tenses with *être*
when there is no direct object

je passe · je passai · passé · passant

PRESENT

je passe	nous passons
tu passes	vous passez
il/elle passe	ils/elles passent

IMPERFECT

je passais	nous passions
tu passais	vous passiez
il/elle passait	ils/elles passaient

PASSÉ SIMPLE

je passai	nous passâmes
tu passas	vous passâtes
il/elle passa	ils/elles passèrent

FUTURE

je passerai	nous passerons
tu passeras	vous passerez
il/elle passera	ils/elles passeront

CONDITIONAL

je passerais	nous passerions
tu passerais	vous passeriez
il/elle passerait	ils/elles passeraient

PRESENT SUBJUNCTIVE

que je passe	que nous passions
que tu passes	que vous passiez
qu'il/elle passe	qu'ils/elles passent

IMPERFECT SUBJUNCTIVE

que je passasse	que nous passassions
que tu passasses	que vous passassiez
qu'il/elle passât	qu'ils/elles passassent

COMMANDS

	(nous) passons
(tu) passe	(vous) passez

PASSÉ COMPOSÉ

je suis passé(e)	nous sommes passé(e)s
tu es passé(e)	vous êtes passé(e)(s)
il/elle est passé(e)	ils/elles sont passé(e)s

PLUPERFECT

j'étais passé(e)	nous étions passé(e)s
tu étais passé(e)	vous étiez passé(e)(s)
il/elle était passé(e)	ils/elles étaient passé(e)s

PAST ANTERIOR

je fus passé(e)	nous fûmes passé(e)s
tu fus passé(e)	vous fûtes passé(e)(s)
il/elle fut passé(e)	ils/elles furent passé(e)s

FUTURE ANTERIOR

je serai passé(e)	nous serons passé(e)s
tu seras passé(e)	vous serez passé(e)(s)
il/elle sera passé(e)	ils/elles seront passé(e)s

PAST CONDITIONAL

je serais passé(e)	nous serions passé(e)s
tu serais passé(e)	vous seriez passé(e)(s)
il/elle serait passé(e)	ils/elles seraient passé(e)s

PAST SUBJUNCTIVE

que je sois passé(e)	que nous soyons passé(e)s
que tu sois passé(e)	que vous soyez passé(e)(s)
qu'il/elle soit passé(e)	qu'ils/elles soient passé(e)s

PLUPERFECT SUBJUNCTIVE

que je fusse passé(e)	que nous fussions passé(e)s
que tu fusses passé(e)	que vous fussiez passé(e)(s)
qu'il/elle fût passé(e)	qu'ils/elles fussent passé(e)s

Usage

passer voir qqn	*to stop by to see someone*
Je ne fais que passer.	*I'm just stopping by.*
passer la première/quatrième	*to shift into first gear/high gear*
Le train est déjà passé.	*The train has already left/gone by.*
passer une éponge sur la table	*to clean the table with a sponge*
Où sont passées mes clés?	*Where have my keys gone?*
Quel embouteillage! On ne passera pas.	*What a traffic jam! We won't get through.*
Le facteur est déjà passé?	*Has the mailman been here yet?*
Fais attention! Tu viens de passer au rouge!	*Pay attention! You just went through a red light!*
Le dîner est servi. Passez à table.	*Dinner is served. Come to the table.*
C'est un traître! Il est passé à l'ennemi.	*He's a traitor! He's gone over to the enemy.*
Pour arriver au centre, il faut passer sur le pont.	*To get downtown, you have to go over the bridge.*
J'aime regarder passer les gens.	*I like to people-watch.*

TOP 50 VERB ☞

passer   *to pass*

passer = se déplacer, changer d'état, évoluer

La Seine passe à Paris.	*The Seine goes through Paris.*
Il faut que tu passes au bureau du directeur.	*You have to report to the principal's office.*
Passe la chercher, veux-tu?	*Go by to look for her/pick her up, will you?*
Où est-elle passée? Je l'ai vue il y a une minute.	*Where did she go off to? I saw her just a minute ago.*
La dictature ne passera pas!	*No to dictatorship!*
Le mot « café » est passé du français en anglais.	*The word "café" came from French into English.*
Il y a des gros mots qui sont passés dans le langage courant.	*There are dirty words that have become part of everyday speech.*
Le vin est passé.	*The wine has soured.*
Le temps passe vite quand on s'amuse.	*Time goes by quickly when you're having a good time.*
L'orage sera passé avant notre départ.	*The storm will have passed before we leave.*
Ces blousons-là sont passés de mode.	*Those jackets have gone out of fashion.*

passer (compound tenses with *avoir* when transitive)

Passez-moi le sucre, s'il vous plaît.	*Pass me the sugar, please.*
Il ne m'a pas passé de coup de fil.	*He didn't phone me.*
J'ai passé l'été en Europe.	*I spent the summer in Europe.*
Nous avons passé une soirée agréable.	*We spent a pleasant evening.*
Il a passé son bras autour de sa taille.	*He slipped his arm around her waist.*
—Mon fils a passé l'écrit.	*My son has passed the written exam.*
—J'espère qu'il passera aussi l'oral.	*I hope he'll pass the oral exam too.*
Je t'ai passé les détails.	*I spared you the details.*
On a déjà passé deux couches de peinture.	*We've already applied two coats of paint.*
Il faut passer les fruits sous l'eau.	*We have to rinse the fruit.*
—Nicole est là?	*Is Nicole there?*
—Oui. Attends. Je te la passe.	*Yes. Wait. I'll put her on.*
On a passé de bons films dans ce cinéma.	*They showed good movies at that theater.*
J'ai passé mon pull et je suis sorti.	*I put on my sweater and went out.*
Mon colocataire passe toujours le même disque.	*My roommate plays the same record over and over again.*

Expressions

Ça passe ou ça casse.	*It's make or break.*
Tout le monde y passe.	*It's something everyone goes through.*
Quelle idée t'est passée par la tête?	*What has gotten into you?*
Ça passe mes forces.	*I can't bear to do it.*
On a passé le condamné par les armes.	*The condemned man was shot.*
Le patron m'a passé un savon.	*The boss called me onto the carpet.*
Il faut qu'on passe nos problèmes en revue.	*We have to examine our problems.*
Vous ne pourrez pas passer sous silence cette faute.	*You won't be able to ignore this mistake.*
Il s'est fait passer pour un étranger.	*He passed himself off as a foreigner.*
Nous avons dû nous passer de tout confort.	*We had to do without all modern conveniences.*
Il a passé l'arme à gauche.	*He kicked the bucket.*
Je ne te suis pas. Tu passes du coq à l'âne.	*I can't follow you. You're jumping from one subject to another.*

TOP 50 VERBS

regular -*er* verb; spelling change: *y* > *i*/mute *e*   **je paie · je payai · payé · payant**

PRESENT

je paie	nous payons
tu paies	vous payez
il/elle paie	ils/elles paient

IMPERFECT

je payais	nous payions
tu payais	vous payiez
il/elle payait	ils/elles payaient

PASSÉ SIMPLE

je payai	nous payâmes
tu payas	vous payâtes
il/elle paya	ils/elles payèrent

FUTURE

je paierai	nous paierons
tu paieras	vous paierez
il/elle paiera	ils/elles paieront

CONDITIONAL

je paierais	nous paierions
tu paierais	vous paieriez
il/elle paierait	ils/elles paieraient

PRESENT SUBJUNCTIVE

que je paie	que nous payions
que tu paies	que vous payiez
qu'il/elle paie	qu'ils/elles paient

IMPERFECT SUBJUNCTIVE

que je payasse	que nous payassions
que tu payasses	que vous payassiez
qu'il/elle payât	qu'ils/elles payassent

COMMANDS

	(nous) payons
(tu) paie	(vous) payez

PASSÉ COMPOSÉ

j'ai payé	nous avons payé
tu as payé	vous avez payé
il/elle a payé	ils/elles ont payé

PLUPERFECT

j'avais payé	nous avions payé
tu avais payé	vous aviez payé
il/elle avait payé	ils/elles avaient payé

PAST ANTERIOR

j'eus payé	nous eûmes payé
tu eus payé	vous eûtes payé
il/elle eut payé	ils/elles eurent payé

FUTURE ANTERIOR

j'aurai payé	nous aurons payé
tu auras payé	vous aurez payé
il/elle aura payé	ils/elles auront payé

PAST CONDITIONAL

j'aurais payé	nous aurions payé
tu aurais payé	vous auriez payé
il/elle aurait payé	ils/elles auraient payé

PAST SUBJUNCTIVE

que j'aie payé	que nous ayons payé
que tu aies payé	que vous ayez payé
qu'il/elle ait payé	qu'ils/elles aient payé

PLUPERFECT SUBJUNCTIVE

que j'eusse payé	que nous eussions payé
que tu eusses payé	que vous eussiez payé
qu'il/elle eût payé	qu'ils/elles eussent payé

Usage

NOTE: This verb is sometimes seen without the *y* > *i* change, such as *paye*.

J'ai payé mille euros.	*I paid one thousand euros.*
payer qqch	*to pay for something*
—Qui a payé les repas et l'hôtel?	*Who paid for the meals and the hotel?*
—Mon oncle a tout payé.	*My uncle paid for everything.*
—Combien est-ce que tu as payé ton vélo?	*How much did you pay for your bike?*
—Je l'ai payé 180 euros.	*I paid 180 euros for it.*
—Comment est-ce qu'on paie les ouvriers?	*How are the workers paid?*
—Ils sont payés à l'heure.	*They are paid by the hour.*
payer ses dettes	*to pay one's debts*
payer ses impôts	*to pay one's taxes*
payer la facture	*to pay the bill*
payer l'amende	*to pay the fine*

TOP 50 VERB ☞

payer = rembourser, rémunérer

payer en liquide/payer comptant	*to pay cash*
payer en espèces	*to pay with money/pay cash*
payer à crédit	*to pay by credit*
payer avec une carte de crédit	*to pay with a credit card*
payer par chèque	*to pay by check*
un travail bien payé	*a job with a good salary*
un travail mal payé	*a poorly paid job*
C'est un travail qui ne paie pas.	*It's a job that doesn't pay.*
C'est moi qui paie.	*It's my treat.*
Lui, il se fait toujours payer un verre.	*He always bums a drink.*
s'en payer	*to have a ball*
Ils sont allés à Rome et ils s'en sont payé.	*They went to Rome and had a ball.*
Ça c'est un luxe que je ne peux pas me payer.	*That's a luxury I can't afford.*
—On dit qu'elle a payé son succès de sa santé.	*They said her success was at the cost of her health.*
—Ça s'appelle payer cher le succès.	*That's what I call too high a price for success.*
Le vin paie un droit de douane.	*Wine is subject to duty at customs.*
payer un témoin	*to pay off a witness*
—Il t'a bien payé?	*Did he pay you well?*
—Penses-tu? Il m'a payé de belles paroles.	*Are you kidding? He paid me off with sweet talk.*

Expressions

Je suis payé pour le savoir.	*I know that from bitter experience.*
se payer la tête de qqn *(slang)*	*to make fun of someone*
Tu te paies ma tête!	*You're making fun of me!*
Elle a toujours payé de sa personne.	*She never spared herself.*
payer les pots cassés	*to pay the piper/be the fall guy*
Ce type m'a laissé payer les pots cassés.	*That guy left me holding the bag.*
Tu vas me le payer cher, tu m'entends?	*You'll pay for doing that, you hear me?*
se payer d'audace	*to work up one's courage*
Il s'est payé d'audace et l'a invitée à sortir.	*He got up his courage and asked her out.*
se payer de culot	*to get up one's nerve*
Je me suis payé de culot et j'ai demandé une augmentation.	*I got up my nerve and asked for a raise.*
ne pas payer de mine	*not to look so great*
Cette vieille voiture ne paie pas de mine.	*This old car doesn't look so hot.*
se payer qqn *(slang)*	*to put up with/bear*
On s'est payé cette famille tout l'après-midi.	*We had to put up with that family all afternoon.*
se payer qqch *(slang)*	*to bang into something*
Le gosse s'est payé la table en courant.	*The kid banged into the table while running.*

Proverbs

Le crime ne paie pas.	*Crime doesn't pay.*
Qui paie ses dettes, s'enrichit.	*He who pays off his debts gets richer.*

TOP 50 VERBS

-er verb; spelling change: é > è/mute e

je pèche · je péchai · péché · péchant

PRESENT

je pèche	nous péchons
tu pèches	vous péchez
il/elle pèche	ils/elles pèchent

IMPERFECT

je péchais	nous péchions
tu péchais	vous péchiez
il/elle péchait	ils/elles péchaient

PASSÉ SIMPLE

je péchai	nous péchâmes
tu péchas	vous péchâtes
il/elle pécha	ils/elles péchèrent

FUTURE

je pécherai	nous pécherons
tu pécheras	vous pécherez
il/elle péchera	ils/elles pécheront

CONDITIONAL

je pécherais	nous pécherions
tu pécherais	vous pécheriez
il/elle pécherait	ils/elles pécheraient

PRESENT SUBJUNCTIVE

que je pèche	que nous péchions
que tu pèches	que vous péchiez
qu'il/elle pèche	qu'ils/elles pèchent

IMPERFECT SUBJUNCTIVE

que je péchasse	que nous péchassions
que tu péchasses	que vous péchassiez
qu'il/elle péchât	qu'ils/elles péchassent

PASSÉ COMPOSÉ

j'ai péché	nous avons péché
tu as péché	vous avez péché
il/elle a péché	ils/elles ont péché

PLUPERFECT

j'avais péché	nous avions péché
tu avais péché	vous aviez péché
il/elle avait péché	ils/elles avaient péché

PAST ANTERIOR

j'eus péché	nous eûmes péché
tu eus péché	vous eûtes péché
il/elle eut péché	ils/elles eurent péché

FUTURE ANTERIOR

j'aurai péché	nous aurons péché
tu auras péché	vous aurez péché
il/elle aura péché	ils/elles auront péché

PAST CONDITIONAL

j'aurais péché	nous aurions péché
tu aurais péché	vous auriez péché
il/elle aurait péché	ils/elles auraient péché

PAST SUBJUNCTIVE

que j'aie péché	que nous ayons péché
que tu aies péché	que vous ayez péché
qu'il/elle ait péché	qu'ils/elles aient péché

PLUPERFECT SUBJUNCTIVE

que j'eusse péché	que nous eussions péché
que tu eusses péché	que vous eussiez péché
qu'il/elle eût péché	qu'ils/elles eussent péché

COMMANDS

	(nous) péchons
(tu) pèche	(vous) péchez

Usage

Ce geste pèche contre la bienséance.	_That gesture violates the rules of proper conduct._
Il n'a péché que par excès de confiance.	_The only thing he did wrong was to be overly confident._
C'est par là que son raisonnement pèche.	_There's the weak part of his argument._
Votre remarque pèche contre le bon goût.	_Your remark goes against good taste._

RELATED WORDS

le péché	_sin_
un péché de jeunesse	_a youthful indiscretion_
Les bonbons, c'est mon péché mignon.	_Candy is my weakness._
commettre un péché	_to commit a sin_
le pécheur/la pécheresse	_sinner_

PROVERB

Que celui qui n'a jamais péché jette la première pierre.	_Let he who is without sin cast the first stone._ (Bible)

PRESENT

je pêche	nous pêchons
tu pêches	vous pêchez
il/elle pêche	ils/elles pêchent

IMPERFECT

je pêchais	nous pêchions
tu pêchais	vous pêchiez
il/elle pêchait	ils/elles pêchaient

PASSÉ SIMPLE

je pêchai	nous pêchâmes
tu pêchas	vous pêchâtes
il/elle pêcha	ils/elles pêchèrent

FUTURE

je pêcherai	nous pêcherons
tu pêcheras	vous pêcherez
il/elle pêchera	ils/elles pêcheront

CONDITIONAL

je pêcherais	nous pêcherions
tu pêcherais	vous pêcheriez
il/elle pêcherait	ils/elles pêcheraient

PRESENT SUBJUNCTIVE

que je pêche	que nous pêchions
que tu pêches	que vous pêchiez
qu'il/elle pêche	qu'ils/elles pêchent

IMPERFECT SUBJUNCTIVE

que je pêchasse	que nous pêchassions
que tu pêchasses	que vous pêchassiez
qu'il/elle pêchât	qu'ils/elles pêchassent

PASSÉ COMPOSÉ

j'ai pêché	nous avons pêché
tu as pêché	vous avez pêché
il/elle a pêché	ils/elles ont pêché

PLUPERFECT

j'avais pêché	nous avions pêché
tu avais pêché	vous aviez pêché
il/elle avait pêché	ils/elles avaient pêché

PAST ANTERIOR

j'eus pêché	nous eûmes pêché
tu eus pêché	vous eûtes pêché
il/elle eut pêché	ils/elles eurent pêché

FUTURE ANTERIOR

j'aurai pêché	nous aurons pêché
tu auras pêché	vous aurez pêché
il/elle aura pêché	ils/elles auront pêché

PAST CONDITIONAL

j'aurais pêché	nous aurions pêché
tu aurais pêché	vous auriez pêché
il/elle aurait pêché	ils/elles auraient pêché

PAST SUBJUNCTIVE

que j'aie pêché	que nous ayons pêché
que tu aies pêché	que vous ayez pêché
qu'il/elle ait pêché	qu'ils/elles aient pêché

PLUPERFECT SUBJUNCTIVE

que j'eusse pêché	que nous eussions pêché
que tu eusses pêché	que vous eussiez pêché
qu'il/elle eût pêché	qu'ils/elles eussent pêché

COMMANDS

	(nous) pêchons
(tu) pêche	(vous) pêchez

Usage

Ici on pêche la truite.	*Here you can fish for trout.*
Où est-ce qu'on peut pêcher la morue?	*Where can we fish for cod?*
Fais voir le poisson que tu as pêché.	*Let's see the fish you caught.*
Où est-ce que tu as pêché cette histoire?	*Where did you get that story?*
Où avez-vous été pêcher cette idée?	*Where did you get that idea from?*
Arrêtez votre enquête. Vous pêchez en eau trouble.	*Stop your investigation. You're fishing in troubled waters.*

RELATED WORDS

la pêche	*fishing*
aller à la pêche	*to go fishing*
la grande pêche au large	*deep-sea fishing*
la pêche aux coquillages	*gathering shellfish*
la pêche au thon	*fishing for tuna*
le pêcheur	*fisherman*

regular *-er* reflexive verb;
compound tenses with *être*

je me peigne · je me peignai · s'étant peigné · se peignant

PRESENT

je me peigne	nous nous peignons
tu te peignes	vous vous peignez
il/elle se peigne	ils/elles se peignent

IMPERFECT

je me peignais	nous nous peignions
tu te peignais	vous vous peigniez
il/elle se peignait	ils/elles se peignaient

PASSÉ SIMPLE

je me peignai	nous nous peignâmes
tu te peignas	vous vous peignâtes
il/elle se peigna	ils/elles se peignèrent

FUTURE

je me peignerai	nous nous peignerons
tu te peigneras	vous vous peignerez
il/elle se peignera	ils/elles se peigneront

CONDITIONAL

je me peignerais	nous nous peignerions
tu te peignerais	vous vous peigneriez
il/elle se peignerait	ils/elles se peigneraient

PRESENT SUBJUNCTIVE

que je me peigne	que nous nous peignions
que tu te peignes	que vous vous peigniez
qu'il/elle se peigne	qu'ils/elles se peignent

IMPERFECT SUBJUNCTIVE

que je me peignasse	que nous nous peignassions
que tu te peignasses	que vous vous peignassiez
qu'il/elle se peignât	qu'ils/elles se peignassent

COMMANDS

	(nous) peignons-nous
(tu) peigne-toi	(vous) peignez-vous

PASSÉ COMPOSÉ

je me suis peigné(e)	nous nous sommes peigné(e)s
tu t'es peigné(e)	vous vous êtes peigné(e)(s)
il/elle s'est peigné(e)	ils/elles se sont peigné(e)s

PLUPERFECT

je m'étais peigné(e)	nous nous étions peigné(e)s
tu t'étais peigné(e)	vous vous étiez peigné(e)(s)
il/elle s'était peigné(e)	ils/elles s'étaient peigné(e)s

PAST ANTERIOR

je me fus peigné(e)	nous nous fûmes peigné(e)s
tu te fus peigné(e)	vous vous fûtes peigné(e)(s)
il/elle se fut peigné(e)	ils/elles se furent peigné(e)s

FUTURE ANTERIOR

je me serai peigné(e)	nous nous serons peigné(e)s
tu te seras peigné(e)	vous vous serez peigné(e)(s)
il/elle se sera peigné(e)	ils/elles se seront peigné(e)s

PAST CONDITIONAL

je me serais peigné(e)	nous nous serions peigné(e)s
tu te serais peigné(e)	vous vous seriez peigné(e)(s)
il/elle se serait peigné(e)	ils/elles se seraient peigné(e)s

PAST SUBJUNCTIVE

que je me sois peigné(e)	que nous nous soyons peigné(e)s
que tu te sois peigné(e)	que vous vous soyez peigné(e)(s)
qu'il/elle se soit peigné(e)	qu'ils/elles se soient peigné(e)s

PLUPERFECT SUBJUNCTIVE

que je me fusse peigné(e)	que nous nous fussions peigné(e)s
que tu te fusses peigné(e)	que vous vous fussiez peigné(e)(s)
qu'il/elle se fût peigné(e)	qu'ils/elles se fussent peigné(e)s

Usage

Elle s'est peignée devant la glace.	*She combed her hair at the mirror.*
Peigne-toi! Tu es tout échevelé.	*Comb your hair! It's all messy.*
Elle est toujours mal peignée.	*Her hair is always a mess.*
peigner qqn	*to comb someone's hair*
La mère peigne son enfant.	*The mother combs her child's hair.*

RELATED WORDS

le peigne	*comb*
se donner un coup de peigne	*to run a comb through one's hair*
passer au peigne fin	*to comb* (figurative)
La police a passé au peigne fin le quartier.	*The police combed the neighborhood.*

peindre   *to paint*

je peins · je peignis · peint · peignant   irregular verb

PRESENT

je peins	nous peignons
tu peins	vous peignez
il/elle peint	ils/elles peignent

IMPERFECT

je peignais	nous peignions
tu peignais	vous peigniez
il/elle peignait	ils/elles peignaient

PASSÉ SIMPLE

je peignis	nous peignîmes
tu peignis	vous peignîtes
il/elle peignit	ils/elles peignirent

FUTURE

je peindrai	nous peindrons
tu peindras	vous peindrez
il/elle peindra	ils/elles peindront

CONDITIONAL

je peindrais	nous peindrions
tu peindrais	vous peindriez
il/elle peindrait	ils/elles peindraient

PRESENT SUBJUNCTIVE

que je peigne	que nous peignions
que tu peignes	que vous peigniez
qu'il/elle peigne	qu'ils/elles peignent

IMPERFECT SUBJUNCTIVE

que je peignisse	que nous peignissions
que tu peignisses	que vous peignissiez
qu'il/elle peignît	qu'ils/elles peignissent

PASSÉ COMPOSÉ

j'ai peint	nous avons peint
tu as peint	vous avez peint
il/elle a peint	ils/elles ont peint

PLUPERFECT

j'avais peint	nous avions peint
tu avais peint	vous aviez peint
il/elle avait peint	ils/elles avaient peint

PAST ANTERIOR

j'eus peint	nous eûmes peint
tu eus peint	vous eûtes peint
il/elle eut peint	ils/elles eurent peint

FUTURE ANTERIOR

j'aurai peint	nous aurons peint
tu auras peint	vous aurez peint
il/elle aura peint	ils/elles auront peint

PAST CONDITIONAL

j'aurais peint	nous aurions peint
tu aurais peint	vous auriez peint
il/elle aurait peint	ils/elles auraient peint

PAST SUBJUNCTIVE

que j'aie peint	que nous ayons peint
que tu aies peint	que vous ayez peint
qu'il/elle ait peint	qu'ils/elles aient peint

PLUPERFECT SUBJUNCTIVE

que j'eusse peint	que nous eussions peint
que tu eusses peint	que vous eussiez peint
qu'il/elle eût peint	qu'ils/elles eussent peint

COMMANDS

	(nous) peignons
(tu) peins	(vous) peignez

Usage

peindre son appartement/sa maison	*to paint one's apartment/one's house*
J'ai peint ma chambre en bleu.	*I painted my room blue.*
peindre à l'huile	*to paint with oils*
peindre un portrait	*to paint a portrait*

RELATED WORDS

le peintre	*painter*
David est mon peintre préféré.	*David is my favorite painter.*
le peintre en bâtiment	*house painter*
la peinture	*paint/painting*
la peinture au pistolet	*spray painting*
J'aime la peinture impressionniste/néoclassique.	*I like impressionist/neoclassical painting.*

regular -re verb

je pends · je pendis · pendu · pendant

PRESENT

je pends	nous pendons
tu pends	vous pendez
il/elle pend	ils/elles pendent

IMPERFECT

je pendais	nous pendions
tu pendais	vous pendiez
il/elle pendait	ils/elles pendaient

PASSÉ SIMPLE

je pendis	nous pendîmes
tu pendis	vous pendîtes
il/elle pendit	ils/elles pendirent

FUTURE

je pendrai	nous pendrons
tu pendras	vous pendrez
il/elle pendra	ils/elles pendront

CONDITIONAL

je pendrais	nous pendrions
tu pendrais	vous pendriez
il/elle pendrait	ils/elles pendraient

PRESENT SUBJUNCTIVE

que je pende	que nous pendions
que tu pendes	que vous pendiez
qu'il/elle pende	qu'ils/elles pendent

IMPERFECT SUBJUNCTIVE

que je pendisse	que nous pendissions
que tu pendisses	que vous pendissiez
qu'il/elle pendît	qu'ils/elles pendissent

COMMANDS

	(nous) pendons
(tu) pends	(vous) pendez

PASSÉ COMPOSÉ

j'ai pendu	nous avons pendu
tu as pendu	vous avez pendu
il/elle a pendu	ils/elles ont pendu

PLUPERFECT

j'avais pendu	nous avions pendu
tu avais pendu	vous aviez pendu
il/elle avait pendu	ils/elles avaient pendu

PAST ANTERIOR

j'eus pendu	nous eûmes pendu
tu eus pendu	vous eûtes pendu
il/elle eut pendu	ils/elles eurent pendu

FUTURE ANTERIOR

j'aurai pendu	nous aurons pendu
tu auras pendu	vous aurez pendu
il/elle aura pendu	ils/elles auront pendu

PAST CONDITIONAL

j'aurais pendu	nous aurions pendu
tu aurais pendu	vous auriez pendu
il/elle aurait pendu	ils/elles auraient pendu

PAST SUBJUNCTIVE

que j'aie pendu	que nous ayons pendu
que tu aies pendu	que vous ayez pendu
qu'il/elle ait pendu	qu'ils/elles aient pendu

PLUPERFECT SUBJUNCTIVE

que j'eusse pendu	que nous eussions pendu
que tu eusses pendu	que vous eussiez pendu
qu'il/elle eût pendu	qu'ils/elles eussent pendu

Usage

J'ai lavé le linge et je l'ai pendu.	*I washed the laundry and hung it up.*
Qu'il aille se faire pendre!	*The heck with him!*
pendre un condamné	*to hang a condemned man*
Viens chez nous demain. On va pendre la crémaillère.	*Come over tomorrow. We're going to have a housewarming party.*
Va te faire pendre ailleurs!	*Get lost!*
Nous étions pendus à ses lèvres.	*We hung on every word he said.*
Il est pendu au téléphone.	*He spends hours on the phone.*

RELATED WORDS

la pendaison	*hanging*
la pendaison de la crémaillère	*housewarming party*
le pendu	*the hanged man*

Il faut penser d'une façon logique.	*You must think in a logical way.*
Je ne comprends pas votre façon de penser.	*I don't understand your way of thinking.*
Il m'a dit ce qu'il pensait.	*He told me off.*
Est-ce que vous pensez en français?	*Do you think in French?*
Il faut penser avant d'agir.	*You have to think before you act.*
J'ai souvent l'impression que mon chien pense.	*I often have the impression that my dog can think.*
Ça me fait penser qu'il n'est pas sincère.	*That makes me think he's not sincere.*
Elle n'est pas si honnête qu'on le pense.	*She's not as honest as people think.*
C'est un message qui laisse à penser.	*It's a message that gives you food for thought.*
Cette solution est très bien pensée.	*This solution is very well thought out.*
Je te laisse à penser si le prof s'est fâché.	*I'll leave it to your imagination whether the teacher got angry or not.*
Il n'a jamais pensé comme vous.	*He never agreed much with you.*

penser à

—Penses-y.	*Think about it./Keep it in mind.*
—J'essaierai d'y penser.	*I'll try to think about it.*
Tu ne penses qu'à toi.	*You only think about yourself.*
Il faut penser aux autres.	*You have to think about other people.*
Fais m'y penser, je t'en prie.	*Remind me, please.*
N'y pensons plus!	*Let's forget about it!*
Ce tableau me fait penser à Monet.	*That painting makes me think of Monet.*

penser de

Je ne veux pas que tu penses du mal de moi.	*I don't want you to think ill of me.*
Il pense du bien de vous deux.	*He thinks well of you two.*
Que pensez-vous de cette idée?	*What do you think of this idea?*
Que penserais-tu d'un dîner en ville?	*What would you think of dinner out?*

penser + infinitif

—Qu'est-ce que tu penses faire?	*What do you intend to do?*
—Je pense démissionner.	*I intend to resign.*
Il pense avoir gagné.	*He thinks he's won.*

penser que

Je pense que oui.	*I think so.*
Je pense que non.	*I don't think so.*
Je pense qu'elle peut venir avec nous.	*I think she can come with us.*
Je ne pense pas qu'elle puisse venir avec nous.	*I don't think she can come with us.*

Expressions

—Tu es allé en France?	*Did you go to France?*
—Tu penses! J'y ai passé l'été.	*You bet! I spent the summer there.*
—Ils t'ont remercié?	*Did they thank you?*
—Penses-tu!	*Are you kidding?*

TOP 50 VERBS

regular *-er* verb

je pense · je pensai · pensé · pensant

PRESENT

je pense	nous pensons
tu penses	vous pensez
il/elle pense	ils/elles pensent

IMPERFECT

je pensais	nous pensions
tu pensais	vous pensiez
il/elle pensait	ils/elles pensaient

PASSÉ SIMPLE

je pensai	nous pensâmes
tu pensas	vous pensâtes
il/elle pensa	ils/elles pensèrent

FUTURE

je penserai	nous penserons
tu penseras	vous penserez
il/elle pensera	ils/elles penseront

CONDITIONAL

je penserais	nous penserions
tu penserais	vous penseriez
il/elle penserait	ils/elles penseraient

PRESENT SUBJUNCTIVE

que je pense	que nous pensions
que tu penses	que vous pensiez
qu'il/elle pense	qu'ils/elles pensent

IMPERFECT SUBJUNCTIVE

que je pensasse	que nous pensassions
que tu pensasses	que vous pensassiez
qu'il/elle pensât	qu'ils/elles pensassent

COMMANDS

	(nous) pensons
(tu) pense	(vous) pensez

PASSÉ COMPOSÉ

j'ai pensé	nous avons pensé
tu as pensé	vous avez pensé
il/elle a pensé	ils/elles ont pensé

PLUPERFECT

j'avais pensé	nous avions pensé
tu avais pensé	vous aviez pensé
il/elle avait pensé	ils/elles avaient pensé

PAST ANTERIOR

j'eus pensé	nous eûmes pensé
tu eus pensé	vous eûtes pensé
il/elle eut pensé	ils/elles eurent pensé

FUTURE ANTERIOR

j'aurai pensé	nous aurons pensé
tu auras pensé	vous aurez pensé
il/elle aura pensé	ils/elles auront pensé

PAST CONDITIONAL

j'aurais pensé	nous aurions pensé
tu aurais pensé	vous auriez pensé
il/elle aurait pensé	ils/elles auraient pensé

PAST SUBJUNCTIVE

que j'aie pensé	que nous ayons pensé
que tu aies pensé	que vous ayez pensé
qu'il/elle ait pensé	qu'ils/elles aient pensé

PLUPERFECT SUBJUNCTIVE

que j'eusse pensé	que nous eussions pensé
que tu eusses pensé	que vous eussiez pensé
qu'il/elle eût pensé	qu'ils/elles eussent pensé

Usage

penser à qqch	*to think about something/have something in mind*
Je pense à mes vacances.	*I'm thinking about my vacation.*
Tu penses souvent à moi?	*Do you often think about me?*
—Pensez-vous aux problèmes à résoudre?	*Are you thinking of the problems to be solved?*
—Oui, nous y pensons.	*Yes, we're thinking about them.*
penser de qqch	*to think about something/have an opinion about something*
Qu'est-ce que vous pensez de ce roman?	*What do you think about this novel?*
—J'ai vu le nouveau film canadien.	*I saw the new Canadian film.*
—Qu'est-ce que tu en penses?	*What do you think about it?*

RELATED WORDS

la pensée	*thought*
la pensée de Pascal	*Pascal's thought/philosophical system*
Éloignez la pensée.	*Perish the thought.*
le penseur	*thinker*
les grands penseurs de notre époque	*the great thinkers of our time*

perdre   *to lose*

je perds · je perdis · perdu · perdant   regular -re verb

perdre qqch

perdre la partie	*to lose the game*
perdre l'avantage qu'on avait	*to lose the advantage one had*
perdre au change	*to lose out*
perdre la parole	*to lose one's voice*
perdre la connaissance	*to faint/pass out*
perdre le goût	*to lose one's sense of taste*
Ne perds pas la tête.	*Don't lose your head.*
perdre qqch de vue	*to lose sight of something*
Ne perdez pas de vue que la bourse est à la hausse.	*Don't lose sight of the fact that the stock market is showing an upward trend.*
Il a osé le faire parce qu'il n'avait rien à perdre.	*He dared to do it because he had nothing to lose.*
perdre le nord	*to become disoriented*
Elle ne perd pas le nord, celle-là!	*She's got her head screwed on right!*
Ça te fera perdre le boire et le manger.	*It's so sickening it will make you lose your appetite.*
J'en ai perdu le boire et le manger.	*It made me so sick I lost my appetite.*
Tu as perdu ta langue?	*Cat's got your tongue?*
Il y perd son latin.	*He's really mixed up/confused.*
Si tu sors, tu vas perdre ta place.	*If you go out, you will lose your seat.*
J'ai perdu l'espoir de retrouver mon chat.	*I've given up hope of finding my cat.*
Il craint perdre la face.	*He is afraid of losing face.*
Il a perdu l'habitude d'aller à la bibliothèque.	*He got out of the habit of going to the library.*
De quoi tu te plains? Tu n'y as pas perdu au change.	*What are you complaining about? You came out all right.*
L'entreprise a perdu des millions sur ce projet.	*The firm lost millions on this project.*
Le chauffeur a perdu le contrôle du véhicule.	*The driver lost control of the vehicle.*
Il a perdu tous ses amis.	*He lost all his friends.*
Il n'y a pas de temps à perdre!	*There's no time to waste!*
Tu perds ton temps avec un type comme lui.	*You're wasting your time with a guy like him.*
J'ai perdu ma journée.	*I wasted my whole day./My whole day was ruined.*
jouer à qui perd gagne	*to play "loser takes all"*
Un de perdu, dix de retrouvés!	*There are plenty more fish in the sea!*
Tu ne perds rien pour attendre!	*You'll get yours, don't worry!*
Je viendrai te voir ou j'y perdrai mon nom!	*I'll come to see you or my name isn't . . . !*
Tu es perdu si le chef s'en rend compte!	*You're a dead duck if the boss realizes!*
Je ne peux plus dessiner. J'ai perdu la main.	*I can't draw anymore. I've lost my touch.*

se perdre

Il est facile de se perdre dans la vieille ville.	*It's easy to get lost in the old part of the city.*
—Tu es en retard.	*You're late.*
—Je me suis perdu.	*I got lost.*
Ils se sont perdus de vue.	*They lost touch with each other.*
C'est une façon de faire les choses qui se perd.	*It's a way of doing things that is disappearing.*
—Elle ne finit jamais rien.	*She never finishes anything.*
—Elle se perd dans les détails.	*She gets bogged down in detail.*
Il y a un bon coup de pied qui se perd!	*Someone needs a swift kick!*

TOP 50 VERBS

regular *-re* verb

je perds · je perdis · perdu · perdant

PRESENT

je perds	nous perdons
tu perds	vous perdez
il/elle perd	ils/elles perdent

IMPERFECT

je perdais	nous perdions
tu perdais	vous perdiez
il/elle perdait	ils/elles perdaient

PASSÉ SIMPLE

je perdis	nous perdîmes
tu perdis	vous perdîtes
il/elle perdit	ils/elles perdirent

FUTURE

je perdrai	nous perdrons
tu perdras	vous perdrez
il/elle perdra	ils/elles perdront

CONDITIONAL

je perdrais	nous perdrions
tu perdrais	vous perdriez
il/elle perdrait	ils/elles perdraient

PRESENT SUBJUNCTIVE

que je perde	que nous perdions
que tu perdes	que vous perdiez
qu'il/elle perde	qu'ils/elles perdent

IMPERFECT SUBJUNCTIVE

que je perdisse	que nous perdissions
que tu perdisses	que vous perdissiez
qu'il/elle perdît	qu'ils/elles perdissent

COMMANDS

	(nous) perdons
(tu) perds	(vous) perdez

PASSÉ COMPOSÉ

j'ai perdu	nous avons perdu
tu as perdu	vous avez perdu
il/elle a perdu	ils/elles ont perdu

PLUPERFECT

j'avais perdu	nous avions perdu
tu avais perdu	vous aviez perdu
il/elle avait perdu	ils/elles avaient perdu

PAST ANTERIOR

j'eus perdu	nous eûmes perdu
tu eus perdu	vous eûtes perdu
il/elle eut perdu	ils/elles eurent perdu

FUTURE ANTERIOR

j'aurai perdu	nous aurons perdu
tu auras perdu	vous aurez perdu
il/elle aura perdu	ils/elles auront perdu

PAST CONDITIONAL

j'aurais perdu	nous aurions perdu
tu aurais perdu	vous auriez perdu
il/elle aurait perdu	ils/elles auraient perdu

PAST SUBJUNCTIVE

que j'aie perdu	que nous ayons perdu
que tu aies perdu	que vous ayez perdu
qu'il/elle ait perdu	qu'ils/elles aient perdu

PLUPERFECT SUBJUNCTIVE

que j'eusse perdu	que nous eussions perdu
que tu eusses perdu	que vous eussiez perdu
qu'il/elle eût perdu	qu'ils/elles eussent perdu

Usage

perdre qqch	*to lose something*
J'ai perdu mes clés.	*I lost my keys.*
—Où sont tes lunettes?	*Where are your glasses?*
—Je les ai perdues.	*I lost them.*
Tu perds ton pantalon!	*Your pants are falling!*
La voiture perd de l'huile.	*The car is leaking oil.*
Pardon. Vous perdez vos papiers.	*Excuse me. You've dropped your papers.*
—Tu as gagné à la loterie?	*Did you win the lottery?*
—Non, malheureusement. J'y ai perdu.	*No, unfortunately. I lost.*
Notre équipe a perdu le match.	*Our team lost the game.*
Notre candidat a perdu aux élections.	*Our candidate lost the elections.*
Ce terrain a perdu dix pour cent de sa valeur.	*This piece of land has lost ten percent of its value.*
Il a perdu son emploi.	*He lost his job.*

PRESENT

je permets	nous permettons
tu permets	vous permettez
il/elle permet	ils/elles permettent

IMPERFECT

je permettais	nous permettions
tu permettais	vous permettiez
il/elle permettait	ils/elles permettaient

PASSÉ SIMPLE

je permis	nous permîmes
tu permis	vous permîtes
il/elle permit	ils/elles permirent

FUTURE

je permettrai	nous permettrons
tu permettras	vous permettrez
il/elle permettra	ils/elles permettront

CONDITIONAL

je permettrais	nous permettrions
tu permettrais	vous permettriez
il/elle permettrait	ils/elles permettraient

PRESENT SUBJUNCTIVE

que je permette	que nous permettions
que tu permettes	que vous permettiez
qu'il/elle permette	qu'ils/elles permettent

IMPERFECT SUBJUNCTIVE

que je permisse	que nous permissions
que tu permisses	que vous permissiez
qu'il/elle permît	qu'ils/elles permissent

PASSÉ COMPOSÉ

j'ai permis	nous avons permis
tu as permis	vous avez permis
il/elle a permis	ils/elles ont permis

PLUPERFECT

j'avais permis	nous avions permis
tu avais permis	vous aviez permis
il/elle avait permis	ils/elles avaient permis

PAST ANTERIOR

j'eus permis	nous eûmes permis
tu eus permis	vous eûtes permis
il/elle eut permis	ils/elles eurent permis

FUTURE ANTERIOR

j'aurai permis	nous aurons permis
tu auras permis	vous aurez permis
il/elle aura permis	ils/elles auront permis

PAST CONDITIONAL

j'aurais permis	nous aurions permis
tu aurais permis	vous auriez permis
il/elle aurait permis	ils/elles auraient permis

PAST SUBJUNCTIVE

que j'aie permis	que nous ayons permis
que tu aies permis	que vous ayez permis
qu'il/elle ait permis	qu'ils/elles aient permis

PLUPERFECT SUBJUNCTIVE

que j'eusse permis	que nous eussions permis
que tu eusses permis	que vous eussiez permis
qu'il/elle eût permis	qu'ils/elles eussent permis

COMMANDS

	(nous) permettons
(tu) permets	(vous) permettez

Usage

Vous permettez?	*May I?*
permettre qqch à qqn	*to allow someone (to have/say/do) something*
Le médecin ne lui permet pas de boissons alcoolisées.	*The doctor doesn't allow him to have any alcoholic drinks.*
permettre à qqn de faire qqch	*to allow someone to do something*
Je lui ai permis d'entrer.	*I allowed him to come in.*
Permettez-moi de vous présenter mon fils.	*Allow me to introduce my son to you.*
Il se croit tout permis.	*He thinks he can do whatever he wants.*
Qui vous a permis d'entrer?	*Who allowed you to come in?*
Rien ne permet de penser qu'il va réussir.	*Nothing allows us to think he is going to succeed.*
se permettre qqch	*to allow oneself something/afford something*
se permettre de faire qqch	*to allow oneself to do something*
Je me suis permis un dîner en ville.	*I treated myself to a dinner out.*
Il s'est permis de venir me voir.	*He took the liberty of coming to see me.*
Il se permet le luxe de voyager en première.	*He indulges himself in the luxury of traveling first class.*

regular *-er* verb | **je persuade · je persuadai · persuadé · persuadant**

PRESENT

je persuade	nous persuadons
tu persuades	vous persuadez
il/elle persuade	ils/elles persuadent

IMPERFECT

je persuadais	nous persuadions
tu persuadais	vous persuadiez
il/elle persuadait	ils/elles persuadaient

PASSÉ SIMPLE

je persuadai	nous persuadâmes
tu persuadas	vous persuadâtes
il/elle persuada	ils/elles persuadèrent

FUTURE

je persuaderai	nous persuaderons
tu persuaderas	vous persuaderez
il/elle persuadera	ils/elles persuaderont

CONDITIONAL

je persuaderais	nous persuaderions
tu persuaderais	vous persuaderiez
il/elle persuaderait	ils/elles persuaderaient

PRESENT SUBJUNCTIVE

que je persuade	que nous persuadions
que tu persuades	que vous persuadiez
qu'il/elle persuade	qu'ils/elles persuadent

IMPERFECT SUBJUNCTIVE

que je persuadasse	que nous persuadassions
que tu persuadasses	que vous persuadassiez
qu'il/elle persuadât	qu'ils/elles persuadassent

PASSÉ COMPOSÉ

j'ai persuadé	nous avons persuadé
tu as persuadé	vous avez persuadé
il/elle a persuadé	ils/elles ont persuadé

PLUPERFECT

j'avais persuadé	nous avions persuadé
tu avais persuadé	vous aviez persuadé
il/elle avait persuadé	ils/elles avaient persuadé

PAST ANTERIOR

j'eus persuadé	nous eûmes persuadé
tu eus persuadé	vous eûtes persuadé
il/elle eut persuadé	ils/elles eurent persuadé

FUTURE ANTERIOR

j'aurai persuadé	nous aurons persuadé
tu auras persuadé	vous aurez persuadé
il/elle aura persuadé	ils/elles auront persuadé

PAST CONDITIONAL

j'aurais persuadé	nous aurions persuadé
tu aurais persuadé	vous auriez persuadé
il/elle aurait persuadé	ils/elles auraient persuadé

PAST SUBJUNCTIVE

que j'aie persuadé	que nous ayons persuadé
que tu aies persuadé	que vous ayez persuadé
qu'il/elle ait persuadé	qu'ils/elles aient persuadé

PLUPERFECT SUBJUNCTIVE

que j'eusse persuadé	que nous eussions persuadé
que tu eusses persuadé	que vous eussiez persuadé
qu'il/elle eût persuadé	qu'ils/elles eussent persuadé

COMMANDS

	(nous) persuadons
(tu) persuade	(vous) persuadez

Usage

persuader qqn de qqch	*to persuade someone of something*
Je l'ai persuadé de l'urgence de l'affaire.	*I convinced him of the urgency of the matter.*
Je n'en suis pas complètement persuadé.	*I'm not totally convinced.*
Il n'est pas persuadé de notre bonne volonté.	*He's not convinced of our goodwill.*
persuader qqn de faire qqch	*to persuade someone to do something*
Je ne peux pas vous persuader de rester?	*Can't I persuade you to stay?*
Il nous a persuadé de l'aider.	*He persuaded us to help him.*

RELATED WORDS

dissuader	*to dissuade*
Personne ne pourra l'en dissuader.	*No one will be able to dissuade him (from doing it).*
la persuasion	*persuasion*
J'admire son pouvoir de persuasion.	*I admire his power of persuasion.*

PRESENT

je pèse	nous pesons
tu pèses	vous pesez
il/elle pèse	ils/elles pèsent

PASSÉ COMPOSÉ

j'ai pesé	nous avons pesé
tu as pesé	vous avez pesé
il/elle a pesé	ils/elles ont pesé

IMPERFECT

je pesais	nous pesions
tu pesais	vous pesiez
il/elle pesait	ils/elles pesaient

PLUPERFECT

j'avais pesé	nous avions pesé
tu avais pesé	vous aviez pesé
il/elle avait pesé	ils/elles avaient pesé

PASSÉ SIMPLE

je pesai	nous pesâmes
tu pesas	vous pesâtes
il/elle pesa	ils/elles pesèrent

PAST ANTERIOR

j'eus pesé	nous eûmes pesé
tu eus pesé	vous eûtes pesé
il/elle eut pesé	ils/elles eurent pesé

FUTURE

je pèserai	nous pèserons
tu pèseras	vous pèserez
il/elle pèsera	ils/elles pèseront

FUTURE ANTERIOR

j'aurai pesé	nous aurons pesé
tu auras pesé	vous aurez pesé
il/elle aura pesé	ils/elles auront pesé

CONDITIONAL

je pèserais	nous pèserions
tu pèserais	vous pèseriez
il/elle pèserait	ils/elles pèseraient

PAST CONDITIONAL

j'aurais pesé	nous aurions pesé
tu aurais pesé	vous auriez pesé
il/elle aurait pesé	ils/elles auraient pesé

PRESENT SUBJUNCTIVE

que je pèse	que nous pesions
que tu pèses	que vous pesiez
qu'il/elle pèse	qu'ils/elles pèsent

PAST SUBJUNCTIVE

que j'aie pesé	que nous ayons pesé
que tu aies pesé	que vous ayez pesé
qu'il/elle ait pesé	qu'ils/elles aient pesé

IMPERFECT SUBJUNCTIVE

que je pesasse	que nous pesassions
que tu pesasses	que vous pesassiez
qu'il/elle pesât	qu'ils/elles pesassent

PLUPERFECT SUBJUNCTIVE

que j'eusse pesé	que nous eussions pesé
que tu eusses pesé	que vous eussiez pesé
qu'il/elle eût pesé	qu'ils/elles eussent pesé

COMMANDS

	(nous) pesons
(tu) pèse	(vous) pesez

Usage

Combien est-ce que tu pèses?	*How much do you weigh?*
Il faut faire peser ce colis.	*You have to have this package weighed.*
Avant de décider, il faut peser le pour et le contre.	*Before deciding you have to weigh the pros and cons.*
—Il dit toujours des bêtises.	*He always says silly things.*
—Il ne pèse pas ses mots.	*He doesn't think about what he is going to say.*
Tout bien pesé, je refuse.	*After due consideration, I refuse.*
Ses idées là-dessus ne pèsent pas lourd.	*His ideas about it don't count for much.*
Leur opinion a pesé lourd.	*Their opinion counted for a great deal.*
Des soupçons pèsent sur ces hommes.	*Those men are under suspicion.*
Mon Dieu, que ça pèse!	*My gosh, that's heavy!*
Cette valise pèse trop.	*This suitcase weighs too much.*
Ce que je lui ai dit pèse sur ma conscience.	*What I told her weighs on my conscience.*
se peser	*to weigh oneself*
Je me pèse tous les jours.	*I weigh myself every day.*

regular -er verb; spelling change: c > ç/a, o

je place · je plaçai · placé · plaçant

PRESENT		PASSÉ COMPOSÉ	
je place	nous plaçons	j'ai placé	nous avons placé
tu places	vous placez	tu as placé	vous avez placé
il/elle place	ils/elles placent	il/elle a placé	ils/elles ont placé

IMPERFECT		PLUPERFECT	
je plaçais	nous placions	j'avais placé	nous avions placé
tu plaçais	vous placiez	tu avais placé	vous aviez placé
il/elle plaçait	ils/elles plaçaient	il/elle avait placé	ils/elles avaient placé

PASSÉ SIMPLE		PAST ANTERIOR	
je plaçai	nous plaçâmes	j'eus placé	nous eûmes placé
tu plaças	vous plaçâtes	tu eus placé	vous eûtes placé
il/elle plaça	ils/elles placèrent	il/elle eut placé	ils/elles eurent placé

FUTURE		FUTURE ANTERIOR	
je placerai	nous placerons	j'aurai placé	nous aurons placé
tu placeras	vous placerez	tu auras placé	vous aurez placé
il/elle placera	ils/elles placeront	il/elle aura placé	ils/elles auront placé

CONDITIONAL		PAST CONDITIONAL	
je placerais	nous placerions	j'aurais placé	nous aurions placé
tu placerais	vous placeriez	tu aurais placé	vous auriez placé
il/elle placerait	ils/elles placeraient	il/elle aurait placé	ils/elles auraient placé

PRESENT SUBJUNCTIVE		PAST SUBJUNCTIVE	
que je place	que nous placions	que j'aie placé	que nous ayons placé
que tu places	que vous placiez	que tu aies placé	que vous ayez placé
qu'il/elle place	qu'ils/elles placent	qu'il/elle ait placé	qu'ils/elles aient placé

IMPERFECT SUBJUNCTIVE		PLUPERFECT SUBJUNCTIVE	
que je plaçasse	que nous plaçassions	que j'eusse placé	que nous eussions placé
que tu plaçasses	que vous plaçassiez	que tu eusses placé	que vous eussiez placé
qu'il/elle plaçât	qu'ils/elles plaçassent	qu'il/elle eût placé	qu'ils/elles eussent placé

COMMANDS	
	(nous) plaçons
(tu) place	(vous) placez

Usage

J'ai placé ma main sur son épaule.	I placed my hand on his shoulder.
L'ouvreuse nous a placés.	The usher seated us.
Ne me place pas à côté de Christine.	Don't seat me next to Christine.
Tu es bien placé pour savoir ce qui se passe.	You're well placed to find out what's happening.
Je la place parmi les grandes chanteuses.	I rank her among the great singers.
Mes élèves n'arrivent pas à placer la Suisse sur une carte d'Europe.	My students can't locate Switzerland on a map of Europe.
On l'a placée comme réceptionniste.	They gave her a job as a receptionist.
Avec elle tu ne vas pas pouvoir placer un mot.	With her you won't be able to get a word in edgewise.
Le romancier a placé l'histoire au Brésil.	The novelist set the story in Brazil.
J'ai de l'argent à placer.	I have some money to invest.
se placer	to seat oneself/find oneself a place/position
Nous nous sommes placés autour de la table.	We took seats around the table.
Je voudrais me placer comme professeur.	I'd like to find a job as a teacher.
Votre confiance est mal placée.	Your trust is misplaced.
Il m'a placé dans un beau pétrin.	He's gotten me in a fine fix.

je plains · je plaignis · plaint · plaignant   irregular verb

PRESENT		PASSÉ COMPOSÉ	
je plains	nous plaignons	j'ai plaint	nous avons plaint
tu plains	vous plaignez	tu as plaint	vous avez plaint
il/elle plaint	ils/elles plaignent	il/elle a plaint	ils/elles ont plaint

IMPERFECT		PLUPERFECT	
je plaignais	nous plaignions	j'avais plaint	nous avions plaint
tu plaignais	vous plaigniez	tu avais plaint	vous aviez plaint
il/elle plaignait	ils/elles plaignaient	il/elle avait plaint	ils/elles avaient plaint

PASSÉ SIMPLE		PAST ANTERIOR	
je plaignis	nous plaignîmes	j'eus plaint	nous eûmes plaint
tu plaignis	vous plaignîtes	tu eus plaint	vous eûtes plaint
il/elle plaignit	ils/elles plaignirent	il/elle eut plaint	ils/elles eurent plaint

FUTURE		FUTURE ANTERIOR	
je plaindrai	nous plaindrons	j'aurai plaint	nous aurons plaint
tu plaindras	vous plaindrez	tu auras plaint	vous aurez plaint
il/elle plaindra	ils/elles plaindront	il/elle aura plaint	ils/elles auront plaint

CONDITIONAL		PAST CONDITIONAL	
je plaindrais	nous plaindrions	j'aurais plaint	nous aurions plaint
tu plaindrais	vous plaindriez	tu aurais plaint	vous auriez plaint
il/elle plaindrait	ils/elles plaindraient	il/elle aurait plaint	ils/elles auraient plaint

PRESENT SUBJUNCTIVE		PAST SUBJUNCTIVE	
que je plaigne	que nous plaignions	que j'aie plaint	que nous ayons plaint
que tu plaignes	que vous plaigniez	que tu aies plaint	que vous ayez plaint
qu'il/elle plaigne	qu'ils/elles plaignent	qu'il/elle ait plaint	qu'ils/elles aient plaint

IMPERFECT SUBJUNCTIVE		PLUPERFECT SUBJUNCTIVE	
que je plaignisse	que nous plaignissions	que j'eusse plaint	que nous eussions plaint
que tu plaignisses	que vous plaignissiez	que tu eusses plaint	que vous eussiez plaint
qu'il/elle plaignît	qu'ils/elles plaignissent	qu'il/elle eût plaint	qu'ils/elles eussent plaint

COMMANDS	
	(nous) plaignons
(tu) plains	(vous) plaignez

Usage

Cet enfant est à plaindre.	*This child is to be pitied.*
Je vous plains.	*I pity you.*
Je vous plains d'avoir un prof comme lui.	*I feel sorry for you having a teacher like him.*
Pour se faire plaindre, il est champion.	*He's really good at getting people to pity him.*
Elle est à plaindre avec un chef pareil.	*You can feel sorry for her with a boss like that.*
ne pas plaindre sa peine	*to work zealously*
—C'est un grand travailleur, lui.	*He's a really good worker.*
—Oui, il ne plaint pas sa peine.	*Yes, he is unstinting in his efforts.*
Je n'ai jamais plaint mon temps, tu sais.	*I never begrudged my time, you know.*

irregular reflexive verb;
compound tenses with *être*

je me plains · je me plaignis · s'étant plaint · se plaignant

PRESENT

je me plains	nous nous plaignons
tu te plains	vous vous plaignez
il/elle se plaint	ils/elles se plaignent

IMPERFECT

je me plaignais	nous nous plaignions
tu te plaignais	vous vous plaigniez
il/elle se plaignait	ils/elles se plaignaient

PASSÉ SIMPLE

je me plaignis	nous nous plaignîmes
tu te plaignis	vous vous plaignîtes
il/elle se plaignit	ils/elles se plaignirent

FUTURE

je me plaindrai	nous nous plaindrons
tu te plaindras	vous vous plaindrez
il/elle se plaindra	ils/elles se plaindront

CONDITIONAL

je me plaindrais	nous nous plaindrions
tu te plaindrais	vous vous plaindriez
il/elle se plaindrait	ils/elles se plaindraient

PRESENT SUBJUNCTIVE

que je me plaigne	que nous nous plaignions
que tu te plaignes	que vous vous plaigniez
qu'il/elle se plaigne	qu'ils/elles se plaignent

IMPERFECT SUBJUNCTIVE

que je me plaignisse	que nous nous plaignissions
que tu te plaignisses	que vous vous plaignissiez
qu'il/elle se plaignît	qu'ils/elles se plaignissent

PASSÉ COMPOSÉ

je me suis plaint(e)	nous nous sommes plaint(e)s
tu t'es plaint(e)	vous vous êtes plaint(e)(s)
il/elle s'est plaint(e)	ils/elles se sont plaint(e)s

PLUPERFECT

je m'étais plaint(e)	nous nous étions plaint(e)s
tu t'étais plaint(e)	vous vous étiez plaint(e)(s)
il/elle s'était plaint(e)	ils/elles s'étaient plaint(e)s

PAST ANTERIOR

je me fus plaint(e)	nous nous fûmes plaint(e)s
tu te fus plaint(e)	vous vous fûtes plaint(e)(s)
il/elle se fut plaint(e)	ils/elles se furent plaint(e)s

FUTURE ANTERIOR

je me serai plaint(e)	nous nous serons plaint(e)s
tu te seras plaint(e)	vous vous serez plaint(e)(s)
il/elle se sera plaint(e)	ils/elles se seront plaint(e)s

PAST CONDITIONAL

je me serais plaint(e)	nous nous serions plaint(e)s
tu te serais plaint(e)	vous vous seriez plaint(e)(s)
il/elle se serait plaint(e)	ils/elles se seraient plaint(e)s

PAST SUBJUNCTIVE

que je me sois plaint(e)	que nous nous soyons plaint(e)s
que tu te sois plaint(e)	que vous vous soyez plaint(e)(s)
qu'il/elle se soit plaint(e)	qu'ils/elles se soient plaint(e)s

PLUPERFECT SUBJUNCTIVE

que je me fusse plaint(e)	que nous nous fussions plaint(e)s
que tu te fusses plaint(e)	que vous vous fussiez plaint(e)(s)
qu'il/elle se fût plaint(e)	qu'ils/elles se fussent plaint(e)s

COMMANDS

	(nous) plaignons-nous
(tu) plains-toi	(vous) plaignez-vous

Usage

Tu te plains constamment.	*You complain constantly.*
se plaindre de qqch	*to complain about something*
Il se plaint de tout.	*He complains about everything.*
Ils se plaignent de leur sort.	*They complain about their fate.*
Plains-toi, mon pote!	*Go ahead and complain, buddy!/You'll get no pity from me!*
Le malade se plaint d'une douleur au genou.	*The patient is complaining of a pain in the knee.*
Les ouvriers se sont plaints au contremaître.	*The workers complained to the foreman.*
De quoi se plaignent-ils?	*What are they complaining about?*
Ne viens pas te plaindre si tu ne réussis pas.	*Don't come complaining if you don't pass.*

RELATED WORD

la plainte	*complaint*
J'en ai marre de tes plaintes! *(familiar)*	*I've had enough of your complaints!*
Je vais porter plainte contre ce commerçant.	*I'm going to lodge a complaint against that merchant.*

plaire   *to please*

plaire = aimer

Rien ne lui plaît.	*He doesn't like anything.*
Il ne plaît à personne.	*No one likes him.*
Ce restaurant ne plaît pas à nos associés.	*Our associates don't like this restaurant.*
Les blondes lui plaisent.	*He goes for blond girls.*
S'il s'habille comme ça, c'est qu'il n'a aucun désir de plaire.	*If he dresses like that, he has no desire to please people.*
Elle dit exactement ce qui lui plaît.	*She says just what she pleases.*
Et s'il lui plaît de nous accompagner?	*And what if he wants to accompany us?*
Faites comme il vous plaira.	*Do as you please.*
C'est un livre qui me plairait beaucoup à lire.	*It's a book I'd really like to read.*
Il lui plaît de croire que tout le monde le respecte.	*He likes to think that he is respected by everyone.*
Tu ne peux pas faire tout ce qui te plaît.	*You can't do whatever you like.*
—Tu vas y aller?	*Are you going to go there?*
—Si ça me plaît.	*If I feel like it.*
—Qu'est-ce que je dois servir?	*What should I serve?*
—Fais ton gigot. Ça plaît toujours.	*Make your leg of lamb. It's always a hit.*

se plaire

Il se plaît aux États-Unis.	*He likes it in the United States.*
—Tu te plais ici?	*Do you like it here?*
—Avant je me plaisais dans ce quartier, mais je ne m'y plais plus.	*Previously I was happy in this neighborhood, but I don't like it here anymore.*
Elle se plaît avec sa nouvelle robe.	*She likes the way she looks in her new dress.*
Je me plais toujours avec eux.	*I always enjoy their company.*
se plaire à faire qqch	*to take delight in doing something*
Il se plaît à me taquiner.	*He takes delight in teasing me.*
Elles se plaisent à tout critiquer.	*They like to criticize everything.*
Deux personnes comme ça vont sûrement se plaire.	*Two people like that will hit it off.*

plaire pour exprimer des vœux

Plaise à Dieu qu'ils soient là!	*I hope to God that they are there!*
À Dieu ne plaise que vos parents le sachent.	*God forbid that your parents should find out.*
Plût au ciel qu'ils ne puissent venir!	*Would to God that they won't be able to come!*

Related Words

déplaire	*to be disliked*
Il déplait à tout le monde.	*No one likes him.*
Elle a rompu avec lui parce qu'il lui a déplu.	*She broke off with him because she stopped liking him.*
Ils se sont déplu dès le premier moment.	*They disliked each other from the start.*
le plaisir	*pleasure*
—Je peux t'accompagner?	*Can I go with you?*
—Ça me ferait plaisir.	*I'd like that.*

TOP 50 VERBS

irregular verb

PRESENT

je plais	nous plaisons
tu plais	vous plaisez
il/elle plaît	ils/elles plaisent

IMPERFECT

je plaisais	nous plaisions
tu plaisais	vous plaisiez
il/elle plaisait	ils/elles plaisaient

PASSÉ SIMPLE

je plus	nous plûmes
tu plus	vous plûtes
il/elle plut	ils/elles plurent

FUTURE

je plairai	nous plairons
tu plairas	vous plairez
il/elle plaira	ils/elles plairont

CONDITIONAL

je plairais	nous plairions
tu plairais	vous plairiez
il/elle plairait	ils/elles plairaient

PRESENT SUBJUNCTIVE

que je plaise	que nous plaisions
que tu plaises	que vous plaisiez
qu'il/elle plaise	qu'ils/elles plaisent

IMPERFECT SUBJUNCTIVE

que je plusse	que nous plussions
que tu plusses	que vous plussiez
qu'il/elle plût	qu'ils/elles plussent

COMMANDS

	(nous) plaisons
(tu) plais	(vous) plaisez

PASSÉ COMPOSÉ

j'ai plu	nous avons plu
tu as plu	vous avez plu
il/elle a plu	ils/elles ont plu

PLUPERFECT

j'avais plu	nous avions plu
tu avais plu	vous aviez plu
il/elle avait plu	ils/elles avaient plu

PAST ANTERIOR

j'eus plu	nous eûmes plu
tu eus plu	vous eûtes plu
il/elle eut plu	ils/elles eurent plu

FUTURE ANTERIOR

j'aurai plu	nous aurons plu
tu auras plu	vous aurez plu
il/elle aura plu	ils/elles auront plu

PAST CONDITIONAL

j'aurais plu	nous aurions plu
tu aurais plu	vous auriez plu
il/elle aurait plu	ils/elles auraient plu

PAST SUBJUNCTIVE

que j'aie plu	que nous ayons plu
que tu aies plu	que vous ayez plu
qu'il/elle ait plu	qu'ils/elles aient plu

PLUPERFECT SUBJUNCTIVE

que j'eusse plu	que nous eussions plu
que tu eusses plu	que vous eussiez plu
qu'il/elle eût plu	qu'ils/elles eussent plu

Usage

plaire à qqn	*to be pleasing to someone*
s'il te plaît/s'il vous plaît	*please*
—Cette chanson me plaît. Qu'en penses-tu?	*I like this song. What do you think about it?*
—Elle ne me plaît pas du tout.	*I don't like it at all.*
—J'ai l'impression que Serge te plaît.	*I think you like Serge.*
—Tu as tort. Il ne me plaît pas.	*You're wrong. He's not my cup of tea.*
C'est le genre de garçon qui plaît aux filles.	*He's the type of guy girls like.*
Il cherche à plaire à ses supérieurs.	*He tries to get in the good graces of his superiors.*
Mon nouvel emploi me plaît beaucoup.	*I like my new job a lot.*
Cette situation leur plaît.	*They like this situation.*
C'est un roman qui a beaucoup plu.	*This novel was very popular.*
Faites ce qui vous plaît.	*Do as you wish.*
Plaît-il?	*What did you say?* (very formal)

plier *to bend, fold*

je plie · je pliai · plié · pliant

regular -er verb

PRESENT

je plie	nous plions
tu plies	vous pliez
il/elle plie	ils/elles plient

IMPERFECT

je pliais	nous pliions
tu pliais	vous pliiez
il/elle pliait	ils/elles pliaient

PASSÉ SIMPLE

je pliai	nous pliâmes
tu plias	vous pliâtes
il/elle plia	ils/elles plièrent

FUTURE

je plierai	nous plierons
tu plieras	vous plierez
il/elle pliera	ils/elles plieront

CONDITIONAL

je plierais	nous plierions
tu plierais	vous plieriez
il/elle plierait	ils/elles plieraient

PRESENT SUBJUNCTIVE

que je plie	que nous pliions
que tu plies	que vous pliiez
qu'il/elle plie	qu'ils/elles plient

IMPERFECT SUBJUNCTIVE

que je pliasse	que nous pliassions
que tu pliasses	que vous pliassiez
qu'il/elle pliât	qu'ils/elles pliassent

COMMANDS

	(nous) plions
(tu) plie	(vous) pliez

PASSÉ COMPOSÉ

j'ai plié	nous avons plié
tu as plié	vous avez plié
il/elle a plié	ils/elles ont plié

PLUPERFECT

j'avais plié	nous avions plié
tu avais plié	vous aviez plié
il/elle avait plié	ils/elles avaient plié

PAST ANTERIOR

j'eus plié	nous eûmes plié
tu eus plié	vous eûtes plié
il/elle eut plié	ils/elles eurent plié

FUTURE ANTERIOR

j'aurai plié	nous aurons plié
tu auras plié	vous aurez plié
il/elle aura plié	ils/elles auront plié

PAST CONDITIONAL

j'aurais plié	nous aurions plié
tu aurais plié	vous auriez plié
il/elle aurait plié	ils/elles auraient plié

PAST SUBJUNCTIVE

que j'aie plié	que nous ayons plié
que tu aies plié	que vous ayez plié
qu'il/elle ait plié	qu'ils/elles aient plié

PLUPERFECT SUBJUNCTIVE

que j'eusse plié	que nous eussions plié
que tu eusses plié	que vous eussiez plié
qu'il/elle eût plié	qu'ils/elles eussent plié

Usage

Ne pas plier.	*Please do not bend.* (on envelopes)
plier les vêtements	*to fold the clothing*
plier bagage	*to pack up and leave*
Quand j'ai entendu ça, j'ai plié bagage.	*When I heard that, I packed up and left.*
J'étais plié en deux par le rire.	*I was doubled over in laughter.*
Ne plie pas le coin de la page. Voici un signet.	*Don't bend the corner of the page. Here's a bookmark.*
plier sous le poids de	*to bend under the weight of*
Vous me voyez plié sous le poids de ces responsabilités.	*You see me bending under the weight of these responsibilities.*
Ils ne me feront jamais plier.	*They'll never make me knuckle under.*
Je me suis effrayé en le voyant plié de douleur.	*I got scared when I saw him doubled over in pain.*

RELATED WORD

le pli	*fold/crease*
un vêtement plein de plis	*a creased garment*

regular *-er* verb

je porte · je portai · porté · portant

PRESENT

je porte	nous portons
tu portes	vous portez
il/elle porte	ils/elles portent

IMPERFECT

je portais	nous portions
tu portais	vous portiez
il/elle portait	ils/elles portaient

PASSÉ SIMPLE

je portai	nous portâmes
tu portas	vous portâtes
il/elle porta	ils/elles portèrent

FUTURE

je porterai	nous porterons
tu porteras	vous porterez
il/elle portera	ils/elles porteront

CONDITIONAL

je porterais	nous porterions
tu porterais	vous porteriez
il/elle porterait	ils/elles porteraient

PRESENT SUBJUNCTIVE

que je porte	que nous portions
que tu portes	que vous portiez
qu'il/elle porte	qu'ils/elles portent

IMPERFECT SUBJUNCTIVE

que je portasse	que nous portassions
que tu portasses	que vous portassiez
qu'il/elle portât	qu'ils/elles portassent

COMMANDS

	(nous) portons
(tu) porte	(vous) portez

PASSÉ COMPOSÉ

j'ai porté	nous avons porté
tu as porté	vous avez porté
il/elle a porté	ils/elles ont porté

PLUPERFECT

j'avais porté	nous avions porté
tu avais porté	vous aviez porté
il/elle avait porté	ils/elles avaient porté

PAST ANTERIOR

j'eus porté	nous eûmes porté
tu eus porté	vous eûtes porté
il/elle eut porté	ils/elles eurent porté

FUTURE ANTERIOR

j'aurai porté	nous aurons porté
tu auras porté	vous aurez porté
il/elle aura porté	ils/elles auront porté

PAST CONDITIONAL

j'aurais porté	nous aurions porté
tu aurais porté	vous auriez porté
il/elle aurait porté	ils/elles auraient porté

PAST SUBJUNCTIVE

que j'aie porté	que nous ayons porté
que tu aies porté	que vous ayez porté
qu'il/elle ait porté	qu'ils/elles aient porté

PLUPERFECT SUBJUNCTIVE

que j'eusse porté	que nous eussions porté
que tu eusses porté	que vous eussiez porté
qu'il/elle eût porté	qu'ils/elles eussent porté

Usage

porter un sac sur le dos	*to carry a bag on one's back*
Je porte votre serviette?	*Shall I carry your briefcase?*
La mère portait son bébé dans ses bras.	*The mother was carrying her child in her arms.*
Il porte toujours une veste.	*He always wears a sport jacket.*
L'enfant a porté la cuillère à sa bouche.	*The child lifted the spoon to his mouth.*
Je vais porter ces chèques à la banque.	*I'll take these checks to the bank.*
Elle nous portera des nouvelles.	*She will bring us news.*
Je suis crevé. Mes jambes ne me portent plus.	*I'm exhausted. I'm falling off my feet.*
Le facteur nous a porté des colis.	*The mailman brought us some parcels.*
Ce message ne porte pas de date.	*This message is not dated.*
Ce compte-rendu porte la date de hier.	*This report has yesterday's date on it.*
Cette lettre ne porte pas de signature.	*This letter has no signature.*
Il vous faut porter cette affaire sur la place publique.	*You must make this matter public.*

TOP 50 VERB ☞

je porte · je portai · porté · portant   regular *-er* verb

Il porte bien son nom.	*His name suits him.*
Accablé de soucis, il a porté sa main à son front.	*Overcome with worry, he put his hand on his forehead.*
Après le tremblement de terre, une centaine de personnes étaient portées manquantes.	*After the earthquake, about a hundred people were reported missing.*
Cela porte le nombre de maisons détruites à soixante-dix.	*That brings the number of destroyed houses to seventy.*
On a porté son roman à l'écran.	*They made a movie of his/her novel.*
On a porté son roman à la scène.	*They made a play of his/her novel.*
Je ne porte pas ce type dans mon cœur.	*That guy is not one of my favorite people.*
Il a porté son attention sur cette idée.	*He concentrated on this idea.*
La question portait sur les faits historiques.	*The question had to do with historical facts.*
Son genou a porté sur le rocher.	*His knee struck the rock./He hit his knee against the rock.*
Les foules l'ont porté au pouvoir.	*The mobs brought him to a position of power.*
Il s'est fait porter malade.	*He reported sick/called in sick.*
On va se faire porter à manger.	*We'll send out for food.*
La lettre porte quelle date?	*What date is on the letter?*

se porter

Il se porte bien.	*He's in good health.*
A quatre-vingt-dix ans elle se porte comme un charme.	*At ninety she's in great health.*
Il s'est porté candidat aux élections municipales.	*He ran in the municipal elections.*
Il ne s'en est pas plus mal porté.	*He got away with it/was no worse off for it.*
Les soupçons se sont portés sur eux.	*Suspicion fell on them.*

Expressions

Ça porte bonheur/malheur.	*That brings good/bad luck.*
Lui, il porte la poisse.	*He's a jinx.*
Lui offrir un livre, c'est porter de l'eau à la rivière.	*Giving him a book as a gift is like carrying coals to Newcastle.*
Il se porte comme le Pont Neuf.	*He's healthy as a horse.*
Chez eux c'est elle qui porte la culotte.	*At their house, she wears the pants.*
Nos collègues nous ont laissés porter le chapeau.	*Our coworkers left us holding the bag.*
Ton chef te porte aux nues.	*Your boss praises you to the skies.*
Ce mur porte à faux.	*This wall is not straight.*
Vos remarques portent à faux.	*Your remarks are out of place.*

Related Words

le port	*wearing/carrying*
Le port du short est défendu à l'école.	*Wearing shorts is not allowed at school.*
Le port de la barbe n'est plus à la mode.	*Wearing a beard is no longer fashionable.*
un porte-bonheur	*a good-luck charm*
le porte-avions	*aircraft carrier*
en porte-à-faux	*slanting/out of balance*
le porteur/la porteuse	*bearer*
des clandestins porteurs de faux papiers	*illegal immigrants carrying false papers*

TOP 50 VERBS

regular -er verb

PRESENT

je pose	nous posons
tu poses	vous posez
il/elle pose	ils/elles posent

IMPERFECT

je posais	nous posions
tu posais	vous posiez
il/elle posait	ils/elles posaient

PASSÉ SIMPLE

je posai	nous posâmes
tu posas	vous posâtes
il/elle posa	ils/elles posèrent

FUTURE

je poserai	nous poserons
tu poseras	vous poserez
il/elle posera	ils/elles poseront

CONDITIONAL

je poserais	nous poserions
tu poserais	vous poseriez
il/elle poserait	ils/elles poseraient

PRESENT SUBJUNCTIVE

que je pose	que nous posions
que tu poses	que vous posiez
qu'il/elle pose	qu'ils/elles posent

IMPERFECT SUBJUNCTIVE

que je posasse	que nous posassions
que tu posasses	que vous posassiez
qu'il/elle posât	qu'ils/elles posassent

PASSÉ COMPOSÉ

j'ai posé	nous avons posé
tu as posé	vous avez posé
il/elle a posé	ils/elles ont posé

PLUPERFECT

j'avais posé	nous avions posé
tu avais posé	vous aviez posé
il/elle avait posé	ils/elles avaient posé

PAST ANTERIOR

j'eus posé	nous eûmes posé
tu eus posé	vous eûtes posé
il/elle eut posé	ils/elles eurent posé

FUTURE ANTERIOR

j'aurai posé	nous aurons posé
tu auras posé	vous aurez posé
il/elle aura posé	ils/elles auront posé

PAST CONDITIONAL

j'aurais posé	nous aurions posé
tu aurais posé	vous auriez posé
il/elle aurait posé	ils/elles auraient posé

PAST SUBJUNCTIVE

que j'aie posé	que nous ayons posé
que tu aies posé	que vous ayez posé
qu'il/elle ait posé	qu'ils/elles aient posé

PLUPERFECT SUBJUNCTIVE

que j'eusse posé	que nous eussions posé
que tu eusses posé	que vous eussiez posé
qu'il/elle eût posé	qu'ils/elles eussent posé

COMMANDS

	(nous) posons
(tu) pose	(vous) posez

Usage

poser qqch sur la table	*to put something on the table*
poser ses affaires à l'abri de la pluie	*to put one's things out of the way of the rain*
poser la moquette	*to lay carpet*
J'ai posé ma candidature au poste.	*I applied for the job.*
Il pose à l'intellectuel.	*He pretends to be an intellectual.*
Il n'a pas le droit de se poser en capitaine.	*He has no right to pretend to be the captain.*
poser une question à qqn	*to ask someone a question*
Il m'a posé des questions difficiles.	*He asked me hard questions.*
Il se pose la question des documents.	*The question of official papers comes up.*
Je me posais la même question.	*I was asking myself the same question.*
Je vous expliquerai le problème qui se pose.	*I'll explain to you the problem that has come up.*
Un smoking pose un homme.	*A tuxedo makes a man look his best.*
Voici le problème qui se pose.	*Here is the problem before us.*

posséder *to possess*

je possède · je possédai · possédé · possédant   -er verb; spelling change: é > è/mute e

PRESENT

je possède	nous possédons
tu possèdes	vous possédez
il/elle possède	ils/elles possèdent

PASSÉ COMPOSÉ

j'ai possédé	nous avons possédé
tu as possédé	vous avez possédé
il/elle a possédé	ils/elles ont possédé

IMPERFECT

je possédais	nous possédions
tu possédais	vous possédiez
il/elle possédait	ils/elles possédaient

PLUPERFECT

j'avais possédé	nous avions possédé
tu avais possédé	vous aviez possédé
il/elle avait possédé	ils/elles avaient possédé

PASSÉ SIMPLE

je possédai	nous possédâmes
tu possédas	vous possédâtes
il/elle posséda	ils/elles possédèrent

PAST ANTERIOR

j'eus possédé	nous eûmes possédé
tu eus possédé	vous eûtes possédé
il/elle eut possédé	ils/elles eurent possédé

FUTURE

je posséderai	nous posséderons
tu posséderas	vous posséderez
il/elle possédera	ils/elles posséderont

FUTURE ANTERIOR

j'aurai possédé	nous aurons possédé
tu auras possédé	vous aurez possédé
il/elle aura possédé	ils/elles auront possédé

CONDITIONAL

je posséderais	nous posséderions
tu posséderais	vous posséderiez
il/elle posséderait	ils/elles posséderaient

PAST CONDITIONAL

j'aurais possédé	nous aurions possédé
tu aurais possédé	vous auriez possédé
il/elle aurait possédé	ils/elles auraient possédé

PRESENT SUBJUNCTIVE

que je possède	que nous possédions
que tu possèdes	que vous possédiez
qu'il/elle possède	qu'ils/elles possèdent

PAST SUBJUNCTIVE

que j'aie possédé	que nous ayons possédé
que tu aies possédé	que vous ayez possédé
qu'il/elle ait possédé	qu'ils/elles aient possédé

IMPERFECT SUBJUNCTIVE

que je possédasse	que nous possédassions
que tu possédasses	que vous possédassiez
qu'il/elle possédât	qu'ils/elles possédassent

PLUPERFECT SUBJUNCTIVE

que j'eusse possédé	que nous eussions possédé
que tu eusses possédé	que vous eussiez possédé
qu'il/elle eût possédé	qu'ils/elles eussent possédé

COMMANDS

	(nous) possédons
(tu) possède	(vous) possédez

Usage

Cette famille ne possède plus rien.	*That family no longer has anything.*
Tu possèdes mon cœur.	*You have captured my heart.*
Cette chambre possède une belle vue.	*This room has a beautiful view.*
Nous possédions des propriétés dans le Midi.	*We used to own properties in the south of France.*
Il a donné tout ce qu'il possédait à ses enfants.	*He gave everything he had to his children.*
Il s'est fait posséder.	*He was had/he was taken in.*
Qu'est-ce qui t'arrive? Tu ne te possèdes plus.	*What's gotten into you? You have lost all self-control.*

RELATED WORD

la possession	*possession*
La possession de ce document sera très importante pour le juge.	*Having that document in your possession will be very important for the judge.*

PRESENT

je poursuis	nous poursuivons
tu poursuis	vous poursuivez
il/elle poursuit	ils/elles poursuivent

IMPERFECT

je poursuivais	nous poursuivions
tu poursuivais	vous poursuiviez
il/elle poursuivait	ils/elles poursuivaient

PASSÉ SIMPLE

je poursuivis	nous poursuivîmes
tu poursuivis	vous poursuivîtes
il/elle poursuivit	ils/elles poursuivirent

FUTURE

je poursuivrai	nous poursuivrons
tu poursuivras	vous poursuivrez
il/elle poursuivra	ils/elles poursuivront

CONDITIONAL

je poursuivrais	nous poursuivrions
tu poursuivrais	vous poursuivriez
il/elle poursuivrait	ils/elles poursuivraient

PRESENT SUBJUNCTIVE

que je poursuive	que nous poursuivions
que tu poursuives	que vous poursuiviez
qu'il/elle poursuive	qu'ils/elles poursuivent

IMPERFECT SUBJUNCTIVE

que je poursuivisse	que nous poursuivissions
que tu poursuivisses	que vous poursuivissiez
qu'il/elle poursuivît	qu'ils/elles poursuivissent

PASSÉ COMPOSÉ

j'ai poursuivi	nous avons poursuivi
tu as poursuivi	vous avez poursuivi
il/elle a poursuivi	ils/elles ont poursuivi

PLUPERFECT

j'avais poursuivi	nous avions poursuivi
tu avais poursuivi	vous aviez poursuivi
il/elle avait poursuivi	ils/elles avaient poursuivi

PAST ANTERIOR

j'eus poursuivi	nous eûmes poursuivi
tu eus poursuivi	vous eûtes poursuivi
il/elle eut poursuivi	ils/elles eurent poursuivi

FUTURE ANTERIOR

j'aurai poursuivi	nous aurons poursuivi
tu auras poursuivi	vous aurez poursuivi
il/elle aura poursuivi	ils/elles auront poursuivi

PAST CONDITIONAL

j'aurais poursuivi	nous aurions poursuivi
tu aurais poursuivi	vous auriez poursuivi
il/elle aurait poursuivi	ils/elles auraient poursuivi

PAST SUBJUNCTIVE

que j'aie poursuivi	que nous ayons poursuivi
que tu aies poursuivi	que vous ayez poursuivi
qu'il/elle ait poursuivi	qu'ils/elles aient poursuivi

PLUPERFECT SUBJUNCTIVE

que j'eusse poursuivi	que nous eussions poursuivi
que tu eusses poursuivi	que vous eussiez poursuivi
qu'il/elle eût poursuivi	qu'ils/elles eussent poursuivi

COMMANDS

	(nous) poursuivons
(tu) poursuis	(vous) poursuivez

Usage

Le chien poursuivait l'enfant.	*The dog was running after the child.*
La police a poursuivi les terroristes.	*The police pursued the terrorists.*
Nous sommes poursuivis par nos créanciers.	*Our creditors are after us.*
Il poursuit la gloire.	*He's seeking fame.*
Ça me plait qu'il poursuive des buts nobles.	*I like that he's striving for worthy goals.*
Un philosophe poursuit la vérité.	*A philosopher pursues truth.*
poursuivre qqn en justice	*to prosecute/sue someone*
On l'a poursuivi pour ce crime.	*He was prosecuted for this crime.*

RELATED WORD

la poursuite	*pursuit*
la poursuite du bonheur/d'un rêve	*the pursuit of happiness/a dream*
La police s'est lancée à la poursuite des émeutiers.	*The police ran in pursuit of rioters.*
Ne vous exposez pas à des poursuites judiciaires.	*Don't open yourself up to legal action.*

pousser *to push, grow*

je pousse · je poussai · poussé · poussant

regular -*er* verb

PRESENT

je pousse	nous poussons
tu pousses	vous poussez
il/elle pousse	ils/elles poussent

IMPERFECT

je poussais	nous poussions
tu poussais	vous poussiez
il/elle poussait	ils/elles poussaient

PASSÉ SIMPLE

je poussai	nous poussâmes
tu poussas	vous poussâtes
il/elle poussa	ils/elles poussèrent

FUTURE

je pousserai	nous pousserons
tu pousseras	vous pousserez
il/elle poussera	ils/elles pousseront

CONDITIONAL

je pousserais	nous pousserions
tu pousserais	vous pousseriez
il/elle pousserait	ils/elles pousseraient

PRESENT SUBJUNCTIVE

que je pousse	que nous poussions
que tu pousses	que vous poussiez
qu'il/elle pousse	qu'ils/elles poussent

IMPERFECT SUBJUNCTIVE

que je poussasse	que nous poussassions
que tu poussasses	que vous poussassiez
qu'il/elle poussât	qu'ils/elles poussassent

PASSÉ COMPOSÉ

j'ai poussé	nous avons poussé
tu as poussé	vous avez poussé
il/elle a poussé	ils/elles ont poussé

PLUPERFECT

j'avais poussé	nous avions poussé
tu avais poussé	vous aviez poussé
il/elle avait poussé	ils/elles avaient poussé

PAST ANTERIOR

j'eus poussé	nous eûmes poussé
tu eus poussé	vous eûtes poussé
il/elle eut poussé	ils/elles eurent poussé

FUTURE ANTERIOR

j'aurai poussé	nous aurons poussé
tu auras poussé	vous aurez poussé
il/elle aura poussé	ils/elles auront poussé

PAST CONDITIONAL

j'aurais poussé	nous aurions poussé
tu aurais poussé	vous auriez poussé
il/elle aurait poussé	ils/elles auraient poussé

PAST SUBJUNCTIVE

que j'aie poussé	que nous ayons poussé
que tu aies poussé	que vous ayez poussé
qu'il/elle ait poussé	qu'ils/elles aient poussé

PLUPERFECT SUBJUNCTIVE

que j'eusse poussé	que nous eussions poussé
que tu eusses poussé	que vous eussiez poussé
qu'il/elle eût poussé	qu'ils/elles eussent poussé

COMMANDS

	(nous) poussons
(tu) pousse	(vous) poussez

Usage

Ne me poussez pas!	*Don't push me!*
L'herbe pousse vite quand il pleut beaucoup.	*The grass grows quickly when it rains a lot.*
Qui t'a poussé à faire ça?	*Who pushed you to do that?*
Pousse la porte pour l'ouvrir.	*Push the door to open it.*
Tu pousses la blague un peu trop loin.	*You're pushing the joke a bit too far.*
C'est l'intérêt qui le pousse.	*He's motivated by self-interest.*
Il a poussé les enchères.	*He upped the ante.*
Ne pousse pas, tu m'entends?	*Don't press your luck, you hear?*
Les élèves ont poussé le prof à bout.	*The students pushed the teacher to his wits' end.*
pousser un cri	*to utter a cry/shout/let out a yell*
pousser un soupir	*to utter a sigh*

PROVERB

Mauvaise herbe pousse toujours.	*Weeds always grow quickly.*

PRESENT		PASSÉ COMPOSÉ	
je peux	nous pouvons	j'ai pu	nous avons pu
tu peux	vous pouvez	tu as pu	vous avez pu
il/elle peut	ils/elles peuvent	il/elle a pu	ils/elles ont pu

IMPERFECT		PLUPERFECT	
je pouvais	nous pouvions	j'avais pu	nous avions pu
tu pouvais	vous pouviez	tu avais pu	vous aviez pu
il/elle pouvait	ils/elles pouvaient	il/elle avait pu	ils/elles avaient pu

PASSÉ SIMPLE		PAST ANTERIOR	
je pus	nous pûmes	j'eus pu	nous eûmes pu
tu pus	vous pûtes	tu eus pu	vous eûtes pu
il/elle put	ils/elles purent	il/elle eut pu	ils/elles eurent pu

FUTURE		FUTURE ANTERIOR	
je pourrai	nous pourrons	j'aurai pu	nous aurons pu
tu pourras	vous pourrez	tu auras pu	vous aurez pu
il/elle pourra	ils/elles pourront	il/elle aura pu	ils/elles auront pu

CONDITIONAL		PAST CONDITIONAL	
je pourrais	nous pourrions	j'aurais pu	nous aurions pu
tu pourrais	vous pourriez	tu aurais pu	vous auriez pu
il/elle pourrait	ils/elles pourraient	il/elle aurait pu	ils/elles auraient pu

PRESENT SUBJUNCTIVE		PAST SUBJUNCTIVE	
que je puisse	que nous puissions	que j'aie pu	que nous ayons pu
que tu puisses	que vous puissiez	que tu aies pu	que vous ayez pu
qu'il/elle puisse	qu'ils/elles puissent	qu'il/elle ait pu	qu'ils/elles aient pu

IMPERFECT SUBJUNCTIVE		PLUPERFECT SUBJUNCTIVE	
que je pusse	que nous pussions	que j'eusse pu	que nous eussions pu
que tu pusses	que vous pussiez	que tu eusses pu	que vous eussiez pu
qu'il/elle pût	qu'ils/elles pussent	qu'il/elle eût pu	qu'ils/elles eussent pu

COMMANDS NOT USED

Usage

NOTE: *Je puis* is an archaic alternate form for *je peux*. *Je puis* is used in very formal style.

pouvoir faire qqch	*to be able to do something*
Tu peux me donner un coup de main?	*Can you help me out?*
J'ai mal au pied. Je ne peux pas marcher.	*My foot hurts. I can't walk.*
Il ne peut pas comprendre votre inquiétude.	*He can't understand your uneasiness.*
Je peux vous aider?	*May I help you?*
—Voulez-vous que je vous accompagne?	*Do you want me to go with you?*
—Si vous pouvez.	*If you can.*
Elle ne pourra plus voyager.	*She won't be able to travel anymore.*
Pourriez-vous me dire où se trouve le musée d'art?	*Can you tell me where the art museum is?*
Il pourrait être en difficulté.	*He might be in trouble.*
Elle est, si on peut le dire, un peu bornée.	*She is, to put it bluntly, a bit slow.*
Qui peut savoir ce qui va arriver?	*Who can know what is going to happen?*
On peut voir l'écran du fond de la salle?	*Can you see the screen from the back of the theater?*

TOP 50 VERB ☞

pouvoir *to be able to, can*

je peux · je pus · pu · pouvant

Je n'y peux rien.	*There's nothing I can do about it.*
Les étudiants peuvent sortir le samedi.	*The students have permission to go out on Saturday.*
Je peux aller jouer, maman?	*May I go out to play, Mom?*
On ne peut pas entrer dans son bureau.	*Nobody is allowed to go into his office.*
Téléphone-moi dès que tu pourras.	*Call me as soon as you can.*
Je ne peux pas le voir/le sentir.	*I can't stand him.*
Je ne peux pas le voir en peinture.	*I can't stand him.*
Je n'ai pas pu m'empêcher de lui poser cette question.	*I couldn't help but ask him that question.*
ne pas pouvoir ne pas faire qqch	*to really have to do something*
Vous ne pouvez pas ne pas lire ce roman.	*You absolutely must read that novel.*
Tu ne peux (pas) ne pas venir.	*You really have to come.*
Nous pouvons toujours nous arranger.	*We can always work things out/come to an agreement.*
Appelle le médecin! Je ne peux pas respirer.	*Call the doctor! I can't breathe.*
Je n'en peux plus!	*I can't take it anymore!*

pouvoir (possibilité)

Il ne pouvait pas le savoir.	*He couldn't know it.*
Ça ne pourrait pas être vrai.	*That couldn't be true.*
Ça se peut.	*That's possible.*
Il se peut qu'elle veuille venir avec nous.	*It's possible she may want to come with us.*
Je n'ai pas pu le repérer.	*I wasn't able to locate it.*
Il a bien pu le faire.	*He could very well have done it.*
Avec cet accent, je ne crois pas qu'il puisse être anglais.	*With that accent I don't think he can be English.*
Attention! Ce chien peut être méchant.	*Careful! That dog can be nasty.*
Les journaux disent que la guerre peut éclater cette semaine.	*The papers say that war can break out this week.*
Notre candidat pourrait perdre aux élections.	*Our candidate could lose the election.*
Fais attention. Tu peux tomber.	*Be careful. You might fall.*

pouvoir pour suggérer

Tu pourrais nous aider!	*You could help us!*
Il peut bien te prêter les cent euros.	*He can certainly lend you the one hundred euros.*
Tu pourrais au moins dire que tu le regrettes.	*You could at least say you're sorry.*

Proverbs

Vouloir, c'est pouvoir.	*Where there's a will, there's a way.*
Si la jeunesse savait, si la vieillesse pouvait.	*If youth knew, if old age could.*

Related Words

le pouvoir	*power*
le pouvoir politique	*political power*
le pouvoir d'achat	*purchasing power*
le pouvoir des médias	*the power of the media*
les hommes au pouvoir	*the men in power*
le pouvoir central	*the central government*

TOP 50 VERBS

regular -er verb

je pratique · je pratiquai · pratiqué · pratiquant

PRESENT

je pratique	nous pratiquons
tu pratiques	vous pratiquez
il/elle pratique	ils/elles pratiquent

IMPERFECT

je pratiquais	nous pratiquions
tu pratiquais	vous pratiquiez
il/elle pratiquait	ils/elles pratiquaient

PASSÉ SIMPLE

je pratiquai	nous pratiquâmes
tu pratiquas	vous pratiquâtes
il/elle pratiqua	ils/elles pratiquèrent

FUTURE

je pratiquerai	nous pratiquerons
tu pratiqueras	vous pratiquerez
il/elle pratiquera	ils/elles pratiqueront

CONDITIONAL

je pratiquerais	nous pratiquerions
tu pratiquerais	vous pratiqueriez
il/elle pratiquerait	ils/elles pratiqueraient

PRESENT SUBJUNCTIVE

que je pratique	que nous pratiquions
que tu pratiques	que vous pratiquiez
qu'il/elle pratique	qu'ils/elles pratiquent

IMPERFECT SUBJUNCTIVE

que je pratiquasse	que nous pratiquassions
que tu pratiquasses	que vous pratiquassiez
qu'il/elle pratiquât	qu'ils/elles pratiquassent

PASSÉ COMPOSÉ

j'ai pratiqué	nous avons pratiqué
tu as pratiqué	vous avez pratiqué
il/elle a pratiqué	ils/elles ont pratiqué

PLUPERFECT

j'avais pratiqué	nous avions pratiqué
tu avais pratiqué	vous aviez pratiqué
il/elle avait pratiqué	ils/elles avaient pratiqué

PAST ANTERIOR

j'eus pratiqué	nous eûmes pratiqué
tu eus pratiqué	vous eûtes pratiqué
il/elle eut pratiqué	ils/elles eurent pratiqué

FUTURE ANTERIOR

j'aurai pratiqué	nous aurons pratiqué
tu auras pratiqué	vous aurez pratiqué
il/elle aura pratiqué	ils/elles auront pratiqué

PAST CONDITIONAL

j'aurais pratiqué	nous aurions pratiqué
tu aurais pratiqué	vous auriez pratiqué
il/elle aurait pratiqué	ils/elles auraient pratiqué

PAST SUBJUNCTIVE

que j'aie pratiqué	que nous ayons pratiqué
que tu aies pratiqué	que vous ayez pratiqué
qu'il/elle ait pratiqué	qu'ils/elles aient pratiqué

PLUPERFECT SUBJUNCTIVE

que j'eusse pratiqué	que nous eussions pratiqué
que tu eusses pratiqué	que vous eussiez pratiqué
qu'il/elle eût pratiqué	qu'ils/elles eussent pratiqué

COMMANDS

	(nous) pratiquons
(tu) pratique	(vous) pratiquez

Usage

C'est un type qui pratique le chantage.	*He's a guy who resorts to blackmail.*
Ce peuple pratique ses coutumes anciennes.	*This people practices its ancient customs.*
Ce gouvernement pratique la censure.	*This government practices censorship.*
C'est bien de pratiquer un sport.	*It's good to participate in a sport.*
Nous pratiquons la natation.	*We participate in swimming.*
C'est un catholique pratiquant.	*He's an observant Catholic.*
Il est musulman, mais il ne pratique pas.	*He's a Muslim, but he doesn't practice.*

se précipiter   *to rush (into), throw oneself*

**je me précipite · je me précipitai ·
s'étant précipité · se précipitant**

regular -er reflexive verb;
compound tenses with être

PRESENT

je me précipite	nous nous précipitons
tu te précipites	vous vous précipitez
il/elle se précipite	ils/elles se précipitent

IMPERFECT

je me précipitais	nous nous précipitions
tu te précipitais	vous vous précipitiez
il/elle se précipitait	ils/elles se précipitaient

PASSÉ SIMPLE

je me précipitai	nous nous précipitâmes
tu te précipitas	vous vous précipitâtes
il/elle se précipita	ils/elles se précipitèrent

FUTURE

je me précipiterai	nous nous précipiterons
tu te précipiteras	vous vous précipiterez
il/elle se précipitera	ils/elles se précipiteront

CONDITIONAL

je me précipiterais	nous nous précipiterions
tu te précipiterais	vous vous précipiteriez
il/elle se précipiterait	ils/elles se précipiteraient

PRESENT SUBJUNCTIVE

que je me précipite	que nous nous précipitions
que tu te précipites	que vous vous précipitiez
qu'il/elle se précipite	qu'ils/elles se précipitent

IMPERFECT SUBJUNCTIVE

que je me précipitasse	que nous nous précipitassions
que tu te précipitasses	que vous vous précipitassiez
qu'il/elle se précipitât	qu'ils/elles se précipitassent

PASSÉ COMPOSÉ

je me suis précipité(e)	nous nous sommes précipité(e)s
tu t'es précipité(e)	vous vous êtes précipité(e)(s)
il/elle s'est précipité(e)	ils/elles se sont précipité(e)s

PLUPERFECT

je m'étais précipité(e)	nous nous étions précipité(e)s
tu t'étais précipité(e)	vous vous étiez précipité(e)(s)
il/elle s'était précipité(e)	ils/elles s'étaient précipité(e)s

PAST ANTERIOR

je me fus précipité(e)	nous nous fûmes précipité(e)s
tu te fus précipité(e)	vous vous fûtes précipité(e)(s)
il/elle se fut précipité(e)	ils/elles se furent précipité(e)s

FUTURE ANTERIOR

je me serai précipité(e)	nous nous serons précipité(e)s
tu te seras précipité(e)	vous vous serez précipité(e)(s)
il/elle se sera précipité(e)	ils/elles se seront précipité(e)s

PAST CONDITIONAL

je me serais précipité(e)	nous nous serions précipité(e)s
tu te serais précipité(e)	vous vous seriez précipité(e)(s)
il/elle se serait précipité(e)	ils/elles se seraient précipité(e)s

PAST SUBJUNCTIVE

que je me sois précipité(e)	que nous nous soyons précipité(e)s
que tu te sois précipité(e)	que vous vous soyez précipité(e)(s)
qu'il/elle se soit précipité(e)	qu'ils/elles se soient précipité(e)s

PLUPERFECT SUBJUNCTIVE

que je me fusse précipité(e)	que nous nous fussions précipité(e)s
que tu te fusses précipité(e)	que vous vous fussiez précipité(e)(s)
qu'il/elle se fût précipité(e)	qu'ils/elles se fussent précipité(e)s

COMMANDS

	(nous) précipitons-nous
(tu) précipite-toi	(vous) précipitez-vous

Usage

Sa fiancée s'est précipitée dans ses bras.	*His fiancée rushed into his arms.*
Après l'orage, l'eau se précipitait du toit.	*After the storm the water rushed down off the roof.*
La voiture s'est précipitée contre le mur.	*The car smashed into the wall.*
Les gosses se sont précipités dans le jardin.	*The kids rushed into the garden.*
La foule s'est précipitée vers le palais.	*The crowd rushed toward the palace.*
Quand l'alerte aérienne a sonné, nous nous sommes précipités vers les abris.	*When the air raid warning sounded, we rushed to the shelters.*

irregular verb · · · **je prédis · je prédis · prédit · prédisant**

PRESENT

je prédis	nous prédisons
tu prédis	vous prédisez
il/elle prédit	ils/elles prédisent

IMPERFECT

je prédisais	nous prédisions
tu prédisais	vous prédisiez
il/elle prédisait	ils/elles prédisaient

PASSÉ SIMPLE

je prédis	nous prédîmes
tu prédis	vous prédîtes
il/elle prédit	ils/elles prédirent

FUTURE

je prédirai	nous prédirons
tu prédiras	vous prédirez
il/elle prédira	ils/elles prédiront

CONDITIONAL

je prédirais	nous prédirions
tu prédirais	vous prédiriez
il/elle prédirait	ils/elles prédiraient

PRESENT SUBJUNCTIVE

que je prédise	que nous prédisions
que tu prédises	que vous prédisiez
qu'il/elle prédise	qu'ils/elles prédisent

IMPERFECT SUBJUNCTIVE

que je prédisse	que nous prédissions
que tu prédisses	que vous prédissiez
qu'il/elle prédît	qu'ils/elles prédissent

COMMANDS

	(nous) prédisons
(tu) prédis	(vous) prédisez

PASSÉ COMPOSÉ

j'ai prédit	nous avons prédit
tu as prédit	vous avez prédit
il/elle a prédit	ils/elles ont prédit

PLUPERFECT

j'avais prédit	nous avions prédit
tu avais prédit	vous aviez prédit
il/elle avait prédit	ils/elles avaient prédit

PAST ANTERIOR

j'eus prédit	nous eûmes prédit
tu eus prédit	vous eûtes prédit
il/elle eut prédit	ils/elles eurent prédit

FUTURE ANTERIOR

j'aurai prédit	nous aurons prédit
tu auras prédit	vous aurez prédit
il/elle aura prédit	ils/elles auront prédit

PAST CONDITIONAL

j'aurais prédit	nous aurions prédit
tu aurais prédit	vous auriez prédit
il/elle aurait prédit	ils/elles auraient prédit

PAST SUBJUNCTIVE

que j'aie prédit	que nous ayons prédit
que tu aies prédit	que vous ayez prédit
qu'il/elle ait prédit	qu'ils/elles aient prédit

PLUPERFECT SUBJUNCTIVE

que j'eusse prédit	que nous eussions prédit
que tu eusses prédit	que vous eussiez prédit
qu'il/elle eût prédit	qu'ils/elles eussent prédit

Usage

prédire l'avenir	*to predict the future*
La diseuse de bonne aventure prédit l'avenir.	*The fortune-teller predicts the future.*
Je te l'avais prédit!	*I told you it was going to happen!*
On lui prédit un grand succès.	*They predict he/she will be very successful.*
Ils nous ont prédit une année difficile.	*They predicted a difficult year for us.*
C'est une guerre que personne n'avait prédite.	*It's a war that no one had predicted.*
Personne ne peut prédire les résultats.	*No one can predict the results.*
Qui l'aurait prédit?	*Who would have predicted it?*
C'était à prédire.	*It could have been predicted.*

préférer *to prefer*

je préfère · je préférai · préféré · préférant   -er verb; spelling change: é > è/mute e

PRESENT

je préfère	nous préférons
tu préfères	vous préférez
il/elle préfère	ils/elles préfèrent

IMPERFECT

je préférais	nous préférions
tu préférais	vous préfériez
il/elle préférait	ils/elles préféraient

PASSÉ SIMPLE

je préférai	nous préférâmes
tu préféras	vous préférâtes
il/elle préféra	ils/elles préférèrent

FUTURE

je préférerai	nous préférerons
tu préféreras	vous préférerez
il/elle préférera	ils/elles préféreront

CONDITIONAL

je préférerais	nous préférerions
tu préférerais	vous préféreriez
il/elle préférerait	ils/elles préféreraient

PRESENT SUBJUNCTIVE

que je préfère	que nous préférions
que tu préfères	que vous préfériez
qu'il/elle préfère	qu'ils/elles préfèrent

IMPERFECT SUBJUNCTIVE

que je préférasse	que nous préférassions
que tu préférasses	que vous préférassiez
qu'il/elle préférât	qu'ils/elles préférassent

PASSÉ COMPOSÉ

j'ai préféré	nous avons préféré
tu as préféré	vous avez préféré
il/elle a préféré	ils/elles ont préféré

PLUPERFECT

j'avais préféré	nous avions préféré
tu avais préféré	vous aviez préféré
il/elle avait préféré	ils/elles avaient préféré

PAST ANTERIOR

j'eus préféré	nous eûmes préféré
tu eus préféré	vous eûtes préféré
il/elle eut préféré	ils/elles eurent préféré

FUTURE ANTERIOR

j'aurai préféré	nous aurons préféré
tu auras préféré	vous aurez préféré
il/elle aura préféré	ils/elles auront préféré

PAST CONDITIONAL

j'aurais préféré	nous aurions préféré
tu aurais préféré	vous auriez préféré
il/elle aurait préféré	ils/elles auraient préféré

PAST SUBJUNCTIVE

que j'aie préféré	que nous ayons préféré
que tu aies préféré	que vous ayez préféré
qu'il/elle ait préféré	qu'ils/elles aient préféré

PLUPERFECT SUBJUNCTIVE

que j'eusse préféré	que nous eussions préféré
que tu eusses préféré	que vous eussiez préféré
qu'il/elle eût préféré	qu'ils/elles eussent préféré

COMMANDS

	(nous) préférons
(tu) préfère	(vous) préférez

Usage

On passe deux films. Lequel préfères-tu?	*They're showing two movies. Which do you prefer?*
Je préfère le cinéma au théâtre.	*I prefer the movies to the theater.*
Tu préfères de l'eau minérale ou un jus?	*Would you rather have mineral water or juice?*
Voilà la solution que je préfère.	*That's the solution I prefer.*
Je préfère que vous me disiez la vérité.	*I prefer that you tell me the truth.*
Je te préfère en jupe.	*I think you look better in a skirt.*
Si tu préfères, on peut dîner en ville.	*If you'd rather, we can eat out.*
Se marier avec lui? Je préfère mourir.	*Marry him? I'd rather die.*
—Tu veux nous accompagner?	*Do you want to go with us?*
—Merci, je préfère rester seule.	*No thanks, I'd rather stay here by myself.*
—Quand est-ce que vous préféreriez régler la note?	*When would you prefer to pay the bill?*
—Je préférerais vous payer maintenant.	*I'd just as soon pay you now.*

PRESENT

je prends	nous prenons
tu prends	vous prenez
il/elle prend	ils/elles prennent

IMPERFECT

je prenais	nous prenions
tu prenais	vous preniez
il/elle prenait	ils/elles prenaient

PASSÉ SIMPLE

je pris	nous prîmes
tu pris	vous prîtes
il/elle prit	ils/elles prirent

FUTURE

je prendrai	nous prendrons
tu prendras	vous prendrez
il/elle prendra	ils/elles prendront

CONDITIONAL

je prendrais	nous prendrions
tu prendrais	vous prendriez
il/elle prendrait	ils/elles prendraient

PRESENT SUBJUNCTIVE

que je prenne	que nous prenions
que tu prennes	que vous preniez
qu'il/elle prenne	qu'ils/elles prennent

IMPERFECT SUBJUNCTIVE

que je prisse	que nous prissions
que tu prisses	que vous prissiez
qu'il/elle prît	qu'ils/elles prissent

COMMANDS

	(nous) prenons
(tu) prends	(vous) prenez

PASSÉ COMPOSÉ

j'ai pris	nous avons pris
tu as pris	vous avez pris
il/elle a pris	ils/elles ont pris

PLUPERFECT

j'avais pris	nous avions pris
tu avais pris	vous aviez pris
il/elle avait pris	ils/elles avaient pris

PAST ANTERIOR

j'eus pris	nous eûmes pris
tu eus pris	vous eûtes pris
il/elle eut pris	ils/elles eurent pris

FUTURE ANTERIOR

j'aurai pris	nous aurons pris
tu auras pris	vous aurez pris
il/elle aura pris	ils/elles auront pris

PAST CONDITIONAL

j'aurais pris	nous aurions pris
tu aurais pris	vous auriez pris
il/elle aurait pris	ils/elles auraient pris

PAST SUBJUNCTIVE

que j'aie pris	que nous ayons pris
que tu aies pris	que vous ayez pris
qu'il/elle ait pris	qu'ils/elles aient pris

PLUPERFECT SUBJUNCTIVE

que j'eusse pris	que nous eussions pris
que tu eusses pris	que vous eussiez pris
qu'il/elle eût pris	qu'ils/elles eussent pris

Usage

Prenez votre sac à dos.	*Take your backpack.*
Il a pris ses affaires et il est parti.	*He took his things and left.*
—Pour y aller, on peut prendre l'autobus.	*We can take the bus to go there.*
—Je préfère prendre le métro, moi.	*I prefer to take the subway.*
Quand j'ai mal à la tête, je prends de l'aspirine.	*When I have a headache, I take aspirin.*
La mère a pris son enfant dans ses bras.	*The mother hugged her child.*
—Qu'est-ce que vous prenez, Madame?	*What will you have, Madam?* (waiter)
—Je prendrai un café et deux croissants.	*I'll have coffee and two croissants.*
—Vous prenez toujours du vin avec les repas?	*Do you always have wine with meals?*
—Non, je n'ai pas le droit. Je prends de l'eau minérale.	*No, the doctor forbade me to have it. I drink mineral water.*
—Tu peux sortir prendre une glace avec nous?	*Can you go out to have some ice cream with us?*
—Non, je regrette, mais je suis pris.	*No, I'm sorry. I'm tied up.*

TOP 50 VERB ☞

prendre au sens général

Je descends prendre du pain.	*I'm going out to buy some bread.*
Il a pris sa fiancée par la taille.	*He put his arm around his fiancée.*
N'oublie pas de prendre ta serviette.	*Don't forget your briefcase.*
J'ai pris sur moi d'aller voir les malades.	*I took it upon myself to go see the patients.*
Je prends beaucoup de notes dans ce cours.	*I take a lot of notes in this course.*
Quand je voyage, je prends des tas de photos.	*When I travel I take loads of photos.*
Je vous invite à prendre un verre avec moi.	*I'd like to invite you to have a drink with me.*
Ça te prendra combien de temps?	*How long will that take you?*
Il prend son temps, lui.	*He sure takes his time.*
Prenez le temps d'y réfléchir.	*Take the time to think it over.*
C'est lui qui prend toutes les décisions.	*He's the one who makes all the decisions.*
J'ai pris un rhume.	*I've caught a cold.*
Tu vas prendre froid.	*You'll catch cold.*
J'ai pris du poids. Je me mettrai au régime.	*I've put on weight. I'll go on a diet.*
C'est à qui veut prendre.	*It's up for grabs.*
Je veux que tu prennes tout ton temps.	*I want you to take your time.*

prendre pour les déplacements

J'ai pris le mauvais bus.	*I took the wrong bus.*
Nous avons pris un auto-stoppeur.	*We picked up a hitchhiker.*
Il faut prendre l'autoroute.	*We have to take the highway.*
On prend la voiture ou un taxi?	*Shall we take our car or a cab?*
Prenez la troisième rue à gauche.	*Go three blocks and turn left.*
Prenez à droite au carrefour.	*Turn right at the intersection.*
La voiture a pris de la vitesse.	*The car picked up speed.*
Tu peux passer me prendre?	*Can you come by for me?*
Je connais un raccourci qu'on peut prendre.	*I know a shortcut we can take.*

prendre au sens figuré

Pour qui te prends-tu?	*Who do you think you are?*
Il se prend au sérieux.	*He takes himself seriously.*
Il t'a prise pour ta sœur.	*He thought you were your sister.*
Il faudra prendre des mesures.	*We'll have to take steps.*
Je t'y ai pris!	*I've caught you!*
On l'a pris la main dans le sac.	*He was caught red-handed.*
On ne m'y prendra plus!	*That's the last time they'll fool me!*
Le train a pris du retard.	*The train is late.*
Ça ne prend pas avec nous.	*We don't buy that.*
Je ne sais pas comment m'y prendre.	*I don't know how to go about it.*
Vous vous y prenez mal.	*You're going about it all wrong.*
Qu'est-ce qui te prend?	*What's gotten into you?*
Le fou rire m'a pris.	*I got the giggles.*
Ils ont pris leurs cliques et leurs claques et sont partis à la Martinique.	*They packed up everything and moved to Martinique.*

TOP 50 VERBS

regular *-er* verb

je prépare · je préparai · préparé · préparant

PRESENT		PASSÉ COMPOSÉ	
je prépare	nous préparons	j'ai préparé	nous avons préparé
tu prépares	vous préparez	tu as préparé	vous avez préparé
il/elle prépare	ils/elles préparent	il/elle a préparé	ils/elles ont préparé

IMPERFECT		PLUPERFECT	
je préparais	nous préparions	j'avais préparé	nous avions préparé
tu préparais	vous prépariez	tu avais préparé	vous aviez préparé
il/elle préparait	ils/elles préparaient	il/elle avait préparé	ils/elles avaient préparé

PASSÉ SIMPLE		PAST ANTERIOR	
je préparai	nous préparâmes	j'eus préparé	nous eûmes préparé
tu préparas	vous préparâtes	tu eus préparé	vous eûtes préparé
il/elle prépara	ils/elles préparèrent	il/elle eut préparé	ils/elles eurent préparé

FUTURE		FUTURE ANTERIOR	
je préparerai	nous préparerons	j'aurai préparé	nous aurons préparé
tu prépareras	vous préparerez	tu auras préparé	vous aurez préparé
il/elle préparera	ils/elles prépareront	il/elle aura préparé	ils/elles auront préparé

CONDITIONAL		PAST CONDITIONAL	
je préparerais	nous préparerions	j'aurais préparé	nous aurions préparé
tu préparerais	vous prépareriez	tu aurais préparé	vous auriez préparé
il/elle préparerait	ils/elles prépareraient	il/elle aurait préparé	ils/elles auraient préparé

PRESENT SUBJUNCTIVE		PAST SUBJUNCTIVE	
que je prépare	que nous préparions	que j'aie préparé	que nous ayons préparé
que tu prépares	que vous prépariez	que tu aies préparé	que vous ayez préparé
qu'il/elle prépare	qu'ils/elles préparent	qu'il/elle ait préparé	qu'ils/elles aient préparé

IMPERFECT SUBJUNCTIVE		PLUPERFECT SUBJUNCTIVE	
que je préparasse	que nous préparassions	que j'eusse préparé	que nous eussions préparé
que tu préparasses	que vous préparassiez	que tu eusses préparé	que vous eussiez préparé
qu'il/elle préparât	qu'ils/elles préparassent	qu'il/elle eût préparé	qu'ils/elles eussent préparé

COMMANDS	
	(nous) préparons
(tu) prépare	(vous) préparez

Usage

Qui prépare les repas chez toi?	*Who prepares the meals at your house?*
La femme de chambre a préparé votre chambre.	*The cleaning woman has gotten your room ready.*
Son chef le prépare pour une mission importante.	*His boss is grooming him for an important assignment.*
Le professeur prépare ses leçons.	*The teacher is preparing his/her lessons.*
Elle prépare son bac maintenant.	*She is preparing for the baccalaureate exams now.*
Chacun doit préparer son avenir.	*Each of us has to prepare for his future.*
Ils m'ont préparé une belle surprise.	*They prepared a nice surprise for me.*
Le gérant a préparé le terrain.	*The manager got things ready/laid the groundwork.*
Ces deux pays se préparent à la guerre.	*These two countries are preparing for war.*
Il nous a préparé un beau dîner.	*He made a lovely dinner.*
On essaie de se préparer une retraite aisée.	*We're trying to prepare a comfortable retirement.*

RELATED WORD

les préparatifs *(mpl)*	*preparations*
les préparatifs du voyage	*preparations for the trip*

présenter *to present, introduce*

je présente · je présentai · présenté · présentant

regular *-er* verb

PRESENT

je présente	nous présentons
tu présentes	vous présentez
il/elle présente	ils/elles présentent

IMPERFECT

je présentais	nous présentions
tu présentais	vous présentiez
il/elle présentait	ils/elles présentaient

PASSÉ SIMPLE

je présentai	nous présentâmes
tu présentas	vous présentâtes
il/elle présenta	ils/elles présentèrent

FUTURE

je présenterai	nous présenterons
tu présenteras	vous présenterez
il/elle présentera	ils/elles présenteront

CONDITIONAL

je présenterais	nous présenterions
tu présenterais	vous présenteriez
il/elle présenterait	ils/elles présenteraient

PRESENT SUBJUNCTIVE

que je présente	que nous présentions
que tu présentes	que vous présentiez
qu'il/elle présente	qu'ils/elles présentent

IMPERFECT SUBJUNCTIVE

que je présentasse	que nous présentassions
que tu présentasses	que vous présentassiez
qu'il/elle présentât	qu'ils/elles présentassent

COMMANDS

	(nous) présentons
(tu) présente	(vous) présentez

PASSÉ COMPOSÉ

j'ai présenté	nous avons présenté
tu as présenté	vous avez présenté
il/elle a présenté	ils/elles ont présenté

PLUPERFECT

j'avais présenté	nous avions présenté
tu avais présenté	vous aviez présenté
il/elle avait présenté	ils/elles avaient présenté

PAST ANTERIOR

j'eus présenté	nous eûmes présenté
tu eus présenté	vous eûtes présenté
il/elle eut présenté	ils/elles eurent présenté

FUTURE ANTERIOR

j'aurai présenté	nous aurons présenté
tu auras présenté	vous aurez présenté
il/elle aura présenté	ils/elles auront présenté

PAST CONDITIONAL

j'aurais présenté	nous aurions présenté
tu aurais présenté	vous auriez présenté
il/elle aurait présenté	ils/elles auraient présenté

PAST SUBJUNCTIVE

que j'aie présenté	que nous ayons présenté
que tu aies présenté	que vous ayez présenté
qu'il/elle ait présenté	qu'ils/elles aient présenté

PLUPERFECT SUBJUNCTIVE

que j'eusse présenté	que nous eussions présenté
que tu eusses présenté	que vous eussiez présenté
qu'il/elle eût présenté	qu'ils/elles eussent présenté

Usage

Monsieur Durand, permettez-moi de vous présenter ma femme.	*Mr. Durand, allow me to introduce my wife to you.*
Je l'ai présentée à lui.	*I introduced her to him.*
—Je vous présente Hélène.	*This is Hélène.*
—Enchanté, Hélène.	*Pleased to meet you, Hélène.*
présenter ses condoléances à qqn	*to present one's condolences to someone*
Je vous présente mes meilleurs vœux.	*My best wishes to you.*
Voilà le contrôleur. Il faut lui présenter les billets.	*There's the conductor. We have to show him our tickets.*
J'ai présenté ma candidature à ce poste.	*I have applied for that job.*
On présente une émission intéressante à la télé ce soir.	*They're showing an interesting program on TV this evening.*
J'ai présenté l'affaire telle que je la comprenais.	*I presented the situation as I understood it.*
Comment se présente la situation?	*How does the situation look?*
Pourquoi ne s'est-il pas présenté?	*Why didn't he show up?*
Mlle Richard se présentera aux élections.	*Miss Richard will be a candidate in the next election.*
Ça se présentait mal pour nous.	*Thing weren't looking good for us.*
Qu'est-ce qui se présentera?	*What will happen?*

regular *-er* reflexive verb;
compound tenses with *être*

je me presse · je me pressai · s'étant pressé · se pressant

PRESENT

je me presse	nous nous pressons
tu te presses	vous vous pressez
il/elle se presse	ils/elles se pressent

IMPERFECT

je me pressais	nous nous pressions
tu te pressais	vous vous pressiez
il/elle se pressait	ils/elles se pressaient

PASSÉ SIMPLE

je me pressai	nous nous pressâmes
tu te pressas	vous vous pressâtes
il/elle se pressa	ils/elles se pressèrent

FUTURE

je me presserai	nous nous presserons
tu te presseras	vous vous presserez
il/elle se pressera	ils/elles se presseront

CONDITIONAL

je me presserais	nous nous presserions
tu te presserais	vous vous presseriez
il/elle se presserait	ils/elles se presseraient

PRESENT SUBJUNCTIVE

que je me presse	que nous nous pressions
que tu te presses	que vous vous pressiez
qu'il/elle se presse	qu'ils/elles se pressent

IMPERFECT SUBJUNCTIVE

que je me pressasse	que nous nous pressassions
que tu te pressasses	que vous vous pressassiez
qu'il/elle se pressât	qu'ils/elles se pressassent

PASSÉ COMPOSÉ

je me suis pressé(e)	nous nous sommes pressé(e)s
tu t'es pressé(e)	vous vous êtes pressé(e)(s)
il/elle s'est pressé(e)	ils/elles se sont pressé(e)s

PLUPERFECT

je m'étais pressé(e)	nous nous étions pressé(e)s
tu t'étais pressé(e)	vous vous étiez pressé(e)(s)
il/elle s'était pressé(e)	ils/elles s'étaient pressé(e)s

PAST ANTERIOR

je me fus pressé(e)	nous nous fûmes pressé(e)s
tu te fus pressé(e)	vous vous fûtes pressé(e)(s)
il/elle se fut pressé(e)	ils/elles se furent pressé(e)s

FUTURE ANTERIOR

je me serai pressé(e)	nous nous serons pressé(e)s
tu te seras pressé(e)	vous vous serez pressé(e)(s)
il/elle se sera pressé(e)	ils/elles se seront pressé(e)s

PAST CONDITIONAL

je me serais pressé(e)	nous nous serions pressé(e)s
tu te serais pressé(e)	vous vous seriez pressé(e)(s)
il/elle se serait pressé(e)	ils/elles se seraient pressé(e)s

PAST SUBJUNCTIVE

que je me sois pressé(e)	que nous nous soyons pressé(e)s
que tu te sois pressé(e)	que vous vous soyez pressé(e)(s)
qu'il/elle se soit pressé(e)	qu'ils/elles se soient pressé(e)s

PLUPERFECT SUBJUNCTIVE

que je me fusse pressé(e)	que nous nous fussions pressé(e)s
que tu te fusses pressé(e)	que vous vous fussiez pressé(e)(s)
qu'il/elle se fût pressé(e)	qu'ils/elles se fussent pressé(e)s

COMMANDS

	(nous) pressons-nous
(tu) presse-toi	(vous) pressez-vous

Usage

Les enfants se pressaient contre leurs parents.	*Children were hugging their parents tightly.*
La foule se pressaient vers les portes.	*The crowd was rushing toward the doors.*
Les jeunes se pressaient autour de la chanteuse.	*Young people were crowding around the singer.*
Pressons-nous, on va manquer le train.	*Let's hurry or we'll miss the train.*
Il faut se presser.	*We'd better hurry.*
Je me presse de finir ce projet.	*I'm rushing to finish this project.*
Il ne se presse pas, lui.	*He sure takes his time.*
Cette affaire presse.	*This is an urgent matter.*
Le temps presse.	*Time is running out.*
Calme-toi. Rien ne presse.	*Relax. Nothing is urgent.*

prétendre *to claim*

je prétends · je prétendis · prétendu · prétendant

PRESENT

je prétends	nous prétendons
tu prétends	vous prétendez
il/elle prétend	ils/elles prétendent

IMPERFECT

je prétendais	nous prétendions
tu prétendais	vous prétendiez
il/elle prétendait	ils/elles prétendaient

PASSÉ SIMPLE

je prétendis	nous prétendîmes
tu prétendis	vous prétendîtes
il/elle prétendit	ils/elles prétendirent

FUTURE

je prétendrai	nous prétendrons
tu prétendras	vous prétendrez
il/elle prétendra	ils/elles prétendront

CONDITIONAL

je prétendrais	nous prétendrions
tu prétendrais	vous prétendriez
il/elle prétendrait	ils/elles prétendraient

PRESENT SUBJUNCTIVE

que je prétende	que nous prétendions
que tu prétendes	que vous prétendiez
qu'il/elle prétende	qu'ils/elles prétendent

IMPERFECT SUBJUNCTIVE

que je prétendisse	que nous prétendissions
que tu prétendisses	que vous prétendissiez
qu'il/elle prétendît	qu'ils/elles prétendissent

COMMANDS

	(nous) prétendons
(tu) prétends	(vous) prétendez

PASSÉ COMPOSÉ

j'ai prétendu	nous avons prétendu
tu as prétendu	vous avez prétendu
il/elle a prétendu	ils/elles ont prétendu

PLUPERFECT

j'avais prétendu	nous avions prétendu
tu avais prétendu	vous aviez prétendu
il/elle avait prétendu	ils/elles avaient prétendu

PAST ANTERIOR

j'eus prétendu	nous eûmes prétendu
tu eus prétendu	vous eûtes prétendu
il/elle eut prétendu	ils/elles eurent prétendu

FUTURE ANTERIOR

j'aurai prétendu	nous aurons prétendu
tu auras prétendu	vous aurez prétendu
il/elle aura prétendu	ils/elles auront prétendu

PAST CONDITIONAL

j'aurais prétendu	nous aurions prétendu
tu aurais prétendu	vous auriez prétendu
il/elle aurait prétendu	ils/elles auraient prétendu

PAST SUBJUNCTIVE

que j'aie prétendu	que nous ayons prétendu
que tu aies prétendu	que vous ayez prétendu
qu'il/elle ait prétendu	qu'ils/elles aient prétendu

PLUPERFECT SUBJUNCTIVE

que j'eusse prétendu	que nous eussions prétendu
que tu eusses prétendu	que vous eussiez prétendu
qu'il/elle eût prétendu	qu'ils/elles eussent prétendu

Usage

Qu'est-ce que tu prétends faire ici?	*What do you intend to do here?*
Il prétend être millionnaire.	*He claims to be a millionaire.*
Il prétend être innocent.	*He claims he's innocent.*
Il avait prétendu savoir nager.	*He had claimed he knew how to swim.*

RELATED WORD

prétendu(e)	*alleged/so-called/would-be/self-styled*
Ce prétendu médecin n'était qu'un charlatan.	*That self-styled doctor was nothing but a quack.*
la prétendue égalité de ce pays	*the so-called equality of that country*

regular *-er* verb | **je prête · je prêtai · prêté · prêtant**

PRESENT

je prête	nous prêtons
tu prêtes	vous prêtez
il/elle prête	ils/elles prêtent

IMPERFECT

je prêtais	nous prêtions
tu prêtais	vous prêtiez
il/elle prêtait	ils/elles prêtaient

PASSÉ SIMPLE

je prêtai	nous prêtâmes
tu prêtas	vous prêtâtes
il/elle prêta	ils/elles prêtèrent

FUTURE

je prêterai	nous prêterons
tu prêteras	vous prêterez
il/elle prêtera	ils/elles prêteront

CONDITIONAL

je prêterais	nous prêterions
tu prêterais	vous prêteriez
il/elle prêterait	ils/elles prêteraient

PRESENT SUBJUNCTIVE

que je prête	que nous prêtions
que tu prêtes	que vous prêtiez
qu'il/elle prête	qu'ils/elles prêtent

IMPERFECT SUBJUNCTIVE

que je prêtasse	que nous prêtassions
que tu prêtasses	que vous prêtassiez
qu'il/elle prêtât	qu'ils/elles prêtassent

COMMANDS

	(nous) prêtons
(tu) prête	(vous) prêtez

PASSÉ COMPOSÉ

j'ai prêté	nous avons prêté
tu as prêté	vous avez prêté
il/elle a prêté	ils/elles ont prêté

PLUPERFECT

j'avais prêté	nous avions prêté
tu avais prêté	vous aviez prêté
il/elle avait prêté	ils/elles avaient prêté

PAST ANTERIOR

j'eus prêté	nous eûmes prêté
tu eus prêté	vous eûtes prêté
il/elle eut prêté	ils/elles eurent prêté

FUTURE ANTERIOR

j'aurai prêté	nous aurons prêté
tu auras prêté	vous aurez prêté
il/elle aura prêté	ils/elles auront prêté

PAST CONDITIONAL

j'aurais prêté	nous aurions prêté
tu aurais prêté	vous auriez prêté
il/elle aurait prêté	ils/elles auraient prêté

PAST SUBJUNCTIVE

que j'aie prêté	que nous ayons prêté
que tu aies prêté	que vous ayez prêté
qu'il/elle ait prêté	qu'ils/elles aient prêté

PLUPERFECT SUBJUNCTIVE

que j'eusse prêté	que nous eussions prêté
que tu eusses prêté	que vous eussiez prêté
qu'il/elle eût prêté	qu'ils/elles eussent prêté

Usage

prêter qqch à qqn	*to lend something to someone*
—Tu peux me prêter ton stylo?	*Can you lend me your pen?*
—Je ne peux pas te le prêter. Je n'en ai qu'un.	*I can't lend it to you. I only have one.*
Je lui ai prêté deux cents euros.	*I lent her two hundred euros.*
La banque prête à 8 pour cent.	*The bank is lending at 8 percent interest.*
Ils prêtent à gages.	*They lend against collateral.*
Tu me prêtes des dons que je n'ai pas.	*You are attributing gifts to me that I don't have.*
Elle a prêté sa voix à cette cause.	*She lent her support to that cause.*
Le SAMU a prêté secours aux blessés.	*The emergency medics helped the wounded.*

RELATED WORDS

le prêt	*loan*
le prêt bancaire	*bank loan*
Cette bibliothèque n'a pas de service de prêt.	*This library doesn't lend out books.*
le prêteur d'argent	*moneylender*
le prêteur sur gages	*pawnbroker*
Cet enfant est peu prêteur.	*This child doesn't share his toys.*

je préviens · je prévins · prévenu · prévenant   irregular verb

PRESENT

je préviens	nous prévenons
tu préviens	vous prévenez
il/elle prévient	ils/elles préviennent

IMPERFECT

je prévenais	nous prévenions
tu prévenais	vous préveniez
il/elle prévenait	ils/elles prévenaient

PASSÉ SIMPLE

je prévins	nous prévînmes
tu prévins	vous prévîntes
il/elle prévint	ils/elles prévinrent

FUTURE

je préviendrai	nous préviendrons
tu préviendras	vous préviendrez
il/elle préviendra	ils/elles préviendront

CONDITIONAL

je préviendrais	nous préviendrions
tu préviendrais	vous préviendriez
il/elle préviendrait	ils/elles préviendraient

PRESENT SUBJUNCTIVE

que je prévienne	que nous prévenions
que tu préviennes	que vous préveniez
qu'il/elle prévienne	qu'ils/elles préviennent

IMPERFECT SUBJUNCTIVE

que je prévinsse	que nous prévinssions
que tu prévinsses	que vous prévinssiez
qu'il/elle prévînt	qu'ils/elles prévinssent

PASSÉ COMPOSÉ

j'ai prévenu	nous avons prévenu
tu as prévenu	vous avez prévenu
il/elle a prévenu	ils/elles ont prévenu

PLUPERFECT

j'avais prévenu	nous avions prévenu
tu avais prévenu	vous aviez prévenu
il/elle avait prévenu	ils/elles avaient prévenu

PAST ANTERIOR

j'eus prévenu	nous eûmes prévenu
tu eus prévenu	vous eûtes prévenu
il/elle eut prévenu	ils/elles eurent prévenu

FUTURE ANTERIOR

j'aurai prévenu	nous aurons prévenu
tu auras prévenu	vous aurez prévenu
il/elle aura prévenu	ils/elles auront prévenu

PAST CONDITIONAL

j'aurais prévenu	nous aurions prévenu
tu aurais prévenu	vous auriez prévenu
il/elle aurait prévenu	ils/elles auraient prévenu

PAST SUBJUNCTIVE

que j'aie prévenu	que nous ayons prévenu
que tu aies prévenu	que vous ayez prévenu
qu'il/elle ait prévenu	qu'ils/elles aient prévenu

PLUPERFECT SUBJUNCTIVE

que j'eusse prévenu	que nous eussions prévenu
que tu eusses prévenu	que vous eussiez prévenu
qu'il/elle eût prévenu	qu'ils/elles eussent prévenu

COMMANDS

	(nous) prévenons
(tu) préviens	(vous) prévenez

Usage

Je ne vais rien faire sans vous prévenir.	*I won't do anything without informing you.*
Vous avez été prévenu.	*Consider yourself on notice.*
Il faut prévenir la police.	*The police should be notified.*
Nous avons prévenu le médecin.	*We notified the doctor.*
Je vous préviens que je n'assisterai pas à la réunion.	*I want to let you know that I won't be at the meeting.*
N'allez pas chez lui sans prévenir.	*Don't go to his house without notifying him.*
Essayons de prévenir ce malheur.	*Let's try to prevent that misfortune.*
Je vous aurai prévenu!	*Mark my words!*

PROVERB

Mieux vaut prévenir que guérir.	*An ounce of prevention is worth a pound of cure.*

irregular verb

PRESENT

je prévois	nous prévoyons
tu prévois	vous prévoyez
il/elle prévoit	ils/elles prévoient

IMPERFECT

je prévoyais	nous prévoyions
tu prévoyais	vous prévoyiez
il/elle prévoyait	ils/elles prévoyaient

PASSÉ SIMPLE

je prévis	nous prévîmes
tu prévis	vous prévîtes
il/elle prévit	ils/elles prévirent

FUTURE

je prévoirai	nous prévoirons
tu prévoiras	vous prévoirez
il/elle prévoira	ils/elles prévoiront

CONDITIONAL

je prévoirais	nous prévoirions
tu prévoirais	vous prévoiriez
il/elle prévoirait	ils/elles prévoiraient

PRESENT SUBJUNCTIVE

que je prévoie	que nous prévoyions
que tu prévoies	que vous prévoyiez
qu'il/elle prévoie	qu'ils/elles prévoient

IMPERFECT SUBJUNCTIVE

que je prévisse	que nous prévissions
que tu prévisses	que vous prévissiez
qu'il/elle prévît	qu'ils/elles prévissent

COMMANDS

	(nous) prévoyons
(tu) prévois	(vous) prévoyez

PASSÉ COMPOSÉ

j'ai prévu	nous avons prévu
tu as prévu	vous avez prévu
il/elle a prévu	ils/elles ont prévu

PLUPERFECT

j'avais prévu	nous avions prévu
tu avais prévu	vous aviez prévu
il/elle avait prévu	ils/elles avaient prévu

PAST ANTERIOR

j'eus prévu	nous eûmes prévu
tu eus prévu	vous eûtes prévu
il/elle eut prévu	ils/elles eurent prévu

FUTURE ANTERIOR

j'aurai prévu	nous aurons prévu
tu auras prévu	vous aurez prévu
il/elle aura prévu	ils/elles auront prévu

PAST CONDITIONAL

j'aurais prévu	nous aurions prévu
tu aurais prévu	vous auriez prévu
il/elle aurait prévu	ils/elles auraient prévu

PAST SUBJUNCTIVE

que j'aie prévu	que nous ayons prévu
que tu aies prévu	que vous ayez prévu
qu'il/elle ait prévu	qu'ils/elles aient prévu

PLUPERFECT SUBJUNCTIVE

que j'eusse prévu	que nous eussions prévu
que tu eusses prévu	que vous eussiez prévu
qu'il/elle eût prévu	qu'ils/elles eussent prévu

Usage

Qui peut tout prévoir?	*Who can think of everything?*
Il faut prévoir le pire.	*We have to anticipate the worst.*
Nous n'avons pas pu prévoir ce contretemps.	*We couldn't foresee this hitch.*
Je n'avais pas prévu qu'il viendrait.	*I didn't count on his coming.*
Essayons de prévoir toutes les éventualités.	*Let's try to allow for all possibilities.*
Tout est prévu pour la réunion d'affaires.	*Everything has been organized for the business meeting.*
Leur départ est prévu pour demain.	*Their departure is set for tomorrow.*
Rangez vos papiers dans les classeurs prévus à cet effet.	*Organize your papers in the binders provided.*
Tout s'est passé comme prévu.	*Everything happened as expected.*

RELATED WORDS

les prévisions *(fpl)*	*forecasting*
les prévisions du temps	*weather forecasts*
l'imprévu *(m)*	*the unforeseen*

prier *to request, ask, pray*

je prie · je priai · prié · priant

regular *-er* verb

PRESENT

je prie	nous prions
tu pries	vous priez
il/elle prie	ils/elles prient

IMPERFECT

je priais	nous priions
tu priais	vous priiez
il/elle priait	ils/elles priaient

PASSÉ SIMPLE

je priai	nous priâmes
tu prias	vous priâtes
il/elle pria	ils/elles prièrent

FUTURE

je prierai	nous prierons
tu prieras	vous prierez
il/elle priera	ils/elles prieront

CONDITIONAL

je prierais	nous prierions
tu prierais	vous prieriez
il/elle prierait	ils/elles prieraient

PRESENT SUBJUNCTIVE

que je prie	que nous priions
que tu pries	que vous priiez
qu'il/elle prie	qu'ils/elles prient

IMPERFECT SUBJUNCTIVE

que je priasse	que nous priassions
que tu priasses	que vous priassiez
qu'il/elle priât	qu'ils/elles priassent

COMMANDS

	(nous) prions
(tu) prie	(vous) priez

PASSÉ COMPOSÉ

j'ai prié	nous avons prié
tu as prié	vous avez prié
il/elle a prié	ils/elles ont prié

PLUPERFECT

j'avais prié	nous avions prié
tu avais prié	vous aviez prié
il/elle avait prié	ils/elles avaient prié

PAST ANTERIOR

j'eus prié	nous eûmes prié
tu eus prié	vous eûtes prié
il/elle eut prié	ils/elles eurent prié

FUTURE ANTERIOR

j'aurai prié	nous aurons prié
tu auras prié	vous aurez prié
il/elle aura prié	ils/elles auront prié

PAST CONDITIONAL

j'aurais prié	nous aurions prié
tu aurais prié	vous auriez prié
il/elle aurait prié	ils/elles auraient prié

PAST SUBJUNCTIVE

que j'aie prié	que nous ayons prié
que tu aies prié	que vous ayez prié
qu'il/elle ait prié	qu'ils/elles aient prié

PLUPERFECT SUBJUNCTIVE

que j'eusse prié	que nous eussions prié
que tu eusses prié	que vous eussiez prié
qu'il/elle eût prié	qu'ils/elles eussent prié

Usage

Elle priait devant l'autel.	*She prayed at the altar.*
prier qqn de faire qqch	*to beg someone to do something*
Il m'a prié de passer le prendre.	*He asked me to come by for him.*
Vous êtes prié de venir à huit heures.	*You are requested to come at eight o'clock.*
Je t'en prie.	*Please.*
se faire prier	*to be coaxed*
Elle aime se faire prier.	*She likes to be coaxed/begged.*
Je ne me suis pas fait prier.	*I did it readily./I didn't have to be asked.*
—Je peux me servir?	*May I help myself?*
—Je vous en prie.	*By all means.*

RELATED WORD

la prière	*prayer*

regular -*er* reflexive verb;
compound tenses with *être*

je me prive · je me privai · s'étant privé · se privant

PRESENT

je me prive	nous nous privons
tu te prives	vous vous privez
il/elle se prive	ils/elles se privent

IMPERFECT

je me privais	nous nous privions
tu te privais	vous vous priviez
il/elle se privait	ils/elles se privaient

PASSÉ SIMPLE

je me privai	nous nous privâmes
tu te privas	vous vous privâtes
il/elle se priva	ils/elles se privèrent

FUTURE

je me priverai	nous nous priverons
tu te priveras	vous vous priverez
il/elle se privera	ils/elles se priveront

CONDITIONAL

je me priverais	nous nous priverions
tu te priverais	vous vous priveriez
il/elle se priverait	ils/elles se priveraient

PRESENT SUBJUNCTIVE

que je me prive	que nous nous privions
que tu te prives	que vous vous priviez
que il/elle se prive	que ils/elles se privent

IMPERFECT SUBJUNCTIVE

que je me privasse	que nous nous privassions
que tu te privasses	que vous vous privassiez
que il/elle se privât	que ils/elles se privassent

COMMANDS

	(nous) privons-nous
(tu) prive-toi	(vous) privez-vous

PASSÉ COMPOSÉ

je me suis privé(e)	nous nous sommes privé(e)s
tu t'es privé(e)	vous vous êtes privé(e)(s)
il/elle s'est privé(e)	ils/elles se sont privé(e)s

PLUPERFECT

je m'étais privé(e)	nous nous étions privé(e)s
tu t'étais privé(e)	vous vous étiez privé(e)(s)
il/elle s'était privé(e)	ils/elles s'étaient privé(e)s

PAST ANTERIOR

je me fus privé(e)	nous nous fûmes privé(e)s
tu te fus privé(e)	vous vous fûtes privé(e)(s)
il/elle se fut privé(e)	ils/elles se furent privé(e)s

FUTURE ANTERIOR

je me serai privé(e)	nous nous serons privé(e)s
tu te seras privé(e)	vous vous serez privé(e)(s)
il/elle se sera privé(e)	ils/elles se seront privé(e)s

PAST CONDITIONAL

je me serais privé(e)	nous nous serions privé(e)s
tu te serais privé(e)	vous vous seriez privé(e)(s)
il/elle se serait privé(e)	ils/elles se seraient privé(e)s

PAST SUBJUNCTIVE

que je me sois privé(e)	que nous nous soyons privé(e)s
que tu te sois privé(e)	que vous vous soyez privé(e)(s)
que il/elle se soit privé(e)	que ils/elles se soient privé(e)s

PLUPERFECT SUBJUNCTIVE

que je me fusse privé(e)	que nous nous fussions privé(e)s
que tu te fusses privé(e)	que vous vous fussiez privé(e)(s)
que il/elle se fût privé(e)	que ils/elles se fussent privé(e)s

Usage

se priver de qqch	*to deprive oneself of something*
Nous n'avons pas l'intention de nous priver.	*We do not intend to do without.*
Il se prive de boissons alcoolisées.	*He avoids alcoholic drinks.*
Je ne vais pas me priver du plaisir de la voir.	*I won't deny myself the pleasure of seeing her.*
C'est un type qui ne se prive de rien.	*He's a guy who denies himself nothing.*
priver qqn de qqch	*to deprive someone of something*
Si tu n'es pas sage on te privera de dessert.	*If you're not good you won't have dessert.*
La ville est privée d'eau.	*The city is without water.*
J'ai été privé de sommeil.	*I got no sleep.*

RELATED WORD

la privation	*deprivation*
la privation des droits	*taking away someone's rights*

procéder *to proceed, behave, act*

je procède · je procédai · procédé · procédant -er verb; spelling change: é > è/mute e

PRESENT

je procède	nous procédons
tu procèdes	vous procédez
il/elle procède	ils/elles procèdent

PASSÉ COMPOSÉ

j'ai procédé	nous avons procédé
tu as procédé	vous avez procédé
il/elle a procédé	ils/elles ont procédé

IMPERFECT

je procédais	nous procédions
tu procédais	vous procédiez
il/elle procédait	ils/elles procédaient

PLUPERFECT

j'avais procédé	nous avions procédé
tu avais procédé	vous aviez procédé
il/elle avait procédé	ils/elles avaient procédé

PASSÉ SIMPLE

je procédai	nous procédâmes
tu procédas	vous procédâtes
il/elle procéda	ils/elles procédèrent

PAST ANTERIOR

j'eus procédé	nous eûmes procédé
tu eus procédé	vous eûtes procédé
il/elle eut procédé	ils/elles eurent procédé

FUTURE

je procéderai	nous procéderons
tu procéderas	vous procéderez
il/elle procédera	ils/elles procéderont

FUTURE ANTERIOR

j'aurai procédé	nous aurons procédé
tu auras procédé	vous aurez procédé
il/elle aura procédé	ils/elles auront procédé

CONDITIONAL

je procéderais	nous procéderions
tu procéderais	vous procéderiez
il/elle procéderait	ils/elles procéderaient

PAST CONDITIONAL

j'aurais procédé	nous aurions procédé
tu aurais procédé	vous auriez procédé
il/elle aurait procédé	ils/elles auraient procédé

PRESENT SUBJUNCTIVE

que je procède	que nous procédions
que tu procèdes	que vous procédiez
qu'il/elle procède	qu'ils/elles procèdent

PAST SUBJUNCTIVE

que j'aie procédé	que nous ayons procédé
que tu aies procédé	que vous ayez procédé
qu'il/elle ait procédé	qu'ils/elles aient procédé

IMPERFECT SUBJUNCTIVE

que je procédasse	que nous procédassions
que tu procédasses	que vous procédassiez
qu'il/elle procédât	qu'ils/elles procédassent

PLUPERFECT SUBJUNCTIVE

que j'eusse procédé	que nous eussions procédé
que tu eusses procédé	que vous eussiez procédé
qu'il/elle eût procédé	qu'ils/elles eussent procédé

COMMANDS

	(nous) procédons
(tu) procède	(vous) procédez

Usage

—Est-ce qu'il faut procéder par ordre?	*Shall we do things one at a time?*
—Oui, et surtout procédons par prudence.	*Yes, and above all, let's act carefully.*
Je ne vois pas comment procéder.	*I don't see how to proceed.*
Sa façon de procéder me déplaît.	*I don't like his way of doing things.*
L'entreprise a procédé à une enquête.	*The company undertook a survey.*
Le conseil procédera au vote.	*The council will take a vote.*
Ces problèmes procèdent de l'indifférence.	*These problems stem from indifference.*

RELATED WORD

le procédé	*process; behavior/conduct/action*
Il comprend tous les procédés techniques.	*He understands all the technical processes.*
Ces procédés sont malhonnêtes.	*That behavior is dishonest.*

irregular verb | je produis · je produisis · produit · produisant

PRESENT

je produis	nous produisons
tu produis	vous produisez
il/elle produit	ils/elles produisent

IMPERFECT

je produisais	nous produisions
tu produisais	vous produisiez
il/elle produisait	ils/elles produisaient

PASSÉ SIMPLE

je produisis	nous produisîmes
tu produisis	vous produisîtes
il/elle produisit	ils/elles produisirent

FUTURE

je produirai	nous produirons
tu produiras	vous produirez
il/elle produira	ils/elles produiront

CONDITIONAL

je produirais	nous produirions
tu produirais	vous produiriez
il/elle produirait	ils/elles produiraient

PRESENT SUBJUNCTIVE

que je produise	que nous produisions
que tu produises	que vous produisiez
qu'il/elle produise	qu'ils/elles produisent

IMPERFECT SUBJUNCTIVE

que je produisisse	que nous produisissions
que tu produisisses	que vous produisissiez
qu'il/elle produisît	qu'ils/elles produisissent

PASSÉ COMPOSÉ

j'ai produit	nous avons produit
tu as produit	vous avez produit
il/elle a produit	ils/elles ont produit

PLUPERFECT

j'avais produit	nous avions produit
tu avais produit	vous aviez produit
il/elle avait produit	ils/elles avaient produit

PAST ANTERIOR

j'eus produit	nous eûmes produit
tu eus produit	vous eûtes produit
il/elle eut produit	ils/elles eurent produit

FUTURE ANTERIOR

j'aurai produit	nous aurons produit
tu auras produit	vous aurez produit
il/elle aura produit	ils/elles auront produit

PAST CONDITIONAL

j'aurais produit	nous aurions produit
tu aurais produit	vous auriez produit
il/elle aurait produit	ils/elles auraient produit

PAST SUBJUNCTIVE

que j'aie produit	que nous ayons produit
que tu aies produit	que vous ayez produit
qu'il/elle ait produit	qu'ils/elles aient produit

PLUPERFECT SUBJUNCTIVE

que j'eusse produit	que nous eussions produit
que tu eusses produit	que vous eussiez produit
qu'il/elle eût produit	qu'ils/elles eussent produit

COMMANDS

	(nous) produisons
(tu) produis	(vous) produisez

Usage

Ce pays produit du fer et du charbon.	*This country produces iron and coal.*
Cette province produit des vins très connus.	*This province produces very famous wines.*
Cette terre est mauvaise. Elle produit peu.	*This land is poor. It doesn't yield much.*
C'est un sol qui produit du blé.	*It's a type of soil that produces wheat.*
Cet arbre produit de belles pommes.	*This tree yields beautiful apples.*
Cette région produit du pétrole.	*This region produces oil.*
Combien de tonnes d'acier ce pays produit-il par an?	*How many tons of steel does this country produce each year?*
Ce poète produit beaucoup de poèmes.	*This poet turns out a lot of poems.*
L'électricité est produite par l'énergie atomique.	*Electricity is produced by atomic energy.*
L'humidité produit la rouille.	*Humidity makes (things) rust.*

TOP 50 VERB ☞

produire pour l'économie

produire du maïs	*to produce corn*
produire de la viande pour l'exportation	*to produce meat for export*
produire une grande variété de fromages	*to produce a great variety of cheeses*
des investissements qui produisent	*profitable investments*
Ce musicien produit beaucoup.	*This musician composes a lot.*
Il a produit des films tordants.	*He produced riotously funny movies.*
Combien de pièces a-t-il produites?	*How many plays has he produced?*

produire = causer, provoquer

produire une impression	*to make an impression/impress*
Ses mots ont produit sur moi une impression profonde.	*His words made a deep impression on me.*
Sa conduite a produit une très mauvaise impression sur ses professeurs.	*His conduct gave his teachers a very bad impression.*
Les rumeurs ont produit de l'effroi.	*The rumors caused fright.*
Cette nouvelle a produit une sensation d'angoisse.	*The news caused a feeling of anguish.*
L'effet produit par cette démarche a été désastreux.	*The effect caused by this measure was disastrous.*

produire = former

Cette école militaire produit tous les grands officiers du pays.	*This military school produces all of the country's great officers.*
Cette faculté a produit pas mal de professeurs.	*This department has produced a lot of teachers.*
Cette université a produit beaucoup de savants.	*This university has produced a lot of scholars/scientists.*

se produire

Il peut se produire un incident désagréable.	*An unpleasant incident may occur.*
Je ne comprends pas le changement qui s'est produit en toi.	*I don't understand the change that has come over you.*
À cause de la neige il s'est produit un accident affreux.	*Because of the snow a terrible accident happened.*
Ce politicien n'ose plus se produire en public.	*That politician doesn't dare show his face in public anymore.*

Related Words

la production	*production*
La production de blé a augmenté cette année.	*Wheat output has risen this year.*
le produit	*product*
les produits chimiques	*chemicals*
les produits de luxe	*luxury goods*
un produit pour la peau	*a skin cream/powder, etc.*
le produit d'une semaine de travail	*the result of a week of work*
producteur/productrice	*producer/producing*
les pays producteurs de pétrole	*oil-producing countries*
le producteur/la productrice	*producer* (theater, film)

TOP 50 VERBS

-er verb; spelling change: *t > tt*/mute *e*   **je projette · je projetai · projeté · projetant**

PRESENT

je projette	nous projetons
tu projettes	vous projetez
il/elle projette	ils/elles projettent

IMPERFECT

je projetais	nous projetions
tu projetais	vous projetiez
il/elle projetait	ils/elles projetaient

PASSÉ SIMPLE

je projetai	nous projetâmes
tu projetas	vous projetâtes
il/elle projeta	ils/elles projetèrent

FUTURE

je projetterai	nous projetterons
tu projetteras	vous projetterez
il/elle projettera	ils/elles projetteront

CONDITIONAL

je projetterais	nous projetterions
tu projetterais	vous projetteriez
il/elle projetterait	ils/elles projetteraient

PRESENT SUBJUNCTIVE

que je projette	que nous projetions
que tu projettes	que vous projetiez
qu'il/elle projette	qu'ils/elles projettent

IMPERFECT SUBJUNCTIVE

que je projetasse	que nous projetassions
que tu projetasses	que vous projetassiez
qu'il/elle projetât	qu'ils/elles projetassent

PASSÉ COMPOSÉ

j'ai projeté	nous avons projeté
tu as projeté	vous avez projeté
il/elle a projeté	ils/elles ont projeté

PLUPERFECT

j'avais projeté	nous avions projeté
tu avais projeté	vous aviez projeté
il/elle avait projeté	ils/elles avaient projeté

PAST ANTERIOR

j'eus projeté	nous eûmes projeté
tu eus projeté	vous eûtes projeté
il/elle eut projeté	ils/elles eurent projeté

FUTURE ANTERIOR

j'aurai projeté	nous aurons projeté
tu auras projeté	vous aurez projeté
il/elle aura projeté	ils/elles auront projeté

PAST CONDITIONAL

j'aurais projeté	nous aurions projeté
tu aurais projeté	vous auriez projeté
il/elle aurait projeté	ils/elles auraient projeté

PAST SUBJUNCTIVE

que j'aie projeté	que nous ayons projeté
que tu aies projeté	que vous ayez projeté
qu'il/elle ait projeté	qu'ils/elles aient projeté

PLUPERFECT SUBJUNCTIVE

que j'eusse projeté	que nous eussions projeté
que tu eusses projeté	que vous eussiez projeté
qu'il/elle eût projeté	qu'ils/elles eussent projeté

COMMANDS

	(nous) projetons
(tu) projette	(vous) projetez

Usage

Il projette un voyage d'affaires au Canada.	*He's planning a business trip to Canada.*
Nous avons projeté une collaboration.	*We planned to work together.*
J'ai abandonné la sortie projetée.	*I gave up my plans to go out.*
Il a été projeté du bateau.	*He was thrown out of the boat.*
J'ai besoin d'un écran pour projeter mon film.	*I need a screen to show my film.*

RELATED WORDS

le projet	*plan*
Quels sont vos projets?	*What are your plans?*
Cet étudiant fait ses projets d'avenir.	*This student is planning for his future.*
établir un projet de loi	*to draw up a bill* (legislation)
un projet de contrat	*the draft of a contract*

prolonger *to prolong, extend*

je prolonge · je prolongeai · prolongé · prolongeant

regular *-er* verb;
spelling change: *g > ge/a, o*

PRESENT		PASSÉ COMPOSÉ	
je prolonge	nous prolongeons	j'ai prolongé	nous avons prolongé
tu prolonges	vous prolongez	tu as prolongé	vous avez prolongé
il/elle prolonge	ils/elles prolongent	il/elle a prolongé	ils/elles ont prolongé

IMPERFECT		PLUPERFECT	
je prolongeais	nous prolongions	j'avais prolongé	nous avions prolongé
tu prolongeais	vous prolongiez	tu avais prolongé	vous aviez prolongé
il/elle prolongeait	ils/elles prolongeaient	il/elle avait prolongé	ils/elles avaient prolongé

PASSÉ SIMPLE		PAST ANTERIOR	
je prolongeai	nous prolongeâmes	j'eus prolongé	nous eûmes prolongé
tu prolongeas	vous prolongeâtes	tu eus prolongé	vous eûtes prolongé
il/elle prolongea	ils/elles prolongèrent	il/elle eut prolongé	ils/elles eurent prolongé

FUTURE		FUTURE ANTERIOR	
je prolongerai	nous prolongerons	j'aurai prolongé	nous aurons prolongé
tu prolongeras	vous prolongerez	tu auras prolongé	vous aurez prolongé
il/elle prolongera	ils/elles prolongeront	il/elle aura prolongé	ils/elles auront prolongé

CONDITIONAL		PAST CONDITIONAL	
je prolongerais	nous prolongerions	j'aurais prolongé	nous aurions prolongé
tu prolongerais	vous prolongeriez	tu aurais prolongé	vous auriez prolongé
il/elle prolongerait	ils/elles prolongeraient	il/elle aurait prolongé	ils/elles auraient prolongé

PRESENT SUBJUNCTIVE		PAST SUBJUNCTIVE	
que je prolonge	que nous prolongions	que j'aie prolongé	que nous ayons prolongé
que tu prolonges	que vous prolongiez	que tu aies prolongé	que vous ayez prolongé
qu'il/elle prolonge	qu'ils/elles prolongent	qu'il/elle ait prolongé	qu'ils/elles aient prolongé

IMPERFECT SUBJUNCTIVE		PLUPERFECT SUBJUNCTIVE	
que je prolongeasse	que nous prolongeassions	que j'eusse prolongé	que nous eussions prolongé
que tu prolongeasses	que vous prolongeassiez	que tu eusses prolongé	que vous eussiez prolongé
qu'il/elle prolongeât	qu'ils/elles prolongeassent	qu'il/elle eût prolongé	qu'ils/elles eussent prolongé

COMMANDS	
	(nous) prolongeons
(tu) prolonge	(vous) prolongez

Usage

Est-il possible de prolonger la réunion?	*Can we extend the meeting?*
prolonger un mur	*to extend a wall*
prolonger une route	*to lengthen a road*
Cette rue se prolonge jusqu'à la banlieue.	*This street continues up to the suburbs.*

RELATED WORDS

prolongé(e)	*extended/prolonged*
un arrêt prolongé	*a very long stop*
une exposition prolongée au froid	*prolonged exposure to cold*
les prolongations *(fpl)*	*extra time/extra innings* (game)
le prolongement	*extension/continuation*
le prolongement d'une rue	*the continuation/extension of a street*
le prolongateur	*extension cord*

regular *-er* reflexive verb;
spelling change: *e* > *è*/mute *e*;
compound tenses with *être*

**je me promène · je me promenai ·
s'étant promené · se promenant**

PRESENT

je me promène	nous nous promenons
tu te promènes	vous vous promenez
il/elle se promène	ils/elles se promènent

IMPERFECT

je me promenais	nous nous promenions
tu te promenais	vous vous promeniez
il/elle se promenait	ils/elles se promenaient

PASSÉ SIMPLE

je me promenai	nous nous promenâmes
tu te promenas	vous vous promenâtes
il/elle se promena	ils/elles se promenèrent

FUTURE

je me promènerai	nous nous promènerons
tu te promèneras	vous vous promènerez
il/elle se promènera	ils/elles se promèneront

CONDITIONAL

je me promènerais	nous nous promènerions
tu te promènerais	vous vous promèneriez
il/elle se promènerait	ils/elles se promèneraient

PRESENT SUBJUNCTIVE

que je me promène	que nous nous promenions
que tu te promènes	que vous vous promeniez
qu'il/elle se promène	qu'ils/elles se promènent

IMPERFECT SUBJUNCTIVE

que je me promenasse	que nous nous promenassions
que tu te promenasses	que vous vous promenassiez
qu'il/elle se promenât	qu'ils/elles se promenassent

PASSÉ COMPOSÉ

je me suis promené(e)	nous nous sommes promené(e)s
tu t'es promené(e)	vous vous êtes promené(e)(s)
il/elle s'est promené(e)	ils/elles se sont promené(e)s

PLUPERFECT

je m'étais promené(e)	nous nous étions promené(e)s
tu t'étais promené(e)	vous vous étiez promené(e)(s)
il/elle s'était promené(e)	ils/elles s'étaient promené(e)s

PAST ANTERIOR

je me fus promené(e)	nous nous fûmes promené(e)s
tu te fus promené(e)	vous vous fûtes promené(e)(s)
il/elle se fut promené(e)	ils/elles se furent promené(e)s

FUTURE ANTERIOR

je me serai promené(e)	nous nous serons promené(e)s
tu te seras promené(e)	vous vous serez promené(e)(s)
il/elle se sera promené(e)	ils/elles se seront promené(e)s

PAST CONDITIONAL

je me serais promené(e)	nous nous serions promené(e)s
tu te serais promené(e)	vous vous seriez promené(e)(s)
il/elle se serait promené(e)	ils/elles se seraient promené(e)s

PAST SUBJUNCTIVE

que je me sois promené(e)	que nous nous soyons promené(e)s
que tu te sois promené(e)	que vous vous soyez promené(e)(s)
qu'il/elle se soit promené(e)	qu'ils/elles se soient promené(e)s

PLUPERFECT SUBJUNCTIVE

que je me fusse promené(e)	que nous nous fussions promené(e)s
que tu te fusses promené(e)	que vous vous fussiez promené(e)(s)
qu'il/elle se fût promené(e)	qu'ils/elles se fussent promené(e)s

COMMANDS

	(nous) promenons-nous
(tu) promène-toi	(vous) promenez-vous

Usage

Mes parents se promènent dans le jardin.	*My parents are taking a walk in the park.*
On s'est promenés en ville.	*We walked around town.*
Son regard se promenait sur les vitrines.	*His gaze wandered over the store windows.*
se promener sans but	*to walk around aimlessly*
promener qqn	*to take someone for a walk*
promener son chien	*to walk one's dog*
promener ses amis	*to take one's friends for a walk/ride*
Je l'ai envoyé promener.	*I told him off.*
Il a envoyé promener ses soucis.	*He shrugged off his concerns.*

403 | **promettre** *to promise*

je promets · je promis · promis · promettant

irregular verb; only one *t* in the singular of the present tense

PRESENT		PASSÉ COMPOSÉ	
je promets	nous promettons	j'ai promis	nous avons promis
tu promets	vous promettez	tu as promis	vous avez promis
il/elle promet	ils/elles promettent	il/elle a promis	ils/elles ont promis

IMPERFECT		PLUPERFECT	
je promettais	nous promettions	j'avais promis	nous avions promis
tu promettais	vous promettiez	tu avais promis	vous aviez promis
il/elle promettait	ils/elles promettaient	il/elle avait promis	ils/elles avaient promis

PASSÉ SIMPLE		PAST ANTERIOR	
je promis	nous promîmes	j'eus promis	nous eûmes promis
tu promis	vous promîtes	tu eus promis	vous eûtes promis
il/elle promit	ils/elles promirent	il/elle eut promis	ils/elles eurent promis

FUTURE		FUTURE ANTERIOR	
je promettrai	nous promettrons	j'aurai promis	nous aurons promis
tu promettras	vous promettrez	tu auras promis	vous aurez promis
il/elle promettra	ils/elles promettront	il/elle aura promis	ils/elles auront promis

CONDITIONAL		PAST CONDITIONAL	
je promettrais	nous promettrions	j'aurais promis	nous aurions promis
tu promettrais	vous promettriez	tu aurais promis	vous auriez promis
il/elle promettrait	ils/elles promettraient	il/elle aurait promis	ils/elles auraient promis

PRESENT SUBJUNCTIVE		PAST SUBJUNCTIVE	
que je promette	que nous promettions	que j'aie promis	que nous ayons promis
que tu promettes	que vous promettiez	que tu aies promis	que vous ayez promis
qu'il/elle promette	qu'ils/elles promettent	qu'il/elle ait promis	qu'ils/elles aient promis

IMPERFECT SUBJUNCTIVE		PLUPERFECT SUBJUNCTIVE	
que je promisse	que nous promissions	que j'eusse promis	que nous eussions promis
que tu promisses	que vous promissiez	que tu eusses promis	que vous eussiez promis
qu'il/elle promît	qu'ils/elles promissent	qu'il/elle eût promis	qu'ils/elles eussent promis

COMMANDS	
	(nous) promettons
(tu) promets	(vous) promettez

Usage

promettre qqch à qqn	*to promise someone something*
—Qu'est-ce que tu as promis aux enfants?	*What did you promise the children?*
—Je leur ai promis un nouvel ordinateur.	*I promised them a new computer.*
Ce ciel gris nous promet de la pluie.	*This gray sky means rain.*
promettre son amour	*to pledge one's love*
Il va te promettre la lune.	*He'll promise you the moon.*
Ça promet!	*Things are looking up!* (often sarcastic)
Notre soirée promet d'être une réussite.	*Our evening party promises to be a success.*
Ça ne te promet rien de bon.	*This doesn't look good for you.*
promettre à qqn de faire qqch	*to promise someone to do something*
Elle lui a promis de partir.	*She promised him that she would leave.*

RELATED WORDS

la promesse	*promise*
Il faut que tu tiennes tes promesses.	*You must keep your promises.*
Ne te laisse pas endormir pas ses promesses.	*Don't let him talk you into anything.*

regular *-er* verb;
spelling change: *c > ç/a, o*

je prononce · je prononçai · prononcé · prononçant

PRESENT

je prononce	nous prononçons
tu prononces	vous prononcez
il/elle prononce	ils/elles prononcent

IMPERFECT

je prononçais	nous prononcions
tu prononçais	vous prononciez
il/elle prononçait	ils/elles prononçaient

PASSÉ SIMPLE

je prononçai	nous prononçâmes
tu prononças	vous prononçâtes
il/elle prononça	ils/elles prononcèrent

FUTURE

je prononcerai	nous prononcerons
tu prononceras	vous prononcerez
il/elle prononcera	ils/elles prononceront

CONDITIONAL

je prononcerais	nous prononcerions
tu prononcerais	vous prononceriez
il/elle prononcerait	ils/elles prononceraient

PRESENT SUBJUNCTIVE

que je prononce	que nous prononcions
que tu prononces	que vous prononciez
qu'il/elle prononce	qu'ils/elles prononcent

IMPERFECT SUBJUNCTIVE

que je prononçasse	que nous prononçassions
que tu prononçasses	que vous prononçassiez
qu'il/elle prononçât	qu'ils/elles prononçassent

COMMANDS

	(nous) prononçons
(tu) prononce	(vous) prononcez

PASSÉ COMPOSÉ

j'ai prononcé	nous avons prononcé
tu as prononcé	vous avez prononcé
il/elle a prononcé	ils/elles ont prononcé

PLUPERFECT

j'avais prononcé	nous avions prononcé
tu avais prononcé	vous aviez prononcé
il/elle avait prononcé	ils/elles avaient prononcé

PAST ANTERIOR

j'eus prononcé	nous eûmes prononcé
tu eus prononcé	vous eûtes prononcé
il/elle eut prononcé	ils/elles eurent prononcé

FUTURE ANTERIOR

j'aurai prononcé	nous aurons prononcé
tu auras prononcé	vous aurez prononcé
il/elle aura prononcé	ils/elles auront prononcé

PAST CONDITIONAL

j'aurais prononcé	nous aurions prononcé
tu aurais prononcé	vous auriez prononcé
il/elle aurait prononcé	ils/elles auraient prononcé

PAST SUBJUNCTIVE

que j'aie prononcé	que nous ayons prononcé
que tu aies prononcé	que vous ayez prononcé
qu'il/elle ait prononcé	qu'ils/elles aient prononcé

PLUPERFECT SUBJUNCTIVE

que j'eusse prononcé	que nous eussions prononcé
que tu eusses prononcé	que vous eussiez prononcé
qu'il/elle eût prononcé	qu'ils/elles eussent prononcé

Usage

prononcer correctement	*to pronounce correctly*
Ce mot est difficile à prononcer.	*This word is hard to pronounce.*
Ce nom se prononce comment?	*How do you pronounce this name?*
Elle est sortie sans prononcer un mot.	*She left without saying a word.*
Ne prononcez plus ce mot devant moi!	*Don't say that word in my presence again!*
Le président a prononcé un discours.	*The president gave a speech.*
Le juge ne s'est pas encore prononcé.	*The judge hasn't issued his decision yet.*
se prononcer	*to reach a decision or verdict*
Le gouvernement s'est prononcé pour la paix.	*The government has pronounced itself in favor of peace.*

proposer *to propose, suggest*

PRESENT

je propose	nous proposons
tu proposes	vous proposez
il/elle propose	ils/elles proposent

IMPERFECT

je proposais	nous proposions
tu proposais	vous proposiez
il/elle proposait	ils/elles proposaient

PASSÉ SIMPLE

je proposai	nous proposâmes
tu proposas	vous proposâtes
il/elle proposa	ils/elles proposèrent

FUTURE

je proposerai	nous proposerons
tu proposeras	vous proposerez
il/elle proposera	ils/elles proposeront

CONDITIONAL

je proposerais	nous proposerions
tu proposerais	vous proposeriez
il/elle proposerait	ils/elles proposeraient

PRESENT SUBJUNCTIVE

que je propose	que nous proposions
que tu proposes	que vous proposiez
qu'il/elle propose	qu'ils/elles proposent

IMPERFECT SUBJUNCTIVE

que je proposasse	que nous proposassions
que tu proposasses	que vous proposassiez
qu'il/elle proposât	qu'ils/elles proposassent

PASSÉ COMPOSÉ

j'ai proposé	nous avons proposé
tu as proposé	vous avez proposé
il/elle a proposé	ils/elles ont proposé

PLUPERFECT

j'avais proposé	nous avions proposé
tu avais proposé	vous aviez proposé
il/elle avait proposé	ils/elles avaient proposé

PAST ANTERIOR

j'eus proposé	nous eûmes proposé
tu eus proposé	vous eûtes proposé
il/elle eut proposé	ils/elles eurent proposé

FUTURE ANTERIOR

j'aurai proposé	nous aurons proposé
tu auras proposé	vous aurez proposé
il/elle aura proposé	ils/elles auront proposé

PAST CONDITIONAL

j'aurais proposé	nous aurions proposé
tu aurais proposé	vous auriez proposé
il/elle aurait proposé	ils/elles auraient proposé

PAST SUBJUNCTIVE

que j'aie proposé	que nous ayons proposé
que tu aies proposé	que vous ayez proposé
qu'il/elle ait proposé	qu'ils/elles aient proposé

PLUPERFECT SUBJUNCTIVE

que j'eusse proposé	que nous eussions proposé
que tu eusses proposé	que vous eussiez proposé
qu'il/elle eût proposé	qu'ils/elles eussent proposé

COMMANDS

	(nous) proposons
(tu) propose	(vous) proposez

Usage

proposer qqch à qqn *to suggest something to someone*

Je vous propose une promenade en voiture.	*I suggest that we go for a ride.*
On m'a proposé un nouveau poste.	*I was offered a new job.*

proposer de faire qqch *to suggest doing something*

Elle propose de faire la visite de la ville.	*She suggests touring the city.*
proposer à qqn de faire qqch	*to suggest that someone do something*
Il m'a proposé de dîner avec lui.	*He suggested I have dinner with him.*
Je leur ai proposé de rentrer.	*I suggested to them that we go home.*

proposer + subjunctive *to suggest that something be done, etc.*

Nous proposons que ce projet soit abandonné.	*We suggest that this project be given up.*

PROVERB

L'homme propose et Dieu dispose.	*Man proposes, God disposes.*

-*er* verb; spelling change: *é > è*/mute *e*   **je prospère · je prospérai · prospéré · prospérant**

PRESENT		PASSÉ COMPOSÉ	
je prospère	nous prospérons	j'ai prospéré	nous avons prospéré
tu prospères	vous prospérez	tu as prospéré	vous avez prospéré
il/elle prospère	ils/elles prospèrent	il/elle a prospéré	ils/elles ont prospéré

IMPERFECT		PLUPERFECT	
je prospérais	nous prospérions	j'avais prospéré	nous avions prospéré
tu prospérais	vous prospériez	tu avais prospéré	vous aviez prospéré
il/elle prospérait	ils/elles prospéraient	il/elle avait prospéré	ils/elles avaient prospéré

PASSÉ SIMPLE		PAST ANTERIOR	
je prospérai	nous prospérâmes	j'eus prospéré	nous eûmes prospéré
tu prospéras	vous prospérâtes	tu eus prospéré	vous eûtes prospéré
il/elle prospéra	ils/elles prospérèrent	il/elle eut prospéré	ils/elles eurent prospéré

FUTURE		FUTURE ANTERIOR	
je prospérerai	nous prospérerons	j'aurai prospéré	nous aurons prospéré
tu prospéreras	vous prospérerez	tu auras prospéré	vous aurez prospéré
il/elle prospérera	ils/elles prospéreront	il/elle aura prospéré	ils/elles auront prospéré

CONDITIONAL		PAST CONDITIONAL	
je prospérerais	nous prospérerions	j'aurais prospéré	nous aurions prospéré
tu prospérerais	vous prospéreriez	tu aurais prospéré	vous auriez prospéré
il/elle prospérerait	ils/elles prospéreraient	il/elle aurait prospéré	ils/elles auraient prospéré

PRESENT SUBJUNCTIVE		PAST SUBJUNCTIVE	
que je prospère	que nous prospérions	que j'aie prospéré	que nous ayons prospéré
que tu prospères	que vous prospériez	que tu aies prospéré	que vous ayez prospéré
qu'il/elle prospère	qu'ils/elles prospèrent	qu'il/elle ait prospéré	qu'ils/elles aient prospéré

IMPERFECT SUBJUNCTIVE		PLUPERFECT SUBJUNCTIVE	
que je prospérasse	que nous prospérassions	que j'eusse prospéré	que nous eussions prospéré
que tu prospérasses	que vous prospérassiez	que tu eusses prospéré	que vous eussiez prospéré
qu'il/elle prospérât	qu'ils/elles prospérassent	qu'il/elle eût prospéré	qu'ils/elles eussent prospéré

COMMANDS	
	(nous) prospérons
(tu) prospère	(vous) prospérez

Usage

Son entreprise a prospéré.	*His business flourished.*
Dans cette terre fertile, le blé prospérera.	*In this fertile earth, wheat will thrive.*
Avec le commerce, la ville prospéra.	*With trade, the city prospered.*

RELATED WORDS

prospère	*prosperous/successful*
Il est propriétaire d'un magasin prospère.	*He's the owner of a prosperous store.*
Cette région est très prospère.	*This region is very prosperous.*
la prospérité	*prosperity*
Je vous souhaite de la prospérité.	*I wish you prosperity.*
Notre affaire est en pleine prospérité.	*Our business is thriving.*

protéger · *to protect*

je protège · je protégeai · protégé · protégeant

-er verb; spelling change:
é > *è*/mute *e*; *g* > *ge/a, o*

PRESENT

je protège	nous protégeons
tu protèges	vous protégez
il/elle protège	ils/elles protègent

IMPERFECT

je protégeais	nous protégions
tu protégeais	vous protégiez
il/elle protégeait	ils/elles protégeaient

PASSÉ SIMPLE

je protégeai	nous protégeâmes
tu protégeas	vous protégeâtes
il/elle protégea	ils/elles protégèrent

FUTURE

je protégerai	nous protégerons
tu protégeras	vous protégerez
il/elle protégera	ils/elles protégeront

CONDITIONAL

je protégerais	nous protégerions
tu protégerais	vous protégeriez
il/elle protégerait	ils/elles protégeraient

PRESENT SUBJUNCTIVE

que je protège	que nous protégions
que tu protèges	que vous protégiez
qu'il/elle protège	qu'ils/elles protègent

IMPERFECT SUBJUNCTIVE

que je protégeasse	que nous protégeassions
que tu protégeasses	que vous protégeassiez
qu'il/elle protégeât	qu'ils/elles protégeassent

PASSÉ COMPOSÉ

j'ai protégé	nous avons protégé
tu as protégé	vous avez protégé
il/elle a protégé	ils/elles ont protégé

PLUPERFECT

j'avais protégé	nous avions protégé
tu avais protégé	vous aviez protégé
il/elle avait protégé	ils/elles avaient protégé

PAST ANTERIOR

j'eus protégé	nous eûmes protégé
tu eus protégé	vous eûtes protégé
il/elle eut protégé	ils/elles eurent protégé

FUTURE ANTERIOR

j'aurai protégé	nous aurons protégé
tu auras protégé	vous aurez protégé
il/elle aura protégé	ils/elles auront protégé

PAST CONDITIONAL

j'aurais protégé	nous aurions protégé
tu aurais protégé	vous auriez protégé
il/elle aurait protégé	ils/elles auraient protégé

PAST SUBJUNCTIVE

que j'aie protégé	que nous ayons protégé
que tu aies protégé	que vous ayez protégé
qu'il/elle ait protégé	qu'ils/elles aient protégé

PLUPERFECT SUBJUNCTIVE

que j'eusse protégé	que nous eussions protégé
que tu eusses protégé	que vous eussiez protégé
qu'il/elle eût protégé	qu'ils/elles eussent protégé

COMMANDS

	(nous) protégeons
(tu) protège	(vous) protégez

Usage

protéger qqn/qqch	*to protect someone/something*
La police nous protège.	*The police protect us.*
Que Dieu vous protège!	*God keep you!*
Ce mur nous protège.	*That wall protects us.*
La loi protège les droits des citoyens.	*The law protects the rights of citizens.*
protéger qqn de qqch	*to protect someone from something*
Ce manteau vous protégera du froid.	*This coat will protect you from the cold.*
se protéger de qqch	*to protect oneself from something*
Il faut se protéger contre les moustiques.	*We have to protect ourselves from mosquitoes.*
Tu ne te protèges pas assez du froid.	*You're not protecting yourself enough from the cold.*

regular -er verb

PRESENT

je prouve	nous prouvons
tu prouves	vous prouvez
il/elle prouve	ils/elles prouvent

IMPERFECT

je prouvais	nous prouvions
tu prouvais	vous prouviez
il/elle prouvait	ils/elles prouvaient

PASSÉ SIMPLE

je prouvai	nous prouvâmes
tu prouvas	vous prouvâtes
il/elle prouva	ils/elles prouvèrent

FUTURE

je prouverai	nous prouverons
tu prouveras	vous prouverez
il/elle prouvera	ils/elles prouveront

CONDITIONAL

je prouverais	nous prouverions
tu prouverais	vous prouveriez
il/elle prouverait	ils/elles prouveraient

PRESENT SUBJUNCTIVE

que je prouve	que nous prouvions
que tu prouves	que vous prouviez
qu'il/elle prouve	qu'ils/elles prouvent

IMPERFECT SUBJUNCTIVE

que je prouvasse	que nous prouvassions
que tu prouvasses	que vous prouvassiez
qu'il/elle prouvât	qu'ils/elles prouvassent

COMMANDS

	(nous) prouvons
(tu) prouve	(vous) prouvez

PASSÉ COMPOSÉ

j'ai prouvé	nous avons prouvé
tu as prouvé	vous avez prouvé
il/elle a prouvé	ils/elles ont prouvé

PLUPERFECT

j'avais prouvé	nous avions prouvé
tu avais prouvé	vous aviez prouvé
il/elle avait prouvé	ils/elles avaient prouvé

PAST ANTERIOR

j'eus prouvé	nous eûmes prouvé
tu eus prouvé	vous eûtes prouvé
il/elle eut prouvé	ils/elles eurent prouvé

FUTURE ANTERIOR

j'aurai prouvé	nous aurons prouvé
tu auras prouvé	vous aurez prouvé
il/elle aura prouvé	ils/elles auront prouvé

PAST CONDITIONAL

j'aurais prouvé	nous aurions prouvé
tu aurais prouvé	vous auriez prouvé
il/elle aurait prouvé	ils/elles auraient prouvé

PAST SUBJUNCTIVE

que j'aie prouvé	que nous ayons prouvé
que tu aies prouvé	que vous ayez prouvé
qu'il/elle ait prouvé	qu'ils/elles aient prouvé

PLUPERFECT SUBJUNCTIVE

que j'eusse prouvé	que nous eussions prouvé
que tu eusses prouvé	que vous eussiez prouvé
qu'il/elle eût prouvé	qu'ils/elles eussent prouvé

Usage

Cela ne prouve rien.	*That doesn't prove anything.*
Il a prouvé son innocence par les faits.	*He proved his innocence by the facts.*
Il est prouvé qu'il est coupable.	*It's proved that he is guilty.*
L'utilité de cette machine reste à prouver.	*The usefulness of this machine has not yet been demonstrated.*
se prouver	*to prove oneself*

RELATED WORDS

la preuve	*piece of evidence/proof*
les preuves	*proof/evidence*
Il croyait à leur innocence malgré les preuves.	*He believed in their innocence in spite of the evidence.*
faire preuve de	*to show/demonstrate*
Elle a fait preuve de patience.	*She showed that she had patience.*

punir *to punish*

je punis · je punis · puni · punissant regular *-ir* verb

PRESENT

je punis	nous punissons
tu punis	vous punissez
il/elle punit	ils/elles punissent

IMPERFECT

je punissais	nous punissions
tu punissais	vous punissiez
il/elle punissait	ils/elles punissaient

PASSÉ SIMPLE

je punis	nous punîmes
tu punis	vous punîtes
il/elle punit	ils/elles punirent

FUTURE

je punirai	nous punirons
tu puniras	vous punirez
il/elle punira	ils/elles puniront

CONDITIONAL

je punirais	nous punirions
tu punirais	vous puniriez
il/elle punirait	ils/elles puniraient

PRESENT SUBJUNCTIVE

que je punisse	que nous punissions
que tu punisses	que vous punissiez
qu'il/elle punisse	qu'ils/elles punissent

IMPERFECT SUBJUNCTIVE

que je punisse	que nous punissions
que tu punisses	que vous punissiez
qu'il/elle punît	qu'ils/elles punissent

PASSÉ COMPOSÉ

j'ai puni	nous avons puni
tu as puni	vous avez puni
il/elle a puni	ils/elles ont puni

PLUPERFECT

j'avais puni	nous avions puni
tu avais puni	vous aviez puni
il/elle avait puni	ils/elles avaient puni

PAST ANTERIOR

j'eus puni	nous eûmes puni
tu eus puni	vous eûtes puni
il/elle eut puni	ils/elles eurent puni

FUTURE ANTERIOR

j'aurai puni	nous aurons puni
tu auras puni	vous aurez puni
il/elle aura puni	ils/elles auront puni

PAST CONDITIONAL

j'aurais puni	nous aurions puni
tu aurais puni	vous auriez puni
il/elle aurait puni	ils/elles auraient puni

PAST SUBJUNCTIVE

que j'aie puni	que nous ayons puni
que tu aies puni	que vous ayez puni
qu'il/elle ait puni	qu'ils/elles aient puni

PLUPERFECT SUBJUNCTIVE

que j'eusse puni	que nous eussions puni
que tu eusses puni	que vous eussiez puni
qu'il/elle eût puni	qu'ils/elles eussent puni

COMMANDS

	(nous) punissons
(tu) punis	(vous) punissez

Usage

punir un enfant/un élève	*to punish a child/a pupil*
Le juge l'a puni de prison.	*The judge punished him with a prison sentence.*
On a puni le meurtrier de mort.	*The murderer was sentenced to death.*
punir ces mauvaises actions	*to punish these bad acts*
Cet abus doit être puni par la loi.	*This abuse should be punishable by law.*

RELATED WORDS

punissable	*punishable*
un crime punissable	*a punishable crime*
la punition	*punishment*
avoir une punition	*to be punished* (school, etc.)
Ton mal d'estomac est la punition de ta gourmandise.	*Your stomachache is your punishment for overeating.*

regular *-er* verb

je quitte · je quittai · quitté · quittant

PRESENT

je quitte	nous quittons
tu quittes	vous quittez
il/elle quitte	ils/elles quittent

IMPERFECT

je quittais	nous quittions
tu quittais	vous quittiez
il/elle quittait	ils/elles quittaient

PASSÉ SIMPLE

je quittai	nous quittâmes
tu quittas	vous quittâtes
il/elle quitta	ils/elles quittèrent

FUTURE

je quitterai	nous quitterons
tu quitteras	vous quitterez
il/elle quittera	ils/elles quitteront

CONDITIONAL

je quitterais	nous quitterions
tu quitterais	vous quitteriez
il/elle quitterait	ils/elles quitteraient

PRESENT SUBJUNCTIVE

que je quitte	que nous quittions
que tu quittes	que vous quittiez
qu'il/elle quitte	qu'ils/elles quittent

IMPERFECT SUBJUNCTIVE

que je quittasse	que nous quittassions
que tu quittasses	que vous quittassiez
qu'il/elle quittât	qu'ils/elles quittassent

COMMANDS

	(nous) quittons
(tu) quitte	(vous) quittez

PASSÉ COMPOSÉ

j'ai quitté	nous avons quitté
tu as quitté	vous avez quitté
il/elle a quitté	ils/elles ont quitté

PLUPERFECT

j'avais quitté	nous avions quitté
tu avais quitté	vous aviez quitté
il/elle avait quitté	ils/elles avaient quitté

PAST ANTERIOR

j'eus quitté	nous eûmes quitté
tu eus quitté	vous eûtes quitté
il/elle eut quitté	ils/elles eurent quitté

FUTURE ANTERIOR

j'aurai quitté	nous aurons quitté
tu auras quitté	vous aurez quitté
il/elle aura quitté	ils/elles auront quitté

PAST CONDITIONAL

j'aurais quitté	nous aurions quitté
tu aurais quitté	vous auriez quitté
il/elle aurait quitté	ils/elles auraient quitté

PAST SUBJUNCTIVE

que j'aie quitté	que nous ayons quitté
que tu aies quitté	que vous ayez quitté
qu'il/elle ait quitté	qu'ils/elles aient quitté

PLUPERFECT SUBJUNCTIVE

que j'eusse quitté	que nous eussions quitté
que tu eusses quitté	que vous eussiez quitté
qu'il/elle eût quitté	qu'ils/elles eussent quitté

Usage

quitter un endroit	*to leave a place*
Il ne quitte pas sa chambre.	*He never leaves his room.*
La police l'a défendu de quitter la ville.	*The police have forbidden him to leave the city.*
Dans cet hôtel les clients doivent quitter leur chambre avant midi.	*In this hotel guests must check out of their rooms by noon.*
Ça fait une semaine que je n'ai pas quitté l'appartement.	*I haven't been out of my apartment in a week.*
quitter qqn	*to leave someone*
Il a quitté sa femme.	*He left his wife.*
Il a quitté sa famille.	*He abandoned his family.*
J'ai quitté mes amis à deux heures.	*I left my friends at two o'clock.*
Il nous a quittés sans dire un mot.	*He left us without saying a word.*

TOP 50 VERB ☞

quitter = laisser un endroit

À cause du verglas, la voiture a quitté la route.	*Because of the ice the car went off the road.*
Ils ont quitté Calais pour le Midi.	*They moved from Calais to the south of France.*
L'avion n'a pas pu quitter la piste.	*The plane couldn't take off.*
Il a quitté l'école à seize ans.	*He left school at sixteen.*
La police nous a demandé de quitter ces lieux.	*The police asked us to leave the premises.*
quitter le monde	*to enter a convent/monastery*
quitter la vie	*to die*
Le témoin a quitté la barre.	*The witness stepped down.*
Je vous quitte ma place.	*You can have my seat.*
Elle a quitté le théâtre.	*She left the theater/is no longer an actress.*
Le serpent quitte sa peau.	*The snake sheds its skin.*

quitter = laisser qqn

—Bon, il est tard. Je vous quitte.	*Well, it's late. I have to go.*
—C'est comme ça que vous me quittez?	*You mean you're leaving just like that?*
Je vous quitte pour dix minutes pour téléphoner.	*I'm going to leave you for ten minutes to make a call.*
Ne quittez pas!	*Hold on! (telephone)*
Je ne savais pas que sa femme l'avait quitté.	*I didn't know his wife had left him.*
Ses maux de tête ne la quittent pas.	*She always has headaches.*
Cette grippe ne me quitte pas!	*I can't get over this flu!*
Le détective ne le quitte pas d'un pas.	*The detective doesn't leave him for a second.*
Ne le quittez pas des yeux.	*Don't let him out of your sight.*
C'est une pensée qui ne me quitte pas.	*It's a thought that is always in my mind.*

se quitter

se quitter	*to leave each other*
Ces deux amis ne se quittent pas.	*Those two friends are always together.*

Related Words

quitte	*even/square*
être quitte envers qqn	*to be even with/no longer in debt to someone*
Ils sont quittes envers nous.	*They're square with us now.*
Nous sommes quittes!	*We're even!*
tenir qqn quitte de	*to release someone from*
Je vous tiens quitte de cette dette.	*I release you from that debt.*
C'est jouer à quitte ou double.	*It's double or nothing.*
J'en suis quitte à bon compte.	*I got off lightly.*
On en est quittes pour la peur.	*We got away with a fright./All that happened was that we got scared.*

TOP 50 VERBS

irregular verb; only one *t* in the singular of the present tense

je rabats · je rabattis · rabattu · rabattant

PRESENT

je rabats	nous rabattons
tu rabats	vous rabattez
il/elle rabat	ils/elles rabattent

IMPERFECT

je rabattais	nous rabattions
tu rabattais	vous rabattiez
il/elle rabattait	ils/elles rabattaient

PASSÉ SIMPLE

je rabattis	nous rabattîmes
tu rabattis	vous rabattîtes
il/elle rabattit	ils/elles rabattirent

FUTURE

je rabattrai	nous rabattrons
tu rabattras	vous rabattrez
il/elle rabattra	ils/elles rabattront

CONDITIONAL

je rabattrais	nous rabattrions
tu rabattrais	vous rabattriez
il/elle rabattrait	ils/elles rabattraient

PRESENT SUBJUNCTIVE

que je rabatte	que nous rabattions
que tu rabattes	que vous rabattiez
qu'il/elle rabatte	qu'ils/elles rabattent

IMPERFECT SUBJUNCTIVE

que je rabattisse	que nous rabattissions
que tu rabattisses	que vous rabattissiez
qu'il/elle rabattît	qu'ils/elles rabattissent

PASSÉ COMPOSÉ

j'ai rabattu	nous avons rabattu
tu as rabattu	vous avez rabattu
il/elle a rabattu	ils/elles ont rabattu

PLUPERFECT

j'avais rabattu	nous avions rabattu
tu avais rabattu	vous aviez rabattu
il/elle avait rabattu	ils/elles avaient rabattu

PAST ANTERIOR

j'eus rabattu	nous eûmes rabattu
tu eus rabattu	vous eûtes rabattu
il/elle eut rabattu	ils/elles eurent rabattu

FUTURE ANTERIOR

j'aurai rabattu	nous aurons rabattu
tu auras rabattu	vous aurez rabattu
il/elle aura rabattu	ils/elles auront rabattu

PAST CONDITIONAL

j'aurais rabattu	nous aurions rabattu
tu aurais rabattu	vous auriez rabattu
il/elle aurait rabattu	ils/elles auraient rabattu

PAST SUBJUNCTIVE

que j'aie rabattu	que nous ayons rabattu
que tu aies rabattu	que vous ayez rabattu
qu'il/elle ait rabattu	qu'ils/elles aient rabattu

PLUPERFECT SUBJUNCTIVE

que j'eusse rabattu	que nous eussions rabattu
que tu eusses rabattu	que vous eussiez rabattu
qu'il/elle eût rabattu	qu'ils/elles eussent rabattu

COMMANDS

	(nous) rabattons
(tu) rabats	(vous) rabattez

Usage

Je suis prêt à rabattre 15 pour cent du prix.	*I'm ready to come down 15 percent on the price.*
—Essaie de lui faire rabattre le prix.	*Try to get him to lower the price.*
—Je suis sûr qu'il ne rabattra pas un centime de la somme demandée.	*I'm sure he won't take a penny off his price.*
rabattre le caquet à qqn	*to take someone down a peg or two*
Il t'a certainement rabattu le caquet.	*He sure fixed you.*
La remarque du prof a rabattu son orgueil.	*The teacher's remark humbled him.*
À cause du froid j'ai rabattu ma casquette sur mes oreilles.	*Because of the cold I pulled my cap over my ears.*
rabattre un strapontin	*to pull down/open a folding seat*

raccrocher *to hang up, hang back up*

je raccroche · je raccrochai · raccroché · raccrochant   regular -er verb

PRESENT		PASSÉ COMPOSÉ	
je raccroche	nous raccrochons	j'ai raccroché	nous avons raccroché
tu raccroches	vous raccrochez	tu as raccroché	vous avez raccroché
il/elle raccroche	ils/elles raccrochent	il/elle a raccroché	ils/elles ont raccroché

IMPERFECT		PLUPERFECT	
je raccrochais	nous raccrochions	j'avais raccroché	nous avions raccroché
tu raccrochais	vous raccrochiez	tu avais raccroché	vous aviez raccroché
il/elle raccrochait	ils/elles raccrochaient	il/elle avait raccroché	ils/elles avaient raccroché

PASSÉ SIMPLE		PAST ANTERIOR	
je raccrochai	nous raccrochâmes	j'eus raccroché	nous eûmes raccroché
tu raccrochas	vous raccrochâtes	tu eus raccroché	vous eûtes raccroché
il/elle raccrocha	ils/elles raccrochèrent	il/elle eut raccroché	ils/elles eurent raccroché

FUTURE		FUTURE ANTERIOR	
je raccrocherai	nous raccrocherons	j'aurai raccroché	nous aurons raccroché
tu raccrocheras	vous raccrocherez	tu auras raccroché	vous aurez raccroché
il/elle raccrochera	ils/elles raccrocheront	il/elle aura raccroché	ils/elles auront raccroché

CONDITIONAL		PAST CONDITIONAL	
je raccrocherais	nous raccrocherions	j'aurais raccroché	nous aurions raccroché
tu raccrocherais	vous raccrocheriez	tu aurais raccroché	vous auriez raccroché
il/elle raccrocherait	ils/elles raccrocheraient	il/elle aurait raccroché	ils/elles auraient raccroché

PRESENT SUBJUNCTIVE		PAST SUBJUNCTIVE	
que je raccroche	que nous raccrochions	que j'aie raccroché	que nous ayons raccroché
que tu raccroches	que vous raccrochiez	que tu aies raccroché	que vous ayez raccroché
qu'il/elle raccroche	qu'ils/elles raccrochent	qu'il/elle ait raccroché	qu'ils/elles aient raccroché

IMPERFECT SUBJUNCTIVE		PLUPERFECT SUBJUNCTIVE	
que je raccrochasse	que nous raccrochassions	que j'eusse raccroché	que nous eussions raccroché
que tu raccrochasses	que vous raccrochassiez	que tu eusses raccroché	que vous eussiez raccroché
qu'il/elle raccrochât	qu'ils/elles raccrochassent	qu'il/elle eût raccroché	qu'ils/elles eussent raccroché

COMMANDS	
	(nous) raccrochons
(tu) raccroche	(vous) raccrochez

Usage

Ne raccrochez pas!	*Don't hang up!*
Quand elle a entendu sa voix au téléphone, elle a raccroché le combiné.	*When she heard his voice on the phone, she hung up.*
Il a dit quelque chose de grossier en raccrochant.	*He said something gross as he hung up.*
On ne sort pas? Bon, je vais raccrocher mon manteau.	*We're not going out? OK, I'll hang my coat back up.*
Le boxeur a raccroché ses gants.	*The boxer gave up boxing.*
se raccrocher à	*to cling to/hang on to*
Il s'est raccroché à la branche pour ne pas tomber.	*He grabbed onto the branch to keep from falling.*
Tu te raccroches à des idées farfelues.	*You cling to crazy ideas.*
Elle se raccroche à la doctrine de sa foi.	*She clings to the doctrine of her faith.*
Ce paragraphe se raccroche mal au texte qui le précède.	*This paragraph doesn't follow from the text before it.*

regular *-er* verb

je raconte · je racontai · raconté · racontant

PRESENT

je raconte	nous racontons
tu racontes	vous racontez
il/elle raconte	ils/elles racontent

IMPERFECT

je racontais	nous racontions
tu racontais	vous racontiez
il/elle racontait	ils/elles racontaient

PASSÉ SIMPLE

je racontai	nous racontâmes
tu racontas	vous racontâtes
il/elle raconta	ils/elles racontèrent

FUTURE

je raconterai	nous raconterons
tu raconteras	vous raconterez
il/elle racontera	ils/elles raconteront

CONDITIONAL

je raconterais	nous raconterions
tu raconterais	vous raconteriez
il/elle raconterait	ils/elles raconteraient

PRESENT SUBJUNCTIVE

que je raconte	que nous racontions
que tu racontes	que vous racontiez
qu'il/elle raconte	qu'ils/elles racontent

IMPERFECT SUBJUNCTIVE

que je racontasse	que nous racontassions
que tu racontasses	que vous racontassiez
qu'il/elle racontât	qu'ils/elles racontassent

COMMANDS

	(nous) racontons
(tu) raconte	(vous) racontez

PASSÉ COMPOSÉ

j'ai raconté	nous avons raconté
tu as raconté	vous avez raconté
il/elle a raconté	ils/elles ont raconté

PLUPERFECT

j'avais raconté	nous avions raconté
tu avais raconté	vous aviez raconté
il/elle avait raconté	ils/elles avaient raconté

PAST ANTERIOR

j'eus raconté	nous eûmes raconté
tu eus raconté	vous eûtes raconté
il/elle eut raconté	ils/elles eurent raconté

FUTURE ANTERIOR

j'aurai raconté	nous aurons raconté
tu auras raconté	vous aurez raconté
il/elle aura raconté	ils/elles auront raconté

PAST CONDITIONAL

j'aurais raconté	nous aurions raconté
tu aurais raconté	vous auriez raconté
il/elle aurait raconté	ils/elles auraient raconté

PAST SUBJUNCTIVE

que j'aie raconté	que nous ayons raconté
que tu aies raconté	que vous ayez raconté
qu'il/elle ait raconté	qu'ils/elles aient raconté

PLUPERFECT SUBJUNCTIVE

que j'eusse raconté	que nous eussions raconté
que tu eusses raconté	que vous eussiez raconté
qu'il/elle eût raconté	qu'ils/elles eussent raconté

Usage

Il nous a raconté l'histoire de sa vie.	*He told us the story of his life.*
—On raconte qu'on l'a mis à la porte.	*People say he's been fired.*
—Il m'a raconté ce qui s'est passé.	*He told me what happened.*
Tu racontes n'importe quoi, toi.	*You're talking nonsense.*
Qu'est-ce que tu racontes?	*Whatever are you talking about?*
Elle raconte des histoires.	*She's telling a tall story.*
Raconte-moi tout ce qui s'est passé.	*Tell me all that happened.*
C'est un incident qui ne se raconte pas devant les enfants.	*It's an incident you don't talk about in front of children.*

RELATED WORDS

le raconteur/la raconteuse	*storyteller*
racontable	*able to be told*
Cette blague n'est pas racontable.	*That joke can't be told in public.*
le racontar	*false piece of news*
Ce journal n'a que des racontars.	*This newspaper contains only lies.*

raffoler *to be crazy about*

je raffole · je raffolai · raffolé · raffolant

PRESENT

je raffole	nous raffolons
tu raffoles	vous raffolez
il/elle raffole	ils/elles raffolent

IMPERFECT

je raffolais	nous raffolions
tu raffolais	vous raffoliez
il/elle raffolait	ils/elles raffolaient

PASSÉ SIMPLE

je raffolai	nous raffolâmes
tu raffolas	vous raffolâtes
il/elle raffola	ils/elles raffolèrent

FUTURE

je raffolerai	nous raffolerons
tu raffoleras	vous raffolerez
il/elle raffolera	ils/elles raffoleront

CONDITIONAL

je raffolerais	nous raffolerions
tu raffolerais	vous raffoleriez
il/elle raffolerait	ils/elles raffoleraient

PRESENT SUBJUNCTIVE

que je raffole	que nous raffolions
que tu raffoles	que vous raffoliez
qu'il/elle raffole	qu'ils/elles raffolent

IMPERFECT SUBJUNCTIVE

que je raffolasse	que nous raffolassions
que tu raffolasses	que vous raffolassiez
qu'il/elle raffolât	qu'ils/elles raffolassent

PASSÉ COMPOSÉ

j'ai raffolé	nous avons raffolé
tu as raffolé	vous avez raffolé
il/elle a raffolé	ils/elles ont raffolé

PLUPERFECT

j'avais raffolé	nous avions raffolé
tu avais raffolé	vous aviez raffolé
il/elle avait raffolé	ils/elles avaient raffolé

PAST ANTERIOR

j'eus raffolé	nous eûmes raffolé
tu eus raffolé	vous eûtes raffolé
il/elle eut raffolé	ils/elles eurent raffolé

FUTURE ANTERIOR

j'aurai raffolé	nous aurons raffolé
tu auras raffolé	vous aurez raffolé
il/elle aura raffolé	ils/elles auront raffolé

PAST CONDITIONAL

j'aurais raffolé	nous aurions raffolé
tu aurais raffolé	vous auriez raffolé
il/elle aurait raffolé	ils/elles auraient raffolé

PAST SUBJUNCTIVE

que j'aie raffolé	que nous ayons raffolé
que tu aies raffolé	que vous ayez raffolé
qu'il/elle ait raffolé	qu'ils/elles aient raffolé

PLUPERFECT SUBJUNCTIVE

que j'eusse raffolé	que nous eussions raffolé
que tu eusses raffolé	que vous eussiez raffolé
qu'il/elle eût raffolé	qu'ils/elles eussent raffolé

COMMANDS

	(nous) raffolons
(tu) raffole	(vous) raffolez

Usage

Elle raffole des tartes au citron.	*She is crazy about lemon tarts.*
—Tu aimes le chocolat?	*Do you like chocolate?*
—J'en raffole.	*I'm crazy about it.*
Cet enfant raffole des jeux vidéo.	*This child goes wild over video games.*
Le public raffole de ce pianiste.	*The audience is crazy about this pianist.*

regular *-ir* verb   **je rafraîchis · je rafraîchis · rafraîchi · rafraîchissant**

PRESENT

je rafraîchis	nous rafraîchissons
tu rafraîchis	vous rafraîchissez
il/elle rafraîchit	ils/elles rafraîchissent

IMPERFECT

je rafraîchissais	nous rafraîchissions
tu rafraîchissais	vous rafraîchissiez
il/elle rafraîchissait	ils/elles rafraîchissaient

PASSÉ SIMPLE

je rafraîchis	nous rafraîchîmes
tu rafraîchis	vous rafraîchîtes
il/elle rafraîchit	ils/elles rafraîchirent

FUTURE

je rafraîchirai	nous rafraîchirons
tu rafraîchiras	vous rafraîchirez
il/elle rafraîchira	ils/elles rafraîchiront

CONDITIONAL

je rafraîchirais	nous rafraîchirions
tu rafraîchirais	vous rafraîchiriez
il/elle rafraîchirait	ils/elles rafraîchiraient

PRESENT SUBJUNCTIVE

que je rafraîchisse	que nous rafraîchissions
que tu rafraîchisses	que vous rafraîchissiez
qu'il/elle rafraîchisse	qu'ils/elles rafraîchissent

IMPERFECT SUBJUNCTIVE

que je rafraîchisse	que nous rafraîchissions
que tu rafraîchisses	que vous rafraîchissiez
qu'il/elle rafraîchît	qu'ils/elles rafraîchissent

PASSÉ COMPOSÉ

j'ai rafraîchi	nous avons rafraîchi
tu as rafraîchi	vous avez rafraîchi
il/elle a rafraîchi	ils/elles ont rafraîchi

PLUPERFECT

j'avais rafraîchi	nous avions rafraîchi
tu avais rafraîchi	vous aviez rafraîchi
il/elle avait rafraîchi	ils/elles avaient rafraîchi

PAST ANTERIOR

j'eus rafraîchi	nous eûmes rafraîchi
tu eus rafraîchi	vous eûtes rafraîchi
il/elle eut rafraîchi	ils/elles eurent rafraîchi

FUTURE ANTERIOR

j'aurai rafraîchi	nous aurons rafraîchi
tu auras rafraîchi	vous aurez rafraîchi
il/elle aura rafraîchi	ils/elles auront rafraîchi

PAST CONDITIONAL

j'aurais rafraîchi	nous aurions rafraîchi
tu aurais rafraîchi	vous auriez rafraîchi
il/elle aurait rafraîchi	ils/elles auraient rafraîchi

PAST SUBJUNCTIVE

que j'aie rafraîchi	que nous ayons rafraîchi
que tu aies rafraîchi	que vous ayez rafraîchi
qu'il/elle ait rafraîchi	qu'ils/elles aient rafraîchi

PLUPERFECT SUBJUNCTIVE

que j'eusse rafraîchi	que nous eussions rafraîchi
que tu eusses rafraîchi	que vous eussiez rafraîchi
qu'il/elle eût rafraîchi	qu'ils/elles eussent rafraîchi

COMMANDS

	(nous) rafraîchissons
(tu) rafraîchis	(vous) rafraîchissez

Usage

La brise rafraîchit.	*The breeze is cooling things off.*
Le vent a rafraîchi la température.	*The wind cooled off the temperature.*
Mets le vin à rafraîchir.	*Put the wine on to chill.*
Ce cours a rafraîchi mes connaissances en latin.	*This course helped me brush up my knowledge of Latin.*
rafraîchir la mémoire à qqn	*to refresh someone's memory*
Ce message m'a rafraîchi la mémoire.	*That message refreshed my memory.*
Il faut rafraîchir cette chambre.	*We have to brighten up this room.*

RELATED WORD

rafraîchissant(e)	*refreshing*
Cette boisson est rafraîchissante.	*This drink is refreshing.*

ralentir *to slow down*

je ralentis · je ralentis · ralenti · ralentissant

PRESENT

je ralentis	nous ralentissons
tu ralentis	vous ralentissez
il/elle ralentit	ils/elles ralentissent

IMPERFECT

je ralentissais	nous ralentissions
tu ralentissais	vous ralentissiez
il/elle ralentissait	ils/elles ralentissaient

PASSÉ SIMPLE

je ralentis	nous ralentîmes
tu ralentis	vous ralentîtes
il/elle ralentit	ils/elles ralentirent

FUTURE

je ralentirai	nous ralentirons
tu ralentiras	vous ralentirez
il/elle ralentira	ils/elles ralentiront

CONDITIONAL

je ralentirais	nous ralentirions
tu ralentirais	vous ralentiriez
il/elle ralentirait	ils/elles ralentiraient

PRESENT SUBJUNCTIVE

que je ralentisse	que nous ralentissions
que tu ralentisses	que vous ralentissiez
qu'il/elle ralentisse	qu'ils/elles ralentissent

IMPERFECT SUBJUNCTIVE

que je ralentisse	que nous ralentissions
que tu ralentisses	que vous ralentissiez
qu'il/elle ralentît	qu'ils/elles ralentissent

PASSÉ COMPOSÉ

j'ai ralenti	nous avons ralenti
tu as ralenti	vous avez ralenti
il/elle a ralenti	ils/elles ont ralenti

PLUPERFECT

j'avais ralenti	nous avions ralenti
tu avais ralenti	vous aviez ralenti
il/elle avait ralenti	ils/elles avaient ralenti

PAST ANTERIOR

j'eus ralenti	nous eûmes ralenti
tu eus ralenti	vous eûtes ralenti
il/elle eut ralenti	ils/elles eurent ralenti

FUTURE ANTERIOR

j'aurai ralenti	nous aurons ralenti
tu auras ralenti	vous aurez ralenti
il/elle aura ralenti	ils/elles auront ralenti

PAST CONDITIONAL

j'aurais ralenti	nous aurions ralenti
tu aurais ralenti	vous auriez ralenti
il/elle aurait ralenti	ils/elles auraient ralenti

PAST SUBJUNCTIVE

que j'aie ralenti	que nous ayons ralenti
que tu aies ralenti	que vous ayez ralenti
qu'il/elle ait ralenti	qu'ils/elles aient ralenti

PLUPERFECT SUBJUNCTIVE

que j'eusse ralenti	que nous eussions ralenti
que tu eusses ralenti	que vous eussiez ralenti
qu'il/elle eût ralenti	qu'ils/elles eussent ralenti

COMMANDS

	(nous) ralentissons
(tu) ralentis	(vous) ralentissez

Usage

La voiture a ralenti.	*The car slowed down.*
Le train a ralenti en s'approchant de la gare.	*The train slowed down as it approached the station.*
Ralentissez! Vous conduisez trop vite!	*Slow down! You're driving too fast.*
Notre armée a ralenti l'avance de l'ennemi.	*Our army slowed the enemy's advance.*
J'ai ralenti ma marche.	*I began to walk slower.*
se ralentir	*to slow up/slacken*
L'économie s'est ralentie.	*The economy slowed.*

RELATED WORD

le ralenti	*slow motion*
une scène au ralenti	*a scene in slow motion*
Les affaires marchent au ralenti.	*Business is in a slump.*

regular -er verb;
spelling change: *g > ge/a, o*

je rallonge · je rallongeai · rallongé · rallongeant

PRESENT

je rallonge	nous rallongeons
tu rallonges	vous rallongez
il/elle rallonge	ils/elles rallongent

IMPERFECT

je rallongeais	nous rallongions
tu rallongeais	vous rallongiez
il/elle rallongeait	ils/elles rallongeaient

PASSÉ SIMPLE

je rallongeai	nous rallongeâmes
tu rallongeas	vous rallongeâtes
il/elle rallongea	ils/elles rallongèrent

FUTURE

je rallongerai	nous rallongerons
tu rallongeras	vous rallongerez
il/elle rallongera	ils/elles rallongeront

CONDITIONAL

je rallongerais	nous rallongerions
tu rallongerais	vous rallongeriez
il/elle rallongerait	ils/elles rallongeraient

PRESENT SUBJUNCTIVE

que je rallonge	que nous rallongions
que tu rallonges	que vous rallongiez
qu'il/elle rallonge	qu'ils/elles rallongent

IMPERFECT SUBJUNCTIVE

que je rallongeasse	que nous rallongeassions
que tu rallongeasses	que vous rallongeassiez
qu'il/elle rallongeât	qu'ils/elles rallongeassent

COMMANDS

	(nous) rallongeons
(tu) rallonge	(vous) rallongez

PASSÉ COMPOSÉ

j'ai rallongé	nous avons rallongé
tu as rallongé	vous avez rallongé
il/elle a rallongé	ils/elles ont rallongé

PLUPERFECT

j'avais rallongé	nous avions rallongé
tu avais rallongé	vous aviez rallongé
il/elle avait rallongé	ils/elles avaient rallongé

PAST ANTERIOR

j'eus rallongé	nous eûmes rallongé
tu eus rallongé	vous eûtes rallongé
il/elle eut rallongé	ils/elles eurent rallongé

FUTURE ANTERIOR

j'aurai rallongé	nous aurons rallongé
tu auras rallongé	vous aurez rallongé
il/elle aura rallongé	ils/elles auront rallongé

PAST CONDITIONAL

j'aurais rallongé	nous aurions rallongé
tu aurais rallongé	vous auriez rallongé
il/elle aurait rallongé	ils/elles auraient rallongé

PAST SUBJUNCTIVE

que j'aie rallongé	que nous ayons rallongé
que tu aies rallongé	que vous ayez rallongé
qu'il/elle ait rallongé	qu'ils/elles aient rallongé

PLUPERFECT SUBJUNCTIVE

que j'eusse rallongé	que nous eussions rallongé
que tu eusses rallongé	que vous eussiez rallongé
qu'il/elle eût rallongé	qu'ils/elles eussent rallongé

Usage

Il faut rallonger les manches de cette robe.	*We have to lengthen the sleeves on that dress.*
Elle a rallongé sa robe.	*She let down the hem of her dress.*
Je voudrais bien rallonger mon séjour.	*I'd like to extend my time here.*
Nous avons pu rallonger nos vacances.	*We were able to extend our vacation.*

RELATED WORDS

la rallonge	*leaf of a table/extension cord/extension of time*
On sera douze pour dîner. Il faut mettre la rallonge.	*We're twelve for dinner. We'd better put a leaf in the table.*
Le prof m'a donné une rallonge d'une semaine.	*The teacher gave me a week's extension.*
La prise est trop loin de la lampe. Il faut ajouter une rallonge.	*The outlet is too far from the lamp. We have to add an extension cord.*

ramasser   *to pick up*

je ramasse · je ramassai · ramassé · ramassant   regular *-er* verb

PRESENT

je ramasse	nous ramassons
tu ramasses	vous ramassez
il/elle ramasse	ils/elles ramassent

IMPERFECT

je ramassais	nous ramassions
tu ramassais	vous ramassiez
il/elle ramassait	ils/elles ramassaient

PASSÉ SIMPLE

je ramassai	nous ramassâmes
tu ramassas	vous ramassâtes
il/elle ramassa	ils/elles ramassèrent

FUTURE

je ramasserai	nous ramasserons
tu ramasseras	vous ramasserez
il/elle ramassera	ils/elles ramasseront

CONDITIONAL

je ramasserais	nous ramasserions
tu ramasserais	vous ramasseriez
il/elle ramasserait	ils/elles ramasseraient

PRESENT SUBJUNCTIVE

que je ramasse	que nous ramassions
que tu ramasses	que vous ramassiez
qu'il/elle ramasse	qu'ils/elles ramassent

IMPERFECT SUBJUNCTIVE

que je ramassasse	que nous ramassassions
que tu ramassasses	que vous ramassassiez
qu'il/elle ramassât	qu'ils/elles ramassassent

PASSÉ COMPOSÉ

j'ai ramassé	nous avons ramassé
tu as ramassé	vous avez ramassé
il/elle a ramassé	ils/elles ont ramassé

PLUPERFECT

j'avais ramassé	nous avions ramassé
tu avais ramassé	vous aviez ramassé
il/elle avait ramassé	ils/elles avaient ramassé

PAST ANTERIOR

j'eus ramassé	nous eûmes ramassé
tu eus ramassé	vous eûtes ramassé
il/elle eut ramassé	ils/elles eurent ramassé

FUTURE ANTERIOR

j'aurai ramassé	nous aurons ramassé
tu auras ramassé	vous aurez ramassé
il/elle aura ramassé	ils/elles auront ramassé

PAST CONDITIONAL

j'aurais ramassé	nous aurions ramassé
tu aurais ramassé	vous auriez ramassé
il/elle aurait ramassé	ils/elles auraient ramassé

PAST SUBJUNCTIVE

que j'aie ramassé	que nous ayons ramassé
que tu aies ramassé	que vous ayez ramassé
qu'il/elle ait ramassé	qu'ils/elles aient ramassé

PLUPERFECT SUBJUNCTIVE

que j'eusse ramassé	que nous eussions ramassé
que tu eusses ramassé	que vous eussiez ramassé
qu'il/elle eût ramassé	qu'ils/elles eussent ramassé

COMMANDS

	(nous) ramassons
(tu) ramasse	(vous) ramassez

Usage

ramasser les papiers par terre	*to pick up the papers on the floor*
ramasser les ordures	*to collect the garbage*
ramasser du bois pour le feu	*to collect wood for the fire*
Il l'a ramassée dans le ruisseau.	*He picked her up from the gutter.*
La police l'a ramassé.	*The police picked him up.*
On a ramassé mille euros d'amende.	*We got a thousand-euro fine.*
ramasser une bûche/ramasser une pelle	*to fall flat on one's face*
se ramasser	*to pick oneself up*
L'enfant est tombé et a pu se ramasser.	*The child fell and was able to pick himself up.*

RELATED WORD

le ramassage	*collection*
le ramassage scolaire	*school bus service*
le point de ramassage	*pick-up location*

je ramène · je ramenai · ramené · ramenant   -er verb; spelling change: é > è/mute e

PRESENT

je ramène	nous ramenons
tu ramènes	vous ramenez
il/elle ramène	ils/elles ramènent

IMPERFECT

je ramenais	nous ramenions
tu ramenais	vous rameniez
il/elle ramenait	ils/elles ramenaient

PASSÉ SIMPLE

je ramenai	nous ramenâmes
tu ramenas	vous ramenâtes
il/elle ramena	ils/elles ramenèrent

FUTURE

je ramènerai	nous ramènerons
tu ramèneras	vous ramènerez
il/elle ramènera	ils/elles ramèneront

CONDITIONAL

je ramènerais	nous ramènerions
tu ramènerais	vous ramèneriez
il/elle ramènerait	ils/elles ramèneraient

PRESENT SUBJUNCTIVE

que je ramène	que nous ramenions
que tu ramènes	que vous rameniez
qu'il/elle ramène	qu'ils/elles ramènent

IMPERFECT SUBJUNCTIVE

que je ramenasse	que nous ramenassions
que tu ramenasses	que vous ramenassiez
qu'il/elle ramenât	qu'ils/elles ramenassent

COMMANDS

	(nous) ramenons
(tu) ramène	(vous) ramenez

PASSÉ COMPOSÉ

j'ai ramené	nous avons ramené
tu as ramené	vous avez ramené
il/elle a ramené	ils/elles ont ramené

PLUPERFECT

j'avais ramené	nous avions ramené
tu avais ramené	vous aviez ramené
il/elle avait ramené	ils/elles avaient ramené

PAST ANTERIOR

j'eus ramené	nous eûmes ramené
tu eus ramené	vous eûtes ramené
il/elle eut ramené	ils/elles eurent ramené

FUTURE ANTERIOR

j'aurai ramené	nous aurons ramené
tu auras ramené	vous aurez ramené
il/elle aura ramené	ils/elles auront ramené

PAST CONDITIONAL

j'aurais ramené	nous aurions ramené
tu aurais ramené	vous auriez ramené
il/elle aurait ramené	ils/elles auraient ramené

PAST SUBJUNCTIVE

que j'aie ramené	que nous ayons ramené
que tu aies ramené	que vous ayez ramené
qu'il/elle ait ramené	qu'ils/elles aient ramené

PLUPERFECT SUBJUNCTIVE

que j'eusse ramené	que nous eussions ramené
que tu eusses ramené	que vous eussiez ramené
qu'il/elle eût ramené	qu'ils/elles eussent ramené

Usage

Tu peux me ramener en voiture?	_Can you drive me home?_
Il faudra ramener tous les candidats la semaine prochaine.	_We'll have to bring back all the candidates next week._
Il faut que je ramène l'enfant chez le médecin.	_I have to take the child back to the doctor._
Comment le ramener à la raison?	_How can we bring him back to his senses?_
J'ai ramené la conversation sur ce sujet.	_I brought the conversation back to this subject._
Sa paie se ramène à peu de chose.	_His salary doesn't amount to much._
Quand est-ce que tu vas ramener mon vélo?	_When are you going to bring back my bicycle?_
On peut ramener toutes ces idées à une seule.	_We can reduce all these ideas to a single one._

ranger   *to straighten up, put away*

je range · je rangeai · rangé · rangeant   regular -er verb; spelling change: *g > ge/a, o*

PRESENT

je range	nous rangeons
tu ranges	vous rangez
il/elle range	ils/elles rangent

PASSÉ COMPOSÉ

j'ai rangé	nous avons rangé
tu as rangé	vous avez rangé
il/elle a rangé	ils/elles ont rangé

IMPERFECT

je rangeais	nous rangions
tu rangeais	vous rangiez
il/elle rangeait	ils/elles rangeaient

PLUPERFECT

j'avais rangé	nous avions rangé
tu avais rangé	vous aviez rangé
il/elle avait rangé	ils/elles avaient rangé

PASSÉ SIMPLE

je rangeai	nous rangeâmes
tu rangeas	vous rangeâtes
il/elle rangea	ils/elles rangèrent

PAST ANTERIOR

j'eus rangé	nous eûmes rangé
tu eus rangé	vous eûtes rangé
il/elle eut rangé	ils/elles eurent rangé

FUTURE

je rangerai	nous rangerons
tu rangeras	vous rangerez
il/elle rangera	ils/elles rangeront

FUTURE ANTERIOR

j'aurai rangé	nous aurons rangé
tu auras rangé	vous aurez rangé
il/elle aura rangé	ils/elles auront rangé

CONDITIONAL

je rangerais	nous rangerions
tu rangerais	vous rangeriez
il/elle rangerait	ils/elles rangeraient

PAST CONDITIONAL

j'aurais rangé	nous aurions rangé
tu aurais rangé	vous auriez rangé
il/elle aurait rangé	ils/elles auraient rangé

PRESENT SUBJUNCTIVE

que je range	que nous rangions
que tu ranges	que vous rangiez
qu'il/elle range	qu'ils/elles rangent

PAST SUBJUNCTIVE

que j'aie rangé	que nous ayons rangé
que tu aies rangé	que vous ayez rangé
qu'il/elle ait rangé	qu'ils/elles aient rangé

IMPERFECT SUBJUNCTIVE

que je rangeasse	que nous rangeassions
que tu rangeasses	que vous rangeassiez
qu'il/elle rangeât	qu'ils/elles rangeassent

PLUPERFECT SUBJUNCTIVE

que j'eusse rangé	que nous eussions rangé
que tu eusses rangé	que vous eussiez rangé
qu'il/elle eût rangé	qu'ils/elles eussent rangé

COMMANDS

	(nous) rangeons
(tu) range	(vous) rangez

Usage

Il faut que tu ranges ta chambre.	*You must straighten up your room.*
J'ai acheté des étagères pour ranger mes livres.	*I bought some bookshelves to organize my books.*
Range tes affaires avant de sortir.	*Put your things away before going out.*
Elle est bien rangée, ta maison.	*Your house is really neat and tidy.*
Rangez ces dossiers par ordre alphabétique.	*Put these files in alphabetical order.*
se ranger	*to settle down/straighten out/agree with*
Il s'est rangé après son mariage.	*He settled down after he got married.*
Tout le monde s'est rangé de mon côté.	*Everyone sided with me.*

-er verb; spelling change: *l* > *ll*/mute e   **je rappelle · je rappelai · rappelé · rappelant**

PRESENT

je rappelle	nous rappelons
tu rappelles	vous rappelez
il/elle rappelle	ils/elles rappellent

IMPERFECT

je rappelais	nous rappelions
tu rappelais	vous rappeliez
il/elle rappelait	ils/elles rappelaient

PASSÉ SIMPLE

je rappelai	nous rappelâmes
tu rappelas	vous rappelâtes
il/elle rappela	ils/elles rappelèrent

FUTURE

je rappellerai	nous rappellerons
tu rappelleras	vous rappellerez
il/elle rappellera	ils/elles rappelleront

CONDITIONAL

je rappellerais	nous rappellerions
tu rappellerais	vous rappelleriez
il/elle rappellerait	ils/elles rappelleraient

PRESENT SUBJUNCTIVE

que je rappelle	que nous rappelions
que tu rappelles	que vous rappeliez
qu'il/elle rappelle	qu'ils/elles rappellent

IMPERFECT SUBJUNCTIVE

que je rappelasse	que nous rappelassions
que tu rappelasses	que vous rappelassiez
qu'il/elle rappelât	qu'ils/elles rappelassent

PASSÉ COMPOSÉ

j'ai rappelé	nous avons rappelé
tu as rappelé	vous avez rappelé
il/elle a rappelé	ils/elles ont rappelé

PLUPERFECT

j'avais rappelé	nous avions rappelé
tu avais rappelé	vous aviez rappelé
il/elle avait rappelé	ils/elles avaient rappelé

PAST ANTERIOR

j'eus rappelé	nous eûmes rappelé
tu eus rappelé	vous eûtes rappelé
il/elle eut rappelé	ils/elles eurent rappelé

FUTURE ANTERIOR

j'aurai rappelé	nous aurons rappelé
tu auras rappelé	vous aurez rappelé
il/elle aura rappelé	ils/elles auront rappelé

PAST CONDITIONAL

j'aurais rappelé	nous aurions rappelé
tu aurais rappelé	vous auriez rappelé
il/elle aurait rappelé	ils/elles auraient rappelé

PAST SUBJUNCTIVE

que j'aie rappelé	que nous ayons rappelé
que tu aies rappelé	que vous ayez rappelé
qu'il/elle ait rappelé	qu'ils/elles aient rappelé

PLUPERFECT SUBJUNCTIVE

que j'eusse rappelé	que nous eussions rappelé
que tu eusses rappelé	que vous eussiez rappelé
qu'il/elle eût rappelé	qu'ils/elles eussent rappelé

COMMANDS

	(nous) rappelons
(tu) rappelle	(vous) rappelez

Usage

On m'a rappelé pendant que je descendais l'escalier.	*I was called back as I was going down the stairs.*
Je te rappellerai demain matin.	*I'll call you back tomorrow morning.*
Je lui ai laissé plusieurs messages, mais il ne m'a pas rappelé.	*I left him several messages, but he hasn't called me back.*
On a rappelé plusieurs fois la chanteuse.	*The singer had several curtain calls.*
Rappelez-moi au bon souvenir de vos parents.	*Remember me to your parents.*
Ce bâtiment me rappelle mon lycée.	*This building reminds me of my high school.*
La France a rappelé son ambassadeur.	*France recalled her ambassador.*
Ça ne me rappelle rien.	*This doesn't remind me of anything.*
Dieu l'a rappelée.	*She departed this life./God called her back.* (formal euphemism)

RELATED WORD

le rappel	*recall/calling back*
le rappel de l'ambassadeur	*the recalling of the ambassador*

**je me rappelle · je me rappelai ·
s'étant rappelé · se rappelant**

-er reflexive verb; spelling change:
l > ll/mute e; compound tenses with *être*

PRESENT

je me rappelle	nous nous rappelons
tu te rappelles	vous vous rappelez
il/elle se rappelle	ils/elles se rappellent

IMPERFECT

je me rappelais	nous nous rappelions
tu te rappelais	vous vous rappeliez
il/elle se rappelait	ils/elles se rappelaient

PASSÉ SIMPLE

je me rappelai	nous nous rappelâmes
tu te rappelas	vous vous rappelâtes
il/elle se rappela	ils/elles se rappelèrent

FUTURE

je me rappellerai	nous nous rappellerons
tu te rappelleras	vous vous rappellerez
il/elle se rappellera	ils/elles se rappelleront

CONDITIONAL

je me rappellerais	nous nous rappellerions
tu te rappellerais	vous vous rappelleriez
il/elle se rappellerait	ils/elles se rappelleraient

PRESENT SUBJUNCTIVE

que je me rappelle	que nous nous rappelions
que tu te rappelles	que vous vous rappeliez
qu'il/elle se rappelle	qu'ils/elles se rappellent

IMPERFECT SUBJUNCTIVE

que je me rappelasse	que nous nous rappelassions
que tu te rappelasses	que vous vous rappelassiez
qu'il/elle se rappelât	qu'ils/elles se rappelassent

COMMANDS

	(nous) rappelons-nous
(tu) rappelle-toi	(vous) rappelez-vous

PASSÉ COMPOSÉ

je me suis rappelé(e)	nous nous sommes rappelé(e)s
tu t'es rappelé(e)	vous vous êtes rappelé(e)(s)
il/elle s'est rappelé(e)	ils/elles se sont rappelé(e)s

PLUPERFECT

je m'étais rappelé(e)	nous nous étions rappelé(e)s
tu t'étais rappelé(e)	vous vous étiez rappelé(e)(s)
il/elle s'était rappelé(e)	ils/elles s'étaient rappelé(e)s

PAST ANTERIOR

je me fus rappelé(e)	nous nous fûmes rappelé(e)s
tu te fus rappelé(e)	vous vous fûtes rappelé(e)(s)
il/elle se fut rappelé(e)	ils/elles se furent rappelé(e)s

FUTURE ANTERIOR

je me serai rappelé(e)	nous nous serons rappelé(e)s
tu te seras rappelé(e)	vous vous serez rappelé(e)(s)
il/elle se sera rappelé(e)	ils/elles se seront rappelé(e)s

PAST CONDITIONAL

je me serais rappelé(e)	nous nous serions rappelé(e)s
tu te serais rappelé(e)	vous vous seriez rappelé(e)(s)
il/elle se serait rappelé(e)	ils/elles se seraient rappelé(e)s

PAST SUBJUNCTIVE

que je me sois rappelé(e)	que nous nous soyons rappelé(e)s
que tu te sois rappelé(e)	que vous vous soyez rappelé(e)(s)
qu'il/elle se soit rappelé(e)	qu'ils/elles se soient rappelé(e)s

PLUPERFECT SUBJUNCTIVE

que je me fusse rappelé(e)	que nous nous fussions rappelé(e)s
que tu te fusses rappelé(e)	que vous vous fussiez rappelé(e)(s)
qu'il/elle se fût rappelé(e)	qu'ils/elles se fussent rappelé(e)s

Usage

Excusez-moi, mais je ne me rappelle pas votre nom.	*Forgive me, but I don't remember your name.*
Rappelez-vous que vous avez rendez-vous.	*Remember that you have an appointment.*
Permettez-moi de me rappeler à votre bon souvenir.	*My best regards to you.* (formal)
Je ne me rappelle plus rien.	*I can't remember anything anymore.*
Je ne me rappelle pas cette histoire.	*I don't remember that story.*
Je me rappelle vous avoir parlé.	*I remember having spoken with you.*
Il s'est rappelé que c'est aujourd'hui votre anniversaire.	*He remembered today is your birthday.*
Tu te rappelles notre première conversation?	*Do you remember our first conversation?*

irregular verb; spelling change: *c > ç/o, u*

je reçois · je reçus · reçu · recevant

PRESENT

je reçois	nous recevons
tu reçois	vous recevez
il/elle reçoit	ils/elles reçoivent

IMPERFECT

je recevais	nous recevions
tu recevais	vous receviez
il/elle recevait	ils/elles recevaient

PASSÉ SIMPLE

je reçus	nous reçûmes
tu reçus	vous reçûtes
il/elle reçut	ils/elles reçurent

FUTURE

je recevrai	nous recevrons
tu recevras	vous recevrez
il/elle recevra	ils/elles recevront

CONDITIONAL

je recevrais	nous recevrions
tu recevrais	vous recevriez
il/elle recevrait	ils/elles recevraient

PRESENT SUBJUNCTIVE

que je reçoive	que nous recevions
que tu reçoives	que vous receviez
qu'il/elle reçoive	qu'ils/elles reçoivent

IMPERFECT SUBJUNCTIVE

que je reçusse	que nous reçussions
que tu reçusses	que vous reçussiez
qu'il/elle reçût	qu'ils/elles reçussent

PASSÉ COMPOSÉ

j'ai reçu	nous avons reçu
tu as reçu	vous avez reçu
il/elle a reçu	ils/elles ont reçu

PLUPERFECT

j'avais reçu	nous avions reçu
tu avais reçu	vous aviez reçu
il/elle avait reçu	ils/elles avaient reçu

PAST ANTERIOR

j'eus reçu	nous eûmes reçu
tu eus reçu	vous eûtes reçu
il/elle eut reçu	ils/elles eurent reçu

FUTURE ANTERIOR

j'aurai reçu	nous aurons reçu
tu auras reçu	vous aurez reçu
il/elle aura reçu	ils/elles auront reçu

PAST CONDITIONAL

j'aurais reçu	nous aurions reçu
tu aurais reçu	vous auriez reçu
il/elle aurait reçu	ils/elles auraient reçu

PAST SUBJUNCTIVE

que j'aie reçu	que nous ayons reçu
que tu aies reçu	que vous ayez reçu
qu'il/elle ait reçu	qu'ils/elles aient reçu

PLUPERFECT SUBJUNCTIVE

que j'eusse reçu	que nous eussions reçu
que tu eusses reçu	que vous eussiez reçu
qu'il/elle eût reçu	qu'ils/elles eussent reçu

COMMANDS

	(nous) recevons
(tu) reçois	(vous) recevez

Usage

J'ai reçu une lettre aujourd'hui.	*I got a letter today.*
Qu'est-ce que tu as reçu pour ton anniversaire?	*What did you get for your birthday?*
Le PDG reçoit aujourd'hui.	*The CEO is in his office today.*
—Nous recevons du monde dimanche.	*We're having people over on Sunday.*
—Vous recevez beaucoup?	*Do you often have company?*
On est toujours bien reçu chez lui.	*He's a wonderful host.*
Cet auteur a reçu un prix pour son livre.	*This author received a prize for his book.*
Il a reçu des coups dans la bagarre.	*He got hit in the brawl.*
Qu'est-ce qu'il a reçu!	*Did he get beaten up!*
Ce médecin ne reçoit que sur rendez-vous.	*This doctor sees patients only by appointment.*
Je veux que ma fille reçoive de très bonnes notes au lycée.	*I want my daughter to get very good grades in (high) school.*

reconnaître *to recognize*

je reconnais · je reconnus · reconnu · reconnaissant   irregular verb

PRESENT		PASSÉ COMPOSÉ	
je reconnais	nous reconnaissons	j'ai reconnu	nous avons reconnu
tu reconnais	vous reconnaissez	tu as reconnu	vous avez reconnu
il/elle reconnaît	ils/elles reconnaissent	il/elle a reconnu	ils/elles ont reconnu

IMPERFECT		PLUPERFECT	
je reconnaissais	nous reconnaissions	j'avais reconnu	nous avions reconnu
tu reconnaissais	vous reconnaissiez	tu avais reconnu	vous aviez reconnu
il/elle reconnaissait	ils/elles reconnaissaient	il/elle avait reconnu	ils/elles avaient reconnu

PASSÉ SIMPLE		PAST ANTERIOR	
je reconnus	nous reconnûmes	j'eus reconnu	nous eûmes reconnu
tu reconnus	vous reconnûtes	tu eus reconnu	vous eûtes reconnu
il/elle reconnut	ils/elles reconnurent	il/elle eut reconnu	ils/elles eurent reconnu

FUTURE		FUTURE ANTERIOR	
je reconnaîtrai	nous reconnaîtrons	j'aurai reconnu	nous aurons reconnu
tu reconnaîtras	vous reconnaîtrez	tu auras reconnu	vous aurez reconnu
il/elle reconnaîtra	ils/elles reconnaîtront	il/elle aura reconnu	ils/elles auront reconnu

CONDITIONAL		PAST CONDITIONAL	
je reconnaîtrais	nous reconnaîtrions	j'aurais reconnu	nous aurions reconnu
tu reconnaîtrais	vous reconnaîtriez	tu aurais reconnu	vous auriez reconnu
il/elle reconnaîtrait	ils/elles reconnaîtraient	il/elle aurait reconnu	ils/elles auraient reconnu

PRESENT SUBJUNCTIVE		PAST SUBJUNCTIVE	
que je reconnaisse	que nous reconnaissions	que j'aie reconnu	que nous ayons reconnu
que tu reconnaisses	que vous reconnaissiez	que tu aies reconnu	que vous ayez reconnu
qu'il/elle reconnaisse	qu'ils/elles reconnaissent	qu'il/elle ait reconnu	qu'ils/elles aient reconnu

IMPERFECT SUBJUNCTIVE		PLUPERFECT SUBJUNCTIVE	
que je reconnusse	que nous reconnussions	que j'eusse reconnu	que nous eussions reconnu
que tu reconnusses	que vous reconnussiez	que tu eusses reconnu	que vous eussiez reconnu
qu'il/elle reconnût	qu'ils/elles reconnussent	qu'il/elle eût reconnu	qu'ils/elles eussent reconnu

COMMANDS	
	(nous) reconnaissons
(tu) reconnais	(vous) reconnaissez

Usage

Je reconnais sa voix.	*I recognize his/her voice.*
Je te reconnaîtrais entre mille.	*I'd recognize you anywhere.*
Je ne le reconnais plus.	*I don't know him anymore.*
On la reconnaît bien là.	*That's just like her.*
Le cambrioleur est venu reconnaître les lieux.	*The burglar came to case the place.*
Il faut reconnaître qu'elle avait raison.	*You must admit she was right.*
Je ne les aurais jamais reconnus.	*I would never have recognized them.*

RELATED WORD

la reconnaissance	*gratitude*

PROVERB

On reconnaît l'arbre à ses fruits.	*By their fruits you shall know them.*

PRESENT

je recueille	nous recueillons
tu recueilles	vous recueillez
il/elle recueille	ils/elles recueillent

IMPERFECT

je recueillais	nous recueillions
tu recueillais	vous recueilliez
il/elle recueillait	ils/elles recueillaient

PASSÉ SIMPLE

je recueillis	nous recueillîmes
tu recueillis	vous recueillîtes
il/elle recueillit	ils/elles recueillirent

FUTURE

je recueillerai	nous recueillerons
tu recueilleras	vous recueillerez
il/elle recueillera	ils/elles recueilleront

CONDITIONAL

je recueillerais	nous recueillerions
tu recueillerais	vous recueilleriez
il/elle recueillerait	ils/elles recueilleraient

PRESENT SUBJUNCTIVE

que je recueille	que nous recueillions
que tu recueilles	que vous recueilliez
qu'il/elle recueille	qu'ils/elles recueillent

IMPERFECT SUBJUNCTIVE

que je recueillisse	que nous recueillissions
que tu recueillisses	que vous recueillissiez
qu'il/elle recueillît	qu'ils/elles recueillissent

PASSÉ COMPOSÉ

j'ai recueilli	nous avons recueilli
tu as recueilli	vous avez recueilli
il/elle a recueilli	ils/elles ont recueilli

PLUPERFECT

j'avais recueilli	nous avions recueilli
tu avais recueilli	vous aviez recueilli
il/elle avait recueilli	ils/elles avaient recueilli

PAST ANTERIOR

j'eus recueilli	nous eûmes recueilli
tu eus recueilli	vous eûtes recueilli
il/elle eut recueilli	ils/elles eurent recueilli

FUTURE ANTERIOR

j'aurai recueilli	nous aurons recueilli
tu auras recueilli	vous aurez recueilli
il/elle aura recueilli	ils/elles auront recueilli

PAST CONDITIONAL

j'aurais recueilli	nous aurions recueilli
tu aurais recueilli	vous auriez recueilli
il/elle aurait recueilli	ils/elles auraient recueilli

PAST SUBJUNCTIVE

que j'aie recueilli	que nous ayons recueilli
que tu aies recueilli	que vous ayez recueilli
qu'il/elle ait recueilli	qu'ils/elles aient recueilli

PLUPERFECT SUBJUNCTIVE

que j'eusse recueilli	que nous eussions recueilli
que tu eusses recueilli	que vous eussiez recueilli
qu'il/elle eût recueilli	qu'ils/elles eussent recueilli

COMMANDS

	(nous) recueillons
(tu) recueille	(vous) recueillez

Usage

Ils ont recueilli mille euros pour les sinistrés.	*They collected a thousand euros for the disaster victims.*
L'avocat a recueilli tous les documents.	*The lawyer assembled all the documents.*
Notre candidat n'a pas recueilli assez de voix.	*Our candidate did not receive enough votes.*
Quand recueillerons-nous le fruit de nos efforts?	*When will we receive the fruits of our labors?*
recueillir les suffrages	*to collect the ballots/get the votes*
Ce projet de loi n'a recueilli aucune voix.	*This bill didn't get a single vote.*

RELATED WORD

le recueil	*anthology/collection*
un recueil d'essais	*a collection of essays*

reculer   *to move, step backwards*

je recule · je reculai · reculé · reculant

PRESENT

je recule	nous reculons
tu recules	vous reculez
il/elle recule	ils/elles reculent

IMPERFECT

je reculais	nous reculions
tu reculais	vous reculiez
il/elle reculait	ils/elles reculaient

PASSÉ SIMPLE

je reculai	nous reculâmes
tu reculas	vous reculâtes
il/elle recula	ils/elles reculèrent

FUTURE

je reculerai	nous reculerons
tu reculeras	vous reculerez
il/elle reculera	ils/elles reculeront

CONDITIONAL

je reculerais	nous reculerions
tu reculerais	vous reculeriez
il/elle reculerait	ils/elles reculeraient

PRESENT SUBJUNCTIVE

que je recule	que nous reculions
que tu recules	que vous reculiez
qu'il/elle recule	qu'ils/elles reculent

IMPERFECT SUBJUNCTIVE

que je reculasse	que nous reculassions
que tu reculasses	que vous reculassiez
qu'il/elle reculât	qu'ils/elles reculassent

COMMANDS

	(nous) reculons
(tu) recule	(vous) reculez

PASSÉ COMPOSÉ

j'ai reculé	nous avons reculé
tu as reculé	vous avez reculé
il/elle a reculé	ils/elles ont reculé

PLUPERFECT

j'avais reculé	nous avions reculé
tu avais reculé	vous aviez reculé
il/elle avait reculé	ils/elles avaient reculé

PAST ANTERIOR

j'eus reculé	nous eûmes reculé
tu eus reculé	vous eûtes reculé
il/elle eut reculé	ils/elles eurent reculé

FUTURE ANTERIOR

j'aurai reculé	nous aurons reculé
tu auras reculé	vous aurez reculé
il/elle aura reculé	ils/elles auront reculé

PAST CONDITIONAL

j'aurais reculé	nous aurions reculé
tu aurais reculé	vous auriez reculé
il/elle aurait reculé	ils/elles auraient reculé

PAST SUBJUNCTIVE

que j'aie reculé	que nous ayons reculé
que tu aies reculé	que vous ayez reculé
qu'il/elle ait reculé	qu'ils/elles aient reculé

PLUPERFECT SUBJUNCTIVE

que j'eusse reculé	que nous eussions reculé
que tu eusses reculé	que vous eussiez reculé
qu'il/elle eût reculé	qu'ils/elles eussent reculé

Usage

L'ennemi a reculé devant notre armée.	*The enemy withdrew before our army.*
J'ai reculé d'un pas.	*I took a step backwards.*
Il a reculé d'horreur en voyant le cadavre.	*He drew back in horror when he saw the corpse.*
Le chômage recule.	*Unemployment is dropping.*
La voiture a reculé.	*The car backed up.*
Rien ne nous fera reculer.	*Nothing will stop us.*
Nous ne reculerons pas même devant le danger.	*We will not go back even in the face of danger.*

RELATED WORDS

aller à reculons	*to go backwards*
en recul	*losing/losing ground*
Ces idées politiques sont en recul.	*Those political ideas are less popular now.*
L'enseignement du grec ancien est en recul.	*The teaching of classical Greek is in decline.*

regular -*er* verb | **je recycle · je recyclai · recyclé · recyclant**

PRESENT

je recycle	nous recyclons
tu recycles	vous recyclez
il/elle recycle	ils/elles recyclent

IMPERFECT

je recyclais	nous recyclions
tu recyclais	vous recycliez
il/elle recyclait	ils/elles recyclaient

PASSÉ SIMPLE

je recyclai	nous recyclâmes
tu recyclas	vous recyclâtes
il/elle recycla	ils/elles recyclèrent

FUTURE

je recyclerai	nous recyclerons
tu recycleras	vous recyclerez
il/elle recyclera	ils/elles recycleront

CONDITIONAL

je recyclerais	nous recyclerions
tu recyclerais	vous recycleriez
il/elle recyclerait	ils/elles recycleraient

PRESENT SUBJUNCTIVE

que je recycle	que nous recyclions
que tu recycles	que vous recycliez
qu'il/elle recycle	qu'ils/elles recyclent

IMPERFECT SUBJUNCTIVE

que je recyclasse	que nous recyclassions
que tu recyclasses	que vous recyclassiez
qu'il/elle recyclât	qu'ils/elles recyclassent

COMMANDS

	(nous) recyclons
(tu) recycle	(vous) recyclez

PASSÉ COMPOSÉ

j'ai recyclé	nous avons recyclé
tu as recyclé	vous avez recyclé
il/elle a recyclé	ils/elles ont recyclé

PLUPERFECT

j'avais recyclé	nous avions recyclé
tu avais recyclé	vous aviez recyclé
il/elle avait recyclé	ils/elles avaient recyclé

PAST ANTERIOR

j'eus recyclé	nous eûmes recyclé
tu eus recyclé	vous eûtes recyclé
il/elle eut recyclé	ils/elles eurent recyclé

FUTURE ANTERIOR

j'aurai recyclé	nous aurons recyclé
tu auras recyclé	vous aurez recyclé
il/elle aura recyclé	ils/elles auront recyclé

PAST CONDITIONAL

j'aurais recyclé	nous aurions recyclé
tu aurais recyclé	vous auriez recyclé
il/elle aurait recyclé	ils/elles auraient recyclé

PAST SUBJUNCTIVE

que j'aie recyclé	que nous ayons recyclé
que tu aies recyclé	que vous ayez recyclé
qu'il/elle ait recyclé	qu'ils/elles aient recyclé

PLUPERFECT SUBJUNCTIVE

que j'eusse recyclé	que nous eussions recyclé
que tu eusses recyclé	que vous eussiez recyclé
qu'il/elle eût recyclé	qu'ils/elles eussent recyclé

Usage

Nous recyclons le papier et le verre.	*We recycle paper and glass.*
recycler les déchets	*to recycle waste/refuse*
Cette entreprise recycle ses professionnels.	*This firm gives its professionals refresher courses.*
se recycler	*to change professions/directions*

RELATED WORDS

le recyclage	*recycling*
le recyclage des matériaux	*the recycling of materials*
le recyclage des ingénieurs	*the retraining of engineers*
Apres avoir perdu son poste, il a essayé de se recycler.	*After losing his job, he tried to retrain.*

PRESENT

je réduis	nous réduisons
tu réduis	vous réduisez
il/elle réduit	ils/elles réduisent

IMPERFECT

je réduisais	nous réduisions
tu réduisais	vous réduisiez
il/elle réduisait	ils/elles réduisaient

PASSÉ SIMPLE

je réduisis	nous réduisîmes
tu réduisis	vous réduisîtes
il/elle réduisit	ils/elles réduisirent

FUTURE

je réduirai	nous réduirons
tu réduiras	vous réduirez
il/elle réduira	ils/elles réduiront

CONDITIONAL

je réduirais	nous réduirions
tu réduirais	vous réduiriez
il/elle réduirait	ils/elles réduiraient

PRESENT SUBJUNCTIVE

que je réduise	que nous réduisions
que tu réduises	que vous réduisiez
qu'il/elle réduise	qu'ils/elles réduisent

IMPERFECT SUBJUNCTIVE

que je réduisisse	que nous réduisissions
que tu réduisisses	que vous réduisissiez
qu'il/elle réduisît	qu'ils/elles réduisissent

PASSÉ COMPOSÉ

j'ai réduit	nous avons réduit
tu as réduit	vous avez réduit
il/elle a réduit	ils/elles ont réduit

PLUPERFECT

j'avais réduit	nous avions réduit
tu avais réduit	vous aviez réduit
il/elle avait réduit	ils/elles avaient réduit

PAST ANTERIOR

j'eus réduit	nous eûmes réduit
tu eus réduit	vous eûtes réduit
il/elle eut réduit	ils/elles eurent réduit

FUTURE ANTERIOR

j'aurai réduit	nous aurons réduit
tu auras réduit	vous aurez réduit
il/elle aura réduit	ils/elles auront réduit

PAST CONDITIONAL

j'aurais réduit	nous aurions réduit
tu aurais réduit	vous auriez réduit
il/elle aurait réduit	ils/elles auraient réduit

PAST SUBJUNCTIVE

que j'aie réduit	que nous ayons réduit
que tu aies réduit	que vous ayez réduit
qu'il/elle ait réduit	qu'ils/elles aient réduit

PLUPERFECT SUBJUNCTIVE

que j'eusse réduit	que nous eussions réduit
que tu eusses réduit	que vous eussiez réduit
qu'il/elle eût réduit	qu'ils/elles eussent réduit

COMMANDS

	(nous) réduisons
(tu) réduis	(vous) réduisez

Usage

L'usine a réduit sa production.	*The factory cut back its production.*
Tu vas trop vite. Réduis la vitesse.	*You're going too fast. Slow down.*
L'État a réduit le budget de l'instruction publique.	*The State cut the budget for public education.*
Nous devons réduire nos frais.	*We have to cut back on our expenses.*
La misère l'a réduit à vendre sa ferme.	*Poverty reduced him to selling his farm.*
Il a réduit le texte du roman.	*He abridged the text of the novel.*
J'ai fait réduire les photos.	*I had the photos reduced.*
Voilà son argument, réduit à sa plus simple expression.	*There is his argument, expressed as simply as I know how.*
Il faut réduire la consommation de l'eau.	*We have to reduce our use of water.*
Pourriez-vous réduire cette photo?	*Could you make this photo smaller?*

RELATED WORD

la réduction	*reduction*
Il faut profiter de cette réduction de prix.	*We must take advantage of this price cut.*

regular *-ir* verb | **je réfléchis · je réfléchis · réfléchi · réfléchissant**

PRESENT

je réfléchis	nous réfléchissons
tu réfléchis	vous réfléchissez
il/elle réfléchit	ils/elles réfléchissent

IMPERFECT

je réfléchissais	nous réfléchissions
tu réfléchissais	vous réfléchissiez
il/elle réfléchissait	ils/elles réfléchissaient

PASSÉ SIMPLE

je réfléchis	nous réfléchîmes
tu réfléchis	vous réfléchîtes
il/elle réfléchit	ils/elles réfléchirent

FUTURE

je réfléchirai	nous réfléchirons
tu réfléchiras	vous réfléchirez
il/elle réfléchira	ils/elles réfléchiront

CONDITIONAL

je réfléchirais	nous réfléchirions
tu réfléchirais	vous réfléchiriez
il/elle réfléchirait	ils/elles réfléchiraient

PRESENT SUBJUNCTIVE

que je réfléchisse	que nous réfléchissions
que tu réfléchisses	que vous réfléchissiez
qu'il/elle réfléchisse	qu'ils/elles réfléchissent

IMPERFECT SUBJUNCTIVE

que je réfléchisse	que nous réfléchissions
que tu réfléchisses	que vous réfléchissiez
qu'il/elle réfléchît	qu'ils/elles réfléchissent

COMMANDS

	(nous) réfléchissons
(tu) réfléchis	(vous) réfléchissez

PASSÉ COMPOSÉ

j'ai réfléchi	nous avons réfléchi
tu as réfléchi	vous avez réfléchi
il/elle a réfléchi	ils/elles ont réfléchi

PLUPERFECT

j'avais réfléchi	nous avions réfléchi
tu avais réfléchi	vous aviez réfléchi
il/elle avait réfléchi	ils/elles avaient réfléchi

PAST ANTERIOR

j'eus réfléchi	nous eûmes réfléchi
tu eus réfléchi	vous eûtes réfléchi
il/elle eut réfléchi	ils/elles eurent réfléchi

FUTURE ANTERIOR

j'aurai réfléchi	nous aurons réfléchi
tu auras réfléchi	vous aurez réfléchi
il/elle aura réfléchi	ils/elles auront réfléchi

PAST CONDITIONAL

j'aurais réfléchi	nous aurions réfléchi
tu aurais réfléchi	vous auriez réfléchi
il/elle aurait réfléchi	ils/elles auraient réfléchi

PAST SUBJUNCTIVE

que j'aie réfléchi	que nous ayons réfléchi
que tu aies réfléchi	que vous ayez réfléchi
qu'il/elle ait réfléchi	qu'ils/elles aient réfléchi

PLUPERFECT SUBJUNCTIVE

que j'eusse réfléchi	que nous eussions réfléchi
que tu eusses réfléchi	que vous eussiez réfléchi
qu'il/elle eût réfléchi	qu'ils/elles eussent réfléchi

Usage

Le chien regarde son image réfléchie dans la glace.	*The dog looks at his image reflected in the mirror.*
Réfléchissez bien avant d'agir.	*Think it over carefully before taking action.*
Il ne faut pas parler sans réfléchir.	*One mustn't speak without thinking.*
réfléchir sur un sujet	*to think about a subject*
Ils ont réfléchi là-dessus.	*They thought about it.*
Il faut réfléchir sur les conséquences.	*You have to think about the consequences.*
Réfléchissez à ma demande.	*Think over my request.*
Réfléchissez un peu!	*Use your head!*
Il a pris une décision réfléchie.	*He made a considered decision.*
Tout bien réfléchi, je ne partirai pas.	*All things considered, I'm not going away.*

RELATED WORD

la réflexion	*thinking/reflection*
À la réflexion, je ne partirai pas.	*On second thought, I won't leave.*
Il a pris sa décision après dix minutes de réflexion.	*He made his decision after thinking it over for ten minutes.*

refouler *to drive back, repress*

je refoule · je refoulai · refoulé · refoulant   regular *-er* verb

PRESENT		PASSÉ COMPOSÉ	
je refoule	nous refoulons	j'ai refoulé	nous avons refoulé
tu refoules	vous refoulez	tu as refoulé	vous avez refoulé
il/elle refoule	ils/elles refoulent	il/elle a refoulé	ils/elles ont refoulé

IMPERFECT		PLUPERFECT	
je refoulais	nous refoulions	j'avais refoulé	nous avions refoulé
tu refoulais	vous refouliez	tu avais refoulé	vous aviez refoulé
il/elle refoulait	ils/elles refoulaient	il/elle avait refoulé	ils/elles avaient refoulé

PASSÉ SIMPLE		PAST ANTERIOR	
je refoulai	nous refoulâmes	j'eus refoulé	nous eûmes refoulé
tu refoulas	vous refoulâtes	tu eus refoulé	vous eûtes refoulé
il/elle refoula	ils/elles refoulèrent	il/elle eut refoulé	ils/elles eurent refoulé

FUTURE		FUTURE ANTERIOR	
je refoulerai	nous refoulerons	j'aurai refoulé	nous aurons refoulé
tu refouleras	vous refoulerez	tu auras refoulé	vous aurez refoulé
il/elle refoulera	ils/elles refouleront	il/elle aura refoulé	ils/elles auront refoulé

CONDITIONAL		PAST CONDITIONAL	
je refoulerais	nous refoulerions	j'aurais refoulé	nous aurions refoulé
tu refoulerais	vous refouleriez	tu aurais refoulé	vous auriez refoulé
il/elle refoulerait	ils/elles refouleraient	il/elle aurait refoulé	ils/elles auraient refoulé

PRESENT SUBJUNCTIVE		PAST SUBJUNCTIVE	
que je refoule	que nous refoulions	que j'aie refoulé	que nous ayons refoulé
que tu refoules	que vous refouliez	que tu aies refoulé	que vous ayez refoulé
qu'il/elle refoule	qu'ils/elles refoulent	qu'il/elle ait refoulé	qu'ils/elles aient refoulé

IMPERFECT SUBJUNCTIVE		PLUPERFECT SUBJUNCTIVE	
que je refoulasse	que nous refoulassions	que j'eusse refoulé	que nous eussions refoulé
que tu refoulasses	que vous refoulassiez	que tu eusses refoulé	que vous eussiez refoulé
qu'il/elle refoulât	qu'ils/elles refoulassent	qu'il/elle eût refoulé	qu'ils/elles eussent refoulé

COMMANDS	
	(nous) refoulons
(tu) refoule	(vous) refoulez

Usage

Le régiment a refoulé l'attaque de l'ennemi.	*The regiment repulsed the enemy attack.*
On refoule tous les immigrés à la frontière.	*They are turning back all immigrants at the border.*
Elle a essayé de refouler ses larmes.	*She tried to hold back her tears.*
Le gosse a refoulé un sanglot.	*The kid stifled a sob.*
Il n'a pas pu refouler ce désir.	*He was unable to repress this desire.*
Comment refouler ma colère?	*How do you expect me to hold back my anger?*

RELATED WORD

le refoulement	*repression*
le refoulement de la personnalité	*the repression of one's personality*
le refoulement d'un désir	*the repression of a desire*

regular *-er* verb　　　　　　　　　　　　**je refuse · je refusai · refusé · refusant**

PRESENT

je refuse	nous refusons
tu refuses	vous refusez
il/elle refuse	ils/elles refusent

IMPERFECT

je refusais	nous refusions
tu refusais	vous refusiez
il/elle refusait	ils/elles refusaient

PASSÉ SIMPLE

je refusai	nous refusâmes
tu refusas	vous refusâtes
il/elle refusa	ils/elles refusèrent

FUTURE

je refuserai	nous refuserons
tu refuseras	vous refuserez
il/elle refusera	ils/elles refuseront

CONDITIONAL

je refuserais	nous refuserions
tu refuserais	vous refuseriez
il/elle refuserait	ils/elles refuseraient

PRESENT SUBJUNCTIVE

que je refuse	que nous refusions
que tu refuses	que vous refusiez
qu'il/elle refuse	qu'ils/elles refusent

IMPERFECT SUBJUNCTIVE

que je refusasse	que nous refusassions
que tu refusasses	que vous refusassiez
qu'il/elle refusât	qu'ils/elles refusassent

COMMANDS

	(nous) refusons
(tu) refuse	(vous) refusez

PASSÉ COMPOSÉ

j'ai refusé	nous avons refusé
tu as refusé	vous avez refusé
il/elle a refusé	ils/elles ont refusé

PLUPERFECT

j'avais refusé	nous avions refusé
tu avais refusé	vous aviez refusé
il/elle avait refusé	ils/elles avaient refusé

PAST ANTERIOR

j'eus refusé	nous eûmes refusé
tu eus refusé	vous eûtes refusé
il/elle eut refusé	ils/elles eurent refusé

FUTURE ANTERIOR

j'aurai refusé	nous aurons refusé
tu auras refusé	vous aurez refusé
il/elle aura refusé	ils/elles auront refusé

PAST CONDITIONAL

j'aurais refusé	nous aurions refusé
tu aurais refusé	vous auriez refusé
il/elle aurait refusé	ils/elles auraient refusé

PAST SUBJUNCTIVE

que j'aie refusé	que nous ayons refusé
que tu aies refusé	que vous ayez refusé
qu'il/elle ait refusé	qu'ils/elles aient refusé

PLUPERFECT SUBJUNCTIVE

que j'eusse refusé	que nous eussions refusé
que tu eusses refusé	que vous eussiez refusé
qu'il/elle eût refusé	qu'ils/elles eussent refusé

Usage

Il a refusé de me recevoir.	*He refused to see me.*
Je refuse de le croire.	*I refuse to believe it.*
Ils refusent l'exploitation des étrangers.	*They are against the exploitation of foreigners.*
Il refuse le risque.	*He refuses to take risks.*
On a refusé mon manuscrit.	*My manuscript was rejected.*
Cette université refuse du monde.	*This university turns people away.*
On a refusé une augmentation aux employés.	*They refused to give the employees a raise.*
Ne refusez pas son invitation.	*Don't turn down his invitation.*
L'accusé a refusé de répondre aux questions.	*The accused (man) refused to answer questions.*
Mon chien refuse d'obéir.	*My dog refuses to obey.*

RELATED WORD

le refus	*refusal*
Son refus était catégorique.	*His refusal was categorical.*

regarder   *to look at*

je regarde · je regardai · regardé · regardant   regular *-er* verb

PRESENT

je regarde	nous regardons
tu regardes	vous regardez
il/elle regarde	ils/elles regardent

IMPERFECT

je regardais	nous regardions
tu regardais	vous regardiez
il/elle regardait	ils/elles regardaient

PASSÉ SIMPLE

je regardai	nous regardâmes
tu regardas	vous regardâtes
il/elle regarda	ils/elles regardèrent

FUTURE

je regarderai	nous regarderons
tu regarderas	vous regarderez
il/elle regardera	ils/elles regarderont

CONDITIONAL

je regarderais	nous regarderions
tu regarderais	vous regarderiez
il/elle regarderait	ils/elles regarderaient

PRESENT SUBJUNCTIVE

que je regarde	que nous regardions
que tu regardes	que vous regardiez
qu'il/elle regarde	qu'ils/elles regardent

IMPERFECT SUBJUNCTIVE

que je regardasse	que nous regardassions
que tu regardasses	que vous regardassiez
qu'il/elle regardât	qu'ils/elles regardassent

PASSÉ COMPOSÉ

j'ai regardé	nous avons regardé
tu as regardé	vous avez regardé
il/elle a regardé	ils/elles ont regardé

PLUPERFECT

j'avais regardé	nous avions regardé
tu avais regardé	vous aviez regardé
il/elle avait regardé	ils/elles avaient regardé

PAST ANTERIOR

j'eus regardé	nous eûmes regardé
tu eus regardé	vous eûtes regardé
il/elle eut regardé	ils/elles eurent regardé

FUTURE ANTERIOR

j'aurai regardé	nous aurons regardé
tu auras regardé	vous aurez regardé
il/elle aura regardé	ils/elles auront regardé

PAST CONDITIONAL

j'aurais regardé	nous aurions regardé
tu aurais regardé	vous auriez regardé
il/elle aurait regardé	ils/elles auraient regardé

PAST SUBJUNCTIVE

que j'aie regardé	que nous ayons regardé
que tu aies regardé	que vous ayez regardé
qu'il/elle ait regardé	qu'ils/elles aient regardé

PLUPERFECT SUBJUNCTIVE

que j'eusse regardé	que nous eussions regardé
que tu eusses regardé	que vous eussiez regardé
qu'il/elle eût regardé	qu'ils/elles eussent regardé

COMMANDS

	(nous) regardons
(tu) regarde	(vous) regardez

Usage

regarder qqch/qqn	*to look at something/someone*
J'aime regarder les vitrines.	*I like to look at the store windows.*
Assis au café, je regarde les gens qui passent.	*Sitting at the café, I watch the people going by.*
Je regarde l'actualité à la télé.	*I watch the news on TV.*
Mes enfants regardent la télé tous les soirs.	*My children watch TV every evening.*
Regarde voir s'il a fini le projet.	*Go see if he has finished the project.*
Je l'ai regardée à la dérobée.	*I stole a glance at her.*
Elle nous regardait par la fenêtre.	*She looked at us out the window.*
Ça ne vous regarde pas.	*It's none of your business.*
Je les regarde comme des ennemis.	*I consider them to be enemies.*
Regardons les choses en face.	*Let's face things.*
Tu ne regardes pas à la dépense, toi!	*You spend money like water!*
Elle regardait tout le monde avec dédain.	*She would look at everyone with contempt/disdain.*

regular -er verb

je regrette · je regrettai · regretté · regrettant

PRESENT

je regrette	nous regrettons
tu regrettes	vous regrettez
il/elle regrette	ils/elles regrettent

IMPERFECT

je regrettais	nous regrettions
tu regrettais	vous regrettiez
il/elle regrettait	ils/elles regrettaient

PASSÉ SIMPLE

je regrettai	nous regrettâmes
tu regrettas	vous regrettâtes
il/elle regretta	ils/elles regrettèrent

FUTURE

je regretterai	nous regretterons
tu regretteras	vous regretterez
il/elle regrettera	ils/elles regretteront

CONDITIONAL

je regretterais	nous regretterions
tu regretterais	vous regretteriez
il/elle regretterait	ils/elles regretteraient

PRESENT SUBJUNCTIVE

que je regrette	que nous regrettions
que tu regrettes	que vous regrettiez
qu'il/elle regrette	qu'ils/elles regrettent

IMPERFECT SUBJUNCTIVE

que je regrettasse	que nous regrettassions
que tu regrettasses	que vous regrettassiez
qu'il/elle regrettât	qu'ils/elles regrettassent

PASSÉ COMPOSÉ

j'ai regretté	nous avons regretté
tu as regretté	vous avez regretté
il/elle a regretté	ils/elles ont regretté

PLUPERFECT

j'avais regretté	nous avions regretté
tu avais regretté	vous aviez regretté
il/elle avait regretté	ils/elles avaient regretté

PAST ANTERIOR

j'eus regretté	nous eûmes regretté
tu eus regretté	vous eûtes regretté
il/elle eut regretté	ils/elles eurent regretté

FUTURE ANTERIOR

j'aurai regretté	nous aurons regretté
tu auras regretté	vous aurez regretté
il/elle aura regretté	ils/elles auront regretté

PAST CONDITIONAL

j'aurais regretté	nous aurions regretté
tu aurais regretté	vous auriez regretté
il/elle aurait regretté	ils/elles auraient regretté

PAST SUBJUNCTIVE

que j'aie regretté	que nous ayons regretté
que tu aies regretté	que vous ayez regretté
qu'il/elle ait regretté	qu'ils/elles aient regretté

PLUPERFECT SUBJUNCTIVE

que j'eusse regretté	que nous eussions regretté
que tu eusses regretté	que vous eussiez regretté
qu'il/elle eût regretté	qu'ils/elles eussent regretté

COMMANDS

	(nous) regrettons
(tu) regrette	(vous) regrettez

Usage

Je le regrette.	*I'm sorry.*
Je regrette de vous l'avoir dit.	*I'm sorry I told you.*
Je regrette de vous avoir fait attendre.	*I'm sorry to have kept you waiting.*
Je regrette qu'il ne puisse pas venir.	*I regret that he can't come.*
Il regrettera ce qu'il a dit.	*He'll eat his words.*
Je la regretterai longtemps.	*I'll miss her for a long time to come.*
Je regrette ma décision.	*I regret my decision.*

RELATED WORDS

le regret	*regret*
J'ai un seul regret et c'est de lui avoir prêté de l'argent.	*I have only one regret and that's having lent him/her money.*
C'est regrettable.	*That's really too bad.*
Il l'a fait à regret.	*He did it with regret.*

PRESENT

je rejette	nous rejetons
tu rejettes	vous rejetez
il/elle rejette	ils/elles rejettent

IMPERFECT

je rejetais	nous rejetions
tu rejetais	vous rejetiez
il/elle rejetait	ils/elles rejetaient

PASSÉ SIMPLE

je rejetai	nous rejetâmes
tu rejetas	vous rejetâtes
il/elle rejeta	ils/elles rejetèrent

FUTURE

je rejetterai	nous rejetterons
tu rejetteras	vous rejetterez
il/elle rejettera	ils/elles rejetteront

CONDITIONAL

je rejetterais	nous rejetterions
tu rejetterais	vous rejetteriez
il/elle rejetterait	ils/elles rejetteraient

PRESENT SUBJUNCTIVE

que je rejette	que nous rejetions
que tu rejettes	que vous rejetiez
qu'il/elle rejette	qu'ils/elles rejettent

IMPERFECT SUBJUNCTIVE

que je rejetasse	que nous rejetassions
que tu rejetasses	que vous rejetassiez
qu'il/elle rejetât	qu'ils/elles rejetassent

COMMANDS

	(nous) rejetons
(tu) rejette	(vous) rejetez

PASSÉ COMPOSÉ

j'ai rejeté	nous avons rejeté
tu as rejeté	vous avez rejeté
il/elle a rejeté	ils/elles ont rejeté

PLUPERFECT

j'avais rejeté	nous avions rejeté
tu avais rejeté	vous aviez rejeté
il/elle avait rejeté	ils/elles avaient rejeté

PAST ANTERIOR

j'eus rejeté	nous eûmes rejeté
tu eus rejeté	vous eûtes rejeté
il/elle eut rejeté	ils/elles eurent rejeté

FUTURE ANTERIOR

j'aurai rejeté	nous aurons rejeté
tu auras rejeté	vous aurez rejeté
il/elle aura rejeté	ils/elles auront rejeté

PAST CONDITIONAL

j'aurais rejeté	nous aurions rejeté
tu aurais rejeté	vous auriez rejeté
il/elle aurait rejeté	ils/elles auraient rejeté

PAST SUBJUNCTIVE

que j'aie rejeté	que nous ayons rejeté
que tu aies rejeté	que vous ayez rejeté
qu'il/elle ait rejeté	qu'ils/elles aient rejeté

PLUPERFECT SUBJUNCTIVE

que j'eusse rejeté	que nous eussions rejeté
que tu eusses rejeté	que vous eussiez rejeté
qu'il/elle eût rejeté	qu'ils/elles eussent rejeté

Usage

Ce poisson est trop petit. Rejette-le!	*That fish is too small. Throw it back!*
Rejette-moi la balle!	*Throw the ball back to me!*
J'ai rejeté les notes à la fin de mon essai.	*I put the notes at the back of my essay.*
J'ai rejeté ma tête en arrière.	*I threw my head back.*
Il a essayé de rejeter le blâme sur nous.	*He tried to put the blame on us.*
Il a rejeté notre offre.	*He rejected our offer.*
L'université a rejeté ma demande.	*The university rejected my request.*
Notre armée a rejeté le forces armées de l'ennemi.	*Our army pushed back the forces of the enemy.*
Le Congrès a rejeté ce projet de loi.	*Congress rejected this bill.*
Il se sent rejeté par sa famille.	*He feels rejected by his family.*

irregular verb

PRESENT

je rejoins	nous rejoignons
tu rejoins	vous rejoignez
il/elle rejoint	ils/elles rejoignent

IMPERFECT

je rejoignais	nous rejoignions
tu rejoignais	vous rejoigniez
il/elle rejoignait	ils/elles rejoignaient

PASSÉ SIMPLE

je rejoignis	nous rejoignîmes
tu rejoignis	vous rejoignîtes
il/elle rejoignit	ils/elles rejoignirent

FUTURE

je rejoindrai	nous rejoindrons
tu rejoindras	vous rejoindrez
il/elle rejoindra	ils/elles rejoindront

CONDITIONAL

je rejoindrais	nous rejoindrions
tu rejoindrais	vous rejoindriez
il/elle rejoindrait	ils/elles rejoindraient

PRESENT SUBJUNCTIVE

que je rejoigne	que nous rejoignions
que tu rejoignes	que vous rejoigniez
qu'il/elle rejoigne	qu'ils/elles rejoignent

IMPERFECT SUBJUNCTIVE

que je rejoignisse	que nous rejoignissions
que tu rejoignisses	que vous rejoignissiez
qu'il/elle rejoignît	qu'ils/elles rejoignissent

COMMANDS

	(nous) rejoignons
(tu) rejoins	(vous) rejoignez

PASSÉ COMPOSÉ

j'ai rejoint	nous avons rejoint
tu as rejoint	vous avez rejoint
il/elle a rejoint	ils/elles ont rejoint

PLUPERFECT

j'avais rejoint	nous avions rejoint
tu avais rejoint	vous aviez rejoint
il/elle avait rejoint	ils/elles avaient rejoint

PAST ANTERIOR

j'eus rejoint	nous eûmes rejoint
tu eus rejoint	vous eûtes rejoint
il/elle eut rejoint	ils/elles eurent rejoint

FUTURE ANTERIOR

j'aurai rejoint	nous aurons rejoint
tu auras rejoint	vous aurez rejoint
il/elle aura rejoint	ils/elles auront rejoint

PAST CONDITIONAL

j'aurais rejoint	nous aurions rejoint
tu aurais rejoint	vous auriez rejoint
il/elle aurait rejoint	ils/elles auraient rejoint

PAST SUBJUNCTIVE

que j'aie rejoint	que nous ayons rejoint
que tu aies rejoint	que vous ayez rejoint
qu'il/elle ait rejoint	qu'ils/elles aient rejoint

PLUPERFECT SUBJUNCTIVE

que j'eusse rejoint	que nous eussions rejoint
que tu eusses rejoint	que vous eussiez rejoint
qu'il/elle eût rejoint	qu'ils/elles eussent rejoint

Usage

Le sentier rejoint le chemin au bout de la forêt.	*The path meets up with the road at the edge of the forest.*
Elle a rejoint son mari à l'étranger.	*She joined her husband abroad.*
Il me faut rejoindre mon bureau.	*I've got to get back to my office.*
On se rejoindra en ville.	*We'll get together in town.*
Son argument rejoint le tien.	*His argument has things in common with yours.*
Cette lettre rejoindra les autres à la corbeille.	*This letter will follow the others into the wastebasket.*

remarquer *to notice*

regular -er verb

PRESENT

je remarque	nous remarquons
tu remarques	vous remarquez
il/elle remarque	ils/elles remarquent

IMPERFECT

je remarquais	nous remarquions
tu remarquais	vous remarquiez
il/elle remarquait	ils/elles remarquaient

PASSÉ SIMPLE

je remarquai	nous remarquâmes
tu remarquas	vous remarquâtes
il/elle remarqua	ils/elles remarquèrent

FUTURE

je remarquerai	nous remarquerons
tu remarqueras	vous remarquerez
il/elle remarquera	ils/elles remarqueront

CONDITIONAL

je remarquerais	nous remarquerions
tu remarquerais	vous remarqueriez
il/elle remarquerait	ils/elles remarqueraient

PRESENT SUBJUNCTIVE

que je remarque	que nous remarquions
que tu remarques	que vous remarquiez
qu'il/elle remarque	qu'ils/elles remarquent

IMPERFECT SUBJUNCTIVE

que je remarquasse	que nous remarquassions
que tu remarquasses	que vous remarquassiez
qu'il/elle remarquât	qu'ils/elles remarquassent

PASSÉ COMPOSÉ

j'ai remarqué	nous avons remarqué
tu as remarqué	vous avez remarqué
il/elle a remarqué	ils/elles ont remarqué

PLUPERFECT

j'avais remarqué	nous avions remarqué
tu avais remarqué	vous aviez remarqué
il/elle avait remarqué	ils/elles avaient remarqué

PAST ANTERIOR

j'eus remarqué	nous eûmes remarqué
tu eus remarqué	vous eûtes remarqué
il/elle eut remarqué	ils/elles eurent remarqué

FUTURE ANTERIOR

j'aurai remarqué	nous aurons remarqué
tu auras remarqué	vous aurez remarqué
il/elle aura remarqué	ils/elles auront remarqué

PAST CONDITIONAL

j'aurais remarqué	nous aurions remarqué
tu aurais remarqué	vous auriez remarqué
il/elle aurait remarqué	ils/elles auraient remarqué

PAST SUBJUNCTIVE

que j'aie remarqué	que nous ayons remarqué
que tu aies remarqué	que vous ayez remarqué
qu'il/elle ait remarqué	qu'ils/elles aient remarqué

PLUPERFECT SUBJUNCTIVE

que j'eusse remarqué	que nous eussions remarqué
que tu eusses remarqué	que vous eussiez remarqué
qu'il/elle eût remarqué	qu'ils/elles eussent remarqué

COMMANDS

	(nous) remarquons
(tu) remarque	(vous) remarquez

Usage

Je n'ai rien remarqué d'étrange.	*I didn't notice anything strange.*
Personne n'a remarqué ma présence.	*No one noticed that I was there.*
Tu as remarqué sa façon de parler?	*Did you notice her way of talking?*
Le prof a remarqué que nous n'étions pas contents.	*The teacher noticed we weren't happy.*
Il m'a fait remarquer qu'il voulait s'en aller.	*He called it to my attention that he wanted to leave.*
Elle cherche toujours à se faire remarquer.	*She always tries to attract attention.*
Tu t'es vraiment fait remarquer, toi!	*You really got noticed!*

RELATED WORDS

la remarque	*remark*
passer des remarques	*to make remarks*
Il passe toujours des remarques désobligeantes!	*He's always making wisecracks.*
remarquable	*remarkable*

PRESENT

je remercie	nous remercions
tu remercies	vous remerciez
il/elle remercie	ils/elles remercient

IMPERFECT

je remerciais	nous remerciions
tu remerciais	vous remerciiez
il/elle remerciait	ils/elles remerciaient

PASSÉ SIMPLE

je remerciai	nous remerciâmes
tu remercias	vous remerciâtes
il/elle remercia	ils/elles remercièrent

FUTURE

je remercierai	nous remercierons
tu remercieras	vous remercierez
il/elle remerciera	ils/elles remercieront

CONDITIONAL

je remercierais	nous remercierions
tu remercierais	vous remercieriez
il/elle remercierait	ils/elles remercieraient

PRESENT SUBJUNCTIVE

que je remercie	que nous remerciions
que tu remercies	que vous remerciiez
qu'il/elle remercie	qu'ils/elles remercient

IMPERFECT SUBJUNCTIVE

que je remerciasse	que nous remerciassions
que tu remerciasses	que vous remerciassiez
qu'il/elle remerciât	qu'ils/elles remerciassent

COMMANDS

	(nous) remercions
(tu) remercie	(vous) remerciez

PASSÉ COMPOSÉ

j'ai remercié	nous avons remercié
tu as remercié	vous avez remercié
il/elle a remercié	ils/elles ont remercié

PLUPERFECT

j'avais remercié	nous avions remercié
tu avais remercié	vous aviez remercié
il/elle avait remercié	ils/elles avaient remercié

PAST ANTERIOR

j'eus remercié	nous eûmes remercié
tu eus remercié	vous eûtes remercié
il/elle eut remercié	ils/elles eurent remercié

FUTURE ANTERIOR

j'aurai remercié	nous aurons remercié
tu auras remercié	vous aurez remercié
il/elle aura remercié	ils/elles auront remercié

PAST CONDITIONAL

j'aurais remercié	nous aurions remercié
tu aurais remercié	vous auriez remercié
il/elle aurait remercié	ils/elles auraient remercié

PAST SUBJUNCTIVE

que j'aie remercié	que nous ayons remercié
que tu aies remercié	que vous ayez remercié
qu'il/elle ait remercié	qu'ils/elles aient remercié

PLUPERFECT SUBJUNCTIVE

que j'eusse remercié	que nous eussions remercié
que tu eusses remercié	que vous eussiez remercié
qu'il/elle eût remercié	qu'ils/elles eussent remercié

Usage

Je vous remercie!	*I thank you!*
Vous les remercierez de notre part.	*You'll thank them for us.*
Tu dois remercier ta bonne étoile de ta réussite.	*You should thank your lucky stars for your success.*
Elle ne m'a pas remercié.	*She didn't thank me.*
Je vous remercie de votre attention.	*I thank you for your attention.*
Je remercie le bon Dieu d'être sauvé.	*I thank heaven I was saved.*
Elle m'a remercié du bout des lèvres.	*She thanked me halfheartedly.*
Ils m'ont remercié des services que je leur avais rendus.	*They thanked me for the services I had rendered them.*

RELATED WORD

le remerciement	*thanking*

remettre   *to put back; to submit*

je remets · je remis · remis · remettant

PRESENT

je remets	nous remettons
tu remets	vous remettez
il/elle remet	ils/elles remettent

IMPERFECT

je remettais	nous remettions
tu remettais	vous remettiez
il/elle remettait	ils/elles remettaient

PASSÉ SIMPLE

je remis	nous remîmes
tu remis	vous remîtes
il/elle remit	ils/elles remirent

FUTURE

je remettrai	nous remettrons
tu remettras	vous remettrez
il/elle remettra	ils/elles remettront

CONDITIONAL

je remettrais	nous remettrions
tu remettrais	vous remettriez
il/elle remettrait	ils/elles remettraient

PRESENT SUBJUNCTIVE

que je remette	que nous remettions
que tu remettes	que vous remettiez
qu'il/elle remette	qu'ils/elles remettent

IMPERFECT SUBJUNCTIVE

que je remisse	que nous remissions
que tu remisses	que vous remissiez
qu'il/elle remît	qu'ils/elles remissent

PASSÉ COMPOSÉ

j'ai remis	nous avons remis
tu as remis	vous avez remis
il/elle a remis	ils/elles ont remis

PLUPERFECT

j'avais remis	nous avions remis
tu avais remis	vous aviez remis
il/elle avait remis	ils/elles avaient remis

PAST ANTERIOR

j'eus remis	nous eûmes remis
tu eus remis	vous eûtes remis
il/elle eut remis	ils/elles eurent remis

FUTURE ANTERIOR

j'aurai remis	nous aurons remis
tu auras remis	vous aurez remis
il/elle aura remis	ils/elles auront remis

PAST CONDITIONAL

j'aurais remis	nous aurions remis
tu aurais remis	vous auriez remis
il/elle aurait remis	ils/elles auraient remis

PAST SUBJUNCTIVE

que j'aie remis	que nous ayons remis
que tu aies remis	que vous ayez remis
qu'il/elle ait remis	qu'ils/elles aient remis

PLUPERFECT SUBJUNCTIVE

que j'eusse remis	que nous eussions remis
que tu eusses remis	que vous eussiez remis
qu'il/elle eût remis	qu'ils/elles eussent remis

COMMANDS

	(nous) remettons
(tu) remets	(vous) remettez

Usage

Remettez ces dossiers dans le tiroir.	*Put these files back in the drawer.*
J'ai remis mon passeport dans ma poche.	*I put my passport back in my pocket.*
remettre qqn sur la bonne route	*to put someone (back) on the right track*
Le patron l'a remise à sa place.	*The boss put her in her place.*
J'ai remis la voiture en marche.	*I started the car again.*
Elle a remis ses gants.	*She put her gloves back on.*
Quand remettrez-vous votre rapport?	*When will you hand in your report?*
Tout est remis en question à cause de sa démission.	*His resignation throws everything into question again.*
J'ai remis l'ordinateur en état.	*I fixed the computer.*
Je n'y ai jamais remis les pieds.	*I never went back there.*
se remettre	*to entrust oneself/recover*
Je m'en remets à vous.	*I'll leave it in your hands.*
Elle s'est remise de sa grippe.	*She has recovered from the flu.*
Les enfants se sont remis à leur jeu.	*The children went back to their game.*

regular *-er* verb;
spelling change: *c > ç/a, o*

je remplace · je remplaçai · remplacé · remplaçant

PRESENT

je remplace	nous remplaçons
tu remplaces	vous remplacez
il/elle remplace	ils/elles remplacent

IMPERFECT

je remplaçais	nous remplacions
tu remplaçais	vous remplaciez
il/elle remplaçait	ils/elles remplaçaient

PASSÉ SIMPLE

je remplaçai	nous remplaçâmes
tu remplaças	vous remplaçâtes
il/elle remplaça	ils/elles remplacèrent

FUTURE

je remplacerai	nous remplacerons
tu remplaceras	vous remplacerez
il/elle remplacera	ils/elles remplaceront

CONDITIONAL

je remplacerais	nous remplacerions
tu remplacerais	vous remplaceriez
il/elle remplacerait	ils/elles remplaceraient

PRESENT SUBJUNCTIVE

que je remplace	que nous remplacions
que tu remplaces	que vous remplaciez
qu'il/elle remplace	qu'ils/elles remplacent

IMPERFECT SUBJUNCTIVE

que je remplaçasse	que nous remplaçassions
que tu remplaçasses	que vous remplaçassiez
qu'il/elle remplaçât	qu'ils/elles remplaçassent

PASSÉ COMPOSÉ

j'ai remplacé	nous avons remplacé
tu as remplacé	vous avez remplacé
il/elle a remplacé	ils/elles ont remplacé

PLUPERFECT

j'avais remplacé	nous avions remplacé
tu avais remplacé	vous aviez remplacé
il/elle avait remplacé	ils/elles avaient remplacé

PAST ANTERIOR

j'eus remplacé	nous eûmes remplacé
tu eus remplacé	vous eûtes remplacé
il/elle eut remplacé	ils/elles eurent remplacé

FUTURE ANTERIOR

j'aurai remplacé	nous aurons remplacé
tu auras remplacé	vous aurez remplacé
il/elle aura remplacé	ils/elles auront remplacé

PAST CONDITIONAL

j'aurais remplacé	nous aurions remplacé
tu aurais remplacé	vous auriez remplacé
il/elle aurait remplacé	ils/elles auraient remplacé

PAST SUBJUNCTIVE

que j'aie remplacé	que nous ayons remplacé
que tu aies remplacé	que vous ayez remplacé
qu'il/elle ait remplacé	qu'ils/elles aient remplacé

PLUPERFECT SUBJUNCTIVE

que j'eusse remplacé	que nous eussions remplacé
que tu eusses remplacé	que vous eussiez remplacé
qu'il/elle eût remplacé	qu'ils/elles eussent remplacé

COMMANDS

	(nous) remplaçons
(tu) remplace	(vous) remplacez

Usage

—Qui t'a remplacé au bureau? *Who took your place at the office?*
—Je n'ai pas pu me faire remplacer. *I couldn't find a replacement.*
Il faut que je remplace ce canapé. *I've got to replace this couch.*
Ma voiture a une vitre cassée. Je vais la remplacer. *My car has a broken window. I've got to replace it.*
Il faut remplacer ce pneu. *We'll have to replace this tire.*
Le fils ne pourra pas remplacer son père. *The son will never be able to fill his father's shoes.*
Il sera difficile de vous remplacer. *It will be hard to replace you.*
C'est à vous de remplacer la sentinelle. *It's your turn to relieve the sentry.*

remplir   *to fill*

PRESENT

je remplis	nous remplissons
tu remplis	vous remplissez
il/elle remplit	ils/elles remplissent

IMPERFECT

je remplissais	nous remplissions
tu remplissais	vous remplissiez
il/elle remplissait	ils/elles remplissaient

PASSÉ SIMPLE

je remplis	nous remplîmes
tu remplis	vous remplîtes
il/elle remplit	ils/elles remplirent

FUTURE

je remplirai	nous remplirons
tu rempliras	vous remplirez
il/elle remplira	ils/elles rempliront

CONDITIONAL

je remplirais	nous remplirions
tu remplirais	vous rempliriez
il/elle remplirait	ils/elles rempliraient

PRESENT SUBJUNCTIVE

que je remplisse	que nous remplissions
que tu remplisses	que vous remplissiez
qu'il/elle remplisse	qu'ils/elles remplissent

IMPERFECT SUBJUNCTIVE

que je remplisse	que nous remplissions
que tu remplisses	que vous remplissiez
qu'il/elle remplît	qu'ils/elles remplissent

PASSÉ COMPOSÉ

j'ai rempli	nous avons rempli
tu as rempli	vous avez rempli
il/elle a rempli	ils/elles ont rempli

PLUPERFECT

j'avais rempli	nous avions rempli
tu avais rempli	vous aviez rempli
il/elle avait rempli	ils/elles avaient rempli

PAST ANTERIOR

j'eus rempli	nous eûmes rempli
tu eus rempli	vous eûtes rempli
il/elle eut rempli	ils/elles eurent rempli

FUTURE ANTERIOR

j'aurai rempli	nous aurons rempli
tu auras rempli	vous aurez rempli
il/elle aura rempli	ils/elles auront rempli

PAST CONDITIONAL

j'aurais rempli	nous aurions rempli
tu aurais rempli	vous auriez rempli
il/elle aurait rempli	ils/elles auraient rempli

PAST SUBJUNCTIVE

que j'aie rempli	que nous ayons rempli
que tu aies rempli	que vous ayez rempli
qu'il/elle ait rempli	qu'ils/elles aient rempli

PLUPERFECT SUBJUNCTIVE

que j'eusse rempli	que nous eussions rempli
que tu eusses rempli	que vous eussiez rempli
qu'il/elle eût rempli	qu'ils/elles eussent rempli

COMMANDS

	(nous) remplissons
(tu) remplis	(vous) remplissez

Usage

Le serveur a rempli nos verres.	*The waiter filled our glasses.*
Ce chanteur remplit les salles.	*This singer fills the concert halls.*
L'accident l'a rempli de peur.	*The accident left him full of fear.*
Cette nouvelle m'a rempli de joie.	*That piece of news filled me with joy.*
Il a rempli sa lettre de belles phrases.	*He filled his letter with beautiful phrases.*
La foule remplissait les rues.	*The crowd filled the streets.*
Ses observations remplissaient des cahiers entiers.	*His observations filled whole notebooks.*
La bouteille est remplie d'eau minérale.	*The bottle is filled with mineral water.*
Remplissez ce questionnaire.	*Fill out this questionnaire.*
L'éducation de ses enfants remplit sa vie.	*Raising his children fills his life.*
Il te reste des devoirs à remplir.	*You have some duties left to fulfill.*
Elle remplit une fonction importante.	*She performs an important function.*
Nous cherchons un gérant qui remplisse toutes ses conditions.	*We're looking for a manager who meets all of the requirements.*

regular *-er* verb | **je rencontre · je rencontrai · rencontré · rencontrant**

PRESENT

je rencontre	nous rencontrons
tu rencontres	vous rencontrez
il/elle rencontre	ils/elles rencontrent

IMPERFECT

je rencontrais	nous rencontrions
tu rencontrais	vous rencontriez
il/elle rencontrait	ils/elles rencontraient

PASSÉ SIMPLE

je rencontrai	nous rencontrâmes
tu rencontras	vous rencontrâtes
il/elle rencontra	ils/elles rencontrèrent

FUTURE

je rencontrerai	nous rencontrerons
tu rencontreras	vous rencontrerez
il/elle rencontrera	ils/elles rencontreront

CONDITIONAL

je rencontrerais	nous rencontrerions
tu rencontrerais	vous rencontreriez
il/elle rencontrerait	ils/elles rencontreraient

PRESENT SUBJUNCTIVE

que je rencontre	que nous rencontrions
que tu rencontres	que vous rencontriez
qu'il/elle rencontre	qu'ils/elles rencontrent

IMPERFECT SUBJUNCTIVE

que je rencontrasse	que nous rencontrassions
que tu rencontrasses	que vous rencontrassiez
qu'il/elle rencontrât	qu'ils/elles rencontrassent

PASSÉ COMPOSÉ

j'ai rencontré	nous avons rencontré
tu as rencontré	vous avez rencontré
il/elle a rencontré	ils/elles ont rencontré

PLUPERFECT

j'avais rencontré	nous avions rencontré
tu avais rencontré	vous aviez rencontré
il/elle avait rencontré	ils/elles avaient rencontré

PAST ANTERIOR

j'eus rencontré	nous eûmes rencontré
tu eus rencontré	vous eûtes rencontré
il/elle eut rencontré	ils/elles eurent rencontré

FUTURE ANTERIOR

j'aurai rencontré	nous aurons rencontré
tu auras rencontré	vous aurez rencontré
il/elle aura rencontré	ils/elles auront rencontré

PAST CONDITIONAL

j'aurais rencontré	nous aurions rencontré
tu aurais rencontré	vous auriez rencontré
il/elle aurait rencontré	ils/elles auraient rencontré

PAST SUBJUNCTIVE

que j'aie rencontré	que nous ayons rencontré
que tu aies rencontré	que vous ayez rencontré
qu'il/elle ait rencontré	qu'ils/elles aient rencontré

PLUPERFECT SUBJUNCTIVE

que j'eusse rencontré	que nous eussions rencontré
que tu eusses rencontré	que vous eussiez rencontré
qu'il/elle eût rencontré	qu'ils/elles eussent rencontré

COMMANDS

	(nous) rencontrons
(tu) rencontre	(vous) rencontrez

Usage

Je le rencontre toujours au parc.	*I always run into him in the park.*
Où est-ce que tu as rencontré les Duval?	*Where did you meet the Duvals?*
Ce projet de loi a rencontré de l'opposition.	*This bill met with opposition.*
C'est un appartement comme on n'en rencontre plus.	*You just don't find apartments like this anymore.*
se rencontrer	*to meet (each other)*
Si l'on se rencontrait au restaurant?	*How about meeting at the restaurant?*
Les chefs d'état se rencontrent.	*The heads of state are meeting.*
Les grands esprits se rencontrent.	*Great minds think alike.*
Nos yeux se sont rencontrés.	*Our eyes met.*

rendre *to return, give back*

je rends · je rendis · rendu · rendant   regular -re verb

PRESENT

je rends	nous rendons
tu rends	vous rendez
il/elle rend	ils/elles rendent

IMPERFECT

je rendais	nous rendions
tu rendais	vous rendiez
il/elle rendait	ils/elles rendaient

PASSÉ SIMPLE

je rendis	nous rendîmes
tu rendis	vous rendîtes
il/elle rendit	ils/elles rendirent

FUTURE

je rendrai	nous rendrons
tu rendras	vous rendrez
il/elle rendra	ils/elles rendront

CONDITIONAL

je rendrais	nous rendrions
tu rendrais	vous rendriez
il/elle rendrait	ils/elles rendraient

PRESENT SUBJUNCTIVE

que je rende	que nous rendions
que tu rendes	que vous rendiez
qu'il/elle rende	qu'ils/elles rendent

IMPERFECT SUBJUNCTIVE

que je rendisse	que nous rendissions
que tu rendisses	que vous rendissiez
qu'il/elle rendît	qu'ils/elles rendissent

PASSÉ COMPOSÉ

j'ai rendu	nous avons rendu
tu as rendu	vous avez rendu
il/elle a rendu	ils/elles ont rendu

PLUPERFECT

j'avais rendu	nous avions rendu
tu avais rendu	vous aviez rendu
il/elle avait rendu	ils/elles avaient rendu

PAST ANTERIOR

j'eus rendu	nous eûmes rendu
tu eus rendu	vous eûtes rendu
il/elle eut rendu	ils/elles eurent rendu

FUTURE ANTERIOR

j'aurai rendu	nous aurons rendu
tu auras rendu	vous aurez rendu
il/elle aura rendu	ils/elles auront rendu

PAST CONDITIONAL

j'aurais rendu	nous aurions rendu
tu aurais rendu	vous auriez rendu
il/elle aurait rendu	ils/elles auraient rendu

PAST SUBJUNCTIVE

que j'aie rendu	que nous ayons rendu
que tu aies rendu	que vous ayez rendu
qu'il/elle ait rendu	qu'ils/elles aient rendu

PLUPERFECT SUBJUNCTIVE

que j'eusse rendu	que nous eussions rendu
que tu eusses rendu	que vous eussiez rendu
qu'il/elle eût rendu	qu'ils/elles eussent rendu

COMMANDS

	(nous) rendons
(tu) rends	(vous) rendez

Usage

rendre qqch à qqn	to give something back to someone
Quand vas-tu me rendre ma bicyclette?	When are you going to give my bicycle back to me?
J'ai rendu mon devoir en retard.	I submitted my homework late.
Ces vacances m'ont rendu mes forces.	This vacation made me strong again.
Je te rendrai la monnaie de ta pièce!	I'll get even with you!
Le médecin lui a rendu la vue.	The doctor restored her sight.
Tu peux me rendre un service?	Can you do me a favor?
Sa réponse m'a rendu malade.	His answer sickened me.
Je suis allé rendre mes derniers devoirs au défunt.	I went to pay my last respects to the deceased.
se rendre compte de	to realize

RELATED WORDS

le rendez-vous	appointment
prendre rendez-vous avec qqn	to make an appointment with someone
J'ai rendez-vous à trois heures.	I have an appointment at three o'clock.

PROVERB

Rendre à César ce qui est à César.	Render unto Caesar that which is Caesar's.

regular -er verb; compound tenses with *être*　　　**je rentre · je rentrai · rentré · rentrant**

PRESENT

je rentre	nous rentrons
tu rentres	vous rentrez
il/elle rentre	ils/elles rentrent

IMPERFECT

je rentrais	nous rentrions
tu rentrais	vous rentriez
il/elle rentrait	ils/elles rentraient

PASSÉ SIMPLE

je rentrai	nous rentrâmes
tu rentras	vous rentrâtes
il/elle rentra	ils/elles rentrèrent

FUTURE

je rentrerai	nous rentrerons
tu rentreras	vous rentrerez
il/elle rentrera	ils/elles rentreront

CONDITIONAL

je rentrerais	nous rentrerions
tu rentrerais	vous rentreriez
il/elle rentrerait	ils/elles rentreraient

PRESENT SUBJUNCTIVE

que je rentre	que nous rentrions
que tu rentres	que vous rentriez
qu'il/elle rentre	qu'ils/elles rentrent

IMPERFECT SUBJUNCTIVE

que je rentrasse	que nous rentrassions
que tu rentrasses	que vous rentrassiez
qu'il/elle rentrât	qu'ils/elles rentrassent

PASSÉ COMPOSÉ

je suis rentré(e)	nous sommes rentré(e)s
tu es rentré(e)	vous êtes rentré(e)(s)
il/elle est rentré(e)	ils/elles sont rentré(e)s

PLUPERFECT

j'étais rentré(e)	nous étions rentré(e)s
tu étais rentré(e)	vous étiez rentré(e)(s)
il/elle était rentré(e)	ils/elles étaient rentré(e)s

PAST ANTERIOR

je fus rentré(e)	nous fûmes rentré(e)s
tu fus rentré(e)	vous fûtes rentré(e)(s)
il/elle fut rentré(e)	ils/elles furent rentré(e)s

FUTURE ANTERIOR

je serai rentré(e)	nous serons rentré(e)s
tu seras rentré(e)	vous serez rentré(e)(s)
il/elle sera rentré(e)	ils/elles seront rentré(e)s

PAST CONDITIONAL

je serais rentré(e)	nous serions rentré(e)s
tu serais rentré(e)	vous seriez rentré(e)(s)
il/elle serait rentré(e)	ils/elles seraient rentré(e)s

PAST SUBJUNCTIVE

que je sois rentré(e)	que nous soyons rentré(e)s
que tu sois rentré(e)	que vous soyez rentré(e)(s)
qu'il/elle soit rentré(e)	qu'ils/elles soient rentré(e)s

PLUPERFECT SUBJUNCTIVE

que je fusse rentré(e)	que nous fussions rentré(e)s
que tu fusses rentré(e)	que vous fussiez rentré(e)(s)
qu'il/elle fût rentré(e)	qu'ils/elles fussent rentré(e)s

COMMANDS

	(nous) rentrons
(tu) rentre	(vous) rentrez

Usage

Tu rentres à quelle heure?	*What time are you coming home?*
Je rentre en métro.	*I take the subway home.*
Une averse! Il faut rentrer un moment.	*A shower! We should go indoors for a minute.*
Tous ces meubles ne vont pas rentrer dans l'appartement.	*All this furniture is not going to fit in the apartment.*
Le camion est rentré dans un immeuble.	*The truck crashed into an apartment house.*
Ça ne me rentre pas dans la tête.	*I just can't understand that.*
Elle aurait voulu rentrer sous terre.	*She could have died (of embarrassment).*
On espère rentrer dans notre argent.	*We hope to break even.*
Il veut rentrer dans la banque.	*He wants to get a bank job.*

rentrer to take/bring in (conjugated with *avoir* in compound tenses)

Tu n'as pas rentré le chien?	*Didn't you bring the dog in?*
Il a rentré la voiture dans le garage.	*He put the car in the garage.*

RELATED WORD

la rentrée (scolaire)	*back-to-school time*

renvoyer *to send back, send away, fire*

je renvoie · je renvoyai · renvoyé · renvoyant

PRESENT

je renvoie	nous renvoyons
tu renvoies	vous renvoyez
il/elle renvoie	ils/elles renvoient

IMPERFECT

je renvoyais	nous renvoyions
tu renvoyais	vous renvoyiez
il/elle renvoyait	ils/elles renvoyaient

PASSÉ SIMPLE

je renvoyai	nous renvoyâmes
tu renvoyas	vous renvoyâtes
il/elle renvoya	ils/elles renvoyèrent

FUTURE

je renverrai	nous renverrons
tu renverras	vous renverrez
il/elle renverra	ils/elles renverront

CONDITIONAL

je renverrais	nous renverrions
tu renverrais	vous renverriez
il/elle renverrait	ils/elles renverraient

PRESENT SUBJUNCTIVE

que je renvoie	que nous renvoyions
que tu renvoies	que vous renvoyiez
qu'il/elle renvoie	qu'ils/elles renvoient

IMPERFECT SUBJUNCTIVE

que je renvoyasse	que nous renvoyassions
que tu renvoyasses	que vous renvoyassiez
qu'il/elle renvoyât	qu'ils/elles renvoyassent

COMMANDS

	(nous) renvoyons
(tu) renvoie	(vous) renvoyez

PASSÉ COMPOSÉ

j'ai renvoyé	nous avons renvoyé
tu as renvoyé	vous avez renvoyé
il/elle a renvoyé	ils/elles ont renvoyé

PLUPERFECT

j'avais renvoyé	nous avions renvoyé
tu avais renvoyé	vous aviez renvoyé
il/elle avait renvoyé	ils/elles avaient renvoyé

PAST ANTERIOR

j'eus renvoyé	nous eûmes renvoyé
tu eus renvoyé	vous eûtes renvoyé
il/elle eut renvoyé	ils/elles eurent renvoyé

FUTURE ANTERIOR

j'aurai renvoyé	nous aurons renvoyé
tu auras renvoyé	vous aurez renvoyé
il/elle aura renvoyé	ils/elles auront renvoyé

PAST CONDITIONAL

j'aurais renvoyé	nous aurions renvoyé
tu aurais renvoyé	vous auriez renvoyé
il/elle aurait renvoyé	ils/elles auraient renvoyé

PAST SUBJUNCTIVE

que j'aie renvoyé	que nous ayons renvoyé
que tu aies renvoyé	que vous ayez renvoyé
qu'il/elle ait renvoyé	qu'ils/elles aient renvoyé

PLUPERFECT SUBJUNCTIVE

que j'eusse renvoyé	que nous eussions renvoyé
que tu eusses renvoyé	que vous eussiez renvoyé
qu'il/elle eût renvoyé	qu'ils/elles eussent renvoyé

Usage

L'avocat m'a renvoyé tous les documents.	*The lawyer sent back all the documents to me.*
Le joueur a renvoyé la balle.	*The player kicked the ball back.*
Avec cela je vous renvoie la balle.	*With that, the ball is now in your court.*
Renvoie l'ascenseur.	*Send the elevator back down.*
Le patron a renvoyé la secrétaire.	*The boss fired the secretary.*
Fais attention ou tu vas te faire renvoyer.	*Be careful or you're going to get fired.*
Cet étudiant a été renvoyé du lycée.	*This student was expelled from high school.*
Quand ma fille s'est remise de son rhume, je l'ai renvoyée en classe.	*When my daughter got over her cold I sent her back to school.*

PRESENT

je répands	nous répandons
tu répands	vous répandez
il/elle répand	ils/elles répandent

IMPERFECT

je répandais	nous répandions
tu répandais	vous répandiez
il/elle répandait	ils/elles répandaient

PASSÉ SIMPLE

je répandis	nous répandîmes
tu répandis	vous répandîtes
il/elle répandit	ils/elles répandirent

FUTURE

je répandrai	nous répandrons
tu répandras	vous répandrez
il/elle répandra	ils/elles répandront

CONDITIONAL

je répandrais	nous répandrions
tu répandrais	vous répandriez
il/elle répandrait	ils/elles répandraient

PRESENT SUBJUNCTIVE

que je répande	que nous répandions
que tu répandes	que vous répandiez
qu'il/elle répande	qu'ils/elles répandent

IMPERFECT SUBJUNCTIVE

que je répandisse	que nous répandissions
que tu répandisses	que vous répandissiez
qu'il/elle répandît	qu'ils/elles répandissent

COMMANDS

	(nous) répandons
(tu) répands	(vous) répandez

PASSÉ COMPOSÉ

j'ai répandu	nous avons répandu
tu as répandu	vous avez répandu
il/elle a répandu	ils/elles ont répandu

PLUPERFECT

j'avais répandu	nous avions répandu
tu avais répandu	vous aviez répandu
il/elle avait répandu	ils/elles avaient répandu

PAST ANTERIOR

j'eus répandu	nous eûmes répandu
tu eus répandu	vous eûtes répandu
il/elle eut répandu	ils/elles eurent répandu

FUTURE ANTERIOR

j'aurai répandu	nous aurons répandu
tu auras répandu	vous aurez répandu
il/elle aura répandu	ils/elles auront répandu

PAST CONDITIONAL

j'aurais répandu	nous aurions répandu
tu aurais répandu	vous auriez répandu
il/elle aurait répandu	ils/elles auraient répandu

PAST SUBJUNCTIVE

que j'aie répandu	que nous ayons répandu
que tu aies répandu	que vous ayez répandu
qu'il/elle ait répandu	qu'ils/elles aient répandu

PLUPERFECT SUBJUNCTIVE

que j'eusse répandu	que nous eussions répandu
que tu eusses répandu	que vous eussiez répandu
qu'il/elle eût répandu	qu'ils/elles eussent répandu

Usage

Le fermier a répandu de la paille sur le sol de l'étable.	*The farmer scattered straw over the floor of the stable.*
J'ai répandu mes lettres sur la table.	*I spread my letters out on the table.*
Les envahisseurs répandaient la terreur.	*The invaders spread terror.*
un style répandu par la télé	*a style spread by television*
Les journaux ont répandu la nouvelle.	*The newspapers spread the news.*
Il répand des bêtises.	*He goes around saying stupid things.*
se répandre	*to be spilled/spread/scattered*
Après le cours, les élèves se sont répandus dans la rue.	*After class the students spilled out into the street.*
La peur s'est répandue dans le pays.	*Fear spread throughout the country.*
Il s'est répandu en invectives.	*He let out a torrent of abuse.*
Elle s'est répandue en larmes.	*She burst into tears.*
L'épidémie s'est répandue dans la ville.	*The epidemic spread throughout the city.*

PRESENT		PASSÉ COMPOSÉ	
je reparais	nous reparaissons	j'ai reparu	nous avons reparu
tu reparais	vous reparaissez	tu as reparu	vous avez reparu
il/elle reparaît	ils/elles reparaissent	il/elle a reparu	ils/elles ont reparu

IMPERFECT		PLUPERFECT	
je reparaissais	nous reparaissions	j'avais reparu	nous avions reparu
tu reparaissais	vous reparaissiez	tu avais reparu	vous aviez reparu
il/elle reparaissait	ils/elles reparaissaient	il/elle avait reparu	ils/elles avaient reparu

PASSÉ SIMPLE		PAST ANTERIOR	
je reparus	nous reparûmes	j'eus reparu	nous eûmes reparu
tu reparus	vous reparûtes	tu eus reparu	vous eûtes reparu
il/elle reparut	ils/elles reparurent	il/elle eut reparu	ils/elles eurent reparu

FUTURE		FUTURE ANTERIOR	
je reparaîtrai	nous reparaîtrons	j'aurai reparu	nous aurons reparu
tu reparaîtras	vous reparaîtrez	tu auras reparu	vous aurez reparu
il/elle reparaîtra	ils/elles reparaîtront	il/elle aura reparu	ils/elles auront reparu

CONDITIONAL		PAST CONDITIONAL	
je reparaîtrais	nous reparaîtrions	j'aurais reparu	nous aurions reparu
tu reparaîtrais	vous reparaîtriez	tu aurais reparu	vous auriez reparu
il/elle reparaîtrait	ils/elles reparaîtraient	il/elle aurait reparu	ils/elles auraient reparu

PRESENT SUBJUNCTIVE		PAST SUBJUNCTIVE	
que je reparaisse	que nous reparaissions	que j'aie reparu	que nous ayons reparu
que tu reparaisses	que vous reparaissiez	que tu aies reparu	que vous ayez reparu
qu'il/elle reparaisse	qu'ils/elles reparaissent	qu'il/elle ait reparu	qu'ils/elles aient reparu

IMPERFECT SUBJUNCTIVE		PLUPERFECT SUBJUNCTIVE	
que je reparusse	que nous reparussions	que j'eusse reparu	que nous eussions reparu
que tu reparusses	que vous reparussiez	que tu eusses reparu	que vous eussiez reparu
qu'il/elle reparût	qu'ils/elles reparussent	qu'il/elle eût reparu	qu'ils/elles eussent reparu

COMMANDS	
	(nous) reparaissons
(tu) reparais	(vous) reparaissez

Usage

Regarde. Le soleil a reparu.	*Look. The sun is out again.*
Il n'osera pas reparaître devant moi.	*He won't dare to show his face to me again.*
Et il n'a jamais reparu.	*And he never showed up again.*
Ce trait reparaît chez eux dans toutes les générations.	*This trait recurs in them in every generation.*
Ne reparais pas avant le dîner.	*Don't show up again before dinner.*

regular -*er* verb

PRESENT

je répare	nous réparons
tu répares	vous réparez
il/elle répare	ils/elles réparent

IMPERFECT

je réparais	nous réparions
tu réparais	vous répariez
il/elle réparait	ils/elles réparaient

PASSÉ SIMPLE

je réparai	nous réparâmes
tu réparas	vous réparâtes
il/elle répara	ils/elles réparèrent

FUTURE

je réparerai	nous réparerons
tu répareras	vous réparerez
il/elle réparera	ils/elles répareront

CONDITIONAL

je réparerais	nous réparerions
tu réparerais	vous répareriez
il/elle réparerait	ils/elles répareraient

PRESENT SUBJUNCTIVE

que je répare	que nous réparions
que tu répares	que vous répariez
qu'il/elle répare	qu'ils/elles réparent

IMPERFECT SUBJUNCTIVE

que je réparasse	que nous réparassions
que tu réparasses	que vous réparassiez
qu'il/elle réparât	qu'ils/elles réparassent

COMMANDS

	(nous) réparons
(tu) répare	(vous) réparez

PASSÉ COMPOSÉ

j'ai réparé	nous avons réparé
tu as réparé	vous avez réparé
il/elle a réparé	ils/elles ont réparé

PLUPERFECT

j'avais réparé	nous avions réparé
tu avais réparé	vous aviez réparé
il/elle avait réparé	ils/elles avaient réparé

PAST ANTERIOR

j'eus réparé	nous eûmes réparé
tu eus réparé	vous eûtes réparé
il/elle eut réparé	ils/elles eurent réparé

FUTURE ANTERIOR

j'aurai réparé	nous aurons réparé
tu auras réparé	vous aurez réparé
il/elle aura réparé	ils/elles auront réparé

PAST CONDITIONAL

j'aurais réparé	nous aurions réparé
tu aurais réparé	vous auriez réparé
il/elle aurait réparé	ils/elles auraient réparé

PAST SUBJUNCTIVE

que j'aie réparé	que nous ayons réparé
que tu aies réparé	que vous ayez réparé
qu'il/elle ait réparé	qu'ils/elles aient réparé

PLUPERFECT SUBJUNCTIVE

que j'eusse réparé	que nous eussions réparé
que tu eusses réparé	que vous eussiez réparé
qu'il/elle eût réparé	qu'ils/elles eussent réparé

Usage

—Je ne sais pas réparer le moteur.	*I don't know how to fix the motor.*
—Ça ne fait rien. On le fera réparer.	*That's OK. We'll have it repaired.*
—Ma montre ne marche plus.	*My watch isn't working anymore.*
—Je sais où tu peux la faire réparer.	*I know where you can get it fixed.*
J'ai donné mon pantalon à réparer.	*I'm having my pants mended.*
Tu ne pourras jamais réparer.	*You'll never be able to make up for it.*
Comment va-t-il réparer le mal qu'il a fait?	*How will he be able to make up for the harm he has done?*

RELATED WORD

la réparation	*repair*
La moto est en réparation.	*The motorcycle is being repaired.*
Il y a des réparations à faire chez nous.	*Our place needs repair.*

repartir *to leave again*

je repars · je repartis · reparti · repartant   irregular verb; compound tenses with *être*

PRESENT

je repars	nous repartons
tu repars	vous repartez
il/elle repart	ils/elles repartent

IMPERFECT

je repartais	nous repartions
tu repartais	vous repartiez
il/elle repartait	ils/elles repartaient

PASSÉ SIMPLE

je repartis	nous repartîmes
tu repartis	vous repartîtes
il/elle repartit	ils/elles repartirent

FUTURE

je repartirai	nous repartirons
tu repartiras	vous repartirez
il/elle repartira	ils/elles repartiront

CONDITIONAL

je repartirais	nous repartirions
tu repartirais	vous repartiriez
il/elle repartirait	ils/elles repartiraient

PRESENT SUBJUNCTIVE

que je reparte	que nous repartions
que tu repartes	que vous repartiez
qu'il/elle reparte	qu'ils/elles repartent

IMPERFECT SUBJUNCTIVE

que je repartisse	que nous repartissions
que tu repartisses	que vous repartissiez
qu'il/elle repartît	qu'ils/elles repartissent

COMMANDS

	(nous) repartons
(tu) repars	(vous) repartez

PASSÉ COMPOSÉ

je suis reparti(e)	nous sommes reparti(e)s
tu es reparti(e)	vous êtes reparti(e)(s)
il/elle est reparti(e)	ils/elles sont reparti(e)s

PLUPERFECT

j'étais reparti(e)	nous étions reparti(e)s
tu étais reparti(e)	vous étiez reparti(e)(s)
il/elle était reparti(e)	ils/elles étaient reparti(e)s

PAST ANTERIOR

je fus reparti(e)	nous fûmes reparti(e)s
tu fus reparti(e)	vous fûtes reparti(e)(s)
il/elle fut reparti(e)	ils/elles furent reparti(e)s

FUTURE ANTERIOR

je serai reparti(e)	nous serons reparti(e)s
tu seras reparti(e)	vous serez reparti(e)(s)
il/elle sera reparti(e)	ils/elles seront reparti(e)s

PAST CONDITIONAL

je serais reparti(e)	nous serions reparti(e)s
tu serais reparti(e)	vous seriez reparti(e)(s)
il/elle serait reparti(e)	ils/elles seraient reparti(e)s

PAST SUBJUNCTIVE

que je sois reparti(e)	que nous soyons reparti(e)s
que tu sois reparti(e)	que vous soyez reparti(e)(s)
qu'il/elle soit reparti(e)	qu'ils/elles soient reparti(e)s

PLUPERFECT SUBJUNCTIVE

que je fusse reparti(e)	que nous fussions reparti(e)s
que tu fusses reparti(e)	que vous fussiez reparti(e)(s)
qu'il/elle fût reparti(e)	qu'ils/elles fussent reparti(e)s

Usage

Ils sont arrivés lundi et repartis mardi matin.	*They arrived on Monday and left on Tuesday morning.*
La conversation est repartie.	*The conversation has started up again.*
Le train est reparti après les réparations.	*The train left again after repairs.*
Après un bref séjour je suis reparti chez moi.	*After a brief stay, I left for home again.*
repartir à zéro	*to start over/from scratch*
Après sa faillite il est reparti à zéro.	*After his bankruptcy he started over from scratch.*
Tu dois repartir du bon pied.	*You must make a fresh start.*

regular -ir verb

je répartis · je répartis · réparti · répartissant

PRESENT

je répartis	nous répartissons
tu répartis	vous répartissez
il/elle répartit	ils/elles répartissent

IMPERFECT

je répartissais	nous répartissions
tu répartissais	vous répartissiez
il/elle répartissait	ils/elles répartissaient

PASSÉ SIMPLE

je répartis	nous répartîmes
tu répartis	vous répartîtes
il/elle répartit	ils/elles répartirent

FUTURE

je répartirai	nous répartirons
tu répartiras	vous répartirez
il/elle répartira	ils/elles répartiront

CONDITIONAL

je répartirais	nous répartirions
tu répartirais	vous répartiriez
il/elle répartirait	ils/elles répartiraient

PRESENT SUBJUNCTIVE

que je répartisse	que nous répartissions
que tu répartisses	que vous répartissiez
qu'il/elle répartisse	qu'ils/elles répartissent

IMPERFECT SUBJUNCTIVE

que je répartisse	que nous répartissions
que tu répartisses	que vous répartissiez
qu'il/elle répartît	qu'ils/elles répartissent

PASSÉ COMPOSÉ

j'ai réparti	nous avons réparti
tu as réparti	vous avez réparti
il/elle a réparti	ils/elles ont réparti

PLUPERFECT

j'avais réparti	nous avions réparti
tu avais réparti	vous aviez réparti
il/elle avait réparti	ils/elles avaient réparti

PAST ANTERIOR

j'eus réparti	nous eûmes réparti
tu eus réparti	vous eûtes réparti
il/elle eut réparti	ils/elles eurent réparti

FUTURE ANTERIOR

j'aurai réparti	nous aurons réparti
tu auras réparti	vous aurez réparti
il/elle aura réparti	ils/elles auront réparti

PAST CONDITIONAL

j'aurais réparti	nous aurions réparti
tu aurais réparti	vous auriez réparti
il/elle aurait réparti	ils/elles auraient réparti

PAST SUBJUNCTIVE

que j'aie réparti	que nous ayons réparti
que tu aies réparti	que vous ayez réparti
qu'il/elle ait réparti	qu'ils/elles aient réparti

PLUPERFECT SUBJUNCTIVE

que j'eusse réparti	que nous eussions réparti
que tu eusses réparti	que vous eussiez réparti
qu'il/elle eût réparti	qu'ils/elles eussent réparti

COMMANDS

	(nous) répartissons
(tu) répartis	(vous) répartissez

Usage

On répartira le travail entre les ouvriers.	*We'll divide the work up among the workers.*
J'ai réparti les étudiants en deux équipes.	*I divided the students into two teams.*
Ce cours est réparti sur trois semestres.	*This course is divided up over three semesters.*
Elle a réparti son argent entre ses enfants.	*She divided her money among her children.*
Le prof a réparti les examens sur l'année entière.	*The teacher scheduled exams over the whole semester.*
se répartir	*to divide up*
Il faut se répartir en trois groupes.	*We have to divide into three groups.*
C'est comme ça que le travail s'est réparti.	*That's how the work was divided up.*
Les frais se sont répartis entre tous.	*The expenses were divided among all concerned.*
Les gendarmes se sont répartis dans le quartier.	*The police spread out over the neighborhood.*

repasser *to cross again; to take an exam again; to iron clothing*

je repasse · je repassai · repassé · repassant   regular -er verb

PRESENT

je repasse	nous repassons
tu repasses	vous repassez
il/elle repasse	ils/elles repassent

IMPERFECT

je repassais	nous repassions
tu repassais	vous repassiez
il/elle repassait	ils/elles repassaient

PASSÉ SIMPLE

je repassai	nous repassâmes
tu repassas	vous repassâtes
il/elle repassa	ils/elles repassèrent

FUTURE

je repasserai	nous repasserons
tu repasseras	vous repasserez
il/elle repassera	ils/elles repasseront

CONDITIONAL

je repasserais	nous repasserions
tu repasserais	vous repasseriez
il/elle repasserait	ils/elles repasseraient

PRESENT SUBJUNCTIVE

que je repasse	que nous repassions
que tu repasses	que vous repassiez
qu'il/elle repasse	qu'ils/elles repassent

IMPERFECT SUBJUNCTIVE

que je repassasse	que nous repassassions
que tu repassasses	que vous repassassiez
qu'il/elle repassât	qu'ils/elles repassassent

PASSÉ COMPOSÉ

j'ai repassé	nous avons repassé
tu as repassé	vous avez repassé
il/elle a repassé	ils/elles ont repassé

PLUPERFECT

j'avais repassé	nous avions repassé
tu avais repassé	vous aviez repassé
il/elle avait repassé	ils/elles avaient repassé

PAST ANTERIOR

j'eus repassé	nous eûmes repassé
tu eus repassé	vous eûtes repassé
il/elle eut repassé	ils/elles eurent repassé

FUTURE ANTERIOR

j'aurai repassé	nous aurons repassé
tu auras repassé	vous aurez repassé
il/elle aura repassé	ils/elles auront repassé

PAST CONDITIONAL

j'aurais repassé	nous aurions repassé
tu aurais repassé	vous auriez repassé
il/elle aurait repassé	ils/elles auraient repassé

PAST SUBJUNCTIVE

que j'aie repassé	que nous ayons repassé
que tu aies repassé	que vous ayez repassé
qu'il/elle ait repassé	qu'ils/elles aient repassé

PLUPERFECT SUBJUNCTIVE

que j'eusse repassé	que nous eussions repassé
que tu eusses repassé	que vous eussiez repassé
qu'il/elle eût repassé	qu'ils/elles eussent repassé

COMMANDS

	(nous) repassons
(tu) repasse	(vous) repassez

Usage

Nous avons repassé le fleuve.	*We crossed back over the river.*
Je repasserai te voir.	*I'll come by to see you again.*
Les étudiants ont repassé l'examen.	*The students took the test again.*
Je viens de repasser mon permis de conduire.	*I've just taken my driver's exam again.*
La semaine prochaine on repasse ce film.	*That film will be shown again next week.*
Je lui ai repassé le journal.	*I handed the newspaper back to him.*
Je vous repasse le patron.	*I'll put the boss on again.* (telephone)
Elle repasse ses robes.	*She's ironing her dresses.*
un fer à repasser	*a clothes iron*

-er verb; spelling change: é > è/mute e | **je repère · je repérai · repéré · repérant**

PRESENT

je repère	nous repérons
tu repères	vous repérez
il/elle repère	ils/elles repèrent

IMPERFECT

je repérais	nous repérions
tu repérais	vous repériez
il/elle repérait	ils/elles repéraient

PASSÉ SIMPLE

je repérai	nous repérâmes
tu repéras	vous repérâtes
il/elle repéra	ils/elles repérèrent

FUTURE

je repérerai	nous repérerons
tu repéreras	vous repérerez
il/elle repérera	ils/elles repéreront

CONDITIONAL

je repérerais	nous repérerions
tu repérerais	vous repéreriez
il/elle repérerait	ils/elles repéreraient

PRESENT SUBJUNCTIVE

que je repère	que nous repérions
que tu repères	que vous repériez
qu'il/elle repère	qu'ils/elles repèrent

IMPERFECT SUBJUNCTIVE

que je repérasse	que nous repérassions
que tu repérasses	que vous repérassiez
qu'il/elle repérât	qu'ils/elles repérassent

PASSÉ COMPOSÉ

j'ai repéré	nous avons repéré
tu as repéré	vous avez repéré
il/elle a repéré	ils/elles ont repéré

PLUPERFECT

j'avais repéré	nous avions repéré
tu avais repéré	vous aviez repéré
il/elle avait repéré	ils/elles avaient repéré

PAST ANTERIOR

j'eus repéré	nous eûmes repéré
tu eus repéré	vous eûtes repéré
il/elle eut repéré	ils/elles eurent repéré

FUTURE ANTERIOR

j'aurai repéré	nous aurons repéré
tu auras repéré	vous aurez repéré
il/elle aura repéré	ils/elles auront repéré

PAST CONDITIONAL

j'aurais repéré	nous aurions repéré
tu aurais repéré	vous auriez repéré
il/elle aurait repéré	ils/elles auraient repéré

PAST SUBJUNCTIVE

que j'aie repéré	que nous ayons repéré
que tu aies repéré	que vous ayez repéré
qu'il/elle ait repéré	qu'ils/elles aient repéré

PLUPERFECT SUBJUNCTIVE

que j'eusse repéré	que nous eussions repéré
que tu eusses repéré	que vous eussiez repéré
qu'il/elle eût repéré	qu'ils/elles eussent repéré

COMMANDS

	(nous) repérons
(tu) repère	(vous) repérez

Usage

Je l'ai repérée dans la foule.	*I spotted her in the crowd.*
Ma mère a repéré un bon traiteur.	*My mother discovered a good caterer/deli.*
Les voleurs se sont fait repérer.	*The thieves got themselves caught.*
Avec tout ce bruit tu vas nous faire repérer.	*With all that noise you're going to get us spotted.*
Je me repère facilement dans cette ville.	*I find my way around easily in this city.*

RELATED WORDS

le repère	*marker/landmark*
Le menuisier a tracé des repères sur le bois.	*The carpenter made marks on the wood.*
le point de repère	*landmark/point of reference*
Ce parc nous servira de point de repère.	*This park will serve as a reminder of how to get back.*

répéter *to repeat*

regular -er verb; spelling change: é > è/mute e

PRESENT

je répète	nous répétons
tu répètes	vous répétez
il/elle répète	ils/elles répètent

IMPERFECT

je répétais	nous répétions
tu répétais	vous répétiez
il/elle répétait	ils/elles répétaient

PASSÉ SIMPLE

je répétai	nous répétâmes
tu répétas	vous répétâtes
il/elle répéta	ils/elles répétèrent

FUTURE

je répéterai	nous répéterons
tu répéteras	vous répéterez
il/elle répétera	ils/elles répéteront

CONDITIONAL

je répéterais	nous répéterions
tu répéterais	vous répéteriez
il/elle répéterait	ils/elles répéteraient

PRESENT SUBJUNCTIVE

que je répète	que nous répétions
que tu répètes	que vous répétiez
qu'il/elle répète	qu'ils/elles répètent

IMPERFECT SUBJUNCTIVE

que je répétasse	que nous répétassions
que tu répétasses	que vous répétassiez
qu'il/elle répétât	qu'ils/elles répétassent

COMMANDS

	(nous) répétons
(tu) répète	(vous) répétez

PASSÉ COMPOSÉ

j'ai répété	nous avons répété
tu as répété	vous avez répété
il/elle a répété	ils/elles ont répété

PLUPERFECT

j'avais répété	nous avions répété
tu avais répété	vous aviez répété
il/elle avait répété	ils/elles avaient répété

PAST ANTERIOR

j'eus répété	nous eûmes répété
tu eus répété	vous eûtes répété
il/elle eut répété	ils/elles eurent répété

FUTURE ANTERIOR

j'aurai répété	nous aurons répété
tu auras répété	vous aurez répété
il/elle aura répété	ils/elles auront répété

PAST CONDITIONAL

j'aurais répété	nous aurions répété
tu aurais répété	vous auriez répété
il/elle aurait répété	ils/elles auraient répété

PAST SUBJUNCTIVE

que j'aie répété	que nous ayons répété
que tu aies répété	que vous ayez répété
qu'il/elle ait répété	qu'ils/elles aient répété

PLUPERFECT SUBJUNCTIVE

que j'eusse répété	que nous eussions répété
que tu eusses répété	que vous eussiez répété
qu'il/elle eût répété	qu'ils/elles eussent répété

Usage

Répétez après moi.	*Repeat after me.*
Combien de fois est-ce qu'il faut te répéter la même chose?	*How many times do I have to repeat the same thing to you?*
Je ne me le suis pas fait répéter.	*I didn't have to be told twice.*
C'est un secret à ne pas répéter.	*It's a secret that should not be repeated.*
Le prisonnier a répété sa tentative d'évasion.	*The prisoner repeated his escape attempt.*
Les musiciens répètent avant le concert.	*The musicians rehearse before the concert.*
se répéter	*to repeat oneself*
Tu te répètes, tu sais?	*Do you know you're repeating yourself?*
L'histoire se répète.	*History repeats itself.*
Le même style de maison se répétait rue après rue.	*The same style of house was found on street after street.*

regular -re verb

je réponds · je répondis · répondu · répondant

PRESENT		PASSÉ COMPOSÉ	
je réponds	nous répondons	j'ai répondu	nous avons répondu
tu réponds	vous répondez	tu as répondu	vous avez répondu
il/elle répond	ils/elles répondent	il/elle a répondu	ils/elles ont répondu

IMPERFECT		PLUPERFECT	
je répondais	nous répondions	j'avais répondu	nous avions répondu
tu répondais	vous répondiez	tu avais répondu	vous aviez répondu
il/elle répondait	ils/elles répondaient	il/elle avait répondu	ils/elles avaient répondu

PASSÉ SIMPLE		PAST ANTERIOR	
je répondis	nous répondîmes	j'eus répondu	nous eûmes répondu
tu répondis	vous répondîtes	tu eus répondu	vous eûtes répondu
il/elle répondit	ils/elles répondirent	il/elle eut répondu	ils/elles eurent répondu

FUTURE		FUTURE ANTERIOR	
je répondrai	nous répondrons	j'aurai répondu	nous aurons répondu
tu répondras	vous répondrez	tu auras répondu	vous aurez répondu
il/elle répondra	ils/elles répondront	il/elle aura répondu	ils/elles auront répondu

CONDITIONAL		PAST CONDITIONAL	
je répondrais	nous répondrions	j'aurais répondu	nous aurions répondu
tu répondrais	vous répondriez	tu aurais répondu	vous auriez répondu
il/elle répondrait	ils/elles répondraient	il/elle aurait répondu	ils/elles auraient répondu

PRESENT SUBJUNCTIVE		PAST SUBJUNCTIVE	
que je réponde	que nous répondions	que j'aie répondu	que nous ayons répondu
que tu répondes	que vous répondiez	que tu aies répondu	que vous ayez répondu
qu'il/elle réponde	qu'ils/elles répondent	qu'il/elle ait répondu	qu'ils/elles aient répondu

IMPERFECT SUBJUNCTIVE		PLUPERFECT SUBJUNCTIVE	
que je répondisse	que nous répondissions	que j'eusse répondu	que nous eussions répondu
que tu répondisses	que vous répondissiez	que tu eusses répondu	que vous eussiez répondu
qu'il/elle répondît	qu'ils/elles répondissent	qu'il/elle eût répondu	qu'ils/elles eussent répondu

COMMANDS	
	(nous) répondons
(tu) réponds	(vous) répondez

Usage

répondre que	*to answer that*
J'ai répondu qu'il était tard.	*I answered that it was late.*
Il a répondu qu'il voulait partir.	*He answered that he wanted to leave.*
Nous avons répondu que oui/que non.	*We answered yes/no.*
répondre qqch	*to answer (with) something*
Il a répondu une bêtise.	*He answered (with) something stupid.*
Elle a répondu « présente » à l'appel.	*She answered "present" when they called the roll.*
répondre à qqch	*to answer something*
J'ai répondu à sa lettre.	*I answered his letter.*
répondre à qqn	*to answer someone*
Je leur répondrai.	*I'll answer them.*

TOP 50 VERB ☞

répondre *to answer*

je réponds · je répondis · répondu · répondant

regular -re verb

répondre + la réponse

Il a répondu quelque chose, mais je n'ai rien compris.

He answered something, but I didn't understand any of it.

répondre par qqch to answer by/using

J'ai répondu par des balbutiements.	*I answered with stammers.*
Elle a répondu par des mots grossiers.	*She answered with coarse words.*
Je n'ai rien à répondre.	*I have nothing to answer.*
J'ai répondu par écrit.	*I answered in writing.*
Vous me répondrez par oui ou par non.	*You'll answer yes or no.*
L'enfant m'a répondu par un sourire.	*The child answered me with a smile.*

répondre à qqch

répondre au téléphone	*to answer the phone*
répondre au courrier électronique	*to answer the e-mail*
répondre à la porte	*to answer the door*
répondre à la sonnette	*to answer the bell*
répondre à une question	*to answer a question*
Les étudiants ont répondu à toutes les questions.	*The students answered all of the questions.*
Tu n'as pas répondu à son salut.	*You didn't answer when she said "hello."*
Il a répondu à toutes les objections du chef.	*He answered all the boss's objections.*
Son cœur ne répond plus aux excitations.	*His heart no longer responds to stimuli.*
Le poste ne répond pas à ses espérances.	*The job falls short of his expectations.*
Personne n'a répondu à notre annonce.	*No one answered our ad.*
Tu as entendu la question? Réponds-y.	*Did you hear the question? Answer it.*

répondre à qqn

Je ne vous permets pas de me répondre sur ce ton.	*I won't allow you to answer me in that tone of voice.*
Il a une question. Réponds-lui.	*He has a question. Answer him.*

répondre (emploi absolu)

Ça ne répond pas.	*There's no answer.* (telephone)
Les freins ne répondent plus!	*The brakes are failing!*

Related Words

la réponse	*answer*
le bulletin de réponse	*reply slip*
en réponse à votre demande	*in response to your application*
J'attends toujours sa réponse.	*I'm still waiting for his reply.*
le répondeur	*answering machine*

TOP 50 VERBS

regular -er reflexive verb;
compound tenses with être

je me repose · je me reposai · s'étant reposé · se reposant

PRESENT

je me repose	nous nous reposons
tu te reposes	vous vous reposez
il/elle se repose	ils/elles se reposent

IMPERFECT

je me reposais	nous nous reposions
tu te reposais	vous vous reposiez
il/elle se reposait	ils/elles se reposaient

PASSÉ SIMPLE

je me reposai	nous nous reposâmes
tu te reposas	vous vous reposâtes
il/elle se reposa	ils/elles se reposèrent

FUTURE

je me reposerai	nous nous reposerons
tu te reposeras	vous vous reposerez
il/elle se reposera	ils/elles se reposeront

CONDITIONAL

je me reposerais	nous nous reposerions
tu te reposerais	vous vous reposeriez
il/elle se reposerait	ils/elles se reposeraient

PRESENT SUBJUNCTIVE

que je me repose	que nous nous reposions
que tu te reposes	que vous vous reposiez
qu'il/elle se repose	qu'ils/elles se reposent

IMPERFECT SUBJUNCTIVE

que je me reposasse	que nous nous reposassions
que tu te reposasses	que vous vous reposassiez
qu'il/elle se reposât	qu'ils/elles se reposassent

COMMANDS

	(nous) reposons-nous
(tu) repose-toi	(vous) reposez-vous

PASSÉ COMPOSÉ

je me suis reposé(e)	nous nous sommes reposé(e)s
tu t'es reposé(e)	vous vous êtes reposé(e)(s)
il/elle s'est reposé(e)	ils/elles se sont reposé(e)s

PLUPERFECT

je m'étais reposé(e)	nous nous étions reposé(e)s
tu t'étais reposé(e)	vous vous étiez reposé(e)(s)
il/elle s'était reposé(e)	ils/elles s'étaient reposé(e)s

PAST ANTERIOR

je me fus reposé(e)	nous nous fûmes reposé(e)s
tu te fus reposé(e)	vous vous fûtes reposé(e)(s)
il/elle se fut reposé(e)	ils/elles se furent reposé(e)s

FUTURE ANTERIOR

je me serai reposé(e)	nous nous serons reposé(e)s
tu te seras reposé(e)	vous vous serez reposé(e)(s)
il/elle se sera reposé(e)	ils/elles se seront reposé(e)s

PAST CONDITIONAL

je me serais reposé(e)	nous nous serions reposé(e)s
tu te serais reposé(e)	vous vous seriez reposé(e)(s)
il/elle se serait reposé(e)	ils/elles se seraient reposé(e)s

PAST SUBJUNCTIVE

que je me sois reposé(e)	que nous nous soyons reposé(e)s
que tu te sois reposé(e)	que vous vous soyez reposé(e)(s)
qu'il/elle se soit reposé(e)	qu'ils/elles se soient reposé(e)s

PLUPERFECT SUBJUNCTIVE

que je me fusse reposé(e)	que nous nous fussions reposé(e)s
que tu te fusses reposé(e)	que vous vous fussiez reposé(e)(s)
qu'il/elle se fût reposé(e)	qu'ils/elles se fussent reposé(e)s

Usage

Je me repose après le travail.	*I rest after work.*
Avec ce bruit on ne peut pas se reposer.	*We can't rest with this noise.*
Laisse-moi me reposer.	*Let me rest.*
Il se repose sur nous pour tout.	*He relies on us for everything.*
Je me repose sur vous.	*I'm counting on you.*
Ils se reposent sur leurs lauriers.	*They're resting on their laurels.*

RELATED WORD

le repos	*rest*
Il faut que tu prennes un peu de repos.	*You should take some time off.*
J'ai un mois de repos.	*I have a month off.*

reprendre *to take up again, start again*

je reprends · je repris · repris · reprenant irregular verb

PRESENT

je reprends	nous reprenons
tu reprends	vous reprenez
il/elle reprend	ils/elles reprennent

IMPERFECT

je reprenais	nous reprenions
tu reprenais	vous repreniez
il/elle reprenait	ils/elles reprenaient

PASSÉ SIMPLE

je repris	nous reprîmes
tu repris	vous reprîtes
il/elle reprit	ils/elles reprirent

FUTURE

je reprendrai	nous reprendrons
tu reprendras	vous reprendrez
il/elle reprendra	ils/elles reprendront

CONDITIONAL

je reprendrais	nous reprendrions
tu reprendrais	vous reprendriez
il/elle reprendrait	ils/elles reprendraient

PRESENT SUBJUNCTIVE

que je reprenne	que nous reprenions
que tu reprennes	que vous repreniez
qu'il/elle reprenne	qu'ils/elles reprennent

IMPERFECT SUBJUNCTIVE

que je reprisse	que nous reprissions
que tu reprisses	que vous reprissiez
qu'il/elle reprît	qu'ils/elles reprissent

COMMANDS

	(nous) reprenons
(tu) reprends	(vous) reprenez

PASSÉ COMPOSÉ

j'ai repris	nous avons repris
tu as repris	vous avez repris
il/elle a repris	ils/elles ont repris

PLUPERFECT

j'avais repris	nous avions repris
tu avais repris	vous aviez repris
il/elle avait repris	ils/elles avaient repris

PAST ANTERIOR

j'eus repris	nous eûmes repris
tu eus repris	vous eûtes repris
il/elle eut repris	ils/elles eurent repris

FUTURE ANTERIOR

j'aurai repris	nous aurons repris
tu auras repris	vous aurez repris
il/elle aura repris	ils/elles auront repris

PAST CONDITIONAL

j'aurais repris	nous aurions repris
tu aurais repris	vous auriez repris
il/elle aurait repris	ils/elles auraient repris

PAST SUBJUNCTIVE

que j'aie repris	que nous ayons repris
que tu aies repris	que vous ayez repris
qu'il/elle ait repris	qu'ils/elles aient repris

PLUPERFECT SUBJUNCTIVE

que j'eusse repris	que nous eussions repris
que tu eusses repris	que vous eussiez repris
qu'il/elle eût repris	qu'ils/elles eussent repris

Usage

Il a repris sa place.	*He took his seat again.*
Tu as repris ta parole.	*You went back on your word.*
Le malade a repris le dessus.	*The sick man recovered.*
Vous reprenez de la salade?	*Will you have some more salad?*
Je vais reprendre l'histoire dès le début.	*I'll start the story all over again.*
Que je ne t'y reprenne pas!	*Don't let me catch you doing it again!*
Tu as repris tes mauvaises habitudes.	*You've fallen back into your bad habits.*
La police a repris le prisonnier évadé.	*The police caught the escaped prisoner.*
Les doutes m'ont repris.	*I was beset by doubt again.*
Il n'y a rien à reprendre dans votre thème.	*There is nothing to correct in your composition.*
Mais tu reprends toujours les mêmes idées!	*But you just keep repeating the same ideas!*
La neige a repris de plus belle.	*It started snowing again, harder than before.*

irregular verb | **je résous · je résolus · résolu · résolvant**

PRESENT

je résous	nous résolvons
tu résous	vous résolvez
il/elle résout	ils/elles résolvent

IMPERFECT

je résolvais	nous résolvions
tu résolvais	vous résolviez
il/elle résolvait	ils/elles résolvaient

PASSÉ SIMPLE

je résolus	nous résolûmes
tu résolus	vous résolûtes
il/elle résolut	ils/elles résolurent

FUTURE

je résoudrai	nous résoudrons
tu résoudras	vous résoudrez
il/elle résoudra	ils/elles résoudront

CONDITIONAL

je résoudrais	nous résoudrions
tu résoudrais	vous résoudriez
il/elle résoudrait	ils/elles résoudraient

PRESENT SUBJUNCTIVE

que je résolve	que nous résolvions
que tu résolves	que vous résolviez
qu'il/elle résolve	qu'ils/elles résolvent

IMPERFECT SUBJUNCTIVE

que je résolusse	que nous résolussions
que tu résolusses	que vous résolussiez
qu'il/elle résolût	qu'ils/elles résolussent

COMMANDS

	(nous) résolvons
(tu) résous	(vous) résolvez

PASSÉ COMPOSÉ

j'ai résolu	nous avons résolu
tu as résolu	vous avez résolu
il/elle a résolu	ils/elles ont résolu

PLUPERFECT

j'avais résolu	nous avions résolu
tu avais résolu	vous aviez résolu
il/elle avait résolu	ils/elles avaient résolu

PAST ANTERIOR

j'eus résolu	nous eûmes résolu
tu eus résolu	vous eûtes résolu
il/elle eut résolu	ils/elles eurent résolu

FUTURE ANTERIOR

j'aurai résolu	nous aurons résolu
tu auras résolu	vous aurez résolu
il/elle aura résolu	ils/elles auront résolu

PAST CONDITIONAL

j'aurais résolu	nous aurions résolu
tu aurais résolu	vous auriez résolu
il/elle aurait résolu	ils/elles auraient résolu

PAST SUBJUNCTIVE

que j'aie résolu	que nous ayons résolu
que tu aies résolu	que vous ayez résolu
qu'il/elle ait résolu	qu'ils/elles aient résolu

PLUPERFECT SUBJUNCTIVE

que j'eusse résolu	que nous eussions résolu
que tu eusses résolu	que vous eussiez résolu
qu'il/elle eût résolu	qu'ils/elles eussent résolu

Usage

résoudre un problème	*to solve a problem*
résoudre une équation	*to solve an equation*
Je ne sais pas comment résoudre ce conflit.	*I don't know how to settle this conflict.*
Il reste des difficultés à résoudre.	*There are still some difficulties to be worked through.*
Il faut résoudre ce contrat.	*This contract must be canceled.*
résoudre de faire qqch	*to decide to do something*
Il faut que je résolve ce problème.	*I have to solve this problem.*
Nous avons résolu de partir.	*We decided to leave.*
résoudre qqn de faire qqch	*to convince someone to do something*
Ils m'ont résolu de leur venir en aide.	*They prevailed upon me to come to their assistance.*
Il est résolu à le faire.	*He is determined to do it.*

RELATED WORD

la résolution	*resolution/solution*
la résolution d'un problème	*the resolution of a problem*

ressembler *to resemble*

je ressemble · je ressemblai · ressemblé · ressemblant

regular *-er* verb

PRESENT

je ressemble	nous ressemblons
tu ressembles	vous ressemblez
il/elle ressemble	ils/elles ressemblent

IMPERFECT

je ressemblais	nous ressemblions
tu ressemblais	vous ressembliez
il/elle ressemblait	ils/elles ressemblaient

PASSÉ SIMPLE

je ressemblai	nous ressemblâmes
tu ressemblas	vous ressemblâtes
il/elle ressembla	ils/elles ressemblèrent

FUTURE

je ressemblerai	nous ressemblerons
tu ressembleras	vous ressemblerez
il/elle ressemblera	ils/elles ressembleront

CONDITIONAL

je ressemblerais	nous ressemblerions
tu ressemblerais	vous ressembleriez
il/elle ressemblerait	ils/elles ressembleraient

PRESENT SUBJUNCTIVE

que je ressemble	que nous ressemblions
que tu ressembles	que vous ressembliez
qu'il/elle ressemble	qu'ils/elles ressemblent

IMPERFECT SUBJUNCTIVE

que je ressemblasse	que nous ressemblassions
que tu ressemblasses	que vous ressemblassiez
qu'il/elle ressemblât	qu'ils/elles ressemblassent

COMMANDS

	(nous) ressemblons
(tu) ressemble	(vous) ressemblez

PASSÉ COMPOSÉ

j'ai ressemblé	nous avons ressemblé
tu as ressemblé	vous avez ressemblé
il/elle a ressemblé	ils/elles ont ressemblé

PLUPERFECT

j'avais ressemblé	nous avions ressemblé
tu avais ressemblé	vous aviez ressemblé
il/elle avait ressemblé	ils/elles avaient ressemblé

PAST ANTERIOR

j'eus ressemblé	nous eûmes ressemblé
tu eus ressemblé	vous eûtes ressemblé
il/elle eut ressemblé	ils/elles eurent ressemblé

FUTURE ANTERIOR

j'aurai ressemblé	nous aurons ressemblé
tu auras ressemblé	vous aurez ressemblé
il/elle aura ressemblé	ils/elles auront ressemblé

PAST CONDITIONAL

j'aurais ressemblé	nous aurions ressemblé
tu aurais ressemblé	vous auriez ressemblé
il/elle aurait ressemblé	ils/elles auraient ressemblé

PAST SUBJUNCTIVE

que j'aie ressemblé	que nous ayons ressemblé
que tu aies ressemblé	que vous ayez ressemblé
qu'il/elle ait ressemblé	qu'ils/elles aient ressemblé

PLUPERFECT SUBJUNCTIVE

que j'eusse ressemblé	que nous eussions ressemblé
que tu eusses ressemblé	que vous eussiez ressemblé
qu'il/elle eût ressemblé	qu'ils/elles eussent ressemblé

Usage

ressembler à qqn	*to look like somebody*
Il ressemble à sa mère.	*He looks like his mother.*
Votre fille vous ressemble.	*Your daughter looks like you.*
Ça ne lui ressemble pas.	*That's not like him.*
se ressembler	*to look like each other*
Les jumeaux se ressemblent comme deux gouttes d'eau.	*The twins are as alike as two peas in a pod.*
Tous les centres commerciaux se ressemblent.	*All shopping centers are alike.*

RELATED WORD

ressemblant(e)	*true to life*
Je ne suis pas très ressemblant sur cette photo.	*This picture doesn't look like me.*

irregular verb   **je ressens · je ressentis · ressenti · ressentant**

PRESENT		PASSÉ COMPOSÉ	
je ressens	nous ressentons	j'ai ressenti	nous avons ressenti
tu ressens	vous ressentez	tu as ressenti	vous avez ressenti
il/elle ressent	ils/elles ressentent	il/elle a ressenti	ils/elles ont ressenti

IMPERFECT		PLUPERFECT	
je ressentais	nous ressentions	j'avais ressenti	nous avions ressenti
tu ressentais	vous ressentiez	tu avais ressenti	vous aviez ressenti
il/elle ressentait	ils/elles ressentaient	il/elle avait ressenti	ils/elles avaient ressenti

PASSÉ SIMPLE		PAST ANTERIOR	
je ressentis	nous ressentîmes	j'eus ressenti	nous eûmes ressenti
tu ressentis	vous ressentîtes	tu eus ressenti	vous eûtes ressenti
il/elle ressentit	ils/elles ressentirent	il/elle eut ressenti	ils/elles eurent ressenti

FUTURE		FUTURE ANTERIOR	
je ressentirai	nous ressentirons	j'aurai ressenti	nous aurons ressenti
tu ressentiras	vous ressentirez	tu auras ressenti	vous aurez ressenti
il/elle ressentira	ils/elles ressentiront	il/elle aura ressenti	ils/elles auront ressenti

CONDITIONAL		PAST CONDITIONAL	
je ressentirais	nous ressentirions	j'aurais ressenti	nous aurions ressenti
tu ressentirais	vous ressentiriez	tu aurais ressenti	vous auriez ressenti
il/elle ressentirait	ils/elles ressentiraient	il/elle aurait ressenti	ils/elles auraient ressenti

PRESENT SUBJUNCTIVE		PAST SUBJUNCTIVE	
que je ressente	que nous ressentions	que j'aie ressenti	que nous ayons ressenti
que tu ressentes	que vous ressentiez	que tu aies ressenti	que vous ayez ressenti
qu'il/elle ressente	qu'ils/elles ressentent	qu'il/elle ait ressenti	qu'ils/elles aient ressenti

IMPERFECT SUBJUNCTIVE		PLUPERFECT SUBJUNCTIVE	
que je ressentisse	que nous ressentissions	que j'eusse ressenti	que nous eussions ressenti
que tu ressentisses	que vous ressentissiez	que tu eusses ressenti	que vous eussiez ressenti
qu'il/elle ressentît	qu'ils/elles ressentissent	qu'il/elle eût ressenti	qu'ils/elles eussent ressenti

COMMANDS	
	(nous) ressentons
(tu) ressens	(vous) ressentez

Usage

Elle ressentait profondément la perte de ses parents.	*She felt the loss of her parents keenly.*
Je ne ressens pas beaucoup de sympathie pour lui.	*I don't have much of a liking for him.*
Nous ressentons une grande fierté.	*We feel tremendous pride.*
Sa prose se ressent de sa colère.	*His writing is showing the effects of his anger.*
Je ne m'en ressens pas pour recommencer.	*I don't have the strength to start over.*

RELATED WORD

le ressentiment	*resentment*
éprouver du ressentiment	*to feel resentment*

rester   *to remain, stay*

je reste · je restai · resté · restant   regular -er verb; compound tenses with être

PRESENT

je reste	nous restons
tu restes	vous restez
il/elle reste	ils/elles restent

IMPERFECT

je restais	nous restions
tu restais	vous restiez
il/elle restait	ils/elles restaient

PASSÉ SIMPLE

je restai	nous restâmes
tu restas	vous restâtes
il/elle resta	ils/elles restèrent

FUTURE

je resterai	nous resterons
tu resteras	vous resterez
il/elle restera	ils/elles resteront

CONDITIONAL

je resterais	nous resterions
tu resterais	vous resteriez
il/elle resterait	ils/elles resteraient

PRESENT SUBJUNCTIVE

que je reste	que nous restions
que tu restes	que vous restiez
qu'il/elle reste	qu'ils/elles restent

IMPERFECT SUBJUNCTIVE

que je restasse	que nous restassions
que tu restasses	que vous restassiez
qu'il/elle restât	qu'ils/elles restassent

COMMANDS

	(nous) restons
(tu) reste	(vous) restez

PASSÉ COMPOSÉ

je suis resté(e)	nous sommes resté(e)s
tu es resté(e)	vous êtes resté(e)(s)
il/elle est resté(e)	ils/elles sont resté(e)s

PLUPERFECT

j'étais resté(e)	nous étions resté(e)s
tu étais resté(e)	vous étiez resté(e)(s)
il/elle était resté(e)	ils/elles étaient resté(e)s

PAST ANTERIOR

je fus resté(e)	nous fûmes resté(e)s
tu fus resté(e)	vous fûtes resté(e)(s)
il/elle fut resté(e)	ils/elles furent resté(e)s

FUTURE ANTERIOR

je serai resté(e)	nous serons resté(e)s
tu seras resté(e)	vous serez resté(e)(s)
il/elle sera resté(e)	ils/elles seront resté(e)s

PAST CONDITIONAL

je serais resté(e)	nous serions resté(e)s
tu serais resté(e)	vous seriez resté(e)(s)
il/elle serait resté(e)	ils/elles seraient resté(e)s

PAST SUBJUNCTIVE

que je sois resté(e)	que nous soyons resté(e)s
que tu sois resté(e)	que vous soyez resté(e)s
qu'il/elle soit resté(e)	qu'ils/elles soient resté(e)s

PLUPERFECT SUBJUNCTIVE

que je fusse resté(e)	que nous fussions resté(e)s
que tu fusses resté(e)	que vous fussiez resté(e)(s)
qu'il/elle fût resté(e)	qu'ils/elles fussent resté(e)s

Usage

On est restés trop longtemps au café.	*We stayed too long at the café.*
Je suis resté à Paris.	*I stayed in Paris.*
Ne restez pas debout! Asseyez-vous!	*Don't remain standing! Sit down!*
Vos insultes lui sont restées sur le cœur.	*Your insults cut him to the quick.*
Avance! Ne reste pas à la traîne!	*Come forward! Don't hang back!*
Avec les problèmes qu'on a, il faut rester unis.	*With all the problems we have, we should stick together.*
Mes conseils sont restés sans effet.	*My advice had no effect.*
Ça reste à voir.	*That remains to be seen.*
On en est restés aux conversations.	*We got no further than conversation.*
Il reste un peu de poulet?	*Is there any chicken left?*
Il reste à savoir s'il est arrivé.	*We still have to find out if he got here.*
Il n'en reste pas moins qu'il a mal agi.	*The fact remains that he acted badly.*

PRESENT

je retiens	nous retenons
tu retiens	vous retenez
il/elle retient	ils/elles retiennent

IMPERFECT

je retenais	nous retenions
tu retenais	vous reteniez
il/elle retenait	ils/elles retenaient

PASSÉ SIMPLE

je retins	nous retînmes
tu retins	vous retîntes
il/elle retint	ils/elles retinrent

FUTURE

je retiendrai	nous retiendrons
tu retiendras	vous retiendrez
il/elle retiendra	ils/elles retiendront

CONDITIONAL

je retiendrais	nous retiendrions
tu retiendrais	vous retiendriez
il/elle retiendrait	ils/elles retiendraient

PRESENT SUBJUNCTIVE

que je retienne	que nous retenions
que tu retiennes	que vous reteniez
qu'il/elle retienne	qu'ils/elles retiennent

IMPERFECT SUBJUNCTIVE

que je retinsse	que nous retinssions
que tu retinsses	que vous retinssiez
qu'il/elle retînt	qu'ils/elles retinssent

COMMANDS

	(nous) retenons
(tu) retiens	(vous) retenez

PASSÉ COMPOSÉ

j'ai retenu	nous avons retenu
tu as retenu	vous avez retenu
il/elle a retenu	ils/elles ont retenu

PLUPERFECT

j'avais retenu	nous avions retenu
tu avais retenu	vous aviez retenu
il/elle avait retenu	ils/elles avaient retenu

PAST ANTERIOR

j'eus retenu	nous eûmes retenu
tu eus retenu	vous eûtes retenu
il/elle eut retenu	ils/elles eurent retenu

FUTURE ANTERIOR

j'aurai retenu	nous aurons retenu
tu auras retenu	vous aurez retenu
il/elle aura retenu	ils/elles auront retenu

PAST CONDITIONAL

j'aurais retenu	nous aurions retenu
tu aurais retenu	vous auriez retenu
il/elle aurait retenu	ils/elles auraient retenu

PAST SUBJUNCTIVE

que j'aie retenu	que nous ayons retenu
que tu aies retenu	que vous ayez retenu
qu'il/elle ait retenu	qu'ils/elles aient retenu

PLUPERFECT SUBJUNCTIVE

que j'eusse retenu	que nous eussions retenu
que tu eusses retenu	que vous eussiez retenu
qu'il/elle eût retenu	qu'ils/elles eussent retenu

Usage

Je l'ai retenu par le bras.	*I held him back by his arm.*
L'entreprise retient 7 pour cent de mon salaire pour le fisc.	*The firm withholds 7 percent of my salary for the IRS.*
La police a retenu la foule.	*The police held back the crowd.*
Sa jambe cassée l'a retenue à la maison.	*Her broken leg kept her at home.*
On m'a retenu plus d'une demi-heure.	*They kept me there for over half an hour.*
Mon travail m'a retenu à l'étranger.	*My work kept me abroad.*
Moi, on me retiendra!	*They'll remember me, boy!*
Il faut retenir nos places.	*We have to reserve our seats.*
En le voyant, je retins mon haleine.	*When I saw him I held my breath.*
Je ne retiens pas grand-chose de ce qu'on m'a dit.	*I don't remember much of what they told me.*

retirer   *to remove, withdraw*

je retire · je retirai · retiré · retirant   regular -er verb

PRESENT

je retire	nous retirons
tu retires	vous retirez
il/elle retire	ils/elles retirent

IMPERFECT

je retirais	nous retirions
tu retirais	vous retiriez
il/elle retirait	ils/elles retiraient

PASSÉ SIMPLE

je retirai	nous retirâmes
tu retiras	vous retirâtes
il/elle retira	ils/elles retirèrent

FUTURE

je retirerai	nous retirerons
tu retireras	vous retirerez
il/elle retirera	ils/elles retireront

CONDITIONAL

je retirerais	nous retirerions
tu retirerais	vous retireriez
il/elle retirerait	ils/elles retireraient

PRESENT SUBJUNCTIVE

que je retire	que nous retirions
que tu retires	que vous retiriez
qu'il/elle retire	qu'ils/elles retirent

IMPERFECT SUBJUNCTIVE

que je retirasse	que nous retirassions
que tu retirasses	que vous retirassiez
qu'il/elle retirât	qu'ils/elles retirassent

COMMANDS

	(nous) retirons
(tu) retire	(vous) retirez

PASSÉ COMPOSÉ

j'ai retiré	nous avons retiré
tu as retiré	vous avez retiré
il/elle a retiré	ils/elles ont retiré

PLUPERFECT

j'avais retiré	nous avions retiré
tu avais retiré	vous aviez retiré
il/elle avait retiré	ils/elles avaient retiré

PAST ANTERIOR

j'eus retiré	nous eûmes retiré
tu eus retiré	vous eûtes retiré
il/elle eut retiré	ils/elles eurent retiré

FUTURE ANTERIOR

j'aurai retiré	nous aurons retiré
tu auras retiré	vous aurez retiré
il/elle aura retiré	ils/elles auront retiré

PAST CONDITIONAL

j'aurais retiré	nous aurions retiré
tu aurais retiré	vous auriez retiré
il/elle aurait retiré	ils/elles auraient retiré

PAST SUBJUNCTIVE

que j'aie retiré	que nous ayons retiré
que tu aies retiré	que vous ayez retiré
qu'il/elle ait retiré	qu'ils/elles aient retiré

PLUPERFECT SUBJUNCTIVE

que j'eusse retiré	que nous eussions retiré
que tu eusses retiré	que vous eussiez retiré
qu'il/elle eût retiré	qu'ils/elles eussent retiré

Usage

Retire ton manteau. Il ne fait pas si froid.	*Take off your coat. It's not so cold.*
La police lui a retiré son permis de conduire.	*The police took his driver's license away.*
Retirez le bouchon et on va boire.	*Uncork the bottle and we'll have a drink.*
Il faut retirer le poulet du four maintenant.	*We have to take the chicken out of the oven now.*
Je passerai au guichet pour retirer les billets.	*I'll stop by the box office to pick up the tickets.*
Combien d'argent est-ce que tu as retiré de la banque?	*How much money did you withdraw from the bank?*
Il retire des avantages de son amitié avec le chef.	*He draws advantages from his friendship with the boss.*
Il retire un profit énorme de cette affaire.	*He gets a huge profit from this business.*
J'ai retiré ma promesse.	*I took back my promise.*
Je retire ce que j'ai dit.	*I take back what I said.*

regular -er verb;
compound tenses with *être*

je retourne · je retournai · retourné · retournant

PRESENT		PASSÉ COMPOSÉ	
je retourne	nous retournons	je suis retourné(e)	nous sommes retourné(e)s
tu retournes	vous retournez	tu es retourné(e)	vous êtes retourné(e)(s)
il/elle retourne	ils/elles retournent	il/elle est retourné(e)	ils/elles sont retourné(e)s

IMPERFECT		PLUPERFECT	
je retournais	nous retournions	j'étais retourné(e)	nous étions retourné(e)s
tu retournais	vous retourniez	tu étais retourné(e)	vous étiez retourné(e)(s)
il/elle retournait	ils/elles retournaient	il/elle était retourné(e)	ils/elles étaient retourné(e)s

PASSÉ SIMPLE		PAST ANTERIOR	
je retournai	nous retournâmes	je fus retourné(e)	nous fûmes retourné(e)s
tu retournas	vous retournâtes	tu fus retourné(e)	vous fûtes retourné(e)(s)
il/elle retourna	ils/elles retournèrent	il/elle fut retourné(e)	ils/elles furent retourné(e)s

FUTURE		FUTURE ANTERIOR	
je retournerai	nous retournerons	je serai retourné(e)	nous serons retourné(e)s
tu retourneras	vous retournerez	tu seras retourné(e)	vous serez retourné(e)(s)
il/elle retournera	ils/elles retourneront	il/elle sera retourné(e)	ils/elles seront retourné(e)s

CONDITIONAL		PAST CONDITIONAL	
je retournerais	nous retournerions	je serais retourné(e)	nous serions retourné(e)s
tu retournerais	vous retourneriez	tu serais retourné(e)	vous seriez retourné(e)(s)
il/elle retournerait	ils/elles retourneraient	il/elle serait retourné(e)	ils/elles seraient retourné(e)s

PRESENT SUBJUNCTIVE		PAST SUBJUNCTIVE	
que je retourne	que nous retournions	que je sois retourné(e)	que nous soyons retourné(e)s
que tu retournes	que vous retourniez	que tu sois retourné(e)	que vous soyez retourné(e)(s)
qu'il/elle retourne	qu'ils/elles retournent	qu'il/elle soit retourné(e)	qu'ils/elles soient retourné(e)s

IMPERFECT SUBJUNCTIVE		PLUPERFECT SUBJUNCTIVE	
que je retournasse	que nous retournassions	que je fusse retourné(e)	que nous fussions retourné(e)s
que tu retournasses	que vous retournassiez	que tu fusses retourné(e)	que vous fussiez retourné(e)(s)
qu'il/elle retournât	qu'ils/elles retournassent	qu'il/elle fût retourné(e)	qu'ils/elles fussent retourné(e)s

COMMANDS	
	(nous) retournons
(tu) retourne	(vous) retournez

Usage

Les étudiants étrangers sont retournés dans leurs pays.	*The foreign students returned to their countries.*
Elle est retournée à sa place.	*She went back to her seat.*
se retourner	*to turn around*
Je me suis retourné en entendant sa voix.	*I turned around when I heard his/her voice.*
retourner qqch	*to turn something over* (compound tenses conjugated with *avoir*)
Tu as retourné l'omelette?	*Did you flip the omelet?*
J'ai retourné ma chambre pour chercher la disquette.	*I turned my room upside down to find the diskette.*
Il a retourné ses poches pour nous montrer qu'il n'avait pas d'argent.	*He turned his pockets inside out to show us that he had no money.*
Je suis tout retourné.	*I'm all shook up.*
Je ne sais pas à qui me retourner.	*I don't know who to turn to.*

RELATED WORD

le retour	*return*
être de retour	*to be back*

retrouver   *to find, find again; to meet*

je retrouve · je retrouvai · retrouvé · retrouvant   regular -*er* verb

PRESENT		PASSÉ COMPOSÉ	
je retrouve	nous retrouvons	j'ai retrouvé	nous avons retrouvé
tu retrouves	vous retrouvez	tu as retrouvé	vous avez retrouvé
il/elle retrouve	ils/elles retrouvent	il/elle a retrouvé	ils/elles ont retrouvé

IMPERFECT		PLUPERFECT	
je retrouvais	nous retrouvions	j'avais retrouvé	nous avions retrouvé
tu retrouvais	vous retrouviez	tu avais retrouvé	vous aviez retrouvé
il/elle retrouvait	ils/elles retrouvaient	il/elle avait retrouvé	ils/elles avaient retrouvé

PASSÉ SIMPLE		PAST ANTERIOR	
je retrouvai	nous retrouvâmes	j'eus retrouvé	nous eûmes retrouvé
tu retrouvas	vous retrouvâtes	tu eus retrouvé	vous eûtes retrouvé
il/elle retrouva	ils/elles retrouvèrent	il/elle eut retrouvé	ils/elles eurent retrouvé

FUTURE		FUTURE ANTERIOR	
je retrouverai	nous retrouverons	j'aurai retrouvé	nous aurons retrouvé
tu retrouveras	vous retrouverez	tu auras retrouvé	vous aurez retrouvé
il/elle retrouvera	ils/elles retrouveront	il/elle aura retrouvé	ils/elles auront retrouvé

CONDITIONAL		PAST CONDITIONAL	
je retrouverais	nous retrouverions	j'aurais retrouvé	nous aurions retrouvé
tu retrouverais	vous retrouveriez	tu aurais retrouvé	vous auriez retrouvé
il/elle retrouverait	ils/elles retrouveraient	il/elle aurait retrouvé	ils/elles auraient retrouvé

PRESENT SUBJUNCTIVE		PAST SUBJUNCTIVE	
que je retrouve	que nous retrouvions	que j'aie retrouvé	que nous ayons retrouvé
que tu retrouves	que vous retrouviez	que tu aies retrouvé	que vous ayez retrouvé
qu'il/elle retrouve	qu'ils/elles retrouvent	qu'il/elle ait retrouvé	qu'ils/elles aient retrouvé

IMPERFECT SUBJUNCTIVE		PLUPERFECT SUBJUNCTIVE	
que je retrouvasse	que nous retrouvassions	que j'eusse retrouvé	que nous eussions retrouvé
que tu retrouvasses	que vous retrouvassiez	que tu eusses retrouvé	que vous eussiez retrouvé
qu'il/elle retrouvât	qu'ils/elles retrouvassent	qu'il/elle eût retrouvé	qu'ils/elles eussent retrouvé

COMMANDS	
	(nous) retrouvons
(tu) retrouve	(vous) retrouvez

Usage

On l'a retrouvé plus mort que vivant.	*They found him more dead than alive.*
J'ai retrouvé plusieurs fois la même faute dans l'article.	*I found the same mistake several times in the article.*
Il faut retrouver notre chemin.	*We have to find our way again.*
Elle ne retrouve pas son sac.	*She can't find her handbag.*
Quand est-ce qu'elle retrouvera la santé?	*When will she be healthy again?*
Je les ai retrouvés en ville.	*I ran across them downtown.*
Je ne retrouve plus leur adresse.	*I can't recall their address for the moment.*
Je retrouve bien là mon cousin!	*That's my cousin all right!*
se retrouver	*to meet up with each other*
On se retrouve à huit heures ce soir?	*Shall we meet at eight o'clock this evening?*
Il se retrouve sans emploi.	*He finds himself unemployed again.*
Ce type-là va se retrouver en prison.	*That guy is going to wind up in prison.*

regular *-ir* verb

PRESENT

je réussis	nous réussissons
tu réussis	vous réussissez
il/elle réussit	ils/elles réussissent

IMPERFECT

je réussissais	nous réussissions
tu réussissais	vous réussissiez
il/elle réussissait	ils/elles réussissaient

PASSÉ SIMPLE

je réussis	nous réussîmes
tu réussis	vous réussîtes
il/elle réussit	ils/elles réussirent

FUTURE

je réussirai	nous réussirons
tu réussiras	vous réussirez
il/elle réussira	ils/elles réussiront

CONDITIONAL

je réussirais	nous réussirions
tu réussirais	vous réussiriez
il/elle réussirait	ils/elles réussiraient

PRESENT SUBJUNCTIVE

que je réussisse	que nous réussissions
que tu réussisses	que vous réussissiez
qu'il/elle réussisse	qu'ils/elles réussissent

IMPERFECT SUBJUNCTIVE

que je réussisse	que nous réussissions
que tu réussisses	que vous réussissiez
qu'il/elle réussît	qu'ils/elles réussissent

COMMANDS

	(nous) réussissons
(tu) réussis	(vous) réussissez

PASSÉ COMPOSÉ

j'ai réussi	nous avons réussi
tu as réussi	vous avez réussi
il/elle a réussi	ils/elles ont réussi

PLUPERFECT

j'avais réussi	nous avions réussi
tu avais réussi	vous aviez réussi
il/elle avait réussi	ils/elles avaient réussi

PAST ANTERIOR

j'eus réussi	nous eûmes réussi
tu eus réussi	vous eûtes réussi
il/elle eut réussi	ils/elles eurent réussi

FUTURE ANTERIOR

j'aurai réussi	nous aurons réussi
tu auras réussi	vous aurez réussi
il/elle aura réussi	ils/elles auront réussi

PAST CONDITIONAL

j'aurais réussi	nous aurions réussi
tu aurais réussi	vous auriez réussi
il/elle aurait réussi	ils/elles auraient réussi

PAST SUBJUNCTIVE

que j'aie réussi	que nous ayons réussi
que tu aies réussi	que vous ayez réussi
qu'il/elle ait réussi	qu'ils/elles aient réussi

PLUPERFECT SUBJUNCTIVE

que j'eusse réussi	que nous eussions réussi
que tu eusses réussi	que vous eussiez réussi
qu'il/elle eût réussi	qu'ils/elles eussent réussi

Usage

Elle va réussir dans la vie.	*She's going to succeed in life.*
La politesse réussit toujours.	*Politeness will always get you what you want.*
Cette ruse lui a mal réussi.	*That trick didn't do him any good.*
Cet élève réussit en allemand.	*This student does well in German.*
Les pourparlers ont réussi.	*The talks were successful.*
réussir à faire qqch	*to succeed in doing something*
Vous ne réussirez jamais à le persuader.	*You will never succeed in persuading him.*
Je n'ai pas encore réussi à trouver du travail.	*I haven't succeeded in finding work yet.*
J'ai réussi à tous mes examens.	*I passed all my exams.*
Il a réussi dans cette affaire.	*He made a go of this business.*

RELATED WORD

la réussite	*success*
Il a eu une réussite bien méritée.	*He had some well-deserved success.*

se réveiller *to wake up*

je me réveille · je me réveillai · s'étant réveillé · se réveillant

regular *-er* reflexive verb;
compound tenses with *être*

PRESENT

je me réveille	nous nous réveillons
tu te réveilles	vous vous réveillez
il/elle se réveille	ils/elles se réveillent

IMPERFECT

je me réveillais	nous nous réveillions
tu te réveillais	vous vous réveilliez
il/elle se réveillait	ils/elles se réveillaient

PASSÉ SIMPLE

je me réveillai	nous nous réveillâmes
tu te réveillas	vous vous réveillâtes
il/elle se réveilla	ils/elles se réveillèrent

FUTURE

je me réveillerai	nous nous réveillerons
tu te réveilleras	vous vous réveillerez
il/elle se réveillera	ils/elles se réveilleront

CONDITIONAL

je me réveillerais	nous nous réveillerions
tu te réveillerais	vous vous réveilleriez
il/elle se réveillerait	ils/elles se réveilleraient

PRESENT SUBJUNCTIVE

que je me réveille	que nous nous réveillions
que tu te réveilles	que vous vous réveilliez
qu'il/elle se réveille	qu'ils/elles se réveillent

IMPERFECT SUBJUNCTIVE

que je me réveillasse	que nous nous réveillassions
que tu te réveillasses	que vous vous réveillassiez
qu'il/elle se réveillât	qu'ils/elles se réveillassent

COMMANDS

	(nous) réveillons-nous
(tu) réveille-toi	(vous) réveillez-vous

PASSÉ COMPOSÉ

je me suis réveillé(e)	nous nous sommes réveillé(e)s
tu t'es réveillé(e)	vous vous êtes réveillé(e)(s)
il/elle s'est réveillé(e)	ils/elles se sont réveillé(e)s

PLUPERFECT

je m'étais réveillé(e)	nous nous étions réveillé(e)s
tu t'étais réveillé(e)	vous vous étiez réveillé(e)(s)
il/elle s'était réveillé(e)	ils/elles s'étaient réveillé(e)s

PAST ANTERIOR

je me fus réveillé(e)	nous nous fûmes réveillé(e)s
tu te fus réveillé(e)	vous vous fûtes réveillé(e)(s)
il/elle se fut réveillé(e)	ils/elles se furent réveillé(e)s

FUTURE ANTERIOR

je me serai réveillé(e)	nous nous serons réveillé(e)s
tu te seras réveillé(e)	vous vous serez réveillé(e)(s)
il/elle se sera réveillé(e)	ils/elles se seront réveillé(e)s

PAST CONDITIONAL

je me serais réveillé(e)	nous nous serions réveillé(e)s
tu te serais réveillé(e)	vous vous seriez réveillé(e)(s)
il/elle se serait réveillé(e)	ils/elles se seraient réveillé(e)s

PAST SUBJUNCTIVE

que je me sois réveillé(e)	que nous nous soyons réveillé(e)s
que tu te sois réveillé(e)	que vous vous soyez réveillé(e)(s)
qu'il/elle se soit réveillé(e)	qu'ils/elles se soient réveillé(e)s

PLUPERFECT SUBJUNCTIVE

que je me fusse réveillé(e)	que nous nous fussions réveillé(e)s
que tu te fusses réveillé(e)	que vous vous fussiez réveillé(e)(s)
qu'il/elle se fût réveillé(e)	qu'ils/elles se fussent réveillé(e)s

Usage

Réveille-toi! Il est tard.	*Wake up! It's late!*
Je me suis réveillé en sursaut avec ce bruit.	*I woke up with a start at that noise.*
Sa haine s'était réveillée.	*His hatred had been rekindled.*
réveiller qqn	*to wake someone up*
Il ne s'est pas encore réveillé? Réveille-le!	*He hasn't woken up yet? Wake him up!*
Avec le bruit qu'ils font ils pourraient réveiller les morts.	*With the noise they make they could wake up the dead.*

RELATED WORD

le réveil	*awakening; alarm clock*
Mon réveil n'a pas sonné.	*My alarm clock didn't go off.*
J'ai le réveil difficile.	*I find it hard to wake up.*
Je travaille dès le réveil.	*I've been working since I woke up.*

PRESENT

je révèle	nous révélons
tu révèles	vous révélez
il/elle révèle	ils/elles révèlent

IMPERFECT

je révélais	nous révélions
tu révélais	vous révéliez
il/elle révélait	ils/elles révélaient

PASSÉ SIMPLE

je révélai	nous révélâmes
tu révélas	vous révélâtes
il/elle révéla	ils/elles révélèrent

FUTURE

je révélerai	nous révélerons
tu révéleras	vous révélerez
il/elle révélera	ils/elles révéleront

CONDITIONAL

je révélerais	nous révélerions
tu révélerais	vous révéleriez
il/elle révélerait	ils/elles révéleraient

PRESENT SUBJUNCTIVE

que je révèle	que nous révélions
que tu révèles	que vous révéliez
qu'il/elle révèle	qu'ils/elles révèlent

IMPERFECT SUBJUNCTIVE

que je révélasse	que nous révélassions
que tu révélasses	que vous révélassiez
qu'il/elle révélât	qu'ils/elles révélassent

COMMANDS

	(nous) révélons
(tu) révèle	(vous) révélez

PASSÉ COMPOSÉ

j'ai révélé	nous avons révélé
tu as révélé	vous avez révélé
il/elle a révélé	ils/elles ont révélé

PLUPERFECT

j'avais révélé	nous avions révélé
tu avais révélé	vous aviez révélé
il/elle avait révélé	ils/elles avaient révélé

PAST ANTERIOR

j'eus révélé	nous eûmes révélé
tu eus révélé	vous eûtes révélé
il/elle eut révélé	ils/elles eurent révélé

FUTURE ANTERIOR

j'aurai révélé	nous aurons révélé
tu auras révélé	vous aurez révélé
il/elle aura révélé	ils/elles auront révélé

PAST CONDITIONAL

j'aurais révélé	nous aurions révélé
tu aurais révélé	vous auriez révélé
il/elle aurait révélé	ils/elles auraient révélé

PAST SUBJUNCTIVE

que j'aie révélé	que nous ayons révélé
que tu aies révélé	que vous ayez révélé
qu'il/elle ait révélé	qu'ils/elles aient révélé

PLUPERFECT SUBJUNCTIVE

que j'eusse révélé	que nous eussions révélé
que tu eusses révélé	que vous eussiez révélé
qu'il/elle eût révélé	qu'ils/elles eussent révélé

Usage

La police ne veut rien révéler.	*The police don't want to disclose anything.*
Cette épreuve révèle son caractère.	*This difficult situation reveals his character.*
Ses mots révèlent une grande sensibilité.	*Her words reveal a tremendous sensitivity.*
Ses idées révèlent un esprit borné.	*His ideas reveal a small mind.*
Les fouilles archéologiques ont révélé des trésors.	*The archaeological dig turned up treasures.*
Cette expérience m'a révélé à moi-même.	*This experience helped me understand myself.*
Son visage révèle sa générosité.	*Her face reveals her generosity.*
Le dictateur s'est révélé cruel et injuste.	*The dictator showed himself to be cruel and unjust.*

RELATED WORDS

la révélation	*revelation*
Cet article est une véritable révélation.	*This article is a real revelation.*
révélateur/révélatrice	*revealing*
Sa remarque est révélatrice de son état d'âme.	*His remark tells you a lot about his mental state.*

revenir   *to come back*

je reviens · je revins · revenu · revenant   irregular verb

PRESENT		PASSÉ COMPOSÉ	
je reviens	nous revenons	je suis revenu(e)	nous sommes revenu(e)s
tu reviens	vous revenez	tu es revenu(e)	vous êtes revenu(e)(s)
il/elle revient	ils/elles reviennent	il/elle est revenu(e)	ils/elles sont revenu(e)s

IMPERFECT		PLUPERFECT	
je revenais	nous revenions	j'étais revenu(e)	nous étions revenu(e)s
tu revenais	vous reveniez	tu étais revenu(e)	vous étiez revenu(e)(s)
il/elle revenait	ils/elles revenaient	il/elle était revenu(e)	ils/elles étaient revenu(e)s

PASSÉ SIMPLE		PAST ANTERIOR	
je revins	nous revînmes	je fus revenu(e)	nous fûmes revenu(e)s
tu revins	vous revîntes	tu fus revenu(e)	vous fûtes revenu(e)(s)
il/elle revint	ils/elles revinrent	il/elle fut revenu(e)	ils/elles furent revenu(e)s

FUTURE		FUTURE ANTERIOR	
je reviendrai	nous reviendrons	je serai revenu(e)	nous serons revenu(e)s
tu reviendras	vous reviendrez	tu seras revenu(e)	vous serez revenu(e)(s)
il/elle reviendra	ils/elles reviendront	il/elle sera revenu(e)	ils/elles seront revenu(e)s

CONDITIONAL		PAST CONDITIONAL	
je reviendrais	nous reviendrions	je serais revenu(e)	nous serions revenu(e)s
tu reviendrais	vous reviendriez	tu serais revenu(e)	vous seriez revenu(e)(s)
il/elle reviendrait	ils/elles reviendraient	il/elle serait revenu(e)	ils/elles seraient revenu(e)s

PRESENT SUBJUNCTIVE		PAST SUBJUNCTIVE	
que je revienne	que nous revenions	que je sois revenu(e)	que nous soyons revenu(e)s
que tu reviennes	que vous reveniez	que tu sois revenu(e)	que vous soyez revenu(e)(s)
qu'il/elle revienne	qu'ils/elles reviennent	qu'il/elle soit revenu(e)	qu'ils/elles soient revenu(e)s

IMPERFECT SUBJUNCTIVE		PLUPERFECT SUBJUNCTIVE	
que je revinsse	que nous revinssions	que je fusse revenu(e)	que nous fussions revenu(e)s
que tu revinsses	que vous revinssiez	que tu fusses revenu(e)	que vous fussiez revenu(e)(s)
qu'il/elle revînt	qu'ils/elles revinssent	qu'il/elle fût revenu(e)	qu'ils/elles fussent revenu(e)s

COMMANDS	
	(nous) revenons
(tu) reviens	(vous) revenez

Usage

Attends-moi. Je reviens tout de suite.	*Wait for me. I'll be right back.*
Nous reviendrons demain à midi.	*We'll come back tomorrow at noon.*
Je suis revenu sur mes pas.	*I went back the way I had come.*
Il n'est pas encore revenu de ces idées.	*He has not yet put aside those ideas.*
Ça revient à la même chose.	*It amounts to the same thing.*
Ça revient à une question de salaire.	*It comes down to a question of salary.*
Le logement revient à cent euros la nuit.	*Lodging comes to one hundred euros a night.*
Revenons à nos moutons.	*Let's get back to what we were talking about.*
Je suis revenu à la hâte.	*I rushed back.*
Cette idée revient souvent dans ses articles.	*This idea comes up over and over again in his articles.*

RELATED WORDS

le revenu	*income*
l'impôt *(m)* sur le revenu	*income tax*
le revenant	*ghost*

irregular verb

je revois · je revis · revu · revoyant

PRESENT	
je revois	nous revoyons
tu revois	vous revoyez
il/elle revoit	ils/elles revoient

PASSÉ COMPOSÉ	
j'ai revu	nous avons revu
tu as revu	vous avez revu
il/elle a revu	ils/elles ont revu

IMPERFECT	
je revoyais	nous revoyions
tu revoyais	vous revoyiez
il/elle revoyait	ils/elles revoyaient

PLUPERFECT	
j'avais revu	nous avions revu
tu avais revu	vous aviez revu
il/elle avait revu	ils/elles avaient revu

PASSÉ SIMPLE	
je revis	nous revîmes
tu revis	vous revîtes
il/elle revit	ils/elles revirent

PAST ANTERIOR	
j'eus revu	nous eûmes revu
tu eus revu	vous eûtes revu
il/elle eut revu	ils/elles eurent revu

FUTURE	
je reverrai	nous reverrons
tu reverras	vous reverrez
il/elle reverra	ils/elles reverront

FUTURE ANTERIOR	
j'aurai revu	nous aurons revu
tu auras revu	vous aurez revu
il/elle aura revu	ils/elles auront revu

CONDITIONAL	
je reverrais	nous reverrions
tu reverrais	vous reverriez
il/elle reverrait	ils/elles reverraient

PAST CONDITIONAL	
j'aurais revu	nous aurions revu
tu aurais revu	vous auriez revu
il/elle aurait revu	ils/elles auraient revu

PRESENT SUBJUNCTIVE	
que je revoie	que nous revoyions
que tu revoies	que vous revoyiez
qu'il/elle revoie	qu'ils/elles revoient

PAST SUBJUNCTIVE	
que j'aie revu	que nous ayons revu
que tu aies revu	que vous ayez revu
qu'il/elle ait revu	qu'ils/elles aient revu

IMPERFECT SUBJUNCTIVE	
que je revisse	que nous revissions
que tu revisses	que vous revissiez
qu'il/elle revît	qu'ils/elles revissent

PLUPERFECT SUBJUNCTIVE	
que j'eusse revu	que nous eussions revu
que tu eusses revu	que vous eussiez revu
qu'il/elle eût revu	qu'ils/elles eussent revu

COMMANDS	
	(nous) revoyons
(tu) revois	(vous) revoyez

Usage

Depuis cet été, je ne l'ai plus revue.
Dis « au revoir » à ta tante, mon chou.
Avant de monter dans l'avion, elle m'a fait un
   au revoir de la main.
Au revoir!
—Vous allez vous revoir?
—Oui, je la reverrai en été.
Je ne l'ai pas encore revu.
édition revue
Je te revois encore devant ta classe.
Si la guerre éclate, on reverra une augmentation
   des impôts.

Since that summer, I haven't seen her again.
Say good-bye to your aunt, dear.
Before boarding the plane she waved good-bye to me.

So long!
Are you going to see each other again?
Yes, I'll see her again in the summer.
I have yet to see him again.
revised edition
I can still visualize you in front of your class.
If war breaks out, we will see a tax hike again.

rincer   *to rinse*

je rince · je rinçai · rincé · rinçant   regular -er verb; spelling change: c > ç/a, o

PRESENT		PASSÉ COMPOSÉ	
je rince	nous rinçons	j'ai rincé	nous avons rincé
tu rinces	vous rincez	tu as rincé	vous avez rincé
il/elle rince	ils/elles rincent	il/elle a rincé	ils/elles ont rincé

IMPERFECT		PLUPERFECT	
je rinçais	nous rincions	j'avais rincé	nous avions rincé
tu rinçais	vous rinciez	tu avais rincé	vous aviez rincé
il/elle rinçait	ils/elles rinçaient	il/elle avait rincé	ils/elles avaient rincé

PASSÉ SIMPLE		PAST ANTERIOR	
je rinçai	nous rinçâmes	j'eus rincé	nous eûmes rincé
tu rinças	vous rinçâtes	tu eus rincé	vous eûtes rincé
il/elle rinça	ils/elles rincèrent	il/elle eut rincé	ils/elles eurent rincé

FUTURE		FUTURE ANTERIOR	
je rincerai	nous rincerons	j'aurai rincé	nous aurons rincé
tu rinceras	vous rincerez	tu auras rincé	vous aurez rincé
il/elle rincera	ils/elles rinceront	il/elle aura rincé	ils/elles auront rincé

CONDITIONAL		PAST CONDITIONAL	
je rincerais	nous rincerions	j'aurais rincé	nous aurions rincé
tu rincerais	vous rinceriez	tu aurais rincé	vous auriez rincé
il/elle rincerait	ils/elles rinceraient	il/elle aurait rincé	ils/elles auraient rincé

PRESENT SUBJUNCTIVE		PAST SUBJUNCTIVE	
que je rince	que nous rincions	que j'aie rincé	que nous ayons rincé
que tu rinces	que vous rinciez	que tu aies rincé	que vous ayez rincé
qu'il/elle rince	qu'ils/elles rincent	qu'il/elle ait rincé	qu'ils/elles aient rincé

IMPERFECT SUBJUNCTIVE		PLUPERFECT SUBJUNCTIVE	
que je rinçasse	que nous rinçassions	que j'eusse rincé	que nous eussions rincé
que tu rinçasses	que vous rinçassiez	que tu eusses rincé	que vous eussiez rincé
qu'il/elle rinçât	qu'ils/elles rinçassent	qu'il/elle eût rincé	qu'ils/elles eussent rincé

COMMANDS	
	(nous) rinçons
(tu) rince	(vous) rincez

Usage

On va rincer la vaisselle.	*We'll rinse the dishes.*
Il faut que je rince le linge.	*I have to rinse the wash.*
se rincer la bouche	*to rinse one's mouth*
Il s'est rincé l'œil en regardant les filles qui passaient.	*He loved looking at the girls walking by.*
Je me suis rincé dans cette affaire.	*I lost everything in that business deal.*
Viens, on va se rincer le gosier.	*Come, let's go have a drink.*

RELATED WORD

le rinçage	*rinsing*
le rinçage des assiettes dans le lave-vaisselle	*the rinsing of the plates in the dishwasher*

irregular verb

PRESENT		PASSÉ COMPOSÉ	
je ris	nous rions	j'ai ri	nous avons ri
tu ris	vous riez	tu as ri	vous avez ri
il/elle rit	ils/elles rient	il/elle a ri	ils/elles ont ri

IMPERFECT		PLUPERFECT	
je riais	nous riions	j'avais ri	nous avions ri
tu riais	vous riiez	tu avais ri	vous aviez ri
il/elle riait	ils/elles riaient	il/elle avait ri	ils/elles avaient ri

PASSÉ SIMPLE		PAST ANTERIOR	
je ris	nous rîmes	j'eus ri	nous eûmes ri
tu ris	vous rîtes	tu eus ri	vous eûtes ri
il/elle rit	ils/elles rirent	il/elle eut ri	ils/elles eurent ri

FUTURE		FUTURE ANTERIOR	
je rirai	nous rirons	j'aurai ri	nous aurons ri
tu riras	vous rirez	tu auras ri	vous aurez ri
il/elle rira	ils/elles riront	il/elle aura ri	ils/elles auront ri

CONDITIONAL		PAST CONDITIONAL	
je rirais	nous ririons	j'aurais ri	nous aurions ri
tu rirais	vous ririez	tu aurais ri	vous auriez ri
il/elle rirait	ils/elles riraient	il/elle aurait ri	ils/elles auraient ri

PRESENT SUBJUNCTIVE		PAST SUBJUNCTIVE	
que je rie	que nous riions	que j'aie ri	que nous ayons ri
que tu ries	que vous riiez	que tu aies ri	que vous ayez ri
qu'il/elle rie	qu'ils/elles rient	qu'il/elle ait ri	qu'ils/elles aient ri

IMPERFECT SUBJUNCTIVE		PLUPERFECT SUBJUNCTIVE	
que je risse	que nous rissions	que j'eusse ri	que nous eussions ri
que tu risses	que vous rissiez	que tu eusses ri	que vous eussiez ri
qu'il/elle rît	qu'ils/elles rissent	qu'il/elle eût ri	qu'ils/elles eussent ri

COMMANDS	
	(nous) rions
(tu) ris	(vous) riez

Usage

J'ai ri comme un fou.	*I was hysterical with laughter.*
Ils riaient à gorge déployée!	*They were laughing so hard!*
C'est à mourir de rire.	*It's hysterically funny.*
Je n'aime pas sa façon de rire dans sa barbe.	*I don't like the way he laughs up his sleeve.*
Ses blagues nous ont faire rire aux éclats.	*His jokes had us roaring with laughter.*
Elle a éclaté de rire.	*She burst out laughing.*
Il rit de bon cœur.	*He laughs heartily.*
Ne me fais pas rire!	*Don't make me laugh!*
Il m'a ri au nez.	*He laughed in my face.*
Il n'y a pas de quoi rire.	*It's not a laughing matter.*

RELATED WORDS

le rire	*laugh/laughter*
J'ai le fou rire.	*I've got the giggles.*
sourire	*to smile*
Elle a souri de bonheur.	*She smiled with happiness.*
Je lui ai souri.	*I smiled at her.*

rompre *to break*

PRESENT

je romps	nous rompons
tu romps	vous rompez
il/elle rompt	ils/elles rompent

IMPERFECT

je rompais	nous rompions
tu rompais	vous rompiez
il/elle rompait	ils/elles rompaient

PASSÉ SIMPLE

je rompis	nous rompîmes
tu rompis	vous rompîtes
il/elle rompit	ils/elles rompirent

FUTURE

je romprai	nous romprons
tu rompras	vous romprez
il/elle rompra	ils/elles rompront

CONDITIONAL

je romprais	nous romprions
tu romprais	vous rompriez
il/elle romprait	ils/elles rompraient

PRESENT SUBJUNCTIVE

que je rompe	que nous rompions
que tu rompes	que vous rompiez
qu'il/elle rompe	qu'ils/elles rompent

IMPERFECT SUBJUNCTIVE

que je rompisse	que nous rompissions
que tu rompisses	que vous rompissiez
qu'il/elle rompît	qu'ils/elles rompissent

PASSÉ COMPOSÉ

j'ai rompu	nous avons rompu
tu as rompu	vous avez rompu
il/elle a rompu	ils/elles ont rompu

PLUPERFECT

j'avais rompu	nous avions rompu
tu avais rompu	vous aviez rompu
il/elle avait rompu	ils/elles avaient rompu

PAST ANTERIOR

j'eus rompu	nous eûmes rompu
tu eus rompu	vous eûtes rompu
il/elle eut rompu	ils/elles eurent rompu

FUTURE ANTERIOR

j'aurai rompu	nous aurons rompu
tu auras rompu	vous aurez rompu
il/elle aura rompu	ils/elles auront rompu

PAST CONDITIONAL

j'aurais rompu	nous aurions rompu
tu aurais rompu	vous auriez rompu
il/elle aurait rompu	ils/elles auraient rompu

PAST SUBJUNCTIVE

que j'aie rompu	que nous ayons rompu
que tu aies rompu	que vous ayez rompu
qu'il/elle ait rompu	qu'ils/elles aient rompu

PLUPERFECT SUBJUNCTIVE

que j'eusse rompu	que nous eussions rompu
que tu eusses rompu	que vous eussiez rompu
qu'il/elle eût rompu	qu'ils/elles eussent rompu

COMMANDS

	(nous) rompons
(tu) romps	(vous) rompez

Usage

J'ai rompu le pain.	*I broke/took off a piece of bread.*
Ce pays a rompu les relations diplomatiques avec le nôtre.	*That country broke off diplomatic relations with ours.*
Nous avons rompu les pourparlers.	*We broke off talks.*
Ils ont parlé à bâtons rompus.	*They jumped from topic to topic.*
Il a rompu avec sa petite amie.	*He broke off with his girlfriend.*
Le public a applaudi à tout rompre.	*The audience's applause was thunderous.*
rompre des lances pour qqn	*to come to someone's defense*
Il a rompu des lances pour son copain.	*He came to his friend's defense.*
Ils ont rompu tout contact avec nous.	*They've broken off all contact with us.*
Il faut savoir rompre la glace.	*You have to know how to break the ice.*
La corde s'est rompue.	*The rope broke.*

COMPOUND

corrompre	*to corrupt*

regular *-er* verb; spelling change: *g > ge/a, o*   **je ronge · je rongeai · rongé · rongeant**

PRESENT

je ronge	nous rongeons
tu ronges	vous rongez
il/elle ronge	ils/elles rongent

IMPERFECT

je rongeais	nous rongions
tu rongeais	vous rongiez
il/elle rongeait	ils/elles rongeaient

PASSÉ SIMPLE

je rongeai	nous rongeâmes
tu rongeas	vous rongeâtes
il/elle rongea	ils/elles rongèrent

FUTURE

je rongerai	nous rongerons
tu rongeras	vous rongerez
il/elle rongera	ils/elles rongeront

CONDITIONAL

je rongerais	nous rongerions
tu rongerais	vous rongeriez
il/elle rongerait	ils/elles rongeraient

PRESENT SUBJUNCTIVE

que je ronge	que nous rongions
que tu ronges	que vous rongiez
qu'il/elle ronge	qu'ils/elles rongent

IMPERFECT SUBJUNCTIVE

que je rongeasse	que nous rongeassions
que tu rongeasses	que vous rongeassiez
qu'il/elle rongeât	qu'ils/elles rongeassent

COMMANDS

	(nous) rongeons
(tu) ronge	(vous) rongez

PASSÉ COMPOSÉ

j'ai rongé	nous avons rongé
tu as rongé	vous avez rongé
il/elle a rongé	ils/elles ont rongé

PLUPERFECT

j'avais rongé	nous avions rongé
tu avais rongé	vous aviez rongé
il/elle avait rongé	ils/elles avaient rongé

PAST ANTERIOR

j'eus rongé	nous eûmes rongé
tu eus rongé	vous eûtes rongé
il/elle eut rongé	ils/elles eurent rongé

FUTURE ANTERIOR

j'aurai rongé	nous aurons rongé
tu auras rongé	vous aurez rongé
il/elle aura rongé	ils/elles auront rongé

PAST CONDITIONAL

j'aurais rongé	nous aurions rongé
tu aurais rongé	vous auriez rongé
il/elle aurait rongé	ils/elles auraient rongé

PAST SUBJUNCTIVE

que j'aie rongé	que nous ayons rongé
que tu aies rongé	que vous ayez rongé
qu'il/elle ait rongé	qu'ils/elles aient rongé

PLUPERFECT SUBJUNCTIVE

que j'eusse rongé	que nous eussions rongé
que tu eusses rongé	que vous eussiez rongé
qu'il/elle eût rongé	qu'ils/elles eussent rongé

Usage

Les souris ont rongé le fromage.	*The mice gnawed at the cheese.*
Quand personne ne me regarde, j'aime ronger les os du poulet.	*When no one is looking, I like to eat the meat off/ gnaw on the chicken bones.*
Ce bois est rongé par les insectes.	*The insects have eaten holes in this wood.*
Son vélo est rongé par la rouille.	*His bike is eaten away by rust.*
se ronger les ongles	*to bite one's nails*
Quand je suis nerveux, je me ronge les ongles.	*When I'm nervous I bite my nails.*
—Qu'est-ce qui le ronge?	*What's gotten into him?*
—C'est le chagrin qui le ronge.	*Sorrow is eating away at him.*

RELATED WORD

le rongeur	*rodent*

rôtir *to roast*

PRESENT		PASSÉ COMPOSÉ	
je rôtis	nous rôtissons	j'ai rôti	nous avons rôti
tu rôtis	vous rôtissez	tu as rôti	vous avez rôti
il/elle rôtit	ils/elles rôtissent	il/elle a rôti	ils/elles ont rôti

IMPERFECT		PLUPERFECT	
je rôtissais	nous rôtissions	j'avais rôti	nous avions rôti
tu rôtissais	vous rôtissiez	tu avais rôti	vous aviez rôti
il/elle rôtissait	ils/elles rôtissaient	il/elle avait rôti	ils/elles avaient rôti

PASSÉ SIMPLE		PAST ANTERIOR	
je rôtis	nous rôtîmes	j'eus rôti	nous eûmes rôti
tu rôtis	vous rôtîtes	tu eus rôti	vous eûtes rôti
il/elle rôtit	ils/elles rôtirent	il/elle eut rôti	ils/elles eurent rôti

FUTURE		FUTURE ANTERIOR	
je rôtirai	nous rôtirons	j'aurai rôti	nous aurons rôti
tu rôtiras	vous rôtirez	tu auras rôti	vous aurez rôti
il/elle rôtira	ils/elles rôtiront	il/elle aura rôti	ils/elles auront rôti

CONDITIONAL		PAST CONDITIONAL	
je rôtirais	nous rôtirions	j'aurais rôti	nous aurions rôti
tu rôtirais	vous rôtiriez	tu aurais rôti	vous auriez rôti
il/elle rôtirait	ils/elles rôtiraient	il/elle aurait rôti	ils/elles auraient rôti

PRESENT SUBJUNCTIVE		PAST SUBJUNCTIVE	
que je rôtisse	que nous rôtissions	que j'aie rôti	que nous ayons rôti
que tu rôtisses	que vous rôtissiez	que tu aies rôti	que vous ayez rôti
qu'il/elle rôtisse	qu'ils/elles rôtissent	qu'il/elle ait rôti	qu'ils/elles aient rôti

IMPERFECT SUBJUNCTIVE		PLUPERFECT SUBJUNCTIVE	
que je rôtisse	que nous rôtissions	que j'eusse rôti	que nous eussions rôti
que tu rôtisses	que vous rôtissiez	que tu eusses rôti	que vous eussiez rôti
qu'il/elle rôtît	qu'ils/elles rôtissent	qu'il/elle eût rôti	qu'ils/elles eussent rôti

COMMANDS	
	(nous) rôtissons
(tu) rôtis	(vous) rôtissez

Usage

du poulet rôti	*roast chicken*
On rôtit un dindon pour le réveillon.	*We're roasting a turkey for the New Year's Eve party.*
Le veau rôtit.	*The veal is roasting.*
Il fait chaud ici. On rôtit.	*It's warm in here. We're roasting.*
On rôtissait sous le soleil de Martinique.	*We were roasting under the Martinique sun.*
Je mettrai la viande à rôtir à cinq heures.	*I'll begin roasting the meat at five o'clock.*

RELATED WORD

le rôti	*roast*
le rôti de porc	*pork roast*
le rôti de veau	*veal roast*

regular *-ir* verb

je rougis · je rougis · rougi · rougissant

PRESENT	
je rougis	nous rougissons
tu rougis	vous rougissez
il/elle rougit	ils/elles rougissent

PASSÉ COMPOSÉ	
j'ai rougi	nous avons rougi
tu as rougi	vous avez rougi
il/elle a rougi	ils/elles ont rougi

IMPERFECT	
je rougissais	nous rougissions
tu rougissais	vous rougissiez
il/elle rougissait	ils/elles rougissaient

PLUPERFECT	
j'avais rougi	nous avions rougi
tu avais rougi	vous aviez rougi
il/elle avait rougi	ils/elles avaient rougi

PASSÉ SIMPLE	
je rougis	nous rougîmes
tu rougis	vous rougîtes
il/elle rougit	ils/elles rougirent

PAST ANTERIOR	
j'eus rougi	nous eûmes rougi
tu eus rougi	vous eûtes rougi
il/elle eut rougi	ils/elles eurent rougi

FUTURE	
je rougirai	nous rougirons
tu rougiras	vous rougirez
il/elle rougira	ils/elles rougiront

FUTURE ANTERIOR	
j'aurai rougi	nous aurons rougi
tu auras rougi	vous aurez rougi
il/elle aura rougi	ils/elles auront rougi

CONDITIONAL	
je rougirais	nous rougirions
tu rougirais	vous rougiriez
il/elle rougirait	ils/elles rougiraient

PAST CONDITIONAL	
j'aurais rougi	nous aurions rougi
tu aurais rougi	vous auriez rougi
il/elle aurait rougi	ils/elles auraient rougi

PRESENT SUBJUNCTIVE	
que je rougisse	que nous rougissions
que tu rougisses	que vous rougissiez
qu'il/elle rougisse	qu'ils/elles rougissent

PAST SUBJUNCTIVE	
que j'aie rougi	que nous ayons rougi
que tu aies rougi	que vous ayez rougi
qu'il/elle ait rougi	qu'ils/elles aient rougi

IMPERFECT SUBJUNCTIVE	
que je rougisse	que nous rougissions
que tu rougisses	que vous rougissiez
qu'il/elle rougît	qu'ils/elles rougissent

PLUPERFECT SUBJUNCTIVE	
que j'eusse rougi	que nous eussions rougi
que tu eusses rougi	que vous eussiez rougi
qu'il/elle eût rougi	qu'ils/elles eussent rougi

COMMANDS	
	(nous) rougissons
(tu) rougis	(vous) rougissez

Usage

Tant de compliments! J'en rougis.	*So many compliments! They're making me blush.*
Tes mots l'ont fait rougir.	*Your words made him/her blush.*
L'enfant a rougi jusqu'aux oreilles.	*The child blushed to the roots of his/her hair.*
L'enfant a rougi jusqu'au blanc des yeux.	*The child blushed to the roots of his/her hair.*
Il a rougi de colère.	*He turned red with rage.*
Ce type ne rougit pour rien.	*That guy isn't ashamed of anything.*
Tu dois rougir de tes remarques.	*You should be ashamed of what you said.*

rouler *to roll*

je roule · je roulai · roulé · roulant

regular *-er* verb

PRESENT		PASSÉ COMPOSÉ	
je roule	nous roulons	j'ai roulé	nous avons roulé
tu roules	vous roulez	tu as roulé	vous avez roulé
il/elle roule	ils/elles roulent	il/elle a roulé	ils/elles ont roulé

IMPERFECT		PLUPERFECT	
je roulais	nous roulions	j'avais roulé	nous avions roulé
tu roulais	vous rouliez	tu avais roulé	vous aviez roulé
il/elle roulait	ils/elles roulaient	il/elle avait roulé	ils/elles avaient roulé

PASSÉ SIMPLE		PAST ANTERIOR	
je roulai	nous roulâmes	j'eus roulé	nous eûmes roulé
tu roulas	vous roulâtes	tu eus roulé	vous eûtes roulé
il/elle roula	ils/elles roulèrent	il/elle eut roulé	ils/elles eurent roulé

FUTURE		FUTURE ANTERIOR	
je roulerai	nous roulerons	j'aurai roulé	nous aurons roulé
tu rouleras	vous roulerez	tu auras roulé	vous aurez roulé
il/elle roulera	ils/elles rouleront	il/elle aura roulé	ils/elles auront roulé

CONDITIONAL		PAST CONDITIONAL	
je roulerais	nous roulerions	j'aurais roulé	nous aurions roulé
tu roulerais	vous rouleriez	tu aurais roulé	vous auriez roulé
il/elle roulerait	ils/elles rouleraient	il/elle aurait roulé	ils/elles auraient roulé

PRESENT SUBJUNCTIVE		PAST SUBJUNCTIVE	
que je roule	que nous roulions	que j'aie roulé	que nous ayons roulé
que tu roules	que vous rouliez	que tu aies roulé	que vous ayez roulé
qu'il/elle roule	qu'ils/elles roulent	qu'il/elle ait roulé	qu'ils/elles aient roulé

IMPERFECT SUBJUNCTIVE		PLUPERFECT SUBJUNCTIVE	
que je roulasse	que nous roulassions	que j'eusse roulé	que nous eussions roulé
que tu roulasses	que vous roulassiez	que tu eusses roulé	que vous eussiez roulé
qu'il/elle roulât	qu'ils/elles roulassent	qu'il/elle eût roulé	qu'ils/elles eussent roulé

COMMANDS	
	(nous) roulons
(tu) roule	(vous) roulez

Usage

Nous roulons à quatre-vingt-dix par heure.	*We're riding at ninety kilometers per hour.*
Nous avons roulé jusqu'à dix heures.	*We drove until ten o'clock.*
Mon vélo ne roule pas bien dans la boue.	*My bike doesn't ride well in the mud.*
Ça roule!	*OK!*
Il a roulé sa bosse un peu partout, lui.	*He's really been around/all over the world.*
Ses affaires ont roulé en bas de la côte.	*His things rolled down the hill.*
Ils roulent sur l'or.	*They're very rich.*
Pierre qui roule n'amasse pas mousse.	*A rolling stone gathers no moss.*
On nous a roulés dans ce restaurant!	*We were cheated at that restaurant!*
Tu vas te faire rouler par cet escroc.	*You're going to get taken by that con man.*

RELATED WORDS

un fauteuil roulant	*wheelchair*
la roulette	*small wheel*
une table à roulettes	*a table on wheels*
une valise à roulettes	*a suitcase on wheels*

regular *-ir* verb

je saisis · je saisis · saisi · saisissant

PRESENT

je saisis	nous saisissons
tu saisis	vous saisissez
il/elle saisit	ils/elles saisissent

IMPERFECT

je saisissais	nous saisissions
tu saisissais	vous saisissiez
il/elle saisissait	ils/elles saisissaient

PASSÉ SIMPLE

je saisis	nous saisîmes
tu saisis	vous saisîtes
il/elle saisit	ils/elles saisirent

FUTURE

je saisirai	nous saisirons
tu saisiras	vous saisirez
il/elle saisira	ils/elles saisiront

CONDITIONAL

je saisirais	nous saisirions
tu saisirais	vous saisiriez
il/elle saisirait	ils/elles saisiraient

PRESENT SUBJUNCTIVE

que je saisisse	que nous saisissions
que tu saisisses	que vous saisissiez
qu'il/elle saisisse	qu'ils/elles saisissent

IMPERFECT SUBJUNCTIVE

que je saisisse	que nous saisissions
que tu saisisses	que vous saisissiez
qu'il/elle saisît	qu'ils/elles saisissent

COMMANDS

	(nous) saisissons
(tu) saisis	(vous) saisissez

PASSÉ COMPOSÉ

j'ai saisi	nous avons saisi
tu as saisi	vous avez saisi
il/elle a saisi	ils/elles ont saisi

PLUPERFECT

j'avais saisi	nous avions saisi
tu avais saisi	vous aviez saisi
il/elle avait saisi	ils/elles avaient saisi

PAST ANTERIOR

j'eus saisi	nous eûmes saisi
tu eus saisi	vous eûtes saisi
il/elle eut saisi	ils/elles eurent saisi

FUTURE ANTERIOR

j'aurai saisi	nous aurons saisi
tu auras saisi	vous aurez saisi
il/elle aura saisi	ils/elles auront saisi

PAST CONDITIONAL

j'aurais saisi	nous aurions saisi
tu aurais saisi	vous auriez saisi
il/elle aurait saisi	ils/elles auraient saisi

PAST SUBJUNCTIVE

que j'aie saisi	que nous ayons saisi
que tu aies saisi	que vous ayez saisi
qu'il/elle ait saisi	qu'ils/elles aient saisi

PLUPERFECT SUBJUNCTIVE

que j'eusse saisi	que nous eussions saisi
que tu eusses saisi	que vous eussiez saisi
qu'il/elle eût saisi	qu'ils/elles eussent saisi

Usage

Il m'a saisi le bras.	*He grabbed my arm.*
—As-tu saisi ça?	*Did you understand that?*
—Non, je n'ai pas saisi ce qu'elle voulait dire.	*No, I couldn't grasp what she meant.*
Cet élève saisit vite.	*This pupil learns quickly.*
Je commence à saisir le truc.	*I'm beginning to get the hang of it.*
J'ai saisi la chance au vol.	*I jumped at the opportunity.*
On doit saisir la chance par les cheveux.	*One must seize the opportunity when it arises.*
Il faut saisir la balle au bond.	*You have to take advantage of a good opportunity.*
Son air d'indifférence m'a saisi.	*I was startled by his/her air of indifference.*
J'ai été saisi de pitié.	*I was overcome by pity.*
Elle a été saisie par la peur.	*She was overcome by fear.*

se salir   *to get dirty*

je me salis · je me salis · s'étant sali · se salissant

regular -*ir* reflexive verb;
compound tenses with *être*

PRESENT

je me salis	nous nous salissons
tu te salis	vous vous salissez
il/elle se salit	ils/elles se salissent

PASSÉ COMPOSÉ

je me suis sali(e)	nous nous sommes sali(e)s
tu t'es sali(e)	vous vous êtes sali(e)(s)
il/elle s'est sali(e)	ils/elles se sont sali(e)s

IMPERFECT

je me salissais	nous nous salissions
tu te salissais	vous vous salissiez
il/elle se salissait	ils/elles se salissaient

PLUPERFECT

je m'étais sali(e)	nous nous étions sali(e)s
tu t'étais sali(e)	vous vous étiez sali(e)(s)
il/elle s'était sali(e)	ils/elles s'étaient sali(e)s

PASSÉ SIMPLE

je me salis	nous nous salîmes
tu te salis	vous vous salîtes
il/elle se salit	ils/elles se salirent

PAST ANTERIOR

je me fus sali(e)	nous nous fûmes sali(e)s
tu te fus sali(e)	vous vous fûtes sali(e)(s)
il/elle se fut sali(e)	ils/elles se furent sali(e)s

FUTURE

je me salirai	nous nous salirons
tu te saliras	vous vous salirez
il/elle se salira	ils/elles se saliront

FUTURE ANTERIOR

je me serai sali(e)	nous nous serons sali(e)s
tu te seras sali(e)	vous vous serez sali(e)(s)
il/elle se sera sali(e)	ils/elles se seront sali(e)s

CONDITIONAL

je me salirais	nous nous salirions
tu te salirais	vous vous saliriez
il/elle se salirait	ils/elles se saliraient

PAST CONDITIONAL

je me serais sali(e)	nous nous serions sali(e)s
tu te serais sali(e)	vous vous seriez sali(e)(s)
il/elle se serait sali(e)	ils/elles se seraient sali(e)s

PRESENT SUBJUNCTIVE

que je me salisse	que nous nous salissions
que tu te salisses	que vous vous salissiez
qu'il/elle se salisse	qu'ils/elles se salissent

PAST SUBJUNCTIVE

que je me sois sali(e)	que nous nous soyons sali(e)s
que tu te sois sali(e)	que vous vous soyez sali(e)(s)
qu'il/elle se soit sali(e)	qu'ils/elles se soient sali(e)s

IMPERFECT SUBJUNCTIVE

que je me salisse	que nous nous salissions
que tu te salisses	que vous vous salissiez
qu'il/elle se salît	qu'ils/elles se salissent

PLUPERFECT SUBJUNCTIVE

que je me fusse sali(e)	que nous nous fussions sali(e)s
que tu te fusses sali(e)	que vous vous fussiez sali(e)(s)
qu'il/elle se fût sali(e)	qu'ils/elles se fussent sali(e)s

COMMANDS

	(nous) salissons-nous
(tu) salis-toi	(vous) salissez-vous

Usage

Ne joue pas dans la boue! Tu vas te salir!	*Don't play in the mud! You'll get dirty.*
Fais attention! Ta chemise blanche se salit facilement!	*Be careful! Your white shirt gets dirty easily.*
Je me suis sali les mains en creusant dans le jardin.	*I got my hands dirty digging in the garden.*
Il ne se salirait pas les mains dans une escroquerie comme ça.	*He wouldn't dirty his hands in a swindle like that.*
Ce délit a sali sa réputation.	*This crime sullied his reputation.*

RELATED WORDS

la saleté	*filth*
sale	*dirty*

irregular verb

je satisfais · je satisfis · satisfait · satisfaisant

PRESENT

je satisfais	nous satisfaisons
tu satisfais	vous satisfaites
il/elle satisfait	ils/elles satisfont

IMPERFECT

je satisfaisais	nous satisfaisions
tu satisfaisais	vous satisfaisiez
il/elle satisfaisait	ils/elles satisfaisaient

PASSÉ SIMPLE

je satisfis	nous satisfîmes
tu satisfis	vous satisfîtes
il/elle satisfit	ils/elles satisfirent

FUTURE

je satisferai	nous satisferons
tu satisferas	vous satisferez
il/elle satisfera	ils/elles satisferont

CONDITIONAL

je satisferais	nous satisferions
tu satisferais	vous satisferiez
il/elle satisferait	ils/elles satisferaient

PRESENT SUBJUNCTIVE

que je satisfasse	que nous satisfassions
que tu satisfasses	que vous satisfassiez
qu'il/elle satisfasse	qu'ils/elles satisfassent

IMPERFECT SUBJUNCTIVE

que je satisfisse	que nous satisfissions
que tu satisfisses	que vous satisfissiez
qu'il/elle satisfît	qu'ils/elles satisfissent

COMMANDS

	(nous) satisfaisons
(tu) satisfais	(vous) satisfaites

PASSÉ COMPOSÉ

j'ai satisfait	nous avons satisfait
tu as satisfait	vous avez satisfait
il/elle a satisfait	ils/elles ont satisfait

PLUPERFECT

j'avais satisfait	nous avions satisfait
tu avais satisfait	vous aviez satisfait
il/elle avait satisfait	ils/elles avaient satisfait

PAST ANTERIOR

j'eus satisfait	nous eûmes satisfait
tu eus satisfait	vous eûtes satisfait
il/elle eut satisfait	ils/elles eurent satisfait

FUTURE ANTERIOR

j'aurai satisfait	nous aurons satisfait
tu auras satisfait	vous aurez satisfait
il/elle aura satisfait	ils/elles auront satisfait

PAST CONDITIONAL

j'aurais satisfait	nous aurions satisfait
tu aurais satisfait	vous auriez satisfait
il/elle aurait satisfait	ils/elles auraient satisfait

PAST SUBJUNCTIVE

que j'aie satisfait	que nous ayons satisfait
que tu aies satisfait	que vous ayez satisfait
qu'il/elle ait satisfait	qu'ils/elles aient satisfait

PLUPERFECT SUBJUNCTIVE

que j'eusse satisfait	que nous eussions satisfait
que tu eusses satisfait	que vous eussiez satisfait
qu'il/elle eût satisfait	qu'ils/elles eussent satisfait

Usage

Cette réponse ne me satisfait point.	*That answer does not satisfy me at all.*
—Cette solution satisfera tout le monde.	*This solution will satisfy everyone.*
—Nous, on n'en est pas satisfaits.	*We are not happy with it.*
Cette petite usine ne peut pas satisfaire la demande.	*This small factory cannot keep up with demand.*
J'espère pouvoir satisfaire votre curiosité.	*I hope I can satisfy your curiosity.*
se satisfaire de	*to be happy with*
Le vieillard se satisfait de très peu.	*The old man is happy with very little.*
satisfaire à qqch	*to meet the requirements of something*
Il a satisfait à ses obligations.	*He fulfilled his obligations.*

RELATED WORDS

satisfait	*satisfied*
Je suis satisfait de ta réponse.	*I'm satisfied with your answer.*
la satisfaction	*satisfaction*
à la satisfaction générale	*to everyone's satisfaction*

sauter   *to jump*

je saute · je sautai · sauté · sautant   regular *-er* verb

PRESENT		PASSÉ COMPOSÉ	
je saute	nous sautons	j'ai sauté	nous avons sauté
tu sautes	vous sautez	tu as sauté	vous avez sauté
il/elle saute	ils/elles sautent	il/elle a sauté	ils/elles ont sauté

IMPERFECT		PLUPERFECT	
je sautais	nous sautions	j'avais sauté	nous avions sauté
tu sautais	vous sautiez	tu avais sauté	vous aviez sauté
il/elle sautait	ils/elles sautaient	il/elle avait sauté	ils/elles avaient sauté

PASSÉ SIMPLE		PAST ANTERIOR	
je sautai	nous sautâmes	j'eus sauté	nous eûmes sauté
tu sautas	vous sautâtes	tu eus sauté	vous eûtes sauté
il/elle sauta	ils/elles sautèrent	il/elle eut sauté	ils/elles eurent sauté

FUTURE		FUTURE ANTERIOR	
je sauterai	nous sauterons	j'aurai sauté	nous aurons sauté
tu sauteras	vous sauterez	tu auras sauté	vous aurez sauté
il/elle sautera	ils/elles sauteront	il/elle aura sauté	ils/elles auront sauté

CONDITIONAL		PAST CONDITIONAL	
je sauterais	nous sauterions	j'aurais sauté	nous aurions sauté
tu sauterais	vous sauteriez	tu aurais sauté	vous auriez sauté
il/elle sauterait	ils/elles sauteraient	il/elle aurait sauté	ils/elles auraient sauté

PRESENT SUBJUNCTIVE		PAST SUBJUNCTIVE	
que je saute	que nous sautions	que j'aie sauté	que nous ayons sauté
que tu sautes	que vous sautiez	que tu aies sauté	que vous ayez sauté
qu'il/elle saute	qu'ils/elles sautent	qu'il/elle ait sauté	qu'ils/elles aient sauté

IMPERFECT SUBJUNCTIVE		PLUPERFECT SUBJUNCTIVE	
que je sautasse	que nous sautassions	que j'eusse sauté	que nous eussions sauté
que tu sautasses	que vous sautassiez	que tu eusses sauté	que vous eussiez sauté
qu'il/elle sautât	qu'ils/elles sautassent	qu'il/elle eût sauté	qu'ils/elles eussent sauté

COMMANDS	
	(nous) sautons
(tu) saute	(vous) sautez

Usage

Il a sauté par la fenêtre.	*He jumped out the window.*
Il s'est fait mal en sautant d'une voiture en marche.	*He hurt himself jumping out of a moving car.*
Quand l'enfant a vu ses cadeaux, il a sauté de joie.	*When the child saw his gifts, he jumped for joy.*
sauter à la corde	*to jump rope*
Ça saute aux yeux.	*It's as plain as the nose on your face.*
Son refus m'a fait sauter au plafond.	*His refusal made me hit the ceiling.*
Les militaires ont sauté en parachute.	*The soldiers parachuted out.*
Il s'est fait sauter la cervelle.	*He blew his brains out.*
Tout le monde au travail! Et que ça saute!	*Everyone get to work! And I mean on the double!*
Le cavalier a sauté en selle.	*The rider jumped into the saddle.*
Il a sauté le niveau moyen.	*He skipped the intermediate level.*

regular -er verb   **je sauvegarde · je sauvegardai · sauvegardé · sauvegardant**

PRESENT

je sauvegarde	nous sauvegardons
tu sauvegardes	vous sauvegardez
il/elle sauvegarde	ils/elles sauvegardent

PASSÉ COMPOSÉ

j'ai sauvegardé	nous avons sauvegardé
tu as sauvegardé	vous avez sauvegardé
il/elle a sauvegardé	ils/elles ont sauvegardé

IMPERFECT

je sauvegardais	nous sauvegardions
tu sauvegardais	vous sauvegardiez
il/elle sauvegardait	ils/elles sauvegardaient

PLUPERFECT

j'avais sauvegardé	nous avions sauvegardé
tu avais sauvegardé	vous aviez sauvegardé
il/elle avait sauvegardé	ils/elles avaient sauvegardé

PASSÉ SIMPLE

je sauvegardai	nous sauvegardâmes
tu sauvegardas	vous sauvegardâtes
il/elle sauvegarda	ils/elles sauvegardèrent

PAST ANTERIOR

j'eus sauvegardé	nous eûmes sauvegardé
tu eus sauvegardé	vous eûtes sauvegardé
il/elle eut sauvegardé	ils/elles eurent sauvegardé

FUTURE

je sauvegarderai	nous sauvegarderons
tu sauvegarderas	vous sauvegarderez
il/elle sauvegardera	ils/elles sauvegarderont

FUTURE ANTERIOR

j'aurai sauvegardé	nous aurons sauvegardé
tu auras sauvegardé	vous aurez sauvegardé
il/elle aura sauvegardé	ils/elles auront sauvegardé

CONDITIONAL

je sauvegarderais	nous sauvegarderions
tu sauvegarderais	vous sauvegarderiez
il/elle sauvegarderait	ils/elles sauvegarderaient

PAST CONDITIONAL

j'aurais sauvegardé	nous aurions sauvegardé
tu aurais sauvegardé	vous auriez sauvegardé
il/elle aurait sauvegardé	ils/elles auraient sauvegardé

PRESENT SUBJUNCTIVE

que je sauvegarde	que nous sauvegardions
que tu sauvegardes	que vous sauvegardiez
qu'il/elle sauvegarde	qu'ils/elles sauvegardent

PAST SUBJUNCTIVE

que j'aie sauvegardé	que nous ayons sauvegardé
que tu aies sauvegardé	que vous ayez sauvegardé
qu'il/elle ait sauvegardé	qu'ils/elles aient sauvegardé

IMPERFECT SUBJUNCTIVE

que je sauvegardasse	que nous sauvegardassions
que tu sauvegardasses	que vous sauvegardassiez
qu'il/elle sauvegardât	qu'ils/elles sauvegardassent

PLUPERFECT SUBJUNCTIVE

que j'eusse sauvegardé	que nous eussions sauvegardé
que tu eusses sauvegardé	que vous eussiez sauvegardé
qu'il/elle eût sauvegardé	qu'ils/elles eussent sauvegardé

COMMANDS

	(nous) sauvegardons
(tu) sauvegarde	(vous) sauvegardez

Usage

sauvegarder un programme	*to make a backup of a program*
sauvegarder un fichier	*to save a (computer) file*
Il n'a pas su sauvegarder son honneur.	*He couldn't preserve his honor.*

RELATED WORD

la sauvegarde	*saving*
la sauvegarde d'un fichier	*backing up a file*
Les alliés travaillent pour la sauvegarde de la paix.	*The allies are working to keep the peace.*

sauver *to save, rescue*

je sauve · je sauvai · sauvé · sauvant

regular -er verb

PRESENT

je sauve	nous sauvons
tu sauves	vous sauvez
il/elle sauve	ils/elles sauvent

IMPERFECT

je sauvais	nous sauvions
tu sauvais	vous sauviez
il/elle sauvait	ils/elles sauvaient

PASSÉ SIMPLE

je sauvai	nous sauvâmes
tu sauvas	vous sauvâtes
il/elle sauva	ils/elles sauvèrent

FUTURE

je sauverai	nous sauverons
tu sauveras	vous sauverez
il/elle sauvera	ils/elles sauveront

CONDITIONAL

je sauverais	nous sauverions
tu sauverais	vous sauveriez
il/elle sauverait	ils/elles sauveraient

PRESENT SUBJUNCTIVE

que je sauve	que nous sauvions
que tu sauves	que vous sauviez
qu'il/elle sauve	qu'ils/elles sauvent

IMPERFECT SUBJUNCTIVE

que je sauvasse	que nous sauvassions
que tu sauvasses	que vous sauvassiez
qu'il/elle sauvât	qu'ils/elles sauvassent

PASSÉ COMPOSÉ

j'ai sauvé	nous avons sauvé
tu as sauvé	vous avez sauvé
il/elle a sauvé	ils/elles ont sauvé

PLUPERFECT

j'avais sauvé	nous avions sauvé
tu avais sauvé	vous aviez sauvé
il/elle avait sauvé	ils/elles avaient sauvé

PAST ANTERIOR

j'eus sauvé	nous eûmes sauvé
tu eus sauvé	vous eûtes sauvé
il/elle eut sauvé	ils/elles eurent sauvé

FUTURE ANTERIOR

j'aurai sauvé	nous aurons sauvé
tu auras sauvé	vous aurez sauvé
il/elle aura sauvé	ils/elles auront sauvé

PAST CONDITIONAL

j'aurais sauvé	nous aurions sauvé
tu aurais sauvé	vous auriez sauvé
il/elle aurait sauvé	ils/elles auraient sauvé

PAST SUBJUNCTIVE

que j'aie sauvé	que nous ayons sauvé
que tu aies sauvé	que vous ayez sauvé
qu'il/elle ait sauvé	qu'ils/elles aient sauvé

PLUPERFECT SUBJUNCTIVE

que j'eusse sauvé	que nous eussions sauvé
que tu eusses sauvé	que vous eussiez sauvé
qu'il/elle eût sauvé	qu'ils/elles eussent sauvé

COMMANDS

	(nous) sauvons
(tu) sauve	(vous) sauvez

Usage

On a sauvé les sinistrés.	*They rescued the disaster victims.*
Il a sauvé son magasin de la faillite.	*He saved his store from bankruptcy.*
Ton coup de fil peut tout sauver.	*A call from you could save everything.*
Il faut sauver les apparences.	*We must keep up appearances.*
Il faut sauver la face.	*We must save face.*
Tu m'as sauvé la vie!	*You saved my life!* (literally and figuratively)
Comment sauver la situation?	*How can we make the best of the situation?*
Sauve qui peut!	*Every man for himself.*
Les chirurgiens ont pu le sauver.	*The surgeons were able to save him.*

regular -*er* reflexive verb;
compound tenses with *être*

je me sauve · je me sauvai · s'étant sauvé · se sauvant

PRESENT

je me sauve	nous nous sauvons
tu te sauves	vous vous sauvez
il/elle se sauve	ils/elles se sauvent

IMPERFECT

je me sauvais	nous nous sauvions
tu te sauvais	vous vous sauviez
il/elle se sauvait	ils/elles se sauvaient

PASSÉ SIMPLE

je me sauvai	nous nous sauvâmes
tu te sauvas	vous vous sauvâtes
il/elle se sauva	ils/elles se sauvèrent

FUTURE

je me sauverai	nous nous sauverons
tu te sauveras	vous vous sauverez
il/elle se sauvera	ils/elles se sauveront

CONDITIONAL

je me sauverais	nous nous sauverions
tu te sauverais	vous vous sauveriez
il/elle se sauverait	ils/elles se sauveraient

PRESENT SUBJUNCTIVE

que je me sauve	que nous nous sauvions
que tu te sauves	que vous vous sauviez
que il/elle se sauve	que ils/elles se sauvent

IMPERFECT SUBJUNCTIVE

que je me sauvasse	que nous nous sauvassions
que tu te sauvasses	que vous vous sauvassiez
que il/elle se sauvât	que ils/elles se sauvassent

PASSÉ COMPOSÉ

je me suis sauvé(e)	nous nous sommes sauvé(e)s
tu t'es sauvé(e)	vous vous êtes sauvé(e)(s)
il/elle s'est sauvé(e)	ils/elles se sont sauvé(e)s

PLUPERFECT

je m'étais sauvé(e)	nous nous étions sauvé(e)s
tu t'étais sauvé(e)	vous vous étiez sauvé(e)(s)
il/elle s'était sauvé(e)	ils/elles s'étaient sauvé(e)s

PAST ANTERIOR

je me fus sauvé(e)	nous nous fûmes sauvé(e)s
tu te fus sauvé(e)	vous vous fûtes sauvé(e)(s)
il/elle se fut sauvé(e)	ils/elles se furent sauvé(e)s

FUTURE ANTERIOR

je me serai sauvé(e)	nous nous serons sauvé(e)s
tu te seras sauvé(e)	vous vous serez sauvé(e)(s)
il/elle se sera sauvé(e)	ils/elles se seront sauvé(e)s

PAST CONDITIONAL

je me serais sauvé(e)	nous nous serions sauvé(e)s
tu te serais sauvé(e)	vous vous seriez sauvé(e)(s)
il/elle se serait sauvé(e)	ils/elles se seraient sauvé(e)s

PAST SUBJUNCTIVE

que je me sois sauvé(e)	que nous nous soyons sauvé(e)s
que tu te sois sauvé(e)	que vous vous soyez sauvé(e)(s)
que il/elle se soit sauvé(e)	que ils/elles se soient sauvé(e)s

PLUPERFECT SUBJUNCTIVE

que je me fusse sauvé(e)	que nous nous fussions sauvé(e)s
que tu te fusses sauvé(e)	que vous vous fussiez sauvé(e)(s)
que il/elle se fût sauvé(e)	que ils/elles se fussent sauvé(e)s

COMMANDS

	(nous) sauvons-nous
(tu) sauve-toi	(vous) sauvez-vous

Usage

Comment se sauver de ce danger?	*How can we save ourselves from this danger?*
Personne ne s'est sauvé du désastre.	*No one escaped from the disaster.*
Bon, il est tard. Je me sauve.	*Well, it's late. I've got to run.*
Sauvez-vous. Le dernier train part dans dix minutes.	*You'd better run. The last train leaves in ten minutes.*
Il s'est sauvé à toutes jambes.	*He fled.*
Fais attention! La soupe se sauve.	*Be careful! The soup is boiling over.*

savoir = s'en rendre compte

Je ne savais pas qu'il chômait.	*I didn't know he was unemployed.*
Tu sais qu'il ment, n'est-ce pas?	*You know he's lying, don't you?*
Il lui a fait mal sans le savoir.	*He hurt her without realizing it.*
Elle se sait en difficulté.	*She knows she's having problems.*
J'ai su qu'elle était malade.	*I found out that she was sick.*

savoir = savoir qqch, avoir des notions de qqch

Il sait beaucoup d'espagnol.	*He knows a lot of Spanish.*
Je ne savais pas qu'elle était là.	*I didn't know she was there.*
Je ne sais pas quoi faire.	*I don't know what to do.*
Il m'a fait savoir l'heure de son arrivée.	*He informed me when he would be arriving.*
autant que je sache	*as far as I know*
pas que je sache	*not to my knowledge*
Elle, c'est madame je-sais-tout.	*She's a real know-it-all.*
Il n'est pas sans savoir que nous ne sommes pas contents de son travail.	*He is certainly aware that we are not happy with his work.*
Il ne sait rien de rien.	*He knows nothing.*

savoir + infinitif

Cet enfant ne sait pas attendre.	*This child is very impatient.*
Eux, ils savent vivre.	*They have real style and manners.*
Il sait plaire aux gens.	*He knows how to ingratiate himself with people.*
Je ne saurais pas vous le dire.	*I couldn't tell you.*
Je ne saurais pas vous renseigner.	*I wouldn't know how to direct you.*

savoir dans les expressions indéfinies

Il est allé habiter je ne sais où.	*He went off to live somewhere or other.*
Il l'a fait je ne sais comment.	*He did it somehow or other.*
Il a parlé pendant je ne sais pas combien de temps.	*He talked for I don't know how long.*
Elle reviendra je ne sais quand.	*She'll be back at sometime or other.*
Il sort avec je ne sais quelle voisine.	*He's going out with some neighbor or other.*
Elle a servi je ne sais quoi.	*She served something or other.*
On a reçu un coup de fil de je ne sais qui.	*We got a call from somebody or other.*

Expressions et idiotismes

Il a du savoir-faire.	*He has social skills.*
Tu n'as aucun savoir-vivre, toi!	*You don't know how to behave with people!*
Qui rien ne sait, rien ne doute.	*Ignorance is bliss.*
Il faut savoir s'y prendre.	*You have to know how to go about things.*
Si jeunesse savait, si vieillesse pouvait.	*If youth only knew, if old age only could.*
Je ne savais pas où donner de la tête.	*I didn't know where to turn.*
On ne sait pas par quel bout le prendre.	*We don't know how to approach him/tackle him.*
Il ne savait pas où se mettre.	*He didn't know where to hide.*
On mettra quelqu'un à la porte, à savoir, lui.	*They're going to fire someone, namely him.*

TOP 50 VERBS

PRESENT

je sais	nous savons
tu sais	vous savez
il/elle sait	ils/elles savent

IMPERFECT

je savais	nous savions
tu savais	vous saviez
il/elle savait	ils/elles savaient

PASSÉ SIMPLE

je sus	nous sûmes
tu sus	vous sûtes
il/elle sut	ils/elles surent

FUTURE

je saurai	nous saurons
tu sauras	vous saurez
il/elle saura	ils/elles sauront

CONDITIONAL

je saurais	nous saurions
tu saurais	vous sauriez
il/elle saurait	ils/elles sauraient

PRESENT SUBJUNCTIVE

que je sache	que nous sachions
que tu saches	que vous sachiez
qu'il/elle sache	qu'ils/elles sachent

IMPERFECT SUBJUNCTIVE

que je susse	que nous sussions
que tu susses	que vous sussiez
qu'il/elle sût	qu'ils/elles sussent

COMMANDS

	(nous) sachons
(tu) sache	(vous) sachez

PASSÉ COMPOSÉ

j'ai su	nous avons su
tu as su	vous avez su
il/elle a su	ils/elles ont su

PLUPERFECT

j'avais su	nous avions su
tu avais su	vous aviez su
il/elle avait su	ils/elles avaient su

PAST ANTERIOR

j'eus su	nous eûmes su
tu eus su	vous eûtes su
il/elle eut su	ils/elles eurent su

FUTURE ANTERIOR

j'aurai su	nous aurons su
tu auras su	vous aurez su
il/elle aura su	ils/elles auront su

PAST CONDITIONAL

j'aurais su	nous aurions su
tu aurais su	vous auriez su
il/elle aurait su	ils/elles auraient su

PAST SUBJUNCTIVE

que j'aie su	que nous ayons su
que tu aies su	que vous ayez su
qu'il/elle ait su	qu'ils/elles aient su

PLUPERFECT SUBJUNCTIVE

que j'eusse su	que nous eussions su
que tu eusses su	que vous eussiez su
qu'il/elle eût su	qu'ils/elles eussent su

Usage

—Je ne sais pas son nom.	*I don't know his name.*
—Moi, je le sais. Et je sais son adresse aussi.	*I know it. And I know his address too.*
Tu sais la réponse?	*Do you know the answer?*
Je sais ce que tu veux.	*I know what you want.*
Elle ne sait pas ce qu'elle dit.	*She doesn't know what she is saying.*
—Tu en sais quelque chose?	*Do you know anything about it?*
—Oui, mais je veux en savoir davantage.	*Yes, but I want to know more about it.*
—Vous saviez la nouvelle?	*Did you know the news?*
—Oui, je la savais par mon voisin.	*Yes, I learned about it from my neighbor.*
Cet enfant savait nager à l'âge de deux ans!	*This child knew how to swim at the age of two.*
—Tu as pu savoir de quoi il s'agit?	*Were you able to find out what this is about?*
—Non, je n'ai rien su.	*No, I didn't find out anything.*

je sèche · je séchai · séché · séchant

-er verb; spelling change: *é > è/mute e*

PRESENT

je sèche	nous séchons
tu sèches	vous séchez
il/elle sèche	ils/elles sèchent

IMPERFECT

je séchais	nous séchions
tu séchais	vous séchiez
il/elle séchait	ils/elles séchaient

PASSÉ SIMPLE

je séchai	nous séchâmes
tu séchas	vous séchâtes
il/elle sécha	ils/elles séchèrent

FUTURE

je sécherai	nous sécherons
tu sécheras	vous sécherez
il/elle séchera	ils/elles sécheront

CONDITIONAL

je sécherais	nous sécherions
tu sécherais	vous sécheriez
il/elle sécherait	ils/elles sécheraient

PRESENT SUBJUNCTIVE

que je sèche	que nous séchions
que tu sèches	que vous séchiez
qu'il/elle sèche	qu'ils/elles sèchent

IMPERFECT SUBJUNCTIVE

que je séchasse	que nous séchassions
que tu séchasses	que vous séchassiez
qu'il/elle séchât	qu'ils/elles séchassent

COMMANDS

	(nous) séchons
(tu) sèche	(vous) séchez

PASSÉ COMPOSÉ

j'ai séché	nous avons séché
tu as séché	vous avez séché
il/elle a séché	ils/elles ont séché

PLUPERFECT

j'avais séché	nous avions séché
tu avais séché	vous aviez séché
il/elle avait séché	ils/elles avaient séché

PAST ANTERIOR

j'eus séché	nous eûmes séché
tu eus séché	vous eûtes séché
il/elle eut séché	ils/elles eurent séché

FUTURE ANTERIOR

j'aurai séché	nous aurons séché
tu auras séché	vous aurez séché
il/elle aura séché	ils/elles auront séché

PAST CONDITIONAL

j'aurais séché	nous aurions séché
tu aurais séché	vous auriez séché
il/elle aurait séché	ils/elles auraient séché

PAST SUBJUNCTIVE

que j'aie séché	que nous ayons séché
que tu aies séché	que vous ayez séché
qu'il/elle ait séché	qu'ils/elles aient séché

PLUPERFECT SUBJUNCTIVE

que j'eusse séché	que nous eussions séché
que tu eusses séché	que vous eussiez séché
qu'il/elle eût séché	qu'ils/elles eussent séché

Usage

sécher le linge	*to dry the laundry*
Je vais mettre le linge à sécher.	*I'll hang the laundry up to dry.*
se sécher les cheveux	*to dry one's hair*
Je me suis séché les cheveux.	*I dried my hair.*
Tu es tout mouillé! Sèche-toi!	*You're all wet! Dry yourself off!*
Après m'être baigné dans la mer, j'aime me sécher au soleil.	*After taking a dip in the ocean, I like to dry off in the sun.*
sécher des fruits	*to dry fruit*
Sèche tes larmes.	*Dry your tears.*
sécher un cours	*to cut class*
Tu as séché tous tes cours hier.	*You cut all your classes yesterday.*

regular *-er* verb

je secoue · je secouai · secoué · secouant

PRESENT

je secoue	nous secouons
tu secoues	vous secouez
il/elle secoue	ils/elles secouent

IMPERFECT

je secouais	nous secouions
tu secouais	vous secouiez
il/elle secouait	ils/elles secouaient

PASSÉ SIMPLE

je secouai	nous secouâmes
tu secouas	vous secouâtes
il/elle secoua	ils/elles secouèrent

FUTURE

je secouerai	nous secouerons
tu secoueras	vous secouerez
il/elle secouera	ils/elles secoueront

CONDITIONAL

je secouerais	nous secouerions
tu secouerais	vous secoueriez
il/elle secouerait	ils/elles secoueraient

PRESENT SUBJUNCTIVE

que je secoue	que nous secouions
que tu secoues	que vous secouiez
qu'il/elle secoue	qu'ils/elles secouent

IMPERFECT SUBJUNCTIVE

que je secouasse	que nous secouassions
que tu secouasses	que vous secouassiez
qu'il/elle secouât	qu'ils/elles secouassent

PASSÉ COMPOSÉ

j'ai secoué	nous avons secoué
tu as secoué	vous avez secoué
il/elle a secoué	ils/elles ont secoué

PLUPERFECT

j'avais secoué	nous avions secoué
tu avais secoué	vous aviez secoué
il/elle avait secoué	ils/elles avaient secoué

PAST ANTERIOR

j'eus secoué	nous eûmes secoué
tu eus secoué	vous eûtes secoué
il/elle eut secoué	ils/elles eurent secoué

FUTURE ANTERIOR

j'aurai secoué	nous aurons secoué
tu auras secoué	vous aurez secoué
il/elle aura secoué	ils/elles auront secoué

PAST CONDITIONAL

j'aurais secoué	nous aurions secoué
tu aurais secoué	vous auriez secoué
il/elle aurait secoué	ils/elles auraient secoué

PAST SUBJUNCTIVE

que j'aie secoué	que nous ayons secoué
que tu aies secoué	que vous ayez secoué
qu'il/elle ait secoué	qu'ils/elles aient secoué

PLUPERFECT SUBJUNCTIVE

que j'eusse secoué	que nous eussions secoué
que tu eusses secoué	que vous eussiez secoué
qu'il/elle eût secoué	qu'ils/elles eussent secoué

COMMANDS

	(nous) secouons
(tu) secoue	(vous) secouez

Usage

J'ai secoué l'arbre pour faire tomber les pommes.	*I shook the tree to make the apples drop.*
Le tremblement de terre a secoué notre maison.	*The earthquake shook our house.*
Ce tapis est sale. Il faut le secouer.	*This rug is dirty. We have to shake it out.*
Il a secoué la tête.	*He shook/nodded his head.*
Le vent secouait les arbres.	*The wind was shaking the trees.*
—Pour qu'il travaille, il faut qu'on le secoue.	*You have to shake him up if you want him to study.*
—Oui, il faut lui secouer les puces.	*Yes, you have to read him the riot act.*
Cette mauvaise nouvelle nous a secoués.	*That bad news shook us up.*

RELATED WORDS

la secousse	*shake/shaking*
Le train avança par secousses.	*The train moved by fits and starts.*
une secousse politique	*a political shakeup*

séduire   *to seduce, charm*

irregular verb

PRESENT

je séduis	nous séduisons
tu séduis	vous séduisez
il/elle séduit	ils/elles séduisent

IMPERFECT

je séduisais	nous séduisions
tu séduisais	vous séduisiez
il/elle séduisait	ils/elles séduisaient

PASSÉ SIMPLE

je séduisis	nous séduisîmes
tu séduisis	vous séduisîtes
il/elle séduisit	ils/elles séduisirent

FUTURE

je séduirai	nous séduirons
tu séduiras	vous séduirez
il/elle séduira	ils/elles séduiront

CONDITIONAL

je séduirais	nous séduirions
tu séduirais	vous séduiriez
il/elle séduirait	ils/elles séduiraient

PRESENT SUBJUNCTIVE

que je séduise	que nous séduisions
que tu séduises	que vous séduisiez
qu'il/elle séduise	qu'ils/elles séduisent

IMPERFECT SUBJUNCTIVE

que je séduisisse	que nous séduisissions
que tu séduisisses	que vous séduisissiez
qu'il/elle séduisît	qu'ils/elles séduisissent

COMMANDS

	(nous) séduisons
(tu) séduis	(vous) séduisez

PASSÉ COMPOSÉ

j'ai séduit	nous avons séduit
tu as séduit	vous avez séduit
il/elle a séduit	ils/elles ont séduit

PLUPERFECT

j'avais séduit	nous avions séduit
tu avais séduit	vous aviez séduit
il/elle avait séduit	ils/elles avaient séduit

PAST ANTERIOR

j'eus séduit	nous eûmes séduit
tu eus séduit	vous eûtes séduit
il/elle eut séduit	ils/elles eurent séduit

FUTURE ANTERIOR

j'aurai séduit	nous aurons séduit
tu auras séduit	vous aurez séduit
il/elle aura séduit	ils/elles auront séduit

PAST CONDITIONAL

j'aurais séduit	nous aurions séduit
tu aurais séduit	vous auriez séduit
il/elle aurait séduit	ils/elles auraient séduit

PAST SUBJUNCTIVE

que j'aie séduit	que nous ayons séduit
que tu aies séduit	que vous ayez séduit
qu'il/elle ait séduit	qu'ils/elles aient séduit

PLUPERFECT SUBJUNCTIVE

que j'eusse séduit	que nous eussions séduit
que tu eusses séduit	que vous eussiez séduit
qu'il/elle eût séduit	qu'ils/elles eussent séduit

Usage

Il séduit tout le monde avec sa conversation.	*He charms everyone with his conversation.*
Elle a été séduite par sa prestance.	*She was captivated by his bearing.*
Leur offre me séduit.	*Their offer is tempting me.*
Tu ne séduiras personne avec tes idées farfelues.	*You won't charm anyone with your crazy ideas.*
Elle séduit les hommes avec sa tenue élégante.	*She charms men with her elegant outfits.*

RELATED WORDS

la séduction	*seduction/charm*
Ce genre de vie a ses séductions.	*That type of life has its charms.*
séduisant	*seductive/appealing/attractive*
Le paysage est séduisant.	*The scenery is lovely.*
Son offre est très séduisante.	*His offer is very appealing.*

regular -*er* verb | **je séjourne · je séjournai · séjourné · séjournant**

PRESENT

je séjourne	nous séjournons
tu séjournes	vous séjournez
il/elle séjourne	ils/elles séjournent

IMPERFECT

je séjournais	nous séjournions
tu séjournais	vous séjourniez
il/elle séjournait	ils/elles séjournaient

PASSÉ SIMPLE

je séjournai	nous séjournâmes
tu séjournas	vous séjournâtes
il/elle séjourna	ils/elles séjournèrent

FUTURE

je séjournerai	nous séjournerons
tu séjourneras	vous séjournerez
il/elle séjournera	ils/elles séjourneront

CONDITIONAL

je séjournerais	nous séjournerions
tu séjournerais	vous séjourneriez
il/elle séjournerait	ils/elles séjourneraient

PRESENT SUBJUNCTIVE

que je séjourne	que nous séjournions
que tu séjournes	que vous séjourniez
qu'il/elle séjourne	qu'ils/elles séjournent

IMPERFECT SUBJUNCTIVE

que je séjournasse	que nous séjournassions
que tu séjournasses	que vous séjournassiez
qu'il/elle séjournât	qu'ils/elles séjournassent

PASSÉ COMPOSÉ

j'ai séjourné	nous avons séjourné
tu as séjourné	vous avez séjourné
il/elle a séjourné	ils/elles ont séjourné

PLUPERFECT

j'avais séjourné	nous avions séjourné
tu avais séjourné	vous aviez séjourné
il/elle avait séjourné	ils/elles avaient séjourné

PAST ANTERIOR

j'eus séjourné	nous eûmes séjourné
tu eus séjourné	vous eûtes séjourné
il/elle eut séjourné	ils/elles eurent séjourné

FUTURE ANTERIOR

j'aurai séjourné	nous aurons séjourné
tu auras séjourné	vous aurez séjourné
il/elle aura séjourné	ils/elles auront séjourné

PAST CONDITIONAL

j'aurais séjourné	nous aurions séjourné
tu aurais séjourné	vous auriez séjourné
il/elle aurait séjourné	ils/elles auraient séjourné

PAST SUBJUNCTIVE

que j'aie séjourné	que nous ayons séjourné
que tu aies séjourné	que vous ayez séjourné
qu'il/elle ait séjourné	qu'ils/elles aient séjourné

PLUPERFECT SUBJUNCTIVE

que j'eusse séjourné	que nous eussions séjourné
que tu eusses séjourné	que vous eussiez séjourné
qu'il/elle eût séjourné	qu'ils/elles eussent séjourné

COMMANDS

	(nous) séjournons
(tu) séjourne	(vous) séjournez

Usage

Beaucoup d'artistes séjournent dans le Midi.	*Many artists spend time in the South of France.*
À Londres on séjourne chez des amis.	*In London we stay with friends.*
Je refuse de séjourner dans ce taudis.	*I refuse to stay in this hovel.*
Elle séjourne dans un hôtel de luxe.	*She is staying at a luxury hotel.*
L'eau séjourne autour de cet arbre.	*Water collects around this tree.*

RELATED WORD

le séjour	*stay; living room*
un séjour de trois semaines en Suisse	*a three-week stay in Switzerland*
Il a fait un petit séjour en prison.	*He did time in jail.*
Notre séjour donne sur la rue.	*Our living room faces the street.*

semer   *to sow*

je sème · je semai · semé · semant   -*er* verb; spelling change: *e > è*/mute *e*

PRESENT		PASSÉ COMPOSÉ	
je sème	nous semons	j'ai semé	nous avons semé
tu sèmes	vous semez	tu as semé	vous avez semé
il/elle sème	ils/elles sèment	il/elle a semé	ils/elles ont semé

IMPERFECT		PLUPERFECT	
je semais	nous semions	j'avais semé	nous avions semé
tu semais	vous semiez	tu avais semé	vous aviez semé
il/elle semait	ils/elles semaient	il/elle avait semé	ils/elles avaient semé

PASSÉ SIMPLE		PAST ANTERIOR	
je semai	nous semâmes	j'eus semé	nous eûmes semé
tu semas	vous semâtes	tu eus semé	vous eûtes semé
il/elle sema	ils/elles semèrent	il/elle eut semé	ils/elles eurent semé

FUTURE		FUTURE ANTERIOR	
je sèmerai	nous sèmerons	j'aurai semé	nous aurons semé
tu sèmeras	vous sèmerez	tu auras semé	vous aurez semé
il/elle sèmera	ils/elles sèmeront	il/elle aura semé	ils/elles auront semé

CONDITIONAL		PAST CONDITIONAL	
je sèmerais	nous sèmerions	j'aurais semé	nous aurions semé
tu sèmerais	vous sèmeriez	tu aurais semé	vous auriez semé
il/elle sèmerait	ils/elles sèmeraient	il/elle aurait semé	ils/elles auraient semé

PRESENT SUBJUNCTIVE		PAST SUBJUNCTIVE	
que je sème	que nous semions	que j'aie semé	que nous ayons semé
que tu sèmes	que vous semiez	que tu aies semé	que vous ayez semé
qu'il/elle sème	qu'ils/elles sèment	qu'il/elle ait semé	qu'ils/elles aient semé

IMPERFECT SUBJUNCTIVE		PLUPERFECT SUBJUNCTIVE	
que je semasse	que nous semassions	que j'eusse semé	que nous eussions semé
que tu semasses	que vous semassiez	que tu eusses semé	que vous eussiez semé
qu'il/elle semât	qu'ils/elles semassent	qu'il/elle eût semé	qu'ils/elles eussent semé

COMMANDS	
	(nous) semons
(tu) sème	(vous) semez

Usage

Dans cette région on sème du blé.	*They sow/plant wheat in this region.*
On sème ces fleurs au printemps.	*You plant these flowers in the spring.*
Le chef a semé le doute dans mon esprit.	*The boss sowed the seeds of doubt in my mind.*
Elle sème des faux bruits.	*She spreads rumors.*
Il sema son discours de citations.	*He loaded his speech with quotes.*
J'ai pu le semer.	*I was able to give him the slip.*
Comme elle sème son argent?	*Does she ever spend her money?*
Il ne faut pas semer la discorde.	*It's wrong to sow dissension.*
L'envahisseur semait la terreur dans le pays.	*The invader spread terror across the land.*

PROVERB

Qui sème le vent, récolte la tempête.	*He who sows the wind shall reap the whirlwind.*

irregular verb

je sens · je sentis · senti · sentant

PRESENT

je sens	nous sentons
tu sens	vous sentez
il/elle sent	ils/elles sentent

IMPERFECT

je sentais	nous sentions
tu sentais	vous sentiez
il/elle sentait	ils/elles sentaient

PASSÉ SIMPLE

je sentis	nous sentîmes
tu sentis	vous sentîtes
il/elle sentit	ils/elles sentirent

FUTURE

je sentirai	nous sentirons
tu sentiras	vous sentirez
il/elle sentira	ils/elles sentiront

CONDITIONAL

je sentirais	nous sentirions
tu sentirais	vous sentiriez
il/elle sentirait	ils/elles sentiraient

PRESENT SUBJUNCTIVE

que je sente	que nous sentions
que tu sentes	que vous sentiez
qu'il/elle sente	qu'ils/elles sentent

IMPERFECT SUBJUNCTIVE

que je sentisse	que nous sentissions
que tu sentisses	que vous sentissiez
qu'il/elle sentît	qu'ils/elles sentissent

PASSÉ COMPOSÉ

j'ai senti	nous avons senti
tu as senti	vous avez senti
il/elle a senti	ils/elles ont senti

PLUPERFECT

j'avais senti	nous avions senti
tu avais senti	vous aviez senti
il/elle avait senti	ils/elles avaient senti

PAST ANTERIOR

j'eus senti	nous eûmes senti
tu eus senti	vous eûtes senti
il/elle eut senti	ils/elles eurent senti

FUTURE ANTERIOR

j'aurai senti	nous aurons senti
tu auras senti	vous aurez senti
il/elle aura senti	ils/elles auront senti

PAST CONDITIONAL

j'aurais senti	nous aurions senti
tu aurais senti	vous auriez senti
il/elle aurait senti	ils/elles auraient senti

PAST SUBJUNCTIVE

que j'aie senti	que nous ayons senti
que tu aies senti	que vous ayez senti
qu'il/elle ait senti	qu'ils/elles aient senti

PLUPERFECT SUBJUNCTIVE

que j'eusse senti	que nous eussions senti
que tu eusses senti	que vous eussiez senti
qu'il/elle eût senti	qu'ils/elles eussent senti

COMMANDS

	(nous) sentons
(tu) sens	(vous) sentez

Usage

Je sens un courant d'air.	*I feel a draft.*
Je sens qu'il ne m'aime pas.	*I sense that he doesn't like me.*
Avec le rhume que j'ai, je ne sens plus rien.	*With the cold I have I can't smell anything anymore.*
Ça sent bon!	*It smells good!*
Ça sent le brûlé.	*It smells like something's burning.*
Je ne peux pas la sentir.	*I can't stand her.*
Le chien sent mes chaussures.	*The dog is smelling my shoes.*
Cette chambre sent le moisi.	*This room smells musty.*
Je ne me sens pas dans mon assiette.	*I'm not feeling well.*
Il se sent en forme.	*He feels great.*
Je ne me sens pas bien.	*I don't feel well.*
Je ne me sens pas d'attaque.	*I'm a bit out of sorts.*
Elle a senti que quelqu'un la suivait.	*She felt that someone was following her.*
Ils nous ont fait sentir leur chagrin.	*They made us feel their sorrow.*

séparer *to separate*

PRESENT

je sépare	nous séparons
tu sépares	vous séparez
il/elle sépare	ils/elles séparent

PASSÉ COMPOSÉ

j'ai séparé	nous avons séparé
tu as séparé	vous avez séparé
il/elle a séparé	ils/elles ont séparé

IMPERFECT

je séparais	nous séparions
tu séparais	vous sépariez
il/elle séparait	ils/elles séparaient

PLUPERFECT

j'avais séparé	nous avions séparé
tu avais séparé	vous aviez séparé
il/elle avait séparé	ils/elles avaient séparé

PASSÉ SIMPLE

je séparai	nous séparâmes
tu séparas	vous séparâtes
il/elle sépara	ils/elles séparèrent

PAST ANTERIOR

j'eus séparé	nous eûmes séparé
tu eus séparé	vous eûtes séparé
il/elle eut séparé	ils/elles eurent séparé

FUTURE

je séparerai	nous séparerons
tu sépareras	vous séparerez
il/elle séparera	ils/elles sépareront

FUTURE ANTERIOR

j'aurai séparé	nous aurons séparé
tu auras séparé	vous aurez séparé
il/elle aura séparé	ils/elles auront séparé

CONDITIONAL

je séparerais	nous séparerions
tu séparerais	vous sépareriez
il/elle séparerait	ils/elles sépareraient

PAST CONDITIONAL

j'aurais séparé	nous aurions séparé
tu aurais séparé	vous auriez séparé
il/elle aurait séparé	ils/elles auraient séparé

PRESENT SUBJUNCTIVE

que je sépare	que nous séparions
que tu sépares	que vous sépariez
qu'il/elle sépare	qu'ils/elles séparent

PAST SUBJUNCTIVE

que j'aie séparé	que nous ayons séparé
que tu aies séparé	que vous ayez séparé
qu'il/elle ait séparé	qu'ils/elles aient séparé

IMPERFECT SUBJUNCTIVE

que je séparasse	que nous séparassions
que tu séparasses	que vous séparassiez
qu'il/elle séparât	qu'ils/elles séparassent

PLUPERFECT SUBJUNCTIVE

que j'eusse séparé	que nous eussions séparé
que tu eusses séparé	que vous eussiez séparé
qu'il/elle eût séparé	qu'ils/elles eussent séparé

COMMANDS

	(nous) séparons
(tu) sépare	(vous) séparez

Usage

Le Rhin sépare la France de l'Allemagne.	*The Rhine separates France from Germany.*
Les envahisseurs ont séparé le pays en deux.	*The invaders cut the country in two.*
séparer le bon grain de l'ivraie	*to separate the wheat from the chaff*
Dans ce foyer d'étudiants on sépare les hommes et les femmes.	*In this dorm men and women are separated.*
On s'est rendu compte que tout nous séparait.	*We realized that we had nothing in common.*
Ils se sont séparés sur le quai.	*They parted on the platform.*
Ne vous séparez pas de votre permis de conduire.	*Keep your driver's license with you at all times.*
Il faut séparer ces deux problèmes.	*You have to keep these two problems separate.*
Je croyais que rien ne pourrait séparer ces deux amis.	*I thought that nothing would be able to separate those two friends.*

regular *-er* verb

je serre · je serrai · serré · serrant

PRESENT

je serre	nous serrons
tu serres	vous serrez
il/elle serre	ils/elles serrent

IMPERFECT

je serrais	nous serrions
tu serrais	vous serriez
il/elle serrait	ils/elles serraient

PASSÉ SIMPLE

je serrai	nous serrâmes
tu serras	vous serrâtes
il/elle serra	ils/elles serrèrent

FUTURE

je serrerai	nous serrerons
tu serreras	vous serrerez
il/elle serrera	ils/elles serreront

CONDITIONAL

je serrerais	nous serrerions
tu serrerais	vous serreriez
il/elle serrerait	ils/elles serreraient

PRESENT SUBJUNCTIVE

que je serre	que nous serrions
que tu serres	que vous serriez
qu'il/elle serre	qu'ils/elles serrent

IMPERFECT SUBJUNCTIVE

que je serrasse	que nous serrassions
que tu serrasses	que vous serrassiez
qu'il/elle serrât	qu'ils/elles serrassent

COMMANDS

	(nous) serrons
(tu) serre	(vous) serrez

PASSÉ COMPOSÉ

j'ai serré	nous avons serré
tu as serré	vous avez serré
il/elle a serré	ils/elles ont serré

PLUPERFECT

j'avais serré	nous avions serré
tu avais serré	vous aviez serré
il/elle avait serré	ils/elles avaient serré

PAST ANTERIOR

j'eus serré	nous eûmes serré
tu eus serré	vous eûtes serré
il/elle eut serré	ils/elles eurent serré

FUTURE ANTERIOR

j'aurai serré	nous aurons serré
tu auras serré	vous aurez serré
il/elle aura serré	ils/elles auront serré

PAST CONDITIONAL

j'aurais serré	nous aurions serré
tu aurais serré	vous auriez serré
il/elle aurait serré	ils/elles auraient serré

PAST SUBJUNCTIVE

que j'aie serré	que nous ayons serré
que tu aies serré	que vous ayez serré
qu'il/elle ait serré	qu'ils/elles aient serré

PLUPERFECT SUBJUNCTIVE

que j'eusse serré	que nous eussions serré
que tu eusses serré	que vous eussiez serré
qu'il/elle eût serré	qu'ils/elles eussent serré

Usage

Il a serré le nœud de sa cravate.	*He tightened the knot of his tie.*
La mère a serré son enfant dans ses bras.	*The mother clasped the child in her arms.*
J'ai serré la main à mon professeur.	*I shook my teacher's hand.*
Il avait le cœur serré par la peur.	*His heart was tense with fear.*
Le voleur était serré de près par les policiers.	*The police were in hot pursuit of the thief.*
une lutte serrée	*a close fight*
une discussion serrée	*a closely fought argument*
Cet élève est paresseux. Il faudra lui serrer la vis.	*This pupil is lazy. We'll have to whip him into shape.*
Où est-ce que tu as serré mon calepin?	*Where did you stash my notepad?*
Ils se sont serré la main.	*They shook hands.*
Ils doivent se serrer les coudes.	*They must stick together.*

servir un client, etc.

Ce restaurant sert des centaines de clients par semaine.	*This restaurant serves hundreds of customers a week.*
Elle sert dans un bistrot.	*She's a waitress in a bistro.*
Que vais-je vous servir?	*What would you like to have?*
En fait de problèmes, nous sommes bien servis.	*As far as problems go, we have loads of them.*
Le cognac se sert après le repas.	*Brandy is served after the meal.*
Ce libraire sert tous les médecins.	*All the doctors go to this bookseller.*
Tu voulais qu'il fasse chaud! Te voilà servi.	*You wanted it to be warm! You got what you wished for.*
C'est à qui de servir?	*Whose turn is it to serve?* (tennis)
Servez-vous-en!	*Help yourself!*

servir (à) = être utile

À quoi (est-ce que) ça sert?	*What is that good for?/What is the use of that?*
Ça ne sert à rien.	*That is useless/good for nothing.*
Cet outil sert à beaucoup de choses.	*This tool has a lot of uses.*
Ça ne sert à rien de se plaindre.	*There's no use complaining.*
Ça ne se sert à rien de discuter avec eux.	*It doesn't pay to argue with them.*
Ça ne sert qu'à l'agacer.	*That only serves to irritate him/her.*
Vos conseils m'ont bien servi.	*Your advice was very useful.*
Cette veste peut encore servir.	*You can still get some use out of this jacket.*

servir de

Elle nous a servi de guide.	*She was our guide.*
Un indigène nous a servi d'interprète.	*A native served as our interpreter.*
Cette table me sert de bureau.	*This table serves as my desk.*
Que ça te serve de leçon!	*Let that be a lesson to you!*
Son courage nous a servi d'exemple.	*His courage was an example for us.*

se servir de

Je me sers d'un crayon pour écrire.	*I'm using a pencil to write with.*
Je peux me servir de ton dictionnaire?	*May I use your dictionary?*
Il ne sait pas se servir de l'ordinateur.	*He doesn't know how to use the computer.*
C'est un type qui se sert de ses amis.	*He's a guy who uses his friends.*

Related Words

le service	*service/favor/service charge*
Service compris?	*Is the gratuity included?*
être de service	*to be on duty*
Où est le gardien de service?	*Where is the guard who's on duty?*
Tu peux me rendre un service?	*Can you do me a favor?*
Le service dans ce magasin est très soigneux.	*Service in that store is very attentive.*

Compound

desservir	*to stop at*
Ce car dessert tous les villages.	*This bus stops at all the villages.*

TOP 50 VERBS

irregular verb

PRESENT

je sers	nous servons
tu sers	vous servez
il/elle sert	ils/elles servent

PASSÉ COMPOSÉ

j'ai servi	nous avons servi
tu as servi	vous avez servi
il/elle a servi	ils/elles ont servi

IMPERFECT

je servais	nous servions
tu servais	vous serviez
il/elle servait	ils/elles servaient

PLUPERFECT

j'avais servi	nous avions servi
tu avais servi	vous aviez servi
il/elle avait servi	ils/elles avaient servi

PASSÉ SIMPLE

je servis	nous servîmes
tu servis	vous servîtes
il/elle servit	ils/elles servirent

PAST ANTERIOR

j'eus servi	nous eûmes servi
tu eus servi	vous eûtes servi
il/elle eut servi	ils/elles eurent servi

FUTURE

je servirai	nous servirons
tu serviras	vous servirez
il/elle servira	ils/elles serviront

FUTURE ANTERIOR

j'aurai servi	nous aurons servi
tu auras servi	vous aurez servi
il/elle aura servi	ils/elles auront servi

CONDITIONAL

je servirais	nous servirions
tu servirais	vous serviriez
il/elle servirait	ils/elles serviraient

PAST CONDITIONAL

j'aurais servi	nous aurions servi
tu aurais servi	vous auriez servi
il/elle aurait servi	ils/elles auraient servi

PRESENT SUBJUNCTIVE

que je serve	que nous servions
que tu serves	que vous serviez
qu'il/elle serve	qu'ils/elles servent

PAST SUBJUNCTIVE

que j'aie servi	que nous ayons servi
que tu aies servi	que vous ayez servi
qu'il/elle ait servi	qu'ils/elles aient servi

IMPERFECT SUBJUNCTIVE

que je servisse	que nous servissions
que tu servisses	que vous servissiez
qu'il/elle servît	qu'ils/elles servissent

PLUPERFECT SUBJUNCTIVE

que j'eusse servi	que nous eussions servi
que tu eusses servi	que vous eussiez servi
qu'il/elle eût servi	qu'ils/elles eussent servi

COMMANDS

	(nous) servons
(tu) sers	(vous) servez

Usage

Elle a servi un bon repas.	*She served a good meal.*
À quelle heure est-ce qu'on sert le dîner?	*What time is dinner served?*
Ces serveurs ne savent pas servir.	*These waiters don't know how to serve.*
servir son pays	*to do military service*
La mère sert ses enfants à table.	*The mother serves her children (meals).*
Je vais te servir à manger.	*I'll get you something to eat.*
Je vais te servir à boire.	*I'll get you something to drink.*
On n'est jamais si bien servi que par soi-même.	*If you want something done right, do it yourself.*
Elle aime se faire servir.	*She likes to be served.*
Nous avons servi une salade de tomates comme entrée.	*We served sliced tomatoes as a first course.*
Madame est servie!	*Dinner is served!* (cook addressing family)
Il a été bien servi par sa prudence.	*His caution served him well.*
Ces articles servent nos intérêts.	*These articles aid our interests.*

siffler *to whistle*

je siffle · je sifflai · sifflé · sifflant

PRESENT

je siffle	nous sifflons
tu siffles	vous sifflez
il/elle siffle	ils/elles sifflent

IMPERFECT

je sifflais	nous sifflions
tu sifflais	vous siffliez
il/elle sifflait	ils/elles sifflaient

PASSÉ SIMPLE

je sifflai	nous sifflâmes
tu sifflas	vous sifflâtes
il/elle siffla	ils/elles sifflèrent

FUTURE

je sifflerai	nous sifflerons
tu siffleras	vous sifflerez
il/elle sifflera	ils/elles siffleront

CONDITIONAL

je sifflerais	nous sifflerions
tu sifflerais	vous siffleriez
il/elle sifflerait	ils/elles siffleraient

PRESENT SUBJUNCTIVE

que je siffle	que nous sifflions
que tu siffles	que vous siffliez
qu'il/elle siffle	qu'ils/elles sifflent

IMPERFECT SUBJUNCTIVE

que je sifflasse	que nous sifflassions
que tu sifflasses	que vous sifflassiez
qu'il/elle sifflât	qu'ils/elles sifflassent

COMMANDS

	(nous) sifflons
(tu) siffle	(vous) sifflez

PASSÉ COMPOSÉ

j'ai sifflé	nous avons sifflé
tu as sifflé	vous avez sifflé
il/elle a sifflé	ils/elles ont sifflé

PLUPERFECT

j'avais sifflé	nous avions sifflé
tu avais sifflé	vous aviez sifflé
il/elle avait sifflé	ils/elles avaient sifflé

PAST ANTERIOR

j'eus sifflé	nous eûmes sifflé
tu eus sifflé	vous eûtes sifflé
il/elle eut sifflé	ils/elles eurent sifflé

FUTURE ANTERIOR

j'aurai sifflé	nous aurons sifflé
tu auras sifflé	vous aurez sifflé
il/elle aura sifflé	ils/elles auront sifflé

PAST CONDITIONAL

j'aurais sifflé	nous aurions sifflé
tu aurais sifflé	vous auriez sifflé
il/elle aurait sifflé	ils/elles auraient sifflé

PAST SUBJUNCTIVE

que j'aie sifflé	que nous ayons sifflé
que tu aies sifflé	que vous ayez sifflé
qu'il/elle ait sifflé	qu'ils/elles aient sifflé

PLUPERFECT SUBJUNCTIVE

que j'eusse sifflé	que nous eussions sifflé
que tu eusses sifflé	que vous eussiez sifflé
qu'il/elle eût sifflé	qu'ils/elles eussent sifflé

Usage

Le garçon sifflait en marchant.	*The boy whistled as he walked.*
Il sifflait un air que je ne reconnaissais pas.	*He was whistling a tune I didn't recognize.*
Le vent siffle dans les arbres.	*The wind is whistling in the trees.*
Siffle ton chien.	*Whistle for your dog.*
Tu dois aller voir le médecin si tu siffles en respirant.	*You should see the doctor if you're wheezing.*
Le serpent sifflait.	*The snake hissed.*
Le public a sifflé la pièce.	*The audience booed the play.*

RELATED WORDS

le sifflet	*whistle*
le sifflet d'alarme	*alarm whistle*
L'acteur n'a pas pu supporter les sifflets.	*The actor couldn't take the booing.*
le sifflement	*whistling/whistling sound*
avoir des sifflements d'oreille	*to have a ringing in one's ears*

regular *-er* verb

je signale · je signalai · signalé · signalant

PRESENT

je signale	nous signalons
tu signales	vous signalez
il/elle signale	ils/elles signalent

IMPERFECT

je signalais	nous signalions
tu signalais	vous signaliez
il/elle signalait	ils/elles signalaient

PASSÉ SIMPLE

je signalai	nous signalâmes
tu signalas	vous signalâtes
il/elle signala	ils/elles signalèrent

FUTURE

je signalerai	nous signalerons
tu signaleras	vous signalerez
il/elle signalera	ils/elles signaleront

CONDITIONAL

je signalerais	nous signalerions
tu signalerais	vous signaleriez
il/elle signalerait	ils/elles signaleraient

PRESENT SUBJUNCTIVE

que je signale	que nous signalions
que tu signales	que vous signaliez
qu'il/elle signale	qu'ils/elles signalent

IMPERFECT SUBJUNCTIVE

que je signalasse	que nous signalassions
que tu signalasses	que vous signalassiez
qu'il/elle signalât	qu'ils/elles signalassent

PASSÉ COMPOSÉ

j'ai signalé	nous avons signalé
tu as signalé	vous avez signalé
il/elle a signalé	ils/elles ont signalé

PLUPERFECT

j'avais signalé	nous avions signalé
tu avais signalé	vous aviez signalé
il/elle avait signalé	ils/elles avaient signalé

PAST ANTERIOR

j'eus signalé	nous eûmes signalé
tu eus signalé	vous eûtes signalé
il/elle eut signalé	ils/elles eurent signalé

FUTURE ANTERIOR

j'aurai signalé	nous aurons signalé
tu auras signalé	vous aurez signalé
il/elle aura signalé	ils/elles auront signalé

PAST CONDITIONAL

j'aurais signalé	nous aurions signalé
tu aurais signalé	vous auriez signalé
il/elle aurait signalé	ils/elles auraient signalé

PAST SUBJUNCTIVE

que j'aie signalé	que nous ayons signalé
que tu aies signalé	que vous ayez signalé
qu'il/elle ait signalé	qu'ils/elles aient signalé

PLUPERFECT SUBJUNCTIVE

que j'eusse signalé	que nous eussions signalé
que tu eusses signalé	que vous eussiez signalé
qu'il/elle eût signalé	qu'ils/elles eussent signalé

COMMANDS

	(nous) signalons
(tu) signale	(vous) signalez

Usage

Un coup de sifflet signale le départ du car.	*A blast of the whistle indicates that the bus is leaving.*
Ce message signale qu'il est en difficulté.	*This message tells me he's in trouble.*
Je n'ai rien à signaler.	*I have nothing to report.*
Le stade n'est pas signalé sur le plan.	*The stadium isn't marked on the street map.*
J'ai signalé cette activité à la police.	*I let the police know about that activity.*
Permettez-moi de vous signaler que...	*Please allow me to notify you that . . .*

RELATED WORDS

le signalement	*report/description*
La police a le signalement de la voiture.	*The police have a description of the car.*
la signalisation	*putting on a system of signals and signs*
la signalisation des autoroutes	*putting a system of signals and signs on the highway*

signer *to sign*

je signe · je signai · signé · signant

PRESENT

je signe	nous signons
tu signes	vous signez
il/elle signe	ils/elles signent

PASSÉ COMPOSÉ

j'ai signé	nous avons signé
tu as signé	vous avez signé
il/elle a signé	ils/elles ont signé

IMPERFECT

je signais	nous signions
tu signais	vous signiez
il/elle signait	ils/elles signaient

PLUPERFECT

j'avais signé	nous avions signé
tu avais signé	vous aviez signé
il/elle avait signé	ils/elles avaient signé

PASSÉ SIMPLE

je signai	nous signâmes
tu signas	vous signâtes
il/elle signa	ils/elles signèrent

PAST ANTERIOR

j'eus signé	nous eûmes signé
tu eus signé	vous eûtes signé
il/elle eut signé	ils/elles eurent signé

FUTURE

je signerai	nous signerons
tu signeras	vous signerez
il/elle signera	ils/elles signeront

FUTURE ANTERIOR

j'aurai signé	nous aurons signé
tu auras signé	vous aurez signé
il/elle aura signé	ils/elles auront signé

CONDITIONAL

je signerais	nous signerions
tu signerais	vous signeriez
il/elle signerait	ils/elles signeraient

PAST CONDITIONAL

j'aurais signé	nous aurions signé
tu aurais signé	vous auriez signé
il/elle aurait signé	ils/elles auraient signé

PRESENT SUBJUNCTIVE

que je signe	que nous signions
que tu signes	que vous signiez
qu'il/elle signe	qu'ils/elles signent

PAST SUBJUNCTIVE

que j'aie signé	que nous ayons signé
que tu aies signé	que vous ayez signé
qu'il/elle ait signé	qu'ils/elles aient signé

IMPERFECT SUBJUNCTIVE

que je signasse	que nous signassions
que tu signasses	que vous signassiez
qu'il/elle signât	qu'ils/elles signassent

PLUPERFECT SUBJUNCTIVE

que j'eusse signé	que nous eussions signé
que tu eusses signé	que vous eussiez signé
qu'il/elle eût signé	qu'ils/elles eussent signé

COMMANDS

	(nous) signons
(tu) signe	(vous) signez

Usage

—Avez-vous déjà signé le contrat?
—Oui, j'ai signé au bas de la dernière page.
Tu dois signer le chèque avant de le toucher.
Signe ton nom.
Les deux pays ont signé l'armistice.
Cet article était signé.
C'est signé ton frère!

Have you already signed the contract?
Yes, I signed at the bottom of the last page.
You have to sign the check before cashing it.
Sign your name.
The two countries signed the armistice.
This article carried his byline.
This has your brother written all over it!

RELATED WORD

la signature
Tu arrives à lire cette signature?
Cette peinture est sans signature.

signature
Can you read this signature?
This painting is unsigned.

regular -er verb; spelling change: g > ge/a, o | **je songe · je songeai · songé · songeant**

PRESENT

je songe	nous songeons
tu songes	vous songez
il/elle songe	ils/elles songent

IMPERFECT

je songeais	nous songions
tu songeais	vous songiez
il/elle songeait	ils/elles songeaient

PASSÉ SIMPLE

je songeai	nous songeâmes
tu songeas	vous songeâtes
il/elle songea	ils/elles songèrent

FUTURE

je songerai	nous songerons
tu songeras	vous songerez
il/elle songera	ils/elles songeront

CONDITIONAL

je songerais	nous songerions
tu songerais	vous songeriez
il/elle songerait	ils/elles songeraient

PRESENT SUBJUNCTIVE

que je songe	que nous songions
que tu songes	que vous songiez
qu'il/elle songe	qu'ils/elles songent

IMPERFECT SUBJUNCTIVE

que je songeasse	que nous songeassions
que tu songeasses	que vous songeassiez
qu'il/elle songeât	qu'ils/elles songeassent

PASSÉ COMPOSÉ

j'ai songé	nous avons songé
tu as songé	vous avez songé
il/elle a songé	ils/elles ont songé

PLUPERFECT

j'avais songé	nous avions songé
tu avais songé	vous aviez songé
il/elle avait songé	ils/elles avaient songé

PAST ANTERIOR

j'eus songé	nous eûmes songé
tu eus songé	vous eûtes songé
il/elle eut songé	ils/elles eurent songé

FUTURE ANTERIOR

j'aurai songé	nous aurons songé
tu auras songé	vous aurez songé
il/elle aura songé	ils/elles auront songé

PAST CONDITIONAL

j'aurais songé	nous aurions songé
tu aurais songé	vous auriez songé
il/elle aurait songé	ils/elles auraient songé

PAST SUBJUNCTIVE

que j'aie songé	que nous ayons songé
que tu aies songé	que vous ayez songé
qu'il/elle ait songé	qu'ils/elles aient songé

PLUPERFECT SUBJUNCTIVE

que j'eusse songé	que nous eussions songé
que tu eusses songé	que vous eussiez songé
qu'il/elle eût songé	qu'ils/elles eussent songé

COMMANDS

| | (nous) songeons |
| (tu) songe | (vous) songez |

Usage

Songez qu'il était au courant de l'affaire.	*Consider that he was up to speed on the matter.*
Je songeais qu'ils n'y parviendraient pas.	*I thought they wouldn't manage to do it.*
songer à	*to think of/reflect on*
Elle ne songe qu'à sa position sociale.	*She thinks only of her position in society.*
Songe à cette quantité d'argent!	*Think of that amount of money!*
Je n'ai jamais songé à faire cela.	*It never occurred to me to do that.*
Il ne songe qu'à lui-même.	*He thinks only of himself.*

RELATED WORDS

songeur/songeuse	*pensive/dreamer*
Elle est songeuse aujourd'hui.	*She's lost in thought today.*
le songe	*dream*
interpréter les songes	*to interpret dreams*

je sonne · je sonnai · sonné · sonnant

PRESENT	
je sonne	nous sonnons
tu sonnes	vous sonnez
il/elle sonne	ils/elles sonnent

IMPERFECT	
je sonnais	nous sonnions
tu sonnais	vous sonniez
il/elle sonnait	ils/elles sonnaient

PASSÉ SIMPLE	
je sonnai	nous sonnâmes
tu sonnas	vous sonnâtes
il/elle sonna	ils/elles sonnèrent

FUTURE	
je sonnerai	nous sonnerons
tu sonneras	vous sonnerez
il/elle sonnera	ils/elles sonneront

CONDITIONAL	
je sonnerais	nous sonnerions
tu sonnerais	vous sonneriez
il/elle sonnerait	ils/elles sonneraient

PRESENT SUBJUNCTIVE	
que je sonne	que nous sonnions
que tu sonnes	que vous sonniez
qu'il/elle sonne	qu'ils/elles sonnent

IMPERFECT SUBJUNCTIVE	
que je sonnasse	que nous sonnassions
que tu sonnasses	que vous sonnassiez
qu'il/elle sonnât	qu'ils/elles sonnassent

PASSÉ COMPOSÉ	
j'ai sonné	nous avons sonné
tu as sonné	vous avez sonné
il/elle a sonné	ils/elles ont sonné

PLUPERFECT	
j'avais sonné	nous avions sonné
tu avais sonné	vous aviez sonné
il/elle avait sonné	ils/elles avaient sonné

PAST ANTERIOR	
j'eus sonné	nous eûmes sonné
tu eus sonné	vous eûtes sonné
il/elle eut sonné	ils/elles eurent sonné

FUTURE ANTERIOR	
j'aurai sonné	nous aurons sonné
tu auras sonné	vous aurez sonné
il/elle aura sonné	ils/elles auront sonné

PAST CONDITIONAL	
j'aurais sonné	nous aurions sonné
tu aurais sonné	vous auriez sonné
il/elle aurait sonné	ils/elles auraient sonné

PAST SUBJUNCTIVE	
que j'aie sonné	que nous ayons sonné
que tu aies sonné	que vous ayez sonné
qu'il/elle ait sonné	qu'ils/elles aient sonné

PLUPERFECT SUBJUNCTIVE	
que j'eusse sonné	que nous eussions sonné
que tu eusses sonné	que vous eussiez sonné
qu'il/elle eût sonné	qu'ils/elles eussent sonné

COMMANDS	
	(nous) sonnons
(tu) sonne	(vous) sonnez

Usage

Je lisais quand le téléphone a sonné.	*I was reading when the phone rang.*
On sonne! Va, ouvre.	*Someone's ringing. Go open the door.*
On a sonné l'alarme.	*They sounded the alarm.*
Les cloches sonnent. Il est trois heures.	*The bells are ringing. It's three o'clock.*
Son entrée dans la salle nous a sonnés.	*His entrance into the room knocked us for a loop.*
Je vois que ton rhume t'a vraiment sonné.	*I see your cold has really knocked you out.*

RELATED WORDS

la sonnette	*doorbell*
la sonnerie	*ringing*
La sonnerie du téléphone m'a réveillé.	*The ringing of the phone woke me up.*
sonné *(slang)*	*crazy/nuts*
Il est complètement sonné, celui-là.	*That guy is completely nuts.*
le son	*sound*

irregular verb; compound tenses with *être*;
when there is a direct object, the passé
composé is conjugated with *avoir*

je sors · je sortis · sorti · sortant

PRESENT

je sors	nous sortons
tu sors	vous sortez
il/elle sort	ils/elles sortent

IMPERFECT

je sortais	nous sortions
tu sortais	vous sortiez
il/elle sortait	ils/elles sortaient

PASSÉ SIMPLE

je sortis	nous sortîmes
tu sortis	vous sortîtes
il/elle sortit	ils/elles sortirent

FUTURE

je sortirai	nous sortirons
tu sortiras	vous sortirez
il/elle sortira	ils/elles sortiront

CONDITIONAL

je sortirais	nous sortirions
tu sortirais	vous sortiriez
il/elle sortirait	ils/elles sortiraient

PRESENT SUBJUNCTIVE

que je sorte	que nous sortions
que tu sortes	que vous sortiez
qu'il/elle sorte	qu'ils/elles sortent

IMPERFECT SUBJUNCTIVE

que je sortisse	que nous sortissions
que tu sortisses	que vous sortissiez
qu'il/elle sortît	qu'ils/elles sortissent

COMMANDS

	(nous) sortons
(tu) sors	(vous) sortez

PASSÉ COMPOSÉ

je suis sorti(e)	nous sommes sorti(e)s
tu es sorti(e)	vous êtes sorti(e)(s)
il/elle est sorti(e)	ils/elles sont sorti(e)s

PLUPERFECT

j'étais sorti(e)	nous étions sorti(e)s
tu étais sorti(e)	vous étiez sorti(e)(s)
il/elle était sorti(e)	ils/elles étaient sorti(e)s

PAST ANTERIOR

je fus sorti(e)	nous fûmes sorti(e)s
tu fus sorti(e)	vous fûtes sorti(e)(s)
il/elle fut sorti(e)	ils/elles furent sorti(e)s

FUTURE ANTERIOR

je serai sorti(e)	nous serons sorti(e)s
tu seras sorti(e)	vous serez sorti(e)(s)
il/elle sera sorti(e)	ils/elles seront sorti(e)s

PAST CONDITIONAL

je serais sorti(e)	nous serions sorti(e)s
tu serais sorti(e)	vous seriez sorti(e)(s)
il/elle serait sorti(e)	ils/elles seraient sorti(e)s

PAST SUBJUNCTIVE

que je sois sorti(e)	que nous soyons sorti(e)s
que tu sois sorti(e)	que vous soyez sorti(e)(s)
qu'il/elle soit sorti(e)	qu'ils/elles soient sorti(e)s

PLUPERFECT SUBJUNCTIVE

que je fusse sorti(e)	que nous fussions sorti(e)s
que tu fusses sorti(e)	que vous fussiez sorti(e)(s)
qu'il/elle fût sorti(e)	qu'ils/elles fussent sorti(e)s

Usage

—Tu sors ce soir?	*Are you going out this evening?*
—Oui, je sors danser avec Vincent.	*Yes, I'm going out dancing with Vincent.*
Je sors en bicyclette, maman.	*I'm going out for a ride on my bike, Mom.*
Elle n'est jamais sortie de son pays.	*She's never been out of the country.*
Il vient de sortir de l'hôpital.	*He's just gotten out of the hospital.*
Sortez de l'eau, les gosses!	*Come out of the water, kids!*
Ce rapport est tellement compliqué.	*This report is so complicated. There's no end to it.*
Je n'en sors pas.	
Il est sorti de ses gonds.	*He flew off the handle.*
—Sors la voiture du garage.	*Take the car out of the garage.*
—Je l'ai déjà sortie.	*I already took it out.*
Ils sortent de partout.	*They're coming out of the woodwork.*
Je ne sais pas si je pourrai m'en sortir.	*I don't know if I can get through this.*
Il s'en est bien sorti.	*He got away with it.*

souffler *to blow*

PRESENT

je souffle	nous soufflons
tu souffles	vous soufflez
il/elle souffle	ils/elles soufflent

IMPERFECT

je soufflais	nous soufflions
tu soufflais	vous souffliez
il/elle soufflait	ils/elles soufflaient

PASSÉ SIMPLE

je soufflai	nous soufflâmes
tu soufflas	vous soufflâtes
il/elle souffla	ils/elles soufflèrent

FUTURE

je soufflerai	nous soufflerons
tu souffleras	vous soufflerez
il/elle soufflera	ils/elles souffleront

CONDITIONAL

je soufflerais	nous soufflerions
tu soufflerais	vous souffleriez
il/elle soufflerait	ils/elles souffleraient

PRESENT SUBJUNCTIVE

que je souffle	que nous soufflions
que tu souffles	que vous souffliez
qu'il/elle souffle	qu'ils/elles soufflent

IMPERFECT SUBJUNCTIVE

que je soufflasse	que nous soufflassions
que tu soufflasses	que vous soufflassiez
qu'il/elle soufflât	qu'ils/elles soufflassent

COMMANDS

	(nous) soufflons
(tu) souffle	(vous) soufflez

PASSÉ COMPOSÉ

j'ai soufflé	nous avons soufflé
tu as soufflé	vous avez soufflé
il/elle a soufflé	ils/elles ont soufflé

PLUPERFECT

j'avais soufflé	nous avions soufflé
tu avais soufflé	vous aviez soufflé
il/elle avait soufflé	ils/elles avaient soufflé

PAST ANTERIOR

j'eus soufflé	nous eûmes soufflé
tu eus soufflé	vous eûtes soufflé
il/elle eut soufflé	ils/elles eurent soufflé

FUTURE ANTERIOR

j'aurai soufflé	nous aurons soufflé
tu auras soufflé	vous aurez soufflé
il/elle aura soufflé	ils/elles auront soufflé

PAST CONDITIONAL

j'aurais soufflé	nous aurions soufflé
tu aurais soufflé	vous auriez soufflé
il/elle aurait soufflé	ils/elles auraient soufflé

PAST SUBJUNCTIVE

que j'aie soufflé	que nous ayons soufflé
que tu aies soufflé	que vous ayez soufflé
qu'il/elle ait soufflé	qu'ils/elles aient soufflé

PLUPERFECT SUBJUNCTIVE

que j'eusse soufflé	que nous eussions soufflé
que tu eusses soufflé	que vous eussiez soufflé
qu'il/elle eût soufflé	qu'ils/elles eussent soufflé

Usage

Il souffle sur son café.	*He blows on his coffee.*
Le vent souffle fort aujourd'hui.	*The wind is blowing hard today.*
Elle a soufflé dans sa flûte.	*She blew into her flute.*
—Je ne peux plus monter l'escalier sans souffler.	*I can't walk up the stairs anymore without huffing and puffing.*
—Moi aussi, je souffle comme un bœuf.	*Me too, I huff and puff like an ox.*
Quand on le lui a dit, il en est resté soufflé.	*When they told him that, he was openmouthed.*

RELATED WORDS

le souffle	*breath*
à bout de souffle	*out of breath*
Ca m'a coupé le souffle.	*That took my breath away.*
Il a retenu son souffle.	*He held his breath.*
souffleur/souffleuse	*prompter*

irregular verb

je souffre · je souffris · souffert · souffrant

PRESENT

je souffre	nous souffrons
tu souffres	vous souffrez
il/elle souffre	ils/elles souffrent

IMPERFECT

je souffrais	nous souffrions
tu souffrais	vous souffriez
il/elle souffrait	ils/elles souffraient

PASSÉ SIMPLE

je souffris	nous souffrîmes
tu souffris	vous souffrîtes
il/elle souffrit	ils/elles souffrirent

FUTURE

je souffrirai	nous souffrirons
tu souffriras	vous souffrirez
il/elle souffrira	ils/elles souffriront

CONDITIONAL

je souffrirais	nous souffririons
tu souffrirais	vous souffririez
il/elle souffrirait	ils/elles souffriraient

PRESENT SUBJUNCTIVE

que je souffre	que nous souffrions
que tu souffres	que vous souffriez
qu'il/elle souffre	qu'ils/elles souffrent

IMPERFECT SUBJUNCTIVE

que je souffrisse	que nous souffrissions
que tu souffrisses	que vous souffrissiez
qu'il/elle souffrît	qu'ils/elles souffrissent

PASSÉ COMPOSÉ

j'ai souffert	nous avons souffert
tu as souffert	vous avez souffert
il/elle a souffert	ils/elles ont souffert

PLUPERFECT

j'avais souffert	nous avions souffert
tu avais souffert	vous aviez souffert
il/elle avait souffert	ils/elles avaient souffert

PAST ANTERIOR

j'eus souffert	nous eûmes souffert
tu eus souffert	vous eûtes souffert
il/elle eut souffert	ils/elles eurent souffert

FUTURE ANTERIOR

j'aurai souffert	nous aurons souffert
tu auras souffert	vous aurez souffert
il/elle aura souffert	ils/elles auront souffert

PAST CONDITIONAL

j'aurais souffert	nous aurions souffert
tu aurais souffert	vous auriez souffert
il/elle aurait souffert	ils/elles auraient souffert

PAST SUBJUNCTIVE

que j'aie souffert	que nous ayons souffert
que tu aies souffert	que vous ayez souffert
qu'il/elle ait souffert	qu'ils/elles aient souffert

PLUPERFECT SUBJUNCTIVE

que j'eusse souffert	que nous eussions souffert
que tu eusses souffert	que vous eussiez souffert
qu'il/elle eût souffert	qu'ils/elles eussent souffert

COMMANDS

	(nous) souffrons
(tu) souffre	(vous) souffrez

Usage

Je souffre de l'estomac.	*I've got stomach problems.*
Elle souffrait de maux de tête.	*She suffered from headaches.*
L'enfant a fait souffrir ses parents.	*The child made his parents suffer.*
Ce prof te fera souffrir.	*That teacher will give you trouble.*
La qualité du produit a souffert.	*The quality of the product has suffered.*
Je souffre de la chaleur.	*I really don't like heat.*
Tu vas souffrir pour lui faire entendre raison.	*You'll have a hard time getting him to listen to reason.*
Ils ont souffert de la faim.	*They went away hungry.*
Ta réputation va en souffrir.	*Your reputation will suffer for it.*
Cette règle souffre de beaucoup d'exceptions.	*This rule has many exceptions.*
Je ne peux pas souffrir mon patron.	*I can't bear my boss.*
Il souffrait la douleur sans broncher.	*He bore the pain without flinching.*

souhaiter *to wish*

je souhaite · je souhaitai · souhaité · souhaitant

regular *-er* verb

PRESENT

je souhaite	nous souhaitons
tu souhaites	vous souhaitez
il/elle souhaite	ils/elles souhaitent

IMPERFECT

je souhaitais	nous souhaitions
tu souhaitais	vous souhaitiez
il/elle souhaitait	ils/elles souhaitaient

PASSÉ SIMPLE

je souhaitai	nous souhaitâmes
tu souhaitas	vous souhaitâtes
il/elle souhaita	ils/elles souhaitèrent

FUTURE

je souhaiterai	nous souhaiterons
tu souhaiteras	vous souhaiterez
il/elle souhaitera	ils/elles souhaiteront

CONDITIONAL

je souhaiterais	nous souhaiterions
tu souhaiterais	vous souhaiteriez
il/elle souhaiterait	ils/elles souhaiteraient

PRESENT SUBJUNCTIVE

que je souhaite	que nous souhaitions
que tu souhaites	que vous souhaitiez
qu'il/elle souhaite	qu'ils/elles souhaitent

IMPERFECT SUBJUNCTIVE

que je souhaitasse	que nous souhaitassions
que tu souhaitasses	que vous souhaitassiez
qu'il/elle souhaitât	qu'ils/elles souhaitassent

PASSÉ COMPOSÉ

j'ai souhaité	nous avons souhaité
tu as souhaité	vous avez souhaité
il/elle a souhaité	ils/elles ont souhaité

PLUPERFECT

j'avais souhaité	nous avions souhaité
tu avais souhaité	vous aviez souhaité
il/elle avait souhaité	ils/elles avaient souhaité

PAST ANTERIOR

j'eus souhaité	nous eûmes souhaité
tu eus souhaité	vous eûtes souhaité
il/elle eut souhaité	ils/elles eurent souhaité

FUTURE ANTERIOR

j'aurai souhaité	nous aurons souhaité
tu auras souhaité	vous aurez souhaité
il/elle aura souhaité	ils/elles auront souhaité

PAST CONDITIONAL

j'aurais souhaité	nous aurions souhaité
tu aurais souhaité	vous auriez souhaité
il/elle aurait souhaité	ils/elles auraient souhaité

PAST SUBJUNCTIVE

que j'aie souhaité	que nous ayons souhaité
que tu aies souhaité	que vous ayez souhaité
qu'il/elle ait souhaité	qu'ils/elles aient souhaité

PLUPERFECT SUBJUNCTIVE

que j'eusse souhaité	que nous eussions souhaité
que tu eusses souhaité	que vous eussiez souhaité
qu'il/elle eût souhaité	qu'ils/elles eussent souhaité

COMMANDS

	(nous) souhaitons
(tu) souhaite	(vous) souhaitez

Usage

Je vous souhaite une bonne année!	*I wish you a happy new year!*
On te souhaite le bonheur dans ton nouvel appartement.	*We wish you happiness in your new apartment.*
On lui a souhaité la bonne chance.	*We wished him luck.*
Il souhaitait travailler à son compte.	*He hoped to open his own business.*

RELATED WORDS

le souhait	*wish*
les souhaits de bonne année	*New Year's wishes*
Il est intelligent à souhait.	*He's as intelligent as you could wish.*
Les enfants ont reçu des jouets à souhait.	*The children got as many toys as they could want.*
À tes souhaits!	*God bless you!* (after someone sneezes)
souhaitable	*desirable*
une qualité souhaitable	*a desirable quality*

regular *-er* verb | **je souille · je souillai · souillé · souillant**

PRESENT		PASSÉ COMPOSÉ	
je souille	nous souillons	j'ai souillé	nous avons souillé
tu souilles	vous souillez	tu as souillé	vous avez souillé
il/elle souille	ils/elles souillent	il/elle a souillé	ils/elles ont souillé

IMPERFECT		PLUPERFECT	
je souillais	nous souillions	j'avais souillé	nous avions souillé
tu souillais	vous souilliez	tu avais souillé	vous aviez souillé
il/elle souillait	ils/elles souillaient	il/elle avait souillé	ils/elles avaient souillé

PASSÉ SIMPLE		PAST ANTERIOR	
je souillai	nous souillâmes	j'eus souillé	nous eûmes souillé
tu souillas	vous souillâtes	tu eus souillé	vous eûtes souillé
il/elle souilla	ils/elles souillèrent	il/elle eut souillé	ils/elles eurent souillé

FUTURE		FUTURE ANTERIOR	
je souillerai	nous souillerons	j'aurai souillé	nous aurons souillé
tu souilleras	vous souillerez	tu auras souillé	vous aurez souillé
il/elle souillera	ils/elles souilleront	il/elle aura souillé	ils/elles auront souillé

CONDITIONAL		PAST CONDITIONAL	
je souillerais	nous souillerions	j'aurais souillé	nous aurions souillé
tu souillerais	vous souilleriez	tu aurais souillé	vous auriez souillé
il/elle souillerait	ils/elles souilleraient	il/elle aurait souillé	ils/elles auraient souillé

PRESENT SUBJUNCTIVE		PAST SUBJUNCTIVE	
que je souille	que nous souillions	que j'aie souillé	que nous ayons souillé
que tu souilles	que vous souilliez	que tu aies souillé	que vous ayez souillé
qu'il/elle souille	qu'ils/elles souillent	qu'il/elle ait souillé	qu'ils/elles aient souillé

IMPERFECT SUBJUNCTIVE		PLUPERFECT SUBJUNCTIVE	
que je souillasse	que nous souillassions	que j'eusse souillé	que nous eussions souillé
que tu souillasses	que vous souillassiez	que tu eusses souillé	que vous eussiez souillé
qu'il/elle souillât	qu'ils/elles souillassent	qu'il/elle eût souillé	qu'ils/elles eussent souillé

COMMANDS	
	(nous) souillons
(tu) souille	(vous) souillez

Usage

Le gazon est souillé de détritus.	*The lawn is soiled with garbage.*
La voiture qui passait nous a souillés de boue.	*The passing car dirtied us with mud.*
Les automobiles ont souillé l'air.	*Cars have dirtied the air.*
Cet article a souillé sa réputation.	*This article tarnished his reputation.*
Un écrivain qui souille les rapports humains.	*A writer who defiles human relations.*

RELATED WORD

la souillure	*stain/blemish*
la souillure du crime	*the black mark of crime*

soumettre *to submit*

je soumets · je soumis · soumis · soumettant

irregular verb; only one t *in the singular of the present tense*

PRESENT

je soumets	nous soumettons
tu soumets	vous soumettez
il/elle soumet	ils/elles soumettent

IMPERFECT

je soumettais	nous soumettions
tu soumettais	vous soumettiez
il/elle soumettait	ils/elles soumettaient

PASSÉ SIMPLE

je soumis	nous soumîmes
tu soumis	vous soumîtes
il/elle soumit	ils/elles soumirent

FUTURE

je soumettrai	nous soumettrons
tu soumettras	vous soumettrez
il/elle soumettra	ils/elles soumettront

CONDITIONAL

je soumettrais	nous soumettrions
tu soumettrais	vous soumettriez
il/elle soumettrait	ils/elles soumettraient

PRESENT SUBJUNCTIVE

que je soumette	que nous soumettions
que tu soumettes	que vous soumettiez
qu'il/elle soumette	qu'ils/elles soumettent

IMPERFECT SUBJUNCTIVE

que je soumisse	que nous soumissions
que tu soumisses	que vous soumissiez
qu'il/elle soumît	qu'ils/elles soumissent

COMMANDS

	(nous) soumettons
(tu) soumets	(vous) soumettez

PASSÉ COMPOSÉ

j'ai soumis	nous avons soumis
tu as soumis	vous avez soumis
il/elle a soumis	ils/elles ont soumis

PLUPERFECT

j'avais soumis	nous avions soumis
tu avais soumis	vous aviez soumis
il/elle avait soumis	ils/elles avaient soumis

PAST ANTERIOR

j'eus soumis	nous eûmes soumis
tu eus soumis	vous eûtes soumis
il/elle eut soumis	ils/elles eurent soumis

FUTURE ANTERIOR

j'aurai soumis	nous aurons soumis
tu auras soumis	vous aurez soumis
il/elle aura soumis	ils/elles auront soumis

PAST CONDITIONAL

j'aurais soumis	nous aurions soumis
tu aurais soumis	vous auriez soumis
il/elle aurait soumis	ils/elles auraient soumis

PAST SUBJUNCTIVE

que j'aie soumis	que nous ayons soumis
que tu aies soumis	que vous ayez soumis
qu'il/elle ait soumis	qu'ils/elles aient soumis

PLUPERFECT SUBJUNCTIVE

que j'eusse soumis	que nous eussions soumis
que tu eusses soumis	que vous eussiez soumis
qu'il/elle eût soumis	qu'ils/elles eussent soumis

Usage

La police a soumis les insurgés.	*The police put down the rebels.*
La vente d'une propriété est soumise à l'impôt.	*The sale of property is subject to tax.*
L'ennemi a soumis le pays voisin.	*The enemy subjugated the neighboring country.*
On ne se soumettra pas à sa volonté.	*We won't submit to his will.*
J'ai soumis mon projet au conseil.	*I submitted my project to the board.*
Tout ce que vous gagnez est soumis à l'impôt.	*Everything you earn is taxable.*

RELATED WORDS

la soumission	*submission*
Les rebelles ont fait acte de soumission.	*The rebels capitulated.*
soumis(e)	*docile*
Tu es trop soumis.	*You're too docile.*

irregular reflexive verb   **je me souviens · je me souvins · s'étant souvenu · se souvenant**

PRESENT

je me souviens	nous nous souvenons
tu te souviens	vous vous souvenez
il/elle se souvient	ils/elles se souviennent

IMPERFECT

je me souvenais	nous nous souvenions
tu te souvenais	vous vous souveniez
il/elle se souvenait	ils/elles se souvenaient

PASSÉ SIMPLE

je me souvins	nous nous souvînmes
tu te souvins	vous vous souvîntes
il/elle se souvint	ils/elles se souvinrent

FUTURE

je me souviendrai	nous nous souviendrons
tu te souviendras	vous vous souviendrez
il/elle se souviendra	ils/elles se souviendront

CONDITIONAL

je me souviendrais	nous nous souviendrions
tu te souviendrais	vous vous souviendriez
il/elle se souviendrait	ils/elles se souviendraient

PRESENT SUBJUNCTIVE

que je me souvienne	que nous nous souvenions
que tu te souviennes	que vous vous souveniez
qu'il/elle se souvienne	qu'ils/elles se souviennent

IMPERFECT SUBJUNCTIVE

que je me souvinsse	que nous nous souvinssions
que tu te souvinsses	que vous vous souvinssiez
qu'il/elle se souvînt	qu'ils/elles se souvinssent

PASSÉ COMPOSÉ

je me suis souvenu(e)	nous nous sommes souvenu(e)s
tu t'es souvenu(e)	vous vous êtes souvenu(e)(s)
il/elle s'est souvenu(e)	ils/elles se sont souvenu(e)s

PLUPERFECT

je m'étais souvenu(e)	nous nous étions souvenu(e)s
tu t'étais souvenu(e)	vous vous étiez souvenu(e)(s)
il/elle s'était souvenu(e)	ils/elles s'étaient souvenu(e)s

PAST ANTERIOR

je me fus souvenu(e)	nous nous fûmes souvenu(e)s
tu te fus souvenu(e)	vous vous fûtes souvenu(e)(s)
il/elle se fut souvenu(e)	ils/elles se furent souvenu(e)s

FUTURE ANTERIOR

je me serai souvenu(e)	nous nous serons souvenu(e)s
tu te seras souvenu(e)	vous vous serez souvenu(e)(s)
il/elle se sera souvenu(e)	ils/elles se seront souvenu(e)s

PAST CONDITIONAL

je me serais souvenu(e)	nous nous serions souvenu(e)s
tu te serais souvenu(e)	vous vous seriez souvenu(e)(s)
il/elle se serait souvenu(e)	ils/elles se seraient souvenu(e)s

PAST SUBJUNCTIVE

que je me sois souvenu(e)	que nous nous soyons souvenu(e)s
que tu te sois souvenu(e)	que vous vous soyez souvenu(e)(s)
qu'il/elle se soit souvenu(e)	qu'ils/elles se soient souvenu(e)s

PLUPERFECT SUBJUNCTIVE

que je me fusse souvenu(e)	que nous nous fussions souvenu(e)s
que tu te fusses souvenu(e)	que vous vous fussiez souvenu(e)(s)
qu'il/elle se fût souvenu(e)	qu'ils/elles se fussent souvenu(e)s

COMMANDS

	(nous) souvenons-nous
(tu) souviens-toi	(vous) souvenez-vous

Usage

Je me souviens de tout ce qu'il a dit.	*I remember everything he said.*
Tu te souviens de moi?	*Do you remember me?*
Souvenez-vous qu'elle est souffrante.	*Bear in mind that she is not feeling well.*
Il ne se souvient pas d'être entré dans le café.	*He doesn't remember having gone into the café.*
Je ne me souviens pas d'avoir lu cet article.	*I don't remember having read that article.*
On s'en souviendra!	*We won't forget this!*
Elle lui a flanqué une gifle dont il se souviendra.	*She gave him a slap he won't forget.*

RELATED WORD

le souvenir	*memory/souvenir*
des souvenirs d'enfance	*childhood memories*
Il faut que nous achetions des souvenirs.	*We must buy some souvenirs.*

sucer   *to suck*

je suce · je suçai · sucé · suçant   regular -*er* verb; spelling change: *c* > *ç*/*a, o*

PRESENT		PASSÉ COMPOSÉ	
je suce	nous suçons	j'ai sucé	nous avons sucé
tu suces	vous sucez	tu as sucé	vous avez sucé
il/elle suce	ils/elles sucent	il/elle a sucé	ils/elles ont sucé

IMPERFECT		PLUPERFECT	
je suçais	nous sucions	j'avais sucé	nous avions sucé
tu suçais	vous suciez	tu avais sucé	vous aviez sucé
il/elle suçait	ils/elles suçaient	il/elle avait sucé	ils/elles avaient sucé

PASSÉ SIMPLE		PAST ANTERIOR	
je suçai	nous suçâmes	j'eus sucé	nous eûmes sucé
tu suças	vous suçâtes	tu eus sucé	vous eûtes sucé
il/elle suça	ils/elles sucèrent	il/elle eut sucé	ils/elles eurent sucé

FUTURE		FUTURE ANTERIOR	
je sucerai	nous sucerons	j'aurai sucé	nous aurons sucé
tu suceras	vous sucerez	tu auras sucé	vous aurez sucé
il/elle sucera	ils/elles suceront	il/elle aura sucé	ils/elles auront sucé

CONDITIONAL		PAST CONDITIONAL	
je sucerais	nous sucerions	j'aurais sucé	nous aurions sucé
tu sucerais	vous suceriez	tu aurais sucé	vous auriez sucé
il/elle sucerait	ils/elles suceraient	il/elle aurait sucé	ils/elles auraient sucé

PRESENT SUBJUNCTIVE		PAST SUBJUNCTIVE	
que je suce	que nous sucions	que j'aie sucé	que nous ayons sucé
que tu suces	que vous suciez	que tu aies sucé	que vous ayez sucé
qu'il/elle suce	qu'ils/elles sucent	qu'il/elle ait sucé	qu'ils/elles aient sucé

IMPERFECT SUBJUNCTIVE		PLUPERFECT SUBJUNCTIVE	
que je suçasse	que nous suçassions	que j'eusse sucé	que nous eussions sucé
que tu suçasses	que vous suçassiez	que tu eusses sucé	que vous eussiez sucé
qu'il/elle suçât	qu'ils/elles suçassent	qu'il/elle eût sucé	qu'ils/elles eussent sucé

COMMANDS	
	(nous) suçons
(tu) suce	(vous) sucez

Usage

Si tu as soif, suce cette orange.	*If you're thirsty, suck on this orange.*
Ces pastilles sont à sucer.	*These tablets are to be sucked.*
Je suce un bonbon.	*I'm sucking a candy.*
Ton bébé suce son pouce.	*Your baby is sucking his thumb.*
Elle suçait un bonbon.	*She had a sucking candy in her mouth.*
Il a sucé cette doctrine avec le lait de sa mère.	*He absorbed that doctrine with his mother's milk.*

RELATED WORDS

la sucette	*pacifier* (for babies)

PRESENT

je suis	nous suivons
tu suis	vous suivez
il/elle suit	ils/elles suivent

IMPERFECT

je suivais	nous suivions
tu suivais	vous suiviez
il/elle suivait	ils/elles suivaient

PASSÉ SIMPLE

je suivis	nous suivîmes
tu suivis	vous suivîtes
il/elle suivit	ils/elles suivirent

FUTURE

je suivrai	nous suivrons
tu suivras	vous suivrez
il/elle suivra	ils/elles suivront

CONDITIONAL

je suivrais	nous suivrions
tu suivrais	vous suivriez
il/elle suivrait	ils/elles suivraient

PRESENT SUBJUNCTIVE

que je suive	que nous suivions
que tu suives	que vous suiviez
qu'il/elle suive	qu'ils/elles suivent

IMPERFECT SUBJUNCTIVE

que je suivisse	que nous suivissions
que tu suivisses	que vous suivissiez
qu'il/elle suivît	qu'ils/elles suivissent

COMMANDS

	(nous) suivons
(tu) suis	(vous) suivez

PASSÉ COMPOSÉ

j'ai suivi	nous avons suivi
tu as suivi	vous avez suivi
il/elle a suivi	ils/elles ont suivi

PLUPERFECT

j'avais suivi	nous avions suivi
tu avais suivi	vous aviez suivi
il/elle avait suivi	ils/elles avaient suivi

PAST ANTERIOR

j'eus suivi	nous eûmes suivi
tu eus suivi	vous eûtes suivi
il/elle eut suivi	ils/elles eurent suivi

FUTURE ANTERIOR

j'aurai suivi	nous aurons suivi
tu auras suivi	vous aurez suivi
il/elle aura suivi	ils/elles auront suivi

PAST CONDITIONAL

j'aurais suivi	nous aurions suivi
tu aurais suivi	vous auriez suivi
il/elle aurait suivi	ils/elles auraient suivi

PAST SUBJUNCTIVE

que j'aie suivi	que nous ayons suivi
que tu aies suivi	que vous ayez suivi
qu'il/elle ait suivi	qu'ils/elles aient suivi

PLUPERFECT SUBJUNCTIVE

que j'eusse suivi	que nous eussions suivi
que tu eusses suivi	que vous eussiez suivi
qu'il/elle eût suivi	qu'ils/elles eussent suivi

Usage

Suivez-moi, s'il vous plaît.	*Follow me, please.*
On les suivait de près.	*We were following them closely.*
Je vous suivrai à bicyclette.	*I'll follow you on my bike.*
Le beau temps suivra la pluie.	*After the rain, the weather will be nice.*
Quels cours suivez-vous?	*What courses are you taking?*
Il suit bien à l'école.	*He's a good student at school.*
On a fait suivre tout mon courrier.	*They forwarded all my mail.*
Je le suivais comme une ombre.	*I was following him like his shadow.*
J'ai suivi le train qui partait du regard.	*I followed the departing train with my eyes.*
—Vous me suivez ou pas?	*Do you get what I mean or not?*
—Je ne vous suis pas.	*I can't follow what you're saying.*
Descendez à l'arrêt qui suit le mien.	*Get off at the stop after mine.*
Voilà la ligne d'action à suivre.	*There's the path of action to follow.*
Ce souvenir me suit partout.	*That memory haunts me.*

supporter *to bear, stand*

PRESENT

je supporte	nous supportons
tu supportes	vous supportez
il/elle supporte	ils/elles supportent

IMPERFECT

je supportais	nous supportions
tu supportais	vous supportiez
il/elle supportait	ils/elles supportaient

PASSÉ SIMPLE

je supportai	nous supportâmes
tu supportas	vous supportâtes
il/elle supporta	ils/elles supportèrent

FUTURE

je supporterai	nous supporterons
tu supporteras	vous supporterez
il/elle supportera	ils/elles supporteront

CONDITIONAL

je supporterais	nous supporterions
tu supporterais	vous supporteriez
il/elle supporterait	ils/elles supporteraient

PRESENT SUBJUNCTIVE

que je supporte	que nous supportions
que tu supportes	que vous supportiez
qu'il/elle supporte	qu'ils/elles supportent

IMPERFECT SUBJUNCTIVE

que je supportasse	que nous supportassions
que tu supportasses	que vous supportassiez
qu'il/elle supportât	qu'ils/elles supportassent

PASSÉ COMPOSÉ

j'ai supporté	nous avons supporté
tu as supporté	vous avez supporté
il/elle a supporté	ils/elles ont supporté

PLUPERFECT

j'avais supporté	nous avions supporté
tu avais supporté	vous aviez supporté
il/elle avait supporté	ils/elles avaient supporté

PAST ANTERIOR

j'eus supporté	nous eûmes supporté
tu eus supporté	vous eûtes supporté
il/elle eut supporté	ils/elles eurent supporté

FUTURE ANTERIOR

j'aurai supporté	nous aurons supporté
tu auras supporté	vous aurez supporté
il/elle aura supporté	ils/elles auront supporté

PAST CONDITIONAL

j'aurais supporté	nous aurions supporté
tu aurais supporté	vous auriez supporté
il/elle aurait supporté	ils/elles auraient supporté

PAST SUBJUNCTIVE

que j'aie supporté	que nous ayons supporté
que tu aies supporté	que vous ayez supporté
qu'il/elle ait supporté	qu'ils/elles aient supporté

PLUPERFECT SUBJUNCTIVE

que j'eusse supporté	que nous eussions supporté
que tu eusses supporté	que vous eussiez supporté
qu'il/elle eût supporté	qu'ils/elles eussent supporté

COMMANDS

	(nous) supportons
(tu) supporte	(vous) supportez

Usage

Je l'ai supporté toute la semaine.	*I put up with him all week.*
Cette tragédie est dure à supporter.	*This tragedy is hard to bear.*
supporter les frais de	*to foot the bill for*
Qui va supporter les frais de cette réception?	*Who's going to foot the bill for this reception?*
Je ne supporte pas qu'elle dise des bêtises comme ça.	*I can't bear her saying stupid things like that.*
Je ne supporte pas ce froid.	*I can't stand this cold.*
Elle ne supporte pas les escargots.	*She can't bear (to eat) snails.*

RELATED WORDS

insupportable	*unbearable*
C'est un type insupportable.	*He's an unbearable man.*
le supporter	*fan (sports)*

irregular verb

PRESENT		PASSÉ COMPOSÉ	
je surprends	nous surprenons	j'ai surpris	nous avons surpris
tu surprends	vous surprenez	tu as surpris	vous avez surpris
il/elle surprend	ils/elles surprennent	il/elle a surpris	ils/elles ont surpris

IMPERFECT		PLUPERFECT	
je surprenais	nous surprenions	j'avais surpris	nous avions surpris
tu surprenais	vous surpreniez	tu avais surpris	vous aviez surpris
il/elle surprenait	ils/elles surprenaient	il/elle avait surpris	ils/elles avaient surpris

PASSÉ SIMPLE		PAST ANTERIOR	
je surpris	nous surprîmes	j'eus surpris	nous eûmes surpris
tu surpris	vous surprîtes	tu eus surpris	vous eûtes surpris
il/elle surprit	ils/elles surprirent	il/elle eut surpris	ils/elles eurent surpris

FUTURE		FUTURE ANTERIOR	
je surprendrai	nous surprendrons	j'aurai surpris	nous aurons surpris
tu surprendras	vous surprendrez	tu auras surpris	vous aurez surpris
il/elle surprendra	ils/elles surprendront	il/elle aura surpris	ils/elles auront surpris

CONDITIONAL		PAST CONDITIONAL	
je surprendrais	nous surprendrions	j'aurais surpris	nous aurions surpris
tu surprendrais	vous surprendriez	tu aurais surpris	vous auriez surpris
il/elle surprendrait	ils/elles surprendraient	il/elle aurait surpris	ils/elles auraient surpris

PRESENT SUBJUNCTIVE		PAST SUBJUNCTIVE	
que je surprenne	que nous surprenions	que j'aie surpris	que nous ayons surpris
que tu surprennes	que vous surpreniez	que tu aies surpris	que vous ayez surpris
qu'il/elle surprenne	qu'ils/elles surprennent	qu'il/elle ait surpris	qu'ils/elles aient surpris

IMPERFECT SUBJUNCTIVE		PLUPERFECT SUBJUNCTIVE	
que je surprisse	que nous surprissions	que j'eusse surpris	que nous eussions surpris
que tu surprisses	que vous surprissiez	que tu eusses surpris	que vous eussiez surpris
qu'il/elle surprît	qu'ils/elles surprissent	qu'il/elle eût surpris	qu'ils/elles eussent surpris

COMMANDS	
	(nous) surprenons
(tu) surprends	(vous) surprenez

Usage

Sa réponse l'a surprise.	*His/Her answer surprised her.*
L'orage nous a surpris en pleine campagne.	*The storm took us by surprise in open country.*
Ne te laisse pas surprendre par la pluie.	*Don't let the rain catch you by surprise.*
Je ne me laisse pas surprendre.	*No one catches me off guard.*
La police a surpris le cambrioleur.	*The police caught the burglar in the act.*
Ils l'ont surpris dans une situation gênante.	*He was caught by surprise in an embarrassing moment.*
Mes cousins nous ont surpris hier soir.	*My cousins dropped in on us unexpectedly last night.*
J'ai surpris leur conversation.	*I overheard their conversation.*

RELATED WORDS

la surprise	*surprise*
une surprise-partie	*party*
surprenant(e)	*surprising*

survivre · *to survive*

PRESENT

je survis	nous survivons
tu survis	vous survivez
il/elle survit	ils/elles survivent

IMPERFECT

je survivais	nous survivions
tu survivais	vous surviviez
il/elle survivait	ils/elles survivaient

PASSÉ SIMPLE

je survécus	nous survécûmes
tu survécus	vous survécûtes
il/elle survécut	ils/elles survécurent

FUTURE

je survivrai	nous survivrons
tu survivras	vous survivrez
il/elle survivra	ils/elles survivront

CONDITIONAL

je survivrais	nous survivrions
tu survivrais	vous survivriez
il/elle survivrait	ils/elles survivraient

PRESENT SUBJUNCTIVE

que je survive	que nous survivions
que tu survives	que vous surviviez
qu'il/elle survive	qu'ils/elles survivent

IMPERFECT SUBJUNCTIVE

que je survécusse	que nous survécussions
que tu survécusses	que vous survécussiez
qu'il/elle survécût	qu'ils/elles survécussent

PASSÉ COMPOSÉ

j'ai survécu	nous avons survécu
tu as survécu	vous avez survécu
il/elle a survécu	ils/elles ont survécu

PLUPERFECT

j'avais survécu	nous avions survécu
tu avais survécu	vous aviez survécu
il/elle avait survécu	ils/elles avaient survécu

PAST ANTERIOR

j'eus survécu	nous eûmes survécu
tu eus survécu	vous eûtes survécu
il/elle eut survécu	ils/elles eurent survécu

FUTURE ANTERIOR

j'aurai survécu	nous aurons survécu
tu auras survécu	vous aurez survécu
il/elle aura survécu	ils/elles auront survécu

PAST CONDITIONAL

j'aurais survécu	nous aurions survécu
tu aurais survécu	vous auriez survécu
il/elle aurait survécu	ils/elles auraient survécu

PAST SUBJUNCTIVE

que j'aie survécu	que nous ayons survécu
que tu aies survécu	que vous ayez survécu
qu'il/elle ait survécu	qu'ils/elles aient survécu

PLUPERFECT SUBJUNCTIVE

que j'eusse survécu	que nous eussions survécu
que tu eusses survécu	que vous eussiez survécu
qu'il/elle eût survécu	qu'ils/elles eussent survécu

COMMANDS

	(nous) survivons
(tu) survis	(vous) survivez

Usage

Rien ne survit de cette culture ancienne.	*Nothing survives of this ancient culture.*
Il a survécu à toutes les batailles.	*He survived all the battles.*
Je ne survivrai jamais à cette humiliation.	*I will never live through this humiliation.*
Il a survécu à ses parents.	*He outlived his parents.*
Il n'a pas survécu à l'opération.	*He didn't survive the operation.*

RELATED WORD

la survie	*survival*
Ce médicament lui a donné deux ans de survie.	*This medicine kept him alive for two years.*

PRESENT

je survole	nous survolons
tu survoles	vous survolez
il/elle survole	ils/elles survolent

IMPERFECT

je survolais	nous survolions
tu survolais	vous survoliez
il/elle survolait	ils/elles survolaient

PASSÉ SIMPLE

je survolai	nous survolâmes
tu survolas	vous survolâtes
il/elle survola	ils/elles survolèrent

FUTURE

je survolerai	nous survolerons
tu survoleras	vous survolerez
il/elle survolera	ils/elles survoleront

CONDITIONAL

je survolerais	nous survolerions
tu survolerais	vous survoleriez
il/elle survolerait	ils/elles survoleraient

PRESENT SUBJUNCTIVE

que je survole	que nous survolions
que tu survoles	que vous survoliez
qu'il/elle survole	qu'ils/elles survolent

IMPERFECT SUBJUNCTIVE

que je survolasse	que nous survolassions
que tu survolasses	que vous survolassiez
qu'il/elle survolât	qu'ils/elles survolassent

COMMANDS

	(nous) survolons
(tu) survole	(vous) survolez

PASSÉ COMPOSÉ

j'ai survolé	nous avons survolé
tu as survolé	vous avez survolé
il/elle a survolé	ils/elles ont survolé

PLUPERFECT

j'avais survolé	nous avions survolé
tu avais survolé	vous aviez survolé
il/elle avait survolé	ils/elles avaient survolé

PAST ANTERIOR

j'eus survolé	nous eûmes survolé
tu eus survolé	vous eûtes survolé
il/elle eut survolé	ils/elles eurent survolé

FUTURE ANTERIOR

j'aurai survolé	nous aurons survolé
tu auras survolé	vous aurez survolé
il/elle aura survolé	ils/elles auront survolé

PAST CONDITIONAL

j'aurais survolé	nous aurions survolé
tu aurais survolé	vous auriez survolé
il/elle aurait survolé	ils/elles auraient survolé

PAST SUBJUNCTIVE

que j'aie survolé	que nous ayons survolé
que tu aies survolé	que vous ayez survolé
qu'il/elle ait survolé	qu'ils/elles aient survolé

PLUPERFECT SUBJUNCTIVE

que j'eusse survolé	que nous eussions survolé
que tu eusses survolé	que vous eussiez survolé
qu'il/elle eût survolé	qu'ils/elles eussent survolé

Usage

Les oiseaux ont survolé le lac.	*The birds flew over the lake.*
Nous avons survolé la Manche.	*We flew over the English Channel.*
J'ai survolé les deux derniers chapitres.	*I skimmed the last two chapters.*
Nous avons survolé cette question.	*We dealt with this matter superficially.*

RELATED WORD

le survol	*flying over*
le survol de l'Atlantique	*transatlantic flying*
le survol d'un manuscrit	*skimming a manuscript*

se taire *to keep quiet*

je me tais · je me tus · s'étant tu · se taisant

irregular reflexive verb;
compound tenses with *être*

PRESENT		PASSÉ COMPOSÉ	
je me tais	nous nous taisons	je me suis tu(e)	nous nous sommes tu(e)s
tu te tais	vous vous taisez	tu t'es tu(e)	vous vous êtes tu(e)(s)
il/elle se tait	ils/elles se taisent	il/elle s'est tu(e)	ils/elles se sont tu(e)s

IMPERFECT		PLUPERFECT	
je me taisais	nous nous taisions	je m'étais tu(e)	nous nous étions tu(e)s
tu te taisais	vous vous taisiez	tu t'étais tu(e)	vous vous étiez tu(e)(s)
il/elle se taisait	ils/elles se taisaient	il/elle s'était tu(e)	ils/elles s'étaient tu(e)s

PASSÉ SIMPLE		PAST ANTERIOR	
je me tus	nous nous tûmes	je me fus tu(e)	nous nous fûmes tu(e)s
tu te tus	vous vous tûtes	tu te fus tu(e)	vous vous fûtes tu(e)(s)
il/elle se tut	ils/elles se turent	il/elle se fut tu(e)	ils/elles se furent tu(e)s

FUTURE		FUTURE ANTERIOR	
je me tairai	nous nous tairons	je me serai tu(e)	nous nous serons tu(e)s
tu te tairas	vous vous tairez	tu te seras tu(e)	vous vous serez tu(e)(s)
il/elle se taira	ils/elles se tairont	il/elle se sera tu(e)	ils/elles se seront tu(e)s

CONDITIONAL		PAST CONDITIONAL	
je me tairais	nous nous tairions	je me serais tu(e)	nous nous serions tu(e)s
tu te tairais	vous vous tairiez	tu te serais tu(e)	vous vous seriez tu(e)(s)
il/elle se tairait	ils/elles se tairaient	il/elle se serait tu(e)	ils/elles se seraient tu(e)s

PRESENT SUBJUNCTIVE		PAST SUBJUNCTIVE	
que je me taise	que nous nous taisions	que je me sois tu(e)	que nous nous soyons tu(e)s
que tu te taises	que vous vous taisiez	que tu te sois tu(e)	que vous vous soyez tu(e)(s)
que il/elle se taise	que ils/elles se taisent	que il/elle se soit tu(e)	que ils/elles se soient tu(e)s

IMPERFECT SUBJUNCTIVE		PLUPERFECT SUBJUNCTIVE	
que je me tusse	que nous nous tussions	que je me fusse tu(e)	que nous nous fussions tu(e)s
que tu te tusses	que vous vous tussiez	que tu te fusses tu(e)	que vous vous fussiez tu(e)(s)
que il/elle se tût	que ils/elles se tussent	que il/elle se fût tu(e)	que ils/elles se fussent tu(e)s

COMMANDS	
	(nous) taisons-nous
(tu) tais-toi	(vous) taisez-vous

Usage

Tais-toi! Tu n'arrêtes pas de parler!	*Keep quiet! You don't stop talking!*
J'ai perdu une belle occasion pour me taire.	*I should have kept my mouth closed.*
Pour réussir, il faut savoir se taire.	*To succeed, you must learn discretion.*
Je me tairai là-dessus.	*I won't say anything about that.*
Dans ces cas, il vaut mieux se taire.	*In these cases, it's better not to say anything.*
Quand il est entré, tout le monde s'est tu.	*When he walked in, everyone fell silent.*
taire qqch	*to keep something quiet*
Ils ont tu ces rapports commerciaux.	*They kept these business relations quiet.*
—Tu aurais dû te taire.	*You should have kept quiet.*
—Personne ne me fera taire!	*No one will silence me!*

irregular verb · **je teins · je teignis · teint · teignant**

PRESENT

je teins	nous teignons
tu teins	vous teignez
il/elle teint	ils/elles teignent

IMPERFECT

je teignais	nous teignions
tu teignais	vous teigniez
il/elle teignait	ils/elles teignaient

PASSÉ SIMPLE

je teignis	nous teignîmes
tu teignis	vous teignîtes
il/elle teignit	ils/elles teignirent

FUTURE

je teindrai	nous teindrons
tu teindras	vous teindrez
il/elle teindra	ils/elles teindront

CONDITIONAL

je teindrais	nous teindrions
tu teindrais	vous teindriez
il/elle teindrait	ils/elles teindraient

PRESENT SUBJUNCTIVE

que je teigne	que nous teignions
que tu teignes	que vous teigniez
qu'il/elle teigne	qu'ils/elles teignent

IMPERFECT SUBJUNCTIVE

que je teignisse	que nous teignissions
que tu teignisses	que vous teignissiez
qu'il/elle teignît	qu'ils/elles teignissent

PASSÉ COMPOSÉ

j'ai teint	nous avons teint
tu as teint	vous avez teint
il/elle a teint	ils/elles ont teint

PLUPERFECT

j'avais teint	nous avions teint
tu avais teint	vous aviez teint
il/elle avait teint	ils/elles avaient teint

PAST ANTERIOR

j'eus teint	nous eûmes teint
tu eus teint	vous eûtes teint
il/elle eut teint	ils/elles eurent teint

FUTURE ANTERIOR

j'aurai teint	nous aurons teint
tu auras teint	vous aurez teint
il/elle aura teint	ils/elles auront teint

PAST CONDITIONAL

j'aurais teint	nous aurions teint
tu aurais teint	vous auriez teint
il/elle aurait teint	ils/elles auraient teint

PAST SUBJUNCTIVE

que j'aie teint	que nous ayons teint
que tu aies teint	que vous ayez teint
qu'il/elle ait teint	qu'ils/elles aient teint

PLUPERFECT SUBJUNCTIVE

que j'eusse teint	que nous eussions teint
que tu eusses teint	que vous eussiez teint
qu'il/elle eût teint	qu'ils/elles eussent teint

COMMANDS

	(nous) teignons
(tu) teins	(vous) teignez

Usage

Elle a les cheveux teints.	*She has dyed hair.*
Elle se teint les cheveux.	*She dyes her hair.*
Il se teint la barbe.	*He dyes his beard.*
Je vais faire teindre ce chemisier.	*I'm going to have this blouse dyed.*
Les cerises teignent les doigts.	*Cherries stain your fingers.*
Je crois que cette étoffe est teinte.	*I think this material is dyed.*

RELATED WORDS

la teinture	*dye*
Elle a une teinture de grammaire.	*She has a smattering of grammar.*
le teinturier	*dry cleaner*
le teinturier du coin	*the neighborhood dry cleaner*

téléphoner *to phone*

je téléphone · je téléphonai · téléphoné · téléphonant

regular *-er* verb

PRESENT

je téléphone	nous téléphonons
tu téléphones	vous téléphonez
il/elle téléphone	ils/elles téléphonent

IMPERFECT

je téléphonais	nous téléphonions
tu téléphonais	vous téléphoniez
il/elle téléphonait	ils/elles téléphonaient

PASSÉ SIMPLE

je téléphonai	nous téléphonâmes
tu téléphonas	vous téléphonâtes
il/elle téléphona	ils/elles téléphonèrent

FUTURE

je téléphonerai	nous téléphonerons
tu téléphoneras	vous téléphonerez
il/elle téléphonera	ils/elles téléphoneront

CONDITIONAL

je téléphonerais	nous téléphonerions
tu téléphonerais	vous téléphoneriez
il/elle téléphonerait	ils/elles téléphoneraient

PRESENT SUBJUNCTIVE

que je téléphone	que nous téléphonions
que tu téléphones	que vous téléphoniez
qu'il/elle téléphone	qu'ils/elles téléphonent

IMPERFECT SUBJUNCTIVE

que je téléphonasse	que nous téléphonassions
que tu téléphonasses	que vous téléphonassiez
qu'il/elle téléphonât	qu'ils/elles téléphonassent

PASSÉ COMPOSÉ

j'ai téléphoné	nous avons téléphoné
tu as téléphoné	vous avez téléphoné
il/elle a téléphoné	ils/elles ont téléphoné

PLUPERFECT

j'avais téléphoné	nous avions téléphoné
tu avais téléphoné	vous aviez téléphoné
il/elle avait téléphoné	ils/elles avaient téléphoné

PAST ANTERIOR

j'eus téléphoné	nous eûmes téléphoné
tu eus téléphoné	vous eûtes téléphoné
il/elle eut téléphoné	ils/elles eurent téléphoné

FUTURE ANTERIOR

j'aurai téléphoné	nous aurons téléphoné
tu auras téléphoné	vous aurez téléphoné
il/elle aura téléphoné	ils/elles auront téléphoné

PAST CONDITIONAL

j'aurais téléphoné	nous aurions téléphoné
tu aurais téléphoné	vous auriez téléphoné
il/elle aurait téléphoné	ils/elles auraient téléphoné

PAST SUBJUNCTIVE

que j'aie téléphoné	que nous ayons téléphoné
que tu aies téléphoné	que vous ayez téléphoné
qu'il/elle ait téléphoné	qu'ils/elles aient téléphoné

PLUPERFECT SUBJUNCTIVE

que j'eusse téléphoné	que nous eussions téléphoné
que tu eusses téléphoné	que vous eussiez téléphoné
qu'il/elle eût téléphoné	qu'ils/elles eussent téléphoné

COMMANDS

	(nous) téléphonons
(tu) téléphone	(vous) téléphonez

Usage

téléphoner à qqn	*to phone someone*
—Tu lui as téléphoné quand?	*When did you call him?*
—Hier. J'ai téléphoné à tout le monde hier.	*Yesterday. I called everyone yesterday.*
Il nous a téléphoné les résultats.	*He told us the results by phone.*
Téléphonez-moi.	*Phone me.*

RELATED WORDS

le téléphone	*telephone*
un coup de téléphone	*a phone call*
le téléphone mobile	*cell phone*
téléphonique	*having to do with the phone*
une cabine téléphonique	*a phone booth*
téléphoné *(colloquial)*	*obvious/predictable*
Sa réaction était téléphonée.	*His reaction was predictable.*

regular -re verb

je tends · je tendis · tendu · tendant

PRESENT	
je tends	nous tendons
tu tends	vous tendez
il/elle tend	ils/elles tendent

IMPERFECT	
je tendais	nous tendions
tu tendais	vous tendiez
il/elle tendait	ils/elles tendaient

PASSÉ SIMPLE	
je tendis	nous tendîmes
tu tendis	vous tendîtes
il/elle tendit	ils/elles tendirent

FUTURE	
je tendrai	nous tendrons
tu tendras	vous tendrez
il/elle tendra	ils/elles tendront

CONDITIONAL	
je tendrais	nous tendrions
tu tendrais	vous tendriez
il/elle tendrait	ils/elles tendraient

PRESENT SUBJUNCTIVE	
que je tende	que nous tendions
que tu tendes	que vous tendiez
qu'il/elle tende	qu'ils/elles tendent

IMPERFECT SUBJUNCTIVE	
que je tendisse	que nous tendissions
que tu tendisses	que vous tendissiez
qu'il/elle tendît	qu'ils/elles tendissent

COMMANDS	
	(nous) tendons
(tu) tends	(vous) tendez

PASSÉ COMPOSÉ	
j'ai tendu	nous avons tendu
tu as tendu	vous avez tendu
il/elle a tendu	ils/elles ont tendu

PLUPERFECT	
j'avais tendu	nous avions tendu
tu avais tendu	vous aviez tendu
il/elle avait tendu	ils/elles avaient tendu

PAST ANTERIOR	
j'eus tendu	nous eûmes tendu
tu eus tendu	vous eûtes tendu
il/elle eut tendu	ils/elles eurent tendu

FUTURE ANTERIOR	
j'aurai tendu	nous aurons tendu
tu auras tendu	vous aurez tendu
il/elle aura tendu	ils/elles auront tendu

PAST CONDITIONAL	
j'aurais tendu	nous aurions tendu
tu aurais tendu	vous auriez tendu
il/elle aurait tendu	ils/elles auraient tendu

PAST SUBJUNCTIVE	
que j'aie tendu	que nous ayons tendu
que tu aies tendu	que vous ayez tendu
qu'il/elle ait tendu	qu'ils/elles aient tendu

PLUPERFECT SUBJUNCTIVE	
que j'eusse tendu	que nous eussions tendu
que tu eusses tendu	que vous eussiez tendu
qu'il/elle eût tendu	qu'ils/elles eussent tendu

Usage

Je lui ai tendu la main.	*I offered my hand to him.*
Ils ont tendu un piège à l'ennemi.	*They set a trap for the enemy.*
J'ai tendu des serviettes aux enfants quand ils sont sortis de la piscine.	*I held out towels for the children when they came out of the pool.*
Le chien a tendu l'oreille.	*The dog pricked up his ears.*
tendre le poing à qqn	*to raise one's fist to someone*
Elle m'a tendu les bras.	*She stretched out her arms to me.*
tendre à faire qqch	*to tend to do something*
Il tend à irriter les gens.	*He tends to irritate people.*
Les prix tendent à augmenter.	*Prices tend to rise.*
se tendre	*to grow tense*
Les rapports entre les deux collègues se sont tendus.	*The relationship between the two coworkers grew tense.*

tenir *to hold*

je tiens · je tins · tenu · tenant

irregular verb

tenir = être solide; rentrer

Ce mur ne va pas tenir.	*This wall is not going to hold.*
Ces livres ne tiennent pas dans la serviette.	*These books can't fit into the briefcase.*
Mon analyse tiendra en quelques pages.	*My analysis will take a few pages.*
Cette voiture tient bien la route.	*This car drives well/holds the road well.*
L'autocar tient toute la route.	*The bus takes up the whole road.*

tenir à qqn, tenir à qqch

Cet enfant tient beaucoup à son père.	*This child is very attached to his father.*
Le malade tenait à la vie.	*The sick man clung to life.*
Les conditions de vie tiennent au climat.	*The living conditions are related to the climate.*
Sa sagesse tient à son âge.	*His wisdom derives from his age.*

tenir à + infinitif

Je tiens à le voir.	*I'd really like to see him.*
Il tenait à me rappeler ma dette envers lui.	*He was insistent about reminding me of my debt to him.*
On dînera en ville, si vous y tenez.	*We'll eat out if you insist.*

tenir à ce que + subjonctif

Je tiens à ce que tu reviennes avant dix heures.	*I insist you be back before ten o'clock.*
Je tiens à ce que vous sachiez que...	*I want you to know that . . .*

Expressions

Vous osez me tenir pareil langage!	*How dare you speak to me like that!*
Tout le monde le tient pour un escroc.	*Everyone has him pegged as a swindler.*
On tient sa réussite pour assurée.	*People consider his success assured.*
Qu'à cela ne tienne.	*That doesn't matter.*
Ils tiennent la ferme de leurs grands-parents.	*They inherited the farm from their grandparents.*
Il ne tient qu'à vous de me tirer d'affaire.	*You're the only one who can help me out.*
Les étudiants sont tenus de respecter le règlement du lycée.	*Students are expected to respect the school rules.*
Ces enfants ne savent pas se tenir à table.	*These children don't know how to behave at the table.*
Il faut tenir compte de tout cela.	*You have to take all that into account.*
Il a pu tenir son rang dans cette discussion.	*He was able to hold his own in that discussion.*
Il a démissionné. Il n'a pas pu tenir le coup.	*He resigned. He couldn't take it.*
Tenez-vous-en là!	*Stop right there!*
Tu crois qu'on pourra tenir jusqu'au bout?	*Think we'll be able to stick it out?*
Il a tenu ses engagements envers moi.	*He fulfilled his obligations to me.*
Qui tient la tête?	*Who's in the lead?*
Ton raisonnement ne tient pas debout.	*Your argument doesn't hold water.*
Il ne tient jamais parole.	*He never keeps his word.*
Tiens-moi au courant.	*Keep me informed.*

Proverb

Un tiens vaut mieux que deux tu l'auras.	*A bird in hand is worth two in the bush.*

TOP 50 VERBS

irregular verb

PRESENT

je tiens	nous tenons
tu tiens	vous tenez
il/elle tient	ils/elles tiennent

IMPERFECT

je tenais	nous tenions
tu tenais	vous teniez
il/elle tenait	ils/elles tenaient

PASSÉ SIMPLE

je tins	nous tînmes
tu tins	vous tîntes
il/elle tint	ils/elles tinrent

FUTURE

je tiendrai	nous tiendrons
tu tiendras	vous tiendrez
il/elle tiendra	ils/elles tiendront

CONDITIONAL

je tiendrais	nous tiendrions
tu tiendrais	vous tiendriez
il/elle tiendrait	ils/elles tiendraient

PRESENT SUBJUNCTIVE

que je tienne	que nous tenions
que tu tiennes	que vous teniez
qu'il/elle tienne	qu'ils/elles tiennent

IMPERFECT SUBJUNCTIVE

que je tinsse	que nous tinssions
que tu tinsses	que vous tinssiez
qu'il/elle tînt	qu'ils/elles tinssent

COMMANDS

	(nous) tenons
(tu) tiens	(vous) tenez

PASSÉ COMPOSÉ

j'ai tenu	nous avons tenu
tu as tenu	vous avez tenu
il/elle a tenu	ils/elles ont tenu

PLUPERFECT

j'avais tenu	nous avions tenu
tu avais tenu	vous aviez tenu
il/elle avait tenu	ils/elles avaient tenu

PAST ANTERIOR

j'eus tenu	nous eûmes tenu
tu eus tenu	vous eûtes tenu
il/elle eut tenu	ils/elles eurent tenu

FUTURE ANTERIOR

j'aurai tenu	nous aurons tenu
tu auras tenu	vous aurez tenu
il/elle aura tenu	ils/elles auront tenu

PAST CONDITIONAL

j'aurais tenu	nous aurions tenu
tu aurais tenu	vous auriez tenu
il/elle aurait tenu	ils/elles auraient tenu

PAST SUBJUNCTIVE

que j'aie tenu	que nous ayons tenu
que tu aies tenu	que vous ayez tenu
qu'il/elle ait tenu	qu'ils/elles aient tenu

PLUPERFECT SUBJUNCTIVE

que j'eusse tenu	que nous eussions tenu
que tu eusses tenu	que vous eussiez tenu
qu'il/elle eût tenu	qu'ils/elles eussent tenu

Usage

tenir qqch dans la main	*to hold something in one's hand*
L'étudiant tient son livre dans la main.	*The student is holding the book in his hand.*
La mère tenait son enfant par la main.	*The mother was holding her child by the hand.*
Il tenait sa fiancée dans ses bras.	*He was holding his fiancée in his arms.*
Les Dupont tiennent un café près de la place.	*The Duponts run a café near the square.*
Sa maladie l'a tenu enfermé chez lui un mois.	*His illness kept him shut in at home for a month.*
C'est elle qui tient tout.	*She's the one who holds it all together.*
Cet amphithéâtre tient 300 étudiants.	*This lecture hall holds 300 students.*
Tiens mon dîner au chaud. J'arrive dans une demi-heure.	*Keep my dinner warm. I'll be there in half an hour.*
Ce prof ne sait pas tenir sa classe.	*This teacher can't control his class.*
tenir	*to hold/resist*
Le filet n'a pas tenu.	*The net didn't hold./The net broke.*
Notre armée a tenu bon.	*Our army held the line.*
Nos soldats ont tenu contre l'ennemi.	*Our soldiers held out against the enemy.*

terminer *to finish*

je termine · je terminai · terminé · terminant

regular -*er* verb

PRESENT

je termine	nous terminons
tu termines	vous terminez
il/elle termine	ils/elles terminent

IMPERFECT

je terminais	nous terminions
tu terminais	vous terminiez
il/elle terminait	ils/elles terminaient

PASSÉ SIMPLE

je terminai	nous terminâmes
tu terminas	vous terminâtes
il/elle termina	ils/elles terminèrent

FUTURE

je terminerai	nous terminerons
tu termineras	vous terminerez
il/elle terminera	ils/elles termineront

CONDITIONAL

je terminerais	nous terminerions
tu terminerais	vous termineriez
il/elle terminerait	ils/elles termineraient

PRESENT SUBJUNCTIVE

que je termine	que nous terminions
que tu termines	que vous terminiez
qu'il/elle termine	qu'ils/elles terminent

IMPERFECT SUBJUNCTIVE

que je terminasse	que nous terminassions
que tu terminasses	que vous terminassiez
qu'il/elle terminât	qu'ils/elles terminassent

COMMANDS

	(nous) terminons
(tu) termine	(vous) terminez

PASSÉ COMPOSÉ

j'ai terminé	nous avons terminé
tu as terminé	vous avez terminé
il/elle a terminé	ils/elles ont terminé

PLUPERFECT

j'avais terminé	nous avions terminé
tu avais terminé	vous aviez terminé
il/elle avait terminé	ils/elles avaient terminé

PAST ANTERIOR

j'eus terminé	nous eûmes terminé
tu eus terminé	vous eûtes terminé
il/elle eut terminé	ils/elles eurent terminé

FUTURE ANTERIOR

j'aurai terminé	nous aurons terminé
tu auras terminé	vous aurez terminé
il/elle aura terminé	ils/elles auront terminé

PAST CONDITIONAL

j'aurais terminé	nous aurions terminé
tu aurais terminé	vous auriez terminé
il/elle aurait terminé	ils/elles auraient terminé

PAST SUBJUNCTIVE

que j'aie terminé	que nous ayons terminé
que tu aies terminé	que vous ayez terminé
qu'il/elle ait terminé	qu'ils/elles aient terminé

PLUPERFECT SUBJUNCTIVE

que j'eusse terminé	que nous eussions terminé
que tu eusses terminé	que vous eussiez terminé
qu'il/elle eût terminé	qu'ils/elles eussent terminé

Usage

Ce mot termine en «s».	*This word ends in "s".*
J'en ai terminé avec ces voyages d'affaires.	*I'm not going on any more business trips.*
On en a terminé avec les Dupont.	*We're finished with the Duponts.*
S'il continue comme ça, il terminera sa vie en prison.	*If he keeps up like that, he'll spend the rest of his life in prison.*
Nous avons terminé la journée au musée.	*We ended the day at the museum.*
La fête de l'indépendance a terminé avec des feux d'artifice.	*The Independence Day celebration ended with fireworks.*
Cette autoroute se termine aux alentours de Lille.	*This highway ends outside of Lille.*
La réunion d'affaires s'est mal terminée.	*The business meeting ended badly.*
Termine ça. Il faut partir.	*Finish up. We have to leave.*

RELATED WORD

le terminus	*last stop*
Terminus! Tout le monde descend!	*Last stop! Everyone off!*

regular *-er* verb

je tire · je tirai · tiré · tirant

PRESENT

je tire	nous tirons
tu tires	vous tirez
il/elle tire	ils/elles tirent

IMPERFECT

je tirais	nous tirions
tu tirais	vous tiriez
il/elle tirait	ils/elles tiraient

PASSÉ SIMPLE

je tirai	nous tirâmes
tu tiras	vous tirâtes
il/elle tira	ils/elles tirèrent

FUTURE

je tirerai	nous tirerons
tu tireras	vous tirerez
il/elle tirera	ils/elles tireront

CONDITIONAL

je tirerais	nous tirerions
tu tirerais	vous tireriez
il/elle tirerait	ils/elles tireraient

PRESENT SUBJUNCTIVE

que je tire	que nous tirions
que tu tires	que vous tiriez
qu'il/elle tire	qu'ils/elles tirent

IMPERFECT SUBJUNCTIVE

que je tirasse	que nous tirassions
que tu tirasses	que vous tirassiez
qu'il/elle tirât	qu'ils/elles tirassent

COMMANDS

	(nous) tirons
(tu) tire	(vous) tirez

PASSÉ COMPOSÉ

j'ai tiré	nous avons tiré
tu as tiré	vous avez tiré
il/elle a tiré	ils/elles ont tiré

PLUPERFECT

j'avais tiré	nous avions tiré
tu avais tiré	vous aviez tiré
il/elle avait tiré	ils/elles avaient tiré

PAST ANTERIOR

j'eus tiré	nous eûmes tiré
tu eus tiré	vous eûtes tiré
il/elle eut tiré	ils/elles eurent tiré

FUTURE ANTERIOR

j'aurai tiré	nous aurons tiré
tu auras tiré	vous aurez tiré
il/elle aura tiré	ils/elles auront tiré

PAST CONDITIONAL

j'aurais tiré	nous aurions tiré
tu aurais tiré	vous auriez tiré
il/elle aurait tiré	ils/elles auraient tiré

PAST SUBJUNCTIVE

que j'aie tiré	que nous ayons tiré
que tu aies tiré	que vous ayez tiré
qu'il/elle ait tiré	qu'ils/elles aient tiré

PLUPERFECT SUBJUNCTIVE

que j'eusse tiré	que nous eussions tiré
que tu eusses tiré	que vous eussiez tiré
qu'il/elle eût tiré	qu'ils/elles eussent tiré

Usage

Mon fils me tirait par la manche.	*My son was pulling me by the sleeve.*
Tire fort pour ouvrir ce placard.	*Pull hard to open that cupboard.*
Il a tiré son portefeuille de sa poche.	*He pulled his wallet out of his pocket.*
Le magicien a tiré un lapin de son chapeau.	*The magician pulled a rabbit out of his hat.*
Cet enfant m'a tiré la langue!	*That child stuck his tongue out at me!*
Les soldats ont tiré contre l'ennemi.	*The soldiers shot at the enemy.*
Il a sorti son pistolet, mais il n'a pas tiré.	*He took out his gun but didn't shoot.*
Il a fallu me tirer du lit ce matin.	*I had to be dragged out of bed this morning.*
Tirez les rideaux. Il fait déjà nuit.	*Pull the curtains. It's dark already.*
Bien fait! Je vous tire mon chapeau!	*Well done! I take my hat off to you!*
C'est une vitrine qui tire l'œil.	*It's an eye-catching store window.*
tirer la chasse	*to flush the toilet*
Merci! Nous m'avez tire du doute.	*Thanks! You've removed my doubts.*
Tirez dix copies du rapport.	*Make ten copies of the report.*

TOP 50 VERB ☞

tirer   *to pull; to draw; to shoot*

je tire · je tirai · tiré · tirant   regular -er verb

Le voleur a tiré deux coups de feu.	*The thief shot twice.*
J'ai déjà tiré mes conclusions.	*I have already drawn my conclusions.*
Il a tiré profit de leur mauvais pas.	*He managed to profit from their difficulty.*
Il va nous tirer d'affaire.	*He'll get us out of this.*
—Qui va sortir le premier?	*Who's going out first?*
—On va tirer au sort.	*Let's draw lots.*
Je ne vais pas tirer mes marrons du feu pour toi.	*I'm not going to be the fall guy for you.*
Le joueur a tiré au but.	*The player shot for the goal.*
Il s'est fait tirer l'oreille pour le faire.	*We had to twist his arm to get him to do it.*
Qu'est-ce qui lui est arrivé? Il tire la jambe.	*What happened to him? He's limping.*
J'ai tiré ma carte du jeu.	*I've stopped playing.*
La sonnerie du réveil m'a tiré de mon rêve.	*The ringing of the alarm woke me up from my dream.*
En médecine on emploie beaucoup de mots tirés du grec.	*In medicine many words taken from Greek are used.*
tirer les rois	*to cut the Twelfth Night cake*
Il sait quand il faut tirer son épingle du jeu.	*He knows how to play the game well.*
Il faut tout tirer au clair.	*We have to clear up/shed light on all this.*
Essaie d'en tirer le meilleur parti.	*Try to make the best of it.*
Il tire le texte à lui.	*He interprets the text for his own purposes.*
Ça ne tire pas à conséquence.	*That's trivial.*
Il faudra leur tirer les vers du nez.	*You'll have to worm it out of them.*
Elle était tirée à quatre épingles.	*She was dressed to kill.*
Les enfants me tirent dans les jambes.	*The children make it impossible for me to get anything done.*
Ce journal tire à quatre cent mille.	*This newspaper has a circulation of 400,000.*
C'est la femme du PDG qui tire les ficelles.	*It's the CEO's wife who calls the shots.*
Tu tires trop sur la ficelle!	*You're pushing your luck!*

se tirer, s'en tirer

J'ai du mal à m'en tirer.	*It's hard for me to manage.*
Je me tire d'affaire.	*I'm getting along.*
On s'en est tirés de justesse.	*We had a narrow escape.*
On ne savait pas s'il allait s'en tirer.	*We didn't know if he'd pull through.*
Je m'en suis tiré avec une engueulade.	*I got away with a scolding.*
Il s'en tire toujours à bon compte.	*He always gets away with everything.*

Related Words

le tir	*shot, shooting*
faire des exercices de tir	*to practice shooting*
le tirage	*circulation* (of a newspaper); *developing* (pictures); *drawing* (lottery)
le tirage des photos	*development of pictures*
Ce roman a eu un gros tirage.	*This book sold a lot of copies.*
Demain il y des tirages.	*Tomorrow there are drawings.*

Proverb

Le vin est tiré, il faut le boire.	*You have to pay the piper.*

-er verb; spelling change: é > è/mute e | **je tolère · je tolérai · toléré · tolérant**

PRESENT

je tolère	nous tolérons
tu tolères	vous tolérez
il/elle tolère	ils/elles tolèrent

IMPERFECT

je tolérais	nous tolérions
tu tolérais	vous tolériez
il/elle tolérait	ils/elles toléraient

PASSÉ SIMPLE

je tolérai	nous tolérâmes
tu toléras	vous tolérâtes
il/elle toléra	ils/elles tolérèrent

FUTURE

je tolérerai	nous tolérerons
tu toléreras	vous tolérerez
il/elle tolérera	ils/elles toléreront

CONDITIONAL

je tolérerais	nous tolérerions
tu tolérerais	vous toléreriez
il/elle tolérerait	ils/elles toléreraient

PRESENT SUBJUNCTIVE

que je tolère	que nous tolérions
que tu tolères	que vous toléliez
qu'il/elle tolère	qu'ils/elles tolèrent

IMPERFECT SUBJUNCTIVE

que je tolérasse	que nous tolérassions
que tu tolérasses	que vous tolérassiez
qu'il/elle tolérât	qu'ils/elles tolérassent

COMMANDS

	(nous) tolérons
(tu) tolère	(vous) tolérez

PASSÉ COMPOSÉ

j'ai toléré	nous avons toléré
tu as toléré	vous avez toléré
il/elle a toléré	ils/elles ont toléré

PLUPERFECT

j'avais toléré	nous avions toléré
tu avais toléré	vous aviez toléré
il/elle avait toléré	ils/elles avaient toléré

PAST ANTERIOR

j'eus toléré	nous eûmes toléré
tu eus toléré	vous eûtes toléré
il/elle eut toléré	ils/elles eurent toléré

FUTURE ANTERIOR

j'aurai toléré	nous aurons toléré
tu auras toléré	vous aurez toléré
il/elle aura toléré	ils/elles auront toléré

PAST CONDITIONAL

j'aurais toléré	nous aurions toléré
tu aurais toléré	vous auriez toléré
il/elle aurait toléré	ils/elles auraient toléré

PAST SUBJUNCTIVE

que j'aie toléré	que nous ayons toléré
que tu aies toléré	que vous ayez toléré
qu'il/elle ait toléré	qu'ils/elles aient toléré

PLUPERFECT SUBJUNCTIVE

que j'eusse toléré	que nous eussions toléré
que tu eusses toléré	que vous eussiez toléré
qu'il/elle eût toléré	qu'ils/elles eussent toléré

Usage

Le prof ne tolère pas l'impolitesse.	*The teacher doesn't allow impolite behavior.*
On tolère les marchands des quatre-saisons dans cette rue.	*Pushcart vendors are allowed in this street.*
Je ne tolère ça que de toi.	*You're the only person I'd take that from.*
Se tolérer n'est pas l'amour.	*Putting up with each other is not love.*
Je ne tolère plus les boissons alcoolisées.	*I can't drink alcohol anymore.*
Ça je ne tolérerai jamais.	*I will never allow that.*
Il ne tolérera pas que tu lui répondes sur ce ton.	*He won't allow you to answer him in that tone of voice.*

RELATED WORDS

tolérable	*bearable*
une indifférence qui n'est pas tolérable	*an indifference that we cannot accept*
la tolérance	*tolerance*
la tolérance religieuse	*religious tolerance*

tomber *to fall*

je tombe · je tombai · tombé · tombant   regular -er verb; compound tenses with *être*

Le joueur de football est tombé en courant.	*The soccer player fell while running.*
Ne me pousse pas. Tu vas me faire tomber.	*Don't push me. You'll make me fall.*
Il est tombé raide mort.	*He dropped dead.*
Il s'est fait mal en tombant de la bicyclette.	*He got hurt falling off the bicycle.*
Il tombe de la pluie.	*It's raining.*
Ça tombe dru.	*It's raining hard.*
Elle est tombée dans ses bras.	*She fell into his arms.*
Les fruits tombent des arbres.	*The fruit is falling off the trees.*
Il tombait des briques du vieux bâtiment.	*Bricks were falling from the old building.*
Je suis tombé de tout mon long.	*I fell headlong.*
Il est tombé sur la tête.	*He's off his rocker.*
Cette famille est tombée dans la mouise (dans la dèche).	*That family has lost everything.*
Laisse tomber. Ce n'est pas la peine d'en parler.	*Forget it. It doesn't pay to talk about it.*
Il a laissé tomber la photographie.	*He's given up photography.*
L'euro tombe.	*The euro is falling (in value).*
Les prix tombent.	*Prices are falling.*
Je tombe de sommeil.	*I'm falling over with fatigue.*
Il est tombé sur le champ de bataille.	*He fell on the battlefield.*
Le pauvre vieillard est tombé bien bas.	*The poor old man is at death's door.*
Ça tombe à pic!	*Perfect timing!*
La conversation est tombée sur le terrorisme.	*The conversation moved to the subject of terrorism.*

tomber = arriver par hasard

Tu tombes bien.	*You've come at the right moment.*
Tu tombes mal.	*You've come at a bad time.*
Ça tombe bien.	*That's lucky.*
Ça tombe à point.	*What perfect timing.*
Il tombe toujours au mauvais moment.	*His timing is always off.*
Les deux réunions tombent le même jour.	*The two meetings fall on the same day.*

Expressions

Nous sommes tombés d'accord.	*We came to an agreement.*
Tous nos projets sont tombés à l'eau.	*All our plans fell through.*
Ils sont tombés sur nous à bras raccourcis.	*They started to beat us up.*
Elle n'est pas tombée de la dernière pluie.	*She wasn't born yesterday.*
Je tombe des nues.	*I'm stunned.*
Il vend tout ce qui lui tombe sous la main.	*He sells everything he gets his hands on.*
Ma voiture est tombée en panne.	*My car broke down.*
Ta robe tombe bien.	*Your dress fits/hangs well.*
J'espère qu'il ne tombera pas malade.	*I hope he doesn't fall ill.*
L'ennemi est tombé dans un piège.	*The enemy fell into a trap.*
Le pays est tombé dans le désespoir.	*The country fell into despair.*
Ce vêtement tombe en loques.	*That garment is falling apart.*
Cette vieille maison tombe en ruines.	*That old house is falling apart.*
La pièce est tombée.	*The play flopped.*
Vous êtes tombé juste! C'est moi!	*You guessed right! I'm the one!*

regular -er verb; compound tenses with être **je tombe · je tombai · tombé · tombant**

PRESENT

je tombe	nous tombons
tu tombes	vous tombez
il/elle tombe	ils/elles tombent

IMPERFECT

je tombais	nous tombions
tu tombais	vous tombiez
il/elle tombait	ils/elles tombaient

PASSÉ SIMPLE

je tombai	nous tombâmes
tu tombas	vous tombâtes
il/elle tomba	ils/elles tombèrent

FUTURE

je tomberai	nous tomberons
tu tomberas	vous tomberez
il/elle tombera	ils/elles tomberont

CONDITIONAL

je tomberais	nous tomberions
tu tomberais	vous tomberiez
il/elle tomberait	ils/elles tomberaient

PRESENT SUBJUNCTIVE

que je tombe	que nous tombions
que tu tombes	que vous tombiez
qu'il/elle tombe	qu'ils/elles tombent

IMPERFECT SUBJUNCTIVE

que je tombasse	que nous tombassions
que tu tombasses	que vous tombassiez
qu'il/elle tombât	qu'ils/elles tombassent

COMMANDS

| | (nous) tombons |
| (tu) tombe | (vous) tombez |

PASSÉ COMPOSÉ

je suis tombé(e)	nous sommes tombé(e)s
tu es tombé(e)	vous êtes tombé(e)(s)
il/elle est tombé(e)	ils/elles sont tombé(e)s

PLUPERFECT

j'étais tombé(e)	nous étions tombé(e)s
tu étais tombé(e)	vous étiez tombé(e)(s)
il/elle était tombé(e)	ils/elles étaient tombé(e)s

PAST ANTERIOR

je fus tombé(e)	nous fûmes tombé(e)s
tu fus tombé(e)	vous fûtes tombé(e)(s)
il/elle fut tombé(e)	ils/elles furent tombé(e)s

FUTURE ANTERIOR

je serai tombé(e)	nous serons tombé(e)s
tu seras tombé(e)	vous serez tombé(e)(s)
il/elle sera tombé(e)	ils/elles seront tombé(e)s

PAST CONDITIONAL

je serais tombé(e)	nous serions tombé(e)s
tu serais tombé(e)	vous seriez tombé(e)(s)
il/elle serait tombé(e)	ils/elles seraient tombé(e)s

PAST SUBJUNCTIVE

que je sois tombé(e)	que nous soyons tombé(e)s
que tu sois tombé(e)	que vous soyez tombé(e)(s)
qu'il/elle soit tombé(e)	qu'ils/elles soient tombé(e)s

PLUPERFECT SUBJUNCTIVE

que je fusse tombé(e)	que nous fussions tombé(e)s
que tu fusses tombé(e)	que vous fussiez tombé(e)(s)
qu'il/elle fût tombé(e)	qu'ils/elles fussent tombé(e)s

Usage

Fais attention! Tu vas tomber!	*Be careful! You'll fall!*
Elle est tombée en traversant la rue.	*She fell while crossing the street.*
La pluie tombe.	*The rain is falling.*
La nuit tombe.	*Night is falling.*
Les feuilles tombent des arbres en automne.	*The leaves fall from the trees in the autumn.*
tomber amoureux/amoureuse	*to fall in love*
Il est tombé amoureux de sa collègue.	*He fell in love with his coworker.*
L'enfant est tombé de son lit.	*The child fell out of his bed.*
Je suis tombée sur une vieille lettre.	*I came across an old letter.*
Le jour de l'an tombe un vendredi.	*New Year's Day falls on a Friday.*
Une averse de grêle est tombée sur la ville.	*A hailstorm fell on the city.*
Les bras m'en tombent.	*I'm shocked./I'm pleasantly surprised.*
On ne laisse pas tomber ses amis.	*You don't let down your friends.*
Il me tombe sur les nerfs.	*He gets on my nerves.*

tondre *to shear*

je tonds · je tondis · tondu · tondant

PRESENT

je tonds	nous tondons
tu tonds	vous tondez
il/elle tond	ils/elles tondent

IMPERFECT

je tondais	nous tondions
tu tondais	vous tondiez
il/elle tondait	ils/elles tondaient

PASSÉ SIMPLE

je tondis	nous tondîmes
tu tondis	vous tondîtes
il/elle tondit	ils/elles tondirent

FUTURE

je tondrai	nous tondrons
tu tondras	vous tondrez
il/elle tondra	ils/elles tondront

CONDITIONAL

je tondrais	nous tondrions
tu tondrais	vous tondriez
il/elle tondrait	ils/elles tondraient

PRESENT SUBJUNCTIVE

que je tonde	que nous tondions
que tu tondes	que vous tondiez
qu'il/elle tonde	qu'ils/elles tondent

IMPERFECT SUBJUNCTIVE

que je tondisse	que nous tondissions
que tu tondisses	que vous tondissiez
qu'il/elle tondît	qu'ils/elles tondissent

PASSÉ COMPOSÉ

j'ai tondu	nous avons tondu
tu as tondu	vous avez tondu
il/elle a tondu	ils/elles ont tondu

PLUPERFECT

j'avais tondu	nous avions tondu
tu avais tondu	vous aviez tondu
il/elle avait tondu	ils/elles avaient tondu

PAST ANTERIOR

j'eus tondu	nous eûmes tondu
tu eus tondu	vous eûtes tondu
il/elle eut tondu	ils/elles eurent tondu

FUTURE ANTERIOR

j'aurai tondu	nous aurons tondu
tu auras tondu	vous aurez tondu
il/elle aura tondu	ils/elles auront tondu

PAST CONDITIONAL

j'aurais tondu	nous aurions tondu
tu aurais tondu	vous auriez tondu
il/elle aurait tondu	ils/elles auraient tondu

PAST SUBJUNCTIVE

que j'aie tondu	que nous ayons tondu
que tu aies tondu	que vous ayez tondu
qu'il/elle ait tondu	qu'ils/elles aient tondu

PLUPERFECT SUBJUNCTIVE

que j'eusse tondu	que nous eussions tondu
que tu eusses tondu	que vous eussiez tondu
qu'il/elle eût tondu	qu'ils/elles eussent tondu

COMMANDS

	(nous) tondons
(tu) tonds	(vous) tondez

Usage

tondre les moutons	*to shear the sheep*
—Je vais tondre le gazon.	*I'm going to mow the lawn.*
—N'oublie pas de tondre aussi la haie.	*Don't forget to trim the hedge too.*
Je vais me faire tondre.	*I'm going to get my hair cut short.*
Te voilà tondu!	*Boy, have you gotten a short haircut!*
On ne peut pas tondre un œuf.	*You can't get blood out of a stone.*
Il tond ses clients.	*He fleeces his clients.*

regular -re verb | **je tords · je tordis · tordu · tordant**

PRESENT

je tords	nous tordons
tu tords	vous tordez
il/elle tord	ils/elles tordent

IMPERFECT

je tordais	nous tordions
tu tordais	vous tordiez
il/elle tordait	ils/elles tordaient

PASSÉ SIMPLE

je tordis	nous tordîmes
tu tordis	vous tordîtes
il/elle tordit	ils/elles tordirent

FUTURE

je tordrai	nous tordrons
tu tordras	vous tordrez
il/elle tordra	ils/elles tordront

CONDITIONAL

je tordrais	nous tordrions
tu tordrais	vous tordriez
il/elle tordrait	ils/elles tordraient

PRESENT SUBJUNCTIVE

que je torde	que nous tordions
que tu tordes	que vous tordiez
qu'il/elle torde	qu'ils/elles tordent

IMPERFECT SUBJUNCTIVE

que je tordisse	que nous tordissions
que tu tordisses	que vous tordissiez
qu'il/elle tordît	qu'ils/elles tordissent

COMMANDS

	(nous) tordons
(tu) tords	(vous) tordez

PASSÉ COMPOSÉ

j'ai tordu	nous avons tordu
tu as tordu	vous avez tordu
il/elle a tordu	ils/elles ont tordu

PLUPERFECT

j'avais tordu	nous avions tordu
tu avais tordu	vous aviez tordu
il/elle avait tordu	ils/elles avaient tordu

PAST ANTERIOR

j'eus tordu	nous eûmes tordu
tu eus tordu	vous eûtes tordu
il/elle eut tordu	ils/elles eurent tordu

FUTURE ANTERIOR

j'aurai tordu	nous aurons tordu
tu auras tordu	vous aurez tordu
il/elle aura tordu	ils/elles auront tordu

PAST CONDITIONAL

j'aurais tordu	nous aurions tordu
tu aurais tordu	vous auriez tordu
il/elle aurait tordu	ils/elles auraient tordu

PAST SUBJUNCTIVE

que j'aie tordu	que nous ayons tordu
que tu aies tordu	que vous ayez tordu
qu'il/elle ait tordu	qu'ils/elles aient tordu

PLUPERFECT SUBJUNCTIVE

que j'eusse tordu	que nous eussions tordu
que tu eusses tordu	que vous eussiez tordu
qu'il/elle eût tordu	qu'ils/elles eussent tordu

Usage

Il ne faut pas tordre cette chemise.	*Don't wring this shirt.*
Son visage était tordu par la douleur.	*His face was twisted with pain.*
Fais attention! Tu me tords le bras!	*Be careful! You're twisting my arm!*
On se tordait de rire.	*We were rolling on the floor laughing.*
Il raconte des histoires à se tordre de rire.	*He tells hysterically funny stories.*

RELATED WORDS

tordant(e)	*hilarious*
Il nous a raconté des histoires tordantes.	*He told us very funny stories.*
retordre	*to twist again*
Il me donne du fil à retordre, ce gosse!	*This kid gives me a lot of trouble!*
Tu es tordant, toi.	*You're a riot.*
tordu(e)	*twisted*
le tronc tordu d'un vieil arbre	*the twisted trunk of an old tree*

toucher *to touch*

je touche · je touchai · touché · touchant

regular *-er* verb

PRESENT

je touche	nous touchons
tu touches	vous touchez
il/elle touche	ils/elles touchent

IMPERFECT

je touchais	nous touchions
tu touchais	vous touchiez
il/elle touchait	ils/elles touchaient

PASSÉ SIMPLE

je touchai	nous touchâmes
tu touchas	vous touchâtes
il/elle toucha	ils/elles touchèrent

FUTURE

je toucherai	nous toucherons
tu toucheras	vous toucherez
il/elle touchera	ils/elles toucheront

CONDITIONAL

je toucherais	nous toucherions
tu toucherais	vous toucheriez
il/elle toucherait	ils/elles toucheraient

PRESENT SUBJUNCTIVE

que je touche	que nous touchions
que tu touches	que vous touchiez
qu'il/elle touche	qu'ils/elles touchent

IMPERFECT SUBJUNCTIVE

que je touchasse	que nous touchassions
que tu touchasses	que vous touchassiez
qu'il/elle touchât	qu'ils/elles touchassent

PASSÉ COMPOSÉ

j'ai touché	nous avons touché
tu as touché	vous avez touché
il/elle a touché	ils/elles ont touché

PLUPERFECT

j'avais touché	nous avions touché
tu avais touché	vous aviez touché
il/elle avait touché	ils/elles avaient touché

PAST ANTERIOR

j'eus touché	nous eûmes touché
tu eus touché	vous eûtes touché
il/elle eut touché	ils/elles eurent touché

FUTURE ANTERIOR

j'aurai touché	nous aurons touché
tu auras touché	vous aurez touché
il/elle aura touché	ils/elles auront touché

PAST CONDITIONAL

j'aurais touché	nous aurions touché
tu aurais touché	vous auriez touché
il/elle aurait touché	ils/elles auraient touché

PAST SUBJUNCTIVE

que j'aie touché	que nous ayons touché
que tu aies touché	que vous ayez touché
qu'il/elle ait touché	qu'ils/elles aient touché

PLUPERFECT SUBJUNCTIVE

que j'eusse touché	que nous eussions touché
que tu eusses touché	que vous eussiez touché
qu'il/elle eût touché	qu'ils/elles eussent touché

COMMANDS

	(nous) touchons
(tu) touche	(vous) touchez

Usage

Elle m'a touché la joue.	*She touched my cheek.*
Ne touchez pas les fruits, s.v.p.	*Please don't touch the fruit.*
Ne touchez pas à mes affaires.	*Don't touch my things.*
Je vais toucher ce chèque.	*I'm going to cash this check.*
Il touche 1500 dollars par semaine.	*He gets (paid) 1500 dollars a week.*
Je n'ai pas touché d'alcool depuis mon infarctus.	*I haven't had any alcohol since my heart attack.*
Sa lettre m'a profondément touché.	*His letter moved me deeply.*
Son refus m'a touché au vif.	*His refusal really hurt me.*
Il en a touché un mot avec moi.	*He mentioned it to me.*

RELATED WORDS

touchant(e)	*touching*
Cette chanson est tellement touchante.	*This song is so moving.*
touche-à-tout	*meddling with everything/touching everything*
Quel enfant touche-à-tout.	*That child is into everything.*

regular *-er* verb | je tourne · je tournai · tourné · tournant

PRESENT

je tourne	nous tournons
tu tournes	vous tournez
il/elle tourne	ils/elles tournent

IMPERFECT

je tournais	nous tournions
tu tournais	vous tourniez
il/elle tournait	ils/elles tournaient

PASSÉ SIMPLE

je tournai	nous tournâmes
tu tournas	vous tournâtes
il/elle tourna	ils/elles tournèrent

FUTURE

je tournerai	nous tournerons
tu tourneras	vous tournerez
il/elle tournera	ils/elles tourneront

CONDITIONAL

je tournerais	nous tournerions
tu tournerais	vous tourneriez
il/elle tournerait	ils/elles tourneraient

PRESENT SUBJUNCTIVE

que je tourne	que nous tournions
que tu tournes	que vous tourniez
qu'il/elle tourne	qu'ils/elles tournent

IMPERFECT SUBJUNCTIVE

que je tournasse	que nous tournassions
que tu tournasses	que vous tournassiez
qu'il/elle tournât	qu'ils/elles tournassent

PASSÉ COMPOSÉ

j'ai tourné	nous avons tourné
tu as tourné	vous avez tourné
il/elle a tourné	ils/elles ont tourné

PLUPERFECT

j'avais tourné	nous avions tourné
tu avais tourné	vous aviez tourné
il/elle avait tourné	ils/elles avaient tourné

PAST ANTERIOR

j'eus tourné	nous eûmes tourné
tu eus tourné	vous eûtes tourné
il/elle eut tourné	ils/elles eurent tourné

FUTURE ANTERIOR

j'aurai tourné	nous aurons tourné
tu auras tourné	vous aurez tourné
il/elle aura tourné	ils/elles auront tourné

PAST CONDITIONAL

j'aurais tourné	nous aurions tourné
tu aurais tourné	vous auriez tourné
il/elle aurait tourné	ils/elles auraient tourné

PAST SUBJUNCTIVE

que j'aie tourné	que nous ayons tourné
que tu aies tourné	que vous ayez tourné
qu'il/elle ait tourné	qu'ils/elles aient tourné

PLUPERFECT SUBJUNCTIVE

que j'eusse tourné	que nous eussions tourné
que tu eusses tourné	que vous eussiez tourné
qu'il/elle eût tourné	qu'ils/elles eussent tourné

COMMANDS

	(nous) tournons
(tu) tourne	(vous) tournez

Usage

Les roues tournaient vite.	*The wheels were turning quickly.*
Tournez la page.	*Turn the page.*
Elle a tourné ses yeux vers la porte qui s'ouvrait.	*She turned her eyes to the door that was opening.*
Tournez au coin.	*Turn at the corner.*
Il sait tout tourner à son avantage.	*He can turn everything to his advantage.*
La situation a mal tourné.	*The situation was turning out badly.*
Le lait a tourné.	*The milk soured.*
Tu tournes en rond ici. Ce n'est pas bien.	*You're just marking time here. That's not good.*
J'ai la tête qui tourne.	*I feel dizzy.*
Il tourne autour du pot.	*He's beating around the bush.*
Elle tourne tout en plaisanterie.	*She turns everything into a joke.*
Tournez à gauche au coin.	*Turn left at the corner.*
Ça m'a tourné le cœur.	*It made me sick/nauseated.*
Il lui a tourné la tête.	*He turned her head.*
Ne tourne pas le fer dans la plaie.	*Don't rub it in.*

PRESENT

je tousse	nous toussons
tu tousses	vous toussez
il/elle tousse	ils/elles toussent

IMPERFECT

je toussais	nous toussions
tu toussais	vous toussiez
il/elle toussait	ils/elles toussaient

PASSÉ SIMPLE

je toussai	nous toussâmes
tu toussas	vous toussâtes
il/elle toussa	ils/elles toussèrent

FUTURE

je tousserai	nous tousserons
tu tousseras	vous tousserez
il/elle toussera	ils/elles tousseront

CONDITIONAL

je tousserais	nous tousserions
tu tousserais	vous tousseriez
il/elle tousserait	ils/elles tousseraient

PRESENT SUBJUNCTIVE

que je tousse	que nous toussions
que tu tousses	que vous toussiez
qu'il/elle tousse	qu'ils/elles toussent

IMPERFECT SUBJUNCTIVE

que je toussasse	que nous toussassions
que tu toussasses	que vous toussassiez
qu'il/elle toussât	qu'ils/elles toussassent

PASSÉ COMPOSÉ

j'ai toussé	nous avons toussé
tu as toussé	vous avez toussé
il/elle a toussé	ils/elles ont toussé

PLUPERFECT

j'avais toussé	nous avions toussé
tu avais toussé	vous aviez toussé
il/elle avait toussé	ils/elles avaient toussé

PAST ANTERIOR

j'eus toussé	nous eûmes toussé
tu eus toussé	vous eûtes toussé
il/elle eut toussé	ils/elles eurent toussé

FUTURE ANTERIOR

j'aurai toussé	nous aurons toussé
tu auras toussé	vous aurez toussé
il/elle aura toussé	ils/elles auront toussé

PAST CONDITIONAL

j'aurais toussé	nous aurions toussé
tu aurais toussé	vous auriez toussé
il/elle aurait toussé	ils/elles auraient toussé

PAST SUBJUNCTIVE

que j'aie toussé	que nous ayons toussé
que tu aies toussé	que vous ayez toussé
qu'il/elle ait toussé	qu'ils/elles aient toussé

PLUPERFECT SUBJUNCTIVE

que j'eusse toussé	que nous eussions toussé
que tu eusses toussé	que vous eussiez toussé
qu'il/elle eût toussé	qu'ils/elles eussent toussé

COMMANDS

	(nous) toussons
(tu) tousse	(vous) toussez

Usage

Comme tu tousses! Tu dois être enrhumé.	*How you're coughing! You must have a cold.*
Les fumeurs toussent souvent.	*Smokers often cough.*
Quel rhume! Je tousse et j'éternue.	*What a cold! I'm coughing and sneezing.*
Elle a toussé avant de parler.	*She cleared her throat before speaking.*
La moto tousse.	*The motorcycle is sputtering.*
Le malade tousse par quintes.	*The patient has fits of coughing.*
Il a toussé pour attirer l'attention de la vendeuse.	*He coughed to get the salesclerk's attention.*

RELATED WORDS

la toux	*cough*
un accès de toux	*a coughing fit*
une quinte de toux	*a coughing fit*
toussailler	*to cough lightly and habitually*

irregular verb

je traduis · je traduisis · traduit · traduisant

PRESENT

je traduis	nous traduisons
tu traduis	vous traduisez
il/elle traduit	ils/elles traduisent

IMPERFECT

je traduisais	nous traduisions
tu traduisais	vous traduisiez
il/elle traduisait	ils/elles traduisaient

PASSÉ SIMPLE

je traduisis	nous traduisîmes
tu traduisis	vous traduisîtes
il/elle traduisit	ils/elles traduisirent

FUTURE

je traduirai	nous traduirons
tu traduiras	vous traduirez
il/elle traduira	ils/elles traduiront

CONDITIONAL

je traduirais	nous traduirions
tu traduirais	vous traduiriez
il/elle traduirait	ils/elles traduiraient

PRESENT SUBJUNCTIVE

que je traduise	que nous traduisions
que tu traduises	que vous traduisiez
qu'il/elle traduise	qu'ils/elles traduisent

IMPERFECT SUBJUNCTIVE

que je traduisisse	que nous traduisissions
que tu traduisisses	que vous traduisissiez
qu'il/elle traduisît	qu'ils/elles traduisissent

PASSÉ COMPOSÉ

j'ai traduit	nous avons traduit
tu as traduit	vous avez traduit
il/elle a traduit	ils/elles ont traduit

PLUPERFECT

j'avais traduit	nous avions traduit
tu avais traduit	vous aviez traduit
il/elle avait traduit	ils/elles avaient traduit

PAST ANTERIOR

j'eus traduit	nous eûmes traduit
tu eus traduit	vous eûtes traduit
il/elle eut traduit	ils/elles eurent traduit

FUTURE ANTERIOR

j'aurai traduit	nous aurons traduit
tu auras traduit	vous aurez traduit
il/elle aura traduit	ils/elles auront traduit

PAST CONDITIONAL

j'aurais traduit	nous aurions traduit
tu aurais traduit	vous auriez traduit
il/elle aurait traduit	ils/elles auraient traduit

PAST SUBJUNCTIVE

que j'aie traduit	que nous ayons traduit
que tu aies traduit	que vous ayez traduit
qu'il/elle ait traduit	qu'ils/elles aient traduit

PLUPERFECT SUBJUNCTIVE

que j'eusse traduit	que nous eussions traduit
que tu eusses traduit	que vous eussiez traduit
qu'il/elle eût traduit	qu'ils/elles eussent traduit

COMMANDS

	(nous) traduisons
(tu) traduis	(vous) traduisez

Usage

Il m'a traduit le document.	*He translated the document for me.*
Elle a traduit le roman du français en anglais.	*She translated the novel from French into English.*
Cette expression est mal traduite.	*This expression is badly translated.*
J'ai les œuvres de Racine en traduction.	*I have Racine's work in translation.*
C'est une idée difficile à traduire en images.	*It's an idea that's difficult to express in pictures.*

RELATED WORDS

la traduction	*translation*
la traduction automatique	*machine translation*
le traducteur/la traductrice	*translator*
Elle travaille comme traductrice.	*She works as a translator.*
intraduisible	*untranslatable*
Cette langue a des expressions intraduisibles.	*This language has expressions you can't translate.*

je trahis · je trahis · trahi · trahissant

PRESENT

je trahis	nous trahissons
tu trahis	vous trahissez
il/elle trahit	ils/elles trahissent

IMPERFECT

je trahissais	nous trahissions
tu trahissais	vous trahissiez
il/elle trahissait	ils/elles trahissaient

PASSÉ SIMPLE

je trahis	nous trahîmes
tu trahis	vous trahîtes
il/elle trahit	ils/elles trahirent

FUTURE

je trahirai	nous trahirons
tu trahiras	vous trahirez
il/elle trahira	ils/elles trahiront

CONDITIONAL

je trahirais	nous trahirions
tu trahirais	vous trahiriez
il/elle trahirait	ils/elles trahiraient

PRESENT SUBJUNCTIVE

que je trahisse	que nous trahissions
que tu trahisses	que vous trahissiez
qu'il/elle trahisse	qu'ils/elles trahissent

IMPERFECT SUBJUNCTIVE

que je trahisse	que nous trahissions
que tu trahisses	que vous trahissiez
qu'il/elle trahît	qu'ils/elles trahissent

COMMANDS

	(nous) trahissons
(tu) trahis	(vous) trahissez

PASSÉ COMPOSÉ

j'ai trahi	nous avons trahi
tu as trahi	vous avez trahi
il/elle a trahi	ils/elles ont trahi

PLUPERFECT

j'avais trahi	nous avions trahi
tu avais trahi	vous aviez trahi
il/elle avait trahi	ils/elles avaient trahi

PAST ANTERIOR

j'eus trahi	nous eûmes trahi
tu eus trahi	vous eûtes trahi
il/elle eut trahi	ils/elles eurent trahi

FUTURE ANTERIOR

j'aurai trahi	nous aurons trahi
tu auras trahi	vous aurez trahi
il/elle aura trahi	ils/elles auront trahi

PAST CONDITIONAL

j'aurais trahi	nous aurions trahi
tu aurais trahi	vous auriez trahi
il/elle aurait trahi	ils/elles auraient trahi

PAST SUBJUNCTIVE

que j'aie trahi	que nous ayons trahi
que tu aies trahi	que vous ayez trahi
qu'il/elle ait trahi	qu'ils/elles aient trahi

PLUPERFECT SUBJUNCTIVE

que j'eusse trahi	que nous eussions trahi
que tu eusses trahi	que vous eussiez trahi
qu'il/elle eût trahi	qu'ils/elles eussent trahi

Usage

En choisissant ce mot, tu as trahi ta pensée.	*By choosing that word you showed what you were really thinking.*
Il a trahi ses amis.	*He betrayed his friends.*
Il a trahi son pays.	*He betrayed his country.*
Il a trahi ma confiance.	*He betrayed my confidence.*
Il a trahi les intérêts de son entreprise.	*He acted against the interests of the company.*
En t'aidant j'ai trahi mes propres intérêts.	*By helping you I went against my own interests.*
Son accent trahit son origine.	*His accent gives his background away.*
Son visage a trahi son émotion.	*His face gave away his emotion.*
Ne te trahis pas.	*Don't give yourself away.*

RELATED WORD

la trahison	*betrayal/treachery*
la haute trahison	*high treason*
commettre une trahison	*to commit treason*

regular *-er* verb

je traite · je traitai · traité · traitant

PRESENT

je traite	nous traitons
tu traites	vous traitez
il/elle traite	ils/elles traitent

IMPERFECT

je traitais	nous traitions
tu traitais	vous traitiez
il/elle traitait	ils/elles traitaient

PASSÉ SIMPLE

je traitai	nous traitâmes
tu traitas	vous traitâtes
il/elle traita	ils/elles traitèrent

FUTURE

je traiterai	nous traiterons
tu traiteras	vous traiterez
il/elle traitera	ils/elles traiteront

CONDITIONAL

je traiterais	nous traiterions
tu traiterais	vous traiteriez
il/elle traiterait	ils/elles traiteraient

PRESENT SUBJUNCTIVE

que je traite	que nous traitions
que tu traites	que vous traitiez
qu'il/elle traite	qu'ils/elles traitent

IMPERFECT SUBJUNCTIVE

que je traitasse	que nous traitassions
que tu traitasses	que vous traitassiez
qu'il/elle traitât	qu'ils/elles traitassent

COMMANDS

	(nous) traitons
(tu) traite	(vous) traitez

PASSÉ COMPOSÉ

j'ai traité	nous avons traité
tu as traité	vous avez traité
il/elle a traité	ils/elles ont traité

PLUPERFECT

j'avais traité	nous avions traité
tu avais traité	vous aviez traité
il/elle avait traité	ils/elles avaient traité

PAST ANTERIOR

j'eus traité	nous eûmes traité
tu eus traité	vous eûtes traité
il/elle eut traité	ils/elles eurent traité

FUTURE ANTERIOR

j'aurai traité	nous aurons traité
tu auras traité	vous aurez traité
il/elle aura traité	ils/elles auront traité

PAST CONDITIONAL

j'aurais traité	nous aurions traité
tu aurais traité	vous auriez traité
il/elle aurait traité	ils/elles auraient traité

PAST SUBJUNCTIVE

que j'aie traité	que nous ayons traité
que tu aies traité	que vous ayez traité
qu'il/elle ait traité	qu'ils/elles aient traité

PLUPERFECT SUBJUNCTIVE

que j'eusse traité	que nous eussions traité
que tu eusses traité	que vous eussiez traité
qu'il/elle eût traité	qu'ils/elles eussent traité

Usage

Ses parents m'ont très bien traité.	*His parents treated me very well.*
Il traite sa fiancée comme une petite fille.	*He treats his fiancée like a little girl.*
Il m'a traité de tous les noms.	*He cussed me out.*
Je l'ai traité d'idiot.	*I called him an idiot.*
Il faut absolument traiter cette question.	*We must positively deal with this matter.*
J'aime votre façon de traiter ce sujet.	*I like your way of examining this subject.*
L'auteur traite des problèmes sociaux.	*The author deals with social problems.*
Tu es malade. Il faut que tu te fasses traiter.	*You're sick. You've got to get some medical attention.*
Cette infection se traite avec des antibiotiques.	*This infection can be treated with antibiotics.*
Je ne mange que des légumes non traités.	*I only eat unsprayed vegetables.*

RELATED WORD

le traitement	*treatment*
Quel mauvais traitement!	*What poor treatment!*
Le malade est sous traitement.	*The patient is being treated.*
le traitement de texte	*word processing*
le traitement de données	*data processing*
le traitement par lots	*batch processing*

travailler *to work*

je travaille · je travaillai · travaillé · travaillant

regular -*er* verb

PRESENT

je travaille	nous travaillons
tu travailles	vous travaillez
il/elle travaille	ils/elles travaillent

IMPERFECT

je travaillais	nous travaillions
tu travaillais	vous travailliez
il/elle travaillait	ils/elles travaillaient

PASSÉ SIMPLE

je travaillai	nous travaillâmes
tu travaillas	vous travaillâtes
il/elle travailla	ils/elles travaillèrent

FUTURE

je travaillerai	nous travaillerons
tu travailleras	vous travaillerez
il/elle travaillera	ils/elles travailleront

CONDITIONAL

je travaillerais	nous travaillerions
tu travaillerais	vous travailleriez
il/elle travaillerait	ils/elles travailleraient

PRESENT SUBJUNCTIVE

que je travaille	que nous travaillions
que tu travailles	que vous travailliez
qu'il/elle travaille	qu'ils/elles travaillent

IMPERFECT SUBJUNCTIVE

que je travaillasse	que nous travaillassions
que tu travaillasses	que vous travaillassiez
qu'il/elle travaillât	qu'ils/elles travaillassent

PASSÉ COMPOSÉ

j'ai travaillé	nous avons travaillé
tu as travaillé	vous avez travaillé
il/elle a travaillé	ils/elles ont travaillé

PLUPERFECT

j'avais travaillé	nous avions travaillé
tu avais travaillé	vous aviez travaillé
il/elle avait travaillé	ils/elles avaient travaillé

PAST ANTERIOR

j'eus travaillé	nous eûmes travaillé
tu eus travaillé	vous eûtes travaillé
il/elle eut travaillé	ils/elles eurent travaillé

FUTURE ANTERIOR

j'aurai travaillé	nous aurons travaillé
tu auras travaillé	vous aurez travaillé
il/elle aura travaillé	ils/elles auront travaillé

PAST CONDITIONAL

j'aurais travaillé	nous aurions travaillé
tu aurais travaillé	vous auriez travaillé
il/elle aurait travaillé	ils/elles auraient travaillé

PAST SUBJUNCTIVE

que j'aie travaillé	que nous ayons travaillé
que tu aies travaillé	que vous ayez travaillé
qu'il/elle ait travaillé	qu'ils/elles aient travaillé

PLUPERFECT SUBJUNCTIVE

que j'eusse travaillé	que nous eussions travaillé
que tu eusses travaillé	que vous eussiez travaillé
qu'il/elle eût travaillé	qu'ils/elles eussent travaillé

COMMANDS

	(nous) travaillons
(tu) travaille	(vous) travaillez

Usage

Je ne travaille pas le dimanche.	*I don't work on Sundays.*
Il travaille avec son père.	*He works with his father.*
Les paysans travaillent la terre.	*The peasants work the land.*
Il fait travailler toute sa parenté dans son restaurant.	*He put all his relatives to work in his restaurant.*
Ma femme travaille dans les assurances.	*My wife works in insurance.*
Cet élève ne fait pas travailler sa tête.	*This student doesn't use his head.*
Il faut que tu travailles un peu ta prose.	*You've got to work on your prose a bit.*
Il travaille du chapeau.	*He's nuts.*
C'est une étudiante qui travaille bien en classe.	*She's a student who does well in class.*
Il y a quelque chose qui le travaille.	*Something is bothering him.*

RELATED WORDS

le travail	*work/job*
Vous avez fait un travail excellent.	*You've done an excellent job.*
Elle n'aime pas son travail.	*She doesn't like her job.*
travaillé par	*tormented by*
Il est travaillé par la jalousie.	*He's tormented by jealousy.*
travailleur/travailleuse	*hardworking*

regular *-er* verb

je traverse · je traversai · traversé · traversant

PRESENT

je traverse	nous traversons
tu traverses	vous traversez
il/elle traverse	ils/elles traversent

IMPERFECT

je traversais	nous traversions
tu traversais	vous traversiez
il/elle traversait	ils/elles traversaient

PASSÉ SIMPLE

je traversai	nous traversâmes
tu traversas	vous traversâtes
il/elle traversa	ils/elles traversèrent

FUTURE

je traverserai	nous traverserons
tu traverseras	vous traverserez
il/elle traversera	ils/elles traverseront

CONDITIONAL

je traverserais	nous traverserions
tu traverserais	vous traverseriez
il/elle traverserait	ils/elles traverseraient

PRESENT SUBJUNCTIVE

que je traverse	que nous traversions
que tu traverses	que vous traversiez
qu'il/elle traverse	qu'ils/elles traversent

IMPERFECT SUBJUNCTIVE

que je traversasse	que nous traversassions
que tu traversasses	que vous traversassiez
qu'il/elle traversât	qu'ils/elles traversassent

PASSÉ COMPOSÉ

j'ai traversé	nous avons traversé
tu as traversé	vous avez traversé
il/elle a traversé	ils/elles ont traversé

PLUPERFECT

j'avais traversé	nous avions traversé
tu avais traversé	vous aviez traversé
il/elle avait traversé	ils/elles avaient traversé

PAST ANTERIOR

j'eus traversé	nous eûmes traversé
tu eus traversé	vous eûtes traversé
il/elle eut traversé	ils/elles eurent traversé

FUTURE ANTERIOR

j'aurai traversé	nous aurons traversé
tu auras traversé	vous aurez traversé
il/elle aura traversé	ils/elles auront traversé

PAST CONDITIONAL

j'aurais traversé	nous aurions traversé
tu aurais traversé	vous auriez traversé
il/elle aurait traversé	ils/elles auraient traversé

PAST SUBJUNCTIVE

que j'aie traversé	que nous ayons traversé
que tu aies traversé	que vous ayez traversé
qu'il/elle ait traversé	qu'ils/elles aient traversé

PLUPERFECT SUBJUNCTIVE

que j'eusse traversé	que nous eussions traversé
que tu eusses traversé	que vous eussiez traversé
qu'il/elle eût traversé	qu'ils/elles eussent traversé

COMMANDS

	(nous) traversons
(tu) traverse	(vous) traversez

Usage

—On peut traverser la rue ici.	*We can cross the street here.*
—Non, il faut traverser entre les clous.	*No, we have to cross in the crosswalk.*
—Ce navire traversait l'Atlantique.	*This ship used to cross the Atlantic.*
—Oui, il mettait une semaine à faire la traversée.	*Yes, it took a week to make the crossing.*
Il va être difficile de traverser la foule.	*It's going to be hard to get through the crowd.*
Ce grand boulevard traverse la ville.	*This wide boulevard goes through the whole city.*
Le train traverse la Seine près de Rouen.	*The train crosses the Seine near Rouen.*
—Ils ont traversé le lac en bateau?	*Did they cross the lake in a boat?*
—Non, ils l'ont traversé à la nage.	*No, they swam across it.*
Une pensée m'a traversé l'esprit.	*A thought crossed my mind.*
Notre région traverse un moment difficile.	*Our region is going through a difficult time.*
La torpille a traversé le flanc du cuirassé.	*The torpedo went through the side of the battleship.*

RELATED WORD

la traversée	*crossing*
Aux XVIIe siècle la traversée de l'Atlantique durait trois mois.	*In the seventeenth century it took three months to cross the Atlantic.*

PRESENT

je tremble	nous tremblons
tu trembles	vous tremblez
il/elle tremble	ils/elles tremblent

IMPERFECT

je tremblais	nous tremblions
tu tremblais	vous trembliez
il/elle tremblait	ils/elles tremblaient

PASSÉ SIMPLE

je tremblai	nous tremblâmes
tu tremblas	vous tremblâtes
il/elle trembla	ils/elles tremblèrent

FUTURE

je tremblerai	nous tremblerons
tu trembleras	vous tremblerez
il/elle tremblera	ils/elles trembleront

CONDITIONAL

je tremblerais	nous tremblerions
tu tremblerais	vous trembleriez
il/elle tremblerait	ils/elles trembleraient

PRESENT SUBJUNCTIVE

que je tremble	que nous tremblions
que tu trembles	que vous trembliez
qu'il/elle tremble	qu'ils/elles tremblent

IMPERFECT SUBJUNCTIVE

que je tremblasse	que nous tremblassions
que tu tremblasses	que vous tremblassiez
qu'il/elle tremblât	qu'ils/elles tremblassent

COMMANDS

	(nous) tremblons
(tu) tremble	(vous) tremblez

PASSÉ COMPOSÉ

j'ai tremblé	nous avons tremblé
tu as tremblé	vous avez tremblé
il/elle a tremblé	ils/elles ont tremblé

PLUPERFECT

j'avais tremblé	nous avions tremblé
tu avais tremblé	vous aviez tremblé
il/elle avait tremblé	ils/elles avaient tremblé

PAST ANTERIOR

j'eus tremblé	nous eûmes tremblé
tu eus tremblé	vous eûtes tremblé
il/elle eut tremblé	ils/elles eurent tremblé

FUTURE ANTERIOR

j'aurai tremblé	nous aurons tremblé
tu auras tremblé	vous aurez tremblé
il/elle aura tremblé	ils/elles auront tremblé

PAST CONDITIONAL

j'aurais tremblé	nous aurions tremblé
tu aurais tremblé	vous auriez tremblé
il/elle aurait tremblé	ils/elles auraient tremblé

PAST SUBJUNCTIVE

que j'aie tremblé	que nous ayons tremblé
que tu aies tremblé	que vous ayez tremblé
qu'il/elle ait tremblé	qu'ils/elles aient tremblé

PLUPERFECT SUBJUNCTIVE

que j'eusse tremblé	que nous eussions tremblé
que tu eusses tremblé	que vous eussiez tremblé
qu'il/elle eût tremblé	qu'ils/elles eussent tremblé

Usage

L'enfant tremblait de froid.	*The child was shaking with cold.*
Je tremblais de peur.	*I was quaking with fear.*
La terre a tremblé.	*There was an earthquake.*
Sa voix tremblait d'émotion.	*Her voice trembled with emotion.*
Les camions qui passent font trembler les lampes.	*The trucks going by make our lamps shake.*
Ça me fait trembler.	*That makes me shudder.*
Le pays entier tremblait devant le tyran.	*The whole country was quaking before the tyrant.*
Je tremblais de tout mon corps.	*I was shaking all over.*

RELATED WORDS

le tremblement	*shaking*
le tremblement de terre	*earthquake*
tremblant	*trembling/shaking*
ses doigts tremblants	*his trembling fingers*

regular *-er* verb | je triche · je trichai · triché · trichant

PRESENT

je triche	nous trichons
tu triches	vous trichez
il/elle triche	ils/elles trichent

IMPERFECT

je trichais	nous trichions
tu trichais	vous trichiez
il/elle trichait	ils/elles trichaient

PASSÉ SIMPLE

je trichai	nous trichâmes
tu trichas	vous trichâtes
il/elle tricha	ils/elles trichèrent

FUTURE

je tricherai	nous tricherons
tu tricheras	vous tricherez
il/elle trichera	ils/elles tricheront

CONDITIONAL

je tricherais	nous tricherions
tu tricherais	vous tricheriez
il/elle tricherait	ils/elles tricheraient

PRESENT SUBJUNCTIVE

que je triche	que nous trichions
que tu triches	que vous trichiez
qu'il/elle triche	qu'ils/elles trichent

IMPERFECT SUBJUNCTIVE

que je trichasse	que nous trichassions
que tu trichasses	que vous trichassiez
qu'il/elle trichât	qu'ils/elles trichassent

COMMANDS

| | (nous) trichons |
| (tu) triche | (vous) trichez |

PASSÉ COMPOSÉ

j'ai triché	nous avons triché
tu as triché	vous avez triché
il/elle a triché	ils/elles ont triché

PLUPERFECT

j'avais triché	nous avions triché
tu avais triché	vous aviez triché
il/elle avait triché	ils/elles avaient triché

PAST ANTERIOR

j'eus triché	nous eûmes triché
tu eus triché	vous eûtes triché
il/elle eut triché	ils/elles eurent triché

FUTURE ANTERIOR

j'aurai triché	nous aurons triché
tu auras triché	vous aurez triché
il/elle aura triché	ils/elles auront triché

PAST CONDITIONAL

j'aurais triché	nous aurions triché
tu aurais triché	vous auriez triché
il/elle aurait triché	ils/elles auraient triché

PAST SUBJUNCTIVE

que j'aie triché	que nous ayons triché
que tu aies triché	que vous ayez triché
qu'il/elle ait triché	qu'ils/elles aient triché

PLUPERFECT SUBJUNCTIVE

que j'eusse triché	que nous eussions triché
que tu eusses triché	que vous eussiez triché
qu'il/elle eût triché	qu'ils/elles eussent triché

Usage

Ne joue pas aux cartes avec lui. Il triche.	*Don't play cards with him. He cheats.*
Il triche aux jeux de société.	*He cheats at board games.*
On dit qu'elle a triché à l'examen.	*They say she cheated on the test.*
Cette usine trichait sur la qualité.	*This factory skimped on quality.*
Ce commerçant triche sur le poids de la marchandise.	*This storekeeper cheats on the weight of his products.*

RELATED WORDS

tricheur/tricheuse	*cheater*
Elle est menteuse et tricheuse.	*She's a liar and a cheater.*
la tricherie	*cheating/trickery*
Tout ça, c'est de la tricherie.	*That's all phony/trickery.*

se tromper · *to make a mistake*

je me trompe · je me trompai · s'étant trompé · se trompant

regular -er reflexive verb;
compound tenses with *être*

PRESENT

je me trompe	nous nous trompons
tu te trompes	vous vous trompez
il/elle se trompe	ils/elles se trompent

IMPERFECT

je me trompais	nous nous trompions
tu te trompais	vous vous trompiez
il/elle se trompait	ils/elles se trompaient

PASSÉ SIMPLE

je me trompai	nous nous trompâmes
tu te trompas	vous vous trompâtes
il/elle se trompa	ils/elles se trompèrent

FUTURE

je me tromperai	nous nous tromperons
tu te tromperas	vous vous tromperez
il/elle se trompera	ils/elles se tromperont

CONDITIONAL

je me tromperais	nous nous tromperions
tu te tromperais	vous vous tromperiez
il/elle se tromperait	ils/elles se tromperaient

PRESENT SUBJUNCTIVE

que je me trompe	que nous nous trompions
que tu te trompes	que vous vous trompiez
que il/elle se trompe	que ils/elles se trompent

IMPERFECT SUBJUNCTIVE

que je me trompasse	que nous nous trompassions
que tu te trompasses	que vous vous trompassiez
que il/elle se trompât	que ils/elles se trompassent

COMMANDS

	(nous) trompons-nous
(tu) trompe-toi	(vous) trompez-vous

PASSÉ COMPOSÉ

je me suis trompé(e)	nous nous sommes trompé(e)s
tu t'es trompé(e)	vous vous êtes trompé(e)(s)
il/elle s'est trompé(e)	ils/elles se sont trompé(e)s

PLUPERFECT

je m'étais trompé(e)	nous nous étions trompé(e)s
tu t'étais trompé(e)	vous vous étiez trompé(e)(s)
il/elle s'était trompé(e)	ils/elles s'étaient trompé(e)s

PAST ANTERIOR

je me fus trompé(e)	nous nous fûmes trompé(e)s
tu te fus trompé(e)	vous vous fûtes trompé(e)(s)
il/elle se fut trompé(e)	ils/elles se furent trompé(e)s

FUTURE ANTERIOR

je me serai trompé(e)	nous nous serons trompé(e)s
tu te seras trompé(e)	vous vous serez trompé(e)(s)
il/elle se sera trompé(e)	ils/elles se seront trompé(e)s

PAST CONDITIONAL

je me serais trompé(e)	nous nous serions trompé(e)s
tu te serais trompé(e)	vous vous seriez trompé(e)(s)
il/elle se serait trompé(e)	ils/elles se seraient trompé(e)s

PAST SUBJUNCTIVE

que je me sois trompé(e)	que nous nous soyons trompé(e)s
que tu te sois trompé(e)	que vous vous soyez trompé(e)(s)
que il/elle se soit trompé(e)	que ils/elles se soient trompé(e)s

PLUPERFECT SUBJUNCTIVE

que je me fusse trompé(e)	que nous nous fussions trompé(e)s
que tu te fusses trompé(e)	que vous vous fussiez trompé(e)(s)
que il/elle se fût trompé(e)	que ils/elles se fussent trompé(e)s

Usage

Tout le monde peut se tromper.	*Anyone can make a mistake.*
Si je ne me trompe pas,...	*If I'm not mistaken, . . .*
Ne vous trompez pas sur ses intentions.	*Make no mistake about his intentions.*
Ne vous trompez pas à son égard.	*Make no mistake about him.*
Nous nous sommes trompés de rue.	*We've taken the wrong street.*
Nous nous sommes trompés de porte.	*We've gone to the wrong door.*
Nous nous sommes trompés de train.	*We've gotten on the wrong train.*
Vous vous êtes trompé de numéro.	*You've got the wrong number.*
Vous vous êtes trompé de cent euros.	*You're off by a hundred euros.*

RELATED WORDS

tromper	*to fool/trick/cheat*
Il trompe sa femme.	*He cheats on his wife.*
Je me suis fait tromper.	*I got cheated.*
On nous a trompé sur la qualité de ce restaurant.	*They fooled us about the quality of this restaurant.*
la tromperie	*cheating/deceit*
Tout ce qu'il nous a dit, ce n'est que de la tromperie.	*Everything he told us is just smoke and mirrors.*

PRESENT

je trouve	nous trouvons
tu trouves	vous trouvez
il/elle trouve	ils/elles trouvent

IMPERFECT

je trouvais	nous trouvions
tu trouvais	vous trouviez
il/elle trouvait	ils/elles trouvaient

PASSÉ SIMPLE

je trouvai	nous trouvâmes
tu trouvas	vous trouvâtes
il/elle trouva	ils/elles trouvèrent

FUTURE

je trouverai	nous trouverons
tu trouveras	vous trouverez
il/elle trouvera	ils/elles trouveront

CONDITIONAL

je trouverais	nous trouverions
tu trouverais	vous trouveriez
il/elle trouverait	ils/elles trouveraient

PRESENT SUBJUNCTIVE

que je trouve	que nous trouvions
que tu trouves	que vous trouviez
qu'il/elle trouve	qu'ils/elles trouvent

IMPERFECT SUBJUNCTIVE

que je trouvasse	que nous trouvassions
que tu trouvasses	que vous trouvassiez
qu'il/elle trouvât	qu'ils/elles trouvassent

COMMANDS

| | (nous) trouvons |
| (tu) trouve | (vous) trouvez |

PASSÉ COMPOSÉ

j'ai trouvé	nous avons trouvé
tu as trouvé	vous avez trouvé
il/elle a trouvé	ils/elles ont trouvé

PLUPERFECT

j'avais trouvé	nous avions trouvé
tu avais trouvé	vous aviez trouvé
il/elle avait trouvé	ils/elles avaient trouvé

PAST ANTERIOR

j'eus trouvé	nous eûmes trouvé
tu eus trouvé	vous eûtes trouvé
il/elle eut trouvé	ils/elles eurent trouvé

FUTURE ANTERIOR

j'aurai trouvé	nous aurons trouvé
tu auras trouvé	vous aurez trouvé
il/elle aura trouvé	ils/elles auront trouvé

PAST CONDITIONAL

j'aurais trouvé	nous aurions trouvé
tu aurais trouvé	vous auriez trouvé
il/elle aurait trouvé	ils/elles auraient trouvé

PAST SUBJUNCTIVE

que j'aie trouvé	que nous ayons trouvé
que tu aies trouvé	que vous ayez trouvé
qu'il/elle ait trouvé	qu'ils/elles aient trouvé

PLUPERFECT SUBJUNCTIVE

que j'eusse trouvé	que nous eussions trouvé
que tu eusses trouvé	que vous eussiez trouvé
qu'il/elle eût trouvé	qu'ils/elles eussent trouvé

Usage

Tu as trouvé ton cahier?	*Did you find your notebook?*
Je ne trouve pas le mot.	*I can't think of the word.*
Elle a trouvé du travail.	*She found a job.*
Je trouve que tu te trompes.	*I think you're mistaken.*
Je trouve cette pièce ennuyeuse.	*I find this play boring.*
Je trouve le goût de cette soupe trop relevé.	*I find the taste of this soup too spicy.*
—Comment est-ce que tu l'as trouvé?	*What did you think of him?/How did you find him?*
—Je l'ai trouvé complètement abattu.	*I found him totally despondent.*
Où est-ce que je peux trouver une pharmacie par ici?	*Where can I find a drugstore around here?*
Il faut trouver une solution à ce problème.	*We've got to find a solution to this problem./ A solution to this problem must be found.*
Elle a trouvé un prétexte pour venir me voir.	*She found an excuse to come see me.*
Il est important de trouver de satisfaction dans le travail.	*It's important to find satisfaction in one's work.*
Les soldats ont trouvé refuge dans le quartier de la gare.	*The soldiers found refuge in the neighborhood around the railway station.*

TOP 50 VERB ☞

Trouver qqch de perdu ou que l'on veut avoir

J'ai trouvé tous les livres dont j'avais besoin.	*I found all the books I needed.*
La police a fini par trouver le voleur.	*The police finally found the thief.*
—Ils ont trouvé quelqu'un pour faire les travaux?	*Did they find someone to do the repairs?*
—Oui, ils ont trouvé un entrepreneur excellent.	*They found a terrific contractor.*
Je ne trouve plus le temps de lire.	*I can't find the time to read anymore.*
Il n'a pas trouvé le courage de répondre.	*He couldn't muster the courage to answer.*
Tu as trouvé le moyen de lui faire entendre raison?	*Have you found the means to make him listen to reason?*
Elle a trouvé une place assise dans le dernier wagon du train.	*She found a seat in the last car of the train.*
On trouve beaucoup de librairies dans ce quartier.	*You can find a lot of bookstores in this neighborhood.*
Il faut trouver un hôtel.	*We have to find a hotel.*
Tant de gens ont trouvé la mort pendant la guerre.	*So many people were killed during the war.*
le bureau des objets trouvés	*the lost and found*

trouver à + infinitif

Elle trouve toujours à redire.	*She's always finding fault.*
Je trouve un malin plaisir à l'embêter.	*I get a mischievous pleasure in annoying him/her.*
Je ne trouve aucun plaisir à parler avec lui.	*I get no satisfaction out of speaking with him.*
On trouve toujours à faire à la ferme.	*You always find something to do on the farm.*

se trouver

Où se trouve l'hôtel de ville, s.v.p.?	*Where is the city hall, please?*
Je me trouve dans une mauvaise situation.	*I'm in a bad situation.*
Il se trouve que j'ai l'après-midi libre.	*It just so happens I have the afternoon off.*
Je me trouvais travailler dans le même bureau qu'elle.	*It just so happened that I found myself working in the same office as she.*
Je me trouve dans l'impossibilité de venir vous voir.	*I find that I can't come to see you.*
Si ça se trouve, l'entreprise fera faillite.	*It may be that the firm will go bankrupt.*
Ton nom ne se trouve pas sur la liste des inscriptions.	*Your name isn't on the registration list.*

Expressions

Je la trouve sympathique.	*I find her very nice.*
Je ne trouve aucun mérite à cet ouvrage.	*I can't find anything worthwhile in this work.*
On te trouve ridicule.	*People think you're ridiculous.*
Avec elle, il a trouvé à qui parler.	*He met his match with her.*
Comment trouver le joint?	*How can we find a way out (of this mess)?*
J'ai trouvé bon de vous contacter.	*I saw fit to contact you.*
—Elle est vraiment belle.	*She's really beautiful.*
—Vous trouvez?	*Do you really think so?*

TOP 50 VERBS

PRESENT

je tue	nous tuons
tu tues	vous tuez
il/elle tue	ils/elles tuent

IMPERFECT

je tuais	nous tuions
tu tuais	vous tuiez
il/elle tuait	ils/elles tuaient

PASSÉ SIMPLE

je tuai	nous tuâmes
tu tuas	vous tuâtes
il/elle tua	ils/elles tuèrent

FUTURE

je tuerai	nous tuerons
tu tueras	vous tuerez
il/elle tuera	ils/elles tueront

CONDITIONAL

je tuerais	nous tuerions
tu tuerais	vous tueriez
il/elle tuerait	ils/elles tueraient

PRESENT SUBJUNCTIVE

que je tue	que nous tuions
que tu tues	que vous tuiez
qu'il/elle tue	qu'ils/elles tuent

IMPERFECT SUBJUNCTIVE

que je tuasse	que nous tuassions
que tu tuasses	que vous tuassiez
qu'il/elle tuât	qu'ils/elles tuassent

COMMANDS

	(nous) tuons
(tu) tue	(vous) tuez

PASSÉ COMPOSÉ

j'ai tué	nous avons tué
tu as tué	vous avez tué
il/elle a tué	ils/elles ont tué

PLUPERFECT

j'avais tué	nous avions tué
tu avais tué	vous aviez tué
il/elle avait tué	ils/elles avaient tué

PAST ANTERIOR

j'eus tué	nous eûmes tué
tu eus tué	vous eûtes tué
il/elle eut tué	ils/elles eurent tué

FUTURE ANTERIOR

j'aurai tué	nous aurons tué
tu auras tué	vous aurez tué
il/elle aura tué	ils/elles auront tué

PAST CONDITIONAL

j'aurais tué	nous aurions tué
tu aurais tué	vous auriez tué
il/elle aurait tué	ils/elles auraient tué

PAST SUBJUNCTIVE

que j'aie tué	que nous ayons tué
que tu aies tué	que vous ayez tué
qu'il/elle ait tué	qu'ils/elles aient tué

PLUPERFECT SUBJUNCTIVE

que j'eusse tué	que nous eussions tué
que tu eusses tué	que vous eussiez tué
qu'il/elle eût tué	qu'ils/elles eussent tué

Usage

On l'a tué à coups de couteau.	*He was stabbed to death.*
On l'a tué d'une balle.	*He was shot to death.*
Ces courses me tuent.	*These errands are killing me.*
Je me tuais à finir mes devoirs.	*I was killing myself to finish my homework.*
Il s'est tué.	*He killed himself.*
Il s'est fait tuer dans un accident de route.	*He got killed in a car accident.*
C'est un type qui est bon à tuer.	*He's an insufferable guy.*
Son travail la tue.	*Her work is exhausting.*
Les hypermarchés ont tué le petit commerce.	*The big supermarkets killed off the small stores.*
—Qu'est-ce que tu fais?	*What are you doing?*
—Je tue le temps.	*I'm killing time.*

EXPRESSIONS AND PROVERBS

Tu ne tueras point.	*Thou shalt not kill. (Bible)*
Il a tué la poule aux œufs d'or.	*He killed the goose that lays the golden egg.*

RELATED WORD

la tuerie	*killing/massacre*

tutoyer *to say* tu *to*

je tutoie · je tutoyai · tutoyé · tutoyant   regular -er verb; spelling change: *y* > *i*/mute *e*

PRESENT

je tutoie	nous tutoyons
tu tutoies	vous tutoyez
il/elle tutoie	ils/elles tutoient

IMPERFECT

je tutoyais	nous tutoyions
tu tutoyais	vous tutoyiez
il/elle tutoyait	ils/elles tutoyaient

PASSÉ SIMPLE

je tutoyai	nous tutoyâmes
tu tutoyas	vous tutoyâtes
il/elle tutoya	ils/elles tutoyèrent

FUTURE

je tutoierai	nous tutoierons
tu tutoieras	vous tutoierez
il/elle tutoiera	ils/elles tutoieront

CONDITIONAL

je tutoierais	nous tutoierions
tu tutoierais	vous tutoieriez
il/elle tutoierait	ils/elles tutoieraient

PRESENT SUBJUNCTIVE

que je tutoie	que nous tutoyions
que tu tutoies	que vous tutoyiez
qu'il/elle tutoie	qu'ils/elles tutoient

IMPERFECT SUBJUNCTIVE

que je tutoyasse	que nous tutoyassions
que tu tutoyasses	que vous tutoyassiez
qu'il/elle tutoyât	qu'ils/elles tutoyassent

PASSÉ COMPOSÉ

j'ai tutoyé	nous avons tutoyé
tu as tutoyé	vous avez tutoyé
il/elle a tutoyé	ils/elles ont tutoyé

PLUPERFECT

j'avais tutoyé	nous avions tutoyé
tu avais tutoyé	vous aviez tutoyé
il/elle avait tutoyé	ils/elles avaient tutoyé

PAST ANTERIOR

j'eus tutoyé	nous eûmes tutoyé
tu eus tutoyé	vous eûtes tutoyé
il/elle eut tutoyé	ils/elles eurent tutoyé

FUTURE ANTERIOR

j'aurai tutoyé	nous aurons tutoyé
tu auras tutoyé	vous aurez tutoyé
il/elle aura tutoyé	ils/elles auront tutoyé

PAST CONDITIONAL

j'aurais tutoyé	nous aurions tutoyé
tu aurais tutoyé	vous auriez tutoyé
il/elle aurait tutoyé	ils/elles auraient tutoyé

PAST SUBJUNCTIVE

que j'aie tutoyé	que nous ayons tutoyé
que tu aies tutoyé	que vous ayez tutoyé
qu'il/elle ait tutoyé	qu'ils/elles aient tutoyé

PLUPERFECT SUBJUNCTIVE

que j'eusse tutoyé	que nous eussions tutoyé
que tu eusses tutoyé	que vous eussiez tutoyé
qu'il/elle eût tutoyé	qu'ils/elles eussent tutoyé

COMMANDS

	(nous) tutoyons
(tu) tutoie	(vous) tutoyez

Usage

Nous ne tutoyons pas le professeur.	*We don't say* tu *to the teacher.*
On tutoie les animaux.	*You use the familiar form with animals.*
Est-ce qu'on peut se tutoyer?	*How about our saying* tu *to each other?*
On ne tutoie pas les serveurs.	*You don't say* tu *to waiters.*
—Ils se connaissent bien?	*Do they know each other well?*
—Je crois. Ils se tutoient.	*I think so. They say* tu *to each other.*

RELATED WORD

le tutoiement	*use of the familiar* tu *instead of the formal* vous
Le tutoiement est de rigueur ici.	*You have to use* tu *here.*

regular *-ir* verb

j'unis · j'unis · uni · unissant

PRESENT

j'unis	nous unissons
tu unis	vous unissez
il/elle unit	ils/elles unissent

IMPERFECT

j'unissais	nous unissions
tu unissais	vous unissiez
il/elle unissait	ils/elles unissaient

PASSÉ SIMPLE

j'unis	nous unîmes
tu unis	vous unîtes
il/elle unit	ils/elles unirent

FUTURE

j'unirai	nous unirons
tu uniras	vous unirez
il/elle unira	ils/elles uniront

CONDITIONAL

j'unirais	nous unirions
tu unirais	vous uniriez
il/elle unirait	ils/elles uniraient

PRESENT SUBJUNCTIVE

que j'unisse	que nous unissions
que tu unisses	que vous unissiez
qu'il/elle unisse	qu'ils/elles unissent

IMPERFECT SUBJUNCTIVE

que j'unisse	que nous unissions
que tu unisses	que vous unissiez
qu'il/elle unît	qu'ils/elles unissent

COMMANDS

	(nous) unissons
(tu) unis	(vous) unissez

PASSÉ COMPOSÉ

j'ai uni	nous avons uni
tu as uni	vous avez uni
il/elle a uni	ils/elles ont uni

PLUPERFECT

j'avais uni	nous avions uni
tu avais uni	vous aviez uni
il/elle avait uni	ils/elles avaient uni

PAST ANTERIOR

j'eus uni	nous eûmes uni
tu eus uni	vous eûtes uni
il/elle eut uni	ils/elles eurent uni

FUTURE ANTERIOR

j'aurai uni	nous aurons uni
tu auras uni	vous aurez uni
il/elle aura uni	ils/elles auront uni

PAST CONDITIONAL

j'aurais uni	nous aurions uni
tu aurais uni	vous auriez uni
il/elle aurait uni	ils/elles auraient uni

PAST SUBJUNCTIVE

que j'aie uni	que nous ayons uni
que tu aies uni	que vous ayez uni
qu'il/elle ait uni	qu'ils/elles aient uni

PLUPERFECT SUBJUNCTIVE

que j'eusse uni	que nous eussions uni
que tu eusses uni	que vous eussiez uni
qu'il/elle eût uni	qu'ils/elles eussent uni

Usage

Je voudrais unir ma voix à la vôtre.	*I would like to join my voice with yours.*
Ils se sont unis en mariage.	*They got married.*
Les ouvriers se sont unis contre les mauvaises conditions de travail.	*The workers united against poor working conditions.*
Cette route unit notre région à la capitale.	*This road links our region to the capital.*
Un tunnel sous la Manche unit la France et l'Angleterre.	*France and England are linked by a tunnel under the English Channel.*
Leur mariage a uni leurs deux familles.	*Their two families were united by marriage.*
Les deux frères sont très unis.	*The two brothers are very close.*
une chemise de couleur unie	*a solid-colored shirt*

RELATED WORD

l'union	*union*
L'union fait la force.	*United we stand.*

user   *to use; to wear out*

j'use · j'usai · usé · usant   regular *-er* verb

PRESENT

j'use	nous usons
tu uses	vous usez
il/elle use	ils/elles usent

IMPERFECT

j'usais	nous usions
tu usais	vous usiez
il/elle usait	ils/elles usaient

PASSÉ SIMPLE

j'usai	nous usâmes
tu usas	vous usâtes
il/elle usa	ils/elles usèrent

FUTURE

j'userai	nous userons
tu useras	vous userez
il/elle usera	ils/elles useront

CONDITIONAL

j'userais	nous userions
tu userais	vous useriez
il/elle userait	ils/elles useraient

PRESENT SUBJUNCTIVE

que j'use	que nous usions
que tu uses	que vous usiez
qu'il/elle use	qu'ils/elles usent

IMPERFECT SUBJUNCTIVE

que j'usasse	que nous usassions
que tu usasses	que vous usassiez
qu'il/elle usât	qu'ils/elles usassent

PASSÉ COMPOSÉ

j'ai usé	nous avons usé
tu as usé	vous avez usé
il/elle a usé	ils/elles ont usé

PLUPERFECT

j'avais usé	nous avions usé
tu avais usé	vous aviez usé
il/elle avait usé	ils/elles avaient usé

PAST ANTERIOR

j'eus usé	nous eûmes usé
tu eus usé	vous eûtes usé
il/elle eut usé	ils/elles eurent usé

FUTURE ANTERIOR

j'aurai usé	nous aurons usé
tu auras usé	vous aurez usé
il/elle aura usé	ils/elles auront usé

PAST CONDITIONAL

j'aurais usé	nous aurions usé
tu aurais usé	vous auriez usé
il/elle aurait usé	ils/elles auraient usé

PAST SUBJUNCTIVE

que j'aie usé	que nous ayons usé
que tu aies usé	que vous ayez usé
qu'il/elle ait usé	qu'ils/elles aient usé

PLUPERFECT SUBJUNCTIVE

que j'eusse usé	que nous eussions usé
que tu eusses usé	que vous eussiez usé
qu'il/elle eût usé	qu'ils/elles eussent usé

COMMANDS

	(nous) usons
(tu) use	(vous) usez

Usage

Les enfants ont usé leurs pantalons.	*The children have worn out their pants.*
Ma veste est usée.	*My jacket is worn.*
Elle use trois manteaux par an.	*She wears out three coats a year.*
Avec cette lampe tu vas t'user les yeux.	*You'll wear out your eyes with that lamp.*
Ce tissu s'use vite.	*This material wears through quickly.*
Son manteau était usé jusqu'à la corde.	*His coat was threadbare.*
Les manifestants ont usé de la violence.	*The demonstrators used violence.*
Le président ne sait pas user de son pouvoir.	*The president doesn't know how to use his power.*
Le cognac, je n'en use jamais.	*I never drink brandy.*

RELATED WORDS

l'usure *(f)*	*wear and tear; usury*
l'usage *(m)*	*usage*
C'est une expression d'usage courant.	*It's a common expression.*
d'usage	*customarily*

regular *-er* verb

j'utilise · j'utilisai · utilisé · utilisant

PRESENT

j'utilise	nous utilisons
tu utilises	vous utilisez
il/elle utilise	ils/elles utilisent

IMPERFECT

j'utilisais	nous utilisions
tu utilisais	vous utilisiez
il/elle utilisait	ils/elles utilisaient

PASSÉ SIMPLE

j'utilisai	nous utilisâmes
tu utilisas	vous utilisâtes
il/elle utilisa	ils/elles utilisèrent

FUTURE

j'utiliserai	nous utiliserons
tu utiliseras	vous utiliserez
il/elle utilisera	ils/elles utiliseront

CONDITIONAL

j'utiliserais	nous utiliserions
tu utiliserais	vous utiliseriez
il/elle utiliserait	ils/elles utiliseraient

PRESENT SUBJUNCTIVE

que j'utilise	que nous utilisions
que tu utilises	que vous utilisiez
qu'il/elle utilise	qu'ils/elles utilisent

IMPERFECT SUBJUNCTIVE

que j'utilisasse	que nous utilisassions
que tu utilisasses	que vous utilisassiez
qu'il/elle utilisât	qu'ils/elles utilisassent

COMMANDS

	(nous) utilisons
(tu) utilise	(vous) utilisez

PASSÉ COMPOSÉ

j'ai utilisé	nous avons utilisé
tu as utilisé	vous avez utilisé
il/elle a utilisé	ils/elles ont utilisé

PLUPERFECT

j'avais utilisé	nous avions utilisé
tu avais utilisé	vous aviez utilisé
il/elle avait utilisé	ils/elles avaient utilisé

PAST ANTERIOR

j'eus utilisé	nous eûmes utilisé
tu eus utilisé	vous eûtes utilisé
il/elle eut utilisé	ils/elles eurent utilisé

FUTURE ANTERIOR

j'aurai utilisé	nous aurons utilisé
tu auras utilisé	vous aurez utilisé
il/elle aura utilisé	ils/elles auront utilisé

PAST CONDITIONAL

j'aurais utilisé	nous aurions utilisé
tu aurais utilisé	vous auriez utilisé
il/elle aurait utilisé	ils/elles auraient utilisé

PAST SUBJUNCTIVE

que j'aie utilisé	que nous ayons utilisé
que tu aies utilisé	que vous ayez utilisé
qu'il/elle ait utilisé	qu'ils/elles aient utilisé

PLUPERFECT SUBJUNCTIVE

que j'eusse utilisé	que nous eussions utilisé
que tu eusses utilisé	que vous eussiez utilisé
qu'il/elle eût utilisé	qu'ils/elles eussent utilisé

Usage

Je ne sais pas utiliser cet appareil.	*I don't know how to use this device.*
Un bon administrateur sait utiliser les compétences de ses employés.	*A good manager knows how to use his employees' abilities.*
Quel produit utilises-tu pour la peau?	*What cream do you use for your skin?*
Ce soir on va utiliser les restes pour le dîner.	*This evening we'll use up leftovers for dinner.*
Il l'a utilisé comme espion.	*He used him as a spy.*
Nous avons utilisé notre argent pour lancer une affaire.	*We used our money to set up a business.*

RELATED WORDS

utilisable	*usable*
Ce document n'est pas utilisable.	*This document is not usable.*
inutilisable	*unusable*
Ma bicyclette est inutilisable.	*My bicycle is unusable.*

vaincre *to conquer*

je vaincs · je vainquis · vaincu · vainquant　　　　　　　　　　*irregular verb*

PRESENT		PASSÉ COMPOSÉ	
je vaincs	nous vainquons	j'ai vaincu	nous avons vaincu
tu vaincs	vous vainquez	tu as vaincu	vous avez vaincu
il/elle vainc	ils/elles vainquent	il/elle a vaincu	ils/elles ont vaincu

IMPERFECT		PLUPERFECT	
je vainquais	nous vainquions	j'avais vaincu	nous avions vaincu
tu vainquais	vous vainquiez	tu avais vaincu	vous aviez vaincu
il/elle vainquait	ils/elles vainquaient	il/elle avait vaincu	ils/elles avaient vaincu

PASSÉ SIMPLE		PAST ANTERIOR	
je vainquis	nous vainquîmes	j'eus vaincu	nous eûmes vaincu
tu vainquis	vous vainquîtes	tu eus vaincu	vous eûtes vaincu
il/elle vainquit	ils/elles vainquirent	il/elle eut vaincu	ils/elles eurent vaincu

FUTURE		FUTURE ANTERIOR	
je vaincrai	nous vaincrons	j'aurai vaincu	nous aurons vaincu
tu vaincras	vous vaincrez	tu auras vaincu	vous aurez vaincu
il/elle vaincra	ils/elles vaincront	il/elle aura vaincu	ils/elles auront vaincu

CONDITIONAL		PAST CONDITIONAL	
je vaincrais	nous vaincrions	j'aurais vaincu	nous aurions vaincu
tu vaincrais	vous vaincriez	tu aurais vaincu	vous auriez vaincu
il/elle vaincrait	ils/elles vaincraient	il/elle aurait vaincu	ils/elles auraient vaincu

PRESENT SUBJUNCTIVE		PAST SUBJUNCTIVE	
que je vainque	que nous vainquions	que j'aie vaincu	que nous ayons vaincu
que tu vainques	que vous vainquiez	que tu aies vaincu	que vous ayez vaincu
qu'il/elle vainque	qu'ils/elles vainquent	qu'il/elle ait vaincu	qu'ils/elles aient vaincu

IMPERFECT SUBJUNCTIVE		PLUPERFECT SUBJUNCTIVE	
que je vainquisse	que nous vainquissions	que j'eusse vaincu	que nous eussions vaincu
que tu vainquisses	que vous vainquissiez	que tu eusses vaincu	que vous eussiez vaincu
qu'il/elle vainquît	qu'ils/elles vainquissent	qu'il/elle eût vaincu	qu'ils/elles eussent vaincu

COMMANDS

	(nous) vainquons
(tu) vaincs	(vous) vainquez

Usage

Notre équipe va vaincre.	*Our team is going to win.*
Pendant la Deuxième Guerre mondiale, les alliés ont vaincu les Nazis.	*In the Second World War the Allies defeated the Nazis.*
Ils se sont avoués vaincus.	*They admitted defeat.*
L'armée a vaincu l'insurrection.	*The army put down the uprising.*
Il nous reste beaucoup d'obstacles à vaincre.	*We have a lot of obstacles left to overcome.*
Elle n'a pas pu vaincre sa peur.	*She couldn't overcome her fear.*

RELATED WORDS

les vaincus *(mpl)*	*the conquered*
le vainqueur	*victor/conqueror*
Il est sorti vainqueur du match.	*He won the game.*
Il parle en vainqueur.	*He speaks as conqueror.*

PRESENT

je vaux	nous valons
tu vaux	vous valez
il/elle vaut	ils/elles valent

IMPERFECT

je valais	nous valons
tu valais	vous valez
il/elle valait	ils/elles valaient

PASSÉ SIMPLE

je valus	nous valûmes
tu valus	vous valûtes
il/elle valut	ils/elles valurent

FUTURE

je vaudrai	nous vaudrons
tu vaudras	vous vaudrez
il/elle vaudra	ils/elles vaudront

CONDITIONAL

je vaudrais	nous vaudrions
tu vaudrais	vous vaudriez
il/elle vaudrait	ils/elles vaudraient

PRESENT SUBJUNCTIVE

que je vaille	que nous valions
que tu vailles	que vous valiez
qu'il/elle vaille	qu'ils/elles vaillent

IMPERFECT SUBJUNCTIVE

que je valusse	que nous valussions
que tu valusses	que vous valussiez
qu'il/elle valût	qu'ils/elles valussent

COMMANDS

	(nous) valons
(tu) vaux	(vous) valez

PASSÉ COMPOSÉ

j'ai valu	nous avons valu
tu as valu	vous avez valu
il/elle a valu	ils/elles ont valu

PLUPERFECT

j'avais valu	nous avions valu
tu avais valu	vous aviez valu
il/elle avait valu	ils/elles avaient valu

PAST ANTERIOR

j'eus valu	nous eûmes valu
tu eus valu	vous eûtes valu
il/elle eut valu	ils/elles eurent valu

FUTURE ANTERIOR

j'aurai valu	nous aurons valu
tu auras valu	vous aurez valu
il/elle aura valu	ils/elles auront valu

PAST CONDITIONAL

j'aurais valu	nous aurions valu
tu aurais valu	vous auriez valu
il/elle aurait valu	ils/elles auraient valu

PAST SUBJUNCTIVE

que j'aie valu	que nous ayons valu
que tu aies valu	que vous ayez valu
qu'il/elle ait valu	qu'ils/elles aient valu

PLUPERFECT SUBJUNCTIVE

que j'eusse valu	que nous eussions valu
que tu eusses valu	que vous eussiez valu
qu'il/elle eût valu	qu'ils/elles eussent valu

Usage

C'est une réponse qui en vaut une autre.	*It's as good an answer as any.*
Un service en vaut un autre.	*One good turn deserves another.*
Tu dois te faire valoir auprès du patron.	*You should get in good with the boss.*
Cette entreprise ne vaut rien.	*This firm is worthless.*
Ses idées ne valent rien.	*His ideas are worthless.*
Il a su faire valoir ses idées.	*He knew how to present his ideas.*

PROVERBS

Un homme averti en vaut deux.	*Forewarned is forearmed.*
Mieux vaut avoir affaire au bon dieu qu'à ses saints.	*Always go to the top man.*

RELATED WORDS

valable	*valid*
Son passeport n'est plus valable.	*His passport isn't valid anymore.*
la valeur	*value*
Le vin prend de la valeur en vieillissant.	*Wine improves with age.*
Ce billet n'a plus de valeur.	*That banknote has no more value.*

vendre *to sell*

je vends · je vendis · vendu · vendant

regular *-re* verb

PRESENT

je vends	nous vendons
tu vends	vous vendez
il/elle vend	ils/elles vendent

IMPERFECT

je vendais	nous vendions
tu vendais	vous vendiez
il/elle vendait	ils/elles vendaient

PASSÉ SIMPLE

je vendis	nous vendîmes
tu vendis	vous vendîtes
il/elle vendit	ils/elles vendirent

FUTURE

je vendrai	nous vendrons
tu vendras	vous vendrez
il/elle vendra	ils/elles vendront

CONDITIONAL

je vendrais	nous vendrions
tu vendrais	vous vendriez
il/elle vendrait	ils/elles vendraient

PRESENT SUBJUNCTIVE

que je vende	que nous vendions
que tu vendes	que vous vendiez
qu'il/elle vende	qu'ils/elles vendent

IMPERFECT SUBJUNCTIVE

que je vendisse	que nous vendissions
que tu vendisses	que vous vendissiez
qu'il/elle vendît	qu'ils/elles vendissent

COMMANDS

	(nous) vendons
(tu) vends	(vous) vendez

PASSÉ COMPOSÉ

j'ai vendu	nous avons vendu
tu as vendu	vous avez vendu
il/elle a vendu	ils/elles ont vendu

PLUPERFECT

j'avais vendu	nous avions vendu
tu avais vendu	vous aviez vendu
il/elle avait vendu	ils/elles avaient vendu

PAST ANTERIOR

j'eus vendu	nous eûmes vendu
tu eus vendu	vous eûtes vendu
il/elle eut vendu	ils/elles eurent vendu

FUTURE ANTERIOR

j'aurai vendu	nous aurons vendu
tu auras vendu	vous aurez vendu
il/elle aura vendu	ils/elles auront vendu

PAST CONDITIONAL

j'aurais vendu	nous aurions vendu
tu aurais vendu	vous auriez vendu
il/elle aurait vendu	ils/elles auraient vendu

PAST SUBJUNCTIVE

que j'aie vendu	que nous ayons vendu
que tu aies vendu	que vous ayez vendu
qu'il/elle ait vendu	qu'ils/elles aient vendu

PLUPERFECT SUBJUNCTIVE

que j'eusse vendu	que nous eussions vendu
que tu eusses vendu	que vous eussiez vendu
qu'il/elle eût vendu	qu'ils/elles eussent vendu

Usage

Il a vendu sa maison.	*He sold his house.*
Il a vendu la mèche.	*He let the cat out of the bag.*
Lui, il vendrait père et mère.	*He'd sell his mother if it would help him.*
Ma voiture est à vendre.	*I'm selling my car.*
—Ils vendent à crédit?	*Do they sell on credit?*
—Oui, et leur magasin vend.	*Yes, and their store does a brisk business.*
—On y vend des livres anciens?	*Do they sell old books there?*
—Oui, mais on les vend cher.	*Yes, but their prices are high.*
Les œufs se vendent à la douzaine.	*Eggs are sold by the dozen.*
Ce roman se vend bien.	*This novel is a good seller.*
Qu'est-ce que tu vends?	*What's your game?*
Son roman se vend comme des petits pains.	*Her novel is selling like hotcakes.*
Lui, c'est un homme vendu à l'ennemi.	*He's on the enemy's payroll.*

PROVERB

Il ne faut pas vendre la peau de l'ours avant de le tuer.	*Don't count your chickens before they hatch.*

regular -*er* verb; spelling change: *g > ge/a, o*   **je venge · je vengeai · vengé · vengeant**

PRESENT

je venge	nous vengeons
tu venges	vous vengez
il/elle venge	ils/elles vengent

IMPERFECT

je vengeais	nous vengions
tu vengeais	vous vengiez
il/elle vengeait	ils/elles vengeaient

PASSÉ SIMPLE

je vengeai	nous vengeâmes
tu vengeas	vous vengeâtes
il/elle vengea	ils/elles vengèrent

FUTURE

je vengerai	nous vengerons
tu vengeras	vous vengerez
il/elle vengera	ils/elles vengeront

CONDITIONAL

je vengerais	nous vengerions
tu vengerais	vous vengeriez
il/elle vengerait	ils/elles vengeraient

PRESENT SUBJUNCTIVE

que je venge	que nous vengions
que tu venges	que vous vengiez
qu'il/elle venge	qu'ils/elles vengent

IMPERFECT SUBJUNCTIVE

que je vengeasse	que nous vengeassions
que tu vengeasses	que vous vengeassiez
qu'il/elle vengeât	qu'ils/elles vengeassent

COMMANDS

	(nous) vengeons
(tu) venge	(vous) vengez

PASSÉ COMPOSÉ

j'ai vengé	nous avons vengé
tu as vengé	vous avez vengé
il/elle a vengé	ils/elles ont vengé

PLUPERFECT

j'avais vengé	nous avions vengé
tu avais vengé	vous aviez vengé
il/elle avait vengé	ils/elles avaient vengé

PAST ANTERIOR

j'eus vengé	nous eûmes vengé
tu eus vengé	vous eûtes vengé
il/elle eut vengé	ils/elles eurent vengé

FUTURE ANTERIOR

j'aurai vengé	nous aurons vengé
tu auras vengé	vous aurez vengé
il/elle aura vengé	ils/elles auront vengé

PAST CONDITIONAL

j'aurais vengé	nous aurions vengé
tu aurais vengé	vous auriez vengé
il/elle aurait vengé	ils/elles auraient vengé

PAST SUBJUNCTIVE

que j'aie vengé	que nous ayons vengé
que tu aies vengé	que vous ayez vengé
qu'il/elle ait vengé	qu'ils/elles aient vengé

PLUPERFECT SUBJUNCTIVE

que j'eusse vengé	que nous eussions vengé
que tu eusses vengé	que vous eussiez vengé
qu'il/elle eût vengé	qu'ils/elles eussent vengé

Usage

Qui vengera cette injustice?	*Who will avenge this injustice?*
Rien ne pourra venger ce crime.	*Nothing will be able to avenge this crime.*
Sa femme a vengé l'honneur de son mari.	*The wife avenged her husband's honor.*
Leur échec nous venge.	*Their failure is our revenge.*
se venger de	*to take revenge on*
Elle s'est vengée de lui.	*She got her revenge on him.*
On se vengera, ne t'en fais pas.	*We'll get our revenge, don't worry.*
Je vais me venger.	*I'll get even.*
Elle se venge par son succès.	*Her success is her revenge.*

RELATED WORDS

la vengeance	*vengeance/revenge*
vengeur/vengeresse	*vengeful*

venir = arriver

Le facteur n'est pas encore venu.	*The mailman hasn't come yet.*
Ce mot vient du grec.	*This word comes from the Greek.*
Ce fromage vient de Suisse.	*This cheese comes from Switzerland.*
Il vient de Pologne.	*He comes from Poland.*
L'orage venait vite.	*The storm was approaching quickly.*
L'idée ne m'est jamais venu à l'esprit.	*The idea never occurred to me.*
Il ne m'est jamais venu à l'esprit de l'avertir.	*It never occurred to me to notify him.*
Je ne me suis pas donné la peine de venir.	*I didn't even bother to show up.*
Ce projet vient mal à propos.	*This project comes at the wrong time.*
D'où vient que tu n'es pas au courant?	*How come you're not in the know?*
D'où vient cette impatience?	*Why so impatient?*
Je ne fais qu'aller et venir.	*I'll be right back./I'm just going out for a moment.*

faire venir

Le bébé a de la fièvre. Fais venir le médecin.	*The baby has a fever. Send for the doctor.*
J'ai fait venir ces CD de France.	*I got these CDs from France.*
Le directeur m'a fait venir dans son bureau.	*The principal called me into his office.*
Je crains vous avoir fait venir pour rien.	*I fear I have brought you here for nothing.*
Il viendra te prendre dans une demi-heure.	*He'll come pick you up in half an hour.*

venir de + infinitif

Il vient de sortir.	*He has just left.*
Te voilà! Je viens de te téléphoner.	*Here you are! I just called you.*
Tu viens d'arriver?	*Did you just get here?*
Il vient de se coucher.	*He has just gone to bed.*

Expressions

Cet arbre vient bien.	*This tree is coming along nicely.*
Comment venir à bout de ce roman?	*How can we ever get through this novel?*
Il veut toujours savoir d'où vient le vent.	*He always wants to know which way the wind is blowing.*
Où veux-tu en venir?	*What are you getting at?*
J'espère qu'il en viendra au fait.	*I hope he'll get down to business.*
Je te vois venir.	*I know what you're up to.*
Tout le monde y viendra. Ne t'en fais pas.	*Everyone will come around. Don't worry.*
Alors, le dîner, ça vient?	*Will dinner be ready soon? (brusque)*
J'en viens à me demander si je pourrai.	*I'm beginning to wonder if I'll be able to.*
Viens-en aux faits!	*Get to the point!*
Qu'est-ce qu'on ferait s'il venait à démissionner?	*What would we do if he were ever to resign?*
les générations à venir	*future generations*
Comment leurs rapports en sont-ils venus là?	*How did their relationship deteriorate to this point?*

Proverb

Un malheur ne vient jamais seul.	*It never rains, but it pours.*

irregular verb

je viens · je vins · venu · venant

PRESENT

je viens	nous venons
tu viens	vous venez
il/elle vient	ils/elles viennent

IMPERFECT

je venais	nous venions
tu venais	vous veniez
il/elle venait	ils/elles venaient

PASSÉ SIMPLE

je vins	nous vînmes
tu vins	vous vîntes
il/elle vint	ils/elles vinrent

FUTURE

je viendrai	nous viendrons
tu viendras	vous viendrez
il/elle viendra	ils/elles viendront

CONDITIONAL

je viendrais	nous viendrions
tu viendrais	vous viendriez
il/elle viendrait	ils/elles viendraient

PRESENT SUBJUNCTIVE

que je vienne	que nous venions
que tu viennes	que vous veniez
qu'il/elle vienne	qu'ils/elles viennent

IMPERFECT SUBJUNCTIVE

que je vinsse	que nous vinssions
que tu vinsses	que vous vinssiez
qu'il/elle vînt	qu'ils/elles vinssent

COMMANDS

	(nous) venons
(tu) viens	(vous) venez

PASSÉ COMPOSÉ

je suis venu(e)	nous sommes venu(e)s
tu es venu(e)	vous êtes venu(e)(s)
il/elle est venu(e)	ils/elles sont venu(e)s

PLUPERFECT

j'étais venu(e)	nous étions venu(e)s
tu étais venu(e)	vous étiez venu(e)(s)
il/elle était venu(e)	ils/elles étaient venu(e)s

PAST ANTERIOR

je fus venu(e)	nous fûmes venu(e)s
tu fus venu(e)	vous fûtes venu(e)(s)
il/elle fut venu(e)	ils/elles furent venu(e)s

FUTURE ANTERIOR

je serai venu(e)	nous serons venu(e)s
tu seras venu(e)	vous serez venu(e)(s)
il/elle sera venu(e)	ils/elles seront venu(e)s

PAST CONDITIONAL

je serais venu(e)	nous serions venu(e)s
tu serais venu(e)	vous seriez venu(e)(s)
il/elle serait venu(e)	ils/elles seraient venu(e)s

PAST SUBJUNCTIVE

que je sois venu(e)	que nous soyons venu(e)s
que tu sois venu(e)	que vous soyez venu(e)(s)
qu'il/elle soit venu(e)	qu'ils/elles soient venu(e)s

PLUPERFECT SUBJUNCTIVE

que je fusse venu(e)	que nous fussions venu(e)s
que tu fusses venu(e)	que vous fussiez venu(e)(s)
qu'il/elle fût venu(e)	qu'ils/elles fussent venu(e)s

Usage

Tu viens avec nous?	*Are you coming with us?*
Elle est venue me voir à trois heures.	*She came to see me at three o'clock.*
Je ne sais pas s'il viendra.	*I don't know whether he'll come.*
—Tu es venu en avance.	*You've come early.*
—J'allais venir en autobus, mais je suis venu en taxi.	*I was going to come by bus, but I came by cab.*
—Elle n'est pas encore venue?	*She hasn't come yet?*
—Non. Je doute qu'elle vienne.	*No. I doubt she's coming.*
L'enfant est venu vers moi.	*The child came over to me.*
Tu ne viens pas à la bibliothèque?	*Are you coming along to the library?*
Elle ne vient jamais aux conférences.	*She never comes to the lectures.*
Les copains viennent ce soir.	*My friends are coming over this evening.*
Demain vous viendrez chez nous.	*You'll come to our house tomorrow.*
Il est venu me tenir compagnie.	*He came over to keep me company.*
Maintenant on en vient aux choses sérieuses.	*Now we're going to talk turkey.*

PRESENT

je vérifie	nous vérifions
tu vérifies	vous vérifiez
il/elle vérifie	ils/elles vérifient

IMPERFECT

je vérifiais	nous vérifiions
tu vérifiais	vous vérifiiez
il/elle vérifiait	ils/elles vérifiaient

PASSÉ SIMPLE

je vérifiai	nous vérifiâmes
tu vérifias	vous vérifiâtes
il/elle vérifia	ils/elles vérifièrent

FUTURE

je vérifierai	nous vérifierons
tu vérifieras	vous vérifierez
il/elle vérifiera	ils/elles vérifieront

CONDITIONAL

je vérifierais	nous vérifierions
tu vérifierais	vous vérifieriez
il/elle vérifierait	ils/elles vérifieraient

PRESENT SUBJUNCTIVE

que je vérifie	que nous vérifiions
que tu vérifies	que vous vérifiiez
qu'il/elle vérifie	qu'ils/elles vérifient

IMPERFECT SUBJUNCTIVE

que je vérifiasse	que nous vérifiassions
que tu vérifiasses	que vous vérifiassiez
qu'il/elle vérifiât	qu'ils/elles vérifiassent

COMMANDS

	(nous) vérifions
(tu) vérifie	(vous) vérifiez

PASSÉ COMPOSÉ

j'ai vérifié	nous avons vérifié
tu as vérifié	vous avez vérifié
il/elle a vérifié	ils/elles ont vérifié

PLUPERFECT

j'avais vérifié	nous avions vérifié
tu avais vérifié	vous aviez vérifié
il/elle avait vérifié	ils/elles avaient vérifié

PAST ANTERIOR

j'eus vérifié	nous eûmes vérifié
tu eus vérifié	vous eûtes vérifié
il/elle eut vérifié	ils/elles eurent vérifié

FUTURE ANTERIOR

j'aurai vérifié	nous aurons vérifié
tu auras vérifié	vous aurez vérifié
il/elle aura vérifié	ils/elles auront vérifié

PAST CONDITIONAL

j'aurais vérifié	nous aurions vérifié
tu aurais vérifié	vous auriez vérifié
il/elle aurait vérifié	ils/elles auraient vérifié

PAST SUBJUNCTIVE

que j'aie vérifié	que nous ayons vérifié
que tu aies vérifié	que vous ayez vérifié
qu'il/elle ait vérifié	qu'ils/elles aient vérifié

PLUPERFECT SUBJUNCTIVE

que j'eusse vérifié	que nous eussions vérifié
que tu eusses vérifié	que vous eussiez vérifié
qu'il/elle eût vérifié	qu'ils/elles eussent vérifié

Usage

Vérifie de quel quai on part, veux-tu?	*Check what platform we're leaving from, would you?*
On a vérifié les comptes de cette entreprise.	*They audited the books of that firm.*
Il faut faire vérifier le niveau de l'huile.	*We have to check the oil.*
Le mécanicien a vérifié les freins?	*Did the mechanic check the brakes?*
Il faut vérifier si le magasin est ouvert.	*We have to check whether the store is open.*
Tu a vérifié leur adresse?	*Did you check their address?*
Sa réponse vérifia nos craintes.	*His answer confirmed our fears.*

RELATED WORDS

la vérification	*checking*
la vérification du scrutin	*ballot checking*
une vérification au hasard	*a spot check*
la vérification de l'hypothèse	*the verification of the hypothesis*

regular *-er* verb

je verse · je versai · versé · versant

PRESENT

je verse	nous versons
tu verses	vous versez
il/elle verse	ils/elles versent

IMPERFECT

je versais	nous versions
tu versais	vous versiez
il/elle versait	ils/elles versaient

PASSÉ SIMPLE

je versai	nous versâmes
tu versas	vous versâtes
il/elle versa	ils/elles versèrent

FUTURE

je verserai	nous verserons
tu verseras	vous verserez
il/elle versera	ils/elles verseront

CONDITIONAL

je verserais	nous verserions
tu verserais	vous verseriez
il/elle verserait	ils/elles verseraient

PRESENT SUBJUNCTIVE

que je verse	que nous versions
que tu verses	que vous versiez
qu'il/elle verse	qu'ils/elles versent

IMPERFECT SUBJUNCTIVE

que je versasse	que nous versassions
que tu versasses	que vous versassiez
qu'il/elle versât	qu'ils/elles versassent

PASSÉ COMPOSÉ

j'ai versé	nous avons versé
tu as versé	vous avez versé
il/elle a versé	ils/elles ont versé

PLUPERFECT

j'avais versé	nous avions versé
tu avais versé	vous aviez versé
il/elle avait versé	ils/elles avaient versé

PAST ANTERIOR

j'eus versé	nous eûmes versé
tu eus versé	vous eûtes versé
il/elle eut versé	ils/elles eurent versé

FUTURE ANTERIOR

j'aurai versé	nous aurons versé
tu auras versé	vous aurez versé
il/elle aura versé	ils/elles auront versé

PAST CONDITIONAL

j'aurais versé	nous aurions versé
tu aurais versé	vous auriez versé
il/elle aurait versé	ils/elles auraient versé

PAST SUBJUNCTIVE

que j'aie versé	que nous ayons versé
que tu aies versé	que vous ayez versé
qu'il/elle ait versé	qu'ils/elles aient versé

PLUPERFECT SUBJUNCTIVE

que j'eusse versé	que nous eussions versé
que tu eusses versé	que vous eussiez versé
qu'il/elle eût versé	qu'ils/elles eussent versé

COMMANDS

	(nous) versons
(tu) verse	(vous) versez

Usage

verser le vin dans les verres	*to pour the wine into the glasses*
Versez-moi à boire, s.v.p.	*Pour me something to drink, please.*
verser des larmes	*to shed tears*
J'ai versé cent dollars à son compte.	*I paid one hundred dollars into his account.*
Il verse des intérêts à ses créanciers.	*He pays his creditors interest.*
J'ai versé des arrhes à l'entrepreneur.	*I paid a deposit to the contractor.*
J'ai versé cette lettre à votre dossier.	*I added this letter to your file.*

RELATED WORD

le versement	*payment*
Nous acceptons les versements par chèques.	*We accept payment by check.*

COMPOUND

renverser	*to knock over*
Le chat a renversé la bouteille.	*The cat knocked over the bottle.*
Le vent a renversé la poussette.	*The wind knocked over the stroller.*

se vêtir *to get dressed*

je me vêts · je me vêtis · s'étant vêtu · se vêtant

*irregular reflexive verb;
compound tenses with être*

PRESENT

je me vêts	nous nous vêtons
tu te vêts	vous vous vêtez
il/elle se vêt	ils/elles se vêtent

IMPERFECT

je me vêtais	nous nous vêtions
tu te vêtais	vous vous vêtiez
il/elle se vêtait	ils/elles se vêtaient

PASSÉ SIMPLE

je me vêtis	nous nous vêtîmes
tu te vêtis	vous vous vêtîtes
il/elle se vêtit	ils/elles se vêtirent

FUTURE

je me vêtirai	nous nous vêtirons
tu te vêtiras	vous vous vêtirez
il/elle se vêtira	ils/elles se vêtiront

CONDITIONAL

je me vêtirais	nous nous vêtirions
tu te vêtirais	vous vous vêtiriez
il/elle se vêtirait	ils/elles se vêtiraient

PRESENT SUBJUNCTIVE

que je me vêtisse	que nous nous vêtissions
que tu te vêtisses	que vous vous vêtissiez
qu'il/elle se vêtisse	qu'ils/elles se vêtissent

IMPERFECT SUBJUNCTIVE

que je me vêtisse	que nous nous vêtissions
que tu te vêtisses	que vous vous vêtissiez
qu'il/elle se vêtît	qu'ils/elles se vêtissent

PASSÉ COMPOSÉ

je me suis vêtu(e)	nous nous sommes vêtu(e)s
tu t'es vêtu(e)	vous vous êtes vêtu(e)(s)
il/elle s'est vêtu(e)	ils/elles se sont vêtu(e)s

PLUPERFECT

je m'étais vêtu(e)	nous nous étions vêtu(e)s
tu t'étais vêtu(e)	vous vous étiez vêtu(e)(s)
il/elle s'était vêtu(e)	ils/elles s'étaient vêtu(e)s

PAST ANTERIOR

je me fus vêtu(e)	nous nous fûmes vêtu(e)s
tu te fus vêtu(e)	vous vous fûtes vêtu(e)(s)
il/elle se fut vêtu(e)	ils/elles se furent vêtu(e)s

FUTURE ANTERIOR

je me serai vêtu(e)	nous nous serons vêtu(e)s
tu te seras vêtu(e)	vous vous serez vêtu(e)(s)
il/elle se sera vêtu(e)	ils/elles se seront vêtu(e)s

PAST CONDITIONAL

je me serais vêtu(e)	nous nous serions vêtu(e)s
tu te serais vêtu(e)	vous vous seriez vêtu(e)(s)
il/elle se serait vêtu(e)	ils/elles se seraient vêtu(e)s

PAST SUBJUNCTIVE

que je me sois vêtu(e)	que nous nous soyons vêtu(e)s
que tu te sois vêtu(e)	que vous vous soyez vêtu(e)(s)
qu'il/elle se soit vêtu(e)	qu'ils/elles se soient vêtu(e)s

PLUPERFECT SUBJUNCTIVE

que je me fusse vêtu(e)	que nous nous fussions vêtu(e)s
que tu te fusses vêtu(e)	que vous vous fussiez vêtu(e)(s)
qu'il/elle se fût vêtu(e)	qu'ils/elles se fussent vêtu(e)s

COMMANDS

	(nous) vêtons-nous
(tu) vêts-toi	(vous) vêtez-vous

Usage

Aidons notre tante à se vêtir.	*Let's help our aunt get dressed.*
Il est toujours mal vêtu.	*He's always poorly dressed.*
Elle vêtait une robe verte.	*She had a green dress.*

RELATED WORDS

le vêtement	*article of clothing*
des vêtements usagés	*used clothing*
Il travaille dans le vêtement.	*He works in the clothing industry.*
dévêtir	*to undress*
se dévêtir	*to get undressed*

regular *-ir* verb   je vieillis · je vieillis · vieilli · vieillissant

PRESENT

je vieillis	nous vieillissons
tu vieillis	vous vieillissez
il/elle vieillit	ils/elles vieillissent

IMPERFECT

je vieillissais	nous vieillissions
tu vieillissais	vous vieillissiez
il/elle vieillissait	ils/elles vieillissaient

PASSÉ SIMPLE

je vieillis	nous vieillîmes
tu vieillis	vous vieillîtes
il/elle vieillit	ils/elles vieillirent

FUTURE

je vieillirai	nous vieillirons
tu vieilliras	vous vieillirez
il/elle vieillira	ils/elles vieilliront

CONDITIONAL

je vieillirais	nous vieillirions
tu vieillirais	vous vieilliriez
il/elle vieillirait	ils/elles vieilliraient

PRESENT SUBJUNCTIVE

que je vieillisse	que nous vieillissions
que tu vieillisses	que vous vieillissiez
qu'il/elle vieillisse	qu'ils/elles vieillissent

IMPERFECT SUBJUNCTIVE

que je vieillisse	que nous vieillissions
que tu vieillisses	que vous vieillissiez
qu'il/elle vieillît	qu'ils/elles vieillissent

COMMANDS

	(nous) vieillissons
(tu) vieillis	(vous) vieillissez

PASSÉ COMPOSÉ

j'ai vieilli	nous avons vieilli
tu as vieilli	vous avez vieilli
il/elle a vieilli	ils/elles ont vieilli

PLUPERFECT

j'avais vieilli	nous avions vieilli
tu avais vieilli	vous aviez vieilli
il/elle avait vieilli	ils/elles avaient vieilli

PAST ANTERIOR

j'eus vieilli	nous eûmes vieilli
tu eus vieilli	vous eûtes vieilli
il/elle eut vieilli	ils/elles eurent vieilli

FUTURE ANTERIOR

j'aurai vieilli	nous aurons vieilli
tu auras vieilli	vous aurez vieilli
il/elle aura vieilli	ils/elles auront vieilli

PAST CONDITIONAL

j'aurais vieilli	nous aurions vieilli
tu aurais vieilli	vous auriez vieilli
il/elle aurait vieilli	ils/elles auraient vieilli

PAST SUBJUNCTIVE

que j'aie vieilli	que nous ayons vieilli
que tu aies vieilli	que vous ayez vieilli
qu'il/elle ait vieilli	qu'ils/elles aient vieilli

PLUPERFECT SUBJUNCTIVE

que j'eusse vieilli	que nous eussions vieilli
que tu eusses vieilli	que vous eussiez vieilli
qu'il/elle eût vieilli	qu'ils/elles eussent vieilli

Usage

Elle vieillit bien, cette femme.	*That woman is aging well.*
Il a vieilli dans l'enseignement.	*He spent his whole life teaching.*
Ce style vous vieillit.	*That style makes you look older.*
Tu ne vieillis pas!	*You don't look any older!*
Elle a vieilli.	*She has gotten old.*
Cette méthode a vieilli.	*This method is outdated.*
—Vous avez trente ans, n'est-ce pas?	*You're thirty, aren't you?*
—Vous me vieillissez de trois ans.	*You've made me three years older than I am.*
des vins vieillis dans nos caves	*wines aged in our cellars*
Je me suis vieilli pour qu'on m'embauche.	*I said I was older than I was so they would hire me.*

viser _to aim_

PRESENT		PASSÉ COMPOSÉ	
je vise	nous visons	j'ai visé	nous avons visé
tu vises	vous visez	tu as visé	vous avez visé
il/elle vise	ils/elles visent	il/elle a visé	ils/elles ont visé

IMPERFECT		PLUPERFECT	
je visais	nous visions	j'avais visé	nous avions visé
tu visais	vous visiez	tu avais visé	vous aviez visé
il/elle visait	ils/elles visaient	il/elle avait visé	ils/elles avaient visé

PASSÉ SIMPLE		PAST ANTERIOR	
je visai	nous visâmes	j'eus visé	nous eûmes visé
tu visas	vous visâtes	tu eus visé	vous eûtes visé
il/elle visa	ils/elles visèrent	il/elle eut visé	ils/elles eurent visé

FUTURE		FUTURE ANTERIOR	
je viserai	nous viserons	j'aurai visé	nous aurons visé
tu viseras	vous viserez	tu auras visé	vous aurez visé
il/elle visera	ils/elles viseront	il/elle aura visé	ils/elles auront visé

CONDITIONAL		PAST CONDITIONAL	
je viserais	nous viserions	j'aurais visé	nous aurions visé
tu viserais	vous viseriez	tu aurais visé	vous auriez visé
il/elle viserait	ils/elles viseraient	il/elle aurait visé	ils/elles auraient visé

PRESENT SUBJUNCTIVE		PAST SUBJUNCTIVE	
que je vise	que nous visions	que j'aie visé	que nous ayons visé
que tu vises	que vous visiez	que tu aies visé	que vous ayez visé
qu'il/elle vise	qu'ils/elles visent	qu'il/elle ait visé	qu'ils/elles aient visé

IMPERFECT SUBJUNCTIVE		PLUPERFECT SUBJUNCTIVE	
que je visasse	que nous visassions	que j'eusse visé	que nous eussions visé
que tu visasses	que vous visassiez	que tu eusses visé	que vous eussiez visé
qu'il/elle visât	qu'ils/elles visassent	qu'il/elle eût visé	qu'ils/elles eussent visé

COMMANDS	
	(nous) visons
(tu) vise	(vous) visez

Usage

Il vise très haut.	_He aims high._
Dans la vie, il faut viser haut.	_You have to aim high in life._
À quoi vise ce compte-rendu?	_What is the purpose of this report?_
Mes remarques ne visaient personne.	_My remarks were not referring to anyone in particular._
Cette nouvelle loi vise les immigrés.	_This new law concerns immigrants._
Le malfaiteur a visé au passant innocent.	_The criminal aimed at the innocent passerby._
Il faut viser avant de tirer.	_You must take aim before shooting._
C'est celui-là le poste qu'il vise.	_That's the job he's after._

RELATED WORD

les visées _(fpl)_	_aim/goal_
Elle a de hautes visées dans la vie.	_She aims high in life._
Il a ses visées sur cette propriété.	_He's aiming to acquire that piece of land._

regular *-er* verb

je visite · je visitai · visité · visitant

PRESENT		PASSÉ COMPOSÉ	
je visite	nous visitons	j'ai visité	nous avons visité
tu visites	vous visitez	tu as visité	vous avez visité
il/elle visite	ils/elles visitent	il/elle a visité	ils/elles ont visité

IMPERFECT		PLUPERFECT	
je visitais	nous visitions	j'avais visité	nous avions visité
tu visitais	vous visitiez	tu avais visité	vous aviez visité
il/elle visitait	ils/elles visitaient	il/elle avait visité	ils/elles avaient visité

PASSÉ SIMPLE		PAST ANTERIOR	
je visitai	nous visitâmes	j'eus visité	nous eûmes visité
tu visitas	vous visitâtes	tu eus visité	vous eûtes visité
il/elle visita	ils/elles visitèrent	il/elle eut visité	ils/elles eurent visité

FUTURE		FUTURE ANTERIOR	
je visiterai	nous visiterons	j'aurai visité	nous aurons visité
tu visiteras	vous visiterez	tu auras visité	vous aurez visité
il/elle visitera	ils/elles visiteront	il/elle aura visité	ils/elles auront visité

CONDITIONAL		PAST CONDITIONAL	
je visiterais	nous visiterions	j'aurais visité	nous aurions visité
tu visiterais	vous visiteriez	tu aurais visité	vous auriez visité
il/elle visiterait	ils/elles visiteraient	il/elle aurait visité	ils/elles auraient visité

PRESENT SUBJUNCTIVE		PAST SUBJUNCTIVE	
que je visite	que nous visitions	que j'aie visité	que nous ayons visité
que tu visites	que vous visitiez	que tu aies visité	que vous ayez visité
qu'il/elle visite	qu'ils/elles visitent	qu'il/elle ait visité	qu'ils/elles aient visité

IMPERFECT SUBJUNCTIVE		PLUPERFECT SUBJUNCTIVE	
que je visitasse	que nous visitassions	que j'eusse visité	que nous eussions visité
que tu visitasses	que vous visitassiez	que tu eusses visité	que vous eussiez visité
qu'il/elle visitât	qu'ils/elles visitassent	qu'il/elle eût visité	qu'ils/elles eussent visité

COMMANDS	
	(nous) visitons
(tu) visite	(vous) visitez

Usage

L'inspecteur visitera tous les lycées.	*The inspector will visit all the schools.*
Le curé visite les prisonniers.	*The priest visits the prisoners.*
Le chagrin visite tout le monde.	*Sorrow comes to everyone.*
Ces bénévoles visitent l'hôpital.	*These volunteers visit the hospital.*
Combien de pays as-tu visités?	*How many countries did you visit?*
Nous avons visité le Louvre.	*We visited the Louvre.*

RELATED WORDS

la visite	*visit*
rendre visite à qqn	*to visit someone*
Nous avons rendu visite à notre oncle.	*We visited our uncle.*
Sa visite était interminable.	*I thought her visit would never end.*

vivre *to live*

je vis · je vécus · vécu · vivant

irregular verb

PRESENT

je vis	nous vivons
tu vis	vous vivez
il/elle vit	ils/elles vivent

IMPERFECT

je vivais	nous vivions
tu vivais	vous viviez
il/elle vivait	ils/elles vivaient

PASSÉ SIMPLE

je vécus	nous vécûmes
tu vécus	vous vécûtes
il/elle vécut	ils/elles vécurent

FUTURE

je vivrai	nous vivrons
tu vivras	vous vivrez
il/elle vivra	ils/elles vivront

CONDITIONAL

je vivrais	nous vivrions
tu vivrais	vous vivriez
il/elle vivrait	ils/elles vivraient

PRESENT SUBJUNCTIVE

que je vive	que nous vivions
que tu vives	que vous viviez
qu'il/elle vive	qu'ils/elles vivent

IMPERFECT SUBJUNCTIVE

que je vécusse	que nous vécussions
que tu vécusses	que vous vécussiez
qu'il/elle vécût	qu'ils/elles vécussent

PASSÉ COMPOSÉ

j'ai vécu	nous avons vécu
tu as vécu	vous avez vécu
il/elle a vécu	ils/elles ont vécu

PLUPERFECT

j'avais vécu	nous avions vécu
tu avais vécu	vous aviez vécu
il/elle avait vécu	ils/elles avaient vécu

PAST ANTERIOR

j'eus vécu	nous eûmes vécu
tu eus vécu	vous eûtes vécu
il/elle eut vécu	ils/elles eurent vécu

FUTURE ANTERIOR

j'aurai vécu	nous aurons vécu
tu auras vécu	vous aurez vécu
il/elle aura vécu	ils/elles auront vécu

PAST CONDITIONAL

j'aurais vécu	nous aurions vécu
tu aurais vécu	vous auriez vécu
il/elle aurait vécu	ils/elles auraient vécu

PAST SUBJUNCTIVE

que j'aie vécu	que nous ayons vécu
que tu aies vécu	que vous ayez vécu
qu'il/elle ait vécu	qu'ils/elles aient vécu

PLUPERFECT SUBJUNCTIVE

que j'eusse vécu	que nous eussions vécu
que tu eusses vécu	que vous eussiez vécu
qu'il/elle eût vécu	qu'ils/elles eussent vécu

COMMANDS

	(nous) vivons
(tu) vis	(vous) vivez

Usage

vivre sa vie	*to live one's life*
J'ai su que sa mère vit encore.	*I found out that his mother is still living.*
Il vit de ses rentes.	*He lives off his private income.*
Cette famille n'a pas de quoi vivre.	*That family does not have enough to live on.*
Il n'est pas très facile à vivre.	*He's not very easy to get along with.*
Il lui reste peu de temps à vivre.	*He doesn't have much time left to live.*
Il vit aux crochets de cette femme.	*He's living off that woman.*
Il a toujours vécu d'expédients.	*He's always lived by his wits.*
—J'ai l'impression qu'ils vivent au jour le jour.	*I have the impression that they live from hand to mouth.*
—Oui, ils vivent dans la mouise.	*Yes, they live in poverty.*
On peut pas vivre d'amour et d'eau fraîche.	*You can't live on love.*
Son souvenir vivra à jamais.	*His memory will live on forever.*
C'est un mode qui a vécu.	*It's a style that people don't use anymore.*
être sur le qui-vive	*to be on one's guard*
la joie de vivre	*the joy of living*

PROVERB

Qui vivra, verra.	*Time will tell.*

irregular verb | **je vois · je vis · vu · voyant**

PRESENT

je vois	nous voyons
tu vois	vous voyez
il/elle voit	ils/elles voient

IMPERFECT

je voyais	nous voyions
tu voyais	vous voyiez
il/elle voyait	ils/elles voyaient

PASSÉ SIMPLE

je vis	nous vîmes
tu vis	vous vîtes
il/elle vit	ils/elles virent

FUTURE

je verrai	nous verrons
tu verras	vous verrez
il/elle verra	ils/elles verront

CONDITIONAL

je verrais	nous verrions
tu verrais	vous verriez
il/elle verrait	ils/elles verraient

PRESENT SUBJUNCTIVE

que je voie	que nous voyions
que tu voies	que vous voyiez
qu'il/elle voie	qu'ils/elles voient

IMPERFECT SUBJUNCTIVE

que je visse	que nous vissions
que tu visses	que vous vissiez
qu'il/elle vît	qu'ils/elles vissent

COMMANDS

	(nous) voyons
(tu) vois	(vous) voyez

PASSÉ COMPOSÉ

j'ai vu	nous avons vu
tu as vu	vous avez vu
il/elle a vu	ils/elles ont vu

PLUPERFECT

j'avais vu	nous avions vu
tu avais vu	vous aviez vu
il/elle avait vu	ils/elles avaient vu

PAST ANTERIOR

j'eus vu	nous eûmes vu
tu eus vu	vous eûtes vu
il/elle eut vu	ils/elles eurent vu

FUTURE ANTERIOR

j'aurai vu	nous aurons vu
tu auras vu	vous aurez vu
il/elle aura vu	ils/elles auront vu

PAST CONDITIONAL

j'aurais vu	nous aurions vu
tu aurais vu	vous auriez vu
il/elle aurait vu	ils/elles auraient vu

PAST SUBJUNCTIVE

que j'aie vu	que nous ayons vu
que tu aies vu	que vous ayez vu
qu'il/elle ait vu	qu'ils/elles aient vu

PLUPERFECT SUBJUNCTIVE

que j'eusse vu	que nous eussions vu
que tu eusses vu	que vous eussiez vu
qu'il/elle eût vu	qu'ils/elles eussent vu

Usage

Regarde. Tu vois ce vieux bâtiment?	*Look. You see that old building?*
Je ne vois rien sans mes lunettes.	*I can't see anything without my glasses.*
—Tu as vu Thérèse en ville?	*Did you see Thérèse in town?*
—Non, je n'ai vu personne.	*No, I didn't see anyone.*
—Je passerai te voir demain soir.	*I'll come by to see you tomorrow evening.*
—Nous pouvons aller voir un film.	*We can go see a movie.*
Venez nous voir un de ces jours.	*Come see us one of these days.*
Je ne vois pas pourquoi tu l'as invité.	*I don't see why you invited him.*
Je l'ai vu de mes propres yeux.	*I saw it with my own eyes.*
Il ne voit que d'un œil.	*He's blind in one eye.*
C'est une pièce à voir.	*It's a play you should see.*
Notre pays a vu beaucoup de crises.	*Our country has lived through a lot of crises.*
Je n'y vois pas clair.	*I can't make head or tail of it.*
Toi et moi, nous voyons les choses de la même manière.	*You and I see things the same way.*

TOP 50 VERB ☞

voir = connaître à travers les yeux

Je ne vois absolument rien.	*I don't see anything at all.*
Je les ai vus arriver.	*I saw them arrive.*
Je n'ai jamais vu pareille cruauté.	*I never saw such cruelty.*
se voir	*to see each other*
—Quand est-ce qu'on se verra?	*When will we see each other?*
—Viens me voir au bureau demain.	*Come see me at the office tomorrow.*
faire voir	*to show*
Fais voir tes photos.	*Show me your photos.*
Après être tombé, il voyait trouble.	*After falling, he had blurred vision.*
Je n'avais jamais rien vu de semblable.	*I'd never seen anything like that.*
Je crois que j'ai laissé voir ma colère.	*I think I showed that I was angry.*
Je vois le chirurgien la semaine prochaine.	*I'm seeing the surgeon next week.*
Je voudrais te voir plus à l'aise.	*I'd like to see you more at ease.*

voir = étudier, examiner, comprendre

Je ne vois pas de solution au problème.	*I don't see any solution to the problem.*
Essayez de voir les choses de mon point de vue.	*Try to see things from my point of view.*
Voyons la question de plus près.	*Let's look at the matter more closely.*
Je ne vois pas ce qu'il veut dire par là.	*I don't understand what he means by that.*
J'ai vu clair dans son jeu.	*I saw through his game.*

Expressions

Il n'y voyait que du feu.	*He was completely bamboozled.*
Je ne peux pas le voir.	*I can't stand him.*
Cet enfant m'en a fait voir!	*That child gave me a hard time!*
Cet enfant m'en a fait voir des vertes et des mûres!	*That child gave me a hard time!*
Toi et moi, on ne voit pas les choses du même œil.	*You and I don't see things the same way.*
Il faisait tellement noir qu'on n'y voyait pas à deux pas devant soi.	*It was so dark you couldn't see your hand in front of your face.*
Il ne voit que par son frère aîné.	*He thinks the world of his older brother.*
Il m'a donné un coup de poing et j'en ai vu 36 chandelles.	*He gave me a punch that made me see stars.*
Regardez voir si je t'ai acheté le bon journal.	*Have a look to see if I bought you the right paper.*
Mais tu n'as rien a y voir!	*But it's none of your business!*
Qu'est-ce que cela a à voir avec nous?	*What does that have to do with us?*
Ça n'a rien à voir avec la question.	*That has nothing to do with the matter.*
On aura tout vu!	*Wouldn't that be something?*
Tu ne vois pas plus loin que le bout de ton nez.	*You don't see any further than the tip of your nose.*
Rien qu'à le voir, je dirais qu'il est malade.	*Just by looking at him I can tell he's sick.*
Je vois la vie en rose.	*I look on the bright side.*

TOP 50 VERBS

regular -er verb

je vole · je volai · volé · volant

PRESENT		PASSÉ COMPOSÉ	
je vole	nous volons	j'ai volé	nous avons volé
tu voles	vous volez	tu as volé	vous avez volé
il/elle vole	ils/elles volent	il/elle a volé	ils/elles ont volé

IMPERFECT		PLUPERFECT	
je volais	nous volions	j'avais volé	nous avions volé
tu volais	vous voliez	tu avais volé	vous aviez volé
il/elle volait	ils/elles volaient	il/elle avait volé	ils/elles avaient volé

PASSÉ SIMPLE		PAST ANTERIOR	
je volai	nous volâmes	j'eus volé	nous eûmes volé
tu volas	vous volâtes	tu eus volé	vous eûtes volé
il/elle vola	ils/elles volèrent	il/elle eut volé	ils/elles eurent volé

FUTURE		FUTURE ANTERIOR	
je volerai	nous volerons	j'aurai volé	nous aurons volé
tu voleras	vous volerez	tu auras volé	vous aurez volé
il/elle volera	ils/elles voleront	il/elle aura volé	ils/elles auront volé

CONDITIONAL		PAST CONDITIONAL	
je volerais	nous volerions	j'aurais volé	nous aurions volé
tu volerais	vous voleriez	tu aurais volé	vous auriez volé
il/elle volerait	ils/elles voleraient	il/elle aurait volé	ils/elles auraient volé

PRESENT SUBJUNCTIVE		PAST SUBJUNCTIVE	
que je vole	que nous volions	que j'aie volé	que nous ayons volé
que tu voles	que vous voliez	que tu aies volé	que vous ayez volé
qu'il/elle vole	qu'ils/elles volent	qu'il/elle ait volé	qu'ils/elles aient volé

IMPERFECT SUBJUNCTIVE		PLUPERFECT SUBJUNCTIVE	
que je volasse	que nous volassions	que j'eusse volé	que nous eussions volé
que tu volasses	que vous volassiez	que tu eusses volé	que vous eussiez volé
qu'il/elle volât	qu'ils/elles volassent	qu'il/elle eût volé	qu'ils/elles eussent volé

COMMANDS	
	(nous) volons
(tu) vole	(vous) volez

Usage

Les oiseaux volent vers le sud.	*The birds are flying southwards.*
L'avion vole entre la France et les USA.	*The plane flies between France and the United States.*
On entendait une mouche voler.	*You could hear a pin drop.*
L'assiette a volé en éclats.	*The plate shattered.*
Il m'a volé dans les plumes.	*He let me have it.*
voler qqch à qqn	*to steal something from someone*
On m'a volé ma bicyclette.	*My bicycle was stolen.*
Quelqu'un a volé mon idée.	*Someone stole my idea.*
Ma mère s'est fait voler son sac à main.	*My mother had her handbag stolen.*
Ce malheur, il ne l'a pas volé.	*That misfortune was just what he deserved.*
On n'est pas volé.	*We got our money's worth.*

RELATED WORDS

le vol	*flight/theft*
des vols à l'étalage	*shoplifting*
le voleur	*thief*
Au voleur!	*Stop, thief!*

je veux · je voulus · voulu · voulant   irregular verb

vouloir = désirer

L'enfant veut de nouveaux jouets.	*The child wants new toys.*
Qu'est-ce que tu veux boire?	*What do you want to drink?*
Comment voulez-vous votre bifteck?	*How do you want your steak?*
Je veux une bouteille de lait.	*I want a bottle of milk.*
Que tu le veuilles ou non, on y va.	*Whether you want to or not, we're going.*
Il veut de moi un prêt.	*He wants a loan from me.*
Je ne veux plus de ce pantalon.	*I don't want these pants anymore.*

vouloir + infinitif

J'ai voulu partir très tôt.	*I wanted to leave very early (and did).*
Pourquoi tu ne veux pas venir?	*Why don't you want to come?*
Il voudrait nous accompagner.	*He'd like to go with us.*
Je ne veux pas voir ce film.	*I don't want to see that movie.*
Veux-tu te taire?	*Would you shut up?*
Veuillez travailler en silence.	*Please work quietly.*
Veux-tu arrêter de m'embêter?	*Will you stop annoying me?*

vouloir que + subjonctif

Je veux que vous me disiez la vérité.	*I want you to tell me the truth.*
Il ne voulait pas que tu le saches.	*He didn't want you to know.*
Je voudrais que tu sois plus gentil avec tout le monde.	*I want you to be friendlier with everyone.*
Comment vouliez-vous que je le fasse?	*How did you expect me to do it?*
Que voulez-vous? Ils sont comme ça.	*What do you expect? That's the way they are.*

Expressions

Il m'en veut.	*He has a grudge against me.*
Elle m'en veut d'avoir oublié son anniversaire.	*She's mad at me for having forgotten her birthday.*
Ne m'en voulez pas, je vous en prie.	*Please don't hold it against me.*
Je voudrais bien vous y voir!	*I'd like to see you do it!*
Il nous a donné des livres en veux-tu en voilà.	*You can't imagine how many books he gave us.*
De quoi tu te plains? Tu l'as voulu.	*What are you complaining about? It's your fault.*
Je m'en veux de ne pas être parti avec eux.	*I'm kicking myself for not having gone away with them.*
Il nous fera savoir en temps voulu.	*He'll let us know in due time.*
—Je crois qu'il nous veut du mal.	*I think he's ill-disposed toward us.*
—Il ne nous veut certainement pas de bien.	*He certainly doesn't wish us well.*
Que veut dire ce mot?	*What does that word mean?*
Qu'est-ce que tu veux dire?	*What do you mean?*
Je ne savais pas ce qu'il voulait dire.	*I didn't know what he meant.*
Je veux être pendu s'il accepte.	*I'll be damned if he'll say yes.*

Proverb

Vouloir, c'est pouvoir.	*Where there's a will there's a way.*

TOP 50 VERBS

PRESENT

je veux	nous voulons
tu veux	vous voulez
il/elle veut	ils/elles veulent

IMPERFECT

je voulais	nous voulions
tu voulais	vous vouliez
il/elle voulait	ils/elles voulaient

PASSÉ SIMPLE

je voulus	nous voulûmes
tu voulus	vous voulûtes
il/elle voulut	ils/elles voulurent

FUTURE

je voudrai	nous voudrons
tu voudras	vous voudrez
il/elle voudra	ils/elles voudront

CONDITIONAL

je voudrais	nous voudrions
tu voudrais	vous voudriez
il/elle voudrait	ils/elles voudraient

PRESENT SUBJUNCTIVE

que je veuille	que nous voulions
que tu veuilles	que vous vouliez
qu'il/elle veuille	qu'ils/elles veuillent

IMPERFECT SUBJUNCTIVE

que je voulusse	que nous voulussions
que tu voulusses	que vous voulussiez
qu'il/elle voulût	qu'ils/elles voulussent

PASSÉ COMPOSÉ

j'ai voulu	nous avons voulu
tu as voulu	vous avez voulu
il/elle a voulu	ils/elles ont voulu

PLUPERFECT

j'avais voulu	nous avions voulu
tu avais voulu	vous aviez voulu
il/elle avait voulu	ils/elles avaient voulu

PAST ANTERIOR

j'eus voulu	nous eûmes voulu
tu eus voulu	vous eûtes voulu
il/elle eut voulu	ils/elles eurent voulu

FUTURE ANTERIOR

j'aurai voulu	nous aurons voulu
tu auras voulu	vous aurez voulu
il/elle aura voulu	ils/elles auront voulu

PAST CONDITIONAL

j'aurais voulu	nous aurions voulu
tu aurais voulu	vous auriez voulu
il/elle aurait voulu	ils/elles auraient voulu

PAST SUBJUNCTIVE

que j'aie voulu	que nous ayons voulu
que tu aies voulu	que vous ayez voulu
qu'il/elle ait voulu	qu'ils/elles aient voulu

PLUPERFECT SUBJUNCTIVE

que j'eusse voulu	que nous eussions voulu
que tu eusses voulu	que vous eussiez voulu
qu'il/elle eût voulu	qu'ils/elles eussent voulu

COMMANDS

	(nous) veuillons *or* voulons
(tu) veux *or* veuille	(vous) veuillez *or* voulez

Usage

—Qu'est-ce que tu veux?	*What do you want?*
—Je veux du jus de pommes.	*I want some apple juice.*
—Qu'est-ce qu'il veut faire?	*What does he want to do?*
—Il veut jouer au football.	*He wants to play soccer.*
—Vous ne vouliez pas me voir?	*Didn't you want to see me?*
—Non, je voulais parler avec Mlle Boisvert.	*No, I wanted to speak with Ms. Boisvert.*
—Je ne sais pas s'il voudra descendre.	*I don't know if he'll want to go out.*
—Qu'il veuille descendre ou non, il faudra qu'il aille poster ses lettres.	*Whether he wants to or not, he'll have to go mail his letters.*
—Il n'a pas voulu attendre.	*He refused to wait.*
—Mais je voulais parler avec lui.	*But I wanted to speak with him.*
—Vous ne voudriez pas rentrer?	*Wouldn't you like to go back home?*
—Merci, je voudrais rester un peu plus.	*No, thank you. I'd like to stay a little longer.*
—Que veux-tu que j'y fasse?	*What do you want me to do about it?*
—Je veux que tu cesses de nous embêter.	*I want you to stop annoying us.*

vouvoyer *to say* vous *to*

je vouvoie · je vouvoyai · vouvoyé · vouvoyant

regular *-er* verb;
spelling change: *y* > *i*/mute *e*

PRESENT

je vouvoie	nous vouvoyons
tu vouvoies	vous vouvoyez
il/elle vouvoie	ils/elles vouvoient

IMPERFECT

je vouvoyais	nous vouvoyions
tu vouvoyais	vous vouvoyiez
il/elle vouvoyait	ils/elles vouvoyaient

PASSÉ SIMPLE

je vouvoyai	nous vouvoyâmes
tu vouvoyas	vous vouvoyâtes
il/elle vouvoya	ils/elles vouvoyèrent

FUTURE

je vouvoierai	nous vouvoierons
tu vouvoieras	vous vouvoierez
il/elle vouvoiera	ils/elles vouvoieront

CONDITIONAL

je vouvoierais	nous vouvoierions
tu vouvoierais	vous vouvoieriez
il/elle vouvoierait	ils/elles vouvoieraient

PRESENT SUBJUNCTIVE

que je vouvoie	que nous vouvoyions
que tu vouvoies	que vous vouvoyiez
qu'il/elle vouvoie	qu'ils/elles vouvoient

IMPERFECT SUBJUNCTIVE

que je vouvoyasse	que nous vouvoyassions
que tu vouvoyasses	que vous vouvoyassiez
qu'il/elle vouvoyât	qu'ils/elles vouvoyassent

PASSÉ COMPOSÉ

j'ai vouvoyé	nous avons vouvoyé
tu as vouvoyé	vous avez vouvoyé
il/elle a vouvoyé	ils/elles ont vouvoyé

PLUPERFECT

j'avais vouvoyé	nous avions vouvoyé
tu avais vouvoyé	vous aviez vouvoyé
il/elle avait vouvoyé	ils/elles avaient vouvoyé

PAST ANTERIOR

j'eus vouvoyé	nous eûmes vouvoyé
tu eus vouvoyé	vous eûtes vouvoyé
il/elle eut vouvoyé	ils/elles eurent vouvoyé

FUTURE ANTERIOR

j'aurai vouvoyé	nous aurons vouvoyé
tu auras vouvoyé	vous aurez vouvoyé
il/elle aura vouvoyé	ils/elles auront vouvoyé

PAST CONDITIONAL

j'aurais vouvoyé	nous aurions vouvoyé
tu aurais vouvoyé	vous auriez vouvoyé
il/elle aurait vouvoyé	ils/elles auraient vouvoyé

PAST SUBJUNCTIVE

que j'aie vouvoyé	que nous ayons vouvoyé
que tu aies vouvoyé	que vous ayez vouvoyé
qu'il/elle ait vouvoyé	qu'ils/elles aient vouvoyé

PLUPERFECT SUBJUNCTIVE

que j'eusse vouvoyé	que nous eussions vouvoyé
que tu eusses vouvoyé	que vous eussiez vouvoyé
qu'il/elle eût vouvoyé	qu'ils/elles eussent vouvoyé

COMMANDS

	(nous) vouvoyons
(tu) vouvoie	(vous) vouvoyez

Usage

Nous vouvoyons nos professeurs.	*We say* vous *to our teachers.*
Dans ce bureau tout le monde se vouvoie.	*In this office everyone uses* vous.
On vouvoie les serveurs et les vendeurs.	*You say* vous *to waiters and salesclerks.*
—Ils se connaissent bien?	*Do they know each other well?*
—Je ne crois pas. Ils se vouvoient.	*I don't think so. They say* vous *to each other.*

RELATED WORDS

le vouvoiement	*use of the formal* vous *instead of the familiar* tu

regular *-er* verb;
spelling change: *g > ge/a, o*

je voyage · je voyageai · voyagé · voyageant

PRESENT

je voyage	nous voyageons
tu voyages	vous voyagez
il/elle voyage	ils/elles voyagent

IMPERFECT

je voyageais	nous voyagions
tu voyageais	vous voyagiez
il/elle voyageait	ils/elles voyageaient

PASSÉ SIMPLE

je voyageai	nous voyageâmes
tu voyageas	vous voyageâtes
il/elle voyagea	ils/elles voyagèrent

FUTURE

je voyagerai	nous voyagerons
tu voyageras	vous voyagerez
il/elle voyagera	ils/elles voyageront

CONDITIONAL

je voyagerais	nous voyagerions
tu voyagerais	vous voyageriez
il/elle voyagerait	ils/elles voyageraient

PRESENT SUBJUNCTIVE

que je voyage	que nous voyagions
que tu voyages	que vous voyagiez
qu'il/elle voyage	qu'ils/elles voyagent

IMPERFECT SUBJUNCTIVE

que je voyageasse	que nous voyageassions
que tu voyageasses	que vous voyageassiez
qu'il/elle voyageât	qu'ils/elles voyageassent

PASSÉ COMPOSÉ

j'ai voyagé	nous avons voyagé
tu as voyagé	vous avez voyagé
il/elle a voyagé	ils/elles ont voyagé

PLUPERFECT

j'avais voyagé	nous avions voyagé
tu avais voyagé	vous aviez voyagé
il/elle avait voyagé	ils/elles avaient voyagé

PAST ANTERIOR

j'eus voyagé	nous eûmes voyagé
tu eus voyagé	vous eûtes voyagé
il/elle eut voyagé	ils/elles eurent voyagé

FUTURE ANTERIOR

j'aurai voyagé	nous aurons voyagé
tu auras voyagé	vous aurez voyagé
il/elle aura voyagé	ils/elles auront voyagé

PAST CONDITIONAL

j'aurais voyagé	nous aurions voyagé
tu aurais voyagé	vous auriez voyagé
il/elle aurait voyagé	ils/elles auraient voyagé

PAST SUBJUNCTIVE

que j'aie voyagé	que nous ayons voyagé
que tu aies voyagé	que vous ayez voyagé
qu'il/elle ait voyagé	qu'ils/elles aient voyagé

PLUPERFECT SUBJUNCTIVE

que j'eusse voyagé	que nous eussions voyagé
que tu eusses voyagé	que vous eussiez voyagé
qu'il/elle eût voyagé	qu'ils/elles eussent voyagé

COMMANDS

	(nous) voyageons
(tu) voyage	(vous) voyagez

Usage

J'ai voyagé en autocar.	*I traveled by bus.*
Ils voyagent toujours en première.	*They always traveled first class.*
Elle voyage pour affaires.	*She travels on business.*
Ces vins voyagent mal. Ils s'abîment.	*It's hard to ship these wines. They spoil.*
Le colis voyage aux risques et périls de l'expéditeur.	*Any damage during transit is the responsibility of the shipper.*

RELATED WORDS

le voyage	*trip*
faire un voyage	*to take a trip*
Le voyage en TGV est assez commode.	*The trip by high-speed train is very comfortable.*
Ce train fait le voyage Londres-Paris.	*This train is on the London-Paris run.*
Il t'a emmené en voyage.	*He sold you a bill of goods.*

Exercises

A *Practice writing verbs in the present tense. Write the correct form of the verb in the present tense to complete each of the following sentences.*

MODÈLE   Nous <u>préparons</u> le dîner. (préparer)

1. Je _____ des livres d'histoire. (lire)

2. Ils _____ près du parc. (habiter)

3. Tu _____ ce mot? (comprendre)

4. Ils _____ leur travail. (faire)

5. Où est-ce que tu _____? (aller)

6. Vous ne _____ rien? (dire)

7. Tu n'_____ rien à faire? (avoir)

8. Elles _____ déjà là. (être)

9. Nous _____ le projet. (finir)

10. J'_____ le train. (attendre)

11. Tu _____ le numéro de téléphone. (composer)

12. Elle _____ un thé. (prendre)

13. Je _____ vous voir. (vouloir)

14. _____-vous m'accompagner? (pouvoir)

15. On _____ à une heure. (servir)

B *Practice writing verbs in the passé composé. Rewrite each of the following present tense verb forms in the passé composé. Be sure to distinguish between verbs forming the passé composé with **avoir** and those forming the tense with **être**.*

MODÈLE   Il écrit un livre. > Il <u>a écrit</u> un livre.

1. Il fait un voyage en Amérique.

    Il _____ un voyage en Amérique.

2. Je joue au tennis vendredi.

    J'_____ au tennis vendredi.

3. Elle s'en va?

    Elle s'_____?

4. Il ne peut pas rentrer.

   Il _____ rentrer.

5. Nous sommes en retard.

   Nous _____ en retard.

6. Qu'est-ce qu'elles vous disent?

   Qu'est-ce qu'elles vous _____?

7. Il s'y intéresse.

   Il s'y _____.

8. Je vous entends.

   Je vous _____.

9. Elle veut m'aider.

   Elle _____ m'aider.

10. Ils ne voient personne.

    Ils n'_____ personne.

11. Notre chien meurt.

    Notre chien _____.

12. Nous partons en Angleterre.

    Nous _____ en Angleterre.

13. Qu'est-ce que vous choisissez?

    Qu'est-ce que vous _____?

14. Tu descends.

    Tu _____.

15. Elles se lèvent.

    Elles _____.

C *Practice writing verbs in the imperfect tense. Rewrite each of the following present tense verb forms in the imperfect.*

MODÈLE   Il parle vite. > Il _parlait_ vite.

1. Elle mange en ville.

   Elle _____ en ville.

2. Nous voulons rentrer.

   Nous _____ rentrer.

3. Elles sont là.

   Elles _____ là.

4. Tu finis ton dessert.

Tu _____ ton dessert.

5. Il commence à neiger.

Il _____ à neiger.

6. Je vois son bureau.

Je _____ son bureau.

7. Vous êtes pressé.

Vous _____ pressé.

8. Ils dorment en haut.

Ils _____ en haut.

9. Je range mes livres.

Je _____ mes livres.

10. On remplace ces employés.

On _____ ces employés.

11. Nous marchons sur le trottoir.

Nous _____ sur le trottoir.

12. Je remplis les verres.

Je _____ les verres.

13. Vous descendez.

Vous _____.

14. Elle lit tout le temps.

Elle _____ tout le temps.

15. Il prend le car.

Il _____ le car.

D *Practice writing verbs in the future tense. Ask whether people will do the things they haven't done, using the future tense.*

MODÈLE Il n'a pas fini son travail. <u>Est-ce qu'il finira son travail?</u>

1. Elle n'est pas sortie. _____

2. Je n'ai pas parlé. _____

3. Il n'a pas reçu le message. _____

4. Tu n'as pas compris. _____

5. Nous ne sommes pas partis. _____

6. Vous ne l'avez pas vu. _____

7. Ils n'en ont pas pris. _____

8. Elle ne l'a pas attendu. _____

9. Elles ne se sont pas promenées. _____

10. Je n'ai pas pu venir. _____

11. Elle n'a pas ouvert la porte. _____

12. Il n'a pas jeté la lettre à la poste. _____

13. Il n'a pas plu. _____

14. Je ne l'ai pas tutoyé. _____

15. Nous n'avons pas mis la table. _____

E   *Practice writing verbs in the conditional. Continue each question by saying you thought these things would happen.*

MODÈLE   Il ne s'en va pas? Je croyais qu'il _s'en irait_ .

1. Tu ne peux pas? Je croyais que tu _____ .

2. Elle ne descend pas? Je croyais qu'elle _____ .

3. Nous ne déménageons pas? Je croyais que nous _____ .

4. Ils n'empruntent pas mille euros? Je croyais qu'ils _____ .

5. Vous n'appuyez pas ces plans? Je croyais que vous _____ .

6. Je ne suis pas à l'heure? Je croyais que je _____ .

7. Tu ne remontes pas la rue? Je croyais que tu _____ .

8. Elle ne sait pas son numéro? Je croyais qu'elle _____ .

9. Nous ne lançons pas ce projet? Je croyais que nous _____ .

10. Ils ne viennent pas? Je croyais qu'ils _____ .

11. Elles ne comprennent pas? Je croyais qu'elles _____ .

12. Tu n'en veux pas? Je croyais que tu _____ .

13. Je n'ai pas raison? Je croyais que j'_____ .

14. Elles ne font pas leurs valises? Je croyais qu'elles _____ .

15. Vous n'envoyez pas le paquet? Je croyais que vous _____ .

F   *Practice writing verbs in the present subjunctive. Complete each of the following sentences by writing in the correct present subjunctive form of the verb in parentheses.*

MODÈLE   (être)   Nous voulons que vous _soyez_ heureux.

1. (rester)   Il préfère que nous _____ .

2. (suivre)   Elle veut que tu la _____ .

3. (dire)   Il faut que vous me le _____ .

4. (prendre)   Il vaut mieux qu'elle _____ le petit déjeuner avec nous.

5. (être)   Nous sommes contents que tu _____ de retour.

6. (avoir)   Je regrette que vous _____ du mal à comprendre.

7. (faire)   Le médecin veut que nous _____ du sport.

8. (choisir)   Tu veux que je _____ le cadeau?

9. (aller)   J'aimerais mieux que tu _____ chercher le courrier.

10. (boire)   Il n'est pas vrai qu'il _____ trop.

11. (venir)   Il est nécessaire que vous _____.

12. (pouvoir)   Nous craignons qu'elle ne _____ pas venir.

13. (savoir)   Il ne croit pas que je _____ la réponse.

14. (reconnaître)   Je suis étonné que tu ne le _____ pas.

15. (conduire)   Il est étonnant qu'elle _____ un camion.

G   *Practice writing verbs in the past subjunctive. Complete each of the following sentences by writing in the correct past subjunctive form of the verb in parentheses.*

MODÈLE   (venir)   Je ne crois pas qu'elle <u>soit venue</u> .

1. (revenir)   Nous sommes contents que tu _____, Janine.

2. (comprendre)   Il est peu probable que les étudiants _____.

3. (perdre)   Je soupçonne qu'il _____ son emploi.

4. (s'en aller)   Je suis étonné qu'elles _____.

5. (signer)   Il est douteux qu'ils _____ le traité.

6. (partir)   Je ne suis pas sûr qu'elle _____.

7. (gagner)   Supposez qu'il _____ la loterie.

8. (réussir)   Nous sommes ravis que vous _____.

9. (rentrer)   Je crains qu'il ne _____ pas _____.

10. (acheter)   Nous sommes contents que tu _____ un appartement dans notre immeuble.

11. (obtenir)   Il est dommage que je n'_____ pas _____ son autorisation.

12. (être)   Je doute qu'elle _____ en retard.

13. (s'enfuir)   Il n'est pas sûr que les malfaiteurs _____.

14. (téléphoner)   Il se peut qu'elles _____.

15. (sortir)   Nous avions peur que vous _____.

H   *Replace the verb in each sentence with the correct form of the verb in parentheses. Retain the tense of the original verb.*

MODÈLE   Ils le disent. (faire) > Ils le <u>font</u>.

1. Il nous cherche. (suivre)

   Il nous _____.

2. Marie a travaillé. (monter)

   Marie _____.

3. Nous avions compris. (répondre)

   Nous _____.

4. Ils étaient partis. (agir)

   Ils _____.

5. Tu chantais. (voyager)

   Tu _____.

6. Je vendrai. (faire)

   Je _____.

7. Vous tombez. (dire)

   Vous _____.

8. Elle marche. (tolérer)

   Elle _____.

9. J'avais signé. (souffrir)

   J'_____.

10. Nous parlerions. (retenir)

    Nous _____.

11. Tu as répété. (repartir)

    Tu _____.

12. Nous rêvons. (songer)

    Nous _____.

13. Je veux qu'elle sorte. (revenir)

    Je veux qu'elle _____.

14. Je ne crois pas que tu le vendes. (savoir)

    Je ne crois pas que tu le _____.

15. Tu reconnais Jean. (appeler)

    Tu _____ Jean.

I *Practice recognizing forms of the passé simple. Write the equivalent passé composé forms for each of the following sentences.*

MODÈLE   J'allai. > <u>Je suis allé(e).</u>

1. Je fis. _____

2. Nous eûmes. _____

3. Ils surent. _____

4. Elle naquit. _____

5. Vous prîtes. _____

6. Tu lus. _____

7. J'écrivis. _____

8. Nous mîmes. _____

9. Nous dîmes. _____

10. Tu fus. _____

11. Il entendit. _____

12. Vous crûtes. _____

13. Elles traduisirent. _____

14. Il bâtit. _____

15. Ils vinrent. _____

Answers to Exercises

A   1. lis   2. habitent   3. comprends   4. font   5. vas   6. dites   7. as   8. sont
9. finissons   10. attends   11. composes   12. prend   13. veux   14. Pouvez
15. sert

B   1. a fait   2. ai joué   3. en est allée   4. n'a pas pu   5. avons été   6. ont dit
7. est intéressé   8. ai entendu   9. a voulu   10. ont vu   11. est mort
12. sommes parti(e)s   13. avez choisi   14. es descendu(e)   15. se sont levées

C   1. mangeait   2. voulions   3. étaient   4. finissais   5. commençait   6. voyais
7. étiez   8. dormaient   9. rangeais   10. remplaçait   11. marchions   12. remplissais
13. descendiez   14. lisait   15. prenait

D   1. Est-ce qu'elle sortira?   2. Est-ce que tu parleras/vous parlerez?   3. Est-ce qu'il
recevra le message?   4. Est-ce que je comprendrai?   5. Est-ce que vous partirez/nous
partirons?   6. Est-ce que je le verrai/nous le verrons?   7. Est-ce qu'ils en prendront?
8. Est-ce qu'elle l'attendra?   9. Est-ce qu'elles se promèneront?   10. Est-ce que tu
pourras venir/vous pourrez venir?   11. Est-ce qu'elle ouvrira la porte?   12. Est-ce qu'il
jettera la lettre à la poste?   13. Est-ce qu'il pleuvra?   14. Est-ce que tu le tutoieras/vous
le tutoierez?   15. Est-ce que vous mettrez la table/nous mettrons la table?

E   1. pourrais   2. descendrait   3. déménagerions   4. emprunteraient mille euros
5. appuieriez ces plans   6. serais à l'heure   7. remonterais la rue   8. saurait son numéro
9. lancerions ce projet   10. viendraient   11. comprendraient   12. en voudrais
13. aurais raison   14. feraient leurs valises   15. enverriez le paquet

F   1. restions   2. suives   3. disiez   4. prenne   5. sois   6. ayez   7. fassions   8. choisisse
9. ailles   10. boive   11. veniez   12. puisse   13. sache   14. reconnaisses   15. conduise

G   1. sois revenue   2. aient compris   3. ait perdu   4. s'en soient allées   5. aient signé
6. soit partie   7. ait gagné   8. ayez réussi   9. soit, rentré   10. aies acheté   11. aie,
obtenu   12. ait été   13. se soient enfuis   14. aient téléphoné   15. soyez sorti(e)(s)

H   1. suit   2. est montée   3. avions répondu   4. avaient agi   5. voyageais   6. ferai
7. dites   8. tolère   9. avais souffert   10. retiendrions   11. es reparti(e)   12. songeons
13. revienne   14. saches   15. appelles

I   1. J'ai fait.   2. Nous avons eu.   3. Ils ont su.   4. Elle est née.   5. Vous avez pris.
6. Tu as lu.   7. J'ai écrit.   8. Nous avons mis.   9. Nous avons dit.   10. Tu as été.
11. Il a entendu.   12. Vous avez cru.   13. Elles ont traduit.   14. Il a bâti.   15. Ils sont
venus.

English-French Verb Index

Use the following index to look up the corresponding French verb conjugation chart by the English meaning. Some English verbs have more than one French equivalent. The usage notes in the verb charts will help you determine if you have located the appropriate French verb. Italic numbers preceded by "*p.*" refer to pages in the French Tense Profiles section at the beginning of the book.

replace **remplacer** 439
request **prier** 396
reroute **détourner** 185
resemble **ressembler** 457
resolve **résoudre** 456
rest **se reposer** 454
retain **retenir** 460
retake an exam **repasser** 450
return **retourner** 462
return (*give back*) **rendre** 442
return (*go home*) **rentrer** 443
reveal **révéler** 466
rinse **rincer** 469
rip **déchirer** 154
roast **rôtir** 473
roll **rouler** 475
ruin **abîmer** 3
run **courir** 139
run away **s'enfuir** 220, **se sauver** 482
rush **se presser** 391
rush into **se précipiter** 385
rush over to **accourir** 17

S

satisfy **satisfaire** 478
save **sauver** 481, **sauvegarder** 480
say **dire** 191
say *tu* to **tutoyer** 535
say *vous* to **vouvoyer** 554
scatter **répandre** 445
scold **gronder** 286
scratch **gratter** 284
scream **crier** 144
search **fouiller** 268
seduce **séduire** 486
see **voir** 551
see again **revoir** 468
seem **paraître** 357, **apparaître** 48
seize **saisir** 476
sell **vendre** 541
send **envoyer** 231
send away **renvoyer** 444
send back **renvoyer** 444
separate **séparer** 490
serve **servir** 492
sew **coudre** 137
shake **secouer** 485
shear **tondre** 520
should **devoir** 189
shout **crier** 144
show **montrer** 334
sign **signer** 495
signal **signaler** 494
sin **pécher** 363
sing **chanter** 105
sit down **s'asseoir** 65
sleep **dormir** 196
slow down **ralentir** 416
smell **sentir** 489
smoke **fumer** 274
snatch **arracher** 59
sneeze **éternuer** 242
soil **souiller** 502

sorry: be sorry **regretter** 433
sound **sonner** 497
sow **semer** 488
speak **parler** 359
speak to **s'adresser** 30
spend (*money*) **dépenser** 172
split **fendre** 261
spoil **abîmer** 3, **gâter** 278
spot **repérer** 451
spread **répandre** 445
squeeze **serrer** 491
stammer **bégayer** 82
stand **supporter** 507
start **commencer** 116
start again **reprendre** 455
stay **rester** 459
stay **séjourner** 487
steal **voler** 552
step on **fouler** 269
stirred: be stirred **s'émouvoir** 212
stop **arrêter** 61, **s'arrêter** 62
straighten up **ranger** 420
stretch **tendre** 514
study **étudier** 247
stuff **boucher** 88, **bourrer** 94
stun **étourdir** 244
subscribe **s'abonner** 5
submit **soumettre** 503
succeed **réussir** 464, **aboutir** 7
suck **sucer** 505
suffer **souffrir** 500
suggest **proposer** 405
sulk **bouder** 90
supply **fournir** 270, **munir** 339
surprise **surprendre** 508
surprised: be surprised **s'étonner** 243
survive **survivre** 509
swear **jurer** 310
sweep **balayer** 78
swim **nager** 340

T

tackle (*problem*) **aborder** 6
take **prendre** 388
take a walk **se balader** 77, **se promener** 402
take advantage of **abuser** 10
take care of **s'occuper** 350
take down **rabattre** 411
take off **enlever** 221
take shelter **s'abriter** 8
take someone back **ramener** 419
take someone somewhere **emmener** 211
taste **goûter** 282
teach **enseigner** 224
tear **déchirer** 154
tell **dire** 191, **raconter** 413
thank **remercier** 437
think **penser** 368, **songer** 496
thrive **prospérer** 406
throw **jeter** 306, **lancer** 313
throw back **rejeter** 434

tighten **tendre** 514
tolerate **tolérer** 518
touch **toucher** 522
translate **traduire** 525
travel **voyager** 555
treat **traiter** 527
tremble **frémir** 272, **trembler** 530
trust **se fier** 263
try **essayer** 236
tune **accorder** 15
turn **tourner** 523
turn on **allumer** 41
turn to **s'adresser** 30
twist **tordre** 521

U

underestimate **méconnaître** 325
understand **comprendre** 119
undertake **entreprendre** 228
undo **défaire** 161
unfamiliar: be unfamiliar with **méconnaître** 325
unhook **décrocher** 159
unite **unir** 536
unload **décharger** 153
upset: be upset **s'émouvoir** 212
use **employer** 214, **user** 537, **utiliser** 538
utilize **utiliser** 538

V

visit **visiter** 549

W

wait for **attendre** 69
wake up **se réveiller** 465
walk **marcher** 323
want **vouloir** 553, **désirer** 181
warm up **se chauffer** 108
warn **prévenir** 394
wary: be wary **se méfier** 326
wash **laver** 314
wash up **se laver** 315
watch over **garder** 277
water **arroser** 64
wear **porter** 378
weigh **peser** 372
welcome **accueillir** 21
whisper **chuchoter** 112
whistle **siffler** 493
whiten **blanchir** 86
win **gagner** 276
wipe **essuyer** 237
wish **souhaiter** 501
withdraw **retirer** 461
work **travailler** 528
worry **s'inquiéter** 296
worship **adorer** 29
worth: be worth **valoir** 540
wound **blesser** 87
write **écrire** 202

Y

yield **céder** 101

Irregular Verb Form Index

It can sometimes be difficult to derive the infinitive of a particularly irregular verb form. The following will guide you to the infinitive and model verb number so that you can see these irregular forms as part of a complete program. Italic numbers preceded by "*p.*" refer to pages in the French Tense Profiles section at the beginning of the book.

A

a **avoir** 74
ai **avoir** 74
aie **avoir** 74
aient **avoir** 74
aies **avoir** 74
aille **aller** 39
ait **avoir** 74
as **avoir** 74
assaille **assaillir** *p. 28*
asseyais, *etc.* **s'asseoir** 65
asseye, *etc.* **s'asseoir** 65
assied **s'asseoir** 65
assieds **s'asseoir** 65
assiérai, *etc.* **asseoir** 65
assiérais, *etc.* **asseoir** 65
assis **asseoir** 65
assois **s'asseoir** 65
assoit **s'asseoir** 65
aurai, *etc.* **avoir** 74
aurais, *etc.* **avoir** 74
aviez **avoir** 74
avions **avoir** 74
ayant **avoir** 74
ayez **avoir** 74
ayons **avoir** 74

B

bois **boire** 88
boive **boire** 88
boivent **boire** 88
bu **boire** 88
bûmes **boire** 88
burent **boire** 88
bus **boire** 88
busse **boire** 88
bussent **boire** 88
bussions **boire** 88
but **boire** 88
bût **boire** 88
bûtes **boire** 88
buvant **boire** 88
buvez **boire** 88
buviez **boire** 88
buvions **boire** 88
buvons **boire** 88

C

confis **confire** *p. 29*
confise **confire** *p. 29*
confisse **confire** *p. 29*
confit **confire** *p. 29*
connu **connaître** 123
connusse, *etc.* **connaître** 123
connût **connaître** 123
craignis, *etc.* **craindre** 141
crois **croire** 145
croîs **croître** 146
croissais, *etc.* **croître** 146
croit **croire** 145
croît **croître** 146
croyais, *etc.* **croire** 145
croyez **croire** 145
croyons **croire** 145
cru **croire** 145
crû/crue **croître** 146
crûmes **croire** 145, **croître** 146
crurent **croire** 145
crûrent **croître** 146
crus **croire** 145
crûs **croître** 146
crusse **croire** 145
crûsse **croître** 146
crussent **croire** 145
crûssent **croître** 146
crusses **croire** 145
crûsses **croître** 146
crussiez **croire** 145
crûssiez **croître** 146
crussions **croire** 145
crûssions **croître** 146
crût **croire** 145, **croître** 146
crûtes **croire** 145

D

déchoie **déchoir** *p. 29*
déchoient **déchoir** *p. 29*
déchois **déchoir** *p. 29*
déchoit **déchoir** *p. 29*
déchoyez **déchoir** *p. 29*
déchoyons **déchoir** *p. 29*
déchu **déchoir** *p. 29*
déchûmes **déchoir** *p. 29*

déchurent **déchoir** *p. 29*
déchus **déchoir** *p. 29*
déchusse **déchoir** *p. 29*
déchût **déchoir** *p. 29*
déchûtes **déchoir** *p. 29*
devais, *etc.* **devoir** 189
devrai, *etc.* **devoir** 189
devrais, *etc.* **devoir** 189
dîmes **dire** 191
dirai, *etc.* **dire** 191
dirais, *etc.* **dire** 191
dis, *etc.* **dire** 191
disais, *etc.* **dire** 191
disant **dire** 191
dise, *etc.* **dire** 191
disse, *etc.* **dire** 191
dit **dire** 191
dîtes **dire** 191
dois, *etc.* **devoir** 189
doive **devoir** 189
dû/due **devoir** 189
durent **devoir** 189
dus **devoir** 189
dut **devoir** 189
dûmes **devoir** 189
dusse, *etc.* **devoir** 189
dûtes **devoir** 189

E

écrit **écrire** 202
écrivant **écrire** 202
écrive, *etc.* **écrire** 202
émeus **s'émouvoir** 212
émeut **s'émouvoir** 212
émeuve, *etc.* **s'émouvoir** 212
ému/émue **s'émouvoir** 212
émûmes **s'émouvoir** 212
émurent **s'émouvoir** 212
émus **s'émouvoir** 212
émusse **s'émouvoir** 212
émussent **s'émouvoir** 212
émut **s'émouvoir** 212
émût **s'émouvoir** 212
émûtes **s'émouvoir** 212
enverrai, *etc.* **envoyer** 231
enverrais, *etc.* **envoyer** 231

French Verb Index

This index contains more than 2,700 verbs that are cross-referenced to a fully conjugated verb that follows the same pattern. Verbs that are models appear in bold type. Italic numbers preceded by "*p.*" refer to pages in the French Tense Profiles section at the beginning of the book.

A